Management Text

マーケティング入門

小川孔輔

日本経済新聞出版社

はじめに

　本書は、日本ではじめての本格的なマーケティングのテキストである。「本格的な」と表現したのには、三重の意味がある。

　第一に、日本語で書かれた上質なマーケティングの教科書が、これまで一冊も存在していないことである。簡易な入門書や概説書がないわけではない。それなりのクオリティのテキストを入手することはできる。しかし、マーケティング活動の概要を理解した後で、本格的にマーケティングを勉強したいと思った学生やビジネスマンが、さらに上級のテキストを求めても、日本語では限られた領域の研究書しか手に入らない。それが長い間の現実であった。

　第二に、500ページを超える分厚いマーケティング書となると、翻訳書になってしまうことである。ところが、米国ビジネススクールの有名教授たちが書いたテキストに登場する企業やブランド、広告素材やキャンペーン、小売りチェーンの名称は、日本人にとってほとんどなじみがないものばかりである。

　マーケティングの素材は、基本的にドメスティックであり、本質的にローカルである。マーケティングを理解するためには、われわれにとって親しみのある対象について、手触り感のある記述が必要である。英語で書かれたテキストは、基本的にリアリティが欠如している。

　第三に、日本企業のマーケティング実践を、理論的な枠組みの中で整理して語り継ぐという伝統を、日本の研究者集団が醸成できなかったことである。日本人のマーケティング研究者の努力は、米国の理論や概念を翻訳して輸入するか、特定分野に特化した詳細なリサーチを選択するかに向けられてきた。原罪の一部は、筆者自身も背負っている。

　その一方で、日本の企業は、米国流マーケティングの移転を終えて、実践的に大きな成功を収めてきている。メーカーも流通・サービス業も、マーケティングの実務面においては、明らかにグローバルに成功しているのである。それなのに、わたしたち研究者は、米国マーケティングの枠組みを超えることができていない。

＊　　＊　　＊

　本書の構想は、日本人の研究者として、長年抱いてきた「忸怩たる思

i

はじめに

い」に対するチャレンジからはじまった。キャッチコピーは、「日本人の、日本人による、日本人のためのマーケティング」である。いま、食の世界でも国産が見直されているように、日本には日本の経営や独自のマーケティングが存在している。日本企業が達成した立派なマーケティング実践を、正当に評価して記録に残しておく責務がわれわれ研究者の側にはある。本書の隠れた執筆動機は、日本人研究者としての「健全なる民族主義」である。

本書の特徴を挙げるとすると、民族主義的な動機以外に、以下の3つである。

第一に、読者のさらなる学習を手助けするために、参考文献を豊富に付すことにした。各章末には、50〜100点の書籍や論文が配置されている。基本方針として、英文の書籍や論文は最小限に抑えることにした。多忙なビジネスパーソンにとって、読書の効率は大切である。マーケティングを知るために参考書や原典を読むのであって、英語の勉強が目的ではない。したがって、参考文献としては、日本語の書籍や論文を優先的に取り上げることにした。ただし、オリジナリティの高い論文については、英文論文の出典を明記してある。

また、各ページの下には、記述の根拠になった記事や論文、ホームページのアドレスなどを、脚注として付している。この点は、米国の教科書から学ぶところが多かった。全体のボリュームが大幅に増えてしまった理由でもある。

第二に、事例として登場させる製品やサービス、企業組織は、ほとんどが「日本産」である。本書は、いまどき珍しいくらい、ドメスティックな内容の書籍になっている。日本企業と日本製品、日本の流通・サービス業が主役である。欧米企業とその製品は、日本への進出企業に限られている。むしろ、日本企業のアジア市場への進出事例が、類書よりかなり多い。言い換えれば、マーケティング入門と題しながらも、本書は、戦後日本の「マーケティング実践史」を書いたことになるのかもしれない。

第三に、本書では、歴史的な視点を大切にしている。第2章をまるごと、「マーケティングの発達史」に充てることにした。日本語のテキストはもちろんのこと、米国の標準的な教科書にも、マーケティングの歴史は登場しない。マーケティングは、「完成した仕組み」として記述さ

れている。

　筆者の認識はそれとは大いに異なっている。マーケティングは進化するものであり、次世代の優れたブランドや会社組織によって、常に「いまが乗り越えられてしまう」ものである。静態的にマーケティングの対象を描くのではなく、発展史の中で、企業やブランドの実践を記述するように努力した。

＊　　　＊　　　＊

　本書は、出版までに約10年の歳月を要している。完成までに長い期間を要した理由をここに簡単に記しておきたい。

　10年前のある日のことである。55歳で急逝した法政大学の元同僚、橋本寿朗さん（経営学部教授）に、日本経済新聞社出版局（現、日本経済新聞出版社）の堀口祐介氏を紹介してもらった。「小川君、テキストまだないよね。一冊は書かなくっちゃだめよ」の一言から、あっさりとテキストの執筆を引き受けることになった。日経のロングセラー「ゼミナールシリーズ」に続いて、「マネジメント・テキストシリーズ」がはじまっていた。その「マーケティング入門」の担当者としてである。

　「2年もあれば、入門書くらいは……」と簡単に考えていた。執筆の準備を進めていたところ、2002年1月15日に、経営学部長への就任が決まっていた橋本さんが、心臓大動脈瘤剝離で突然亡くなった。精神的に衝撃を受けただけでは済まなくなった。代わりの学部長のなり手が誰もいない。筆者自らが経営学部長に就任せざるをえなくなった。そして、その後の学部改革を経て、経営大学院の開校に至るまでの6年間、テキストどころか、アカデミックな仕事には、まったく手がつけられる状態ではなく、教科書の執筆もやむなく中断となってしまった。

　ようやく「喪」が明けたのは、2008年3月のことである。次期の学部長に選ばれた神谷健司教授に頼んで、サバティカル（1年間の研究休暇）をもらった。2つのことを完遂するためである。10年近くもそのままにしていた「マーケティング入門」のテキストを書き終えること。2001年からあたためていたノンフィクション小説「小川町物語」の連載執筆に挑戦することであった。

　「小川町経営風土記」（連載のタイトル）のほうは、商業誌『チェーンストアエイジ』で、2008年9月1日号から隔週の連載がスタートした。今夏までに連載は終わり、秋には単行本として出版が予定されている。

はじめに

埼玉県比企郡小川町出身の優良企業である「ファッションセンターしまむら」と食品スーパー「ヤオコー」の創業期の物語である。

そして、もうひとつ、サバティカル期間中に完成したのが、本書『マーケティング入門』である。700ページを超える本は、一日も休まずに書き続けても、毎日2ページ（3000字）のペースである。一人でよくぞ書き終えられたものだと、とても感慨が深い。

* * *

本書の活用の仕方について、少々説明をしておきたい。全体は、4部から構成されている。全18章で、それぞれが3〜5節からなる。簡単に、本書の構成を説明する。

Ⅰ部「マーケティングの考え方」では、マーケティングの基本的な概念と仕組みが説明される。Ⅰ部を読んだだけでも、マーケティングがどのような枠組みで計画・実行されているのかがわかる。

Ⅱ部「顧客と競争環境の分析」とⅢ部「マーケティング意思決定」とは、対（ペア）になっている。Ⅱ部では、企業が環境に適応するために、顧客や競争者の情報を収集分析するための枠組みを与える。Ⅲ部では、製品や価格、プロモーションや流通などのマーケティング手段を用いて、企業が市場に働きかける方法を解説する。

Ⅳ部「広がるマーケティング活動」は、基本的なマーケティング活動の応用編である。そこでは、同時にマーケティングの未来が展望される。

各部のはじめには、「オープニング事例」が準備されている。そこでは、2006年から最近までに起こったマーケティングのイベント（事件）を取り上げている。その章末には、同じ会社が、その約5〜10年前に経験したマーケティングの状況を、事例（LOOKING BACK）として記述してある。両方を比較して、同じ会社のマーケティングを歴史として考察してもらうためである。

各章には、原則として、2つの「コラム」を挿入してある。本文中の事例では、十分に説明できないマーケティングの実際的な側面や、マーケティング概念を補足的に解説するためである。コラム（COLUMN）は、2種類のバラエティがある。ひとつは、筆者が雑誌やHPのコラムに短い記事として書きためてきたエッセイである。もうひとつは、筆者が指導してきた大学院生がまとめた論文をもとにした研究的なコラムで

ある。

*　　　*　　　*

　本書の完成に貢献してくれた人々に感謝の意を表しておきたい。

　10年間にわたる長い執筆期間を通して、本書のもとになった文献や基礎データは、研究室のリサーチ・アシスタントである青木恭子がまとめてくれたものである。いつもながらではあるが、彼女なしに原稿の執筆は1ページたりとも先に進むことがなかったことを、ここで明記しておきたい。

　その同じ期間、5人の秘書が交代で筆者の研究を支援してくれた。在職した年代の順に、本村千浪、大関悦子、内藤光香、野田雅子、福尾美貴子の5人である。また、プロジェクトの進行とスケジュール管理については、日本フローラルマーケティング協会事務局員の村上直子が、調整の労をとってくれた。6人には大いに感謝したい。

　なお、本書の執筆は、2006年の途中段階からは、西武文理大学の高瀬浩教授との共同作業になった。最終的に、本務校での仕事などが忙しくなり、本書を共著の形で出版することができなくなってしまった。全18章のうち、8つの章（4、6、9～14章）は、高瀬氏が筆者の授業資料を用いて、最初のドラフトにまとめてくれた成果である。その努力に感謝したい。

　引用論文やプロジェクトの成果は、多くの先輩研究者や同僚、教え子たちの努力に依存している。本書の中で、さまざまな事例やデータが登場するが、テキストを執筆している間に、昔の実験プロジェクトや共同研究のことを思い出していた。懐かしく思うとともに、多くの人々から、研究成果を本書のエッセンスとして注入していただいたと感謝している。

　企業の方からの支援も少なくなかった。商品や店頭プロモーションの写真、広告素材や事例に関わる情報や調査データなど、ふつうの教科書では考えられないほど、多くのサポートを産業界の方たちからいただいた。仕事に関する長年の信頼関係があったればこそと、自分の幸運に感謝している。

*　　　*　　　*

　最後に、本書を、亡き大先輩で戦友の橋本寿朗教授に捧げたい。完成までに相当の時間をかけてしまったが、筆者がどうにか本書を上梓する

はじめに

ことができたのは、橋本さんの声に導かれてのことである。橋本さんは、自らの研究に対して厳しい人であったが、同時に、後輩や仲間の仕事についても、優しくかつ厳しく不断の努力を求める人でもあった。研究分野は異なるが、研究者としてのロールモデルであった。

一流の仕事をする研究者をそばで見ることで、いつも快い緊張感を得ることができた。いまは、そうした良きプレッシャーを失ったことに、言いようのない寂しさを感じてしまう。本書の完成で、「学者である限りは、いい仕事を続けるべし」という、橋本さんとの暗黙の約束がひとつだけ果たせたような気がする。

平成21年5月25日＠千葉県白井市の自宅にて

小 川 孔 輔

Management Text
マーケティング入門
[目次]

[第Ⅰ部]マーケティングの考え方

第1章●マーケティングの仕組み　5

1―マーケティングの基礎概念　6
マーケティングの定義／マーケティング的な発想／日米マーケティング協会による定義

2―マーケティングの基本課題　11
何を（what）：提供する製品・サービス／誰に（whom）：対象顧客／どのように（how）：商品・サービスの提供方法／競争優位性の確保

3―マーケティングの進め方：「B＋STP＋M」の概念　21
事業領域の選択／セグメンテーションとターゲティング／ポジショニング／マーケティング・ミックス

第2章●マーケティングの発展史　41

1―マーケティングの概念：誕生の前史　41
マーケティング志向／マーケティング概念とその起源／マーケティングの本質

2―米国のマーケティング発達史　52
マーケティングの誕生／マス・マーケティング史／マーケティングの理論発達史

3―日本のマーケティング ……………………………………… 61
日本のマーケティング前史：第二次世界大戦前／米国マーケティングの移植（導入と模倣の時代：～1959年）／輸出マーケティングと国際化（1970～1989年）／ブランド・マーケティングと価格破壊の時代（1990～1999年）

第3章●マーケティング計画の策定 ……………………… 75
1―マーケティング計画の枠組み ………………………………… 76
マーケティング計画システム／戦略的マーケティング計画／より詳細なマーケティング戦略計画
2―マーケティング計画のプロセス ……………………………… 84
会社の目標と事業構造／一般的な環境分析／標的市場の設定とポジショニングの決定／個別のマーケティング・ミックスプログラムの策定
3―発売後のマーケティング実行と調整 ………………………… 105
発売初期のマーケティング活動／Q10ブーム：フジテレビ「発掘！　あるある大事典」での特集放送／資生堂薬品、その後の展開

［第Ⅱ部］顧客と競争環境の分析

第4章●マクロ環境の分析 ………………………………… 116
1―2つのマクロ環境 ……………………………………………… 117
間接的な環境要因／直接的な環境要因
2―政治と経済 ……………………………………………………… 120
政治と法制度／経済要因
3―社会と文化 ……………………………………………………… 129
社会構造／文化的な背景
4―情報と物流技術の発達 ………………………………………… 141
情報技術の革新／輸送技術の革新

第5章●顧客の分析 …………155

1―顧客の類型 …………156
購買対象による分類／関係性の深さによる分類／購買と使用による分類／消費者行動を分析する理由

2―消費者購買行動のモデル …………160
学問としての学際性／消費者行動のプロセスモデル／3つの分析的なアプローチ

3―さまざまな分析的アプローチ …………169
刺激―反応モデルに見る消費者の行動変化／消費者情報処理モデルにおける心理学的なアプローチ／ライフスタイル研究による社会学的なアプローチ／消費者の購買行動の分類

第6章●市場戦略と競争対応 …………190

1―企業成長と事業の多角化 …………191
アンゾフの製品市場グリッド／統合的成長（integrative growth）

2―多角的成長の類型 …………199
内部開発（internal growth）／合併・買収（M&A：Mergers & Acquisitions）／その他の多角化戦略

3―戦略事業単位とPPM …………204
ビジネス・コンサルタントの時代（1980年代）／BCGのプロダクト・ポートフォリオ・マネジメント

4―競争戦略 …………208
産業組織論的アプローチ／マーケティング論的な競争対応―市場地位による戦略類型

第7章●マーケティング・インテリジェンス …………234

1―マーケティング・リサーチの課題と類型 …………235
典型的な調査課題：3つの事例／リサーチの呼称とその類型／定量調査（quantitative research）／定性調査（qualitative research）

2―マーケティング・リサーチのプロセス ……………… 243
リサーチの5つの段階／リサーチの準備段階／リサーチの設計段階／リサーチの実施段階／リサーチの分析段階／調査レポートの報告と勧告

3―マーケティング・データ ……………… 268
マーケティング・データの種類／民間データサービス／POSデータ（point of sale data, scanner data）

4―データ分析の諸手法 ……………… 275
統計的な分析手法／マーケティング・モデル（marketing models）／定性的な分析手法

［第Ⅲ部］マーケティング意思決定

第8章●製品開発(1)：開発のプロセス ……………… 296

1―製品開発の事例：花王とサントリー ……………… 296
事例1：花王／アタック／事例2：花王／クイックルワイパー／事例3：花王／トイレクイックル／3つの新製品の事例比較／事例4：サントリー／花事業部の花苗「サフィニア」

2―新製品の開発プロセス(教科書的なケース) ……………… 305
製品開発の標準的な流れ／市場機会の発見／製品のデザイン／製品のテストと改良／テスト・マーケティングと市場導入／市場導入とライフサイクル・マネジメント／製品の開発期間とリスク

3―製品開発の諸側面 ……………… 330
事業戦略における製品開発の位置づけ／製品開発の組織と関連部門の関与／製品開発のプロセス：開発の現実

第9章●製品開発(2)：新製品の普及と予測 ……………… 355

1―新しいものの普及パターン ……………… 355
普及の速度／イノベーションの類型／オピニオンリーダー（opinion leader）／クチコミ（WOM：Word of Mouth）

2―革新の普及モデル ……… 376
革新の採用過程／革新の普及モデル1：ロジャーズ・モデル（Rogers model）／革新の普及モデル2：バース・モデル（Bass model）

3―売上予測モデル ……… 383
テスト・マーケティングによる予測／事前テスト予測モデル（ASSESSORなど）／トラッカー・モデル（TRACKER）

第10章●価格の決定（1）：価格づけの理論 ……… 389

1―価格設定の基本 ……… 390
価格設定の3つの考え方／コストに基づく価格設定／需要に基づく価格設定／競争に基づく価格設定

2―新製品導入期の価格戦略 ……… 399
上層吸収価格政策（上澄み吸収価格、skimming pricing policy）／市場浸透価格政策（market penetration pricing policy）

3―心理的価格づけ ……… 405
端数価格（odd price）／威信価格（prestige price）／値ごろ価格（reference price）と慣習価格（conventional price）／プロスペクト理論（prospect theory）

4―小売業の価格戦略 ……… 413
2つの価格戦略／「バリュー価格戦略」／「ハイ・ロウ価格戦略」

第11章●価格の決定（2）：価格決定の実務 ……… 419

1―製品ラインの価格決定 ……… 420
グレード別の価格設定（price lining）／おとり商品（decoy; bait and switch）

2―関連製品のバンドリングと分離価格 ……… 423
補完製品の抱き合わせ販売（captive pricing）／分離価格（two-part pricing）／セット価格

3―割引による価格調整 ……… 428
現金割引：キャッシュ&キャリー／数量割引：10ケース以上購入

で3％割引など／季節割引：航空券の季節割引（差別価格）

4 ― 差別価格 ……………………………………………………… 434
ターゲットによる価格差別化／地理的な価格差別／時間帯による価格差別／販売の安定（確定）を狙った時間差別価格

5 ― 価格決定に関する公的規制 ……………………………… 439
再販売価格維持（resale price maintenance）／価格維持行為／入札における談合の禁止／価格カルテル行為の原則禁止／不当廉売／景品表示法（景表法）／ダンピング（dumping）

第12章●コミュニケーション戦略（1）：広告宣伝活動 …… 453

1 ― コミュニケーション活動の諸類型 ……………………… 454
情報伝達の様式／さまざまなコミュニケーション手段／IMCとコンタクト・ポイント理論

2 ― 広告計画 ……………………………………………………… 459
マーケティングと広告計画／コミュニケーションの階層性／広告管理の難しさ

3 ― 広告業界 ……………………………………………………… 469
日本の広告費／広告業界の諸組織／4大媒体とコミュニケーション特性

4 ― 広告の効果測定 …………………………………………… 479
広告への接触尺度／広告出稿スケジューリング

第13章●コミュニケーション活動（2）：セールス・プロモーション …… 491

1 ― 狭義の販売促進活動 ……………………………………… 492
セールス・プロモーション：SP（Sales Promotion）／SP費用と広告費の比率／プレミアム・キャンペーンの長期効果／CDの販売促進

2 ― 販売促進活動の3つの類型 ……………………………… 496
小売プロモーション／流通業者向けプロモーション／消費者向け

プロモーション
3―セールス・プロモーションの提供価値と時間的効用 ……………… 514
即時型SPと延期型SP／値引き型SPと付加価値型SP／SPの4類型と具体例／企業の社会的貢献とプレミアム

4―店頭陳列とPOP広告 …………………………………………………… 519
モノと情報の露出／POP広告／店頭ディスプレイの効果

5―人的販売 ………………………………………………………………… 522
人的販売とサービス／接客の技術論／営業活動の本質

第14章●流通チャネル政策(1)：代替的チャネル選択 …………………… 534

1―中間流通の存在理由 …………………………………………………… 535
3つの隔たり(gap)／流通フロー／中間流通の存在理由：取引数削減の効果

2―流通機能とチャネルの階層性 ………………………………………… 539
流通の諸機能／流通チャネルの段階数／流通チャネルの階層性

3―代替的チャネルの選択 ………………………………………………… 551
チャネル組織の諸類型／垂直的チャネルシステム／契約チャネル

4―流通経路の設計 ………………………………………………………… 561
流通チャネルの経路／チャネル評価基準

5―流通チャネルの管理 …………………………………………………… 567
メンバーの選択／動機づけとメンバーの統制：3つの誘因（矢作 1996）

第15章●流通チャネル政策(2)：小売業の経営とロジスティクス ……… 571

1―小売業の業種と業態 …………………………………………………… 572
小売業の類型（type of retailer）／小売業態（type of retail operation）／チェーン小売業

2―小売ミックスの決定 …………………………………………………… 581
立地の選択／店舗の運営と管理／マーチャンダイジングと価格政

xiii

策／店舗デザインと売り場づくり／店舗環境と店頭プロモーション

3─ビジネス・ロジスティクス ……………………………… 608
企業のロジスティクス活動／ロジスティクスの機能／輸送方法とロジスティクスの革新

[第Ⅳ部]広がるマーケティング活動

第16章●ブランド論 …………………………………………… 625

1─ブランドの本質 ………………………………………………… 626
ブランドの起源と本質的機能／ブランドとは何か？／ブランド重視の時代的な背景／強いブランドの条件

2─ブランドの成り立ち …………………………………………… 636
ブランドの構成要素／ミクロ要素の特徴／ブランドのミクロ要素／ブランドの構造／ブランドが提供する新しい価値

3─ブランド戦略の実際 …………………………………………… 648
ブランドの編成原理とその活用戦略／個別ブランド（商品ブランド）／企業ブランド経営／ブランドの垂直的な展開／水平的なブランド結合／ブランド拡張／ブランドの加齢効果と再活性化

4─ブランドの資産価値と評価 …………………………………… 661
ブランドの資産価値／ブランド評価

第17章●サービス・マーケティング ……………………… 684

1─サービス・マーケティングの基礎 …………………………… 685
サービス産業の重要性／サービス財の特徴／サービス業の分類

2─サービス・マーケティングの枠組み ………………………… 696
顧客サービスの構成要素／サーバクションの枠組み（Langeard et al. 1981）／マーケティング・ミックス・アプローチ（Booms and Bitner 1981）／サービスの劇場アプローチ（Grove and Fisk 1983）

3―サービス・マーケティングの課題 ……… 704
サービスの製品設計／サービス従事者の活用／顧客満足と品質保証

第18章●マーケティングの社会的な役割 ……… 719

1―社会的システムとしてのマーケティングの役割 ……… 720
静脈系と動脈系のマーケティング・システム／米国流マス・マーケティングの功罪／社会的なマーケティングの新種

2―国境を越えたマーケティングの移転 ……… 725
マーケティングの技術移転／米国マーケティングの標準化移転／マーケティング移転モデル／マーケティングの現地化／日本からアジア諸国へのブランド移転

3―ポストモダンの消費行動論 ……… 733
解釈的アプローチの誕生／消費の意味論／コレクターの世界：快楽消費による説明／快楽主義と主観主義

4―垂直的なマーケティング・システムの未来 ……… 742
食の分野における垂直統合の可能性／21世紀の食品流通に関する質問／まとめ

事項索引 ……… 753
企業・ブランド名索引 ……… 770
人名索引 ……… 778

コラム

COLUMN-1	社名・ブランド名の中国語表記 ………	9
COLUMN-2	ゆるぎない事業コンセプト： アスクル　岩田彰一郎社長 ………	18
COLUMN-3	マーケティングの未来：2つのシナリオ ………	59
COLUMN-4	マーケティング研究の3つの流れ ………	65
COLUMN-5	仕事に対する時間の配分 ………	79
COLUMN-6	ブランド論がブレークした歴史的な背景 ………	85

COLUMN-7	日本版顧客満足度指数（J-CSI）の開発	127
COLUMN-8	各国料理と中国人消費者の車選び@成都	152
COLUMN-9	ユニクロのバンドル販売	172
COLUMN-10	ショッピングの科学：パコ・アンダーヒルの店頭観察法	182
COLUMN-11	エキュート・プロジェクト（JR東日本ステーションリテイリング）	200
COLUMN-12	フルオーダー・ジュエリーショップ㈱ケイ・ウノ	222
COLUMN-13	ラベルが違うと味覚が変わるかも？サントリーAd生の味覚実験	247
COLUMN-14	チェーンと立地で入店率と買上率が変わる？しまむら、ユニクロ、ハニーズの店舗観察から	259
COLUMN-15	ロングセラーブランドは、なぜ長く生き続けているのか？	307
COLUMN-16	理想的なテスト・マーケティングの都市	325
COLUMN-17	ローテク3F産業の実力	366
COLUMN-18	体感的漢字論：手で書く漢字とワープロを使って選ぶ漢字	372
COLUMN-19	ドーフマン・スタイナーの定理	396
COLUMN-20	偽ブランド品の傾向と対策	407
COLUMN-21	値下げか？　廃棄か？	431
COLUMN-22	景品表示法の改正（2007年）：公聴会での意見陳述	448
COLUMN-23	企業が"企業広告"をする理由	460
COLUMN-24	テレビ番組のプログラム価値マップ	483
COLUMN-25	限定品を選択するのはどのような人たちか？	510
COLUMN-26	ユナイテッドアローズ、誕生から業態の成熟まで	528
COLUMN-27	デルのダイレクト販売モデル	545
COLUMN-28	ドミナント出店戦略	559
COLUMN-29	「しまむらの公式」＝出店のための簡易ルール	586
COLUMN-30	ある地区担当販売部長のキャリアパス（ヤオコー）	594

COLUMN-31	ブランドの新世界と旧世界	632
COLUMN-32	中国馳名商標	665
COLUMN-33	米国の一流ホテルのロビーがうす暗いのはなぜか？	707
COLUMN-34	DELICA rf-1＠サンフランシスコ・ピア39	730
COLUMN-35	解釈的アプローチと消費文化理論の発展	734

オープニング事例

ファーストリテイリング　ジョルダーノへの買収提案	2
トヨタ自動車：車種統合、マークXの発売	112
キリンビバレッジ＠上海　"午後の紅茶"と"生茶"のブランド移転	292
マクドナルド、地域別価格制の導入	622

Looking Back

ユニクロ1999年12月24日　柳井正＠山口本社	34
一汽豊田汽車有限公司　2004年10月17日＠北京	146
上海錦江麒麟2003年6月　猛暑・停電とSARS騒動の中で	345
日本マクドナルド、2001年3月株式公開前夜	676

装丁・川畑博明

マーケティングの
考え方

I

　Ⅰ部は、読者がマーケティングの基礎的な概念を理解し、企業経営の中でマーケティング活動が担っている主たる役割について、その大まかな枠組みが把握できるようになることを目標としている。

　第1章では、マーケティングの基本的な仕組みを紹介する。第2章では、19世紀半ばに米国で誕生したマーケティングの考え方が、第二次世界大戦後に日本に導入され、実践的な技術体系として定着していく過程を、発展の歴史に沿って振り返ってみる。第3章では、マーケティングの計画と実行の枠組みを記述する。そうした上で、マーケティング・プランニングの実際を、資生堂薬品のコエンザイムQ10商品の発売を事例として具体的に例示する。

　Ⅰ部を読了した後で、読者は、市場のセグメンテーションや顧客のターゲティング、製品のポジショニングなどの考え方がおおよそ理解できるはずである。また、マーケティング意思決定の基本的な枠組みについても精通していることになるだろう。

オープニング事例
ファーストリテイリング ジョルダーノへの買収提案

　2006年8月5日、「ユニクロ」を展開するファーストリテイリング（本社：山口県山口市）が、香港に本社のあるアパレル大手「ジョルダーノ」（Giordano）に買収提案していることが明らかになった。

　同日付の日本経済新聞朝刊は、ジョルダーノの買収に名乗りを上げている企業が、ファーストリテイリング以外にも複数あると伝えている。ジョルダーノは、いずれのオファーに対しても拒否の姿勢を示していると報道されている。かなりハードルの高い買収劇と見られているが、ジョルダーノの買収が実現したとすれば、両社合わせて売上高で約5100億円（約3100店舗）、アジア最大のカジュアルウエアのSPA（製造小売業：Specialty store retailer of Private label Apparel）が誕生することになる。[1]

　2005年3月、前任者の玉塚元一社長を更迭し、再び経営の第一線へ復帰することを決意した柳井正会長の公約は、2010年までに連結売上高1兆円を達成することであった。コミットメント実現のために、柳井会長は、国内ユニクロ6000億円、海外ユニクロ1000億円、他関連事業3000億円という売上目標を掲げた。復帰後の1年間で、既存ブランド・ユニクロでのさまざまな試み（例えば、青山に開店した期間限定店舗「SELEQLO」）の他に、ダイエーの衣料品売り場での低価格独自ブランド「g.u.」（ジー・ユー）の展開、東レとの素材面での事業提携などを矢継ぎ早に発表している。

　しかしながら、売上高1兆円の目標達成には、徐々に復活しつつある国内ユニクロの伸びに頼るだけでは十分ではない（図表1）。2003年の米高級衣料ブランド「リンク・セオリー・ホールディングス」の買収に続いて、2005年には、靴チェーンの「ワンゾーン」の買収や欧州小売業

1——日本経済新聞、2006年8月5日朝刊。

3社(仏衣料チェーン「コントワー・デ・コトニエ」、伊高級衣料「アスペジ」(日本法人)、仏下着チェーン「プリンセス タム・タム」)の企業買収を行った。他方で、国内市場がすでに飽和しつつあると見て、2000年に英国ロンドン、2002年には中国上海に進出しているが、当初期待していたほどに海外事業は成功していない。

その後も、韓国ソウル(2005年)、米国ニューヨーク(2005年)、フランス・パリ(2007年)と海外出店を続けているが、自社店舗による内部成長には限界があると見られている。起死回生、一発逆転の秘策が、香港系アパレル企業買収の試みであった。

ジョルダーノ以外にも、タイ、香港、台湾、中国本土を中心に、アジア地区には数百店舗を展開するカジュアル衣料小売業が4社(Baleno、Bossini、Meters/bonwe、Jeanswest)あることが知られている。買収のターゲットは、何もジョルダーノだけとは限らない。

1995年秋、柳井会長は自ら求めて、ジョルダーノの創業経営者ジミー・ライ氏と香港で面会している。それまでのユニクロのビジネスは、米国のGAPと英国のNEXTをベンチマークとしていたが、柳井会長がオペレーション面ではじめてお手本としたのが、香港のジョルダーノであった。1998年末からのユニクロブームを演出する直接のきっかけを与

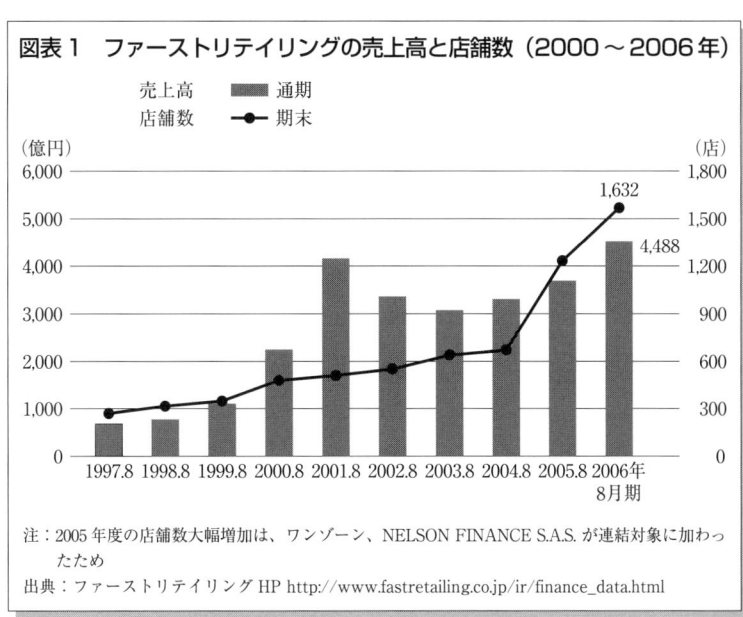

図表1 ファーストリテイリングの売上高と店舗数(2000〜2006年)

注:2005年度の店舗数大幅増加は、ワンゾーン、NELSON FINANCE S.A.S.が連結対象に加わったため
出典:ファーストリテイリングHP http://www.fastretailing.co.jp/ir/finance_data.html

図表2　ファーストリテイリングのグループ戦略の軌跡

2004年1月	「セオリー」を展開するリンク・インターナショナルへ出資
2005年3月	「ワンゾーン」（靴小売）を買収
5月	「コントワー・デ・コトニエ」（婦人服ブランド、欧州）を展開するネルソンファイナンス社の経営権を獲得
2006年2月	「プリンセス　タム・タム」（ランジェリー、欧州）を展開するプティヴィクル社を買収
4月	「キャビン」（婦人服専門店）の株式を取得し、業務提携
11月	「ビューカンパニー」（靴小売専門店）へ出資
2007年8月	「キャビン」をTOBにより完全子会社化
2009年1月	「セオリー」子会社化のためTOB（株式公開買付）

出典：ファーストリテイリング『FAST RETAILING ANNUAL REPORT 2007』をもとに作成
http://www.fastretailing.com/jp/ir/library/pdf/ar2007_ja_05.pdf

えたのが、東京原宿のユニクロ旗艦店と、ジョルダーノが独自開発し、その後にビジネスモデルを模倣したファーストリテイリングが、日本と中国現地協力工場との間で築いたSPAの仕組みであった。

第1章
マーケティングの仕組み

　本章では、マーケティングの基本概念とマネジメントの仕組みについて学ぶ。

　マーケティングは、市場に向けられた企業組織の活動である。より具体的には、顧客と競争企業に向けられた経営資源（人、モノ、金、情報、ブランド）の投入努力とその内部的な調整からなる組織的な活動である。マーケティング活動の中核部分は、企業目標、とくに製品サービス部門ごとの売上高、市場シェア、利益率、成長率などの事業目的を達成するために、製品・事業コンセプトを策定し、市場・競争環境を分析し、自社の経営資源をそれぞれの市場に向けて最適化する活動から構成されている。顧客と市場を管理する全体プロセスが、「マーケティング・マネジメント」（marketing management）である。

　第1節では、まず、マーケティングを定義してみる。AMA（全米マーケティング協会）やJMA（日本マーケティング協会）の定義を紹介する。その後で、マーケティング的な発想法とは何かについて学ぶ。

　第2節では、マーケティングが取り扱うべき課題について理解を深める。大事なポイントは、3つの基本的な決定事項に要約できる。すなわち、マーケティング対象として、「何を」選ぶか、マーケティング努力を向ける相手を、「誰に」設定するのか、そして、マーケティング目的を実現するために、「どのような」手段を採用するのか、を決めることである。

　第3節では、マーケティングの進め方について学ぶ。事業領域の選択からはじまり、市場をセグメンテーションして、その中から標的となる顧客を選択する。製品のポジショニングを決めた後で、製品、価格、プロモーション、販売チャネルのマーケティング・ミックスを編成する。いわゆる、「B＋STP＋M」についての実際を、カジュアル衣料品チェ

ーンのユニクロとハニーズ、オフィス用品の宅配企業であるアスクルを例に挙げながら、マーケティングの基本デザインについて理解を深める。

1―マーケティングの基礎概念

1.マーケティングの定義

マーケティングとは何だろうか。

日常会話にもしばしば登場する「マーケティング」（marketing）という用語を、きちんと定義した日本語の経営書は意外に少ない。そのことを反映してか、例えば、私立大学の経営学部や商学部の演習（ゼミナール）で2年間、マーケティングを学んだ学生であっても、自分が訓練を受けた学問分野をきちんと定義づけ、そこで学習した内容を体系立てて上手に説明できる学生はごく限られている。

それとは対照的に、実務家が書いたマーケティングの教科書では、アカデミックな研究の成果やマーケティング実務の歴史的な発展過程の説明に十分な紙幅が割かれていない。学問的な枠組みに照らして、マーケティング活動の実際を体系的に整理することなしに、外国人が執筆したテキストの定義をそのまま援用しているケースが散見される。実務的に過ぎて、マーケティングの基礎概念や実践的な活動の本質が見えてこないのである。

企業経営についてほとんど知識のない一般の人たちから、マーケティングは、単なる「広告宣伝活動」（advertising）や「販売促進活動」（sales promotion）と見られている。あるいは、販売企画のための「市場調査」（market research）や高圧的な「営業活動」（selling）と誤解されることがしばしばである。経営の専門家でも、つい最近までは、「物的流通」（physical distribution）の現代的な形態である「ロジスティクス」（business logistics）がマーケティング活動の一部であるとは考えていなかった。[1]

---

[1]――Christopher and Peck（2003）によれば、マーケティングは「需要の創造」（demand creation）を、ロジスティクスは「需要の完遂」（demand fulfillment）を機能として担っているとしている。Christopher, M. and H. Peck（2003）*Marketing Logistics* 2nd ed., Butterworth Heinemann, 序文 p.8.

また、病院や学校の経営などは、非営利組織（non-profit organization）のサービス業であることから、マーケティングの概念をそのまま組織運営に適用できるとは見られていなかった。いまでは逆に、官公庁や美術館、博物館、交響楽団や大学などの非営利組織が、自らの顧客や来場者に向けてのサービスを充実させるために、積極的にマーケティング的な発想を取り入れようとしている。

2.マーケティング的な発想

「マーケティング発想法」（marketing thoughts）とは、セオドア・レビット教授が『ハーバード・ビジネス・レビュー』に掲載した記念碑的な論文「マーケティング近視眼」（marketing myopia）で有名になった概念である。製品（モノ）とそれが生み出す機能（サービス）のどちらがマーケティングの対象として本質的なのかを的確に指摘した論文であった。そのエッセンスは、レビット教授が消費者の基本ニーズを記述した部分にある。

「消費者が欲しいのは、工具のドリル（モノ製品）ではなく、1.5インチの穴（機能）である。近視眼のマーケターたちはなかなかそのことを理解しようとしない[2]」

マーケティングは元来、"market"（市場）＋"ing"（創ること、継続的な商品サービスの提供）の合成語である。あえて日本語に直すとすれば、「市場創造活動」とでも訳すのが原語にもっとも忠実な翻訳の仕方であろう。経営機能の中で、マーケティング活動の本質を、「顧客と市場の創造」であると喝破したのは、現代経営学の生みの親であるピーター・ドラッカーである[3]。

他方で、後に説明することになるが、マーケティング理論の転換点になったのは、「顧客との関係性（リレーションシップ）構築」と「顧客維持（リテンション）」の側面が強調され出してからのことである。これを加速したのが、データベース・マーケティングと「顧客関係性マネ

2——オリジナルの論文は、Levitt, T.（1960）"Marketing Myopia," *Harvard Business Review*, July/August, pp. 3-13である。同論文の邦訳は、T. レビット（2001）「レビット名著論文　レビット・マーケティング論の原点　新訳　マーケティング近視眼」として、『Diamondハーバード・ビジネス・レビュー』26巻11号（52〜69頁）に再録されている。
3——P.F. ドラッカー／上田惇生訳（2006）『現代の経営』ダイヤモンド社（Drucker, P. F. (1954) *The Practice of Management*, Harper Collins）。

ジメント」(CRM：Customer Relationship Management) の流れである (ブラットバーグ他　2002)。

ちなみに、日本語のようにカタカナ文字が存在しない中国語では、欧米から来る新しい専門用語は、「音韻」(phonetics) と「意味」(semantics) を適当に組み合わせて、すべて漢字に置き換えてしまう。中国語でマーケティングは、「市場営銷」(市場経営・販売：shinchang yingxiao) と訳されている。実に巧みで機知に富んだ翻案である。COLUMN-1では、日米の有名ブランド（社名）を中国語に翻案した事例をいくつか紹介している。

3. 日米マーケティング協会による定義

マーケティングを誕生させた米国の実務界では、マーケティングの概念をどのように定義づけているだろうか。「全米マーケティング協会」(AMA：American Marketing Association) によると、マーケティングは、以下のように定義されている。

「マーケティング（マネジメント）とは、個人と組織の目標を満足させるための交換を創造するための、アイデア・商品・サービスの概念化・価格決定・販売促進・流通に関わる計画と実行のプロセス」(1985年の定義)

この定義では、マーケティングにおける交換過程とマーケティング意思決定の側面が強調されている。嶋口 (1994) や和田 (1998) の分類によると、AMAの1985年の定義は、いわゆる「交換パラダイム」に属するマーケティングの考え方である。

4——R.ブラットバーグ、G.ゲッツ、J.トーマス／小川孔輔・小野譲司監訳 (2002)『顧客資産のマネジメント——カスタマー・エクイティの構築』ダイヤモンド社 (Blattberg, R.C., G. Getz, and J.S. Tomas (2001) *Customer Equity: Building and Managing Relationships as Valuable Assets*, Harvard Business School Publishing Corporation)。

5——原文では、"Marketing (Management) is the process of planning and executing the conception, pricing, promotion, and distribution of ideas, goods, and services to create exchanges that satisfy individual and organizational objectives." (AMA 1985) となっている。訳文は、嶋口充輝、石井淳蔵 (1995)『現代マーケティング』有斐閣、による。

6——「交換パラダイム」に先行する時代のマーケティングの考え方は、嶋口 (1994) によると、「刺激反応パラダイム」である。また、2005年のAMAの定義を反映したマーケティングの考え方については、嶋口たちはすでに10年ほど前から「関係性パラダイム」と呼んでいた。嶋口充輝 (1994)『顧客満足型マーケティングの構図——新しい企業成長の論理を求めて』有斐閣、和田充夫 (1998)『関係性マーケティングの構図——マーケティング・アズ・コミュニケーション』有斐閣。

COLUMN-1
社名・ブランド名の中国語表記

『日・中・英　企業・ブランド名辞典』(2003年、日本経済新聞社)の著者である莫邦富氏によると、「社名やブランド名の中国語表現に積極的な欧米企業と対照的に、日本企業は、日本語による発音や日本語流の表現に頑なにこだわる傾向がある。中国での広告に日本語や横文字のブランド名や会社名を並べても、大多数の中国人消費者の心には訴えることができないだろう」(172頁)。その例外は、北京を中心に現地化を真剣に模索しているイトーヨーカ堂である。

イトーヨーカ堂の中国語の社名は、「華堂」である。本来の社名をそのまま中国語にすれば、「伊藤羊華堂」である。もちろんこのような表記をすることもあるが、これでは長い上に、「羊華」という表現も中国人には理解できない。短くてかつ意味が通じるように会社名を中国風に「華堂」と翻案した同社を莫氏は絶賛している。現地の消費者の立場に立って、日本語表記にこだわらず、覚えやすく親しみやすい社名にしたところなど、イトーヨーカ堂が中国で健闘していることの証のようにも思う。

ちなみに、日本と米国から中国に進出している代表的なホテル・サービス業と自動車会社の中国語表記を以下に掲載してみた(153～154

代表的なホテル・サービス業と自動車会社の中国語表記

日本語	中国語	読み(ピンイン)
フォーシーズンホテル	四季酒店	sì jì jiǔ diàn
ホテルニューオータニ	長富宮飯店	cháng fù gōng fàn diàn
ケンタッキー・フライドチキン	肯徳基家郷鶏	kěn dé jī jiā xiāng jī
サブウェイ	賽百味	sài bǎi wèi
スターバックスコーヒー	星巴克	xīng bā kè
マクドナルド	麦当労	mài dāng láo
ミスタードーナツ	美仕唐納滋	měi shì táng nà zī
モスバーガー	莫師漢堡	mò shī hàn bǎo
ロッテリア	楽天利	lè tiān lì
フォルクスワーゲン	(上海)大衆	dà zhòng
ゼネラル・モーターズ	(上海)通用汽車	tōng yòng qì chē
トヨタ自動車	豊田汽車	fēng tián qì chē
本田技研	本田汽車	běn tián qì chē

出典：莫邦富(2003)『日・中・英　企業ブランド名辞典』日本経済新聞社、100～105頁および150～155頁より作成

> 頁)。「音（韻）」と「意味」が適当に組み合わせられていることに気がつくはずである。日本企業と米国企業の現地対応の基本姿勢の違いがわかって、解釈の興味が尽きない。

AMA（1985）による定義は、2004年になって、19年ぶりにつぎのように変更になった。

「マーケティングは組織的な活動であり、顧客に対し価値を創造し、コミュニケーションを行ない、届けるための、さらに組織及び組織の利害関係者に恩恵をもたらす方法で顧客との関係を管理するための、一連のプロセスである」（2004年の定義[7]）

この定義は、嶋口（1994）の主張している「関係性パラダイム」に非常に近いマーケティングの考え方である。日本人研究者の先見性は、日本マーケティング協会（JMA）の見方にも反映されている。

日本マーケティング協会（http://www.jma-jp.org/）では、公式的なマーケティングの定義として、「マーケティングとは、企業および他の組織がグローバルな視野に立ち、顧客との相互理解を得ながら、公正な競争を通じて行う市場創造のための総合的活動である」（日本マーケティング協会　1990）としている。

ここで定義されている個々の用語は、以下のように細かく規定されている。①「組織」とは、教育・医療・行政などの機関、団体などを含む。②「グローバルな視野」とは、国内外の社会、文化、自然環境の重視、③「顧客」とは、一般消費者、取引先、関係する機関・個人および地域住民を含む。④「総合的活動」とは、組織の内外に向けて統合・調整されたリサーチ・製品・価格・プロモーション・流通、および顧客・環境関係などに関わる諸活動をいう。

日本マーケティング協会（1990）のほうが、全体的にはマーケティングの概念を広く定義しているように見える。米国（AMA）の定義

---

[7] 同じく、原文（2004）では、"Marketing is an organizational function and a set of processes for creating, communicating, and delivering value to customers and for managing customer relationships in ways that benefit the organization and its stakeholders."（AMA　2004）となっている。訳文は、酒井麻衣子（2009）「顧客視点のサービス・リレーションシップ・モデル」法政大学博士学位論文による。

(1985、2004)に対して、日本（JMA）の定義では、国際性と公平性が強調されているくらいで、基本的に違いはそれほど大きくないといえる。なお、マーケティング概念の時代的な変遷については、次章「マーケティングの発展史」でさらに詳しく扱う。

2──マーケティングの基本課題

マーケティングの基本は、商品やサービスが売れる仕組みを作ることである。嶋口（2004）は、こうした売れるマーケティングの仕組みづくりを、従来からある単なる商品・サービスの提供とは区別して、マーケティングの「仕組み革新」と呼んでいる。商品やサービスを単体として販売するのではなく、売れ続ける仕組みを構築することがマーケティング・イノベーションの本質であるという示唆に富む説明である[8]。

売れるマーケティングの仕組みを作るためには、「何を」（what）、「誰に」（whom）、「どのように」（how）提供すべきかを決定することが必要である。しばしば企業の「事業領域」（business domain）を説明するために、この3つの条件が用いられることがある。Ⅰ部のオープニングで取り上げたファーストリテイリングの事例を用いて、マーケティングの仕組みを説明することにしよう。

1. 何を（what）：提供する製品・サービス

企業が消費者に提供している便益（ベネフィット：benefit）は、「ニーズ」（needs）と「欲求」（wants）の束として表すことができる。ニーズと欲求の違いは、必要性の程度の違いである。ユニクロが消費者に提供している商品は、フリースやジーンズ（アウターウエア）、トランクスや靴下（インナーウエア）というカジュアル衣料品である。「冬の戸外で寒さを凌ぐ」というフリースの機能は、消費者にとっては基本的な便益である。フリースを購入する消費者にとっては、最低限必要なニーズである。

---

[8]──嶋口充輝（2004）「序章──仕組み革新の時代」嶋口充輝編『仕組み革新の時代──新しいマーケティングパラダイムを求めて』有斐閣、1～16頁。金顕哲（2004）「終章──新しい仕組み革新に向けて」嶋口（2004）前掲書、269～291頁。嶋口（2004）によると、マーケティング革新の仕組みは、時代背景によって微妙に変化してきたとされている。

ところが、カラフルな色彩やシックなデザインは、必ずしもすべての消費者がフリースに求める基本的なベネフィットというわけではない。それがなくても当面、生活を維持するためには特段困ることはない。消費者側から求められる一段と高いこうした要求は、マーケティング用語としては、「ウォンツ」あるいは「（消費者）欲求」と呼ばれている。なかったとしても困らないけれど、できればあったらうれしい製品の特徴・属性（product feature / attribute）がウォンツである。

ユニクロが販売しているドライタイプのTシャツは速乾性があるので、湿気が多い夏に汗をかいてもべとつかず、肌触りがとても良い。こうした製品ベネフィットは、「機能的ベネフィット」（functional benefit）と呼ばれる。それに対して、ナイキのシューズやスポーツウエアのように、ロゴマーク（swoosh mark）から連想されるNBA（全米バスケットボール協会）の元スター選手マイケル・ジョーダンのイメージや独特な製品デザインに向けられる好ましい消費者の感情は、「情緒的ベネフィット」（emotional benefit）と呼ばれる。情緒的ベネフィットは、それ自身は実体を持たない感覚的なベネフィットとして、機能的なベネフィットとは区別される[9]。企業が提供する製品（product）は、性質が異なる2種類のベネフィットを含んだ商品（merchandise）やブランド（brand）として消費者に購入されるわけである。

ベネフィットの束を含んだ商品やサービスは、通常は「ブランド」（brand）というラベル（名前：brand name）や「商標」（マーク：trade mark）という顔を持っている。果物でたとえれば、リンゴやナシの芯の部分にあたるのが、製品にとってもっとも大切な「コア・ベネフィット」（core benefit）である。製品自体は、コアとなる便益以外にも、リンゴやナシでいえば、可食部分にあたるさまざまな消費者ベネフィットを含んでいる。

例えば、果物では、糖分（甘さ）、栄養分やミネラル含有量、繊維質、テクスチャー（食感）などの製品ベネフィットである。どの部分が、消費者にとって魅力を感じるコア・ベネフィット（芯の部分）となるか

9──小川孔輔（2000）「社会の劇場化と商品ブランド──消費者は、いま、何を求めているか」『現代のエスプリ』2000年11月号、131〜141頁。この他に、商品が提供する3番目のベネフィットとして、「自己表現ベネフィット」（self-explicated benefit）があるとされている（D. A. アーカー／陶山計介他訳（1994）『ブランド・エクイティ戦略──競争優位をつくりだす名前、シンボル、スローガン』ダイヤモンド社）。

は、顧客のニーズや社会的な環境、競争者が提供する製品・サービスの水準によって決められる。

なお、果実の外側を包んでいる果皮が、商品ではロゴマークや色彩などのデザイン要素に対応している。製品の「中身」ではなく、パッケージ（package）や店舗デザイン（store design）などが、消費者から直に見える「外面＝顔」の部分を構成している。場合によっては、「企業名」（corporate name）や「製品カテゴリー」（product category）が個別のブランドよりも、消費者の購買にとっては重要であることが起こる。これは、消費者が置かれた環境、例えば、店舗内で買い物をしているのか、あるいは、自宅からネットで商品を購入しようとしているのかによって、消費者の購入行動に影響を及ぼす要因が変わってくるからである。

企業（組織）が提供する「何を」に関連するマーケティングの仕組みは、要約すると図表1.1のようにまとめることができる。

本書では、原則として、マーケティング対象である提供物（製品あるいは商品）を供給主体によって区別することにする。慣例にしたがって、メーカー（製造業者）が供給するモノを「製品」（product）と呼び、流通業が再販売するために供給するモノを「商品」（merchandise）と呼ぶことにする。英語でも、その対応語（product／merchandise）

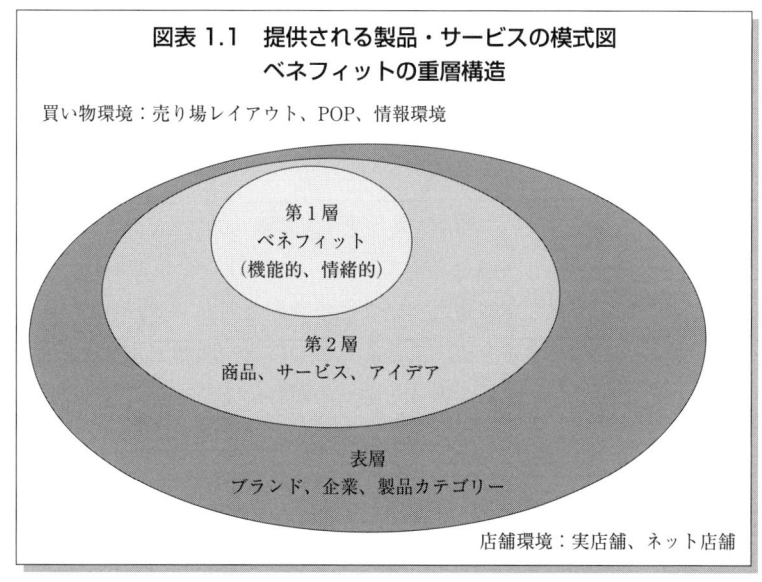

図表 1.1　提供される製品・サービスの模式図
ベネフィットの重層構造

買い物環境：売り場レイアウト、POP、情報環境

第1層
ベネフィット
（機能的、情緒的）

第2層
商品、サービス、アイデア

表層
ブランド、企業、製品カテゴリー

店舗環境：実店舗、ネット店舗

が存在しているが、文脈によっては必ずしも厳密な使い方をされているわけではない。なお、両方を包んだ抽象的な概念が「財（goods）」である。

製品やサービスを提供する主体によっては、販売対象は必ずしも物理的な存在（モノ製品）であるとは限らない。一般的には、物理的な実体を伴わない提供物（intangibles）は、「サービス」（services）あるいは「サービス製品」（service product）と呼び、モノ製品（tangibles）とは区別している。

なお、マーケティングの対象は、革新的な「アイデア」（価値を持った情報）であったり、選挙活動の「候補者」（人物選択＝政策と投票の交換行動）であったりすることもある。モノとサービス以外の交換活動については、次章で詳しく取り上げることにする[10]。

2. 誰に（whom）：対象顧客

商品・サービスの提供と同じくらい重要な要因が、どのようなグループを顧客層として想定するかという決定である。対象顧客の設定は、企業が提供する商品の「品質水準」（quality standard）やサービスに関する「仕様」（スペック：specifications）を決定づける。また、後に述べるように、想定される顧客グループの選択によって、商品・サービスを提供するために採用すべきマーケティング手法が異なってくる。

ユニクロの顧客層は、年齢性別を問わない。老若男女すべて、すなわち、「ノンエイジ」「ユニセックス」である。自社が想定している顧客層に関して、ユニクロの公式サイト（http://www.uniqlo.com/jp/）で、明記されている。

「ユニクロは、あらゆる人が良いカジュアルを着られるようにする新しい日本の企業です」（ユニクロHP、企業情報）

顧客を特定しないことの最大の利点は、「規模の経済性」（スケールメリット）を追求できることである。同じデザイン、色・柄の洋服を性別問わず、あらゆる年齢層の顧客に売り込むことができれば、1回の発注

---

[10] マーケティングの対象を、商品・サービスから、政治家（人物）のキャンペーン、組織の活動、文化やアイデアなどにも拡張できることを主張したのは、Kotler and Levy (1969) の提唱によるものである。Kotler, P. J. and S. J. Levy (1969) "Broadening the Concept of Marketing," *Journal of Consumer Research*, 33（January）.

数量を大きくすることができる。生産ロットがまとまると、製造原価を大幅に低減することができる。他方で、販売面でもスケールメリットが生まれるので、結果として低価格が実現できる。ユニクロが提供する圧倒的な低価格は、競合他社との競争優位の源泉となっている。

　これとは対照的に、顧客層を狭く限定する方法もある。ファッション衣料品の業界では、むしろ自社の顧客層を絞り込むアプローチのほうがふつうである。女性向けファッション衣料品業界で急成長している「ハニーズ」（本社：福島県いわき市）は、ユニクロと同様に低価格販売を実現しながら同時に、13〜35歳の若い女性にターゲットを絞り込んでいる（http://www.honeys.co.jp/）。さらには、自社の顧客をテイストが異なる4つの層に分け、それぞれのセグメント（segment：顧客グループ）に向けて別々のブランドを展開している。

　図表1.2のように、①13〜35歳を対象にスポーツ系、ストリート系を

図表 1.2　ハニーズの4ブランドの特徴

- **J-honey（Jハニー）**：13〜35歳を対象にスポーツ系、ストリート系を組み合わせたジーニングカジュアル
- **CINEMA CLUB（シネマクラブ）**：18〜30歳を対象にした女性らしいフェミニンタイプとフレンチカジュアル
- **C・O・L・Z・A（コルザ）**：15〜25歳を対象に渋谷109に代表されるセクシー系、ギャル系ファッション
- **GLACIER（グラシア）**：20代を対象に神戸系スタイルに代表される綺麗めファッション

資料提供：ハニーズ

組み合わせたジーニングカジュアルの「Jハニー」、②18〜30歳を対象にした女性らしいフェミニンタイプとフレンチカジュアルの「シネマクラブ」、③15〜25歳を対象に渋谷109に代表されるセクシー系、ギャル系ファッションの「コルザ」、④20代を対象に神戸系スタイルに代表されるきれいめファッションの「グラシア」というように、顧客セグメントを4つに分類して別々のブランドを開発している。

　顧客グループを狭く絞り込むことの第一のメリットは、提供する商品・サービスを特徴あるものに設定できることである。顧客イメージが明確なので、消費者のニーズがより詳細に特定できる。素材の選択や基本デザインなど、商品開発が容易になると同時に、必要とされる情報の入手経路もはっきりとする。

　例えば、ハニーズの商品開発チームは、毎週月曜日に福島県いわき市から上京して、渋谷109や原宿付近で通行客のファッションをチェックしている。また、ターゲット顧客が読みそうな雑誌、例えば、『CanCam』や『Ray』に掲載されている若い女性のファッションスタイルを開発メンバーが常時モニタリングしている。そうして集めたファッション情報をもとに、本社のデザイナーやパタンナー約50人が、パソコンのCAD（Computer-Aided Design）を駆使して商品の基本デザインを描いていく。完成したスケッチの画像は即日、中国の協力工場に転送される[11]。

　顧客を絞り込むことの第2のメリットは、マーケティング・コミュニケーションの効率が高まることである。ハニーズの例では、ターゲット顧客が読んでいそうな雑誌から、商品開発チームがファッション情報を収集している。それとは逆に、ハニーズの店頭では、雑誌に掲載されている先端的なファッションが、ハニーズの4つのブランドを通して入手できることが店内のPOP（Point of Purchase：店頭広告）で説明されている。また、ハニーズは雑誌とタイアップすることで、いま流行のファッションを自社商品として広告している。

　なお、ハニーズの商品開発チームは、ターゲット顧客とほぼ同世代に属している。開発にあたって自らの「内なる声」に耳を傾けることが、すなわちターゲットのニーズに応えることになるわけである。

　絞り込みの3番目のメリットは、販売経路の選択や店舗立地の選定が

11──小川孔輔（2006）「対談インタビュー　ハニーズ井尻社長」『チェーンストアエイジ』7月15日号。

容易になることである。1990年代の中ごろまで、ハニーズの主要店舗は、伝統的な商店街の中にあった。ところが、同社がターゲットとする若い女性の買い物場所が、1990年代の後半から新しく開発された郊外型ショッピングセンター（SC）に移動していった。メイン顧客の移動に合わせて、ハニーズは主たる店舗立地を郊外SCに切り替えるようになった。また、近年になって、駅ビルや駅ナカのSCへの出店が増えているのも、ターゲットの買い物習慣に合わせた出店である。

3．どのように（how）：商品・サービスの提供方法

　何を（what）、誰に（whom）提供するかの決定は、商品・サービスをどのように提供するかについての決定（how）と密接に結びついている。

　提供方法に関しては、①「販売方法」（コミュニケーション方法と提供サービス）、②「販売組織」（自社、子会社、提携などの組織形態の選択）、③「販売経路」（直販、中間流通利用などの様式）の3つの視点が重要である。このことを、「アスクル」（本社：東京都江東区）の事例で説明することにする（https://www.askul.co.jp/）。[12]

　アスクルは、文具メーカーの「プラス」（本社：東京都港区）の100％子会社である。1997年に親会社から独立して、文房具・事務用品の通信販売事業をはじめることになったが、取扱商品は親会社であるプラスの製品に限定しなかった（「販売組織」と「商品」の選択）。自社の通販カタログや配布される電子カタログ（CD版）に、他メーカーの文具や事務用品なども同時に掲載したことが、アスクルの成功要因であるといわれている（「情報提供媒体」および「コミュニケーション方法」）。

　アスクルの通販事業が成功した2番目の要因は、事業開始当初から、「従業員30人以下の事業所」を主たるターゲットに設定したことである（「対象顧客」の絞り込み）。中小規模の事業所（SO：スモール・オフィス）や個人経営の事務所（HO：ホーム・オフィス）が抱えている基本ニーズは、「必要なときにすぐ欲しい」「鉛筆1本、消しゴム1個からでも注文したい」であった。前者の顧客ニーズに対しては、商品を翌日内に配送すること（アスクル＝「明日来る」）で、後者のニーズに関して

12——池尾恭一（1998）「KBSケース素材　アスクル株式会社——オフィス通販事業　90-98-15233」慶應義塾大学ビジネス・スクール。

COLUMN-2
ゆるぎない事業コンセプト：アスクル 岩田彰一郎社長

つきあいの長い経営者は少なくないが、当初の事業構想と基本概念がほとんど変わらないというトップは実はそんなに多くない。「郵政公社（当時）」が主催する経営研究会（土屋守章座長）で、「アスクル」の岩田彰一郎社長に5年ぶりにお会いした。2004年6月14日のことである。

その5年前（1999年）に、法政大学夜間大学院で、執行役員の方にお話をいただいた後、文京区音羽の本社ビルで、事務所の隅っこに机を構えていた岩田社長に直接インタビューする機会を得た。親会社のプラスと同居していたころで、そのときの取材内容の一部は、拙著『マーケティング情報革命』（有斐閣）に反映されている。そのことを覚えてくださっていたようだった。

当時（1998年）、売上高は100億円に届いていなかったはずである。オフィス・デポやオフィスマックなど、外資系企業を蹴散らして、その後は業界のダントツ企業になる直前であった。コクヨの「カウネット」など、他企業の追随もあり、売上高のわりに利益が大きくなっていない時期であった。しかし、2001年には株式公開を果たし、2005年に東証一部で売上高が1000億円を突破している（2008年5月期、年商1896億円）。

そうではあっても、「お客様のために進化する企業」であるという姿勢は変わっていない。当時から「オフィスのためのワンストップショッピング」を実現するために、オフィスサプライ用品（当初は文房具中心）を、翌日（あす）来るように配達するという基本概念は不動のものである。

当時と比べると、経営上の数字は信じられないほどの変貌を遂げた。売上構成で、文具が占める割合はいまやわずか25％である。OA／PCサプライ用品が47％を占めている。飲料や加工食品が多い。主たる顧客であるオフィスは、中小事業所から大企業向けの電子購買代理業務にシフトしている。また、取扱商品も、付加価値の薄い文具用品から、提案型の加工食品（ネスレとの提携商品、エクセラ詰め替えパック）やオフィスに置いてもおかしくないデザイン性が高い素敵な「ティッシュ・ボックス」などである。

面白かったのは、当初、「取引の壁」（例えば、親会社「プラス」以外

> の商品を取り扱うこと、卸からの反発）に阻まれたとき、応援してくれたのは「マーケティング・カンパニー」（顧客満足を最大限考える企業：ネスレ、花王など）だったという話である。商慣行のタブーに挑戦する気概を持った企業は、何も規模や業界の立場ではないということである。「進取の気性を持って事に当たるのは、いつでもイノベーターたちである」（岩田社長）とのことであった。
> 　アスクルのつぎなる収益モデルは、サービス提案、プロユース向けの「ショップ」であろう。そのときに、物流・情報流のプラットフォームが生かせるかどうかが鍵になるだろう。この先の10年間は難しいだろうが、岩田さんがトップである限りは何とかなるだろう。
> 　先月は、流通VAN会社「プラネット」の玉生弘昌社長にお会いした。アスクル岩田社長もプラネット玉生社長も、トイレタリーメーカーのライオン出身の経営者である。そして、2人とも「プラットフォーム・ビジネス」を展開している。
>
> 出典：小川の個人HP（http://www.kosuke-ogawa.com/?eid=466#sequel）から内容を抜粋、再編集（2004年10月16日）。

は、「バラピッキング」の物流システムで対応することにした（「提供サービス」の決定、「事業コンセプト」の策定）。

　当初アスクルに求められた基本サービスは、中小規模の事務所に対して、小口の商品を迅速に配送することであった。ファストサイクルを実現するために、中間流通を利用することは不適であった。したがって、自社物流で中間卸を経由しない「直販システム」を採用することにした（「販売経路」の選択）。

　ただし、新規顧客の顧客開拓と販売代金の回収に関しては、既存の文具卸を代理店として活用している（「提携販売組織」の活用）。また、迅速な配送サービスを実現できたことで、文具類や事務用品だけでなく、取扱商品が加工食品やオフィス家具に広がっていった。翌日配送のサービスが定着したことで、ターゲット顧客として大規模事業所をも取り込むことに成功した（「オフィス・コンビニ」の事業コンセプト開拓）。

　COLUMN-2はアスクル（岩田社長）の5年前のスケッチである。

4. 競争優位性の確保

　ユニクロ、ハニーズ、アスクルのいずれも、現代の日本を代表する成功した流通サービス企業である。3社に共通している点は、他社が持っていない絶対的な強みを持っていることである。

　商品あるいは販売システムの面で、差別的なマーケティングが展開できるかどうかは、企業（事業部門・ブランド）の収益性に大きな影響を与える。たとえ、市場シェアが高くても、絶対的な差別化ポイント（points of difference）を持たないと、高収益企業にはなりえない。

　基本的に、他社が簡単には模倣することができない能力は、「持続的な競争優位性」（SCA：Sustainable Competitive Advantage）と呼ばれている。差別的な競争優位性の源泉は、仕組みとして企業システムに埋め込まれている場合もある。また、個別商品の特異性（ユニークさ）が競争優位の源泉であることもある。

(1) 仕組み革新

　前者の仕組みに埋め込まれた優位性の事例を挙げてみる。

　ハニーズの場合は、消費者起点の商品開発の方法と中国を拠点とした生産物流のシステムが競争優位の源泉である。アスクルのケースでは、文具関連の幅広い品揃えと小口かつ迅速な配送を含んだ「ワンストップショッピング機能」に、他社にない強みがある。1990年代後半にユニクロが発見したマーケティングの仕組みは、フリースやTシャツといった商品にラジカルな革新性があったわけではなかった。そうではなくて、商品開発から製造・販売に至るまで、「供給連鎖」（supply chain）のすべての段階に自社が関わりを持つことで、低価格で高品質の商品を提供する「製販統合型モデル」を実現できたことに競争優位性があったのである（章末のLooking Back参照）。

(2) 製品の独自性

　後者の製品に関する「独自性」（uniqueness）は、しばしば、「USP」（Unique Selling Point）と呼ばれたり、「CBP」（Core Benefit Proposition）という名称を与えられたりする[13]。

　例えば、大塚製薬のポカリスエットは、「激しい運動の後に失われた水分とミネラルを補給する"飲む点滴液"」のコンセプトで発売された。また、ソニーのウォークマンは、「極小サイズで再生のみ可能なカセッ

トテープレコーダー」として開発された。

　かつて「味の素」が持っていた「グルタミン酸ソーダ」の製造特許がその例である。1908（明治41）年に、池田菊苗博士が「グルタミン酸塩ヲ主成分トセル調味料製造法」で特許出願した。グルタミン酸ソーダという調味料の製造法が、味の素の競争優位の源泉になっている。しかし、特許が切れた1929年以降も、グルタミン酸ソーダ市場での味の素の優位は揺らぐことはなかった。それは、長年にわたって蓄積されてきた「味の素」のブランド力に根拠があると考えられる[14]。

　味の素の事例は、歴史的に上手に遂行されてきた心理的なポジショニングの良い事例である。製品開発やブランドづくりに関しては、それぞれ第8章と第16章で詳しく取り扱うことになる。

3——マーケティングの進め方：「B＋STP＋M」の概念

　マーケティング活動とは、消費者ニーズを起点にした計画システムである。グローバルに活動しているほとんどの消費財企業では、次のような標準的な手順を踏んで、マーケティングを戦略的に計画し、実行し、統制している。

① 　B：事業領域を設定し、
② 　ST：市場を細分化して主ターゲットを決め、
③ 　P：製品・サービスの心理的な位置づけを決め、最後に、
④ 　M：マーケティング諸活動を市場（顧客と競合）に向けて調整する。

13——USPは、米国の広告代理店「オグルヴィ・アンド・メイザー」の創業者ロッサ・リーブスの呼称である。CBPは、MIT（マサチューセッツ工科大学）のスローン・ビジネススクールの2人の教授、グレン・アーバンとジョン・ハウザーが命名したものである。G.L.アーバン、J.R.ハウザー、N.ドラキア／林廣茂他訳（1989）『プロダクト・マネジメント——新製品開発のための戦略的マーケティング』プレジデント社（Urban,G. L., J.R. Hauser, N. Dholakia (1987) *Essentials of New Product Management*, Prentice-Hall）。
14——グルタミン酸自体は、池田博士が認めているとおり、特許出願前に公知されていた。池田博士がグルタミン酸そのものを発明したのではない。池田博士の特許の創意は、それがうまみの感覚を与える成分であるとの発見に基づき、これを調味料として人工的に製造しようとしたところにある。大正12（1923）年に期限になり、10年間の延長申請をしたが、多数の企業が反対運動を行った。結果的に6年間の延長が許可された（飯田隆（1986）「特許権存続期間を巡って」『時の法令』3月13日号、41〜49頁、著者は特許庁審判官）。

この一連のプロセスがマーケティング計画である、もっと詳しいマーケティング計画プロセスについては、第3章で取り上げる。
　こうした枠組みは、しばしば「STP＋M」という名称で呼ばれている[15]。本書では、これに「事業領域」（B：business domain）を選択する事前段階をひとつ加えることにする。以下では、取り上げた3社の事例にしたがって、B、ST、P、Mのそれぞれを順番に説明していく（図表1.3、1.4）。

1. 事業領域の選択

　マーケティング活動を計画・立案する上で、企業はつぎのような3つの質問に答えなければならない。以下では、新規事業を念頭に置いてはいるが、既存事業においても、事業やブランドの存在意義を見直す場合、質問は同様に有益である。

① どのような分野の事業（ビジネス）に取り組もうとしているのか？

② どのような消費者イメージの事業（ブランド）を立ち上げようとしているのか？

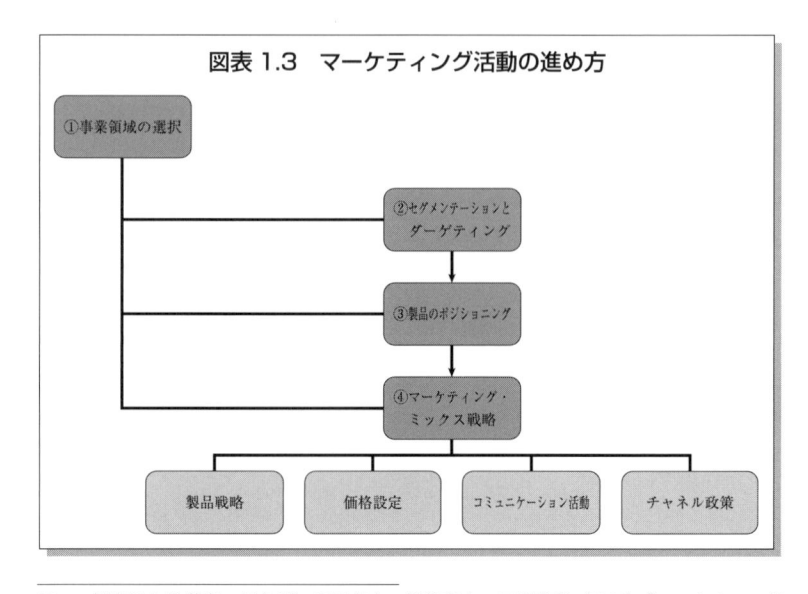

図表1.3　マーケティング活動の進め方

```
①事業領域の選択
    │
    ├──→ ②セグメンテーションとターゲティング
    │           │
    │           ↓
    ├──→ ③製品のポジショニング
    │           │
    │           ↓
    └──→ ④マーケティング・ミックス戦略
              │
    ┌─────┬─────┼─────┬─────┐
  製品戦略  価格設定  コミュニケーション活動  チャネル政策
```

15──標準的な教科書、例えば、和田充夫、恩蔵直人、三浦俊彦（2006）『マーケティング戦略　第3版』有斐閣アルマ、上田隆穂、青木幸弘編（2008）『マーケティングを学ぶ（上）売れる仕組み』中央経済社などでは、「STP＋M」のアプローチが採用されている。

図表 1.4　B+STP+M 概念の事例

		ユニクロ	ハニーズ	アスクル
B	事業領域	消費者市場 カジュアル衣料品	消費者市場 ファッション衣料品	業務用市場 文具・事務所用品
	セグメンテーションの方法	ノンセグメンテーション	年齢・性別、ファッションテイスト	事業所のサイズ
ST	ターゲティング	ノンエイジ（年齢不問） ユニセックス（性別不問）	15〜35歳の若い女性 ファッション追随型消費者 （4セグメント）	従業員30人以下事業所
P	ポジショニング	誰でも着られるベーシックカジュアル	若い女性でファッション志向	直販小売（ワンストップ）
	競合	量販店、衣料品チェーン	量販店、衣料品チェーン	文具店、卸店、CVS
M	マーケティング・ミックス			
	製品（Product）	高品質ベーシックカジュアル	低価格ファッション衣料品	迅速な配送サービス
	ブランド	自社商品（ノーロゴ）	自社ブランド＋セレクト商品	一般メーカー品＋BP
	価格（Price）	低〜中価格	低価格	標準価格
	チャネル（Place）	直営店SPA（自社商品100%） ネット販売	直営店SPA（自社商品70%）	直販配送チャネル（文具卸） コールセンター、ネット販売
	プロモーション（Promotion）	テレビ広告、チラシ	雑誌広告、店頭POP	カタログ、CD

③　どのような地理的市場（場合によっては、海外市場）に進出しようとしているのか？

以上の質問に回答することは、企業が自らの「事業領域」を選択することである（榊原　1992[16]）。あるいは、社会の中で果たすべき役割を、それぞれの企業がどのような形で宣言しようとしているのかに関わる意思決定を反映している。

企業が自らの社会的使命を表現したメッセージは、会社の「ミッション・ステートメント」（mission statement）と呼ばれている。図表1.5は、日本の代表的な消費財メーカーが、自社の事業領域をどのように定義しているのかについての手がかりを与えてくれる。テレビコマーシャルや会社案内、あるいはネット（企業サイト）から収集したデータである。各社が一般消費者に対して、自らの事業やブランドに関して持ってほしいイメージを表しているとも解釈できる。

図表1.5では、1998年と2008年のメッセージが比較されている。10年間ほとんど変わらない企業もある。花王は、「清潔で　美しく　すこやかな毎日をめざして」である。10年間一貫して変わらなかったもうひとつ

---

[16]　榊原清則（1992）『企業ドメインの戦略論──構想の大きな会社とは』中公新書。

図表 1.5 企業のミッション・ステートメント

企業	1998年	2008年
花王	清潔で 美しく すこやかな毎日をめざして	清潔で 美しく すこやかな毎日をめざして
トヨタ	人へ、社会へ、地球へ	人、社会、地球の新しい未来へ
NTT	マルチメディアは世界を結ぶ	新しい夢を、社会へ
JRA	キミの夢はここにある	JRAは、毎週走り続けます
日本マクドナルド	みんながいるよ、マクドナルド	I'm lovin'it
江崎グリコ	おいしさと健康	おいしさと健康
大塚製薬	Neutraceuticals	Otsuka—people creating new products for better health worldwide
コナカ	Men's Stylish	いつも、オシャレに
丸大食品	おいしさ新鮮	おいしさ新鮮
P&G	暮らし広がる世界の品質	暮らし感じる、変えていく　P&G
JT	Smokin' Clean	The Delight Factory
EPSON	カラーで発想、Color Imaging	Exceed Your Vision

出典：各社HPより（1998年は5月、2008年は4月末現在）

の事例は、江崎グリコの「おいしさと健康」である。ところが、日本マクドナルドや大塚製薬をはじめとして、ほとんどの企業は、この間、企業が発信するメッセージに微妙な変更を加えている。特徴としては、英語のステートメントが多くなっているのがわかる。

　なお、事業領域の選択は、この後で解説するターゲティングやセグメンテーションの議論と深く関わっている。具体的な手順や事例については、第6章「市場戦略と競争対応」でさらに詳しく取り上げることにする。

2．セグメンテーションとターゲティング

(1) 市場セグメンテーション

　つぎの段階は、「セグメンテーション」（Segmentation）である。「市場細分化」（market segmentation）と日本語では訳されている。企業が対象とする全体市場を、一定のまとまりがあるいくつかの部分に分割することである。ただし、分割したそれぞれの市場は、経済的に見て有望で、なおかつ独自に対象顧客とコミュニケーションができなければならない。分割された部分市場は、「市場セグメント」（market segment）

と呼ばれる。

　セグメンテーションの仕方には、いくつかの方法があることが知られている。企業の側から市場を切り分けるときの基準は、「細分化変数」（segmentation variables）と呼ばれる。参考までに、図表1.6に、米国企業が標準的に用いている細分化変数を列挙してみた。大きなカテゴリーとしては、「地理的変数」「人口統計学的（デモグラフィック）変数」「心理的変数」「行動的変数」の4つのカテゴリーが存在している。欧米に比べると、日本は、比較的同質な社会から構成されているので、セグメンテーションの基準がそれほど多様でないことに気づくはずである。

　例えば、社会階層や宗教といったセグメンテーション基準は、実用上はあまり有効ではない。住居地区などの地理的変数も、米国ほど有効ではない。そもそも日本の消費市場では、ライフスタイルや心理的な変数さえ、セグメンテーションの基準にはならないかもしれない。

　ユニクロやハニーズの例でわかるように、基本的には、性別と年齢を主軸とした「デモグラフィック変数」で対象市場が分割されることがふつうである。ユニクロの顧客市場対応で特徴的だったのは、逆張りの「ノン・セグメンテーション戦略」であった。ハニーズでは、すでに絞り込んである若い女性たちを、さらに、ファッションテイスト別にグルーピングすることを試みた。心理的変数に基づいて、消費者をグルーピングすることで、ブランドの差別化が行われたのである。アスクルの市場細分化基準は、事業所の規模であることがわかる。

(2)ターゲティング

　つぎに続く「T」は、ターゲティング（Targeting）を意味している。いくつかに分割した部分市場（セグメント）のいずれに、自社のマーケティング資源を集中して投入すべきかを決定することである。ユニクロのように、市場を分割しないケースは、そもそもターゲティングをしないことを意味している。この場合は、「非差別化マーケティング」（un-differentiation）と呼ばれる。

　ターゲティングには、2つの類型が存在している。細分化した市場のうち、対象をひとつに絞り込む場合が「集中型マーケティング」（focusing）である。アスクルが創業当初、従業員30人以下の事業所にマーケティング努力を限定したアプローチは、典型的な集中型マーケティングの考え方である。自社資源を有効に活用し、顧客とのコミュニケ

図表 1.6　消費財市場における米国企業が用いる主な細分化変数

変　　数	典型的な区分
地理的変数	
地　　域	太平洋岸、山岳地方、西北中部、南西中部、北東中部、南東中部、南大西洋岸、中部大西洋岸、ニューイングランド
郡	A、B、C、D
都市規模	5000人未満、2万人未満、5万人未満、10万人未満、25万人未満、50万人未満、100万人未満、400万人未満、それ以上
人口密度	都会、郊外、地方
気　　候	北部型、南部型
人口統計的変数	
年　　齢	6歳未満、6〜11歳、12〜19歳、20〜34歳、35〜49歳、50〜64歳、65歳以上
性　　別	男、女
家　族　数	1〜2人、3〜4人、5人以上
家族ライフサイクル	若年独身、若年既婚子供なし、若年既婚末子6歳未満、若年既婚末子6歳以上、高年既婚子供あり、高年既婚18歳以下の子供なし、高年独身
所　　得	1万ドル未満、1万〜1.5万ドル、1.5万ドル〜2万ドル、2万〜2.5万ドル、2.5万〜3万ドル、3万〜5万ドル、5万ドル以上
職　　業	専門職、技術職、マネジャー、公務員、企業・不動産所有者、事務職、セールス、職人、工具、運転手、農民、定年退職者、学生、主婦、無職
学　　歴	中学卒または以下、高校在学、高校卒、大学在学、大学卒
宗　　教	カトリック、プロテスタント、ユダヤ教、他
人　　種	白人、黒人、東洋人
国　　籍	アメリカ合衆国、イギリス、ドイツ、北欧、イタリア、ラテンアメリカ、中近東、日本
心理的変数	
社会階層	下流階級の下位、下流階級の上位、中流階級の下位、中流階級の上位、上流階級の下位、上流階級の上位
ライフスタイル	従来のタイプ、快楽主義者、長髪族
性　　格	強迫的、社交的、権威主義的、野心的
行動的変数	
購買契機	定期的な契機、特別な契機
追求便益	品質、サービス、経済性
使用者状態	非使用者、旧使用者、潜在的使用者、初回使用者、定期的使用者
使用頻度	少量使用者、中程度使用者、大量使用者
ロイヤルティ	無、中間、強、絶対
購買準備段階	無知、知っている、知識あり、興味あり、欲望あり、購買意思あり
製品への態度	非常に肯定的、肯定的、どちらでもない、否定的、まったく否定的

出典：P.コトラー／小坂恕・疋田聰・三村優美子訳（1996）『マーケティング・マネジメント　第7版』プレジデント社

ーション効率を高めるためである。

　経営資源に余裕がある企業は、複数の市場セグメントをマーケティングの対象として選ぶことが多い。ハニーズが、若い女性をファッションテイスト別に４つに分割し、それぞれのセグメントに異なるブランドを投入している例がこれにあたる。このようなアプローチは、「差別化マーケティング」（differentiation）と呼ばれる。自動車業界などでは、顧客のタイプ別に別の車種を準備するが、これは「フルライン戦略」とも呼ばれる。

　最後に、顧客の一人ひとりを、別のターゲットとして扱う方法がある。「ワンツーワン・マーケティング」と呼ばれるアプローチである。従来から、カタログ通信販売の世界で見られていたものだが、インターネットの普及が、個人客に向けたマーケティング対応を、技術的、経済的に可能にした。

3.ポジショニング

　「P」とは、「ポジショニング」（Positioning）である。競合製品と比べて、自社の製品やブランドを消費者から見てどのような心理的な位置に置くべきかを決定することである[17]。実際には、ポジショニングの作業に続いて、物理的な製品やサービスとしての提供物（offerings）をデザインするシナリオが作成される。その部分は、第８章「製品開発」で取り扱うことになる。

　図表1.7は、ハニーズの社内資料である（同社ホームページより）。同社のマーケティング担当者が、自社ブランドと競合ブランドをどのように見ているのかがわかって興味深い。イメージ空間上に複数の競合ブランドを布置させたマップは、「ポジショニング・マップ」（positioning map）とも呼ばれる。女性向けカジュアル衣料品市場において、競合関係にあるブランド間の違いが、２つの属性軸（次元）によって区別されている。すなわち、「価格帯」と「ファッション性」の二軸で、ブランド・イメージの違いが表されている。マップ上では、「ファッション性」の対極として、「ベーシック度」が想定されている。

17──A.ライズ、J.トラウト／嶋村和恵、西田俊子訳（1987）『ポジショニング──情報過多社会を制する新しい発想』電通（Ries, A. and J. Trout（1980）*Positioning*, McGraw-Hill Higher Education）。

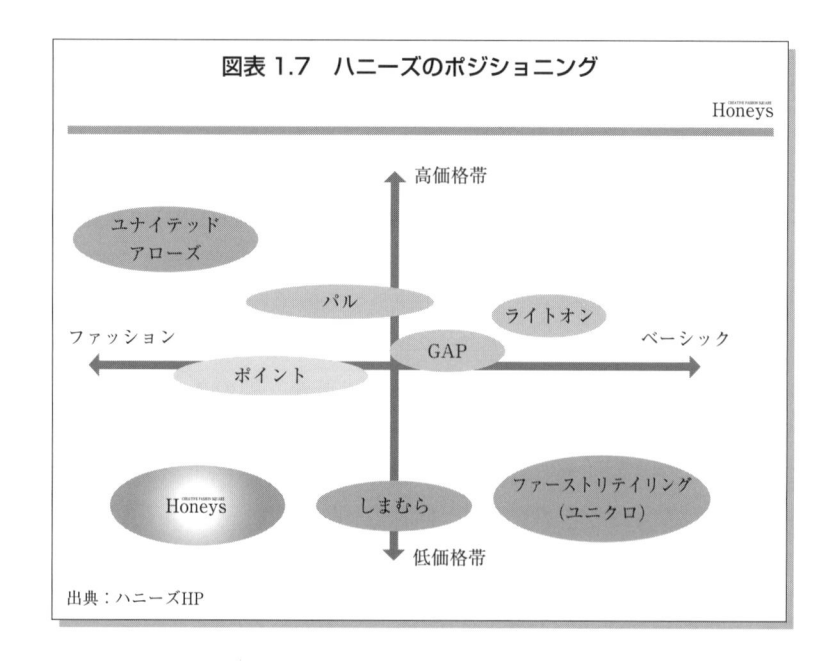

図表1.7 ハニーズのポジショニング

Honeys

縦軸：高価格帯 ↔ 低価格帯
横軸：ファッション ↔ ベーシック

- ユナイテッドアローズ（高価格・ファッション寄り）
- バル
- ライトオン
- GAP
- ポイント
- Honeys（低価格・ファッション寄り）
- しまむら
- ファーストリテイリング（ユニクロ）

出典：ハニーズHP

　具体的にポジショニングを説明してみよう。ハニーズは、自社をファッショナブルで低価格のブランドと見なしている。ユニクロも同じ価格帯に位置しているが、ハニーズとは対照的に、よりベーシックなブランドに属していると考えられている。「しまむら」は、メインのターゲット顧客がファミリー（購買者は主婦）である。年齢層が広いこともあって、ファッションとベーシックの中間に位置づけられている。

　同じくSPA（製造小売業）の「ポイント」（ローリーズファームなどをブランド展開）は、ハニーズよりもやや上の価格帯に位置している。GAPとライトオンは、ベーシックだが、もっと価格帯は上になる。それに対して、ユナイテッドアローズは、ファッション性がもっとも高く、カジュアル衣料品ではもっとも高価格帯にあるブランドと見られている。

4. マーケティング・ミックス

　最後の「M」は、「マーケティング・ミックス」（Marketing mix）のことである。企業がターゲット顧客に対して働きかけるために操作できるマーケティング手段を総称して、マーケティング・ミックス（要素）と呼んでいる。ミックス要素には、イニシャルが「P」で共通している

4つの手段がある。すなわち、製品（product）、価格（price）、プロモーション（promotion）、チャネル（place）の4つのカテゴリーである。

(1)製品戦略（商品政策）

ユニクロの商品は、高品質でベーシックなカジュアルウエアである。100％自社製ではあるが、商品には意図的にロゴマークを入れていない。他のカジュアルウエアと組み合わせるためである。基本的には、中国などの協力工場で、単一デザインのものを単品大量生産する。ひとつのモデルで、数百万枚を販売することもある。製品デザインの単調さには、カラーバリエーションの変化で対応している。

ハニーズは、低価格のファッション衣料品を製造販売している。70％程度が自社ブランド品で、セレクト商品も30％ほどある。トレンド追随型のファッションに対応しているので、同じデザインの商品は限定的な数量しか作らない。ひとつのデザインモデルは、5000～8000枚である。多品種少量生産の分、すばやい商品投入が計画される。

アスクルは、当初は、プラスの文房具の販売から宅配ビジネスをはじめようとした。しかし、顧客の要求に応える形で、親会社の競合メーカー（例えば、コクヨやキングジムなど）の製品も扱うようになった。事務用品からオフィス需要全般を満たす商品に取り扱いを拡大して、飲料や食品、音楽CD／DVD、PCや机まで商品カテゴリーが広がっている。

(2)価格設定

ユニクロは、1990年代、低価格衣料品の販売で売上を伸ばした価格破壊の寵児であった。製造小売業の利点を生かして、総合スーパーマーケットの衣料品売り場から顧客を奪った。しかし、2000年代の半ばに「脱低価格宣言」をしてからは、品質志向の企業に価格戦略を変更した。実際に、商品開発面（ヒートテック）で東レと組んだ2003年以降は、技術開発型の企業に変身しつつある。

ハニーズは、ファッション衣料品チェーンの中では、もっとも低価格イメージが強い。低価格でカジュアルファッションを提供できる源泉は、SPA企業であることと、効率的な物流システムをデザインしているからである。この点は、非SPA型企業ではあるが、同業のしまむらとよく似ている。ただし、粗利益率は、ハニーズのほうが高い。

アスクルが配送する商品は、最近では自社PB（プライベート・ブランド）商品もあるが、基本的にはメーカー品である。したがって、価格

はディスカウント店ほど安くはないが、文房具店よりは低い水準を提供している。迅速なサービスという時間的な利便性が特徴である。そのため、翌日配達や関連販売に対するユーザーからの評価が高い。

(3)コミュニケーション活動

マス広告による上手な企業イメージづくりが、初期のユニクロの成功を後押しした大きな要因だった。自社開発商品のベネフィットを訴求するチラシ制作も、同業他社に比べて群を抜いて優れている。企業広報をCSR活動（瀬戸内オリーブ基金や全商品のリサイクル活動）に関連づけて展開している点も脱帽である。

ハニーズのプロモーションの特徴は、雑誌記事広告を店頭でうまく活用していることである。陳列商品を購入するつもりの消費者は、雑誌のモデルが着用しているコーディネートを店頭で見ることができる。店頭POP広告が販売を支援している。

アスクルのプロモーションの肝は、商品カタログ（CD）である。日本のほとんどのオフィスには、アスクルのカタログが置いてある。商品の発注は、当初は電話注文が多かったが、近年はネットからのオーダーに移行している。プロモーションもネット販促向けが中心になっている。

(4)販売チャネル(業態と立地)

ユニクロは、元従業員が独立して経営しているFC（フランチャイズ・チェーン）店舗もあるが、基本的には、ほとんどが自社直営店として運営されている。店舗立地は、フリースタンディングからSC内店舗、駅ナカ小型店など、実に多様である。低価格業態として、ダイエーとの提携がきっかけではじまった「g.u.」などを持っている。ネット販売の構成比も高い（3.1％）。アジア、欧州、米国と、現状では業績はいまいちだが、海外での店舗展開も盛んである。[18]

ハニーズの業態は、基本は前述の4つであるが、2007年からは、新業態の「シェリーコート」の展開をはじめている。ユニクロと同様に、カジュアル衣料品の国内市場が飽和しつつあることを見越して、中国を中

18——ユニクロ通販事業の2008年8月期の売上高は143億8400万円、国内ユニクロ事業（同4623億4300万円）に占めるシェアは3.1％（ファーストリテイリング連結全世界事業5864億5100万円に占めるシェアは2.5％）。ファーストリテイリング『有価証券報告書』（2008年8月期、2007年9月1日〜2008年8月31日）より。

心にアジア地区での店舗展開に熱心である。中国現地の店舗が、急速に増加している（2008年、約100店舗）。

アスクルの宅配事業は、文具卸会社の直販チャネルからスタートした。いまは、ネット販売が中心事業になっている。自社で運営するコールセンター事業と花王に学んだといわれる物流システムが強みである。

〈参考文献〉

D. A. アーカー／陶山計介他訳（1994）『ブランド・エクイティ戦略——競争優位をつくりだす名前、シンボル、スローガン』ダイヤモンド社（Aaker, D. A.（1991）*Managing Brand Equity*, Free Press）

G. L. アーバン、J. R. ハウザー、N. ドラキア／林廣茂他訳（1989）『プロダクト・マネジメント——新製品開発のための戦略的マーケティング』プレジデント社（Urban, G. L., J. R. Hauser, N. Dholakia（1987）*Essentials of New Product Management*, Prentice-Hall）

池尾恭一（1998）「KBSケース素材　アスクル株式会社——オフィス通販事業　90-98-15233」慶應義塾大学ビジネス・スクール

石井淳蔵、神戸マーケティングテキスト編集委員会編（2003）『1からのマーケティング　新版』碩学舎

上田隆穂、青木幸弘編（2008）『マーケティングを学ぶ（上）売れる仕組み』中央経済社

小川孔輔（2000）「社会の劇場化と商品ブランド——消費者は、いま、何を求めているか」『現代のエスプリ』2000年11月号、131〜141頁

小川孔輔（2006）「対談インタビュー　ハニーズ井尻社長」『チェーンストアエイジ』7月15日号

P. コトラー、G. アームストロング／和田充夫監訳（2003）『マーケティング原理　第9版——基礎理論から実践戦略まで』ダイヤモンド社（Kotler, P. and G. Armstrong（2001）*Principles of marketing*, 9th ed., Prentice-Hall）

榊原清則（1992）『企業ドメインの戦略論——構想の大きな会社とは』中公新書

嶋口充輝（1994）『顧客満足型マーケティングの構図——新しい企業成長の論理を求めて』有斐閣

嶋口充輝、石井淳蔵（1995）『現代マーケティング』有斐閣

嶋口充輝、片平秀貴、竹内弘高、石井淳蔵編（1998〜1999）『マーケティング革新の時代（1）〜（4）』有斐閣

嶋口充輝（2004）「序章——仕組み革新の時代」嶋口充輝編『仕組み革新の時代——新しいマーケティングパラダイムを求めて』有斐閣

高嶋克義（2008）『マーケティング戦略』有斐閣

P. F. ドラッカー／上田惇生訳（2006）『現代の経営』ダイヤモンド社（Drucker, P. F.（1954）*The Practice of Management*, Harper and Collins）

林周二（1999）『現代の商学』有斐閣

R. ブラットバーグ、G. ゲッツ、J. トーマス／小川孔輔・小野讓司監訳（2002）『顧客資産のマネジメント――カスタマー・エクイティの構築』ダイヤモンド社（Blattberg, R. C., G. Getz, and J. S. Tomas（2001）*Customer Equity: Building and Managing Relationships as Valuable Assets*, Harvard Business School Publishing Corporation）

A. ライズ、J. トラウト／嶋村和恵、西田俊子訳（1987）『ポジショニング――情報過多社会を制する新しい発想』電通（Ries, A. and J. Trout（1980）*Positioning*, McGraw Hill Higher Education）

T. レビット（2001）「レビット名著論文 レビット・マーケティング論の原点 新訳 マーケティング近視眼」『Diamond ハーバード・ビジネス・レビュー』26巻11号、52〜69頁（Levitt, T.（1960）"Marketing Myopia," *Harvard Business Review*, July/August, pp. 3-13）

和田充夫（1998）『関係性マーケティングの構図――マーケティング・アズ・コミュニケーション』有斐閣

和田充夫、恩蔵直人、三浦俊彦（2006）『マーケティング戦略 第3版』有斐閣アルマ

Christopher, M. and H. Peck（2003）*Marketing Logistics* 2nd ed., Butterworth Heinemann, Prefice.

Kotler, P. J. and S. J. Levy（1969）"Broadening the Concept of Marketing," *Journal of Consumer Research*, 33（January）.

Kotler, P. and G. Armstrong（2008）*Marketing : An Introduction 8th ed.* Prentice-Hall.

〈さらに理解を深めるための参考文献〉

相原修（2007）『ベーシック・マーケティング入門 第4版』日経文庫

石井淳蔵、栗木契、嶋口充輝、余田拓郎（2004）『ゼミナール・マーケティング入門』日本経済新聞社

嶋口充輝（2000）『マーケティング・パラダイム――キーワードで読むその本質と革新』有斐閣

高嶋克義、桑原秀史（2008）『現代マーケティング論』有斐閣

田中洋、岩村水樹（2005）『Q&Aでわかる はじめてのマーケティング』日本経済新聞社

田村正紀（1998）『マーケティングの知識』日経文庫

西尾チヅル編（2007）『マーケティングの基礎と潮流』八千代出版

日本マーケティング協会編（2005）『マーケティング・ベーシックス――基

礎理論からその応用実践へ向けて』
莫邦富、呉梅編（2003）『日・中・英　企業・ブランド名辞典』日本経済新聞社
矢作恒雄、青井倫一、嶋口充輝、和田充夫『インタラクティブ・マネジメント——関係性重視の経営』ダイヤモンド社
柳井正（2003）『一勝九敗』新潮社
A. リース／島田陽介訳（1997）『フォーカス——市場支配の絶対条件』ダイヤモンド社（Ries, A.（1996）*Focus : The Future of Your Company Depends on It*, HarperCollins, NY）

Looking Back
ユニクロ1999年12月24日 柳井正＠山口本社

3段飛びの法則

　地方の小売業がナショナルチェーンに成長していくまでのプロセスには、共通のある法則が観察できる。「ウォルマート」（2005年連結売上高約30兆円）もその例外ではない。アーカンソー州の小さなディスカウント店が、州を超えて全米最大の小売りチェーンに成長していく過程では、ウォルマートも小売業の地理的展開に関する"3段飛びの法則"を経験している。

　「ホップ」の段階は、発祥の地（市町村）から出て、地域の主要都市を自社の看板で埋め尽くしてしまうところまでである。店舗コンセプトがしっかりしていれば、ローカル市場と顧客特性を熟知している経営者にとって、自社を地方で名の通った小売りチェーンに育てることはそれほど難しいことではない。「ステップ」の段階は、店舗数が20〜30店を超えて、隣接県に出店をはじめるときである。売上高が50億〜100億円を突破し地元の有力チェーンに成長すると、創業経営者は株式の店頭公開を考えはじめる。「ジャンプ」の段階は、「ダイエー」や「ジャスコ」がかつてそうであったように、首都圏に遡上して店舗を構えるときである。

　最近の特徴は、「マツモトキヨシ」のように、渋谷、原宿、銀座のような情報発信力が強い街区（スポット）に、落下傘的に旗艦店を出店するケースが増えていることである。モデル店舗のプレゼンスとテレビ広告の大量投入によって、全国区レベルの評判を獲得した小売業は、ローカルで地味な企業イメージから脱皮していく。知名度が高まり、その人気が出身地方や都市近郊の店舗に環流していくと、既存店ベースの売上高が目に見えて伸びはじめる。

　飛躍のためのクリティカルマスは、300店舗で1000億円。"ユニクロ"のブランド名で知られる「ファーストリテイリング」が、カジュアルウ

エアの市場を席巻していくプロセスには、この3段飛び理論がきれいに当てはまる。全国チェーンとして認知されるまで、ユニクロが歩んできた成長の軌跡を整理してみることにする。

広島袋町のユニクロ1号店

　1984年までの小郡商事は、「メンズショップOS」という名前で6店舗の洋品店を経営していた。取扱商品の中心は紳士服で、ワンポイント商品（マクレガー、トロイなど服の一部にロゴをあしらった商品）と一部でVANショップと婦人服を扱うごくふつうの洋品店だった。小郡商事が事業の転換点を迎えたのは、ユニクロ1号店を広島に出店したときである。

　早稲田大学を卒業した後、地元山口に帰って父親が経営する小郡商事を継いでいた柳井正社長（現会長兼社長、以下敬称略）ではあったが、いつか東京にショップを持ちたいと思っていた。その第一段階として、中国地方で進出を考えた都会が広島であった。同年6月、広島市の繁華街・袋町のマンションビル1階に、長年の夢であったカジュアルウエア小売業の「ユニクロ袋町店」（1991年8月に閉店）をオープンした。"ユニクロ"（Uniqlo：Unique Clothing Warehouse）の店舗名で展開をはじめたこの店では、メインの顧客が10代の若者であった。

　その翌年、1985年6月には、下関市の郊外に2号店「ユニクロ山の田店」（1991年8月に閉店）を出店した。当時は、青山商事（紳士服）やオートバックス（カー用品）など、都市近郊の幹線道路沿いにロードサイド店が続々と立ち並び、専門店の新しい業態として急速な成長を遂げていた。カジュアルウエア業態でも郊外型の立地が成立するかどうかを、柳井は自らの手で試してみたかった。

　続いて同年10月に出店した3号店「ユニクロ岡南店」は、オートバックスの店舗跡地を利用したものであった。岡南店は売り場面積が150坪で、カー用品の店としては成功がすでに保証されている立地だった。岡南店の成功体験は、店舗開発に関して「バイパス経営」ができることを示してくれた。業績がそこそこのロードサイド店の立地は、カー用品店に限らず、カジュアルウエアの店舗用地としても利用できるという簡易ルールの発見である。

年齢・性別不問の無印ギア

　郊外型店舗（山の田店と岡南店）に来店する顧客層は、ティーン主体のユニクロ袋町店とは大きく異なっていた。来店客を観察していると、男女がほぼ同数で、あらゆる年齢層をカバーしていることがわかった。ノンエイジでユニセックスという「非セグメンテーション」が郊外型店の特徴だった。「あえて顧客をターゲティングしない」というマーケティングの考え方と、「ファッションの部品（ギア）を販売する」というマーチャンダイジングの基本コンセプトを確立できたことは、その後のビジネス展開の方向性を決定づけた。

　ユニクロの商品には、ブランドを表すロゴマークが入っていない。"無印"であることは、組み合わせる相手を選ばないということである。ユニクロのそうした商品特性は、他のどのような"部品"とのコーディネートをもごく自然に感じさせる。また、身につける人の年齢・性別を問わないことは、家族や恋人との間での使い回しを可能にする。

　そのことは、単に消費者に利益を与えているだけではない。メリットを一番大きく享受しているのは、ユニクロ自身である。デモグラフィックス（人口統計的な指標）で消費者を分けると、ふつうは男女と年齢層5区分で、合計で10セグメントになる。年齢・性別が不問のユニクロ商品は、単純に考えても単品の売上効率が10倍になることがわかる。

　1998年冬に全国で800万枚が売れたフリースの大ヒットは、まぐれではない。仮にユニクロが狭くターゲットを絞った商売をしていれば、大ヒットをしたとはいっても、冬のシーズンに売ることができたフリースの枚数は、せいぜい100万枚が上限だったことになる。商品の販売効率の高さは、後に述べるように、海外調達からのスケールメリットを最大限に利用することを可能にする。

　単品の発注数量が通常のビジネスで考えられる規模をはるかに超えることで、ほぼすべての商品の価格をドラスティックに引き下げることができる。低価格での販売が数量効果を生み、それがまた商品調達におけるスケールメリットを生み出す。この好循環がユニクロの高成長と高収益を支えているのである。

大量出店で全国チェーンへの道を

　中国地方でメジャーになりはじめたユニクロは、第2ステップとし

て、大量出店による本格的なチェーン化を目指すことになった。1988年の全店POSシステム（販売時点情報管理システム）導入に続いて、1989年には、自社企画商品の開発体制を充実させるために、大阪府吹田市に商品部の大阪事務所を設置した。SPA（製造小売業：Speciality store retailer of Private label Apparel）への第一歩である。

柳井が重点出店地区と考えたのは、北九州地区と中京地区（愛知県の1号店は1989年）であった。本社からの距離が近いこと、起伏が少ない平野部であること、周辺に衛星都市が発達していることが条件であった。後ろの2つは、ユニクロの標準店を支えるために、後背地が15万人以上の商圏人口を持っていること、来店手段としてクルマの利用が可能であることが出店に必須だったからである。

大量出店がはじまったのは、1991年に入ってからである。1994年までに広島証券取引所に株式を上場することを決意した柳井は、この年（1991年）、旧社名の小郡商事を「株式会社ファーストリテイリング」（社名は、ファストフードにならった"速い小売り"に由来する）に変え、新社名を社員の行動指針とした。

翌年（1992年）、柳井は年間で33店舗を一挙に出店するという離れ業を成し遂げている。前年まで、小郡商事全体では22店舗だったことを考えると、これは驚異である。

経営陣総入れ替え後、製造小売業になる

カジュアルウエアのSPAとして、ユニークな事業展開がはじまったのは、広島証券取引所に上場した後のことである。2000年1月当時の経営陣を見てみると、ほとんどが途中入社の若者たちである。副社長の沢田貴司氏（1997年入社）や常務取締役の森田政敏氏（1998年入社）など、小売業ではなく商社（伊藤忠商事）やメーカー出身の経営幹部がボードメンバーに名を連ねている。

30歳代の若者を経営陣として異業種から迎え入れたことについては、社長の柳井なりの計算が働いていた。ユニクロをいずれ本格的なグローバル小売業に飛躍させるには、商品の企画段階を含めて製造直売に乗り出すことが必要だった。それは、SCM（サプライチェーン・マネジメント）を徹底させることである。有り体にいえば、問屋を中抜きすることである。

商品の企画、生産、販売のスケールメリットを生み出すには、ドライに商売を進めるしかない。ところが、従来からの取引関係を見直すことに、20年間側近だったある幹部が難色を示した。意見が対立したこの幹部は、柳井の元を去っていった。経営方針の違いが明確になったことを契機に、役員を総入れ替えしたことについて、柳井は何の衒いもなくクールに話す。

「1000億円までの企業と売上高3000億円で世界標準をめざす企業では、必要とされる人材の質がちがいます。広島証券取引所での公開で株価が上がり、幹部役員は十分すぎるカネをつかんだはずです。仕事に対する意欲を失ってしまったのですね。でも、ひとはそれぞれ能力に見合った道を歩いていけばいいのです」

　外部からの知恵の導入とスカウト人事は、徹底した業績主義と機能主義を追求した結果である。沢田副社長（当時、2002年退社）は、店舗運営を担当し、堀端雄二専務（1992年入社）は、人事と教育に責任を持つ。マッキンゼー出身の堂前常務は、情報システムとロジスティクスを、森田常務は、管理本部長として総務と財務を見ながら、出店計画を立案し、IBMから来た玉塚取締役はマーケティングの役割を担っている。

「チーム経営では、トップが『全知全能』である必要はない。『クリエイティブ』でさえあればよい。頭のいい人は世の中にたくさんいる。彼らの良いところを引き出し経営者としての教育をして、経営の方針を明確に指示できることが、わたしの役割です」（柳井）

GAPがかすんで見える！

　1994年に広島証券取引所に株式上場するとき、ユニクロが100店舗を超えるまでに要した時間はわずか2年。1996年4月には、関東地区の郊外に出店をはじめた。4月に埼玉と千葉、5月に東京と茨城、11月には神奈川のユニクロ1号店が小田原にオープンした。12月になると、ニューヨーク市に100％子会社の「インプレスニューヨーク Inc.」を設立し、「米国でデザインした商品を中国で生産し日本で売る」という柳井の構想が実現した（ただし、ニューヨークのデザイン会社は2003年に清算、東京にデザインセンターを戻している）。

　しかしながら、2年後の1998年2月に新社屋を建設したところで、ユ

ニクロは成長の踊り場にいた。標準的なユニクロの店では、約10人の従業員が働いている。正社員は店長と副店長だけで、あとはアルバイト社員によって運営されている。こうした状況下で急速な成長を助けるために、店舗とオペレーションの標準化を強力に推し進めていた。

しかし、極端に本部に権限を集中しすぎたことが、逆効果となって表れてきた。1997年に300店舗を突破し、1998年も売上は増え続けていたが、既存店ベースでの対前年比の売上高と利益額が急速に落ち込んでいた。どの店でも商品が大量に売れ残り、逆に人気商品が品切れというのが常態となった。

標準化から個店対応へ。柳井がギアを入れ替えた途端、再びユニクロにフォローの風が吹いてきた。1998年12月に、はじめて都心に出した原宿店が評判となり、来店客が引きも切らない状態が続いた。

「ユニクロの商品は安い上に、それでいて質感がある。原宿のGAPを見た後でユニクロの店に入ると、安いのでついつい買いすぎてしまう」。若い女子学生の言葉である。同じような感想を、仕事仲間の中年男性からも聞いたことがある。

3つの約束

「いつか東京にカジュアルウエアのショップを出すこと」を目標に働いてきた柳井にとって、原宿に店を構え、デザインセンターを東京に統合したところで、ひとつの夢が達成されたことになる。1999年の冬シーズンは、フリースが飛ぶように売れた。しかし、現在の高業績（2000年）には、ややバブリーなところがある。心配なのは、世界に通用するSPAの仕組みを本当に完成できるかどうかである。

「1998年にはじまった改革は道半ばである」と柳井は言う。グローバルなカジュアルウエアの企業にユニクロが成長するためには、解決しなければならない多くの課題がまだ残されている。

『日経ビジネス』（1996年）の編集長対談で、柳井は3つの将来目標を掲げていた。「海外進出」「新業種の開拓」「他社とのジョイント・ベンチャー」である。柳井自身に優先順位はあるようだが、いずれすべてを実現するつもりでいるという。

1999年12月24日、柳井社長のインタビューが終わって、山口本社（当時）の玄関を離れる前に、インタビューを仲介してくれた広報担当の青

野さんがわたしに向かってそっとつぶやいた。
　「社長と一緒に良い夢を見たい。そう思って、わたしたち社員は一生懸命に働いています」
　ふと、社長室でもらったユニクロの会社案内を見ると、センスの良いパンフレットの裏頁には、赤とピンクの文字でつぎのように書いてあった。
　"HELP YOURSELF."

出典：小川孔輔（2000）「ファーストリテイリング（後編）」『チェーンストアエイジ』3月15日号をもとに、一部文章に加筆・修正。なお、文中の最後の表現、"HELP YOURSELF." は、両方の意味に解釈することができる。「お好きなように」あるいは「天は自ら助けるものを助く」。

第2章 マーケティングの発展史

　本章では、マーケティングの概念が誕生した時代背景を説明しながら、マーケティングが現在のような形に発展してきた歴史を概観する。その目的は、マーケティングの本質を読者に理解してもらうためである。

　第1節では、マーケティングの概念がどのような特質を持っているのかについて解説する。マーケティングが誕生するまでの前史を整理しながら、マーケティングの社会的な役割について理論的に考察を進める。

　第2節では、19世紀末に米国で誕生したマーケティングが、米国の大手メーカーとチェーン小売業を中心に、どのように発展を遂げたのかを見てみる。米国におけるマーケティングの発展に関する時代区分については、2人のマーケティング研究史家（バーテルズ、テドロー）の古典的な業績に依拠している。

　第3節では、第二次世界大戦後、米国から日本にマーケティングが移転され、実務的な知識体系としてどのように根づいたのかを見る。最後に、日本のマーケティングの特徴を整理する。

1 ─ マーケティングの概念：誕生の前史

1. マーケティング志向

　マーケティングは、19世紀末の米国で生まれた実務的な学問体系である（Tedlow 1990）[1]。第二次世界大戦後、米国が世界経済を支配するよ

---

1 ── R. S. テドロー／近藤文男監訳（1993）『マス・マーケティング史』ミネルヴァ書房（Tedlow, R. S.（1990）*New and Improved: The Story of Mass Marketing in America*, NY: Basic Books）、および、若林靖永（1999）「日本のマーケティング史研究の意義と研究枠組み」近藤文男、若林靖永編『日本企業のマス・マーケティング史』同文舘出版、3〜24頁。

第2章 マーケティングの発展史

うになるにつれて、米国企業、とくに米国を本拠とする多国籍企業（MNC's）の強さの秘訣が「戦略的マーケティング」（strategic marketing）や「マーケティング志向」（marketing orientation）に求められるようになった。大きな企業組織を動かすとともに、高度に多角化した事業を運営するための基本的な経営手法として、世界中の企業組織や経営者たちにマーケティングの考え方が受け入れられるようになったからである。

戦略的な思考の道具としてのマーケティング手法は、単に経営幹部層に採用されただけではない。ミドルマネジャーにとっても、マーケティングの考え方は、実務的な知識体系として必要不可欠なマネジメント・ツールになっていった。例えば、市場分析や製品開発の進め方、価格づけやプロモーション活動に関する実務的な知識、さらには顧客サービスや競争対応などに関するマーケティングの基本知識は、規模の大小を問わず、どのような組織の中で働く人々にとっても、いまや日常業務の基本事項である。

しかし、マーケティングの考え方（marketing thoughts）やマーケティングという現象（marketing phenomenon）は、19世紀の米国で誕生する以前にも、古代エジプトやローマの時代から、大英帝国やオランダの東インド会社が世界の貿易を席巻していた大航海時代にかけて、商業の発達史の中に厳然と存在していた。米国の大企業で実行されているほど複雑で洗練された形式ではないが、マーケティング的な現象とそれに関連するマーケティング手法は、原初的で単純素朴な形で人間の経済行為の中に見ることができる。ここでは、マーケティング概念と近代的なマーケティング手法が誕生するまでの前史を見てみることにする。

2. マーケティング概念とその起源

(1) 企業の対市場活動

マーケティングは、狭く定義すると、「企業の対市場活動」である。「企業」には、株式会社のような営利目的の企業組織だけでなく、病院や学校、政府・地方自治体のような「非営利組織」を含んでもかまわない。この場合は、「非営利組織のマーケティング」（marketing for non-profit organization）と呼ばれる（Kotler and Andreasen 2005)[2]。

「企業」を「個人」で置き換えることもできる。次節では、交換行為

に関連して恋愛と結婚の例を取り上げるが、人（個人）や政党（団体）をマーケティングすることも可能である。この場合のマーケティングは、「自分（公約）を売り込む」という意味で使われている。こうした枠組みでのマーケティングは、広義のマーケティング活動と呼ばれる。その場合においても、企業が自社製品を販売するときとほぼ類似のマーケティングの枠組みを利用することができる[3]。

なお、「市場」の意味するところは、「消費者の行動」や「競争企業の反応」などを含んでいる。いずれにしても、マーケティングという行為が発生するのは、「売り手」（seller）と「買い手」（buyer）が存在しているからである。

マーケティングが行為として完遂できるのは、売り手と買い手の間で「交換」（exchange）が起こるときである。交渉が成立する条件（「取引」の成立要件）は、財やサービスが貨幣を媒介にして交換がなされるときに、お互いの満足（効用）がより高まるときである。したがって、マーケティングのもうひとつの定義は、「交換を促進するための計画的な活動プロセス」ということになる[4]。

(2) 社会的交換の諸形態

歴史的に見ると、財とサービスは、必ずしも「等価交換」されてきたわけではない。売り手は、余剰な生産物を抱えている「作り手」（職人、職工、製造業者）か、再販売を目的に商品を仕入れる「商人」（卸売業者、小売業者、ブローカー）であることがふつうである。しかし、財やサービスを入手するための方法はさまざまである。また、商品やサービスを入手する主体である「買い手」は、金銭を支払わないで財やサービスを手に入れる場合もある。例えば、経済的な等価交換以外に、つぎのような社会的交換の諸形態があることが知られている。

---

[2]——P. コトラー、A. R. アンドリーセン／井関利明監訳・新日本監査法人公会計本部訳（2007）『非営利組織のマーケティング戦略（第5版）』第一法規（Kotler, P. and A. R. Andreasen (2005) *Strategic Marketing for Non-profit Organizations*, 7th ed., Prentice-Hall）。
[3]——こうした見解に対する包括的なレビューについては、薄井（1997）が参考になる。薄井和夫（1997）「マーケティング史研究の現状と課題に関する一考察」『社会科学論集』埼玉大学経済学会、第90号、13~45頁。
[4]——マーケティング・モード（方法）に関して、従来型の「刺激反応型パラダイム」に代わって、「交換パラダイム」「関係性パラダイム」への転換という枠組みを提示したのは、嶋口充輝（1994）『顧客満足型マーケティングの構図――新しい企業成長の論理を求めて』有斐閣、矢作恒雄他（1996）『インタラクティブ・マネジメント――関係性重視の経営』ダイヤモンド社、であった。

贈与・貢物による交換　例えば、日本赤十字の「赤い羽根募金」や「献血ボランティア活動」、ユニセフの「募金活動」、私立学校が卒業生に向けて実施する「創立100周年記念事業」の基金への寄付活動などがこれにあたる。ある意味では、「納税」もこのカテゴリーに入るのかもしれない。この場合、売り手は、自らが支払う金銭に対して買い手の「善意」や「約束」を購入していることになる。なお、日本人がはじめての訪問先に「おみやげ」を持参する習慣や、欧米で一般的に行われている「クリスマス」のプレゼント行事においても、「贈与」に対して「従順」や「好意」などが交換されていると解釈することができる。

略奪・強制による交換　人類の歴史は、血塗られた戦争の歴史でもある。平和な時代が訪れる以前の「不等価交換」でもっとも悲惨な事例は、暴力や強制を伴う「略奪行為」であろう。武力によって一方的に相手の所有権を奪う行為は、潜在的な「脅威」や失われた「自由」が天秤にかけられていると見ることができる。マフィアやヤクザの存在も、「みかじめ料」と「安全」という交換の枠組みの中でうまく説明ができる。実際に、マーケティング概念を発明した当事者の米国が、奴隷市場を発達させた張本人であった。また、戦争の後始末として、捕虜に対する強制労働や戦勝国に対しては戦争賠償金などが支払われている。

人身売買や売春行為、臓器売買などの闇市場（ブラック・マーケット）はいまでも存在している[5]。なお、社会的な問題を解決するために、麻薬撲滅キャンペーンなどのマーケティング・コミュニケーション活動が有効であるといわれている。マーケティングも、使い方によって「光と影」の両方の性格を同時に持っていることがわかる。

経済的な交換　対価（貨幣やモノ、労働）を支払って、財やサービスを交換するのが「経済的な交換」である。「取引」（transaction）とも呼ばれる。医師と患者の関係の場合のように、売り手と買い手の間に情報格差が存在することはあるが、基本的には売買の交渉相手同士が納得済みの「等価交換」という形式をとる。経済的な取引は、何らかの形で売買契約を伴う。ただし、取引ルールが明文化されている場合と、暗黙の了解で取引がなされる場合とがある。どちらになるのかは、取引関係

---

[5]――S.D. レヴィット、S.J. ダブナー（2006）『ヤバい経済学――悪ガキ教授が世の裏側を探検する』東洋経済新報社（Levitt, S.D. and S.J. Dubner (2005) *Freakonomics: A Rogue Economist Explores the Hidden Side of Everything*, NY: HarperCollins）。

性が長期継続的な取引なのか、それとも短期のスポット取引を前提としているのかにも関わっている（ウエブスターの分類[6]）。

なお、経済的な取引には、「組織取引」（organizational transaction）と「市場取引」（market transaction）の２つの形態を区別できる（ウィリアムソンの「取引コスト・パラダイム[7]」）。例えば、明示的な契約ルールに基づく組織取引の例としては、結婚、就社、商品サービスの長期相対取引などを挙げることできる。

マーケティングは、上記３つの社会的交換のすべてを扱うことができるが、主として、最後の「経済的な交換」という取引形態を前提にして発展した学問である。

(3)市場の進化と商人の登場

これまでは明示的に説明してこなかったが、日本語の「市場」には、英語表現では"market"と"marketplace"が対応している。日本語にすると、前者は「しじょう」であり、後者は「いちば」となる。例えば、福岡魚市場や築地青果市場、かつての横浜生糸取引所（2000年廃業）など、具体的に商品を取引する場所が物理的に存在している市場が"marketplace"である。それに対して、外国為替市場や東京証券取引所（建物が存在）、「ヤフーオークション」などのネットオークションは、抽象的な市場（"market"）である。

なお、ひとつの商品カテゴリーに関して、具体的な市場と抽象的な市場が複数並存していることがある。例えば、中古車市場には、実物の中古車を競売する「現車市場」（常設会場と特設会場）、掲載された中古車を個人間で売買する「中古車雑誌市場」、衛星を通じて取引する「衛星中古車市場」（オークネットの旧モデル）、インターネットでヴァーチャルに取引する「ネット中古車取引」（現オークネット）がある。

原始時代から人類の経済行為の進化プロセスを見てみると、取引の原型は「２者間交換」であったことがわかる。それ以前は、われわれの社

6——Webster, F. E. (1992) "The Changing Role of Marketing in the Corporation," *Journal of Marketing*, 56 (October), pp. 1–17.
7——O. E. ウィリアムソン／井上薫、中田善啓監訳（1989）『エコノミック・オーガニゼーション——取引コストパラダイムの展開』晃洋書房（Williamson, O. E. (1986) *Economic Organization ; Firms, Markets, and Policy Control*, New York University Press）。

会は、「自給自足」か「収穫物（獲物）の分配」によって生存が成り立っていた。Bagozzi（1986）の枠組みを参考にして、市場の発生から初期マーケターである「商人」（merchant）が生まれるまでのプロセスを3段階で説明してみる[8]。第4段階目は、筆者が付け加えたものである。

2者間交換　自給自足（収穫物の分配）の状態から脱して生産能力（技能）が向上すると、余剰生産物を交換するために取引相手を探索する活動がはじまる。初期の交易（trade）は、社会的分業から生まれた「2者間交換」（two-person exchanges）という形態をとる。技能とニーズが補完関係にあるところから、余剰生産物の交換ははじまる。猟師の毛皮と職人の槍が交換され、農民の小麦と陶工の壺が直接的に交換される（図表2.1 (a)）。ちなみに、交易する場所と日時を定めて、余剰物を売りたい人々が互いに集まりやすくしたのが「市」（いち）のはじまりである。

取引仲介業者　多種多様な余剰生産物が2者間で交換されはじめると、取引を仲介する専門業者が登場する。売り手にとっても買い手にとっても、1回の取引のために場所を移動してさまざまな人と会わなければならないことは効率が良くないからである。「取引仲介業者」（trader）は、例えば、ひとつの商品作物（小麦）を用いて、他の多くの商品（肉、鋤、壺、労働など）との交換を効率よく仲介することに秀でた人間である（図表2.1 (b)）。

商人の登場　経験を積み重ねた取引仲介業者は、取引の効率を高め

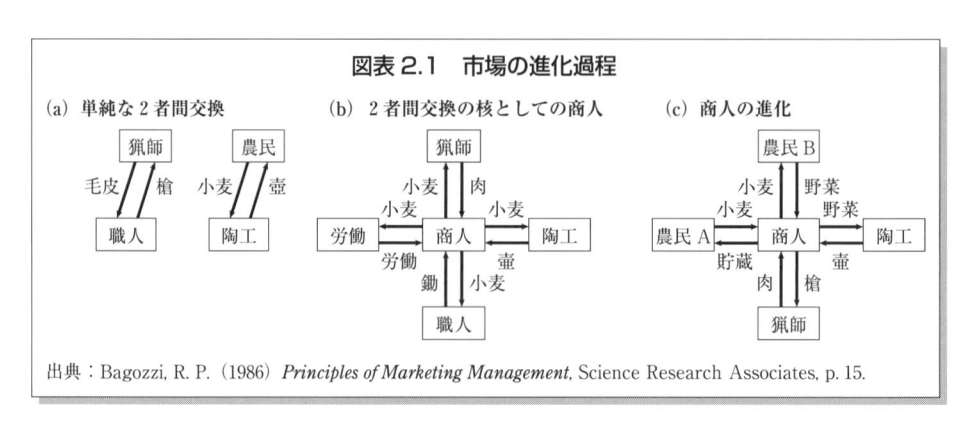

図表2.1　市場の進化過程

(a) 単純な2者間交換　　(b) 2者間交換の核としての商人　　(c) 商人の進化

出典：Bagozzi, R. P.（1986）*Principles of Marketing Management*, Science Research Associates, p. 15.

---

[8]──Bagozzi, R. P.（1986）*Principles of Marketing Management*, Science Research Associates, pp. 15-16.

たり、需給の変動を予測したりする知識を蓄えていく。売り手も買い手も、専門特化した取引仲介業者に売買を任せることで、時間と労力の節約になることを学ぶようになる。時間をかけて世代を超えて、しだいに交易に関する高度なスキルを獲得した取引仲介業者は、「商人」（merchant）に進化を遂げていく（図表2.1（c））。

なお、これに続く第4段階の「マス・マーケティング」（mass marketing）を生み出した20世紀初頭の米国企業（主として製造業）は、上述の模式的な「商取引進化プロセス」とは別の系譜から生まれたと考えてよいだろう。米国のマス・マーケティングの誕生は、ある歴史的な条件の産物である。

その前に、初期マーケターである商人たちが果たしてきた社会的な役割、すなわち、「流通の架橋機能」を見ることで、マーケティングの本質を考えてみることにする。

3. マーケティングの本質

(1) 流通の架橋機能：時間と場所を超えて

初期の商人たちは、いま風に表現するならば、ベンチャー経営者であった。彼らは、売り手が保有する余剰生産物と買い手の未充足ニーズを架橋する役割を果たしていた。江戸中期の伝説的な商人、紀伊国屋文左衛門のみかん舟などがその代表例であろう。冬の荒海に自船と船員が飲み込まれるかもしれないリスクを冒して、紀州で大量にとれたみかん（余剰生産物）を江戸の町（未充足のニーズ）に運んだ文左衛門の冒険的な行為は、流通の「架橋機能」（bridging functions）の典型例である。

通常、流通が果たす架橋機能は3つの形態をとることが知られている。①時間的な隔たりを架橋する機能、②場所的な分断を架橋する機能、③形態的な隔たりを橋渡しする機能である。それぞれ、時間、場所、形態の隔たり（gap）を埋めることによって、付加価値（効用）を生み出している。農作物の例を用いて、流通の架橋機能を説明してみよう。

時間的な効用（time utility）　二期作・二毛作の場合もあるが、基本的に、お米は春に苗を植えつけて秋に作物を収穫する。しかし、お米その

ものの消費は、年間を通してほぼ一定である。だから、消費までの時間を埋め合わせるために、収穫物を保管しておかなければならない。

　籾殻がついたままの保管、玄米での保管、精米後の白米の状態での保管の形など、保管方法は多様である。また、保管できない場合は、餅や煎餅の形で保存食として事前に加工しておくこともある。素材のままであれ加工品であれ、生産と消費の間の時間的なギャップを埋め合わせるために、製品は在庫される。流通の「在庫保管機能」が、時間的な効用を生み出していることがわかる。

　場所的な効用（place utility）　20年ほど前まで、チューリップの球根は、特別に珍しい品種を除いては、ほぼ90％が国内産（富山県と新潟県）であった。現在、チューリップの球根の約80％はオランダ産に代わっている。国産のものと比較して、オランダからの輸入球根の価格がほぼ半値だからである（25円／球、50円／球）[9]。

　生産費用に輸送費を加えても、国産品は価格的にオランダに太刀打ちできないので、たとえ遠くとも海を渡って球根が輸入される。価格差に起因する場所的なニーズのギャップを「輸送機能」が埋め合わせている。場所の効用が、モノの物理的な移動によって生み出された例である。

　形態的な効用（form utility）　果物などを除くと、ほとんどの農産物はそのままの形で消費されることはない。流通段階のどこかで、素材は加工されることが多い。収穫されたときの形状そのままでは、消費者の最終的なニーズを満たすことができないからである。

　例えば、お米に関しては、わたしたちは4通りの食の形態を持っている。単価が低い順番に並べると、（A）家庭でお米を炊いて食べる、（B）パックされたご飯（レトルト、真空包装）をスーパーなどで購入する、（C）コンビニや惣菜店でお弁当として買う、（D）レストランや食堂で食事をとる。それぞれ、流通段階での素材の加工度が違っている。

　消費者のニーズに合わせて、提供されるサービスに見合って、お米（ご飯）の形状が変わることがわかる。「流通加工」の段階で、「形態効用」という付加価値が加わっているのである[10]。

9──小川孔輔（2004）「花のマーケット──フラワービジネスの全体像をさぐる」『お花屋さんマニュアル』誠文堂新光社、6〜14頁。

（2）マーケティング行為のプロセスモデル：商取引が成立するまで

　前項では、流通の基本的機能が、3種類のギャップを埋め合わせる行為であることが示された。別の観点から、これは、売り手の商品・サービスと買い手のニーズが、時間的、場所的、形態的に分断されている状態を解消する活動であるとも解釈できる。そうしたギャップを取り除き、最終的に取引を成立させるまでの一連の活動を、「マーケティング行為の遂行プロセス」としてモデル化してみる。比喩として、恋愛と結婚の例を用いる。この場合は、売り手が買い手であり、同時に買い手は売り手でもある。

　「マッチング機能」（出会いの場を作る）　「恋愛」が結婚相手を見つけるための準備プロセスであるとしよう。男性ならば理想の女性を、女性ならば自らの希望に適った男性を見つけ出すことが、マーケティング活動のスタートである。まずは、潜在的な候補者と出会える場所と結婚相手を探し出す方法を考えなければならない。

　商取引の場合、出会いの場は「市場」であった。恋愛の場合にも、市場に相当するものが存在している。日本的な伝統では、「お見合い」や「友達・知人からの紹介」が、恋愛・結婚モデルにおける市場に該当している。「ツヴァイ」や「match.com」といった結婚紹介サービスを利用することもできる。あるいは、関連サイトに自分の名前を登録してもよいだろう。

　「情報探索機能」（買い手と売り手のサーチ）　結婚相手となる候補者が決まったら、お互いに相手の特性（品質）を確認する作業がはじまる。デートで一緒に食事をしたり、映画を見たり、ドライブをしたり、東京ディズニーランドでミッキーと遊ぶなどの「コミュニケーション活動」は、相手の特性を知るための良い機会を提供している。

　複数の選択肢（相手）を比較することが許される場合もあるだろう。複数の代替案を比較する行為においては、市場での競争活動と同様なシナリオでゲームは進行する。評価のプロセスにおいては、積極的に情報探索を行うプレイヤーと、はじめから選択肢を絞り込んでしまうタイプに、サーチャーの探索パターンも分かれそうではある。

　「商取引促進機能」（買い手への説明と説得）　相手がひとりに絞り込ま

10——ちなみに、食品産業では、（A）が「内食」、（B）（C）が「中食」、（D）が「外食」と分類されている。

図表2.2 マーケティング行為のプロセスモデル
（恋愛とマーケティングの機能比較図）

機能	市場取引	恋愛・結婚
マッチング機能 ＝出会いの場	市場	お見合い 友人・知人からの紹介 結婚仲介サービス インターネット（match.com など）
↓	↓	↓
情報探索機能 ＝買い手と売り手のサーチ	特性・品質確認	相手の特性確認 コミュニケーション活動 複数の相手の比較、デート
↓	↓	↓
商取引促進機能 ＝買い手への説明と説得	プロモーション 商品内容説明、価値を説得 成約（クロージング）	プロポーズ 自分の価値を売り込む 結婚
↓	↓	↓
関係性強化機能 ＝法的な制度／関係性の継続	品質管理、再購買	法的制度で保護 相互理解 関係性強化の努力

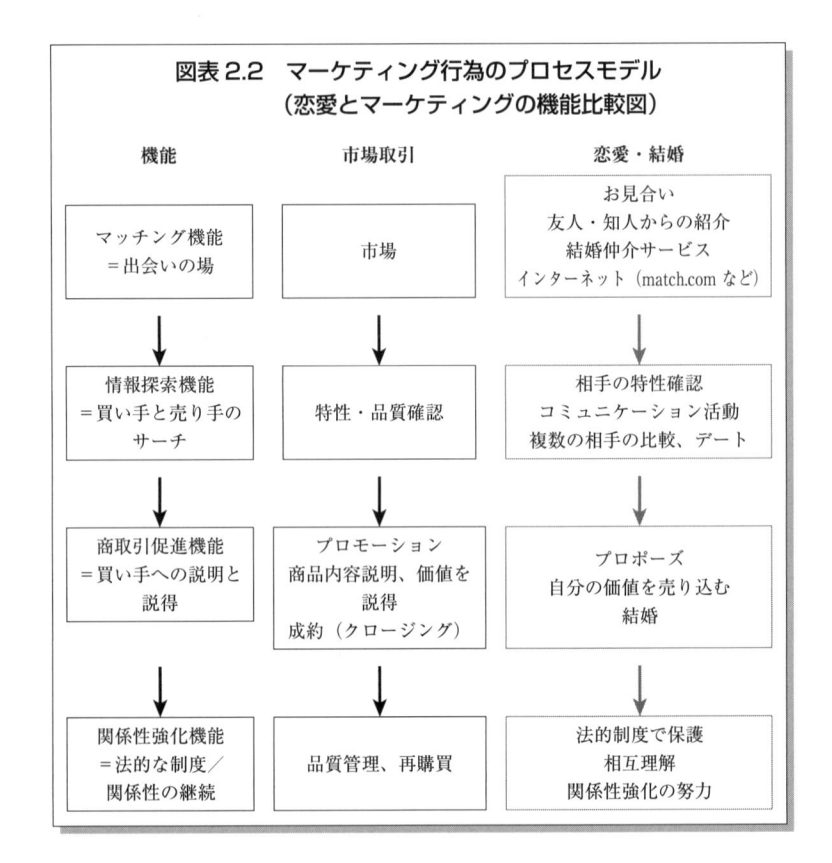

れたとする。最終的なマーケティング活動は、「プロポーズ」という形でのプロモーション活動になる。「提案」（propose）とは、自分という商品の内容を相手にうまく説明し、結果として結婚相手として受け入れてもらうことである。商取引では、「クロージング」（closing）の段階に至ったことになる。

最終的に契約を獲得するためには、商品の内容を説明するだけでは十分ではない。相手の行動や動機を勘案しながら、自分と結婚することが「価値ある決断」であることを相手に説得する必要がある。成約に至るまでには、説得的な交渉が伴わなければならない。恋愛から結婚に至るプロセスは、その意味では商取引となんら異なるところがない。

「関係性強化機能」（法的な制度と関係性の継続）　恋愛は結婚で終着点を迎えるが、マーケティング活動をたとえにした取引プロセスは、これで完結するわけではない。購買された商品が耐久財であれば、家庭や職

場で繰り返し使用され続ける。品質管理が悪いと、製品の使用中に不具合が見つかるかもしれない。あるいは、シャンプーやインスタント食品のような消耗品では、一度購入されたブランドが再購買してもらえるかどうかが問題になる。

同様に、結婚は解約が難しい制度に守られているとはいえ、関係性を強化する努力をしなければ離婚という結果になってしまう。したがって、「関係性マーケティング」の枠組みが結婚においても有効である。夫婦間で相互理解を深めて、継続可能性（関係性の強化）を高める努力をする必要がある。その点は、マーケティング活動と同じである。

(3)ブランディングによる差別化

結婚の例では、マーケティングの基本機能を事柄（恋愛）の時間進行にしたがって整理した。すなわち、マーケティングの本質機能を、「場の創出」「情報探索」「説明説得」「関係性強化」の4つに分類してみたわけである。最後の関係性強化機能は、継続的に顧客を獲得して維持する「顧客資産のマネジメント」の枠組み（ブラットバーグ他　2001）に通じるものがある[11]。

マーケティングをうまく機能させるための前提となっている考え方は、「見込み客」（候補者）に対して「自分という商品」を他の「競争相手」より優れたものに見せることである。

したがって、マーケティングの本質的な機能をもうひとつ挙げるとすれば、それは競争対応のための「差別化機能」ということになる。とくに、商品の独自性を強調するためのイメージ創造活動については、「ブランド化」あるいは「ブランディング」（branding）と呼ばれている。ブランドの本質機能は、製造業者や流通業者の出所を明示し、品質を保証し、ブランドの商標やロゴマークを使用しながら、巧みに宣伝広告を実施することである。

「ブランディング」という行為、および「ブランド・マネジメント」については、第16章で取り上げることになる。

11──マーケティングの仕組みを、新規顧客の獲得、既存顧客の維持、顧客への追加販売の3つに分けて論じたのは、Blattberg et al.（2001）である。詳しくは、R.ブラットバーグ、G.ゲッツ、J.トーマス／小川孔輔・小野譲司監訳（2002）『顧客資産のマネジメント──カスタマー・エクイティの構築』ダイヤモンド社（Blattberg, R.C., G. Getz, and J.S. Tomas (2001), *Customer Equity: Building and Managing Relationships as Valuable Assets*, Harvard Business School Publishing Corporation）。

2——米国のマーケティング発達史

1. マーケティングの誕生

　本節では、米国におけるマーケティング概念の変化を、歴史的な視点から回顧してみることにする。

　「マーケティング」（marketing）という言葉は、1900年代の初頭までは存在していなかった。いま米国を代表するマーケティング優良企業である「プロクター・アンド・ギャンブル」（Procter & Gamble Company）の創業は、歴史をはるかにさかのぼること170年前の1837年である。しかし、P&Gの社史（Dyer, et al. 2004）に記述されているように、真の意味でP&Gがマーケティング企業となったのは、1890年以降のことである。この年に、P&Gは家族経営を脱して、ニュージャージー州で公開会社となった[12]。

　その前年の1879年に、米国を代表するトイレタリーブランド、アイボリー石鹸（Ivory soap）が発売されている。その後の約20年間は、主としてマスメディアへの大量の広告投入によって、アイボリーがジェネリックな石鹸（commodity）からブランド（brand）に変わっていく転換期である。コカ・コーラ、フォード、A&Pなど、米国を代表するクラシック・ブランドが確立されるのが、20世紀に入ってから世界大恐慌までの約30年間である。マーケティングの概念は、クラシック・ブランドが米国の消費者市場（consumer market）に送り届けられたのとほぼ同時に、market＋ing＝「市場を創る」、あるいは、「マーケティングとは顧客を創造することである」（ドラッカー）という意味で、20世紀前半の米国経済社会で市民権を獲得したことになる[13]。

　それでは、1900年代初頭の米国社会では、マーケティング概念が登場する以前に、それに類似した言葉や概念は使用されていたのだろうか？バーテルズ（1976）によると、マーケティング概念が発見される以前に

---

[12]——Dyer, D., et al.（2004）*Rising Tide : Lessons from 165 Years of Brand Building at Procter & Gamble*, Harvard Business School Press.

[13]——P. F. ドラッカー／上田惇生訳（2006）『現代の経営（上）』ダイヤモンド社、46〜48頁（Drucker, P.F.（1954）*The Practice of Management*, Harper & Row）。

は、取引（trade）、商業（commerce）、販売（sales）、流通（distribution）という言葉が、マーケティング周辺の活動を表すために存在していたことになる。[14] ただし、広告や販売を実現する以前の企業活動として、当時の米国企業にそれらの部分活動を統合する必要性が感じられていた。企業の対市場活動を総称する必要性から生まれたのが、marketing of productsであり、marketing methodであった。[15]

繰り返しになるが、「製品マーケティング」や「マーケティングの方法」という概念は、1900年代初期の米国企業の現実的なニーズから生まれたものであった。そうした現実を説明するために、マーケティング史家であるテドロー（1993）は、米国におけるマーケティング誕生と発展の歴史を３つの時代に区分している（その後、４番目を付け加えている）。[16]

2. マス・マーケティング史

テドロー（1993）の『マス・マーケティング史』は、19世紀末から現在までの米国の消費社会を、マーケティングを実行してきた企業の立場から、見事にかつ簡易に叙述した歴史的な分析の書である。米国におけるマーケティングの発展を理解してもらうために、以下ではそのエッセンスを要約して紹介する（図表2.3）。

(1) 分断の時代(fragmentation)

第一段階は、マーケティングが誕生する以前の黎明期である。「分断の時代」と彼は呼んでいる。命名の由来は、全国市場が誕生するまでの約200年間、生産者は地域ごとに分断されていたからである。ある地方で作られた商品を他の市場に運ぶ輸送手段はなく、商品を広告するために有効なメディアも存在していなかった。

分断された地域市場の特徴は、高マージンと少量生産であった。もちろん高い輸送費を支払って、投機的な行為への報酬として高いマージンを獲得する商人がこの時代には存在していたが、それは例外的な存在であった。商品を全国販売するためには、鉄道と船による大量輸送手段の

14──R.バーテルズ／山中豊国訳（1979）『マーケティング理論の発展』ミネルヴァ書房（Bartels, R. (1976) *The History of Marketing Thought, 2nd ed.*, Grid Publishing）.
15──森下二次也、荒川祐吉編（1966）『体系マーケティング・マネジメント』千倉書房.
16──R.S.テドロー／近藤文男監訳（1993）、前掲書.

図表2.3　アメリカにおけるマーケティングの3段階

段　階	特　徴
Ⅰ　分断の時代	高いマージン 少量販売 高い輸送費のために、市場の規模が小さい
Ⅱ　統一の時代	大量販売 低マージン 全国がマス・マーケットへ統合
Ⅲ　細分化の時代	大量販売 顧客価値に基づく価格設定 人口統計的・心理的細分化

出典：テドロー（1993）、6頁を修正

発達と新聞やラジオなどのマスメディアの発明が必要であった。

(2) 統一の時代(unification)

　地域ごとに分断されていた市場は、新たに生み出された通信・輸送技術の発達によって、全国統一市場へと結合されることになる。「統一の時代」を実現させたのは、大量輸送と大量広告の技術であった。19世紀末になると鉄道網と通信ネットワークが全米に張り巡らされ、これが低コストで大量生産された商品の大量販売を可能にした。

　全国市場のリーダーは、製品分野ごとに1社ないしは数社であった。企業家精神に溢れた覇者たちは、宣伝広告やパブリシティ、メーカーによる卸売業務の統合、小売業者との提携、販売計画の策定と実行、綿密な市場情報分析を通して、消費財市場に大きな影響力を及ぼすことになった。第二段階の「マス・マーケティング全盛期」を担ったのは、コカ・コーラ、フォード、P&G、シンガーミシン、A&Pなど、全国的な知名度を得た有名ブランド企業であった。この時代に活躍した企業やブランドは、100年の時代を超えていまでもほとんどが生き残っている。

(3) 細分化の時代(segmentation)

　第二段階で成功を収めた先駆者たちの製品は、単一製品と普遍的なマス・マーケティングを特徴としていた。どちらかといえば、それは生産者優位の発想である。大量販売市場（マスマーケット）でスケールメリットを追求しつつ、低価格販売を志向していた。

　ところが、先駆者たちは、後発だが新しい切り口から市場に参入してきた挑戦者たちのチャレンジを受けることになる。コカ・コーラに対してペプシ、フォードに対してはゼネラル・モーターズ（GM）、食品小

売業のA&Pに対しては総合小売業のシアーズである。挑戦者たちの武器は、市場を細分化して複数の製品ラインを準備することであった。市場はひとつではなく、いくつかのセグメントから構成されていると考え、きめ細かなマーケティングを展開してきた。あるいは、製品そのものの物理的な品質だけを高めるのではなく、使用シーンや心理的なポジショニングに注目することに注力してきた。

1920年代に自動車業界で起こった事例が典型的である。1908年にフォードが導入したT型は、ヘンリー・フォードにとっては唯一普遍の製品「ユニバーサル・カー」だった。顧客の好みが異なるという発想はそもそもなかったし、市場を細分化する必要性など感じることがなかった。それに対して、当時GMを率いていたアルフレッド・スローンは、「どんな財布にもどんな目的にもかなった車」というキャッチコピーのもとで、ピラミッド型の価格体系を導入した。キャデラックとビュイックのように、それぞれ多様な顧客の要求に訴求するように複数のモデルを準備した。自動車業界だけでなく、大抵の製品分野で後発組のセグメンテーション手法とマルチブランド戦略が勝利を収めた。

なお、市場を細部化するという流れは、1980年代以降は、「個客対応（ワンツーワン）マーケティング」という形で、「マイクロ・マーケティング」（micromarketing）の時代につながっている。

3.マーケティングの理論発達史

テドロー（1993）のアプローチは、米国企業がマーケティングをどのように進化させたのかを時代区分したものである。もうひとつの接近法は、米国人のマーケティング研究者たちが、マーケティングの理論的な枠組みやさまざまなマーケティング固有の概念を、現実の中からどのように発見し、概念化してきたのかについて、歴史的に整理することである。約30年前にこのテーマに取り組んだのが、ロバート・バーテルズ（『マーケティング理論の発展』）であった（邦訳1979年）[17]。

その内容を詳しく紹介することはできないので、マーケティング概念の成立に関連のあるものを、時代区分に合わせて簡単に説明することにする。バーテルズの枠組みでは、マーケティング思想の歴史が、10年刻

17——Bartels, R.（1976）、前掲書、邦訳46〜47頁。

図表2.4　マーケティング思想と技術の発展段階

前　期	1900～1910 年	「発見の時代」
	1910～1920 年	「概念化の時代」
	1920～1930 年	「統合の時代」
	1930～1940 年	「発展の時代」
後　期	1940～1950 年	「再評価の時代」
	1950～1960 年	「再概念化の時代」
	1960～1970 年	「分化の時代」
	1970～1980 年	「社会化の時代」
補　足	1980～1990 年	「国際化の時代」
	1990～2000 年	「情報化の時代」
	2000 年～	「環境の時代」

出典：バーテルズ（1979）、46～47頁（一部用語を修正）

みで8つに区分されている。1940年までの40年間（第二次世界大戦まで）を「前期」、それ以降を「後期」と呼んでいる（図表2.4）。

(1)前期

「発見の時代」（1900～1910年）　マーケティングという概念が誕生した時代。初期のマーケティング教育者（研究者）たちは、流通業に関する諸現実から多くを学んだとされる。それはマーケティングの成長を育んだ最初の場所が、ミネソタ州やイリノイ州など、農産物流通の中心地であったことと無縁ではない。なお、初期のマーケティング理論の枠組みは、基本的には古典派経済学からの借用であった。

「概念化の時代」（1910～1920年）　マーケティングに関する諸概念が考案され、分類され、マーケティング用語が定義された。もっとも重要な概念のひとつは、マーケティングへの3つの接近法である。すなわち、「商品別アプローチ」（例えば、自動車、ミシン、石鹸、小麦のマーケティング）、「機能別アプローチ」（広告活動、販売促進活動、価格づけ、物的流通活動など）、「機関別（制度別）アプローチ」（メーカー、小売業、卸売業、サービス業、百貨店のマーケティングなど）である。

「統合の時代」（1920～1930年）　マーケティングの諸原理が統合的な枠組みとして整理された時代。マーケティングが実践的な思想として体系化された。例えば、コープランド（M. T. Copeland）の有名な「商品の3類型」が発表されたのがこの時期である。商品学ではもっとも著名

な分類である「最寄り品」(convenience goods)、「買い回り品」(shopping goods)、「専門品」(specialty goods) の3つのタイプ分けは、いまでも引用されることが多い。

　「発展の時代」（1930～1940年）　マーケティングの諸分野がそれぞれに大いに発展を遂げた時代である。大恐慌の後から第二次世界大戦に至る10年間は、世界貿易の拡大と経済成長にも恵まれ、米国のマーケティングにとっては黄金時代であった。

(2)後期

　「再評価の時代」（1940～1950年）　第二次世界大戦後、従来からあるマーケティングの枠組みと諸概念が再考された。商品的な接近法が後退し、マーケティング諸活動の計画・調査・管理プロセスが強調されるようになった。当時の再編集されたテキストを見ると、マーケティングの起点としての「消費者志向」（消費者視点）と科学的手法として「経済分析」（数値管理）が強調されている。

　「再概念化の時代」（1950～1960年）　既存のマーケティングの枠組みが、「企業的なマーケティング」(managerial marketing) の視点と「数量的な分析法」(quantitative methods) を導入することで補強された。現在ではポピュラーとなっているいくつかの概念が、社会学、心理学、統計学などの近接分野から導入された。例えば、「製品ライフサイクル理論」「ブランド選択理論」などである。マーケティング・ミックスの「4P概念」（マッカーシー　1978）も、この時代の代表的な産物である[18]（原著は、1960年）。

　「分化の時代」（1960～1970年）　1960年までは、マーケティング思想が「求心力」を持っていた時代であった。経済学や経営学など、隣接する社会科学・自然科学の分野から、諸概念や分析手法やマネジメント・ツールを有効に借用して学問の分野を豊かにしていた。「分化の時代」の10年は、マーケティング思想にとっては「遠心力」が働いた時代である。一方で統合的にマーケティングを考えることをやめたわけではないが、それと同時に、専門化した分野で、固有のマーケティング概念や枠組みが独自に発達した。例えば、意思決定論、数量分析、国際マーケテ

18──E. J. マッカーシー／粟屋義純監訳、浦郷義郎他訳（1978）『ベーシック・マーケティング』東京教学社（McCarty, E. J.（1960）*Basic Marketing: A Managerial Approach*, Richard D. Irwin）。

ィング、物的流通、消費者行動分析、システム分析などである。[19]

「社会化の時代」（1970～1980年）　社会的な諸問題が、マーケティングにとって重要となった時代。社会に対するマーケティングの影響が関心事となった。公共政策的な観点からの議論としては、広告における真実（虚偽広告）、比較広告の妥当性に関する議論、製造物責任（PL）問題、環境問題などが挙げられる。また、コトラーが主張したように、企業的なマーケティング概念を拡張して、非営利組織や公的な組織にマーケティングを適用することに注目が集まった。

(3) マーケティングの時代区分：その後

　バーテルズの時代分類は、1980年で終わっている。もしバーテルズがいまの時点で、『マーケティング思想史：補遺版』を書くとしたら、どのような時代区分をしただろうか。以下は、バーテルズに代わって筆者が補足したマーケティングの時代区分である（図表2.4：補足）。

「国際化の時代」（1980～1990年）　1980年代は、経済がグローバルな展開を見せた10年であった（「国際化の時代」）。資本も人材も組織も、国境と民族・文化を超えて自由に行き来する流れは、いまでも続いている。標準言語としての英語の採用と情報ネットワークの普及があるので、経営とマーケティングのグローバリゼーション（中国語で「全球化」）の流れを止めることはできないだろう。

「情報化の時代」（1990～2000年）　1995年を起点とするインターネットの普及は、マーケティングの仕組みを根本から変えることになった（小川　1999）[20]。いわゆる「インターネット情報革命」によって、商取引の仕組みとコミュニケーションのあり方が、以前にも増して消費者寄りに変わったことは明確である（「情報化の時代」）。同時に、データベース・マーケティングやCRM（顧客関係性マネジメント）など、マーケティング科学の威力が、従来以上に発揮できる条件が整ってきている。

「環境の時代」（2000年～）　最後に、新しい世紀がはじまった2000年代は、「環境の時代」である。マーケティングが、消費者に対して安心と安全を確保する仕組みと、広い意味での環境問題への対応を求められ

---

[19]──この時代の特徴である「分化」の傾向について、「マーケティング・モデルの発展プロセス」に関して、まったく同様な見解が、小川孔輔（1993）「マーケティング・モデル発展の小史」『季刊マーケティング・ジャーナル』通号47号（第12巻第3号）、78～87頁でも述べられている。

[20]──小川孔輔（1999）『マーケティング情報革命』有斐閣。

COLUMN-3
マーケティングの未来：2つのシナリオ

　20世紀最後の20年間を回顧してみる。最初の10年間（1980年代）は、激しい小売競争と価格プロモーションがブランド価値を傷つけた時代であった。続く10年間（1990年代）は、マーケティングへの関心がマス媒体によるブランド構築に向けられた。長く続いた米国の好景気を支えてきたのは、もしかすると付加価値を重視した「ブランド・マーケティング」の成果だったのかもしれない。

　21世紀に入る直前から、ネットとリアルな店舗という場におけるブランド選択とブランド・イメージの構築／維持に関心が移ってきている。そこに至るまでの100年間、ブランドはマーケティング理論が成立するプロセスの中でどのように取り扱われてきたのだろうか？

　「歴史的アプローチ」の代表作品であるリチャード・テドローの労作『マス・マーケティング史』（ミネルヴァ書房）では、マーケティングの発展段階は、「分断の時代」「統一の時代」「細分化の時代」の3つに括られていた。

　120年前まで地域的に分断されていたアメリカ市場は、大量生産、大量販売、大量広告という「マス・マーケティングの技術」が登場することによって、ひとつの全国市場に統合された。単品大量生産に基礎を置く20世紀初頭のマーケティングは、その段階でカテゴリーごとに強力なブランドを生み出していった。

　自動車産業では「フォード」、飲料業界では「コーク」、食品小売業の「A&P」、総合小売業の「シアーズ」である。テドローの著書の原題は、"New and Improved: The Story of Mass Marketing in America" である。「New＝新しい企業／ブランド」とは、1930年ごろまでに新興産業のリーダーとなった巨大ブランド群のことである。

　第二次世界大戦を境にしてはじまった「細分化の時代」において、先駆者であった「New＝新しい企業／ブランド」は、「Improved＝改善された企業／ブランド」から激しい挑戦を受けることになる。フォードに対する挑戦者は「GM」、コークに対するチャレンジャーは「ペプシ」、A&Pに対しては、「シアーズ」であった。

　挑戦者たちの戦略は共通していた。彼らは、ひとつの商品ブランドで市場全体をカバーするのではなく、市場をいくつかに分けて特定顧客層に焦点を絞り込む戦略を採用した（ターゲティング）。あるいは、異な

るニーズに対しては複数のブランドを用意することで、後発企業は先駆者の牙城を切り崩していった（マルチブランド戦略）。

チャレンジャー・ブランドは、広告コミュニケーション戦略に際だった特徴を持っている。「ペプシ世代の発見」（若者というターゲット）に典型的に見られるように、20世紀後半に登場した挑戦者たちは、商品の「機能性」に焦点を当てるのではなく、ブランドが持っている「情緒性」やシンボリックな「意味性」を広告の中で強調している。

テドローの「鳥の眼」は、マーケティングの未来について2つの代替的なシナリオを提示している。ひとつのシナリオは、細分化の時代のつぎに来るのは、第3段階「細分化の時代」の延長線上にある（消費者ニーズの）「超細分化」（hyper-segmentation）であるという予見である。この選択肢が実現可能であるためには、消費者のニーズを効率よく伝えるための「高度な情報システム」と、情報に対して柔軟に対応することができる「伸縮的な製造技術」が必要である。

もうひとつの可能性としては、1番目の選択肢とは対極にある商品／ブランドの「逆細分化」（de-segmentation）が考えられる。これは、ふたたび第2段階の「メガブランドの時代」に戻ることを意味している。テドローは、どちらがより実現しそうなシナリオなのかについて述べていないが、筆者の見解は以下のとおりである。

マーケティングの標準化とグローバリゼーションの流れは、後者の「メガブランド」が優勢になることを支持している。例えば、ネスレのような多国籍企業は、ネスカフェやブイトーニのような基幹ブランドについては、グローバルにブランドを統合しようとしている。積極的に海外展開を推進している日本企業、例えば、ソニーや資生堂なども標準化の方向を志向している。

他方で、情報技術の進展と伸縮的な生産システムは、「超細分化」の方向を示唆している。さらには、メディアの細分化や商品の調達手段の多様化も、現状では消費者とブランドの接点を断片的なものにする方向に作用している。しかしながら、消費者への対応が超細分化に向かっていく場合においても、ブランドに関しては一層の統一感を与えるような方向で努力がなされるだろう。というのは、多メディア時代においては、もし何もしなければブランドは求心力を失ってしまうからである。

企業にとって、ブランドがビジネスの生命線であることに変わりはない。アンダーヒル氏（2001）が観察データで繰り返し示しているように、訴求力がないブランドは小売店の棚に埋まって沈んでしまう。そう

> した状況を打破するためにも、消費者の五感に訴えかけることができる強烈な個性がブランドには求められる。
>
> 出典：本コラムは、小川孔輔（2001）「マーケティングの未来を振り返る」『ハーバード・ダイヤモンド・ビジネス』（2001年11月号）から抜粋の上、再編集。

ている。マーケティング活動を通して、企業が社会的な責任を果たすことも2000年代の役割である。

　米国で生まれたマーケティングは、誕生から約100年の進化の後で、企業を運営する上でのエンジンとなっている。そして、標準的な経営手法として、マーケティングはグローバルに受け入れられている。それでは、ごく当然のように使用されているマーケティング概念や分析手法は、日本企業ではどのように受け入れるようになったのだろうか？
　次節（第3節）では、米国のマーケティングが日本に受け入れられ、普及していく発展の歴史を見てみることにする。また、日本のマーケティングが、米国のマーケティングとどのように異なった特徴を有しているのかについても考えてみる。

3―日本のマーケティング

1. 日本のマーケティング前史：第二次世界大戦前

　第二次世界大戦前の日本に、「マーケティング概念」（marketing concept）がまったく存在していなかったわけではない。ここでいうマーケティング概念とは、消費者のニーズをすばやく読み取り、それを商品・サービスとして結実させたのちに、統合的に市場を管理する経営思想のことである。そうであれば、江戸時代の商家経営（三越の前身にあたる「越後屋」や石田梅岩の思想）にその片鱗は見られる。また、大正・昭和期の森永製菓や資生堂はすでに、戦後わが国が米国から導入したさまざまなマーケティング手法を実際に実行していたことは事実が示すとおりである。

しかしながら、現代的なマーケティングという観点からは、戦前と戦後の状況を分かついくつかの断絶が存在している。学問的な分類にしたがえば、戦前のマーケティングは、「商業学」「商業論」「配給論」「商品学」などのラベルを持つ商業資本中心の体系である。どちらかというと、社会的流通の形態を企業の外から眺めるといったタイプの研究が主体だった。戦後の産業資本（製造業中心）のマーケティングとは、基本的にマーケティング主体が異なっている。統合的に市場を管理するという視点から、鳥羽（1982）にしたがって、戦前のマーケティングの特徴を素描してみることにする。[21]

鳥羽（1982）は、「たとえマーケティングという呼称では呼ばれていなかったにせよ、今日の販売管理、さらには在庫管理から物流、市場調査、宣伝・広告技術などが存在していたことはもちろんである」（3頁）とした上で、日本の在来マーケティングを、近代的なマーケティングの概念を用いて、3つの段階に分類している（時代区分については、筆者がラベルをつけた）。

(1) 江戸時代：セールス・マネジメントの時代

江戸時代の商家の伝統は、優れた「販売管理」（sales management）の実務にあった。近代的なマーケティングにおいて、「販売」はマーケティングの最終段階にあたる。いかに販売を巧みに効率よく行うかという販売マネジャーの技術のことである。経験的な実務技術としては、戦前はもとよりすでに江戸時代から、日本においてもマーケティングは非常によく発達していた。百貨店に連なる小売販売技術として、すでに販売管理の水準はかなり高かったといえる。

(2) 戦前：マーケティング・マネジメントの時代

（1）が直接販売の技術だとすると、「マーケティング・マネジメント」（marketing management）は、今日のマーケティング・マネジャーの実践的な技術体系のことを指す。実践的な知識という観点からであれば、物流や在庫管理、さらには宣伝・広告技術は、江戸時代から戦前の小売販売業者や問屋に至るまで、日本においても十分に発達していたといえる。明治・大正期においては、輸出マーケティングのための総合商社も存在していた。森永製菓、資生堂など、部分的には、戦前の製造

21——鳥羽欽一郎（1982）「日本のマーケティング——その伝統と近代性についての一考察」『経営史学』第17巻第1号、1～21頁。

業においてもマーケティング・マネジメントは実践されていた。[22]

(3)戦後：マネジリアル・マーケティングの時代

戦後になってから、企業経営全体の立場からするマーケティングが米国から導入された。企業的マーケティング（managerial marketing）は、経営トップの市場戦略立案と競争的市場管理の技術として位置づけられる。戦前の日本には、製造業中心に統合的に市場管理するという視点は決して強くはなかった。戦後の高度成長と製造業の戦略課題に統合的な観点から応えるものとして、米国から学習した実学体系であった。

2.米国マーケティングの移植(導入と模倣の時代：～1959年)

第二次世界大戦後になってはじめて、体系的で近代的なマーケティングの手法が日本にもたらされた。学習対象となったモデルは、米国のマーケティングであった。小原（1995）などの研究にしたがえば、戦前の日本のマーケティングは、ある特定の商品分野と社会階層に限定されていた。本格的なマーケティング企業の確立と大衆消費社会の出現がセットになって、マーケティングが戦後の日本社会で花開くことになった。[23]

(1)生産性本部の米国視察団

日本の産業界が、米国からマーケティングを導入することになったきっかけは、1955年2月に発足した日本生産性本部が、同年9月に「第一次トップ・マネジメント視察団」を米国に派遣したことであった（横田1985）。[24]視察団の団長は、東芝社長で日本生産性本部会長だった石坂泰三であった。石坂団長の米国ビッグビジネスに対する印象は、「アメリカ巨大企業の市場開拓と生産性向上を目撃し、わが国にマーケティングの必要性を痛感した」というものであった。これを機会に、米国マーケ

22――堀越比呂志（2005～2007）「戦後マーケティング研究の潮流と広告①～⑮」『日経広告研究所報』220～234号において、こうした研究事情が詳細かつ包括的に述べられている。また、石原武政、矢作敏行編（2004）『日本の流通100年』有斐閣、とくに、第1章「加工食品流通」（19～54頁）と第2章「化粧品・医薬品流通」（55～90頁）において、戦前の加工食品、化粧品雑貨のマーケティングと流通チャネル形成の実態が紹介されている。
23――小原博（1995）「日本のマーケティング――導入と展開」マーケティング史研究会編『日本のマーケティング――導入と展開』同文舘出版、14～15頁。
24――戦後マーケティングの導入期の事情については、横田澄司（1985）「日本的マーケティングの源流を探る：主としてマーケティング導入期（昭和30年代初期）の検討」『明治大学社会科学研究科紀要』137～173頁、に詳しく述べられている。とくに、小原（1995）と同様に、戦後日本のマーケティングは、昭和30年代の前半に米国マーケティングの学習過程が完了した時点ではほぼ確立していることがわかる（横田（1985）、138～140頁）。

ティングとデミング流の品質管理手法の日本への導入が加速されることになった。[25]

続いてごく短期間のうちに、第2次〜第4次までのトップ・マネジメント視察団が生産性本部から米国に派遣された。とくに、1956年には、「マーケティング専門視察団」が派遣されている。同時に、米国のマーケティング専門家を日本に招いて、全国の主要都市で「マーケティングセミナー」が開催された。なお、市場調査や広告実務（1958年の「広告専門視察団」）など、マーケティング専門技術の移植については、実務家の米国視察や大学教授による教科書や専門書の翻訳を通して、多数わが国の産業界に紹介されることになった。

マーケティングの導入期（1955〜1959年）はごく短期間ではあったが、さまざまな人を介してのマーケティング技術の移転（小川、林 1998）が、マーケティングの模倣・発展期（1960〜1979年）にとって導火線の役割を果たすことになった。[26]

産業界のマーケティング・ブームを受けて、1958年には産学協同で「日本マーケティング協会」が設立された。1960年に、日本ではじめて神戸大学で「マーケティング論」の講座が誕生した。その後は、全国の主要大学で、従来の販売管理論や配給論に代わって、マーケティングの講座が続々と設置された。1966年には、「マーケティング・サイエンス学会」が発足している。日本の大学教育でも、マーケティングが科学としての市民権を得ることになった。

(2) 流通業者たちのマーケティング学習

大手メーカーだけが米国のマーケティングを日本に導入する努力をしていたわけではない。産官学でスクラムを組んで米国発マーケティングを学習していた大手メーカーとは対照的に、流通業の経営者たちは、個人として、民間ベースで米国流通業から実務知識を獲得しようと試みていた。その中心にいた理論家が、「流通革命論」の林周二（当時東京大学教授）であった。[27] 他方、コンサルタントとして実務家に影響力が大き

25——以下の記述も、横田（1985）前掲論文、140〜142頁による。
26——マーケティング技術移転の理論的な枠組みについては、小川孔輔、林廣茂（1998）「米日間でのマーケティング技術の移転モデル」『マーケティング・ジャーナル』を、マーケティングの実務的な移転事例については、小川孔輔、陸正（1999）「米日間でのマーケティング技術の移転——花王のケース」『グノーシス』（法政大学産業情報センター紀要）を参照のこと。

COLUMN-4
マーケティング研究の３つの流れ

　マーケティング研究の方法には、「ケース・メソッド」「歴史的アプローチ」「マーケティング・サイエンス」という３つの流派（スクール）がある。

　「ケース・メソッド」は、ハーバード大学のビジネススクールに教育法の起源を持つ。そこでは、個別企業や特定商品についての記述を経営トップやマーケティング・マネジャーの視点から整理する。論文や記事に意味を与えているのは、多くの事例を知ることで顧客や市場、競争についての共通ルールが抽出できるからである。事例によって鍛えられた経営者やマーケターは、現実に対処できる知恵を一通り、分析道具として「自分の引き出し」にしまっておくことができる。

　理論構築のために、マーケティング活動に関する事実を丹念に調べ上るという点で、「歴史的アプローチ」と「ケース・メソッド」の間にそれほど大きな違いはない。両者を分けているのは、分析の時間軸（長／短）と事例の使い方（個別事例／事例の一般化）の差違である。

　ケース・メソッドでは、マーケティングの「現在」と「未来」が問題になる。リハーサルされる「過去」は、どちらかといえば置き去りにされる。マーケティング史などの「歴史的アプローチ」が、大切な研究領域として存在する意義がそこにある。

　事例を基礎にした２つのスクールに対して、マサチューセッツ工科大学に研究の起源を持つ「マーケティング・サイエンス学派」では、自然科学の方法をマーケティングに応用しようと試みた。サイエンス派がスクールとして認知されるようになったのは、ごく最近のことである。それは、コンピュータによる大量データ処理とソフトウエアの利便性が高まってから後のことである。

　1980年代に入ってからPOSデータが急速に普及したことで、サイエンス派の地歩はより確かなものとなった。マーケティング・サイエンティストたちは、大量データに基づいて理論モデルを構築し、統計モデルにデータを当てはめて「未来」を予測する。ほぼリアルタイムで販売データが入手できるようになったことで、客観的なデータに基づいて意思決定を行うことが、マーケティングの実践的な枠組みに採用されるようになった。

> しかしながら、マーケティング・サイエンスの方法は、2つの弱点を持っている。
> 　ひとつは、自然科学に特有な方法の問題である。マーケティングに典型的に見られるように、社会科学が対象とする現象は、基本的にまったく同じイベントが繰り返して起こることがない。過去のデータに対して当てはまりがよかった理論モデルを使って、将来を予測することには自ずと限界がある。未来を正しく予測するためには、競争構造や環境条件などについて、質的な変化を読み切る必要がある。POSデータは過去情報である。予測すべき未来は、単なる過去の延長線上に存在してはいない。
> 　2つめは、POSデータがもたらしたマネジメント上の副作用であった。POSデータは行動の結果を反映したデータであって、そこから消費者の意識を直接的に知ることはできない。逆に、POSのような販売実績データだけでブランドをマネジメントしようとすると、マーケティングにとってもっとも大切な創造性が失われてしまう。
> 　実際に、大手小売りチェーンがメーカーとの商談にPOSデータを利用するようになってから、店頭では価格プロモーションが常態化するようになった。その結果、頻繁に値引きされたメーカーブランドのイメージが大幅に低下した。メーカーだけでなく小売業にとっても、長年の間に蓄積してきたブランド価値に傷がついたことは不幸な出来事であった。
>
> 出典：本コラムは、小川孔輔（2001）「マーケティングの未来を振り返る」『ハーバード・ダイヤモンド・ビジネス』（2001年11月号）からの抜粋である。

かったのは、当時は読売新聞の記者だった渥美俊一である。渥美はその後に独立して、「ペガサスクラブ」を主宰することになる。現在に至るまで、セミナーと米国流通業視察を通して、思想的にも人間的にも組織的にも、日本の名だたる流通業の経営者に大きな影響を与えてきた。[28]

　ただし、高度成長に至る戦後20年間は、流通業者にとっては基本的にモノ不足の時代であった。メーカーの系列支配に対抗する一大勢力として、ダイエー、イトーヨーカ堂、西友、ジャスコ（現イオン）などのチェーン小売業が登場するのは、そのつぎの10年を待たなければならな

27──林周二（1962）『流通革命──製品・経路および消費者』中公新書。
28──渥美俊一（2007）『流通革命の真実』ダイヤモンド社。

い。現在、大手に成長している流通業（量販店、食品スーパーマーケット、ホームセンター）やサービス産業（外食産業、惣菜業など）の経営者が頻繁に米国詣でをするようになるのは、チェーンストアが台頭してくる1970年代に入ってからのことである。

　米国のマーケティングは、学界にも別の形で影響を与えた。COLUMN-4は、学問研究の流れを3つに整理したものである。

3. 輸出マーケティングと国際化（1970〜1989年）

（1）適応的模倣からマーケティング革新へ

　1960年代を通して、米国流マーケティングの実務的な模倣過程が完了することになる。この時代は、日本の国内経済が大きく成長した期間でもあった。オイルショックに見舞われる1973年までに、内需拡大と製品輸出によって日本は未曾有の高度経済成長を達成した。この時点で、所得平等度が高く中間所得層が厚い、世界に類を見ない大衆消費社会を実現する。自動車や家電などの耐久消費財メーカーは、国内需要の開拓で得た製品開発やマーケティングの知識を活用し、米国や欧州に日本発の製品を輸出する努力をはじめた。

　外資規制が緩和された1970年以降は、欧米の大手メーカーが日本に子会社を設立できるようになった。加工食品メーカーでは、ネスレ（スイス）やゼネラル・フーズ（米国）やケロッグ（米国）が、トイレタリーメーカーでは、ユニリーバ（英国＆オランダ）やP＆G（米国）、化粧品メーカーでは、ロレアル（フランス）やマックスファクター（米国）が、製品とマーケティング技術を携えて日本市場に乗り込んできた。迎え撃つ日本の加工食品メーカー（味の素、ハウス食品、雪印乳業、森永製菓）、化粧品メーカー（資生堂、カネボウ化粧品、コーセー）、トイレタリーメーカー（花王、ライオン、ユニ・チャーム、サンスター）の各社は、ようやく模倣の段階を終えたばかりであった。しかし、この時点で国内外企業と熾烈な競争を経験したことが、その後に日本企業がマーケティング力を高めることに大いに貢献している[29]。

　日本市場を舞台に、グローバルな競争力、とりわけ製品開発能力を高

---

[29] 小川、林（1998）前掲論文では、国内メーカーによるマーケティング技術移転のプロセスを「AI移転」と呼び、外資によるマーケティング移転を「SAL移転」と呼んで区別している。

めることができたのは、外資メーカーも同じであった。日本発の国際通用性があるイノベーティブな製品の代表的な事例としては、P&Gの紙おむつ（パンパース）やコカ・コーラの缶コーヒー（ジョージア）などを挙げることができる。また、製品ではないが、コンビニエンス・ストアの「セブン-イレブン」は、イトーヨーカ堂グループが米国サウスランド社を逆買収して立て直したサービスシステムである。マーケティング革新が、一方向ではなく双方向で、場合によっては、スパイラルに移転しはじめたのは、日本の1980年代にその起点がある。

(2)日本企業のマーケティング国際化

　日本製品は、品質と価格のバランスで競争優位を持っていたので、海外市場でも大いに成功を収めることになった。その背後にある日本的経営の強みとマーケティングの仕組みに対して、海外の研究者も注目するようになった。例えば、コトラーら（1985）は、日本企業の輸出競争力の強さを、『日米新競争時代を読む』（原題：*The New Competition*）の中で注意深く分析している。日本のマーケティング力の分析を通して、その後に登場してくるアジアの新しいプレイヤーたち（韓国、台湾、中国、インドなど）の発展の姿をすでに予見している[30]。

　オイルショックを乗り越えて、さらに輸出競争力をつけた1980年代は、日本の大手メーカーにとっては黄金時代であった。海外市場を席巻した自動車・家電産業は、1985年のプラザ合意以後、国際化の波に乗って製品輸出から現地生産に切り替えるようになった。円高・現地化という環境の激変にもかかわらず、日本企業の業績の好調は、バブルが崩壊する1990年まで続いた。

(3)日本的なマーケティングの特徴

　マーケティング手法を模倣する時代から、日本が独自のマーケティングを発展させる段階に至る過程で、日本的な経営手法の根幹にある「製品市場戦略（マーケティング戦略）」と「品質管理手法」が注目を浴びるようになった。欧米流のマーケティングとは異なる日本的なマーケティングの特徴を、日本人のマーケティング研究者が整理している。3人の見解を紹介することにする。

30——P.コトラー他／増岡信男訳（1986）『日米新競争時代を読む——日本の戦略とアメリカの反撃』東急エージェンシー（Kotler, P., et al. (1985) *The New Competition*, Prentice-Hall）。

日本のマーケティングシステムを最初に英語圏に紹介した研究者は、ハーバード大学ビジネススクールの吉野洋太郎教授（当時）である。1971年に発表された著書『日本のマーケティング——適応と革新』（邦訳は1976年）は、戦後日本の大衆消費社会の出現をマーケティングシステムの適応という視点から分析したものである[31]。1970年までの段階で、吉野（1976）がまとめた日本のマーケティングの特徴は、以下のようなものである。

　消費者要因　　戦前から高度な教育を受けて、なおかつ戦後は経済的に豊かになった中産階級（しかも極めて平等）が、消費生活文化の西欧化を喜んで受け入れてくれた。マーケティングを学んだばかりのメーカーにとっては、「消費が美徳であること」が社会的に容認されていたことは、マーケティングを展開する上で非常に有利な条件になった。

　メーカーの適応要因　　日本の大手メーカーは、いち早く米国のマーケティングを組織的に学習した。大量消費市場を実現するために、広告投入で需要を刺激し、商品開発に磨きをかけた。また、販路開拓のために、積極的に流通系列化に努めた。

　流通部門の革新要因　　伝統的な小売業に代わって、新しいタイプのセルフサービス小売業が出現した。ただし、欧米とは異なり、1970年当時は車社会のインフラが整っていなかったので、百貨店や量販店を核店舗とした都市型ショッピングセンターがかなりな程度、郊外型の小売集積を代替していた。

図表2.5　戦後日本のマーケティング

	メーカー視点のマーケティング	流通から見たマーケティング
1950年代	マーケティング概念導入の時代	物不足の時代
1960年代	模倣の時代	単品大量生産の時代
1970年代	輸出マーケティングの時代	チェーンストア台頭の時代
1980年代	国際化の時代	高付加価値/ブランド志向の時代
1990年代	ブランド・マーケティングの復権	流通国際化と価格破壊の時代
2000年代	環境マーケティングの時代	製造小売業優位の時代

31——吉野洋太郎（1976）『日本のマーケティング——適応と革新』ダイヤモンド社、主として、第2章「大衆消費社会の出現」、第3章「大規模製造会社のマーケティング行動」、第4章「流通部門における革新」を参照。

政府とその他の制度的要因　政府は、初期段階では零細規模の小売業者を保護しようとした。その後、流通近代化と合理化に方向を変えた。[32]

4. ブランド・マーケティングと価格破壊の時代（1990〜1999年）

　池尾（1999）の研究は、吉野（1976）の23年後に書かれたものである。野中・竹内（1985）、石井（1986）、片平（1994）、あるいは、ブランド研究と消費者行動論（Aaker 1991, Laaksonen 1994）の成果に依拠しながら、日本企業のマーケティング行動のエッセンスをつぎのように要約している[33]。

　「わが国の戦後の消費社会は、『未熟だが関心が高い消費者』を特徴としてスタートし、その特徴を前提に展開された日本型マーケティングは、流通系列化、企業名ブランド、同質的マーケティング、連続的新製品投入という性質を持つに至った」（池尾　1999、249頁）

　未熟な消費者の存在と、日本型マーケティングを特徴づける4つの要因はワンセットとして捉えられている。企業ごとに囲い込まれた系列化された販路に、企業名を冠した新製品を絶え間なく投入していく。未熟な消費者の目先を変えながら、計画的に製品の陳腐化を実行する。それは、本質的な製品差別化ではないので、同質的で激しい価格競争に導かれる。日本企業のマーケティング戦略が、学習した賢い消費者の出現と価格破壊を志向した流通とのハザマで苦しんだ10年間の象徴であった。

　ブランド・マーケティングを展開しようとしながら、他方で価格破壊の時代を経験したメーカーは、つぎの付加価値戦略を模索しはじめている。石井（1999）の論考は、米国マーケティングをわが国の現実に適応

32——現実には、政治的な要因もあり、戦前からの「百貨店法」（1937年）を廃止、その後施行された「大規模小売店舗法」（1973年）は、「改正大規模小売店舗法」（1992年）を経て、「大店立地法」（「大規模小売店舗立地法」2000年）に衣替えされている。流通政策としては、基本的には規制強化の方向を向いている。日本の流通業の発展にとって、決して健全な方向にはないと筆者は考える。

33——池尾恭一（1999）『日本型マーケティングの革新』有斐閣、野中郁次郎、竹内弘高（1996）『知識創造企業』東洋経済新報社（英語から翻訳、原題は *The Knowledge-creating Company*〈梅本勝博訳〉）、石井淳蔵（1984）『日本企業のマーケティング行動』日本経済新聞社、片平秀貴（1998）『パワー・ブランドの本質——企業とステークホルダーを結合させる「第五の経営資源」』ダイヤモンド社、D. A. アーカー／陶山計介他訳（1994）『ブランド・エクイティ戦略——競争優位をつくりだす名前、シンボル、スローガン』ダイヤモンド社（Aaker, D. A.（1991）*Managing Brand Equity*, Free Press）、P. ラークソネン／池尾恭一、青木幸弘監訳『消費者関与——概念と調査』千倉書房（Laaksonen, P.（1994）*Consumer Involvement: Concepts and Research*, New York, NY: Routledge）。

させながら翻案して作り上げた「日式マーケティング」へのひとつの処方箋を提示したものである。[34] メーカーに対する対抗力とも思える流通業者にとっても、事情は似たようなものである。いまや製造小売業の全盛時代である。自社PB商品が町と店舗に溢れている。

　石井（1999）の主張は、簡素すぎるくらいにシンプルである。日本型マーケティングで見直しが必要なポイントは、差別性の高いブランドを構築すること。そして、見込み型の大量生産を前提に組み立てられた、系列化された販売チャネルと投機型生産方式を見直すことである。論点は、この2点に集約できる。それでは、その先に来るマーケティングの現実は、いったいどのような性質のものなのであろうか？

　21世紀に入って以降の新しい潮流については、第18章「マーケティングの社会的役割」で再考することになる。

〈参考文献〉
D.A.アーカー／陶山計介他訳（1994）『ブランド・エクイティ戦略――競争優位をつくりだす名前、シンボル、スローガン』ダイヤモンド社（Aaker, D.A.（1991）*Managing Brand Equity*, Free Press）
渥美俊一（2007）『流通革命の真実』ダイヤモンド社
池尾恭一（1999）『日本型マーケティングの革新』有斐閣
石井淳蔵（1984）『日本企業のマーケティング行動』日本経済新聞社
石井淳蔵（1999）「日本型マーケティングの変貌」『書斎の窓』6月号、有斐閣、24～29頁
石原武政、矢作敏行編（2004）『日本の流通100年』有斐閣
O.E.ウィリアムソン／井上薫、中田善啓監訳（1989）『エコノミック・オーガニゼーション――取引コストパラダイムの展開』晃洋書房（Williamson, O.E.（1986）*Economic Organization; Firms,Markets,and Policy Control*, New York University Press）
薄井和夫（1997）「マーケティング史研究の現状と課題に関する一考察」『社会科学論集』埼玉大学経済学会、第90号、13～45頁
小川孔輔（1993）「マーケティング・モデル発展の小史」『マーケティングジャーナル』通号47号（第12巻第3号）、78～87頁
小川孔輔、林廣茂（1998）「米日間でのマーケティング技術の移転モデル」『マーケティングジャーナル』通号67、4～22頁

34――石井淳蔵（1999）「日本型マーケティングの変貌」『書斎の窓』6月号、有斐閣、24～29頁。

小川孔輔、陸正（1999）「米日間でのマーケティング技術の移転——花王のケース」『グノーシス』法政大学産業情報センター紀要

小川孔輔（1999）『マーケティング情報革命』有斐閣

小川孔輔（2004）「花のマーケット——フラワービジネスの全体像をさぐる」『お花屋さんマニュアル』誠文堂新光社

片平秀貴（1998）『パワー・ブランドの本質——企業とステークホルダーを結合させる「第五の経営資源」』ダイヤモンド社

P. コトラー他／増岡信男訳（1986）『日米新競争時代を読む——日本の戦略とアメリカの反撃』東急エージェンシー（Kotler, P., et al. (1985) *The New Competition*, Prentice-Hall）

P. コトラー、G. アームストロング／和田充夫、青井倫一訳（1995）『マーケティング原理——戦略的行動の資本と実践』ダイヤモンド社（Kotler, P. and G. Armstrong (1989) *Principles of Marketing*, 4th ed., Prentice-Hall）

P. コトラー、A.R. アンドリーセン／井関利明監訳、新日本監査法人公会計本部訳（2007）『非営利組織のマーケティング戦略（第5版）』第一法規（Kotler, P. and A.R. Andreasen (2005) *Strategic Marketing for Non-profit Organizations*, 7th ed., Prentice-Hall）

小原博（1995）「日本のマーケティング——導入と展開」マーケティング史研究会編『日本のマーケティング——導入と展開』同文舘出版

嶋口充輝（1994）『顧客満足型マーケティングの構図——新しい企業成長の論理を求めて』有斐閣

R.S. テドロー／近藤文男監訳（1993）『マス・マーケティング史』ミネルヴァ書房（Tedlow, R.S. (1990) *New and Improved: The Story of Mass Marketing in America*, Basic Books）

鳥羽欽一郎（1982）「日本のマーケティング——その伝統と近代性についての一考察」『経営史学』第17巻第1号、1～21頁

P.F. ドラッカー／上田惇生訳（2006）『現代の経営（上）』ダイヤモンド社（Drucker, P.F. (1954) *The Practice of Management*, Harper & Row）

野中郁次郎、竹内弘高（1996）『知識創造企業』東洋経済新報社（英語原題 *The Knowledge-creating Company*〈梅本勝博訳〉）

R. バーテルズ／山中豊国訳（1979）『マーケティング理論の発展』ミネルヴァ書房（Bartels, R. (1976) *The History of Marketing Thought*, 2nd ed., Grid Publishing）

林周二（1962）『流通革命——製品・経路および消費者』中公新書

R. ブラットバーグ、G. ゲッツ、J. トーマス／小川孔輔、小野譲司監訳（2002）『顧客資産のマネジメント——カスタマー・エクイティの構築』ダイヤモンド社（Blattberg, R.C., G. Getz, and J.S. Tomas (2001) *Customer Equity: Building and Managing Relationships as Valuable Assets*, Harvard Business School Publishing Corporation）

堀越比呂志（2005〜2007）「戦後マーケティング研究の潮流と広告①〜⑮」『日経広告研究所報』220〜234号

マーケティング史研究会（1995）『日本のマーケティング――導入と展開』同文舘出版

E.J.マッカーシー／粟屋義純監訳、浦郷義郎他訳（1978）『ベーシック・マーケティング』東京教学社（McCarthy, E. J.（1960）*Basic Marketing: A Managerial Approach*, Richard D. Irwin）

森下二次也、荒川祐吉編（1966）『体系マーケティング・マネジメント』千倉書房

矢作恒雄他（1996）『インタラクティブ・マネジメント――関係性重視の経営』ダイヤモンド社

横田譲司（1985）「日本的マーケティングの源流を探る：主としてマーケティング導入期（昭和30年代初期）の検討」『明治大学社会科学研究科紀要』137〜173頁

吉野洋太郎（1976）『日本のマーケティング――適応と革新』ダイヤモンド社

P.ラークソネン／池尾恭一、青木幸弘監訳『消費者関与――概念と調査』千倉書房（Laaksonen, P.（1994）*Consumer Involvement: Concepts and Research*, Routledge）

S.D.レヴィット、S.J.ダブナー（2006）『ヤバい経済学――悪ガキ教授が世の裏側を探検する』東洋経済新報社（Levitt, S. D. and S. J. Dubner（2005）*Freakonomics: A Rogue Economist Explores the Hidden Side of Everything*, HarperCollins）

T.レビット／土岐坤訳（1971）『マーケティング発想法』ダイヤモンド社（Levitt, T.（1969）*The Marketing Mode: Pathways to Corporate Growth*, McGraw-Hill）

若林靖永（1999）「日本のマーケティング史研究の意義と研究枠組み」近藤文雄、若林靖永編『日本企業のマス・マーケティング史』同文舘出版

Bagozzi, R.P.（1986）*Principles of Marketing Management*, Science Research Associates.

Dyer, D., et al.（2004）*Rising Tide : Lessons from 165 Years of Brand Building at Procter & Gamble*, Harvard Business School Press.

Webster, F.E.（1992）"The Changing Role of Marketing in the Corporation," *Journal of Marketing*, 56（October）, pp. 1-17.

〈さらに理解を深めるための参考文献〉

石井淳蔵（2004）『マーケティングの神話』岩波現代文庫

W.オルダースン／田村正紀、堀田一善、小島健司、池尾恭一訳（1981）『オルダースン　動態的マーケティング行動――マーケティングの機能主義

理論』千倉書房（Alderson, W. (1965) *Dynamic Marketing Behavior*, Richard D. Irwin）

小原博（1994）『日本マーケティング史――現代流通の史的構図』中央経済社

J. N. シェス、D. M. ガードナー、D. E. ギャレット／流通科学研究会訳（1991）『マーケティング理論への挑戦』東洋経済新報社（J. N. Sheth, D. M. Gardner, and D. E. Garrett (1988) *Marketing Theory: Evolution and Evaluation*, John Wiley & Sons）

橋本勲（1975）『マーケティング論の成立』ミネルヴァ書房

林周二（1999）『現代の商学』有斐閣

風呂勉（1973）『マーケティング・チャネル行動論　第3版』千倉書房

マーケティング史研究会編（1993）『マーケティング学説史――アメリカ編』同文舘出版

矢作敏行（1997）『小売りイノベーションの源泉――経営交流と流通近代化』日本経済新聞社

第3章
マーケティング計画の策定

　本章では、標準的なテキストの手続きにしたがって、マーケティング計画を策定する際の方法について、そのおおよその流れを紹介する。

　第1節では、マーケティング計画には、時間的な視野と計画主体の違いから、2つのタイプの計画システムがあることが示される。1番目は、戦略的マーケティング計画と呼ばれるもので、中長期の視点から経営トップのために策定される計画システムである。それに対して、2番目のものは、マーケティング機能戦略プログラムと呼ばれるものである。比較的短い期間（半年〜1年）の視座から、ミドルマネジメント層のマーケティング計画のために準備される実行プログラムである。

　戦略的マーケティング計画の枠組みは、3つの局面（フェーズ）を含んでいる。すなわち、「分析」「計画」「実行」の3つのフェーズである。「分析」のフェーズには、「市場機会の分析」の段階が、「計画」のフェーズには、「（狭義の）マーケティング戦略」と「（狭義の）マーケティング計画」の段階が含まれている。また、「実行」のフェーズは、「実施」と「統制」の段階を含んでいる。

　マーケティング機能戦略で計画されるプログラムの内容は、マーケティング・ミックスの4Pに対応している。製品戦略、価格戦略、コミュニケーション戦略、流通チャネル戦略の4つである。それぞれの戦略プログラムの詳細については、本書の第8章から第15章で取り扱う。

　第2節では、マーケティング計画の立案について、実際の事例を用いて記述する。資生堂薬品の「コエンザイムQ10AA」の製品開発とマーケティング計画を跡付けることで、マーケティング・プランニングの実際を読者に理解してもらうことが目的である。また、具体例を示しながら、Ⅱ部とⅢ部で登場する各章のトピックスを事前に紹介しておくことも本節の目的である。

第3章 マーケティング計画の策定

　第3節では、「コエンザイムQ10AA」発売後の事実経過と、その後のマーケティング・コントロールについて述べる。マーケティング計画が実行された後で、実際にはどのような調整が初期のマーケティング計画に対してなされたのかを見てみるためである。

1─マーケティング計画の枠組み[1]

1. マーケティング計画システム

　広い意味での「マーケティング計画」には、目指すべき目的と想定される計画期間の長さにしたがって、水準が異なる2つの計画システムが存在している。「戦略的マーケティング計画」と「マーケティング機能戦略」である。それぞれに、マーケティング計画を立案する主体が異なっている。また、計画の実施においては、責任の所在とカバーする仕事の範囲が異なっている。

　ひとつめは、「戦略市場計画」（strategic market planning）と呼ばれるマーケティング計画システムである[2]。全社的なマーケティング戦略の大枠を固めることが目的で、通常は3年から5年先を視野に入れて中長期のマーケティング計画を策定する。経営トップのために準備された計画の枠組みである。1980年代に、エイベルとハモンド（1982）やアーカー（1986）などの研究者や経営コンサルタントが、市場を分析する枠組みとして完成させたものである。仮に、ここでは「戦略的マーケティング計画」と呼ぶことにする。

　もうひとつのマーケティング計画システムは、「マーケティング機能戦略（計画）」と呼ばれるものである。戦略的マーケティング計画が、中長期の視点に立った経営トップのための計画システムであるのに対して、マーケティング機能戦略プログラムは、ミドルマネジメントのため

---

[1]──第1節の内容は、小川孔輔（1994）「マーケティング戦略」稲葉元吉編『現代経営学の構築』同文舘出版、96〜115頁に基づいて書かれている。
[2]──「戦略市場計画」のラベル名は、初期のマーケティング戦略論で有名なD. F.エイベル、J. S.ハモンド／片岡一郎他訳（1982）『戦略市場計画』ダイヤモンド社（Abell, D. F. and J. S. Hammond（1979）*Strategic Market Planning* Prentice-Hall）やD. A.アーカー／野中郁次郎他訳（1986）『戦略市場計画』ダイヤモンド社（Aaker, D. A.（1984）*Strategic Market Management*, NY: John Wiley & Sons）に由来する。ここでの枠組みは、これらの著作にしたがって、マーケティング計画に共通な部分を抜き出して例示したものである。

の実行計画システムである。製品開発や広告計画、市場調査や小売店支援のための店頭プロモーション改革など、個別マーケティング部門のプランニングである。時間的な視野も比較的短く、マーケティング計画と実行のシステムは、半年から1年をめどにして作成されている。

　マーケティングは、市場志向の経営理念を表現したある種の経営哲学である。中長期のマーケティング戦略を策定したり、マーケティング目標を設定したり、経営資源の配分を決定したりする場面で、計画のイニシアティブはトップの意を受けた経営企画室が握っていることが多い。しかし、企業の中で具体的なマーケティング・プログラムを実行に移す段階では、専門性の高い技能や特殊な知識が必要とされる。したがって、戦略プログラムは、関連する部門に属しているマーケティング担当者が立案する。実行の責任とその後の統制も担当者の責任に委ねられる。

　例えば、コミュニケーション戦略については、企業広報室や宣伝広告部門に所属している広報・宣伝部門の担当者が、実際のマーケティング・プログラムの計画を立案している。マーケティングの現場では、マスメディアへの対応や媒体ごとの予算配分を計画することも課題である。メディア担当者には、個別のマーケティング機能のそれぞれに関して、特別な知識が要求される[3]。

　技能や経験が不足している新人には、OFF-JTでの教育訓練を施すことも考えなければならない。担当者に十分な技能が備わっていなければ、実行場面では不十分な成果しか挙げることができないからである。例えば、広告計画やプロモーション素材の制作についても、チラシやコピーを出来栄えの良いものにするには、関連する技能と特殊なノウハウが必須である[4]。

　コミュニケーション計画以外にも、製品開発やチャネル戦略を立案したり、市場調査を企画して実施する場面においても、専門的な知識とマ

3——例えば、実務者向けには、日経広告研究所編（2000〜2008）『基礎から学べる広告の総合講座　2001〜2009』日経広告研究所。

4——渡辺隆之、守口剛（1998）『セールス・プロモーションの実際』日本経済新聞社。販促会議（2009）『トッププロモーションズ販促会議』3月号、坂井田稲之（2003）『新版　統合プロモーション企画入門——SPの新基準（広告基礎シリーズ）』宣伝会議。井徳正吾（2005）『広告ハンドブック——広告・広告メディアの基礎知識から計画立案・出稿・効果測定・プレゼンテーションの実務まで』日本能率協会マネジメントセンター。

ーケティングの業務に関連する特殊なノウハウが求められる。[5]マーケティング機能戦略は、その意味で、Ⅱ部で取り上げる「4P戦略」に関連が深い。

2. 戦略的マーケティング計画

　戦略的マーケティング計画の枠組みは、3つの局面（フェーズ）を含んでいる。すなわち、「分析」「計画」「実行」の3つのフェーズである。さらに細かく分けると、これには7つの段階が含まれている（図表3.1）。

　第一フェーズは、「分析」の局面である。消費者と市場の状況を起点とした「①市場機会の分析」の段階である。本書の中で、「分析」のフェーズに関連するのは、一般的な環境を分析する第4章「マクロ環境の分析」、消費者行動を分析する第5章「顧客の分析」、市場ポジションや競合を分析する第6章「市場戦略と競争対応」である。また、市場機会を分析するための市場情報の収集法については、第7章「マーケティング・インテリジェンス」で詳しく取り上げることになる。

　第二フェーズは、「計画」の局面である。これは、第一フェーズで実

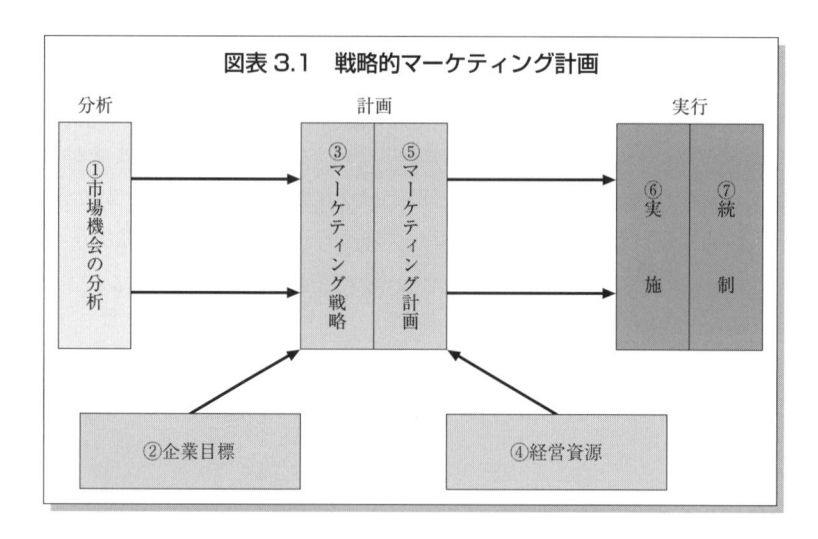

図表3.1　戦略的マーケティング計画

分析：①市場機会の分析
計画：③マーケティング戦略、⑤マーケティング計画
実行：⑥実施、⑦統制
②企業目標、④経営資源

---

[5]——稲垣佳伸（2003）『なぜ売れないのか——営業力は「仮説力」で決まる』日本経済新聞社。朝野熙彦、山中正彦（2000）『新製品開発』朝倉書店。ドゥ・ハウス、喜山荘一編、山中正彦監修（2007）『10年商品をつくるBMR』ドゥ・ハウス。BMR は Basic Marketing Relations の略、新製品を発想し開業業務を進めていく際の基本原理。

COLUMN-5
仕事に対する時間の配分

　その昔、萩本欽一が主演プロデュースをしていた「欽ちゃんのどこまでやるの！」（通称「欽どこ」）というテレビのバラエティ番組があった。毎週ゲストが登場して食事を摂るコーナーがあって、毎回料理が5品用意されていた。レギュラー回答者はゲストが食べていく皿の順番を当てるというクイズ形式の番組であった。

　興味深かったのは、ゲストの中には自分が好きなものから食べていく人と、まずは嫌いなおかずから取りかかる人がいることだった。周囲の人間にたずねて何となくわかってきたのは、ストイックで辛抱強い人間は、おいしいものを後ろに持っていく傾向があることだった。快楽的な刹那主義者は、おいしいものから先に手を出す性癖があるように感じられた。もちろん、おいしいものを真ん中に挟むとか、好きなものと嫌いなものを交互にするといった食べ方もあるようだった。

　それでは、逆のケースでは、どうなるだろうか？　つまり、「あまりおいしくない」仕事が留まってきたときのことである。短時間でこなしきれない量の仕事が与えられたとき、簡単に片づけられるものから処理するのか、それとも、困難な課題から解決していくかの選択である。

　例えば、受験勉強では、時間的な制約があるので、まずはすぐにできそうな問題から取りかかるように教えられる。さっと見て、難しい問題を飛ばしにかかれるのが優等生である。答えがひとつだけ存在する受験勉強では、おいしいものから食べていく「キリギリス戦略」が勝ち組になれる絶対条件だからである。

　ビジネスにも時間的な制約がある。60分とか90分とかで答えなければならない状況に置かれることが多い。だから、とりあえずは解決が簡単そうな課題に対して、優先的に時間を配分していくことが正しい戦略だろうか？　たぶんそうではないだろう。しばしば学校秀才が実業の世界で躓いてしまう理由がこの辺にある。

　ビジネスの世界では、解決法は一通りではないことがふつうである。成功に至る道は、実に多様である。恐ろしいことには、そもそも正しい解答が存在しないこともある。さらには、市場での競争原理が働くので、簡単に解決できる仕事に対しては安い対価しか支払われない。うまい答えが見つかればの話ではあるが、困難な問題に対する正しい解法には、投入した時間に比例する以上においしい報酬が待っている。

第3章 マーケティング計画の策定

　わたしはビジネスマンではないが、米国留学中（1982〜1984年）に国際的に活躍している経営学者たちの研究活動ぶりを見ていた。また、帰国後には、共同研究やコンサルティングを通して、日本企業で働く優秀な企業人をたくさん見てきた。そうした観察を踏まえて、30歳台の後半からは、意識的に仕事の時間をある法則にしたがって配分するように工夫しはじめた。単純な原理原則である。
(1)すぐに成果が出ない仕事（研究テーマ）に対して、あえて全体の20％程度の時間を投入すること、
(2)専門分野を外れた（未知の不得意な）の仕事に、毎年最低ひとつは取り組むこと、そして、
(3)研究プロジェクトなどを引き受ける際には、たとえ自分が苦労することがわかっていても、全体の5つにひとつは未知の領域のものにすること。

　(1)と(3)で出てくる割合、すなわち、「短期／既存の仕事に80％、長期／新規の仕事に20％」という配分比率は、「パレートの法則（2：8の法則）」と呼ばれている有名な統計学の法則である。研究分野が定まらなかった30歳台は、この比率は3：7だったように記憶している。

　前置きが相当に長くなってしまった。言いたいことは、実は別のところにある。わたしたち日本の産業が抱えている問題は、すぐに取り組めそうな簡単な解決法に走りすぎているという主張である。例えば、当面の売上と利益を上げるためには、経営が苦しいこともあって、ともすれば、「コストダウン」と「価格引き下げ」という安直な方法に業界が頼ってしまっている。それでは競争が激化するだけで、全員が「繁忙貧乏」になる。誰も得るものがない。

　すぐには結果が出そうにない、したがって、効果がいまひとつはっきりしない「品質への投資」（鮮度保持、環境対応）や「ブランド・イメージの向上」、さらには、競争者同士が手を組まないと実現が難しい「事業提携」には、皆がなかなか踏み込めないでいる。面倒だからである。

　好きなものだけを食べ続けている人間は、味覚が鍛えられない。本当においしいものが見分けられるためには、塩辛い食事や固いビーフや気の抜けたワインも飲んでみなければならない。

　他流試合をしないと、どんな優秀な選手でも伸びない。あるところまでで、才能の開花が止まってしまう。イチローや松井の姿が美しいのは、確かに大リーグで活躍して結果を出しているからではあるが、本質

> はリスクを冒してまでのチャレンジ精神にあると思える。
>
> 出典：本コラムは、筆者の個人HP（http://www.kosuke-ogawa.com/?eid=6#sequel）を編集したものである（2001年9月6日）。

施した市場機会の分析を踏まえながら、「②企業目的」と整合性を持たせた「③（狭義の）マーケティング戦略」を立案する段階である。また、このフェーズでは、自社のマーケティング能力やブランド資産などの「④経営資源」を考慮に入れながら、「⑤（狭義の）マーケティング計画」を立案する段階がそれに続く。

本書のⅡ部で取り上げる8つの章はすべて、第二フェーズと関連を持っている。すなわち、製品戦略に関係した第8章「製品開発（1）：開発のプロセス」と第9章「製品開発（2）：新製品の普及と予測」、価格戦略を取り扱った第10章「価格の決定（1）：価格付けの理論」と第11章「価格の決定（2）：価格決定の実務」、コミュニケーション戦略と関連する第12章「コミュニケーション活動（1）：広告宣伝活動」と第13章「コミュニケーション活動（2）：セールス・プロモーション」、チャネル戦略を取り扱った第14章「流通チャネル政策（1）：代替的チャネル選択」と第15章「流通チャネル政策（2）：小売業の経営とロジスティクス」である。

戦略的マーケティング計画の第三フェーズは、「実行」の局面である。これには2つの段階を含んでいる。すなわち、第二フェーズまでで描いたマーケティング計画を、実際に「⑥実施」する段階と、実施した結果をもとに計画を見直して改善するための「⑦統制」の段階である。

長期的な戦略計画には、経営者の時間資源配分も重要な決定事項である。COLUMN-5は、時間資源の配分に関して、筆者の経験法則を述べたものである。

3. より詳細なマーケティング戦略計画

標準的なマーケティング戦略論のテキストでは、第2節の枠組みよりは、市場戦略立案のプロセスがもう少し詳細に記述されている。

市場機会の分析とマーケティング計画の策定までの大きな流れとしては、①状況分析、②代替的戦略の作成、③戦略の選択、④実行計画の開

発の順で進行するとされている。各モジュールは、さらにいくつかの段階に分かれている。以下では、やや詳細なマーケティング計画のフローを例示してみる（図表3.2）。

(1) 企業目的の決定

企業としての使命を明確にする段階のこと。当該企業が提供する製品やサービスを手短に表現すること（「市場の定義」）。企業が目指すべき目標を、具体的に目標シェアやターゲット利益として記述する。

(2) 環境分析

企業を取り巻く外部環境について、情報を収集した上で詳細な分析をすること。これはさらに、①需要分析（顧客分析）、②競争分析、③マーケティング環境分析、④その他環境の分析（技術、政治、社会、経済、法律など）から構成される。この部分は、本書では、Ⅱ部の「顧客と競争環境の分析」が対応している。

(3) 状況分析

当該企業が現在置かれた状態を把握すること。具体的には、①製品市場の分析、②製品のポジショニング分析、③製品の弱点と機会の分析（SWOT分析）、④業界分析などから構成される。この部分は、本書では、第8章「製品開発（1）：開発のプロセス」でさらに詳しく扱うことになる。

(4) ポートフォリオ分析

事業の評価と資源配分のための事業ポートフォリオ分析。これは、①ポートフォリオの評価、②ポートフォリオに関する意思決定の2つの部分に分かれる。ポートフォリオ分析については、第6章「市場戦略と競争対応」で詳しく紹介する。

(5) マーケティング計画の作成

より具体的なマーケティング計画を策定する段階。①ターゲットセグメントの選定と代替的なポジショニング戦略（STPに対応）、②製品プログラム、③価格、流通、プロモーションのマーケティング・ミックス計画からなる。このうちの②と③は、マーケティング・ミックス戦略そのものである。

(6) 他の機能領域計画の作成

マーケティング計画に対応して、①研究開発、②財務、③生産計画、④人事政策などのプログラムを作成すること。実際には、他の機能プロ

図表 3.2 標準的なマーケティング計画のフロー

目的の設定	(1) 企業目的の決定（市場の定義）	企業としての使命を明確化	
環境分析	(2) 環境分析（「外部分析」〈アーカー〉）	企業を取り巻く外部環境について、情報収集、分析 ①需要分析（顧客分析） ②競争分析 ③マーケティング環境分析 ④その他環境の分析（技術、政治、社会、経済、法律など）	→Ⅱ部「顧客と競争環境の分析」参照
	(3) 状況分析（(3)～(4)「自己分析」〈アーカー〉）	当該企業が現在置かれた状態を把握 ①製品市場の分析 ②製品のポジショニング分析 ③製品の弱点と機会の分析（SWOT分析） ④業界分析	→第8章「製品開発（1）：開発のプロセス」参照
内部資源の評価	(4) ポートフォリオ分析	事業の評価と資源配分のための事業ポートフォリオ分析 ①ポートフォリオの評価 ②ポートフォリオに関する意思決定	→第6章「市場戦略と競争対応」参照
戦略の策定	(5) マーケティング計画の作成（(5)～(8)「事業戦略の代案」〈アーカー〉）	具体的なマーケティング計画策定 ①ターゲットセグメントの選定と代替的なポジショニング戦略（STPに対応） ②製品プログラム ③価格、流通、プロモーションのマーケティング・ミックス計画	→第1章「マーケティングの仕組み」とⅡ部全体を参照
実行と統制	(6) 他の機能領域計画の作成	他の機能プログラムとマーケティング計画との調整 ①研究開発 ②財務 ③生産計画 ④人事政策など	
	(7) マーケティング戦略プログラムの評価	(5)と(6)を、(1)～(3)に照らし合わせて評価 ①企業目標の達成度 ②経営資源と競合に対する差別的優位性 ③将来のシナリオ（環境変化、競合の反撃）	→第6章「市場戦略と競争対応」参照
	(8) 実行と組織計画	①マーケティング計画を実行に移すための組織計画 ②実行プロセスの監視および統制計画をする過程	→第3章「マーケティング計画の策定」

グラムとマーケティング計画との調整を行う。

(7) マーケティング戦略プログラムの評価

マーケティング計画 (5) と (6) を、(1)～(3) に照らし合わせて評価するプロセスである。実際には、①企業目標の達成度、②経営資源と競合に対する差別的優位性、③将来のシナリオ（環境変化、競合の反撃）などの観点から評価される。

(8) 実行と組織計画

マーケティング計画を実行に移すための組織計画と、実行プロセスの監視および統制計画をする過程を含んでいる。

アーカー（1986）では、(2) を「外部分析」、(3) と (4) を「自己分析」と呼んでいる。また、(5) 以下は、「事業戦略の代案」として一括している。著者によって記述の細部は異なるものの、戦略開発のプロセスが、「目的の設定」→「環境分析」→「内部資源の評価」→「戦略の策定」→「実行と統制」というフローにしたがっている点では共通している。

市場戦略論の開拓者であるアーカー教授のもうひとつの貢献は、ブランド論に関して分析の枠組みを提供したことである。COLUMN-6は、1990年代から2000年代前半にかけて、なぜブランド資産価値に世界的注目が集まったのかを説明したものである。

つぎの節では、資生堂薬品のコエンザイムQ10商品を事例として、マーケティング計画の実際について記述する。

2 ── マーケティング計画のプロセス
事例：資生堂薬品「Q10AA」の発売まで[7]

本節では、資生堂薬品の「Q10AA」を事例として、マーケティングの全体プロセスをレビューする。

「1. 会社の目標と事業構造」

「2. 一般的な環境の分析」

「3. 標的市場の設定とポジショニングの決定」

---

6 ── D. A. アーカー／野中郁次郎他訳（1986）、前掲書。
7 ── 本資料は、資生堂薬品の高原英二社長が法政大学経営学部で行った講演記録（2003年11月19日）と同社提供の資料（2008年3月）に基づいて、筆者が作成した事例である。本書のために資料を提供してくださった高原社長と資生堂薬品に心より感謝したい。

COLUMN-6
ブランド論がブレークした歴史的な背景

　デービッド・アーカー教授が書いた『ブランド・エクイティ戦略』（邦訳は、ダイヤモンド社から1994年に刊行）は、何よりも、傷つけられたブランドを復権するという意味で、大手消費財メーカーから大いに歓迎された。

　1980年代を通して、流通業者からの値引き要求とディスカウント攻勢にさらされてきた消費財メーカーにとって、アーカーが提起した「ブランドへの回帰」は福音であった。折しも、M&Aブームに沸いていた欧米のビジネス社会には、ブランドの資産価値を会計的に評価しなければならないという実務的な要請もあった。

　1991年（原著の刊行年）に出版された『ブランド・エクイティ戦略』には、まったく類書が存在していなかった。マーケティングにとって新しい地平を切り開く著作として、実業界だけでなくアカデミアからも高く評価された。それには、明白な理由があった。

　マイケル・ポーター以来、経営戦略論の中心課題は、いかにして競争優位を築くかにあった。「製品差別化」が重要であるという認識はあったが、産業組織論をベースにした戦略論は、価格戦略やサプライチェーンの構築、あるいは技術標準や特許戦略などに理論の展開が向かっていた。製品に固有な付加価値を生み出す具体的な源泉については、ほとんど言及されることがなかった。マーケティング研究者が、戦略論の枠組みの中で独自性を発揮できるチャンスがそこにあった。

　アーカーの最大の功績は、付加価値の実体が「ブランド」であることを明確にしたことである。その上で、ブランドの無形資産価値に、コンセプトとして実にわかりやすい「ブランド・エクイティ」という名称／ラベルを与えたことである。彼のもうひとつの貢献は、ブランド・エクイティを構成する要素が、消費者行動論の理論的な蓄積を踏まえて、「ブランド知名」「ブランド・ロイヤリティ」「知覚品質」「ブランド連想」「その他の要因」の５つから成り立っていることを示したことである。

　アーカーの研究者としての特徴は、いち早く隣接する専門分野の動向をキャッチして研究テーマに取り入れ、誰よりも早くその理論的な成果を世間に問うていったことである。

　『ブランド・エクイティ戦略』の続編として、アーカーは1995年に

> 『競争優位のブランド戦略』を、2000年には『ブランド・リーダーシップ』を発表している。
>
> 　3部作の第1弾『ブランド・エクイティ戦略』に対する「概念的で操作性に欠ける」という批判を意識したのか、2作目では、「具体的に強いブランドをどのように創るか」に焦点が置かれた。3作目では、マス広告によるコミュニケーション以外にブランド価値を創るマーケティング手段（店舗、イベント、クチコミ、ネットなど）について言及がなされている。ブランド選択に影響を与える要因として、「店舗でのブランド体験」に焦点を当てているのはさすがにアーカーであった。
>
> 出典：本コラムは、小川孔輔（2001）「マーケティングの未来を振り返る」『ハーバード・ダイヤモンド・ビジネス』（2001年11月号）から抜粋の上、再編集。

「4. 個別のマーケティング・ミックス・プログラムの策定」に至るまで、マーケティング・プランの全体の流れを、読者に具体的に経験してもらうためである。

　資生堂は、1987年に「資生堂薬品」を設立し、化粧品の多角化事業として健康市場に参入した。新規事業は、16年間赤字が続いた後、2003年に満を持して新製品のサプリメント「Q10AA」を発売する。本節では、発売前のサプリメント市場の環境分析、ターゲット顧客と製品コンセプトの開発、コミュニケーション戦略と流通チャネル政策について、マーケティング計画の実際を紹介する。

　Q10AA発売後の市場の動き、その後の商品ライン追加に関する意思決定のプロセスについては、第3節「発売後のマーケティング実行と調整」で、さらに詳しく紹介する。その中で、マーケティングの実行プロセス、その後の市場適応とマーケティング・コントロールのプロセスなど、市場の動きに合わせて、実際に起こったマーケティング意思決定について解説する。

　まずは、発売直前までのマーケティング計画を見てみることにする。

1. 会社の目標と事業構造

(1) 資生堂の企業理念

　資生堂は、明治5年（1872年）創業の化粧品製造販売会社である。「美と健康」を事業領域としているが、企業理念に相当するコーポレー

トメッセージには、図表3.3のように記述されている（http://www.shiseido.co.jp/message/）。一言でいえば、「美を演出する企業」を目指しているのが資生堂の企業理念である。

(2) 資生堂グループの多角化事業

資生堂グループの事業は、図表3.4のように、コア事業の化粧品以外に多くの事業部門から構成されている（2003年時点のもの）。それぞれが資生堂のグループ子会社の形態をとっている。2009年3月期の決算では、単独の売上は2645億円、関連会社を含めた国内外のグループ企業の総売上は6903億円である。

資生堂のコア事業は化粧品事業である。化粧品の"SHISEIDO"ブランドを中心に、横方向にはその他の化粧品ブランド（"Out of Shiseido"と呼ばれる資生堂ブランド名を冠していない化粧品ブランド）、縦にはサロン事業やリラクセーション事業といったサービス事業がある。ここまでの領域が「化粧品ビジネス」である。

その外に、関連事業として、医薬品、トイレタリー、食品、ファインケミカル（化学品）事業がある。そして、縦には、レストラン、出版、ブティック事業を持ち、個々の事業が独立性を持ちながら成長し、その総合力で資生堂は発展してきた（2009年現在、同社の事業構造は変化し

図表3.3　資生堂のコーポレートメッセージ

一瞬も 一生も 美しく

この言葉は、私たち資生堂がお客さまと交わすかたい約束です。
「美しく生きる」。この願いをすべての人へかなえるため、資生堂は1872年に生まれました。
今日までの資生堂の歩みは、人が美しく生きるためにさまざまな活動に取り組んできた道のりです。
しかしながら、資生堂にできること、手がけるべきことはまだまだたくさんあります。

これまで以上に、一人ひとりのお客さまに満足していただくため
魅力ある商品ときこまやかなサービスをお届けすることはもちろん、社会に対しても責任を果たしていきます。
資生堂ブランドがお客さまにとってかけがえのない存在となるように。
社会と、お客さまと、そしてすべての人が、「一瞬も 一生も 美しく」あるように。

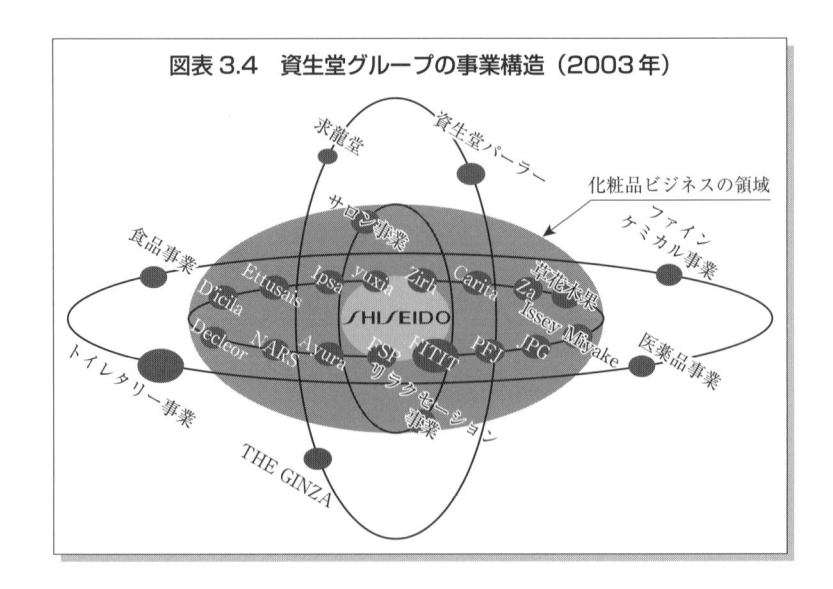

図表 3.4　資生堂グループの事業構造（2003 年）

求龍堂／資生堂パーラー／化粧品ビジネスの領域／ファインケミカル事業／医薬品事業／葬花木果／Issey Miyake／Za／JPG／PFI／FITIT／Carita／Zirh／yuxia／Ipsa／Ettusais／Dicila／Decleor／NARS／Avura／FSP／SHISEIDO／サロン事業／リラクゼーション事業／THE GINZA／トイレタリー事業／食品事業

ている）。

（3）海外事業とグローバルな競合相手

　資生堂の化粧品は、世界63カ国で発売されている。とくに、近年は、中国本土の化粧品事業には目を見張るものがある。都市部の百貨店を中心に、中国専用ブランドの「オプレ」の販売が好調で、その他の国でも順調に販売を伸ばしている。[8] 資生堂全体に占める海外売上は、すでに全社売上の30％を超えている。

　化粧品事業のグローバルな競合相手は、エスティ ローダー・グループ（ESTĒE LAUDER、CLINIQUEなど）とロレアル・グループ（LANCÔME、MAYBELLINEなど）である。国内市場では、花王の化粧品ブランド（ソフィーナ、カネボウ）やコーセーなどが挙げられる。

　化粧品市場での国際競争では、中国市場での事業の立ち上げとブランド構築の成功に見られるように、かなりの成果を上げることができた。しかし、国内市場を見ると、化粧品市場はすでに成熟市場である。10年間ほとんど成長していない飽和マーケットである。資生堂グループとし

---

[8]――小川孔輔（2003）「中国へのブランド移転物語　資生堂（前編）（後編）」『チェーンストアエイジ』5月15日号、6月15日号。金春姫、古川一郎（2006）「化粧品――ブランドの時間軸」山下裕子＋一橋大学BICプロジェクトチーム編『ブランディング・イン・チャイナ』東洋経済新報社。

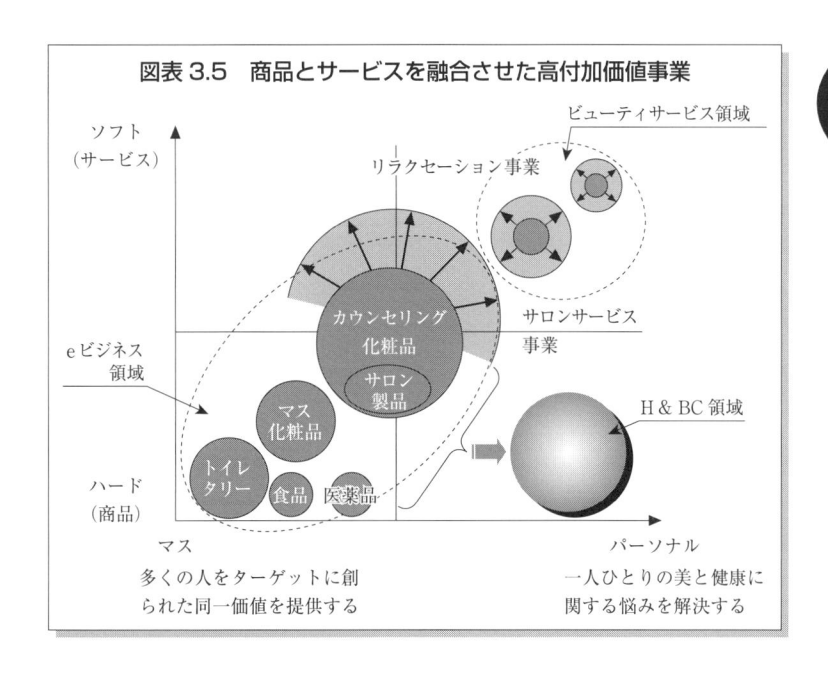

図表3.5 商品とサービスを融合させた高付加価値事業

ては、美と健康を切り口にして、新しい事業分野を開拓する努力が必要だった。

(4) 新規事業の位置づけ

　先に挙げた7つの関連事業（医薬品、トイレタリー、食品、ファインケミカル、レストラン、出版、ブティック事業）は、資生堂が化粧品以外に育成したい新規事業の候補部門である。図表3.5でわかるように、こうした新規事業領域は、横軸にマス（大衆向け）VS. パーソナル（個人向け）を、縦軸にソフト（サービス）VS. ハード（商品）をとると、2次元平面にきれいにプロットできる。資生堂全体の中でH&BC（健康美容事業）が担うべき事業のポジショニングは、第4象限の右下ということになる。つまりは、パーソナルなニーズに対して、ハードの商品で対応する新規事業というわけである。

　医薬品事業の販売会社である資生堂薬品は、そのための急先鋒の役割が期待されていた。しかしながら、子会社の設立から16年間連続して赤字が続いていた。高原英二氏が医薬品事業に異動したのは、そんな事業が大変厳しい時期であった。

2. 一般的な環境分析

(1) 資生堂薬品

　資生堂薬品は、1987年に設立された資生堂の医薬品販売会社である。ドラッグストア向けのOTC（大衆薬）の販売が主体である。ところが、角化症治療薬「フェルゼア」以外には目立った商品がなく、創業以来16年間の赤字経営が続いていた。

　高原英二氏は、2007年に資生堂薬品の社長に就任した。高原氏は、2003年に本社の医薬品事業部で、資生堂薬品で販売する商品開発を手がけ、「Q10AA」発売に向けて、マーケティング計画を立案する立場にあった。サプリメントの可能性を感じてはいたが、ドラッグチャネル向けとしてはじめて取り組むことになる製品「Q10AA」は、厳しい経営環境の中で船出する新カテゴリーの商品であった。

　資生堂の本社でマーケティング企画を担当しているとき、部内のプロジェクトチームで高原氏らが考えていたサプリメントの基本コンセプトは、「美しさを支援するための今後の商品・サービス」「化粧品＝肌の外からのアプローチ」「サプリメント＝体の中からのアプローチ＋αの新しい価値観」「ソフトの提供」であった。「体の中から美しさを創りだすことを支援する」を資生堂が発売するサプリメントの基本コンセプトにすることはすでに内々には決めてあった。

　資生堂がドラッグチャネルでサプリメント市場に参入することを計画していた2002年ごろの一般的なサプリメント市場を取り巻く環境は、以下のようなものであった。

(2) 2002年のサプリメント市場

　基本ニーズ：サプリメントの必要性　野菜の品種と栽培方法が変わってしまった（有機栽培から化学肥料による栽培へ）こともあって、50年前に比べて、野菜に含まれるミネラル分が20分の1に減少している。生野菜の摂取が減って、素材加工が主流になったため、加工段階で人の健康を維持するために必要な成分が破壊されてしまっている。また、ストレスフルな生活の中で、とくに中高年の体内ビタミンが減少している。

　消費者の知覚品質　調べてみると、つぎのことがわかった。どの項目も、一見すると資生堂にとっては、あまり可能性がないことのシグナルに見えた。

> **サプリメント商品の一般的な印象**
> ・薬みたいだが、効能がよくわからない。
> ・いんちき臭くて、なんとなく品質が悪そう。
> ・低価格で、セルフ商品として、お手軽に売られている。
> ・女性向き？　手軽にビタミンがとれるかも？
> ・資生堂にはあまり関係がなさそう。

業界の現状：実際の市場実態　ところが、さらに詳しく見てみると、市場の実態と将来性については、予想していた結果とは違っていた。むしろ市場機会が大いにあることが感じられた。

> **サプリメント市場の実際**
> ・サプリメント市場は、小規模分散だが成長性は大きい（市場規模）。
> ・効能、品質、安全への期待が大きい（期待品質）。
> ・ずさんな品質で、表示している量を摂取できない（品質管理）。
> ・「体の健康＝美しさの条件」という意識が見られた（消費者意識）。
> ・購入年代は、若年者ではなく、数も多くて豊かな中高年層である（購入層）。

結局のところ、業界としては製品づくりやコミュニケーションに課題も多いが、製品カテゴリーとしては、有望なマーケットであると判断できた。

(3)「競合分析」

主要競合メーカー　サプリメント市場は、機能性食品の新規参入企業であるファンケルやDHCが、1995年ごろから開拓してきた市場である。ローカルの通販企業など、昔からのプレイヤーは存在してはいるが、大手メーカーのプレゼンスは小さい。

全体の市場推計は、4550億円と見られている（2002年）。市場の大きさで比較すると、ハンバーガー市場（約6200億円）やラーメン市場（約4000億円）と規模的には近いことになる。資生堂の国内化粧品の販売額が2700億円前後であるから、サプリメントの市場は、決して小さな市場ではない。

実際に市場シェアを調べてみると、驚くべきことに、上位メーカー企業といえども、10%以上のシェアを握っているのは三基商事だけであった。大手と考えられているファンケル（7.5%）やDHC（5.0%）でさえ、市場シェアは2桁にまだ届いていない。大塚製薬やサントリーにしても、宣伝広告などで商品の知名度は高いが、販売シェアでは2%以下であった（図表3.6）。

販売チャネル　1990年代を通して、サプリメントの普及を先導してきた販売チャネルは、訪問販売と通信販売のチャネルであった。2002年時点でも、訪販と通販のチャネルを通して販売されるサプリメントの割合はいまだに大きい（2002年度で、それぞれ33.8%と20.0%）（図表3.7）。ただし、訪問販売チャネルの相対的なウエイトは、しだいに小さくなってきている。

訪問販売でのシェアは、2003年には全体の3分の1近くに割り込んだものと推測されている。その代わりに、ドラッグストア（同、21.7%）と通信販売のチャネルが販売シェアを伸ばしている。その分、かつては

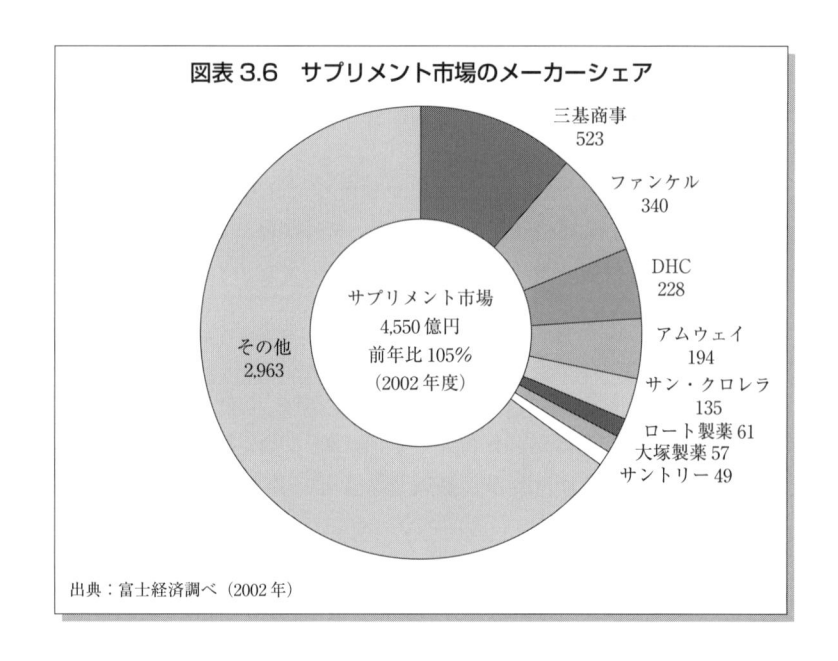

図表3.6　サプリメント市場のメーカーシェア

- 三基商事　523
- ファンケル　340
- DHC　228
- アムウェイ　194
- サン・クロレラ　135
- ロート製薬　61
- 大塚製薬　57
- サントリー　49
- その他　2,963

サプリメント市場　4,550億円　前年比105%（2002年度）

出典：富士経済調べ（2002年）

9──2006年のハンバーガー国内市場規模は約6205億円（富士経済「外食産業マーケティング便覧 2007 上巻」https://www.fuji-keizai.co.jp/market/07058.html、2005年のラーメン店（外食）市場規模は、約4037億円（富士経済「外食産業マーケティング便覧 2006」。

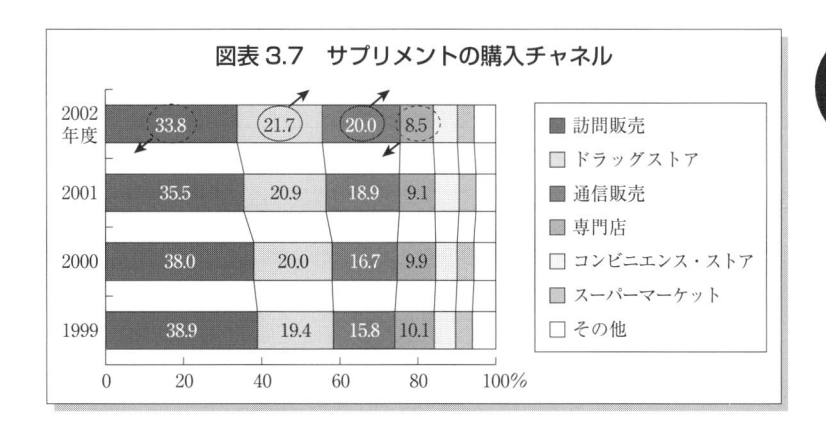

図表3.7 サプリメントの購入チャネル

年度	訪問販売	ドラッグストア	通信販売	専門店
2002年度	33.8	21.7	20.0	8.5
2001	35.5	20.9	18.9	9.1
2000	38.0	20.0	16.7	9.9
1999	38.9	19.4	15.8	10.1

凡例:訪問販売／ドラッグストア／通信販売／専門店／コンビニエンス・ストア／スーパーマーケット／その他

10％以上のシェアを握っていた専門店での販売は減少している（同、8.5％）。

(4)顧客の分析と業界イメージ

サプリメントの消費者イメージ　市場調査（インターネット・サーベイ）の結果によると、サプリメントを摂取しているのは、40代以上の女性と男性が中心であった。サプリメント経験率は、男性で約6割、女性の場合は約8割である。また、男性の約3割が、女性では約4割が現在もサプリメントを継続利用している。とくに、女性40代では、56％がサプリメントを摂取していることがわかった（図表3.8）。

　1カ月のサプリメント購入金額も、女性40代以上と男性50代以上では、月額3000円を超えている使用者が3割以上もいた。それに対して、20代、30代の若者は、低価格サプリメントの利用者である。若者の約半分弱は、月間の支出額が1000円以下である。そのことは、さらに購入重視点を見るとよくわかる（図表3.9）。40代、50代は、成分・品質とメーカーに対する信頼性を重視しているが、10代、20代の若者は、価格志向である。

　自由回答にしばしば見られる利用者からの質問は、成分に関する質問（例えば、「天然原料なのか？　合成原料なのか？」）や、摂取方法（「高齢者も若者と同じ量を摂取してかまわないのか？」）などであった。品質（「添加物の使用はあるのか？」）や信頼性（「自分に合ったサプリメントは何か？」）などについても不安を感じている利用者が多く見られた。

サプリメント業界のイメージ　1996年、ファンケルが市場に参入して

図表3.8 性別・年代別サプリメント利用状況

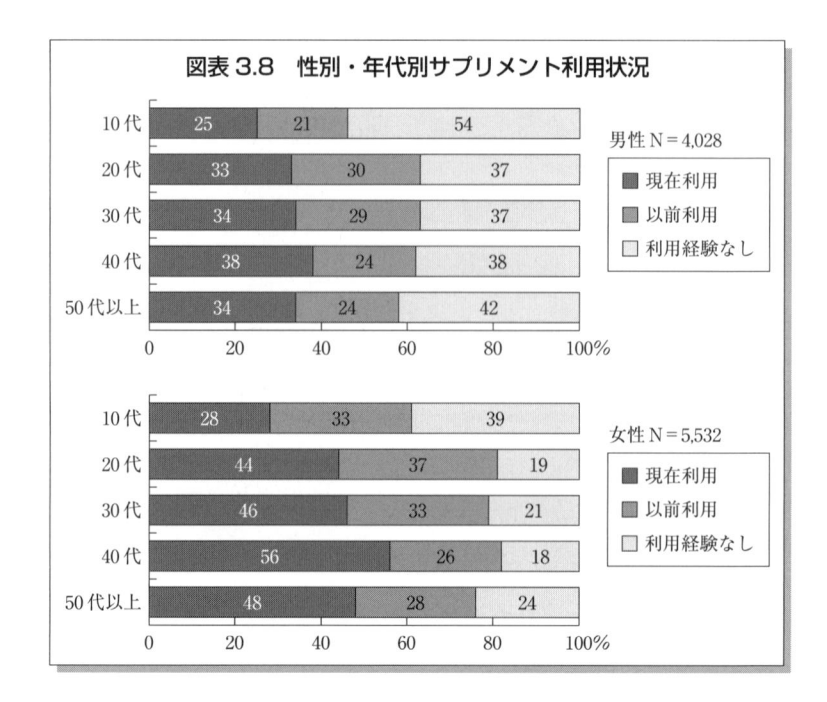

男性 N=4,028

年代	現在利用	以前利用	利用経験なし
10代	25	21	54
20代	33	30	37
30代	34	29	37
40代	38	24	38
50代以上	34	24	42

女性 N=5,532

年代	現在利用	以前利用	利用経験なし
10代	28	33	39
20代	44	37	19
30代	46	33	21
40代	56	26	18
50代以上	48	28	24

図表3.9 サプリメント選択時の重視点

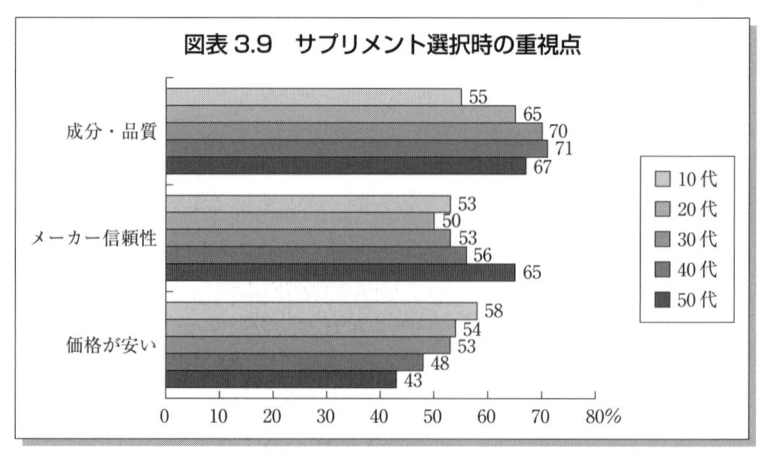

項目	10代	20代	30代	40代	50代
成分・品質	55	65	70	71	67
メーカー信頼性	53	50	53	56	65
価格が安い	58	54	53	48	43

以降、サプリメントの普及は急速に進んだ。それまでの業界イメージは、「健康食品はなんとなく怪しげな世界」という世間から見てあまり芳しいものではなかったが、この良くないイメージに変化が起こった。

新規参入したファンケルやDHCの狙いは、「怪しい」「高価格」「粗悪品」「押し売り」という健康食品に対する負のイメージの払拭であった。それに代わるサプリメントのイメージとして、両社は「低価格」「安心

品質」「セルフ販売」を、テレビコマーシャルを利用して訴求していった。その結果、サプリメントの消費者イメージは、「手ごろ」「そこそこ安心」「効くかも？」に変化していった。

　ファンケルやDHCは、自社の通信販売チャネルに、ドラッグストアやコンビニエンス・ストアなども加えサプリメントを販売するようにした。若者たちが気軽に買えるセルフ販売商品として育成していった。その結果、サプリメントの販路に大きな変化が起こった（図表3.7）。

　例えば、ファンケルのチャネル展開を見てみると、従来は見られなかったコンビニエンス・ストアでの取り扱いが飛躍的に増えている。2001年末には、コンビニエンス・ストアチェーン13系列、全国2万8300店舗でファンケルのサプリメントが取り扱われるようになった。自社直営専門店が168店舗、総合スーパーは2360店の取り扱いであるから、コンビニエンス・ストア販路の配荷シェアが圧倒的に高いことがわかる。これは、従来にないチャネルの開拓から生まれた新しい市場であった。

3. 標的市場の設定とポジショニングの決定

(1) 資生堂薬品の内部分析：SWOT分析

　イメージが変わりつつあるサプリメント市場に、資生堂が参入する場合、つぎの課題は、資生堂だからこそできる「新しいニーズの開発」である。既存のプレイヤーができない新しい切り口をどこに求めるかであった。そのために、高原氏のチームは、資生堂薬品の「SWOT（強み、弱み、機会、脅威）」を整理してみることにした（図表3.10）。

　「強み」の１番目は、親会社の資生堂が高いブランド・イメージを持っていることである。美と健康の分野では、明治時代の会社創業以来、化粧品や漢方薬などを中心に研究開発技術の蓄積がある。カウンセリング販売での成功ノウハウや高品質の原料を調達できる能力も高い。

　「弱み」は、資生堂が、ドラッグチャネルのサプリメント市場では新規参入企業であることである。子会社の知名度も低く、成功した際立ったブランドも持っていない。ターゲットにしてきた主要ドラッグチャネルでの販売力も確立していない。資生堂本体のマーケティング能力は高いが、サプリメントを販売するためのマーケティングノウハウが蓄積されているわけではない。投入予定の製品は、高価格帯のものになるだろう。そのことは、競合が低価格製品であるだけに弱みのひとつになるか

図表3.10　資生堂薬品のSWOT分析

Strength（強み）	Opportunity（機会）
●資生堂の高いブランド・イメージ ●高品質の原料使用 ●美と健康事業領域でのノウハウの蓄積 ●カウンセリング販売での成功 ●お客様の嗜好がわかる	●市場の成長性が高い ●強いプレイヤーがいない ●メジャーなブランドが未確立 ●消費者の健康に対する基本ニーズ ●高齢化社会の到来とアンチエイジングの時代 ●医薬品業界の規制緩和
Weakness（弱み）	Threat（脅威）
●高価格 ●新規参入企業である ●資生堂薬品の知名度が低い ●主要販売チャネルが弱い ●マーケティングノウハウの不足	●低価格商品の氾濫 ●サプリメントに対する消費者の信頼性不足 ●流通の自社PB商品開発 ●日本経済の不況

もしれない。

　「機会」は、小規模分散市場でありながら、市場の成長性が高いことである。しかも、ファンケルやDHC以外には、いまだに強力でメジャーなプレイヤーが現れていない。大きく成功した知名度の高いブランドもいまだにない。そんな中で、日本社会は高齢化に向かっており、美容と健康に対する基本的なニーズは厳然として存在している。団塊の世代を中心に、消費者はアンチエイジングに関心を持っている。医療業界における規制緩和や医療保険制度の改定は、健康食品分野やサプリメント市場の成長に、新しい事業機会を提供している。セルフメディケーション（予防医学）への流れは、サプリメント市場の拡大にとっては明らかにフォローの風である。

　「脅威」は、サプリメント市場にとっては、それほど深刻なものではないと考えられる。低価格品の氾濫で、確かに一部の通信販売の市場などに混乱が起きている。しかし、粗悪な商品の発売で品質に対する信頼性が低下している問題は、資生堂のようなメーカー品の登場で部分的には解決されつつある。ただ日本経済が低迷していることは、確かに高価格帯のサプリメントの需要を抑える要因にはなるだろう。

　SWOT分析から総合的にいえることは、サプリメント市場は将来有望だということだった。ただし、資生堂薬品にとって唯一最大の課題は、資生堂らしい差別化した商品をどのように設計してマーケティングするかであった。

(2) ターゲット顧客と基本ニーズ

市場調査（図表3.6～図表3.9）からわかったことは、サプリメントの主要顧客グループは、（A）低価格サプリメントを購入している「若年層」と、（B）サプリメントへの支出金額が大きい40代以上の「中高年層」であった。また、候補となる販売チャネルとしては、（C）通販（ネット含む）、（D）コンビニエンス・ストア、（E）ドラッグストア、（F）専門店、（G）その他の量販店チャネル、が考えられた。

自社の企業イメージと研究開発部門が保有している製品技術を考えると、低価格帯のサプリメントを使用している顧客グループは候補セグメントから除外される。ターゲットグループは、ごく自然な形で、（B）中高年層に定まった。さらに特定していえば、デモグラフィック特性では、人生のターニングポイントにある「50代以上の男女両方」になる。しかも、ターゲット顧客の意識としては、「将来に不安はあるが老け込みたくない」という、新しい価値観を持った世代に狙いを定めることにした。

プロジェクトチームは、独自に定性調査を実施してみた。そこから浮かび上がってきた代表的な顧客像は、図表3.11のような「美しく健康に生きたい」中高年男女の姿であった。図表3.12は、そうした中から15人を選んで、彼（彼女）たちのライフスタイルと価値観を6つの質問に対する共通のキーワードでまとめたものである。

(3) 基本的な事業コンセプト

これまでの分析結果を、ビジネスの基本コンセプトに落とし込んでみた。ターゲット顧客に伝えるべき事業コンセプトは、「ポジティブ・エイジングの実現」である。本格的なサプリメントの提供により、資生堂として、アンチエイジングの統合的な事業を構築する。そのための物理的製品としては、予防医学の考え方に基づいて、以下で述べる3つの特徴を持ったサプリメントを開発することにした。

図表3.13からわかるように、コエンザイムQ10は、①抗酸化作用、②エネルギー産生作用の2つの働きを持った成分である。①抗酸化は、細胞を活性酸素によるダメージから守る「老化防止」作用があることが、②エネルギー産生は、食事でとった栄養素からエネルギーを作ることが、医学的にも解明されている。こうした物理的な特性を介して、ターゲットの中高年層には、新しいライフスタイル（サクセスフル・エイジ

> **図表3.11(a)　ターゲット世代へのヒアリング〈50代女性〉**
>
> ・52歳、専業主婦、子供は社会人
> ・趣味：フィットネス、英会話レッスン
> ・重視点：なりたい自分を描きチャレンジする
>
> ①こだわり・信条
> ・いいものは飽きない、若い人をがっかりさせないイイ女でありたい。そのための自分への努力は清々しい。
>
> ②サプリメント、ヘルス＆ビューティへの意識
> ・肌にいいサプリ、体内活性するサプリを飲んでいる。
> ・寝たきりはゴメン。コロッと死にたい。だから体を鍛えている。体を動かすと全身元気になり肌もきれいになる。

> **図表3.11(b)　ターゲット世代へのヒアリング〈50代男性〉**
>
> ・51歳、広告代理店マーケティング部長
> ・趣味：土日のガーデニングで佗び寂び追求
> ・重視点：枯れない、自分の輝きを失わない
>
> ①こだわり・信条
> ・少年っぽさを失わない、恋愛とセックスが人間生存の価値。
>
> ②サプリメント、ヘルス＆ビューティへの意識
> ・体力が落ちた、酒も残る。だから健康を保つために食事は和食や魚中心。
> ・いまのサプリメントは薬みたいで嫌。化学物質という感じ。
> ・岩城滉一、彼は体が美しい、男本来の少年っぽさもあるやんちゃな部分を残していい年のとり方をしている、これが羨ましい。ある種のあこがれ。

ング）を提供することが資生堂の医薬品事業の使命になる。

　こうして、社内討議と市場分析の結果、コエンザイムQ10を主成分としたサプリメントを、資生堂薬品が発売することが決まった。

(4) 製品の設計とポジショニング

　　健康保険制度の改正　　資生堂がコエンザイムQ10に着目したのは、アメリカではごく一般的にサプリメントに配合され、常にサプリメントランキングの上位にランクインしていたからである。日本では、30年近く前から、心不全の医薬品（服用量成人1日30mg）として使用されてき

図表3.12　ターゲット世代を括るキーワード〈50代の男女15名〉

男女とも「ポジティブライフ志向」。男性は体力の衰えを気力でカバー、女性は自分のための積極投資で現実的志向

men
1. 生き方：カッコよさ、垢抜け
2. 健康：体力低下、ボロボロ
3. 健康対処：酒控える、食事
4. サプリ：薬、義務感、嫌い
　→格好悪い、知識がない
5. 男の生き様：セクシー、恋、やんちゃ、カッコいいこと
6. 将来の心配：「家族」の健康

women
1. 生き方：チャレンジ、きれい
2. 健康：いまは元気、更年期心配
3. 健康対処：運動、サプリ
4. サプリ：目的を持って飲む、摂取に抵抗はあまりない
5. 女の生き様：きれい、優雅、女性からのあこがれ
6. 将来の心配：「自分」の健康

出典：プロジェクトメンバーによる聞き取り調査

図表3.13　Q10の2大効果（資生堂社内教育資料から）

Q10の二大効果

①エネルギー産生 → 細胞のパワーアップ → 元気UP

②抗酸化 → 細胞ダメージからの防御！ → 老化防止

オフェンス・ディフェンス作用を併せ持つスゴサ！！

たが、一般の人が健康食品として摂取することはできなかった。

　ところが、2001年4月の法改正により、コエンザイムQ10の食品への配合が認められるようになった。その結果、健康な人でもコエンザイム

Q10を健康食品として摂取できるようになった。コエンザイムQ10はもともと生体内成分のひとつであるが、20代をピークに減少してしまう。抗酸化作用とエネルギー産生作用により、アンチエイジングには必須の成分である。長い間、医薬品として使用されてきたが、これといった重篤な副作用も認められておらず、安全性は高いことがわかっていた。

新製品のポジショニング　図表3.14は、新製品（Q10AA）のポジショニングを示している。サプリメントの市場は、「価格帯」と「健康意識」の2つの軸で表現されている。

従来からある低価格サプリメントのポジションは、第3象限の「若年層」（健康だが食生活など別の理由でサプリメントを必要としている層）と第4象限の「中高年層」（健康に不安があるので、低価格のサプリメントをたくさん飲んでいる層）である。

資生堂が狙っているターゲット顧客は、健康に不安がある中高年で、ある程度のお金を払ってでも、美しさと健康を手に入れたい豊かな消費者である。既存のサプリメントに対しては、メーカーの信頼性や原料などの品質に問題を感じている人たちである。この「第1象限」の顧客は、「お金は二の次で納得のできるいいものを飲みたい」と考える人たちである。

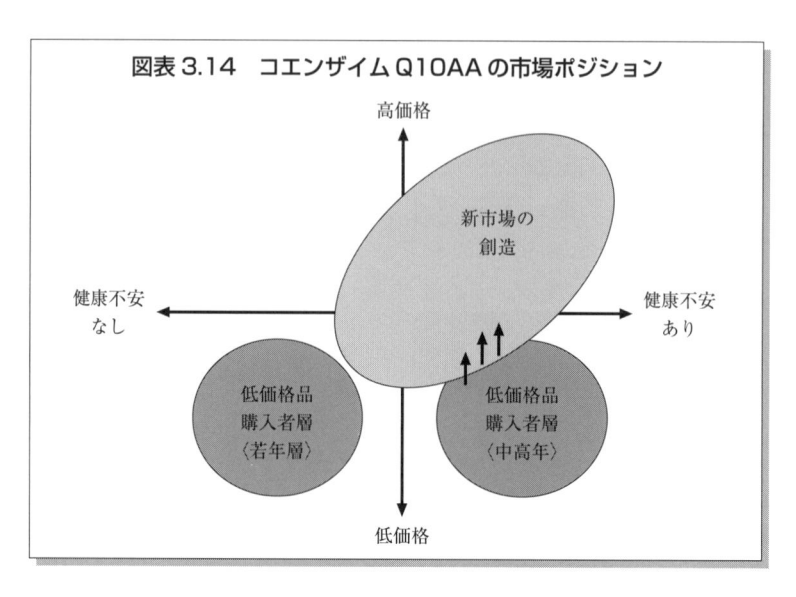

図表3.14　コエンザイムQ10AAの市場ポジション

- 高価格／低価格
- 健康不安なし／健康不安あり
- 新市場の創造
- 低価格品購入者層〈若年層〉
- 低価格品購入者層〈中高年〉

4.個別のマーケティング・ミックスプログラムの策定

　マーケティング計画の最終段階は、新製品の発売を成功させるために、マーケティング・ミックス（製品、価格、コミュニケーション、販売経路）を個別にプランニングすることである。以下では、製品・サービスの基本デザイン、価格政策、プロモーション計画、販売チャネル政策の順に、「Q10AA」発売までのマーケティング・プログラムの計画プロセスを見てみることにする。

(1) 製品・サービスの基本デザイン

　資生堂薬品は、ターゲット顧客の基本ニーズにしたがって、以下の3つの特徴を持った製品・サービスの設計を要求していた。

　安全性と品質　　ターゲット顧客（団塊の世代）は、オーガニック食品への関心が高い。素材の由来や原料の産地にまでこだわる傾向がある。そのために、厳選した素材を用いて、医薬品開発のノウハウを活用し、成分の安定性にこだわり、GMP（Good Manufacturing Practice：医薬品および医薬部外品の製造管理および品質管理の基準）対応の国内工場で製造することにした。

　信頼感と安心感　　低価格サプリメントの成功は、サプリメントのイメージ改善につながった。しかし、セルフ販売では安全性や品質の確かさは十分に伝えられない。信頼の品質を「資生堂ブランド」により消費者に伝える戦略を採用する。

　効果・効能に関する情報提供　　薬剤師など販売員向けの勉強会などを通して、製品に関する詳細な情報を提供する。また、店頭では、薬剤師によるアドバイスを提供できるよう支援する。

　3つの特徴を持った製品・サービスは、具体的には、以下のようなものであった。

・パッケージ・デザイン

　既存のサプリメントには、なんとなく怪しげでうさん臭いイメージがつきまとっていた。そこで、化粧品も手がけていたデザイナーに依頼して、高級感と品質感のあるパッケージをデザインしてもらうことにした（図表3.15）。パッケージの基調色であるオレンジ色は、原材料に使用しているコエンザイムQ10の色そのものである。また、オレンジ色は、元気、イキイキ、はつらつさなどを表現している。

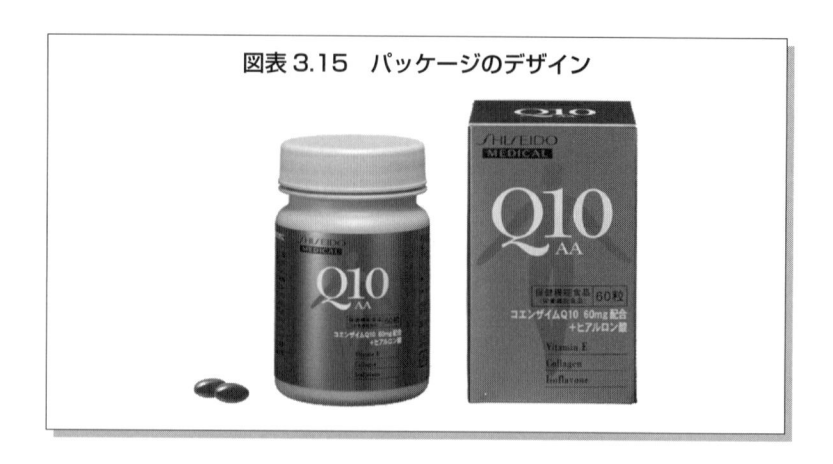

図表3.15　パッケージのデザイン

・ネーミングとブランディング

　ブランド名は、認知度が低い原材料の成分（コエンザイムQ10）を訴求するために、ごくシンプルなものにした。ブランド名＝成分名＋機能名のブランド構成である。「Q10」は成分名そのもので、機能名の「AA」は、英語表現でAnti-Agingの略語である。成分ブランドの例でよく見られる、記号的なブランド名である。

・原材料とその調達先

　コエンザイムQ10の原料は、例えば、カネカ（旧鐘淵化学工業）では発酵法を用いて酵母から抽出している。コエンザイムQ10の原料メーカーは、カネカなど4社である[10]。純度の高い原料のコエンザイムQ10はほとんどが国産である。日本が世界の供給元になっている。

・製品の組成とラインの追加

　コエンザイムQ10が主成分である。メインターゲットが40〜50代の女性であったことから、数年後には、女性ホルモンの減少をサポートする成分を加え、更年期を訴求するようになった。ヒアルロン酸、イソフラボン、ローヤルゼリー、コラーゲンなどの美容健康成分が追加されている。2009年現在、2アイテムを女性全般向けと45歳以上の女性向けに販売している。

10——カネカは、化成品、機能性樹脂、発泡樹脂製品、食品、医薬品などを製造・販売する会社。関西地区に4つの工場を持ち、東京と大阪に本社がある。2008年度（9月期）の売上高は2489億円、経常利益は102億円。http://www.kaneka.co.jp/。

（2）価格政策

発売時は、1箱60粒入りで4000円に価格が設定された。標準摂取量は1日2粒（60 mg）である。1日の支出額である約140円は、ジュースやお茶飲料を気軽に1本飲むのと同じ、という価格設定だった。

競合メーカーの製品は、そのおよそ3分の2の価格であった。成人用の健康食品は、店頭のPOSデータを分析すると、およそ4つの販売量のピーク（山）が見られた。最多価格帯は1000円からやや下のラインだったが、これは「Q10AA」が狙うターゲットから外れている。中価格帯の価格ラインは、2000円と3000円にあった。資生堂としては、まだ小さな市場ではあるが、3000円台後半の価格帯で、品質感のある新製品の市場を開拓したかった。

なお、ブランドの投入初期でトライアルを誘発するために、市場参入の初期段階だけではあったが、「お試しセット価格」（想定価格1300円）を用意している。ワンパック20粒であった。

（3）プロモーション計画

マス広告の展開では、企業広告、商品広告、品質訴求広告の3つからアプローチがなされることが決まった。企業広告で特徴的だったのは、ブランド名の「Q10」に絡めて、発売翌年の2003年に、9月10日を「キューテンの日」に定めたことである。さらに2004年には、新聞や雑誌に大々的に広告を出稿することになるが、これが「発掘！あるある大事典」で取り上げられたこととシンクロナイズして、コエンザイムQ10の大ブレークに結びつくことになる。

商品広告のメッセージは、導入2年目で、「細胞美人」をキーワードとした。資生堂の化粧品が、外側から女性の美容を補助するのに対して、サプリメントのコエンザイムQ10は、内側（細胞レベル）から美容と健康を促進することを訴求することにした。2004年6月の雑誌広告は、「細胞美人に、なりましょう。」のコピーが使用されている（図表3.16）。

コエンザイムQ10を啓蒙する活動としては、店頭で販売する薬剤師の意識を上げるための「勉強会」を企画した。これは、営業活動と販売施策（Q10の日）と一緒になって「三位一体型のマーケティング」となった。また、有識者の協力は消費者教育（セミナー）を兼ねていた。

店頭プロモーションとしては、愛用者キャンペーンが企画されてい

図表3.16 雑誌広告（2004年6〜12月）

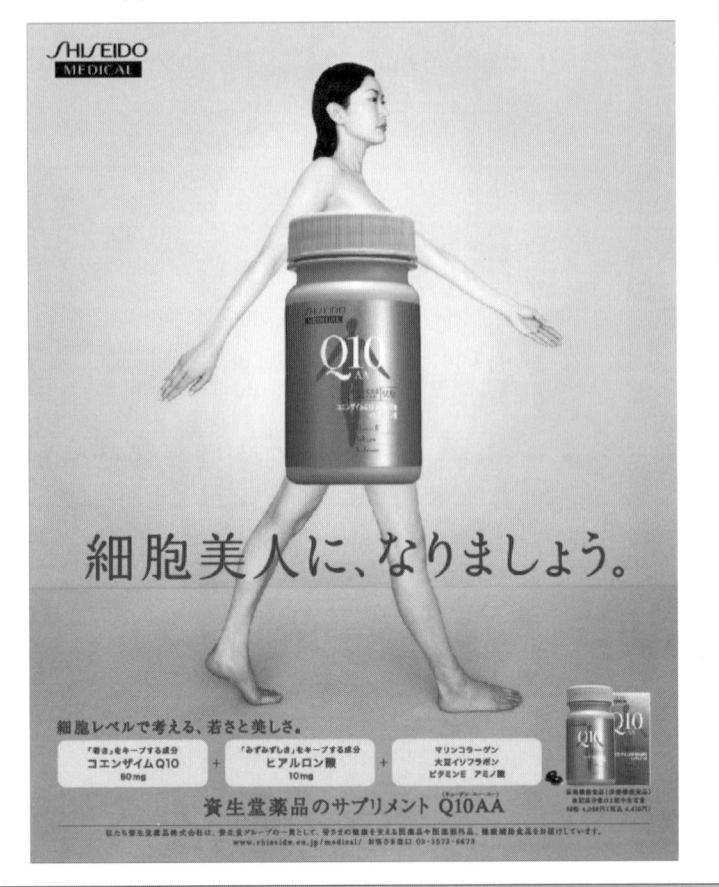

細胞美人に、なりましょう。

細胞レベルで考える、若さと美しさ。

資生堂薬品のサプリメント Q10AA

る。「Q10AA」を購入して、パッケージに添付された「くじつきシール」をめくり「当たり」が出ると、もれなく「Q10トラベルクロック」がもらえるというものである。

(4) 販売チャネル政策

販売チャネル政策としては、「三位一体型のマーケティング」が展開された。図表3.17のように、顧客、取引先、自社（資生堂薬品）のトライアングルの中で、「店頭カウンセリング」（顧客と取引先）、「Q10クラブ」（顧客と自社）、「Q10販売研究会」（取引先と自社）が組織されていった。

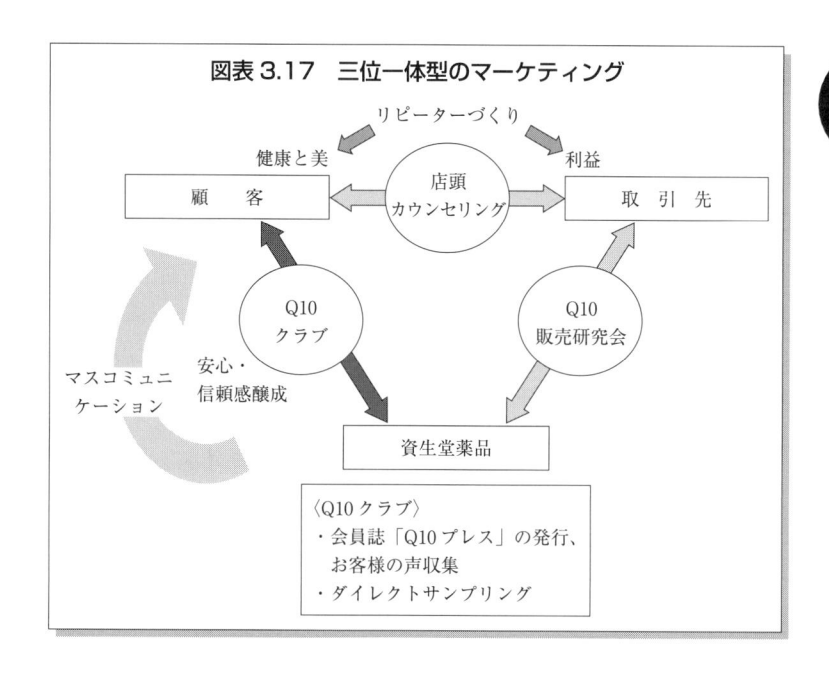

```
figure 3.17 三位一体型のマーケティング

            リピーターづくり
  健康と美    ┌店頭    ┐  利益
  顧 客 ←──┤カウンセリング├──→ 取引先
            └         ┘
       ┌Q10  ┐          ┌Q10    ┐
       │クラブ│          │販売研究会│
       └    ┘          └      ┘
   安心・信頼感醸成
              資生堂薬品
  マスコミュニケーション

〈Q10クラブ〉
・会員誌「Q10プレス」の発行、お客様の声収集
・ダイレクトサンプリング
```

3 ― 発売後のマーケティング実行と調整

1. 発売初期のマーケティング活動

　「Q10AA」は、2002年12月に計画どおりにリリースされた。コンセプトは、「女性の肌老化に対応するアンチエイジングサプリメント」であった。セルフメディケーションへの意識を、高齢化や医療制度の改革が後押しすることで、サプリメントへの需要が今後ますます高まるとの判断で発売した。

　当時、ドラッグストアで販売される健康食品としては、大塚製薬などのものしかなく、それも決して大量に販売されていたわけではなかった。競合製品がほとんどない状況で、資生堂薬品の「Q10AA」が発売されたことになる。

　コエンザイムQ10（製品カテゴリー）の市場規模は、年間約30億円と予測されていた。当初1年間の販売実績は、ほぼその予測（月間1億〜2億円）に近い状況で推移していた。

　発売2年目に入ると、有識者による「消費者セミナー」（2003年8月

〜）が開始され、「Q10クラブ」（2005年には12万人達成）が結成された。発売後すぐに、小売店向けの「販売研究会」（2004年4月）が組織され、「ビッグダミー」（大量陳列のための相似拡大した空箱）が店頭に配置されるようになった。

発売後1年が経過した2004年4月に、製品ラインが追加された。若い世代（20代〜30代前半）を対象に、肌のシミと透明感のアップを訴求した「Q10ホワイト」である。同6月には、「細胞美人に、なりましょう。」の雑誌広告がはじまり、5月には、月次の店頭販売高が2億円を超えた。

2.Q10ブーム：フジテレビ「発掘！あるある大事典」での特集放送

「Q10の日」の翌々日となる2004年9月12日に、その事件は起こった。タレントの堺正章が司会をしていたフジテレビのバラエティ情報番組「発掘！あるある大事典」で、コエンザイムQ10が特集された。そしてその翌日から、すさまじいブームが到来した。1週間で、倉庫にあった半年分の商品が店頭に出た。その後、半年にわたって、原料不足による品切れが続いた。

インテージの「生活健康基礎調査」（毎年4月に調査実施）によると、この日を境に、コエンザイムQ10の認知率（16〜65歳女性）は、23％（2004年）から67％（2005年）に高まった。ブームに乗って、約30社がコエンザイムQ10市場に参入してきた。中国などから原材料を調達してきて、粗悪品を販売する業者も現れた。

会員誌「Q10プレス」など、地道にQ10の魅力を訴えて会員数を伸ばしてきた「Q10クラブ」のメンバー数が、「発掘！あるある大事典」の放送以降は急速に増えた。クチコミの効果で、1年後の9月にはとうとう約12万人となった。サプリメント業界、化粧品業界において、類を見ない会員数に到達した（図表3.18）。

ブームになって以降、有名人やタレントが「Q10AA」の利用者になるケースが増えてきた。高見恭子（タレント）と田中雅美（元オリンピック選手）には、広告に登場してもらい、「Q10AA」の推奨者になってもらった。また、「Q10AA」の未使用者だった磯野貴理子（現在は磯野貴理、タレント）と枝元なほみ（料理研究家）には、使用経験を通してファンになってもらい、雑誌や新聞などで広告訴求の役割を担ってもら

図表3.18　Q10クラブ会員数推移

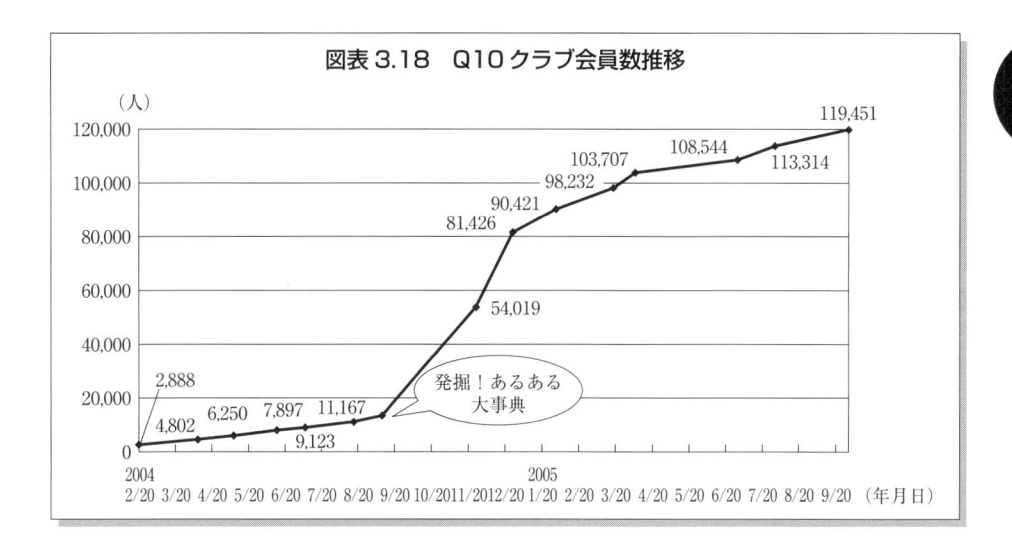

年月日	会員数（人）
2004/2/20	2,888
3/20	4,802
4/20	6,250
5/20	7,897
6/20	9,123
7/20	11,167
8/20	（発掘！あるある大事典）
9/20	54,019
10/20	81,426
11/20	90,421
12/20	98,232
2005/1/20	103,707
2/20	108,544
3/20	113,314
9/20	119,451

った（図表3.19）。

　なお、プロモーション施策も、未購入者（新規顧客）とリピーター（既存顧客）に分けて、訴求のためのツールを変えている。2005年6月、新規顧客には、トライアルしやすいように「ミニボトル」（14粒入り）をプレゼント、既存顧客には、「増量・プレミアムグッズ・キャンペーン」を展開している。

3. 資生堂薬品、その後の展開

　2007年には、新製品の「Q10AAプラスバイタル」を新しく製品ライ

図表3.19　Q10AAの推奨広告（社内中吊り広告）

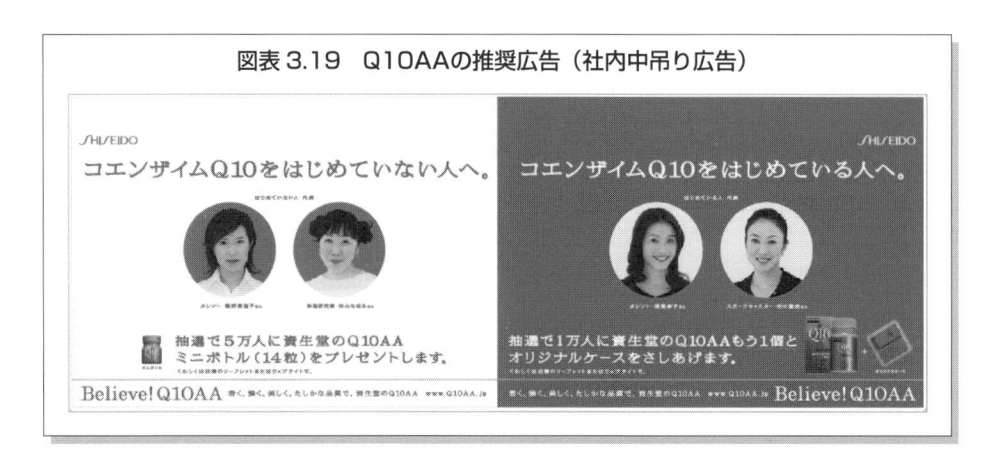

ンに追加した。これは、45歳以上の女性をターゲットに、ローヤルゼリー、イソフラボン、アマニグリンなどを「Q10AA」に付加した製品である。

コエンザイムQ10がブームになった2004年には、Q10の市場規模はドラッグチャネルだけで、約200億円に拡大した（図表3.20）。ブームは、他に例を見ないほど長期化し、沈静化したのは2年後の2006年で、ピーク時の2分の1に縮小した。2007年の市場調査データ（インテージの拡大推計）によると、Q10の市場規模はピークの半分以下、年間販売額は80億円に減少している。

「Q10AA」と「Q10AAプラスバイタル」は、コエンザイムQ10の導入期から変わらず、ドラッグストアと総合スーパーでの販売で優位に立っている。ドラッグチャネルの推定シェアは35.8％、総合スーパーでは14.4％である（インテージ調べ）。ちなみに、その他メーカーの商品は、コンビニエンス・ストアチャネルでDHCやファンケルが強い。市場全体では、資生堂薬品の「Q10AA」は、35％のシェアを持っている。

資生堂のサプリメントは、その後、新しい素材の製品を投入した。2008年末現在、主力商品は、コエンザイムQ10を抜き、コラーゲン（ドリンクおよび錠剤）である。市場規模は約200億円に達している。その他では、ローヤルゼリーや青汁などの取り扱いも増えてきている。

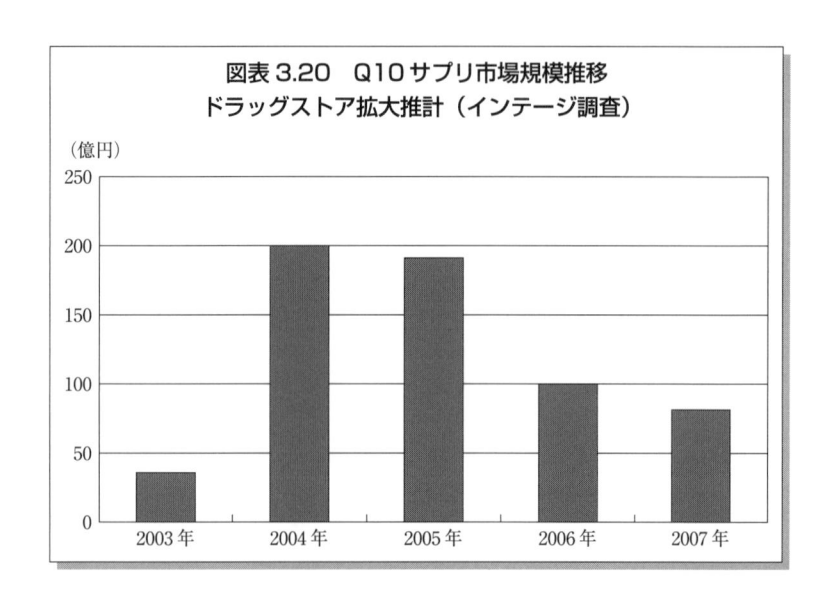

図表3.20　Q10サプリ市場規模推移　ドラッグストア拡大推計（インテージ調査）

〈参考文献〉

D. A. アーカー／野中郁次郎他訳（1986）『戦略市場計画』ダイヤモンド社（Aaker, D. A. (1984) *Strategic Market Management*, NY: John Wiley & Sons）

朝野煕彦、山中正彦（2000）『新製品開発』朝倉書店

W. アバナシー他／望月嘉幸監訳、日本興業銀行産業調査部訳（1984）『インダストリアルルネサンス──脱成熟化時代へ』ティビーエス・ブリタニカ（Abernathy, W., J. Kim, B. Clark, and A. M. Kantrow (1983) *Industrial Renaissance: Producing a Competitive Future for America*, Basic Books）

J. C. アベグレン、ボストン・コンサルティング・グループ編（1977）『ポートフォリオ戦略──再成長への挑戦』プレジデント社（Boston Consulting Group (1972) *Perspectives on Experience*, Boston Consulting Group）

H. I. アンゾフ／広田寿亮他訳（1969）『企業戦略論』産業能率短大出版部（Ansoff, H. I. (1957) "Strategies for Diversification," *Harvard Business Review*, vol. 35, pp. 113-124）

D. イアコブッチ編／奥村昭博、岸本義之監訳（2001）『マーケティング戦略論』ダイヤモンド社（Iacobucci, D. ed. (2001) *Kellogg on Marketing*, John Wiley & Sons）

井徳正吾（2005）『広告ハンドブック──広告・広告メディアの基礎知識から計画立案・出稿・効果測定・プレゼンテーションの実務まで』日本能率協会マネジメントセンター

稲垣佳伸（2003）『なぜ売れないのか──営業力は「仮説力」で決まる』日本経済新聞社

上原征彦（1999）『マーケティング戦略論』有斐閣

D. F. エイベル、J. S. ハモンド／片岡一郎他訳（1982）『戦略市場計画』ダイヤモンド社（Abell, D. F. and J. S. Hammond (1979) *Strategic Market Planning*, Prentice-Hall）

小川孔輔（1994）「マーケティング戦略」稲葉元吉編『現代経営学の構築』同文舘出版

小川孔輔（2003）「中国へのブランド移転物語　資生堂（前編）（後編）」『チェーンストアエイジ』5月15日号、6月15日号

金春姫、古川一郎（2006）「化粧品──ブランドの時間軸」山下裕子＋一橋大学BICプロジェクトチーム編『ブランディング・イン・チャイナ』東洋経済新報社

坂井田稲之（2003）『新版　統合プロモーション企画入門──SPの新基準（広告基礎シリーズ）』宣伝会議

嶋口充輝（1984）『戦略的マーケティングの論理──需要調整・社会対応・競争対応の科学』誠文堂新光社

新宅純二郎（1994）『日本企業の競争戦略』有斐閣
ドゥ・ハウス、喜山荘一編、山中正彦監修（2007）『10年商品をつくるBMR』ドゥ・ハウス
日経広告研究所編（2000〜2008）『基礎から学べる広告の総合講座　2001〜2009』日経広告研究所
R.D.バゼル、B.T.ゲイル／和田充夫、八七戦略研究会訳（1988）『新PIMSの戦略原則——業績に結びつく戦略要素の解明』ダイヤモンド社（Buzzell, R. D. and B. T. Gale（1987）*The PIMS Principles: Linking Strategy to Performance*, Free Press）
藤本隆宏（2003）『能力構築競争』中公新書
M.E.ポーター／土岐坤他訳（1982）『競争の戦略』ダイヤモンド社（Porter, M. E.（1980）*Competitive Strategy: Techniques for Analyzing Industries and Competitors*, Free Press）
渡辺隆之、守口剛（1998）『セールス・プロモーションの実際』日経文庫

〈さらに理解を深めるための参考文献〉
淺羽茂（2004）『経営戦略の経済学』日本評論社
淺羽茂、須藤実和（2007）『企業戦略を考える』日本経済新聞出版社
淺羽茂（2008）『企業の経済学』日経文庫
陸正（1994）『変わる消費者、変わる商品』中公新書
榊原清則（1998）『企業ドメインの戦略論』中公新書
野中郁次郎、陸正（1987）『マーケティング組織——その革新と情報創造』誠文堂新光社

顧客と競争環境の分析 II

　II部では、マーケティング環境を取り扱うことになる。企業が対象となる環境を制御できるかどうかによって、直接的な環境と間接的な環境に分かれる。

　第4章「マクロ環境の分析」では、企業が直接に制御できない間接的な環境を取り上げる。間接的な環境の内容は、政治と経済、社会と文化、情報と物流技術などである。マーケティング意思決定との関連性を考える。

　第5章「顧客の分析」では、消費者行動論の視点から、消費者の意識と行動を分析する枠組みを提供する。AIDMAモデル、消費者情報処理モデル、バラエティシーキング行動モデル、社会学的な視点からの複数の分析フレームワークが紹介される。

　第6章「市場戦略と競争対応」では、マーケティング戦略の一般的な枠組みと競争行動を紹介する。企業の成長戦略（アンゾフのマトリックス）、多角的成長のさまざまな類型、プロダクト・ポートフォリオ分析、ポーターの競争戦略、コトラーの市場地位別マーケティング戦略などについて、詳しく紹介する。

　第7章「マーケティング・インテリジェンス」では、第4章から第6章までで取り上げるマーケティング環境を分析するためには、どのような種類の情報を収集してどのように分析すべきかについて紹介する。なお、第7章で学ぶデータ分析の諸手法は、II部以降で、マーケティング意思決定を下すための基礎的な情報を与える。

オープニング事例
トヨタ自動車：
車種統合、マークXの発売

　2004年10月上旬のある日、全国のトヨペット店全店で、トヨタの新型セダン「マークX」のシルエットとパーツの写真が一斉に展示されはじめた。いわゆる"ティーザ・キャンペーン"である。新しく発売される製品の全貌を一度で明らかにせずに、小出しに少しずつ開示しながら消費者の期待感を高めていくコミュニケーション作戦である。

　バブル崩壊後の10年間、赤字が続いていた東京トヨペット店など、販売店の側もマークXの発売に寄せる期待は大きかった。新車発売のXday（11月9日）に向けて、トヨタ本社側もトヨタ史上最大規模の販売促進キャンペーンを準備していた。イメージターゲットは、40歳代の大企業で働く管理職クラスの男性である。CMタレントには、佐藤浩市が起用された。アッパーミドルクラス層にいる漫画のヒーロー「課長島耕作」を模して、やや鮮度が落ちてきたブランドを若返らせることを意図していた。

　「マークX」は、ロングセラーブランド「マークⅡ」（1968年発売）の後継モデルである。先行モデルの「マークⅡ」は、当時のベストセラーカー「コロナ」の派生車種として開発された。「コロナマークⅡ」の命名者は、トヨタ自動車販売の神谷正太郎社長（当時）。コンセプトは「コロナを超える理想のコロナ」だった。長らくトヨタを代表するラグジュアリーな中型セダンとして安定した人気を保ってきた。2004年時点で、全トヨタ車の中で歴代4位の累積販売台数を誇っている。カローラ（1142万台）、コロナ（545万台）、クラウン（487万台）に続いて、36年間で累計481万台を販売していた（図表1）。

　最盛期の約半分にまで販売台数が落ちたとはいえ、月間4000〜5000台を販売するロングセラーブランドの車名を変えることには大きな抵抗があったはずである。「10代目マークⅡ」の開発プロジェクトが2001年にスタートしていたにもかかわらず、2003年に大胆な車名変更に踏み切る

図表1　トヨタのブランド別販売台数（2005年までの累計）

カローラ（1996）	1,142
コロナ（1957～2001）	545
クラウン（1955）	487
マークⅡ（1968～2004）	481
カリーナ（1970～2001）	380
ハイエース（1967）	260
タウンエース（1976）	210
ライトエース（1970）	172
エスティマ（1990）	128
カムリ（1980）	119
ハイラックス（1968）	114

注：カッコ内数字は発売年、単位は万台
出典：『情報通信総合研究所』資料（元データは「トヨタの概況2006」）、日本経済新聞（2004年11月10日）より作成

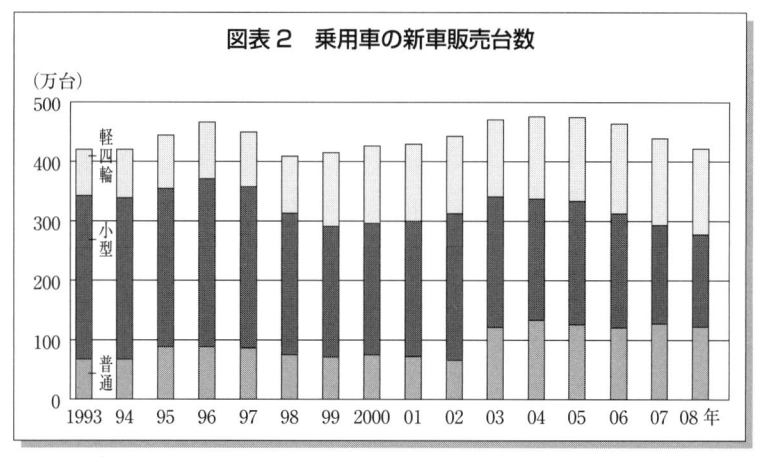

図表2　乗用車の新車販売台数

出典：日本自動車販売協会連合会・全国軽自動車協会連合会
http://jamaserv.jama.or.jp

ことになった。この思い切った決断の裏には、セダン市場を取り巻く市場環境の変化といくつかの社内事情があった。

　ひとつめは、セダン市場が縮小していたことである（図表2）。縮小ぎみの国内市場にあっても、軽自動車とRV系車のマーケットは好調だった。従来からセダンに強みを持っていたトヨタは、両方のカテゴリーにおいて対応がやや遅れぎみであった。ホンダ（オデッセイ、ステップワゴン、CRV）や軽乗用車メーカー各社（スズキ、ダイハツ）の後塵を拝して、1990年から2000年までの10年間でシェアを4.5％も失っていた（図表3）。他方で、マークⅡの保有母体（1.8～3.0リッター）である

オープニング事例

図表3　トヨタ・セダン　シェア縮小（1990年代）

年	トヨタシェア（%）	前年比（%）	トヨタ・セダン関係の動き
1990	44.0	—	
91	42.9	-1.1	マークⅡ、チェイサーなど27％減少、コロナ末期モデルは20％減少
92	42.8	-0.1	マークⅡ、1割近く減少
93	43.0	0.2	マークⅡ、モデルチェンジ効果で8％増
94	41.7	-1.3	カローラ、クラウンなど主力車種前年実績割れ
95	39.7	-2.0	クラウンモデルチェンジ、マークⅡ14％減、スターレット12.4％減、コロナ23.1％減
96	38.4	-1.3	スターレット25.4％増（前年末モデルチェンジ）、マークⅡ5.7％減、カローラ5.2％減
97	37.0	-1.4	クラウンなど不振
98	36.2	-0.8	高級セダン「プログレ」などを投入、既存量販車落ち込み
99	39.5	3.3	（ヴィッツ大ヒット）

出典：『情報通信総合研究所』資料に一部修正　シェア元データは日経産業新聞各年「シェア点検」

　代替ユーザーは頑として存在していたが、将来的にセダン市場が伸びる余地が大きいとは考えにくかった。また、「マークⅡ」とプラットフォームを共有していた三つ子車の「チェーサー」（トヨタオート店、現ネッツトヨタ店）と「クレスタ」（ビスタ店）を統合して、ヨーロピアンスタイルの「ヴェロッサ」（新ネッツ店）を発売してみたが、こちらはデザインが飛びすぎて実際には売れていなかった（2001年発売以来、月間1000台以下の実績）。

　2つめは、チャネル統合が同時進行していたという事情である。2003年に、ビスタ店とネッツトヨタ店が「新ネッツ店」にブランド移行し、新チャネルでは、後継車種の「ヴェロッサ」を発売していたが、中心車種はヴィッツ、ウィッシュ、VOXYなどであった。女性、ファミリー層に狙いを定めたワンボックスカーの投入で、新ネッツ店の販売は好調だった。そうした中で、とくに統合後の新ネッツ店の系列では、市場が低迷している中型セダンより、スモールカーやRV（MPV）系の強化を求める声がディーラーからは上がっていた。

　最後に、社内的な事情として、急速に進展している海外展開の影響があった。2000年前半から、トヨタ自動車は、米国や欧州、アジアへの進出を加速していた。4年サイクルでフルモデルチェンジをしながら、国

内と同時に海外にも新車を投入していかなければならない。他方で、海外向けの仕様といえども、基本的には国内の開発部隊がモデルチェンジと新車投入を担当する。新車の開発余力はすでに限界に達していた。縮小ぎみの国内市場で、しかも将来の見通しが明るくない中型セダンのために、それでなくとも不足している開発工数を振り向けることに経済的な合理性はなくなってきていた。

　トヨタの上層部が中型セダンの車種統合を考えはじめたのは、筆者の知る限りでは1980年代後半のことである。当時はチャネル統合がいまのようには進んでおらず、国内開発チームの工数にも余力があった。しかし、中型セダンの一本化に踏み切れなかった諸条件は、2000年以降では急速に薄れてきていた。

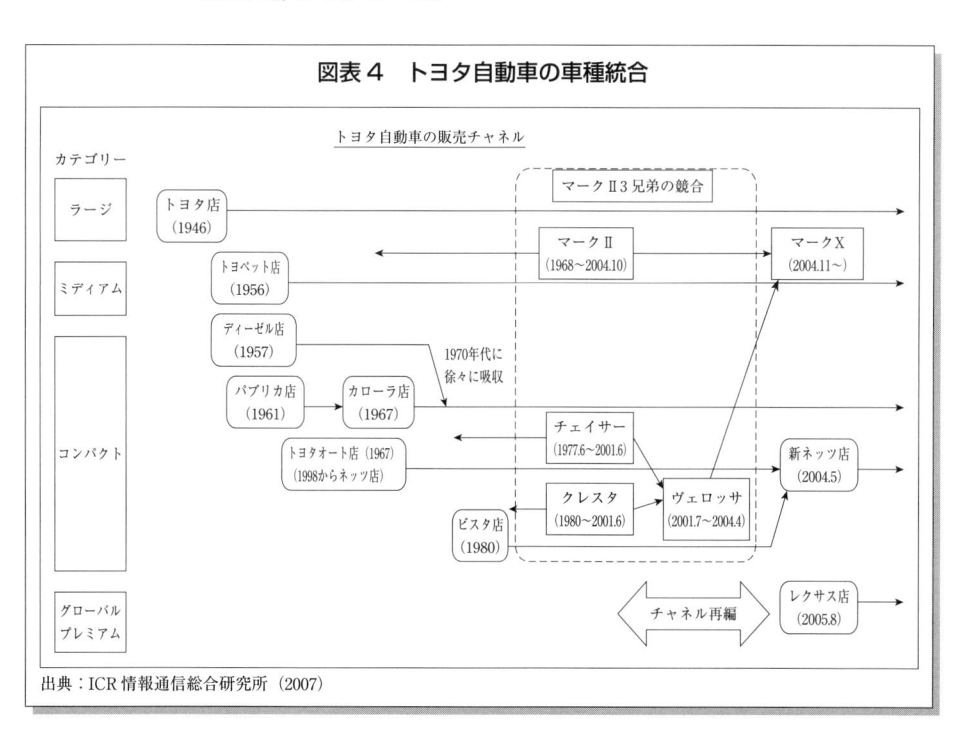

図表4　トヨタ自動車の車種統合

トヨタ自動車の販売チャネル

カテゴリー		
ラージ	トヨタ店 (1946)	マークⅡ3兄弟の競合
ミディアム	トヨペット店 (1956)	マークⅡ (1968〜2004.10) → マークX (2004.11〜)
コンパクト	ディーゼル店 (1957)／パブリカ店 (1961)／カローラ店 (1967)／トヨタオート店 (1967)(1998からネッツ店)／ビスタ店 (1980)	チェイサー (1977.6〜2001.6)／クレスタ (1980〜2001.6)／ヴェロッサ (2001.7〜2004.4)／新ネッツ店 (2004.5)
グローバルプレミアム		レクサス店 (2005.8)

1970年代に徐々に吸収

チャネル再編

出典：ICR情報通信総合研究所（2007）

第4章 マクロ環境の分析

　本章では、マーケティングを実行するための環境の分析について述べる。企業を取り巻くマーケティング環境には、大きく分けるとマクロ環境とミクロ環境とがある。本章では、マクロ環境の分析について説明する。

　マクロ環境とは、その国の政治、経済、社会、文化、技術、自然環境など、企業がマーケティング意思決定をする上での外的な条件を意味している。個別企業が単独の力では、直接はコントロールできない環境要因のことである。企業にとって、マクロ環境を分析することが重要なのは、単に企業がマクロ環境を制御できないからではない。長期的にはマクロ環境もある傾向で変化していくので、その趨勢や変化の方向を事前に知っておく必要があるからである。

　マクロ環境には、直接的な環境と間接的な環境がある。

　第1節では、主として間接的な環境について解説する。直接的な環境については、別に章を改めて取り上げることになる（第5章「顧客の分析」、第6章「市場戦略と競争対応」）。

　第2節では、「政治と経済」がマーケティングに与える影響を説明する。法制度や経済の発展段階が、企業のマーケティング活動にどのような制約と成長機会を与えるのかを解説する。

　第3節では、「社会と文化」がマーケティングとどのように関係するのかを見る。高齢社会の到来、情報化社会の出現、都市化や洋風化の現象が、人々の買い物行動や消費生活に及ぼした影響を考えてみる。

　第4節では、輸送技術やロジスティクスの変化を取り上げて、マクロ環境の分析を終える。

1 ― 2つのマクロ環境

企業は2つの側面からマクロ環境を考える必要がある。すなわち、分析の対象となるマクロ環境が、「間接的な環境」なのか「直接的な環境」なのかの違いである（図表4.1）。

前者の間接的な環境要因は、企業にとっては、短期的にも長期的にもその環境を直接的にコントロールできない要因である。それに対して、後者の直接的な環境要因は、短期的にはその環境をコントロールすることはできないが、長期的に考えると、企業努力によって徐々にその環境を変化させることができる要因である。企業努力によって環境の変化を促すことができるので、直接的な要因とは性格がやや異なっている。

図表4.1　間接的環境、直接的環境およびマーケティング手段

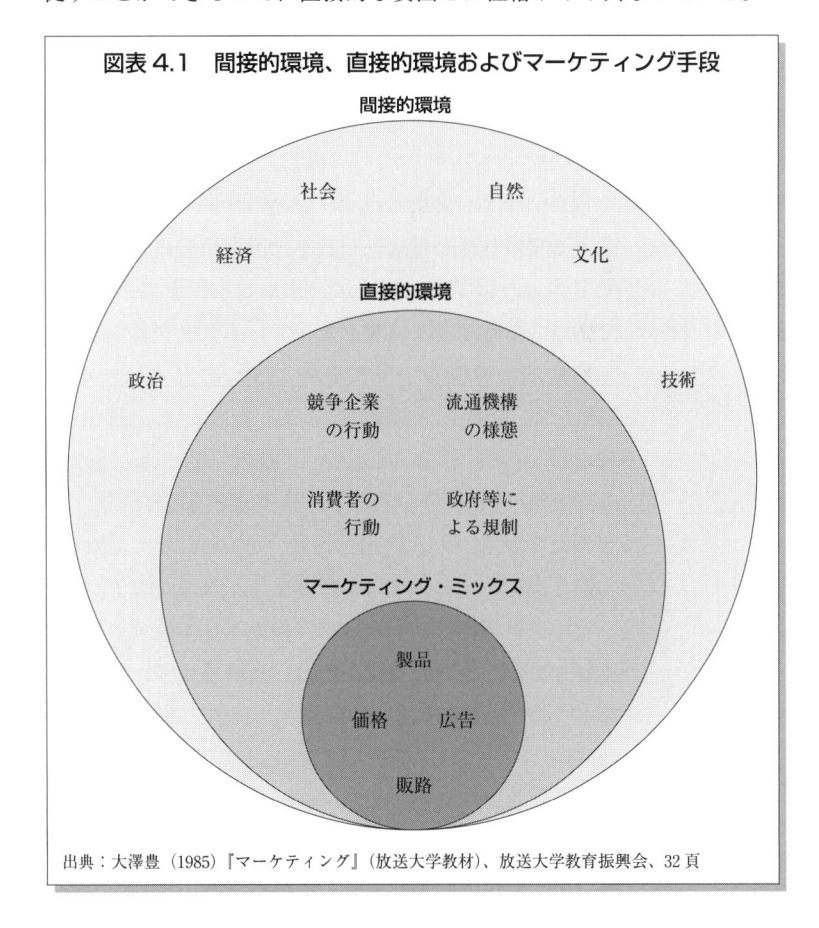

間接的環境：社会、自然、経済、文化、政治、技術

直接的環境：競争企業の行動、流通機構の様態、消費者の行動、政府等による規制

マーケティング・ミックス：製品、価格、広告、販路

出典：大澤豊（1985）『マーケティング』（放送大学教材）、放送大学教育振興会、32頁

第4章 マクロ環境の分析

1. 間接的な環境要因

　間接的な環境要因には、政治、経済、社会、文化、技術、自然など、その国独自の環境要因が含まれる。間接的な環境は、短期的にも長期的にも個別企業が直接的にはコントロールできない要因である。例えば、ヒンズー教の国々では、宗教上の理由から牛を食べることはない。それは、ヒンズー教では牛を神聖なものと扱っているからである。また、イスラム教の国々では、ラマダンといわれる断食月には1カ月間、日中は食べ物を口にしない。これは、イスラム教では神の聖典「コーラン」で決められている規則だからである。

　このように、社会的な慣習や文化的な規範は、個別の企業努力では簡単に変えることができない。グローバルにマーケティングを展開している企業では、その国の政治や経済、文化、技術などを把握し、それぞれの国ごとの環境に応じてマーケティング活動を適応させていかなければならない。

　国内でマーケティングを展開している企業でも、地域ごとに自然環境や食文化などが異なるので、製品の仕様などをその地方の人々の好みに合わせなければならない。日本全国を市場にしている食品メーカーや小売りチェーンでは、例えば、東京と大阪と名古屋では食習慣が違うので、醬油や味噌などは味を変えていることがふつうである。

　間接的な環境の中で代表的な4つの要因は、その頭文字をとって「PEST」分析と呼ばれている。すなわち、政治（Politics）、経済（Economics）、社会（Society）、技術（Technology）の4つの要因である。企業はPESTを分析し、マクロ環境に適合したマーケティング活動を考えていく。PEST分析では、つぎのように要因を分析し、環境要因の変化が企業にどのような影響を与えるのかを予測する。

　政治的な環境では、政権交代による基本政策や外交政策の変化による影響を見る。経済的な側面では、経済成長率、失業率、消費者物価指数など各種の経済指標から判断して、今後の影響などを分析する。社会的な側面については、総人口や地域別の人口分布、年代別人口構成比、出生率などの人口動態、教育制度、その国の文化の変遷などについてのデータを収集して、トレンドを分析する。技術的な環境の側面についても、新しい技術の動向や規格標準化の流れなどに注視する。

2. 直接的な環境要因

　直接的な環境には、政府の規制や流通機構の態様、消費者の行動、競争者の行動などが含まれる（図表4.1）。直接的な環境要因は、間接的な環境要因とは違って、短期的に企業がその環境要因をコントロールすることはできない。しかし、長期的に考えると、直接環境は企業や業界団体の努力によって徐々に変化させることが可能になる場合もある。

　政府の規制は、法律などによって企業が事業活動において一定の制約を受けることを意味する。ところが、長年の企業や業界からの働きかけによってその規制が緩和されたり、撤廃されることもある。

　例えば、酒類の製造・販売は、酒税法という法律で厳密に規制されていた。もともと、酒税そのものが有力な国税であったため、この法律によって安定的な賦課徴収を維持し、製造業者や販売業者の経営の安定を図ることを主眼としていた。ところが、酒類を取り扱う販売店間の距離や人口基準の撤廃によって、いまでは酒類販売の自由化が推進され、コンビニエンス・ストアなどでも酒類が販売されるようになった。[1]

　流通規制の緩和は、メーカーにとっては販路の拡大を促した。それと同時に、従来のような酒屋中心の流通チャネルから多様な流通チャネルへと流通形態の変化を促した。

　酒類販売の自由化は流通チャネルに変化を与えたばかりではない。ビールの製品パッケージを変える契機にもなった。酒屋からの配達販売では瓶ビール（リサイクル容器）が中心であったが、スーパーマーケットやコンビニエンス・ストアなどでビールが販売されるようになると、缶ビール（使い捨て容器）が販売の中心になった。

　こうした環境の変化に着目したのが、アサヒビールである。スーパードライは、切れがあってコクがあるという魅力的な味もさることながら、いち早くこうした環境要因に合わせて、スーパーマーケットなどの小売店で販売がしやすい缶ビールを積極的に展開するようにした。[2]

　本章では、第２節以降では、間接的な環境を中心に記述することにな

---

[1] ──「特集『酒販免許自由化』がわかる、Q＆A、経過措置経て、規制緩和進む」日本経済新聞、2003年７月22日朝刊、13面。
[2] ──「ビール業界の首位交代が教えるもの（社説）」『日本経済新聞』2001年８月18日朝刊、２面。

第4章 マクロ環境の分析

る。直接的な環境については、第5章以降、個別に章を改めて説明していく。例えば、「消費者の行動」については第5章で、「競争企業の行動」については第6章で、「流通機構の様態」については、第14章と15章で詳しく説明する。また、「政府等による規制」については、つぎの節で簡単に触れることにする。

2 ── 政治と経済

1. 政治と法制度

(1) 政府間交渉の枠組み

1990年代以降、国内市場から出て海外に進出する日本企業が増えてきている。一時期は、自動車や家電製品などの特定の産業で、しかも進出先国も欧米が中心だった。ところが、2000年以降は、中国を中心とした東アジア諸国への進出も急増している。原材料の調達や販売の面で、商取引が国際化していくと、個別の企業も国際政治交渉の枠組みから自由ではいられなくなる。

例えば、1948年に発足した「GATT (General Agreement on Tariffs and Trade：関税及び貿易に関する一般協定)」では、関税の引き下げや貿易制限の削減が実施され、日本では多くの輸入品を受け入れると同時に、輸出も大幅に増えていった。オレンジや牛肉など、農産物や農産加工品の多くを海外からの輸入に依存するようになったのも、関税の引き下げによって内外価格差が明らかになったことが大きく影響している[3]。

それとは逆に、輸出の面では、自動車産業などが世界に市場を広げていき、GATTの枠組みや世界的な貿易の自由化への流れが大きくプラスに影響した。とくに、日本のように国内市場の拡大が望めない国では、

---

3 ──「牛肉・オレンジ自由化問題に関するヤイター通商代表宛松永駐米大使書簡」1988年7月5日、日米関係資料集1945-97、1138〜1143頁。データベース『世界と日本』「戦後日本政治・国際関係データベース」東京大学東洋文化研究所田中明彦研究室所収 (http://www.ioc.u-tokyo.ac.jp/~worldjpn/documents/texts/JPUS/19880705.O1J.html)。
「農産物自由化の影響本番 (上) オレンジ──生果・果汁とも輸入急増」日本経済新聞、1992年10月9日朝刊、25面。「農産物自由化の影響本番 (下) 牛肉──乳子牛は半値以下に、農家の生産意欲しぼむ」『日本経済新聞』1992年10月10日朝刊、21面。

国内企業にとって輸出産業は重要な役割を果たすことになる。そのため、自由貿易の推進は、日本にとってはプラスに働くことが多い。農水省は、輸入規制で国内農家を守る立場から、国内で生産された農産物を海外に輸出する「日本ブランド構想」を打ち出している[4]。

経済活動がますますグローバルに展開されるようになり、世界でも自由貿易を柱とする考え方が主流となった。1995年、GATTを発展させる形で「WTO（World Trade Organization：世界貿易機関）」が発足した。WTOの発足によって、自由貿易の推進の流れは加速され、世界各国の経済活動はグローバル化していった。

(2) 関税など貿易規制（輸出入）

関税などの貿易規制で、企業活動はさまざまな影響を受ける。例えば、「セーフガード」と呼ばれる緊急輸入制限措置が発動されると、企業は一瞬のうちに業績に大きな影響を受ける。セーフガードは、自国の産業が輸入品の急増で重大な損害を受けることを回避するために、政府が関税を引き上げたり、輸入量を制限したりする措置である、輸入品の流入を一時的に抑制し、自国の産業を守る制度でもある。とくに日本では、自給率維持の観点から、国内農家を守るために安価な農産物の輸入に対して発動されそうになったケースが何度かある（例えば、2000年、ネギ、シイタケ、畳表で、調査まで行ったことがある。実際には発動されなかった）。

2000年に、中国製品に対してセーフガードがかけられそうになったとき、中国の縫製工場で製品を製造していた「ユニクロ」の株価は大幅に下落した。こうしたリスクは日本企業ではありながら、中国を生産拠点としているユニクロのような企業には常につきまとう不安である。そこで、こうしたセーフガードなどのリスクを避けるために、ユニクロは、いまでは、中国での生産比率を段階的に引き下げる方針を打ち出している。ベトナムなど周辺アジア諸国に生産基地を分散し、将来的には、その比率を約6割まで落とす予定である[5]。

このように、企業にとっては、関税や貿易規制などの制度変更によっ

---

[4]——農産物輸出プロジェクト、小川孔輔（2006）「連載：農産物の輸出　ブランドニッポンの検証」5回連載『日本農業新聞』5月3、4、5、9、10日号。

[5]——「ファストリがストップ安、「セーフガード」報道を嫌気——機関投資家が利益確定売り」『日本経済新聞』2000年12月20日朝刊、22面。

て、自社の海外事業展開を見直す必要性が出てくる可能性もある。

　自動車の現地生産も、もともとは米国で日本車の輸入が急激に増大したことが引き金になっている。日本車の急増は、米国自動車産業の経営を圧迫しただけではない。そこで働く多くの雇用を日本車の輸入が奪ってしまう危惧があった。国内産業を保護するという観点から、1980年代後半、日米で大きな貿易摩擦が生じたのである。こうした貿易摩擦を避けるために、日本の自動車メーカーは現地生産に傾いていった。

　いまでは、世界全体の中でも、自動車生産台数で日本が米国と肩を並べるまでに成長したのである。2007年に、トヨタ自動車グループが、生産台数シェアで、米国のGM（ゼネラル・モーターズ）を追い抜いてしまった。[6]

(3) 投資環境（海外直接投資、金融）

　グローバルな活動を展開している企業にとっては、投資先の環境にも十分な注意が必要である。とくに、「カントリーリスク」が高いといわれるような国への投資には慎重に対処しなければならない。

　「カントリーリスク」（country risk）とは、通常の企業活動の上で考えられるリスクとは別に、投資先の政治や経済、社会情勢の変化によって発生する危険のことである。場合によっては、事業が進行中でも、それとは無関係に事業の停止を命じられたり、事業の撤退を余儀なくされることもある。

　最近の例では、つぎのような事態がロシアで起きている。日本の三井物産と三菱商事とオランダのロイヤル・ダッチ・シェルの3社は、ロシアでの大規模プロジェクトとして「サハリン2」計画で開発を進めていた。このプロジェクトは、樺太近郊で、石油やガスなどの天然資源を採掘するプロジェクトである。ところが、エネルギー需要の増大により、今後を考えると、他国のみに任せるのは問題があるとして、ロシア政府の意向で、2006年12月に、一方的にロシア政府系のエネルギー企業「ガスプロム」が開発計画に加わることとなった。すでに、3社で多額の投資をしていたにもかかわらず、3社に割って入るような形でガスプロムが合同事業に出資した。その出資比率は、過半の50％となった。プロジェクトそのものの主導権までロシア側に握られてしまったのである。[7]

---

6 ── 「昨年の世界生産、トヨタ首位確定、GMを20万台抜く」『日本経済新聞』2008年2月2日夕刊、1面。

カントリーリスクは、社会主義国家のロシアや中国、その他にはタイなどをはじめとして、革命動乱や政治体制の改革が起こりやすい国で高くなる。したがって、こうした国々への投資については、常にカントリーリスクを念頭に入れて事業展開を考えるべきである。

具体的には、ペルー、メキシコ、イラン、インドネシアといった国々が、比較的カントリーリスクが高い国といわれている。ただし、事業投資のためのカントリーリスクの評価スコアは、時間が経過すると変化するものである。20年前と現在を比較して、カントリーリスクがどのように変わったかのリストを掲載しておく（図表4.2）。

2．経済要因

マクロ環境要因の2番目は、経済要因である。経済発展の段階から捉

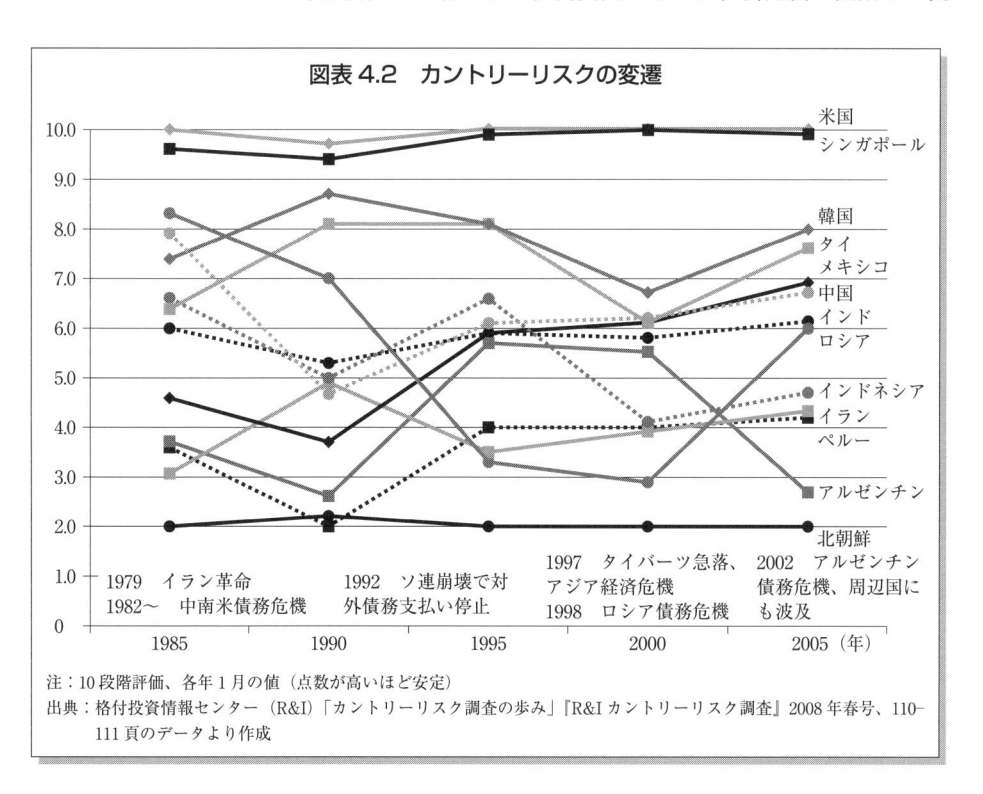

図表4.2　カントリーリスクの変遷

注：10段階評価、各年1月の値（点数が高いほど安定）
出典：格付投資情報センター（R&I）「カントリーリスク調査の歩み」『R&Iカントリーリスク調査』2008年春号、110-111頁のデータより作成

7——「ガスプロム、国際協力銀と、サハリン2融資へ協議、副社長表明、「1」は対日輸出も」『日本経済新聞』2007年9月6日朝刊、9面。

え、現状の段階はどの位置にいるのかを、ロストウの発展段階説をもとに説明していく。また、先進諸国で進行している「サービスの経済化」についても触れていきたい。

(1)経済の発展段階説

米国の経済学者であるウォルト・ロストウ（Walt W. Rostow）は、1960年に「経済の発展段階説」を提唱した。彼の主張は、一国の経済は、つぎのような5段階を経て発展を遂げていくとするものであった。[8]

第一段階は、自給のために農業を営む活動を中心とする伝統社会である。経済活動の多くは、農業生産に充てられる農業社会、すなわち、第一次産業中心の社会である。

第二段階では、徐々に産業構造そのものが農業社会から工業社会へと変わっていく。過渡期的なこの時期は、経済成長が飛躍的に伸びようと

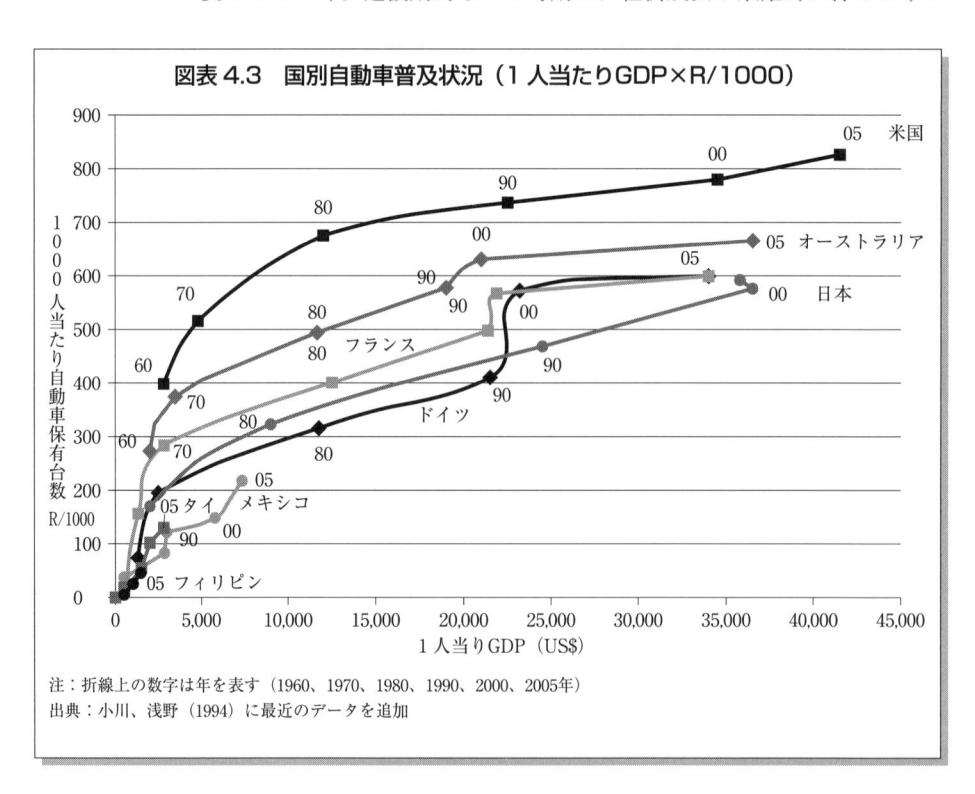

図表4.3　国別自動車普及状況（1人当たりGDP×R/1000）

注：折線上の数字は年を表す（1960、1970、1980、1990、2000、2005年）
出典：小川、浅野（1994）に最近のデータを追加

---

[8] ──W.W.ロストウ／木村健康、久保まち子、村上泰亮訳（1961）『経済成長の諸段階──一つの非共産党宣言』ダイヤモンド社（Rostow, W.W.（1960）*The Stages of Economic Growth: A Non-Communist Manifesto*, Cambridge University Press）。

する離陸準備段階である。第三段階は、産業革命のような大きな変革を経て、社会の生産性が飛躍的に高まりはじめる段階である。つまり、第二次産業中心の社会へと移行する時期である。

第四段階では、重厚長大といわれる産業が主力産業となり、工業化の波がさまざまな分野に広がりを見せる。ここで、経済は成熟段階に入る。

最後の第五段階では、さまざまな分野での生産性向上によって、人々の生活も豊かになる。大量消費時代の幕開けである。さらに、経済の成長が進むと、徐々にモノからサービスへと人々の関心が高まっていく。つまり、第三次産業中心の社会へと移っていくのである。

ロストウ（1961）の理論的な筋書きは、欧米や日本などのいわゆる先進諸国では、ほぼそのままに当てはまってきた。彼の主張どおりに、①伝統的社会⇒②離陸準備期⇒③離陸⇒④成熟社会⇒⑤大量消費社会へ

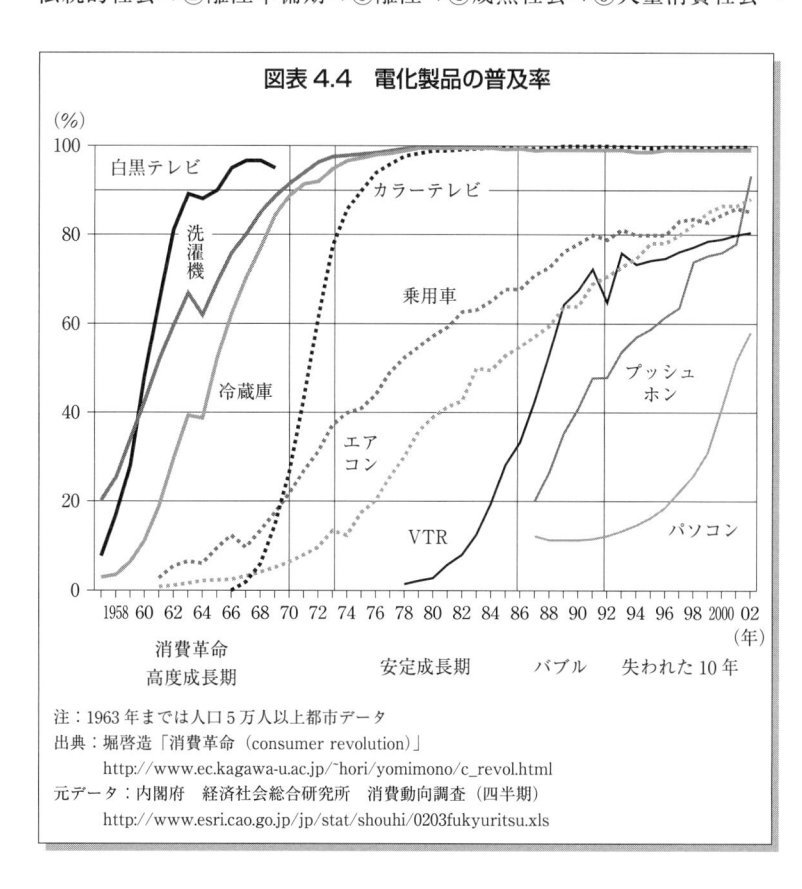

図表4.4 電化製品の普及率

注：1963年までは人口5万人以上都市データ
出典：堀啓造「消費革命（consumer revolution）」
　　　http://www.ec.kagawa-u.ac.jp/~hori/yomimono/c_revol.html
元データ：内閣府　経済社会総合研究所　消費動向調査（四半期）
　　　http://www.esri.cao.go.jp/jp/stat/shouhi/0203fukyuritsu.xls

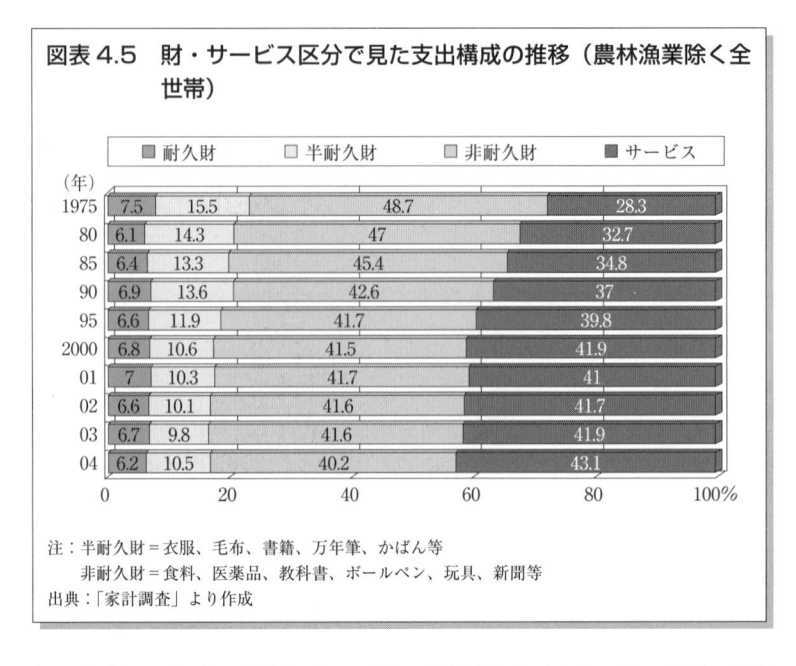

図表4.5 財・サービス区分で見た支出構成の推移（農林漁業除く全世帯）

(年)	耐久財	半耐久財	非耐久財	サービス
1975	7.5	15.5	48.7	28.3
80	6.1	14.3	47	32.7
85	6.4	13.3	45.4	34.8
90	6.9	13.6	42.6	37
95	6.6	11.9	41.7	39.8
2000	6.8	10.6	41.5	41.9
01	7	10.3	41.7	41
02	6.6	10.1	41.6	41.7
03	6.7	9.8	41.6	41.9
04	6.2	10.5	40.2	43.1

注：半耐久財＝衣服、毛布、書籍、万年筆、かばん等
　　非耐久財＝食料、医薬品、教科書、ボールペン、玩具、新聞等
出典：「家計調査」より作成

と、先進国の経済は移行した。現在、先進諸国の経済は第五段階に到達している。東アジアやインド、ロシア、東欧の諸国も、先進国の後を追っているように見える。実際に、世界中で人々の生活は豊かになりつつある。こうした状況は、自動車の普及状況や電化製品の普及状況にも表れている（図表4.3、図表4.4）。

成熟社会で大量消費の段階に到達すると、あらゆるものが自由に手に入るようになる。商品の購買と使用について十分に満たされてしまった人々の関心は、モノそのものからサービスへと移っていく（図表4.5）。

(2) 経済のサービス化

ロストウの経済発展段階説にもあるように、経済が発展していくと、やがて経済活動の中心は第三次産業（流通・サービス業）に移っていく。実際に日本でも、サービス産業に従事している人たちがすでに7割に達している。GDPに占める割合でも約7割となっている。この割合は、米国ではさらに顕著である。[9]

こうした経済状況は、「経済のサービス化」と呼ばれている。ひとつの目安としては、GDPにおける第三次産業の割合が50％を超えるよう

---
9 ── サービスの経済化に関する具体的なデータに関しては、第17章「サービス・マーケティング」で詳しく取り扱う。

COLUMN-7
日本版顧客満足度指数（J-CSI）の開発

　2007年に退陣した安倍首相は、2つの国家プロジェクトを残して官邸を去った。「サービス生産性向上プロジェクト」と「農産物輸出プロジェクト」である。3番目にもうひとつ付け加えるとすれば、「観光立国プロジェクト」（Visit Japan Project！）であろうか。現在でも3つのプロジェクトとも、現場では立派に継続して動いている。

　サービス産業部門と農業部門は、どちらも日本が海外、とくに米国と比べて生産性が著しく劣っている産業分野である（ただし、サービス業については「生産性格差は大きくない」という説もある）。国際的に見て「比較劣位」にある2つの産業部門の効率を高めることは、日本経済にとっては喫緊の課題である。危機感を抱いた霞が関の官僚たちが、3つのプロジェクトを同時に立ち上げたのだと思う。

　偶然にも、わたしは安倍首相の「置き土産」に、2つともおつきあいすることになった。「農産物の輸出」については、日本フローラルマーケティング協会（JFMA）の会長を務めていることもあり、一昨年度（2007年）、「日本産切花の中国への輸出プロジェクト」（上海地区向け）の委託事業を受け、日本から中国への切花輸出実証実験を試みた。輸送費、植物検疫、関税の壁など、従来から輸入業者が農産物輸入で業務上苦しんできたのと同じ課題を、日本からの農産物の輸出事業でも抱えることが確認できた。本題ではないのでこの話はこのくらいにするが、それでも、アジア地区への農産物輸出に関しては、リンゴや梨、お米ではすでに成功例が出はじめている（小川孔輔「農産物の輸出"ブランドニッポン"の検証」日本農業新聞、2006年5月、5回連載）。

　「サービス生産性向上」に関しては、2007年度に「サービス産業生産性協議会」（経済産業省が主管）が組織された。わたしは、7つあるサブプロジェクトのうち、2つの委員会に関与しているが、とくに「顧客満足度指標（CSI）策定」では座長を拝命することになった。研究者で組織されている「開発グループ（開発WG）」と、顧客満足度指標（CSI）を活用する企業（三越・伊勢丹ホールディングス、イオン、セントラルスポーツ、ANAなど10社）からなる「アドバイザリーグループ（企業AG）」を両輪として、この指数の開発・定着の検討を進めている。昨年来、月1回程度、策定のための検討会を開催しており、その実証として、約1年半で、10業種でパイロット調査を3次にわたり実

施した。

　両グループでの座長としての任務は、国内サービス業の顧客から見た指数を測定する客観的な調査システムを開発することである。2007年度のパイロット調査では、百貨店、総合スーパー、フィットネスクラブなどの業界を対象に調査を実施したが、顧客満足度の形成プロセスが業界横断的に類似した構造を持っていることがわかった。ネット調査の代表性も確認できたので、2008年度は、CSIを実務的に応用できるよう、調査分析を重ねながら改善・改良を行っている最中である。

　CSIを測定する究極の狙いは、製造業で実施されている「品質改善のサイクル」を、サービス業においても普及させることだ。今年度中にパイロット調査がほぼ完了し、国際的に通用する指標の測定システムが構築できる見込みである。つぎの段階は、業界別に企業スコアの顧客満足度指数を何らかの形で発表していくことであり、2009年度中には、日本版CSIがメディアに登場することになるだろう。

出典：小川孔輔（2008）「日本版顧客満足度指数の構築を　連載：続・サービス産業の生産性向上7」生産性新聞（12月5日号）。

になったときをサービス経済化の転換点の目安とすることが多い。

　多くの先進諸国では、すでにサービスの経済化がはじまっている。先進諸国といわれる国々では、サービス産業の生産性を上げられるかどうかが経済発展の鍵となっている。実際、米国は、ITを武器にサービス産業の生産性を急速に高め、1990年以降も経済成長を維持してきた。

　その中心は米国の場合、高度化された金融サービスである。日本では、不良債権処理が大きく影響し、金融サービスの部門では欧米の国々に大きく後れをとっている。ようやくここに来て、急速にその遅れを取り戻そうとしている。サービス産業全体の生産性は、日本では米国の3分の1程度しか伸びていないのが現状である。[10]

　そこで、サービス産業の生産性向上に向けて政府も本腰を入れはじめている。サービス・イノベーションによって、新しい価値連鎖（value chain）を創出させたり、サービスの多様化と標準化の両立を考えたりしている。また、「サービス・ドミナント・ロジック」（SDL：Service

---

10——経済産業省（2007）「第3章　我が国サービス産業の競争力強化とグローバル展開」『通商白書　2007』参照。

Dominant Logic）といわれる概念を取り入れ、企業と顧客が一緒に価値を作り上げていく、いわゆる「価値共創」を前面に出していく、ことで、サービスにおけるイノベーションが生まれることを示唆している。[11]

COLUMN-7では、サービスの生産性を向上させるために、顧客満足度を指数化するプロジェクトが、経済産業省を中心に展開されていることを紹介している。

3―社会と文化

1．社会構造

（1）高齢社会の到来

現在の日本は、かつてないほど少子高齢化が進み、そのスピードは世界でも類を見ない速さで進行している。こうした状況は、図表4.6のように、世代別の人口ピラミッドを見るとよくわかる。実際、すでに65歳以上の人口は全体の17.4%となっている。2030年にはその比率が31.8%にまで達し、およそ3人に1人は65歳以上の高齢者となる。まさに日本は超高齢化社会を迎えることとなる（図表4.7）。こうした急速な高齢化社会が進む背景には、図表4.8で見るように、ベビーブームの時代に出生した人たちがその年齢に達することや出生率の大幅な低下がある。

このような社会構造の変化は、企業の事業戦略にも大きな影響を与える。例えば、居酒屋チェーンのワタミは、今後の若者の減少を見据えて、主力事業である居酒屋チェーンの量的な拡大は当面行わないことを打ち出した。その代わりに、高齢社会の到来を迎え、2005年に介護ビジネスに進出した。こうした動きは、マクロ環境要因である社会構造の変化に企業の事業展開を適合させた事例である。[12]

高齢社会の到来で、より使いやすいユニバーサルデザインの採用をメーカー各社が採用したり、新聞社がいままでの活字の大きさを拡大して

11――「サービス・ドミナント・ロジック」については、『マーケティングジャーナル』（日本マーケティング協会）2008年第107号で、特集が組まれている。例えば、南知恵子「顧客との共創価値」、2～3頁（特集号、巻頭言）。オリジナルは、Lusch, R. F. and S. L. Vargo (2006) *Service-Dominant Logic of Marketing: Dialog, Debate, and Directions*, M. E. Sharp.
12――「経営理念体系」ワタミHP http://www.watami.co.jp/corp/rinen.html（2008年6月24日アクセス）。

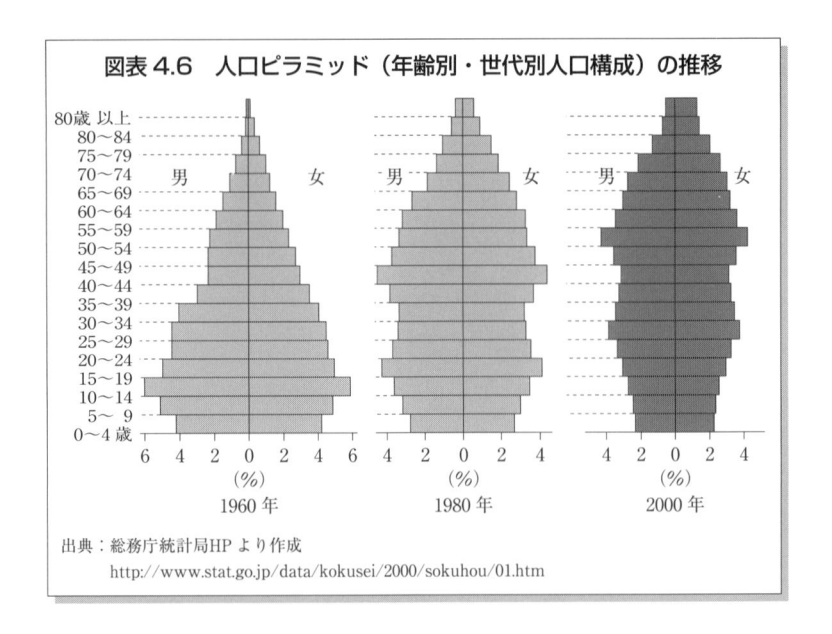

図表4.6 人口ピラミッド（年齢別・世代別人口構成）の推移

（1960年／1980年／2000年の男女別人口ピラミッド）

出典：総務庁統計局HPより作成
http://www.stat.go.jp/data/kokusei/2000/sokuhou/01.htm

見やすくしたりするなど、既存事業の中でも、各社はさまざまな対応を図っている。こうした流れはさらに進み、環境の変化に合わせた対応が今後も続くであろう。

(2) 個人化社会（家庭使用から個人使用へ）

　企業が作り出す製品は、会社での使用を前提とする「業務需要」に応えるものと、家庭での使用を前提とする「個人需要」に応えるものとに分かれている。しかしながら、以前は、個人需要に応えるといってもその多くは、購買者個人だけではなく、家庭で家族が使用することが多かった。いわゆる「家庭財」である。例えば、テレビやステレオは、かつては個人で楽しむというより家族で楽しむものであった。

　ところが、本来、家庭で楽しむ目的で開発されてきた家電製品の需要に大きな変化が現れている。それが、個人化への流れである。例えば、かつてのステレオは、プレーヤーやアンプ、スピーカーなどに分かれたコンポーネントタイプのものが多かったが、最近では、多くのステレオは非常にコンパクトなものになっている。ステレオはリビングルームで聞くものではなく、個人の部屋で聞くものになってきたからである。視聴環境の変化に合わせて、製品デザインや音の伝わり方を変えてきた結果である。

図表 4.7　年齢3区分別人口の推移

年　次	人口割合（％）		
	0～14歳	15～64歳	65歳以上
1950	35.4	59.7	4.9
1960	30.0	64.2	5.7
1970	23.9	69.0	7.1
1980	23.5	67.4	9.1
1990	18.2	69.5	12.1
2000	14.6	68.1	17.4
2010	13.0	63.9	23.1
2020	10.8	60.0	29.2
2030	9.7	58.5	31.8
2040	9.3	54.2	36.5
2050	8.6	51.8	39.6

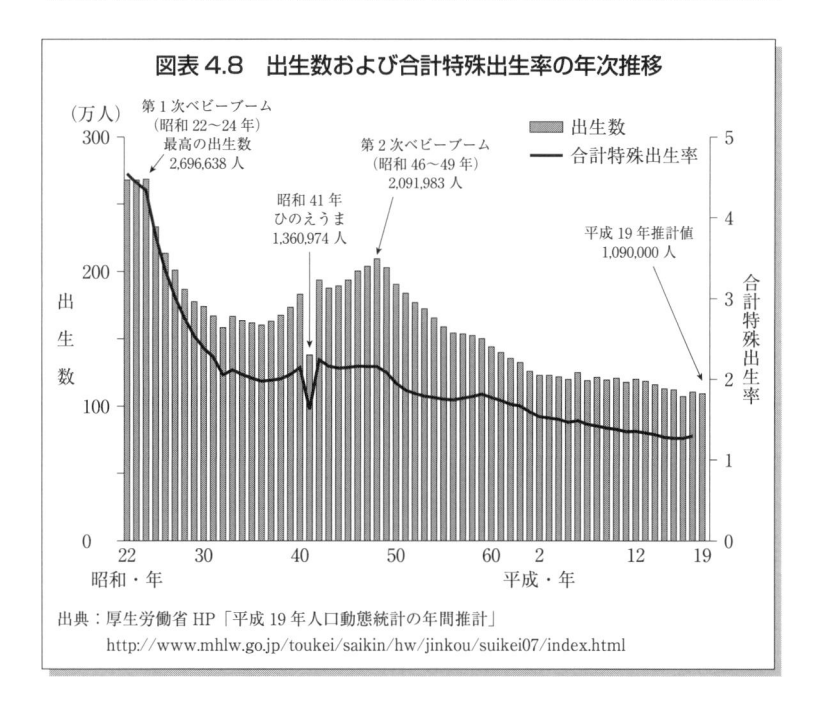

図表 4.8　出生数および合計特殊出生率の年次推移

第1次ベビーブーム（昭和22～24年）最高の出生数 2,696,638人
昭和41年 ひのえうま 1,360,974人
第2次ベビーブーム（昭和46～49年）2,091,983人
平成19年推計値 1,090,000人

出典：厚生労働省 HP「平成19年人口動態統計の年間推計」
http://www.mhlw.go.jp/toukei/saikin/hw/jinkou/suikei07/index.html

　さらに、最近では、iPodに代表されるように、人々は携帯音楽端末でよりパーソナルな環境で音楽を楽しむようになってきている。テレビにおいても、大型の液晶テレビが売れている半面、携帯電話を利用してワ

ンセグ放送で楽しんだり、20～26型前後の個人使用の液晶テレビがよく売れていたりする。また、デジタルカメラでも、低価格の進行と相まって、1人1台所有が当たり前になっている。パソコンの販売の主流が、デスクトップからノートパソコンに移行しているのも、家庭使用から個人使用へと使用形態が移っているからである。

　こうした背景には、社会が豊かになり、住環境が変わったことが影響している。日本の住宅はかつて、ふすまで仕切られていた「鍵のない住宅」だった。いまの洋風の家屋では、部屋に鍵が掛からないまでも、個々人が別々の部屋を持てるようになった。また、需要そのものが均一のニーズから多様なニーズへと変化してきたことも大きく影響している。家族の形態も変わってきている。

(3)技術と社会(携帯電話とパソコンの普及が社会に与えた影響)

　技術の進歩が、社会を大きく変えることもある。例えば、携帯電話やパソコンの普及は、わたしたちの生活習慣を大きく変えてしまった。電話は、本来家庭や職場などに設置され固定電話として利用されていた。したがって、移動しながら話すということは固定電話の時代には考えもつかなかったことである。技術革新によって変わった社会の変化を整理してみよう。

　情報接触度と商品機能の高度化　携帯電話の普及によって、いつでも、どこでも、誰とでも話をすることができるようになった。しかも、パソコンを利用しなくとも、情報のやり取りができるメール機能も付加されたことで、携帯E-mailや画像の添付などの機能を利用することができる。このように、その便利さを知ってしまうと、多くの人は携帯電話を手放すことができなくなる。現代人の必携品になった携帯電話に、企業はさまざまな機能を付加しようとする。さらに魅力度を高め、利用頻度を上げようとしている。

　ハードの面では、高解像度のデジタルカメラを内蔵したり、お財布代わりにもなる携帯電話をメーカーは開発した。ワンセグテレビ放送を受信できるように機能を付加したり、カメラに電子マネー、テレビと多岐にわたる機能を搭載している。ソフトの面でも、着うた®や着うた®フルのように、音楽をダウンロードできたり、ゲーム機能を搭載したり、ネットバンキングを利用して携帯電話から銀行決済も可能になっている。また、液晶の大画面化に伴って、フルブラウザ（640×480ドット）

でのネット環境も整い、パソコンでインターネットをするのと大差なく利用できるようになってきている。

　　購買行動の変化　　こうした技術の進歩は、商品の購買方法も変えてしまう。いままでのように店舗で商品を購入したり、カタログを見て通信販売を利用したりするという行為だけにとどまらない。携帯電話で商品を見ながら購入するという購買行動も増えている。

　こうしたネットショッピングの隆盛は、パソコンの普及によるところが大きい。楽天やアマゾンのように、ネット上でバーチャルな巨大市場を展開しているところもある。例えば、楽天市場では、すでに約7万社以上の契約企業を抱え、3200万点にも及ぶ商品を取り揃えている（2009年4月14日現在）[13]。

　こうした巨大市場がネット上でできあがると、地方のお店であっても、その地域のみならず、全国的に不特定多数の顧客を相手に商売をすることができるようになる。従来は物理的に商圏が限定されていたため、良い商品を揃えていても、うまく顧客を見つけることができず、経営的にあまり恵まれていない店舗が地方にはたくさんあった。特徴のあるこうしたお店が、インターネット販売で新たな販路を見つけている。バーチャルなネット市場を利用することで、商圏は無限に広がり、いままで埋もれていた名産品も全国で販売できる機会を容易に作ることができるようになった。技術の進歩が商業者に与える影響には甚大なものがある。

(4)都市化の進展と都心への回帰

　社会構造の変化を考える上で、もうひとつ重要なのが、都市化の進展である。一般的には、地方からは若者が減り、労働人口の減少とともに過疎化が進んでいる。一方、東京などの大都市では、多くの人が集まり、都市はますます巨大化していく。

　近年の東京都心部での大規模ビル開発は、首都圏への人口集中と人口の都心への回帰を反映したものである。2002年の丸の内ビルディング、2003年の六本木ヒルズ、2006年の表参道ヒルズなど、都心部での開発がめざましい。首都圏郊外の地価に変化は見られないが、都心部の地価は近年上昇の一途をたどってきた（2008年前半まで）。子育てを終えた団

13——楽天市場の契約企業数：6万9586社　商品数：3265万5261点（2009年4月14日現在）
楽天市場HP　トップページ　http://www.rakuten.co.jp/

塊世代（昭和20〜25年生まれ）が、都心回帰したことでもたらされた結果である。

人口郊外化の影響：国道16号線文化とファスト風土化する日本　ところが、同じ団塊世代が子育てをはじめた約30年前は、それとはまったく逆の人口移動が観察された。都心部から郊外部に大量に人口が移っていたのである。このときに起こった社会現象を、「国道16号線」という概念で説明したのが辻中（1995）である[14]。

戦後、地方から上京してきた団塊の世代は、子育てのために国道16号線の周辺（東京中心から半径約30km範囲）の居住地区を選んだ。東京環状線や山の手線内のエリアは、当時でもすでに不動産価格の高い地区であった。20km圏内には東京23区と武蔵野市、三鷹市といった人気地区が、その他の県では、川崎市、川口市、市川市などといったところが人気居住地区であった。そのあたりでもまだ不動産価格はかなり高いので、一般的には、30km圏内にある東京・三多摩地区、他県では横浜市、さいたま市、船橋市などに、この世代は住居を構えることになった。そのあたりが、ほぼ国道16号線の周辺部だった（図表4.9）。

消費ボリュームが大きい世代が郊外に移動したことで、商業集積も、環状7号線から国道16号線にかけてのドーナツ地域に移動した。首都圏を中心に、ドラッグストア（マツモトキヨシ、セイジョー、CFSなど）やロードサイド型の衣料品店（AOKI、コナカ、しまむらなど）、ホームセンター（ケーヨー、ジョイフル本田、カインズなど）のビジネスが隆盛を極めた。こうした業態は、団塊世代とそのジュニアたちが郊外で生活しながら、成長を支えてきた業態である。

こうして生まれた「国道16号線文化」を批判的に捉えている社会学者もいる。三浦（2004、2006）は、郊外で生まれた消費文化の負の側面を「ファスト風土化する日本」と表現している。首都圏郊外や地方のロードサイドには、全国どこへいっても同じ風景が広がっている。郊外に展開している同じ看板の商業施設は、文化破壊であり、昔からあるコミュニティや町並みを崩壊させた。人々の生活や家族のあり方、人間関係もことごとく変容させたのではないか、というのが三浦の主張である[15]。

14──辻中俊樹（1995）『母系消費──「満足の臨界」その先へ』同友館。
15──三浦展（2004）『ファスト風土化する日本』洋泉社、三浦展（2006）『脱ファスト風土宣言──商店街を救え』洋泉社。

都市化と家族関係：母系消費　同じ団塊世代が経験した家族関係が、「母系消費（妻方近接居住）」である（辻中　1995）。地方から都市に集まり16号線沿線に住まうようになった団塊世代は、そこで家庭を持ち、やがて子供が生まれる。子供もやがては大人になり、新たな家庭を築くようになる。その際に持つ住まいは、実は妻側の実家から近い地域になることが多い。この事実は、辻中が30年間のフィールドワークで発見した日本の家族の新しい形である。

これには、女性の社会進出が影響している。子供ができて仕事と育児を両立させるために、母親は自分の親に、子供の面倒を見てもらうことが多くなる。その際、親の近隣に住んでいれば子供を頼みやすいし、何かと時間をやりくりできる。こうして、とくに働く女性は、実家と非常に近い地域に住むようになる。辻中（1995）の調査データによると、電車ではふた駅で約10分、自転車や車で約15〜20分くらいのところに住ん

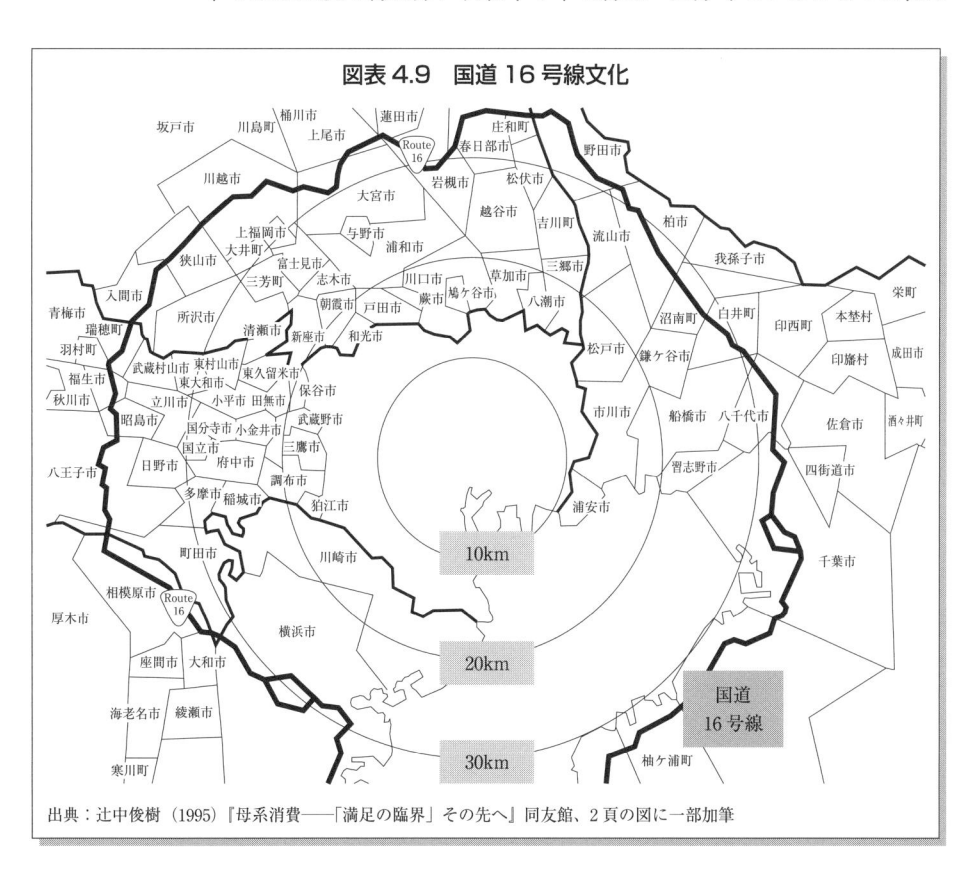

図表4.9　国道16号線文化

出典：辻中俊樹（1995）『母系消費──「満足の臨界」その先へ』同友館、2頁の図に一部加筆

でいる場合が多い。

　すなわち、家庭そのものが「母系化」されていったのである。本来であれば、妻が夫の家に嫁ぐ形で結婚し、新しい家庭を築いていくのだが、日本の戦後世代が経験してきたのは、実際は、平安時代のような「母系社会」の復権であった。家族との結びつきは妻側のほうが強くなる場合が多いのである（図表4.10）。このように、結婚後も母と娘による結びつきは強まっていき、母娘による「二世代消費」がいまや花盛りである。[16]

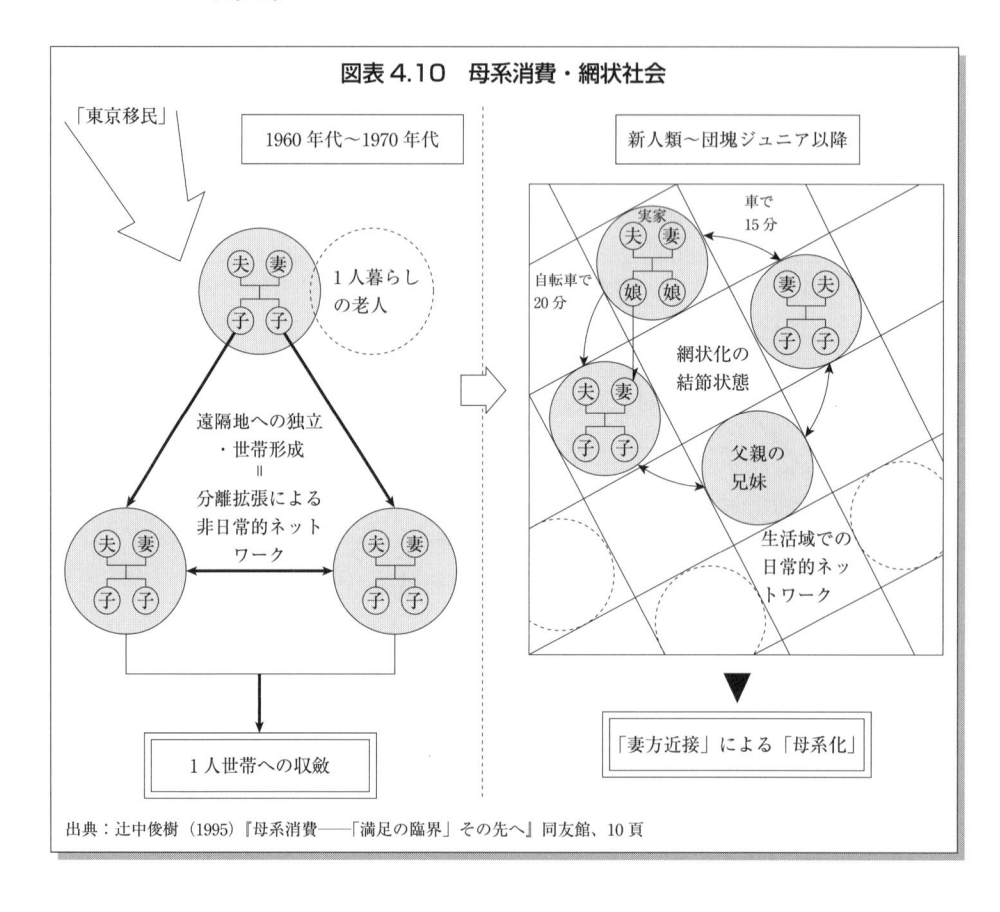

図表4.10　母系消費・網状社会

1960年代〜1970年代／新人類〜団塊ジュニア以降

「東京移民」
1人暮らしの老人
遠隔地への独立・世帯形成＝分離拡張による非日常的ネットワーク
1人世帯への収斂

実家
車で15分
自転車で20分
網状化の結節状態
父親の兄妹
生活域での日常的ネットワーク
「妻方近接」による「母系化」

出典：辻中俊樹（1995）『母系消費──「満足の臨界」その先へ』同友館、10頁

---

[16] 牛窪恵（2006）『新女性マーケット Hahako世代をねらえ！──男が知らない母娘の消費と恋と胸のウチ』ダイヤモンド社。

2.文化的な背景

(1)衣／食／住の常識の違い

　つぎに文化の違いについて、考えてみよう。わたしたちの生活基盤を構成しているのは、衣食住の3つである。しばしば、この3つに「遊」（娯楽・レジャー）を加えることがある。衣料品、食生活、住環境については、国別に、あるいは、住んでいる地方によってさまざまな違いが見られる。

　例えば、住宅のことを考えてみよう。日本人は、かつては畳の上で生活することが一般的だった。だから、家の中に入るときには、履物を脱ぐ文化を持っていた。その点で、家の中でも靴を履いている欧米とは、そもそも住宅の構造が異なっている。さらに、アフリカなど一部の地域では、靴の文化はもっと大きく違っている。そもそも生活の中で靴を履くという習慣をまったく持っていないからである。

　靴を履かないという生活習慣の中では、裸足の国に靴を販売するにはどうしたらよいのかが、シューズメーカーの基本的なマーケティング課題になる。歩くときに足を保護する道具＝靴という商品が存在していないので、靴の販売にはいままでにない新しい価値の提供が必要になってくる。

　生活習慣に対する固定観念を変えていく必要がある。そのためには、その製品の有用性を訴えたり、スター選手を利用して使用シーンをイメージさせなければならない。文化を背景にした習慣の違いを克服して、新しい製品を普及していくことがマーケティングの基本テーマである。

　こうしたことは、何も未開の地で靴を売ることに挑戦する販売員の仕事に限ったことではない。以下で取り上げる、日本社会の洋風化のプロセスの中で、欧米企業や外資系企業でマーケティングを担当していた日本人がチャレンジしてきたことでもある。例えば、陸（1994）を見ると、明治維新後の日本人が「清潔な生活」という概念をどのように受け入れていったのかが述べられている。生活習慣は、マーケティングの力によって長期的には変えることができるものなのである。[17]

---

[17]──陸正（1994）『変わる消費者、変わる商品──消費財の開発とマーケティング』中公新書。

(2) 洋風化(融合／折衷文化)

　第二次世界大戦後に、欧米人は自国の消費生活文化を日本にも根づかせようとしてきた。とくに、米国企業は、自国で使用されている商品を積極的に輸入して、その普及に努めてきた。日本人の立場から見れば、欧米文化の移植は、明治維新以降に一貫して続いてきた「洋風化」の流れである。

　そうしたマーケティング努力が実り、欧米の消費文化や商品で日本人に受け入れられたものはたくさんある。また、努力の甲斐がなく、あまり普及が進まなかった商品もある。例えば、日本人に大いに受け入れられた商品の代表例が、紙おむつと冷凍食品である。それとは逆に、本国に比べて日本人にそれほど熱狂的に迎えられたわけではない商品としては、朝食のシリアル（コーンフレーク）と初期のころのマウスウォッシュ（洗口液）が挙げられる。

　日本人がふつうに受け入れるようになった紙おむつは、洗濯が必要な布おむつと違って、使い捨てからくる圧倒的な便利さがあった。しかしながら、プロクター・アンド・ギャンブル（日本法人）が日本に紙おむつを持ち込んだ初期のころ（1970年代）は、思ったようには普及が進まなかった。それは、洗って再利用できる布おむつではなく、使い捨ての紙おむつを使うことに社会的な抵抗があったからである。導入初期のころ、製品の普及を促そうとしたP&Gやユニチャーム、花王などがグループインタビューを行った。そこからわかったことは、「紙おむつを使っている若い奥さんは、育児について手抜きをしているのではないかと思われた」ことである。また、嫁と姑が同居している場合は、「紙おむつを使うことに対して、姑の側の見えない圧力や非難を若い奥さんが感じていた」ことが明らかになった。[18]

　紙おむつが普及したのは、テスト導入した北九州地区で、1970年に異常渇水が起こったことも寄与している。しかし、それ以上に決定的だったのは、その後、紙おむつ市場に参入してきた日本のメーカー各社（花王、ユニ・チャーム、大王製紙、資生堂）が、紙おむつは金銭的な負担がそれほどでもないことや使用にあたっての利便性が高いことを、メディアを使って根気強く訴えていったからである。その後、素材がパルプ

18——陸正（1994）、前掲書。

から重合ポリマーに切り替わり、赤ちゃんのおむつ装着感（もれない、むれない）が大幅に改善されたことで、紙おむつの普及に弾みがついた。

冷凍食品の導入については、長期間貯蔵できるといういままでの食品にはない大きな利点があった。日本人が冷凍食品を利用するようになったのは、女性の社会進出や個食化との関連が大きいが、冷凍食品の普及を加速したのは、そうした社会的な条件以上に、大型冷凍冷蔵庫が家庭に浸透していったことである。消費生活の変化でしばしば見過ごされがちなのは、耐久消費財メーカーと食品メーカーの協力関係である。卓上型の安価な電子レンジの普及もまた、冷凍食品の普及に一役買っているはずである（第9章を参照）。

このように、消費者にとって利便性が大きい場合は、多少の生活文化や習慣の違いがあっても、洋風化は進行している場合が多いのである。同じように、欧米人はいまや日本食（寿司や醤油）の文化を受け入れている。健康食として受け入れはじめたのであるが、いまや中国人も日本のカレーやラーメンを喜んで食べるようになっている。これは、日本企業の海外でのマーケティング努力に負うところが少なくない。例えば、米国に工場進出したキッコーマンが、テリヤキソースで米国人の食習慣を変えたことは有名である（茂木　2007）[19]。

(3) メガニーズ：世界同時市場の登場

グローバル化が進む現代社会においては、市場そのものが拡大し、地理的な違いが少なくなり、世界で同時に市場が生まれることも起こる。こうした状況を生んでいる背景には、人々の流動性が高まり、それぞれの国でさまざまな国の人々が暮らしていることである。また、インターネットの普及で流行情報が瞬時に世界に伝わり、人々のライフスタイルが同質化されはじめていることが大きく影響している。こうした傾向を、レビット（2007）は、「地球市場の同質化」と呼んでいる[20]。

前者の例を挙げてみる。オーストラリアには、多数のギリシャ人が居住している。世界で2番目にギリシャ人が多く住んでいるのが、オース

---

[19]──茂木友三郎（2007）『キッコーマンのグローバル経営──日本の食文化を世界に』生産性出版。
[20]──T. レビット／土岐坤訳（1983）「地球市場は同質化に向かう」『DIAMOND　ハーバード・ビジネス・レビュー』第8巻第5号（9月号）（Levitt, T. (1983) "The Globalization of Markets," *Harvard Business Review*, May-June）。

トラリアである。とくに、オーストラリア第二の都市であるメルボルンには、ギリシャの首都アテネからの移民がたくさん住んでいる。つまり、ギリシャの第二都市がオーストラリアなのである。こうした国際的な人間の移動が、需要の世界同時市場を生む土壌にもなっている。

ちなみに、多国籍企業のネスレは、各地域別でブランド名が異なっていた「ネスカフェ」を、世界統一ブランドにすることを決めた。2000年ごろまでは、インスタントコーヒーのブランド名は、欧州や日本では"Nescafe"だったが、米国では"Taster's Choice"のブランド名で売られていた。人々が世界中を旅行するようになり、どこの国のスーパーマーケットでも同じフォーミュラの「ネスレのインスタントコーヒー」が売られているのに気がつく。中身は同じで、ブランド名だけが違うのは具合が悪い。ネット社会になり世界中どこでも同じブランドの商品を消費者は見ることになる。ネスレは、ネスカフェのブランド・イメージが国ごとに異なることを懸念して、ブランド名を統一する決定を下した（竹下　2002）[21]。

(4) 日本の消費文化発信

インターネットの影響は、情報の伝達スピードの速さにあるだろう。一般に物事の価値基準は、先進諸国の基準をもとに考えられることが多い。その中でも、アメリカから発している情報が世界の価値基準となる傾向がいままでは非常に強かった。アメリカ人の好むものが世界を駆け巡ることになっていた。

例えば、飲料水のコカ・コーラ、ジーンズのリーバイス、スポーツシューズのナイキ、ファストフードのマクドナルド、コーヒーのスターバックスなどである。このように、アメリカナイズされた消費者行動は、世界各地で広がっている。しかし、消費トレンドの発信地がアメリカだけではなく、最近では日本からも起きている。

それが、マンガ・アニメやゲームといったものであり、食事でいえばお寿司をはじめとした日本食ブームである。とくに、日本のアニメの人気は世界でも非常に高く、多くの作品が現地で放送されている。また、マンガやアニメは、海外では、翻訳されたコミック本として販売されて

21——竹下佳孝（2002）「ネスレのブランド戦略」『2001年度マーケティング・ワークショップ講演録・ケース集』法政大学大学院社会科学研究科経営学専攻（夜間）、法政ビジネススクール（HBS）、法政大学産業情報センター発行、所収。

いる。ゲームもプレイステーションや任天堂のDS、Wiiなど非常に高い人気を集めている。ゲームのような文化的ソフトメディアを通しての感覚は、世界の人たちにも共通するものがある。マンガ・アニメのように、物語を通じて得られる感動も伝播していくものである。

もともと日本発の消費文化としては、カラオケがある。こちらのほうは、アジアの国々を中心に、いまも世界各地で愛好者がカラオケで歌を楽しんでいる。このように、さまざまな分野で日本発の文化・商品が世界規模で支持されることが増えてきているのである。

4──情報と物流技術の発達

1.情報技術の革新

情報技術の革新が企業活動に及ぼす影響は非常に大きい。例えば、コンビニエンス・ストアが、約100 ㎡の小型店舗で効率よく販売できるのは、情報技術の進歩によるものである。売れ筋商品を的確に把握し、個別店舗の販売情報を活用して効率よく品揃えができるからである。平均日販が50万〜70万円の高回転販売を支えているのは、POSシステム（Point of Sale：販売時点情報管理システム）である[22]。

個別店舗のPOSデータを本部で収集することで、どの商品が、いつ、どの店舗で、どのような人が、どのくらい購入してくれたかが瞬時にわかる。POSデータをもとに、売れ筋商品を見極め、在庫管理や発注作業を効率的に行うことが可能となるのである。これを徹底的に活用しているのが、高効率経営で有名なセブン-イレブン・ジャパンである。

セブン-イレブンでは、POSデータに加えて、天気予報などマクロ的な環境変化を加味しながら、販売のための仮説を立てる。実際の販売を通じて仮説を検証するといった一連の流れを繰り返し、発注の精度を上げていく。そのための情報システムとして、全国1万1000店舗ですでに第6次総合情報システムを稼働させている。そこでは、単なる情報システムの改良ばかりではなく、データ蓄積量の増大による対応や高速通信網の整備といった対応も図られている[23]。

---

[22]──矢作敏行（1994）『コンビニエンス・ストア・システムの革新性』日本経済新聞社、小川孔輔編（1994）『POSとマーケティング戦略』有斐閣。

2. 輸送技術の革新

　全国を販売エリアにマーケティングを展開しているメーカーや、全国に店舗網を持っているチェーン小売業は、そのオペレーション効率を物流ネットワークの充実や輸送技術の革新に負うところが大きい。

　そのひとつが、日本全国に広がる高速道路交通網である。名神高速道路（栗東IC～尼崎IC：1963年7月）、中央自動車道（調布IC～八王子IC：1967年12月）、東名高速道路（東京IC～厚木IC：1968年4月）の開通は、政府が積極的に推進してきた道路整備プロジェクトである。現在、全国の総延長は約7000 kmといわれている。高速道路網の整備のおかげで、卸売業や輸送業の発展が可能になった。もし全国にまたがる高速道路網の整備がなければ、卸売業の現在の姿や輸送形態そのものが違っていたはずである。

　高速道路網の整備によって、ヤマト運輸をはじめとした宅配便による全国翌日配送が可能になった。もちろん、こうした小口荷物の高速配送を可能にしているのは、追跡貨物輸送システムなど、情報システムの貢献によるところも大きい。しかし、全国物流網の近代化があってこそ、通信販売やネット販売でのスムーズな商品配送が可能になっているのである。現在、ヤマト運輸の「宅急便」（サービス商標）だけでも、1年間の取扱量は11億個といわれている。物流の近代化が、無店舗販売やネット販売の広がりをもたらしたといえるだろう。

　有店舗販売においても、全国に張り巡らされた高速道路網の恩恵は大きい。セブン-イレブンなどのコンビニエンス・ストアが、各店舗へ多頻度小口配送ができるのも、物流ネットワークの整備のおかげである。ファッションセンターしまむらの本部では、ある店舗で売れ行きが悪い商品を、夜間に別の店舗に移動するように指示を出している。こうした商品の移動は、高速道路を使った商品センター間での移動（11tトラックを利用）と、商品センターと店舗間での配送（4tトラックを利用）を組み合わせることで効率よくなされている。驚くべきことに、しまむらの荷物1個当たりの移動コストは、通常の宅配便と比べて4分の1以下といわれている。企業努力の結果ではあるが、情報システムの進化と

23――小川孔輔、並木雄二（1998）「セブンイレブンの情報システム」嶋口充輝他編『マーケティング革新の時代（4）営業・流通革新』有斐閣。

全国物流網の近代化をうまく活用することで実現できた効率化である[24]。

　鉄道においても、東京オリンピック（1964年）を契機にして、東海道新幹線が開通した。日本経済の大動脈として、東京―大阪間をおよそ3時間で結ぶことにより、日本経済の活動はより活発化した。2008年3月現在、新幹線「のぞみ」は最速で東京―大阪間を所要2時間30分で運行している。その後、山陽新幹線（1972年新大阪―岡山間、1975年岡山―博多間）、東北新幹線（1982年大宮―盛岡間）、上越新幹線（1982年大宮―新潟間）と、新幹線の整備は急速に進んだ。その結果、北海道と沖縄を除く地方都市は、日本全国すべて日帰り圏となった。最近では、JR東海が2025年の完成を目標に、東京―名古屋間をおよそ40分程度で結ぶ「中央リニア新幹線」を計画している。さらなる鉄道の高速化が実現するかもしれない。

　航空においては、プロペラ機からジェット機への移行で輸送の大幅な高速化が実現した。その後、1970年代からはじまったジャンボジェット機の就航により、旅客の大量輸送が可能となった。高速化と大量輸送の実現により、運行コストそのものが安くなり、航空輸送は新たな局面を迎えた。

　いまではすっかりお馴染みになった米国の"FedEx"が誕生し、1973年に南部の都市メンフィスで「書類の翌朝配送サービス」（overnight document delivery service）の事業を開始したのも同じころである。"FedEx"は、「ハブ＆スポーク理論」をもとに、すべての荷物を一度1カ所（hub）に集め、そこで配送先の地域ごと（spoke）に荷物を分けていく方式を発明した。革新的なアイデアにより、物流の新しい形を実現している。こうした手法は、日本の物流輸送でも多く取り入れられ、物流の効率化に大きく寄与している（詳しくは、第15章を参照）。

〈参考文献〉
石倉洋子（2003）「ビジネスケース：しまむら」『一橋ビジネスレビュー』9月号、140〜157頁
牛窪恵（2006）『新女性マーケット　Hahako世代をねらえ！――男が知ら

24――しまむら広報室（2007）『The Retail Technology』19〜20頁。石倉洋子（2003）「ビジネスケース：しまむら」『一橋ビジネスレビュー』9月号、140〜157頁。

ない母娘の消費と恋と胸のウチ』ダイヤモンド社
大澤豊編（1992）『マーケティングと消費者行動——マーケティング・サイエンスの新展開』有斐閣
大澤豊（1985）『マーケティング』（放送大学教材）、放送大学教育振興会
小川孔輔、法政大学産業情報センター編（1994）『POSとマーケティング戦略』有斐閣
小川孔輔、並木雄二（1998）「セブンイレブンの情報システム」嶋口充輝他編『マーケティング革新の時代（4）営業・流通革新』有斐閣
小川孔輔（2006）「連載：農産物の輸出　ブランドニッポンの検証」日本農業新聞、5月3、4、5、9、10日号
陸正（1994）『変わる消費者、変わる商品——消費財の開発とマーケティング』中公新書
経済産業省（2007）「第3章　我が国サービス産業の競争力強化とグローバル展開」『通商白書2007』
嶋口充輝他編（1998）『マーケティング革新の時代（4）営業・流通革新』有斐閣
竹下佳（2002）「ネスレのブランド戦略」『2001年度マーケティング・ワークショップ講演録・ケース集』法政大学大学院社会科学研究科経営学専攻（夜間）、法政ビジネススクール（HBS）、法政大学産業情報センター発行
辻中俊樹（1995）『母系消費——「満足の臨界」その先へ』同友館
三浦展（2004）『ファスト風土化する日本』洋泉社
三浦展（2006）『脱ファスト風土宣言——商店街を救え』洋泉社
南智恵子（2008）「顧客との共創価値」『マーケティングジャーナル』2008年第107号2〜3頁
茂木友三郎（2007）『キッコーマンのグローバル経営——日本の食文化を世界に』生産性出版
矢作敏行（1994）『コンビニエンス・ストア・システムの革新性』日本経済新聞社
T. レビット／土岐坤訳（1983）「地球市場は同質化に向かう」『DIAMONDハーバード・ビジネス・レビュー』第8巻第5号（9月号）（Levitt, T. (1983) "The Globalization of Markets," *Harvard Business Review*, May-June）
W. W. ロストウ／木村健康、久保まち子、村上泰亮訳（1961）『経済成長の諸段階——一つの非共産党宣言』ダイヤモンド社（Rostow, W.W. (1960) *The Stages of Economic Growth: A Non-Communist Manifesto*, Cambridge University Press）
Lusch, R. F. and S. L. Vargo（2006）*Service-Dominant Logic of Marketing: Dialog, Debate, and Directions*, M. E. Sharp.

〈さらに理解を深めるための参考文献〉

秋谷重男、食品流通研究会編著（1996）『卸売市場に未来はあるか』日本経済新聞社

P. コトラー他／増岡信男訳（1986）『日米新競争時代を読む——日本の戦略とアメリカの反撃』東急エージェンシー出版部（Kotler, P., et al. (1985) *The New Competition*, Prentice-Hall）

鈴木安昭、関根孝、矢作敏行（1994）『マテリアル　流通と商業』有斐閣

橋本寿朗、長谷川信、宮島英昭（2006）『現代日本経済　新版』有斐閣

Looking Back
一汽豊田汽車有限公司
2004年10月17日＠北京

「アウディ購入者の50％がエントリーユーザーです。びっくりしないでくださいね、小川先生」（当時、合弁事業の日本側販売責任者、古谷俊男総経理、現トヨタ自動車専務取締役）

「一汽豊田汽車有限公司」（トヨタ自動車が49％出資する自動車販売会社）の北京事務所でこの話を聞かされたときには、頭がくらくらしたものだ。いまの中国をよく表している。トヨタ自動車が戦後謳い文句にしてきた「いつかはクラウン」の世界は、中国ではまったく通用しない。

21世紀の10年間で世界最大の自動車メーカーを目指すトヨタ自動車は、中国市場へは最後発で進出することになった。慎重な名古屋企業には、そうせざるをえない歴史的な事情もあった。ワールド・サッカー事件、ランドクルーザーの宣伝広告への反発などである。

上海のフォルクスワーゲン（上海大衆）、ゼネラル・モーターズ（上海通用）に遅れること20年、広州に出たホンダのはるか後ろからの中国上陸であった。しかも、販売会社の立ち上げは、中国最大の自動車会社「第一汽車」との"49：51"での合弁事業である。いまどき、技術供与する側の外資企業がマジョリティを握れないのは、世界的な基準から見て異常な事態である。

生産台数と国内シェア

トヨタ自動車は2004年現在、中国に3つの自動車生産工場を持っている。現地での総生産台数は、2003年で9万台超である。主力の工場は天津（天津一汽豊田）にあって、ヴィオス（3万台）、カローラ（5万台）、テリオス（4000台、ダイハツの技術）を生産している。それ以外に、成都（四川豊田）ではSUVのプラド（3000台）とバスのコースター（3000台）を、長春（一汽豊越）ではランドクルーザー（4000台）を現地生産している。いずれも合弁事業である。06年3月には、主力工場

図表1　中国の自動車生産と輸出入（台）

年	生産台数	輸入台数	うち乗用車	輸出台数	うち乗用車
1995	1,452,697	158,115	129,176	17,747	1,413
1996	1,474,905	75,863	57,942	15,112	635
1997	1,582,628	49,039	32,019	14,868	1,073
1998	1,627,829	40,216	18,046	13,627	653
1999	1,831,596	35,192	19,952	10,095	326
2000	2,068,186	42,703	21,614	27,136	523
2001	2,341,528	71,398	46,632	26,073	763
2002	3,253,655	127,513	70,329	21,960	969
2003	4,443,491	171,710	103,017	45,777	2,849
2004	5,070,452	175,480	116,085	75,999	9,335
2005	5,707,688	161,324	76,542	164,258	31,125
2006	7,279,700	227,773	111,777	343,379	93,315

出典：丸川知雄（2007）「『自動車産業発展政策』後の中国自動車産業」『JAMAGAZINE』6月号
データ原出典は『中国自動車工業年鑑』他
http://www.jama.or.jp/lib/jamagazine/200706/01.html

の天津一汽豊田で、クラウンの現地生産がはじまる。現地生産台数はしだいに増えている。

　販売会社として扱っているのは、全体で9万台強。現在、中国市場（2004年の総販売量500万台、乗用車と商用車がほぼ半々）で約3.5%のシェアを持っている。香港経由でカムリが約2.5万台入ってきているので、オールトヨタとしてはシェア4%であるが、世界第2位の自動車メーカーとしては出遅れの感が否めない。

乗用車の販売環境

　中国の推定自動車保有台数は約2500万台である（2004年）。したがって、年間販売台数で500万台という数字は驚きである。年率10%の成長が続けば、5年後には年間販売台数は1000万台に届く。いかに市場が急成長しているかがわかる。販売・アフターサービス体制は自動車の普及についてまったく追いついていない。

　一汽豊田汽車（現地販売会社）の04年の販売台数は、前述のとおり国内生産量9万台である。2003年11月に設立以来、現在（2004年10月）まで、販売会社としては124カ所の拠点を確保できた。地方のディーラー（有力者が多い）には、自動車販売のノウハウがあまりない。販売店のセールスマンやサービスエンジニアは車に乗ったことがないので、これ

は当たり前のことなのだろう。販売網を拡張するのは至難の業とのことである。新規開拓はとても大変らしい。

テリトリー制をとっている日本と違って、中国では1社1拠点（拠点ごとに別会社）である。ほとんどの場合、ひとりのオーナーが複数ブランドの拠点を持っている。基本的に、メーカー専売ではなく、欧米型の併売制度を採用している。

割り算をすると、1拠点当たりの販売台数は、年間約800台である。平均セールスマンは1拠点当たり12～13人、サービス従事者が40人ほどになる。月間販売台数当たりに直すと、総従業員当たりでは1人1台である。ほぼ日本の水準と同じである。セールスマンの販売効率は1人当たり5～6台で、むしろ日本よりも高い。他方で、サービス要員が多いのは、ほとんどが板金修理のためである。中国では道路を走っていると、クラクション音を聞くことと事故を見ることが日常茶飯事である。年間で10万人が交通事故で死亡する。日本の約30倍の事故率だ。

自動車教習所での免許取得料が3000元（約4万円）。一時期に比べる

図表2　主要な乗用車メーカーの生産台数（台）

企業名	2005	2006
上海GM	331,586	414,723
上海VW	235,303	350,630
一汽VW	246,184	346,787
奇瑞	185,588	307,232
北京現代	230,688	290,088
広州ホンダ	231,550	262,019
天津一汽トヨタ	142,646	219,839
吉利	148,182	206,958
神龍（シトロエン）	141,661	201,858
天津一汽夏利	192,964	201,663
東風日産	164,766	201,251
長安フォード	59,827	137,913
東風悦達起亜	110,080	114,523
長安スズキ	168,242	112,565
華晨金杯・華晨BMW	22,560	99,807
一汽海南	73,086	83,636
哈飛	49,893	68,125
東風ホンダ	25,619	65,938
昌河飛機	45,039	65,096

出典：丸川知雄（2007）「『自動車産業発展政策』後の中国自動車産業」『JAMAGAZINE』6月号
　　　データ原出典は中国汽車工業信息網
　　　http://www.jama.or.jp/lib/jamagazine/200706/01.html

と、銀行の不良債権問題や金融引き締めでカーローンを借りにくくなっているが、年間20～40％で自動車の販売は伸びてきた。さすがに、05年4～5月の統計によれば、伸び率は10％に落ち着いてきている。新聞が報道しているように、供給過多が明白である。

中国人の自動車購買者

　冒頭で述べたように、アウディの新規購買者の半分が新規取得者である。消費者意識としては、徐々に階段を上って頂上（最高級車）にたどり着こうなどとは思っていない。懐具合で取得できる車が決まる。Hoff, J. et al.（2003）"Branding Car in China," *McKinsey Quarterly*, Issue 4 によれば、中国人の車選びの基準は、1番目が「自分らしさ」、2番目が「魅力的なスタイル」、3番目が、「他人が見てすてきな車」、4番目が「運転の楽しさ」、5番目が「維持管理のしやすさと故障しないこと」である。

　消費者アンケートに回答すればそうなるが、現地で実際に商売をしている販売員の目からは、1番目が「値段」、2番目が「商品」（サイズ、排気量、デザインの順）である。大きさとデザインが、世間からの目を代弁している。要するに、中国人は、自動車の購入経験が少ないぶん、購入にあたっては周辺的な手がかり情報に頼っており、日本人以上にブランド志向なのである。

　面白い販売現場のデータがある。来店客は「個人客」と「業務客」に二分される。個人の顧客は、新商品の告知をテレビや新聞雑誌で知ってやってくる。インターネットで情報を集めて、ショールームに来店する客の比率はかなり高い。おそらくCATVの普及と関係がある。業務用顧客は、紹介人脈に頼るしかない。こちらのほうがあまり値段にうるさくないのは日本と同じである。あるいは、それ以上であるらしい。

　カローラ・クラスで、仕入れ値が17万元。それに小売流通マージンを約7％上乗せして18.88万元（約240万円）で車は販売される。標準的な外資系社員でボーナスを含めた年収が4万～5万元（約55万～65万円）である。そうした人には、まだまだ車は高嶺の花である。フィット・クラスで車両価格が15万元であるから、年収の約3倍の値段である。価格の安い国産自動車10万元に、購買層は落ち着くことになる。比較のために示すと、北京地区のマンション価格（2LDK）は、日本円で約50万元

(800万円)。この水準は、ほぼランドクルーザーの値段に匹敵する。自動車がいかに高額商品かがわかる。

ちなみに、サービス施設とショールームを併設した「販売拠点」を新規に開業するのに、現地で約3億円を必要とする。標準的な敷地面積が7000〜8000平米、サービス工場には、ベイが15〜20、板金施設で10〜15台収容できるので、かなりの規模である。誰が資金を提供できるかといえば、地方の実力者かインスタント金持ち(成金)である。

ディーラー向けの研修

急に需要が生まれたので、ディーラーやアフター要員の教育が追いついていない。これは、現地の資生堂や伊勢丹などでも観察したことである。要員の短期集合教育によって、とりあえずメーカーは急場をしのいでいる。

開業前の研修が1週間。商品知識と仕事の仕組み、とくに販売システムについて教育する。インストラクターは、トヨタ自動車の場合、販売10名、サービス29名を抱えている。ディーラー回りをする「(日本本社で言う) 地区担当員」の仕事を強化している。いまだにディーラーサービスは萌芽期にあると考えてよいだろう。すべてはこれからである。したがって、いまより市場が成熟してくればくるほど、意外とトヨタの販売システムは強いかもしれない。

そうはいっても、最後発企業としてはつらいところがある。一般に日系企業に対する庶民の反応は、日本製品の品質への信頼感は高いが、日本人への信頼はそれほど高くない。日本人は「鬼子」である。「一歩下がって戦うしかない」(古谷総経理)。

トヨタのイメージとしては、プリウスに代表されるように「環境対応」をインプリントしていくつもりであるという。正しい選択である。「安かろう悪かろう」は昔の話で、「良かろうが高かろう」が日本車への一般評価である。中国人には車に対する学習期間がほとんどない。なので、価値観は瞬間にして固まってしまう可能性がある。

現地化する海外ブランド

中国で取材するたびに、現地のタクシー運転手に「(内外の) 自動車会社」の評判をたずねている。3年前と比べると、しだいにフォルクス

ワーゲンと上海GMの評価は下がってきている。ホンダとトヨタは間違いなく上昇基調にある。どこの国でも、庶民は現金なものである。高級車イメージに実質が伴えば、「原産国効果」は払拭される傾向がある。自動車という商品は、どこか機能商品的な側面が大きいのである。

　あらゆる商品が、中国では「土着化する」傾向がある。例えば、ブランド名を見てみるとよい。海外のブランド名をそのまま使っている事例は、わずか1％にすぎない。Francis, et al.（2002）"The Impact of Linguistic Differences on International Brand Name Standardization," *Journal of International Marketing*, 10　によれば、「フォーチュン500社」が中国で販売している商品の約80％は、意訳か音訳をした中国ブランド名に変わっている。オリジナルのブランド名を"音"で追うことは難しい。尊敬する莫邦富氏の『日・中・英　企業・ブランド名辞典』日本経済新聞社（2003）をながめていても、英語そのままの企業ブランド名はまったく登場しない。「LG電子」くらいである。

出典：小川孔輔（2004）「中国・自動車ディーラー事情」（2004年10月17日取材記録、北京）、および、小川の個人HP（http://www.kosuke-ogawa.com/?eid= 392#sequel）の記事（2005年8月26日）。

　次ページのCOLUMN-8は、北京を訪問した翌年、成都を訪問した際、帰国直前の朝方に、ホテルで書いた個人ブログからの抜粋である（2005年8月26日）。

COLUMN-8
各国料理と中国人消費者の車選び＠成都

　トヨタ自動車海外事業部の仕事のお手伝いで、中国内陸部の都市・成都に来ている。現地の調査会社と組んで、グループインタビューが終わったばかりである。

　成都は戦国時代、蜀の都であった。三国志にも登場するきれいな町である。人口約600万人。観光ガイドブックによると、「この地方特有の気候で、毎日もやがかかって晴れることがない」とある。昨日も今日もたしかに曇りである。8月末なのに、昨夜は肌寒いくらいである。「晴れない軽井沢」といったところか？

　成都の地名は、（2006年）4月の反日デモでイトーヨーカ堂が店を壊されたニュースで記憶に新しい。中国内陸部の都市なので、ファッションなどはもっと地味かと思っていた。さにあらず。昨日のグルインに集まってきた18人（3組）も、なかなか進んだファッションスタイルで登場した。成都には、台湾系の太平洋百貨店も出店している。夜半に複数のデパートを訪問した電通（国際マーケティング部）の岡田浩一部長によると、百貨店で販売されている化粧品・雑貨のお値段は、上海・東京とあまり変わらないとのこと。ほとんどのブランドショップ（グッチ、ヴィトンなど）も路面店で見かける。看板広告のセンスも悪くない。

　今回の定性調査は、中国4都市（広州、北京、上海、成都）で、自動車ユーザー（各都市3グループ、それぞれ6名）を対象に、自動車に関する情報収集源、購入プロセス、購入重視点、主要各ブランドのイメージをグループで比較調査させたものである。トヨタ本社から3名、TMCI（トヨタ自動車中国投資有限公司）のメンバー4名が現地（北京事務所）から参加、電通の中国担当者4名と一緒のジョイント・リサーチであった。

　わたしは、上海と成都のグルインのみの参加である。上海（26日）から続いたフォーカス・グループ・インタビューが昨日（28日）ですべて終わった。忘れないうちに、「中国人消費者の車選び」について、ひとつだけ感想を述べておくことにする。

　グルイン中（3グループ約2時間半）、たまたま、マジックミラーのこちら側から中国人自動車ユーザー（申告家族年収50万～100万円）を見ていて思いついたことがあった。インタビューの最後に、6つのブ

ランド（GM、トヨタ、VW、本田、プジョー、現代）をグループ分けする作業を参加者全員にお願いした。たいていは、ロゴマーク付きのカードを、「GMとVW」「トヨタと本田」「現代とプジョー」という3グループに分ける。彼ら・彼女らに、区分けの説明を求めると、中国進出の順番、車の品質（内容はブランドと混同されていてやや不明確）、会社の規模（世界での成功）が分類基準になっていると答えてくる。

民族感情の激しさや、4月の反日デモの影響で、日本ブランドへの評価は、とくに、暴動が起こった成都では相当に悪いだろうと予想していた。にもかかわらず、トヨタ車と本田車への評価がそれほど悪くなかった。とくに、本田はオートバイの原体験があるせいか、若向きでスポーティなブランドと見られている。トヨタも心配していたほど悪くはない。20年前の輸入車クラウンの良い広告のイメージ（「そこに道があればトヨタあり」）が残っている。どちらかといえば、「世界的に成功しているブランド」という良い評価である。

その様子を見ていて思ったのは、各国の料理と自動車のイメージの関係であった。良くも悪くも、日本車は「日本料理」のように評価されている。中国人の判断基準は、薄味で個性が乏しい。たくさんの美しいお皿に、それぞれ少量の料理が盛り合わせで出てくる。そういったイメージである。

ヨーロッパ（料理）は、おいしいパンにチーズにワイン。ドイツ料理となると、これにジャガイモとソーセージがプラスされる。品数は多くはないが、それぞれに深い味わいがある。しっかりした料理と高級感があるアウディやBMW、ベンツ、ワーゲンを連想させる。評価は一番高い。ただし、あこがれの分、値段も高い。

米国は、ステーキとフレンチフライ。アイテムは多くはないが（少品種）、脂がたっぷり乗った分厚いステーキ肉に、大量のフレンチフライかポテトサラダ。ワイルドでオーセンティック。それなりの重量感と権威を感じさせる、世界ナンバーワンブランド。キャデラックやビュイックの世界である。

おそらく中国人は現状、自国の国産車にはあまり魅力を感じていない。品質・技術面でプアーだからである。しかし、本来は、中国人は「中華料理」が好きなはずである。中華料理の理想型は、たくさんの料理（お皿）が次々と提供されてきて、それぞれのアイテムが相当のボリュームがあること。一つひとつの料理の出来映えにはあまりこだわらないが、値段が安いことが望ましい。お皿の数は、エアコンやABSや

DVDプレーヤーなどのたくさんの装備品に対応している。

　面白いのは、いま中国市場でもっとも「理想的な中華料理」を提供しているのが、韓国の現代自動車（エラントラ、ソナタ）なのである。「品質に問題がある」「高級感がない」などのコメントがグルインの参加者からは出されていた。にもかかわらず、現実の市場シェアは、この1年間で、VWから10％近くの顧客を奪っている。建前では、欧州ブランドを高く評価しながら、実際の食事は、コストパフォーマンスが高いお値段そこそこで、自分たちの手の届く範囲にあって、なおかつそこそこにゴージャスに見える「韓国料理」を選んでいるのである。

　日本メーカーの課題は、まず日本料理とはどのようなモノなのかを知らせること。そして、その良さを体験を通して味わってもらうこと。さらには、値段を適当に安くしてあげること。京都の料亭で懐石料理を提供するのではなく、回転寿司やラーメン定食（上海で大受けしている「味千ラーメン」の路線）をまずは味わっていただくことである。これに尽きるような気がする。

第5章
顧客の分析

　本章では、消費者行動の観点から顧客を分析していく。消費者の意識と行動を支配しているメカニズムについて理解することが目的である。

　商品やサービスを購入するのは消費者である。消費者は、新しい商品やサービスを認知し、評価し、比較検討し、購買へと導かれていく。そのプロセスと行動を支配する主な要因を考えてみる。また、すでに購入経験のある商品やサービスを継続して購入する動機についても考える。

　第1節では、顧客を3つの観点から分類する。購買対象（消費者、産業購買者、再販売業者）による分類、企業との関係性の深さによる分類、購買と使用による分類の3つである。

　第2節では、消費者の購買行動を説明する理論モデルを紹介する。顧客がどのようなプロセスをたどり商品やサービスを購買するに至るのかを、前半部分では、AIDMAモデルなどの消費者行動論から説明する。後半部分では、消費者の初期購買（トライアル）を決定づける要因や、再購買行動（リピートやスイッチ）を説明する理論モデルを取り上げる。

　第3節では、消費者行動理論が、社会学や経済学、文化人類学、統計学など、広範な学問領域に及んでいることを理解する。購買行動や消費行動分析の代表的な理論を紹介する。

　消費者の行動は、感情的な反応や判断の偏りなど、一見して非合理的な動機に左右されているようにも見える。しかし、よく観察してみると、考えるコストや努力の無駄を省くための基準があり、その基準による合理的な行為の結果であるとも理解できる。

1—顧客の類型

　企業にとって顧客とは、商品やサービスの購入を通して最終的に利益を生む源泉である。ここでは、3つの観点（購買対象、関係性の深さ、購買と使用）から顧客を捉え、分類してみることにする。

1. 購買対象による分類

　企業の立場から、購買対象としての顧客を分類すると、つぎのようになる。自らの企業活動のために商品やサービスを購入する「消費者」であるか、それとも、生活者として商品やサービスを自らの消費ないしは使用目的で購入する「一般消費者」であるかという観点である。後者の「一般消費者」については、第2節以降で詳しく説明する。

　前者のカテゴリーに入る消費者は、さらに大きく分けて、2つのカテゴリーに分類できる。すなわち、自らの生産活動のために原材料・部品・サービスを購入する主体となる「産業購買者」と、他の企業から購入した商品をさらに他の業者に転売する「再販売業者」（ブローカー、商社、小売業者、卸売業者など）である。

・購買対象から見た顧客：消費者、産業購買者、再販売業者など

　このように分類してみると、後に述べる一般の最終消費者以外は、個人で商品やサービスを購買するのではなく、「公式的な組織」が購買主体であることがわかる。この場合の購買は、「組織購買者」と呼ばれる。組織購買のプロセスは、一般消費財の購買とは別の理論と購買プロセスに関する異なる理解が必要である[1]。

　組織購買では、購買プロセスに複数の意思決定者が関与することがふつうである。また、情報収集や支払いに関しては、何らかの分業が行われている。個人が洋服や化粧品を購入する状況とは、購買のプロセスがかなり異なる[2]。

　例えば、産業財分野では、購買部や資材調達部などといった「購買セ

---

[1]——もちろん、商品が個人財でなく家庭財であれば、購買プロセスは「共同決定」となる。自動車や住宅のような耐久消費財の場合は、基本的に共同決定による購入になることが多い。

ンター」(buying center) が購買に関与している。また、再販売業者に分類されていた小売業では、「商品部」が購買に責任を持っている。例えば、スーパーマーケットでは、青果、精肉、鮮魚、日配、惣菜、グロサリー（加工食品）のように、商品分野別にバイヤーが専門的に購買を担当している。

小売業での購買機能は、「仕入れ」(purchasing, buying) と呼ばれる。これは、組織購買においては、チェーン本部での一括集中仕入れにより、専門的な知識を生かしたほうが、より効率的な調達が可能だからである[3]。

民間企業が購買主体になる以外に、政府や地方自治体、非営利組織などが組織購買者として購買活動を行うことがある。市場開拓の際には、単に民間企業を対象とするだけではなく、民から官への市場開拓といった視点も重要になる。なお、組織購買における財やサービスの購入活動は、「調達」(procurement) と呼ばれることもある。

2.関係性の深さによる分類

もうひとつの見方として、企業との関係性の深さから顧客を分類する視点がある。この場合は、顧客を企業との接触頻度と心理的な距離感によって、つぎのように分類することができる。

ちなみに、図表5.1では、階層を先に進むにしたがって、顧客と企業との関係性は深くなっていく。

図表5.1　関係性の深さから見た顧客

潜在顧客
　　⇒ 見込み客
　　　　⇒ 初期購買者（トライアルユーザー）
　　　　　　⇒ 初期反復購買者（リピーター）
　　　　　　　　⇒ ロイヤル顧客
　　　　　　　　　　⇒ 伝道者（推奨者）

2——組織購買行動に関しては、産業財やサービス分野での多くの研究蓄積がある。例えば、髙嶋克義、南知恵子（2006）『生産財マーケティング』有斐閣、余田拓郎、首藤明敏編（2006）『B2Bブランディング―企業間の取引接点を強化する』日本経済新聞社。
3——小売業の購買活動に関する実務的な書籍としては、渥美俊一（2004）『仕入れと調達 新訂版』実務教育出版。

まだ顧客にはなっていないが、自社の商品やサービスを購入してくれる可能性がある顧客は、「潜在顧客」（potential buyer）と呼ばれる。潜在顧客の中で、企業側からすでに何らかの接触がある顧客は「見込み客」（prospect）になる。接触の仕方としては、広告や商品カタログを見て、すでにブランド名を知っているとか、販売員からの訪問を受けた経験があり、企業の顧客リストに載っているなどである。

一度だけでも商品・サービスを購入してくれた顧客は、「初期購買者」（trial user）と呼ばれる。そのうち、何度か（2～3回）続けて購入してくれた顧客を「初期反復購買者（repeater）」、当該企業や商品を何度も繰り返し購入してくれている顧客を「ロイヤル顧客」（loyal customer）として区別する。

ロイヤルな顧客の中には、商品が気に入ったために、周囲の人々に積極的に推奨してくれる顧客がいる。彼らや彼女たちは、当該商品を熱心に他者に推奨してくれるので、しばしば「伝道者」（advocator）と呼ばれる。

3. 購買と使用による分類

最後に、顧客を購買と使用場面において分類してみる。すなわち、「購買者」「支払者」「使用者」の違いである。

購買行動を起こす顧客は、商品やサービスを購入することになる。その場合、実際に購入する店に出向き、その商品やサービスに対して対価を払うのがバイヤー（購買者）である。しかしながら、バイヤーが実際にお金を出しているかというと、必ずしもそうではない。例えば、買い物を頼まれたときを想定してもらえばよくわかる。この場合は、バイヤーはお金を提供しているペイヤー（支払者）とは同一ではない。

また、実際に商品やサービスを購入する人と使う人が異なる場合もある。例えば、介護サービスでは、支払う人と利用者は異なる場合がふつうである。親の介護が必要になった際に、子供はどの介護サービスが親にとって一番良いのかを判断する。その場合は、実際に利用するユーザー（親）のことを考えて、介護サービスを選ぶはずである。

ただし、お金を支払うペイヤーとしての側面もある。最終的には、親の介護サービスの選択にあたっては、価格とサービスのバランスを見ながらサービスを選択することになる。このように、実は顧客といって

も、実際には、保有している情報量や資金、商品の選択動機が異なる3種類の顧客がいることがわかる。

サービスを購入するバイヤーの視点で考えれば、購買時の利便性が重要である。お金を支払うペイヤーの立場になると、購買する商品やサービスのコストパフォーマンスが重視される。また、ユーザーの選択基準では、サービスや商品がいかに使いやすいかという点が重要であることがわかる。こうした点を踏まえて、企業はいわゆるマーケティング・ミックス（商品、価格、流通、プロモーション）を考えるべきなのである。

・購買と使用から見た顧客：バイヤー、ペイヤー、ユーザー

4. 消費者行動を分析する理由

それでは、なぜ企業は顧客についてさまざまな角度から深く考えていかなければならないのだろうか。それには、大きく分けて3つの理由がある（図表5.2）。

ひとつめは、消費者そのものが、企業にとっては唯一の利益の源泉だからである。例えば、小売業の場合を考えてみよう。顧客が来店し、店内を買い回った後で、商品を買い物かごに入れて、レジまで持ってきてくれなければ売上は立たない。商品に対価を支払ってくれる顧客がいなければ利益は出ない。店舗を運営するコストさえカバーできない。

2つめは、マーケティング・ミックスを決定する上で、実際には顧客に合わせてマーケティング活動を微調整する必要があるからである。例えば、潜在顧客と見込み客とを比べてみると、それぞれが顧客に接触で

図表5.2　消費者行動を分析する理由

理由1：利益の源泉は消費者
　　　⇒ マーケティング努力は、消費者（市場）に向けて行う
理由2：マーケティング努力の最適化
　　　⇒ 消費者ニーズや購買準備段階ごとに、マーケティング努力の効果が異なる。したがって、顧客に合わせて微妙に調整が必要
理由3：新製品のアイデアの源泉は消費者
　　　⇒ 消費者をより理解することで、新製品のアイデアが浮かび、同時に、マーケティングの改良と製品の完成度が上がる

きる媒体・手段が異なっている。住所や電話番号、メールアドレスをすでに知っている見込み客に対しては、カタログ通販のような企業は、個別に接触ができる。そのために、プロモーションコストは相対的に低くなる。

それに対して、潜在顧客を見込み客やトライアルユーザーとして新たに獲得するためには、不特定多数の人が見ているテレビや新聞、雑誌など、マス媒体に依存するしか手立てがない。そのため、プロモーションコストは相対的に高くなる。また、ロイヤル顧客であれば、当該製品をよく知っているので、既存の商品に関して、追加的な説明は不要である。ロイヤル顧客には、新しい商品情報などを積極的に提供することで、追加販売や買い増しを促すことができる。逆に、トライアルユーザーに対しては、再購買を促すための特別なプロモーション・プログラムが必要となる。

3つめは、消費者をより深く理解することが、新製品のアイデアを生み出す源泉になるからである。消費者の購買履歴情報や使用経験データを収集することで、新しい商品アイデアが生まれることがある。

例えば、「アイスタイル」が運営するクチコミサイト「@cosme」では、化粧品に関する消費者の生の意見がネット上に書き込まれている[4]。企業側は、そうした消費者の意見や評価情報を新製品開発にフィードバックすることができる。また、消費者の意見は、既存製品を改良するための良きヒントにもなる。消費者に関する深い知識は、「消費者知見」（consumer insight）と呼ばれる。

2——消費者購買行動のモデル

1. 学問としての学際性

消費者の購買行動モデル[5]には、さまざまなタイプの枠組みが存在している。消費者行動論は、学問そのものが非常に学際的である。そのこと

---

[4]——石井淳蔵（2006）「序章　ネット・コミュニティの新しい地平」石井淳蔵、水越康介編『仮想経験のデザイン』有斐閣。小川美香子、佐々木裕一、津田博史、吉松徹郎、國領二郎（2003）「黙って読んでいる人達（ROM）の情報伝播行動とその購買への影響」『マーケティング・ジャーナル』第22巻第4号、通号88、39～51頁。

は、消費者行動論の研究者やその応用分野で活躍している実務家のバックグラウンドが多様であることとも関係している。

筆者が、研究者として最初に取り組んだ専門分野は、マネジメント・サイエンスであった。本章の消費者行動論と関連が深い「日本消費者行動研究学会」で現在、第一線で活躍している研究者について、もともとの専門分野を思い浮かべてみる。女性研究者たちが多いことが学会の特徴である。

彼ら、彼女たちは、大学院修士課程までの専攻は、ほとんどがマーケティングや消費者行動論ではない。むしろ、社会学や心理学（文学部、理学部）、家政学などの研究者が多数を占めている。海外の研究者などには、物理学、数学（統計学）、経済学、生物学などを専門としていた教員も少なくない。実に多様な学問分野から消費者行動論に転じてきていることがわかる。[6]

研究者も実務家も、若いころに学んだ学問の影響を受けるものである。とくに、専門分野に関しては、消費者行動論の場合、社会学と心理学の出身者の比率が高いといわれている。したがって、消費者行動研究が、社会学や心理学などの人文科学と自然科学の接点分野から研究が発展していることは、ごく自然な成り行きであるといえる。[7]

2. 消費者行動のプロセスモデル

最初に紹介する消費者行動のモデルは、「プロセスモデル」といわれる枠組みである。プロセスモデルは、消費者が外界から何らかの刺激を受け、そうした外部刺激と消費者個人が内部に蓄積している経験情報を

---

[5]──代表的な消費者行動論のテキストを紹介しておくことにする。阿部周造、新倉貴士編（2004）『消費者行動研究の新展開』千倉書房、高橋郁夫（2008）『消費者購買行動　3訂』千倉書房、清水聰（2006）『戦略的消費者行動論』千倉書房。なお、有斐閣からシリーズで、消費者行動論の3冊本が出版されている。高嶋克義、桑原秀史（2008）『現代マーケティング論』有斐閣アルマ、田中洋、清水聰編（2006）『消費者・コミュニケーション戦略──現代のマーケティング戦略4』有斐閣アルマ、和田充夫、恩蔵直人、三浦俊彦（2006）『マーケティング戦略　第3版』有斐閣アルマ。

[6]──マーケティング・マネジメントでもっとも有名なフィリップ・コトラー（ノースウエスタン大学ケロッグ・スクール）は、元来が数学の出身である。また、マーケティング・サイエンスの分野で影響力が大きい、ジョン D. リトル（マサチューセッツ工科大学スローン・スクール）は、応用物理学の出身である。

[7]──ちなみに、サービス・マーケティングの分野でも同様な現象が観察される。女性の研究者が多いこと、研究者の学問的背景が多様であることは、消費者行動論と共通である。

統合しながら、最終的に購買行動に至るまでの一連の過程をモデル化したものである。別名、「購買意思決定モデル」（buying decision model）とも呼ばれている。

この枠組みにおいては、消費者は最初に、商品やサービスについて「外的な刺激」（stimulus）を受ける。このとき、消費者が受ける外的刺激には3つの種類がある。ひとつは、社会・経済などの一般的な環境から受ける刺激（情報）である。2つめは、企業が消費者に向けて積極的に実施しているマーケティング活動（7P's）からの刺激である。3つめは、消費者が友人や知人からの「クチコミ（WOM：Word of Mouth）」を通して得る情報である。あるいは、家族や職場の同僚などとの接触を通して、さまざまな形で社会的に受ける影響もこれに含まれる。

以下では、外的な刺激を受けながら、消費者が最終的な購買に至るまでのプロセスを、段階的に記述した代表的なモデルを紹介する。有名な「AIDMAモデル」である。[8] 図表5.3では、横軸が時間の心理的経過で、縦軸はマーケティング・ミックスの相対的な重要度を表している。

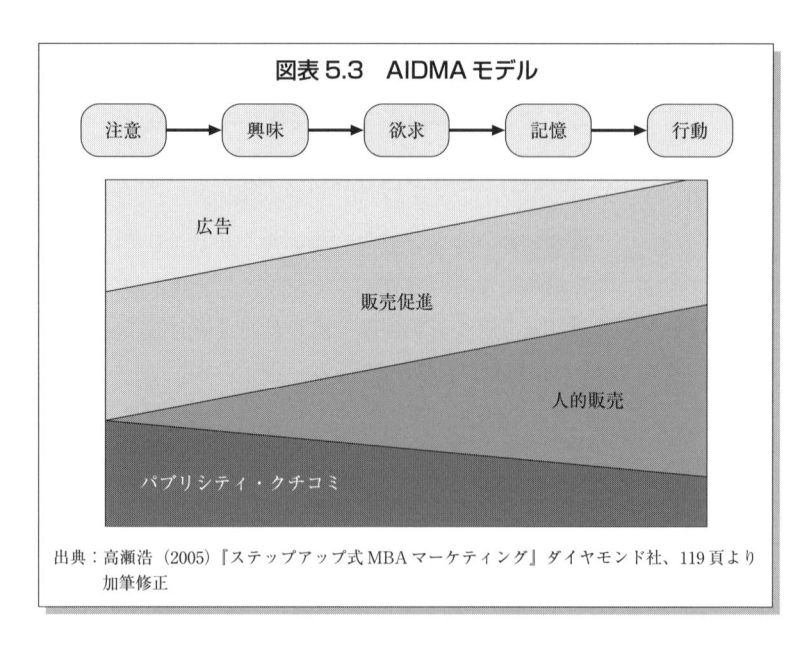

図表5.3　AIDMAモデル

注意 → 興味 → 欲求 → 記憶 → 行動

広告／販売促進／人的販売／パブリシティ・クチコミ

出典：高瀬浩（2005）『ステップアップ式MBAマーケティング』ダイヤモンド社、119頁より加筆修正

8——Hall, S. R.（1926）*How to Make Advertisements Appealing*, International Textbook, Hall, S. R.（1930）*The Advertising Handbook: A Reference Work Covering the Principles and Practice of Advertising*, 2nd ed., McGraw-Hill.

AIDMAモデルは、「購買準備段階モデル」とも呼ばれる。最終購買に至るまでの消費者の心理と行動を、5つの段階で説明している。すなわち、購買決定プロセスは、「Attention」（注意）→「Interest」（興味）→「Desire」（欲求）→「Memory」（記憶）→「Action」（行動）といった5つの過程を経ると考えるのが、AIDMAモデルの特徴である。[9]

　例えば、住宅の購入を考えている家族が、展示場を訪問する場面を例に挙げて、AIDMAモデルを説明してみよう。

　「Attention」（注意）は、何らかの外界の刺激に接触して、消費者がブランドや商品を認知する段階である。例えば、車をドライブしていて、たまたま住宅展示場の看板に気がつくことがあるだろう。住宅の購入を検討しているので、ふだんから住宅情報誌の記事やチラシには気を配っている。住宅展示場の看板や情報誌が、この場合は、ブランド認知の「手がかり」（cue）の役割を果たしていることになる。

　住宅展示場には、ふつう複数のメーカーがモデルルームを展示している。十分に時間があれば別だろうが、おそらくはモデルルームをすべて見ることにはならないだろう。外観のデザインやハウスメーカー名を簡単にチェックした後で、展示してあるモデルルームの中から、いくつかを選択することになる。これが、「Interest」（興味）の段階である。

　つぎの段階は、「Desire」（欲求）のステージである。夫婦は揃って、興味を持ったモデルルームに足を踏み入れる。案内役の販売担当者から、まずは間取りの説明を受けるだろう。夫婦揃ってキッチンやバスルームなど、水回りの設備をチェックする。妻はパウダールームやランドリー、キッチンのデザインや設備について、詳しく尋ねるかもしれない。夫のほうは、外壁や屋根の材質、雨どいの耐用年数などが気になるだろう。さまざまなモデルタイプ（仕様）が準備されているので、それぞれに贅沢さと自分たちの好み、さらには最終的に支払うことになる価格を比較検討してみるだろう。

　展示場への訪問が初回であれば、ふつうはその場で即座に購入を決定

9——AIDA（Attention, Interest, Desire, Action）モデルは、Strong, E. K. (1925) "Theories of Selling," *Journal of Applied Psychology*, 9, pp. 75-86。AISAS（エーサス、アイサス）は、電通グループが提唱する「デジタル化による生活者の新しい購買プロセスモデル」。Attention（注意）、Interest（興味）、Search（検索）、Action（購買）、Share（情報共有）。AISASは電通の登録商標になっている（電通ワンダーマンHP、http://www.wunderman-d.com/column/2007/05/webwundermans_view_no51.html）。

することはないだろう。説明を受けた複数のモデルルームを、最終選択肢として候補に残しておく。帰宅後に、夫婦は各ハウスメーカーと個別のモデルについて、訪問時の記憶をたどって思い出そうとする。「Memory」(記憶)を検索する段階である。

　最後に、住宅の購入という「Action」(行動)を起こすかどうかは、その他のさまざまな要因に依存して決まる。本当に購入するかどうかは、値引き交渉後の価格と支払い能力にもよるだろう。モデル住宅を建てることに決めても土地がないとすれば、不動産会社と交渉して、土地を手当てしなければならない。借り入れの条件も重要である。

　たまたま、住宅を例に取り上げたが、商品やサービスによって、こうした購買に至るまでの時間は異なる。また、それぞれの段階に消費者が投入する努力も違っている。

　重要なことは、図表5.3のように、それぞれの段階において、消費者との効果的なコミュニケーション方法が異なることである。商品やサービスのブランド認知段階を経る段階(注意)では、クチコミやマス広告が重要な役割を果たす。通常のプロモーション活動は、どの段階でも同じくらい重要である。購買準備段階が後半になってくると、人的販売のような販売促進活動が重みを増してくる。詳しくは、第12章「コミュニケーション活動(1):広告宣伝活動」を参照してほしい。

3.3つの分析的なアプローチ

　つぎに、商品やサービスに対する関与の度合いによって、購買に至るまでのプロセスが異なる3つのタイプを紹介する。低関与状態下での購買を説明する「刺激反応モデル」(S-Rモデル)、高関与購買における「情報処理モデル」(S-O-Rモデル)、そして、これらの欠点を補うように研究が進められてきた「精緻化見込みモデル」である。順を追って3つのモデルを取り上げていく。

(1)刺激反応モデル／S-Rモデル(低関与購買)

　刺激反応モデルは、別名、「S-Rモデル」(Stimulus Response model)と呼ばれる。低価格で購買頻度が高い商品カテゴリーについて、このモデルの説明力が高い。初期のころの消費者行動モデルは、例えば、ブランド選択のような購買行動を説明するために、刺激反応型の統計モデルを用いていた。ここでは、図表5.4を用いて、S-R型の消費者行動モデル

を説明してみる。

　消費者は外界からさまざまな「刺激」(stimulus) を受けている。外部からの刺激は、①製品を見たり触ったりする「実体的刺激」(マーケティング変数)、②テレビ、新聞、雑誌などの広告を見るなどの「象徴的刺激」(マーケティング変数)、③周囲の評判やクチコミなどによる「社会的刺激」(他者からの社会的影響) と、3つのタイプの刺激を受けている。

　それ以外にも、④一般的な「経済環境」(環境変数) が消費者の購買行動に影響を与えている。世界経済や地域経済が不調だと、消費者は景気が悪いと判断して、お金をもっていても消費が活発にならない。

　外界から刺激を受けた「生体」(organ) としての「消費者」は、刺激情報を内部で処理していく。そして、外界への「反応」(response) として、他者へのクチコミ (推奨行動、不満・苦情行動) や実購買行動が行われる。

　刺激反応型のモデル (S-Rモデル) では、S-O-Rの3つのモジュールの中で、消費者の「内的な心理プロセス」(O) を分析対象としていないことが特徴である。別の言葉でいえば、消費者=「O」の情報処理過程が外側からは見えないので、それを「ブラックボックス」として扱おうとするアプローチである。すなわち、インプットである「S=刺激」とアウトプットに相当する「R=反応」だけから購買行動を見るという立場である。

　分析の対象商品カテゴリーが、スーパーマーケットで販売されているような加工食品や家庭用品などであれば、このモデルで購買行動をかなり説明できることがわかっている。とはいえ、実際の応用にあたって

10——刺激反応モデルは、米国人のマーケティング・サイエンス研究者 (3M = Massy, Montgomery, Morrison) によって一般的になった枠組みである (Massy, W. F., D. B. Montgomery and D. G. Morrison (1970) *Stochastic Models of Buying Behavior*, The M.I.T. Press)。そこでは、さまざまなタイプの購買モデル (Bernoulli models, Markov models, Learning models) が紹介されている。後年になって、POSデータが利用可能になったとき、統計モデルが実際の購買行動の検証に利用されるようになった。刺激反応型の購買モデルと理論の応用事例については、小川孔輔、法政大学産業情報センター編 (1994)『POSとマーケティング戦略』有斐閣に、詳しく述べられている。なお、3Mのモデルの歴史的な意義、統計モデルやマーケティング・サイエンスの発展史については、小川孔輔 (1993)「マーケティング・モデル発展の小史」『季刊マーケティング・ジャーナル』第12巻第3号 (通号47号)、78〜87頁でも詳しく紹介されている。

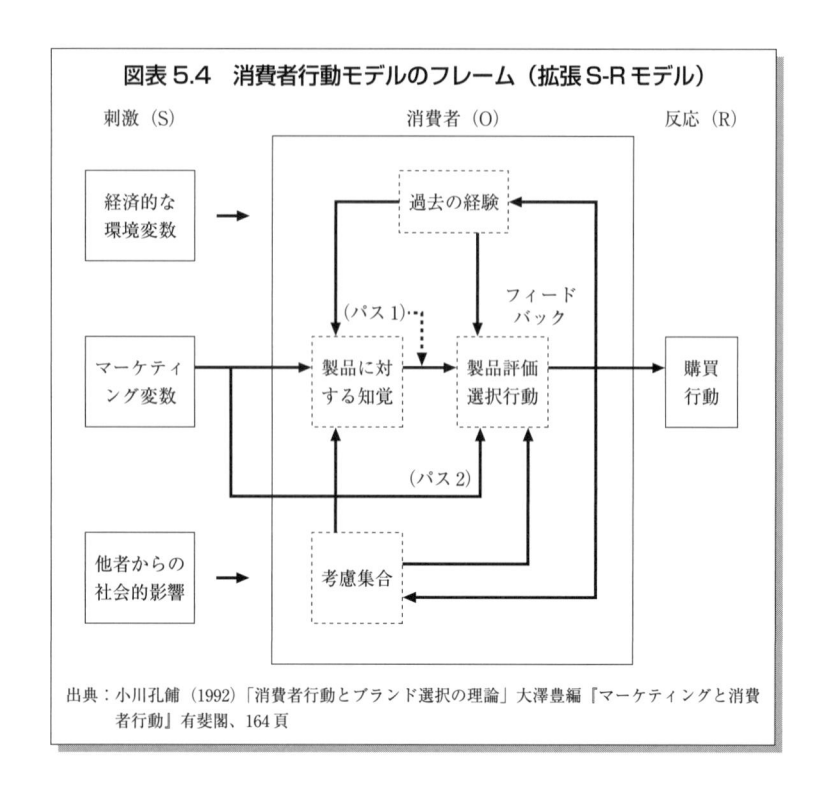

図表5.4 消費者行動モデルのフレーム（拡張S-Rモデル）

刺激（S）　　　　　　消費者（O）　　　　　　反応（R）

- 経済的な環境変数
- マーケティング変数
- 他者からの社会的影響
- 過去の経験
- 製品に対する知覚（パス1）
- 製品評価選択行動
- 考慮集合（パス2）
- フィードバック
- 購買行動

出典：小川孔輔（1992）「消費者行動とブランド選択の理論」大澤豊編『マーケティングと消費者行動』有斐閣、164頁

は、消費者（O）を完全なブラックボックスとして扱うわけにはいかない。統計モデルとはいっても、消費者の心理や行動の因果律に関して、多少は踏み込むことになる。[11]

　図表5.4では、S-R型のモデルに、4つのモジュールを加えている。消費者がマーケティング刺激を認知して（「知覚モジュール」）、競合商品の価格や品質を比較検討する（「評価モジュール」）などである。その中で、消費者ごとの購買経験（「経験モジュール」）は各人で異なっている。消費者個々人が選択対象とする候補ブランドの集合（「考慮集合モジュール」）も人それぞれ異なっているはずである。

(2) 情報処理モデル／S-O-Rモデル（高関与購買）

　商品やサービスに対して高関与な消費者は、企業が提供する商品やサービスに対する情報やインセンティブなどを慎重に考慮する。また、自

11──小川孔輔（1992）「消費者行動とブランド選択の理論」大澤豊編『マーケティングと消費者行動』有斐閣。

動車や住宅などのような高額な耐久消費財や、生命保険や海外旅行パッケージなどのサービス財などは、購買リスクが高くなる。そのため、最終的な意思決定はより慎重になされることになる。この場合に説明力が高いのが、「S-O-Rモデル（刺激―生体―反応モデル）」である。

　高関与購買の状況にある消費者は、自らが積極的に情報を探索・収集する。マーケティング情報などの外部からの刺激を参考にしながら、自力で収集した情報と突き合わせて、選択すべき候補商品を絞り込んでいく。この過程は、「情報統合プロセス」と呼ばれる。最終的に、考慮集合の中に残っている候補ブランドから、時間をかけてひとつの選択肢を選ぶというプロセスを踏んでいく。このタイプのモデルは、消費者の情報処理過程を強調しているので、「消費者情報処理モデル」とも呼ばれている（Bettman　1979）[12]。

　情報処理モデルでは、消費者の情報処理能力が購買における意思決定全体を制御すると考えられている。つまり、情報処理能力が、意思決定に大きく関与しているのである。ただし、消費者が刺激を受け、情報を探索・収集する度合いは、その対象となる商品によって異なる。

　例えば、日用品などは、刺激で購買が喚起されることが多いため、バーゲンや値引きで購入を促すことができるが、高額の商品の場合は、こうした刺激だけで購買は喚起されない。自社商品の良さをわかってもらうことが購入を促す条件となるのである。企業は多くの有用な情報を提供することが必要となる。

　情報処理モデル（図表5.5）で特徴的なことは、消費者が積極的に情報を収集・統合する主体と見なされていることである。情報の処理に関していえば、積極的に処理を行うかどうかは、上位目標（製品関与や購買関与）に支配されることが指摘されている。また、大脳生理学などの研究を踏まえて、人間の記憶のメカニズムにも踏み込んでいる。目や耳や鼻などの「感覚レジスター」を通して、「短期記憶」に繰り込まれた情報が、「長期記憶」に組み込まれていくプロセスや、最終的な購買行動に至らしめる動機づけなどの理論が吟味されている。

　さらに進んだ最近の研究によれば、記憶そのものにも頻繁に書き換え

12――Bettman, J. R.（1979）*An Information Processing Theory of Consumer Choice*, Addison-Wesley.

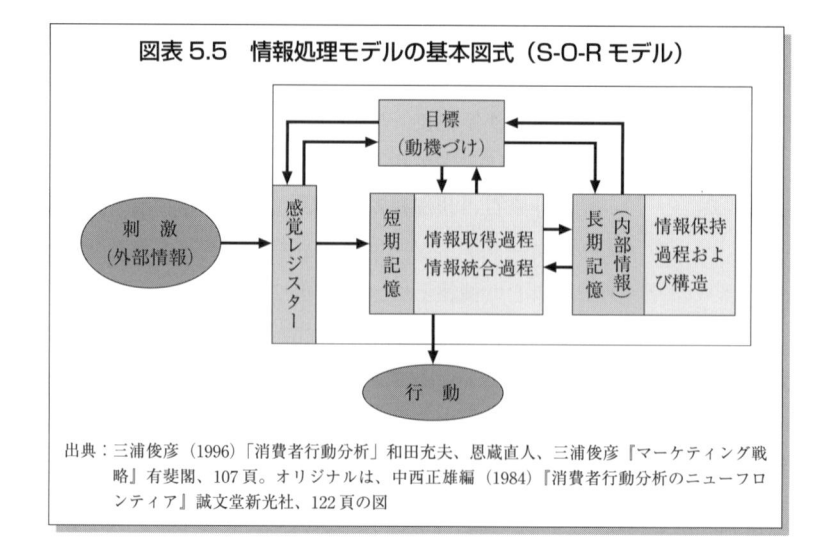

図表 5.5　情報処理モデルの基本図式（S-O-R モデル）

出典：三浦俊彦（1996）「消費者行動分析」和田充夫、恩蔵直人、三浦俊彦『マーケティング戦略』有斐閣、107頁。オリジナルは、中西正雄編（1984）『消費者行動分析のニューフロンティア』誠文堂新光社、122頁の図

が起こっていることが検証されている。購買意思決定だけでなく、「記憶そのものが壊れやすい」との発見である。ザルトマン（2005）は、その著書の中で、「大脳生理学に基づく記憶理論」の最近の進展を紹介している[13]。

なお、後に述べるように、人間の情報処理能力には限界がある。いつでも完全に情報を処理して、目的合理的に決定を下しているわけではない。最終決定に至る前に、選択肢や属性を絞り込むなど、ある種の「簡易ルール」（heuristics）を用いて、意思決定の負担を軽減していることが指摘されている[14]。

(3) 精緻化見込みモデル（elaboration likelihood model）

「精緻化見込みモデル」[15]では、消費者の購買行動は、必ずしも論理的

13——詳しくは、G. ザルトマン／藤川佳則、阿久津聡訳（2005）『心脳マーケティング——顧客の無意識を解き明かす』ダイヤモンド社（Zaltman, G. (2003) *How Customers Think*, Harvard Business School Press）を参照のこと。ただし、斬新すぎるザルトマンの主張は、その仮説のすべてを正しいと考えるには抵抗がある。仮説の一部は、やや眉唾と疑ってかかるのが妥当かもしれない。

14——サイモン（1965）が、「制限された合理性」（bounded rationality）で議論している論点を、消費者行動に当てはめた考え方。消費者も、企業経営者と同様に、完全に経済合理的な意思決定はできない。そのために、簡易ルールを用いているという解釈。H. A. サイモン、松田武彦他訳（1965）『経営行動』ダイヤモンド社（復刻版は1989年）。Simon, H. A. (1976) *Administrative Behavior*, 3rd ed., Free Press.

な判断ばかりではなく、感情や感覚的な判断で決まることもあることが示されている。つまり、購買に結びつく態度形成は、論理的な判断をもとに形成されていく場合と、感情的な判断によって形成されていく場合とがあるというのである。

前者は、購買を検討している商品やサービスについて、消費者が豊富な知識を持っている場合に多い。この場合、消費者は、それらが相対的に良いのか悪いのかといった評価を下した上で、どれを購入するのが望ましいのかを決めていく。このことを「中心的ルート」における態度形成という。中心的経路で形成された態度は、積極的に情報を集めて論理的に判断がなされるので、形成された態度も強固である。

図表5.4で、「パス1」を経由する購買意思決定がこれに対応している。外界からの刺激に対して、消費者自らの過去の経験に基づき、候補ブランド（考慮集合）に関する情報を比較検討しながら、最終的な製品評価によって決断を下す。

一方、後者は、商品やサービスについて、消費者があまり知識を持っていない場合に多い。この場合、意思決定にあまり自信が持てない消費者は、「周辺的手がかり」に依存して決定を下すことになる。すなわち、商品の外観やサービスの評判、イメージなどが評価基準になる。つまり、論理的な判断ではなく、感情や感覚で購入を決める。このことを「周辺ルート」における態度形成という。

図表5.4では、「パス2」での経路が、こうした形での態度形成を表している。外界からのマーケティング刺激に対して、「精緻な情報処理」（elaboration）を行わずに、感覚的にダイレクトな製品評価に至るのである。こうした決定は、周辺的な手がかりを基準にしているので、ちょっとした環境の変化で簡単に選択の結果が変えられてしまう。

3 ── さまざまな分析的アプローチ

1. 刺激──反応モデルに見る消費者の行動変化[16]

本節では、消費者がなぜ従来からの購買行動と異なった行動をとるの

15── Petty, R. E., and Cacioppo, J. T.（1986）*Communication and Persuasion: Central and Peripheral Routes to Attitude Change*, Springer-Verlag.

かを考えてみる。つまり、なぜこれまで選択していたブランドから違ったブランドを選択するようになるのか、その行動の変化を説明する理論を紹介する。McAlister and Pessimier（1982）の枠組み（図表5.6）に基づき、ブランドスイッチの理由を、理論的に解説することが目的である[17]。

消費者が行動を変化させる理由は、図表5.6の樹形図に示すように実にさまざまである。大きくは、「直接的（direct）な理由」と「派生的（derived）な理由」に分類できるとされている。

(1) 派生的な理由での行動変化

「派生的な理由」とは、消費者が直接関知しない何らかの原因で、選択されるブランドが変わる場合である。具体例のひとつは、「複数のニーズ」が存在することである。

例えば、①「複数の使用者」がいるときである。歯磨き粉の場合、父親がたばこ飲みなので「美白効果」を、母親がエチケットとしての「口臭予防」を、子供たちが甘い物好きなので「虫歯予防」を重視すると、家庭には3本の歯磨き粉が必要になる。いずれかの歯磨き粉がなくなると、次回そのブランドが購買されるので、ブランドがスイッチしたように見える。

ひとりの人間であっても、②「使用状況の違い」があると、身体の調子や気分が変わってブランドを変える。例えば、ふだんコーラを飲んでいる人が、激しい運動で汗をかいた後には、ポカリスエットが飲みたくなることがあるだろう。

③「複数の用途」がある場合には、見かけ上のスイッチが起こる。例えば、ジョンソン・エンド・ジョンソンのベビーオイルやベビーシャンプーは、もともとは赤ちゃん用に開発された製品である。しかし、商品特性として肌に優しいことが知られ、保湿効果を評価した大人も商品を購入することになった。

16——本節の記述は、小川孔輔（2005）「バラエティ・シーキング行動モデル——既存文献の概括とモデルの将来展望」『商学論究』（関西学院大学商学部、中西正雄・退職記念特集号論文）第2巻第4号、35～52頁を修正したものである。小川のオリジナル論文（2005）には、理論部分の根拠となる詳しい文献リスト（約50本）が掲載されているが、ここでは個別論文の引用を省略する。

17——McAlister, L. and E. Pessimier (1982) "Variety Seeking: An Interdisciplinary Review," *Journal of Consumer Research*, 9 (December), pp. 311-322.

図表 5.6　消費者行動変化の理由

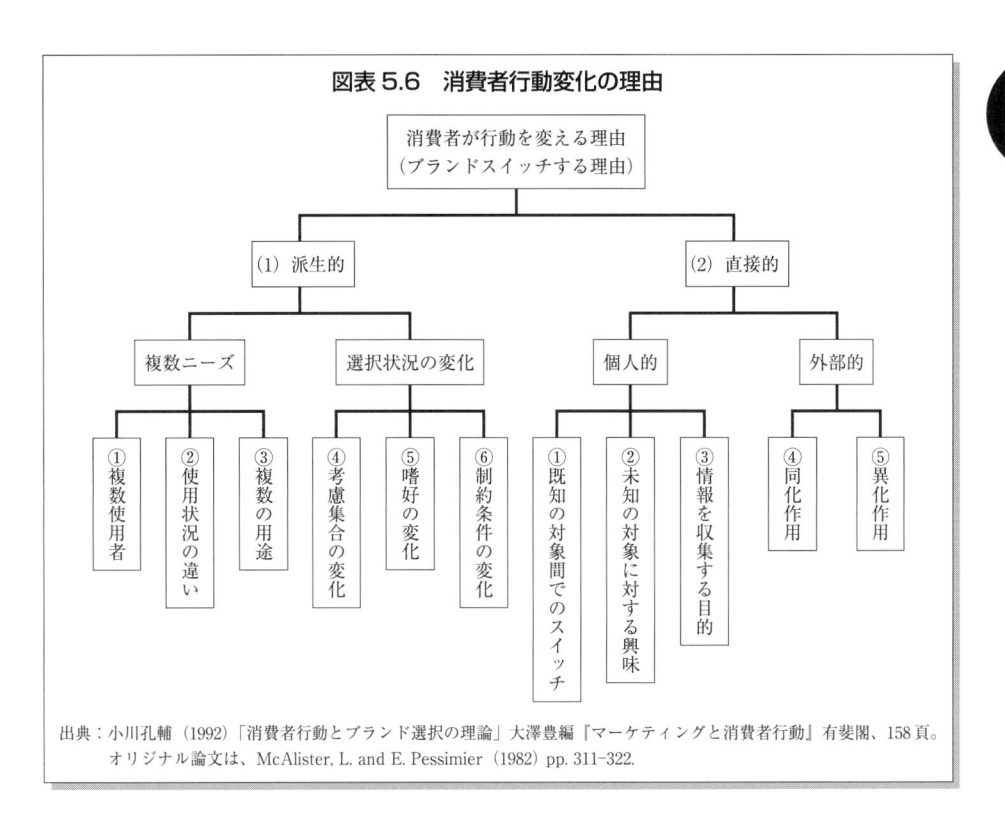

```
            消費者が行動を変える理由
           （ブランドスイッチする理由）
          ┌──────────────┴──────────────┐
       (1) 派生的                    (2) 直接的
      ┌─────┴─────┐              ┌─────┴─────┐
   複数ニーズ  選択状況の変化      個人的      外部的
   ┌──┼──┐   ┌──┼──┐       ┌──┼──┐    ┌──┴──┐
   ①  ②  ③   ④  ⑤  ⑥       ①  ②  ③    ④   ⑤
  複  使  複   考  嗜  制       既  未  情    同   異
  数  用  数   慮  好  約       知  知  報    化   化
  使  状  の   集  の  条       の  の  を    作   作
  用  況  用   合  変  件       対  対  収    用   用
  者  の  途   の  化  の       象  象  集
      違      変      変       間  に  す
      い      化      化       で  対  る
                              の  す  目
                              ス  る  的
                              イ  興
                              ッ  味
                              チ
```

出典：小川孔輔 (1992)「消費者行動とブランド選択の理論」大澤豊編『マーケティングと消費者行動』有斐閣、158頁。
オリジナル論文は、McAlister, L. and E. Pessimier (1982) pp. 311-322.

「派生的な理由」としては、その他に、「選択状況の変化」があると、ブランドがスイッチされることがある。例えば、新製品の発売や既存品が入手不可能になるなどのときに、④「利用可能な製品」の集合が変わる場合がある。⑤「価格・プロモーションの影響」によって既存ブランドからスイッチすることもある。所得が上昇したり、転勤で引越し住む場所が変わったり、環境が変化すると、⑥「制約条件の変化」が起こって、購入されるブランドが変わることがある。

(2)直接的な理由での行動変化

「直接的な理由」とは、消費者が変化それ自身を求めて行動を変える場合である。これは、「内部的（個人的）な要因」と「外部的な要因」に区別することができる。前者（内部的要因）はさらに、以下の3つの場合に分類できる。

まず、飽きや属性のバランスを求める行動によって、①「既知の対象（ブランド）間でのスイッチ」がなされる場合である。つぎに、②「未

COLUMN-9
ユニクロのバンドル販売

　ユニクロの店頭で、靴下やトランクス（ショーツ）が「バンドル」で（同じ商品を複数個束ねて）販売されている。単品（一足）の価格は200円だが、二足バンドルは390円、三足バンドルで販売されるときには、590円で値づけされている（2003年冬時点）。

　ユニクロで販売される靴下は、中国の協力工場で製造される。工場から出荷する際の効率だけを考えると、4足（790円）や5足（990円）でバンドル販売するほうが収益性は高くなる（ファーストリテイリングの商品担当マネジャーW氏による）。しかし、消費者は4足以上のバンドルをどのように評価するだろうか？　割安だからと購入する気になるだろうか？　それともバンドルによるディスカウントの効果は限定されてしまうのだろうか？　また、その際には、同じ形や同じ色の靴下を事前にバンドルしておくべきだろうか（「プレ・バンドリング」）？それとも、購入個数と価格のみを事前に指定して、陳列棚からは色や形を自由に選べるようにすべきだろうか（「フリー・バンドリング」）？

　この場合、小売業の店頭マーチャンダイジングを決定づけるのは、消費者が商品のバラエティをどのように選択するかという要因である。小売店頭（ユニクロ近鉄ニューメルサ店：2002年11月28日）での実験にしたがって、商品部の担当者W氏が実際に採用した案は、「フリー・バンドリングの方式でバンドル個数は3個までとする」という結論であった。この実験では、面白い結果も示された。30人の回答者（ターゲット顧客）が選択したバンドル商品（3～5点セット）の中には、単独での選択順位が下位（6～10位）のものが多く含まれていた。バラエティシーキング論（Ratner et al. 1999）[*]が示唆するように、「単独では選択されない選好下位のアイテムが、実際に靴下のバンドルセットの中に複数含まれていた」のである。消費者行動理論が、実際にも有効であったことを示している。

出典：小川孔輔（2005）「バラエティ・シーキング行動モデル──既存文献の概括とモデルの将来展望」『商学論究』（関西学院大学商学部、中西正雄・退職記念特集号論文）第2巻第4号、35～52頁。オリジナルは、島田稔彦、小川孔輔、豊田裕貴（2003）「ユニクロのバンドル販売実験」日本マーケティング・サイエンス学会全国大会での報告。

[*] ── Ratner, R.K., B.E.Kahn and D.Kahneman（1999）"Choosing Less-Preferred Experiences for the Sake of Variety," *Journal of Consumer Research*, 26, pp. 1-15.

知の（不確かな）対象（ブランド）へのスイッチ」がある。この場合は、リスクを冒すことへの選好、革新的な消費者（新製品の採用率）、リスクに対するペナルティなどが、ブランドスイッチの傾向を支配している。

3つめに、③「情報を収集する目的」でのスイッチを挙げることができる。例えば、価格・属性などに関する情報を更新するためなどである。この3番目の理由は、「情報の経済学」（Nelson 1970）によって説明されていた現象であった[18]。ただし、実際の行動は、以上の3ケースのいずれかに、完全に分類できないことが多い。

直接的な理由のもうひとつの極には、「外部的要因（他者からの影響）」によって、行動が変わる場合がある。この中には、対照的な2つの類型が見られる。ひとつは、④「同化作用」（他人からのクチコミによる影響）によって使用ブランドが変わる場合である。もうひとつは、それとは逆に、⑤「異化作用」（他人とは区別されたい、あるいは目立ちたいという願望）によって、購入ブランドをスイッチする場合である。

(3)最適刺激水準(OSL：Optimal Stimulation Level)

消費者の行動変化を説明する興味深い仮説がある。それは、心理学者のJoachimsthaler and Lastovicka （1984）が提示した「最適刺激水準（OSL）」の概念である（図表5.7）[19]。

彼らの論文（1984）によると、人間が行動を変える確率は、もっとも心地よい刺激状態（OSL状態）に比べて、その水準から「刺激が少なくなる（飽きてくる）」としだいに高くなる。その逆で、「刺激過多」になってもその確率はしだいに高くなる。すなわち、行動を変えない確率（傾向）は、最適刺激水準を中心にして「釣り鐘型」になっているとされている。

消費者行動理論のバラエティシーキング・モデルと心理学に由来するOSL理論を組み合わせると、ブランド選択で見られる日常的な行動はかなりうまく説明できる。

---

[18]——Nelson, P. (1970) "Information and Consumer Behavior," *Journal of Political Economy* 78 (March/April), pp. 311–328.

[19]——Joachimsthaler, E. A. and J. L. Lastovicka (1984) "Optimal Stimulation Level: Exploratory Behavior Models," *Journal of Consumer Research*, 11 (December), pp. 830–835.

図表5.7　最適刺激水準

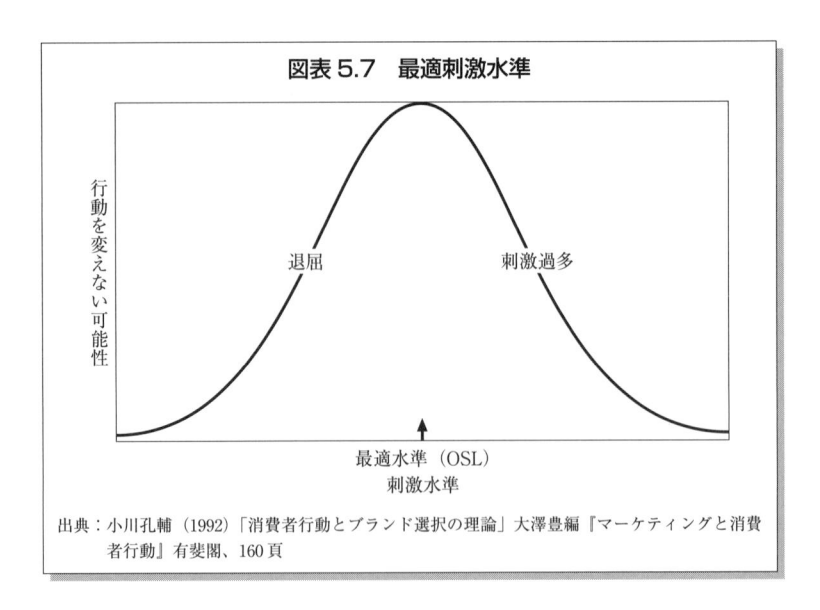

(縦軸：行動を変えない可能性／横軸：刺激水準)
退屈／刺激過多
最適水準（OSL）

出典：小川孔輔（1992）「消費者行動とブランド選択の理論」大澤豊編『マーケティングと消費者行動』有斐閣、160頁

　例えば、何か商品を購入しにお店に行ったときのことを考えてみよう。自分でゆっくりと店内にある商品から気に入ったものを選ぼうとしても、店員が多頻度で声を掛けてきたらどうだろうか？　最初は、あまり気にしないだろう。しかし、声を掛けてくる頻度が多くなるにしたがって、しだいに店員を敬遠したくなる。こうした状況は、消費者が過度な刺激によって拒否反応を示している状態である。

　ただし、接客重視の店舗で、必要なときにアドバイスをしてもらえないのも問題である。最適な刺激水準を超えてしまっても、刺激が少なすぎても問題なのである。買い物客である消費者が最適な刺激を感じる水準が、大抵必ず存在するのである。

　COLUMN-9は、筆者らがユニクロの店舗で行った実験の結果である。消費者は、トランクスやショーツでどのくらいの色の多様性を求めるのか？　あるいは、同じもの（バンドルセット）を購入する場合に価格とのトレードオフがどうなるのかを示したテスト結果である。

2.消費者情報処理モデルにおける心理学的なアプローチ

　ここでは、主にハワード-シェス・モデルを使って、消費者情報処理モデルにおける心理学的なアプローチについて見ていこう。

(1) ハワード-シェス・モデル

　ハワード-シェス・モデル（1974、1989）では、消費者は与えられた刺激によって購買行動に移るとされる。[20] 詳しく述べると、消費者は、まず外部から何らかの刺激を受ける。そして、その刺激に呼応して、自らがすでに持っている情報や現在置かれている状況などをもとに、頭の中で考えを巡らせ情報を処理していく。その後、その刺激に対して何らかの解決がなされると、自らの判断で商品やサービスを購買するか否かという態度形成へと向かう。そして、最後の段階で、実際に購入する行動を決定する。

　一連の購買決定プロセスにしたがって、消費者は購買行動に移るが、それらの中で消費者はどのように刺激に対して問題解決しているのかを見ることにしよう。ここでは、「発展的問題解決」（EPS：Extended Problem Solving）、「限定的問題解決」（LPS：Limited Problem Solving）、「定型的問題解決」（RPS：Routine Problem Solving）といった3つのタイプに分けて考えることにする。

(2) 発展的問題解決

　消費者が「発展的問題解決」の状況下に置かれるのは、自分にとって重要な購買課題を解決しなければならないときである。消費者は、未知の新しい製品やサービスに遭遇している。この場合は、積極的に情報を探察し、時間をかけて意思決定を下すことになる。

(3) 限定的問題解決

　「限定的問題解決」では、商品やサービスに関してそれらのメリットやデメリット、旧商品との変更点、他社との相違点など、ある特定の部分のみに焦点が当てられる。購買行動における問題は、その意味では「限定的」である。こうした状況は、ある程度は、製品やサービスに関して知識を持っている場合に起こる。実際には、他社の商品やサービスへの切り替えを考えているようなときや、自社の製品やサービスに変更があった場合に起こることが多い。

(4) 定型的問題解決

　「定型的問題解決」は、在庫状況や価格の比較など、常に決まったこ

20——それぞれが独自のモノグラフで発展的に解説している。Sheth, J. N. (1974) *Models of Buyer Behavior*, Harper & Row, Howard, J. A. (1989) *Consumer Behavior in Marketing Strategy*, Prentice-Hall.

とだけを考慮に入れて購買を決める場合である。例えば、家でのシャンプーやリンスが少なくなっていないかどうか、社内のカラープリンタのトナーはまだあるかどうかなど、再購入決定のタイミングや数量を検討する場合に起こる。こうした問題解決は、購買間隔が短い最寄品や、日常的にリピート購買されるような商品、理美容等の定期的に受けるサービスなどに多い。

3. ライフスタイル研究による社会学的なアプローチ

ライフスタイル研究から、社会学的に消費者行動を考える見方もある。最初に、マズローの「欲求階層論」について見てみよう。

(1) マズローの欲求階層論(hierarchy of needs model)

アメリカの心理学者であるアブラハム・マズロー（1987）は、人間の持つさまざまな欲求を5段階に分類した。

図表5.8に示したように、①「生存・生理的欲求」(physiological need)、「②安全・安定の欲求」(security needs)、「③社会的欲求」(affiliation needs)、「④自尊・尊厳の欲求」(esteem needs)、「⑤自己実現の欲求」(self-actualization needs)である。5つの階層は、図表5.8のように、ピラミッドのような階層を形成している。これが、有名

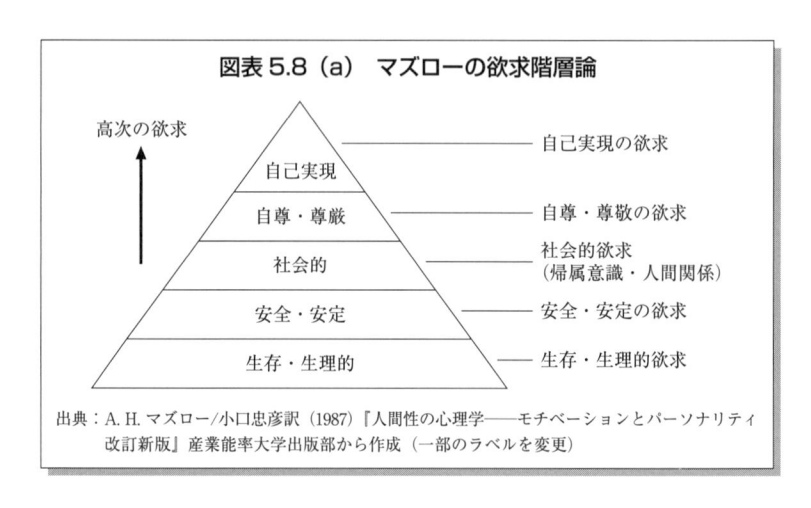

図表5.8（a） マズローの欲求階層論

高次の欲求 ↑

ピラミッド（上から下）：
- 自己実現 ― 自己実現の欲求
- 自尊・尊厳 ― 自尊・尊敬の欲求
- 社会的 ― 社会的欲求（帰属意識・人間関係）
- 安全・安定 ― 安全・安定の欲求
- 生存・生理的 ― 生存・生理的欲求

出典：A. H. マズロー／小口忠彦訳（1987）『人間性の心理学――モチベーションとパーソナリティ 改訂新版』産業能率大学出版部から作成（一部のラベルを変更）

21――A. H. マズロー／小口忠彦訳（1987）『人間性の心理学――モチベーションとパーソナリティ 改訂新版』産業能率大学出版部（Maslow, A. H. (1954) *Motivation and Personality*, Harper）。

> **図表5.8（b） マズローの考える5つの欲求**
> ・生存・生理的欲求＝衣食住を満たすという人間にとって欠かせないもっとも基本的な欲求。
> ・安全・安定の欲求＝安全・安定を求め、苦痛・脅威・病気などから解き放され安心して暮らしたいという欲求。
> ・社会的欲求　　　＝個から社会や組織に目が向けられ、会社での帰属感、組織での人間関係における友情や愛情という欲求。
> ・自尊・尊厳の欲求＝個から脱皮し他人からの承認を受け、周りから認められたいと思う欲求。
> ・自己実現の欲求　＝自らの目標実現に向けて進もうとする欲求であり、強い主体性を持った個人の成長を促す欲求。

なマズローの欲求階層理論である[21]。

　マズローは、これら5つの欲求は、人間を動機づける基本的な欲求であるとしている。最初の「生存・生理的欲求」が満たされてはじめて、そのつぎの欲求（「安全・安定の欲求」）が生まれる。そして、その欲求が満たされると、つぎの欲求（「社会的欲求」）、そしてつぎの欲求（「自尊・尊厳の欲求」）、最後には、さらに上の「自己実現の欲求」へと進んでいくとしている。

　マズローの主張は、「人間はある欲求が満たされてはじめて、より高次な欲求へと移っていく」というものである。別の言い方をすれば、一度満たされた欲求では、人間を動機づけするのは難しいということでもある。マーケティングへの示唆は、人間はそれぞれ、欲求段階が異なり、動機づける要因も違うということである。消費者がいまいるステージに応じて、その消費者グループに向けてのマーケティングを考えなければならない。

(2) 認知的不協和理論 (cognitive dissonance model)

　「認知的不協和理論」[22]とは、意思決定後の消費心理（葛藤）を説明した仮説的な理論である（フェスティンガー　1964）。消費者が、購買の意思決定プロセスを経て、最終的に商品購入を決めたとする。しかし、一般的には、消費者心理として、一度自分が決めた購買における選択が本当に正しかったのかどうかについて、事後的に迷う場合がある。葛藤

22——L. フェスティンガー／末永俊郎監訳（1964）『認知的不協和の理論——社会心理学序説』誠信書房（Festinger, L.（1957）*A Theory of Cognitive Dissonance*, Stanford University Press）。

状況に陥る心理状態は、「認知的不協和」と呼ばれる。

例えば、自動車を購入する場合、車種選定や車体の色などいろいろと迷うものである。こうしたときに、一度決めた後でも、「お金をケチらずに、もっとグレードが上の車にすればよかったかな」「車体の色は、シルバーではなく、展示されて気に入っていたホワイトパールにすればよかったかな」など、自らの選択について事後的に後悔することがある。

有能な営業担当者は、こうした消費者の心理的な葛藤を解消させることに努める。フォローアップに訪問し、買い手が良い選択をしたという確証を言葉でフォローするなど、購入後の満足度を高めるようにアフターケアを欠かさない。それが、消費者の持つ認知的不協和を解消することになるからである。販売後のフォローアップは、非常に有効な手段である。忠実な顧客であるリピーター（初期反復購買者）を生み出す手段にもなる。

また、車を購入した後では、消費者の目は自分が乗っている車に注目が向かいやすくなる。新車の購入後はとくにそうである。それは、消費者自身が自らの選択の正当性（認知的不協和）を確認するための行為である。「認知的不協和を解消するために、消費者は無意識のうちに、自分に都合のよい情報をマス広告や他人の評価などから、選択的に収集しようとしている」というのが、認知的不協和理論による消費者行動の解釈になる。

(3) VALS：ライフスタイル研究

アメリカは消費者調査の国である。VALS研究（Values and Life Styles）から、アメリカ人のライフスタイル類型が明らかになった。VALSは、1980年代にSRI（旧スタンフォード研究所；1946年～）とUCバークレー（カリフォルニア大学バークレー校）が共同で開発した調査システムである[23]。

人間の精神発達の仕方には、2つの道筋がある。欲求に追随していく欲求駆動の時期を経て、若者が大人になると、「内部志向」と「外部（他人）志向」に分かれていく。この考え方の源流は、社会学者のリー

23——A. ミッチェル、P. シュウォーツ、J. オグルビー／吉福伸逸監訳（1987）『パラダイム・シフト——価値とライフスタイルの変動期を捉えるVALS類型論』ティビーエス・ブリタニカ（Mitchell, A., J. Ogilvy, and P. Schwartz (1978-1984) *The VALS Typology: A New Perspective on America*, SRI International）。本書は、1978～84年までに刊行されたVALSの55の調査を編集したものである。

スマンが著した『孤独な群衆』(1964) にある。[24]

図表5.9は、人間は社会的な適合の過程で、二重階層の構造が存在していることを示している。VALS研究では、アメリカ人の9つのライフスタイルの段階を示し、新しいセグメンテーション軸の発見がなされた。最近では、改良版の「VALS2」へと研究が進んでいる。

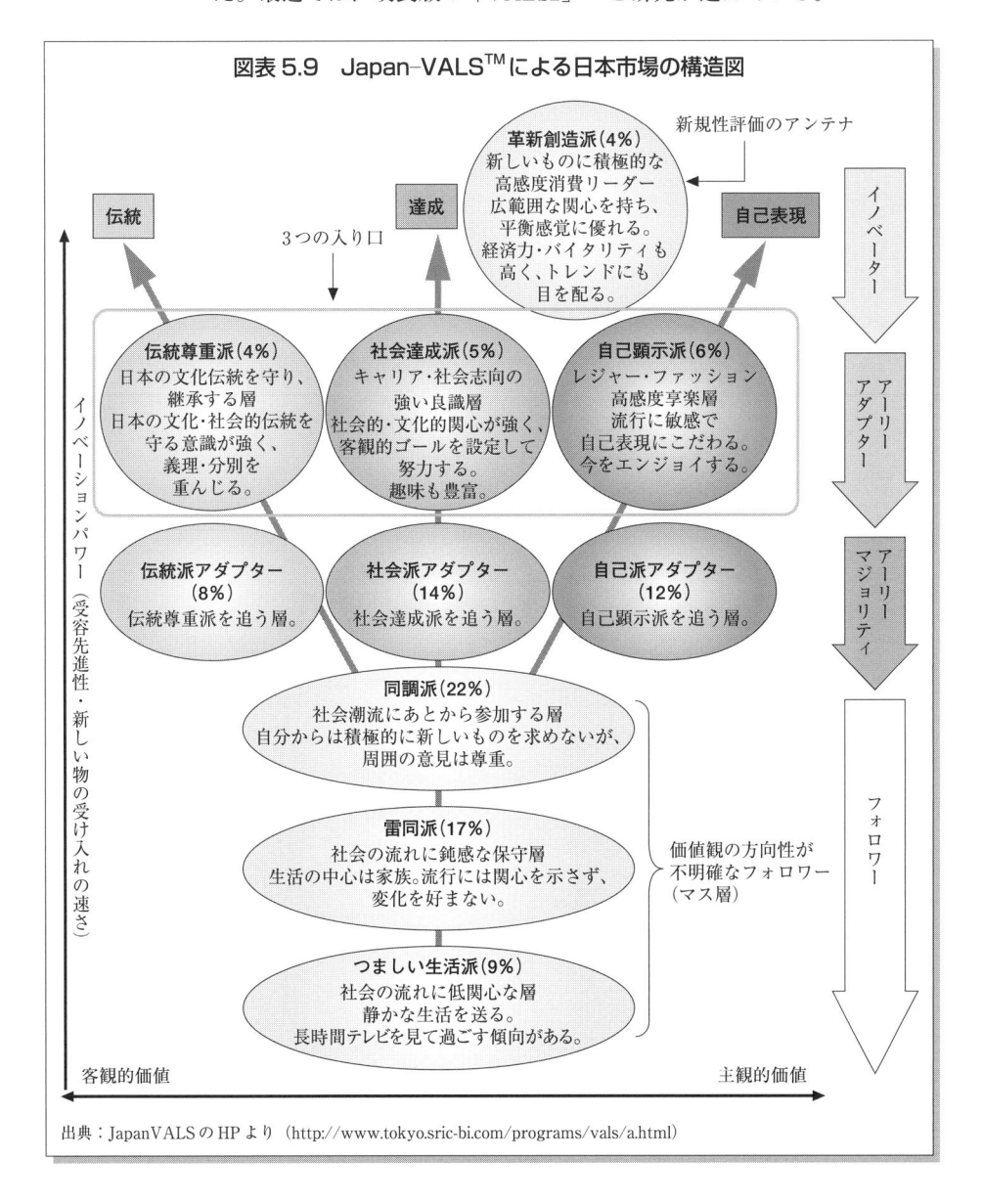

図表5.9　Japan-VALS™による日本市場の構造図

- 伝統
- 達成
- 自己表現

革新創造派 (4%) — 新規性評価のアンテナ
新しいものに積極的な高感度消費リーダー
広範囲な関心を持ち、平衡感覚に優れる。
経済力・バイタリティも高く、トレンドにも目を配る。

3つの入り口

伝統尊重派 (4%)
日本の文化伝統を守り、継承する層
日本の文化・社会的伝統を守る意識が強く、義理・分別を重んじる。

社会達成派 (5%)
キャリア・社会志向の強い良識層
社会的・文化的関心が強く、客観的ゴールを設定して努力する。
趣味も豊富。

自己顕示派 (6%)
レジャー・ファッション高感度享楽層
流行に敏感で自己表現にこだわる。
今をエンジョイする。

伝統派アダプター (8%)
伝統尊重派を追う層。

社会派アダプター (14%)
社会達成派を追う層。

自己派アダプター (12%)
自己顕示派を追う層。

同調派 (22%)
社会潮流にあとから参加する層
自分からは積極的に新しいものを求めないが、周囲の意見は尊重。

雷同派 (17%)
社会の流れに鈍感な保守層
生活の中心は家族。流行には関心を示さず、変化を好まない。

つましい生活派 (9%)
社会の流れに低関心な層
静かな生活を送る。
長時間テレビを見て過ごす傾向がある。

（縦軸）イノベーションパワー（受容先進性・新しい物の受け入れの速さ）
（横軸）客観的価値 ⇔ 主観的価値

（右側）イノベーター → アーリーアダプター → アーリーマジョリティ → フォロワー

価値観の方向性が不明確なフォロワー（マス層）

出典：JapanVALSのHPより（http://www.tokyo.sric-bi.com/programs/vals/a.html）

図表5.9で示されている「日本版VALS」は、アメリカのSRIの手法を、日本市場にローカライズしたものである。SRIコンサルティング・ビジネスインテリジェンス（SRIC-BI）との共同企画で、日本のライフスタイルを10の類型に分けている。基本的には、ロジャーズの「革新の普及理論」（第９章を参照）で説明される採用段階ごとに、対応する各ステージに割り振ったものである。[25]

ところで、現代社会では、米国SRIがVALS研究で明らかにしたように、人々のマジョリティは、そのライフスタイルを「野心派→達成者」（ファストな生き方）に進化させなくなってきている。むしろ、われわれの生活観は、どちらかといえば、「個人主義→体験派→社会理念派」（スローな生き方）へと進むことのほうが多くなっているようにも見える。

(4) LOHAS消費者

それと関連する新しいライフスタイルの発見が、社会学者のポール・レイとシェリー・アンダーソンによってなされた。「カルチュラル・クリエイティブズ」（cultural creatives）といわれるライフスタイルである。彼らによると、この価値観（LOHAS：Lifestyles of Health and Sustainability、「ロハス」と読む）を持った人々が全米人口の26％にあたる5000万人存在し、LOHAS関連の消費市場が30兆円に上ると発表した。[26]

「カルチュラル・クリエイティブズ」とは、エコロジーや地球環境、平和、社会正義、自己実現、そして自己表現に深い関心を寄せる人々のことである。彼らが信奉するライフスタイルが、LOHASである。"ロハスな"消費者は、健康と環境、持続可能な社会生活を心がける生活者層でもある。日本でも、米国と同様に、日本人の約24％がこのライフス

24——D. リースマン／加藤秀俊訳（1964）『孤独な群衆』みすず書房（Riesman D., R. Denney and N. Glazer（1950）*The Lonely Crowd: A Study of the Changing American Character*, Yale University Press）。リースマンは、人間を「伝統志向」「内部志向」「外部志向」の３類型に分類している。人間が精神の羅針盤（行動基準）をどこに求めるのかをタイプ分けしたものである。社会学の歴史では記念碑的な著作である。

25——日本版のJapan-VALS™は、ジェーディーエスとSRIコンサルティング・ビジネスインテリジェンス（SRIC-BI）の共同企画で、サービスが提供されている（Japan-VALS HP http://www.tokyo.sric-bi.com/）。

26——Ray, P. H. and S. R. Anderson（2000）*The Cultural Creatives: How 50 Million People Are Changing the World*, Harmony Books.

タイルを志向しているといわれている（大和田、水津 2008）[27]。

なお、LOHAS層の食生活では、環境負荷がかからないもの、自然食品（オーガニック）が志向される。詳しくは、小川、酒井（2007）や第18章「マーケティングの社会的役割」で、こうした世界的なトレンドを紹介している[28]。

4．消費者の購買行動の分類

店頭マーケティング研究（田島、青木 1989、大槻 1991、1998）においては、消費者が店頭でどのように商品やブランドを選択しているかが調査研究されてきた[29]。第13章「コミュニケーション活動（2）：セールス・プロモーション」と第15章「小売業の経営とロジスティクス」では、店頭プロモーションに関連した消費者行動の仮説と調査データについて、もっと詳しく紹介する。

図表5.10　消費者の購買行動の分類

計画購買	11.0%	ブランドレベルの購入予定にしたがい、予定ブランド品を購入する
ブランド選択	10.8%	商品カテゴリーレベルの購入予定にしたがい、商品を購入する
ブランド変更	2.1%	購入予定ブランドを変更して、商品を購入する
想起購買	27.8%	店頭で必要性を思い出し、商品を購入する
関連購買	6.4%	他の購入商品との関連で必要性を認識し、商品を購入する
条件購買	26.8%	価格等の条件により購入意向が喚起され、商品を購入する
衝動購買	15.3%	新奇性や衝動により、商品を購入する

出典：西道実（2000）「消費者の非計画購買過程」竹村和久編『消費行動の社会心理学』北大路書房、43頁。元データは、青木幸弘（1989）「店頭研究の展開方向と店舗内購買行動分析」田島義博、青木幸弘編著『店頭研究と消費者行動分析』誠文堂新光社、および永野光朗（1997）「消費者行動における状況要因」杉本徹雄編『消費者理解のための心理学』福村出版

27──NPOローハスクラブ（2006）『日本をロハスに変える30の方法──business LOHAS: "LOHAS" lifestyle of health and sustainability』講談社。大和田順子、水津陽子（2008）『ロハスビジネス』朝日新書。なお、LOHAS的なライフスタイルを取り上げているビジネス誌としては、『オルタナ』（森摂編集長）がある。
28──小川孔輔、酒井理編著（2007）『有機農産物の流通とマーケティング』農山漁村文化協会。
29──田島義博、青木幸弘編（1989）『店頭研究と消費者行動分析──店舗内購買行動分析とその周辺』誠文堂新光社。大槻博（1991）『店頭マーケティングの実際』日経文庫。大槻博（1998）「日用消費財メーカーにみるプロモーション戦略の変化」『マーケティング・ジャーナル』18巻2号。

COLUMN-10
ショッピングの科学：
パコ・アンダーヒルの店頭観察法

　1999年11月、米国フィラデルフィアでの仕事を終えて、成田行きのノースウエスト航空の接続便を待っている間のことである。ミネアポリス空港（ミネソタ州）の書店で、1冊の本が目に留まった。その後、全米のビジネス書でベストセラーになるパコ・アンダーヒル著『なぜこの店で買ってしまうのか』（原題は、*Why We Buy : The Science of Shopping*）。2001年2月に早川書房から翻訳書が出て、日本でも発売からわずか1年で十数万部が売れた。

　社会・文化人類学者からマーケティング・コンサルタントに転身したパコ・アンダーヒル氏は、「エンバイロセル：Envirosell」という調査会社（日本では広告代理店の博報堂と提携）を率いる現役経営者。社名を意訳すると、「商品がよく売れるように買い物のための環境を調査する会社」となる。アンダーヒル社長のメッセージは秀逸であった。調査員が店頭に立って消費者の動きをじっくり観察してみると、ブランドは思ったほど購買の最終決定に重要ではないことがわかった。広い意味での買い物の環境デザインが、小売店の売上を決定的に支配している。

　この結論は、2つのメッセージを同時に発している。ひとつめは大手広告代理店と会計コンサルタント会社に主導された、企業経営者たちのブランド偏重の風潮に冷水を浴びせていること。2つめは、かつて「フィールド・マーケティング」（店頭マーケティング）の研究者が、「衝動買いがどのようなメカニズムで起こるのか」を理論的にうまく説明できなかったことについて、彼の観察法が立派な解答を与えたことである。

　約25年前に、米国の大手パッケージ商品メーカーは、流通業者の協力を得て大がかりな店舗実験をした。ワンセット数百万円もするアイカメラを肩に担いでもらって、買い物客の目線の動きを追跡したが、「消費者情報処理理論」（ハワード&シェス、ベットマン）をリサーチ上の礎石とした試みからは、マーケティングの実務に対してそれほど役に立ちそうな事実は発見できなかった。それが、メモ帳と録音機を持って調査員が店頭に立ち、一日中買い物客の行動を観察して記録するという、決してスマートな方法ではないアンダーヒル氏の店頭調査の結果からは、面白い知見が山のように出てきたのである。

　例を挙げてみよう。アンダーヒル氏の有力なクライアントであるマク

ドナルドでの店頭観察によれば、標準的なファストフードの店舗では、注文してから商品が出てくるまでの待ち時間は平均1分40秒である。釣り銭を受け取った後手持ちぶさたになった顧客の75％は、注文を終えた後も店内の案内板やメニューボードを読んでいた。

1分40秒もあれば、人間はかなり長いメッセージを読むことができる。カウンターの上にあるメニューボードや店内案内板の役割は、顧客のオーダーを補助するためだけに存在しているわけではない。顧客が次回来店したときに、マクドナルドとしてぜひともオーダーしてほしい、新しいプロモーション・メニューについての情報を提供することにも有効である。そこでメニューボードと案内板のレイアウトと表現が改善された。

これはほんの一例である。例えば、試着室に持って入ったジーンズを実際に買う割合は、男性で65％、女性は25％である。また、ショッピングモールの家庭用品の店で、客が買い物かごを使う割合は8％、かごを使う客が実際に品物を買う割合は75％、反対にかごを使わない客が品物を買う割合は34％であった。エンバイロセルの推奨にしたがって、男性用の試着室はもっと利用しやすく目立つ場所に移動された。また、どういう形であれ、とにかく来店した客の手にかごを握らせてしまえばお店の勝ちである。そのために、入り口にまとめて置いてあった買い物かごが、店内に分散して配置された。

人間観察からの結論。消費者は物事を合理的に考える人間である前に、環境に反応して瞬間的に行動する動物である。見て、聞いて、嗅いで、触って、味わって……人間は五感を通して感じて行動する。アンダーヒル流の観察実証主義を、筆者は「行動主義的消費者理論」と呼ぶことにする。

この流れは、マーケティング理論の歴史の中では、おそらく異形であり、傍流であった。しかし、将来的には、有力な方法論になりうる可能性を秘めている。事実、「参与観察」「フィールドワーク」「ポストモダン・マーケティング」など、パコ・アンダーヒル氏を育んだ社会学や文化人類学を基礎とした観察法やデータ記録は、マーケティング・リサーチでは本流になりかけている。

出典：小川孔輔（2001）「マーケティングの未来を探る――BOOKS in REVIEW（13）『なぜこの店で買ってしまうのか』パコ・アンダーヒル、『ブランド・エクイティ戦略』D. A. アーカー、『マス・マーケティング史』R. S. テドロー」『Diamondハーバード・ビジネス・レビュー』第26巻第11号（通号158号）、123～126頁から文章を部分的に引用、要約。

ここでは、購買行動によって消費者を分類する考え方を簡単に示すことにする。図表5.10は、日本の店頭研究から明らかになった調査結果を要約したものである。図表5.10を見ると、消費者の店頭購買行動について、およそつぎのようなことがわかる。

　消費者が事前にブランドまで想定して買い物をする「計画購買」は、ほぼ10人に1人（11.0%）である。カテゴリーを決めてブランドを選択する「ブランド選択」（10.8%）もほぼそれと同程度である。両者を合わせると、計画して購入する購買客の割合は、20%強しかいないことがわかる。非計画購買の割合が、日本では圧倒的に高いことになる。

　非計画購買の内訳を見てみる。店頭でのマーケティング刺激で購買に至る「想起購買」（27.8%）と「条件購買」（26.8%）で、消費者の過半数を占めている。つまり、消費者は店頭で消費ニーズを喚起されることが非常に多いことがわかる。限定品のおまけやキャッシュバックのような実質値引きに引き寄せられて、その場で衝動的に商品を買ってしまう「衝動購買」（15.3%）や、ワインの隣にあるチーズを一緒に買い物かごに入れてしまう「関連購買」（6.4%）も意外に多いことがデータから読み取れる[30]。

　COLUMN-10は、米国の社会行動学者で、マーケティング・コンサルタントのパコ・アンダーヒル（エンバイロセル社長）の著書（2001）『なぜこの店で買ってしまうのか』からの引用である。消費者観察から得られる「店頭に関する知見」が、マーケティングにとっていかに大切かがわかる[31]。

　なお、本章では、消費理論の最近の成果である「ポストモダン消費行動論」（postmodern theory of consumer behavior）を取り上げていない。McCracken（1988、2005）にはじまり、Brown（1995）やHolbrook（1995）に続いていく「ポストモダンの消費アプローチ」は、解釈学的で定性的である。消費行動を財やサービスに対する経済的なニーズを満たすための購買行動として見るのではなく、財を使用する観点

---

[30]──三村浩一（2009）「限定品を購入する消費者像」『日経広告研究所報』244号。三村浩一、小川孔輔（2008）「消費分析　限定品販売、女性を狙え」『日経MJ』（流通新聞）4月23日号、2面。

[31]──P. アンダーヒル／鈴木主税訳（2001）『なぜこの店で買ってしまうのか──ショッピングの科学』早川書房（Underhill, P.（2001）*Why We Buy: The Science of Shopping*, Texere）。

から、あるいは、快楽主義的にモノを消費する立場から人間の行動を見るのが特徴である。こうしたアプローチについては、第18章「マーケティングの社会的な役割」で、詳しく取り上げることにする。[32]

〈参考文献〉
青木幸弘（1989）「店頭研究の展開方向と店舗内購買行動分析」田島義博、青木幸弘編著『店頭研究と消費者行動分析』誠文堂新光社
青木幸弘（1992）「消費者情報処理の理論」大澤豊編『マーケティングと消費者行動』有斐閣
青木幸弘（1995）『消費者行動論講義ノート』関西学院大学
渥美俊一（2004）『仕入れと調達　新訂版』実務教育出版
阿部周造、新倉貴士編（2004）『消費者行動研究の新展開』千倉書房
P. アンダーヒル／鈴木主税訳（2001）『なぜこの店で買ってしまうのか——ショッピングの科学』早川書房（Underhill, P.（2001）*Why We Buy：The Science of Shopping*, Texere）
石井淳蔵（2006）「序章　ネット・コミュニティの新しい地平」石井淳蔵、水越康介編『仮想経験のデザイン』有斐閣
池尾恭一（1999）『日本型マーケティングの革新』有斐閣
NPOローハスクラブ（2006）『日本をロハスに変える30の方法——business LOHAS: "LOHAS" lifestyle of health and sustainability』講談社
大槻博（1991）『店頭マーケティングの実際』日経文庫
大槻博（1998）「日用消費財メーカーにみるプロモーション戦略の変化」『マーケティング・ジャーナル』18巻2号
大和田順子、水津陽子（2008）『ロハスビジネス』朝日新書
小川孔輔（1992）「消費者行動とブランド選択の理論」大澤豊編『マーケティングと消費者行動』有斐閣
小川孔輔（1993）「マーケティング・モデル発展の小史」『季刊マーケティング・ジャーナル』第12巻第3号（通号47号）、78〜87頁

---

[32]——代表的な文献としては、McCracken, G. D.（1988）*Culture and Consumption*, Indiana University Press, McCracken, G. D.（2005）*Culture and Consumption II: Markets, Meaning, and Brand Management*, Indiana University Press, Brown, S.（1995）*Postmodern Marketing*, Routledge, Holbrook, M. B.（1995）*Consumer Research: Introspective Essays on the Study of Consumption*, Sage, Holbrook, M. B. ed.（1999）*Consumer Value: A Framework for Analysis and Research*, Routledge。彼らの影響を受けている日本人研究者の著作としては、桑原武夫、日経産業消費研究所編（1999）『ポストモダン手法による消費者心理の解読——ステレオ・フォト・エッセーで潜在ニーズに迫る』日本経済新聞社、武井寿（1997）『解釈的マーケティング研究——マーケティングにおける「意味」の基礎理論的研究』白桃書房、木村純子（2001）『構築主義の消費論——クリスマス消費を通したプロセス分析』千倉書房。

小川孔輔、法政大学産業情報センター編（1994）『POSとマーケティング戦略』有斐閣

小川孔輔（2001）「マーケティングの未来を探る──BOOKS in REVIEW（13）『なぜこの店で買ってしまうのか』パコ・アンダーヒル、『ブランド・エクイティ戦略』D. A. アーカー、『マス・マーケティング史』R. S. テドロー」『Diamondハーバード・ビジネス・レビュー』第26巻第11号（通号158号）、123〜126頁

小川孔輔（2005）「バラエティ・シーキング行動モデル──既存文献の概括とモデルの将来展望」『商学論究』（関西学院大学商学部、中西正雄・退職記念特集号論文）第2巻第4号、35〜52頁

小川孔輔、酒井理編著（2007）『有機農産物の流通とマーケティング』農山漁村文化協会

小川美香子、佐々木裕一、津田博史、吉松徹郎、國領二郎（2003）「黙って読んでいる人達（ROM）の情報伝播行動とその購買への影響」『マーケティング・ジャーナル』第22巻第4号（通号88号）、39〜51頁

B. E. カーン、L. マッカリスター／小川孔輔、中村博監訳（2000）『グローサリー・レボリューション──米国パッケージ商品業界の経験』同文舘出版（Kahn, B. E. and L. McAlister (1997) *Grocery Revolution: The New Focus on the Consumer*, Addison-Wesley）

木村純子（2001）『構築主義の消費論──クリスマス消費を通したプロセス分析』千倉書房

桑原武夫（1992）「新製品の採用と革新のモデル」大澤豊編『マーケティングと消費者行動』有斐閣

桑原武夫、日経産業消費研究所編（1999）『ポストモダン手法による消費者心理の解読──ステレオ・フォト・エッセーで潜在ニーズに迫る』日本経済新聞社

H. A. サイモン／松田武彦他訳（1989）『経営行動──経営組織における意思決定プロセスの研究　新版』ダイヤモンド社（Simon, H. A. (1976) *Administrative Behavior*, 3rd ed., Free Press）

G. ザルトマン／藤川佳則、阿久津聡訳（2005）『心脳マーケティング──顧客の無意識を解き明かす』ダイヤモンド社（Zaltman, G. (2003) *How Customers Think*, Harvard Business School Press）

高嶋克義、南知惠子（2006）『生産財マーケティング』有斐閣

高嶋克義、桑原秀史（2008）『現代マーケティング論』有斐閣アルマ

高瀬浩（2005）『ステップアップ式MBAマーケティング』ダイヤモンド社

高橋郁夫（2008）『消費者購買行動　3訂』千倉書房

武井寿（1997）『解釈的マーケティング研究──マーケティングにおける「意味」の基礎理論的研究』白桃書房

田島義博、青木幸弘編（1989）『店頭研究と消費者行動分析──店舗内購買

行動分析とその周辺』誠文堂新光社

田中洋、丸岡吉人（1991）『新広告心理』電通

田中洋、清水聰編（2006）『消費者・コミュニケーション戦略——現代のマーケティング戦略4』有斐閣アルマ

田中洋（2008）『消費者行動論体系』中央経済社

永野光朗（1997）「消費者行動における状況要因」杉本徹雄編『消費者理解のための心理学』福村出版

中西正雄編（1984）『消費者行動分析のニューフロンティア』誠文堂新光社

西道実（2000）「消費者の非計画購買過程」竹村和久編『消費行動の社会心理学』北大路書房

L. フェスティンガー／末永俊郎監訳（1964）『認知的不協和の理論——社会心理学序説』誠信書房（Festinger, L.（1957）*A Theory of Cognitive Dissonance*, Stanford University Press）

G. マクラッケン／小池和子訳（1990）『文化と消費とシンボルと』勁草書房（McCracken, G. D.（1988）*Culture and Consumption: New Approaches to the Symbolic Character of Consumer Goods and Activities*, Indiana University Press）

A. H. マズロー／小口忠彦訳（1987）『人間性の心理学——モチベーションとパーソナリティ　改訂新版』産業能率大学出版部（Maslow, A. H.（1954）*Motivation and Personality*, Harper）

三浦俊彦（1996）「消費者行動分析」和田充夫、恩蔵直人、三浦俊彦『マーケティング戦略』有斐閣

A. ミッチェル、P. シュウォーツ、J. オグルビー／吉福伸逸監訳（1987）『パラダイム・シフト——価値とライフスタイルの変動期を捉えるVALS類型論』ティビーエス・ブリタニカ（Mitchell, A., J. Ogilvy, and P. Schwartz（1978-1984）*The VALS Typology: A New Perspective on America*, SRI International）

三村浩一（2009）「限定品を購入する消費者像」『日経広告研究所報』244号

三村浩一、小川孔輔（2008）「消費分析　限定品販売、女性を狙え」『日経MJ』（流通新聞）4月23日号、2面

余田拓郎、首藤明敏編（2006）『B2Bブランディング—企業間の取引接点を強化する』日本経済新聞社

P. ラークソネン／池尾恭一、青木幸弘監訳『消費者関与——概念と調査』千倉書房（Laaksonen, P.（1994）*Consumer Involvement: Concepts and Research*, Routledge）

D. リースマン／加藤秀俊訳（1964）『孤独な群衆』みすず書房（Riesman D., R. Denney and N. Glazer（1950）*The Lonely Crowd: A Study of the Changing American Character*, Yale University Press）

M. J. ワイス／田中洋、和田仁訳（1994）『アメリカ・ライフスタイル全書

──40クラスターに見る素顔の社会』日本経済新聞社（Weiss, M.（1988）*The Clustering of America*, HarperCollins）
和田充夫、恩蔵直人、三浦俊彦（2006）『マーケティング戦略　第3版』有斐閣アルマ

Bettman, J. R.（1979）*An Information Processing Theory of Consumer Choice*, Addison-Wesley.

Brown, S.（1995）*Postmodern Marketing*, Routledge.

Hall, S. R.（1926）*How to Make Advertisements Appealing*, International Textbook.

Hall, S. R.（1930）*The Advertising Handbook: A Reference Work Covering the Principles and Practice of Advertising*, 2nd ed., McGraw-Hill.

Holbrook, M. B.（1995）*Consumer Research: Introspective Essays on the Study of Consumption*, Sage.

Holbrook, M. B. ed.（1999）*Consumer Value: A Framework for Analysis and Research*, Routledge.

Howard, J. A.（1989）*Consumer Behavior in Marketing Strategy*, Prentice-Hall.

Joachimsthaler, E. A. and J. L. Lastovicka（1984）"Optimal Stimulation Level: Exploratory Behavior Models," *Journal of Consumer Research*, 11（December）, pp. 830–835.

McAlister, L. and E. Pessimier（1982）"Variety Seeking: An Interdisciplinary Review," *Journal of Consumer Research*, 9（December）, pp. 311–322.

McCracken, G. D.（2005）*Culture and Consumption II: Markets, Meaning, and Brand Management*, Indiana University Press.

Massy, W. F., D. B. Montgomery and D. G. Morrison（1970）*Stochastic Models of Buying Behavior*, The M. I. T. Press.

Mitchell, A.（1983）*The Nine American Lifestyles*, Macmillan Publishing.

Nelson, P.（1970）"Information and Consumer Behavior," *Journal of Political Economy 78*（March/April）, pp. 311–328.

Petty, R. E., and Cacioppo, J. T.（1986）*Communication and Persuasion: Central and Peripheral Routes to Attitude Change*, Springer-Verlag.

Ratner, R. K., B. E. Kahn and D. Kahneman（1999）"Choosing Less-Preferred Experiences for the Sake of Variety," *Journal of Consumer Research*, 26, pp. 1–15.

Ray, P. H. and S. R. Anderson（2000）*The Cultural Creatives: How 50 Million People Are Changing the World*, Harmony Books.

Sheth, J. N.（1974）*Models of Buyer Behavior*, Harper & Row.

Strong, E. K.（1925）"Theories of Selling," *Journal of Applied Psychology*. 9, pp. 75–86.

〈さらに理解を深めるための参考文献〉

阿部周造（1978）『現代マーケティング叢書1　消費者行動論——計量モデル』千倉書房

阿部周造編（2001）『消費者行動研究のニュー・ディレクションズ』関西学院大学出版会

大平健（1990）『豊かさの精神病理』岩波新書

H. ガードナー／佐伯胖、海保博之監訳（1987）『認知革命——知の科学の誕生と展開』産業図書（Gardner, H.（1985）*The Mind's New Science: A History of the Cognitive Revolution*, Basic Books）

清水聰（2006）『戦略的消費者行動論』千倉書房

杉本徹雄編（1997）『消費者理解のための心理学』福村出版

新倉貴士（2005）『消費者の認知世界——ブランドマーケティング・パースペクティブ』千倉書房

第6章
市場戦略と競争対応

　本章では、企業の対市場戦略と競争対応について、一般的に知られているいくつかの枠組みを、その理論が登場した時代の順番に紹介する。前半部分では、企業が市場において持続的な成長を遂げるためには、どのように成長戦略を考えていけばよいのかを解説する。後半部分では、企業が競合他社に対して相対的な競争優位性を築くためには、どのような競争戦略を採用すべきかについて議論する。

　第1節では、企業成長の理論枠組みを見ていく。まず、アンゾフの製品市場グリッドを紹介する。製品市場グリッドでは、製品と市場を軸にして、企業の成長戦略を4つに区別する。すなわち、市場浸透戦略、市場開拓戦略、製品開発戦略、多角化戦略である。また、垂直統合による成長戦略が紹介される。

　第2節では、多角的成長のための4つの類型が示される。自社の経営資源だけでの成長を志向するのが内部開発である。それとは反対に、短期間での急速な成長と経営資源の獲得を目指して、他社の事業部門や会社そのものを買収するのが買収合併である。その中間に、ライセンス契約と合弁事業による成長戦略がある。

　第3節では、ボストン・コンサルティング・グループが提示したプロダクト・ポートフォリオ・マネジメント（PPM）を紹介する。戦略事業単位と呼ばれる複数の多角化事業を、成長性と収益性の次元で4つに分類し、成長のための経営資源の配分を考える枠組みである。PPMのモデルは、全社的な事業の再構築に利用される。

　第4節では、他社に対して競争優位を築くための基本戦略を、ポーターの競争戦略論の視点から見ていく。基本戦略は、コスト・リーダーシップ戦略、差別化戦略、集中戦略の3つである。基本戦略について解説するとともに、そのバリエーションについても説明していく。この節で

は、市場地位を考慮に入れた競争対応について学ぶ。リーダー、フォロワー、チャレンジャー、ニッチャーごとに、基本的な戦い方を紹介する。

1──企業成長と事業の多角化

　企業の目的は、単に短期的な利益を追い求めることではない。持続的な成長を遂げていくことである。現有市場での成長率の鈍化は、企業にとって非常に大きな問題である。そこで、企業は持続的な成長の機会を求めて、成長のための戦略を模索することになる。本節では、企業成長の戦略的な枠組みについて見ていくことにする。

1. アンゾフの製品市場グリッド

　成長戦略を考える上で、もっとも古典的な枠組みは、アンゾフの「製品市場グリッド」である（図表6.1）。アンゾフ（1969）の考え方は、「製品」（product）と「市場」（market）という2つの軸を使って、企業が成長するための方向性を整理したものである。[1] 製品と市場を手がかりに、それぞれが「新規」なのか「既存」なのかで分けると、企業の成長戦略は4つに分類できる。

　既存市場で既存製品のマーケティング活動を強化する「①市場浸透戦略」、既存製品を新市場に投入する「②市場開拓戦略」、既存市場を対象に新製品を発売する「③製品開発戦略」、そして、製品も市場も当該企業にとって新しい「④多角化戦略」の4つである。製品または市場のいずれかで、既存のものを活用する前三者は、「強化的成長戦略（intensive growth strategy）」とも総称される。

　図表6.1は、基本成長戦略を4つのセルで表現し、それぞれの特徴を整理したものである。具体例を通して、4つの成長戦略を見ていくことにしよう。

---

[1]──H. I. アンゾフ／広田寿亮他訳（1969）『企業戦略論』産業能率短大出版局。初出は *Harvard Business Review*（1957）掲載の論文。アンゾフは企業の成長に関する説明にもこのツールを使用したため、このマトリックス自体を「アンゾフ・マトリックス」「製品／市場成長マトリックス」「事業拡大マトリックス」などと呼ぶこともある。

（1）市場浸透（market penetration）戦略

　既存市場を対象に、既存製品で販売を伸ばしていくのが、「市場浸透戦略」である。市場浸透のための具体的な方策としては、以下の5つが考えられる。すなわち、

　　（A）　既存製品の新しい用途を開発するか、
　　（B）　競合企業から顧客を奪うか、
　　（C）　製品を使用していない新規顧客を開拓するか、
　　（D）　現在顧客の購入頻度を高めるか、
　　（E）　現在顧客の使用量を増やすか、

である。

　第一に、既存製品による市場浸透は、「新しい使用法の発見」と「新しい使用状況」を作り出すことで成し遂げられる。アーム・アンド・ハマー社の「ベーキング・ソーダ」がその典型例である。もともと、パンなどの「膨らし粉」として開発されたベーキング・ソーダを、冷蔵庫の脱臭剤やペット用トイレの除臭剤、あるいは、クレンザーの代用品として、新しい用途を開発したのである。

　2番目に、市場浸透には、他社の顧客を獲得して販売を伸ばす方法が

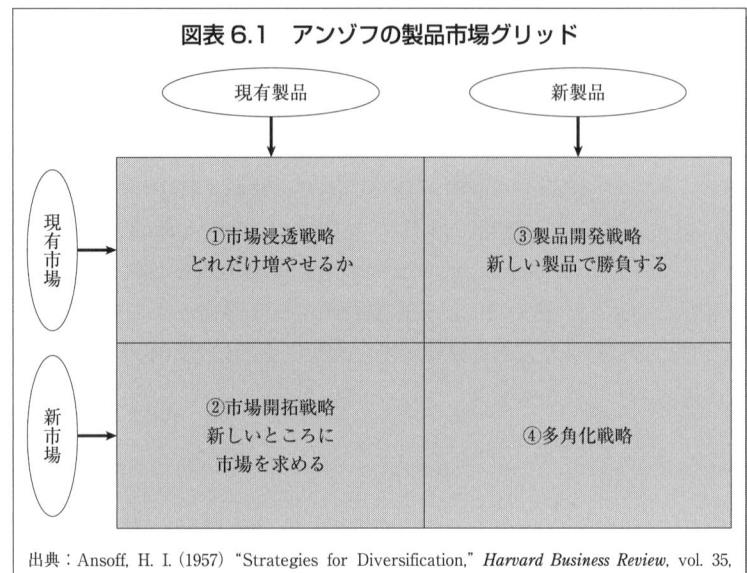

図表6.1　アンゾフの製品市場グリッド

	現有製品	新製品
現有市場	①市場浸透戦略 どれだけ増やせるか	③製品開発戦略 新しい製品で勝負する
新市場	②市場開拓戦略 新しいところに市場を求める	④多角化戦略

出典：Ansoff, H. I.（1957）"Strategies for Diversification," *Harvard Business Review*, vol. 35, pp. 113-124をもとに作成

ある。これには、顧客に直接的にアプローチする方法と間接的にアプローチする方法がある。前者は、既存製品の相対的な魅力を上げるために、他社の価格を見ながら競争的な小売価格を設定する方法である。価格面で魅力度が増せば、自社の既存製品であっても他社からのスイッチングは可能である。しかし、この場合、価格弾力性が大きい製品には有効に働くが、価格弾力性の小さい製品では価格を下げても有効性は低い[2]。また、顧客に間接的にアプローチする場合は、販売店へのリベートを増やすなど、小売り段階での販売強化を促すことである。販売店へのプロモーション支援などを通して、自社ブランドへのスイッチを促す。

　3番目は、既存市場で新規顧客を開拓する場合である。ここでは、現有製品の持つ便益を想定していなかった顧客層へ積極的に伝えたり、いままでにない新しい便益を生むことで新規顧客を開拓することが考えられる。例えば、ジョンソン・エンド・ジョンソンのベビー全身シャンプーは赤ちゃん用の商品であるが、いまでは肌の弱い大人にも愛用されている[3]。もともと赤ちゃん用に開発された肌にやさしいボディソープとしての特性を、肌の弱い敏感肌の大人にも訴求して支持を得たものである。

　最後に、既存製品の購入頻度や購入量を引き上げることで販売量を高める方法がある。自社製品を愛用している顧客に対して、購買頻度や購買量を増やすことで、実質的に顧客数を増やすことなく全体の販売量を増やすことである。

　例えば、1着1980円で販売されているTシャツを2着なら2980円、3着なら3980円というようにして、割安感を出して顧客のまとめ買いを促し、購買量を増やしていく方法である。実際、ユニクロなどでは、こうしたまとめ買い（バンドル販売）を促すような価格設定をしている。

　また、購買量を増やすには、顧客にとって魅力ある効能を前面に出す方法もある。例えば、毎日続けると体に良いとか、ダイエットに効くといったような効能を前面に出すのである。なお、商品カテゴリーの消費を拡大する目的でプロモーションを実施することを、「ジェネリック・

---

[2] 価格弾力性については、第10章の「価格の決定（1）——価格づけの理論」の項を参考。
[3] 他にも、ジョンソン・エンド・ジョンソンのベビー用品は、ベビーローション、ベビーパウダー、ベビーオイルなどデリケートな赤ちゃんの肌に合った商品を展開しているが、その多くが比較的肌の弱い大人も愛用している商品となっている。

キャンペーン」という。消費宣伝活動を通して、製品の使用や消費習慣そのものを変える努力を業界団体が取り組むことである。

(2) 市場開拓 (market development) 戦略

「市場開拓」のやり方には2つの方向が考えられる。(A) 現在の地理的市場で新規顧客を開拓する方向と、(B) 地理的市場を拡大して新規顧客に到達する方向である。

パソコン、複写機、ファックスなど、業務用のオフィス機器が、価格が低下するにしたがって個人消費者向けに市場を拡大してきたのは前者の例である。後者の例としては、小売業やサービス業が地理的拡大にあたって好んで採用する「ドミナント戦略」が挙げられる。新規の店舗展開にあたって、同一地域に集中的に出店する"絨毯爆撃"方式は、物流の効率や宣伝広告における規模の経済性が高い。当初、セブン-イレブン・ジャパンが関東エリアで集中的に出店してきた戦略などが、その代表例である。

トヨタ自動車やソニーなど、日本の多くの製造業では、市場開拓戦略が海外展開の形で実行されている。日本の自動車メーカーは、1960年代に米国へ、1970年代には欧州市場へ新規市場を拡大した。2000年以降は、主力の欧米市場から経済成長が著しいBRICs（ブラジル、ロシア、インド、中国）市場の開拓を積極的に行っている。

地理的な市場開拓以外に、ターゲット顧客を変える市場開拓もある。例えば、業務用市場から個人向けの一般市場へ、子供の市場から大人の市場へ、男性の市場から女性の市場へというアプローチである。

高校生を中心とした若い女性に人気のあるカジュアルウェア「EASTBOY」では、ファミリー市場向けに「EASTBOY family」を展開し、キッズ市場や親世代の市場も開拓している。大正製薬は、男性向け育毛剤「リアップ」を改良し、髪で悩む女性向けに「リアップ・レディ」を販売した。カシオ計算機は、頑丈な時計としてアクティブな男性に支持されている腕時計「G-SHOCK」に、女性を意識した「Baby-G」を加えて女性市場を開拓している。

流通経路の観点からの新しい市場開拓もある。例えば、以前は、雑誌は書店や駅の売店で販売されるのが一般的であった。しかし、いまでは、コンビニエンス・ストアの流通・販売ルートを活用することがふつうである。同様に、ゲームソフトや音楽CDなども、玩具専門店やレコ

ード専門店からコンビニエンス・ストアに販売チャネルが変わっている[4]。

　最近では、ドラッグストアでの販売が主であった医薬部外品が、コンビニエンス・ストアで販売されるようになった[5]。それとは逆に、スーパーマーケットやコンビニエンス・ストアでの販売が主であった飲料水が、ドラッグストアでも販売されるようになっている。

(3) 製品開発（product development）戦略

　「製品開発」にも、いくつかのバリエーションがある。開発のための時間が短くコストもほとんどかからない「マイナーな製品改良」から、まったく「新規の製品開発」まで、製品開発のバリエーションは広い範囲にわたる。

　例えば、Ｐ＆Ｇが「パンパース」を改良し、レッグ・ギャザーを採用して「ニュー・パンパース」を発売するなど、ブランド名の接頭語として"ニュー"や"新"がつく場合は、たいがいは「製品改良」である。「製品ライン拡張」は、形状や色、香り、サイズや容量の異なる新しいバージョンを既存の製品ラインに追加することである。

　「モデルチェンジ」は、既存の製品を革新的なニュー・モデルで置き換えることである。例えば、オーディオ製品やワープロ、パソコンなどは、急激な技術進歩のために、製品が物理的に使用不能になる前に技術的に陳腐化してしまう。また、乗用車市場では、ほぼ４年から５年のサイクルで旧モデルが新しいモデルに置き換わってしまう。

　まったくの新製品を開発するには、莫大な開発費を要する。そのため、改良製品や派生製品を開発することで、企業はリスクを減らしている。例えば、パソコンは、春モデル、夏モデル、秋冬モデルと、年に３回も新製品を発表している。これらの製品の多くは、既存モデルをベースにした改良製品である。改良製品とはいえ、頻繁に新しいモデルを市場に投入することで、製品の陳腐化の速度を速めて購買を刺激しようとしている。

---

[4]──コンビニエンス・ストアでのゲームソフトの販売は1996年に、音楽CDの販売については1998年にそれぞれ始まっている。

[5]──薬事法の改正で、2009年６月から医薬品販売者の認定である登録販売者制度が施行された。コンビニエンス・ストアやスーパーマーケットなどでも、登録販売者資格を取得すれば、薬剤師がいなくても薬種商販売業の許可が得られる。医薬部外品に加え、新たに大半の一般医薬品についても販売できるようになる。

しかしながら、頻繁なモデルチェンジによる製品開発であっても、顧客に新たな何らかの魅力を付与しなければ、製品の購買や買い換えにはつながらない。従来とは異なる高品質や高機能の製品を投入する必要がある。製品コンセプトの転換などもそのひとつの方策である。

例えば、三菱電機の新しい冷蔵庫には、健康志向の高まりの中で、単に冷蔵・冷凍するための冷蔵庫から、「生きている野菜の力をLEDという光のパワーで引き出す機能」を取り入れている（2006年10月発売）[6]。最近では、日立製作所も冷蔵庫のチルド室を真空にしたり、貯蔵する食品の栄養素を守るといった新製品「栄養いきいき真空チルド」シリーズを開発している（2007年発売）。成熟市場と思われていた家電市場でも、冷蔵庫のように本来の機能とは異なった機能を付与して市場を活性化させることもある[7]。

既存製品のデザインやサイズ、カラーの種類を増やして、製品のバリエーションを豊富にするという方法もある。これは、本質的な機能を充実させても顧客の満足度があまり上がらない段階まで、製品の本質的な機能が高まっているような場合である。

デザインやカラーといった表層的な機能の充実を図っていくことも、顧客にとっては重要である。日産自動車のマーチなどのコンパクトカーは、一般的なモデルチェンジ期間（通常は4、5年）を長く維持させている。実際に、先代マーチはモデルチェンジから10年、現行マーチでもすでにモデルが7年目を迎えている。ボディカラーや内装を変えることで、バリエーションを増やし、消費者の変化への要求に応えているのである。

(4) 多角化(diversification)戦略

自社にとっての新市場で、いままでにない新製品を投入することで新

---

[6]──三菱電機プレスリリース（2006年8月22日）「三菱電機株式会社は、青色LED（発光ダイオード）の光を照射することで、野菜の栄養を増量させるだけでなく、鮮度を長持ちさせる機能と、食品を載せたままで高さを自由に調整できる棚を冷蔵室に搭載した、『おいしさ』と『使いやすさ』にこだわった冷蔵庫の新商品5タイプを10月1日から順次発売」http://www.mitsubishielectric.co.jp/news-data/2006/pdf/0822-c.pdf.

[7]──「栄養いきいき真空チルド」ラインナップ、2007年発売、日立HP http://kadenfan.hitachi.co.jp/rei/select/prdct_chilled.html.その他、三菱電機の「熱いまま"急っと"瞬冷凍」（赤外線センサーで食品の温度を感知、食品全体を均一に凍らせる）、シャープの「高濃度プラズマクラスター技術」による冷気・庫内除菌、熱い料理を冷やさずに入れられる「冷⇔温 愛情ホット庫」機能搭載の冷蔵庫などが発売されている。

たな成長機会を目指していくのが「多角化戦略」である。事業の多角化を進めるにあたって、第一に考えなければならない事項は、新しい事業分野が既存の事業と関連があるかどうかということである。つまり、「関連型多角化」と「非関連型多角化」のどちらを選択するかという問題である。

企業にとっての事業リスクは、関連型多角化のほうが低い。自社の経営資源も不足していて、未知の部分も多い非関連型は、事業の見通しについて不確実性が増すことになる。事業リスクも増大する。しかし、非関連型は、リスクが大きい半面、一般には異質の分野への進出であるため、成功した場合には大きな利益を生む可能性がある。主事業の市場が縮小傾向にある場合は、あえてリスクをとって、非関連型多角化を目指すこともある。

例えば、日本たばこ産業の主事業は、たばこの製造販売である。健康志向の高まりで、メインの顧客である喫煙者は減少傾向にある。そんな中、持続的な成長を遂げるために、医薬品事業や飲料品事業へと事業の多角化を推進している。実際に、1996年に発売された「桃の天然水」のように、飲料品事業でヒット商品も出している[8]。

関連型の多角化では、既存事業部門が持っている何らかの経営資源を活用することが多い。その場合の経営資源とは、製造技術、特許、販売チャネル、人材、ブランド・イメージなど、さまざまである。

例えば、大手ビールメーカーのサントリーや麒麟麦酒は、アルコール発酵・醸造技術や、ビールの原材料である植物種子の開発ノウハウを活用して、1980年代の後半に、フラワービジネス事業に参入した[9]。また、両社は、同じ時期に医薬品事業に参入している。新規事業が経営的に見て「シナジー効果（相乗効果）」を発揮できると考えたからである。とくに、サントリーは、2009年から、遺伝子組み換えで作った「青いバラ」の販売を開始する予定である。サントリーの花事業は、自然界に存在しえない「青色」を生み出した企業としての革新的イメージを、サントリーブランドに付加するための「文化事業」と位置づけられている[10]。

8——多角化戦略と企業業績の関係については、R. P. ルメルト（1977）『多角化戦略と経済効果』東洋経済新報社（Rumelt, R. (1974) *Strategy, Structure, and Economic Performance*, Harvard University Press）。
9——小川孔輔（1991）『世界のフラワービジネス』日刊工業新聞社、中田重光（1999）『キリンが挑む「花」ビジネス——世界のガーデニング文化を育てる』日刊工業新聞社。

2. 統合的成長（integrative growth）

　企業の成長機会は、組織の統合からももたらされる。企業活動の範囲を、価値連鎖の前後に拡大して成長を図るのが「垂直統合」（vertical integration）である。

　垂直統合の形態は、商品が流通する流れに沿って川上（upstream）にある企業を吸収合併する「後方統合」（backward integration）と、販売活動を川下（downstream）へ直接的に展開する「前方統合」（forward integration）に分けられる。後方統合は、原材料の調達をコスト的に、また供給面から安定化させることが主たる目的である。前方統合は、販売経路を確保し、マーケティング活動への統制力を獲得するためである。

　垂直統合には、単なる業務提携から完全な吸収合併まで多様な形態が存在する。また、独立した市場取引と統合された経済組織の中間的な形態として、日本の自動車メーカーが下請け業者と部品提供で協力する準組織（quasi-organization）的な形態のものも存在する。前方統合の例でよく引き合いに出されるのは、日本の化粧品会社や家電メーカーの販売店「系列化」である。系列化された販売会社は、直接の資本関係があるなしにかかわらず、ある種の準組織であるとも考えられる。

　なお、同一市場にいる競争者の「合併・買収」（M&A）や協力企業との「連携」（alliance）など、「水平統合」（horizontal integration）を含めて、経営統合による成長は「統合的成長戦略」（integrative growth strategy）と呼ばれる。

　企業が統合的成長へ向かう動機は、一般的には、環境へのコントロールを高め、コミュニケーション効率を良くして、価値連鎖の中にいる他のプレイヤーとの交渉力を高めるためである。しかし、統合によって市場を迂回できる半面、組織が肥大化し経済効率が落ちることが問題になることもある。

10――田中良和、森本篤郎（2008）「2008年JFMA新春セミナー講演録　やってみなはれサントリーのフラワービジネス――青いバラ開発の経緯とプロモーション」『法政大学イノベーション・マネジメント研究センター　ワーキングペーパー』No. 51、3月14日（講演日：2008年1月15日）。

2——多角的成長の類型

多角的成長を遂げるためには、成長のための資源を経営内部で賄っていくのか、それとも外部資源を活用するのかを考慮する必要がある。ほぼすべての資源を自前で賄うのが、「内部開発」である。実現のための具体的な形としては、「社内ベンチャー組織」などがある。それとは対照的に、外部の資源を利用する場合としては、最近、日本でも多くなってきた「合併・買収」がある。その中間的な形態が、「ライセンス契約」と「合弁事業」である。

ここでは、主として、内部開発と合併・買収について考えてみよう。

1. 内部開発(internal growth)

他社の力を借りずに、自前の経営資源を利用して、独自で新規事業を進めていくやり方が、「内部開発」による多角化である。新規事業を始動させるまでには、長い時間と多大なコストがかかる。それと同時に、未知の分野への展開なので、それなりにリスクも高くなる。

ただし、内部開発の利点は、社内組織での事業開発になるので、調整コストが低いことである。また、事業が軌道に乗ってしまえば、他社の力を借りずに独自で事業開発に取り組んだ分、他社への技術情報や製品知識の流出を心配しなくてもよい。したがって、技術の蓄積や新製品の差別性が強いものであれば、長期間にわたって競争優位性が維持できる。長期的な収益率も高い。

事業を立ち上げる実行組織としては、既存の人的資源を活用して内部で起業家チームを育成する方法もある。これは、「社内ベンチャー制度」と呼ばれている。企業内に収益面で独立した「社内企業」を作ることで、本体組織から切り離して新規事業を自由に運営させるのが狙いである。ただし、組織風土が成功の決め手である。

社内ベンチャーの成功例としては、2000年に「JR東日本」がはじめた「エキュート・プロジェクト」が有名である。「エキュート」(ecute)は、JR大宮駅に人工地盤を作って、駅構内のホームにショッピングモール（68店舗）を作ろうとした新規事業であった[11]（COLUMN-11：エキュート・プロジェクト参照）。

COLUMN-11
エキュート・プロジェクト（JR東日本ステーションリテイリング）

　2005年3月JR大宮駅、同10月JR品川駅、2007年11月JR立川駅に、新しい「エキナカ」商業空間が誕生した。一連のプロジェクト「ecute（エキュート）」の中心に、ひとりの女性経営者がいた。鉄道事業本部と並ぶ事業創造本部の鎌田由美子氏である。

　2001年、JR東日本は、長期経営計画「ニューフロンティア21」の中で、「ステーションルネッサンス（駅の再生）」の構想を打ち出した。顧客の視点から駅を資産価値として見直そうという考えである。具体的には、駅空間をゼロベースで見直し、鉄道と融合した店舗ゾーンを作るという発想だった。ちょうどSuicaが導入され、駅の業務内容や機能が変化しようとしていた時期だった。

　2001年12月1日に、エキナカのプロジェクトチームが編成された（最初のチーム名は、「立川駅・大宮駅開発プロジェクト」）。当初のチーム編成は、鎌田由美子リーダーを含めて3人だけ。「抜本的に駅のあるべき姿を考えたい」と、プロジェクトの責任者である取締役の新井良亮氏（現、東日本旅客鉄道株式会社代表取締役副社長）から、「会社はどうあるべきか、駅はどういう姿になるべきか」という思いを鎌田氏らはとうとうと聞かされた。「自分たちが駅でいろいろ不満に思っていることとか、こうあったらいいと思うことがあるだろう」と言われ、チーム内での議論を経て、自分たちの思いを企画書にまとめた。

　2002年2月に役員会にかけられた最初の提案書は、見事に却下された。4月に再提出となった。その時点で、社内の雰囲気が変わってきた。最後は、大塚陸毅社長（当時、東日本旅客鉄道株式会社代表取締役社長）から、「やらせてみてもいいんじゃないか」という判断が下された。

　提案書の中で、売場構成の具体的なモデルが示されていた。現在のような食品約6割、非食品4割の構成である。JR東日本の役員会での議論から、大宮駅と立川駅改良に伴う人工地盤が張られる際、「エキナカ商業施設」を作るため、新会社を設立する判断がなされた。2002年に立川、大宮と、2カ月ごとに役員会にかけて投資計画が決定された。品川の案件が浮上した時点で、プロジェクト名（「立川駅・大宮駅開発プ

ロジェクト」)に違和感が出てきたので、「エキナカプロジェクト」に名前が変更された。

エキュート大宮が開業する時点で、プロジェクトチームのメンバーは30名。そのうちの10名は、社内公募で集まってきたJR東日本グループの社員である。大宮、品川、立川と、駅ごとにチーム編成は異なっている。2005年3月開業時の大宮で8人、10月開業の品川が6人だった。取引先の選択も、チームごとに独立している。したがって、結果として取引先がほとんど重複していない。

エキュート大宮が開業する1年半前に、「JR東日本ステーションリテイリング」が設立された。プロジェクトメンバーは、新会社に異動した。大宮エキュートは、当初売上見込みの55億円を大幅に上回り、2005年度は93億円を達成している。「エキュート・ブランド」による駅構内での小売事業は、JR品川駅、JR立川駅でも大成功を収めた。

社内公募で集った優秀な人材、社内起業家チームをバックアップした親会社の経営陣、新規事業を自由に推進したJR東日本の企業風土が、「エキュート事業」のみならず、「アトレ」や「ルミネ」などの飛躍的な発展を生んだといえるだろう。

出典：鎌田由美子+小川孔輔（2006）「対談：新社長！ 注目企業の戦略と思いを語る：JR東日本ステーションリテイリング代表取締役社長、鎌田由美子」『チェーンストアエイジ』（1月15日号）を編集。

2. 合併・買収（M&A：Mergers & Acquisitions）

他社の事業を合併・買収することで、新しい事業を獲得して活動分野を広げていく方法が、「合併・買収」による多角化である。通常は、英語の頭文字をとって、"M&A：Mergers & Acquisitions"と呼ばれる。

M&Aには、2つのタイプがある。ひとつは、他社から競争的に優位に立つために効率性を求め、規模の拡大を狙い、すでに出来上がった会社を買収していく場合である。もうひとつは、これまで手掛けていなかった事業ではあるが、将来の成長が見込める事業分野にある企業や事業を丸ごと自社に取り込む場合である。

11──鎌田由美子、JR東日本ステーションリテイリング社員一同（2007）『ecute物語──私たちのエキナカプロジェクト』かんき出版。

前者の場合が、前述の「水平統合」（horizontal integration）である。主として、成熟した市場において企業が狙う戦略である。例えば、成長が鈍化している百貨店業界では、西武百貨店とそごう、大丸と松坂屋、三越と伊勢丹、阪急と阪神＋髙島屋といった具合に、経営統合が進んでいる。また、2006年には、ホームセンター業界で、ホーマック、ダイキ、カーマが合併して、日本最大のホームセンター「DCM Japan ホールディングス」が誕生した。こうした流れは、市場の成長が今後あまり望めない中で、各社が生き残りをかけて経営効率を高めていくためである。流通業界では、引き続きこのような形での合併・買収が進むものと見られる。

後者は、自社が新たな事業を展開する際に、以下のような問題が存在する場合である。企業がM&Aに動く場合は具体的に、

（A）当該業界で重要な知識が限定されている場合
（B）早期に参入すると多くの利益が得られる場合
（C）特許、規模の経済、排他的で参入困難な流通が存在している場合
（D）多額な広告費など参入障壁が高い場合

などである。

（A）〜（D）の問題を一つひとつ解決していくには時間がかかる。市場への参入が急を要する場合は、技術やノウハウの蓄積に要する時間をお金で買うのである。とくに、企業活動のスピードが速まる中、内部資源のみでの開発に時間をかけるよりは、早期に市場参入するほうが得策と考える企業が多くなっている。

例えば、最近では、ソフトバンクが携帯通信事業に進出する際に、既存事業会社である「ボーダーフォン」を1兆9000億円で買収している。それだけの事業資金を投じて、携帯通信事業に参入したのは、"時間"を買うためである。ナンバーポータビリティ制度（携帯電話の番号を変えずに事業会社を変えられる制度）が導入される前に市場に参入できた

12──『日経ビジネス』（2007）「特集 百貨店サバイバル──再編ドミノの先に」（第1回〜第7回）2007年5月7日号48〜55頁、5月14日号64〜67頁、5月21日号88〜92頁、5月28日号82〜87頁、6月4日号90〜94頁、6月11日号102〜105頁、6月18日号50〜54頁。
13──「『DCM Japanホールディングス株式会社』の設立について」DCM Japanホールディングス2006年9月1日プレスリリース、http://www.dcmjapan-holdings.co.jp/about_djh/pdf/20060901.pdf。

おかげで、ソフトバンクは2008年末現在、携帯電話の新規加入者純増数でトップを走っている[14]。

3. その他の多角化戦略

　新規事業への多角化を実行するための方法としては、内部成長と合併・買収の他に、「ライセンス契約」（licensing）と「合弁事業」（joint venture）という手法がある。コストと時間、経営資源の活用という観点からは、投資に必要な費用とリスク、ならびに期待できる成果としてのリターンは、内部成長と合併・買収の中間に位置している。それぞれに固有のメリットとデメリットがある。

　「ライセンス契約」は、すでに確立された技術、例えば、特許技術を利用したい場合に用いられる。財務的な負担を軽減する場合に、しばしば採用される成長手段である。ライセンス契約のデメリットは、技術的な知識（優位性）を内部に蓄積できない点である。しかし、直接投資が法律で規制されている場合は、当該国に進出するために唯一の選択肢になることもある。

　フードビジネスや流通サービス業では、「事業フランチャイズ」（business franchising）という形で、海外や国内の特定地域で、本部（フランチャイザー）が加盟店（フランチャイジー）に販売代理権を付与する場合が多い。例えば、マクドナルドやセブン-イレブンなどは、国際的にフランチャイズ方式で成長してきた企業である。実際に、進出先の地域や現地の事情については、細かな点までは本部が把握できない。急速な地理的事業拡張を狙う場合は、事業委託契約によるフランチャイズ方式が、グローバルにも標準的な選択肢になる。

　「合弁事業」は、複数の企業が各々の優れている経営資源を提供し、補完し合うことで新規に事業をはじめることである。海外の資源開発（日本とロシア）や国内地域のリゾート開発（北海道のトマム）など、巨額の投資が必要とされるプロジェクト案件では、合弁事業会社を設立することがふつうである[15]。

　例えば、米国シアトルに本社があるコーヒーショップ「スターバック

14——社団法人電気通信事業者協会HP「携帯電話・PHS契約数　事業者別契約数」（2008年11月末現在）http://www.tca.or.jp/database/2008/11/。純増数はNTTドコモ6万5100、au 1万5800、ソフトバンク11万3000。

ス」が日本に進出した際には、「アフターヌーンティー」など、ライフスタイル雑貨の店舗展開で有名な複合専門店ブランドの「サザビーリーグ」とスターバックス本社が合弁会社「スターバックス コーヒー ジャパン」（本社50％：サザビーリーグ50％）を設立している。

合弁事業で注意しなければいけない点は、しばしば、経営の成果や運営をめぐって、組織間コンフリクトが発生することである。事業が順調なときはいいが、いったん撤退となると、コスト負担などのさまざまな問題が発生する。

3─戦略事業単位とPPM

1. ビジネス・コンサルタントの時代（1980年代）

1970年から1980年にかけては、ビジネス・コンサルタントの時代といわれた。「コンサルティング・ファーム」と呼ばれるボストン・コンサルティング・グループ（BCG：Boston Consulting Group）やマッキンゼー（McKinsey & Company）が企業コンサルティング活動で活躍した時代である。彼らがコンサルティングのために編み出した代表的な手法に、「戦略事業単位」（SBU：Strategic Business Unit）と「プロダクト・ポートフォリオ・マネジメント」（PPM：Product Portfolio Management）がある。これらは、世界中の大手企業が事業経営を考える枠組みとして、実業界に大きな影響を与えた[16]。

1970年代のGE（ゼネラル・エレクトリック）は、分権的な経営を志向

15──「サハリンⅠプロジェクト」は、アメリカ、ロシア、インド、日本の参加企業による国際共同開発事業で、エクソンモービルの子会社がオペレーター。日本からはサハリン石油ガス開発が参加。「サハリンⅡプロジェクト」は、当初ロイヤル・ダッチ・シェルと日本企業との合弁であるサハリン・エナジーが事業主体となりプロジェクトが進められたが、2006年12月にロシアの国営ガス会社ガスプロムの参入が決定、日本からは三井物産、三菱商事が資本参加。資源エネルギー庁（2008）「石油の安定供給確保等に向けた戦略的・総合的取組の強化『平成19年度においてエネルギーの需給に関して講じた施策の概況』」（8月29日）http://www.enecho.meti.go.jp/topics/hakusho/2008energyhtml/3-4.htm.

トマム（アルファリゾート・トマム）は、施設所有のアルファ・コーポレーション、関兵精麦の自己破産後、さまざまな経緯を経て、星野リゾートの子会社が運営受託。

16──しばしば「PPM」は、Product Portfolio Modelの略としても用いられることがある。企業の持つ複数の事業の状況を、ひとつの図（マトリックス）で表現し、事業構成（ポートフォリオ）を表現したものである。

した成長戦略を採用していた。その結果、一時期、利益なき成長を続けることになった。新たにGEの経営者として登場したジャック・ウェルチは、マッキンゼーとともに、GEの事業ポートフォリオを見直すことにした。1981年から88年にかけて、彼は350の事業を売却し、250の事業を買収した。これほど大幅な事業の組み替えは、GEの歴史にないほど大胆なものであった。事業の組み替えに成功した結果、1990年代以降のGEは、卓越した超優良企業に変身を遂げることができた。[17]

以下では、多くの企業で採用されている「プロダクト・ポートフォリオ・マネジメント」とはどのようなものかを具体的に説明していくことにする。

2. BCGのプロダクト・ポートフォリオ・マネジメント

プロダクト・ポートフォリオ・マネジメント（PPM）は、ボストン・コンサルティング・グループが考案した事業評価の手法である。[18] PPMの分析では、企業が持っている複数の事業部門を評価するために、縦軸に市場の成長率を、横軸に相対的なマーケットシェアをとる。①「花形：star」、②「金のなる木：cash cow」、③「問題児：question mark」、④「負け犬：dog」という4つのグループに、企業の事業部門は分類される。

縦軸の市場の成長率は、企業にとっての市場の魅力度を示している。横軸の相対的なマーケットシェアは、市場における自社の強さを表している。市場の魅力度と自社の強さという2つの軸を使って、それぞれの事業部門のポジションを見る。

図表6.2を使って、事業ポートフォリオの見方を説明していくことにする。

ポートフォリオ分析では、最初に独立したミッションを持ち、独自の戦略と市場を持つ戦略事業単位（SBU）に、各事業部門を振り分ける。そして、事業の売上高規模に応じて、PPMのマトリックス上に描く円の大きさを変える。事業部門の大きさを見ることで、会社全体の中での

17──マッキンゼーとGEが共同開発したマトリックスは9象限である。「ビジネス・スクリーン」とも呼ばれる。市場魅力度と競争ポジションの2軸を持つ。
18──J. C. アベグレン、ボストン・コンサルティング・グループ編著（1977）『ポートフォリオ戦略──再成長への挑戦』プレジデント社。

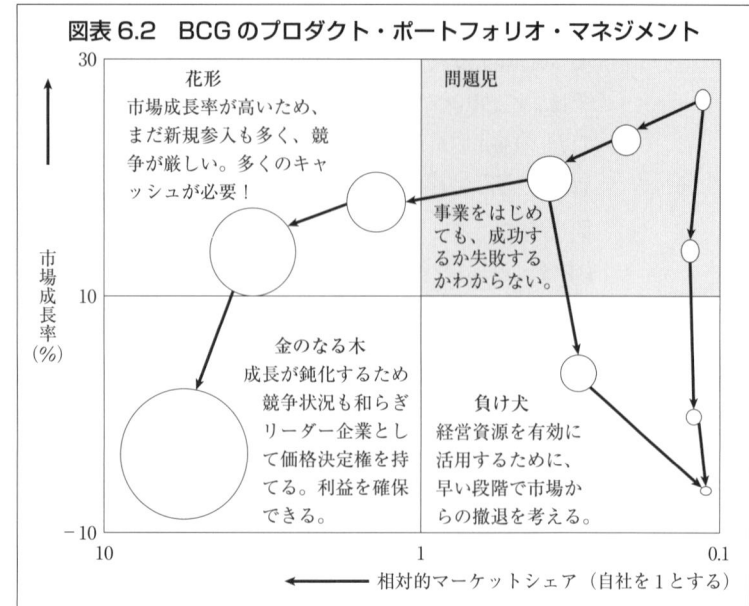

図表6.2 BCGのプロダクト・ポートフォリオ・マネジメント

花形
市場成長率が高いため、まだ新規参入も多く、競争が厳しい。多くのキャッシュが必要！

問題児
事業をはじめても、成功するか失敗するかわからない。

金のなる木
成長が鈍化するため競争状況も和らぎリーダー企業として価格決定権を持てる。利益を確保できる。

負け犬
経営資源を有効に活用するために、早い段階で市場からの撤退を考える。

縦軸：市場成長率（％）（−10〜30）
横軸：相対的マーケットシェア（自社を1とする）（10←1←0.1）

注：売上高の規模に応じて、描く円の大きさを変えることで、会社全体の中で現状における事業の重要度を表すことができる
出典：高瀬浩（2005）『ステップアップ式MBAマーケティング入門』ダイヤモンド社、150頁を加筆修正

各事業の重要度が理解できる。

　つぎに、市場成長率を縦軸に、相対的マーケットシェアを横軸にとり、各事業のポジションを明らかにする。後述する4つのポジションに応じて、経営資源の基本的な配分が決められる。均等な配分ではなく、各事業部門のポジション特性を見ながら、成果が最大化するような資源配分を考える。ポートフォリオの分析（事業の位置と事業の規模）からわかることは、（A）どの事業を選抜し育成していくのか、（B）どの事業には投資を維持していくのか、（C）どの事業からは収益を収穫していくのか、（D）どこからは撤退すべきか、などを決定することである。

　ここで注意すべきことは、事業単位をどの範囲で区分するかによって、ポートフォリオの評価が大きく変化することである。例えば、デジタルカメラ市場の場合で考えると、市場全体の成長率は先進国では鈍化傾向にあるが、サブマーケットの一眼レフカメラ市場はいまだに大いに活気を呈している。その他にも、国内外ともに旅行市場そのものはさほ

ど大きく伸びてはいないが、「熟年向けの旅行」だけに限っていえば、団塊世代の大量退職時代を迎えて、年々需要は増加している。このように、PPM分析では、「事業の定義」と「事業の範囲」を考えておくことが必要である。[19]

　ポートフォリオ上の各ポジションについて、順番に説明していくことにする。

　「花形」のポジションは、市場の成長率が高く、かつ相対的なマーケットシェアも高い事業である。花形の事業は、企業にとって好位置にある事業といえる。しかし、市場の成長率が高いということは、他社にとってもその市場は魅力的である。そのため、他社の市場参入という脅威の可能性に、常にさらされることになる。そこで、現在の地位を堅守するために、他社の参入をブロックする追加的な投資が継続的に必要となる。「花形」のポジションでは、当該事業部門での資金需要が強い。投資資金を賄うために、常にキャッシュが必要な状態にある。将来にわたる基幹事業として、「花形」に位置する事業は大切に育成していくことが望まれる。

　「金のなる木」の位置にある事業は、市場の成長率は決して高いとはいえず、むしろ鈍化または低下している状況にある。しかし、相対的なマーケットシェアは依然として高い状況にある。市場の中で「金のなる木」に位置する事業は、総じて安定段階に入っているといえる。とくに、市場の成長率が落ち着いてくると、他社からの参入の脅威は減じてくるため、他社を意識した対抗的な積極投資の必要は少なくなる。かつ、リーダー企業としてのブランド力の高まりから、価格決定権を握ることが多くなる。利潤もきちんと確保できるので、「金のなる木」の事業は、キャッシュを豊富に生み出す。名前のとおりに、事業は大きな収益源であり、収穫の時期に入っているといえる。

　「問題児」のポジションは、市場の成長率は高いが、自社の相対的なマーケットシェアは低い状況にある。とくに、成長が著しい市場に新しく参入する企業は、多くの事業で問題児を抱えている状況がほとんどである。市場の成長率が高いうちに、企業は少しでも市場シェアを高めよ

19——事業領域の定義に関しては、『事業の定義』が参考になる。D. F. エイベル／石井淳蔵訳（1984）『事業の定義——戦略計画策定の出発点』千倉書房（Abell, D. F.（1980）*Defining the Business: The Starting Point of Strategic Planning*, Prentice-Hall）。

うと、多額の先行投資をすることになる。なぜならば、「問題児」から将来の基幹商品になる「花形」の事業が生まれるからである。さらに進んで投資を継続するのか、それとも撤退するのか。「花形」になるのか、「負け犬」に転落するのかの分かれ道である。問題児の場合は、積極的な投資によって事業を拡張し、シェアを高める必要が生じる。企業の判断次第ではあるが、「金のなる木」の事業が生んでいるキャッシュを、しばしば「問題児」に位置する事業に回す。

「負け犬」のポジションは、市場の成長率も自社の相対的なマーケットシェアも低い状況を意味している。負け犬の事業は、企業にとって非常に厳しい状況である。ここでは、積極的な投資を控え、早急に市場からの撤退も含めて、将来の事業展開を考えなければならない。売上の伸びも期待できないのに、「負け犬」に位置する事業に投資を続けていると、企業は大きな損失をこうむる。早期に結論を下すことが必要である。

以上のように、企業はさまざまな事業の中で、どの事業を育成し、維持し、どの事業から収穫し、または撤退していくのかを決定する。そのために活用されるのが、製品ポートフォリオ・モデルという便利な分析ツールである。

4 ― 競争戦略

企業が戦略を構築する上でいまひとつ重要な側面は、潜在的な脅威も含めて「競合」にどのように対処するかということである。いわゆる、競争戦略を考えることである。本節では、マイケル・ポーター（1982）による「産業組織論的アプローチ」とフィリップ・コトラー（2001）による「マーケティング戦略論的な競争対応」の2つのアプローチを紹介する。

1. 産業組織論的アプローチ

産業組織論的な観点から業界の構造的要因を分析し、競争戦略を策定する一般的なフレームを提供したのがマイケル・ポーター（1982）である[20]。産業組織論のパラダイムを拡張して競争分析に応用したポーターの貢献は、以下の4点にまとめることができる。

（1） 業界での競争を引き起こす要因を整理し5つの諸力にまとめたこと。すなわち、業界での競争を激化させる要因として、①新規参入の脅威、②既存業者間の敵対関係、③（潜在的）代替品からの圧力、④買い手の交渉力、⑤売り手の交渉力、を構造的要因として抽出した。

（2） 業界内部で競争行動が類似した「戦略グループ」（strategic group）が存在することを示したこと。また、業界の外から参入してくるのと同様に、戦略グループ間を移動するためには多大なコストがかかることを「移動障壁」という概念で説明した。

（3） 企業がとりうる競争戦略は、基本的には3つのパターンに集約できること。すなわち、①経験効果を利用し低価格で競合を圧倒する「コスト・リーダーシップ戦略」、②自社製品やサービスに他社にない特異なものを取り入れることで差別化を図る「差別化戦略」、③特定の買い手、製品種類、市場地域、経営資源などに特化する「集中戦略」、である。

（4）「競争上の優位性」を獲得するための方法として、「価値連鎖」という概念を提供したこと。すなわち、企業が製品を創造し、それを顧客に送り届けるまでの一連の相互に関連した活動を「価値連鎖」と呼び、「競争上の優位性」を獲得するためには、価値連鎖のどこかで差別化をするか、コスト的に優位に立たなければならないことを指摘した。

ポーターや産業組織論者がマーケティング戦略論に与えた最大の影響は、それまで明示的に考慮されなかった競争行動を理論的に整理したことと、いくつかのキー・コンセプトを開発したことである。ポーターが提供した概念のかなりの部分は、マーケティング理論ですでに用いられていたものであった。しかし、産業組織論がマーケティング現象に理論的な統一性を与えることで、例えば、製品ライフサイクル上での価格、流通チャネル、製品戦略で「差別的優位性」を獲得するためにはどのような方法をとるべきかがよりクリアになったといえる。

以下でポーターの枠組みを用いて、業界構造における競争と機会を議論してみる。

(1)業界構造と機会

市場分散型業界（fragmented industries） 　「市場分散型業界」とは、

20——M. E. ポーター／土岐坤他訳（1982）『競争の戦略』ダイヤモンド社（Porter, M. E（1980）*Competitive Strategy: Techniques for Analyzing Industries and Competitors*, Free Press）。

市場の中に小規模、中規模の企業が多数存在していて、1社で市場を寡占するような高シェア企業が存在しない業界である。したがって、このタイプの市場では、多数の企業は激しい競争状況に置かれている。それは、総じて業界への新規参入が容易であるために起こることである。つまり、参入障壁が低い業界だからである。

サービス業の多くは、参入障壁が低い状況に置かれている。このような場合は、企業の合併や統合によって規模の経済性が達成できれば、新しい市場機会を見出すことができる。とくに、市場分散型業界でかつ市場全体の伸びが鈍化している場合、企業は基本的にコストを抑えなければならなくなる。そのため、流通業界などでは、とくに企業統合が進行している。

新興業界（emerging industries）　「新興業界」とは、技術革新や市場需要の変動、または新しい顧客ニーズによって生まれた新しい業界である。こうした業界では、先行企業の優位性が高いため、できるだけ集中して資本を投下し、先行利益を獲得することが重要となる。その際、顧客のスイッチング・コストを高めるような仕組みを確立できれば、持続的な競争優位を構築することができる。新製品の規格が「業界標準規格」（de facto standard）になれば、参入障壁は高くなる。

ワープロや表計算ソフトは、一度使用するとその使い勝手に慣れてしまい、同じカテゴリーでたとえ安価な他社の新製品が出ても、顧客はなかなかそちらに乗り換えようとはしない。これは、他社製品の仕様に変更することを嫌い、顧客が製品変更を拒んでいるからである。マイクロソフトのワードやエクセルは、「事実上の標準」を獲得した例である。

「変更障壁」（switching barriers）はさまざまである。例えば、デジタル一眼レフカメラのように、一度あるメーカーのボディを購入してしまうと、純正の交換レンズが必要となる関係で、自然と変更障壁が築かれる。買い揃えられた専用の交換レンズを無駄にしたくないという心理が働き、本体の他社製品への買い換えも難しくなる。ヘビーユーザーになればなるほど、変更障壁は高くなる。初期段階での「顧客の囲い込み」が重要になる。

成熟業界（matured industries）　「成熟業界」とは、需要が鈍化し市場の成長率が低くなっている業界である。そのため、企業は新製品の導入サイクルを長期化してしまう傾向にある。これは、新製品開発にコス

トをかけても、市場の伸びがあまり期待できないからである。ただし、市場を活性化させるために、積極的に新製品を投入する場合もある。また、製品間に差違がなくなると、アジアのメーカーなど、価格で勝負する外国製品の増加を招くことにもなる[21]。

　一方、競争の軸は、本質的な機能ではなく、表層機能へと移行していく。そのために、デザインやサービスの品質などへの投資が多くなっていく。また、成熟市場では、売上増があまり望めないため、コスト削減を主体として利益向上を目指すことが多い。業務プロセスの改善や革新を目指すことになる。

　衰退業界（declining industries）　「衰退業界」とは、業界全体を見ると継続的に売上が減少し、市場規模が縮小の一途をたどっている業界である。基本的には、新たな投資は避けて、その中でできるだけ多くの利益を得ることを考える。キャッシュ・フローを重視しなければならない。市場規模の縮小が進む状況の中では、その衰退速度にも十分な注意が必要である。気がつかない間に、大きな損失をこうむることもある。こうした状況下では、いままでの市場をさらに細分化して、ある特定の顧客層を狙ういわゆる「ニッチ戦略」をとることも選択肢のひとつとなりうる。

　ニッチ戦略によって、特定の市場や販路、顧客に資源を集中させることで、より小さな市場でのリーダー企業を目指すことも有効である。ターゲットを絞り、特定の顧客層に丁寧に対応することで、ニーズに合致した商品やサービスを提供し、その市場において利益をきちんとあげていくことを目指すのである。

　国際業界（global industries）　「国際業界」とは、企業間の競争が国内市場に留まらず、グローバル化が進展している業界である。製造業の場合でいえば、当初は海外への技術供与を行い、リスクを抑えながらライセンス契約などで利益を得る。その後、国内で製造した自社製品を海外へと輸出する。最終段階で、海外でも十分にやっていけることが確信できれば、現地での直接投資によって現地工場を作り、本格的な海外進

21──5万円PCでは、台湾PCメーカーのASUS（アスース）やエイサー、台湾のOEM（相手先ブランド名で販売される製品の設計製造）メーカーが自社ブランドで日本市場にも参入している。「大手PCメーカーが続々参入!　5万円ミニノート市場の『死角』」『週刊ダイヤモンド』（HP）2008年8月4日、http://diamond.jp/series/it_biz_dw/10007/。

出を図ることになる。例えば、トヨタ自動車をはじめとしたメーカーは、すでに欧米で現地工場を稼働させ、多額の直接投資を行っている。[22]

自動車業界以外でも、近年は、多くの業界が国内市場のみの競争から、世界市場での競争へと変わりつつある。これは、いわゆる自国での市場の鈍化を補うために、外の市場を求めた結果である。

国際業界では、世界でより多くの売上があげられれば規模の経済性から生産コストが下がる。また、生産量が増加すればするほどいわゆる経験曲線（experience curve）によって習熟度が高まり、生産現場での効率化や工程上の改善などでコスト競争力が高まってくる。こうした展開は、単に生産に関わることばかりではなく、マーケティングコストなどの削減にもつながる。

ただし、グローバル化の進展によって海外依存度が高まりすぎると、為替差損や事業リスクが高まることになる。2009年3月期に、サブプライムローン問題に端を発した世界同時不況で、トヨタ自動車が営業赤字を記録したことは記憶に新しい。[23]

(2) 業界の競争構造を変えてしまう5つの競争要因

つぎに、ポーターが示した5つの競争要因について説明する。5つの競争要因とは、①買い手の交渉力、②売り手の交渉力、③新規参入業者の脅威、④代替品・サービスの脅威、⑤業者間の敵対関係、である（図表6.3）。

これらの5つの競争要因によって、業界内での競争構造は大きく異なってくる。これらは、業界の収益性を左右する。5つの競争要因について順を追って説明していく。

買い手の交渉力（bargaining power of buyers）　「買い手」とは、顧客のことである。買い手の交渉力が強くなると、商品やサービスを購入する際に、顧客の自由度が上がり、価格引き下げの圧力を生むことにな

---

[22]——自動車産業を含む輸送機械器具産業の海外直接投資残高（2007年末）は、全世界で9兆504億円。うち北米3兆4218億円、西欧2兆5682億円（財務省・日本銀行「国際収支統計」）。参考：宮口知之（2008）「2007年わが国の対外直接投資動向（国際収支統計ベース）」『開発金融研究所報』第37号115〜142頁、http://www.jica.go.jp/jica-ri/publication/archives/jbic/report/review/pdf/37_07.pdf。

[23]——トヨタ自動車は2009年3月期連結決算（2008年4月〜2009年3月）の業績予想（米国会計基準）を下方修正し、本業のもうけを示す営業利益は1500億円の赤字になると発表した（前期2兆2703億円の黒字）。トヨタ自動車「2008年 年末会見」2008年12月22日、http://www.toyota.co.jp/jp/ir/financial_results/2009/1222/presentation.pdf。

図表 6.3　5つの競争要因

```
                    新規参入業者
                         │
                    新規参入業者の脅威
                         ↓
                    ┌─────────┐
          売り手の  │ 競争業者 │  買い手の
  供給業者 ─交渉力→│　　↻　　│←交渉力─ 買い手
                   │業者間の  │
                   │敵対関係  │
                   └─────────┘
                         ↑
                    代替品・
                    サービスの脅威
                         │
                      代替品
```

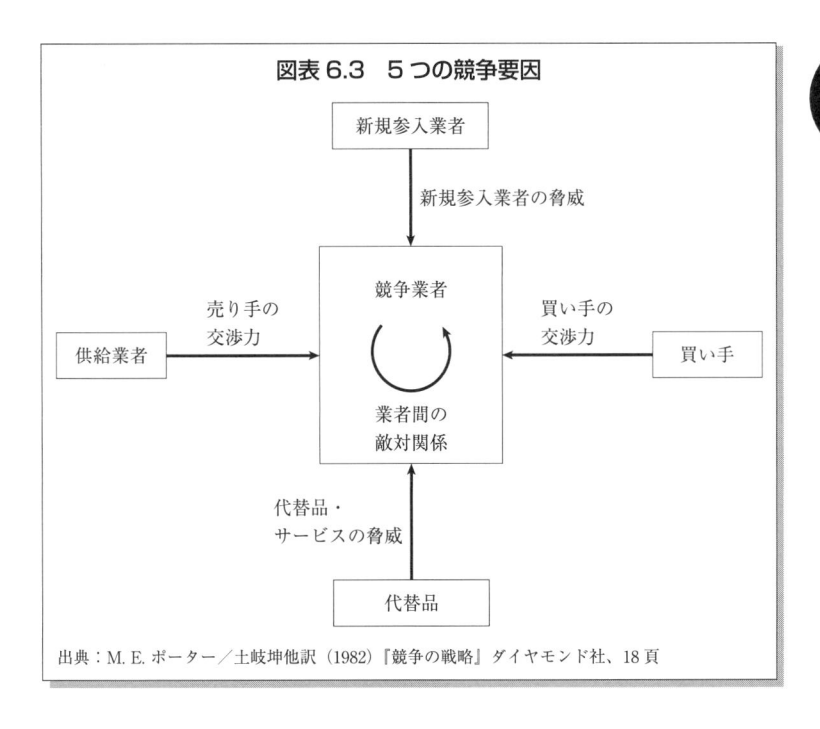

出典：M. E. ポーター／土岐坤他訳（1982）『競争の戦略』ダイヤモンド社、18頁

る。したがって、企業の利益は抑えられることが多い。市場に同類の商品やサービスが多く存在し、顧客の側に選択肢が与えられている場合はとくにそうである。

　例えば、デジタルカメラのように、製品間に大差がない場合や、DVDレコーダーやDVDメディアのように標準化や規格化がすでになされている場合などは、顧客が製品に差がないと感じるため、一般的に買い手の交渉力は強くなる。

　売り手の交渉力（bargaining power of suppliers）　「売り手」とは、供給業者のことである。売り手の交渉力が強まると、コスト高を招くことが多い。こうした状況は、少数企業が業界を支配していたり、供給する製品やサービスが差別化されていて、実質的に他の供給業者と競争が起きない場合である。

　例えば、パソコンメーカーにWindowsを提供するマイクロソフトは、OS（オペレーティングシステム）市場では、実質的にはその市場を支配している。その他にMac OSやLinuxがあるものの、力関係では、売り手であるマイクロソフトのほうが圧倒的に強い立場にある。こうした

状況は、パソコンのCPUを実質的に支配しているインテルについてもいえる。[24]

新規参入業者の脅威（threat of new entrants）　「新規参入業者の脅威」とは、既存市場に新たな参入者が現れる可能性のことである。新規参入があれば、競争は激化し、商品やサービスを購入する際の顧客の自由度も上がる。そのため、価格低下の圧力が強まる。新規参入が容易な業界は、利益率が低くなる傾向がある。逆に、新規参入の可能性が低い業界であればあるほど、競争状況は弱く利益は安定しているともいえる。実際、政府の規制によって新規参入が困難な業界である電力会社の利益率は、いまでも安定している。[25]

それでは、新規参入を阻む要因には、どのようなものがあるだろうか。まず、事業そのものについて、規模の経済性が大きく働いている場合である。また、自動車業界のように、事業を営むための設備投資に巨額の資金を必要とする場合、流通チャネルを新たに構築するために多大なコストがかかる場合などである。さらには、政府が参入を規制していたり、鉄道会社のように、公共性の強いサービスで、一度事業を展開すると撤退が容易ではないケースがこの条件に該当する。「撤退障壁」の高いことなどが、新規参入を阻む要因として挙げられる。

代替品・サービスの脅威（threat of substitute products or services）　「代替製品・サービスの脅威」とは、既存製品と同等以上の価値を持ち、コストパフォーマンスが高く、品質や機能で優れている製品が現れる脅威のことである。デジタル化が急速に進む現代社会では、既存製品に対して、突然に、廉価で性能が優れた代替品が登場することがある。

例えば、携帯音楽視聴でも、かつて一般的だったカセットテープは消えて、CD、CDからMDに媒体とツールが代わった。いまでは、パソコンからiPodなどにダウンロードして音楽を持ち歩くことが主流になっている。カセットテープやCD、MDの時代には、電機メーカーが市場における主力プレイヤーであった。それがいまや、携帯音楽市場の主体は、iTunes/iPodで世界の圧倒的な市場シェアを持つ、コンピュータ会

24──PCマイクロプロセッサ市場では、インテルの他に、AMD（Advanced Micro Devices）やTransmetaなどの企業がある。しかし、市場シェアでは、76％をインテルが握っている（2007年第4四半期ベースでのIDC調査）。

25──1995年から段階的に電力の自由化が行われ、2005年には電力量の63％が自由化されている。

社のアップルに移っている。

IT技術の進歩によって、顧客に支持されていた既存商品も、新たな技術革新によって生まれた魅力ある商品に代替されていく。固定電話から携帯電話へ、フィルムカメラからデジタルカメラへ、IT技術の進歩は、市場や業界の主役とメディアを代えてしまう。目先の競争相手ばかりではなく、関連する製品技術にも注意を払っておくべきである。

業者間の敵対関係（rivalry among existing firms）　「業者間の敵対関係」とは、市場における同業他社との競争が激しいかどうかということである。競争が激しければ、当然その分だけ利益率は低くなる。例えば、パソコン、デジタル家電のように頻繁にモデルチェンジを繰り返し、新機能や価格の改定などを行っているような業界の競争は激しい。パソコン市場では、各社が春モデル、夏モデル、秋冬モデルといった具合に、現在でも年3回のモデルチェンジを行っている。新製品をそのたびに各社競い合って販売している。

敵対関係を強くする最大の要因としては、競合企業の数が多いことが挙げられる。競合企業の規模や市場支配力が同等であること、製品・サービス間の差違が少ないことなども、競争の激化を加速する。

(3) 競争優位を築くための基本戦略

競争構造の分析に対するポーターのもうひとつの貢献は、企業が競争優位を構築するための基本戦略として「3つの戦略」（three generic strategies）を示したことである。①コスト・リーダーシップ戦略、②差別化戦略、③集中戦略、の3つである。以下で、詳しく説明することにする（図表6.4）。

コスト・リーダーシップ戦略（overall cost leadership）　「コスト・リーダーシップ戦略」とは、他社と比較して相対的な低価格を実現することで、競争優位を構築していく戦略である。製品間に差違があまりなければ、顧客は低価格の製品を購入することが多い。すると、売上は伸び、生産は増え、部品や材料などは生産量の増大に合わせて、より大量に仕入れることになる。買い手の交渉力は強まり、大量仕入れによる仕入れコストの低減が図られる。つまり、規模の経済性によって原価が下がっていく。

生産量が増大すると、製造過程では工具の習熟度が向上し、生産プロセスの改善が進む。いわゆる「経験曲線」によって、製品の生産コスト

図表6.4　3つの競争戦略

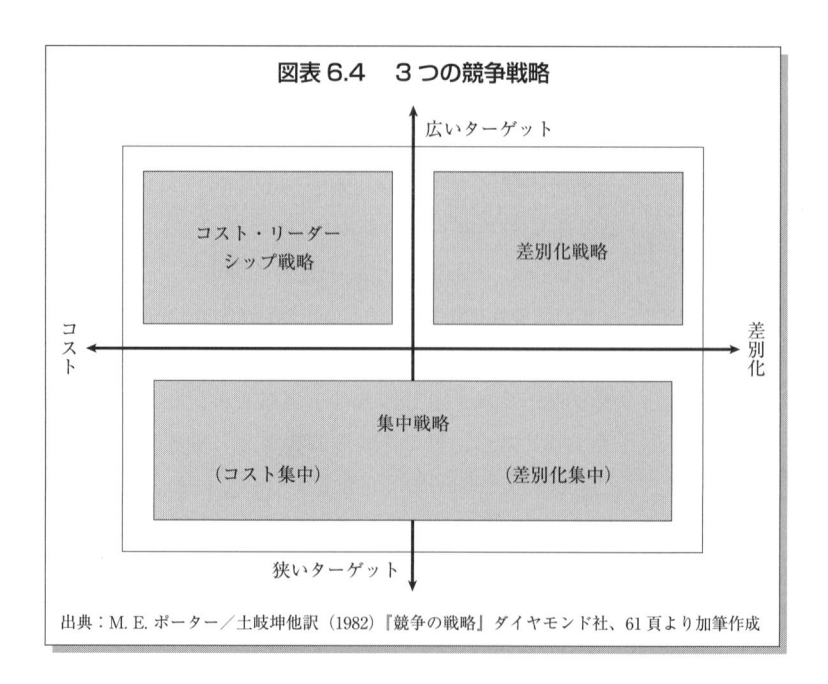

	コスト	差別化
広いターゲット	コスト・リーダーシップ戦略	差別化戦略
狭いターゲット	集中戦略（コスト集中）	集中戦略（差別化集中）

出典：M. E. ポーター／土岐坤他訳（1982）『競争の戦略』ダイヤモンド社、61頁より加筆作成

の低減が図られる。コスト低減によって価格はさらに引き下げられる。有利な条件で、市場に製品を投入することができるのである。そうなると、売上規模に追従できない競合他社は、コスト低減効果も実現できなくなり、価格競争についていくことが不可能になる。

　このように、いったん低コストの地位を占めると、相対的に高シェアをもたらし、結果として、有利な仕入ができるようになる。たとえ競争相手が業界内に残留していても、当該企業は経験曲線の効果によって、業界平均以上の収益性を確保できる。コスト・リーダーシップ戦略をとることで、相対的な低価格を持続でき、競争上は優位な立場を継続できるのである。

　例えば、一般家庭にも普及が急速に進むプラズマディスプレイ市場では、相対的な低価格を実現したパナソニックが、販売面でも優勢である。売上の増大により、さらなる価格競争力をつけている。同じ市場で戦いを挑んできたパイオニアは、もともと日本ではじめてプラズマディスプレイを製造したにもかかわらず、いまや負け組へと転落してしまった。それとは逆に、パナソニックはさらなる売上の増大でコスト低減を実現し、さらに低コストを実現すべく工場の新設を急いでいる。[26]

コスト・リーダーシップ戦略を採用するときは、低価格を持続的に維持する仕組みを考えることが重要である。例えば、コスト・リーダーシップ戦略でアメリカの航空業界において競争優位を構築しているサウスウエスト航空や、低価格を武器にコンピュータ業で成功したデルである。この両社は、持続的な低価格を維持できる仕組みを築いている。

サウスウエスト航空は、図表6.5のように、自社の保有機を737型に統一するなど、効率的なオペレーションを実現している。[27] デルは、いままでの生産システム（sell／販売、source／手当、ship／出荷という流れで生産）を個別受注生産（BTO：Build to Order）に転化することによ

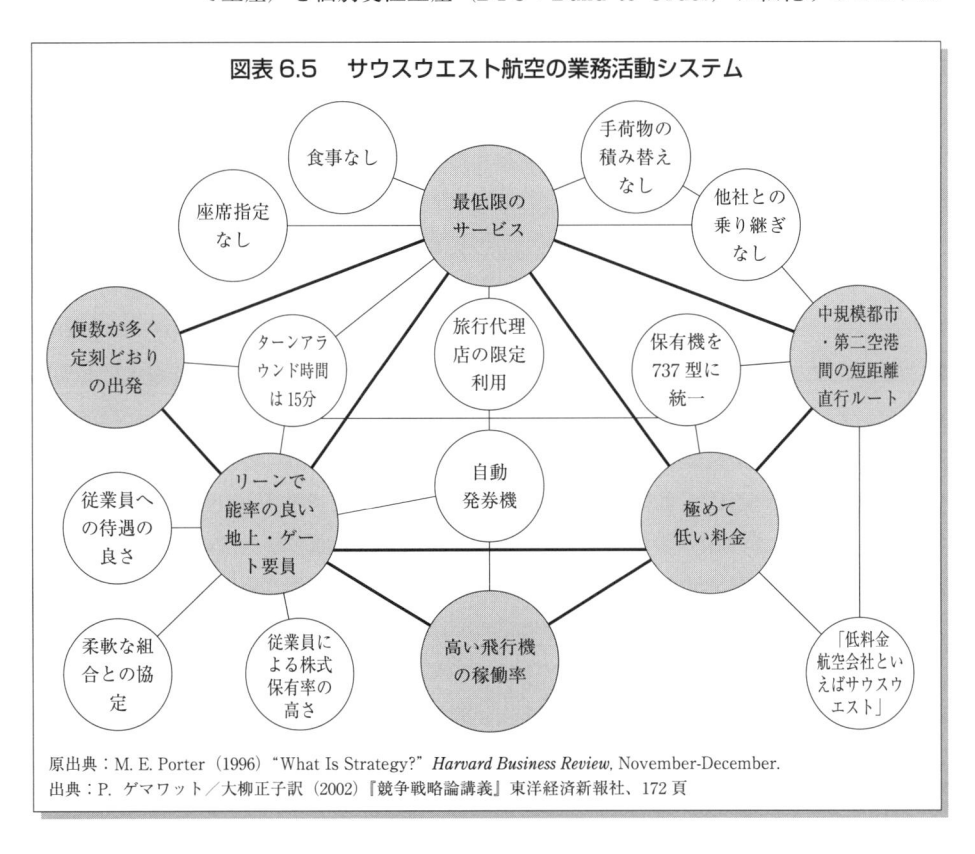

図表6.5　サウスウエスト航空の業務活動システム

（図：最低限のサービス／食事なし／座席指定なし／手荷物の積み替えなし／他社との乗り継ぎなし／便数が多く定刻どおりの出発／ターンアラウンド時間は15分／旅行代理店の限定利用／保有機を737型に統一／中規模都市・第二空港間の短距離直行ルート／従業員への待遇の良さ／リーンで能率の良い地上・ゲート要員／自動発券機／極めて低い料金／柔軟な組合との協定／従業員による株式保有率の高さ／高い飛行機の稼働率／「低料金航空会社といえばサウスウエスト」）

原出典：M. E. Porter（1996）"What Is Strategy?" *Harvard Business Review*, November-December.
出典：P. ゲマワット／大柳正子訳（2002）『競争戦略論講義』東洋経済新報社、172頁

---

[26] 「パイオニアと松下がPDP事業の包括提携について基本合意」松下電器産業プレスリリース　HP、2008年4月24日、http://panasonic.co.jp/corp/news/official.data/data.dir/jn080424-5/jn080424-5.html。

[27] P. ゲマワット／大柳正子訳（2002）『競争戦略論講義』東洋経済新報社、172頁（Ghemawat, P.（1999）*Strategy and the Business Landscape*, Prentice-Hall）。

って、他社には真似のできない低価格を実現する仕組みを構築した[28]。

ただし、成長過程における製品では、技術の急速な進歩によって製品のライフサイクルそのものが短くなり、コスト・リーダーシップ戦略をとりづらくなる。なぜなら、市場全体の価格下落で、コスト・リーダーそのものの意義が希薄になるからである。

差別化戦略（differentiation）　「差別化戦略」は、顧客の求めている価値を前提に、他社にない製品やサービスを提供することによって、競争優位を獲得することである。差別化には、大きく分けると2つのタイプがある。

ひとつは、製品そのものの本質的機能を差別化していくことである。つまり、製品が本来果たすべき機能を徹底的に追求し、圧倒的な差違をそこで打ち出して競争優位を築くのである。例えば、「スプーン1杯の洗剤で強力な洗浄力を実現した」花王のアタックや「キレがあってコクがある、顧客の求めているビール本来の味を追求した」アサヒビールのスーパードライなどが、この「本質的な機能での差別化」である。

もうひとつは、製品に付随する「表層機能での差別化」である。表層機能とは、製品のデザインとかカラーなどの付随機能のことである。成熟市場では、本質的機能の進化によって、さらにその機能を上げても顧客満足度を上げることは難しい。

図式的に表現すると、図表6.6のようになる。顧客の満足が定まらないのは、すでに多くの製品が顧客の求める機能を超える限界点Pに達しているからである[29]。その点からは、もはや顧客満足度は上がらない。顧客満足度を上げるためには、本質機能ではなく、表層機能の充実が重要となる（図表6.6の右側）。

例えば、最近ではヴィッツやマーチをはじめとしたコンパクトカーの多くでは、「走る、曲がる、停まる」といった車が果たすべき本質的機能の充実は当然のこととされている。他社との差別化も困難である。と

28——M. デル／國領二郎監訳、吉川明希訳（2000）『デルの革命——「ダイレクト」戦略で産業を変える』（日経ビジネス人文庫）日本経済新聞社（Dell, M.（1999）*Direct from Dell: Strategies That Revolutionized an Industry*, HarperCollins）。

29——本質機能と表層機能の充実度と顧客満足の関係については、嶋口充輝（1994）『顧客満足型マーケティングの構図』有斐閣、68頁（Swan, J. E., L. J. Combs（1976）"Product Performance and Consumer Satisfaction: A New Concept," *Journal of Marketing*, Vol. 40, April, pp. 25–33）。

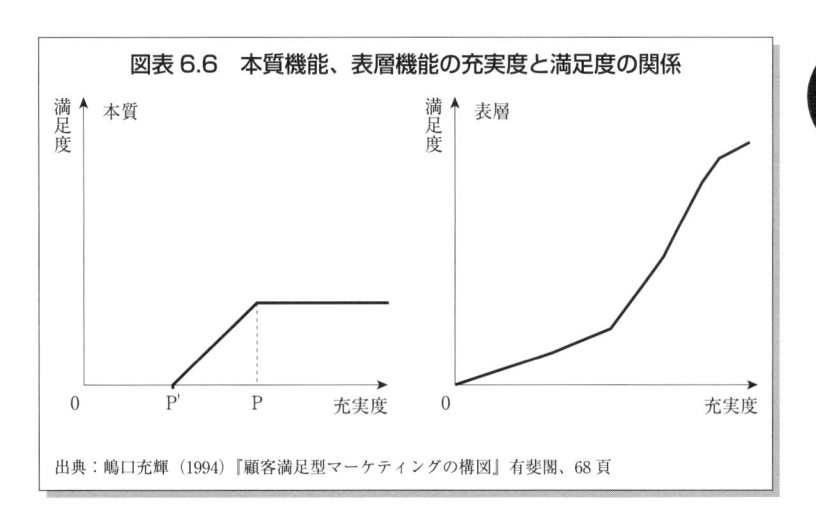

図表 6.6 本質機能、表層機能の充実度と満足度の関係

出典：嶋口充輝（1994）『顧客満足型マーケティングの構図』有斐閣、68 頁

なると、デザインやカラーなどといった表層機能の充実に力が注がれる。また、ボーダフォンを買収して携帯電話事業に新規参入したソフトバンクも、本質的機能である通話品質などで他社と勝負しようとしているわけではない。ひとつの機種でボディカラーを20色も揃えるなど、設定カラーを増やしたり、斬新なデザインの新機種を投入するなど、どちらかといえば表層機能の充実を図っている。

集中戦略（focus） 「集中戦略」は、特定の狭い分野で競争優位性を確保するために、市場・顧客戦略を絞り込むことである。集中戦略の手法としては、「コストの集中」と「差別化の集中」がある。

コストに集中させる戦略の例としては、パナソニックのノートパソコン「Let'snote」がある。パナソニックは、もともとデスクトップパソコンや通常のノートパソコンを製造していた。しかし、ビジネスマン向けのノートパソコン以外は製造を中止し、ノートパソコンだけに製造販売を集中させた。コストを集中させることで、徹底した超軽量化とバッテリーの長寿命化を実現して競争優位を築くことができた。ノート型PCの分野では、顧客からの絶対的な高い支持を集めている。多くのPCメーカーが価格競争に陥る中で、Let'snoteだけは、常に高価格で販売され、高い利益をあげている[30]。

差別化に集中する戦略の例としては、超高級スポーツカーであるフェラーリなどが挙げられる。フェラーリの車体価格は、多くの車種で3000万円から4000万円もする。大変高価な車ではあるが、富裕層を中心に常

にバックオーダーを抱えている。また、クレジットカードのダイナースクラブカードは、すべてがゴールドカードである。入会審査基準もかなり厳しく、利用限度額も設けていない。ダイナースクラブカードは、対象顧客を富裕層向けだけに絞り込み、差別化を集中している。

(4)「価値連鎖」への着目

バリュー・チェーン（value chain）　「バリュー・チェーン」（価値連鎖）とは、マイケル・ポーター（1985）が競争戦略論の中で提唱した概念である。企業の事業活動を機能ごとに分け、どの機能から付加価値が生み出されているのかを分析する手法である。価値連鎖で付加価値の大きさを吟味することで、自社の競争優位の源泉を知り、全社的な事業戦略の有効性を探ることができる。

価値連鎖を見るためには、企業活動をモノの流れにしたがって、複数の活動に分割する。例えば、製造業においては、部品の調達、部品を運ぶ物流（調達物流）、工場における製造工程、完成品を販売拠点に運ぶ物流（完成品物流）、店舗での販売といったようにさまざまな活動が連結している。

ネット小売業の例を取り上げてみよう。他社よりも新鮮な自然食品を宅配している「Oisix（おいしっくす）」（本社：東京都品川区）というネットスーパーがある。[31]　創業者で社長の高島宏平氏によると、「企業としての強みは、商品開発力と物流システムにある」という。他社にない付加価値の源泉のひとつは、有機・減農薬野菜の栽培農家から調達した商品を迅速に仕分けて、翌日に顧客の指定した時間に宅配できる情報物流システムにある。また、同社の事業のユニークなところは、ネット上で食材の食べ方を提案したり、「食質監査委員会」を設置して食の安全を保証していることである。Oisixの付加価値の源泉は、ITと連動した迅速な物流システムではあるが、単にそれだけではない。安全で新鮮でおいしい食品が、翌日に手に入ることである。情報物流システムと商品開発力が企業の生命線になっている。

30──「松下・神戸工場リポート　国内生産にこだわるLet'snoteはこうして作られる」『日経パソコン』2004年10月7日、http://trendy.nikkeibp.co.jp/article/news/20041007/109711/。
31──2000年創業、従業員76人、売上約65億円（2008年度）。事業内容は、(1) 健康にいい食品のインターネット通信販売事業（「Oisix（おいしっくす）」http://www.oisix.com）と「Okasix（おかしっくす）」http://www.okasix.com、(2) 健康にいい食品の店舗宅配事業（牛乳宅配店ルートなど）である。

高品質が顧客に支持されている企業であれば、製造部門が他社にはない付加価値を生むこともある。その場合は、製造部門がいわば企業の強み（差別化要因）となる。このように、企業によって付加価値を生んでいる部門に違いがある。他社と同じように企業活動に力を入れるのではなく、自社にとって付加価値が高められる部門にさらに注力すべきである。バリュー・チェーンの考え方は、競争優位の源泉を探り、重点を置くべき場所を明らかにする。

　それは裏返すと、事業全体がうまくいっていない場合は、競争優位の源泉をしっかり把握せずに企業活動が行われていることが多いということでもある。大切な時間と貴重な資金が、他社に追いつくためにだけ無駄に投じられているのかもしれない。付加価値を生んでいない部門に、人と金をかけすぎていないかを吟味するためにも、供給連鎖の考え方は役に立つ。

　強化の力点を置く場所を決めるためには、図表6.7のようなチャートを作成する。これは、「価値連鎖」（value chain）と呼ばれる。価値連鎖の流れにしたがって、調達→物流→製造→物流→販売→サービスといった企業活動におけるモノの流れを分類する。つぎに、それぞれの活動を支えてくれる、人事管理、労務管理、研究開発、調達活動、あるいは、企画、財務、経理、法務などの全般的な管理部門による支援活動とを分けて考える。

　そして、マップを見ながら、自社の事業戦略の有効性や改善点を見つけ出していく。これがバリュー・チェーン（分析）の基本的な考えである。スムーズなモノの流れ、物流と情報流の同期化、そして、そのため

図表6.7　供給の価値連鎖構造

原材料部品の供給	組み立て・加工	物流／保管流通加工	品揃え／配荷（マーチャンダイジング）	消費者満足と問題解決
供給業者	メーカー	卸売業者	小売業者	消費者

出典：小川孔輔（1994）「マーケティング情報活用講座」『チェーンストアエイジ』9月15日号、118頁。オリジナルは、ポーター（1985）

COLUMN-12
フルオーダー・ジュエリーショップ
㈱ケイ・ウノ

　アパレル企業や住生活の分野では、製販統合型の企業がたくさん存在している。しかし業種によっては、チェーン化が不可能な分野もある。例えば、テーラーメイドの紳士服やオーダーメイドの宝石などでは、大規模チェーンの展開は困難と考えられてきた。

　ところが、ジュエリー業界で、製造工程と販売機能を同店舗内に並存させたチェーン（中京圏・首都圏などに16店舗、年商約34億円、2008年）が存在している。会社名は、㈱ケイ・ウノ（http://www.k-uno.co.jp/）。名古屋本社のジュエリーショップである。経営者の久野雅彦氏は51歳。久野氏のユニークな事業モデルを紹介したい。

　ケイ・ウノに来店する顧客の85%は、ブライダル・ジュエリーを求めてやってくる。カップル客は、結婚情報誌『ゼクシィ』に掲載された広告やクチコミで、自分たちらしいジュエリーを期待して来店する。こうした顧客を対象にオーダーメイドの宝石店をチェーン展開するのは難しい。顧客対応が従業員の感性に左右されてしまうからである。フルオーダーのジュエリーショップは、これまでは3億円が壁であった。

　その代わりに、大手宝石店チェーンはイージーオーダー方式を採用している。アドバイザー（接客担当者）を配置し、デザイナーとクラフト（職人）は店内には常駐させない。製造と販売を分離しないと人件費負担が大きく、事業が成り立たないからである。

　ケイ・ウノの特徴は、アドバイザーとデザイナーとクラフトのすべてを店内に常駐させていることである。業界平均日販約26万円に対して、ケイ・ウノは約59万円である。完全受注生産なので無在庫経営で100%の顧客満足を達成できるが、その分、粗利益率は50%と低い。完全受注方式のマーケティング上の意味は、次のとおりである。

　来店した顧客の心理は、常に変化していく。ジュエリーは必需品ではない。後日デザインを描いても、結局は再来店につながらないことが多い。ケイ・ウノでは、そのため、その場でデザインを描いてしまう。以下は、自由が丘店で、友人カップルに頼んでケイ・ウノを訪問したときの伊藤智明君（当時、法政大学大学院生）の観察記録である。

入店すると5組のカップルがいた。20代から30代。ショーケースを見ているとアドバイザーが2人に声をかける。商品説明を受けた後、友人は来店目的を伝える。テーブルに案内され飲み物が来た後、アドバイザーがデザインに関する要望を聞く。接客中のデザイナーが空くまで待機すること数分。デザイナーの手が空くと早速、目の前でデザインを描いてもらう。要望を出すと、再度デザインを書き直す。この日は8枚のデザインを描いてもらう。1枚当たり1〜2分。書き上げたスケッチは、店内にすでにあるデザインと似たような感じのものであった。納期に関して、ワックスができるまでで1カ月、完成品まで1カ月と伝えられる。料金見積もりが口頭で伝えられた。2カ月後に来店する意思を伝えると、デザインを保管しておいてくれることに。

ケイ・ウノ方式を、業界最大手ツツミ（売上高317億円、175店舗、2008年度）と比較してみる。一番の違いは粗利率の差である。ツツミ70％に対して、ケイ・ウノ50％。大手競合チェーンは、在庫負担・ディスカウントが掛かる。ただし、「低粗利のリスクがあるので、フルオーダー方式はいままでは誰もやりたがらなかった。他社は簡単には真似できないだろう」（久野社長）。にもかかわらず、ビジネスとして成功できた理由は、以下の3点である。

(1)クラフトが顧客によって鍛錬される

　ケイ・ウノでは多様な作品を作ることができる。受注生産だからクラフトの技術力が鍛錬される。他方で、顧客の求めるデザインが目の前で描かれるので、自分の好き勝手なデザインというわけではない。

(2)バイブルの存在

　顧客に対して全員で考えて対応する。その基準を提示したものが「バイブル」である。「10の美しいデザインの法則」や「喜びを生み出す販売方法」など、デザインと接客が標準化されている。

(3)顧客ニーズの把握

　約25名のデザイナーが、年間2万4000〜2万5000点の商品デザインを生み出している。「デザインが店内のものと類似している」と伊藤君がコメントしていたが、顧客の傾向を目の前で掴むことがマーケティング・リサーチになっている。日々、デザイントレンドのデータベースが蓄積されている。

出典：本コラムは、伊藤智明・Sriviboon Anupong（2007）「A&C Jewelry〜製販

> 統合によるジュエリーショップの多店舗展開事業〜」法政大学大学院イノベーション・マネジメント研究科プロジェクト報告書に基づいて書かれている。

の適切な支援活動を考慮しながら、全体の最適化を設計するのがサプライ・チェーン・マネジメントである。

COLUMN-12では、価値連鎖に着目して、フルオーダーのジュエリーショップを展開している「(株) ケイ・ウノ」の事業を紹介する。

2. マーケティング論的な競争対応——市場地位による戦略類型

コトラー (2001) は、各社事業部の市場シェアを念頭に置き、市場の中で占める地位をもとにした競争戦略を提示している。市場地位には、リーダー、チャレンジャー、フォロワー、ニッチャーという4つの類型がある[32]。ここでは、4つの類型をもとに、それぞれの地位ごとに競争戦略はいかにあるべきかを考えてみる (図表6.8)。

(1) リーダーの戦略

「リーダー企業」は、市場シェアでトップの企業である。当然のことながら、リーダーは、自社の高いシェアをそのままに維持することに努める。したがって、リーダー企業の基本戦略は、市場での総需要拡大を図り、リーダーとして市場シェアを維持・拡大することである。一方で、リーダー企業は市場そのものを拡大するために、いままでにない需要を掘り起こす努力が求められる。トップ企業は、すでに30%とか50%のシェアを握っていることがふつうなので、他社からシェアを奪っても、収益面での貢献は小さいからである。

例えば、日本には、免許は所持しているがほとんど車を運転することがないドライバーがたくさんいる。そうした「ペーパードライバー」の中には、車は運転できるが駐車が苦手なので、車の運転を控えているという人たちもいる。こうした層は、とくに狭隘な駐車スペースの都心部に多いといわれている。業界リーダーのトヨタ自動車は、駐車を自動で

---

[32]——P. コトラー／月谷真紀訳 (2001)『コトラーのマーケティング・マネジメント——ミレニアム版』ピアソン・エデュケーション。マーケティングの競争戦略を、経営資源の量と質という観点から見直したのが嶋口と石井 (1995) である。嶋口充輝、石井淳蔵 (1995)『現代マーケティング (新版)』有斐閣。

図表6.8　競争上の地位と対応する戦略

	特徴	基本戦略	マーケティング・ミックスの方向
リーダー	企業力がある 最大のシェアをとっている	全市場カバー 最大シェア確保	中高級品のフルライン 広範なチャネル展開 マス広告によるブランド確立 高シェアによる規模の利益
チャレンジャー	企業力がある シェアは大きくない 挑戦姿勢をとる	挑戦の戦略 シェア追撃	リーダーとの差別化を狙った商品構成 特徴を持たせたチャネル ブランド訴求と機能訴求 タイミングを図った集中展開
フォロワー	シェアは大きくない 挑戦姿勢よりも模倣姿勢が強い	スピード対応 チャンス追求	中低価格に寄せた商品ライン 価格訴求型チャネル 広告宣伝よりも、営業・販促に注力 市場チャンスをすばやく追求
ニッチャー	特定市場に強い その領域で名声を得ている	特定市場 顧客満足維持	特定市場のフルカバー 限定型チャネル マインドシェアを高める説得 特定市場での優位性確保

出典：水口健次（1983）『マーケティング戦略の実際』日本経済新聞社、150頁

行う機能を付加することで、駐車時の不安を取り除き、潜在ドライバーに車の運転をしてもらおうと試みている。トヨタ自動車は、「インテリジェントパーキングアシスト」と呼ばれる自動駐車機能を開発し、プリウスに世界ではじめて導入している[33]。

　リーダー企業には、広い顧客層の需要を吸収する役割も求められる。そのために、リーダー企業が注力すべきことは、製品やサービスのフルライン化、多様な流通チャネルの構築、周辺市場の需要拡大による新規需要の拡張などである。例えば、旅行業界のリーダーであるJTBは、「ロイヤルロード」という富裕層向けの海外旅行商品から、「ガクタビ」いう学生向けの格安海外旅行まで、幅広い商品ラインをサービス展開している。また、国内旅行においても、幅広い顧客層を狙ったフルラインの商品展開がなされている。同時に、流通チャネルの展開面においても、店頭（自社店舗と提携販売店舗）、インターネット、新聞・雑誌、通信販売といったように、あらゆるチャネルを利用して商品を販売して

---

[33]──「インテリジェントパーキングアシスト」は、「縦列駐車や車庫入れ時に、車両が操舵をアシストするシステム。ドライバーは周囲の安全確認とブレーキ操作による速度調整をするだけで、ステアリング操作をすることなく駐車」できる。http://lexus.jp/models/ls/comfort/driversupport/ipa.html。

いる。周辺市場では、旅行のガイドブックやスーツケースなどの旅行商品の販売まで幅広く取り扱っている。

リーダー企業は、その他にも、高い水準のマーケティングが求められる。例えば、高品質・高サービスによる非価格競争への転換、マス媒体を活用したブランドの確立、顧客ロイヤリティの向上といったマーケティング企画である。高シェアを保持していることは、規模の経済性を発揮できることである。基本的には、価値連鎖のあらゆる局面で、競争を優位に進めることができる。

リーダー企業の代表例としては、トヨタ自動車、資生堂、NEC、JTB、セブン-イレブン・ジャパンなどがある。

(2) チャレンジャーの戦略

「チャレンジャー企業」は、リーダーの座を狙う市場における2番手、3番手企業である。リーダー企業に対する戦い方には、正面攻撃、側面攻撃、迂回攻撃、ゲリラ攻撃といった多様な攻撃の方法が知られている。これらの用語は、すべて軍事用語に由来している。

「正面攻撃」では、市場においてリーダー企業と真っ向からの勝負を挑むことである。この場合、リーダー企業も真っ向から勝負をかけてくるので、チャレンジャー企業もそれなりの資金力を持つ必要がある。この場合は、真っ向から勝負する分野以外に別に収益性の高い事業を併せ持つなど、資金的に余裕があることが望ましい。

正面攻撃の例としては、1990年代後半のハンバーガー業界での価格競争が典型的である。マクドナルドの低価格戦略（60円バーガー）に対して、業界2番手のロッテリアは、同じ低価格路線でチャレンジした。消耗戦の結果、ブランド力があり資金面でも恵まれていたマクドナルドが、そのまま高いシェアを維持することができた。ロッテリアは収益が落ちただけで、その後の市場地位はまったく変わらなかった。[34]

「側面攻撃」は、リーダー企業と真っ向から勝負するのではなく、リーダー企業の抜けているセグメントを見出し攻めていく方法である。つまりは、できるだけ正面衝突の競争は避けて、勝負に勝とうとする方法

---

[34] 1990年代後半のハンバーガー戦争については、「ファストフード ハンバーガー戦争最終局面 安さ独壇場マクドナルド」『AERA』1996年9月30日号、第9巻40号、44〜46頁。水越康介（2008）「ビジネス三国志（2）マックvsモスvsロッテリア——高付加価値戦略を検証するハンバーガー40年競争勝者なき値下げ合戦の教訓」『プレジデント』第46巻6号、3月31日号、146〜151頁。

である。ハンバーガー業界では、モスバーガーの商品戦略がこれに該当している。1990年代後半の低価格戦争の際にも、正面攻撃を挑んだロッテリアとは異なり、モスバーガーは、品質・サービス面からマクドナルドに側面攻撃を試みた。例えば、サラダの食材として有機野菜を使用したり、オーダーをもらってから商品を作りはじめるなど、商品の鮮度と安全性、そして丁寧なサービスで競争に対処した[35]。

「迂回攻撃」は、2段階の"上陸作戦"を採用する方法である。第1段階では、リーダー企業が活躍している主戦場ではなく、まずはリーダー企業が重視していないと思われる地理的市場、あるいはデモグラフィックな市場に"上陸する"。第2段階は、その周辺市場で成功を収めてから、つぎの主戦場でリーダーに正面攻撃を挑むのである。

迂回攻撃の具体例としては、欧米企業が優勢な中国本土市場に上陸する際に、まずは、台湾や香港に現地企業と合弁事業を立ち上げる日本企業のケースを挙げることができる。例えば、台湾人は日本人とファッションやデザイン面でテイストが近く、対日感情も悪くない。最初に台湾で成功したのちに、そのままの開発チームを引き連れて中国本土に事業や製品を持ち込み、トップの欧米企業や中国現地企業に戦いを挑む。例えば、キリンビバレッジやヤクルトなどの飲料メーカーは、実際に台湾（香港）市場を試金石として、中国本土に上陸している。当初は、コカ・コーラや現地飲料メーカーと直接の戦いを避けたわけである[36]。

チャレンジャー企業の目標は、市場シェアの拡大を狙い、あらゆる層の需要を吸収することである。競争の手段としては、製品・サービスのフルライン化、リーダー企業との差別化、付加価値の追求、低価格化（コストパフォーマンスの追求）、発想の転換（既存の概念を打ち破る）、他社との提携（限られた資源の有効活用）がある。

例えば、コンビニ業界のチャレンジャーであるローソンは、日本郵政

---

[35]――同じく、1990年代後半のハンバーガー戦争については、「特集 外食60チェーン評価・イメージ調査――3連覇の『モス』『マック』も肉薄」『日経レストラン』253号、1998年6月17日号、25〜38頁。

[36]――キリンビバレッジのケースは、小川孔輔（2003）「中国へのブランド移転物語――上海錦江麒麟飲料食品」『チェーンストア・エイジ』9月18日号。ヤクルトについては、以下の文献参照。平井達也、上田隆穂（2003）「健康のグローバル伝道師としてのヤクルト――株式会社ヤクルト本社」『マーケティング・ジャーナル』第23巻第2号、110〜124頁。「ヤクルト　女性の販売員網を築きあげ、中国巨大市場の攻略に挑む」『週刊ダイヤモンド』2004年4月24日号、30〜32頁。

と提携関係を結び、郵便局の中にローソンを設置したり、逆にローソンの中に簡易郵便局を設置するなど相互の利便性を高める提携戦略を採用している。従来の常識からでは、考えもつかなかった店舗展開である。一方、効率化を図る上で店舗への商品配送も郵便物と共同配送することで、限られた経営資源を有効に活用している。[37]

チャレンジャー企業の代表例としては、日産自動車、本田技研工業、カネボウ化粧品、富士通、H. I. S.、ローソンなどがある。

(3) フォロワーの戦略

「フォロワー企業」は、業界における3番手、4番手あたりの企業を指す。フォロワー企業は、リーダー企業やチャレンジャー企業と比べると資金力で劣っている。そのため、リーダー企業が本気でフォロワー企業の戦いに対抗してくると、売上減少や利益の圧迫など経営上で大きなダメージを受ける。直接リーダー企業を刺激することは、この地位の企業にとってはあまり得策ではない。

フォロワー企業は、正面からリーダー企業に立ち向かうことはせずに、リーダー企業に追従していく戦略をとるほうが得策といえる。基本戦略は、スマートな「模倣戦略」である。つまり、リーダー企業が成功している戦略を模倣し、自社の戦略にしてしまう方法である。模倣戦略を採用することで、相対的に資金力の小さなフォロワー企業は、自らが市場を切り開いていく際に生じる不確実性やリスクを回避することができる。この方法は、経済性を追求する意味では非常に有効である。

例えば、リーダー企業やチャレンジャー企業の売れ筋商品をすばやく察知して、迅速に市場に同類の商品を投入する方法がこれである。他社の売れ筋商品は顧客に一定の支持を得ていることが確認できているわけだから、市場に同類商品を投入すれば一定の売上が見込める。あとは、同類の売れ筋商品を、タイミングよく市場に投入できるかどうかにかかっている。大切なことは、できるだけ早く売れ筋商品を把握し、迅速な開発生産体制のもとで、コピー商品をすばやく市場に投入することである。

フォロワー企業の目標は、リスクを回避し他社の模倣によって利潤を

---

[37] 2002年に当時の郵政事業庁（現日本郵政株式会社）と提携を結び、2003年にはローソン全店舗でポストが設置された。さらに、郵便局内にポスタルローソンが展開され、2006年からは共同配送もはじまった。

追求していくことである。こうした基本的な戦略を見誤って、リーダー企業やチャレンジャー企業と同じような戦略を行うと、経営上では厳しい状況に陥りかねない。

　例えば、かつてのマツダや三菱自動車は、トヨタや日産のように高級セダンからコンパクトカーまでのいわゆるフルライン戦略を採用していた。流通チャネル政策も、全国的に広範な販売店を展開していた[38]。それが、のちに経営上大きな重しとなってしまい、マツダはフォードの支援を仰ぐことになり、三菱自動車は三菱グループの支援を仰ぐ結果となった。そうした反省から、いまでは、両社とも開発する車種を絞り、複数系統の流通チャネルも統合してスリム化を図っている。

　フォロワー企業の代表例としては、マツダ、三菱自動車、三洋電機、日本旅行などがある。

(4) ニッチャーの戦略

　「ニッチャー企業」は、市場全体を対象とせずに、自社のマーケティング活動を特定市場に特化してしまう企業である。リーダー企業やチャレンジャー企業が目を向けていない特別な市場に対して、徹底的に顧客のニーズに応えようとする。ニッチャーが対象とする市場は、規模としてはごく小さいことがふつうである。ただし、その市場では、ニッチャー企業もリーダーではある。

　ニッチャー企業の目指すところは、市場の細分化である。自社の経営資源を特定のセグメントに集中させる「絞り込み」が肝心である。例えば、マブチモーターは小型モーターの市場に特化して、顧客のニーズに応え成功している。ポルシェは、スポーツカーの市場に特化することで、高性能で魅力あるスポーツカーを市場に投入して成功している。ニッチャー企業は、小さな市場におけるリーダーとなることが目標となる。そうすることで、特定の市場での名声やロイヤリティの高いブランド力を持っていくことができる。

　ニッチャー企業が注意しなければならないことは、資金力のあるリーダー企業やチャレンジャー企業のような企業がその市場に本格的に参入してきた場合である。その場合は、特異な技術やサービスを有していな

38——当時、マツダはマツダ店、アンフィニ店、オートザム店という3つの流通チャネルを、三菱自動車はギャラン店、カープラザ店という2つの流通チャネルを抱えていた。現在は、共にひとつに集約されている。

いと、ニッチャー企業が押さえていた市場シェアがリーダー企業に奪われる可能性がある。

ニッチャー企業は常に、他社に真似のできない特異技術やサービスに磨きをかけておくことを忘れてはならない。同時に、場合によっては複数のニッチ市場を攻めておく必要がある。いわゆる、「複数ニッチ戦略」によるリスク回避である。

ニッチャー企業の目標は、製品・市場面で徹底して市場や顧客に特化することである。特定市場で確固たる地位を確立できれば、高利潤が実現できる。そのために、ターゲット層を絞り込み、特定顧客のニーズに応える。圧倒的な高性能化や特異な差別化によって、顧客に対して特別な価値を提供する。そして、自社の強みを最大限生かしながら、高価格化を実現して高い利潤を追求していくのである。

ニッチャーには、個性的な企業が多い。日本には、とくに産業財の分野で世界に冠たるニッチャー企業が多数存在している。例えば、ハードディスク駆動装置用精密小型モーターで世界シェア7割を持つ日本電産、半導体洗浄装置であるバッチ式ウエハー洗浄装置では世界シェア第1位の大日本スクリーン製造、カーエアコンなど自動車関連製品で22品目の世界トップシェアを持つデンソーなどが存在している。また、マブチモーターのように、小さな業界での世界のリーダー企業もある。

ニッチャー企業の代表例としては、超高級スポーツカーしか製造販売していないフェラーリやポルシェ、熟年向けの海外旅行を取り扱うニッコウトラベル、富裕層向けのクレジットカード、ダイナースクラブカードを発行しているシティカードジャパンなどがある。

〈参考文献〉

D. A. アーカー／野中郁次郎他訳（1986）『戦略市場経営――戦略をどう開発し評価し実行するか』ダイヤモンド社（Aaker, D. A.（1984）*Strategic Market Management*, John Wiley & Sons）

秋谷重男、食品流通研究会編（1996）『卸売市場に未来はあるか』日本経済新聞社

淺羽茂（1995）『競争と協力の戦略』有斐閣

W. アバナシー他／望月嘉幸監訳、日本興業銀行産業調査部訳（1984）『インダストリアルルネサンス――脱成熟化時代へ』ティビーエス・ブリタ

ニカ（Abernathy, W., J. Kim, B. Clark, and A. M. Kantrow（1983）*Industrial Renaissance: Producing a Competitive Future for America*, Basic Books）

J. C. アベグレン、ボストン・コンサルティング・グループ編著（1977）『ポートフォリオ戦略――再成長への挑戦』プレジデント社（Boston Consulting Group（1972）*Perspectives on Experience*, Boston Consulting Group）

H. I. アンゾフ／広田寿亮他訳（1969）『企業戦略論』産業能率短大出版局（Ansoff, H. I.（1957）"Strategies for Diversification," *Harvard Business Review*, vol. 35）

上原征彦（1986）『経営戦略とマーケティングの新展開』誠文堂新光社

D. F. エイベル、J. S. ハモンド／片岡一郎他訳（1982）『戦略市場計画』ダイヤモンド社（Abell, D. F. and J. S. Hammond（1979）*Strategic Market Planning: Problems and Analytical Approaches*, Englewood Cliffs, Prentice-Hall）

D. F. エイベル／石井淳蔵訳（1984）『事業の定義――戦略計画策定の出発点』千倉書房（Abell, D. F.（1980）*Defining the Business: The Starting Point of Strategic Planning*, Prentice-Hall）

大澤豊（1992）「マーケティング活動とマーケティング論」大澤豊編『マーケティングと消費者行動』有斐閣

小川孔輔（1991）『世界のフラワービジネス』日刊工業新聞社

小川孔輔（1993）「マーケティング・モデル発展の小史」『マーケティングジャーナル』第12巻第3号

小川孔輔、浅野有（1994）「自動車のライフサイクル・カーブ」『マーケティングジャーナル』第13巻4号（通号52）

小川孔輔（1994）「マーケティング情報活用講座」『チェーンストアエイジ』9月15日号

小川孔輔（2003）「中国へのブランド移転物語――上海錦江麒麟飲料食品」『チェーンストアエイジ』9月18日号

小倉昌男（1999）『小倉昌男 経営学』日経BP社

鎌田由美子、JR東日本ステーションリテイリング社員一同（2007）『ecute物語――私たちのエキナカプロジェクト』かんき出版

P. ゲマワット／大柳正子訳（2002）『競争戦略論講義』東洋経済新報社（Ghemawat, P.（1999）*Strategy and the Business Landscape*, Prentice-Hall）

國領二郎（1995）『オープン・ネットワーク経営』日本経済新聞社

P. コトラー／月谷真紀訳（2001）『コトラーのマーケティング・マネジメント――ミレニアム版』ピアソン・エデュケーション（Kotler, P.（2000）*Marketing Management: The Millennium Edition*, 10th ed., Prentice-Hall）

嶋口充輝（1984）『戦略的マーケティングの論理』誠文堂新光社

嶋口充輝（1994）『顧客満足型マーケティングの構図』有斐閣

嶋口充輝、石井淳蔵（1995）『現代マーケティング（新版）』有斐閣

鈴木安昭（1998）『新・流通と商業』有斐閣

高瀬浩（2005）『ステップアップ式MBAマーケティング入門』ダイヤモンド社

田中良和、森本篤郎（2008）「2008年JFMA新春セミナー講演録　やってみなはれサントリーのフラワービジネス──青いバラ開発の経緯とプロモーション」『法政大学イノベーション・マネジメント研究センター　ワーキングペーパー』No. 51、3月14日（講演日：2008年1月15日）

M. デル／國領二郎監訳、吉川明希訳（2000）『デルの革命──「ダイレクト」戦略で産業を変える』（日経ビジネス人文庫）日本経済新聞社　(Dell, M. (1999) *Direct From Dell: Strategies That Revolutionized an Industry*, HarperCollins)

中田重光（1999）『キリンが挑む「花」ビジネス──世界のガーデニング文化を育てる』日刊工業新聞社

『日経ビジネス』（2007）「特集　百貨店サバイバル──再編ドミノの先に」（第1回〜第7回）　5月7日号48〜55頁、5月14日号64〜67頁、5月21日号88〜92頁、5月28日号82〜87頁、6月4日号90〜94頁、6月11日号102〜105頁、6月18日号50〜54頁

R. D. バゼル、B. T. ゲイル／和田充夫、八七戦略研究会訳（1988）『新PIMSの戦略原則──業績に結びつく戦略要素の解明』ダイヤモンド社　(Buzzell, R. D. and B. T. Gale (1987) *The PIMS Principles: Linking Strategy to Performance*, Free Press)

平井達也、上田隆穂（2003）「健康のグローバル伝道師としてのヤクルト──株式会社ヤクルト本社」『マーケティングジャーナル』第23巻第2号、110〜124頁

M. E. ポーター／土岐坤他訳（1982）『競争の戦略』ダイヤモンド社　(Porter, M. E. (1980) *Competitive Strategy: Techniques for Analyzing Industries and Competitors*, Free Press)

M. E. ポーター／土岐坤他訳（1985）『競争優位の戦略──いかに高業績を持続させるか』ダイヤモンド社　(Porter, M. E. (1985) *The Competitive Advantage: Creating and Sustaining Superior Performance*, Free Press)

水口健次（1983）『マーケティング戦略の実際』日経文庫

R. P. ルメルト（1977）『多角化戦略と経済効果』東洋経済新報社　(Rumelt, R. (1974) *Strategy, Structure, and Economic Performance*, Harvard University Press)

Swan, J. E. and L. J. Combs (1976) "Product Performance and Consumer Satisfaction: A New Concept," *Journal of Marketing*, Vol. 40, April, pp. 25–

33.

〈さらに理解を深めるための参考文献〉

淺羽茂（1995）『競争と協力の戦略』有斐閣

C. M. クリステンセン／伊豆原弓訳（2002）『イノベーションのジレンマ 増補改訂版』翔泳社（Christensen, C. M.（2000）*The Innovator's Dilemma*, Harvard Business School Press）

新宅純二郎（1994）『日本企業の競争戦略』有斐閣

新宅純二郎他（2000）『デファクト・スタンダードの本質』有斐閣

新宅純二郎、淺羽茂編（2001）『競争戦略のダイナミズム』日本経済新聞社

G. ストークJr.、T. M. ハウト／中辻萬治、川口恵一訳（1993）『タイムベース競争戦略——競争優位の新たな源泉・時間』ダイヤモンド社（G. Stalk Jr. and T. M. Hout（1990）*Competing against Time*, Free Press）

ダイヤモンド・ハーバード・ビジネス編集部（1998）『バリューチェーン解体と再構築——ネットワーク経営を制するビジネスモデル』ダイヤモンド社

A. D. チャンドラーJr.／有賀裕子訳（2004）『組織は戦略に従う』ダイヤモンド社（Chandler, A. D.（1962, 1992）*Strategy and Structure*, The MIT Press）

J. パイン／IBI国際ビジネス研究センター訳（1994）『マス・カスタマイゼーション革命』日本能率協会マネジメントセンター（Pine II, B. J.（1993）*Mass Customization*, Harvard Business School Press）

R. A. バーゲルマン／石橋善一郎、宇田理監訳（2006）『インテルの戦略——企業変貌を実現した戦略形成プロセス』ダイヤモンド社（Burgelman, R. A.（2002）*Strategy Is Destiny*, Free Press）

E. モーゼス／田中洋訳（2002）『ティーンズ・マーケティング——1000億ドル市場の攻略法』ダイヤモンド社（Moses, E.（2000）*The 100 Billion Dollar Allowance: Accessing the Global Teen Market*, John Wiley & Sons）

第7章 マーケティング・インテリジェンス

　マーケティング計画を立案するためには、企業は自社のイメージや商品ブランドがどのように評価されているのかを調査する必要がある。製品を購入してくれている消費者の心理や行動などについても、継続的にモニタリングしておかなければならない。また、競争者への対応策を練るためにも、情報を収集するシステムを構築することが求められる。
本章では、市場や顧客から情報を収集し、データを分析するためのさまざまな調査手法について解説する。そうしたリサーチ活動は、「マーケティング・インテリジェンス」と呼ばれる。リサーチに関する基礎知識を提供することが、本章の目的である。
　第1節では、典型的な3つの調査課題が例示される。そして、マーケティング・リサーチには、定量調査と定性調査の2つのタイプがあることが示される。それぞれの簡単な特徴を述べている。
　第2節では、リサーチのプロセスを解説する。マーケティング・リサーチは、5つの段階から構成される。時間の順に、準備段階、設計段階、実施段階、分析段階、報告段階のステージである。
　第3節では、さまざまなマーケティング・データを紹介する。マーケティングを計画するために、自社が独自の目的のためにデータを収集する場合と（1次データ）、外部機関からデータを購入する場合がある（2次データ）。2次データで重要性が高いシンジケート・データについて、やや詳しく紹介する。
　第4節は、分析手法についての解説である。定量的な分析手法として、3つの多変量解析手法を紹介する。定性的な手法としては、フィールド観察法とグループインタビューの実施方法を解説する。

1―マーケティング・リサーチの課題と類型[1]

1. 典型的な調査課題：3つの事例

「マーケティング・インテリジェンス」（marketing intelligence）とは、マーケティング意思決定のための情報収集とその分析のための活動を指す言葉である。[2]「マーケティング・リサーチ」（marketing research）とほぼ同じ意味で使用されている。マーケティング・インテリジェンスという呼称は、リサーチが単なる調査ではなく、「市場からの情報収集とデータ分析の枠組み」であることを強調した呼び方である。[3]

つぎの〈課題1〉から〈課題3〉までは、企業のマーケティング部門が直面している典型的なリサーチ課題を例示したものである。

図表7.1で示された3つの事例は、すべて実際に起こったケースである。順番に見ていくことにするが、マーケティング課題の性質がそれぞれ異なっている。課題にふさわしい調査を設計して、適切なデータ分析手法を適用するように、工夫を凝らさなければならない。

後で詳しく述べるが、調査規模や予算額が大きくなって、自社内に調査ノウハウが十分に備わっていない場合には、リサーチ会社に全面的に調査を委託してしまうことが多い。その場合でも、調査の設計や仕組み、基本的な分析手法、調査予算の組み立てについては、調査主体がきちんと理解しておくことが大切である。

調査の失敗は、依頼主が調査プロセスをコントロールできないときに

---

[1]――本節で使用される概念と用語は、小川孔輔（2009）「マーケティング・リサーチ」法政大学経営学部創設50周年記念委員会編『経営学用語集』（法政大学経営学部）から、一部を抜粋して編集したものである。

[2]――日本ではじめてこの言葉を使用して、マーケティング・インテリジェンスを定義した書籍は、新津重幸（1991）『'90マーケティング・インテリジェンス』白桃書房である。

[3]――マーケティング・インテリジェンスの発想は、米国マサチューセッツ工科大学の元教授ジョン・リトルが主張した「マーケティング意思決定モデル」（marketing decision model）の枠組みに近い。リトル教授の枠組みは、「データ」「統計分析」「モデル」「インターフェース」の4つのモジュールからなっていた。詳しくは、大澤豊（1972）『講座情報と意思決定6　マーケティング科学と意思決定』中央経済社、野中郁次郎、陸正編（1987）『マーケティング組織――その革新と情報創造』誠文堂新光社。リトル教授のオリジナル論文は、Little, J. D. C.（1970）"Managers and Models: The Concept of a Decision Calculus," *Management Science*, 16, pp. B466-485。

図表7.1 典型的な3つの調査課題

課題1
　T社は、小型乗用車クラスに製品的によく似通った3つのモデル（M、C、K）を持っている。このうちのひとつのモデルを整理し、新しいモデルを市場に投入することが検討されている。こうしたマーケティング意思決定に必要なリサーチ手法と調査データはどのようなものか？

課題2
　清涼飲料メーカーK社は、これまで110円で売られていた主力商品を値上げしたいと考えている。そのために消費者の反応を知りたい。適当な値上げ幅を決定するためには、どのような調査が必要か？

課題3
　コーヒーショップチェーンのK社は、首都圏を中心に、約100店の店舗を展開している。「若い女性がほっとしてくつろげる場所の提供」を基本コンセプトに、オープンエアスタイルの店舗とセミセルフ方式のサービスを特徴としている。店舗規模や立地条件が異なる、さまざまな店舗が増えてきたので、最近オペレーションや業績にばらつきが出はじめた。FC本部は、プロモーションキャンペーン（クーポン券と絵のプレゼント）と同時に、店内で簡単なアンケート調査を実施することにした。どのような企画が考えられるか？

起こりやすい。外部に委託された調査では、依頼主と調査会社との間でトラブルになりやすい。調査の進行過程で、当初のリサーチ課題を忘れてしまったり、そもそも調査に関する基礎知識を持っていないことが原因であることが多い。いずれにしても、マーケティング担当者は、調査現場とリサーチ手法に関する実務的な知識を得ておくことが望ましい。

(1)自社内ブランドの競合（課題1）

　自動車業界の国内大手メーカーが、1990年代を通して抱えていた課題である。この課題に対するマーケティング上の結末は、II部の「オープニング事例」（トヨタ自動車：車種統合、マークXの発売）で具体的に示されている。販売系列チャネルの制約（5チャンネル体制）を別にすれば、1990年代の中盤に、消費者調査ではすでに解決がなされていた課題であった。

　課題中にある3つのモデル（車名）を、自社内で競合している複数のブランドに置き換えてみればよい。こうした状況は、かなり普遍的な「共食い（カニバリゼーション）」の課題であることがわかる。一般的な調査手法が応用できる[4]。

　調査設計は、自社ブランド（モデル）と他社ブランド（モデル）の心理的な「ポジショニング・マップ」（因子分析などを利用）を作成し、

「競合分析」をすることである。また、新しいブランド（モデル）のコンセプトを作るためには、さまざまな「アイデア発想法」を利用することであった。最終的には、新しいコンセプト（製品モデル）の需要予測を実施することになる（詳しくは、第8章を参照のこと）。

(2) 消費者の価格反応（課題2）

主力商品の値上げ（値下げ）に踏み切る際に、どのようなタイプの消費者調査が判断材料として必要なのかを示した事例である。外資系の大手飲料メーカーが、度重なる原材料費の高騰に対処するために値上げを実施した際のケースである。

当初、自販機販売で1缶100円だったソフトドリンク（350ml）が、最初の値上げの際には、110円に値上げされた。さらに、2度目の値上げの際にも、同額の10円が値上げされて、コーラ類などは120円となった。そのときに実施された調査手法が、「コンジョイント分析」というツールだった。

この手法は、現在では、「SPSS（統計パッケージ）」の標準モジュールとして、あるいは、ネット調査ソフト（「Intervien Land for ACA（構造計画研究所）」）として、標準的な分析パッケージソフトが利用可能である。

(3) 来店客の分析と店舗監査（課題3）

スターバックス コーヒーが日本に上陸する直前、首都圏ではコーヒーショップ間での競合が激しくなりはじめていた。そのうちの1社（K

4——このタイプのものは、一般的には、「市場構造分析」（market structure analysis）として知られている課題である。「市場構造モデル」とも呼ばれる。片平秀貴（1987）『マーケティング・サイエンス』東京大学出版会。

5——G. L. アーバン、J. R. ハウザー、N. ドラキア／林廣茂、中島望、小川孔輔、山中正彦訳（1989）『プロダクト・マネジメント』プレジデント社（Urban, G. L., J. R. Hauser and N. Dholakia（1987）*Essentials of New Product Management*, Prentice-Hall）。古川一郎、守口剛、阿部誠（2003）『マーケティング・サイエンス入門——市場対応の科学的マネジメント』有斐閣アルマ。

6——〈課題2〉に対しては、「PSM分析」という価格調査手法が利用可能である。これは、アンケート調査から、商品サービスへの価格感度（値ごろ感）を求めるアンケート方法である。詳しくは、上田隆穂（2005）『日本一わかりやすい価格決定戦略』明日香出版社、164～169頁を参照のこと。

7——コンジョイント分析は、価格と属性をトレードオフさせて、価値の重みづけを推定する方法である。コンジョイント分析の紹介については、朝野熙彦（2000）『マーケティング・リサーチ工学』朝倉書店などを参照のこと。小川孔輔（1993）「マーケティング・モデルの小史」『マーケティングジャーナル』第12巻第3号（通号47）、78～87頁には、歴史的な位置づけが記述されている。

図表 7.2　アンケートの例（K社）

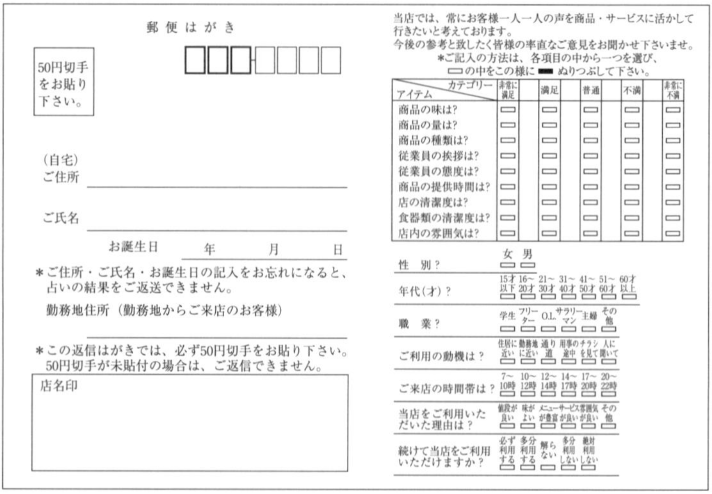

社）が、首都圏でアンケート調査を実施した。調査の目的は、自社の顧客のプロフィールを分析すると同時に、店舗間でのサービス業務のばらつきを評価することだった。

来店客に対して、図表7.2のような「アンケートはがき」が店内で配布された。簡易な来店客調査ではあるが、必要にして十分な項目が準備されている。返送されたアンケート用紙（往復はがきになっている）には、「自由記述欄」があって、利用者から生の声が集められた。来店客のコメントは、店舗のサービス改善に役立てられた。

図表7.3は、千代田区（JR市ケ谷駅周辺）のKM店への来店客を、地図上にプロットしたものである。申告された住所と利用目的にしたがっ

8——SPSSには、コンジョイント分析用アドオンモジュールとして、「PASW Conjoint」があり、「さまざまな機能や属性を持つ複数の製品から1つを選択する際に、消費者が考慮するトレードオフを理解するためのアンケートの作成／分析が簡単にできる」ようになっている。http://www.spss.co.jp/software/pasw_cj/。構造計画は、日本初のコンジョイント分析手法を完備したオリジナルのインタビューシステムを開発、コンジョイント分析部分は米国Sawtooth社のAdaptive Conjoint AnalysisやConjoint Value Analysis、Choise-Based Conjoint などを搭載している。服部正太、木村香代子（2008）「学界と産業界をブリッジする工学知：Professional Engineering Solution Firm　高付加価値を実現する企業を目指して」『赤門マネジメント・レビュー』東京大学大学院経済学研究科 ABAS/AMR 編集委員会編、第 7 巻10号、10月25日、www.gbrc.jp/journal/amr/free/dlranklog.cgi?dl=AMR7-10-4.pdf。執筆者は、構造計画研究所 代表取締役社長 CEOおよび同社創造工学部所属の各氏。

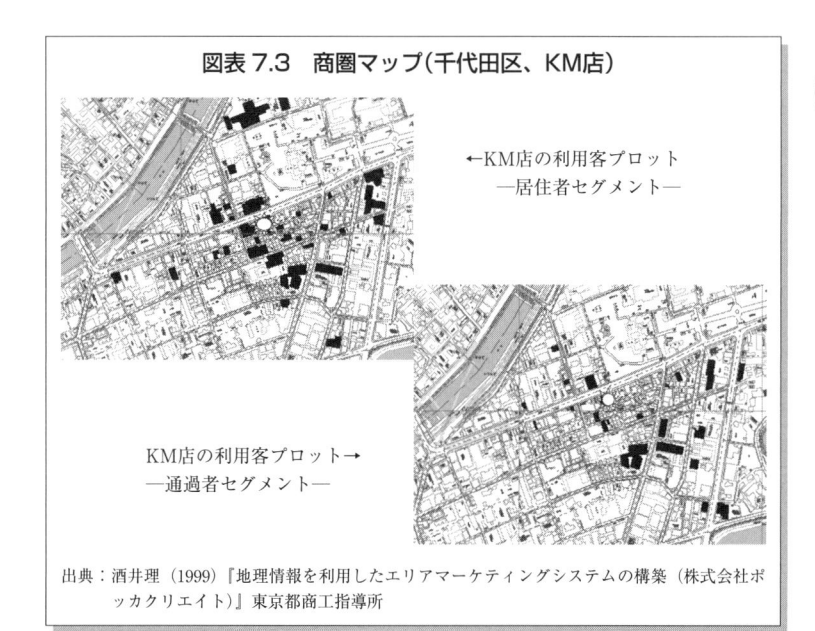

図表 7.3 商圏マップ（千代田区、KM店）

←KM店の利用客プロット
―居住者セグメント―

KM店の利用客プロット→
―通過者セグメント―

出典：酒井理（1999）『地理情報を利用したエリアマーケティングシステムの構築（株式会社ボッカクリエイト）』東京都商工指導所

て、店舗の利用客を、居住者セグメント（職場・住宅）と通過者セグメントに分けて、顧客データを分析している。アンケート調査と地図情報を組み合わせることで、とくに居住者セグメントについては、クーポンの配布や職場へのチラシの投げ入れなどに利用することができる。

2. リサーチの呼称とその類型

マーケティング・リサーチは、「マーケティング意思決定のために、市場・顧客から情報を収集し、分析し、記録し、報告する一連のプロセス」のことである。ほぼ同様な用語としては、「マーケット・リサーチ」（market research）と、その日本語訳である「市場調査」がある。概念的には、同じ言葉と考えてよいだろう。とくに、消費者対象の調査を強調する場合は、「消費者調査」（consumer research）、企業のマーケティング・ミックスに焦点を当てた場合は、マーケティング機能に注目した呼称として、「広告調査」「価格調査」「流通調査」などがある。

図表7.4は、マーケティング・リサーチを、目的と方法によって分類したものである。定量調査と定性調査の欄には、調査手法と内容が記述されている。それぞれの調査手法ごとに、本書に登場してくる具体的な

図表7.4　マーケティング・リサーチの類型

1 目的による分類

方法	分類	調査目的
探索的リサーチ	定性的な手法	漠然としたマーケティング問題やアイデア発見のため
記述的リサーチ	定量的な手法	消費者や市場、マーケティング環境を記述するため
因果的リサーチ	定量的な手法	原因と結果の関係（方向と強さ）を特定化するため

2 方法による分類

類型	方法	調査内容	具体例・手法（提唱者）
定量的な手法	実験法	室内実験 店頭実験 消費者使用テスト	「サントリーAd生」の実験 ユニクロのバンドル販売 アセッサー（アーバン、シルク）
	観察法	動線調査 店頭観察調査	（パコ・アンダーヒル） 商品構成グラフ（渥美俊一）
	質問法	個別調査 集合調査	面接法、電話法、郵送法 コンピュータ・インタビュー 集合面接、集団面接
	自動化収集法	POSデータ インターネット パネルデータ	シンジケート・データ ブログ解析、テキスト・マイニング シンジケート調査
定性的な手法	フィールド観察法	参与観察	（ホルブロック）（佐藤郁哉）
	フォト収集法 ビデオフラフィー	生活記録	（辻中俊樹）（ホルブロック）（桑原武夫）（木村純子） （ベルク）
	アイデア発想法	集団面接法 KJ法 C/Pバランス理論	グループインタビュー （川喜田二郎） （梅澤伸嘉）
	その他の情報源	パソコンネット 食パネル	DOハウス（稲垣佳伸） NTTデータライフスケープマーケティング（斎藤隆）

事例が例示されている。また、調査手法の発案者が、（　）内に記入されている。

リサーチの種類としては、「記述的方法」（descriptive method）と「分析的方法」（analytical method）に分かれる。前者は、市場の実態や消費者の行動を、加工分析することなく、そのままに記述する調査を指している。後者は、収集された調査データを集計分析するための「分析ツールの集合体」である。複雑な統計手法やマーケティング・モデルを含んでいる。第4節で詳しく述べる。

アプローチ方法としては、「定量的な手法」と「定性的な手法」とい

う分類もある。手法に対応して、調査のほうも、「定量調査」「定性調査」のように対比して呼ばれる。それぞれは、「分析的方法」と「解釈学的方法」のように、分析アプローチを分類している。調査目的ごとに、それにふさわしい方法は異なる。以下では、両者を比較しながら、手法を簡単に紹介する。

3. 定量調査（quantitative research）

「定量調査」とは、マーケティング現象を量的に測定するための調査一般を指す言葉である。量的データを分析するための一連の手法群を含んでいる。図表7.4の2の前半部分には、定量調査の諸手法がリストアップされている。

マーケティング調査には、「探索的リサーチ」(exploratory research)、「記述的リサーチ」(descriptive research)、「因果リサーチ」(causal research) の3つの種類がある（図表7.4）。定量調査は、主として、記述的リサーチと因果的リサーチを実行するためのアプローチである。ただし、探索的リサーチにも、定量的方法が用いられる場合がある。

「記述的リサーチ」は、特定の消費者グループやターゲット市場、特別なマーケティング環境など、明確な調査対象について、その特徴や現状についての特質を記述することが目的である。「因果的リサーチ」は、マーケティング現象についての原因と結果の関係について、その関係の方向性と強さを特定化するための手法全般を指す。回帰分析や共分散構造分析など、多変量統計解析の手法が用いられる。

定量的な調査手法としては、「実験法」「観察法」「質問法」がある。実験法には、「室内実験」「店頭実験」「消費者使用テスト」などがある。観察法の代表的な方法は、「動線調査」や「店頭観察調査」である。小売業の消費者行動を観察するための方法である。「質問紙法」は、消費者や企業にアンケートを送付して質問に答えてもらう調査である。これは、「個別調査（面接法、電話法、郵送法）」と「集合調査（集合面接、集団面接）」に分かれる。

近年では、自動的に販売データなどが収集できるようになったので、POSデータやネットの購買履歴やログデータなどは、コンピュータで自動的に収集できるようになった（自動化収集法）。ネットを利用したコンピュータ・インタビューなどの手法も開発されている。なお、質問紙

調査に関しては、ネットを利用したパネル化が急速に進展している[9]。

4. 定性調査（qualitative research）

「定性調査」とは、マーケティング現象の本質を、定性的に把握するための方法一般を指す言葉である。調査対象（者）の意識や行動がよくわからない場合や、そもそも調査目的が漠然としている場合に採用されることが多い。「探索的リサーチ」は、ほとんどが定性的なアプローチにより実施される。図表7.4の2の後半部分には、各種の定性的な調査方法が列挙してある。

図表7.1に事例として挙げた3つの課題は、モデルの削除、値上げ、顧客調査とサービス改善など、マーケティングの課題が明確であった。ところが、マーケティング課題が漠然としている場合もある。例えば、新しいアイデアを発想したり、定量調査のための調査仮説を作るためには、アドホックに探索的なアプローチを採用せざるをえない。課題発見型の代表的な手法としては、「グループインタビュー」「KJ法」「関連樹木法」などが知られている。こうした手法は、グループで討議することが通例である。

「参与観察」も、定性的なマーケティング手法に分類される（佐藤郁哉 1984、2002）[10]。この手法は、文化人類学で開発されたものである。観察的な手法をマーケティング分野に応用したものとしては、例えば、第4章で紹介した辻中俊樹（1995）の手法などがある[11]。コア・ユーザーの消費行動や意識を調べるために、対象者と同じ状況で商品を使用したり、対象者の生活場面を観察するなどのアプローチがとられている。対象者の立場と同様な疑似的な体験をすることで、実際の使用者が直面している課題や事象について理解を深める方法である。

9──2007年から、経済産業省（サービス産業生産性協議会）が推進している「日本版CSI（顧客満足度指数）」の開発段階で、流通サービス産業の16業種、約150社のCSIが推計された。J-CSIの指数推計は、大手ネット調査会社が保有している「消費者調査パネル」からの標本抽出によるものである。顧客満足度指数（CSI）を推計するために、米国では電話調査が、韓国では店頭面接調査が利用されている。おそらく日本版CSIが世界最良の調査品質になるはずである。それは、日本の調査パネルが極めて良質だからである。日本版CSIについては、小川孔輔「サービス産業の生産性向上（7）：日本版顧客満足度指数の構築を」生産性新聞、2008年12月5日。

10──佐藤郁哉（2002）『フィールドワークの技法』新曜社、佐藤郁哉（1984）『暴走族のエスノグラフィー』新曜社。

11──辻中俊樹（1995）『母系消費──〈満足の臨界〉その先へ』同友館。

この観点からいえば、消費者調査のうちで、消費者使用テストや店頭観察調査などの一部は、定性的調査法の側面も含んでいるともいえるだろう。

2 ― マーケティング・リサーチのプロセス

1. リサーチの5つの段階

本節では、典型的なマーケティング・リサーチのプロセスを紹介する。アンケート調査が前提ではあるが、観察法や実験法、あるいは、グループインタビューなどの定性調査の場合でも、基本的なリサーチの流れは同じである。

説明を容易にするために、具体的な調査事例を取り上げる。「MPSジャパン」が2008年5月に実施した「野菜と環境に関する調査」である。この調査は、「MPSジャパン」が「マクロミル」に委託したネット調査であった。調査目的は、「花の国際環境認証プログラムである"MPS（オランダ語の略称）"の事業システムを、野菜の分野に拡張するためのFS（事業化調査）」であった[12]。

典型的なマーケット・リサーチにおいて、リサーチの段階は、5つのステージに分かれる。①「準備段階」、②「設計段階」、③「実施段階」、④「分析段階」、⑤「報告段階」である。調査の枠組みと実査の手続きを、事例を用いながら、リサーチ段階ごとに説明していくことにする。

2. リサーチの準備段階

(1)調査課題と調査仮説

アンケート調査を実施するにせよ、ネットから競合企業の商品情報を集めてくるにせよ、あるいはクーポン配布実験をするにせよ、リサーチのためには準備が必要である。

12――「MPSジャパン」は、筆者（小川）らが創業した花の環境認証会社（オランダMPS財団の日本総代理店）である。調査の企画と設計は、ネット調査会社「マクロミル」の協力を得て、鳴尾幸（当時、オランダ園芸学校の4年生で、小川研究室とMPSジャパンの研修生）が筆者の指導のもとで実施した調査である。調査結果の一部は、小川孔輔、鳴尾幸（2008）「栽培・技術 全国野菜技術情報 野菜と環境に関する調査」『農耕と園芸』第63巻第10号（10月号）、59〜62頁に掲載されている。

第7章 マーケティング・インテリジェンス

どのようなタイプの調査であれ、その背後には何らかの「マーケティング問題」が存在している。例えば、「野菜と環境に関する調査」では、「花の環境認証プログラムである"MPS"を、野菜事業へ拡張できるかどうか？」がマーケティング課題であった。

最初の作業は、与えられた「リサーチ目的」を、より具体的な「リサーチ課題」に落とし込むことである。消費者調査を実施する場合にありがちな過ちは、まず調査票を作成したがることである。しかし、アンケート用紙を準備する前に取りかかるべきは、調査項目の背後にある調査仮説を列挙してみることである。知りたい課題を明確にしてから、調査票の設計に移っていくのが調査の定石である。

調査目的を確認した後、準備段階で考慮すべきは、(A) リサーチの環境条件、(B) アプローチの選択、(C) リサーチ組織の編成、の3つである。

(2)リサーチの環境条件

(A) 調査環境の違いが、(B) アプローチの選択と (C) リサーチ組織の編成を決定づける。事前に精査しておくべきリサーチの環境条件は、以下の4つである。

① 分析者の知識

マーケティング担当者が、市場調査に関してどの程度の知識を持ち合わせているのかは、調査を実施する上でとても大切である。調査の設計は調査部門に任せるか、外部の調査会社に委託することが多い。しかし、理想的には、調査に関する基本的な手続きと調査手法の両方について、担当者が深い知識を有していることが望ましい。

② 課題の性質

調査課題が定性的なものなのか、それとも定量的なものなのか。調査そのものが、繰り返し行われる「継続調査」なのか、1回きりの「アドホック調査」なのかによって、調査の設計と予算が異なってくる。事例の調査は、アドホックな調査であった。

③ 問題の重要性

課題の重要性にしたがって、調査規模が異なってくる。3つのケースが考えられる。マーケティング課題が全社的な意思決定に関わるほど重要な場合。マーケティング部門に限定された課題解決である場合。最後は、マーケター本人の仕事に関連した部分的な課題の場合である。予算

枠も違ってくる。

④ リサーチ予算

「野菜と環境に関する調査」は、中間的な重要度を持っていた。予算規模が40万〜80万円だったので、マクロミルに依頼して簡易なネット調査を実施した。統計的な分析に耐える標本数（300〜500サンプル以上）を確保するには、通常は数百万円程度の調査予算を投じる必要がある。

(3)アプローチの選択

②課題の性質と④リサーチ予算によって、アプローチ手法が決まってくる。定性調査にするのか定量調査でいくのか、という選択の問題が出てくる。調査会社の選択と予算規模を決定することが、この段階では大きな課題になる。なお、具体的に採用すべき調査手法については、第4節で詳しく紹介する。ここでは、説明を省略する。

(4)リサーチ組織の編成

準備段階でもうひとつ重要なことは、リサーチ組織の編成である。マーケター個人がデスクリサーチをする場合にはほとんど問題にならないが、ある程度の予算を投じて、調査会社にリサーチを委託する場合は、事前にコミュニケーションをしっかりととっておく必要がある。しばしば起こる困った事態は、調査主体（依頼主）と調査担当者（委託先）の間で、調査の成果や予算をめぐってトラブルが発生することである。

その原因は明らかである。事前に調査内容について、綿密な打ち合わせをしておかなかったからである。両者で事前に合意すべき事項は、以下の5つである。

① マーケティングの課題
　　調査仮説の形にしておくこと
② 情報の入手可能性
　　関連する情報サービスの探索を含む
③ リサーチの費用
　　状況依存的ではあるが、あらかたの明細は決めておくこと
④ 調査報告の範囲
　　依頼主と実施担当者の役割分担を明確に、追加調査などが発生しないように
⑤ 勧告の要求水準
　　事前の要求事項に関する調整をしておくこと

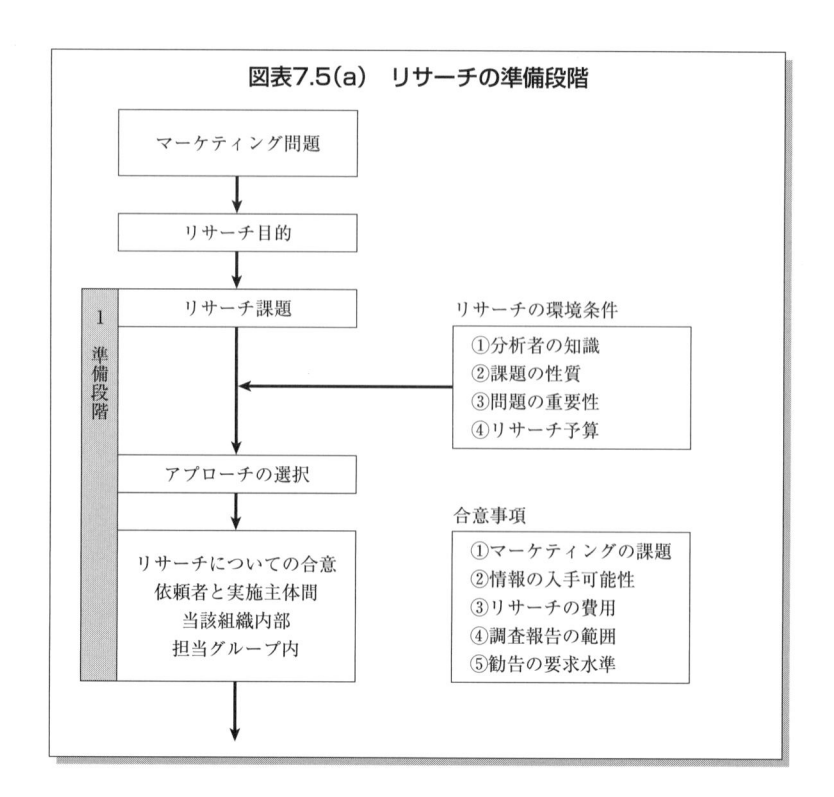

```
図表7.5(a)  リサーチの準備段階

            マーケティング問題
                 ↓
            リサーチ目的
                 ↓
  ┌─ リサーチ課題  ←──  リサーチの環境条件
  │                    ①分析者の知識
  1                    ②課題の性質
  準                   ③問題の重要性
  備                   ④リサーチ予算
  段   アプローチの選択
  階        ↓
  │  リサーチについての合意    合意事項
  │   依頼者と実施主体間      ①マーケティングの課題
  │     当該組織内部         ②情報の入手可能性
  └─    担当グループ内        ③リサーチの費用
                             ④調査報告の範囲
                             ⑤勧告の要求水準
                 ↓
```

3. リサーチの設計段階

(1) 調査方法の選択

　アプローチ方法を選択したならば、つぎは、調査設計の段階に進む。調査をデザインする段階では、①調査内容を固めて、②調査対象者を絞り込んでいく。その際には、具体的な③調査方法を選択することになる。

　代表的な調査方法としては、①「実験法」、②「観察法」、③「質問紙法」の3つが知られている。「実験法」には、さらに2つのタイプのものがある。「製品テスト」のように実験室で行われるものと、「事前テストマーケット・モデル」のように、実店舗に近い擬似的な買い物環境下で、消費者に購買実験に参加してもらうものなどである。[13]

---

[13] 事前テストマーケット・モデルについては、第8章「製品開発(1): 開発のプロセス」で詳しく紹介する。G. L. アーバン、J. R. ハウザー、N. ドラキア／林廣茂、中島望、小川孔輔、山中正彦訳（1989）、前掲書。

COLUMN-13
ラベルが違うと味覚が変わるかも？
サントリーAd生の味覚実験

〈味覚実験のブラインドテスト〉

　コカ・コーラとペプシ・コーラを実験対象に選んで、学生たちに「ブラインドテスト」を試してもらうことがある。紙コップに注いだコーラを、ラベルを隠して飲んでもらった後、どちらのブランドかを答えてもらう実験である。何度試しても、コークとペプシの正答率は50%を有意に上回ることはなかった。ほとんどの実験で、コークと正しく答えた人の割合は48%から52%に入った。「ラベルなしに、コーラの味を識別することはできない！」のである。

　ただし、いつも同時に実験の対象とするスポーツドリンクの場合は別である。アクエリアス（日本コカ・コーラ）とポカリスエット（大塚製薬）を、学生たちに飲んでもらうと、約80%の確率でポカリスエットを識別することができる。では、ビールの場合はどうだろうか？

〈サントリー　Ad生の発売〉

　2002年6月18日、サントリーから発泡酒「Ad生（アド生）」が発売された。中身は、同社の発泡酒「純生」と同じだったと推察される。Ad生の特徴は、缶の表面に企業広告を掲載したことである。エイベックス、ユニクロ、JTBが協賛して、自社製品の広告を缶に印刷し、広告媒体とした。意欲的なマーケティングの取り組みであった。

　写真は、実験に用いた「ユニクロ Ad生」（図表1）と「エイベックス Ad生」（図表2）である。「ユニクロのAd生ポロシャツ」（350m/缶）の表面には、「Ad生[アドナマ]のどごし発泡酒　ユニクロのドライポロシャツ1900円　汗をかいてもすぐ乾く、ポリエステルとコットンの立体構造、綿100%のようなやわらかい肌ざわり、抗菌防臭で紫外線もカット、大麦で旨くなった！　広告で安くなった！」と記載されていた。

　その当時、社会人大学院生であった長崎秀俊君（現インターブランド・ジャパン在職）と筆者は、Ad生を使って、企業名（製品・サービス名）のラベルが、消費者の味覚に影響を及ぼすかどうかを確認する実験を行った。発売のほぼ1カ月後、2002年7月17日のことである。実験の概要と調査手順は、以下のとおりであった。

図表1「ユニクロ Ad生」　　図表2「エイベックス Ad生」

〈Ad生、味覚テスト実験の概要〉
- 調査実施日：2002年7月17日
- 調査場所：法政大学（セミナー会議室、2ヵ所）
- 実験比較対象：Ad生ユニクロVS. Ad生エイベックス
- 実験目的：パッケージ上の情報提示差異による知覚品質への影響
- 被験者数：58人（うち風邪気味回答者等除く51名データを採用）
- 当日の天候：最高気温31.3℃　最低気温26.7℃　くもり
- 実験環境：実験室の温度を25℃に調節
- 実験手順：
  ①ほぼ5名ずつの被験者を着席させ、調査の主旨を説明。
  ②パッケージを見ながらAd生（ユニクロかエイベックスのどちらか）を試飲し、質問紙票に味覚の評価を記入してもらう。
  ③パッケージを見ながら純生を試飲し、質問紙票に味覚の評価を記入してもらう（順序効果を考慮し、半数で②と③を入れ替えた）。
- 製品評価項目：フレーバーについて／口当たりについて／味わいについて
- パッケージ評価項目：パッケージデザインについて
- 総合的評価項目：製品、広告への好意的態度形成について
　　　　　　　　　購入意図形成について

〈味覚実験の結果〉
　実験の結果である。ユニクロとエイベックスの広告別に、ラベルを見ながらAd生の製品を評価したもらったものである。図表3は、被験者

図表3　広告主別の味覚評価（サントリー・Ad生）

	良い香り	口当たりよい	喉越しよい	後味スッキリ	炭酸がきつい	コクがある	苦味がある	甘味がある	軽さがある	キレがある
広告主 ユニクロ n=28	3.79	4.75	4.82	3.64	2.89	4.14	3.86	3.89	4.54	4.11
広告主 エイベックス n=23	3.96	4.91	4.65	4.17	2.22	3.83	3.30	5.04	5.04	3.65
有意確率	.498	.465	.704	.237	.167	.501	.164	.005**	.131	.169

注：**1％有意
出典：長崎秀俊『マーケティングにおけるパッケージ戦略――サントリーアド生のコ・ブランディングによるパッケージ戦略についての一考察』、学会発表資料、2002年12月

たちの項目別の得点である。スコアは平均値である。7件法で評価をとっている（非常にそう思う7点、そう思う6点、どちらかといえばそう思う5点、どちらともいえない4点、どちらかといえばそうは思わない3点、そう思わない2点、まったくそうは思わない1点）。

2つの項目で、エイベックスのほうが、ユニクロよりスコアが上回っていた。「甘味がある」と「軽さがある」の2項目である。とくに、「甘味がある」では、有意な差が見られた。有意ではないが、逆に、ユニクロのAd生のほうが、「炭酸がきつい」と「苦味がある」では、平均スコアが大きくなった。

サンプル数が少ない（n=28とn=23）ので、この場合は決定的なことはいえない。しかし、もしかすると、製品のラベルを見ながらビール（発泡酒）を飲むときに、製品（企業）のイメージが、われわれの味覚中枢を微妙に刺激するのかもしれない。エイベックスがビールを甘く感じさせ、ユニクロがビールを苦く感じさせるのは、なぜだろうか？

出典：長崎秀俊（2002）『マーケティングにおけるパッケージ戦略――サントリーアド生のコ・ブランディングによるパッケージ戦略についての一考察』、日本マーケティング・サイエンス学会、全国大会（2002年12月）発表資料。

COLUMN-13では、長崎（2002）が実施した「パッケージと味覚テストの実験」を紹介している。

「観察法」の中では、「店頭観察法」が代表的な手法として知られている。とくに、パコ・アンダーヒル氏が開発した「エンバイロセル社」の社会学的な方法が有名である。同じく、日本リテイリングセンターが開

発した「商品構成グラフ」は、店頭の品揃えを、価格と陳列量から分析するものである。店頭で観察したデータを記録して、品揃えをグラフで表現する方法である。商品構成グラフの具体例は、第15章「小売業の経営とロジスティクス」(「図表15.11　商品構成グラフ（英国スーパーマーケットの花売り場）」) で紹介されている。

「質問紙法」(questionnaire design) とは、アンケート調査のことである。「調べたい内容に関する多数の質問を書いた用紙を被験者に配布し、"はい・いいえ"などの簡単な様式で回答させる検査・調査の方法」(『大辞林 第二版』) のことである。マーケティング調査では、もっともオーソドックスでポピュラーな方法である。アンケート調査票は、誰にでも簡単にできそうで、本当は、非常に難しい課業である。良いアンケートを設計するには、専門的な知識と技能が要求される。

調査の実施には、高度な技術が必要である。調査票の回収方法やデータエントリーの方法に至るまで、調査現場の知識や細かなテクニックが必要である。一般の人が思うほど、容易に実行できる仕事ではない。

(2) 調査設計の手順：具体的な事例

「野菜と環境に関する調査」事例では、ネット調査の委託先を「マクロミル」に決めた段階から、調査デザインに関する打ち合わせが開始された。依頼主のMPSジャパン（鳴尾幸、小川孔輔）とマクロミルの調査担当者（大野春子、梶谷恵里）が5月末にミーティングを持った。調査に関する合意事項は、以下のようなものであった。

調査内容　　調査項目について、MPSの担当者（鳴尾）が、図表7.6のような調査仮説を作成した。

調査対象　　マクロミルの全国パネルから対象者を抽出して、全国平均に近い形で、都道府県別にサンプルを割り当てる。予算と調査項目数の関係から、サンプル数は520（男性208：女性312）とされた。20歳代から50歳代まで4つの年代区分で、年齢階層別にほぼ25％ずつのサンプルが割り当てられた。

調査票の設計　　図表7.6の調査仮説にしたがって、具体的に調査項目

14——P. アンダーヒル／鈴木主税訳（2001）『なぜこの店で買ってしまうのか——ショッピングの科学』早川書房（Underhill, P.（2001）*Why We Buy: The Science of Shopping*, Texere）。
15——渥美俊一、桜井多恵子（2007）『ストア・コンパリゾン——店舗見学のコツ（新訂版）』実務教育出版。

図表7.5(b) リサーチの設計段階

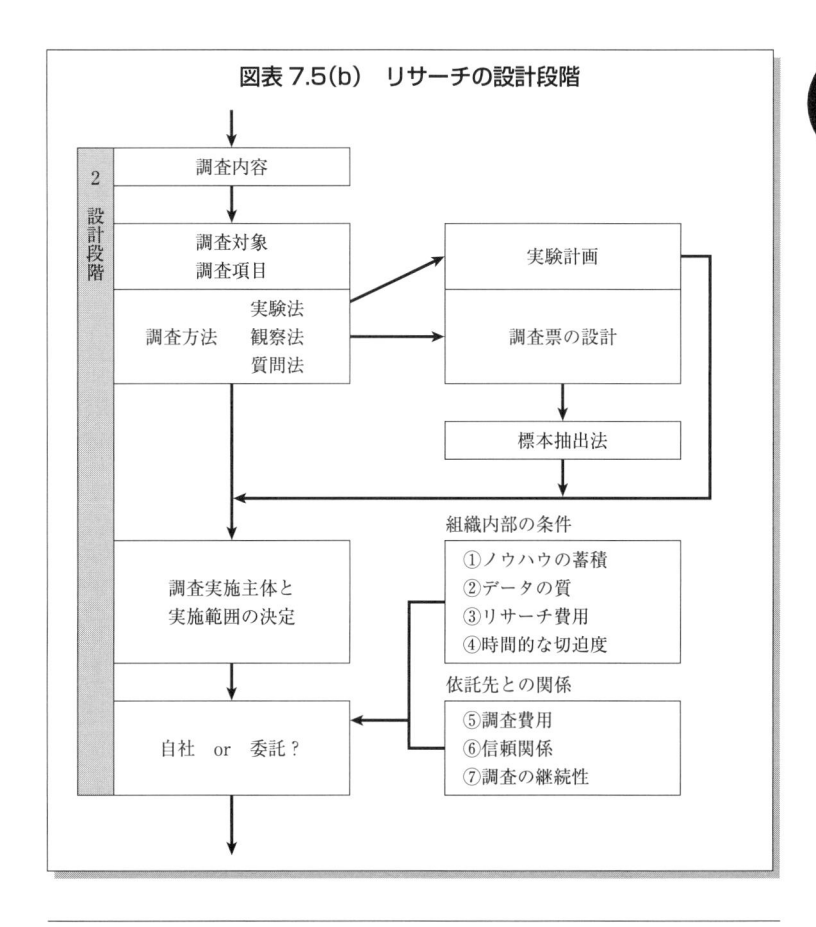

```
2 設計段階
  ↓
  調査内容
  ↓
  調査対象
  調査項目
  ↓                    → 実験計画 →
  調査方法  実験法
        観察法          → 調査票の設計 →
        質問法
                        → 標本抽出法 →
  ↓ ←――――――――――――――――――――――
  
  組織内部の条件
  ①ノウハウの蓄積
  ②データの質
  調査実施主体と   ③リサーチ費用
  実施範囲の決定 ← ④時間的な切迫度
  
  依託先との関係
  ⑤調査費用
  自社 or 委託？ ← ⑥信頼関係
  ⑦調査の継続性
  ↓
```

図表7.6　野菜と環境に関する調査仮説

仮説1-1	「消費者は、野菜を購入する際に、環境に配慮した野菜であることを重視する」
仮説1-2	「有機JASラベルの認知度と環境配慮の野菜の購入は相関している」
仮説2-1	「消費者は、無農薬栽培の野菜であれば、多少の虫食いや小さな虫等は構わないと考えている」
仮説2-2	「無農薬栽培であれば、多少の虫食いや小さな虫等は構わないという回答者は、年齢の高い世代に多い」
仮説3-1	「野菜や花を購買するとき、消費者は国産を選ぶ傾向が強い」
仮説3-2	「消費者は、野菜を購入する際に、国産・外国産以外の表示も重視する」
仮説4-1	「消費者は、環境を配慮した野菜に対してプレミアム価格を支払う気持ちがある」
仮説4-2	「環境に配慮した野菜のプレミアム価格は、10～20％程度である」

が作成された。質問の順番や選択肢項目の調整が行われた。調査票に必要な環境マーク（エコマークなど）を各社のHPなどからダウンロードして、最終的なレイアウトが決められた。

　調査方法の選択　　調査方法は、最初から決まっていたわけではない。費用面と回答率、集計スピードに関して、郵送法やネット調査などそれぞれの調査法にはメリットとデメリットがある。この場合は、費用とスピードを考慮して、ネット調査が選択された。

(3) 調査票のデザイン

図表7.7は、調査票を設計するための標準的な手順を示したものである。調査票のデザインには、細かなノウハウが必要である。調査票の分量、質問の順番、レイアウトの工夫、言葉遣い、質問の種類を選択することには細心の注意が必要である。

　調査票の分量　　もっとも避けなければならないことは、何かの役に立つかもしれないという理由で、余計な質問を加えることである。面接調査の場合、調査票の長さは、原則として10〜15分以内に回答を終えられる程度に抑えるべきである。質問数が増えると、返却率が落ちるだけでなく、回答の質が低下してしまう[16]。

図表 7.7　調査票の設計手順

調査項目の決定
↓
回答方法と調査票の種類の決定
面接法　郵送法　電話法
↓
質問内容の決定
質問の種類
言葉遣い
↓
項目の配列順序
↓
調査票のレイアウト
↓
プリテスト

　質問の種類　　質問項目

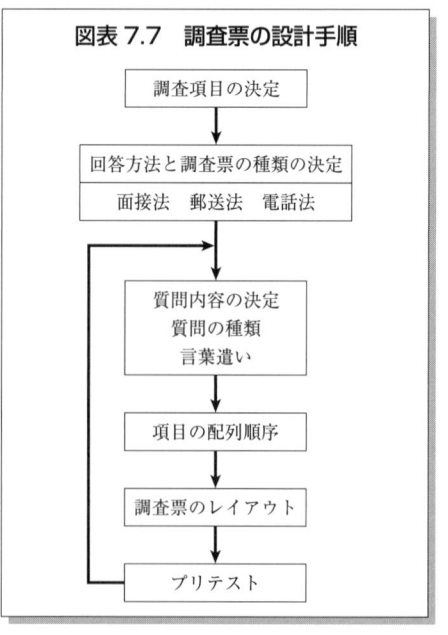

---

[16]——この例外は、回答に対して謝礼がついている場合である。前野（1996）の調査によると、郵送アンケートの返却率は、調査謝礼に比例していた。ミスタードーナツの御茶ノ水店で、来店者に「ファーストフード日記」を依頼したところ、500円のテレホンカードで約10％だった回収率が、1000円（500円2枚）では約20％、1500円では約30％に上昇した。前野和子（1996）「おまけの心理——ファースト・フード業界におけるプレミアム・プロモーションに関する消費者調査研究」法政大学学務部大学院事務課編『法政大学大学院経営学専攻マーケティング・コース研究成果集』法政大学大学院。

の記入の仕方には、「選択式回答形式（SA：単一回答、MA：複数回答）」と「自由回答形式（FA）」がある。どのような形式を選択するかは、知りたい情報の質と、調査前に事前にわかっている知識に依存する[17]。

質問の順番　いくつかの標準的なルールが存在する。第1に、最初は、回答者が答えやすい一般的な質問を配置することである。選択式の質問から入ったほうが無難である。第2に、自由回答やプライバシーに関わるなど、微妙な質問や手間隙のかかる質問はできるだけ後ろに持ってくること。第3に、原則として、性別、年齢、職業や所得など、個人情報に関係する「フェースシート項目」は、調査票の最後に配置すべきである。

調査票の体裁　調査票の体裁は、紙媒体の場合は片面印刷が望ましい。両面印刷にすれば、確かに印刷と郵送代は安上がりになるが、裏面に回答するのを忘れる人はけっこう多い。レイアウトにも工夫が必要である。スキップ質問がある場合は、分岐先を「矢印（→）」で指し示すなどの工夫をしておけば、無回答や回答間違いによる無効票を避けることができる。

プリテスト（パイロット・サーベイ）の実施　案外忘れられがちなのが、プリテストの実施である。事前に小規模なサンプル（10〜30サンプル）で「パイロット調査」を実施する。選択肢が存在しないなどのうっかりミス、一部の選択肢に回答が偏ってしまう傾向などは、プリテストを実施することで避けられる。プリテストでは自由回答にしておいて、多頻度で出現した選択肢を、本調査で正式に選択肢として採用することができる。現場でリハーサルを行うことで、本番で調査対象者へのアクセスなどの仕方を事前にコントロールしておくこともできる。

(4)調査会社の選択と調整

　説明が前後するが、調査会社を選択する際には、社内の事情と相手方のリサーチ会社の能力を事前にチェックしておくべきである。

　図表7.5（b）に示されているように、会社内の条件としては、①調査分析のノウハウが社内にどれだけ蓄積されているのか、②どの程度のデータの質を要求するのか。この2点が重要である。また、調査委託先の

---

[17]——「SA（単一回答）」は、"Single Answer"、「MA（複数回答）」は、"Multiple Answer"、「FA（自由回答）」は、"Free Answer"の頭文字をとっている。

選抜にあたっては、③リサーチの費用、④時間的な切迫度が主たる選択基準になる。

相手方の対応としては、単に⑤調査費用だけが、選択の基準になるわけではない。⑥調査内容や支払いなどに関する信頼関係、⑦調査の継続性も考慮事項として大事である。とくに、継続調査の場合は、いったん契約してしまえば、相手先を簡単に変えるわけにはいかなくなる。[18]

なお、急を要する場合は、ネット調査が最適である。調査票の設計から集計分析まで、最短で3週間もあれば十分である。「野菜と環境に関する調査」では、5月末の打ち合わせから6月21、22日の実施までは約4週間かかっている。しかし、集計分析と報告書の作成までは、調査後の1週間で完了している。専門誌（『農耕と園芸』）に調査報告書（一部）が掲載されたのが、約2カ月後の8月23日（発売日）であった。

(5) 標本抽出法

郵送法などでは、アンケートを送付する対象者を選ばなければならない。そのときの標準的な標本抽出法が、「無作為抽出法」（random sampling）である。[19]

分析対象となる全体集団のことを「母集団」（population）と呼ぶ。無作為抽出法（ランダムサンプリング）とは、母集団を構成する各メンバーが、標本として選択される確率が同じになるように設計された標本抽出法をいう。通常は、母集団を構成するメンバーに、系統的に番号を割り当てておく。そして、例えば、コンピュータでランダムに番号を発生させて、その番号に当たったメンバーを対象者として抽出することにする。

無作為抽出法は、理論的には偏りのない標本の抽出法である。しかし、現実的には、母集団が、例えば、日本全国など、対象者が地域的に

18——なお、大手メーカーや広告代理店、メディアが、グループ企業として調査会社を抱えている場合がある。例えば、電通の「電通リサーチ」、日本経済新聞社の「日経リサーチ」、JR東日本の「ジェイアール東日本企画」などである。

19——国勢調査や事業所統計調査など、政府・官公庁が実施する特別な場合を除いては、母集団メンバーのすべてを対象に実施する「全数調査（悉皆調査）」は、予算的にも実施面でも現実的ではない。そこで、実際的には、母集団から「標本」（sample）を抜き出し、標本の特性値を求めることによって、母集団の特性を把握することになる。母集団の特性値、例えば、平均値や中央値（あるいは標準偏差や分散など）は、抽出した標本から推定する。その場合、ある手続きで抽出してきた標本から計算される期待値（標本平均）や標準偏差（標本標準偏差）が、確率的に母集団の特性値（母平均や母標準偏差）と一致する抽出法が望ましい。この特性は、「不偏性」（unbiasedness）と呼ばれる。

分散している場合は、まず、対象地域そのものを無作為に抽出した後で、抽出された地域の中でさらにメンバーをランダムに抽出するなどの工夫が必要である。こうした標本抽出法は、多段階抽出法（この場合は、2段階抽出法）と呼ばれる。

住民基本台帳が、市場調査に利用可能だったときまでは、郵送法や電話調査による無作為抽出が可能であった。ところが、個人情報保護の問題があって、住民基本台帳の閲覧ができなくなったことで、ランダムサンプリングのもとになる「リスト」が利用不可能になった。現状では、偏りがあることを知っていながら、ネット調査を利用することが調査業界の通例となりつつある。あるいは、企業が保有している会員リストを利用して、そのリストの中から無作為に対象者を抽出することが通例となっている。

伝統的な市場調査の教科書では、さまざまな標本抽出法が紹介されている。例えば、奥田・村本（1991）『マーケティング・リサーチ』では、標本抽出別のサンプル特性も紹介されている[20]。しかし。統計的なサンプリングを議論することは、もはや現実的な意味を失っている。それよりも、ネット調査による系統的な標本バイアスを修正する方法を模索することが、リサーチの課題としては大切になってきている[21]。

4. リサーチの実施段階

調査設計が終わると、実際に調査の実施段階に進むことになる。郵送法や電話法では、質問紙を郵送するか、電話での対応になる。以下は、現場作業を伴う「面接法」での調査を前提に説明する。郵送法や電話法でも、実施にあたっては現場作業（リマインド・コールなど）に近い作業が伴うものである。基本的には、面接法のバリエーションと考えてよい。

(1)実査の準備作業

実査を伴う場合は、小売店舗や街頭などの調査現場で、事前に準備作業が必要になる。そうでない場合でも、例えば、ネット調査の場合で

20──奥田和彦、村本理恵子（1991）『マーケティング・リサーチ──基礎と応用』白桃書房。
21──鈴木督久（2008）「マーケティング・リサーチにおける品質管理（特集 市場調査と品質管理）」『エストレーラ』（統計情報研究開発センター）169号（4月号）、10～18頁。

は、会社が保有している全調査パネルから、適格な対象者を抜き出す「スクリーニング作業」を済ませておかなければならない。

　現場作業を伴う場合は、事前にリハーサルを行うことがふつうである。その際には、現場にいる調査担当者に、3つのことを確認することを忘れてはならない。

　注意事項の確認　　例えば、小売店で来店客にアンケート調査を実施する場合、調査員が回答者を捕まえる場所を明確に指示しておいたほうがよい。買い物の前に聞くのか、レジ清算中に調査用紙を渡すのか、駐車場で回答してもらうのか、などの決め事である。回答を依頼する場所によって、回答傾向が違ってくる。

　質問回答の共有化　　面接調査などでは、回答時間を短縮したい。調査員が回答者に質問しながら、質問用紙に記入する場合、調査担当者によって系統的に回答に偏りが出てしまうことがある。自分の解釈で、質問内容を微妙に変えてしまうことなどが原因である。質問方法などの共有化が絶対に必要である。

　調査手続きの徹底　　調査員や時間帯によって、アンケート結果が異なることは望ましくない。例えば、謝礼を渡すタイミングなど、調査手順やルールを徹底しておくべきである。筆者の経験では、店頭調査で担当者が男子学生の場合は、中年女性のサンプルが多くなる傾向がある。女子生徒が担当すると、今度は男性の比率が高くなる。対象者を割り当てるなど、偏った標本にならないように指示しておくなどの注意が必要である。

(2)調査の現場作業

　現場の作業で注意すべきは、調査対象者への接近方法とアンケートの回収作業である。

　対象者にアプローチするときに重要なことは、原則として、正面からは声をかけないことである。回答拒否率を低くするコツは、一緒に歩きながら側面から声をかけることである。調査謝礼を準備している場合は、それとは逆になる。相手の目線がプレミアムに向かっている場合は、むしろ正面からアプローチすることが推奨される。

　つぎに、調査票の回収作業についてである。フィールドを持たない郵送調査などでは、調査票の回収率を上げるために、フォローアップの電話をする。企業向けの調査などでフォローアップ・コールをまったくし

図表 7.5(c)　リサーチの実施段階

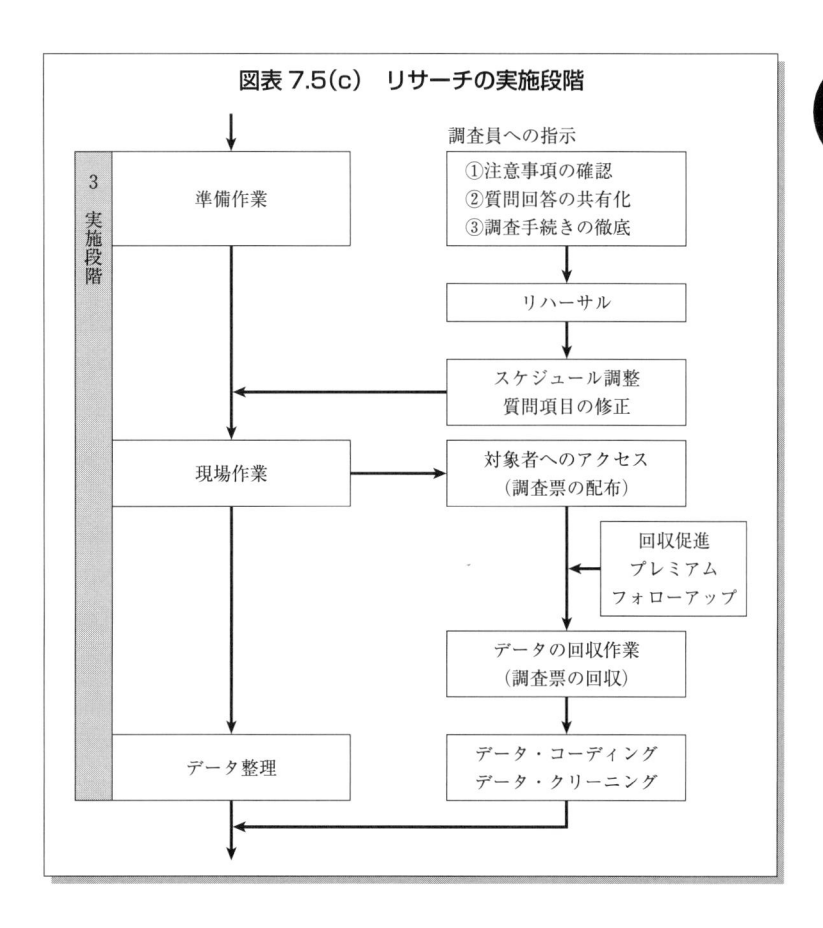

3 実施段階

準備作業 → リハーサル → スケジュール調整・質問項目の修正 → 現場作業 → 対象者へのアクセス（調査票の配布）→ データの回収作業（調査票の回収）→ データ整理 → データ・コーディング／データ・クリーニング

調査員への指示
① 注意事項の確認
② 質問回答の共有化
③ 調査手続きの徹底

回収促進
プレミアム
フォローアップ

ない場合は、回収率が半分程度に落ちてしまう。大抵の場合、コールセンターを利用してフォローアップの電話を入れても、金銭的には引き合うことが知られている。

　街頭でのアンケート調査では、なかなか積極的な協力がもらえない。調査に協力的でないのは、通行人や買い物客だけではない。駅ビルやショッピングセンターなどでは、テナント側が調査への協力を承諾しても、ディベロッパーや百貨店から協力が得られないことが多い。

　代替的な方法として、最近ではむしろ、観察調査が積極的に行われるようになっている。COLUMN-14は、店頭観察調査とアンケート調査を組み合わせたデータ分析の事例である。顧客の行動を観察することで、意味のある情報や思わぬ発見につながるデータが入手できることもある。

(3) 調査後のデータ処理

最後は、回収した調査データの後処理である。アンケート調査で回収した調査用紙を、データ入力する作業のことである。コンピュータ・インタビューやネット調査では、回収されたデータがすでに電子ファイル化されている。

ほとんどの場合、「Excelシート」に調査データを入力していく。通常は、行側が「調査対象サンプル（番号）」に、列側が「調査項目」になる。具体的なデータエントリーの仕方などについては、酒井（2004、2005）を参照されたい。[22]

入力された調査データは、ふつうはそのままでは使えない。データを「クリーニング」しなければならない。実際に、調査後に納品されるデータに触ってみればわかるが、Excelシートのセルに、ありえない数字（選択肢にはない「0」とか「99」）が入っていたり、文字データと数値データが混在していたりすることがある。無回答の項目を発見したり、協力度が低い回答者が見つかることもある。[23]

近年の傾向として、調査費用の上昇と個人情報保護の問題で、マーケティング調査はネット調査にシフトしてきている。ネット調査が優勢になったのには、上記のような調査環境の変化に加えて、以下の5つの特性が挙げられる。

①調査データのコーディングが不要なこと（入力コストがゼロ、入力ミスが起こらない）
②データの集計と分析のスピードが圧倒的に早いこと（即日にレポーティングが可能）
③事前に対象者をスクリーニングしやすいこと（簡単な質問で適格者を選定）
④分岐質問などの複雑な調査デザインが可能なこと
⑤不完全な無効回答を排除しやすいこと（入力時間や項目チェックの自動化）。

ただし、ネット調査にマイナス面がないわけではない。従来から指摘

22──酒井麻衣子（2005）『SPSS完全活用法データの入力と加工（第2版）』東京図書、酒井麻衣子（2004）『SPSS完全活用法──データの視覚化とレポートの作成』東京図書。
23──データエントリーのミスを避けるために、同じ調査票について、データを二度入力することが行われている（verification）。また、パソコンを使った実験調査やネット調査の場合でも、理由はいろいろあるが、「汚れた」データセットが納品されることがある。

COLUMN-14
チェーンと立地で入店率と買上率が変わる？
しまむら、ユニクロ、ハニーズの店舗観察から

「同じブランドでも、都市と地方ではイメージ評価と来店客の行動に大きな違いがある」。若い女性向けのファッション衣料品店チェーン「ハニーズ」(本社：福島県いわき市)の許可を得て実施した店頭観察調査の結果である。

ハニーズの地方2店舗(群馬県藤岡市と館林市)と都市部2店舗(東京都錦糸町と新宿)で、通行人、入店客、レジ客の数をカウンターで実測してみた(2006年12月13日～15日、各8時間)。その結果、入店率(入店者／通行人)は、地方(43％)のほうが都市(30％)より高かった。対照的に、買上率(購買者／入店者)は、都市(21％)のほうが地方(12％)より高かった。

その解釈は、つぎのようなものであった。地方店舗は、比較購買される競合店が少なく、何度も来店しては自分の気に入ったデザインで価格が手ごろな流行の服を購入している。流行をチェックするために来店頻度が高い。それに対して、都市の店舗(顧客)は、デザインというよりは、主として値段で選択されている。頻繁ではないが、一度来店したら購入する可能性が高い。

調査対象がハニーズではなく、全国展開している同規模の衣料品チェーンの場合、入店率と来店率の数値に差が出るだろうか？ 最初の調査から約半年後(2007年5月22日)に、「ユニクロ」(中野サンモール店、東京都)と「しまむら」(日向山店、横浜市)で、ほぼ同時に同様な計測を試みてみた。前者は都市部の店舗(繁華な駅前立地)、後者は地方店舗である(典型的な田舎立地)。

ほぼ予想どおりの結果になった。ユニクロ中野サンモール店の入店率は7％、買上率は24％(午後16時から1時間の通行客は4749人)。「しまむら日向山店」では、入店率が54％、買上率は68％であった(午後13時から1時間の通行客は136人)。田舎立地の小商圏で競合が少ない「しまむら日向山店」のほうが、両方の指標ともに高くなった。ただし、「ユニクロ中野サンモール店」は、圧倒的に"魚影が濃い"ことで、最終レジ客数では「しまむら日向山店」を上回っていた(84人対50人)。

4つの店舗(ハニーズは各2店舗の平均値)を2次元平面にプロッ

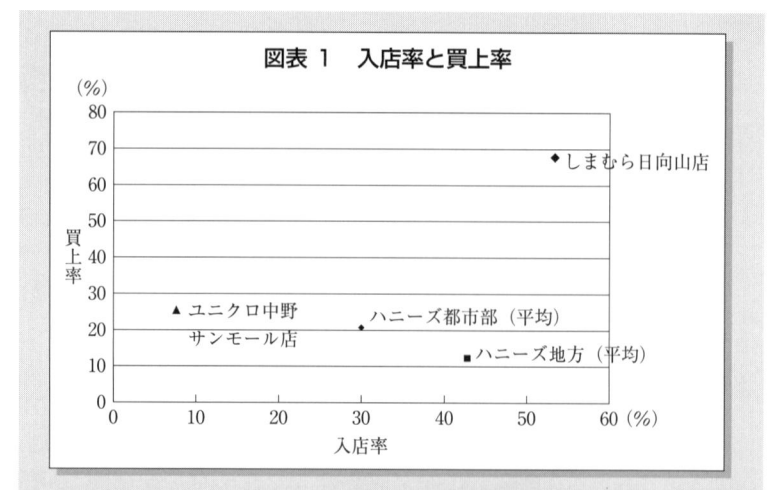

図表1　入店率と買上率

縦軸：買上率（％）　横軸：入店率（％）

- しまむら日向山店
- ユニクロ中野サンモール店
- ハニーズ都市部（平均）
- ハニーズ地方（平均）

トしてみると面白い（図表1参照）。データを眺めながら、適当に数字の"解釈遊び"をしていただければ幸いである。最後に、データ解釈上のヒントをいくつか述べておくことにする。

実は、時間帯によって入店率と買上率は変化することがわかっている。買上率は、午前中や真昼よりは夕方が近づくにつれて高くなる（パコ・アンダーヒル（2001）『なぜこの店で買ってしまうのか』早川書房）。その効果を割り引いても、ベーシックな商品を販売している衣料品チェーン（ユニクロ）では、買上率が高くなる傾向がある。ファッション性が高い商品を扱うチェーン（ハニーズ）は、その逆で、買上率が相対的に低くなる。

買上率は、店内の買物環境に依存して決まることが知られている。例えば、買い物用のバスケットを置いておく場所や試着室の位置を変えたら、買上率が上がったことが報告されている。また、入店率は、立地や商圏の大きさ、店舗のブランド力によるものではあるが、個別の要因にも左右される。店舗の視認性や周辺の案内看板がうまく置かれているなどによるものである（小山孝雄（2002）『なぜこの店にはお客が入るのか』中経出版）。

同じデータを立地の異なるさまざまな店舗とチェーンに当てはめてみると、もっと面白いことがわかるかもしれない。

出典：小川孔輔（2007）「同じブランドでも都市と地方でイメージ評価と来店行動に大きな違いが」『チェーンストアエイジ』3月15日号、小川孔輔（2007）「チェーンが異なると入店率と買上率は変わるか？：しまむら、ユニクロ、ハニーズの店舗比較」『チェーンストアエイジ』9月15日号。

されている欠点は、以下の2つである。

①情報感度の高いグループが登録しているので、調査対象者が一般人とは違っている（対象者特性の偏り）

②回答慣れとポイント（インセンティブ）欲しさでの回答

前者については、ネット利用者の裾野が広がってきたので、いまや必ずしも対象者が特殊であるとはいえなくなっている。偏りを統計的に修正する手法も開発されている。後者については、不正回答者やインセンティブ目当ての回答者をコントロールする手法が開発されている[24]。

5. リサーチの分析段階

(1) データの分析法

つぎに、調査データを分析する段階に入る。高度な統計分析も大切だが、まずはデータを虚心坦懐に眺めてみることが第1ステップである。電子ファイル化された調査データは、目的に合わせて分析にかけられる。

分析手法には、さまざまなタイプのものがある。大きくは、3つの種類に分けられる。①「記述的分析」、②「統計的分析」、③「モデル分析」である（図表7.5（d））。統計的分析とモデル分析については、第4節で詳しく説明する。ここでは、①「記述的分析」について説明する。

「記述的分析」には、集計表とグラフ表現（グラフィックス）の2つがある。前者は、平均値や分散、比率など、対象の性質を表現する基本統計量を求める手続きである。「単純集計」と「クロス集計」がある。後者は、2つの要因間の関連性を見るために、行列表示された「クロス集計表」を作成するデータ処理法である。通常は、その後で、2次元の散布図を作成するなど、データの関連性をグラフィカルに表現することが多い。

(2) 回答者のプロフィール分析

「単純集計」は、単一の要因（変数）に着目して、調査項目の傾向を把握するデータ集計の手続きである。調査項目ごとに、回答の平均値や

24——その場合の対処策は、基本的には、統計パッケージソフト（例えば、SPSS）かExcelの関数を使って、納品データを単純集計してみることである。データの範囲（上限、下限）や分布形（割合）を見ると、間違いが系統的ならば、おかしなところが瞬時に診断できるものである。

図表 7.5(d)　リサーチの分析・報告の段階

4 分析段階

電子データ・ファイル

記述的分析
- データ集計
  - 単純集計（頻度と平均）
  - クロス集計
- グラフィックス
  - 関連性の分析（散布図）
  - 相関と回帰

統計的分析
- 基礎統計理論
  - 仮説検定
  - 区間推定など
- 多変量解析
  - 回帰分析
  - 因子分析など

モデル分析

5 報告段階

結果報告と勧告

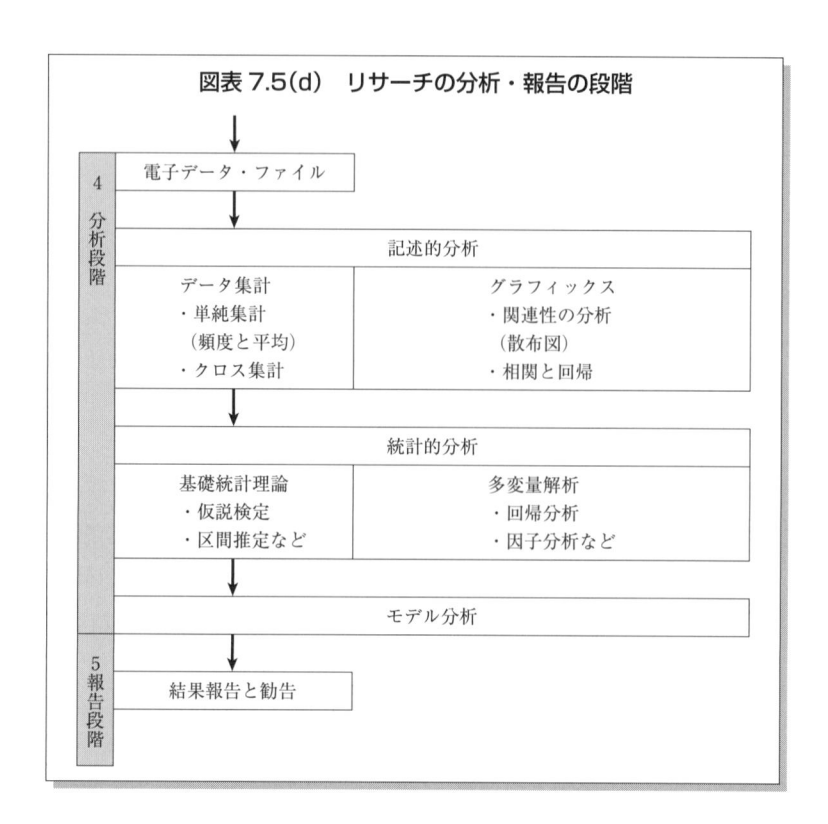

割合などを計算し、表やグラフで表示する。関連していそうな複数の要因を取り出してきて、要因間の関係を行列で表現したのが「クロス集計表」である。クロス集計表からは、調査項目間の関連性が見えてくる。野菜と環境についての調査データを用いて、データ集計の実際を見てみることにする。詳細な分析に入る前に必ずやっておくべきことは、回答者のプロフィールを知ることである。

　図表7.8には、調査対象者の基本的なデモグラフィック特性が示されている。性別、年齢別、職業別の回答者の割合である。「最終報告書」では、これ以外にも、回答者の居住地域別の割合（東京都95人など）、既婚・未婚別の比率（65％：35％）、子供の有無（51.2％：48.8％）などのグラフやテーブルが作成されている。[25]

---

[25] ──鳴尾幸、小川孔輔（2008）『野菜と環境についての調査』MPSフローラルマーケティング。

図表 7.8　回答者の基本プロフィール（性別、年齢別、職業別の分布）

性別 単一回答	N
男性	208
女性	312
全体	520

n＝ ■20代 ■30代 □40代 □50代 (%)

			20代	30代	40代	50代
全体		(520)	24.8	25.2	25.0	25.0
性別	男性	(208)	24.5	25.5	25.0	25.0
	女性	(312)	25.0	25.0	25.0	25.0

JOB	職業 単一回答	N
1	公務員	15
2	経営者・役員	13
3	会社員（事務系）	80
4	会社員（技術系）	68
5	会社員（その他）	44
6	自営業	33
7	自由業	16
8	専業主婦	117
9	パート・アルバイト	66
10	学生	32
11	その他	36
	全体	520

(3) 単純集計表の分析

　単純集計をすることで、消費者の知識や購買実態などが浮かび上がってくる。図表7.9は、「エコマーク」や「有機JASマーク」などの環境ラベルの認知度をグラフ化したものである。MPSの野菜事業への拡張に関連するのは、有機JASマークの認知度である。これは、思ったほど高くなかった。「意味がわかる（理解）」が11.3％、「見たことがある（認

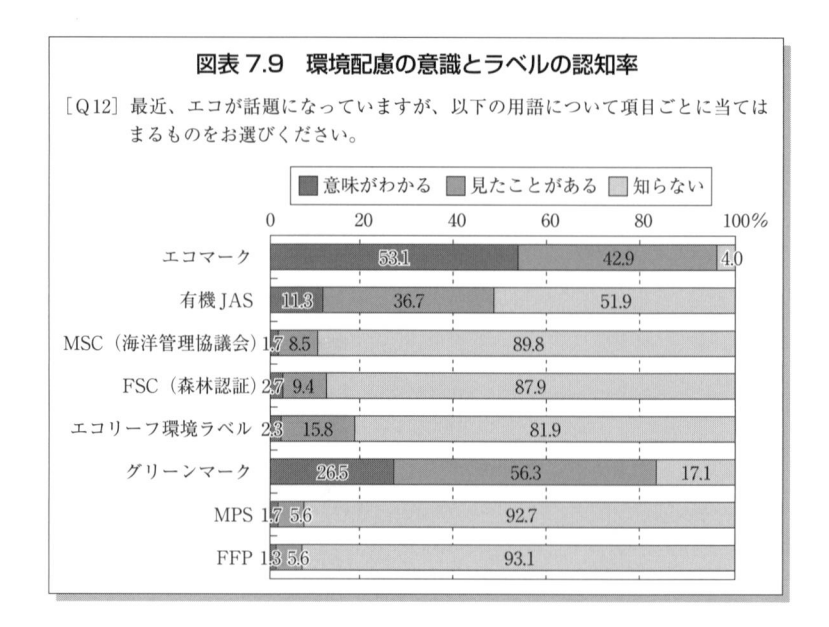

図表7.9　環境配慮の意識とラベルの認知率

[Q12] 最近、エコが話題になっていますが、以下の用語について項目ごとに当てはまるものをお選びください。

凡例：■意味がわかる　■見たことがある　□知らない

ラベル	意味がわかる	見たことがある	知らない
エコマーク	53.1	42.9	4.0
有機JAS	11.3	36.7	51.9
MSC（海洋管理協議会）	1.7	8.5	89.8
FSC（森林認証）	2.7	9.4	87.9
エコリーフ環境ラベル	2.3	15.8	81.9
グリーンマーク	26.5	56.3	17.1
MPS	1.7	5.6	92.7
FFP	1.3	5.6	93.1

知）」が36.7％だった。知らない人が、51.9％もいた。

　集計データからは、調査仮説を検証することができる。

　例えば、〈仮説1―1：消費者は、野菜を購入する際に、環境に配慮した野菜であることを重視する〉については、この仮説が正しそうだということが推測できる。単純集計表のデータを円グラフに表したものが、図表7.10である。これを見ると、「重視する（11.2％）」と「どちらかというと重視する（47.1％）」を合わせると、環境重視派が、58.3％もいることがわかる。

(4)クロス集計表の分析

　調査仮説に「条件」（この場合は、ラベルの認知度別の野菜購入）がついている場合は、クロス集計表を作成してみればよい。〈仮説1―2：有機JASマークの認知度と環境配慮の野菜の購入は相関している〉は、そのケースである。図表7.11のクロス集計表（わかりやすくするためにグラフ表示にしてある）から、有機JASマークの認知者は、明らかに環境重視の野菜を購入していることがわかる。

　品目横断的にクロス集計表を使って、仮説を検証することもできる。国産の野菜と花へのこだわり度を調べた［Q24］からは、〈仮説3―1：野菜や花を購買するとき、消費者は国産を選ぶ傾向が強い〉を検証

図表 7.10　環境配慮された野菜に対する意識

［Q27］環境に配慮した野菜（低農薬、生態系保全、エネルギー削減など）は、野菜を購入する際に重視しますか？
※購入したことのない方も想定でお答えください。
（n＝520）

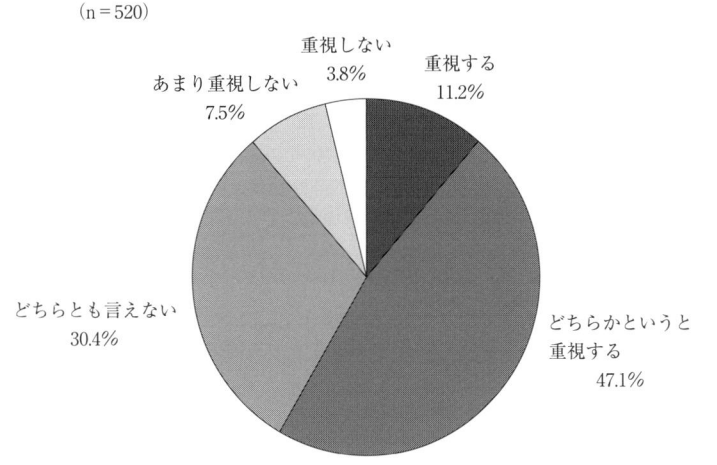

- 重視する 11.2%
- どちらかというと重視する 47.1%
- どちらとも言えない 30.4%
- あまり重視しない 7.5%
- 重視しない 3.8%

図表 7.11　有機JASマークの認知度と環境配慮の野菜との関係

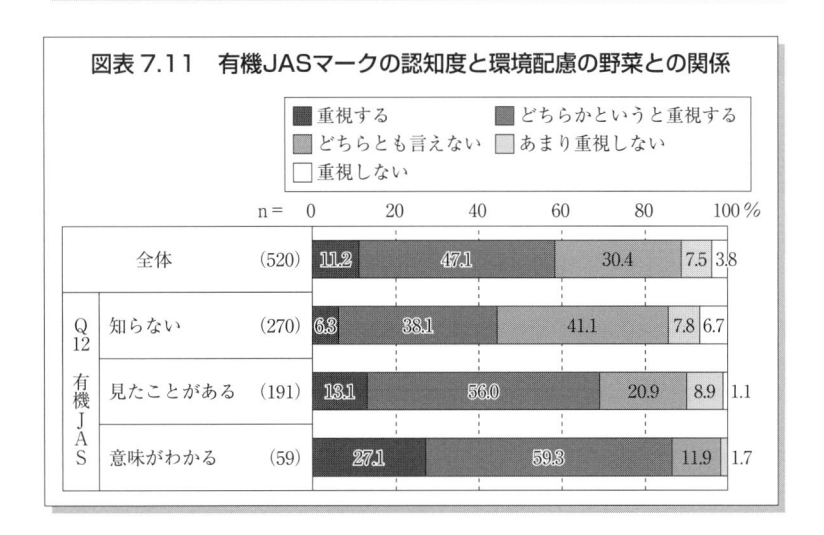

凡例：■重視する　■どちらかというと重視する　■どちらとも言えない　□あまり重視しない　□重視しない

		n=	重視する	どちらかというと重視する	どちらとも言えない	あまり重視しない	重視しない
	全体	(520)	11.2	47.1	30.4	7.5	3.8
Q12 有機JAS	知らない	(270)	6.3	38.1	41.1	7.8	6.7
	見たことがある	(191)	13.1	56.0	20.9	8.9	1.1
	意味がわかる	(59)	27.1	59.3	11.9		1.7

することができる。

　野菜の場合は、85％が国産派であった。「必ず国産の野菜を購入する人たち」が、35.2％もいた。花の購入に関しては、野菜ほど愛国心は高くない。それでも、回答者の3人に1人（33.3％）は、できれば国産の花を支持したい消費者であった。[26]

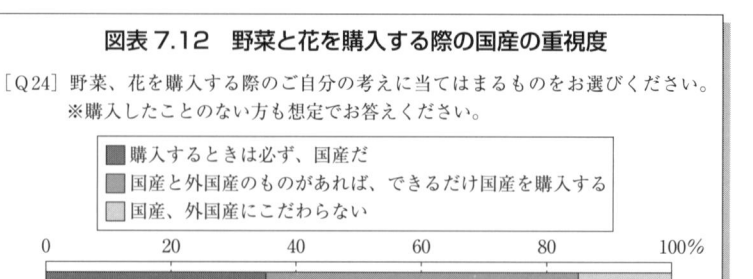

図表7.12　野菜と花を購入する際の国産の重視度

[Q24] 野菜、花を購入する際のご自分の考えに当てはまるものをお選びください。
※購入したことのない方も想定でお答えください。

- ■ 購入するときは必ず、国産だ
- ■ 国産と外国産のものがあれば、できるだけ国産を購入する
- □ 国産、外国産にこだわらない

野菜：35.2／49.8／15.0
花：8.5／24.8／66.7

　最後は、「価格感度」を見るためにクロス集計表を使った例を示す。これは、〈仮説4−2：環境に配慮した野菜のプレミアム価格は、10〜20％程度である〉にも対応している。「10〜20％」という数値は、過去の同様の調査（西尾・竹内　2007）の結果から得られたものである。ネット調査で再度検証するために、アンケート項目として採用した。[27]

　図表7.13は、環境を配慮した野菜に対して「プレミアム」を支払ってよい人の割合をグラフ化したものである。無農薬・低農薬の野菜に対して、通常栽培の野菜より高い価格プレミアムを支払ってよいと答えた人が、77.3％もいた。「10％増ならば」が50％を超えており、「30％増ならば」が23.1％もいた。中国で「毒入りギョウザ事件」があった直後ではあったが、これは驚きの結果だった。[28]

　ちなみに、残りの仮説については、以下のような結論となった。

26——本来ならば、厳密な意味での「仮説検定」は、平均値や割合を比較して「t検定」（差があることが自然かどうかを"大値"という指標で判断する理論）を行うのがふつうである。しかし、統計の教科書ではないので、ここでは、厳密な議論は行わない。例えば、奥田和彦、村本理恵子（1991）、前掲書、あるいは、中村隆英、美添泰人、新家健精、豊田敬（1997）『経済統計入門（第2版）』東京大学出版会を参照せよ。

27——西尾チヅル、竹内淑恵（2007）「有機野菜選択の背後にある理由——価値構造分析」小川孔輔、酒井理編『有機農産物の流通とマーケティング』農山漁村文化協会。

28——2008年2月、日本生活協同組合連合会が検査機関に依頼した農薬検査において、包材からジクロルボス、パラチオン、パラチオンメチルが検出されたと発表。また同月、生活協同組合連合会ユーコープ事業連合が実施した自主検査で、ギョウザ以外の中国産冷凍食品でも、有機リン系殺虫剤のホレートが検出されたことが厚生労働省に報告された。2月21日内閣府食品安全委員会（2008）「中国産冷凍ギョウザが原因と疑われる健康被害事例の発生等について（第20版）」8月5日http://www.fsc.go.jp/emerg/1.pdf。

図表7.13 環境に配慮した野菜の価格意識（価格感度調査）

［Q28］環境配慮の野菜（低農薬、生態系保全、エネルギー削減など）を購入するとき、いくらまでだったら購入を検討しますか？
※購入したことのない方も想定でお答えください。
（n＝303）

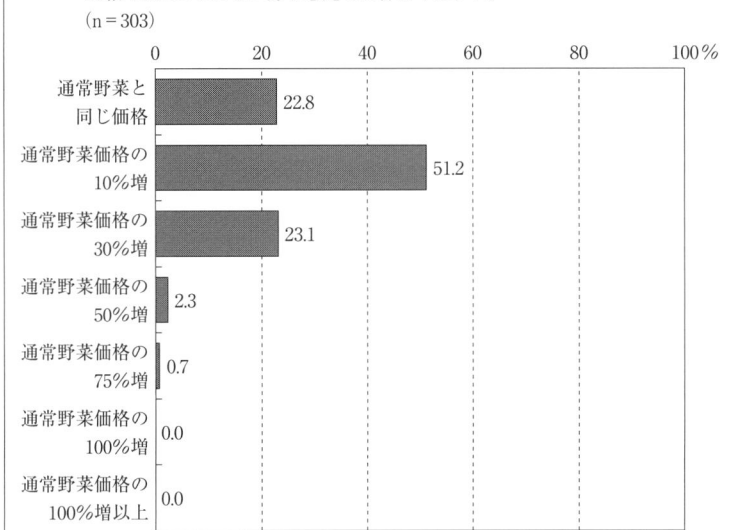

選択肢	％
通常野菜と同じ価格	22.8
通常野菜価格の10％増	51.2
通常野菜価格の30％増	23.1
通常野菜価格の50％増	2.3
通常野菜価格の75％増	0.7
通常野菜価格の100％増	0.0
通常野菜価格の100％増以上	0.0

仮説2－1は受容された（多少の虫食いは構わないと答えた人が、68.7％）。しかし、仮説2－2は棄却された（年齢には無関係だった）。仮説3－2（国産・外国産以外の表示も重視する）は、受容された。トレーサビリティに関連して重要視されていた要因は、「産地」の表示（78％）であった。そして、2番目に、「有機JASなどの環境認証マーク」（34.8％）が重視されていた。

6.調査レポートの報告と勧告

一連の調査は、調査依頼者への「報告」とマーケティング・アクションに関する「勧告」（レコメンデーション）で終わる。

分析が終わった段階で、調査目的、調査結果、データ分析、マーケティング上の勧告を含んだ「報告書」が提出される。場合によっては、依頼主に対して「プレゼンテーション」を行うこともある。

以下は、野菜と環境に関する調査の事例である。「3．結論」の部分を、最終報告書から抜粋して、そのまま引用する。

> 3. 結論　（「野菜と環境に関する調査」から）
>
> 　エコ、環境配慮が昨今、話題になっている。そのため、低農薬やエネルギー削減は野菜を購入する上で重視されている。本調査によって、多少の虫食いや小さな虫がある野菜であっても、無農薬を好む傾向があることが判明した。その傾向は、性別、年代に関わらない。一方で、環境配慮ラベルについては、多くの製品に使用ができる露出度の高いものほど認知度が高かった。今後、環境配慮ラベルの認知度を高める努力を続けることが重要である。
>
> 　野菜を購入する際、トレーサビリティに関わる国産、産地の情報に対してニーズは高い。また、安全性に関わる表示としては、認証マークの需要が高いことが分かった。安全性を考えた時、栽培の際に使用された農薬、肥料使用量など生産状況を知りたいとしながらも、それが購入の際に重視されることは少ない。つまり、そのような情報にアクセスできる状態が好ましいと考えられる。
>
> 　以上のことから、「野菜分野のMPS認証」の導入は有効である。MPS認証によって、トレーサビリティが把握でき、栽培の際に使用された農薬、肥料使用量など生産状況も必要があれば開示できる状態になる。安全性という面から、野菜を購入する際に、認証マークが重視されている。野菜のMPS認証の導入を意義のあるものにするには、MPSラベルの認知度を高める努力が求められる。

3 ─ マーケティング・データ

1. マーケティング・データの種類

　本節では、さまざまなマーケティング・データを紹介する。

　第2節では、自社（組織）のために必要な情報を入手する目的で、独自のマーケティング・リサーチを実施することが暗黙の前提になっていた。しかし、独自にデータを収集しなくとも、調査会社からデータを購入することもできる。あるいは、官公庁が発表する政府統計や業界データについては、その性質上、ネットから無料でダウンロードできる。あるいは、図書館や大学の資料室を利用すると、ごく安価に入手できる。

マーケティング・データは、「内部データ」（internal data）と「外部データ」（external data）に分けられる。「内部データ」は、企業が自社のマーケティング活動を記録することで、日々蓄積しているデータである。第３章の「コエンザイムQ10AA」のケースでは、マーケティング計画を策定するために、多くのデータが利用されていた。そこで示された市場データを一覧表にしてみるとよい。

　図表7.14のような５種類のデータが、社内に蓄積されていることが推察できる。そのうちの、①商品関連データ、③地域関連データ、④マーケティング変数データは、社内組織（研究開発部門とマーケティング部門）が保有している内部データである。②消費者関連データは、一部は社内調査だが、それ以外は、外部の調査機関に委託して調査を実施するか、購入した調査データである。⑤その他一般的環境（業界データや競合関連）は、外部データである。

　「１次データ」（primary data）と「２次データ」（secondary data）というデータ分類もある。「１次データ」は、調査分析主体が自らの目的のために収集したデータである。

　第２節で説明したアンケート調査、実験データ、観察データなどは、自社利用だけのために調査を行ったものである。したがって、基本的には１次データである。例外的に、アンケート形式の調査データが、「シ

図表7.14　企業のマーケティング・データの分類

分類	データの種類	資生堂薬品の場合
①商品関連データ	製品技術、ブランド、商品・サービスの属性に関するデータ	サプリメントの技術情報、各種の製品情報、パッケージデザイン情報
②消費者関連データ	消費者の行動、態度、嗜好、デモグラフィック特性データ	グループインタビュー（ライフスタイル調査）、インターネット調査、Q10クラブ会員データ
③地域関連データ	取扱店舗、物流ネットワークなどに関するデータ	取扱店カバレッジ、ドラッグ・チャネルなど、経路別の販売実績
④マーケティング変数データ	自社製品の価格、広告、販売チャネルなど、マーケティング意思決定に関するデータ	自社・他社価格調査、販売データ、広告・プロモーションデータ
⑤その他一般的環境	経済環境、業界、競合企業のブランドなど	競合シェア（富士経済）、市場の拡大推計（インテージ）

ンジケート調査」から提供されることがある（詳しい説明は後で述べる）。

それに対して、「2次データ」は、他の目的で収集されたデータを、場合によっては、2次的に加工するなどして、自社で再利用するものである。政府刊行物や業界団体が発表する報告書など、無料で利用できるものもある。しかし、対価を支払って購入することのほうが多い。

2. 民間データサービス

(1) 代表的なシンジケート調査

マーケティングに関連した2次データで、もっともポピュラーで利用頻度が高いのが、各種の「シンジケート・データ」である。調査機関と契約した会員にのみ、排他的に提供されるデータである。

代表的なシンジケート調査のデータサービスとしては、テレビの視聴率調査（ビデオリサーチ）、媒体接触と消費・購買調査（同社、ACR）、消費者パネル調査（インテージのSCI）、小売店パネル調査（同社、SRI）がある。その他、POSデータのサービスとしては、「日経POS情報サービス」が、広告統計データとしては、日経広告研究所の「有力企業の広告宣伝費」などがある[30]。

以下では、ビデオリサーチとインテージが提供している、合計4つのデータサービスを紹介する。もちろん、シンジケート・データが、これだけに限定されているわけではない。あくまでも例示である。

(2) テレビの視聴率調査

視聴率は、テレビの番組やCMがどのくらいの世帯や個人に見られているかを示す指標のひとつである。視聴率データは、広告出稿社、テレビ局、広告会社が広告取引をする際に、テレビの媒体力や広告効果を測る指標として利用されている。さらには、視聴者がテレビをよく見る時間帯やよく見る番組を知ることで、番組制作・番組編成に役立てることもできる。マーケティング・データとしても活用されている。

図表7.15は、ビデオリサーチが提供している「視聴率データ」のサー

---

[29] ビデオリサーチの商品案内については、http://www.videor.co.jp/service/、インテージのマーケティング調査については、http://www.intage.co.jp/service/marketing/。

[30] 「日経POS情報サービス」の概要は、http://www.nikkei.co.jp/needs/services/pos.htmlを参照のこと。最新の印刷物は、日経広告研究所編（2008）『有力企業の広告宣伝費（平成20年版）』。

ビスを一覧表にしたものである。詳細については、同社発行の『視聴率ハンドブック』を参照されたい[31]。

(3) ACR調査：ビデオリサーチ

ビデオリサーチが提供しているシンジケート調査で、もうひとつ代表的なデータサービスが、「ACR」（Audience and Consumer Report）である。ACR調査は、ひとりの生活者に対して媒体接触状況と、消費・購買状況を同時に調査したものである。全国主要7地区、8700サンプルで実施されている。日本では最大規模のシンジケート・データである[32]。

ACRの調査データは、2つの目的に適している。自社の商品やサービスのターゲット顧客のプロフィールを明確にしたい場合。2番目は、広告などのメディアの利用効率を高めたい場合である。メディアへの接触は、テレビ・ラジオ視聴からインターネットや交通広告までカバーしている。同時に、生活者の消費・購買に関しては、商品の使用所有状況、購買行動だけでなく、レジャー・趣味・余暇活動から生活意識までを含んでいることが特徴である。

(4) SRI：全国小売店パネル調査（インテージ）

インテージが提供している代表的なシンジケート・データには、「SRI（全国小売店パネル調査）」と「SCI（全国消費世帯パネル調査）」の2つがある。

SRIは、「どの商品が、いつ、どこで、いくつ、いくらで、どのような店舗で販売されたのかを解明するため」に設計された調査である。主要小売業態（GMS、スーパーマーケット、コンビニエンス・ストア、薬局・薬店、ホームセンターなど）からPOSデータを収集している。全国5051店舗の販売動向が、継続的にモニターされている（2009年4月時点）。

SRIのデータベースを利用しているのは、主として大手消費財メーカーである。次項で述べるSCIと同時に、マーケティング戦略の立案に活用されている。資生堂薬品が「コエンザイムQ10AA」の市場規模を推測するときにも、基礎データとして活用されていた（図表3.20　Q10サ

31——ビデオリサーチ（2008）『視聴率ハンドブック』は、同社のHP（http://www.videor.co.jp/rating/wh/index.htm）からダウンロードできる。
32——ACRの概要は、http://www.videor.co.jp/service/online/output.htm。オンライン版は、http://www.videor.co.jp/service/lineupall.htmからダウンロードができる。

図表7.15　シンジケート・データ　ビデオ・リサーチ　視聴率データサービス一覧

レポート名		レポート内容	調査エリア（調査開始日）											調査単位	発行日程
			関東	関西	名古屋	北部九州	札幌	仙台	広島	静岡	岡山香川	福島	新潟		
テレビ視聴率	日報	放送の翌日に発行する報告書で、番組平均世帯視聴率、終了時世帯視聴率、占拠率などを掲載。	'77 9/26	'80 3/31	'86 9/29	'90 4/2	'89 10/2	'91 9/30	'91 9/30	'91 4/1	'97 3/31	—	'02 4/1	毎日	毎日（翌日）
	速報	週単位に発行する報告書で、番組平均世帯視聴率・終了時世帯視聴率・占拠率などを掲載。	'66 1/3	'66 1/3	'66 1/3	'68 11/18	'78 10/2	'82 9/27	'81 3/30	'84 10/1	'88 10/3	'87 10/5	'88 10/3	毎週	毎週（翌週）
	週報	毎分視聴率を主体とした毎分・5分・15分・30分平均視聴率と時間区分別視聴率を掲載。	'62 12/3 *	'63 5/27 *	'64 9/14 *	'68 11/18 *	'78 10/2 *	'82 9/27 *	'81 3/30 *	'84 10/1 *	'88 10/3 *	'87 10/5 ★	'88 10/3 ★	毎週 *'99年10月より ★2000年4月より週報電子サービス	毎週（翌週）
	月報	月を代表する4週間（5週間）の番組の視聴状況を掲載。	'73 4月	'73 4月	'73 4月	'73 4月	'78 10月	'82 10月	'81 4月	'84 10月	'97 4月	—	—	毎月	毎月（最終週から3週目）
		各週の番組平均視聴率および4週（5週）平均													
		4週（5週）平均世帯特性別視聴率（生活程度、世帯主職業、主婦年齢、子供の有無）													
		4週平均到達率、4週間累積到達率および平均到達回数（年4回）													
	季報	3ヵ月（13週間）のテレビ視聴状況を局別、時間帯別に整理して掲載。	'62 12/31	'63 7/1	'64 9/28	'68 12/30	'78 10/2	'82 9/27	'81 3/30	'84 10/1	'97 3/31	—	—	1〜3月	5月
		13週の番組視聴率とその平均視聴率												4〜6月	8月
		13週の種目別延本数、延分数、視聴率、占拠率												7〜9月	11月
		毎60分および時間区分別平均世帯視聴率												10〜12月	2月
	年報	1年間のテレビ視聴状況（世帯・個人）をまとめて掲載。	'68	'68	'68	'69	'75	'75	'75	'85	'98	—	—	1〜12月	年1回 3月
		高世帯視聴率番組100													
		種目別高世帯視聴率番組100													
		番組種目別放送状況													
		1日平均1世帯（1人）当たり視聴時間（平日・土・日別）													
		毎60分および時間区分別平均世帯視聴率													

出典：ビデオリサーチHP　http://www.videor.co.jp/service/tv/index.htm

プリ市場規模推移　ドラッグストア拡大推計（インテージ調査））。

　図表7.16には、SRIのデータ収集、情報加工、サービス提供システムが図示されている。また、小売業態別の調査店舗数が、商品カテゴリー別に示されている。スーパーマーケットと薬局・薬店の構成比が高いことがわかる。調査方式は、POSデータのオンライン収集とストアオーディット方式の併用である。提供されるデータ形式は、販売金額、販売量の拡大推計値、販売店率、マーケットシェア、販売店当たり販売量、販売店当たりシェア、販売単価などである。[33]

図表7.16　シンジケート・データ　SRI（全国小売店パネル調査）

全国の小売店　5,051店舗
- スーパーマーケット
- コンビニエンス・ストア
- 薬局・薬店
- ホームセンター
- 酒販店等

当社　←販売情報をPOSデータで収集　データ収集／データ提供　アクセス→　お客様

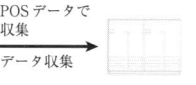

- 販売金額
- 販売店率
- 市場占有率
- 販売単価

価値あるインテリジェンスへ加工

	対象市場	合計	スーパーマーケット	コンビニエンス・ストア	ホームセンター	薬局・薬店	酒屋	食料品店パン菓子店	ペットショップ
SRI-1	雑貨品	3,110	1,100	750	200	1,060			
SRI-2	食品一般	2,953	1,119	762		1,072			
SRI-3	化粧品	2,060	520	430	160	950			
SDI	薬品	1,100				1,100			
MBI	清涼飲料	4,353	1,119	762		1,072	700	700	
MFI-1	嗜好飲料	3,987	1,100	750		1,060	392	685	
MFI-2	即席めん	4,053	1,119	762		1,072	400	700	
MPI	ペットフード	2,615	685	450	200	1,060			220
MAI	アルコール	1,200	350	300			550		

出典：インテージHP（http://www.intage.co.jp/service/marketing/syndicate/sri.html）

(5) SCI：全国消費世帯パネル調査（インテージ）

　SCIは、「食品、日用雑貨品について、どの商品が、いつ、どこで、いくつ、いくらで、どんな世帯に購入されたか」を継続的に捉える調査である。調査モニターが、購入商品のバーコードでスキャニングして、購入ルート（店舗）、購入価格などのデータをインターネット経由で、毎日オンライン転送している[34]。

　図表7.17には、調査データの利用システムが示されている。全国約1万2008世帯からデータを収集している（2009年4月時点）。データサービスを利用している会社は、SRIとほぼ重なっている。国内の主要消費財メーカーのほとんどは、SCIの顧客である。

　調査対象の商品カテゴリーは、バーコードがついた食品と雑貨を広くカバーしている。長期間のデータを保有しているので、市場の変化を時系列で把握できるという特徴がある。メーカーに提供されるのは、マー

---

[33] ――インテージのSRIについては、同社のHP（http://www.intage.co.jp/service/marketing/retail/sri）を参照のこと。
[34] ――インテージのSCIについては、同社のHP（http://www.intage.co.jp/service/marketing/customer/sci）を参照のこと。

図表 7.17　シンジケート・データ　SCI（全国消費世帯パネル調査）

母集団	全国の2人以上一般世帯
標本数	12,008世帯
調査方法	ハンディスキャナーで商品のバーコードを読み取り、NTTのTWINNETのVANを利用してデータを毎日送ってもらう
調査内容	購入商品・購入ルート・購入金額など
集計分析	マーケットシェア・購入世帯率・ブランドスイッチ分析・新商品の浸透分析・購入価格分析など
報告	報告サイクル：マンスリー、ウィークリー 報告媒体：クライアントサーバー型検索・分析ソフト「Partner&Brains」、磁気テープ、ハードコピーなど

出典：インテージHP（http://www.intage.co.jp/service/marketing/syndicate/sri.html）

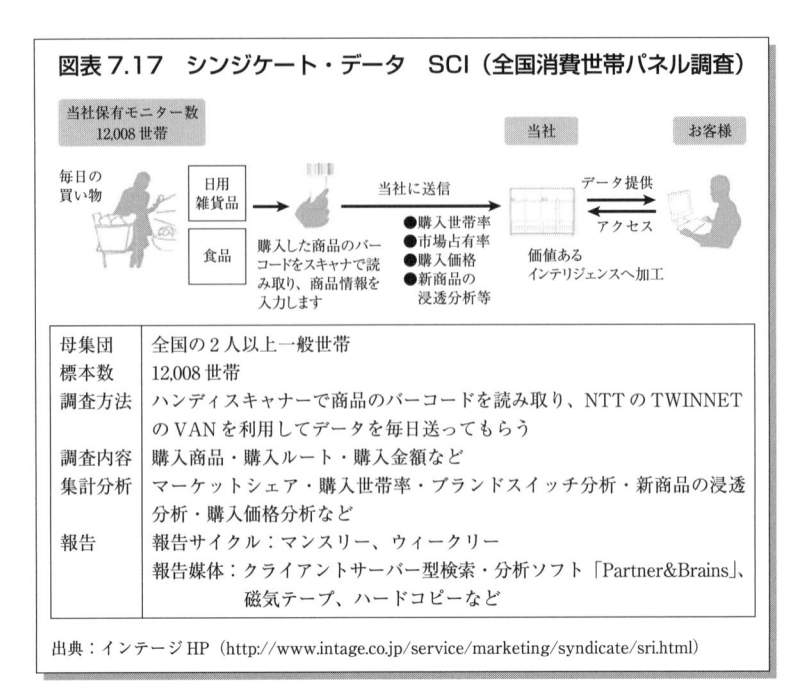

ケットシェア、購入世帯率、ブランドスイッチ分析、新商品の浸透率、購入価格の分布などである。

3.POSデータ（point of sale data, scanner data）

　マーケティング・データとして、ある意味でもっとも豊富に存在しているのは、POSであろう。POSデータは、スーパーマーケットやコンビニエンス・ストアのレジで、バーコードを読み込んで記録され、蓄積された商品の実販売データである。米国では、「スキャナー・データ」（「スキャナー〈バーコード・リーダー〉で読み取ったデータ」の意味）と呼ばれている。現在では、POSデータという呼称が世界の共通語になった。

　世界共通のコード体系で、商品コードのシステムが統一されている。UPC（Universal Product Code）とも呼ばれる。日本は、JAN（Japan Article Number）コードである。13桁のコード体系は、最初の2桁が「国別コード」（日本は45か49ではじまる）、つぎの5桁が「メーカーコード」、つぎの5桁が「商品コード」である。最後の13桁目は、スキャ

ナーの読み取りミスを避けるための「チェック・ディジット」である。

POSデータは、当初は、チェックアウトレジでの打ち間違いや店頭での商品補充発注作業の効率を高めるために導入された（「ハードメリット」）。商品の受発注で電子化を促進するためには、POSの導入は必須であった。その後、上記のようなハードメリットは、どの小売業態でも当然のことになった[35]。

大量に蓄積されはじめたPOSデータに求められたのは、いかにマーケティングに役立てるかの「ソフトメリット」であった。これまで、POSデータを活用するために、マーケットリサーチャーは、さまざまなモデルを開発してきた。新製品の予測、マーケティング変数（価格、プロモーション、広告）の反応モデルなどである。販売の予測精度を高めて、マーケティングの資源配分を最適化するためにPOSデータは用いられている[36]。

4─データ分析の諸手法

図表7.5（D）に示されていたデータ分析法を思い出していただきたい。詳細を説明しなかったデータ分析の手法の中に、①「統計的分析」と②「モデル分析」があった。本節では、これら高度なデータ分析の手法群に加えて、定性的な手法である③「グループインタビュー」を紹介する。

1. 統計的な分析手法

統計分析として代表的な手法には、「回帰分析」と「因子分析」がある。以下では、これに「クラスター分析」を加えて、統計的な手法について解説する。

重回帰分析は、マーケティングの目的からすると、マーケティング変

35──小川孔輔（1993）「第1部 マーケティング情報システムとPOS」小川孔輔、法政大学産業情報センター編『POSとマーケティング戦略』有斐閣。
36──澤井喜代司、木戸茂（2007）「広告効果プロセスに関する実証研究（第15回）ブログ解析を活用した広告効果測定」『日経広告研究所報』第41巻第3号（6・7月号）、74〜80頁。三川健太、高橋勉、後藤正幸（2007）「テキストデータに基づく顧客ロイヤルティの構造分析手法に関する一考察」『日本経営工学会論文誌』第58巻第3号（8月号）、182〜192頁。

数（価格、プロモーション、過去の販売実績など）が、どのようにマーケティング成果（売上、販売シェア、ブランドの知名度、好意度など）に影響を及ぼしているのかを知るための手法である。原因と結果の関係を見るので、「因果分析」とも呼ばれる。

(1)因果分析（causal analysis）

商品の価格と販売数量の関係のように、原因となる変数（価格）が変化すると、影響を受ける結果変数（販売量）が、ある規則性を持って変化する場合、その現象には「因果関係」があるといわれる。因果関係を統計的に実証するためには、原因変数と結果変数について、分析可能な数量的なデータを収集することが必要である。

因果分析の代表的な手法が、「重回帰分析」（multiple regression analysis）である。基本的には、原因となる変数（独立変数、説明変数）の一次結合で、結果変数の値（従属変数、被説明変数）を予測する統計手法である。原因変数の係数値は、「回帰係数」と呼ばれる。標準化された指標「標準化係数」は、独立変数が従属変数に与える影響度の大きさを表す尺度値になる。変数間に因果関係があると主張する判断材料として、全体モデルが因果関係を説明しているかどうかの指標「決定係数」が用いられる。

重回帰分析は、広い意味では、因果分析モデルの中の、「線形バージョン」（説明変数の一次結合）に属する手法である。原因と結果の変数間に線形性が想定できない場合のために、遺伝的な手法などが開発されている[37]。

なお、観測データの合成指標を用いて因果分析を行う手法として、近年は、「共分散構造分析」（豊田〈2003、2007〉、浅野・鈴木・小島〈2005〉）が用いられるようになっている。共分散構造分析は、統計手法的には、因子分析と重回帰分析を組み合わせた手法である。基本的には、複数の概念間の因果構造を同時に推定する手法である[38]。

---

[37] 室橋弘人（2003）「遺伝的アルゴリズム」豊田秀樹編『共分散構造分析　技術編　構造方程式モデリング』朝倉書店。

[38] 共分散構造分析については、以下の文献参照。豊田秀樹（2007）『共分散構造分析　理論編　構造方程式モデリング』朝倉書店。朝野煕彦、鈴木督久、小島隆矢（2005）『入門　共分散構造分析の実際』講談社。竹内淑恵（2009）「広告コミュニケーション効果の測定——広告想起と店頭配荷の販売への影響」西尾チヅル、桑嶋健一、猿渡康文編『ビジネスの数理7　マーケティング・経営戦略の数理』朝倉書店（共分散構造分析の具体例あり）。

(2)回帰分析：販売予測の事例

　回帰分析が用いられる標準的な事例を、ひとつだけ挙げておくことにする。

　あるスーパーマーケット（S店）で、牛乳（カテゴリー全体）の週間の販売個数を予測したデータの事例である（2年半分の週別データを使用）。牛乳の販売量を説明できそうな要因は、気温と価格である。試行錯誤の末に、牛乳の販売予測式は、以下のとおりになった。[39]

　　来店客1000人当たり販売個数
　　　＝660.6＋1.82×[最高気温(℃)]－2.43×[平均価格(円／本)]＋[誤差項]
　　　　　(9.14)**　　　　　　　　(－5.74)**

　予測式の当てはまりの良さを表す統計指標の「決定係数（R2）」は、0.705である。フィットはまずまずである。回帰係数の「t値（影響の確からしさの指標）」は、それぞれ9.14、－5.74で、1％水準（**）で有意だった。最高気温、平均価格ともに、牛乳の販売量に影響しているらしい。

　この店の来店客は、通常は毎週3万人前後である。したがって、（最高）気温が1℃上昇すると、販売個数は約55個（＝1.82×30）増えることになる。また、価格を10円値引きすると、販売数量は、約729個（＝2.43×30×10）ほど増えることが予測できる。

　図表7.18は、最高気温と平均価格の2つの要因から、販売個数がどの程度説明できるかをグラフに表したものである。年間の販売量の大きな動きは、気温の変動で説明ができる。マーケティング要因としては、特売などでの値引きの影響が大きいと推測できる。

(3)因子分析(factor analysis)

　「因子分析」とは、観測データのセットが与えられたときに、その背後にある潜在的な因子を導出するための統計的な手法のことを指す。[40]

39──小川孔輔（1995）「マーケティング情報活用講座（第14回）：店舗POSデータの活用法（上）（下）」『チェーンストアエイジ』10月15日号、11月15日号。もっとも説明力が高かったのは、最高気温であった。これ以外にも、平均気温、最低気温、湿度などが候補としては考慮されていた。数式の**は、大値が有意であることを表している。統計的に「1％水準で有意」とは、99％以上の確率で説明説数（価格や気温）が販売数量に影響している可能性を否定できないという意味である。

図表 7.18　重回帰分析　牛乳の例

牛乳の販売個数予測（S店）

出典：小川孔輔（1995）「マーケティング情報活用講座（第14回）：店舗POSデータの活用法（下）」『チェーンストアエイジ』（11月15日号）

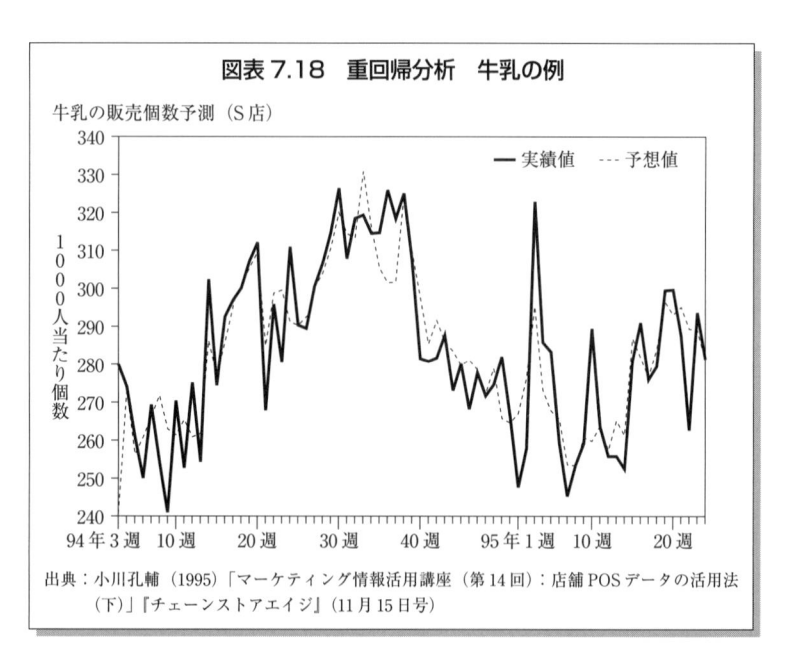

　もともとは、心理学の分野で開発された手法で、人間の心理特性や能力を試験によって評価するため、学力や心理特性が観測不能な因子から合成されるとする考え方である。例えば、英語、数学、国語、理科、社会など、複数の試験結果データから、回答者の「能力因子」と呼ばれる潜在的な心理特性値（例えば、計算能力、言語能力などの因子得点）を導き出す。

　マーケティング調査でも、因子分析が多用されている。というのは、とくに、消費者調査ではしばしば、商品やサービスに関して回答者から評価点（イメージ、好意度など）を記入してもらうことが多いからである。この手法を適用すると、調査データから、対象商品やサービスに潜んでいると思われる潜在因子が推測できる。因子分析は、消費者心理などを読み取り、解釈するために便利な手法である。

　計算によって求められた潜在因子ともとの観測データの相関（係数）が、「因子負荷量」（factor loading）である。これは、潜在因子と観測

40——これと似たような手法に、「主成分分析」（principal component analysis）がある。因子分析は、観測不能な「構成概念」を想定するのに対して、主成分分析のほうは、観測値から変数を合成する手法である。柳井晴夫、緒方裕光編（2006）『SPSSによる統計データ解析——医学・看護学、生物学、心理学の例題による統計学入門』現代数学社。

データの結びつきの大きさを表す指標で、両者を関連づけるために用いられる。また、推定された潜在因子の得点は、因子得点（factor score）と呼ばれる。

マーケティング調査では、データを分析するときに、消費者や商品・サービスが因子得点を用いてグルーピングされる。そのため、因子分析は、クラスター分析や重回帰分析（因果分析）と組み合わせて用いられることが多い。

(4)因子分析の事例：テレビ局のイメージ調査[41]

八塩（2004）は、視聴者がテレビ局に抱くイメージと実際の視聴行動との関係性を分析し、視聴者の評価イメージを体系化することを試みた。調査対象は、地上波テレビキー局6局（NHK、日本テレビ、TBS、フジテレビ、テレビ朝日、テレビ東京）、および各局の番組イメージである。アンケート調査は、大学の教室で学生（376サンプル）に対して行われた。

キー局と各局の番組に対して、それぞれ10の評価イメージを調査し、データは因子分析（SPSS）にかけられた。結果は、図表7.19と図表7.20に示されている。質問項目「観測値に潜んでいる局・番組イメージ（潜在因子）」が抽出されている。

局イメージや番組イメージを表現する因子は、全部で5つであった。

図表7.19　テレビ局イメージ調査の事例

因子分析から抽出された5つの因子

因子1	エンターテインメント因子	元気、おもしろいなど、エンターテインメント性を重視するバラエティ番組の評価につながる因子
因子2	ジャーナリズム因子	信頼できる、質が高いなど、ジャーナリズム性を重視する報道番組や情報番組の評価につながる因子
因子3	スポーツ因子	スポーツ番組、スポーツニュースを評価する因子
因子4	独創性因子	他局にはない、オリジナリティを重視する因子
因子5	わかりやすさ因子	わかりやすさを重視する因子

出典：八塩圭子（2004）「視聴者のテレビ視聴理論――店舗内購買行動の理論による応用研究」法政大学大学院修士論文

41――八塩圭子（2004）「視聴者のテレビ視聴理論――店舗内購買行動の理論による応用研究」法政大学大学院修士論文からの事例紹介。この調査の概要は、八塩圭子（2009）「テレビ視聴における態度形成とチャンネル選択行動――店舗内購買行動との概念比較」『マーケティングジャーナル』第28巻第3号（通号111）、44～60頁に収録されている。

図表7.20 テレビ局イメージ調査の事例

番組イメージ、局イメージ評価の因子分析(因子負荷量行列)

質問項目＼因子	エンターテインメント因子	ジャーナリズム因子	スポーツ因子	独創性因子	わかりやすさ因子
元気	0.82	−0.064	0.135	−0.049	0.076
おもしろい	0.808	0.126	0.137	0.106	0.058
笑える番組がある	0.805	−0.05	0.176	0.001	0.019
エキサイティング	0.786	0.029	0.214	0.062	0.047
気楽に見られる番組がある	0.762	−0.0001	0.167	0.066	0.096
親しみが感じられる	0.646	0.186	0.053	0.101	0.261
良いドラマが見られる	0.508	0.283	0.296	−0.027	−0.055
信頼できる	−0.085	0.744	0.036	0.129	0.09
質が高い	0.181	0.741	0.126	0.137	0.015
情報が豊か	−0.288	0.71	0.057	0.214	0.026
知的だ	0.213	0.648	0.135	0.023	0.135
生活に役立つ番組をやっている	0.091	0.586	0.072	0.225	0.071
良いドキュメンタリーが見られる	0.035	0.528	0.212	0.122	−0.01
身近な問題を掘り下げている	0.203	0.458	0.105	0.152	0.073
ニュースがわかりやすい	0.253	0.448	0.313	0.001	0.298
スポーツニュースがわかりやすい	0.396	0.203	0.695	0.043	0.109
良いスポーツ番組が見られる	0.359	0.212	0.666	0.07	0.02
他局にない番組がある	−0.082	0.306	0.0004	0.661	−0.001
独創的だ	0.316	0.187	0.089	0.506	0.061
わかりやすい	0.372	0.369	0.109	0.072	0.538
累積寄与率	33.80%	51.90%	57.70%	62.50%	66.50%

出典：八塩圭子(2004)「視聴者のテレビ視聴理論──店舗内購買行動の理論による応用研究」法政大学大学院修士論文

最初の3つの因子、「エンターテインメント因子」「ジャーナリズム因子」「スポーツ因子」で、スポーツ因子で局・番組評価イメージの57.7%(累積寄与率)が説明できている。その他の因子は、「独創性因子」と「わかりやすさ因子」と名づけられた。

それぞれの因子の内容が、図表7.19に示されている。図表7.20の「因子負荷量行列」から、因子の意味を読み取ることができる。質問項目との潜在因子との相関が、因子負荷量である。例えば、「元気」(0.82)、「おもしろい」(0.808)、「笑える番組がある」(0.805) などの質問項目と、「エンターテインメント因子」の相関が高い。「信頼できる」(0.744)、「質が高い」(0.741)、「情報が豊か」(0.71) などは、「ジャーナリズム因子」と高い相関を持っている。

容易に想像できるように、因子分析のデータをもとに、今度は、各局のイメージ（番組イメージ）について、それぞれの因子スコアを計算する。「報道のTBS」「スポーツの日テレ」「バラエティのフジ」など、各局のスコアは予想どおりの傾向を示した。「独創性因子」が高かったのが、NHKとテレビ東京であった。

(5) クラスター分析 (cluster analysis)

対象を分類するためのデータ分類法のひとつである。マーケティング・リサーチでは、調査対象となる消費者、あるいは、商品やサービスをグルーピングするために用いられる。消費者を分類する場合は、類似した心理的・行動的特性を持った消費者をセグメンテーションすることが狙いである。つまりは、対象をグルーピングして、集団間での特性の違いを知ることが最終目的である。

クラスター分析は、大別すると、「階層的な手法」と「非階層的な手法」に分かれる。マーケティング・リサーチは、ほとんどが階層的な手法（階層クラスタリング）である。そこで、以下では、階層的な手法だけを説明する。なお、非階層的な手法は、初期のクラスター数が決まっており、逐次的にメンバーの「入れ替え」を行う方法である。

クラスター分析の第1ステップは、分類したい消費者や商品について、各対象間での「類似度（非類似度）」を定義することである。非類似度は、「距離」で代替される。距離の定義は、ある意味では任意である。ただし、対象の特性データが多次元の数値尺度で表現されている場合は、対象間の（非）類似度を表す指標としては「ユークリッド距離」が用いられる。また、「市街地距離」などが用いられることもある。

第2段階は、類似度が高いメンバーを結びつけることである。距離が近い順に、メンバー（クラスター）を同一クラスターとして順次に併合していく。注意しなければならないのは、個別のメンバー間での距離

は、初期値として一義的に求めることができるが、併合された後のクラスターとメンバー（あるいは、クラスター）間の距離は、再定義することが必要なことである。

最終段階は、クラスタリングを終了させるタイミングを決めることである。打ち切り基準としては、クラスターの数、全体の類似度、最終段階での併合の効率などがある。

2.マーケティング・モデル(marketing models)

マーケティング現象を説明するために、システムを構成する要素間の関係を模式的に表現したもの。マーケティング・モデルは、①マーケティング・システムの基本要素を数学的な統計モデル方程式で表現するか、②因果連鎖（要素間の関連性）をグラフィック・システム（チャート・システム）で表現するかで、2つの類型に分かれる。

一般的には、マーケティング・モデルといえば、前者の「統計的モデル」を指している。ただし、「システム・ダイナミックス」や、近年ネット上でのクチコミの伝播を表現するために盛んに用いられるようになった「グラフ理論」（代表例は「キーグラフ」）などは、後者のグラフィック表現に属するマーケティング・モデルである。

図表7.21（佐藤　2006）は、「ネットワーク・グラフ」と呼ばれているグラフィック表現のひとつである。ネット上でのクチコミの伝達の様子を、グラフィカルに表現したものである。図表中では、トラックバックキャンペーンのサイトを基点としたトラックバックの伝わり方を追跡することで、ハイパーリンクによるオンライン上でのクチコミの広がりを表している。ブログ記事のURLを「丸」、ブログサイトのURLを「四角」とし、それらをつなぐハイパーリンクを「矢印の線」でつないでいる[42]。

消費者行動モデルのほぼ半分は、例えば、外界からの刺激、消費者の認知、態度、選好、購買行動などを、因果連鎖で表しているチャートで表現したものである。

前者の統計モデルにも、いくつかのカテゴリーが存在する。消費者行

42——佐藤邦弘（2006）「相互作用を考慮した調査手法モデルの開発〜関係性の可視化ツールの開発〜」法政大学大学院イノベーション・マネジメント研究科プロジェクト報告書、26〜29頁。

図表 7.21　ネットワーク・グラフ（トラックバックキャンペーンによるブログ記事への伝播ネットワーク図）

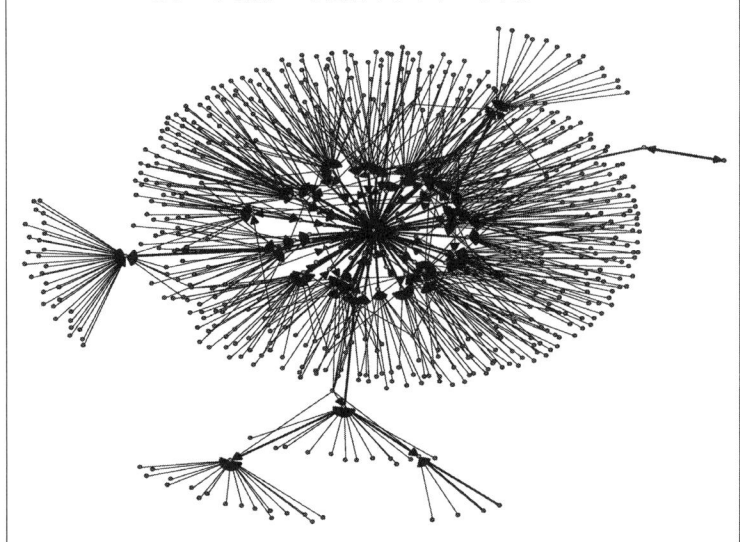

出典：佐藤邦弘（2006）「相互作用を考慮した調査手法モデルの開発——関係性の可視化ツールの開発」法政大学大学院イノベーション・マネジメント研究科プロジェクト報告書

動モデル、製品の普及モデル（バース・モデル）、マーケティングミックス・モデル（価格反応モデル、プロモーション・モデル、販売員努力モデルなど）、立地選択のための引力モデルなどである[43]。これ以外のマーケティング・モデルは、基本的には、オペレーションズリサーチやマネジメントサイエンスの応用分野からモデルの形式を借用してきたものである[44]。

　統計的な消費者行動モデルは、ブランドスイッチや継続購買を表現するために開発されてきた。1980年代に入って、POSデータが分析に活用できるようになり、それ以降は、価格やプロモーションへの反応を取り込んだマーケティングミックス・モデルが、マーケティング意思決定の応用的なツールとして利用されている[45]。

---

[43]——バース・モデルは、第9章「製品開発（2）：新製品の普及と予測」で、引力モデルは、第15章「小売業の経営とロジスティクス」で紹介される。
[44]——マーケティング・モデルについての詳細な記述は、Lilien, G. L., P. Kotler and K. S. Moorthy（1992）*Marketing Models*, Prentice-Hall. 日本人が書いたものとしては、守口剛（2004）『マーケティングの数理モデル』朝倉書店。また、マーケティング・モデルの歴史的な発展については、小川孔輔（1993）、前掲書。

3. 定性的な分析手法

(1) フィールド観察調査

　最後に、定性的な手法を紹介する。定性的な手法は、標準化がかなり難しい。しかし、何人かの研究者や実務家が、時間をかけて手続きの標準化に努力している。例えば、「KJ法（川喜田の方法）」のように、開発者の名前を冠している手法も多い。

　フィールドでの行動観察を分析の基礎に置いている佐藤郁哉（2002）やホルブロック（1995）のような研究者がいる。彼らは、社会学や文化人類学の影響を受けて、「参与観察」を行う研究者である[46]。パコ・アンダーヒル（2001）の店頭観察法も、このカテゴリーに入るだろう。観察の対象者（消費者）の行動を、何らかの視点から主観的に解釈する（「解釈的な方法」）[47]。

　人間の視覚に着目して、外界から入ってくる情報を解釈する方法もある。「フォト収集法」（辻中〈1995〉、桑原〈1999〉）と「ビデオグラフィー」（木村〈2004〉、ベルク〈2001〉）である。どちらも、人の視線と身体の動きに注目したものである[48]。

(2) グループインタビューとKJ法

　「グループインタビュー」（group interview）は、定性調査の代表的な手法である。短く「グルイン」、あるいは「グループ・ディスカッション」（group discussion）とも呼ばれる。新製品の開発アイデアや当

---

[45]──消費者行動のさまざまなモデルは、第5章「顧客の分析」で紹介している。

[46]──佐藤郁哉（2002）、前掲書。Holbrook, M. B. (1995) *Consumer Research: Introspective Essays on the Study of Consumption*, Sage.

[47]──P. アンダーヒル／鈴木主税訳（2001）、前掲書。

[48]──桑原武夫、日経産業消費研究所編（1999）『ポストモダン手法による消費者心理の解読──ステレオ・フォト・エッセーで潜在ニーズに迫る』日本経済新聞社。辻中俊樹は、生活を24時間スケールで捕捉する「生活カレンダー」方式によるリサーチを確立、1985年以来現在まで、「生活シーンデータベース」として時系列データを蓄積している（http://www.nextnetwork.co.jp/service/achievement_old.html）。ビデオグラフィーの方法論の紹介は、Belk, R. W. (2001) "Videography Versus Written Ethnography in Consumer Research," *Advances in Consumer Research*, Vol. 28, p. 44. Belk, R. W. and R. V. Kozinets (2006) "Camcorder Society: Quality Videography in Consumer and Marketing Research," R. Belk ed., *Handbook of Qualitative Research Methods in Marketing*, Edward Elgar Publishing. ビデオグラフィー文献は、木村純子、R. W. ベルク（2004）「消費文化の受容過程の再検討──日本のクリスマス消費に見る文化の再生産」『流通研究』第7巻第2号、39～55頁（Kimura, J. and R. Belk (2005) "Christmas in Japan: Globalization Versus Localization," *Consumption, Markets and Culture*, Vol. 8, No. 3, pp. 347-360）。

該企業が抱えているマーケティング課題について、少人数からなるグループで討議してもらうことで、新しい商品アイデアを出したり、消費者ニーズを探る方法である[49]。

　ターゲットとなりそうな消費者を調査会社が探してくること（リクルーティング）から、グループインタビューははじまる。ひとつのグループの人数は、米国では6～8人、日本では5～6人といわれている。リクルートの対象者は、潜在顧客の中で、年齢、性別、居住地区などの特性がある程度ばらつくようにすることが大切である。ひとつのセッションの時間は、60分から1時間半が目安である。どんなに長くても、参加者の疲労度を考えると、2時間が限度である。

　グルインの進行は、調査会社から派遣されたインタビュアーがコントロールすることがふつうである。しかし、ある程度の経験と知識を持った人であれば、クライアント自らが司会者を務めてもよい。いずれにしても、特定のマーケティング課題について、参加者に自由に話してもらえる能力を持っているかどうかが、司会者を選定する基準である。クライアントは会場に臨席してもよいが、マジックミラーが設置された場所であれば、隣室で討議の様子を観察していたほうがよい。そのほうが、自由な討論を引き出しやすい。

　グループ討議が終了したら、そこで出た参加者の意見を取りまとめる。特定課題の解決に向けては、しばしば「KJ法」と呼ばれる整理法が採用される[50]。KJ法の手続きは、つぎの4段階を踏む。まず、①参加者の意見を1枚ずつ「カード」か「ポストイット」に書き込んでいく。②それらの意見の関連を、似たようなグループにまとめる。③各事象の「因果連鎖」か「上下関係」を軸にして、グループ間あるいはカード間の関連をつけて整理する。最後にそこから、④マーケティング課題に対する解決の糸口やヒントを見つける。

　II部第4章末の〈Looking Back〉事例は、成都と上海でのグループインタビューを紹介したものである。

49——グループインタビューの方法と実施については、梅澤伸嘉（1993）『実践グループインタビュー入門——消費者心理がよくわかる　ステップ別・原則・留意点・チェックリスト』ダイヤモンド社が参考になる。
50——川喜田二郎（1967）『発想法　創造性開発のために』中公新書、川喜田二郎（1970）『続 発想法　KJ法の展開と応用』中公新書。

図表7.22　KJ法

KJ法のステップ
カードづくり→グループ化→配置→図解・文章化

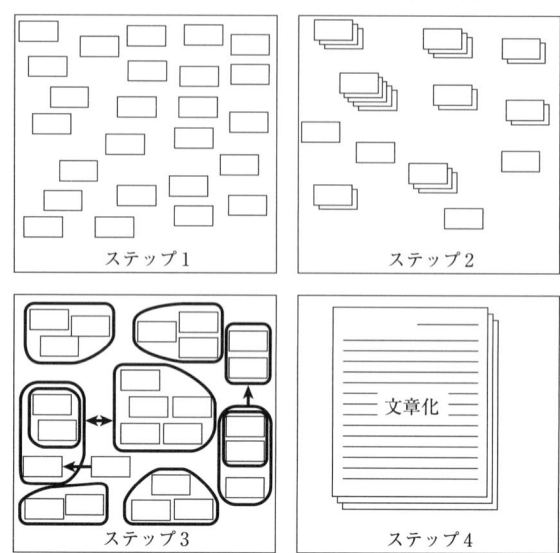

ステップ1

ステップ2

ステップ3

文章化

ステップ4

出典：http://www.crew.sfc.keio.ac.jp/lecture/kj/kj.html
原出典：川喜田二郎（1967）『発想法　創造性開発のために』、川喜田二郎（1970）『続　発想法　KJ法の展開と応用』中公新書

〈参考文献〉

朝野熙彦（2000）『マーケティング・リサーチ工学』朝倉書店

朝野熙彦、鈴木督久、小島隆矢（2005）『入門共分散構造分析の実際』講談社

渥美俊一、桜井多恵子（2007）『ストア・コンパリゾン――店舗見学のコツ（新訂版）』実務教育出版

G. L. アーバン、J. R. ハウザー、N. ドラキア／林廣茂、中島望、小川孔輔、山中正彦訳（1989）『プロダクト・マネジメント』プレジデント社 (Urban, G. L., J.R. Hauser and N. Dholakia (1987) *Essentials of New Product Management,* Prentice-Hall)

P. アンダーヒル／鈴木主税訳（2001）『なぜこの店で買ってしまうのか――ショッピングの科学』早川書房 (Underhill, P. (2001) *Why We Buy: The Science of Shopping,* Texere)

上田隆穂（2005）『日本一わかりやすい価格決定戦略』明日香出版社

梅沢伸嘉（1993）『実践グループインタビュー入門――消費者心理がよくわかる ステップ別・原則・留意点・チェックリスト』ダイヤモンド社

大澤豊（1972）『講座情報と意思決定6　マーケティング科学と意思決定』中央経済社

小川孔輔（1993）「マーケティング・モデル発展の小史」『マーケティングジャーナル』第12巻第3号（通号47）、78〜87頁

小川孔輔、法政大学産業情報センター編（1993）『POSとマーケティング戦略』有斐閣

小川孔輔（1995）「マーケティング情報活用講座（第14回）：店舗POSデータの活用法（上）（下）」『チェーンストアエイジ』10月15日号、11月15日号

小川孔輔、鳴尾幸（2008）「栽培・技術 全国野菜技術情報 野菜と環境に関する調査」『農耕と園芸』第63巻第10号（10月号）、59〜62頁

小川孔輔（2009）「マーケティング・リサーチ」法政大学経営学部創設50周年記念委員会編『経営学用語集』法政大学経営学部

奥田和彦、村本理恵子（1991）『マーケティング・リサーチ──基礎と応用』白桃書房

片平秀貴（1987）『マーケティング・サイエンス』東京大学出版会

川喜田二郎（1967）『発想法　創造性開発のために』中公新書

川喜田二郎（1970）『続 発想法　KJ法の展開と応用』中公新書

木村純子、R. W. ベルク（2004）「消費文化の受容過程の再検討──日本のクリスマス消費に見る文化の再生産」『流通研究』第7巻第2号、39〜55頁（Kimura, J. and R. Belk（2005）"Christmas in Japan: Globalization Versus Localization," Consumption, *Markets and Culture*, Vol. 8, No. 3, pp. 347-360）

桑原武夫、日経産業消費研究所編（1999）『ポストモダン手法による消費者心理の解読──ステレオ・フォト・エッセーで潜在ニーズに迫る』日本経済新聞社

酒井理（1999）『地理情報を利用したエリアマーケティングシステムの構築（株式会社ポッカクリエイト）』東京都商工指導所

酒井麻衣子（2004）『SPSS完全活用法──データの視覚化とレポートの作成』東京図書

酒井麻衣子（2005）『SPSS完全活用法データの入力と加工（第2版）』東京図書

佐藤郁哉（1984）『暴走族のエスノグラフィー』新曜社

佐藤郁哉（1992）『フィールドワーク──書を持って街へ出よう』新曜社

佐藤郁哉（2002）『フィールドワークの技法』新曜社

佐藤邦弘（2006）「相互作用を考慮した調査手法モデルの開発──関係性の可視化ツールの開発」法政大学大学院イノベーション・マネジメント研究科プロジェクト報告書

澤井喜代司、木戸茂（2007）「広告効果プロセスに関する実証研究（第15

回）ブログ解析を活用した広告効果測定」『日経広告研究所報』第41巻第3号（6・7月号）、74〜80頁
鈴木督久（2008）「マーケティング・リサーチにおける品質管理（特集 市場調査と品質管理）」『エストレーラ』（統計情報研究開発センター）169号（4月号）、10〜18頁
竹内淑恵（2009）「広告コミュニケーション効果の測定——広告想起と店頭配荷の販売への影響」西尾チヅル、桑嶋健一、猿渡康文編『ビジネスの数理7 マーケティング・経営戦略の数理』朝倉書店
辻中俊樹（1995）『母系消費——〈満足の臨界〉その先へ』同友館
豊田秀樹（2007）『共分散構造分析 理論編 構造方程式モデリング』朝倉書店
中村隆英、美添泰人、新家健精、豊田敬（1997）『経済統計入門（第2版）』東京大学出版会
新津重幸（1991）『'90マーケティング・インテリジェンス』白桃書房
西尾チヅル、竹内淑恵（2007）「有機野菜選択の背後にある理由——価値構造分析」小川孔輔、酒井理編『有機農産物の流通とマーケティング』農山漁村文化協会
日経広告研究所編（2008）『有力企業の広告宣伝費（平成20年版）』
野中郁次郎、陸正編（1987）『マーケティング組織——その革新と情報創造』誠文堂新光社
服部正太、木村香代子（2008）「学界と産業界をブリッジする工学知：Professional Engineering Solution Firm 高付加価値を実現する企業を目指して」『赤門マネジメント・レビュー』東京大学大学院経済学研究科ABAS/AMR編集委員会編、第7巻10号、10月25日
ビデオリサーチ（2008）『視聴率ハンドブック』（http://www.videor.co.jp/rating/wh/index.htm）
古川一郎、守口剛、阿部誠（2003）『マーケティング・サイエンス入門——市場対応の科学的マネジメント』有斐閣アルマ
前野和子（1996）「おまけの心理——ファースト・フード業界におけるプレミアム・プロモーションに関する消費者調査研究」法政大学学務部大学院事務課編『法政大学大学院経営学専攻マーケティング・コース研究成果集』法政大学大学院
三川健太、高橋勉、後藤正幸（2007）「テキストデータに基づく顧客ロイヤルティの構造分析手法に関する一考察」『日本経営工学会論文誌』第58巻第3号（8月号）、182〜192頁
室橋弘人（2003）「遺伝的アルゴリズム」豊田秀樹編『共分散構造分析 技術編 構造方程式モデリング』朝倉書店
守口剛（2004）『マーケティングの数理モデル』朝倉書店
八塩圭子（2009）「テレビ視聴における態度形成とチャンネル選択行動——

店舗内購買行動との概念比較」『マーケティングジャーナル』第28巻第3号（通号111）、44～60頁

柳井晴夫、緒方裕光編（2006）『SPSSによる統計データ解析──医学・看護学、生物学、心理学の例題による統計学入門』現代数学社

Belk, R. W. (2001) "Videography Versus Written Ethnography in Consumer Research," *Advances in Consumer Research*, Vol. 28, p. 44.

Belk, R. W. and R. V. Kozinets (2006) "Camcorder Society: Quality Videography in Consumer and Marketing Research," R. Belk ed., *Handbook of Qualitative Research Methods in Marketing*, Edward Elgar Publishing.

Holbrook, M. B. (1995) *Consumer Research: Introspective Essays on the Study of Consumption*, Sage.

Lilien, G. L., P. Kotler and K. S. Moorthy (1992) *Marketing Models*, Prentice-Hall.

Little, J. D. C. (1970) "Managers and Models: The Concept of a Decision Calculus," *Management Science*, 16, pp. B466–485.

〈さらに理解を深めるための参考文献〉

D. A. アーカー、G. S. デイ／石井淳蔵、野中郁次郎訳（1981）『マーケティング・リサーチ──企業と公組織の意思決定』白桃書房（Aaker, D. A. and G. S. Day (1980) *Marketing Research: Private and Public Sector Decisions*, John Wiley & Sons)

石井淳蔵、厚美尚武編（2002）『インターネット社会のマーケティング──ネット・コミュニティのデザイン』有斐閣

井上哲浩、日本マーケティング・サイエンス学会（2007）『Webマーケティングの科学──リサーチとネットワーク』千倉書房

陸正（1988）『マーケティング情報システム──その戦略的視点と未来の構図』誠文堂新光社

高田博和、上田隆穂、奥瀬喜之、内田学（2008）『マーケティングリサーチ入門』PHP研究所

二木宏二、朝野熙彦（1991）『マーケティング・リサーチの計画と実際』日刊工業新聞社

A. ヒューズ／秋山耕、小西圭介訳（1999）『顧客生涯価値のデータベース・マーケティング──戦略策定のための分析と基本原則』ダイヤモンド社（Hughes, A. M. (1994) *Strategic Database Marketing*, McGraw-Hill)

D. ペパーズ、M. ロジャーズ／井関利明監訳、ベルシステム24訳（1995）『ONE to ONE マーケティング──顧客リレーションシップ戦略』ダイヤモンド社（Peppers, D. and M. Rogers (1993) *The One to One Future*, Doubleday)

マーケティングコンセプトハウス編（2005）『グループダイナミックインタビュー──消費者の心を知りマーケティングを成功させる秘訣』同文舘出版

N. K. マルホトラ／小林和夫監訳（2006）『マーケティング・リサーチの理論と実践　理論編』同友館（Malhotra, N. K.（2004）*Marketing Research: An Applied Orientation,* 4th ed., Prentice-Hall）

N. K. マルホトラ／三木康夫、松井豊監訳（2007）『マーケティング・リサーチの理論と実践　技術編』同友館（Malhotra, N. K.（2004）*Marketing Research: An Applied Orientation,*4th ed., Prentice-Hall）

南知惠子（2006）『顧客リレーションシップ戦略』有斐閣

ルディー和子（1993）『データベース・マーケティングの実際』日経文庫

ルディー和子（1998）『ダイレクト・マーケティングの実際』第2版、日経文庫

マーケティング意思決定 III

　Ⅲ部は、企業のマーケティング意思決定について取り上げる。マーケティング・ミックスを枠組みにして、4つの意思決定領域のそれぞれの解説のために、2つずつの章を割り当てる。

　最初の第8章と第9章では、「製品」(product)に関する決定を取り上げる。第8章では「製品開発のプロセス」を、第9章では「新製品の普及と予測」に焦点が当てられる。

　第10章と第11章は、「価格」(price)の決定に関連する章である。理論的な側面は、第10章「価格づけの理論」で、実務的な側面については、第11章「価格決定の実務」で、具体的な事例を通して価格の決定について学ぶことになる。

　それに続く2つの章は、「コミュニケーション戦略」(promotion)に関連している。第12章は、「広告宣伝活動」を、第13章では、「セールス・プロモーション」を取り上げる。

　最後の2つの章は、「流通」(place)に関連している。第14章では「代替的経路選択」を、第15章では「小売業の経営とロジスティクス」がテーマとなる。

オープニング事例
キリンビバレッジ＠上海
"午後の紅茶"と"生茶"のブランド移転

「チャイナクロス」という言葉がある。日本経済新聞社の論説委員、後藤康浩氏が提唱した概念である（『日経産業新聞』2004年2月2日号）。「ある製品で中国の需要または生産の規模が、日本のそれを追い抜く瞬間」を指している。様々な製品でこのチャイナクロスが起きている。古くはカラーテレビで1990年、粗鋼生産では1996年、携帯電話では2000年に、中国が普及台数で日本を追い抜いた。2001年には自動車市場でもこれが起きている。

清涼飲料のチャイナクロスは2001年である（図表1）。中国の清涼飲料市場は、1996年以降、年率20％のペースで成長したが、この間、日本は年率1～2％の成長だったからである。ビールでも中国は2005年に米国を追い抜き、世界一の消費国になっている。日本の3倍である。

中国の飲料市場は、急速な成長に加えて、消費カテゴリーの変化、流通チャネルの発展、地域的不均衡という、4つの大きな特徴がある。

消費量で中国は日本を抜いたが、1人当たりの清涼飲料の消費量で見

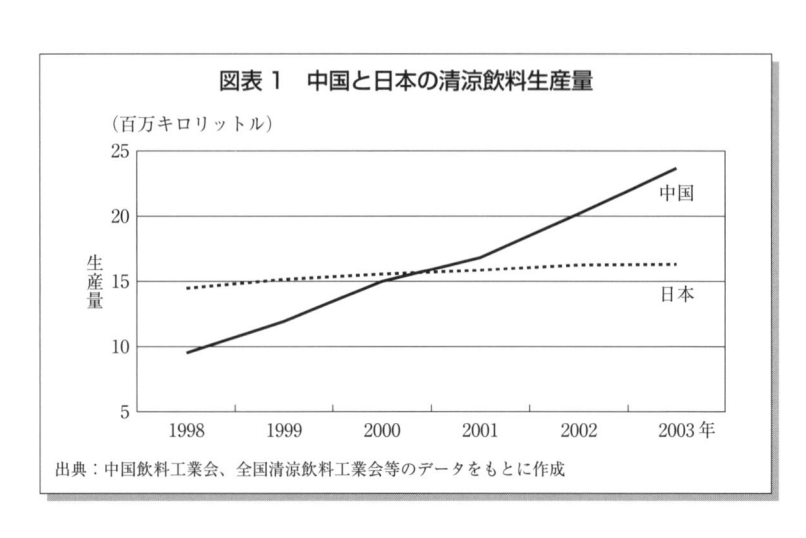

図表1　中国と日本の清涼飲料生産量

出典：中国飲料工業会、全国清涼飲料工業会等のデータをもとに作成

ると、2003年の時点では、日本128リットルに対して、中国は17.9リットルにすぎない。日本の7分の1以下である。まだ伸びる余地がある。カテゴリーの変化という点では、従来は、コカ・コーラなど炭酸系の飲料が多かったが、生活が豊かになり健康志向が高まるにつれ、お茶や水などのカテゴリーの消費が伸びている。

　流通チャネル面では、上海がまず先に大きな変化を遂げた。1992年ごろからスーパーマーケットの進出が加速、1995年以降は、ハイパーマーケットも増え、コンビニエンス・ストアも急増している。2006年のデータでは、上海のコンビニエンス・ストアは、東京（5984店）とほぼ同数の5610店になっている（東京は「コンビニエンスストア調査」『日経MJ』、上海は、中国連鎖経営協会編（2007）『2007年中国連鎖経営年鑑』中国商業出版）。また、沿岸部に比べて、内陸部は、飲料市場もいまだに発展途上の段階にある。変化のあるところには、チャンスがある。

　キリンビバレッジは、1996年3月、中国の消費の中心地である上海（人口1800万人）で、合弁会社「上海錦江麒麟飲料食品股份有限公司」（以下、上海キリン社と略記）を設立し、飲料の製造・販売を開始した。

　進出当時、中国の清涼飲料は、炭酸と果汁飲料が主流であった。上海キリン社も、ミネラル・ウォーターや果汁飲料の製造販売からはじめた（1本1.5元）。ただし、このころから都市部にはスーパーマーケットが増えてきて、競争激化で単価の下落傾向が進んでいた。果汁飲料では地元企業との差別化が難しい状況で、上海キリン社は、2000年に高付加価値商品の生産販売に転換することにした。

　画期となったのは、2001年発売の「午後の紅茶」（レモンとストレート）である。中国では通常、飲料の新製品は暑くなってくる前、3月ごろの発売が常道である。しかし、新発売の「午後の紅茶」では、早めの露出を狙って、1月半ばの旧正月にテレビコマーシャルを流した。オードリー・ヘプバーンのモノクロ写真に、カラーの蝶をCGで合成したものだった。当時の中国ではCG画像は珍しく、新鮮でお洒落な感じを打ち出すことができた。

　11月に発売したミルクティー（340ml缶）では、発売直後から大手コンビニチェーンで売上高トップに躍進した。温めた飲料をコンビニエンス・ストアで販売するという提案が、中国人の消費者に広く受け入れられた結果である。

オープニング事例

図表2　キリンビバレッジ　上海でのブランド投入時期

	中国での投入製品	日本発売時
1997年	「20%」「100%」（オレンジ等果汁飲料）発売 広告キャラクター：「上海3人組」	―
2000年	「サプリ」発売	―
	「力水」発売	1994年日本発売
2001年	「午後の紅茶」発売 広告キャラクター：オードリー・ヘプバーン	1986年日本発売 広告キャラクター：オードリー・ヘプバーン、小泉今日子、松浦亜弥など
2002年	「生茶」発売 無糖、低糖　500ml/PET（3.5元）	2000年春日本発売 広告キャラクター：松嶋菜々子、高倉健など
2003年	「魔力氨基酸」（「アミノサプリ」）発売	2002年日本発売 広告キャラクター：麒麟戦隊アミノンジャー
	「聞茶」発売 広告キャラクター：MIO（女性モデル）、台湾の侯孝賢監督製作	2001年日本発売（現在終了） 広告キャラクター：井上陽水
2004年	「FIRE」発売（缶コーヒー） レギュラー、カフェオレ 180ml缶（3.2元）	1999年日本発売 広告キャラクター：星野仙一、反町隆史など
	「魔力維他命」（「ビタミンサプリ」）発売＝中国専用の新製品	―
	「午後の紅茶」北京・広州に販売エリア拡大	―
2005年	「花間清源」発売（日本名「上海冷茶」）	日中同時期発売 中国のコンセプトで開発 広告：大地真央、加藤ローサ
	キリンチューハイ「氷結」発売	2001年発売（キリンビールから）
2006年	「生茶」パッケージ・味リニューアル	
2008年	中国オリジナル・ブランド「茶舞」発売	

出典：小林厚（2007）「キリンビバレッジ社中国事業の変遷　ブランド構築と構造改革」『イノベーション・マネジメント』No. 4、法政大学IM研究センター、205〜212頁、キリンビバレッジHP、キリンビールHP、新聞報道などをもとに作成

　「午後の紅茶」は、他社の紅茶飲料が3元前後のところ、3.5元で売られた。当初目標の年商34万箱に対して、年末までに73万箱を売り上げた。ただし、中国人の味覚は、日本人とはやや異なっている。日本ではストレートのほうが人気だが、中国ではレモンティーで、やや甘さがあるほうが好まれる。

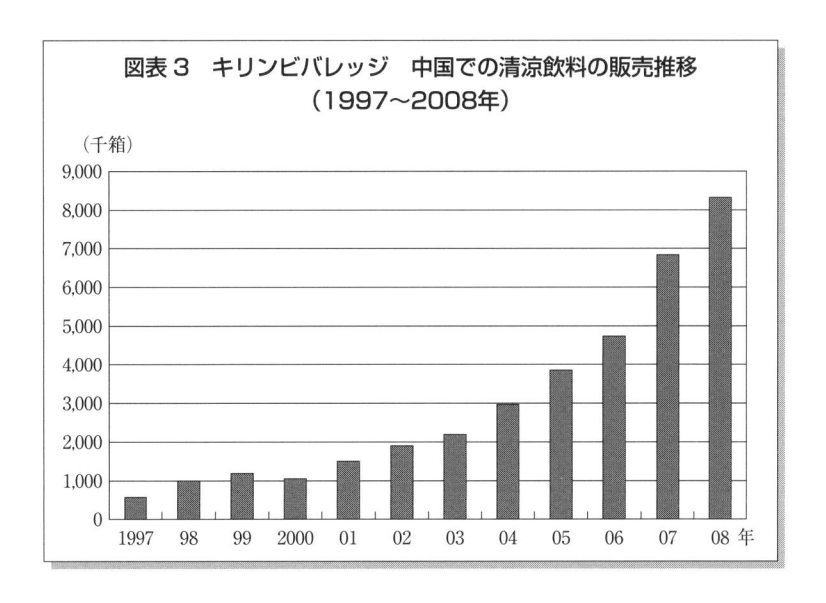

**図表3　キリンビバレッジ　中国での清涼飲料の販売推移
（1997～2008年）**

（千箱）

　2002年には、日本と2年差で「生茶」を、2003年には、「聞茶」（日本、2001年）と「アミノサプリ」（同2002年）を発売。日本でヒットした商品が、近い時間差で中国の若者にも受け入れられはじめた。2004年には、「ビタミンサプリ」と「FIRE」を、2005年には、日中でほぼ同時に「花間清源」（日本ブランド名は「上海冷茶」）を発売した。また、酒類製造免許を取得して、日本でビール部門が販売している缶チューハイ「氷結」を、上海では飲料子会社が発売することになった（図表2）。

　2007年には、ペットボトルの「中性飲料技術」を移転して、「午後の紅茶」のミルクティーの400ml缶が発売された。2008年5月には、中国独自ブランドである「茶舞」（「生茶」の中国バージョン）をリリースするに至っている。日本本社が技術的に支援して、中国の商品開発チームがコンセプト（甘さを抑えめにした「緑茶」と「白茶」のブレンド）を作った中国オリジナル・ブランドである。

　なお、キリンビバレッジの中国飲料事業は軌道に乗り、2003年、上海キリン社は単年度黒字に転換している。販売量では、図表3のように、2008年まで、その後も販売数量は順調に伸びている。

出典：本事例は、小林厚（2007）「キリンビバレッジ社中国事業の変遷　ブランド構築と構造改革」『イノベーション・マネジメント』No. 4、法政大学IM研究センター、205～212頁をもとに、オリジナルの講演録に加筆修正したものである。

第8章
製品開発(1)：開発のプロセス

　本章は、新製品開発について、その開発手法と実際の開発プロセスを紹介する。

　第1節では、2つの対照的な会社の事例を取り上げる。花王のトイレタリー事業の3つの製品（「アタック」「クイックルワイパー」「トイレクイックル」とサントリーの新規事業部門から生まれた花苗のブランド「サフィニア」のケースを比較する。

　第2節では、米国で一般に採用されている製品開発のプロセスを5段階に分けて、開発の流れを説明する。①市場機会の発見、②製品のデザイン、③市場テスト、④新製品の発売、⑤ライフサイクル・マネジメントまでの5つの段階である。

　第3節では、製品開発のさまざまな類型を紹介する。事業戦略と製品開発の方向性について論じた後で、製品開発の4つの組織類型を紹介する。

　最後に、米国流の定型的な製品開発プロセスが、実際には通用しない場面を紹介する。米国型とは異なる日本型の製品開発の理論を紹介して、第8章は終わる。

1――製品開発の事例：花王とサントリー

　本節では、新製品開発について4つの成功事例を紹介する。製品属性の違いによって、開発のプロセスやマーケティングの焦点が異なることを学んでもらうためである。

　取り上げる事例のうちの3つは、同じ会社の異なる製品のケースである。いまでは洗剤のカテゴリーを代表する製品となった花王のコンパクト洗剤「アタック」、掃除用具付きの床掃除用品「クイックルワイパ

ー」、トイレ掃除紙「トイレクイックル」である。もうひとつは、サントリーが異業種で新規市場に参入して、世界的に大成功を収めた「花の事業部門」（現在、「サントリーフラワーズ」として分社化）が開発した花苗の「サフィニア」である。

実際の製品開発がどのように行われたのかを跡づけながら、開発された製品（事業部）ごとの共通点と相違点を比較してみる。

1. 事例1：花王／アタック

　花王のコンパクト洗剤「アタック[1]」は、1987年4月に発売された[2]。「バイオテックス」という酵素によって、強い洗浄力を実現した製品である。わずかスプーン1杯の量でも、家庭1日分の洗濯を可能にする画期的な製品であった。消費者の使用者アンケート（オープンアンサー）をもとに、クリエーターが作った広告コンセプトが、「わずかスプーン1杯で驚きの白さに」だった（陸正　2008[3]）。発売後に売上を伸ばし、ライオンの「トップ」から、洗剤市場のシェアで首位の座を奪うことになった（図表8.1）。

　アタックが製品として革新的だった点は、洗浄力は落とさずに、1回の使用量を少なくしたことである。技術的な製品イノベーションもさることながら、包装が軽量コンパクトになり、輸送や店舗陳列などの面でも大きなメリットが生まれた。なぜなら、一度でより多くの製品を配送することが可能となり、店舗においても、店頭陳列在庫を増やすことができたからである。もちろん、家庭でも場所をとらないので、在庫スペースのために箱が邪魔にならず、予備の買い置きもできるようになった。

　アタックが大きなシェアを獲得できたのは、技術面でも、消費者にとって衝撃度の強い新製品だったためである。基本的に、成熟市場におけ

---

[1]——最初の3つの事例「アタック」「クイックルワイパー」「トイレクイックル」は、1998年当時、花王の取締役・ロジスティクス部門統括だった松本忠雄氏（現多摩大学大学院教授）の法政大学経営学部における講演がもとになっている。
[2]——こうした革新的な製品は、「新市場創造型商品」（MIP：Market Initiative Product）と呼ばれる。カテゴリー創造型の製品は、その約半分が10年後もトップシェアで生存している。梅澤伸嘉（2001）『長期ナンバーワン商品の法則——「新市場創造型商品」の強さと開発の手法』ダイヤモンド社、梅澤伸嘉（2004）『ヒット商品開発——MIPパワーの秘密』同文舘出版。
[3]——陸正（2008）「伝承としての広告の理想」『マーケティング・ホライズン』2月号。

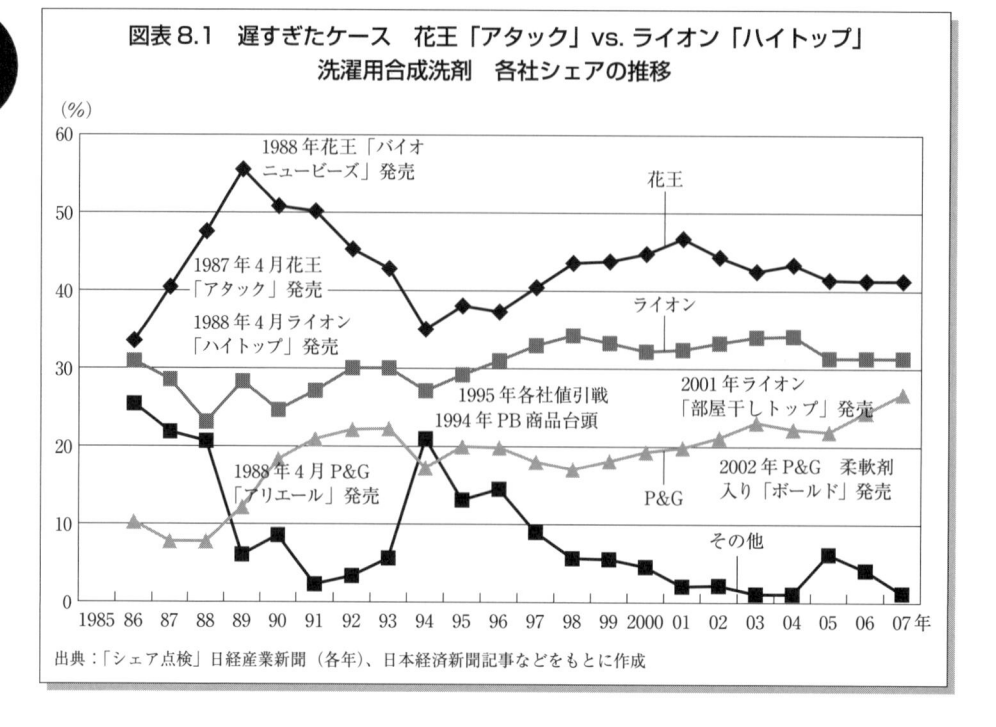

図表8.1 遅すぎたケース 花王「アタック」vs. ライオン「ハイトップ」 洗濯用合成洗剤 各社シェアの推移

（グラフ内注釈）
- 1988年花王「バイオニュービーズ」発売
- 1987年4月花王「アタック」発売
- 1988年4月ライオン「ハイトップ」発売
- 1988年4月P&G「プリエール」発売
- 1995年各社値引戦
- 1994年PB商品台頭
- 2001年ライオン「部屋干しトップ」発売
- 2002年P&G 柔軟剤入り「ボールド」発売
- 花王、ライオン、P&G、その他

出典：「シェア点検」日経産業新聞（各年）、日本経済新聞記事などをもとに作成

る製品開発には2つの方向がある。ひとつは、製品そのものの本質的な機能の徹底的追求による差別化である。洗剤の例でいえば、洗浄力を改善することである。

もうひとつが、製品以外の表層的な機能による差別化である。例えば、製品のデザインやパッケージについての工夫である。アタックにはこの2つの機能が備わっていた。すなわち、洗浄力という本質的な機能の向上を徹底的に追求し、それと併せて、パッケージの小型軽量化という表層的な機能の差別化も同時に実現したのである。

なお、アタックの成功以前に、他社もコンパクトな洗剤の市場導入を試みなかったわけではなかった。例えば、P&Gは、1984年に容器サイズが小さな液体洗剤「全温度チアー」を発売している。P&Gの全温度チアーが大ヒットしなかったのは、消費者の側にある「洗浄力神話」（洗剤を多量に投入しないと汚れが落ちないように感じる）によるものであった。花王の開発グループは、包装容器の中に「計量カップ」を封入し、消費者の洗濯習慣を変える工夫をした。同時に、汚れを分解する酵素の機能を、テレビコマーシャルの中でアニメーションを駆使してよ

り科学的に説明することで、消費者を教育することに成功した。[4]

2. 事例2：花王／クイックルワイパー

つぎに、アタックと対照的な事例として「クイックルワイパー」のケースを見てみよう。クイックルワイパーは、日本人の生活様式が変化していく中で、ライフスタイルに適応する形で生まれた新製品である。

1980年代後半から、それまで主流だったカーペットや絨毯に変わって、フローリングが日本の家庭に急速に普及しはじめた。カーペットや絨毯は、ダニや埃が溜まりやすいということで、健康衛生面からも清潔でクリーンなフローリングに切り替わっていった。

それまでは、一般家庭の掃除用具として掃除機が主だった。これを補完する形で、フローリングに向くモップがあった。絨毯やカーペットの掃除には、吸引力の強い掃除機が効果的であるが、吸引力を高めようとすると、吸引音が大きくなり本体も重くなる。消費者は掃除機の移動や収納に不便を感じていたが、その一方で、フローリング掃除用のモップは毛先の交換が不便だった。また、モップは衛生面と収納面にも問題があった。

花王は、掃除用具のこうした不便さを解消し、住生活のスタイルに合わせた新しい掃除用具の開発に取り組んだ。例えば、重くて収納が不便なモップに対しては、軽量のアルミ製パイプを利用することにした。軽量化の実現と同時に、パイプの柄を伸縮型にすることで収納性を高めた。

モップに対する衛生面での不満は、雑巾部分を交換できるように、かつ安価な使い切りタイプを採用した。雑巾部分には、化学薬品を使用しないで、繊維の織り方を工夫することで、ゴミや埃を吸着させる斬新なアイデアを組み入れた。いままで固定型になっていたモップのヘッドは、角度を自由自在に曲げられるようにした工夫を施して、使い勝手を良くした。

ところで、クイックルワイパーは、典型的なボトムアップから生まれた製品である。製品の開発について、開発チームは経営トップから最終

4——アタックの発売前後の開発マーケティングの周辺事情については、陸正（1994）『変わる消費者、変わる商品』中公新書が参考になる。

的な「GOサイン」がなかなか得られなかった。障害は2つあった。

ひとつは、トイレタリーメーカーの花王が、機能紙が主体とはいえ「掃除用具」を販売することに異論があったからである。もうひとつは、当時の花王の経営トップたちが、フローリングの住居に住んでいないために、床掃除に関する基本ニーズが理解できなかったことである。一計を案じた開発者の松本忠雄氏は、クイックルワイパーを使った自宅での掃除風景をビデオに撮影し、取締役会で実演してみせたという。

クイックルワイパーは、1994年発売と同時に、1年で650万本を売り上げる大型ヒット商品になった。発売の年には、「日経優秀製品・サービス賞」を受賞している。

3. 事例3：花王／トイレクイックル

クイックルワイパーの開発チームを率いていた松本氏は、もうひとつの開発プロジェクトにも関与していた。それは、「トイレクイックル」の開発であった。

トイレクイックルは、機能紙と洗浄剤（溶剤）とを組み合わせたトイレ用の「使い捨て雑巾」である。この開発プロジェクトは、偶然の出来事がきっかけでスタートしたものであった。当時、花王は、静岡の製紙工場を買収したばかりであった。工場の稼働率を引き上げる必要があった。

その一方で、新製品開発の任務を担っていたのも松本氏であった。プロダクト・マネジャーの松本氏は、トイレの掃除用品として雑巾の代替品を探していた。手を汚さずに使い捨てできるトイレ用品について、潜在的な製品ニーズが存在することは、マーケティング・リサーチ部門の調査からも明らかになっていた。生活者ニーズと静岡工場の活用、汚れを落とす溶剤の応用技術（技術シーズ）をうまくつなぎ合わせて完成したのが、トイレクイックルという商品であった。

トイレクイックルは、製品としてのインパクトは大きいものではなかった。市場規模もそれほど大きくはなかった。製品技術は、既存の2つの技術を組み合わせただけであった。しかしながら、トイレクイックルは、従来の市場には存在しない製品コンセプト（使い捨てシート）を持っていた。生活の不便さを解消するという意味では、消費者にとってたいへんに便利な製品であった。

図表8.2 製品開発の事例1〜3
花王のアタック、クイックルワイパー、トイレクイックル
（1998年時点）

	アタック	クイックルワイパー	トイレクイックル
新製品のタイプ	既存洗剤の抜本的改良（既存市場の塗り替え）	使い捨てシートは初（市場分野の変更）	既存品はまったくなし（新市場を創出）
製品開発体制	全社挙げての取り組み	担当者によるボトムアップ	担当者によるボトムアップ
新規技術	・新規酵素 ・洗剤製造技術 ・包装設備	・繊維の織り方 ・伸縮性の柄	・機能紙と洗浄剤との組み合わせ ・機能紙製造技術 ・包装設備
製品の社会的インパクト	極めて強かった	かなり強かった	あまり強くなかった
売上規模	1位	2位（道具込み）	3位
市場の競合	極めて激しい	いままでは独走	技術的に追随許さず

資料提供：松本忠雄氏（法政大学経営学部での講演資料から作成、1998年）

4. 3つの新製品の事例比較

　3つの事例を、6つの視点から比較したのが、図表8.2である。比較のために取り上げた6つの次元とは、①新製品のタイプ、②製品開発体制、③新規技術、④社会的インパクト、⑤売上規模、⑥市場の競合である。

　新製品としてもっともインパクトが強かったのが「アタック」である。製品開発組織そのものが、全社挙げての大きなプロジェクトだった。技術的にもマーケティング的にも、画期的な製品であった。「市場創造型」の製品だったので、発売から20年以上が経過した2007年末の時点で見ても、市場シェアで第1位を維持している（図表8.1）。

　花王が発売した製品ではあるが、残りの2つは、ボトムアップ型の開発体制から生まれている。同じ会社でも、市場規模や発売の狙いが違うと、開発のためのプロジェクト組織やその後の市場シェアの動きが異なるのは、当然のことかもしれない。製品技術的に差別化が難しい製品の場合は、一番手であっても、後に模倣品やPB商品などが生まれて、製品的には苦戦を強いられることもある。

5. 事例4：サントリー／花事業部の花苗「サフィニア」

　4番目の事例として、サントリーが新規事業ではじめた花事業部から生まれた新製品「サフィニア」[5]の事例を見てみることにする。

　ウイスキーやビールなど、アルコール飲料と清涼飲料水の総合飲料メーカーであるサントリーが、既存の飲料事業とはまったく異なる新規事業として、1989年に花事業に参入した。1980年代の半ば、フラワービジネスの世界では、世界中の種苗開発会社が新しいタイプの種子や花苗の開発にしのぎを削っていた。

　放射線を照射して突然変異を促したり、遺伝子組み換えや細胞融合による育種の技術開発が進んではいたが、品種改良の基本は自然交雑によるものだった。新製品が生まれるまでの開発期間は極めて長く、新しい品種が世の中に登場するまでには、早くて5年、通常は10年以上の期間を要していた。当然のことながら、長年培ってきた知識や経験をもとに品種改良（ブリーディング）が行われることが多く、既存のプレイヤーの中からは、従来の思考の枠組みを飛び出した発想で、新しい品種が生まれることが少なくなっていた。

　サントリーが育種した新品種「サフィニア」は、南米原産のペチュニアの改良品種である。ペチュニアは、世界中で多くの種苗メーカーが、長い間改良を積み重ねてきた品種である。花の業界では、いわば「完成品」と考えられていたカテゴリーだった。ペチュニアの世界シェアトップは、「サカタのタネ」だった。サントリーの挑戦は、完成されたはずの園芸品種であるペチュニアの育種で、既成概念を打ち破ることであった。

　育種を担当したチーフ・ブリーダーの坂嵜潮氏（現フローラトゥエンティワン社長）は、「花は枝が立ち上がって咲くもの」という既成概念を打ち破ることにまずは挑戦してみた。南米の乾燥地帯では、ペチュニアは地面を這うようにして枝が盛んに分岐している（匍匐性）。原種のペチュニアは、生命力が旺盛で病気にも強い（耐病性）。一つひとつの花は小さいが、原種はたくさんの花を咲かせるのが特徴である（多花

---

[5] この事例は、小川孔輔（1999）「ガーデニングブームを演出するサントリーの花"サフィニア"」『当世ブランド物語』誠文堂新光社、を要約したものである。

図表8.3 製品開発の事例4 サントリーの「サフィニア」

サフィニア
原種×園芸種の掛け合わせ

マッターホルン(スイス)を背景にしたサフィニア

流通段階	従来の流通	「サフィニア」の流通
新品種の開発 種子・苗の生産販売 最終商品の生産 販売	種苗会社 ↓ 農家 ↓ 卸売市場 ↓ 小売店 ↓ 消費者	メーカー (生産農家への供給) ↓ 農家 (委託生産・全量買い取り) ↓ メーカー (受注、出荷) 卸問屋 (帳合のみ) ↓ 小売店 ↓ 消費者

出典:小川孔輔(1999)「ガーデニングブームを演出するサントリーの花"サフィニア"」『当世ブランド物語』誠文堂新光社、109頁
写真はサントリーフラワーズHP http://www.suntoryflowers.co.jp/

性)。

　原種が持っているこれらの特性と園芸種が持っている豊富な花色(多色性)を組み合わせることはできないだろうか？　園芸種に原種の血を入れて「先祖がえり」をさせる発想から生まれたのが、新品種の「サフィニア」だった。交雑の結果は、狙いどおりだった。枝が波のように広がって、たくさんの花をつける新品種が誕生した(図表8.3の写真)。さ

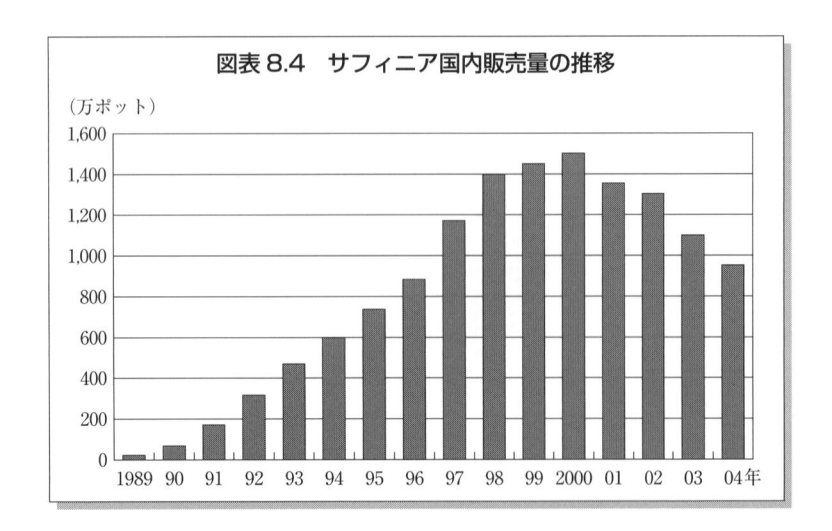

図表8.4 サフィニア国内販売量の推移

(万ポット)

年	販売量
1989	約25
90	約70
91	約170
92	約320
93	約470
94	約600
95	約740
96	約880
97	約1,180
98	約1,400
99	約1,450
2000	約1,500
01	約1,360
02	約1,300
03	約1,100
04	約960

らに、サフィニアは、春夏秋の3シーズン、長期にわたって花が楽しめるという性質も持っていた。

既成概念にとらわれない新しい発想は、製品としての花についてだけではなかった。花苗の販売についても、サントリーは従来のビジネスの方法を変えることに挑戦した。従来の花の流通は、市場を経由しての販売だった。しかし、サフィニアの販売にあたっては、卸売市場を経由せずに、直接販売する道を選んだ。実際的には、ホームセンターや園芸店に、宅配便などを利用して直接納品することを考えた。

直販システムを採用するにあたり、サントリーは花そのものをブランド化することをも試みた。ペチュニアの新品種には、単に「改良されたペチュニア」ではなく、新しいブランド名を与えた。打ち寄せる波（surf）とペチュニア（petunia）を合成して、「サフィニア」(surfinia)と命名したのである。

サントリーは、流通ルートにも革新を起こした。従来からの販売システムでは、種苗メーカーが栽培農家に幼苗を販売すれば、そこで商売は終わりである。しかし、サントリーは、販売したサフィニアの花苗を農家が栽培を終えた段階で全量買い上げることにした。サフィニアの新しい流通ルートを創造したのである。

図表8.3に示したように、販売自体をコントロールできるように、マーケティング・システムを変えた。サフィニアの販売にあたっては、栽

培の手引きや商品説明のラベルを苗に添付した。メーカー希望小売価格を設定して、基本的には定価販売することなども試みている。単に、商品開発を行っただけではなく、「サフィニア」というブランドを育成していったのである。

1989年の発売から20年間で、サフィニアは、世界の園芸市場では、累積で10億4000万ポットを販売している。国内市場でも、販売がピークを打った2000年には、年間約1500万ポットを販売している（図表8.4）。

なお、サントリーは、2009年の秋に向けて、1990年にオーストラリア（当時は、カルジーン・パシフィック社との合弁事業）で開発をはじめた「青いバラ」を発売する準備を進めている。サフィニアが、自然交雑による品種開発であるのに対して、青いバラは、遺伝子組み換えによる品種開発である。自然界には存在しない「バラの青色」を誕生させることで、花のマーケットには、新たな市場と事業が創造されることが期待できる[6]。

2──新製品の開発プロセス（教科書的なケース）

1. 製品開発の標準的な流れ

新しい製品やアイデアが生み出されるプロセスに関して、米国の標準的なテキストでは、①「市場機会の発見」から、②「製品のデザイン」、③「市場テスト」、④「新製品の発売」、⑤「ライフサイクル・マネジメント」まで、5つの段階が想定されている（アーバン他　1989）[7]。

図表8.5は、米国における新製品開発のプロセスをチャートで表したものである。従来はなかったような画期的な製品やサービス、思いもつかないような革新的な製品アイデアが、図表8.5に描かれているような「連続的なフロー」にしたがって生まれるとされている。標準的なテキ

---

[6]──青いバラの開発経緯については、田中良和、森本篤郎（2008）「2008年JFMA新春セミナー講演録　やってみなはれサントリーのフラワービジネス──青いバラ開発の経緯とプロモーション」『法政大学イノベーション・マネジメント研究センター　ワーキングペーパー』No. 51、3月14日（講演日：2008 年 1 月15日）、http://www.hosei.ac.jp/fujimi/riim/img/img_res/WPNo.51_JFMA20080115.pdf。

[7]──G. L. アーバン、J. R. ハウザー、N. ドラキア／林廣茂、中島望、小川孔輔、山中正彦訳（1989）『プロダクト・マネジメント』プレジデント社、56～84頁（Urban, G. L., J. R. Hauser and N. Dholakia（1987）*Essentials of New Product Management*, Prentice-Hall）。

図表8.5 米国の製品開発のプロセス：教科書的ケース

```
市場機会の発見 ←――――┐
    │GO ↓→NO         │
製品デザイン           │
    │GO ↓→NO         │
市場テスト             │
    │GO ↓→NO         │
市場導入               │
    │GO ↓→NO         │
ライフサイクル・マネジメント
    │         リポジショニング
収穫  撤退
```

出典：G. L. アーバン、J. R. ハウザー、N. ドラキア／林廣茂、中島望、小川孔輔、山中正彦訳（1989）『プロダクト・マネジメント』プレジデント社、58頁の図を簡略化

ストで紹介されている流れは、以下のようなものである。

まずは、ブレーンストーミングなどのアイデア発想法を用いて、①新しい市場機会が発見される。それを受けて、新製品の開発チームが発足すると、②有望と思われる市場に向けて、製品（コンセプト）がデザインされる。そして、具体的な製品の設計が終わると、それに続いて、③プロトタイプの製品がテストされる。テスト方法は、消費者テストだったり、模擬販売実験だったり、実際のテスト・マーケティングだったりする。

そうした調査結果から、製品に対して「GO」のサインが出たならば、④市場への導入が決定される。「NO」ならば、新規市場への導入は見送られる。あるいは、「ON」（継続して検討）の場合もある。その場合は、製品デザインや顧客ターゲットを見直したり、その他、当初のマーケティング・ミックスを調整して、プロジェクト案件は継続される。

発売された商品やサービスは、実際の市場での反応や顧客の動向を見ながら、マーケティング・ミックスに変更が加えられる。例えば、需要を刺激するために実売価格を切り下げたり、広告予算を店頭販売にシフトするなど、強化すべきプロモーションの方法が変えられることもある。また、主たる販売経路をネット直販に切り替えたり、製品そのもののスペックをもっと簡素なものに見直すなどの調整が行われる。

COLUMN-15
ロングセラーブランドは、なぜ長く生き続けているのか？

「ロングセラー」と見なされているブランドを思いつくままに列挙してみた。以下で作成した長寿ブランドの一覧表に、その特徴を短い言葉でまとめてある。

ロングセラーブランドの一覧表（ランダム、順不同）

虎屋：伝統と革新の共存
タカラトミー　プラレール：親から子へ時代を超えて受け継がれる楽しさ
トヨタ自動車　カローラ：クラシックとは心地よさより安心感とマンネリである
大正製薬　リポビタンD：メガブランドゆえの無変化、イメージ広告戦略
ジョンソン・エンド・ジョンソン　バンドエイド：画期的な新技術を拡張製品に注入
大塚製薬　ポカリスエット：密かなポジショニングチェンジ
江崎グリコ　ポッキー：おもしろ製品の連続投入、拡張ライン展開
ネスレ日本　ゴールドブレンド：ターゲット変化に乗り遅れさせない優位性の継承
サントリーホールディングス　山崎：高級感の演出と熟成を待たせる製品の作り込み
花王　メリットシャンプー：基本的な物性の訴求とモダンな容器

　製品カテゴリーで見たときに共通の特徴がひとつある。それは、トヨタ自動車のカローラを除いて、技術革新を必要とする耐久財は、長生きができないことである。残りはすべて、日用雑貨、加工食品、飲料カテゴリーのブランドであった。ローテク製品のほうが長生きである。技術的に優れたブランドは、例えば、キヤノンやソニーのように、商品ブランドではなく、企業ブランド（会社名を冠したブランド）のことが多い。

　ハイテク分野の商品・サービスが、長寿ブランドになれないのは、技術が持っている急速な陳腐化と激しい競争が、長期的に持続力があるブ

ランド構築に不向きだということである。子細に現実を眺めてみれば、それが納得できるはずである。

長寿カテゴリーの特徴を見てみる。一覧表からわかるのは、加工食品分野で長寿ブランドが多いことである。花王のメリットのように、トイレタリーや化粧品雑貨で長寿ブランドがないこともない。しかし、共通しているのは、長寿といわれる製品は消費習慣に基礎を置いていることである。言葉を換えると、長生きの根拠は、その製品を使うことが生活に根ざしているからである。

お酒、お味噌、お醤油などでは、地方で生き続けているローカルブランドが少なくない。ただし、日常生活の中には倦怠が潜んでいるので、生活者の「飽きっぽさ」を打ち破るテクニックが必要とされる。そのために企業ができる方策は、2つの方向で考えられる。

第一には、コアとなる製品をいつもフレッシュな状態に保つことである。製品の鮮度を保持するためには、周辺技術を適当な速度で取り入れていくことである。早すぎてもいけないし、保守的になりすぎてもいけない。技術的な革新に対する変化対応は、ハードな技術に関しても、ソフトなブランド・イメージの訴求に関しても同じである。

有名な話である。ソニーのロゴマーク（SONY）は東京通信工業時代に社名を変更して以来、40年間不変に見える。しかしながら、厳格に使用が管理されているソニーマークは、実は専属デザイナーによって数十回、微妙に手が加えられている。

それとは対照的に、キヤノン（CANON：「観音」に由来）のロゴは、よく見るとやや古くさい感じがする。制作者のデザイナーが、オリジナルのロゴタイプを変更することを頑なに拒否したため、キヤノンの会社ロゴマークは、いまやレトロっぽくて新鮮に見える。クラシックなデザインが生き続けているのである。

第二に、コア製品には手を加えずに、新しいラインを投入するという方法がある。食品であれば色彩や味を、日用雑貨であればデザインや素材を変えることで、製品にバラエティを付加するのである。なぜならば、コア製品をいじりすぎると、ブランドの基本的なイメージが損なわれる危険があるからである。

この選択肢では、価格帯の上下どちら側にでも、ブランド・イメージを「振る」ことができる。消費者ニーズへの対応については、ターゲットを変えるだけでなく、同じ消費者の別のニーズに対応することもある。実際に、江崎グリコのポッキーは、この路線でラインを拡張してき

> た代表的なブランド群である。
> 　応用問題である。海外のブランドについて、長寿商品のリストを作ってみるとよい。日本と似たようなことがいえるだろうか？　全体的に見れば、海外ブランドのほうが日本の商品より長生きである。麒麟麦酒やアサヒビールの飲料に対置して、コカ・コーラやペプシコの飲料ブランドを比較してみるとよい。花王やライオンの洗剤やシャンプーに対して、P&Gや日本リーバが店頭で販売している商品の平均寿命を比べてみるとよい。
> 　日本人（企業）は長生きなのに、日本の商品は短命である。その理由を考えてみてほしい。ヒントは、買い物行動、流通システムの違い、市場競争の熾烈さなどである。製品そのものの特性というよりは、商品やブランドを販売するシステムにその原因を求めることができる。
>
> 出典：小川孔輔（2004）「ロングセラーブランドは、なぜ長く生き続けているのか？」『週刊先見経済』6月号。

　発売後の数カ月が経過すると、オリジナルの製品には、サイズや仕様が異なる新しいラインが追加される。あるいは、廉価版のブランドが新しいラインとして登場するときもある。長く成功している製品には、その製品を不断にメンテナンスするための⑤ライフサイクル・マネジメントが欠かせないのである。

　長寿製品は、何らかの方法で、継続的に革新（イノベーション）がなされている。老舗ブランドのような「息の長い製品」を作る技（コツ）については、COLUMN-15：ロングセラーブランドは、なぜ長く生き続けているのか？　を参照されたい。

　以下では、製品開発の各段階について、そのプロセスを詳しく解説していくことにする。

2. 市場機会の発見

　第6章のアンゾフの製品市場グリッドで議論したように、自社にとって既存市場（花王のアタック）であれ、未経験の新規市場（サントリーのサフィニア）であれ、新しい製品を開発する場合は、以下の3つのことについて決定を下さなければならない。

図表8.6　参入市場の選択基準

	チェック項目	測定尺度
1	市場の成長性	市場規模、ライフサイクル上の位置
2	早期参入	参入時期、製品とマーケティングの優位性
3	規模の経済性	累積販売額、経験効果
4	競争上の魅力度	潜在市場シェア、競争の激しさ
5	投資規模	投資額、技術と経営力
6	報酬	利益額、投資収益率
7	リスク	安定性、損失の可能性

出典：G. L. アーバン、J. R. ハウザー、N. ドラキア／林廣茂、中島望、小川孔輔、山中正彦訳（1989）『プロダクト・マネジメント』プレジデント社、87頁を参考に作成

① 〈領域〉　どの（部分）市場に参入すべきか？
② 〈時期〉　どのタイミングで参入すべきか？
③ 〈製品アイデア〉　どのような製品コンセプトで参入すべきか？

である。この順番で、3つの項目を解説していくことにする。

(1) 参入戦略

　誰が考えてもすばらしいと思われる「参入戦略」（entry strategy）は、そこに誰も存在していない「真空市場」を選ぶことである。そして、激しい血みどろの競争の場（レッド・オーシャン）からは自由な「ブルー・オーシャン戦略」を採用することである。[8] 対象市場に競争相手がいなければ、参入は容易になる。そして、長期的な収益性も高くなる。

　しかし、そのような真空市場や「青い海」は、どこにでもあるものではない。獲物が豊富な海には、それを狙って牙の鋭い鮫がうようよ泳いでいる。餌の豊富さ（市場の規模）や危険度（参入リスク）を推測してから、慎重に行動しなければならない。参入すべき市場を選択する場合に利用できる基準は、以下のようなものである。

　通常は、それらを列挙した項目からなる「チェックリスト」を作成して、市場の潜在性やリスクなどをポイント化することがふつうである。

---

[8] 安部義彦（2007）「製品開発力のプロフェッショナル　レッド・オーシャン戦略との違いを正しく理解する　ブルー・オーシャン戦略の方法論」『Diamondハーバード・ビジネス・レビュー』第32巻第8号、通号227、54～67頁。

図表8.7　先発と後発の競争優位

先発製品のメリット	後発製品のメリット
・消費者の心の中に"参入障壁"を形成できる ・経験効果を得られる ・利用者の生の声を吸い上げられる ・うまみのある市場を獲得できる ・もっとも有利な市場ポジションを獲得できる ・製品の規格を決定しやすい ・切り替えコストの発生を利用できる ・希少資源を先取りできる	・需要の不確実性を見極めることができる ・プロモーション・コストへの投資が少なくてすむ ・研究開発コストを低く抑えられる ・顧客の変化に対応しやすい ・技術面での不確実性に対応できる

出典：恩蔵直人（1997）『製品開発の戦略論理——開発プロセスからブランド管理に至る競争優位源泉の解明』文一総合出版、16頁

図表8.6のように、リスト化された項目から、具体的な候補市場の製品・事業分野について、それぞれの評価値を測定する[9]。各項目（①市場の成長性〜⑦リスク）の得点に重みをつけて、市場の代案を総合的に評価する。

(2)参入順位とタイミング

　早期に市場参入することは、一般的には有利であるといわれている。日米の実証データも、それを支持している（杉田　2001[10]）。

　例えば、米国の参入順位研究では、2社の寡占市場であれば、最初に参入した企業の参入後の平均市場シェアは59％になるといわれている。2番手で参入した企業は、シェアが41％にしかならない。シェアだけでも18％ほど優位に立てる。3社寡占の場合は、最初に市場に参入した企業は平均44％のシェアになる。それが、2番手では31％、3番手では25％にしかならない。どの場合でも、先発企業は30〜35％ほど、販売シェアで有利になれるのである。

　先発優位の理由は、技術的優位性、切り替えコストの存在、希少資源の先取りなどである。ただし、先発企業にとって不利な点もないわけで

9——アーバン他（1989）前掲書、85〜117頁。
10——M. ポーター（1985）『競争の戦略』ダイヤモンド社など、「先発優位」に関する米国の文献をまとめたものとしては、杉田善弘（2001）「新製品開発と先発の優位：米国における研究成果」『マーケティング・レビュー』同文舘出版、11〜20頁を参照のこと。日本の事例については、恩蔵直人（1997）『製品開発の戦略論理——開発プロセスからブランド管理に至る競争優位源泉の解明』文一総合出版を参照のこと。

はない。後発の競合企業による技術やデザイン開発への「ただ乗り（フリーライド）」、技術や需要の不確実性の回避、買い手ニーズや技術の変化などである。図表8.7では、先発と後発の競争優位を比較している（恩蔵　1997）[11]。

　日本人の実務家で研究者の梅澤（2001、2004）によれば、それでも、差別化された製品の開発がうまくできれば、その後も長期にわたって、先発製品は市場で圧倒的な強さを誇る「ナンバーワン商品」でいられることが示されている。そのような商品とは、例えば、梅澤自身が1970年代から1980年代の前半に手がけた「カラクリン（30年間）」から「テンプル（20年間）」までの10商品中の8商品である（持続期間は、2003年時点）。

　「新市場創造型」の先発製品では、80％の確率で、20年以上、市場リーダーの地位を維持している。その条件とは、新規に市場を創造した商品だったことである。広範なデータベースを用いた梅澤の研究成果によると、一般的には、およそ50％の確率で、新市場創造型の商品は、20年後もリーダーとして生き残ることができている[12]。

　図表8.8は、梅澤（2004）の著書からの引用である。梅澤自身が開発した商品のうち7商品が、20年後にも当該カテゴリーのトップシェアを維持している。それに対して、同時期に梅澤本人が手がけた15の後発商品は、「パーフェクト」「カンターチハンドスプレー」を除いて、10年以内に発売が打ち切られている[13]。

(3)アイデアの創出とスクリーニング

　市場機会の発見では、画期的な新製品のアイデアを、誰がどのような形で生み出すかが重要なポイントである。そもそも独創的なアイデアなくしては、ユニークで差別化された商品は生まれてこないからである。

　アイデアの創出に関しては、①どこから（アイデアの源泉）、②どのような方法で（アイデアの創出法）、③どのような形でアウトプットしてくるかが課題である。スクリーニングの前段階で、③アウトプットされるアイデアの形としては、製品の「コンセプト」か、新製品の「プロトタイプ」か、「製品そのもの」のいずれかの形式になる。

11——恩蔵直人（1997）前掲書、16頁。
12——梅澤伸嘉（2001）前掲書、22頁。
13——梅澤伸嘉（2004）前掲書、21頁。

図表 8.8 新市場創造型商品と後発商品の寿命

新市場創造型商品

商品名	期間	カテゴリー内シェア
カラクリン（30年）	1973〜2003	No.1
クルーカーペットクリーナー（30年）	1973〜2003	No.1
スキンガード（29年）	1974〜2003	No.1
グレート固形（8年）	1975〜1983	終売
カンターチ（28年）	1975〜2003	No.2
ズックリン（25年）	1978〜2003	No.1
ローレット（12年）	1978〜1990	終売
ジャバ（22年）	1981〜2003	No.1
カビキラー（21年）	1982〜2003	No.1
テンプル（20年）	1983〜2003	No.1

※梅澤担当期間：1973〜83年

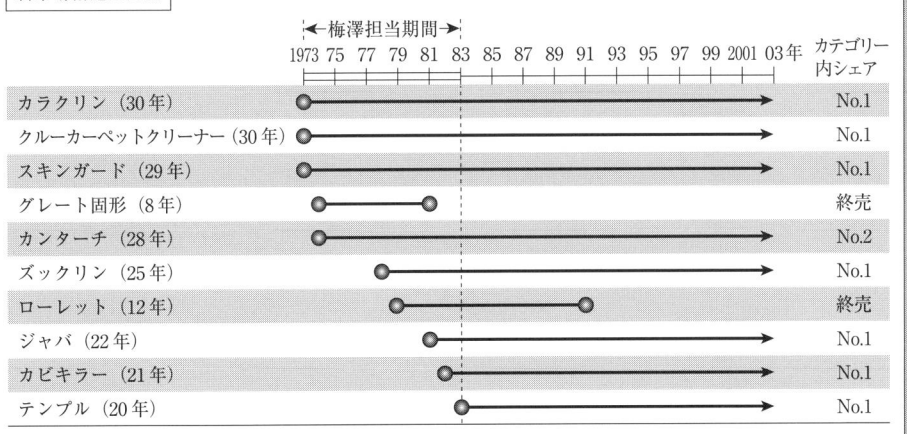

既存市場の新商品（後発商品）

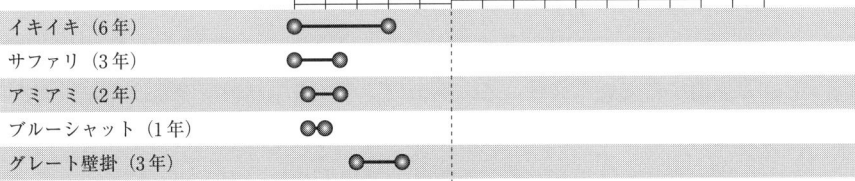

イキイキ（6年）	1973〜1979
サファリ（3年）	1973〜1976
アミアミ（2年）	1974〜1976
ブルーシャット（1年）	1975
グレート壁掛（3年）	1976〜1979
タンク用シャット（5年）	1976〜1981
パーフェクト（18年）	1978〜1996
家具用クリーナー（10年）	1979〜1989
パイプクリン（2年）	1979〜1981
ガラスクリーナー（4年）	1979〜1983
グレートウェーピー（3年）	1980〜1983
シャイナス（3年）	1980〜1983
グレートエレガンス（6年）	1980〜1986
透明ガラスクルー（4年）	1981〜1985
カンターチハンドスプレー（22年）	1981〜2003

※梅澤担当期間：1973〜83年

出典：梅澤伸嘉（2004）『ヒット商品開発——MIPパワーの秘密』同文舘出版、21頁。オリジナルは梅澤（2001）『長期ナンバーワン商品の法則——「新市場創造型商品」の強さと開発の手法』ダイヤモンド社

図表8.9　アイリスオーヤマの製品開発のための6つの情報源

アイリスオーヤマ「商品開発会議」	
①ユーザーニーズ	生活者の視点に立った考え方
②マーケットニーズ	小売店・バイヤーのニーズ
③営業情報の活用	営業日報のデータベース
④販売データ	販売情報分析のリソース
⑤シーズの応用	製造技術の応用
⑥ネット情報サイトの活用	会員アンケートやモニター結果データ

出典：大山健太郎、小川孔輔（1996）『メーカーベンダーのマーケティング戦略』ダイヤモンド社、66頁に加筆

　図表8.9は、生活用品のメーカーベンダー業「アイリスオーヤマ」（本社：宮城県仙台市）が、「商品開発会議」で用いている6つの情報源をリスト化したものである。[14] メーカーベンダーとは、メーカー機能と問屋機能を併せ持つ独特の業態である。主として、ホームセンターや量販店などに納品される、収納用品やペット用品、園芸用品や日用品などの製造・販売がアイリスオーヤマの事業領域である。

　生活者の声をダイレクトにフィードバックさせるため、アイリスオーヤマでは、①生活者の視点に立った考え方で、「ユーザーニーズ」を製品開発に反映させている。例えば、ペット用品の開発者は実際に犬や猫を飼い、ガーデニング用品の開発者は、花を植えて庭を飾りながら、従来の商品の不満を解消する製品開発に取り組んでいる。

　また、⑥自社で運営する情報サイト「ドットコム」を活用し、登録会員へのアンケートや製品モニターを通じて得られた生活者の声も商品開発のヒントにしている。その中から、年間1000アイテムの新製品が生まれている。[15]

　もちろん、会社としてデザインや技術の専門家も多数抱えているので、⑤製造技術を応用することで、「シーズの応用」から画期的な新製品が生み出されることもある。その中間として、②小売店やバイヤーから上がってくる「マーケットニーズ」の活用や、③営業日報などの「営業情報の活用」、④「販売データ」をベースにした生活情報のフィー

---

[14]——大山健太郎、小川孔輔（1996）『メーカーベンダーのマーケティング戦略』ダイヤモンド社、66頁。
[15]——アイリスオーヤマHP　http://www.irisohyama.co.jp/

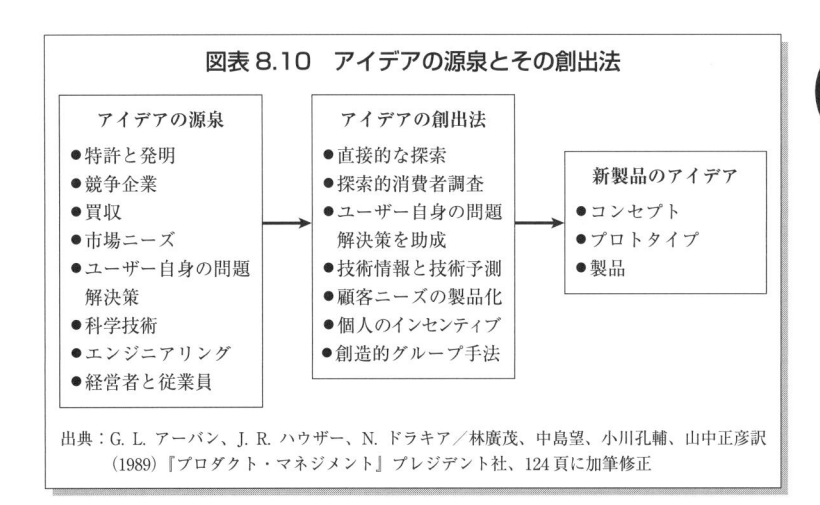

図表8.10 アイデアの源泉とその創出法

アイデアの源泉	アイデアの創出法	新製品のアイデア
●特許と発明 ●競争企業 ●買収 ●市場ニーズ ●ユーザー自身の問題解決策 ●科学技術 ●エンジニアリング ●経営者と従業員	●直接的な探索 ●探索的消費者調査 ●ユーザー自身の問題解決策を助成 ●技術情報と技術予測 ●顧客ニーズの製品化 ●個人のインセンティブ ●創造的グループ手法	●コンセプト ●プロトタイプ ●製品

出典：G. L. アーバン、J. R. ハウザー、N. ドラキア／林廣茂、中島望、小川孔輔、山中正彦訳（1989）『プロダクト・マネジメント』プレジデント社、124頁に加筆修正

バックによる商品提案も、商品開発会議ではプレゼンテーションされている。

一般的には、図表8.10のように、アイデアの源泉としては、もっとも技術寄りの「特許や発明」から、もっとも生活者寄りの「市場ニーズ」や「経営者と従業員」まで、実に多様である。アイリスオーヤマの大ヒット商品となった「クリア収納ケース」は、実際に、大山健太郎社長の個人的なニーズから生まれた製品であった。ある日、大山社長がゴルフに行こうとしたときに、押入れの収納ケースからゴルフ用のズボンがなかなか探し出せなかった。その不便さから着想されたのが、透明な収納ケースのアイデアであった[16]。

図表8.10のように、アイデアの創出法としては、探索的な消費者調査から、技術情報や技術予測に基づくもの、あるいは、創造的なグループ手法（グループ・インタビューやデルファイ法）まで、これも多様である。詳しくは、第7章の「マーケティング・インテリジェンス」で紹介しているので、ここでは省略する。

3.製品のデザイン

新たに進出すべき市場分野が決まり、基本的な製品アイデアが定まると、つぎは、製品を具体的にデザインする段階に進むことになる。「製

---

[16]——大山健太郎、小川孔輔（1996）「第7章 商品開発の事例」前掲書、91〜93頁。

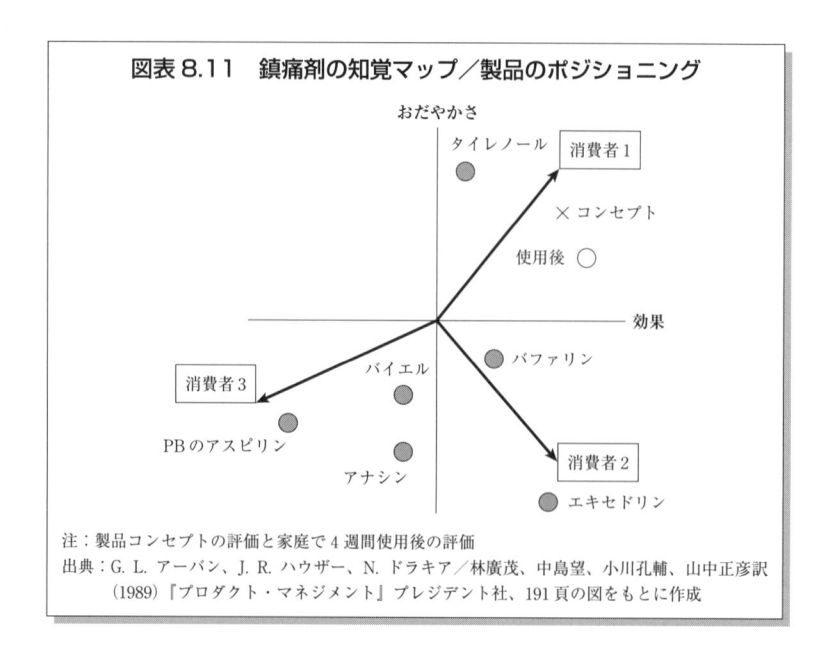

図表8.11　鎮痛剤の知覚マップ／製品のポジショニング

（おだやかさ／効果の2軸上に、タイレノール、バイエル、バファリン、PBのアスピリン、アナシン、エキセドリンがプロットされ、コンセプト（×）と使用後（○）、消費者1・消費者2・消費者3の選好ベクトルが示されている）

注：製品コンセプトの評価と家庭で4週間使用後の評価
出典：G. L. アーバン、J. R. ハウザー、N. ドラキア／林廣茂、中島望、小川孔輔、山中正彦訳（1989）『プロダクト・マネジメント』プレジデント社、191頁の図をもとに作成

品デザイン」の段階では、競合製品に対して消費者が新しいアイデア（新製品コンセプト）をどのように位置づけるのかを見るために、「知覚マップ」（perception map）を作成する。消費者の心の中にある、製品のポジションのことである。

　メーカーが考える理想的な「製品のポジション」（product positioning）と消費者から見た製品の実際の位置が微妙に食い違うことがある。これは、メーカーがアピールしようとするポジショニングがうまく消費者に伝わらないためである。あるいは、そもそも、メーカーが考えている製品のポジションが、消費者からは魅力的でないということもある。その場合は、コンセプトに対する消費者の受容性を高めるために、知覚マップを作成してより適切な位置にコンセプトを動かさなければならない。

　図表8.11は、米国の鎮痛剤市場で、ある会社が新製品コンセプト（×印）を販売しようとしたときのケースである。当初のコンセプトでは、「タイレノール」（ジョンソン・エンド・ジョンソン）に近いポジショニングだったが、消費者の使用テストをしてみると、「バファリン」（ブリストル・マイヤーズ スクイブ）に近い位置に知覚されていることがわかった。コンセプト製品は、開発者が思っていた以上に「（鎮痛）効果」

は高いが、それほど「(胃に) おだやかではない」と判断されていた。図中の矢印（→）は、消費者の選好ベクトル（好ましい属性の重みづけの方向）を表している。消費者ベクトルの番号「1」〜「3」は、典型的な消費者セグメントを表現している[17]。

(1) デザイン・プロセスの概観

製品を設計する段階は、企業側と消費者側の両方からアプローチしていくことになる。図表8.12の左側のブロックが、企業内で製品デザインが進行していくプロセスを表している。右側のブロックは、新製品に対する消費者の心理プロセスをモデル化したものである。両方の側面から、新製品のデザインに取り組むことになる。

企業側からの製品設計では、つぎの3点が課題である（アーバン他 1989）[18]。

①新しい製品が提供する「基本ベネフィット」の発見
②将来的に競合する可能性がある製品との「心理的なポジショニング」
③製品コンセプトの「物理的、素材面での実現」

基本ベネフィットは、市場機会の発見の段階で、すでに考慮されている製品属性の中核部分のことである。製品にとってもっとも大切なベネフィットのことで、しばしば、「コア・ベネフィット・プロポジション」(Core Benefit Proposition)、略して、CBP（シー・ビー・ピー）とも呼ばれる。広告のコピーやテレビコマーシャルのタグラインに利用されることも多い。

第1章「マーケティングの仕組み」で取り上げた花王の例でいえば、同社のミッションステートメントは、「清潔で　美しく　すこやかな毎日をめざして」であった。同社のコンパクト洗剤「アタック」のCBPは、「わずかスプーン1杯で驚きの白さに」という消費者言語によるベネフィット表現であった。

心理的なポジショニングは、競合他社製品との関係で、自社の強みを

---

[17]——タイレノールは、熱を下げ、痛みを和らげる効果を持つ、アセトアミノフェンを主成分とした鎮痛剤である。米国ジョンソン・エンド・ジョンソンの製品である (http://tylenol.jp/)。バファリンは、アセチルサリチル酸を主成分として、痛みや熱のもとになるプロスタグランジンを抑制する効果がある。米国ブリストル・マイヤーズ　スクイブの製品で、日本ではライオンが販売している（http://www.bufferin.net/）。
[18]——アーバン他 (1989) 前掲書、151頁。

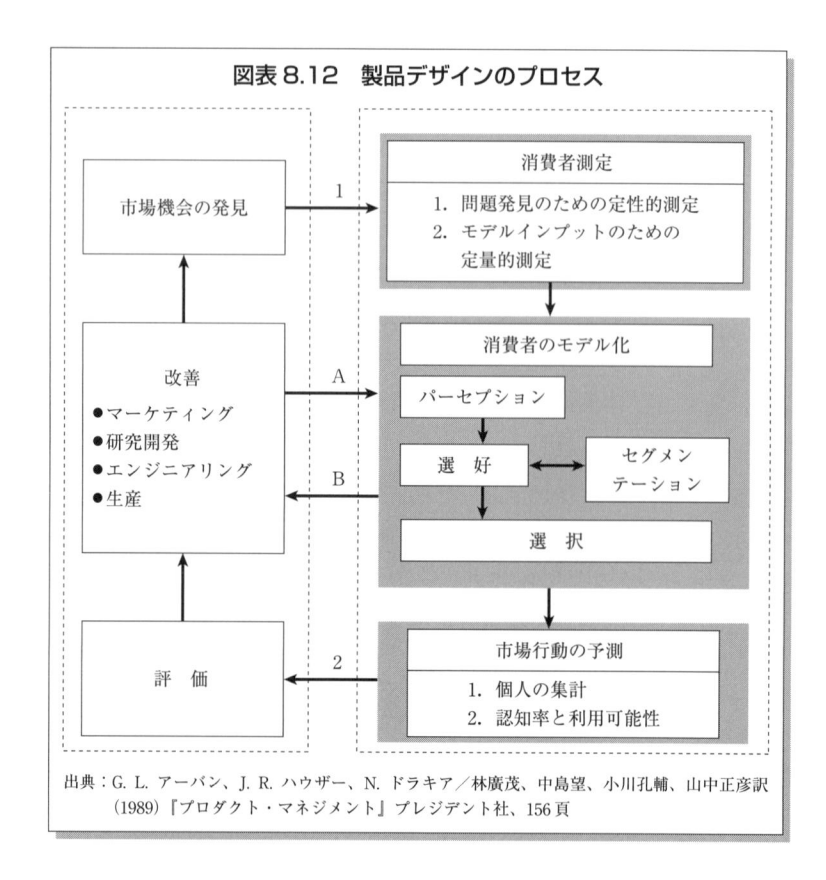

図表8.12 製品デザインのプロセス

```
市場機会の発見 ←1← 消費者測定
                    1. 問題発見のための定性的測定
                    2. モデルインプットのための
                       定量的測定
                              ↓
改善                    消費者のモデル化
 ●マーケティング    ←A←   パーセプション
 ●研究開発                    ↓
 ●エンジニアリング  ←B←   選好 ←→ セグメン
 ●生産                              テーション
                              ↓
                          選　択
                              ↓
評　価           ←2← 市場行動の予測
                    1. 個人の集計
                    2. 認知率と利用可能性
```

出典：G. L. アーバン、J. R. ハウザー、N. ドラキア／林廣茂、中島望、小川孔輔、山中正彦訳（1989）『プロダクト・マネジメント』プレジデント社、156頁

生かせる「評価軸」（「次元」ともいう）をどのように訴求するかである。他社製品に比べて自社製品が優位な位置取りができるように、顧客の視点で見て重要な評価軸で、新しい製品が十分に差別化できるものを持っているかどうかが、戦いの帰趨を決めるポイントになる。

製品の評価は、あくまでも顧客の視点からなされる（図表8.12の右ブロック「消費者のモデル化」）。顧客の考える評価軸で、製品コンセプトは知覚され（「パーセプション」）、評価される（「選好」、「選択」）。したがって、メーカーから見た製品のポジショニングと顧客側から見たポジショニングは、本来は一致すべきものである。

(2)コンセプトの需要予測

提案された製品コンセプトがどのくらいの市場性（規模と収益性）を持っているのかの見通しは、消費者の行動を集計することによって得られる。市場規模を予測するには、既存の消費者行動データが根拠にな

る。そうでなければ、たとえ簡易なものであれ、消費者調査を実施しなければならない。場合によっては、消費者をセグメンテーションすることも必要である。

予測のための基礎データは、「認知率」と「利用可能性（配荷率）」である。それに、潜在的な市場の大きさと「予想シェア」を掛け合わせる。予想の市場シェアは、知覚マップなどの競合分析から推定することがふつうである。通常は、「マーケットシェア・モデル」（Cooper and Nakanishi 1988）などを用いて、コンセプトの市場シェアを推定する。[19]

次章「製品開発（２）：新製品の普及と予測」で紹介する時間的な変化も織り込むと、新製品の時系列予測も可能になる。いずれにしても、以下の計算の方法は、ほとんどの製品やサービスの需要予測についてほぼ当てはまるロジックである。

事例1／ユニ・チャームの生理用品　例えば、ユニ・チャームが新しいタイプの生理用品を発売するとしよう。日本人女性の人口は、2009年2月現在、約6541万人である。初潮（平均12歳）から閉経（平均51歳）まで39年間の年齢階層に属する女性は、このうちの約3000万人になる。[20]これが市場サイズを推計するために必要な基礎データになる。

新製品の競合は、自社製品としては、ナプキンの「ソフィ」と「センターイン」（エフティ資生堂から譲渡）である。競合他社製品としては、花王の「ロリエ　エフ」、P&Gの「ウィスパー」、大王製紙の「エリス」である。このほかに、大手流通各社や通信販売会社が発売するPB商品（例えば、自然食品系宅配会社「らでぃっしゅぼーや」が発売している布タイプの生理用品など）がある。

ひとつの計算例として、この新製品の発売後の市場シェアを推定してみる。自社ブランド「ソフィ」と「センターイン」からの乗り換え（カニバリゼーション部分）が10％、競合他社製品の「ロリエ　エフ」や

19——詳しくは、中西正雄（1983）『小売吸引力の理論と測定』千倉書房、Cooper, L. G. and Masao Nakanishi（1988）Market-Share Analysis, Kluwer Academic Publishers、片平秀貴（1987）『マーケティング・サイエンス』東京大学出版会、古川一郎、守口剛、阿部誠（2003）『マーケティング・サイエンス入門——市場対応の科学的マネジメント』有斐閣アルマなどを参照のこと。
20——総務省統計局ホームページ、人口推計、人口推計月報（http://www.stat.go.jp/data/jinsui/tsuki/index.htm）。本当は3024万人であるが、以下では、計算をわかりやすくするために、数字を簡単にしてある。

「ウィスパー」などからのスイッチが5％であるとしよう。ブランドスイッチの数値予測の前提としては、競合との品質・価格比較データが必要であるが、これには、さまざまな予測モデルが用意されている（第9章を参照のこと）。

現在、生理用品市場でのユニ・チャームのシェアは約40％である（2008年12月）。したがって、新製品の発売初年度のシェアは、7％（0.4×0.10＋0.6×0.05＝0.07）になる。女性の生理用品（紙タイプ）の平均使用枚数は、年間約200枚（20枚入りで約10個、実売価格300円前後）である[21]。市場全体の販売枚数（個数）は60億枚（200枚×3000万人＝60億枚）（3億個）、あるいは、金額ベースでは900億円である。これに予想シェア7％を掛けると、初年度の推定売上高は63億円となる。

事例2／アイリスオーヤマ＠商品プレゼンテーション会議　新製品の売上ポテンシャルを予測した実例を、もう一例だけ示してみることにしよう。アイリスオーヤマの「商品開発会議」で実際に用いられている販売予測の手法である。「トライアル・リピート法」と呼ばれる販売数量シミュレーションによるものである。

図表8.13は、アイリスオーヤマがある定番商品を発売したときに、プロジェクトチームが、開発開始直前に、商品開発会議で提示したデータの例である。アイリスオーヤマの場合は、全国のホームセンター（2007年、約3600店）の約95％に商品を配荷する納品力がある。配荷率は、商品特性と販売方法によって決まってくる。また、定番型商品、チラシ特売商品、季節商品の違いで、初期配荷率（トライアル率）と再発注率（リピート率）が異なっている。

図表8.13は、商品の投入から4週間ごとに、配荷率（累積導入店舗）と再発注率（リピート店舗）を、過去の実績データに基づいて、コンピュータでシミュレーションしたものである。また、図表8.14は、商品特性ごとに、再発注率の標準的な数値をグラフ化したものである。全社の予想販売個数は、1店舗当たりの販売個数に再発注率を掛け合わせて求めることができる[22]。

(3) 製品化技術とマーケティング・ミックスの決定

市場規模が推計できたならば、最後は、マーケティング・ミックス要

21──小野清美（2006）『生理用品の45年の軌跡』ふくろう出版。
22──大山健太郎、小川孔輔（1996）前掲書、74〜75頁。

図表8.13　新製品の需要予測　導入店率とリピート率（定番型商品の場合）

	1〜4週	5〜8週	9〜12週	13〜16週	17〜20週
累計導入店舗数（店）	100	250	500	600	700
再発注率	100%	80%	76%	64%	62%
リピート店舗数（店）	100	200	380	384	434
1店舗当たりの販売個数（個）	40	35	30	32	28
予測販売数（個）	4,000	7,000	11,400	12,288	12,152

	53〜56週	57〜60週	61〜64週	65〜68週	69〜72週
累計導入店舗数（店）	1,670	1,700	1,730	1,770	1,800
再発注率	44%	46%	49%	47%	43%
リピート店舗数（店）	735	782	848	832	774
1店舗当たりの販売個数（個）	28	30	34	36	32
予測販売数（個）	20,574	23,460	28,822	29,948	24,768

出典：大山健太郎、小川孔輔（1996）『メーカーベンダーのマーケティング戦略』ダイヤモンド社、74〜75頁

　素を調整することになる。最高の品質で最高の機能を備えたものが、必ずしも一番よく売れて、最高の利益を稼ぐとは限らない。顧客の価値基準に合わせて、物理的な製品を設計していくことが重要である。

　価格設定についても、同様な判断が必要である。実際に、ユニ・チャームは、2007年9月に、肌にやさしい生理用ナプキン「ソフィ　はだおもい」を発売している。過去50年間で、生理用ナプキンは、「薄い」「漏れない」という基本機能の強化で開発競争が進んできた。それに加えて、「心地よさ」の機能を加えた生理用品が、サブブランドの「はだおもい」であった。不織布の表面に凹凸をつける独自製法により、肌の蒸れや、こすれを抑えながら、経血が肌につく量を従来製品の10分の1に減らした商品である。羽なし（24枚）、羽つき（20枚）、夜用（10枚）の3タイプで、発売時の想定価格はいずれも従来品より2割高い450円前後に設定されていた。[23]

　流通チャネルの開拓も、メーカーにとっては大きな課題になる。第3章で取り上げた資生堂薬品の「コエンザイムQ10AA」では、従来のサプリメント企業が主要チャネルとしていた通販ルートではなく、ドラッ

23——http://www.sankei.co.jp/enak/2007/sep/kiji/27life_unicharm.html

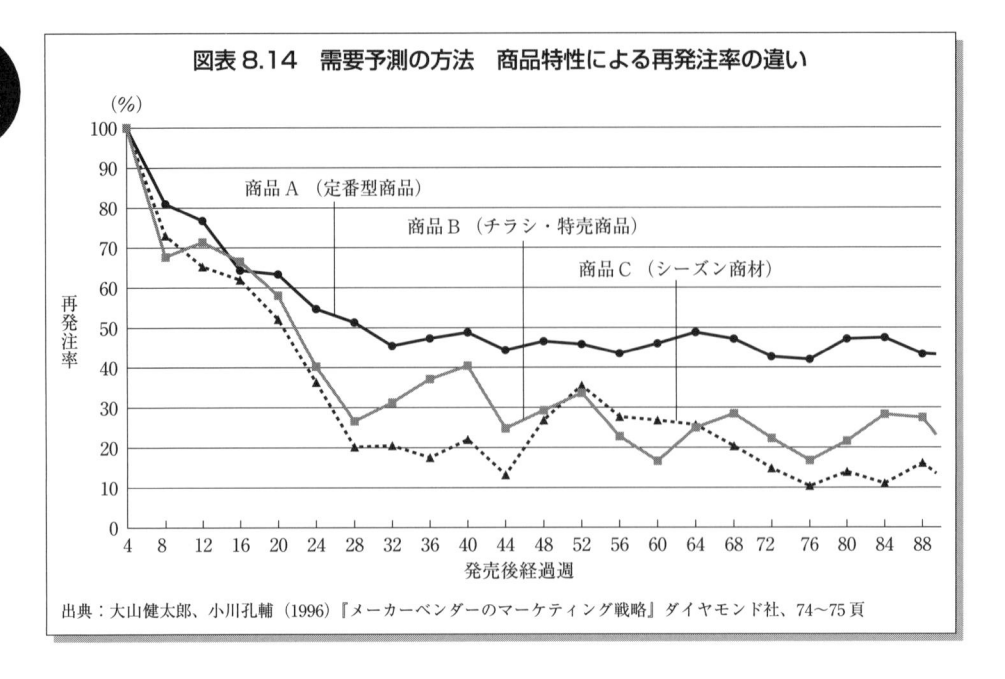

図表 8.14　需要予測の方法　商品特性による再発注率の違い

商品 A （定番型商品）
商品 B （チラシ・特売商品）
商品 C （シーズン商材）

縦軸：再発注率（％）
横軸：発売後経過週

出典：大山健太郎、小川孔輔（1996）『メーカーベンダーのマーケティング戦略』ダイヤモンド社、74～75頁

グストアに販売努力を集中させていた。アイリスオーヤマのように、ホームセンターの店頭まで、直接のロジスティクスを持っているような場合は、自社物流ルートを活用することが強みになる。

　発売初期の宣伝・広告キャンペーン活動をどのように展開していくのかも課題である。Ⅲ部のオープニング事例「上海錦江麒麟」では、上海に進出したキリンビバレッジは、「午後の紅茶」の発売にあたって、日本とほぼ同じパターンのCMを採用して成功している。流通チャネルとしても、当時ようやく広がりはじめていたコンビニエンス・ストアの流通経路に狙いを定めた。中国市場にはなかった新しいタイプの顧客コミュニケーション戦略、すなわち、「缶やペットボトルを温めて飲む」という習慣を定着させるためのコミュニケーション戦略を採用している。

4. 製品のテストと改良

(1) 製品と広告のテスト

　プロトタイプ製品が完成すると、つぎの段階では、製品デザインや広告コピーを試してみることになる。これは、のちに詳しくデータで示すことになるが、１番目には新製品の発売リスクを防ぐためである。それ

に加えて、製品コンセプトやデザインをより精緻なものにするためでもある。

通常は、社内モニターを使った製品テストが先行する。乗用車メーカーなどでは、複数の製品デザインや仕様を準備しておいて、消費者に「モックモデル」（クレーモデルやパースデザイン）を見せる。かなり実車に近い形のデザインを、ターゲット顧客に評価してもらうこともある。

トヨタ自動車など有力メーカー6社が共同でブランド"WiLL"を立ち上げた「WiLLプロジェクト」では、実際に、筆者のゼミナール（法政大学小川研究室）と学習院大学の青木幸弘ゼミナールの学生が、プロジェクトで2番目に発売された「WiLL VS」のデザイン評価会議に参加している[24]。加工食品メーカーなどでも、味覚テストやパッケージ評価のために、専門家以外の一般消費者に協力を仰ぐことがある。

(2)プリテスト・マーケット分析

調査会社を利用して、「プリテスト・マーケット・モデル」（pretest market model）が実施されることもある。代表的な事前テスト法（評価モデル）としては、「アセッサー」「BASIS」「デザイナー」などが知られている[25]。

清涼飲料水や加工食品など、パッケージ商品の場合を想定して説明してみる。標準的なプリテスト・マーケット手法では、ターゲット顧客をリクルートしてきて、新製品を試してもらう。ただし、どれが新製品なのかを被験者にはわからなくするために、競合製品も一緒に食べたり、飲む機会を調査対象者に与える。

新製品の物理的な機能評価と同時に、感覚的な広告コピーの良し悪しも判断してもらうことがふつうである。そのために、競合製品のコマーシャル・フィルムの間に、当該製品の広告を挿入する。

しばしば、購買実験も並行して行われることがある。テスト広告を見てもらった後で、スーパーマーケットの店舗を模した陳列棚に、新製品と既存品を並べておく。500円とか1000円とかの現金を被験者に渡して、実際にレジで清算してもらう設定をする。どの商品も気に入らない場合

24——WiLL委員会メンバー（2004）『WiLL白書1999—2004』WiLL委員会。
25——第9章の「事前テスト予測モデル」を参照のこと。中村博（2001）『新製品のマーケティング』中央経済社。

は、お金を持ち帰ってもらってもよい。

なお、化粧品や歯磨き、シャンプーなどの場合は、製品を家庭に持ち帰ってもらい、数週間にわたって使用を継続してもらう。被験者に対しては、「購入後（使用経験後）の再購買意向に変化があるかどうか？」「商品を使い続けることで満足度は落ちていないかどうか？」などを電話を使ったフォローアップ調査で尋ねる。

調査サンプル数（約300）は多くはないので、プリテスト・マーケット分析にかかる費用はそれほど多額にはならない。せいぜい数百万円程度である。コンセプト段階を通過して、最終的に失敗製品になる確率を低減させるためには、比較的安上がりな方法である。

プリテスト・マーケット分析より、正確さと現実性を求めるとすると、つぎのテスト・マーケティングを採用するほうがよいだろう。

5. テスト・マーケティングと市場導入

(1) テスト・マーケティング

商品の正式な発売前に、その製品が本当に売れるかどうかを、実際の市場で試してみるのが「テスト・マーケティング」（test marketing, market test）である。

テスト・マーケティングでは、実験時期と発売地域を限定して、製品を市場で実際に発売してみる。テスト市場では、実際のマーケティング環境に近い状況が設定される。市場テストの結果は、①企業が想定している売上が達成できそうか、②ターゲット顧客層が購入してくれているか、③商品の魅力である訴求ポイントが顧客に効率よく伝わっているかなどを見て、全国市場への導入の判断材料とする。

テスト・マーケティングの結果によっては、その後の発売計画が見直されることがある。ときには、調査データを見て、製品を改良するために手が加えられる。価格水準を調整したり、広告のコピーや露出のやり方を変えることも検討される。テスト・マーケティングの欠点は、費用がかなり高額になることである。テストのための費用は、1億円から数億円になる。

多額な費用の問題に加えて、情報上のリスクもある。一部地域とはいえ、競合企業に製品やマーケティング戦略に関する情報が漏れてしまう。そのために、どのような商品分野においても、必ずテスト・マーケ

COLUMN-16
理想的なテスト・マーケティングの都市

　嗜好品のたばこや清涼飲料水、トイレタリー用品などの大型商品で全国発売のリスクが大きい場合は、本格的な市場導入前にテスト・マーケティングが実施されることが多い。また、コンビニエンス・ストアの弁当やフードビジネスのチェーン店では、全国発売前に、自社の特定店舗で実験的にテストメニューを試してみることがある。

　花王が1982年に新しい事業分野として化粧品市場に参入する直前に、静岡で「ソフィーナ」のテスト・マーケティングを実施している。プロクター・アンド・ギャンブル・ジャパン（当時は、プロクター・アンド・ギャンブル・サンホーム）も、1977年に日本ではじめて紙おむつ「パンパース」を全国発売する直前に、九州福岡でテスト・マーケティングを行っている。ソフィーナの場合、テスト・マーケティングでは、企業ブランド名をつけて販売すべきかどうかがテストされた。テストの結果を見て、花王は全国発売時には、企業ブランド名を冠して「花王ソフィーナ」としている。

　日本たばこ産業では、たばこや清涼飲料水の発売にあたって、静岡がテスト市場として選ばれることが多い。日本マクドナルドは、かつて1992年に中華メニューの「マックチャオ」（チャーハン）を試験発売したとき、名古屋をテスト市場として選択している。ケンタッキー・フライド・チキンやすかいらーく系列のガストなどでも、しばしばテストメニューやプロモーション実験という形で、テスト・マーケティングが実施されている[26]。例えば、2007年秋に、マクドナルドが地域別価格制度を導入するにあたって、短期間ではあるが、地方と都市部に分けて価格実験をしている[27]。

　テスト・マーケティングを実施する場所は、本来的には、それにふさわしい環境が整っていなければならない。日本でテスト・マーケティングが実施されている代表的な都市地域は、札幌、仙台、静岡、広島、福岡（北九州）の5カ所である。いずれの都市にも、共通の特徴がある。①ある程度の市場規模（人口100万人超）があること、②暮らし向きが日本の平均であること（標準的な所得水準）、③商圏とメディアが周辺地域から独立している。この3つがテスト・マーケットとして適切な候補都市の条件である。

ティングが実施されているというわけではない。

　COLUMN-16は、日本で実施された具体的な「テスト・マーケティング」の事例を紹介したものである。

(2)テスト・マーケティングの活用

　テスト・マーケティングの結果を活用する方法を、図表8.15に掲載しておく。トライアルもリピートも高い場合は、即時の導入である。どちらも低い場合は、導入は見送りである。トライアルは高いがリピートが低い場合は、製品そのものに問題がある場合が予想されるので、製品の設計を見直すことが必要である。トライアルが低い場合は、プロモーションの改善を考えるべきである。リピートが高いのは、製品コンセプトが消費者から受け入れられている証拠である。

6.市場導入とライフサイクル・マネジメント

(1)新製品発売後の追跡

　新製品の発売計画は、第3章の「コエンザイムQ10AA」の市場導入の事例と、本章で数値例を示したアイリスオーヤマの需要予測の事例が参考になるだろう。

　新製品の「市場導入」(launching)の前に、マーケティング・ミックスの水準が決まっているので、その条件での「トライアル率」と「リピート率」の予測値が与えられている。発売後は、トライアル率とリピート率の実績値を予測値と比較していく。実施上の問題以外で、発売後に計画が未達の場合は、図表8.15の各列が、マーケティングの課題を明らかにする手がかりになる。左列の数値と右列の指針（ガイドライン）を参考に、マーケティング・ミックスが調整される。

　この議論は、梅澤（2006、2008）の著書でもしばしば指摘されていることである。製品の導入後に、トライアルが高まらないのは、主として「コンセプト」（C：Concept）が悪いか、プロモーションに問題があるかのどちらかである。リピートが思ったほど上がらないのは、製品の「パフォーマンス」（P：Performance）に問題があるからである。[28]

---

[26]——1993年にはじまる「すかいらーく」から「ガスト」への業態転換の際に行われた価格改定とオペレーション実験は、ある種のテスト・マーケティングであった。当時の事情について、詳しくは、小川孔輔（1999）「さよならファミリーレストラン"すかいらーく"」『当世ブランド物語』誠文堂新光社を参照のこと。

[27]——日本マクドナルドのケースは、Ⅳ部のオープニング事例で、詳しく紹介されている。

図表8.15　テスト・マーケティングの活用方法

トライアル購買	リピート購買	市場導入の可否
高い	高い	即時に、新製品を市場導入する
高い	低い	新製品を再設計するか、廃棄する
低い	高い	広告および販売促進を強化する
低い	低い	新製品を廃棄する

(2) ライフサイクル・マネジメント

　製品が市場に無事リリースされた後、成功製品の場合は、順調に売上が伸びていく。巡航速度に入るまでの課題は、一般的なマーケティング計画のコントロールと同じである。発売後の最優先課題は、価格とプロモーションの水準を市場の動きに合わせて上手にコントロールしていくことである。そのために、「市場反応分析モデル」の枠組みが用いられる。4P（Product, Price, Promotion, Place）の考慮事項については、本章以降のⅢ部各章で、詳しく取り上げることになる。

　全国発売後のコントロールを、製品計画だけに絞ると、発売後の焦点は、新しい製品ラインの追加をどうするかである。通常は、ブランドの知名度も低く、たくさんのアイテムを準備しても、すぐには売れないだろうから、発売直後の製品ラインはそれほど多くはない。しかし、新規参入者の製品が追随してくると、当該製品市場は、競争上も製品のバリエーションの面でも、初期のころと比べてやや複雑になってくる。

　初期の革新的購買者（イノベータ）と後期の購買追随者（フォロワー）では、製品に求めるニーズが異なっている。例えば、価格に関する感度は、一般的にはフォロワーのほうが高いといわれている。実際に発売価格は、希望小売価格で販売されるが、実売価格はしだいに低下してくる。それは購買層が広がってくるからでもある。

(3) 競争的防御的対応

　同じ購買者でも、使用経験を積んでくると、製品に対する価格感度が高まることが知られている。例えば、紙おむつの使用者では、第一子に比べて、第二子のほうが、廉価版の紙おむつを購入することが多いという。購入する店舗に関しても、薬局・薬店からスーパーマーケットやド

28——梅澤伸嘉（2006）『消費者心理のわかる本——マーケティングの成功原則55』同文舘出版、梅澤伸嘉（2008）『ヒット商品打率』同文舘出版。

ラッグストアなど、ディスカウント・チャネルにスイッチする[29]。

したがって、中心となる顧客セグメントの変化なども常に観察しながら、新製品の発売後、ある程度の時間が経過した段階では、より安価な製品ラインを追加することを選択肢として考えなければならない。それとは逆に、上級移行をしたい消費者が増えてくるのであれば、プレミアムラインを追加することも考慮しなければならないだろう。

製品のバラエティについては、例えば、衣料品であれば、デザインやカラーのバリエーションを提供できるようにラインを追加することが要求される。加工食品や家庭用品であれば、新しい味やフレーバーや色彩のバラエティが求められるだろう（製品ラインの追加）。

それと同時に、競争上の防御も忘れてはならない。後発製品が投入される場合は、先発メーカーが製品技術を改良して登場してくる。模倣やフリーライドの効果などもあって、開発コストは低いので、後発製品のほうが安価でより性能が優れている可能性が高い。消費者のテイストについても、時間をかけてリサーチしている。

防御的なマーケティングには、相手の強い部分を強く見せない「打ち消し戦略」（共通化ポイントの同質化）と、当該製品の差別化ポイントをより「際立たせる戦略」（差別化ポイントの強化）を採用することである。また、先発企業として、つぎの事例のように、常に製品革新を忘れないことである。

(4) 成熟期における革新

梅澤（2004）が主張するように、新市場創造型の商品は、確かに長寿ブランドになる可能性は高い。しかし、その後に革新を怠ると、MIPも並の商品やブランドに落ちてしまう。大切なことは、経営者と開発者が「製品革新の気持ち」を忘れないことである。次節では、製品コンセプトの革新が連続的に起こった「ポカリスエット」の事例を紹介する[30]。

ほとんどの企業は、もっとも輝いている期間として「30年」を超えることができない。「会社の寿命30年」は、その他の要因もあるだろうが、成熟期における革新が持続できないからである。さらにいえば、製品革

---

[29] 中島望、小川孔輔、棚橋菊夫、永長亥佐夫（1988）「ブランド力と価格弾力性の測定」『マーケティング・サイエンス』第32号。
[30] この事例は、小川孔輔（1994）『ブランド戦略の実際』日経文庫に基づいて書かれている。

図表 8.16　新製品の成功割合

消費財の新製品がデザイン、テスト、市場導入の各段階で成功する確率							
	製品デザインが成功する確率		デザイン段階をパスした製品がテスト・マーケットで成功する確率		テスト・マーケットをパスした製品が市場で成功する確率		全体での成功確率
米国 (1975)	50%	×	45%	×	70%	=	16%
日本 (1999)	50%	×	40%	×	85%	=	19%

出典：Mansfield, E. and S. Wagner（1975）"Organizational and Strategic Factors Associated with Probabilities of Success in Industrial R&D," *Journal of Business*, April, p. 181、および、ノバクション・ジャパン社内資料（林廣茂氏提供）

新がある時期を境にして、完全に停止してしまうことがあるからである。かつて「エクセレント・カンパニー」や「ビジョナリー・カンパニー」として、グローバルに優れた経営実践を賞賛されていた企業の多くは、現在は見る影もない。一世を風靡したジャック・ウェルチのGE（ゼネラル・エレクトリック）やIBM（ビジネスモデルの転換）などは、いまや事業構造そのものが破綻をきたしている[31]。

　基本的に、革新的な製品アイデアが生まれない限りは、組織運営の方法や経営ビジョンのすばらしさだけでは、企業は永続できない。事業の種子が芽を吹き育たなければ、ビジョンもミッションも絵に描いた餅にすぎない[32]。

7. 製品の開発期間とリスク

　本節の最後に、やや古いデータ資料ではあるが、日米の製品開発の成功確率を掲載しておくことにする。

31——T. J. ピーターズ、R. H. ウォーターマン／大前研一訳（2003）『エクセレント・カンパニー』英治出版（Peters, T. J. and R. H. Waterman（1982）*In Search of Excellence: Lessons from America's Best-Run Companies*, Harper & Row）邦訳は1983年に講談社から出版、2003年に英治出版から復刊。

32——ちなみに、「エクセレント・カンパニー」の条件とは、①行動の重視、②顧客に密着する、③自主性と企業家精神、④人を通じての生産性向上、⑤価値観に基づく実践、⑥基軸事業から離れない、⑦単純な組織・小さな本社、⑧厳しさと緩やかさの両面を同じに持つこと。T. J. ピーターズ、R. H. ウォーターマン（1983）、前掲書。

図表8.16は、米国と日本の消費財のケースを併記したものである。米国の消費財の場合、平均的な開発期間は27カ月である。アイデアの発見から発売まで残ることができる製品は、確率として約16％である。これに対して、日本の消費財は、平均残存率が約19％である。大手消費財メーカーの製品開発の成功確率に関しては、日米でほとんど変わりがないことがわかる。日本のほうがやや高いが、データベースも日本は100例であるから、その差は有意とはいえない。

新製品の開発期間は、米国の消費財の場合では、平均値がつぎのように報告されている。「市場機会の発見」に5カ月、「製品デザイン」のために6カ月、「テストの段階」はトータルで12カ月。ただし、そのうち、「プレ・テストマーケット分析」に3カ月、「テスト・マーケティング」に9カ月かかるとなっている。「市場導入の準備」に4カ月かけているので、全国導入までの全期間としては、27カ月が経過していることになる。

3──製品開発の諸側面

本節では、新製品の開発に関して3つの側面を取り上げる。

最初は、事業戦略の中での新製品開発の位置づけについてである。大塚製薬のポカリスエットを事例として取り上げる。2番目は、製品の開発組織にどのような形態があるのかを紹介する。基本的には、4つの開発の組織形態があるといわれている。モデル事例としては、トヨタ自動車の開発組織を取り上げる（藤本、クラーク 1993)[33]。

3番目に、現実の製品開発プロセスを紹介する。米国の教科書で紹介されているのは、ある種の「理想型」である。そこでは、開発プロジェクトが連続的に進行していく「リレー型」のプロセスが想定されている。しかし、現実の開発プロセスは、理想どおりに進行しているわけではない。開発組織の中で、複数の製品プロジェクトが並行して走っている。しかも、アイデア段階から全国発売までの流れは、開発案件が行きつ戻りつする「ラグビー型」であることが指摘されている（野中、竹内 1996)[34]。

33──藤本隆宏、K. B. クラーク／田村昭比古訳（1993）『製品開発力──日米欧自動車メーカー20社の詳細調査　実証研究』ダイヤモンド社。

1. 事業戦略における製品開発の位置づけ

　新製品開発の成否と効率が、おそらくは長期的な企業の事業収益構造にもっとも大きな影響を与える要因である。製品の開発能力こそが企業の生命線である。長期的な収益の成長性は、メーカーの場合は「製品開発力」に、流通サービス業の場合は「業態開発力」にかかっている。

　製品開発の方向性は、その企業の事業戦略、とくにリスク選好に依存して決まる。特定の企業を例にとれば、製品開発の基本姿勢は、図表8.17「新製品の開発スペクトラム」の中のいずれかの形を基本指針としているはずである。すなわち、主として、①まったく新しい事業分野で新しい「創造型の新製品」を開発していくのか、②既存のカテゴリーで「新型の新製品」を開発していくのか、それとも、③「改良型の新製品」を開発していくのかの選択である。リスクとリターンは相関している。低リスクで高リターンは存在しない。

　図表8.17のどこに製品戦略を位置づけるかは、当該企業が市場でリーダーなのか、それともチャレンジャーなのか、あるいは、フォロワーなのかといった競争戦略上のポジションとも関連している。積極果敢に高リスク／高リターンの企業を目指すのか、なるべくリスクを冒さない姿勢で製品を開発するのかで、企業内での製品開発の位置づけは変わってくる。最小限の研究開発投資で行おうとするのならば、競争対応ではフォロワーにならざるをえないだろう。

　ここでは、大塚製薬を例にとって、戦略的な製品開発の方向性について考えてみる。大塚製薬は、新市場創造型の企業で、なおかつ「カテゴリー開発型」を志向している。小さなリスクで狭い市場を狙った製品を次々と発売し、結局は「多産多死させる」企業が多い中で、大塚製薬は、開発製品の数は決して多くはないが、投入した新製品には長い時間と多大なマーケティング費用をかけている。じっくりと時間をかけて製品を育成する姿勢で開発に臨んでいる。日本の消費財メーカーとしては、良い意味で異端の存在である。

　なお、かつてのソニーも、大塚製薬と同様に、「カテゴリー創造型」

34——野中郁次郎、竹内弘高／梅本勝博訳（1996）『知識創造企業』東洋経済新報社（Nonaka, I. and H. Takeuchi (1995) *The Knowledge Creating Company*, Oxford University Press）。

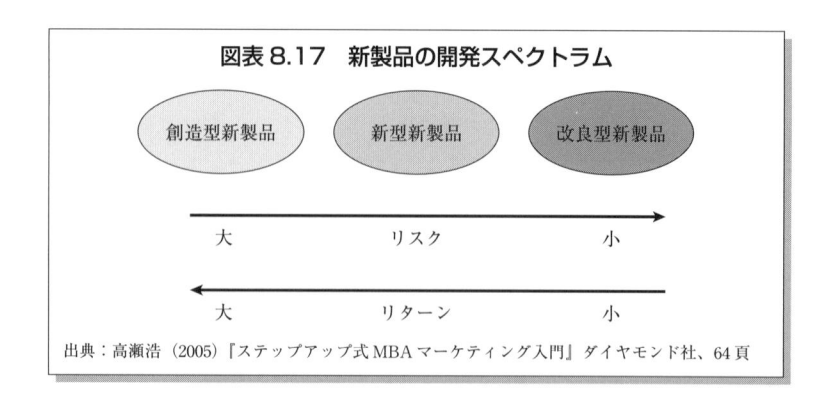

図表8.17　新製品の開発スペクトラム

創造型新製品　　新型新製品　　改良型新製品

大　　　　リスク　　　　小 →
← 大　　　リターン　　　小

出典：高瀬浩（2005）『ステップアップ式MBAマーケティング入門』ダイヤモンド社、64頁

の企業であった。トリニトロンカラー製品、ウォークマン、プレイステーションの発売など、明確なブランドコンセプトの開発と革新的な製品デザイン、それまで世の中に存在していなかった新しい市場の開拓が、ソニーを世界的な企業に押し上げた要因であった[35]。

事例：ポカリスエット

ポカリスエット[36]は、1980年に大塚製薬から販売された「機能性飲料」である。「カロリーメイト」（1983年）、「ファイブミニ」（1988年）、「SOYJOY」（2006年）とともに、同社の製品群の中では、「スイッチ栄養製品」のカテゴリーに属している。

ポカリスエットが発売された当時、米国の機能性飲料市場では、「ゲータレード」（クエイカー・オーツ社）が圧倒的な市場シェアを握っていた。しかし、機能性飲料のカテゴリーは、プロの運動選手をターゲットにしたやや狭いコンセプトであった。顧客ベースが小さかったため、すぐにはマーケットが大きく広がっていくことがなかった[37]。

ポカリスエットも、発売当初の製品コンセプトは、「飲める点滴液」であった（図表8.18）。激しい運動で失われた水分とイオン（電解質）

---

[35]——出井伸之（1999）「ブランドは消費者のメンタル・プラットフォーム」嶋口充輝他『マーケティング革新の時代② 製品開発革新』有斐閣、16～24頁。

[36]——この事例は、小川孔輔（1994）『ブランド戦略の実際』日経文庫、45頁に基づいて書かれている。なお、その後の展開については、大塚製薬より最新の情報を提供していただいた。

[37]——ゲータレードは、米国でも1990年代に一時期、大幅にシェアを落としたことがある。しかし、2000年代に入ってからは、ブランドのポジショニング変更と製品のリニューアルで、現在はやや復活の兆しがある。日本では、雪印乳業が導入していた。

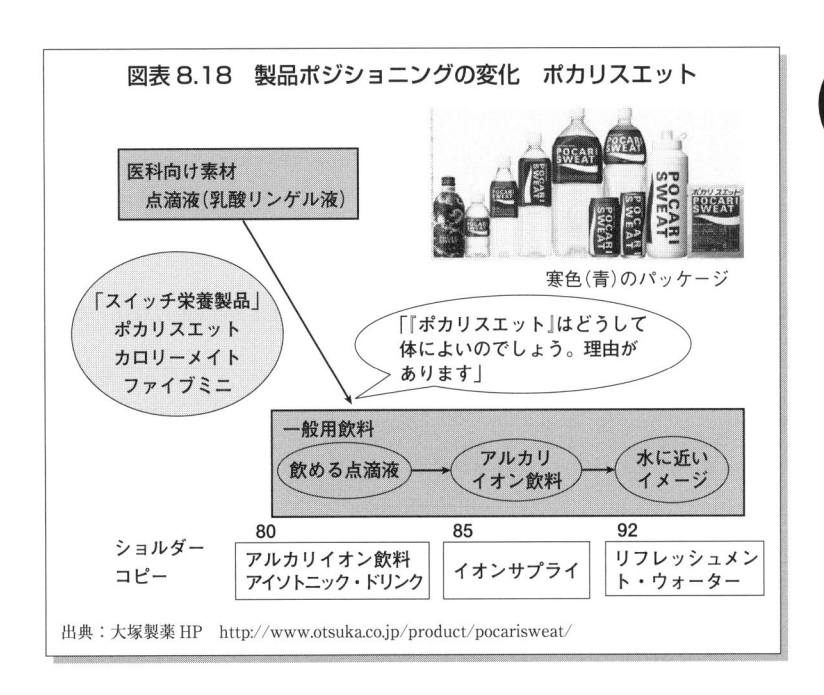

図表8.18 製品ポジショニングの変化 ポカリスエット

医科向け素材
点滴液（乳酸リンゲル液）

「スイッチ栄養製品」
ポカリスエット
カロリーメイト
ファイブミニ

寒色（青）のパッケージ

「『ポカリスエット』はどうして体によいのでしょう。理由があります」

一般用飲料
飲める点滴液 → アルカリイオン飲料 → 水に近いイメージ

ショルダーコピー	80	85	92
	アルカリイオン飲料 アイソトニック・ドリンク	イオンサプライ	リフレッシュメント・ウォーター

出典：大塚製薬HP　http://www.otsuka.co.jp/product/pocarisweat/

を補うための飲料が、初期の製品ポジショニングだった。その後は、固有の製品ポジションの中で飲用シーンを運動から一般生活に広げていき、ショルダーコピー（ブランドの前に記載される短いキャッチフレーズ）も「アイソトニックドリンク」から「イオンサプリメントドリンク」に変更された。CMに起用するタレントも、マーゴ・ヘミングウェイから、斎藤慶子＋糸井重里、舘ひろしに変わった（1983年）。

その後、ポカリスエットは、水に近いイメージの「リフレッシュメント・ウォーター」に再度ポジショニングが変更されている（1992年）。その際には、新たなターゲット顧客の年齢層に合わせて、CMタレントも当時10代だった宮沢りえと一色紗英に代えている。

しかし、この間、ポカリスエットの物理的な特性に変化があったわけではない。それどころか、「ステビア」などの製品バリエーションが追加されてはいるが、オリジナルの味とイオン（電解質）の組成は、むしろ変更しないようにしている。製品の基本コンセプトは、「人間の体液の組成にもっとも近い（電解質）」であり、人間の体液が変わらない限り、ポカリスエットの組成に変更を加える必要がないからである。ブランドを管理する場合、味の変更に対しては慎重でなければならない。

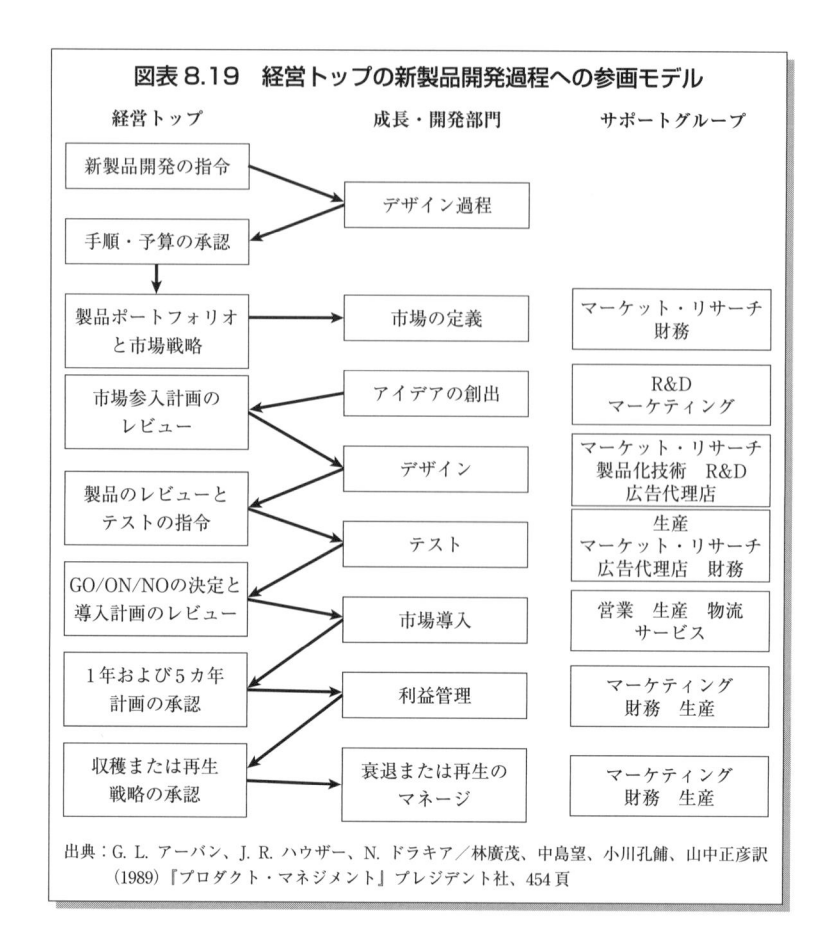

図表 8.19 経営トップの新製品開発過程への参画モデル

経営トップ	成長・開発部門	サポートグループ
新製品開発の指令 →	デザイン過程	
手順・予算の承認 ↓		
製品ポートフォリオと市場戦略 →	市場の定義	マーケット・リサーチ 財務
市場参入計画のレビュー →	アイデアの創出	R&D マーケティング
→	デザイン	マーケット・リサーチ 製品化技術 R&D 広告代理店
製品のレビューとテストの指令 →	テスト	生産 マーケット・リサーチ 広告代理店 財務
GO/ON/NOの決定と導入計画のレビュー →	市場導入	営業 生産 物流 サービス
1年および5カ年計画の承認 →	利益管理	マーケティング 財務 生産
収穫または再生戦略の承認 →	衰退または再生のマネージ	マーケティング 財務 生産

出典：G. L. アーバン、J. R. ハウザー、N. ドラキア／林廣茂、中島望、小川孔輔、山中正彦訳(1989)『プロダクト・マネジメント』プレジデント社、454頁

　ポカリスエットの事例が示しているのは、大塚製薬のようなリーダー企業の製品開発では、新しい製品カテゴリーを創造して、その後は市場そのものを拡大させるマーケティングが戦略的な課題だということである。

2. 製品開発の組織と関連部門の関与

　新しいアイデアや製品の開発には、企業組織内の複数の部門が関与することがふつうである。場合によっては、他社との開発のために共同プロジェクトを組むこともある。実際に、Ⅲ部のオープニング事例（上海錦江麒麟）では、中国本土向けに清涼飲料水を開発販売するために、国境を越えて日本の企業（キリンビバレッジ）と中国企業（錦江グルー

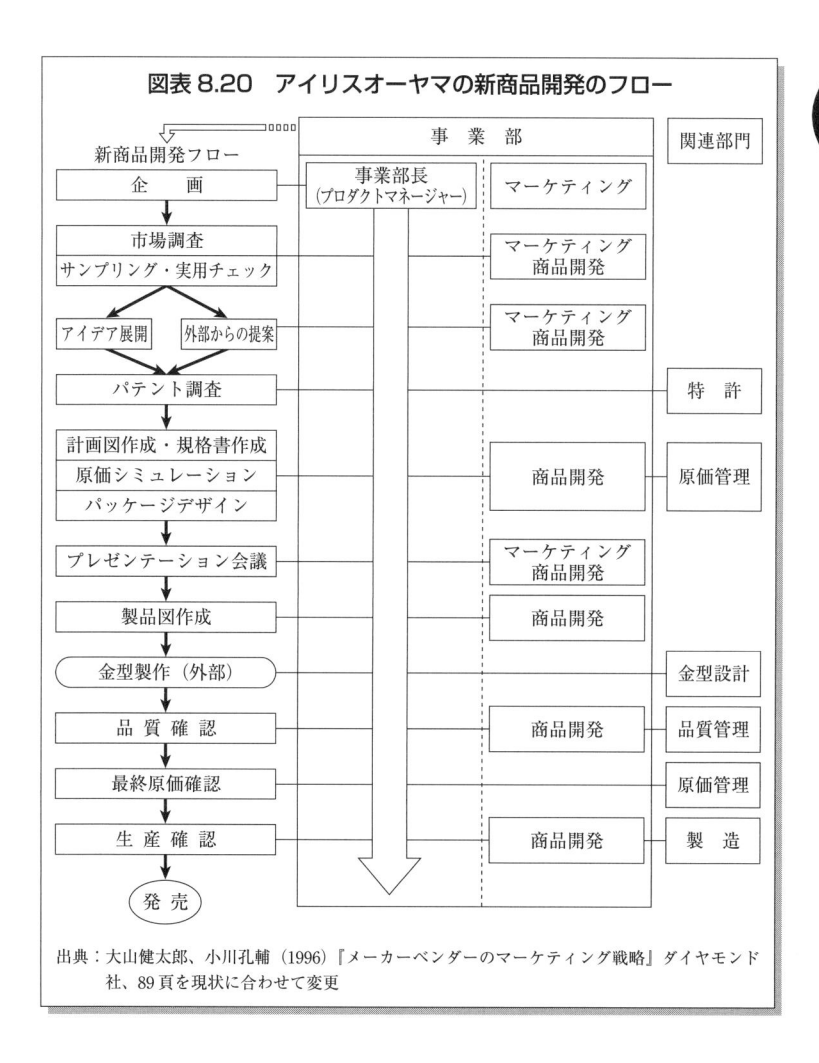

図表 8.20 アイリスオーヤマの新商品開発のフロー

新商品開発フロー	事業部		関連部門
	事業部長 (プロダクトマネージャー)		
企　画		マーケティング	
↓			
市場調査		マーケティング 商品開発	
サンプリング・実用チェック			
↓			
アイデア展開　外部からの提案		マーケティング 商品開発	
↓			
パテント調査			特　許
↓			
計画図作成・規格書作成		商品開発	原価管理
原価シミュレーション			
パッケージデザイン			
↓			
プレゼンテーション会議		マーケティング 商品開発	
↓			
製品図作成		商品開発	
↓			
金型製作（外部）			金型設計
↓			
品　質　確　認		商品開発	品質管理
↓			
最終原価確認			原価管理
↓			
生　産　確　認		商品開発	製　造
↓			
発　売			

出典：大山健太郎、小川孔輔（1996）『メーカーベンダーのマーケティング戦略』ダイヤモンド社、89頁を現状に合わせて変更

プ）が合弁事業会社を設立している。

(1) 製品開発への部門の関与

アーバン他（1989）によれば、典型的な製品開発のステップには、研究開発部門からマーケティング部門まで、全社の広範な部門組織が製品開発に関与している。

図表8.19のように、開発へのコミットメントが一番大きく、全体を束ねているのは経営トップの仕事である。最終的な「GO」「NO GO」は、トップが判断する。ただし、初期の開発段階では、マーケットリサーチや研究開発部門が、後半に移るにしたがって、関連部門としてマーケテ

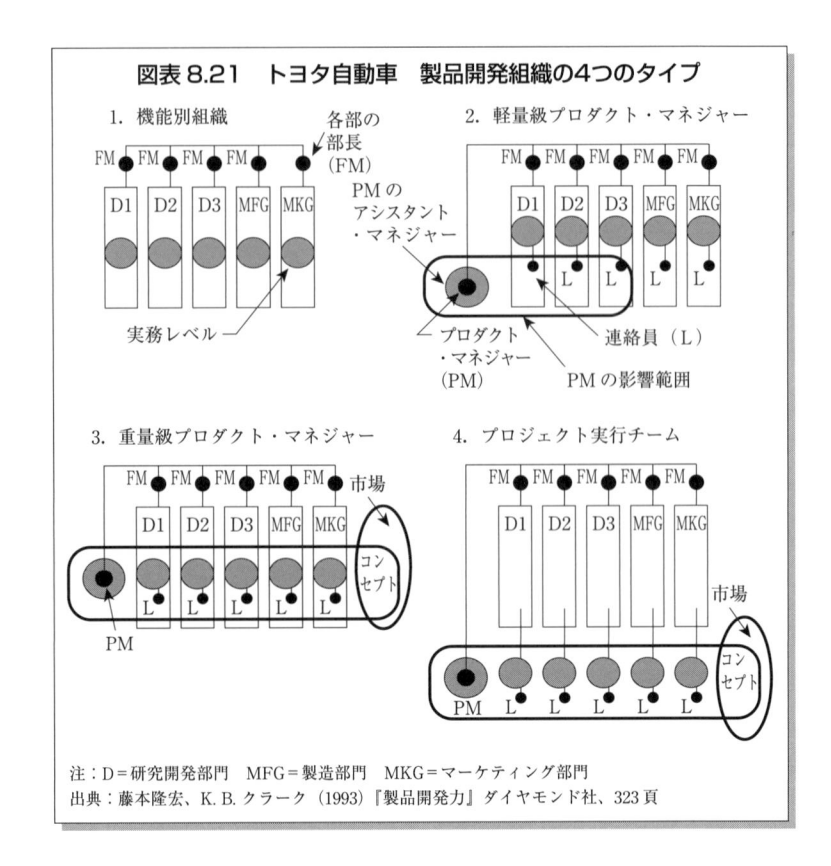

図表8.21　トヨタ自動車　製品開発組織の4つのタイプ

1. 機能別組織
2. 軽量級プロダクト・マネジャー
3. 重量級プロダクト・マネジャー
4. プロジェクト実行チーム

注：D＝研究開発部門　MFG＝製造部門　MKG＝マーケティング部門
出典：藤本隆宏、K. B. クラーク（1993）『製品開発力』ダイヤモンド社、323頁

ィングや営業部門の関与が高くなる。

　図表8.20は、アイリスオーヤマで実際に行われている製品開発段階ごとの「部門関与」の様子をチャートにまとめたものである[38]。アーバン他（1989）で紹介されている典型的な流れ図よりも、製品開発のフローと各部門の関与について、より具体的な記述がなされている。開発段階も詳細なフローチャートに整理されている。

　アイリスオーヤマの開発商品は、ホームセンターで販売される生活用品が主体である。したがって、開発案件も圧倒的な数に上る（年間1000アイテム）。そこで、製品開発のプロセスも、案件をスムーズにこなすために、米国の大手消費財メーカーなどに比べて、よりシステム的に行われている。

38——大山健太郎、小川孔輔（1996）前掲書、89頁。

両方のパターンの違いは、つぎのようなものである。米国の大手消費財メーカーでは、製品開発の初期から中盤にかけて、広告代理店やリサーチ会社のような外部調査機関や企画会社が製品開発に関与している。それに対して、アイリスオーヤマの場合は、マーケティングがインハウス（自前）で行われていることを反映して、アイデアの発見や基本技術の検討段階で、外部機関から情報を収集していることがわかる。提携の形も、調査プロモーション企画は大手消費財メーカー、研究開発と製品技術はアイリスオーヤマと異なっている。

(2) 製品開発組織の類型

藤本とクラーク（1993）は、新製品開発を主導する組織として、代表的な4つのパターンを類型化している。トヨタ自動車の例に、その類型を当てはめたのが、図表8.21である[39]。他の産業でも、例えば、小売業の業態開発プロジェクトやフードビジネスのメニュー開発部門などでも、同様な類型が観察できるだろう。

機能別組織　　製品開発のもっとも軽い組織類型。研究開発部門（D1～D3）、製造部門（MFG）、マーケティング部門（MKG）が、それぞれ独立してリレー式に製品アイデアを受け取っていく。実務レベルの開発担当者は、各部門それぞれに開発責任者として分散している。

軽量級プロダクト・マネジャー（制度）　　開発全体のプロセスに関わる担当者（PM：プロダクト・マネジャー）とそれを補佐するアシスタント・マネジャーが存在する。PMと各部門の開発担当者（L：連絡員）とが連絡を取り合う。自動車会社の場合は、PMの研究開発段階など上流での権限は大きいが、マーケティングや営業などの下流部門では、PMの関与と権限が小さくなる傾向にある。

重量級プロダクト・マネジャー（制度）　　PMは、製品開発の全体プロセスに関わるだけでなく、各部門の開発担当者（L）とも仕事面でより深くコミットして共同作業をすることになる。PMの影響力は、上流のR&Dや製造部門だけでなく、営業企画、マーケティング部門など下流工程にも及ぶ。公式的な開発チームが組織され、共通認識として製品コンセプトや市場の見方などが討議される。

プロジェクト実行チーム　　社運をかけた大規模な開発案件や大型製品

---

[39] 藤本隆宏、K. B. クラーク（1993）前掲書、323頁。ただし、本項での4つの類型の説明については、筆者の独自の解釈にしたがっている。

については、通常の企業組織から切り離した形で製品開発プロジェクトチームを編成する。PMは、この場合は、別組織の部門長に就任する。プロジェクトメンバーも、各部門から離れて、出向や期間限定などの形で、製品開発組織に所属することになる。

(3) ベンチャー組織

上記の機能別組織〜プロジェクト実行チームまでは、社内組織である。場合によっては、プロジェクト実行チームを、別会社組織として本社から切り離してしまうこともある。ベンチャー組織を作る場合である。ベンチャーで企業を起こす場合は、単独ではなく、外部組織と連携することが多い。いわゆる、ジョイント・ベンチャーの設立である。

例えば、「WiLLプロジェクト」は、当時の奥田社長の肝いりで、1989年に、トヨタ自動車が新会社を設立した事例である。新しいコンセプトの乗用車を製造、販売するために、世田谷区の三軒茶屋に、「VVC：ヴァーチャル・ベンチャー・カンパニー」を作った。WiLL事業を展開していくにあたっては、トヨタ自動車だけでなく、松下電器産業（現パナソニック）、アサヒビール、コクヨ、近畿日本ツーリスト、花王、江崎グリコなどが参画している。

小売の新業態開発プロジェクトでは、JR東日本・事業創造室が手がけた「エキュート・プロジェクト」（鎌田由美子リーダー）が有名である。駅構内での新しい形態の小売事業コンセプトを開発するために、当初（2001年12月）、コア・メンバー（鎌田、苫米、飯塚）以外は、JR東日本の社内公募でプロジェクトメンバーを募集した。2003年9月に「エキュート大宮」（3月開業）で事業が軌道に乗りはじめたところで、JR東日本は、別会社「JR東日本ステーションリテイリング」（創業時社長：鎌田由美子氏）を設立している。[40]

3. 製品開発のプロセス：開発の現実

ここまで、製品開発のプロセスは、例えば、科学的な調査手法や創造的な手法で、理路整然と進んでいるかのように説明してきた。ところが、現実の開発現場では、物事は必ずしも教科書に書いてあるとおりには進行していない。「教科書どおりにはいかないぞ！」という現実を指

---

[40] 鎌田由美子、JR東日本ステーションリテイリング社員一同（2007）『ecute物語――私たちのエキナカプロジェクト』かんき出版。

摘した論文とそれに関連する事例を、本章の最後で紹介してみる。

(1) 成功製品は偶然の産物

ほとんどのマーケティングの教科書には、「新製品は消費者ニーズを起点に生まれる」と書いてある。世の中に出てくる成功製品は、科学的な消費者調査（例えば、消費者の問題解決やクレーム対策の結果）や客観的な技術評価の結果から、製品デザインがなされ発売されるといわれている。こうした見解に対して、「うそ！　革新的な製品は、偶然の産物」と主張するのが、『マーケティングの神話』の著者、石井淳蔵氏の主張である[41]。

多くの大ヒット商品は、確かに偶然の産物である。必ずしも、注意深く綿密に調査した結果のアウトプットばかりではない。歴史的に有名な事例は、はがせる付箋紙の「ポストイット」の開発である。「３Ｍ（スリー・エム）社」（本社：米国ミネソタ州ミネアポリス市）の研究員が間違った実験から、粘着度の低い糊を作ってしまった。ふつうならそれを失敗だと考えるところ、付箋紙としての活用法に着目したことから「ポストイット」が生まれている[42]。

情報源は必ずしも消費者起点というわけではない。アイデア発想の段階でも、どんな成功製品であれ、ある程度までは偶然の産物である。ただし、製品開発プロセスの後半部分においては、アイリスオーヤマのクリア収納ケースや、３Ｍのポストイットの事例であっても、合理的でシステマティックな技術開発とマーケティング企画の流れに乗っている。市場テストの洗礼を受けてから、世界中で発売されている。

消費者ニーズに合致しており、問題解決に役立っている便利な商品に対しては、基本的に国境や文化も関係がない。効果と効率のトレードオフは存在している。

(2) 非連続的な製品開発フロー

教科書的な説明では、製品開発の５段階は、独立して連続的に進行することになっている。製品アイデアが生まれ、それに市場性があると判断されたら、初期のデザインコンセプトを研ぎ澄まして、つぎは消費者調査にかけるか、市場テストをしてみる。ハードル基準（最低限の数値

---

[41] ──石井淳蔵（2004）『マーケティングの神話』岩波現代文庫（日本経済新聞社1993年刊の同名書の文庫版）。
[42] ──野中郁次郎、清澤達夫（1987）『３Ｍの挑戦』日本経済新聞社。

図表8.22 製品開発の類型

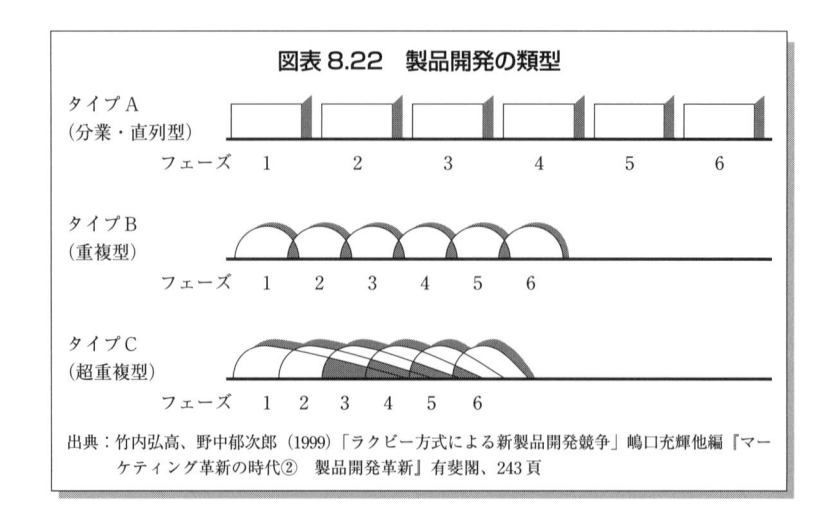

```
タイプA
（分業・直列型）
フェーズ    1    2    3    4    5    6

タイプB
（重複型）
フェーズ    1  2  3  4  5  6

タイプC
（超重複型）
フェーズ    1 2 3 4 5 6
```

出典：竹内弘高、野中郁次郎（1999）「ラグビー方式による新製品開発競争」嶋口充輝他編『マーケティング革新の時代② 製品開発革新』有斐閣、243頁

目標）を超えたら、最後の全国発売に及ぶ。その後は、ライフサイクル管理というのが標準的な筋書きである。

ところが、現実をよく見てみると、教科書に書いてあるような「リレー方式」の製品開発が行われていることはむしろ稀である。とくに、日本の製造業では、例えば、自動車や精密機器の開発現場では、「並行的な開発フロー」がふつうある。前工程（市場機会の発見）と後工程（デザインや製品テスト）が時間的にも前後している。製品開発チームも、例えば、エンジニアリングとマーケティングが完全に機能分担しているわけではない。チームとして一体的に動くことも多い。

図表8.22のように、製品開発のタイプを3つに類型化して、日本型の製品開発方式の優秀さを発見したのが、竹内、野中（1999）の功績である。竹内と野中は、タイプC（超重複型）を「ラグビー型」と名づけている。リレー型の開発方式（タイプA：分業・直列型）では、各フェーズが情報的に遮断され、開発のパフォーマンスがあまり高くない。その中間に、タイプB（重複型）があるとしている。

(3)消費者起点の製品開発

近年、問題提起されているのが、開発者の専門性に関するテーマである。従来、製品を開発するのは、企業内の製品開発担当者と専門知識を持った外部スタッフがアイデアを持ちより、組織内のプロジェクト実行チームが製品を開発することが当然と考えられてきた。

ところが、潜在的なニーズや製品のアイデアをより深く知っているのは、企業内の開発者ではなく、実際に商品を使っている「セミプロ化した製品使用者」（プロシューマー）であるという考え方が提起されている[43]。

　元来、ソフトウエアなどで不完全製品である「ベータ版」を配布するなど、消費者の評価能力を借りた開発事例には枚挙にいとまがない[44]。また、実際に製品のアイデアを引き出すためには、社内の公式的な開発組織ではなく、消費者を起点とした双方向的なコミュニティが有効だとの見解もある（村本、菊川　2003）[45]。

　ネット販売では、こうしたアイデアがすでに事業化されている。無印良品のインターネットサイト「空想無印」（2007年2月開設）では、消費者の投票制度によって、仮想世界で開発された商品が市場にリリースされる事例が出てきている。そのバックオペレーションを担当しているのが「空想生活」（エレファントデザイン社）である。コミュニティの運営サイト「空想無印」からは、「貼ったまま読める透明付箋紙」（2008年1月）などが誕生している[46]。

〈参考文献〉
青木幸弘、電通（1999）『ブランド・ビルディングの時代』電通
G. L. アーバン、J. R. ハウザー、N. ドラキア／林廣茂、中島望、小川孔輔、山中正彦訳（1989）『プロダクト・マネジメント』プレジデント社（Urban, G. L., J. R. Hauser and N. Dholakia（1987）*Essentials of New*

---

[43]――日本経済新聞社、日経産業消費研究所編（1997）『プロシューマーの時代――調査報告書』。
[44]――マイクロソフトの次期OS「Windows 7」は、パソコン、電話、テレビといった機器のネットワーク化の中心に位置する存在として、「Windows 7」ベータ版と「Windows Live」最新版を公開、Webサイトでは2009年1月8日から「Windows 7」ベータ版のダウンロード提供を開始した（「『Windows 7』ベータ版提供を発表」『日経パソコン』2009年1月26日号、16～17頁）。
[45]――村本理恵子、菊川暁（2003）『オンライン・コミュニティがビジネスを変える』NTT出版、西川英彦（2004）『コミュニケーション・メディアとしての新製品開発プロセス』神戸大学大学院経営学研究科博士取得論文、小川進（2005）『ユーザー起動法とブランド・コミュニティ――良品計画の事例』神戸大学大学院経営学研究科ディスカッションペーパー No. 48　http://www.b.kobe-u.ac.jp/paper/2005_48.pdf.
[46]――谷岡拡、長田太郎（2008）「第5章　ユーザーイノベーションが起こる条件や環境をエレファントデザインと考える」兼元謙任、佐々木俊尚『「みんなの知識」をビジネスにする――クラウドソーシングの可能性』翔泳社、123～149頁。

Product Management, Prentice-Hall）

安部義彦（2007）「製品開発力のプロフェッショナル　レッド・オーシャン戦略との違いを正しく理解する　ブルー・オーシャン戦略の方法論」『Diamondハーバード・ビジネス・レビュー』第32巻第8号、通号227、54～67頁

石井淳蔵（2004）『マーケティングの神話』岩波現代文庫

出井伸之（1999）「ブランドは消費者のメンタル・プラットフォーム」嶋口充輝他『マーケティング革新の時代②　製品開発革新』有斐閣

WiLL委員会メンバー（2004）『WiLL白書1999—2004』WiLL委員会

梅澤伸嘉（2001）『長期ナンバーワン商品の法則――「新市場創造型商品」の強さと開発の手法』ダイヤモンド社

梅澤伸嘉（2004）『ヒット商品開発――MIPパワーの秘密』同文舘出版

梅澤伸嘉（2006）『消費者心理のわかる本――マーケティングの成功原則55』同文舘出版

梅澤伸嘉（2008）『ヒット商品打率』同文舘出版

大山健太郎、小川孔輔（1996）『メーカーベンダーのマーケティング戦略』ダイヤモンド社

小川孔輔（1991）『世界のフラワービジネス』にっかん書房

小川孔輔（1994）『ブランド戦略の実際』日経文庫

小川孔輔（1999）『当世ブランド物語』誠文堂新光社

小川孔輔（1999）『マーケティング情報革命』有斐閣

小川孔輔（2003）「中国へのブランド移転物語（8）（9）：上海キリン飲料「午後の紅茶」と「生茶」のブランド移転（前・後編）」『チェーンストアエイジ』10月15日号、122～123頁、11月15日号、128～129頁

小川進（2005）『ユーザー起動法とブランド・コミュニティ――良品計画の事例』神戸大学大学院経営学研究科ディスカッションペーパーNo. 48（http://www.b.kobe-u.ac.jp/paper/2005_48.pdf.）

小野清美（2006）『生理用品の45年の軌跡』ふくろう出版

恩蔵直人（1997）『製品開発の戦略論理――開発プロセスからブランド管理に至る競争優位源泉の解明』文一総合出版

片平秀貴（1987）『マーケティング・サイエンス』東京大学出版会

鎌田由美子、JR東日本ステーションリテイリング社員一同（2007）『ecute物語――私たちのエキナカプロジェクト』かんき出版

陸正（1994）『変わる消費者、変わる商品』中公新書

陸正（2008）「伝承としての広告の理想」『マーケティング・ホライズン』2月号

小林厚（2007）「キリンビバレッジ社中国事業の変遷　ブランド構築と構造改革」『イノベーション・マネジメント』No. 4、法政大学IM研究センター

嶋口充輝、竹内弘高、片平秀貴、石井淳蔵編（1999）『マーケティング革新の時代②　製品開発革新』有斐閣

杉田善弘（2001）「新製品開発と先発の優位：米国における研究成果」『マーケティング・レビュー』同文舘出版

高瀬浩（2005）『ステップアップ式MBAマーケティング入門』ダイヤモンド社

田中良和、森本篤郎（2008）「2008年JFMA新春セミナー講演録　やってみなはれサントリーのフラワービジネス――青いバラ開発の経緯とプロモーション」『法政大学イノベーション・マネジメント研究センター　ワーキングペーパー』No.51

谷岡拡、長田太郎（2008）「第5章　ユーザーイノベーションが起こる条件や環境をエレファントデザインと考える」兼元謙任、佐々木俊尚『「みんなの知識」をビジネスにする――クラウドソーシングの可能性』翔泳社

中国連鎖経営協会編（2007）『2007年中国連鎖経営年鑑』中国商業出版

中島望、小川孔輔、棚橋菊夫、永長亥佐夫（1988）「ブランド力と価格弾力性の測定」『マーケティング・サイエンス』第32号

中西正雄（1983）『小売吸引力の理論と測定』千倉書房

中村博（2001）『新製品のマーケティング』中央経済社

西川英彦（2004）『コミュニケーション・メディアとしての新製品開発プロセス』神戸大学大学院経営学研究科博士取得論文

日経MJ（2006）「コンビニエンスストア調査」7月26日

日本経済新聞社、日経産業消費研究所編（1997）『プロシューマーの時代――調査報告書』

野中郁次郎、清澤達夫（1987）『3Mの挑戦』日本経済新聞社

野中郁次郎、竹内弘高／梅本勝博訳（1996）『知識創造企業』東洋経済新報社（Nonaka, I. and H. Takeuchi (1995) *The Knowledge Creating Company*, Oxford University Press）

T. J. ピーターズ、R. H. ウォーターマン／大前研一訳（2003）『エクセレント・カンパニー』英治出版（Peters, T. J. and Waterman, R. H. (1982) *In Search of Excellence: Lessons from America's Best-Run Companies,* Harper & Row）

藤本隆宏、K. B. クラーク／田村昭比古訳（1993）『製品開発力――日米欧自動車メーカー20社の詳細調査　実証研究』ダイヤモンド社（Clark, K. B. and T. Fujimoto (1991) *Product Development Performance*, Harvard Business School Press）

R. C. ブラットバーグ、G. ゲッツ、J. トーマス／小川孔輔、小野譲司監訳（2002）『顧客資産のマネジメント――カスタマー・エクイティの構築』ダイヤモンド社（Blattberg, R. C., G. Getz, and J. S. Tomas (2001) *Customer Equity: Building and Managing Relationships as Valuable Assets*,

Harvard Business School Publishing Corporation）

古川一郎、守口剛、阿部誠（2003）『マーケティング・サイエンス入門——市場対応の科学的マネジメント』有斐閣アルマ

村本理恵子、菊川暁（2003）『オンライン・コミュニティがビジネスを変える』NTT出版

Cooper, L. G. and Masao Nakanishi (1988) *Market-Share Analysis*, Kluwer Academic Publishers.

Mansfield, E. and S. Wagner (1975) "Organizational and Strategic Factors Associated with Probabilities of Success in Industrial R&D," *Journal of Business*, April.

〈さらに理解を深めるための参考文献〉

朝野熙彦、山中正彦（2000）『新製品開発』朝倉書店

梅澤伸嘉（1995）『消費者ニーズの法則——消費者が買う理由、買わない理由』ダイヤモンド社

ドゥ・ハウス編（2007）『10年商品をつくるBMR』ドゥ・ハウス

中村博（2001）『新製品のマーケティング』中央経済社

延岡健太郎（1996）『マルチプロジェクト戦略——ポストリーンの製品開発マネジメント』有斐閣

藤本隆宏（2003）『能力構築競争』中公新書

米倉誠一郎、笠崎州雄（2004）『フレッシュネスバーガー・成熟市場における後発の参入戦略』東洋経済新報社

Looking Back
上海錦江麒麟2003年6月 猛暑・停電とSARS騒動の中で

　「上海錦江麒麟飲料食品股份有限公司」（以下では、「上海キリン社」と略記）の小林厚社長（総経理、当時）から先週、久しぶりで電子メールをいただいた。2002年11月の上海訪問後にSARS騒ぎが起こり、小林社長と再会して現地の飲料事業について詳しい話を伺うという約束を果たせないでいた。上海事務所を再度訪問できないまま、この原稿（「シリーズ、中国へのブランド移転物語」）を書くために協力をいただけないかという申し出に対する返信であった。

　「小川先生　メール拝受致しました。取材の件、松島アグリ社長からも連絡いただきました。今年は、SARSに翻弄され、その後は猛暑、停電と思いもかけぬ状況が発生し目まぐるしいことです。そういった中で、悪戦苦闘していますのでなかなか面白い話にはならない部分が多々ありますが、少しでもお役に立てれば幸いです。ご連絡、ご訪問をお待ち申し上げております。上海キリン社　小林　厚」

　メールには悪戦苦闘中と書かれているが、小林社長からいただいたデータでは、少なくとも昨年度の飲料販売は好調に見える（オープニング事例図表3参照）。製品の投入2年目で、「午後の紅茶」の販売は100万ケース（24本入り）に迫る勢いである。昨年はじめて上海市場に導入された「生茶」は、初年度で28万ケースの販売実績を達成している。現地の末端価格は、500ml入り1本（缶またはペットボトル）が約3.5元（約53円）である。「力水」と「20％果汁」等全商品を合わせると、2002年は合計で約190万ケースを販売している。

　日本円に換算すると、売上高で20億円（小売りベース）を突破したことになる。キリン飲料の販売地域は、現状では都市化が進んだ上海地区とその周辺に限定されている。市場規模と現地の生活感覚を考慮すると、日本的な基準では、上海キリン社の飲料事業はすでに100億円規模のビジネスを展開している感がある。

2003年に入ってから、猛暑による電力需要逼迫により各地で停電騒ぎが起こった。このことは日本のメディアでも大々的に報道されている。工場を動かしている責任者の立場としては、商品供給を確実にすることだけでも大変であったことが推察される。しかしながら、さまざまなアクシデントに見舞われながらも、今年になってからは果敢に「聞茶」と「アミノサプリ」を新発売している。8月までの実績では飲料全体で2桁の伸びが維持できている。

踏み石理論：台湾・香港コネクション

　日本企業が中国ビジネスで橋頭堡を確保できる場合、担当者が何らかの形で、北京・上海の政府と良好な人的関係を維持していることが多い。あるいは、当該事業の最高責任者が、香港・台湾などの華僑人脈としっかりとした接点を持っていることがふつうである。

　キリンビバレッジの場合、上海キリン社の小林社長は、1985年から1987年にかけて2年間、上海華東師範大学に留学した経験を持っている。留学後しばらくは麒麟麦酒本社営業部、中国支社で企画営業畑を歩くことになったが、もともとが中国通である。

　小林社長のメール中で「松島アグリ社長」とあるのは、前任者で上海工場建設と飲料事業の立ち上げを担当した松島義幸氏のことである。松島前社長は、帰国後にアグリバイオカンパニーの社長に就任している。1996年から上海で飲料事業を担当する以前は、台湾の麒麟麦酒現地法人を立ち上げた実績があった。設計段階からビール事業に関わった松島前社長は、台湾の麒麟麦酒現地法人の営業開始から6年間で、麒麟麦酒の売上を年間2万ケース（1991年）から370万ケース（離任翌年の1997年）に伸ばしている。その手腕を買われて、1996年に中国で飲料事業を立ち上げるためにキリンビバレッジに転籍することになった。

　日本企業は中国進出にあたって、日本語が堪能な中国人を多く登用している。しかし、優秀な人材は、単に日本語が話せるというだけではない。本当の強みは、日本的なビジネスの進め方に習熟していることである。興味深いことに、現地の日本企業で働く若い中国人ビジネスパーソンは、必ずしも中国籍を持っているわけではない。生まれが台湾や韓国であったり、中国大陸出身の香港籍であったりする。彼らに共通しているのは、日本企業で最低3～5年のビジネス経験を持っていることであ

る。同じ中国語文化圏の香港、または台湾で、日系企業のために新規事業の開拓を経験した中国人がたくさんいることには、本当に驚かされることがある。

　これは中曽根内閣時代（1983年）の遺産である。この時代に、日本の大学に海外から多くのアジア人留学生を受け入れるプログラム（10万人留学生受け入れ計画）が奨励された。奨学金を受け日本で生活した留学生がいま、台湾や香港を踏み石にして中国本土で活躍しはじめている。

　こうした留学生の帰国組は、「海亀派」と呼ばれている。海外留学後中国に戻り、ベンチャーや外資の要職などで活躍する人々である。筆者は、この現象を「（人材の）踏み石理論」と呼んでいる。台湾や香港、そして（米国や欧州ではなく）日本が、上昇志向の強い若い中国人にとって、中国本土へ戻るための踏み石になっているからである。また、日本企業にとっても、台湾や香港の市場が、中国本土での事業展開を確実にするための試験場（踏み台）になっているのである。

錦江グループとの合弁事業

　1996年、キリンビバレッジは、上海地元の錦江グループと50％対50％で合弁会社を設立することを決定した。錦江グループは、上海で約20の有名ホテルを経営している他、飲料・食品カテゴリーの商品の製造と販売も行っている企業グループである。

　1990年代の初期、コカ・コーラなど海外飲料ブランドが本格的に中国に参入してくる以前は、錦江グループの果汁ブランド「紅宝（ホンバオ）」が、飲料で大きなシェアを持っていた。その後、コーラ類に押されてグループの飲料事業部門が苦境に立たされていたことが、キリンビバレッジとの合弁事業をはじめる強い動機になっている。

　キリンビバレッジとしては、すでに飲料事業を持っている錦江グループと組むことで、販売チャネルの構築など、事業基盤を一から組み上げる必要がないことをメリットと期待していた。しかし、後に述べるように、上海地区の販売チャネルはこの間に大きく変化している。実際には、キリンビバレッジ側の営業部隊が、新興のハイパーマーケットやコンビニエンス・ストアとのダイレクトチャネルを新たに開拓していくことになった。

　1996年末に、台湾の設備を導入し、上海郊外の宝山区濾太路に工場が

完成した。最大生産能力は年間450万ケースである。2002年の暮れに筆者が宝山工場を訪問したときには、186人の従業員が働いていた。宝山工場は最新鋭の設備を持った近代的な工場である。かつて合弁事業をはじめた同業他社、例えば、上海市場で現在最大のシェア（約42%）を占めているサントリービール（上海三得利麦酒）が、当初は合弁相手先企業（江南麦酒工場）の旧式な設備を活用せざるをえなかった1980年代後半とは大きな違いである。工場は衛生管理が行き届いており、日本の工場と比較しても場内の物流設備などは見劣りしない。

オレンジ果汁と「力水」の販売

1997年に、オレンジ果汁を中心とした果汁飲料「20%」「100%」が発売された。初年度の売上は出荷ベースで12万6000ケース、翌年が16万4000ケースであった。投入3年目の1999年には41万7000ケースまで売上は伸びたが、当初の目論見とは違って果汁飲料の販売は4年目で頭打ちとなった（2000年51万7000ケース）。足踏みの理由はいくつか考えられた。

「製法は日本の技術を使っていますから、キリンの果汁飲料はおいしいはずなのです。が、果汁飲料はもともとがジェネリックな商品です。日本でもそうですが、中国の消費者に対しても差別化は難しいですね」（小林社長）

当初は中国を発展途上国と考えていたので、品質を強調し経済性を重視した標準的な商品戦略をとることにした。この段階では致し方ないことではあったが、「キリンブランド」を強調するなど、特別なブランド戦略を採用することをしなかった。そのために、ローカルブランドとの差別化が困難になって苦戦を強いられたわけである。

2番目の問題は、大量に商品をさばくための販売チャネルが成熟していなかったことによる。1990年代の後半はまだ、販路として「パパママストア」の比率が高かった。上海周辺では、年間40万ケース以上を取り扱う卸売業者は「中堅企業」である。大量に商品を流通させることは難しかった。本部商談で一括納品を決めるスーパーマーケットやコンビニエンス・ストアが台頭してくるのは、2000年に入ってからであった。

3番目は、テレビコマーシャルの制作とメディア計画を現地の代理店に任せたことである。つまり、コミュニケーション計画において「現地

化戦略」を採用したということである。果汁飲料では、現地で人気があったタレントグループ「上海3人組」を起用した。また、2000年発売された「力水」（レモン味のスポーツ飲料）のキャンペーンでは、台湾男性デュオを起用した。「力水」は初年度8万ケースを売り上げ、そこそこの成功ではあった。また、ピーチ味のニアウォーターの「サプリ」も発売した。が、「ニアウォーターはちょっと早すぎたのかもしれませんね」（松島前社長）。残念ながら、この路線では現地化したブランドが大ヒットすることはなかった。

1999年3月、小林現社長が上海キリン飲料の営業企画部長として着任（キリンビバレッジ国際部兼務）。2000年9月に松島前社長が麒麟麦酒本社に戻るにあたって、小林氏が総経理に就任した。1999年に増資がなされ、2000年にキリンビバレッジ側が株式58％のマジョリティをとること

図表1　上海キリン飲料年表

1996年	上海市錦江（集団）公司と共同出資（5対5）により、上海錦江麒麟飲料食品有限公司設立	1996〜2000年 このころから都市部にスーパーマーケット、ハイパーマーケット増加
1997年	本格営業開始	このころから上海にコンビニエンス・ストア増加
1998年	組織改革、部門長中心の組織へ 品質保証システム導入	
1999年	小林厚氏総経理就任 増資、キリンビバレッジ58％、錦江42％の資本比率に	このころスーパーマーケットの撤退増える
2000年	ISO9000取得 「構造改革」 ・高付加価値商品へのシフト、商品ブランド確立志向 ・「紅宝(ホンバオ)」廃盤／「力水」「サプリ」発売 ・物流外注化、生産とマーケティングに集中	
2001年	「午後の紅茶」発売	
2002年	HACCP取得	
2003年	新PET製造ラインの増設 単年度黒字に	SARS流行
2004年	広州分公司の設立	
2005年	酒類製造免許取得	

になった。その前後に、大きな決断がなされた。ブランド戦略の抜本的な変更である。日本からの直接的なブランド移転(「午後の紅茶」)であり、製品コミュニケーション計画において、現地化をやめて標準化戦略を採用するという決定であった。

ファッション感覚の受容性

　上海の飲料市場が変化の兆しを見せはじめた背景には、日本の雑誌やタレントが中国に進出するようになったことが挙げられる。日本人のタレントが中国都市部で支持されていることは、北京や上海市内のCDショップで、日本人ミュージシャンの海賊版CD(10元＝約150円)が飛ぶように売れていることからも明らかであった。

　中国でもっともファッション感覚が鋭い層は、筆者の聞き取り調査によると、上海市内で暮らす20歳代半ばの若い女性である。おしゃれな彼女たちが読む雑誌の中でも人気が高いのは、意外や意外、中国語に翻訳された小学館の『Oggi』であった。ふつうに書店の店頭で見かけることができる中国版『Oggi』は、表紙も中身も日本版そのものである。活字が中国語なだけで、モデルの写真もキャプションも日本語をそのまま直訳して使っている。ファッション誌が扱うアイテムには、化粧品や日用雑貨品に混じって、食品と飲料が含まれていた。

　「わたしが総経理に就任したころには、現地の人たちの感覚が日本人にかなり近いところまで追いついてきているなと感じましたね」(小林厚社長)

　上海キリン社にとっては、商品の機能性と経済性(低価格)を訴求する方針を転換するターニングポイントになりそうな気配があった。日本人のファッション感覚が中国で受け入れられるとすれば、それまでは難しいと考えられていた「午後の紅茶」のような記号的なブランド名を中国に持ち込むことができるかもしれない。そうだとすると、日本流に「企業名」をつけて商品を販売するチャンスが生まれそうである。

コンビニエンス・ストアの普及

　上海キリン社が販売面で苦戦していた原因のひとつには、量販系の販路が未成熟だったことが挙げられる。上海のような都市部でさえ、食品スーパーマーケットのようなセルフ店で買い物をする習慣はまだ定着す

るに至っていない。ロータスやカルフールなどのハイパーマーケットが進出をはじめてはいるが、必ずしも毎日の買い物に利用されているわけではない。

　日本では当たり前の自動販売機の普及も遅れている。そのため、飲料のパッケージは、日本のように缶中心ではなく、ペットボトル（500ml）がふつうの形状になっている。このことは、後に述べるコンビニエンス・ストアでの飲料の販売とも関連している。ちなみに、中国では販売される飲料全体の約80％をペットボトルが占めている。これに対して、日本ではペット比率が約45％である。

　おしゃれ感覚とともに、キリン飲料の販売に貢献した立役者は、新しい販路として成長著しいコンビニエンス・ストアであった。「午後の紅茶」の販売がはじまった2001年1月の時点で、上海市内には約1000店舗のコンビニエンス・ストアがあった。おおざっぱな数字ではあるが、2002年末現在で上海市内のコンビニエンス・ストアの数は約2000店に増えたといわれている。今後の数年間は、毎年500〜1000店舗の勢いで出店ラッシュが続くことが予想されている。

　上海でのコンビニエンス・ストアの出店は、当初はダイエーの傘下にあった「ローソン」が先行していた。ローソンを標準モデルとして、その後は民族系のコンビニエンス・ストア・チェーンが店数を増やしている。ただし、売り場面積がやや狭い民族系でも、店内レイアウトは日本とほぼ同じである。入り口横の棚に雑誌類、中通路に加工食品や日用雑貨、菓子パンのような日配品や総菜はカウンター近くのゴンドラに配置されている。飲料があるリーチインクーラーは、入り口から一番遠い奥に設置されるという陳列パターンも日本流である。

日本語のブランド名が記号として美しい！

　以下は、ビジネスの移転が文化移転そのものになっているエピソードである。

　「午後の紅茶」の発売当時、キリンビバレッジ本社国際部で、日本語のCM広告素材を中国語に翻案した経験を持つ張志豪氏（現キリンビバレッジ北京）に、上海でローソンの店舗に連れて行ってもらったときのことである。リーチインクーラーの一番いい棚位置（ゴールデンライン）に、「午後の紅茶」と「生茶」が配置されているのを確認した張氏

は、わたしに「午後の紅茶」のパッケージがどの方向を向いているのかを当てるように謎かけをしてきた。

「午後の紅茶」の中国製ペットボトルは、四角い日本のペット容器とは異なり、丸い形をしている。表の面には、中国語でブランド名が「午后紅茶」と表記されている。それとまったく反対側の面には、同じ大きさで日本語のブランド名で「午後の紅茶」と表記されている。中国語と日本語の違いは、「の」が入るか入らないかである。わたしの常識では、上海ローソンの店員は当然、中国語の「午后紅茶」の面が買い物客から見えるようにボトルを棚に置くだろうというものであった。しかし、一本一本を順番に確認していくと、予想は間違っていることがわかった。日本語表記の「午後の紅茶」の面が外を向いていたのである。

事務所に戻ってから、張氏の同僚の若い女性に尋ねてみたところ、「の」という文字が「美しく見える」というのである。帰国後に、大学の教室で授業を受けている中国人留学生に確認のため聞いたところ、まったく同じ答えが返ってきた。「ひらがな」が素敵に見えるのである。英語の文字が「かっこいい」と思う日本人の心境と同じなのだろう。

日本のCFを吹き替えてそのまま使う

キリンブランドを直接現地に移転することになったので、コミュニケーション戦略にも変更が加えられた。「果汁」や「力水」の発売時のように、現地の広告代理店を使うのをやめ、「午後の紅茶」の発売以降は、キリンビバレッジ本社がCF制作を直にコントロールすることにした。

「基本的な考え方としては、映像（visual）は日本、言語（language）は中国としたわけです」（小林社長）

2001年1月の発売と同時に、「午後の紅茶」の中国バージョンがオンエアされはじめた。若き日のオードリー・ヘプバーンが自転車に乗って颯爽と「花屋の店先」に登場する場面を撮影したCFである（図表3の写真）。日本語のコマーシャルでは、スピッツが唄う「ロビンソン」がBGMとして流れ、最後に「いい顔してたら、いいコトあるよ。午後の紅茶」というコピーでCMは終わる。この部分は、中国語では「有恋更快楽　麒麟午后紅茶（ヨウニンゲンクァイラ　キーリン　ウホウホンチャー）」（意味：さらにあなたを楽しく（リラックス）させる、キリン午後の紅茶）と翻訳されているが、音の感じは同じである。両方のバージ

図表２　中国のCM「午後の紅茶」

ョンを比較してわかるように、日本語バージョンにはない企業名の「麒麟」が、中国バージョンには登場している。

「なるべく基本コンセプトは変えないように翻案しながら、しかし、中国風にアレンジすることに苦労しました」（当時、本社国際部でコピーの翻訳を担当した張氏）

中国版の映像はほぼ日本のものと同じであるが、１カ所だけCG（コンピュータ・グラフィックス）の技術を用いて、映像に変更が加えられている。CF中で登場する製品パッケージが、「缶」から「ペットボトル」に置き換えられている。現地でもっともたくさん売れているパッケージを登場させるために、映像に微妙な細工が施されたのである。

「午後の紅茶」の発売は、初年度から大成功であった。販売予定の31万ケースをはるかに超える74万ケースを記録した。中国人消費者の成熟とコンビニエンス・ストアなどの販路拡大に合わせた、新製品発売のタ

図表3　中国製品の写真「午後の紅茶」「生茶」など

イミングが絶妙だったのだろう。コンビニエンス・ストアでの販売価格は、500mlのペットボトルで1本3.5元（約53円）である。一般消費者が購入する飲料としては、比較的高めの価格設定であるにもかかわらずの成功であった。

翌2002年には、「生茶」が発売された。松嶋菜々子を起用した日本のCFが、再び採用された。彼女の好感度が寄与したのか、投入初年度から上海地区で「生茶」は30万ケース売れた。これも予定数量を上回る実績を記録している。ただし、中国で特徴的なのは、糖分を加えて甘くした「低糖」が全体の60％を占めていることである。

日本流のマーケティングが適用できることがわかったので、今年に入ってからは「アミノサプリ」と「聞茶」が発売された。現在いずれも販売は好調である。3年という短い期間ではあるが、嗜好品の世界でも日本ブランドを中国移転できることを示したという意味で、上海キリン社の貢献は極めて大きいといえる。

出典：小川孔輔（2003）「中国へのブランド移転物語（8）（9）：上海キリン飲料、「午後の紅茶」と「生茶」のブランド移転（前・後編）」『チェーンストアエイジ』10月15日号および11月15日号に加筆修正。

第9章 製品開発(2)：新製品の普及と予測

　新しい製品やサービスなどが世の中に広まっていくのには、どれくらいの時間がかかるのだろうか？　新製品が普及していくスピード（速度）とパターン（広がり方）を決定づけているのは、どのような要因だろうか？　本章では、前章の「開発のプロセス」を受けて新製品の普及と予測について考える。

　第1節では、必ずしもマーケティング現象に限定せず、一般的に新しいものが世の中に広がっていく現象について考察する。普及の速度を支配する要因、普及の3つの類型、クチコミの効果についてである。イノベーションの類型に関しては、非連続的イノベーション、連続的イノベーション、漸進的イノベーションの3つを区分する。

　第2節は、ロジャーズが提案した「革新の普及モデル」を紹介する。新製品を採用する人々が、採用の時期にしたがって5つのグループに分けられることが示される。後半部分では、普及のパターンを数理的に記述した「バース・モデル」を紹介する。製品の革新度とクチコミが、普及曲線の形状を決めることが説明される。

　第3節では、企業が新製品の販売予測に使用している3つの手法を紹介する。「テスト・マーケティング」、アーバン＆シルクの「アセッサー・モデル」、販売の「トラッカー・モデル」である。耐久消費財と消耗品では、累積普及率を予測するのか、それともトライアル（初期購入）とリピート（再購入）を区別して長期シェアを予測するのかで、アプローチがやや異なっている。

1──新しいものの普及パターン

　新しい製品やサービス、ファッションやトレンドなどが、時間をかけ

第9章 製品開発(2)：新製品の普及と予測

てしだいに世の中に浸透していく現象のことを、「革新の普及」（diffusion of innovation）と呼ぶ。「新しいもの」としての対象は、必ずしも製品やサービスなどのようなマーケティング現象に関わるものである必要はない。有機農法のような「方法」や「LOHAS」（Lifestyle of Health and Sustainability）のような「ライフスタイル」、米国大統領選挙の候補者の知名度や好意度のような「キャンペーン現象」も、革新の普及プロセスを分析する対象として考えることができる。

「イノベーション普及学」（theory of diffusion of innovation）は、もともと、次節で取り上げる「疫病（ペスト）」の流行や「言語（方言）」の地理的・時間的な広がりの研究にその起源を持つものである。新しいものが世の中に普及していくパターンは、医学や言語学など、より一般的な学問研究分野の枠組みの中で発達してきたものである。

革新が普及する速度と普及のパターンを支配しているのは、どのような要因なのだろうか？　例えば、「オピニオンリーダー」といわれる人たちは、革新の普及にどのように関与しているのだろうか？　以下では、普及の速度、普及の類型、クチコミの効果など、普及現象に関わる要因を順番に見ていく。

1. 普及の速度

普及の速度を決定づける要因について考えてみる。新しい製品やサービスが消費者に受け入れられるまでのスピードは、2つの要因によって支配されている。製品やサービスそのものの「魅力度」とクチコミなどによる情報の「伝播力」である。一般的にいえることは、時代を経るにしたがって、普及のスピードは加速していることである。

伝染病の例がわかりやすいだろう。ねずみなどの小動物が媒介役となって人から人へとウイルスが伝わっていく伝染病は、人類にとって大いなる脅威であった。しかし、伝染病の脅威は、過去の話ではない。最近では、人間に抗体のない新種の菌である「鳥インフルエンザ」のウイルスが、瞬く間に世界中に広がった。伝染病の伝播速度は、ウイルスの感染力と人的な接触の濃密度によって決まる。ウイルスの感染力も人間の接触頻度も、現代社会では、伝染病の伝播速度を速める方向に作用している。

しかし、ペストが流行したころは、普及のスピードはそれほど速くな

かった。13世紀にヒマラヤ山脈で発生したペストは、その後、モンゴル軍の西ヨーロッパ侵略によって欧州へ持ち込まれた。そして、貿易の中心であったコンスタンチノープル（現在のイスタンブール）を拠点にして、中東・ヨーロッパ各地に広がった。700年前には、不治の病といわれたペストが世界中に広がっていくまでには、なんと20〜30年という長い時間を要している（図表9.1）。

病気が伝播する仕方は、現代の疫病である鳥インフルエンザや新型インフルエンザも同様である。しかし、人間の往来がグローバルになり、国境を越えて人々が頻繁に接触するようになったので、そのスピードは格段に速くなっている。

新しい製品やサービスについても、その普及速度を決定づける要因は同じである。例えば、日本におけるインターネットの普及速度を見てみよう。ブロードバンドの本格的な普及に伴って、図表9.2のようにインターネットは一気に普及が進んだ。1997年には10％にも満たなかった人

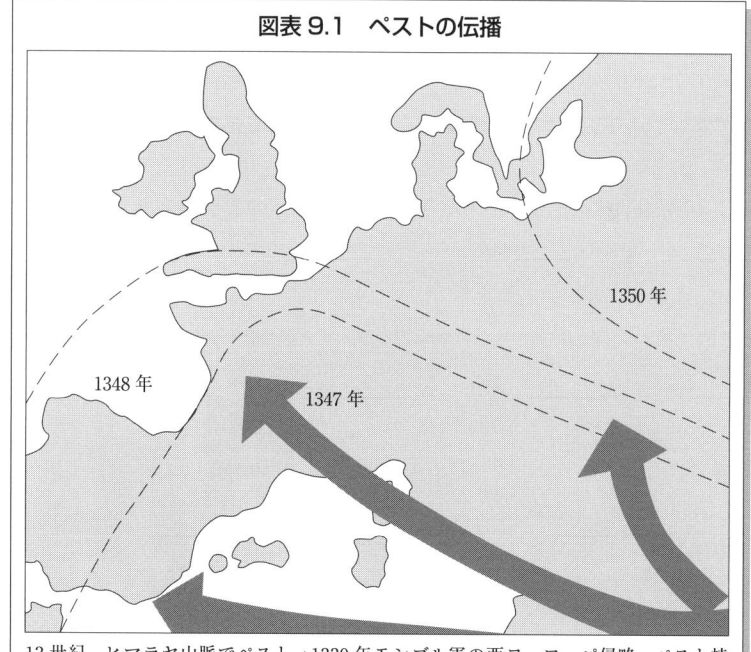

図表9.1　ペストの伝播

1350年
1348年
1347年

13世紀　ヒマラヤ山脈でペスト→1330年モンゴル軍の西ヨーロッパ侵略、ペスト持ち込む→1347年貿易の中心地・コンスタンチノープル（イスタンブール）でペスト→1350年までに中東・ヨーロッパ席巻→15世紀　再発〜16世紀　小休止→1665年「ロンドンの大疫」→1721年2度目の大流行、フランスで収束

口普及率が、わずか6年で60％を超えるまでに上昇している。

　これは、電話回線を利用したダイヤルアップ方式と比べて、ブロードバンド方式が通信速度の面で、圧倒的に利便性が高かったことによるものである。しかも、この時期に、課金システムが従量制から定額方式に切り替わっている。価格面でも、インターネットの普及を促すような方向に競争環境が変わったからである。このように、代替される技術や代替製品・サービスが、従来のものと比較して顧客の利便性やニーズに合致した場合に、普及の速度は速くなっていく。

　最近の例では、アップルが運営している"iTunes Music Store"の普及速度が、こうした状況を如実に物語っている。iTunes Music Storeは、パソコンを通じて好きな曲をダウンロードできるサービスである。家にいながらにして、1曲150円（アメリカでは99セント）で利用できる。CDと比較して利便性が圧倒的に高く、顧客の高い支持を受けている。サービス開始からわずか5年余りで、世界中で50億曲がダウンロードされている（2008年6月）。このような急速な普及は、新しい製品技術の「相対的な有利性」（relative advantage）が非常に高かったからである。[1]

　普及の速度は、技術や製品の相対的有利性だけで決まるものではな

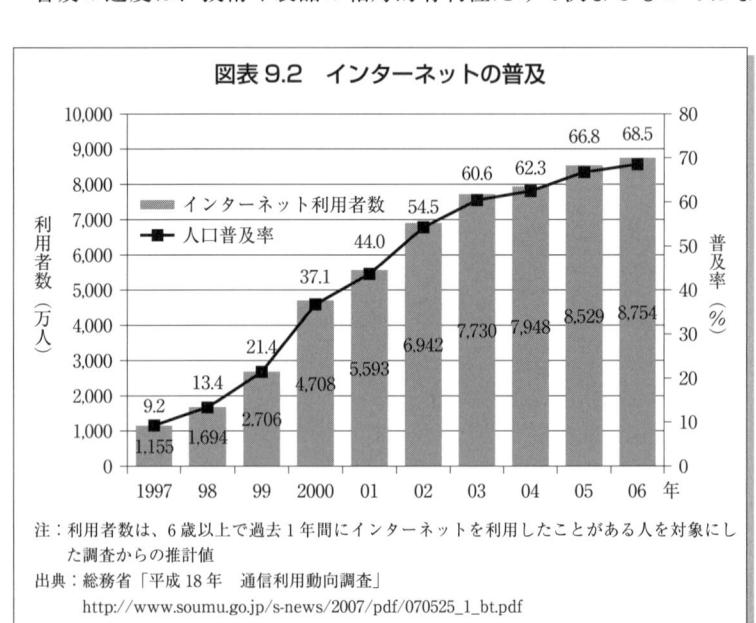

図表9.2　インターネットの普及

年	利用者数（万人）	人口普及率（％）
1997	1,155	9.2
98	1,694	13.4
99	2,706	21.4
2000	4,708	37.1
01	5,593	44.0
02	6,942	54.5
03	7,730	60.6
04	7,948	62.3
05	8,529	66.8
06	8,754	68.5

注：利用者数は、6歳以上で過去1年間にインターネットを利用したことがある人を対象にした調査からの推計値
出典：総務省「平成18年　通信利用動向調査」
　　　http://www.soumu.go.jp/s-news/2007/pdf/070525_1_bt.pdf

い。もし利用方法が非常に複雑で、使い方を理解するのに時間がかかるのであれば、インターネットや"iTunes Music Store"は、それほどの普及速度にはならなかっただろう。普及の速度を決めるもうひとつ別の要因は、新製品の「複雑性」(complexity)である。その他にも、IT技術に関連した普及に関しては、無料サンプルなどで試せるかどうかといった「試行可能性」(divisibility)、購入後の使用シーンが思い浮かべられるかどうかといった「観察可能性」(communicability)などが挙げられる。[2]

このように、新しい製品や技術が持つ特性によって、その普及速度は変わっていくのである。

2. イノベーションの類型

イノベーション(革新)は、3つの類型に分類することができる。革新的な技術進歩によって生まれる「非連続的イノベーション」、改良の積み重ねによって起こる「連続的イノベーション」、人々の生活様式に合わせてしだいに利便性が高まっていく「漸進的イノベーション」の3つの類型である(新宅　1994)。[3]

(1)非連続的イノベーション(discontinuous innovation)

「非連続的イノベーション」は、新しい技術の進歩によって、これまでにないまったく新しい製品やサービスが世の中に出現することによって生まれるイノベーションの形である。この場合は、真の革新が登場することによって、旧来型の技術や製品・サービスが完璧に破壊され、市場そのものが根本から変わってしまう。創造的ではあるが破壊的なイノベーションなので、競争環境や経済社会に与える影響は劇的である。

例えば、パソコンや携帯電話、液晶テレビといったまったく新しい製品を生み出す技術的なイノベーションがこの代表例にあたる。ここでは、パソコンの出現に大きな役割を果たした半導体のイノベーションに

1――アップルジャパンHP「iTunes Storeの楽曲販売件数、50億曲を突破」(米国報道発表資料抄訳) 2008年6月23日、http://www.apple.com/jp/news/2008/jun/23itunes.html.「iPod音楽配信、ジョブズ微笑み日本制覇　アップルコンピュータ」『アエラ』2005年8月15日号、22頁。
2――E. M. ロジャース／青池慎一・宇野善康訳(1990)『イノベーション普及学』産能大学出版部(Rogers, E. M. 198 *Diffusions of Innovations*, 3rd. ed., Free Press.)。
3――新宅純二郎(1994)『日本企業の競争戦略――成熟産業の技術転換と企業行動』有斐閣。

ついて見てみよう。

事例1：「ムーアの法則」　半導体の集積密度に関する法則として、有名な「ムーアの法則」（Moore's Law）がある。ムーアの法則は、「半導体の集積密度が約2年で倍増する」というものである。1965年にインテルの共同創設者ゴードン・ムーア（Gordon Moore）博士が発見した経験法則である。

1972年にインテルが発表したマイクロプロセッサ"8008"は、3500個のトランジスタを搭載していたが、"8086"（1978年）では2万9000個、"80286"（1982年）では13万4000個、"80386"（1985年）では27万5000個、"80486"（1989年）では120万個とその集積度を上げてきた。そして、2000年に発表された"Pentium4"では、なんと4200万個のトランジスタが集積されたのである（図表9.3）。こうした集積度向上は、微細加工技術の進歩によってもたらされたものである。当初は、10ミクロン（1ミクロン＝1/1000mm）であったプロセス技術は、"Pentium4"でナノレベルまで微細化され90ナノメートル（1ナノメートル＝1/1000ミクロン）になっている。

こうした技術の進歩によって、ひとつのチップに載せられる半導体の数が倍増し、パソコンの処理速度もそれに比例して飛躍的に高まった。ムーア博士が発見した法則にしたがって、現在もまだ、半導体の集積密度は約2年で倍増し続けている。

微細加工技術の進歩は、2010年ごろには、微細化そのものが原子レベルまで到達するため、ムーアの法則は通用しなくなるといわれている。ただし、この限界も新たなるイノベーションで解決されるかもしれない。その可能性を秘めているのが、原子から量子レベルへと進むコンピュータの実現である。現在、多くの研究者が量子コンピュータの実現に力を傾けているのも、新たなイノベーションによってこの限界をさらに打ち破るためである。[4]

(2) 連続的イノベーション（continuous innovation）

「連続的イノベーション」は、消費財の分野でしばしば観察される継続的なイノベーションである。革新的といわれる企業は、顧客のニーズに応えながら、絶え間なく製品やサービスに改良を積み重ねる。その場

---

[4] インテルHP「ムーアの法則　インテルのイノベーションが法則を維持」（2008年12月8日アクセス）http://www.intel.co.jp/jp/technology/mooreslaw/index.htm。

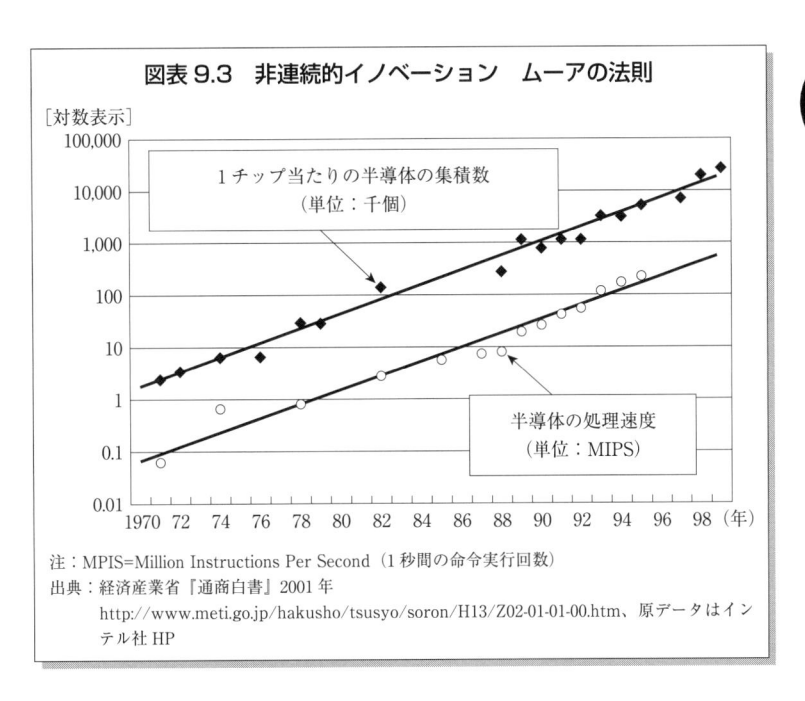

図表9.3　非連続的イノベーション　ムーアの法則

［対数表示］

グラフ内ラベル：
- 1チップ当たりの半導体の集積数（単位：千個）
- 半導体の処理速度（単位：MIPS）

注：MPIS=Million Instructions Per Second（1秒間の命令実行回数）
出典：経済産業省『通商白書』2001年
　　　http://www.meti.go.jp/hakusho/tsusyo/soron/H13/Z02-01-01-00.htm、原データはインテル社HP

合、製品や技術の革新性は決して高いものではないが、顧客のニーズに応えて、不断にイノベーションを実現させている。

　連続的イノベーションについて、2つの事例を見てみることにする。日本メーカーが得意とする「乗用車のモデルチェンジ」と、消費者の嗜好の変化に迅速に対応してきた「ビールメーカー」の事例である。

　事例2：本田技研工業「オデッセイ」のモデルチェンジ　車のモデルチェンジは、顧客の要望によって不断に改良が繰り返される。モデルチェンジをするたびに、乗用車は消費者にとって使い勝手がよくなり、価格がそれほど上昇するわけでもないのに、乗り心地や運転性能はしだいに向上していく。

　本田技研工業の「オデッセイ」は、1994年10月に新しいモデルとして市場に投入された。3列シートの新しいタイプのミニバンは、日本でも大ヒットを飛ばした。初代オデッセイは、車内の移動がしやすいようにコラムシフト（ハンドルの横にシフトレバーが装備）を採用していた。しかし、乗用車感覚で乗るには、通常のフロアシフトのほうが扱いやすい。そこで、1999年12月のフルモデルチェンジで、2代目オデッセイは、フロアシフトでありながら車内の移動も可能となるように、シフト

レバーを高い位置に配置することになった。3列シートの格納については、それまでの横に跳ね上げる形式を、床下にきれいに収まるように改良が施された。このように、ちょっとした改良によって、継続的に顧客の再購入を促すのが連続的イノベーションである。

3代目のオデッセイは、2003年のモデルチェンジで、ボタンひとつで自動格納できる電動床下格納シートに変わった。加えて、3代目オデッセイでは室内空間を広げながら立体駐車場に入庫できるように、車高を1550cmまで下げ、街乗りの利便性と走行性を大幅に高めている。本来、車高を低くしようとすると室内は低くなるし、室内空間を広げようとすると車は大きくなる。このように相反する条件がある場合にも、低い床・低い重心構造というイノベーションによって問題は解決されたのである。これは、燃料タンクの位置を移す工夫を施すなどで実現された。[5]

連続的イノベーションは、顧客のニーズを追求する中で、連続的な改良から自然に起きている場合もある。たばこや清涼飲料、アルコール飲料といった嗜好品の分野では、顧客の問題解決から連続的なイノベーションが生まれている。例えば、たばこの味わいを変えずにニコチンを減らしたり、清涼飲料水では味を変えずにカロリーを抑えたり、ビールの場合は、コクを増しながら渋みを減らしたり、そのやり方はさまざまである。

嗜好品分野での連続的イノベーションとして、キリンビールの「一番搾り」を例にとって見てみよう。

事例3：キリンビール「一番絞り」の製品改良　1990年3月、キリンビール（以下では、キリンと略記）は、当時シェアを伸ばしていた「スーパードライ」（アサヒビール）の対抗製品として「一番搾り」を発売した。キリンの一番搾りは、ビールの醸造過程で最初に流れ出る「一番麦汁」だけを使って、渋みが少なく、上品なコクとさわやかな喉ごし感のあるまったく新しいタイプのビールであった。その味わいは、多くの消費者に支持され、販売も好調に推移した。

しかし、時代の変化とともに、消費者はさらにより上品なコクとさわ

5──本田技研工業HP「四輪製品ニュース　オデッセイをフルモデルチェンジし発売」（2003年10月17日）http://www.honda.co.jp/news/2003/4031017-odyssey.html。

やかな喉ごし感のあるビールを望むようになっていた。そこで、キリンはビールの味わいとコクを増そうと試みた。しかし、味わいとコクを増すには麦汁を増やさなければならない。抑えていた渋みが増すという難題が、製品開発を担当している技術陣の前に立ちふさがった。消費者が求めていたのは、ビールの味わいとコクを増しながら、なおかつ、すっきりとした上質感の実現であった。

　相反する難題を克服するために、試行錯誤を重ねた結果、キリンはいままでにない革新的な製法を考えた。それが、麦汁を増やしつつ低温で濾過するというイノベーションであった。この製法、「一番搾り製法」は、ビールの味わいとコクを増しながら、渋みを抑えたすっきりとした上質感を実現させるというものであった。技術的なイノベーションにより、消費場面での相反する困難が克服され、顧客のニーズが満たされたのである[6]。

　このように、ひとつの欲求を満たそうとするとそれに伴ってひとつのことが犠牲になることが多い。この現象は、「トレード・オフ」（trade-off）と呼ばれる。そこで、両立し合えないトレード・オフ状況を乗り越えるためには、従来にないイノベーションが必要である。結果として顧客にとって新しい価値を生み、新製品の普及をさらに進めていくのである。

(3) 漸進的イノベーション（incremental innovation）

　「漸進的なイノベーション」は、生活様式の変化に合わせて新たな機能を加えたり、利便性を高めていくことで、生活者に新しいスタイルを提案していくタイプのイノベーションである。以下で紹介する、電子レンジの事例がその典型である。

　事例4：「電子レンジ」のイノベーション　　電子レンジは、1962年にシャープが日本ではじめて商品化した製品である。もともと、電子レンジは業務用に開発された製品であった。当初は高額だったので、現在のように一般家庭に普及するとは考えられていなかった。

　電子レンジが家庭で使用されるようになるには、技術的な進歩だけでなく、いくつかの社会的な条件が必要だった。最初は食に関するニーズの変化が引き金だった。冷たくなった食品を温める調理器としての利用

---

[6]──「一番搾り製法」（麒麟麦酒HP「製品ラインアップ」）http://www.kirin.co.jp/brands/IS/products/。

が求められた。その後は、女性の社会進出が本格的にはじまり、家庭で簡便に調理できる調理器具が必要とされた。また、電子レンジの普及に合わせて、おいしく食材が食べられるような冷凍技術の進歩も進み、一般家庭でも冷凍食品がふつうに食される習慣が生まれた。

電子レンジのイノベーションは、単に温める調理器に、まずは解凍機能が加わった。その後、オーブン機能が充実するとともに、利用の用途と範囲が広がった。初期の温めるだけの機能を持った電子レンジは、しだいに万能調理器としての電子オーブンレンジへと進化を遂げていった。

最近では、健康志向の高まりとともに、電子オーブンレンジに新たな機能が加わっている。それがシャープの「ヘルシオ」である。ヘルシオは、食品を高温の水蒸気で加熱する方式をとっている。加熱方式を採用することで、さらに、電子オーブンレンジに新たなイノベーションを起こした。加熱水蒸気によって、食品の余分な油や塩分を落としカロリーを抑え、加えてビタミンCやコエンザイムQ10といった栄養素の酸化も抑制し、顧客の健康志向ニーズに応えたのである（図表9.4）。

このように、いままでより便利な新しい生活スタイルを、何段階かのステップを踏んで提供していく革新行動が漸進的イノベーションである。電子レンジの出現は、食に関する人々のライフスタイルを変えることで、同時に、耐久消費財の買い換え需要を促進することにもなった。飽和状態の既存市場を活性化するという側面も担っている事例としては、電動歯ブラシがある。

事例5：電動歯ブラシの普及　　歯ブラシは毎日使うものである。マイナーな製品改良はあったが、長い間、特段のイノベーションがあったわけではなかった。市場は飽和状態にあったので、歯ブラシのメーカーとしては、競合他社製品からの買い換え需要を狙うしかなかった。

一方で、いつまでもきれいな健康な歯でいたいという消費者サイドの基本的な欲求は根強く存在している。そこで、歯ブラシのメーカーは、小さな改良でニーズに対応してきた。例えば、歯茎に傷がつかないようにブラシの先を丸く加工したり、奥歯まで毛先が届くように、柄の部分を曲げたり、ブラシの部分を小さくしたり、さまざまな改良が施されてきた。ただし、どの改良も手で磨くということには変わりはなかった。

1990年代に電動歯ブラシが登場した。電動歯ブラシは、もともとは高

図表9.4　漸進的イノベーション　電子レンジのケース

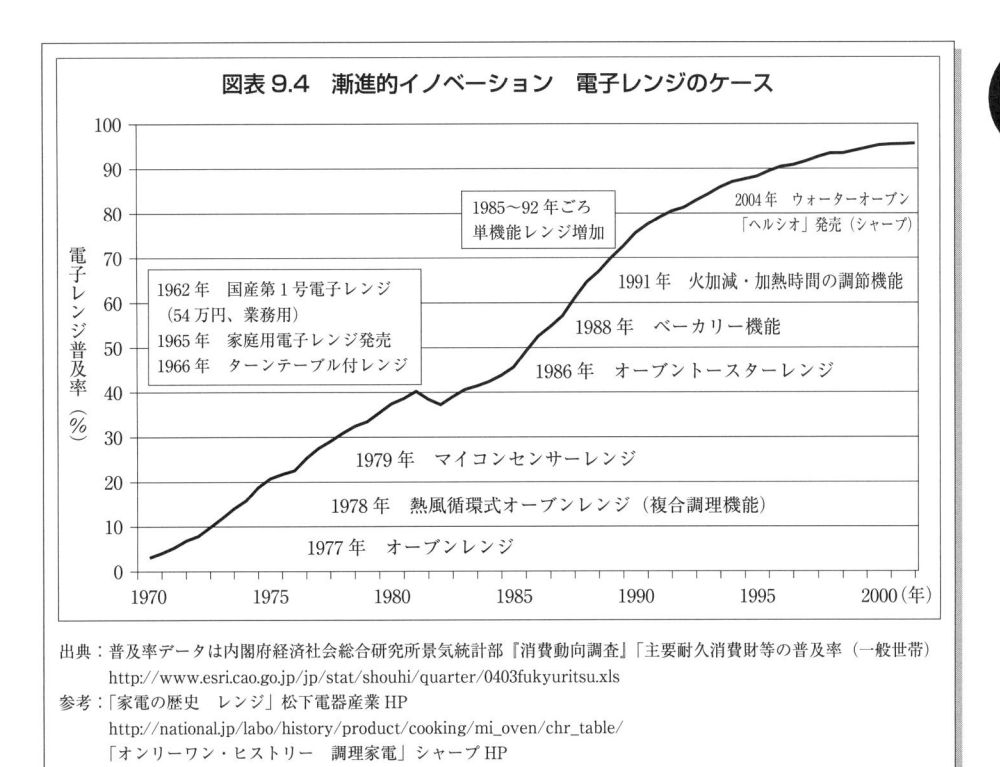

グラフ内の注記：
- 1962年　国産第1号電子レンジ（54万円、業務用）
- 1965年　家庭用電子レンジ発売
- 1966年　ターンテーブル付レンジ
- 1977年　オーブンレンジ
- 1978年　熱風循環式オーブンレンジ（複合調理機能）
- 1979年　マイコンセンサーレンジ
- 1985～92年ごろ　単機能レンジ増加
- 1986年　オーブントースターレンジ
- 1988年　ベーカリー機能
- 1991年　火加減・加熱時間の調節機能
- 2004年　ウォーターオーブン「ヘルシオ」発売（シャープ）

縦軸：電子レンジ普及率（％）　横軸：1970～2000（年）

出典：普及率データは内閣府経済社会総合研究所景気統計部『消費動向調査』「主要耐久消費財等の普及率（一般世帯）」
http://www.esri.cao.go.jp/jp/stat/shouhi/quarter/0403fukyuritsu.xls
参考：「家電の歴史　レンジ」松下電器産業HP
http://national.jp/labo/history/product/cooking/mi_oven/chr_table/
「オンリーワン・ヒストリー　調理家電」シャープHP
http://www.sharp.co.jp/corporate/info/history/only_one/denka/range.html

齢者や手に障害のある人たち向けに開発されたものである。しかし、長い間、飽和状態にあった歯ブラシ市場が、電動歯ブラシの登場で大きく変化することになった。

　電動歯ブラシは、人の手では実現できない「毎分6000～8000回」というスピードで上下左右に動く。電動モーターの力によって、歯と歯茎の汚れを隅々まで落とすことを可能にした。

　さらに最近では、「音波歯ブラシ」が登場している。歯を磨く速度は、電動歯ブラシの4～5倍の速さである。音波歯ブラシは、モーター部分にリニアモーターなどを使い、「毎分3万～4万回」という驚異的な速さでブラシを回転させる。歯ブラシを上下動して磨くのではなく、歯に当てて磨くというように磨き方が変化しているのである。

　ところでイノベーションはIT産業などのハイテク産業だけで起こっているわけではない。COLUMN-17は、ローテク産業の革新をリードする企業家たちとその商品の魅力を述べたものである。

COLUMN-17
ローテク3F産業の実力

　ネットビジネスで有利に事業を展開するには、最初にマスメディアに湯水のごとく大量に広告を投入し、最新の情報システムと大規模な物流網を整備する。大がかりに、しかも、グローバルに事業を立ち上げた後は、追随してくる競合との戦いに臨むことになる。

　しかしそれでも、ネット事業での先駆者利益は保証されない。ビジネス特許で守りをかためる以外に、参入障壁を築くうまい方法はないからである。しかも、苦労して獲得したビジネスのアイデアは、遅かれ早かれ、よりスマートな方法に代替されてしまう。一般人の7年が1年で過ぎてしまう世界で、寝食を忘れて日々働いているネット企業家たちは、だから、いつも不安で心の休まるひまがない。

　世の中には、ドッグイヤーと無縁な世界がある。それは、筆者が「ローテク3F（スリーエフ）産業」と名づけた事業領域である。フードビジネス（Food Business）、ファッションビジネス（Fashion Business）、フローラルビジネス（Floral Business）の3つのカテゴリーがそれである。

　この世界で働く企業家たちには、自らの事業に対する「スピード感」への渇望はあっても、ネット企業家のような「時間に対する焦燥感」はない。なぜなのか？　3F産業のリーダーたちは、自然な時間の流れ、すなわち、商品やビジネスが熟成するために必要な絶対的な時間によって守られているからである。

〈3F産業のリーダーたち〉
　具体的な企業家（会社／店名）の名前を列挙してみよう。
　フードビジネスでは、栗原幹雄（フレッシュネス）と渡邉美樹（ワタミ）と岩田弘三（ロック・フィールド）、ファッションビジネスでは、柳井正（ファーストリテイリング）と鈴木陸三（サザビーリーグ）と田谷哲哉（美容院TAYA）、フローラルビジネスでは、大山健太郎（アイリスオーヤマ）と井上英明（青山フラワーマーケット）。
　40代半ばから60代後半までと年齢に大きな開きはあるが、いずれも当世流のネット事業からやや離れたところで活躍しているベンチャー企業家たちである。彼らは、同じ業界で最低10～20年は働きながら、少なくとも一度ないし二度は、事業からの撤退や精算の崖っぷちを経験し

ている。若いころの失敗体験が、彼らにとっては知恵の源泉であり、貴重なエネルギー資産となっている。

３つの産業に共通する特徴は、(1)需要に流行と季節性があること（不確実性による制約）、(2)供給される商品が重さで量れること（物理的な制約）、そして、(3)サービス供給が人と場所を必要とすること（人的な制約）である。勘と経験、教育訓練が必要な世界であり、一夜にして成功の城を築くことができない。

３F産業における制約条件を、購買という視点からネットビジネスと対比してみよう。ネット上での買い物の優位性は、以下の５つであるといわれている。

(1)「速度」：いつでも即時に自由に店舗にアクセスできること
(2)「利便性」：店に出向かないで自宅や事務所で買い物ができること
(3)「価格比較」：さまざまな売り手間での値段が比較できること
(4)「品揃え」：無限の商品リストが検索できること
(5)「情報量」：大量で詳細な商品データが活用できること

すばらしい！　ネットでのショッピングは万能のように見える。が、本当に完全無欠だろうか？

〈店舗の優位性：買い物の楽しみ〉

つぶさに検討してみると、ネットが優位であると思われる機能特性には、ショッピングが持つ大事なベネフィットが欠落していることがわかる。それは、フィジカルな要素＝皮膚感覚の欠如である。確かに買い物を苦痛に感じる消費者に対して、ネットの機能は明確なベネフィットを提供する。しかし、実際に店舗に出向いて、見て、聞いて、感じて、触って、味わって、買い物を楽しみたい消費者に対して、現在のネット技術はほとんどアピールしない。店頭に陳列された商品が発する叫び"Go shopping! See me, hear me, feel me, touch me, taste me, and buy me!" というメッセージは伝わってこない。

電子商店街でのショッピングは、かなり上手にビジュアル要素を取り込んだモールではあっても、基本的には退屈な代物である。「利便性」は、われわれの五感を刺激しない。汗を流して売り場を歩きまわらないと、必要な「場の情報」は入手できない。不便さを耐え忍ばなければ、おいしい果実は味わえない。

買い物はギャンブルでもある。事前の「価格比較」は、商品との偶発的な出合いという驚きを奪ってしまう。驚きがないところに、真の喜び

はない。たくさんの商品がリストアップされていることは、本当に便利なことだろうか？ 売り場レイアウトと商品の棚陳列は、われわれの思考回路を暗黙理に誘導してくれる巧みな芸術作品である。限定された「品揃え」によって、商品選択はすばやく快適になる。詳細にすぎる「情報」は、最終選択を困難にしてしまうことさえある。

　ショッピングに対して、われわれは絶対的な「速度」を必要としているのだろうか？ 店頭で、あるいは、カタログに掲載された商品がすぐには入手できないことがわかった後で、商品の到着をしばし待つ長い時間の経過が、われわれに至上の喜びを与えてくれることがある。近未来に主役となる中高年は、時間を豊富に持った成熟した消費者たちである。速度の経済性は、高齢社会の到来によって、その重要性を失っていくはずである。

　企業側についても同じことが主張できる。ネットに対する熱狂が冷めてしまえば、ローテク３Ｆ産業の強みが見直されることになるだろう。投資の懐妊期間が長いことが、商品とサービスのコンテンツをより豊かなものにする。投資の安全性と参入の脅威を考慮すれば、ゆっくりと時間をかけて商品を作り込むほうがビジネス構築上も有利である。

　消費活動に投入される時間は、コストではない。消費者満足を生み出す源泉そのものである。

出典：小川孔輔（2000）「ハイテクをしのぐローテクの実力：成熟した消費者と商品サービスの熟成」『日経消費産業』。

3．オピニオンリーダー（opinion leader）

　イノベーションの普及に影響を与えるもうひとつの要因は、「オピニオンリーダー」の存在である。新しい製品を購入するにあたって、潜在的な顧客は、何らかの評判をもとに購入を決定することが多い。その場合、新製品の評判を形成する中心的な役割を担っているのが、オピニオンリーダーといわれる人たちである。

　後に述べるように、革新的な製品を最初に採用する人たち（初期採用者）がそれらの新製品を評価し、その評価が人を介して（クチコミで）後々の採用者に広がっていく。良い評判も悪い評判も、この人たちの意見によって世論が評価されていく。新しい製品の評価が定まらない中で、初期に製品を購入する初期採用層が、後々の普及にも大きな影響を

与えているのである。彼ら彼女たちの製品に対する評価は、新製品のその後の売れ行きを大いに左右する。

例えば、オピニオンリーダーから良い評判を聞くと、多くの顧客はその評判をもとにその新製品を試そうとする。とくに、オピニオンリーダーがその分野に精通していて、豊富な知識や情報を持っている人であれば、影響力はなおさら大きくなる。企業は、場合によっては、オピニオンリーダーになりうる人たちに頼んで、自社製品の推奨広告に登場してもらうなどをする場合もある（第3章コエンザイムQ10AAの事例）。

自動車などの高額商品の場合は、自動車評論家の試乗レポートや周りの評判などが購入の大きな決め手になることも多い。もし、それが悪い評価だったり、周りの評判が良くなければ、商品が高額であればあるほど購入を見合わせる可能性は高くなるだろう。消費者のリスク回避行動の現れである。

オピニオンリーダーとは別に、「ゲートキーパー」（gate keeper）といわれる人たちも存在している。特定の分野で、新しい製品やライフスタイルの紹介者となる人物である。代表的な例は、テレビタレントの「みのもんた」である。彼がテレビ番組で話題にした新商品や新カテゴリー、例えば、健康食品などは、テレビ放映のその日に店頭から商品が消えてしまうくらいの人気になる。

海外でも、ゲートキーパーがいることが知られている。米国のライフスタイル提案者で、日本ではかつて無印良品とブランド提携をしていたマーサ・スチュアート、イギリス王室でロイヤルウエディング（故ダイアナ妃とチャールズ皇太子のブーケ）を担当したフラワーデザイナーのジェーン・パッカーなどが、そうしたゲートキーパーの代表的な人物である。

最近では、さまざまな市場ごとに、その市場に精通したオピニオンリーダーの意見や製品の評判を集めたサイトも登場している。「オールアバウト：All About」（http://allabout.co.jp）は、携帯電話、パソコン、デジタルカメラ、各種家電、語学学校などあらゆる分野で、「その道のプロがあなたをガイド」と掲げ、サイト全体がオピニオンリーダーの役割を果たしている。ある分野に精通し中立的な立場にある人が実際に利用した印象を述べ、それが評判となって新製品の普及に大きな影響を与えているのである。ネット・コミュニティサイトの中では、自然な形で

評判が作られ、その道のオーソリティが登場する場合もある。[7]

4. クチコミ（WOM：Word of Mouth）

　製品の良さを知ってもらうには、その製品を実際に使ってもらい、その体験を生の声として発信してもらうことが重要である。それが、新規購入する際に大きな役割を果たすことがある。上述のオピニオンリーダーの存在は、それだからこそ大きいのである。広告やコマーシャルでのベネフィット訴求は、あくまでも企業側から見た便益を告げているにすぎない。顧客の製品購入や使用体験ではじめて、顧客側から見た製品の価値がわかる。

　新製品についての使用経験が人づてに伝わるのが「クチコミ」である。クチコミは、消費者による情報伝達であるため、企業が行うプロモーションによる情報伝達のようにバイアスがかかっていない。ある程度の客観性と中立性が保証された情報である。つまり、消費者にとっては、クチコミのほうが情報の信頼性が高いということになる。

　クチコミも、最初に採用した数人が評価を口伝えで周りに広め、さらにその評判を聞いてねずみ算的に情報の輪が広がっていくといった形態をとっていた。時間の経過とともに、市場全体へはクチコミで評判が広がっていた。しかしながら、インターネットが急速に普及した現在では、クチコミの評判はサイトを通じて、不特定多数に一気に流れる傾向にある。実際、こうしたクチコミサイトが顧客の支持を集め隆盛しており、企業もその動向を注視しなければならない状況になってきている。

　例えば、化粧品のクチコミサイトで有名な「アットコスメ：@cosme」（http://www.cosme.net/）は、利用者に化粧品のことなら何でもクチコミしてもらい、顧客はそのクチコミ情報から自分に合っている化粧品かどうかを判断している。それが、結果的に化粧品の購買行動に大きく影響を与えるようになっている。顧客の立場からすれば、購買行動の判断材料として、実際にその化粧品を利用した数多くの利用者から生の声を聞くことができる。しかも、こうしたサイトには、数多くの利用者からの意見が書き込まれている。アットコスメのクチコミ数は、680万件を超えている（2009年4月14日現在）。

7——村本理恵子、菊川暁（2003）『オンライン・コミュニティがビジネスを変える——コラボレーティブ・マーケティングへの転換』NTT出版。

インターネットの普及によって、ネットを介してのクチコミの影響力は飛躍的に大きくなっている。企業としても、単なるクチコミサイトの評判であるということでは片付けられない。実際、アットコスメのクチコミサイトは、膨大なクチコミ数やそれらの情報を得ようとする顧客からのアクセス件数の増大によって、各化粧品メーカーからも注視されている。新製品の発売にあたって、化粧品のリサーチサイトとしての役割を期待されている。実際に化粧品関連の企業と、調査上での提携も行われている。

なお、ネット上の情報の伝播に関して、最近では理論的な研究も行われている。例えば、ダンカン・ワッツ（2004）は、ネットを仲介して人と人を結びつけるのには、わずか6段階で情報が伝わるという仮説「六次の隔たり」（six degrees of separations）を提示している。実際に、米国での実験の例を挙げている[8]。

また、ネット上での情報の広がりは、オピニオンリーダーのような人が「ハブ」の役割を果たすことが知られている[9]。日本でも、オンラインゲームのマーケティング研究者（野島 2008）が、対戦ゲームの普及に関して、実証的な研究を試みている[10]。

COLUMN-18は、わたしたち日本人が、ネット環境の変化で文章の書き方を変えるかどうかの研究成果である。ふだん使う漢字の採用の仕方が、手で書く場合とワープロを使って書く場合とで異なるという発見である。

8——D. ワッツ／辻竜平、友知政樹訳（2004）『スモールワールド・ネットワーク——世界を知るための新科学的思考法』阪急コミュニケーションズ（Watts, J. D.（2003）*Six Degrees: The Science of a Connected Age*, Norton）。「六次の隔たり」（six degrees of separations）は、米国の心理学者スタンレー・ミルグラムによって1967年に行われた「スモールワールド実験」が最初の研究である。ダンカン・ワッツは、これを電子メールで実験した。

9——E. ローゼン（2002）では、こうして情報のハブの役割を担っている人間を、「ネットワーク・ハブ」と呼んでいる。ネット上のクチコミなどの情報がどのように広がるかは、ハブの結合の仕方によるところが大きいことがしだいに明らかになりつつある。

10——野島美保（2008）『人はなぜ形のないものを買うのか——仮想世界のビジネスモデル』NTT出版。

COLUMN-18
体感的漢字論：
手で書く漢字とワープロを使って選ぶ漢字

　自分の専門と少し離れた分野の共同研究者を持つことは、研究の幅を広げる上で欠かせないことである。知的な刺激を受けるという意味でも、それは大切なことである。そんな楽しい驚きを、日経広告研究所が主催する「ブランド連想分析研究会」（小川座長）の例会で経験することになった。

　専門がやや遠い共同研究者とは、国立国語研究所の横山詔一教授（言語社会心理学者）のことである。横山先生の研究成果は、『言語』「特集：言語にとって文字とは何か」（2004年8月号）に収録されている。

　ブランド連想研究会では、従来からの方法を踏襲して、訪問面接調査法で連想データを集めていた。その研究成果は、小川孔輔他（2002）「ブランド連想研究（上・下）」『日経広告研究所報』で紹介されている。面接調査の典型的な事例を、以下で示すことにする。

　現在進行中の研究プロジェクトでは、「携帯電話（キャリア＝サービス提供会社）」からの連想語を集めている。調査員が回答者の自宅を訪問し、データを集めてくるときの質問内容は、例えば、「docomoと聞いて何を連想しますか？」という具合になる。回答者は、「携帯電話、高い、NTT、iモード、加藤あい、CM、メール、フォーマー、広末涼子（実際の順番）」などの言葉（事柄）を挙げていた。同様に、競合ブランドの「au」「Vodafone」「Tu-Ka」（2004年当時）にも、同じ項目を使って連想語をとっている。平均4個くらいの連想語が挙がってくる。ちなみに、連想数が一番多いのはdocomoで4.7個、連想数の最低はTu-kaで3.0個である（2004年6月ネット調査）。

　容易に想像できることだが、この方法には費用がかなりかかる（100万円単位）。また、調査員が記入した調査票を再度データとして入力しなければならない。手間がかかるし、分析が終わって結果がわかるまで、ずいぶんと長い時間を要する。

　そこで、03年度からネット調査（InfoPlant社：現ヤフーバリューインサイト社）を利用することにした。直近の調査では、サンプル数が500人。そのうち半分の人には、4カ月の期間（2月と6月）をおい

て、2回連続してほぼ同じブランドに対する同じ質問に回答してもらっている。

ネットユーザーに対して、ブランド（刺激語）からの連想を自由記述してもらうことに、実は心配が2点ほどあった。ひとつは、ネットユーザーの特性に関わることである。若くて情報に敏感な層に、調査対象者が偏りそうだった（この点について、InfoPlant社の場合は男女年齢が適当に割り付けられるので問題はなかった）。もうひとつは、情報機器を経由して連想語が入力されるので、いちいち面倒くさいなどの理由から、面接調査のときに比べて連想語の数が減りそうだった。

われわれの懸念は杞憂であった。ネット調査でも、面接調査とほぼ同様な結果が得られた。それどころか、自由連想をネット経由で収集することには、「回答者が自分の言葉を直接入力する」という"参加特性"から、大いにプラスの面があることがわかった。

ネット調査の一番の利点は、スピードと正確な漢字変換にある。面接調査では、面接員が聞き取りで書くので、途中で連想を止めてしまう場合がある。ネット調査では人が間に介在しないので、時間的な切迫感がない。その分、被験者は余裕を持って連想語が入力できる。また、日本語では、同じ読みに対してさまざまな漢字（かな）が対応している。情報機器（ワープロ機能）を通して、回答者が自分で漢字を選択できるので、変換結果はより正確なものになる。連想語を後に分類集計するときに、情報機器からのデータであることで、漢字の選択頻度に不規則性（ブレ）がなくなるので有利である。

横山先生が指摘するように、ネット調査は"書く漢字"でないという強烈な特性を持っている。想起される連想語は、視覚的な好み（形やデザインに対するなじみや好き嫌い）に左右される。"好き嫌いで選ばれる"という視覚特性を持っていることに配慮しておけば、比較的安定した調査データが収集できることがわかった。

横山先生の研究の一部をここで紹介してみたい。エッセンスは、手で書く漢字と情報機器を使って選ぶ漢字とでは、漢字の選ばれ方が違うというものである。「見て書ける時代」の漢字文化の姿を展望した論文である。

研究論文の中では、文化庁が毎年実施している「国語に関する世論調査」（全国標本：平成14年）と「ネット利用者を対象とした調査」（InfoPlant社パネル標本：平成15年実施の独自調査）を同じ項目で比

較している。やや長くなるが、両方の調査で使用された調査項目とその結果を再掲してみたい。質問(1)は、全国の標準的なサンプル(文化庁)とネット利用者(独自調査)にたずねている。

(1)漢字に対する意識の違い
　問「あなたは漢字について、どのような意識を持っていますか？」(左が文化庁調査N＝2200、右がネット調査N＝512、女性のみの回答率)
　　(ア)日本語の表現に欠かすことができない大切な文字である。(71%＜88%)
　　(イ)日本語の表記を難しくしている文字である。(12%＞7%)
　　(ウ)漢字を覚えるのは大変なので、なるべく使わない方がよい。(4%＞1%)
　　(エ)漢字を見るとすぐに意味が分かるので便利である。(61%＜75%)
　　(オ)ワープロなどがあっても、漢字の学習はしっかりやるべきである。(38%＜75%)
　　(カ)ワープロなどがあるので、これからは漢字を書く必要が少なくなる。(3%＜8%)
　　(キ)漢字の使い方についてかなりの自信がある。(9%＜20%)
　　(ク)漢字の使い方にあまり自信がない。(22%＜40%)
＊結果の解釈(小川の主観入り)：
　ネットを頻繁に利用している人は、漢字擁護論者である。漢字の大切さがよくわかっている。また漢字が好きなことがよくわかる。「漢字を書かなくなるので、ワープロは漢字への無関心を助長させる」と考えられてきた。それは間違いであった。毎日文章を書いていると(選んでいると)、「漢字へのなじみ」(横山先生の表現)が醸成されることになる。漢字文化にとっては、手で書いていたときとはまた違った「新しい感覚と文化」を生み出す可能性がある。そのように横山先生は主張している。

(2)書く漢字と選ぶ漢字
　同じ漢字ではあっても、旧漢字(異体字)がある場合には、年齢によって好きな漢字が違うらしい。以下は、横山先生が実施したネット調査の結果である(InfoPlant社が調査実施)。
　問「以下のふたつの漢字(読みと意味が同じペア)を見て、どちらが

使いたいか、ワープロで文章を書く場合を想定してどちらかの漢字を選んでください」

 1 観 觀
 2 潅 灌
 3 会 會
 4 桧 檜
 5 経 經
 6 頚 頸
 7 亜 亞
 8 壷 壺
 9 竜 龍
10 篭 籠　（以下は省略）

＊答えの解釈

　1〜10の選択肢の右側が「旧漢字」である。常識的に考えれば、相対的には年寄りが旧漢字を選びそうなものである。結果はそのようにはなっていなかった。括弧内は、旧字体を選択した人の割合で、左から順に20代、30代、40代、50代である。

　 1　觀　（ 1%　 2%　 0%　 0%）
　 2　灌　（58%　58%　47%　36%）
　 3　會　（ 4%　 6%　 3%　 4%）
　 4　檜　（68%　58%　42%　31%）
　 5　經　（ 3%　 3%　 3%　 3%）
　 6　頸　（59%　58%　48%　41%）
　 7　亞　（ 1%　 2%　 2%　 1%）
　 8　壺　（49%　39%　40%　23%）
　 9　龍　（79%　81%　73%　69%）
　10　籠　（87%　85%　71%　62%）

　「4　桧と檜」のペアに典型的に見られるように、若い人は、旧漢字の「檜」を選んでいる。新聞雑誌メディアの慣行で、常用漢字（「3　会」「5　経」「7　亜」）が存在している場合以外については、旧漢字を新聞などで使用してきた（「2　灌」や「9　龍」）。そのために、「見慣れた、なじみのある」漢字が選ばれる傾向があった。

　結果を見てわかるように、旧漢字を選ぶ比率は、年代とは逆の傾向が

見られる（2、4、6、8、9、10）。つまり、若い人は意外と旧漢字を選んでいる。年齢層が高くなると、かつて書くことを強制された経験があるせいか、旧漢字を避ける傾向がある。若い世代は、デザインの好みやなじみで漢字を選択する。書けるかどうか、書きやすいかどうかにはもはや制約を受けない世代なのである。

出典：横山詔一（2004）「文字処理の認知科学」『言語』、および横山詔一（2004）「漢字環境学と情報通信政策」（ソウル国際学術学会：漢字文化圏における漢字教育および漢字政策：予稿集）。

2──革新の普及モデル

1.革新の採用過程

　本節では、新製品の採用プロセスについて考えてみる。顧客が新しい製品を採用するかどうかは、最終的にその製品に対して好意的な態度を形成できるかどうかによって決まる。実は、採用の仕方、とくに採用のタイミングについては、人によって大きく異なっていることが知られている。

　革新的な新しい製品を購入する場合、顧客はまずその製品についての知識を獲得することが必要である。積極的な顧客は、製品に関する知識を自らが進んで獲得しようとするが、そうでない層も存在する。受け身の顧客に対しては、企業は彼らに向けてコミュニケーションをとり、製品についての知識を伝える努力をしていかなければならない。

　そのためのテレビや新聞、雑誌などのマス媒体を中心としたプロモーション活動は効果的ではあるが、多大なコストがかかる。そのため企業は、最近ではインターネットによるコミュニケーション効果に大きな期待を寄せている。ネットに対する広告費が増大している理由である（第12章を参照のこと）。

　新製品に対する知識を得たところで、消費者はその製品が自分のニーズに合致しているかどうかを判断する。そのために、多様な情報源から情報を得ようとする。情報のソースは、オピニオンリーダーからの評判

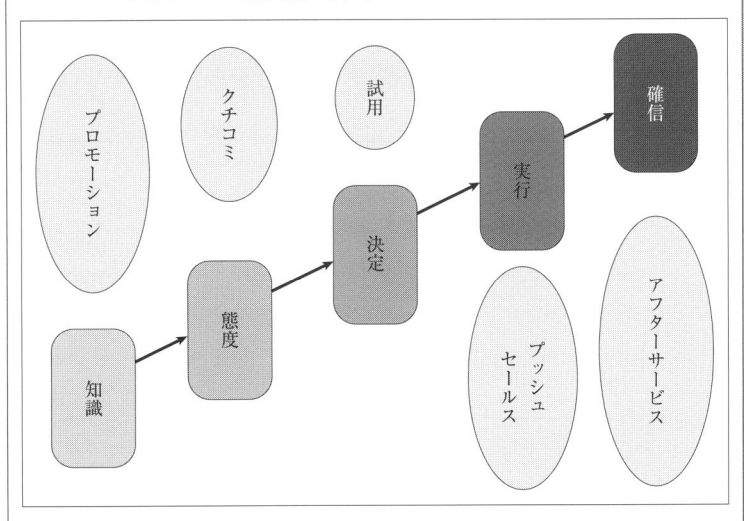

図表9.5　新製品の採用過程と影響を与える要因

知識 → 態度 → 決定 → 実行 → 確信

影響要因：プロモーション、クチコミ、試用、プッシュセールス、アフターサービス

出典：桑原武夫（1992）「新製品の採用と普及のモデル」大澤豊編『マーケティングと消費者行動』有斐閣、185頁より加筆作成

だったり、クチコミ情報だったりする。それらの情報を総合的に判断して、新製品を採用するか否かの態度を形成する。この段階では、周囲にいる情報発信者の影響をかなりの程度、大きく受けることになる。

その前に、住宅や自動車といった高額な耐久消費財の場合、顧客は自らが抱く不安やリスクを少しでも取り除こうと、展示場やショールームなどを何度も訪れたりする。店員から得た知識と情報を、マスメディアやクチコミからの情報と突き合わせて確認していく。最終的に採用となれば、その決定に基づき購買行動へと移る。顧客は、新製品の購入後も自分の決定が正しかったことを確信しようと、周囲からの肯定的な意見を探そうとするのである（認知不協和理論）。

自動車の購入後には、販売店のスタッフから「お客様の選んだ車は本当にいいですね。さすがですね。色も最高ですよ！」といった風に顧客の決定を肯定する一言を添えるだけで、顧客は安心するのである。このように、顧客に自分の決定が正しかったことを確信してもらうことが、次回の購買行動にもつながるのである。

図表9.5は、新製品の採用までのプロセスを、図式的に表したものである（桑原　1992）。製品知識の獲得から、態度形成、購入決定、購買

実行、購買後の確信に至るまでの過程を、中間段階で影響を与える企業のマーケティング活動と対比させた図である。[11]

2. 革新の普及モデル 1：ロジャーズ・モデル（Rogers model）

新製品の採用を説明するためのモデルは、2種類ある。人によって採用のタイミングが違うことを説明している「革新の普及モデル」と、普及のパターンを数理的に表現した「バース・モデル」である。

ここではまず、ロジャーズ（Everett M. Rogers）の「革新の普及モデル」にしたがって、採用のタイミングの違いを説明する。ロジャーズのモデルは、新製品の普及がどのような経過をたどるのかを、採用決定時期をもとに示したものである。新製品を採用するタイミング（決定時間）の違いをグラフに表現すると、一般には図表9.6のような正規分布をすることが知られている。

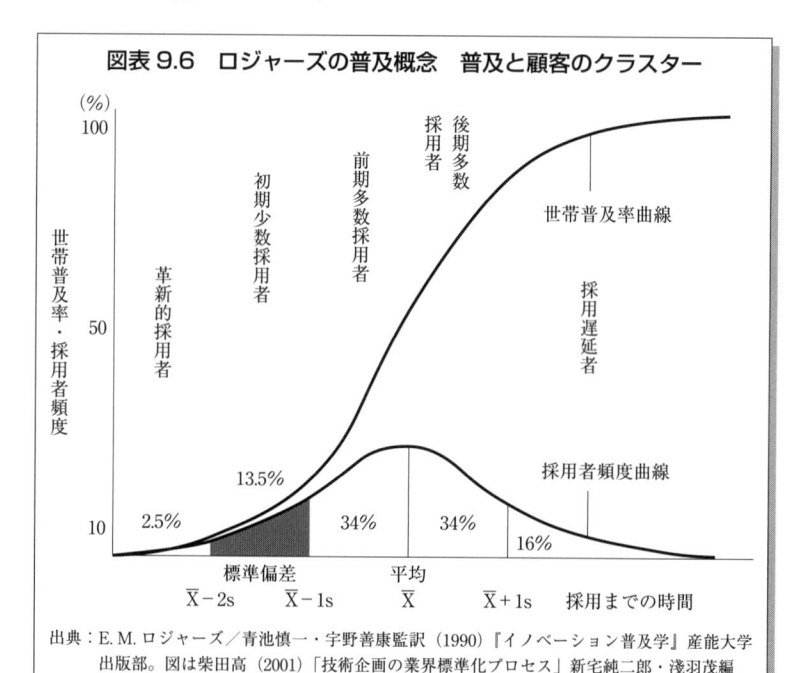

図表 9.6　ロジャーズの普及概念　普及と顧客のクラスター

出典：E. M. ロジャーズ／青池慎一・宇野善康監訳（1990）『イノベーション普及学』産能大学出版部。図は柴田高（2001）「技術企画の業界標準化プロセス」新宅純二郎・淺羽茂編『競争戦略のダイナミズム』日本経済新聞社より引用

11——桑原武夫（1992）「新製品の採用と普及のモデル」大澤豊編『マーケティングと消費者行動』有斐閣、185頁。

採用時間の平均値（$\bar{X}$）から、標準偏差（±1s）までの採用者が「多数採用者」である。この時期の採用者だけで、採用者全体の68％を占めている。この多数採用者は、$\bar{X}$–1s〜$\bar{X}$までの範囲にいる「前期多数採用者」（early majority）と、$\bar{X}$〜$\bar{X}$＋1sまでの「後期多数採用者」（late majority）に分かれる。また、$\bar{X}$–2s〜$\bar{X}$–1sの時期に採用を決める人は、「初期少数採用者」（early adopters）と呼ばれる。それ以前の〜$\bar{X}$–2sの時期の採用者を決めるのは、「革新的採用者」（innovator）である。それとはまったく逆で、最後まで新しい製品には飛びつかない人たち、$\bar{X}$＋1s〜時期の採用者は、「採用遅延者」（laggards）という。
　このように、ロジャーズは採用時期によって、採用者のタイプを全部で5つに分類している。以下では、採用者を時間的に分類するという考え方をもとに、新製品の普及過程を時間軸に沿って見ることにする。
　新製品が市場に投入されると、最初に革新的採用者によって製品が試される。ごく少数の革新的採用者たちは、革新的な新製品が市場に出るとすぐに試したくなる人たちである。実際、新しいパソコンが出るとすぐに購入する新しもの好きの男性や、新しい化粧品のブランドが発売されると即時に商品を使ってみようとする女性たちがいる。こうした人たちが典型的な革新的採用者である。しかし、革新的採用者は、製品カテゴリーによって異なっているかもしれない。それどころか、パソコン購入のイノベーターが、書籍や車の購入では多数採用者（フォロワー）になることなども、しばしば起こる。
　革新的採用者は、評価がまだ定まっていない状況で新製品を購入するため、製品に対する未知のリスクを経験する。それに加えて、発売当初はどの新製品も値引きなどをほとんど行わないため、購買層はお金に余裕のある富裕層が多い。この傾向は、高額商品であればあるほど高い。したがって、いずれのカテゴリーでも、革新的採用者は2.5％というごく限られた数しかいない。
　その後、時間の経過とともに、初期少数採用者が現れる。初期少数採用者と呼ばれる人たちは、新製品の普及にとってもっとも影響力が大きい。というのは、この層の人が、オピニオンリーダーになりやすいからである。初期少数採用者は、実際に新製品を採用し使用することでその評価をする。それが、クチコミなどによって未採用者へと情報伝達されていく。

この段階で良い評価が得られれば、潜在顧客の中ではまだ多数派を占める未採用者の購入につながるので、普及の速度は加速される。それとは逆に、悪い評価が立ってしまえば、普及の速度は大幅に落ちてしまう。初期少数採用者から良い評価を受けるかどうかが、普及のスピードを決める鍵となる。なお、初期少数採用者は、全体の13.5％を占めるといわれている。

さらに普及が進んでくると、人から人への情報の伝達や雑誌などマス媒体からの情報入手によって、新製品に対する一般的な知識が増すことになる。つまり、発売当初の新製品に対する未知のリスクが、時間とともにしだいに減じてくる。一般に広がりはじめた新製品についての知識をもとに、顧客は価値判断をして購入を決める。早くに採用を決めた人たちが前期多数採用者であり、全体の約3分の1の34％を占める。一方、多くの人は、他の人たちの動向を見てからようやく採用に至る。これが後期多数採用者である。前期と同様に、全体の約3分の1の34％を占めている。

多数の人たちが採用したにもかかわらず、最後まで採用を決めかねている人たちがいる。特別なこだわりを別にすれば、音楽の収録が、レコード盤からCDへ代わるときに、最後までレコード盤を使っていた人たちである。カメラがフィルムからデジタルへと代わるときに、最後までフィルムカメラだった人たちなども、一定程度いたはずである。このような人たちは採用遅延者と呼ばれ、全体の16％を占める。この時期になると普及の速度は落ちていく。

このように、ロジャーズは、新製品の採用段階をもとに、消費者を5つに分類したのである。革新的な新製品は、慣れ親しんだ既存製品から代替するのに、それなりに時間がかかる。しかしながら、こうして見てきたようにこのような状況の中でも、いち早く革新的な新製品を試してみようとする人たちや、それとは逆に、最後まで既存の製品に愛着を持って新製品への採用が遅れてしまう人たちなど、さまざまな人たちがいることがわかる。

3. 革新の普及モデル 2：バース・モデル(Bass model)

革新のプロセスを、もう少し数理的に表現したのが「バース・モデル」（Bass Model）である。ここでは、バース（F. M. Bass）の提案し

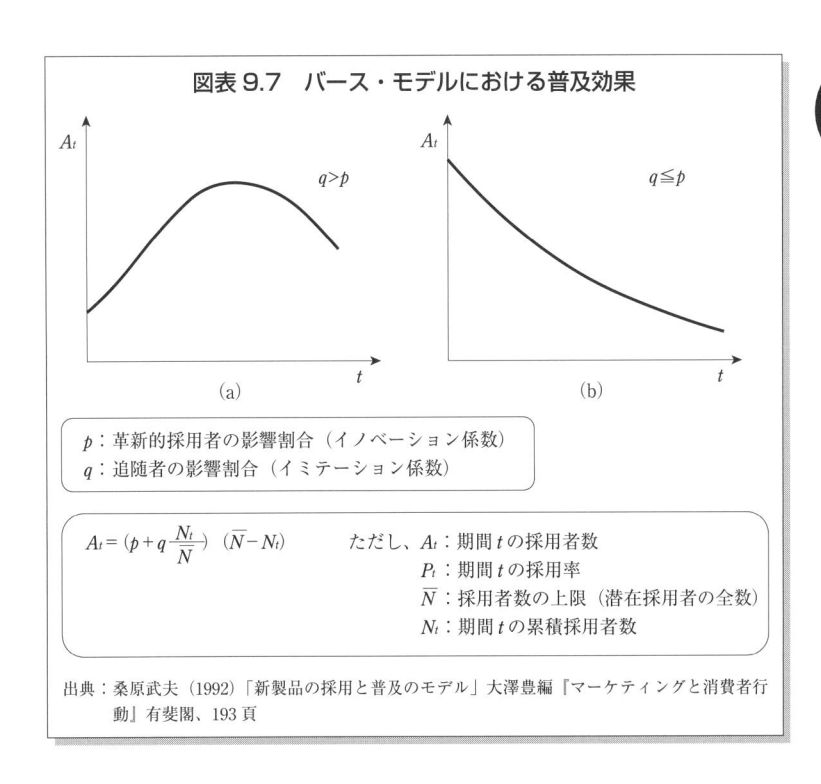

図表9.7 バース・モデルにおける普及効果

(a) $q>p$ のグラフ、(b) $q\leqq p$ のグラフ

p：革新的採用者の影響割合（イノベーション係数）
q：追随者の影響割合（イミテーション係数）

$$A_t = \left(p + q\frac{N_t}{N}\right)(\overline{N} - N_t)$$

ただし、A_t：期間 t の採用者数
P_t：期間 t の採用率
$\overline{N}$：採用者数の上限（潜在採用者の全数）
N_t：期間 t の累積採用者数

出典：桑原武夫（1992）「新製品の採用と普及のモデル」大澤豊編『マーケティングと消費者行動』有斐閣、193頁

たバース・モデルをもとに、新製品の普及パターンについて考えてみよう[12]。

製品の普及パターンには、大きく分けて3つのパターンがある。ひとつは、一時的な流行で販売が急激に伸び、その後は急速に萎んでいくパターン。これは、「ファッド」（fad）と呼ばれる。もうひとつは、穏やかな普及過程をたどるもので、累積採用者数のグラフを描くと、「S字型カーブ」になる普及プロセスを経験するパターンである。最後は、普及速度が鈍化したかに見えたものが、何らかの影響で普及の速度が再び増してくるものがある。これは、製品の再活性化などで復活を果たすような「復活の普及パターン」である（製品のライフサイクルの項で詳述）。以上、3つのパターンがある。

---

[12] オリジナルの論文は、Bass, F. M.（1969）"A New Product Growth Model for Consumer Durables," *Management Science*, 15, pp. 215–227。その紹介は、桑原（1992）、前掲書、片平秀貴（1987）『マーケティング・サイエンス』東京大学出版会、古川一郎、守口剛、阿部誠（2003）『マーケティング・サイエンス入門——市場対応の科学的マネジメント』有斐閣。

バース（1969）は、新製品の潜在的採用者として、2種類の消費者を想定した。自らの意志によって新製品を初期段階で採用する「革新的採用者」と、普及の様子を見ながら採用を決めていく「追随者」の2種類の採用者である。革新的採用者は新製品の普及を先導する役割を果たし、追随者はその影響を受けて普及に関わることになる。

バースのモデルは、革新的採用者の影響度合いから、図表9.7（a）（b）のように、その普及には大きく2つのパターンが見られることを示した。グラフ（a）は、上述の累積普及のグラフで「S字型カーブ」を描くパターンである。グラフ（b）は、初期のころに急速に立ち上がるパターンである。一時的な流行（ファッド）になるかどうかは、立ち上がりの大きさと、その後のクチコミの大きさの程度による。

普及のパターンが、(a)(b)のどちらになるかは、革新的採用者から追随者への影響、すなわち「模倣の定数」（クチコミの影響度）といわれる（q）と、「革新の定数」（製品のインパクト）といわれる（p）の大小によって決まる。「クチコミの影響度」（q）が「製品のインパクト」（p）を上回っていれば、追随者が時間をかけて革新者の影響を受けるので、新製品は緩やかなS字曲線を描いて普及していく（$q>p$）。

それとは逆に、$q \leq p$のような状況では、革新的採用者が初期段階で採用をするほうが、その影響を受けて追随者が採用者に変わる割合よりも大きい。したがって、その場合は、新製品は初期に早い立ち上がりを見せる。それが、一時的な流行になるかどうかは、革新の程度とクチコミに依存する。

いずれにせよ、どちらのパターンを描くかは、製品や技術に固有の革新性と模倣の程度によるものである。この両方に、メディアによるマスプロモーションとネット上のクチコミなどのパーソナルコミュニケーション要因が絡んでいる。バース・モデルの数理的な説明は、片平（1987）や古川、守口、阿部（2003）などを参照されたい。

最後に、全体的な市場の広がりを決めるのは、もうひとつ別の要因である。それは、全体の市場のポテンシャル（市場サイズ「$\overline{N}$」）が、どこまで大きくなるかによるものである。市場サイズ（市場の天井＝飽和点）を決めるのは、人口規模であったり、製品の基礎技術であったり、消費習慣であったり、価格要因だったりする。[13]

3──売上予測モデル

　最後に、「売上予測モデル」について見てみよう。革新の普及モデルは、新製品やサービスという「カテゴリーの普及」を予測するために考えられたモデルであった。自動車の個別車種や化粧品の特定ブランドの売上を予測するためのモデルではない。普及モデルの枠組みは、個別製品レベルの予測とは別物である。

　それでは、企業は、新製品の売上予測をどのように立てているのだろうか？　売上予測の精度を上げることができれば、生産計画や販売計画を適切に立案できる。今後のマーケティング展開を考える上でも有用である。以下では、2つの売上予測モデルを紹介する。

1. テスト・マーケティングによる予測

　新製品を市場に投入する前に、今後、どの程度の販売が見込めるのかを知るために、企業は、しばしば「テスト・マーケティング」（test marketing）を実施している。いずれ全国に導入する予定の製品であっても、最初から全国販売ではじめるのはリスクが大きい。そのため、予測どおりに売れるかどうかを確認する目的で、地域を限定して販売実験を試行してみるのである。

　とくに、食品や日用品など、いわゆる最寄品の場合は、テスト・マーケティングを試みることが多い。その逆に、自動車やテレビなど高額な耐久消費財の場合は、テスト販売にコストがかかりすぎるため、実際にテスト・マーケティングを試みることは少ない。

　テスト・マーケティングの結果、予測どおり売上が上がれば、当初の計画どおりに生産計画を遂行して、マーケティング・ミックスを実行すればよい。予測に反して販売が伸びなければ、当初の生産計画の見直しやマーケティング・ミックスを変えなければならない。単に売上を予測するだけでなく、テスト・マーケティングには、価格やプロモーション、販売経路を再設計する役割もある。もしテスト・マーケティングを実施せずに、はじめから全国一斉販売されていたとしたら、不良在庫の

13──さらに詳しい議論については、中島（1990）、山田（1998）を参照。

図表9.8 事前テスト市場分析

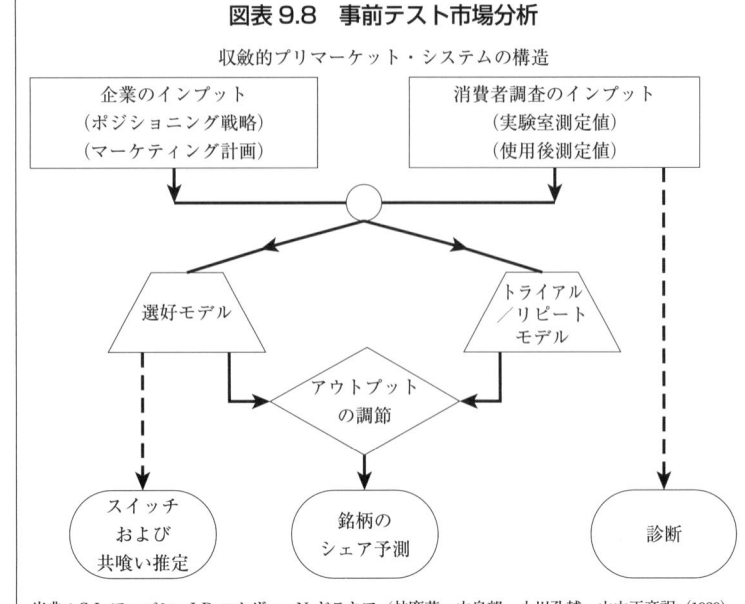

収斂的プリマーケット・システムの構造

```
┌─────────────────────┐   ┌─────────────────────┐
│  企業のインプット      │   │ 消費者調査のインプット   │
│ （ポジショニング戦略） │   │  （実験室測定値）      │
│ （マーケティング計画） │   │  （使用後測定値）      │
└─────────────────────┘   └─────────────────────┘
           ↓                         ↓
      選好モデル              トライアル／リピートモデル
           ↓    →  アウトプットの調節  ←    ↓
      スイッチおよび        銘柄のシェア予測         診断
      共喰い推定
```

出典：G.L. アーバン、J.R. ハウザー、N. ドラキア／林廣茂、中島望、小川孔輔、山中正彦訳（1989）『プロダクトマネジメント』プレジデント社、341頁（Urban, G. L., J. R. Hauser, and N. Dholakia（1987）Essentials of New Product Development, Prentice-Hall）原典は A. J. Silk and G. L. Urban, "Pre-Test Market Evaluation of New Packaged Goods: A Model and Measurement Methodology," *Journal of Marketing Research*, Vol. 15, No. 2（May 1978），p. 174

山を築いていたかもしれないからである。

その一方で、新製品の導入時期が遅れると、余分なコストがかかるなどデメリットもある。そのために、すべての新製品でテスト・マーケティングが行われるわけではない。また、テスト・マーケティングは実施できる地域が限定される。本格的な販売開始前に新製品が市場投入されるため、競合企業に情報が漏れて、その対策を練る時間を与えてしまうからである。

2. 事前テスト予測モデル（ASSESSORなど）

テスト・マーケティングをしなくても、ある程度の精度で、売上を予測する方法が考案されている。「事前テストマーケットモデル」（pre-test market model）と呼ばれる手法である。代表例が、シルクとアーバン（Silk and Urban 1978）の考えた「アセッサー（ASSESSOR）・モデル」である（図表9.8）。その他に、「BASIS」「DESIGNER」など、い

くつかの代替的な方法が存在している[14]。

彼らの方法は、模擬店舗を利用したプリ・テスト実験である。実際には、数理モデルとアンケート調査によって、市場導入後の新製品の市場シェアと売上を予測したモデルである。模擬店舗では、実際の店舗の状況に近づけて、既存の競合他社製品と自社製品などを陳列する。価格も実勢の販売価格に基づいて値づけして、購買行動のサンプルを収集していく。

売上の推定にあたっては、消費者調査のサンプルをもとに、新製品を選んだ選好度のシェアを購入確率に置き換える。例えば、選好度のシェアが20％ならば5回に1回は、自社の新製品を購入してくれると考える。これが、アセッサー・モデルの「選好モデル」である。

アセッサー・モデルでは、選好モデルとは別に、「トライアル・リピートモデル」といわれるモジュールを持っている。そこでは、質問紙法から「リピート購入率」を予測する。このモジュールを使って、中長期的な市場シェアを予測することができる。トライアル購入とリピート購入を掛け合わせて、長期シェアを予測する。

例えば、試しに新製品を購入した人が50％いたとする。さらに、利用後は製品に満足し、その後もリピートしてくれる人が30％だったとする。この場合は、0.5×0.3＝0.15で、予測市場シェアは15％となる。このモデルの特徴は、試用購入率とリピート購入率を明確に分けることで、試しに購入するが、実際に利用した後、満足せずにその後の購買をやめる層をきちんと除いていることである。

なお、アンケート調査と模擬実験データは、「収束モデル」で予測シェアの一致度が調整されている。また、トライアル・リピートのモデルでは、購入ウエイトで予測を修正している。

新製品の売上予測モデルについては、中村（2001）に詳しく紹介されている（図表9.9）。基本的なタイプとしては、購買頻度が高い製品（食品・日用品などの消耗品）と低い製品（車・電気製品などの耐久消費財）の別に分けられる。また、普及水準を予測することが目的なのか、それとも、リピート購入を前提に売上を予測することが目的なのかによ

---

[14]——詳しくは、片平（1987）を参照のこと。Silk, A. J. and G. L. Urban（1978）"Pre-test Market Evaluation of New Packaged Goods: A Model and Measurement Methodology," *Journal of Marketing Research* 15, pp. 171-191（May）.

図表9.9　代表的な新製品の需要予測モデルの分類

	普及率モデル	反復購買モデル
購買頻度（低）	Bass モデル（1969） Horsky-Simon モデル（1983） Kalish モデル（1985） Gatignon、Eliashberg、Robertson モデル（1989） Easingwood、Mahajan、Muller モデル（1983） Fisher & Pry モデル（1971）	
購買頻度（高）	Fourt & Woodlock モデル（1960）	Parfitt & Collins モデル（1968） Eskin モデル（1973） Nakanishi モデル（1973） TRACKER モデル（1978） ASSESSOR モデル（1978） HPKZ モデル（1994）

出典：中村博（2001）『新製品のマーケティング』中央経済社、101頁

って、予測のパターンが分かれる。

3. トラッカー・モデル（TRACKER）

　最後に、後者のタイプ、つまりは反復購入を前提にしたモデルの代表例として、「トラッカー（TRACKER）・モデル」を見てみよう。

　トラッカー・モデルでは、新製品を試しに購入する層とリピートする層を明確に分けている。これは、新製品が投入されたとき、試しに購入してみようとする層は比較的多いが、その人たちがその後もリピート購入者でいてくれるとは限らないからである。これらを一緒にしてしまうと予測に大きな狂いが生じるためである。こうした問題を解決するには、はじめて購入する「試用者」と、その後も購入を続けてくれる「リピート購入者」を区別して考える必要がある。

　トラッカー・モデルでは、それぞれの期のはじめに、試しに購入する試用者の購入者率と購入後満足してリピート購入をしてくれる購入者率を区分する。

　仮に、販売時期を1期、2期、3期に分けたとしよう。1期ではリピート購入者は存在せず、試しに購入する試用者のみである。したがって、その試用する購入者率のサンプルをとる。2期の購入者数は、1期で試用した購入者が満足してリピートしてくれた購入者率と、2期ではじめて試用する購入者率のサンプルを足し合わせる。3期では、2期と

同様に、1期からリピートしてくれている購入者率と、2期で試用した購入者が満足してリピートしてくれた購入者率、3期ではじめて試用する購入者率のサンプルを合計する。こうして、得られた数値からそれぞれの購入者数を算出していけば、各期の新製品の購入者数が予測できる。

　トラッカー・モデルの特徴は、試用者とリピート購入者を分けて考えていることである。試用者は、どの期でも常に一定の比率と想定できる。他方で、リピート購入層は、リピート回数が増えれば増えるほど自社製品に対するロイヤリティは高まっていく。

〈参考文献〉

浅野有、小川孔輔（1994）「自動車市場のライフサイクル・カーブ」『マーケティングジャーナル』52号

G.L. アーバン他（1989）『プロダクトマネジメント――新製品開発のための戦略的マーケティング』プレジデント社（Urban, G.L., J.R. Hauser, and N. Dholakia（1987）*Essentials of New Product Development*, Prentice-Hall）

小川孔輔他（2004）「ブランド連想研究（上）（下）」『日経広告研究所報』

片平秀貴（1987）『マーケティング・サイエンス』東京大学出版会

桑原武夫（1992）「新製品の採用と普及のモデル」大澤豊編『マーケティングと消費者行動』有斐閣

経済産業省（2001）『通商白書』

P. コトラー、G. アームストロング／和田充夫・青井倫一訳（1995）『マーケティング原理――戦略的行動の資本と実践（新版）』ダイヤモンド社（Kotler, P. and G. Armstrong（1989）*Principles of Marketing*, 4th ed., Prentice-Hall）

新宅純二郎（1994）『日本企業の競争戦略――成熟産業の技術転換と企業行動』有斐閣

中島望（1990）「競争市場における新製品普及モデルとその新製品導入時期決定問題への応用」『大阪大学経済学』9月号、第40巻第1・2号、402～410頁

中村博（2001）『新製品のマーケティング』中央経済社

野島美保（2008）『人はなぜ形のないものを買うのか――仮想世界のビジネスモデル』NTT出版

古川一郎、守口剛、阿部誠（2003）『マーケティング・サイエンス入門――市場対応の科学的マネジメント』有斐閣

村本理恵子、菊川暁（2003）『オンライン・コミュニティがビジネスを変え

る——コラボレーティブ・マーケティングへの転換』NTT出版

山田昌孝（1998）「新製品の普及パターン」『サイバースペース時代の経営パラダイム』同文舘出版

横山詔一（2004）「文字処理の認知科学」『言語』

横山詔一（2004）「漢字環境学と情報通信政策」（ソウル国際学術学会：漢字文化圏における漢字教育および漢字政策：予稿集）

E. M. ロジャーズ／青池慎一、宇野善康監訳（1990）『イノベーション普及学』産能大学出版部（Rogers, E. M. (1982) *Diffusion of Innovation*, 3rd ed., Free Press)

E. ローゼン／濱岡豊訳（2002）『クチコミはこうしてつくられる——おもしろさが伝染するバズ・マーケティング』日本経済新聞社（Rosen, E. (2000) *The Anatomy of Buzz: How to Create Word-of-Mouth Marketing*, Doubleday）

D. ワッツ／辻竜平、友知政樹訳（2004）『スモールワールド・ネットワーク——世界を知るための新科学的思考法』阪急コミュニケーションズ（Watts, J. D. (2003) *Six Degrees: The Science of a Connected Age*, Norton）

Bass, F. M. (1969) "A New Product Growth Model for Consumer Durables," *Management Science*, 15, pp. 215-227.

Silk, A. J. and GL Urban (1978) "Pre-test Market Evaluation of New Packaged Goods: A Model and Measurement Methodology," *Journal of Marketing Research* 15, pp. 171-191 (May).

第10章
価格の決定(1)：
価格づけの理論

　本章では、価格の決定について理論的な説明を試みる。対照的に、次章（第11章）では、実務的な価格設定について、さまざまな実例を取り上げる。

　価格の設定は、マーケティング・ミックスの中で最初に出てくるミックス要素である。製造原価や仕入れコストとともに、利益に直結するという意味で、マーケティング意思決定の中でもっとも大切な決定事項である。

　第1節では、価格設定に関して基本的な3つの考え方を紹介する。すなわち、コストに基づく価格設定、需要に基づく価格設定、競争に基づく価格設定の3つである。

　第2節では、新製品の導入にあたって企業が採用している2つの価格戦略を見ていく。新製品導入の初期段階で利益を確保しようとする「上層吸収価格戦略」と、将来にわたっての市場シェアの獲得を目的とする「市場浸透価格戦略」の2つである。

　第3節では、消費者心理を考慮した価格づけについて、4つの考え方を紹介する。端数価格、威信価格、値ごろ価格、慣習価格である。また、企業が価格を設定する際に利用できる心理学の理論「プロスペクト理論」を紹介する。

　第4節では、小売業で実際に行われている2つの価格づけの枠組みについて説明する。世界最大の小売業ウォルマートに代表される「EDLP価格戦略」と伝統的なチェーン小売業が実施してきた「ハイ・ロウ価格戦略」である。

1 — 価格設定の基本

1. 価格設定の3つの考え方

「価格設定」（pricing）とは、商品やサービスの価格を決定することである。類似の表現として、「価格づけ」（price setting）という呼び方がある。商品やサービスの価格の決め方については、理論的なアプローチと実務的なアプローチがある。本章では、価格設定の基本的な理論について整理する。実践的な価格づけについては、次章（第11章）で取り上げる。

新しい製品やサービスの価格の決め方について、一般的には、以下のような3つの考え方がある。

最初の考え方は、製品の原価を算出して、それを根拠に価格を決める方法である。2番目は、市場の需要動向を見ながら、収益が最大になるような価格を探る方法である。3番目には、競合他社の価格を参考にしながら、それと類似した価格に商品の値段を設定する方法である。以下では、基本的な考え方について、実例を挙げながら解説していく。

図表10.1のように、価格設定には、「コストに基づく価格設定」「需要に基づく価格設定」「競争に基づく価格設定」の3つの設定方法がある。

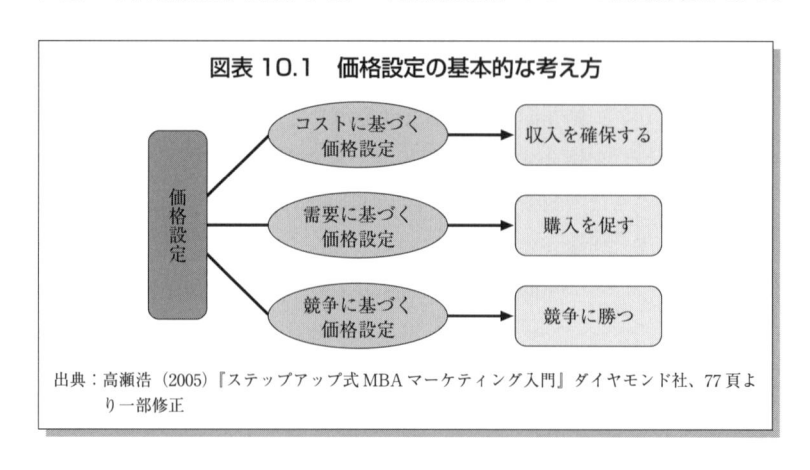

図表10.1　価格設定の基本的な考え方

価格設定		
	コストに基づく価格設定	収入を確保する
	需要に基づく価格設定	購入を促す
	競争に基づく価格設定	競争に勝つ

出典：高瀬浩（2005）『ステップアップ式MBAマーケティング入門』ダイヤモンド社、77頁より一部修正

2.コストに基づく価格設定

　最初に、「コストに基づく価格設定」について考えてみよう。コストに基づく価格設定には、原価をベースにした「コストプラス法」や、損益分岐点を算出して目標利益をベースにした「損益分岐点型設定法」などがある。

(1)コストプラス法(full-cost pricing)

　「コストプラス法」（full-cost pricing）による価格設定は、価格を設定するにあたって、製品原価からスタートする考え方である。「フルコスト原理」とも呼ばれる原価加算法では、原価に一定率の利益を上乗せして販売価格を決める。

　例えば、原価2万円のデジタルカメラで、適切な利潤率（マークアップ率）が25％だとする。そのとき、販売価格は、原価2万円＋2万円×利潤率0.25＝2万5000円になる。このように、あらかじめ適正な利潤率が加算されるため、コストプラス法では、売上さえ確保できれば、一定の利益が確保できる。しかし、コストプラス法による価格づけが、顧客にとって受け入れられる適正な価格かどうかはまた別の話である。

　コストプラス法による価格設定を可能にするのは、どのような場合だろうか。ひとつの条件としては、ある企業によって市場が寡占化されている場合が考えられる。例えば、東京電力や関西電力をはじめとした電力会社は、それぞれの地域における電力供給を一手に担っている。そのため、事実上は、市場が独占状態にある[1]。したがって、電気料金に対して、原価をもとに価格を決めることが可能になる。実際、電気料金の見直しは、原油価格などの原価の変動にリンクして行われている。

　もうひとつは、顧客にとって非常に魅力ある製品やサービスが提供される場合が考えられる。例えば、人気タレントのグッズなどはその好例であろう。ファンにとっては、こうした商品は、取り替えがきかない魅力ある対象物である。そのため、一定の利潤率を加えて価格を設定して販売することができる。その他にも、強いブランド力を有する製品など

---

[1]——ただし、地域の電力会社が、まったくの独占状態にあるわけではない。工場や家庭における自家発電や太陽光発電など、代替エネルギー源が登場している。日本科学者会議編（2008）「特集 代替エネルギーの現状と課題」『日本の科学者』4月号（第43巻第4号、通号483号）、171～195頁。

は、フルコスト原理で価格が設定されている。以上に共通する点は、提供する製品やサービスに代替品が存在しないということである。

(2)損益分岐点(Break Even Point)型設定法

コストに基づく方法では、損益分岐点分析を活用する価格設定のやり方もある。「損益分岐点」(BEP：Break Even Point)とは、管理会計の用語で、費用とちょうど等しくなる売上高のことを指す。「損益分岐点売上高」ともいう。[2]

価格設定においては、売上と原価が等しくなる価格水準を求める方法である。企業としては、その製品やサービスから、目標とする利益が得られるような価格を設定することになる。以下で説明するように、損益分岐点を求めるには、固定費を変動利益（価格－変動費）で割り算すればよい。

損益分岐点を求めるには、図表10.2の式を使うとよい。まず、図表10.2の算式を用いて目標利益を設定する。そして、設定した価格水準とそのときの販売量（損益分岐点売上）のトレードオフ関係を考えていく。

例えば、販売価格が100円で、変動費が50円だとする（粗利率は50%）。固定費が1億円だとすると、そのときの損益分岐点は、200万個（2億円）である。この場合は、利益がゼロになる。目標利益額を5000万円と設定すると、そのときの損益分岐点は、300万個（3億円）になる。

以上のような計算から、設定価格に対する損益分岐点を算出すれば、そのときの販売価格と販売量（損益分岐点売上）がどのような関係になっているのかがわかる。企業にとって、利益を上げることは最大の目標であるから、損益分岐点を使って目標利益を決めて価格設定することになる。

とくに、収支バランスを考えて価格設定していても、他社との競合の中で、対抗上価格を引き下げる場合も考えられる。その場合は、当初予定していた損益分岐点が達成できなくなる。その結果、計画どおり目標利益があがらず、最悪の場合は、長期にわたって原価が売上を上回ることにもなりかねない。こうして考えると、損益分岐点をもとにした価格

2——佐藤康雄（2003）「第3章CVP分析」『管理会計テキスト』中央経済社、39～56頁。

図表 10.2 コストに基づく価格設定

コストプラス法（full-cost pricing）
　　価格＝原価＋適正利潤率
損益分岐点（Break Even Point）
　　損益分岐点＝固定費／（価格－変動費）

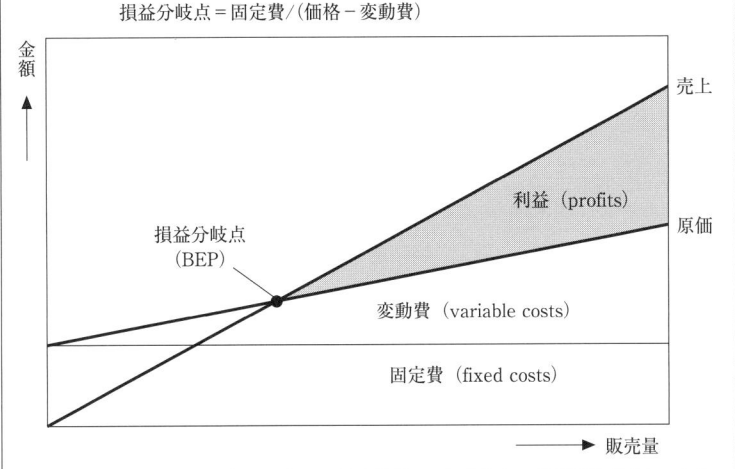

（グラフ：縦軸「金額」、横軸「販売量」。売上、原価、変動費、固定費の各線と、損益分岐点（BEP）、利益（profits）の領域が示されている）

実際には製造個数の増加とともに、量産効果で1個当たりの変動費が低くなったり、競合状況で実売価格が下がり、図のような線形ではなく放物線を描く場合がある。

目標利益
　　目標利益＝単位売価×販売量－（固定費＋変動費×販売量）

設定ではあっても、他社の動向を考慮に入れながら、価格と販売目標を立てる必要があることがわかる。

3. 需要に基づく価格設定

2番目の価格設定法は、「需要に基づく価格設定」である。需要に基づく方法では、価格はその製品やサービスの持つ魅力がベースになっていると考える。つまり、コストプラス法では、製品の原価がベースになっているのに対して、この方法では、消費者の需要を考慮しているので、顧客にとっての価値（customer value）が価格設定の基準である。

顧客にとっての価値と価格との関係を考える場合、重要となってくるのが「価格弾力性」（price elasticity）という概念である。

(1) 価格弾力性（price elasticity）

「価格弾力性」（price elasticity）とは、価格の変化によって、製品の売上がどのように変化していくかを表した指標である。例えば、ある銘

柄の牛乳が198円で販売されていたとしよう。その牛乳が、価格を20円下げて他社のブランドから顧客を奪い取ろうとした場合、以下のように2つの変化が考えられる。

ひとつは、価格が下がることによって、売上が伸びる場合である。もうひとつは、価格を下げても、売上に変化がない場合である。前者の場合は、20円の値下げという価格の変化が効いて、販売量が伸びていると考えられる。

このように、価格の変化で売上が変化する場合、その変動が大きければ大きいほど、価格弾力性が高い（弾力性の値は大きい）ということになる。逆に、価格を変化させたにもかかわらず、あまり売上が変化しない場合は、価格弾力性は低い（弾力性の値は小さい）ということになる。

このように、価格弾力性とは、価格の変化で売上がどのくらい変化するかを見るモノサシ（測定尺度）である。価格弾力性の高い製品やサービスでは、価格設定の重要性は高まる。逆に、価格弾力性が低い場合は、価格以外のマーケティング要素が効いていることが考えられる。したがって、価格弾力性が高い場合には、企業は概して低価格志向となり、それとは逆に、価格弾力性が低い場合には、高価格志向になりやすい。

価格弾力性は、図表10.3のように、売上数量の変化率を価格の変化率で割ることで求められる。価格弾力性には、「弧弾力性」と「点弾力性」

図表 10.3　需要に基づく価格設定

価格弾力性＝売上の変化率／価格の変化率

価格弾力性を求める計算式

$$弾力性 (E) = \frac{反応変数 (Y) の変化率}{刺激変数 (X) の変化率}$$

$$価格弾力性 = -\frac{売上数量 (Q) の変化率}{価格 (P) の変化率}$$

$$弧弾力性 = -\frac{(Q_1 - Q_2)/(Q_1 + Q_2)}{(P_1 - P_2)/(P_1 + P_2)}$$

$$点弾力性 = -\frac{\Delta Q/Q}{\Delta P/P} = -\frac{P \cdot \Delta Q}{Q \cdot \Delta P}$$

図表10.4　価格弾力性の測定（牛乳の例）

牛乳が198円で販売されていたときの販売量が100パックだったとしよう。それを、20円下げて178円にしたら3倍の300パック売り上げることができた。では、この場合、牛乳の価格弾力性はどうなっているのだろうか。調べてみよう。

当初の牛乳の販売価格を P_1 とすると　　$P_1 = 198$ 円
値段を下げたときの販売価格を P_2 とすると　　$P_2 = 178$ 円
P_1 のときの販売量を Q_1 とすると　　$Q_1 = 100$ パック
P_2 のときの販売量を Q_2 とすると　　$Q_2 = 300$ パック

価格弾力性を求める次式に、これらを代入すると以下のようになる。

$$E = -\frac{(Q_2 - Q_1) / [(Q_2 + Q_1) / 2]}{(P_2 - P_1) / [(P_2 + P_1) / 2]}$$

答えは……

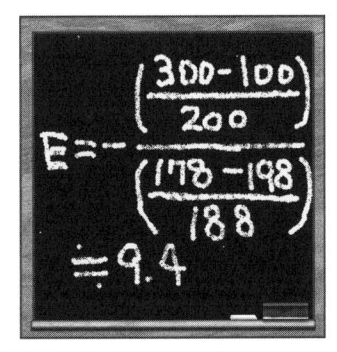

$$E = -\frac{\left(\dfrac{300 - 100}{200}\right)}{\left(\dfrac{178 - 198}{188}\right)} \fallingdotseq 9.4$$

がある。図表中で、Pは販売価格を、Qは売上数量を表している。添字の「1」「2」は、「1」が変化前を、「2」が変化後を意味している。したがって、P_1 は、変化前の販売価格を、Q_2 は、価格変化後の売上数量を表している。なお、デルタ（Δ）は、微少な変化（微分）を表現したものである。

具体的な例については、図表10.4を参照されたい。弧弾力性の概念を用いて、牛乳の値段をワンパック198円から178円に値下げしたとき、価格弾力性がどのように計算できるかが示されている。

実際に測定してみると、製品やサービスが他社にない特異なもので、代替が困難である場合は、価格弾力性が小さくなることがわかる。また、ブランド力が非常に高い場合にも、価格弾力性は小さくなる。つまり、価格弾力性の低い製品やサービスは、顧客にとってのプレミアム価値が高いということである。

COLUMN-19
ドーフマン・スタイナーの定理

　経済学の価格理論が教えるところによれば、寡占市場で企業が短期的に利益を極大化しようとすれば、マーケティング変数に関しては、以下の条件が成立する。

　　価格弾力性 ＝ 広告の弾力性／広告・売上高比率
　　　　　　　＝ 粗利率の逆数（販売価格／商品の粗利益）

　価格に関しては、2番目の公式が重要である。寡占市場を想定しているので、競合企業は価格を引き下げたり、協調行動（模倣価格）に出たりする。競争企業の反応を割り引いて考える必要はあるが、ドーフマン・スタイナーの定理からいえることは、高い価格弾力性と低い粗利率が関連しているということである。価格弾力性＝1／粗利率である。

　POSデータなどから測定した実例があるので、数値データを紹介する。片平（1987）の研究によると、乗用車の価格弾力性は、2.5〜4.0である。小川（1996）の測定結果では、牛乳の価格弾力性は、ブランドにより異なるが、おおよそ8〜15である。中島ら（1988）の研究によれば、紙おむつの価格弾力性は、5〜8である。

　3つのカテゴリーの代表的な弾力性の値を、公式に入れて計算すると、自動車のディーラー段階での粗利率は25〜40％となる。3つの中で、牛乳はもっとも価格弾力性が大きく、粗利率は10％前後である。紙おむつは15〜20％程度となるが、実感と比べてこの数値は妥当と感じるだろうか？

ドーフマン・スタイナーの定理　弾力性の計算例

	価格弾力性	粗利益の計算
自動車	2.5〜4.0	$\dfrac{1}{2.5} = 0.4$
牛　乳	8〜15	$\dfrac{1}{9.4} = 0.106$
紙おむつ	5〜8	$\dfrac{1}{6.5} = 0.154$

参考資料：片平秀貴（1987）『マーケティング・サイエンス』東京大学出版会。小川孔輔（1996）「価格実験を用いたブランド力の測定（上・下）」『チェーンストアエイジ』2月15日号。中島望、小川孔輔、棚橋菊夫、永長亥佐夫（1988）「ブランド力と価格弾力性の測定」『マーケティング・サイエンス』第32号。

例えば、ベンツやBMWに乗っている多くの人は、国産車の価格が安くなっても国産メーカーのクルマに乗り替えようとは思わない。なぜなら、ベンツやBMWは、製品やサービスの優位性とともに、高いブランド力を有しているからである。顧客にとって、プレミアム価値が高い。最近では、トヨタ自動車が、サービスも含めたブランド力の向上で顧客にとっての価値を向上させるために、日本国内でもレクサスブランドを立ち上げている。この市場では、価格弾力性が小さいため、プレミアム価格が維持できる。

顧客の所得階層によっても、価格弾力性には差異が生じる。例えば、購入者が高収入で、購入する製品やサービスの価格が収入全体に占める割合が小さい場合には、価格弾力性は小さくなる。一般的に、富裕層が他社の製品やサービスを比較せずに、金額の高低にかかわらず自分が欲しいものを購入する傾向があるのはそのためである。それとは逆の場合で、製品の価格が所得に占める割合が大きいときには、価格弾力性が大きくなる。

COLUMN-19「ドーフマン・スタイナーの定理」では、価格弾力性と粗利率の関係が理論的に説明されている。また、具体的な数値例も示されている。

4. 競争に基づく価格設定

最後に、「競争に基づく価格設定」について説明する。この価格設定では、市場で販売されている同種の製品やサービスの実勢価格に合わせて価格づけをする。「実勢価格にしたがう価格設定」と「入札価格設定」の2つがある。

(1) 実勢価格にしたがう価格設定(imitative price)

「実勢価格にしたがう価格設定」は、市場に出回っている競合他社の製品やサービスの価格を基準に、自社製品の価格を設定する方法である。「競争に基づく価格設定」(competition-based pricing)とも呼ばれる。

業界のリーダーがその製品やサービスの「プライスリーダー」(価格主導者)の役割を果たし、他社がその価格にしたがう場合、この価格づけが行われやすい。日本マクドナルドが1990年代に採用したのが、こうした「価格リーダーシップ戦略」である。2番手企業の「ロッテリア」

> **図表 10.5　競争に基づく方法**
>
> ・市場の実勢価格にしたがう方法
> 　＝市場で売れている競合製品の価格±自社のプレミアム
> 　（他社と比較して優れていれば＋、劣っていれば－）
>
> ・入札価格
> 　①価格で勝負……競合他社の予想価格－プレミアム価格 P
> 　（競合他社の予想価格より安価な価格設定をする）
> 　②価値で勝負……競合他社の予測価値＋自社の付加価値 V
> 　（競合他社より顧客にとっての価値を高める）

や 3 番手企業の「ファーストキッチン」は、トップ企業の「マクドナルド」のハンバーガー価格（80円、100円、120円など）をそのまま踏襲することが多かった。なぜなら、提供される価格に大差がなく、製品やサービスも同じ程度であれば、品質もブランド力も大幅には劣っていない 2 番手、3 番手企業の製品やサービスは、一定の顧客層からは支持されやすいためである[3]。

　同じ程度の価格設定であれば、かなり競争的な市場であっても、それなりの売上は期待できる。その結果として、最低限の利益は確保できる。実際的な価格づけの際には、リーダーの価格に製品デザインや機能性など、自社が持つプレミアム性を加味して、最終的な販売価格を調整していく（図表10.5）。

　ファストフードの例でいえば、「ロッテリア」や「ファーストキッチン」は、マクドナルドに追随する価格戦略（模倣追随型の価格戦略）を採用している。それとは対照的に、「モスバーガー」や「フレッシュネスバーガー」は、マクドナルドとの価格競争を避けるために、商品やサービスのポジショニングを変える戦略（差別化戦略）を打ち出している。そのために、商品のメニューやサービスの提供方法に工夫を凝らしている。

(2) 入札価格設定（bid pricing）

　もうひとつ、競争に基づく価格では、入札による「入札価格設定」がある。入札価格は、よく公共事業の決定や生産財における納入業者の決

3──上田隆穂（2003）「消費の二極化傾向と市場の可能性」上田隆穂編『ケースで学ぶ価格戦略・入門』有斐閣、197〜201頁参照。

定などに利用される。入札制度では、ある案件に対して条件を明示した上で、入札に応じた業者が、それぞれの価格を提示する。その中で、発注者が比較検討し決定業者を指名する方法である。通常は、最低価格を提示した業者が選ばれる。

入札に応じる企業は、比較的安い価格設定で応札する場合と比較的高い価格設定で応札する場合とがある。前者の場合は、落札する確率が相対的には高くなるが、安い価格で設定している分、利潤は低くなる。甘い見積もりで価格を提示すると、落札できても、利潤がまったく出ず赤字になってしまうこともある。入札での安価な価格設定では、見積もりを十分に精査するなど細心の注意が必要である。

それとは逆に、後者の場合、落札する確率が相対的には低くなるが、落札できた場合は、高い利潤をあげることができる。ただし、この場合、価格以外の面でいかに自社の優位性をアピールできるかがポイントとなる。それは、価格の競争から、顧客にとっての価値の競争へと入札そのものの考え方を転換することを意味する。

2 ― 新製品導入期の価格戦略

ここでは、新しい製品やサービスを市場に投入する際の価格設定について考えてみよう。新製品導入期の価格設定は大別すると、早い段階で利益を確保しようとする「上層吸収価格」と市場での普及を目的とする「市場浸透価格」の2つがある（図表10.6）。それぞれの価格設定につい

図表10.6　上層吸収価格と市場浸透価格の比較

	上層吸収価格 （skimming price）	市場浸透価格 （market penetration price）
戦略目標	高い収益率で早い段階で大きな利益を確保する。	早い段階で普及を図り、コスト優位を築く。
売上目標	大きな販売は期待していない。	大きな販売を期待している。
価格設定	高価格設定。	低価格設定。
対象顧客	価格にあまり敏感でない層。 上層から順に攻める。	価格に敏感な層。 マスから攻める。
必要条件	製品やサービスの品質や機能などに他社とは圧倒的な差違がある。 価格弾力性が低い。	他社とは価格以外に差異はあまりない。 価格弾力性が高い。 規模の経済性や経験曲線を生かせる。

て見てみよう。

1. 上層吸収価格政策（上澄み吸収価格、skimming pricing policy）

「上層吸収価格」（skimming price）とは、他社とは異なる特異な技術（特許）や機能などを持った製品に対しては、市場導入に際して、販売価格を高めに設定することである。これは、製品導入の初期段階で、利益を確保しようとする価格づけである。

上層吸収価格は、当該企業が他社とは明らかに異なる優位性を持つことが前提である。他社との直接的な競合関係がないので、高い価格設定が可能となる。導入期に短期間で大きな利益を得るのは、投資コストを早期に回収するためでもある。その後は、他社が追従して競争優位性が薄れはじめると、価格を少しずつ調整することで売上の減少を抑えていく。

上層吸収価格を設定できるのには条件がある。高い価格に見合った優位性をその製品が持っているということである。その製品が顧客にとって価値あるものかどうかが重要である。例えば、他社にないブランド力を持つことなどがこれに該当する。

上層吸収価格は、新製品の導入期において行われる価格づけである。対象となる顧客も、製品ライフサイクルの成熟期のように、多くの顧客をターゲットにしているわけではない。どちらかといえば、価格にあまり敏感でない顧客層をターゲットにしている。つまり、対象顧客は、価格弾力性が小さい層なのである。

例えば、インテルのマイクロ・プロセッサ、ペンティアムチップは、新製品発表時には最上位機種は1000ドル前後で販売されている。インテルは、市場の導入期に価格よりも最速プロセッサを求める顧客層に対して、上層吸収価格によって需要を吸収し、利益を確保しているのである。その後、競合するAMDのアスロン・チップなどとの競争の中で、顧客の魅力度が時間の経過とともに薄れていく。魅力度の低下に伴い、毎年30％前後の値下げを断行し、売上を維持していく。普及期においては、価格に敏感な顧客層をも取り込み需要を拡大していくのである。[4]

NTTドコモなどの携帯電話端末でも、新しいモデルの製品導入期には、上層吸収価格設定を行っている。携帯電話端末は、新機種発売の当初は、1台3万円前後と価格が高い。明らかにプレミアム価格の設定が

なされている。これは、新しい機能などが付与された新製品を、いち早く手に入れたいと思っている顧客層を対象にしているからである。その後、普及段階に入ると、中心価格帯が２万円前後に下がっていく。マスの需要を開拓する時点では、さらに１万円前後まで端末の価格が下がる（この価格設定は、2007〜2008年の状況についての記述である）。

　上層吸収価格を採用している企業は、技術的にも革新性や新規性を打ち出すことができる企業である。一般にはイノベーターと呼ばれる企業群の製品である。古くは、インテルのマイクロ・プロセッサ、最近の事例では、NTTドコモをはじめとする携帯電話端末が採用している戦略である。発売当初に高い価格設定で利益を確保し、その後の普及期には、しだいに価格を引き下げるといったサイクルを繰り返しながら、新しいモデル製品の需要を開拓しているのである。

　図表10.7は、上層吸収価格戦略が採用できる条件を、模式的に示したものである。ライフサイクル上の、製品価格とコストの関係の変化を図中で例示してある。横軸には、ある製品モデルの累積生産（販売）量がプロットされている。累積的に生産量が増えても、この場合は、単位コ

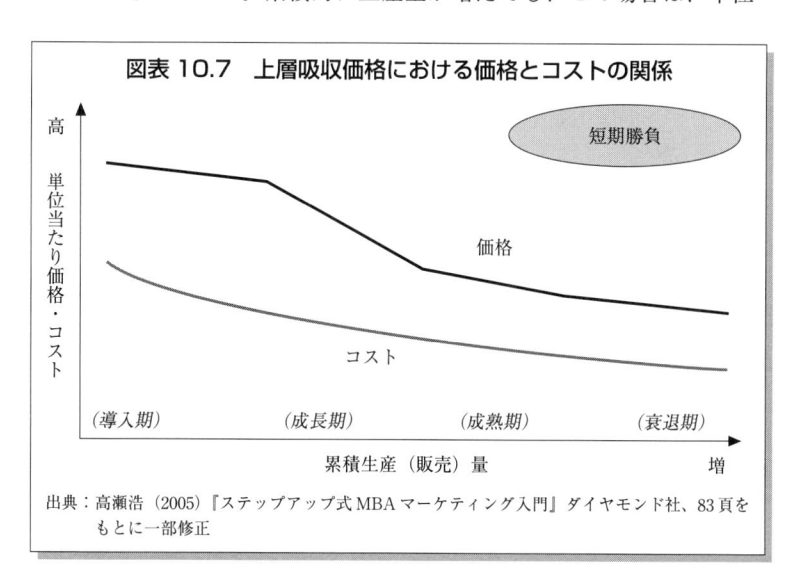

図表 10.7　上層吸収価格における価格とコストの関係

出典：高瀬浩（2005）『ステップアップ式MBAマーケティング入門』ダイヤモンド社、83頁をもとに一部修正

4──業界最高水準プロセッサー「インテル　Core　i7」プロセッサーの上位タイプi7-965プロセッサー エクストリーム・エディションは10万2590円で発売された（OEM価格）。インテル「プレスルーム　インテル史上最高の Intel® Core™ i7 プロセッサーを発表」2008年11月18日参照、http://www.intel.co.jp/jp/intel/pr/press2008/081118a.htm。

ストはあまり下がらない。したがって、導入初期の段階で、限定された顧客層やニッチなニーズを狙って、高い価格を設定して利益を獲得する。

2. 市場浸透価格政策（market penetration pricing policy）

「市場浸透価格」（market penetration price）は、新しい製品やサービスにおいて、早期に市場への製品の普及を促す価格づけである。市場浸透価格戦略では、安い価格設定で早い段階で顧客を増やし、市場で大きなシェアを確保することを狙う。当初は、コスト割れが続くことも多い。

例えば、最近では次世代DVDレコーダー（HD DVD）は、次世代DVDの「事実上の標準（デファクト・スタンダード）」競争を優位に進めるため、新製品をアメリカで499.99ドルという異例の低価格で発売した。これは、ブルーレイとの戦いに勝ち抜き、早い段階で市場のシェアを獲得することを狙ってのことである。つまり、シェア獲得が標準化競争を優位に働かせるからである[5]。

次世代DVD標準化競争に勝ち抜けば、現行DVDレコーダーからの買い換え需要で売上が伸びる。「規模の経済性」や「経験曲線」（図表10.9）により、コスト面での優位を築くことができる。仮に当初は赤字であっても、売上の増加とともに原価低減効果によって徐々に利益が拡大していくことが期待できる。

一方で、次世代DVDとしての標準化競争に勝ち抜けば、ソフト・ビジネスなどでも大きな広がりが期待できる。将来の市場シェアを獲得することが競争上優位に働く場合には、市場浸透価格によって早い段階で売上を伸ばしておくことが重要になる。

市場浸透価格を実現するには条件がある。製品やサービスの価格弾力性が十分に高いことである。つまり、低価格を実現することで、顧客が新しい製品やサービスに魅力を感じてくれて、初期段階から大きな需要が期待できることである。例としては、ADSL市場でYahoo BB！が市場参入した際などを挙げることができる。Yahoo BB！は、2001年、多

---

[5] 「東芝、HD DVDプレイヤーを３月に発売――価格は499ドルから」シーネットネットワークスジャパンHP、2006年１月５日、http://japan.cnet.com/news/tech/story/0,20000 56025,20093896,00.htm。

くのプロバイダが当時4000円前後で設定していた市場に、2280円という圧倒的な低価格で参入した。その後も初期費用負担や3カ月無料サービスなど、魅力的なプロモーションが加わり、低価格による魅力を最大限利用して市場を席巻していった。2005年7月のADSL加入者は、493万人を数え、業界ナンバーワンの地位を占めた[6]。ネット上の動画配信などで大きな利益を得ようとして、Yahoo BB！は、先行的に市場浸透価格を設定したのである[7]。

図表10.8は、市場浸透価格戦略の採用条件を、模式的に作図したものである。製品ライフサイクル上で、新製品の市場導入当初は、価格がコストを下回っている。横軸には、累積生産（販売）量がプロットされている。次項で述べる「経験曲線」に乗って、累積的に生産量が増えていくと、しだいに単位コストが下がっていく。その前提で、導入初期には

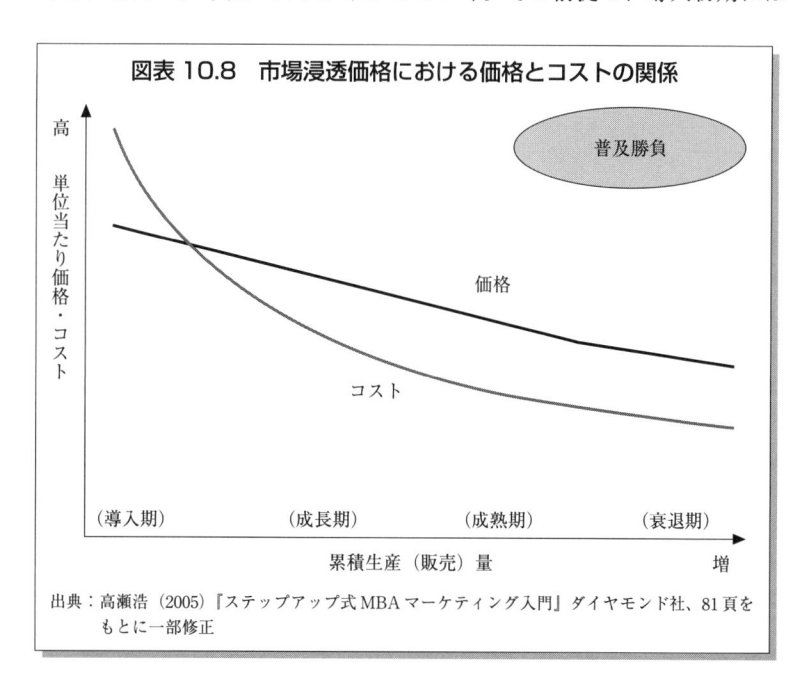

図表 10.8　市場浸透価格における価格とコストの関係

普及勝負

縦軸：高　単位当たり価格・コスト
横軸：累積生産（販売）量　増
（導入期）　（成長期）　（成熟期）　（衰退期）

出典：高瀬浩（2005）『ステップアップ式MBAマーケティング入門』ダイヤモンド社、81頁をもとに一部修正

---

[6]——現在（2009年）のブランド名は「ソフトバンクBB」に変わっている。ソフトバンクBBの2007年度末のADSL契約数は、480万9000件で前年度比6.8％減。業界1位だが、ADSL市場は2005年度末がピークで、縮小中である。
[7]——「ADSL市場急拡大、年内に100万人突破も──電話接続より割安に」『日経産業新聞』2001年10月25日、2面。「ADSL──ソフトバンク、首位守る（点検シェア攻防本社調査）」『日経産業新聞』2008年7月28日、7面。

利益を犠牲にして、成長段階の後期で利益を刈り取る価格戦略である。

ちなみに、以上の浸透価格づけの根拠となっている「経験曲線」は、ボストン・コンサルティング・グループ（BCG）が提唱した理論仮説である。「同一製品の累積生産量が増えるにしたがって、単位当たりの総コストが一定の割合で低下していく」という発見である。

この現象を示す曲線が「経験曲線」（図表10.9）である。一般的に、累積生産量が2倍になると、単位コストが20〜30％ずつ下がるとされている。BCGが開示したデータによると、低減率は業界によって異なるとされている。ただし、同じ業界の中であれば、この低減率にはあまり差違がないともいわれている。このような現象は、習熟度の向上や、作業方法の改善、生産工程の改良、標準化の推進、安価な資源の活用などによって引き起こされる。[8]

図表10.9は、「30％経験曲線」を図示したものである。生産量が倍で、コストが70％（＝100％−30％）になる場合である。図中では、累積生

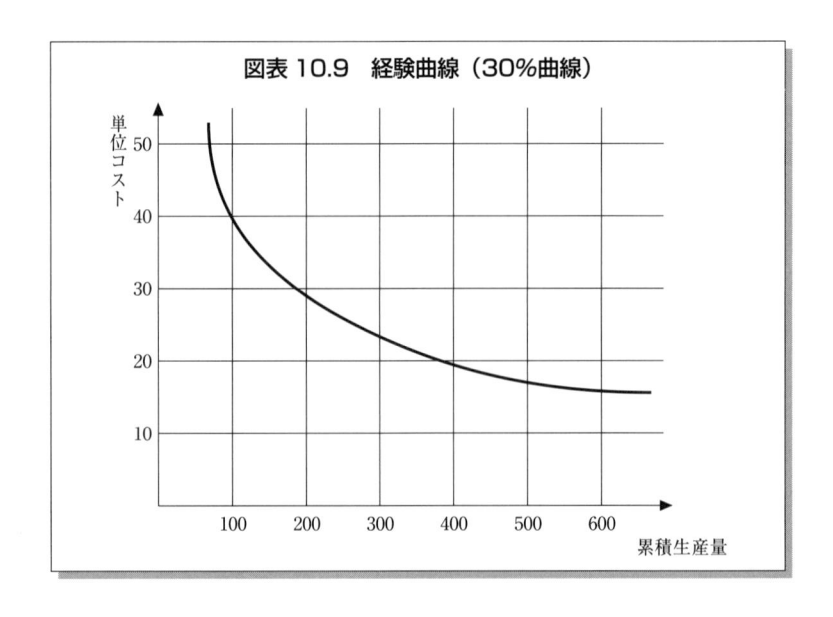

図表10.9　経験曲線（30％曲線）

（縦軸：単位コスト、横軸：累積生産量）

---

[8] ── J. C. アベグレン、ボストン・コンサルティング・グループ編著（1977）「エクスペリアンス・カーブによる戦略思考」『ポートフォリオ戦略』プレジデント社（Boston Consulting Group（1972）*Perspectives on Experience*, Boston Consulting Group）。

なお、原文の一部は、リプリントでBoston Consulting GroupのHPで公開。Henderson, Bruce, D.（1974）"The Experience Curve - Reviewed I. The Concept".
http://www.bcg.com/publications/files/experience_curve_I_the_concept_1973.pdf

産量が100のとき、単位コストが40であった。これが、累積生産量が2倍の200になったときに、単位コストが28に下がっている（40×（1－0.3）＝28）。さらに、累積生産量が2倍の400になったら、単位コストは約20に下がっている（28×（1－0.3）＝19.6）。

3—心理的価格づけ

　顧客の心理的な感覚によって、価格を決めていく方法もある。ここでは、こうした顧客の心理に基づいた価格づけについて考えてみよう。数字のマジックではないが、価格の持つ心理的な側面も、実は価格づけにおいては重要である。「心理的な価格づけ」（psychological pricing）としては、端数価格、威信価格、値ごろ価格、慣習価格などがある。

1．端数価格（odd price）

　「端数価格」とは、99円や1980円といったように、「8」や「9」で終わる数字で価格を設定する方法である。100円よりは1円しか安くないが、99円のほうが顧客に「1円以上に」安い価格イメージを与える。スーパーマーケットなどの小売り段階では、とりわけ安さを演出する方法として、端数価格が用いられている。

　端数価格の英語表現は"odd price"である。"odd"は、「5」「7」「9」などの「奇数」（odd numbers）を意味している。ジャストの「0」ではなく、「中途半端な数」の意味である。欧米では、通常の売価が、99.99ドルのように、「9」で終わることが多い。しかし、日本や中国などのアジア漢字文化圏では、多くの商品の売価は「8」で終わる。「八」は末広がりで、縁起がいいから「8」で終わるとされている。

　最近では、日本でも、店内にあるすべての商品を端数価格で販売しているコンビニエンス・ストアが登場している。「SHOP99」は、店名そのものが「端数」である。すべての商品が99円という端数価格で販売されている。100円をわずか1円だけ下げることで、100円という大台価格を避けて、顧客に安いというイメージを与えている。それが顧客の支持を受け、SHOP99は、2008年までは都市部を中心に店数を増やしてきた（2008年10月末の全国店舗数は830店）[9]。

　余談になるが、「九九プラス」（会社名）は、2008年に筆頭株主がロー

ソンに変わった。そして、生鮮コンビニエンス・ストア「ローソンストア100」の展開をはじめている。新しい業態では、「SHOP99」のノウハウを取り入れているが、皮肉なことに、「ローソンストア100」へ店舗を統一していく計画である。

　端数価格は、顧客に安価なイメージを与える手法として活用されている。値段が98円と100円では、わずかに2円しか変わらない。しかし、価格が2桁から3桁に変わると、「大台効果」といって、実際より大きなコスト負担感を感じさせる。「値ごろ価格」の水準を超えて、顧客が急に価格が高くなったと感じるためである。

2．威信価格（prestige price）

　「威信価格」とは、価格を高くすることによって、商品価値を高める手法である。この場合、高く価格づけすることで、顧客に対しては、その製品やサービスが高品質であるというシグナルを発信していることになる。一般的に、高品質の製品は高価格であることが多い。そのため「高価格＝高品質」というイメージを連想させやすい。高価格が高い品質の「シグナリング効果」の役割を果たしているのである。

　例えば、ダイヤモンド、ルビーなどの宝飾品は、価格が高ければ高いほど顧客に品質が良いとイメージされる。また、ホテルでも、価格が高ければ高いほど、最高のサービスが得られると期待されるだろう。実際に、「ザ・リッツ・カールトン」や「フォーシーズンズホテル」といった外資系の超一流ホテルでは、高く料金設定されている。そのため、顧客は最高のサービスが得られるだろうと期待して、高い価格を支払うことをいとわない。

　エルメスやルイ・ヴィトンなどの一流ファッション・ブランドも、高価格によって高品質の商品を提供している。同時に、高いブランド価値

9──SHOP99のHP（http://www.shop99.co.jp/company/ir/monthly.html）。
10──「生鮮の『ローソンストア100』、九九プラス、今春7店、FCも展開」『日経MJ』2008年2月20日、5面。九九プラスHP「IR情報　社長メッセージ　ローソンとの協業体制のもとさらなる「プラス」を創造していきます」http://www.shop99.co.jp/company/ir/message.html。
11──R. P. フィスク、S. J. グローブ、J. ジョン／小川孔輔、戸谷圭子監訳（2005）『サービス・マーケティング入門』法政大学出版局（Fisk, R. P., S. J. Grove and J. John (2004) *Interactive Services Marketing,* 2nd *ed.,* Houghton Mifflin Company）。または、桐山秀樹（2007）『頂点のサービスへようこそ──リッツ・カールトンvs.ペニンシュラ』講談社。

COLUMN-20
偽ブランド品の傾向と対策

　袋物といわれるバッグ類や高級時計などの偽ブランド品が横行している。人気のトップは、日本市場のおかげで潤っているルイ・ヴィトンである。かつては、消費者がだまされてニセモノをつかまされるのがふつうだった。加害者と被害者の立場は明確であった。ところが、いまや消費者はそれと知っていて偽ブランド品を購入することもある。

　ルイ・ヴィトンの調査によると、75％の消費者は「悪いこと」だとわかっていながらニセモノを購入している。知的所有権を保護するという立場から考えると、これは悩ましい事態である。というのは、偽ブランドであることを知った上で、まがい物のヴィトンを購入しているということは、商行為を通して自らが商標権（ブランド）の侵害に荷担しているからである。

　ルイ・ヴィトンの主張によれば、被害は２通りである。ひとつは、ニセモノが横行することで、ヴィトンやロレックスのようなブランドメーカーは、直接のビジネス（売上）を失ってしまうこと。２番目は、劣悪な品質の商品が出回ることによって、本物のブランドのイメージが損なわれること。本当にそうだろうか？　特許庁の商標委員会（2002年10月）で、筆者が提起した素朴な疑問は、以下のようなものであった。

　第一に、ブランド価値の侵害についていえば、どうせニセモノを買うような人は、本物を買うことはないだろう。だから、実際的には「売りそこない」（販売ロス）はないのではないか。むしろ、ニセモノを購入することがブランドの浸透に寄与して、将来のビジネスにはプラスになることさえ考えられるのではないか。

　第二に、ニセモノが本物のイメージを損なうことは考えにくい。というのは、デザインにしても素材にしても、ニセモノは本物とは似て非なるものであって、消費者も納得して購入しているのである。本物のイメージと価値は不変である。むしろ、本物が際だつくらいでなくてはならない。わたしはそう思ったのだが、わたしの意見に賛成してくれた委員も少なくはなかった（もちろん筆者自身も、偽ブランドを販売することが良いことだとは思っていない）。

　余談であるが、フランスでは、特別な犯罪者ではなくて一般人であっても、ニセモノ・ヴィトンやグッチを持っているとその場で没収されるそうである。ブランド立国の真剣さが伝わってくる話ではあった。な

> お、偽ブランドの主たる輸入国は韓国で、全体の約80％を占めるという。完成品としてではなく、部品として輸入されることも多いらしい。
> 　輸入（輸出）の手段としては、最近、個人向け郵便（EMS）を悪用することが増えている。ルイ・ヴィトンに限れば、摘発されているものだけで、年間約10万件である。相当なアングラ市場の規模であることがわかる。その利益の多くは、暴力団などの資金に流れているのかもしれない。渋谷界隈の露店販売では、1日の売上が約100万円であるとの推測もある。初犯の罰則が30万円だから、刑事罰でもなればとても規制にならない。そして、その手先は外国人不法滞在者である。ブランド・イメージの希釈より、こちらのほうが問題である。
>
> 出典：本コラムは、ルイ・ヴィトン・ジャパンの光岡肇氏（当時）の話（特許庁「20世紀の商標制度構築に向けた調査研究会」2002年10月3日）を筆者の視点からまとめたものである。6年前の偽ブランド市場についてのコラムである。現況は、当時とは様子が変わっている。

をも増幅している。フランク・ミュラーなど超高級レア時計なども、高価格であり高品質である。買い手にとっては、高いステータス性を保証してくれる。高級ブランドたる所以である[12]。

COLUMN-20では、ルイ・ヴィトンを例にして、高価格ゆえに偽物商品が出回る事例を紹介している。

3. 値ごろ価格（reference price）と慣習価格（conventional price）

顧客の心理的な側面から価格を設定する際には、さらに「値ごろ価格」と「慣習価格」の2つを考慮しなくてはならない。

「値ごろ価格」とは、顧客がある商品カテゴリーを思い描いたときに、妥当だと思われる価格帯のことを指す（図表10.10）。もちろん値ごろ価格は、商品カテゴリーごとに変わってくるものである。値ごろ感が定まっている商品カテゴリーでは、ある値ごろ価格を超えてしまうと、商品の売れ行きが極端に落ち込んでしまう。

---

[12] 秦郷次郎（2006）『私的ブランド論――ルイ・ヴィトンと出会って』（日経ビジネス人文庫）日本経済新聞社（日本経済新聞社、2003年刊の増訂版）。同書は、英語版でも出版されている（Kyojiro Hata（2004）*Louis Vuitton Japan: The Building of Luxury*（illustrated edition）, Editions Assouline）。

図表 10.10　値ごろ価格の例（2008年）

- 缶コーヒー　　　　　　　　　　128円
- 牛乳（1リットルパック）　　　　198円
- Tシャツ　　　　　　　　　　　1,980円
- 携帯電話（最新型）　　　　　　29,800円
- 薄型テレビ（42型）　　　　　420,000円（1インチ1万円）

　それに対して、「慣習価格」は、顧客の中にある値ごろ価格が長期間変わらず、価格が一定水準で固定され慣習化された場合のことを指す。例えば、スティック状ののど飴は、10年以上も100円（消費税抜き）で販売されていて、長期間、この価格で固定されている。のど飴の100円は、値ごろ価格を経て顧客の中で慣習価格になっているのである。

　慣習価格になった商品で、価格を改定する場合は、消費者から心理的な抵抗を受ける。例えば、自動販売機で販売されている缶入り飲料は、消費税導入を境に100円から120円に値上げされた。その際、顧客から大きな抵抗があった。なぜなら、缶入り飲料の価格は100円が慣習価格になっていたからである。消費税導入時での値上げとはいえ、固定された慣習価格を崩したことによって顧客の抵抗感が生じたのである。しかし、現在では、缶入り飲料水は再度値上げされ、すでに130円や150円が現在の慣習価格になっている。

4．プロスペクト理論（prospect theory）

　心理的な価格づけを理論的に説明したのが、プリンストン大学のカーネマン教授とスタンフォード大学のトゥヴァースキー教授である。2人が唱えた価格決定理論は、「プロスペクト理論」（Kahneman and Tversky 1979）として知られている。

　プロスペクト理論は、「利得」（gain）と「損失」（loss）に対して、人間がどのような感情の変化を引き起こすかを実験経済学的に研究したものである。そこでは、「不確実性の状況下においては、人は必ずしも合理的な判断をするとは限らない」という結果を導いている。[13]

　製品やサービスに対して対価を支払っている顧客は、価格ごとに価値評価を行っている。製品やサービスの価値は、個々の顧客が抱く期待価格と実際価格の乖離によって評価される。期待価格のことを、「参照点」

> **図表 10.11　プロスペクト理論（prospect theory）**
> ①対象となる価値評価は、ある期待からの乖離によって評価される。この期待の基準点のことを、参照点（reference point）と呼ぶ。
> ②参照点を下回ったときの価値評価（心理的ダメージ）は、上回ったときの満足度（得した感覚）より大きい。

（reference point）と呼ぶ。あるいは、「留保価格」（reservation price）と呼ぶこともある。参照点価格を基準に、製品やサービスの価値が高いとか低いとかを顧客は判断していると考える。

2人の研究者の実験によると、顧客は金額に比例させて購入の得失を合理的に判断するのではないことが確認されている。利得と損失によって生じる人の感情は、価格変化の方向に対しては非対称である。

価格が安くなって利得が高まると価値評価は高くなるが、それがさらに進むと同じ割合の利得があっても同じようには価値評価は高まらない。なぜなら、利得の高まりとともに得をした感応度が低減するからである。消費者の心理は、ミクロ経済学の「限界効用逓減の法則」にしたがっている。

それとは逆に、価格が高まり損が生じると価値評価は急激に下がる。これは、少しの損失であっても、損失を避けたいとする気持ちが働くからである。損得が同じ幅の場合、損失に対する負の価値評価は、利得の正の価値評価より2倍程度高いといわれている。したがって、損失が少しでもあると「失敗してしまった！」と大きく嘆くのである。いくつかの心理実験の結果によると、参照点を基準にして、図表10.11の②のような関係が成り立つことがわかっている。

ただし、損失の場合も、それがさらに進むと同じ割合の損失でも、同じようには価値評価は下がらない。損失においてもその感応度は低減するからである。つまり、利得も損失も参照点を基準に乖離が進むと、その感応度は低減する。こうした関係は、図表10.12に示されている。

13——その後、カーネマン教授がノーベル賞を受賞することになるが、両教授の共同論文は、実験経済学の記念碑的な論文として知られている。Kahneman, D. and A. Tversky (1979) "Prospect Theory: An Analysis of Decision under Risk", *Econometrica*, March, pp. 263-291。WEBにて入手可能、http://www.ihs.ac.at/publications/eco/visit_profs/blume/kahnemantverskypt.pdf。

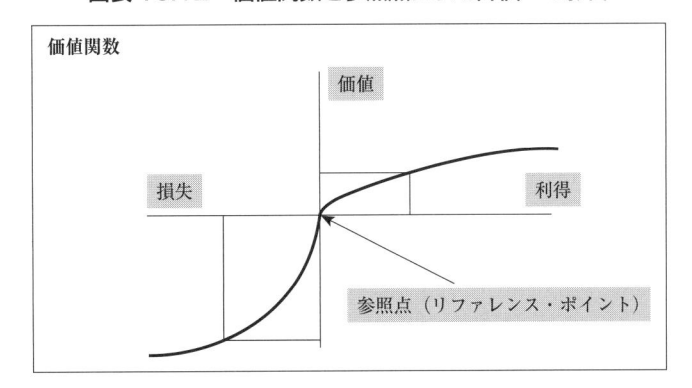

図表10.12　価値関数と参照点による評価への影響

（価値関数のグラフ：損失／利得、価値、参照点（リファレンス・ポイント））

出典：古川一郎、守口剛、阿部誠（2003）『マーケティング・サイエンス入門』有斐閣、145頁。
オリジナルは、Kahneman and Tversky（1979），p. 279

　プロスペクト理論では、つぎのようなことが主張できる。それぞれの製品やサービスに対して価格づけを行う場合、顧客の持つ参照点がどこにあるのかを認識しなければならない。参照点は個人によって変動するが、一般的に、ブランド力の高い製品やサービスでは参照点が高く、ブランド力が低い製品やサービスでは、参照点が低くなる。したがって、企業にとっては、参照点をいかに上に持っていくかが課題になる。

　なぜなら、新しい製品やサービスを市場に導入する際にも、既存の製品やサービスを"参照しながら"顧客は基準価格を設定していくからである。新しいカテゴリーの製品やサービスを導入する際にも、高い参照価格が実現できれば、価格設定上は有利に働くのである。

　例えば、はじめてプレミアムSUV（Sport Utility Vehicle）を市場に出した「ポルシェ・カイエン」を例にとってみよう。図表10.13、10.14は、「BMW」「ボルボ」「ポルシェ」の3つのブランドについて、3車種の保有者に対して、それぞれの既存製品ラインの適切な価格帯と拡張ライン（プレミアムSUV）における適正価格を調査したものである。

　これを見ると、プレミアムSUVの保有者たちは、全体的にポルシェブランドが他社ブランド（ボルボ、BMW）より高い価格が適正であると見ていることがわかる。実際、その平均値をとってみると、ポルシェの適正価格が抜きん出て高いことがわかる[14]。

　実は、これが拡張ラインでの価格づけにも大きく影響しているのであ

図表 10.13 プロスペクト理論（事例 プレミアムSUV①）

＜調査方法＞インターネットで、BMW、ボルボ、ポルシェオーナー
計100名を対象に調査（2003年10月、12月）

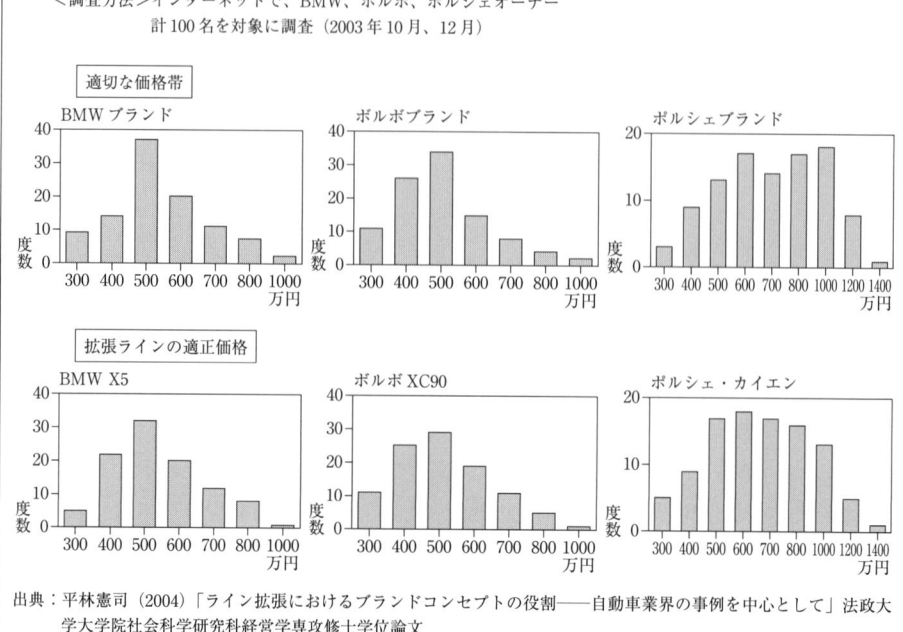

適切な価格帯

BMWブランド／ボルボブランド／ポルシェブランド

拡張ラインの適正価格

BMW X5／ボルボ XC90／ポルシェ・カイエン

出典：平林憲司（2004）「ライン拡張におけるブランドコンセプトの役割——自動車業界の事例を中心として」法政大学大学院社会科学研究科経営学専攻修士学位論文

図表 10.14 プロスペクト理論（事例 プレミアムSUV②）

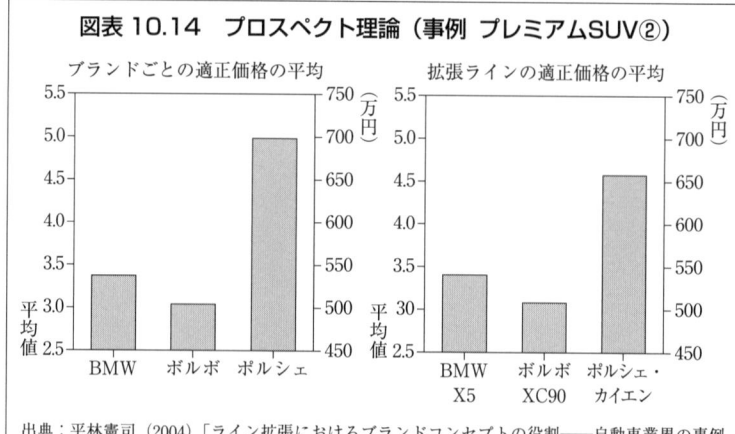

ブランドごとの適正価格の平均／拡張ラインの適正価格の平均

出典：平林憲司（2004）「ライン拡張におけるブランドコンセプトの役割——自動車業界の事例を中心として」法政大学大学院社会科学研究科経営学専攻修士学位論文

る。つまり、既存のポルシェブランドの適正価格が高いために、新たに市場に投入したプレミアムSUVである「カイエン」（2002年9月発売860万円〜）でも、先行する「BMW X5」（2000年9月発売645万円〜）や「ボルボXC90」（2003年5月発売582.8万円〜）よりかなり高い価格設定ができた。ポルシェ・カイエンは、拡張ブランドにおける価格づけが既存ブランドの参照点から大きく影響された事例であった。

家電業界では、メーカーがオープン価格をとっている。これは、量販店を中心にした大幅値引きによる価格づけで、参照点が下がるのを防ぐためである。一方、顧客から見れば基準価格（参照点）がないため、その製品が高いか安いかを判断しづらくなる。かつてあった「メーカー希望価格」の表示が店頭から消えてしまったが、消費者にとって買い物がしやすいかどうかはまた別の話である。顧客が標準小売価格の明示を求める動きがあることも事実である。

4──小売業の価格戦略

1. 2つの価格戦略[15]

小売業の価格戦略は、メーカーの価格づけとはまた違った側面を持っている。メーカーとは異なり、小売業の場合は、非常にたくさんの商品アイテムを取り扱っているからである。

例えば、平均的な規模のコンビニエンス・ストアの棚に並んでいる商品は、約3000アイテムである。標準的な食品スーパーマーケットでは、3万アイテムが店舗に並んでいる。百貨店ともなると、常時30万品目を超える商品を売り場で管理している。それに対して、大手消費財メーカーの取り扱いアイテム数は、多くてもせいぜい1000点程度である。ふつうは数百アイテムのレベルにすぎない。

小売業では、単品の価格づけも大切であるが、チェーン全体の価格イ

14──平林憲司（2004）「ライン拡張におけるブランドコンセプトの役割──自動車業界の事例を中心として」法政大学大学院社会科学研究科経営学専攻修士学位論文。
15──本節の記述は、主としては、以下の文献に基づいている。B. E. カーン、L. マッカリスター／小川孔輔、中村博監訳（2000）『グローサリー・レボリューション──米国パッケージ商品業界の経験』同文舘出版。とくに、第5章「市場対応」、43-62頁。

メージをコントロールすることのほうがより重要である。また、たくさんのアイテムを抱えていることから、日々の価格変更に関しても、長期の基本価格政策に関しては、基本方針を決めておかなければならない。小売業態を横断的に眺めてみると、会社別に2つの異なる価格政策が採用されていることがわかる。すなわち、「バリュー価格戦略」と「ハイ・ロウ価格戦略」の選択の違いである。

2.「バリュー価格戦略」

　小売業の価格政策で、最初の選択肢は、「EDLP」（Every Day Low Price）である。「バリュー価格戦略」（value pricing strategy）とも呼ばれる。EDLPとは、店舗の売上を安定させるために、商品を変動のない安定した安い価格で販売することである（図表10.15）。常に一定の低価格で販売することによって、顧客は必要なときに必要なだけ、安心して欲しいと思う商品を購入することができる。

　EDLP戦略を採用することの店舗側のメリットは、価格がいつも一定なので、売上が安定することである。セールを多用すると、特売時には売上が増えるが、セール終了後には急速に減ることになる。売上の変動をなくすことで、小売業にとってはさまざまなメリットが生まれる。例えば、セール前に過剰な在庫を抱える必要がなくなるので、余分な店舗スペースが不要になる。特売をさせるために、余分なプロモーション費用負担がなくなるなどである。

　それとは逆に、価格を変動させると、売上が上下動を繰り返して販売のシステムが不安定になる。顧客は商品が安く販売されている特売時にはまとめ買いをしてくれるが、セールが終わると来店さえしなくなる。ある時期にだけ売上が集中する。

　店舗にとって、売上が激しく上下に動くと不都合なことが多い。例えば、売上のピークに合わせて、店舗側ではその期間だけは特別に人員を配置しなければならない。その結果として、人の手配とその管理のための経費が余計にかかることになる。また、セールを顧客に周知させるためにチラシを配布するなどのプロモーション費用もかかる。セール販売でのこうした弊害がなくなることが、バリュー価格戦略の効果である。

　実際、世界最大の売上を誇る流通業界の雄・ウォルマートは、このバリュー価格戦略を採用することで、大きな成功を収めている。日本でも

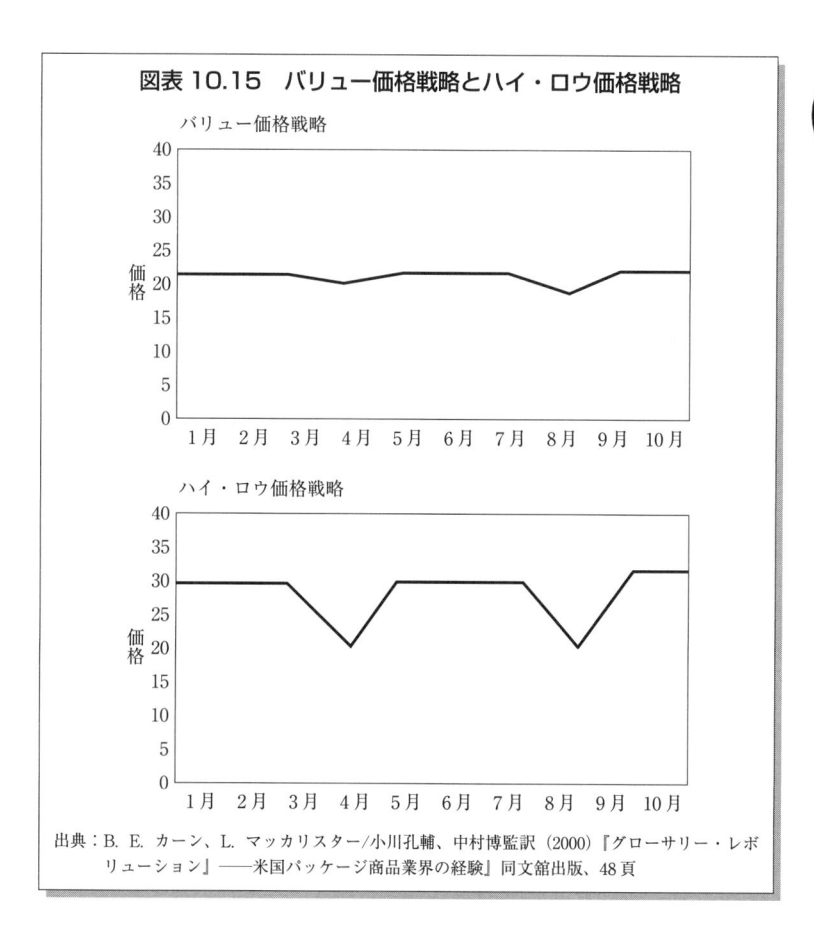

図表 10.15 バリュー価格戦略とハイ・ロウ価格戦略

バリュー価格戦略

ハイ・ロウ価格戦略

出典：B. E. カーン、L. マッカリスター/小川孔輔、中村博監訳（2000）『グローサリー・レボリューション』──米国パッケージ商品業界の経験』同文舘出版、48頁

ウォルマートが子会社化した西友では、その再建策の基本的な柱がこのバリュー価格の遂行である。[16]また、日本の小売業でも、ホームファーニシングの「ニトリ」（本社：北海道札幌市）やホームセンターの「カインズ」（本社：群馬県高崎市）など、EDLPとPB商品の海外調達で、ウォルマートの成功に学んで業績を伸ばしている企業も現れている。[17]

3.「ハイ・ロウ価格戦略」

一方、「ハイ・ロウ価格戦略」（hi & low pricing strategy）は、顧客の購買意欲を刺激するために、頻繁にセール販売などを実施するやり方である。そのために、ある一定期間は、セールの対象となる商品を大幅

---

[16]──「ケーススタディー──西友改革 ウォルマート 毎日低価格で日本変える」『日経ビジネス』2003年8月18日号、42～50頁。

に値下げする（図表10.16）。一時的な値下げによって、顧客に刺激を与え、消費への誘引を図り、売上を伸ばそうとするのである。

日本では多くのスーパーマーケットが、このハイ・ロウ価格を採用している。格安の特売用の目玉商品で顧客を刺激し、店舗への誘引を図る。商品のまとめ買いや通常価格の商品購入のついで買いを増やすことで、1回の買い物でのトータルな売上増を期待する。その他に、いつも同じ店舗で買い物をしている他社の顧客が、特売でふだん立ち寄らない店舗に出向くという効果も、ハイ・ロウ価格にはある。

ハイ・ロウ価格では、目先を変えて購買行動の変化を狙えるという効果もあるが欠点も多い。社会構造の変化とともに、スーパーマーケットなどの主力購買層である専業主婦が減少してきている。特売のチラシをチェックする時間もない購買層が増加している。全般的に、ハイ・ロウ価格戦略の効果が薄れてきているともいわれている。ハイ・ロウ価格では、在庫スペースや人件費上昇以外にも、商品の値づけ変更、破損やロス、チャンスロス（在庫変動による売り損じ）など、企業にとってはデメリットも多い。

図表10.16　バリュー価格とハイ・ロウ価格の比較

	EDLP（Every Day Low Price） バリュー価格	hi & low pricing ハイ・ロウ価格
設定	毎日安い定価で販売する。 （低価格で価格を固定する）	一定期間大幅な値引きをする。 （意図的に価格変動する）
目的	顧客に価格に対する安心感を与え、売上を安定させる。	顧客に価格で刺激を与え、購買意欲を活発化させる。
効果	売上の安定によって、 ①在庫変動によるロスの低減。 ②人件費の平準化。 ③プロモーション・コストの削減。 ④マネジメントの安定。	刺激を与えることによって、 ①顧客の目先を変える。 ②店頭の変化による顧客誘引。 ③即効性ある売上増。 ④安値での仕入れ活用。

17――ホームセンターの「カインズホーム」は、自社のHPで、明確にEDLP政策を掲げている。以下は、同社HP（http://www.cainz.co.jp/）からの引用である。
　価格（EDLP）：「同じ商品ならカインズは地域のどこの店よりも安い」。価格に対するカインズの基本方針です。そのために以下のような価格政策を実施しています。● 「いつでもこの価格」…特定期間だけでなく、常に低価格で提供する価格政策の大原則です。● 「ロープライス保証」…同じ商品が地域の他の店より高かったらその差額の1.5倍を返金する最低価格保証システムです。● 「チラシ保証」…同一商品に関し他店がチラシで打ち出している価格と同じかそれ以下で販売する保証制度です。

〈参考文献〉

J. C. アベグレン、ボストン・コンサルティング・グループ編著（1977）「エクスペリアンス・カーブによる戦略思考」『ポートフォリオ戦略』プレジデント社（Boston Consulting Group（1972）*Perspectives on Experience*, Boston Consulting Group）

上田隆穂編（1995）『価格決定のマーケティング』有斐閣

上田隆穂（1999）『マーケティング価格戦略』有斐閣

上田隆穂編（2003）『ケースで学ぶ価格戦略・入門』有斐閣

小川孔輔（1996）「価格実験を用いたブランド力の測定（上・下）」『チェーンストアエイジ』2月15日号

小川孔輔（2002）『誰にも聞けなかった値段のひみつ』日本経済新聞社

B. E. カーン、L. マッカリスター／小川孔輔、中村博監訳（2000）『グローサリー・レボリューション――米国パッケージ商品業界の経験』同文舘出版（Kahn, B. E. and L. McAlister（1997）*Grocery Revolution: The New Focus on the Consumer*, Addison-Wesley）

桐山秀樹（2007）『頂点のサービスへようこそ――リッツ・カールトンvs.ペニンシュラ』講談社

小嶋外弘（1986）『価格の心理』ダイヤモンド社

佐藤康雄（2003）『管理会計テキスト』中央経済社

高瀬浩（2005）『ステップアップ式MBAマーケティング入門』ダイヤモンド社

中島望、小川孔輔、棚橋菊夫、永長亥佐夫（1988）「ブランド力と価格弾力性の測定」『マーケティング・サイエンス』第32号

『日経ビジネス』（2003）「ケーススタディー――西友改革 ウォルマート 毎日低価格で日本変える」8月18日号、42～50頁

日本科学者会議編（2008）「特集 代替エネルギーの現状と課題」『日本の科学者』4月号（第43巻第4号、通号483号）、171～195頁

秦郷次郎（2006）『私的ブランド論――ルイ・ヴィトンと出会って』（日経ビジネス人文庫）日本経済新聞社。（Kyojiro Hata（2004）*Louis Vuitton Japan: The Building of Luxury*（illustrated edition）, Editions Assouline）

平林憲司（2004）「ライン拡張におけるブランドコンセプトの役割――自動車業界の事例を中心として」法政大学大学院社会科学研究科経営学専攻修士学位論文

R. P. フィスク、S. J. グローブ、J. ジョン／小川孔輔、戸谷圭子監訳（2005）『サービス・マーケティング入門』法政大学出版局（Fisk, R. P., S. J. Grove and J. John（2004）*Interactive services marketing*, 2nd ed., Houghton Mifflin Company）

古川一郎、守口剛、阿部誠（2003）『マーケティング・サイエンス入門』有斐閣

Kahneman, D. and A. Tversky (1979) "Prospect Theory: An Analysis of Decision under Risk," *Econometrica*, March, pp. 263-291. (http://www.ihs.ac.at/publications/eco/visit_profs/blume/kahnemantverskypt.pdf)

〈さらに理解を深めるための参考文献〉

恩蔵直人（2000）「価格対応」和田充夫、恩蔵直人、三浦俊彦『新版　マーケティング戦略』有斐閣

H. サイモン、R. J. ドーラン／吉川尚弘監訳、エコノミクス・コンサルティング研究会訳（2002）『価格戦略論』ダイヤモンド社（R. J. Dolan and H. Simon (1996) *Power Pricing: How Managing Price Transforms the Bottom Line*, Free Press）

白井美由里（2005）『消費者の価格判断のメカニズム——内的参照価格の役割』千倉書房

杉田善弘、上田隆穂、守口剛編（2005）『プライシング・サイエンス——価格の不思議を探る』同文舘出版

T. T. ネイゲル、R. K. ホールデン／ヘッドストロング・ジャパン訳『プライシング戦略——利益最大化のための指針』ピアソン・エデュケーション（Nagle, T. T. and R. K. Holden (2002) *The Strategy and Tactics of Pricing: A Guide to Profitable Decision Making*, 3rd ed., Prentice-Hall）

Rao, V. (1984) "Pricing Research in Marketing: The State of Art," *Journal of Business*, 57.

第11章
価格の決定(2)：
価格決定の実務

　前章では、価格づけの理論について説明した。主として、ミクロ経済学と会計学的な視点から、3つのタイプの価格決定方式について理論的な基礎を解説した。本章では、実務的な側面から、実例を用いて価格決定を解説する。

　第1節では、同じ製品ブランドの中で異なる複数のグレードがある場合を取り扱う。いわゆる、製品ラインの価格決定についてである。

　第2節では、本体と補完製品が組み合わせて提供される場合のように、製品が複数のユニットから構成されている場合の価格づけについて議論する。複数の製品・サービスを一括で価格づけするのがセット価格、構成ユニットごとに分解して価格づけするのが分離価格である。

　第3節では、当初設定した価格を、買い手のタイプや購入量、あるいは、需要の変動に応じて変更するケースを取り上げる。価格を調整する場合としては、現金割引、数量割引、季節割引、曜日・時間などが考えられる。

　第4節では、顧客ターゲットや状況に応じて、異なる価格を設定する場合を議論する。いわゆる、価格差別化と呼ばれるものである。差別価格の狙いは、将来の顧客の獲得もあれば、価格に敏感な特定層に対して製品やサービスの価格を下げることもある。

　第5節では、公的な価格規制について、その類型と関連する具体的な事例を紹介する。公的な規制の対象となるのは、以下の7つの価格行動である。すなわち、再販売価格維持、価格維持行為、入札における談合、価格カルテル行為、不当廉売、景品表示法、ダンピング事例の場合である。

1 ― 製品ラインの価格決定

1. グレード別の価格設定（price lining）

　自動車メーカーは、同じ製品ブランド（実務的には、「車名」や「モデル」と呼ばれる）に対して、グレードが異なる複数の製品ライン（product line）を準備している。ブランドやデザインに対して似たような好みを持っている顧客グループであっても、それぞれが要求する基本的な仕様が異なるからである。エンジンの大きさ、カーナビやエアコンの有無などの基本装備、グレード別に設定された価格のことを、「価格ライン」と呼ぶ。

　乗用車は、車種によっても異なるが、多くは排気量の異なる複数のエンジンをラインアップしている。例えば、トヨタのコンパクトカー「ヴィッツ」は、1000 cc、1300 cc、1500 ccの3種類のエンジンを持っている。そのため、一口にヴィッツといっても、102万円から156万円まで、グレードによって異なる価格設定がなされている（2007年モデル、税抜き価格）。その価格差は、約1.5倍もある。これは、ヴィッツが幅広いグレードを持ち合わせている結果である。上位グレードでは、車格が上のカローラ（135万6000円～）より高い価格設定がなされている。商用車として利用される廉価モデル（1.0B）から、1.5リットルの高性能エンジンを積んだスポーツモデル（1.5RS）まで、ヴィッツという1車種でも13のグレードをラインアップしている（図表11.1）。

　商用車として利用される機会が多い1.0Bは、必要最低限の装備のみにして、価格も102万円に抑えられている。廉価なグレードの1.0Bは、ヴィッツという車全体にお買い得感を与えている。このような最低価格帯のグレードは、「グレーモデル」と呼ばれている。

　メーカーには、それぞれの車種において販売量を増やすための「量販グレード」が存在している。この量販グレードでは、顧客が抱くコンパクトカーとしての代表的な価格帯（110万円～120万円）でその価格設定がなされている。ヴィッツでいえば、1.3F（あるいは1.0F）がボリュームゾーンを狙った量販グレードである。フィットの量販グレードは、1.3Gである。なお、量販価格のことを「プライスポイント」という呼び方を

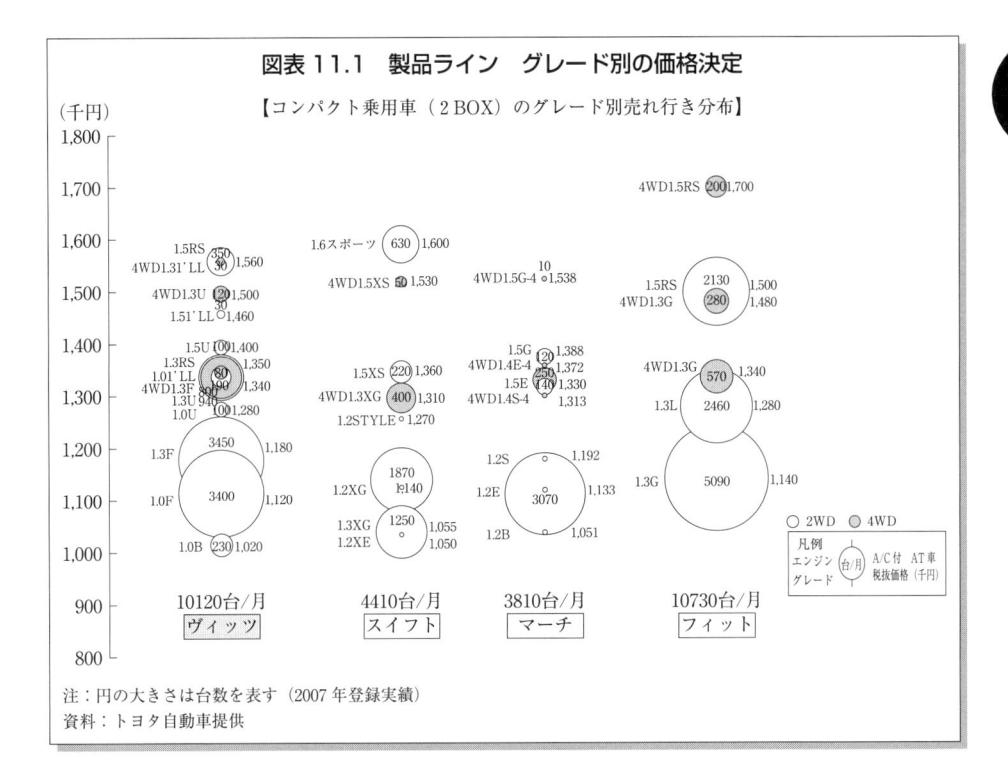

図表 11.1　製品ライン　グレード別の価格決定
【コンパクト乗用車（2BOX）のグレード別売れ行き分布】

（千円）

ヴィッツ　10120台／月
スイフト　4410台／月
マーチ　3810台／月
フィット　10730台／月

凡例　2WD　4WD
エンジン　A/C付　AT車
グレード（台/月）税抜価格（千円）

注：円の大きさは台数を表す（2007年登録実績）
資料：トヨタ自動車提供

することもある。[1]

　したがって、ヴィッツはこの量販グレードに最大の照準を合わせ、顧客のニーズを適度に満たした装備で、1.0Fを112万円（2007年9月発売モデル、以下同様）とバランスのとれた価格設定をしている。このように、顧客が抱く妥当な価格（値ごろ価格）を基準に、装備と価格のバランスをとることで、トヨタ自動車は、コンパクトカー（2BOXスモールロワー）の製品クラスで、ボリュームゾーンを吸収しているのである。

　他のグレードについては、当初から量販グレードのように大量販売を目指していないので、装備に応じた価格設定がされることが多い。上質感を高めた1.3Uでは、1.3リットルのエンジンを積み内装のシートなども替え、134万円に設定している。また、スポーツモデルの1.5RSでは、

1――渥美俊一、桜井多恵子（2007）『新訂版　ストア・コンパリゾン――店舗見学のコツ』実務教育出版、216〜238頁。同書では、価格ラインごとに、陳列量（販売量）をプロットしたグラフを「商品構成グラフ」と呼んでいる。最大の販売量（陳列量）の価格が、プライスポイント（量販価格）である。消費者の値ごろ感（価格イメージ）は、プライスポイントによって決まる。

1.5リットルのエンジンを積み、内外装もスポーツ志向を前面に出している。スポーツ好きな特定層に照準を当て、価格は140万〜156円まで引き上げている。グレード別価格設定は、製品としてのイメージを広げることにも貢献している。

2. おとり商品(decoy; bait and switch)

「おとり商品」（decoy）とは、顧客を寄せ集めるために、極端な安価でチラシに商品やサービスを掲載させた商品のことを指す。小売業では、特売商品（ロスリーダー）などを利用して、顧客の店舗への来店を促している。特売商品は、本来、その商品を販売するのが目的ではなく、安価な価格設定で顧客を引きつけることが目的である。それ自身の販売で利益を獲得することは期待していない。来店してくれた顧客が、ついでに他の商品やサービスを買ってくれることを狙った販促商品である。[2]

しかしながら、販促のやり方が度を過ぎてしまうと、図表11.2の「PHS端末機の無料配布」の例にあるように、法的な問題が生じることがある。広告では無料とうたいながら、実際は手数料などが付随していたり、解約時の違約金が高額だったりすることもある。消費者がその広告だけではわかりづらい表示がなされていたために、不利益をこうむるといったことがある。このような販売手法を「おとり商法」という。こうしたおとり商法は、他にも数多くある。

例えば、安価で広告に掲載されていた高級腕時計を購入しようと来店したら、販売時期や販売量が非常に限られ、掲載商品とは別の高額商品

図表11.2　おとり商法の例　PHS端末機の無料配布

<広告表示>	端末機が格安や無料である点のみ強調 新規加入契約手数料の条件などの表示に問題
<実　　態>	販売業者は、電話加入契約の仲介で収益 →制限期間内解約に対し、消費者に高額な違約金
<是正措置>	1997年、公正取引委員会が、「PHSに関する表示適正化」要望

出典：小川孔輔（2002）『誰にも聞けなかった値段のひみつ』日本経済新聞社、148頁、および国民生活センターHP　http://www.kokusen.go.jp/hanrei/data/200009.html. などをもとに作成

---

[2] 特売商品（"loss leader"）の語源は、「損（loss）を承知で顧客の来店を促すこと（lead）を狙った価格の商品」という意味からきている。

を誘導販売されてしまったなどの事例である。こうした販売方法は、安価で魅力ある商品が、制約された条件下での販売であるにもかかわらず、それらが広告に明記されずに起きる問題である。

このように、広告には安価な商品（撒き餌：bait）を掲載して、実際には、他の高額な商品・サービスなどを購入させる（switch）やり方を、英語の表現では、"bait and switch" と呼んでいる。もちろん、これはどこの国でも違法である。

2──関連製品のバンドリングと分離価格

1. 補完製品の抱き合わせ販売（captive pricing）

製品を購入する場合に、しばしば本体と補完製品を一緒に買い揃える必要があることがある。パソコンとプリンター、デジタルカメラとメモリースティックがそうした典型的な例である。プリンターに関していえば、消耗部品のトナーやインクジェットがないと、そもそもプリンターで印字ができない。ここでは、製品本体とそれを補完する製品とを抱き合わせて販売する手法（captive pricing）を見てみることにする。

例えば、ゲーム機本体とゲームソフトの抱き合わせが、この販売手法にあたる。実際に、ゲーム機を購入しても、ゲームソフトがなければゲーム機本体をプレイすることができない。逆に、ゲームソフトがあってもゲーム機がなければ何の意味もない。つまり、ゲーム機とゲームソフトは、相互に機能的に製品同士が補完し合っている関係である。このように、補完し合う製品を抱き合わせて販売することで、顧客の利便性とお得感（通常組み合わせ価格より安価に設定）を高め、本体と補完製品の両方の販売増を達成することができる。

ソニーは、ゲーム機「プレイステーション2」と人気ゲームソフト「ファイナルファンタジー12」を抱き合わせ、"PlayStation 2" FINAL FANTASY XII PACKとして販売している。こうした人気ソフトは、ゲーム機の購入に大きな影響を与える。そこで、人気ソフトを抱き合わせることによってゲーム機本体の販売を促進しようとしているのである。

同様に、パソコン本体とパソコンソフトとの関係も、両者は相互に補

完し合っている。したがって、利用頻度の高いワープロソフト（Word）と表計算ソフト（Excel）が、パソコンと抱き合わされて販売されているケースが多い。いわゆる、マイクロソフトの「オフィス・シリーズ」は、パソコン本体にインストールされて販売されているのがふつうである。

パソコンソフトは、毎年のように製品が改良され、バージョンアップ版が販売されていく。そこで、製品を一度利用して満足してくれたPCユーザーは、そのバージョンアップ版を継続して購入することになる。したがって、ソフトメーカーとしては、いかに多くのパソコンユーザーを利用者として囲い込めるかが成功の鍵となる。

例えば、1990年代、日本のワープロソフト市場では、1985年から販売されているジャストシステムの「一太郎」が大きな市場を占めていた。当時、後発であったマイクロソフトのWordは、定番であった一太郎の牙城を崩そうと、積極的にパソコンメーカーに働きかけた。人気の表計算ソフト「Excel」を武器に、低価格で２つのソフトをパソコンに抱き合わせて販売した。一方、ジャストシステムには「三四郎」という表計算ソフトが存在していたが、マイクロソフトのExcelはLotus1-2-3（ロータス社、現在はIBMより発売されている）に代わって表計算ソフトの定番になっていた。表計算ソフトとワープロソフトを別々に購入するより、かなり安価な価格設定でExcelとWordが抱き合わせ販売されたため、ワープロソフト市場はやがて、一太郎からWordへと主役の座が交代してしまったのである。

パソコンソフトの場合は、いかに多くの顧客にとっての利用機会を増やすことができるかが成功の鍵である。いまでは、かつてとは逆に、マイクロソフトのWordの後塵を拝している一太郎が、低価格で市場のシェアを少しでも伸ばそうとしている（図表11.3）。その他にも、パソコンソフトは、年賀状作成ソフト、画像編集ソフト、鉄道の駅間料金検索ソフトなど、多くのソフトが、パソコン本体に組み入れられ販売されている。これらのソフトは、あらかじめパソコン本体に組み込むことで、顧客の利用を促進し、ソフトメーカーはその後のバージョンアップ版で販売機会を増やすことを狙っている。

図表 11.3　抱き合わせ販売　パソコンソフトの例

ソフト	種類	発売日	希望小売価格	販売額（最安値）
Office Personal 2007	オフィス統合ソフト	2007年 1月	オープン	￥35,800
Office PowerPoint 2007	プレゼンソフト	2006年12月	オープン	￥21,610
Office Excel 2007	表計算ソフト	2006年12月	オープン	￥23,348
Office Word 2007	ワープロソフト	2006年12月	オープン	￥21,964
JUST Suite 2008	オフィス統合ソフト	2008年 2月	￥25,000	￥17,535
一太郎文藝	日本語ワープロ上級ソフト	2005年 9月	￥50,000	￥39,128
一太郎 2008	ワープロソフト	2008年 2月	￥20,000	￥14,490
ATOK 2008 for Windows	日本語入力システム	2008年 2月	￥8,000	￥6,088
Agree 2007	プレゼンソフト	2008年 2月	￥7,800	￥6,163
三四郎 2008	表計算ソフト	2008年 2月	￥5,000	￥3,864

注：価格はいずれも標準版
出典：価格.com（2008年5月14日現在の検索結果）のデータをもとに作成
　　　http://kakaku.com/saiyasu/soft.htm#officesoft

2. 分離価格（two-part pricing）

　抱き合わせ販売では、本体と補完製品を組み合わせて価格設定をしていた。それとは逆に、もともと一体であった価格設定を、それぞれの部分に機能分解して値づけすることがある。分離価格の場合である。

図表 11.4　固定料金と変動料金からなるサービス価格　携帯電話の例

各社コールプラン（新規契約・月平均150分通話・パケット3,000、24カ月利用予定の場合）

会社/サービス名	新規手数料	基本（固定）	割引額	通話	無料通話	以降従量	パケット	月額平均（合計）
Soft Bank オレンジプラン WM プラン	￥2,700	￥6,700	￥-3,200	￥5,376	￥-4,050	￥1,326	￥1,926	￥5,426
DoCoMo タイプM	￥3,000	￥6,800	￥-3,300	￥5,376	￥-4,000	￥1,376	￥1,976	￥5,476
au プランM	￥2,700	￥6,900	￥-3,300	￥5,376	￥-4,050	￥1,326	￥1,926	￥5,526
Willcom 安心だフォン（3カ所通話先限定）	￥2,700	￥980	￥-27	￥6,026	￥0	￥6,026	￥300	￥7,278

出典：価格.comで上記条件での検索結果をもとに作成（2008年5月14日現在）
　　　http://kakaku.com/keitai/ranking/

「分離価格」とは、ひとつの製品やサービスでありながら、価格体系が分離されている価格のことである。この代表的な事例が、電話料金の分離価格である。電話料金は、固定電話でも携帯電話でも、料金体系は固定部分と変動部分に分かれている。一本化されていない理由は、毎月利用の有無に関わりなく必ずかかる基本料金と、利用した際の通話時間や距離などで料金が変動する通話料金とに分かれているからである。

とくに、携帯電話では、基本使用料、通話料の他に、メール送受信やウェブ通信料などのパケット通信料が別建てになっている（図表11.4）。このように、通話料やパケット通信料などが、基本使用料とは分離された料金体系が形成されている。基本使用料とは別に、顧客の利用頻度に応じて、変動料金が増えていくビジネスモデルになっている。携帯電話各社の収益源は、変動部分の通話料全部なので、さまざまな手法を活用して、利用頻度を高める工夫をしているのである。

3. セット価格

「セット価格」とは、本来別々に価格設定されている商品やサービスを組み合わせて価格を一本にまとめてしまうことである。そうすることで、顧客へのお買い得感や利便性を高め、需要を誘引する。

例えば、パッケージ旅行で考えてみよう。パッケージ旅行の中に組み込まれた飛行機や鉄道などの運賃、ホテルの宿泊料金、観光地での入場料金、食事料金などは、本来別々の料金建てになっている。それらを旅行会社がセット価格として販売することで、顧客は旅行中に発生する全体の費用を知ることができ、計画もしやすくなる。また、宿泊や食事、観光施設などへの支払いも、旅行会社が一括して代替してくれるので手間も省ける。このように、旅行におけるセット価格は、顧客にとって有用性が高く、それが消費者に支持されている。

また、多くの遊園地でも、分離価格からセット価格へと価格設定を変更している。もともと遊園地では、固定料金である入園料とは別に、園内にある乗り物には別途料金がかかっていた。これは、遊戯施設を利用する顧客とそうでない顧客とを区分し、相応の費用負担をしてもらおうという考えに立ったものであった。つまり、利用頻度の異なる顧客に対して、変動部分を別途に課金して、公平感のある価格設定をしているのである。

図表11.5　固定料金と変動料金からなるサービス価格　遊園地の例

【東京ディズニーランド】

券種	種類	大人 （18歳以上）	中人 （中高生）	小人 （幼児・小学生）
ワンデー	個人向けパスポート 団体向けパスポート	¥5,800 ¥5,220	¥5,000 ¥4,500	¥3,900 ¥3,510
専用	スターライトパスポート アフター6パスポート	¥4,700 ¥3,100	¥4,100 ¥3,100	¥3,200 ¥3,100
マルチデー	2デーパスポート 3デーマジックパスポート 4デーマジックパスポート	¥10,000 ¥12,900 ¥15,000	¥8,800 ¥11,500 ¥13,500	¥6,900 ¥8,900 ¥10,500

注：パスポート＝個々のアトラクション利用を含めた入場料
　　単なる入園券は2001年3月で発売終了
出典：東京ディズニーリゾートHPより作成（2008年5月現在）
　　　http://www.tokyodisneyresort.co.jp

【東京ドーム】

券種	中学生以上	3歳～小学生	
入園料	無料		
ライドフリー	¥3,000	¥2,500	当日全アトラクション
アトラクション別チケット	¥200～¥1,000		

注：2003年5月からフリーゲート制
出典：東京ドームHPより作成
　　　http://www.tokyo-dome.co.jp

　ところが、分離価格で運営していた施設の中で、乗り物券と入場料とをセットにした価格設定に切り替える遊園地が増えている。また、特定の利用時間帯を定めて、全施設が利用できるセット価格も登場している（図表11.5）。東京ディズニーランドも開園当初（1983年4月）は、アトラクションゾーンごとに利用回数を定めたチケットが存在していた。しかし、2001年4月からは、すべての料金体系を園内の全アトラクションが利用可能な「パスポート制」に変更している。また、東京ドームでも、2003年5月より固定料金の入園料を廃止し、顧客に全アトラクションが利用可能な「ライドフリー」を薦めている。[3]

---

[3] ——セット価格のメリットは、利用者側がもっとも多く享受できる。しかし、サービス提供者側にもメリットはある。最大のメリットは、アトラクションごとに料金を徴収する従業員が不要になることと、そのための現場での管理コストが削減できることである。

3 ― 割引による価格調整

1.現金割引：キャッシュ&キャリー

　企業間の取引では、「月末締めの翌月期日払い」が一般的である。その場合の支払いを現金で清算することで、買い手に対して割引特典を与えるのが「現金割引」である。

　さらに、「キャッシュ&キャリー」(cash and carry) と呼ばれる決済では、現金で支払った上に、買い手の側が商品を自分で持ち帰ることになる。即時決済になるため、売り手側の現金流動性が高まる。また、売掛金の回収費用が節約できて、支払い滞納による不良債権のリスクも軽減される。そこで、現金決済で売り手側のリスクが軽減された分を、さらにディスカウントして買い手に還元する。

　最近では、本来「月末締めの翌月期日払い」となっている商取引に仲介が入り、期日支払日までの債権を割り引いて現金化するビジネスも出てきている。これは、「納入した商品の売掛金を早期に回収したい」という売り手のニーズに応えた新しいビジネスモデルである。売り手は、債権が現金化されることで資金繰りがスムーズになり、現金流動性も高まる。売り手は販売が早期に確実に回収できるため、少々割り引かれるものの、そのメリットは大きい。

　個人を対象にした場合でも、ディスカウントストアや秋葉原などの格安家電ショップでは、カードでの支払いには5％が上積みされることがある。こうした商慣行は、顧客の側でのキャッシュ&キャリー（現金決済での持ち帰り）を促進することを狙ったものである。売り手側がカード会社への手数料（通常は、販売額の3〜5％）の支払いを軽減し、現金の流動性を高めたいためである。

2.数量割引：10ケース以上購入で3％割引など

　「数量割引」は、大量購買者に対する割引である。たくさんの製品を購入すれば、その分を通常価格より割り引いて優遇してくれる。例えば、同じ製品を10ケースまとめて購入すれば、3％割引して一度に多くの製品を購入してもらうなどである。これは、製品に関連する「販売コ

スト」「在庫コスト」「輸送コスト」が、一括購入で節約できるという利点があるためである。同時に、大量購入によるインセンティブを買い手側に提供することもできる。

　半導体の取引では、取引価格は購買量によって異なる。大量に継続して購入する買い手には、メーカー側は大幅な値引きで対応してくれる。これは、継続して大量発注してくれる顧客を得ることで、売り手が安定した生産を維持できるからである。ただし、あまりにも多くの取引数量が1社に集中してしまうと危険である。なぜなら、万が一、その取引先が契約を解除した場合、経営根幹に甚大な影響を与えてしまうからである。

　具体的な例を挙げてみよう。1997年12月に、パイオニアは世界ではじめて、民生用高精細50インチ型のプラズマディスプレイを発売し、市場の牽引役となった。自社での販売に加え、プラズマディスプレイはソニーに相当量を供給していた。ところが、液晶テレビの大型化によって、その後、薄型大型テレビは激しい価格競争に入った。ソニーは、自社の生産設備を持たなかったため、それまではパイオニアからすべてのプラズマディスプレイを納入していた。ところが、突然、ソニーはプラズマディスプレイ事業からの撤退を表明した。ソニーは、出遅れぎみの薄型大型テレビ部門で液晶テレビに資本を集中する戦略的転換を図ったのである[4]。

　この時点で、ソニーから大量発注されていたプラズマディスプレイの受注は完全にストップしてしまった。パイオニアはプラズマディスプレイのさらなる需要拡大を見込み、NECよりプラズマ事業の譲渡を受け、工場も拡張するなど、積極的な投資を続けてきた。しかし、この一件が大きな痛手となって、プラズマディスプレイ事業は一気に赤字へと転落してしまったのである。

　このように、大量の数量取引は安定した顧客の確保につながるが、契約解除時のリスクも相応に大きいことを考慮に入れておく必要がある。

---

[4] 『NIKKEI NET　IT-PLUS』「麻倉怜士が解く薄型テレビ大再編（上）シャープ・東芝・ソニー」2008年4月2日、同「（中）松下のプラズマ・液晶戦略」2008年4月3日、http://it.nikkei.co.jp/digital/special/net_eh.aspx?n=MMITxw000001042008、http://it.nikkei.co.jp/digital/special/net_eh.aspx?n=MMITxw001001042008。

3.季節割引：航空券の季節割引（差別価格）

「季節割引」は、季節ごとの需要変動に合わせて、オフ・シーズンの時期に製品やサービスの購入者や利用者に与えられる割引特典である。これは、閑散期であるオフ・シーズンに、少しでも需要を掘り起こすためのものである。需要の季節変動が激しい観光サービス業界で多く取り入れられている、差別価格のポピュラーな形態である。

実際、ホテルや旅館では、季節ごとに宿泊料金が異なる場合が多い。これは、需要がオン・シーズン（繁忙期）とオフ・シーズン（閑散期）で明確に分かれるためである。季節ごとにやってくる波動に対して、できるだけ需要を平準化させようとする販売側の努力の結果である。繁忙期には高価格に、閑散期には低価格に価格を設定しているのは、需要調整のためである。

例えば、日本の代表的なリゾート地である沖縄では、夏の時期に多くの旅行客がきれいな海を求めて訪れる。しかし、沖縄は常夏の島ではない。冬になると海で泳ぐことができなくなるので、旅行客は激減してしまう。そこで、この時期、沖縄のリゾートホテルは、宿泊料金の大幅な季節割引を行う。顧客の誘因を図るわけである。季節割引されたオフ・シーズンの宿泊料金は、トップ・シーズンやオン・シーズンの夏休み期間と比較すると、半分近くの料金設定となっている（図表11.6）。

同様なシーズン対応は、長距離旅客輸送でもなされている。JRでは、特急料金は、繁忙期、通常期、閑散期の3本建ての料金設定になっている。また、団体料金では、特急料金に加えて、運賃も閑散期には15%の季節割引を実施している。

航空業界でも、国際線ではこの季節波動による差別価格が激しい。欧州路線などでは、閑散期と繁忙期で、エコノミー運賃の価格差が実質的に2～3倍はある。例えば、全日本空輸では、夏休みにヨーロッパに行くと航空運賃は25万1000円（エコ割14WEB利用 8／4発：2009年4月14日調べ）となっている。ところが、4月にヨーロッパに行くときには、9万8470円（スーパーエコ割WEB利用4／18発：2009年4月14日調べ）で旅行できるのである。かなり大きな季節割引である。

それとは逆に、国内線では、通常は同一区間往復で利用すれば適用されるはずの往復割引が、夏休みや年末年始などの繁忙期には適用外とな

COLUMN-21
値下げか？　廃棄か？

　閉店間際のスーパーマーケットでは、売れ残ってしまいそうなお刺身や総菜にマークダウンの「赤札シール」が貼られる。「100円引き」「半額」あるいは「処分品480円」（通常売価780円）などである。コンビニエンス・ストアのお弁当は、これとは対照的に、売れ残っても値引き販売はしない。原則として、残品は全部廃棄に回してしまう。コンビニ弁当の廃棄処分には社会的な批判もあるが、運営担当者たちは「もったいない」とは考えない。

　それでは問題である。スーパーマーケットの花売り場で、閉店のほぼ1時間前の状況を想定する。仕入れた花束の約5％が、そのままの値段では売れ残りになりそうなことが、ほぼ確実になったとしよう。この花束は値引きして販売すべきだろうか？　それとも、コンビニの弁当と同様に、値引きせずに売れ残った商品は全品廃棄すべきだろうか？

〈一般的な議論〉
　まずは、残品の処分方法を一般論として考えてみる。

　弁当に限らず、コンビニで値引き販売をしないのは、店舗運営と商品管理上の理由からである。コンビニの商品は、必要最低限のモノはなんでも揃っているが、メーカーの商品がすべて置いてあるわけではない。陳列スペースが限られるから、コンビニでは代表的なブランドしか扱わない。比較購買できない消費者に、そもそも値引きをしてあげる必然性がないのである。

　値引き販売は、コンビニの店舗オペレーションを壊してしまう。コンビニの生命線は、POSデータによる確実な需要予測と迅速な仕入れである。業務の中心は、品切れ防止と的確な商品発注にある。店頭の価格を頻繁に変えると、逆に正確な売上予測ができなくなる。また、値引きをすると、シール貼りなどで追加作業が増えてしまう。そうでなくても忙しいコンビニの仕事は、完全にパンクしてしまう。

　したがって、コンビニの経営者（店長）と従業員は、過去の売上実績を見ながら、商品の発注数を決めることに注力する。品揃えと価格は与件である。結果として、売れずに残って廃棄されてしまう弁当は、自分たち自身に対するペナルティである。値下げ処分で売り切ってしまうと、発注ミスを犯した責任が曖昧になる。

第11章 価格の決定(2)：価格決定の実務

　コンビニとは対照的に、食品スーパーでは、同じ売り場に複数メーカーの商品を陳列する。商品の選択幅を広げて、消費者に比較購買させる機会を提供するのがスーパーの特徴である。生鮮品の売り場では、複数の産地の野菜や魚を扱っている。総菜のコーナーでは、さまざまなレシピの商材を提供する。多様な品揃えと異なる価格帯で、「市場のにぎわい」を演出するのである。

　品出しの仕方も、コンビニとは好対照である。例えば、お刺身や総菜では、店頭の在庫を見ながら、バックルームで調理加工の速度を調整する。のり巻きの売れ行きが悪いと、お寿司を作る作業をやめて、お刺身をカットする作業に振り向ける。スーパーの食品売り場では、店頭在庫の調整作業をインストア加工方式を採用することで解決しているのである。もうひとつ大切なポイントは、スーパーでは粗利の管理責任が売り場担当者にあるということである。だからこそ、担当者の判断で値下げが行えるのである。

〈正しい答えは……〉
　切り花の販売は、どちらのケースに該当するだろうか？　廃棄処分か値下げかのひとつの分かれ目は、花束を店内で加工しているかどうかである。現状では、スーパーマーケットの花束はセルフで販売されている。予想以上に売れすぎて商品が不足しても、すぐには追加納品ができない。逆に、値下げするにせよ廃棄処分するにせよ、売れ残った商品はロスになる。この点では、スーパーの花販売は、正確な需要予測を求められるコンビニエンス・ストアの状態に近いといえる。

　結論である。セルフの花売り場で担当者に利益管理責任がないとき、残品は思い切って廃棄処分すべきである。そうしないと、商品の正確な発注が不可能になる。

　売上を伸ばしたい売り場担当者は、多めに発注して早めに値下げを行うだろう。そうなると、消費者は通常の売価を信用しなくなる。値引きを期待する消費者が増えてくると、いずれ値下げが常態化する。結果として、花では利益が出ないということになる。同時に、粗利がとれないとなると品質が劣化していく。

　それとは反対に、売れ残りのロスを恐れる担当者は、発注量を抑えぎみにする。品揃えとボリューム不足の売り場は、はなはだ魅力のないものになる。顧客が売り場からしだいに離れていき、長期的には縮小均衡に陥る。

要点は3つである。第一に、花の販売をはじめた当初は、廃棄ロスを恐れずに大量に商品を投入すること。第二に、売上を正確に予測するシステムを構築すること。そのために、過去のデータを積極的に活用すること。第三には、売り場担当者に最終的な利益管理責任を与えることである。

　なお、もっとも理想的なのは、花の売り場を「セミセルフ」で運営することである。基本的な商品はプリパックで供給しつつ、追加的な需要には店頭品出しで対応するという方法である。この方式が適用できる食品スーパーが登場することを期待したい。

出典：本コラムは、小川の個人HP (http://www.kosuke-ogawa.com/?month=200203) からの抜粋である (2002年3月29日)。

る。実質的に割高な価格設定になっているのである。需要の変動を平準化するために、季節割引はうまく機能しているのである。

図表 11.6　季節割引　リゾートホテルの例

宮古島・東急リゾート　正規料金表（1泊朝食付き料金、1人当たり）　　　　　単位：円

部屋タイプ		利用人数	広さ(m²)	オフ・シーズン 12/1～19、1/13～31	セミ・シーズン 4/1～25、5/7～6/13、9/24～11/30、1/4～12、2/1～3/31	オン・シーズン 6/14～7/17、9/1～23、12/20～26	トップ・シーズン 7/18～31、8/18～31	ハイトップ・シーズン 4/26～5/6、8/1～17、12/27～1/3
ツイン	A	2人	31.2	15,750	19,950	24,150	28,350	32,550
	B	2人	41.6～44.6	22,050	26,250	30,450	34,650	38,850
	C	2人	42	24,150	28,350	32,550	36,750	40,950
和洋室	A	2人	37.6	17,850	22,050	26,250	30,450	34,650
	B	2人	43.6	19,950	24,150	28,350	32,550	36,750
オーシャン・スイート		2人	62.3	42,000	52,500	63,000	73,500	84,000
コーラル・スイート		2人	84	84,000	94,500	105,000	115,500	126,000
ロイヤル・スイート		2人	93.5	105,000	115,500	126,000	136,500	147,000
シングル		1人	14.5	12,600	13,650	14,700	15,750	16,800

注：1泊朝食付き、消費税・サービス料込み、2009年3月末までの料金
出典：東急ホテルズ　宮古島東急リゾートHPより作成
　　　http://www.tokyuhotels.co.jp/ja/TR/TR_MIYAK/

時間帯による値引きでは、スーパーマーケットが生鮮品などを閉店直前に見切る場合がある。お刺身や総菜に「値引きシール」を貼って値下げするタイミングは、チェーン店によってまちまちである。生鮮品に近い切り花では、どう考えるべきだろうか（COLUMN-21）。

4─差別価格

1．ターゲットによる価格差別化

対象とする顧客を絞って、そのターゲット顧客だけに価格割引をして優遇する方法もある。これは、「（ターゲット別の）価格差別化」と呼ばれる。

例えば、映画館では、毎週水曜日が「レディースデー」になっている。女性に限って入場料を1000円（通常1800円）にしている。また、夫婦のどちらかが50歳以上ならば、夫婦で2000円（通常3600円）になる。高校生が3人以上のグループならば、1人1000円（通常1500円）というような割引もある（図表11.7）。

ターゲット顧客ごとに差別価格を提供する狙いは、以下の3つである。第一に、女性やシニアといったターゲットを狙い、映画ファンの裾野を広げるためである。第二に、シニアのように、時間に余裕があるセグメントは価格弾力性が大きいので、割引価格に対しても需要の反応が

図表11.7　差別価格　映画料金の例

サービス名	対象日・条件	対象者	料金
窓口大人料金		全員	1,800円
前売り料金		全員	1,500円
映画サービスデー	毎月1回（1日）	全員	1,000円
レディースデー	毎週1回（水曜日）	女性	1,000円
メンズデー	毎週1回（火曜日）	男性	1,000円
夫婦50割引	随時・夫婦で50歳以上	夫婦	2,000円（2人）
高校生友情プライス	随時・高校生3人以上	高校生	1,000円
レイトショー	夜指定時間以降回	全員	1,200円
モーニングショー	平日朝11時まで	全員	1,200円
シニア	随時	60歳以上	1,000円
バリアフリー	随時	介護者含む	1,000円

出典：松竹系映画館MOVIXにて著者調査　2006年3月20日現在

大きくなる。第3に、その結果として、顧客の少ない曜日や時間帯にターゲットを絞って割引することで、施設の利用度を上げることができるためである。

こうした試みは、映画産業の他にも広く行われている。例えばJRでは、男性65歳以上、女性60歳以上の熟年をターゲットとして、「大人の休日倶楽部ジパング」を組織化している。1人3670円、夫婦で6120円の会費を支払ってくれた会員は、日本全国のJR線が年間20回まで、2～3割引で利用が可能になる（2006年3月15日現在）。JR線を201km以上利用すると、3回目までは2割引、4回目以降は3割引になる。こうした価格差別によって、JRはターゲットとして絞り込んだシニア層に、退職後に2人でゆっくり何度も鉄道の旅を楽しんでもらおうとしている。

さらに、価格差別による需要の誘引は、その予備軍にまで広がっている。JRでは、50歳以上のミドル向けに、何回でもJR線を5％割り引く「大人の休日倶楽部ミドル」（会費は2500円）を組織化している。退職前からの価格差別で、次代のシニア層も囲い込もうというわけである。

こうした価格差別は、多頻度で利用してくれる見込みがある顧客層に絞って、価格を割り引くものである。その点は、ポイントカードの利用と似た効果を期待しているともいえる。実際に、うまく運用すれば、自社ブランドへのロイヤリティを高め、継続的な利用や購買につながる場合が多い。

2. 地理的な価格差別

「地理的な価格差別」とは、物流のように運送費用そのものに違いがある場合で、配送費用に合わせて支払価格を調整することである。例えば、郵便局が取り扱っている封書や葉書の郵便料金は、本来、運送費用に差違はあるものの、それを反映せずに全国統一価格としている。地理的な価格差別をしていない例である。

しかしながら、ヤマト運輸をはじめとするいわゆる民間の宅配便が普及してくるとともに、小包に関しては、郵便局も地理的な差違を反映した料金体系を採用することになった（図表11.8）。60サイズで見ると、その価格差は2倍にまで広がっている。輸送費による地理的な差別価格は、本質的には費用を上積みしていた「コスト上積み価格」といえる。

なお、小荷物などの運賃は、厳密にいえば、10円単位でチャージされ

図表 11.8　差別価格　地理的な価格差別

ゆうパックの例（東京発着の場合）

サイズ	60サイズ	80サイズ	100サイズ	120サイズ	140サイズ	160サイズ	170サイズ
都内	600 円	800 円	1,000 円	1,200 円	1,400 円	1,600 円	1,700 円
北海道	1,000 円	1,200 円	1,400 円	1,600 円	1,800 円	2,000 円	2,200 円
東北	700 円	900 円	1,100 円	1,300 円	1,500 円	1,700 円	1,900 円
関東	700 円	900 円	1,100 円	1,300 円	1,500 円	1,700 円	1,900 円
南関東	700 円	900 円	1,100 円	1,300 円	1,500 円	1,700 円	1,900 円
信越	700 円	900 円	1,100 円	1,300 円	1,500 円	1,700 円	1,900 円
北陸	700 円	900 円	1,100 円	1,300 円	1,500 円	1,700 円	1,900 円
東海	700 円	900 円	1,100 円	1,300 円	1,500 円	1,700 円	1,900 円
近畿	800 円	1,000 円	1,200 円	1,400 円	1,600 円	1,800 円	2,000 円
中国	900 円	1,100 円	1,300 円	1,500 円	1,700 円	1,900 円	2,100 円
四国	900 円	1,100 円	1,300 円	1,500 円	1,700 円	1,900 円	2,100 円
九州	1,100 円	1,300 円	1,500 円	1,700 円	1,900 円	2,100 円	2,300 円
沖縄	1,200 円	1,400 円	1,600 円	1,800 円	2,000 円	2,200 円	2,400 円

注：サイズは縦、横、高さの3辺の合計（cm）
出典：日本郵政グループ・郵便事業のゆうパック料金表をもとに作成（2008年5月現在）
http://www.post.japanpost.jp/fee/kenbetu/tokyo.html

るべきものである。しかし、現実的には、図表11.8のゆうパックの料金表を見てわかるように、計算しやすいように、全国をいくつかのブロックに分けて、ゾーンごとに運賃が定められている。配送費用は「ゾーン運賃制」が採用されるのがふつうである。

　船舶やトラックなどを利用した一般的な取引では、FOB（Free On Board：本船渡し、工場渡し）価格とCIF（Cost Insurance and Freight：運賃保険料込み条件）価格のいずれかの条件で取引されている場合が多い。「FOB価格」では、売り手は買い手の手配した船舶（トラック）に発注を受けた品物を積載するまでの費用とリスクを負い、船舶に積載後に発生する費用とリスクは買い手が負う形をとっている。こうなると、基本的には、積載後の費用とリスクは、遠距離であればあるほど買い手のリスク負担が増してくる。

　そこで、こうした費用とリスクをあらかじめ、売り手が負担するのが「CIF価格」である。CIF価格は、買い手の定める輸入港までの本船への積載、輸送費用、リスクを補償する保険料などが包括された価格であ

る。CIF価格では、売り手は遠距離であればあるほど費用とリスクを負うので、地理的な価格差別をより反映した形にしなければ採算が合わなくなる。

このように、地理的な価格差別は理にかなった価格設定といえるが、郵便など公共性の高いものについては、政策的な問題が残るのも事実である。かかる費用をそのまま反映させると、過疎地等への対応など、弱者の救済やライフラインの確保が課題になる。

3. 時間帯による価格差別

「時間帯による価格差別」の代表的な例は、ランチサービスやモーニングサービスに見られる。昼食時により多くの顧客に来てもらおうと、レストランや喫茶店では、通常料金よりも安価な価格設定でメニューを提供している。昼食時のコーヒーなども、無料もしくは割引価格でサービスされる。また、ビジネス街の一部の店舗では、12時から13時までのランチにあまりにも顧客が集中するため、これを避けようと、13時からはさらに価格を下げて、コーヒーを無料化しているところもある。顧客の平準化を促すためである。また、早朝は、モーニングサービスなどを提供して、コーヒーにトーストをつけ、通常の時間帯より割安な価格のメニューを提供している。

カラオケルームでは、通常多くの人が夜間利用するため、昼間は空き室が目立つ。そこで、カラオケルームの「ビッグエコー」では、夜間は30分500円（日～木曜日19：00～05：00、新宿西口店、2008年11月10日調べ）の価格設定を、昼間は100円（日～木曜日12：00～19：00、要オーダー）とし、夜間の約3分の1まで利用料金を下げている（ただし、平日昼間は必ず飲み物オーダー必要）。このように、昼間の利用料金を極端に下げることで、喫茶店を利用するのと変わらない価格帯で競争している。

4. 販売の安定（確定）を狙った時間差別価格

「時間差別価格」は、申し込む時期によって価格を変動させる価格設定の方式である。例えば、最近では当たり前になった航空券の前売り販売もこれにあたる。航空券は購入時期が早ければ早いほど、利用者に提示される価格は安く設定されている。

例えば、東京―札幌間の航空運賃を調べてみると、通常の航空運賃は片道3万3500円（2008年7月上旬、日本航空）である。それが、28日前までに予約・購入すると1万5400〜1万9400円（日本航空「先得割引」利用の場合）、7日前までなら1万5900〜2万2700円（同「特別割引7」利

図表11.9　差別価格　航空券割引の例（JAL）

東京→札幌、2008年7月上旬搭乗の場合

名称	条件	利用制限期間	予約期限	予約変更	座席制限	羽田―札幌 片道料金と割引率（最大）		備考
普通運賃	満12歳以上に適用	無	当日まで	可	無	33,500	―	
先得割引	搭乗日の28日前までに予約	有	28日前	不可**	無	15,400〜19,400	54%(67%)	
おともdeマイル割引	JALマイレージバンク会員を含む2〜4名のグループ	有	14日前〜4日前まで	不可**	有	12,500	63%	料金は同乗者、本人はマイル支払い（1万マイル）に限る。購入は予約当日
特別割引7（セブン）	予約は搭乗日の7日前（1週間前の同曜日）まで、特定の便	有	7日前まで	不可**	有	15,900〜22,700	53%(58%)	
特別割引1（ワン）	前日までに予約、特定の便	有	前日まで	不可**	有	16,400〜26,700（便による）	51%(61%)	
JALビジネスきっぷ	JALカード会員・クレジット決済のみ	無	当日まで	可（区間変更不可）	無	25,100	25%(44%)	繁忙期は料金変動、6月以降購入は2枚1組（双方向・同一方向2回可）
スカイメイト	満12歳以上22歳未満、当日空席がある場合	無	予約不可	不可	―	17,700	47%(51%)	
eビジネス6	JAL ONLINE（法人出張向けシステム）を通じて予約・発券	無	当日まで	可	無	25,150	25%(44%)	無記名式6回航空券
介護帰省割引	離れて生活する家族の介護	無	当日まで	可	無	21,450	36%(36%)	要介護・要支援被認定者の介護のための帰省に適用
シルバー割引	満65歳以上	有	前日まで	不可**	有	25,150	25%(25%)	繁忙期（夏期7/18〜8/31）利用不可
往復割引	同一区間の単純往復に適用	有	当日まで	可	無	30,700	9%(15%)	ピーク期（夏期7/25〜8/18）利用不可

注：カッコ内は、全路線を通じての最大割引率　　**：クラス変更可能（条件付き）
出典：JAL国内線時刻表およびHPより作成、http://www.jal.co.jp/dom/index02.html

用の場合）となる（図表11.9）。

こうした運賃制度は、もともとは海外で広く利用されていた「事前購入回遊運賃」（APEX：Advance Purchase Excursion Fares）がベースになっている。それを、2000年の改正航空法施行による航空事業自由化によって、各社が積極的に取り入れたのである。

早期の購入に対して優遇価格を設定することで、航空会社は需要を早い段階で確定できる。すると、早期に一定の販売量が確保でき、全体の搭乗予測もしやすくなる。こうした利点があるため、航空会社は、価格を下げてでも早い段階で需要を確定しようとするのである。

5──価格決定に関する公的規制

基本的には、製品やサービスの価格は、その決定が企業の自由裁量に任されているものである。ただし、独占禁止法などの法制度の枠組みの中で、個別企業の価格設定に関して規制がかけられる場合がある。あるいは、消費者保護の観点からも、価格決定に一定の条件が課されることがある。本節では、価格に関する公的な規制について、6つの制度とそれと関連する事例を紹介する。

1. 再販売価格維持（resale price maintenance）

「再販売価格維持」は、書籍や音楽CDのように、メーカーが卸売業者や小売業者の販売価格（再販売価格）を定め、販売業者にその価格を維持させる行為をいう。原則として、こうした価格拘束行為は独占禁止法で禁じられている。ただし、適用除外制度の中で、書籍やCDなどの著作物と公正取引委員会が指定する品については除外されている。しかしながら、こうした除外品目も徐々に少なくなっているのが現状である。

例えば、以前は除外品目であった化粧品や医薬品は、1997年にその除外品からは外されることになった。いまでは、薬局などでも値引き販売がなされ、すでに小売業者間で価格競争の対象商品になっている。こうした品目は、もともと価格競争による乱売で品質低下が起こり、直接顧客の健康などに影響を与えることが危惧されるために、適用除外にされていたものである。したがって、医薬品については、再販売価格の撤廃は行われたが、薬剤師のもとで販売することをいまでも「薬事法」で義

務づけている。

　一方で、価格拘束行為は独占禁止法で禁じられているため、メーカー側が卸売業者や小売業者に対して販売価格を決めることはできない。しかしながら、いくつかの業界に対してはしばしば、独占禁止法違反行為の疑いで公正取引委員会の捜査が入っている。1998年に発売され爆発的にヒットしたアップルコンピュータ（現アップル）のiMacやiBookは、発売当初、どの店に行っても同一価格で販売されていた。そのため、アップルが販売店側にiMacやiBookを希望小売価格で販売するよう価格拘束していたのではないかという疑いが持たれた。そこで、1999年12月には公正取引委員会の立ち入り検査が行われるが、違法性は立証されなかった。[5]

　なお、参考までに、図表11.10～12で、独占禁止法の適用除外制度とその歴史を年表にしてまとめてみた。価格に関連した制度でも、規制緩和が徐々に進んでいることがわかる。

2. 価格維持行為

　「価格維持行為」とは、業界の中で各社が利益を確保するために、価格競争をせず一定の価格を維持しようとする行為である。東京のタクシー料金は、長らく初乗り運賃が660円で維持されていた。しかも、どこのタクシー会社も同一価格で運行していた。こうした固定価格を打ち破ろうと、京都のエムケイは、どこのタクシー会社も初乗りが660円で価格が同一なのは、同業者による一種の価格維持行為にあたるとして、裁判に訴え出た（図表11.13）。

　この裁判によって、タクシーの「同一地域同一運賃」という価格維持行為は撤廃され、全国でタクシーの激しい価格競争がはじまった。いまでは、ワンコインタクシー（初乗り500円）や深夜に長距離を乗ると距離に応じて割引率が増してくるタクシーなど、さまざまな価格形態を持つタクシーが現れている。

　価格維持行為が撤廃され、価格競争によって消費者に利益が還元され

---

[5] 公取委はアップルに対し、製品販売方法に独禁法違反の疑いがあるとして警告を行った（公取委の「警告」は、状況改善について同意が要求される「排除勧告」に比べると軽い処分）。「公取委、独禁法違反の疑いでアップルに警告」『ITmedia News』2000年10月3日、http://www.itmedia.co.jp/news/0010/03/apple.html。

図表 11.10　独禁法の適用除外制度

＜適用除外制度＞
①協同組合：小規模事業者や消費者の相互扶助のための協同組合行為
②再販適用除外制度：著作物＋公取委指定商品（廃止）
③知的財産権：知的財産権と独禁法の相互補完。市場独占の保護ではなく、特定知的財産の独占の保護により、ただ乗りや不当模倣を防止し、知的財産創出と利用競争の促進を図る

＜かつての適用除外対象＞
・中小企業カルテル：1952 年　中小企業安定臨時措置法による
・輸出カルテル：1952 年　輸出取引法による
・不況カルテル：例）1980 年代　エチレン市況回復のためのカルテル
・自然独占によるカルテル：鉄道、電気・ガス事業等「規模の経済性」が顕著で競争原理が妥当しないとされた産業について、参入規制や料金、サービスへの規制（電気事業法など個別立法）
・合理化カルテル

出典：根岸哲、舟田正之（2003）『独占禁止法概説　第 2 版』有斐閣、339～398 頁などをもとに作成

図表 11.11　再販売価格維持行為の適用除外

	著作物（法定再販商品）	指定再販商品
法的根拠	独禁法	公取委が個別に指定
対象	書籍、雑誌、新聞、レコード盤、音楽用テープ・CD	化粧品、医薬品、日用品（指定再販商品は 1997 年に全廃）
条件		①消費者が使用する日用品であること ②商標品であり、自由なブランド間競争が行われていること（「再販行為＝ブランド内価格競争の制限行為」の弊害は、「ブランド間競争＝製造業者間の競争」により低減されるという論理）
背景	戦前からの慣行を独禁法改正時に法制化	戦後の物不足→乱売時代 化粧品業界による立法運動
目的	文化の向上	「おとり廉売」（ロスリーダー）対策、化粧品など、乱売による品質低下を防ぐ

出典：根岸哲、舟田正之（2003）『独占禁止法概説　第 2 版』有斐閣、356～364 頁などをもとに作成

ることは、一般的には望ましいことである。ただし、タクシーや鉄道、航空といった公共性の強い交通機関では、安全が第一である。そのため、度を越した過当競争になると車両の整備が不十分になったり、運転手に加重がかかりすぎて大きな事故につながることも懸念されている。

図表 11.12　再販制度の歴史

	著作物	指定再販商品	再販関連の出来事
1953		独占禁止法改正　「再販制度」導入	
	著作物適用除外の明記	日用銘柄品の指定再販（53〜59年、9商品）化粧品、染毛料、歯磨き、石鹸、合成洗剤、雑酒、キャラメル、医薬品、写真機、既製襟付きワイシャツ	資生堂系列強化、「制度品メーカー」全盛へ
			系列化進行、独禁法休眠状態
1966		指定商品の見直しはじまる	高度成長下の物価高で規制強化機運
1971		海外旅行者向け免税カメラ、家庭用洗剤、洗濯石鹸、粉末石鹸等12品目	
1973		日用品　家庭用浴用石鹸・合成洗剤、練り歯磨き 化粧品　小売価格1000円以下の24品目以外取消 医薬品　28品目取消（国民に身近な26品目存続）	
1979	公取委、書籍・雑誌の部分再販・時限再販制度導入指導		
1991			「政府規制等と競争政策に関する研究会」独禁法適用除外制度の見直し提言
1992	発売後2年以降のCD時限再販制度		
1993		化粧品　13品目（シャンプー等） 医薬品　12品目（咳どめ剤等）	河内屋、化粧品安売り販売開始→資生堂が出荷停止→公取委、資生堂に立ち入り検査
1994			資生堂、化粧品安売りをめぐり、富士喜本店に逆転勝訴
1995		医薬品　総合代謝性製剤と混合ビタミン剤	公取委、価格拘束で資生堂に排除勧告、ジャスコ、ダイエーが化粧品安売り→資生堂、公取委排除勧告受け入れ
1995			「政府規制等と競争政策に関する研究会」再販問題検討小委員会中間報告
1997		指定商品全廃（化粧品、医薬品14品目廃止）	
2001	当面存置方針		

（指定再販商品列について：指定取消過程）

出典：根岸哲、舟田正之（2003）『独占禁止法概説　第2版』有斐閣、356〜364頁などをもとに作成

図表11.13　価格維持行為　エムケイとタクシー料金

【タクシー料金　エムケイとタクシー業界をめぐる動き】

- 1985年：エムケイ、運賃値下げ裁判で勝訴
  「同一地域同一運賃」制度下のタクシー料金の是非がはじめて法廷で問われ、判決で「独禁法違反にあたる一種のカルテル」とされる
- 1993年：タクシーの同一地域同一運賃について、運輸政策審議会が撤廃答申
- 1993年：エムケイ、期間限定で運賃10％値下げ実施（〜94年）
- 1995年：全国初の深夜早朝値下げ実施。割増率を2割から1割へ（11月末まで）
- 2001年：エムケイ、名古屋無料タクシー裁判で勝訴、名古屋無料タクシー実施（2002年1月末まで）
  ＊名古屋市周辺で計画中の無料タクシーの営業用ナンバー申請不受理は違法と行政側を訴えていた訴訟
- 2002年：道路運送法改正、増車や価格サービスなどの規制緩和
  エムケイ、名古屋、大阪、神戸で初乗り500円営業開始
  エムケイ、繁華街にエムケイタクシー専用乗り場設置開始
- 2003年：エムケイ、和装客タクシー料金1割引サービス認可

出典：「エムケイ正念場、タクシー業界の「風雲児」——成長路線曲がり角（News Edge）」日経産業新聞、2003年4月22日、24面の記事などをもとに作成

3. 入札における談合の禁止

　価格維持行為には、公共事業などでよく行われる入札制度による談合もある。「談合」とは、受注予定業者をあらかじめ入札参加業者によって調整することである。決められた受注予定業者よりも入札参加業者は高い価格を設定することで、事前に決められた受注予定業者に落札させるのである。こうした仕組みによって、常に落札業者は一定の利益を確保することができ、持ち回りによって落札回数が減少しても利益を確保できるのである。

　このような談合は、公共事業の入札の際に行われることが多い。社会的に問題視されることが多いにもかかわらず、途絶えることがない。本来、公共事業の入札制度は、国民から徴収した税金を少しでも有効に活用するために自由競争のもとで行われる制度である。そのため、こうした談合行為に対して、発注者側である国や地方自治体がその防止策を強化しはじめている。

　図表11.14は、日経産業新聞、2005年5月24日号に掲載された「鋼鉄製橋梁工事の入札談合事件」を要約したものである。刑事告発された結果、長年にわたって談合に関与してきた大手橋梁工事会社の幹部が大量

図表11.14 入札における談合の禁止

国発注の鋼鉄製橋梁工事の入札談合事件
＜概要＞
・官公庁発注の鋼鉄製橋梁工事をめぐって、40年以上にわたり、メーカー47社が、談合組織に加わり談合（道路公団発注工事でも談合の疑い）
・各社の過去5年の受注実績を「ベンチマーク」に、横河ブリッジや三菱重工業などを中心とする談合組織が、各社への工事の配分計画を決定
　例）2003年度の東京都発注工事（発注額8000万円以上）の場合、予定価格の95％以上で落札された工事が全体の8割以上
・橋梁は、1500億円の市場に70社がひしめく業界

＜経緯＞（2005年5月現在）
・2005年5月、公取委が検事総長に刑事告発
・談合組織内で中心的役割を果たした11社の営業担当幹部ら大量逮捕
　横河ブリッジ、石川島播磨重工業など談合組織の幹事社8社10人＋主要メンバーの三菱重工業、川崎重工業、松尾橋梁の3社4人

出典：「橋梁談合、過当競争が温床——3500億円市場、70社乱立」日経産業新聞、2005年5月24日、24面の記事などをもとに作成

に逮捕されている。

4. 価格カルテル行為の原則禁止

ここまで見てきたように、価格維持行為にはさまざまな形態のものがある。その他にも、独占的な立場を利用して、価格そのものを維持させようとする「価格カルテル行為」がある。もちろん、こうした行為は法的に禁じられている。

例えば、コンピュータの心臓部といわれるマイクロプロセッサは、ほぼインテルの寡占状態にある。インテル以外にも、AMDやトランスメタの製品もあるが、両社を合わせてもシェアでは20％にも満たない。インテルは、自社製品のチップの価格を維持するために、"intel inside"のロゴマークシールをパソコンに添付することをパソコンメーカーに求めている。価格が割り引かれるので、パソコンメーカーはこうしたインテルの政策にしたがっている。

そうした中で、他社のマイクロプロセッサを採用しないことを条件に、リベート（販売支援金）を提供するなどの行為に対しては、2005年3月、公正取引委員会から勧告を受けることとなった。2005年4月、インテルは勧告に対して応諾するが、公正取引委員会の指摘事実を認めるものではないとしている。こうした行為は、「デファクト・スタンダー

図表11.15　カルテル（「共同行為」）　価格カルテル

市場価格を直接コントロールすることを目的とした行為。
通常、それだけの市場支配力があることが前提。
市場価格の支配力形成自体が違法で、価格水準の妥当性は問わない（値下げのためのカルテルも違法）

・形態：具体的な額、引き上げ幅の決定、目標・標準価格の決定、価格の維持など。
　　　　対価に影響を与える価格構成要素の決定
　　　　（掛け率、交換レート、リベート、マージン、手数料など）

・手段：カルテル破りを防止し、実効性を担保する種々の手段。
　　　　違約金、誓約書、安値品の買い上げ、供託金の提供、顧客争奪の禁止などがある

出典：岸井大太郎他（2003）『経済法──独占禁止法と競争政策　第4版』有斐閣、84〜85頁

ド」（事実上の標準）となっているインテルの優越的な地位を利用した価格維持行為として、実際、AMDなどの他メーカー製品の販売には不利に作用していたかもしれない。

　また、マイクロソフトがインターネットの閲覧ソフト「Microsoft Internet Explorer」を普及させるときも、それまで主流であった「Net Scape」を打ち破るために、基本OSソフトであるWindowsに当初から無料でバンドリングする方策を、インテルは採用している。こうした行為についても、アメリカでは日本の独占禁止法にあたる反トラスト法の対象になっている。[7]

5. 不当廉売

　「不当廉売」とは、原価を割って極端に低い価格で販売する行為をいう。日本には、百貨店、スーパーマーケット、コンビニエンス・ストア、ディスカウント店、専門店、中小の一般小売店など、多種多様で大

---

[6]──「インテル株式会社に対する勧告について」公正取引委員会報道発表資料、2005年3月8日、http://www.jftc.go.jp/pressrelease/05.march/05030802.html。「インテル　日本の公正取引委員会の勧告を応諾、ただし勧告の事実などには不同意」インテル株式会社プレスリリース、2005年4月1日、http://www.intel.co.jp/jp/intel/pr/press2005/050401.htm。

[7]──「マイクロソフト、反トラスト法訴訟和解のため、同意判決に署名」マイクロソフト株式会社、2001年11月6日（2001年11月2日に米国で発表されたニュースリリースの参考訳）http://www.microsoft.com/japan/presspass/detail.aspx?newsid=351。
　マイクロソフト社の行為は米国の裁判で反トラスト法違反で有罪と認定されたが、EUでも米国よりさらに厳しい措置を求められた。「マイクロソフト、欧州委との反トラスト法違反控訴審で敗訴、大方の予想に反し、裁判所は欧州委の主張を全面的に支持」『Computerworld』2007年9月18日、http://www.computerworld.jp/news/trd/79309.html。

> **図表11.16　不当廉売　その他の例　コジマ、ヤマダ電機等**
>
> - コジマ、ヤマダ電機等による「1円セール」
>   1円セールに対し、公正取引委員会の注意（審決ではない）
>   ヤマダ電機には「警告」（1998年）
> - 公共入札における安値応札
>   1998年、富士通と日本電気の1円入札・落札
>   （広島市水道施設情報管理、長野県図書館システム、その他のシステム設計入札）
>   公正取引委員会は、不当廉売と不当な顧客誘引に該当するおそれがあるとして、両者に「厳重注意」

出典：根岸哲、舟田正之（2003）『独占禁止法概説　第2版』有斐閣、214〜225頁などをもとに作成

小さまざまな小売業が並存している。こうした状況のもとで、規模の大小や業態に関わりなく、公平な競争が保たれるように、独禁法では不当廉売を禁じている。

　1998年、安さ日本一を掲げ、コジマとヤマダ電機は家電量販店の熾烈なトップ争いをしていた。両社の間で展開されたのが、究極の「1円セール」である。この件に関して、ヤマダ電機は、公正取引委員会から勧告を受けることになった。1円の販売価格では、当然、仕入原価そのものを割っており、同業の周辺店舗に与える影響も甚大である。こうした極端に安価な価格設定は、公平な競争を妨げることにもなりかねない。現在は多くの家電量販店で、「他店より1円でも高い場合は安くしますのでご相談ください！」とうたいながら、一方で「不当廉売にあたる商品は除く」とか、「その場合は当社原価までの販売とさせていただきます」と製品に表示してある。

6. 景品表示法（景表法）

　「景品表示法（景表法）」とは、「不当景品類及び不当表示防止法」の略で、不当な景品および表示に関する行為を規制するものである。本来公平な競争によって取引されなければならないにもかかわらず、景表法で決められた景品限度額を超えた景品をつけて宣伝活動をしたり、誤認させるような表示をしたりして顧客を誘引する行為を規制する。

　例えば、景品類を提供する場合、大きく分けて「オープン懸賞」と「クローズド懸賞」という2種類の懸賞告示がある。オープン懸賞は、消費者すべてに応募する権利があるため、企業が新製品の認知度アップ

などに利用するケースが多い[8]。例えば、新製品の名前をより多くの消費者に知ってもらおうと「今度の新しい商品は、○○○○です！」といったように商品名そのものを当てる懸賞クイズで1000万円をプレゼントしたりすることである[9]。

　一方、クローズド懸賞は、一定量の商品を購入してくれた人だけに応募の権利があるものである。例えば、「○○○製品を飲んでシールを12枚集めて応募しよう!!　サッカーJ1グッズが当たる！」といった具合である[10]。「自社製品を購入してくれた顧客だけ」に応募の権利を与えるので、クローズド懸賞といわれる。この場合は、購買機会や購入個数を増やすことが目的である。クローズド懸賞の景品の上限額は、2007年以降は商品の取引価額の10分の2までとなっている[11]。COLUMN-22は、筆者が2007年の景表法改正にあたって、公正取引委員会で意見陳述をしたときの発言メモである。

　「不当表示」と、自社製品やサービスの品質、規格などについて、実際のものより、または競争業者のものより著しく優良であることを消費者に誤認させるような表示のことである。また、消費者を惑わすような表示に対しても規制が行われている。話題になったのは、携帯電話に「ナンバーポータビリティ制度」（電話番号を変えずにキャリアを変更できる制度）が導入された際に、ソフトバンクが行った「￥0」の新聞広告である。公正取引委員会は、ソフトバンクに対して警告を出した。その根拠は、ソフトバンクが掲載した新聞広告が「消費者の誤認を誘うよ

8──公正取引委員会によると、オープン懸賞で提供できる金品等の最高額は、従来、1000万円とされていたが、2006年4月に規制が撤廃され、現在では、具体的な上限額の定めはない（「景品規制の概要」公正取引委員会HP）。

9──具体的には、UCC上島珈琲の「UCCゴールドスペシャル」の懸賞クイズ「ずっと、つき合えるマイカープレゼント」の例がある。クイズ「ずっと、つき合えるおいしさ。UCC○ールド○○シャル」の3つの○に当てはまる文字を記入して応募すると、抽選で毎月1台トヨタのプリウスS（HDDカーナビゲーション付き）が当たるという懸賞があった（実施期間：2008年9月15日〜12月末日、10、11、12月末に抽選、計3台）。

10──具体例としては、森永乳業の「森永のおいしい牛乳おいしいニッポン！　プレゼント」（2008年11月末締切）がある。このキャンペーンでは、懸賞対象商品についている応募シールを規定の枚数分集めて応募する。「30ポイントコース」では、100名（2名50組）に「ニッポン風呂自慢の宿」、「20ポイントコース」では、100名にツーリスト旅行券3万円分、「6ポイントコース」では、1800名（各景品180名）に全国の名産品が当たる。http://www.oishi-milk.com/oishi_nippon/index.html。

11──クローズド懸賞では、取引価額が5000円未満の場合、取引価額の20倍、5000円以上の場合10万円、総額はどちらの場合も懸賞に係る売上予定総額の2％が限度額（「景品規制の概要」公正取引委員会HP）。

COLUMN-22
景品表示法の改正（2007年）：公聴会での意見陳述

　公正取引委員会で「景品表示法の改正」（改正案）に関して、学識経験者として意見陳述を求められた。2006年12月20日のことである。以下は、「一般消費者に対する景品類の提供に関する事項の制限」の一部改正（案）に関する公聴会公述（公正取引委員会）で筆者が行った意見陳述の内容である。

　公正取引委員会から提案された〈景表法の改正案〉は、「商品に付加する景品（総付け景品）の価値を、商品が1000円以下では最大200円に、それ以上では商品価額の20%を上限とする」という提案であった。当日は、公正取引委員会の大会議室で、約100人の傍聴人がつめかけていた。メディア関係者と消費者団体からの傍聴者がほとんどと思われた。以下に、陳述の際に持参した筆者（小川）のメモをそのまま転載する。

〈小川の陳述内容〉
　基本的に原案に賛成します。その理由を簡潔に述べさせていただきます。
(1)消費者とメーカー（流通業者）との情報格差
　従来、市場経済の中で、一般消費者は無知であり、守られるべき存在と考えられてきました。商品やサービスの選択にあたっては、したがって、メーカーや流通業者のマーケティング政策を政府など政策機関が消費者保護を目的にガイドすべきだという前提があります。いわゆる、情報的に不利な立場にある消費者を手厚く保護するという考え方です。
　しかし、とくにネット社会の出現により、そして、世界中で消費者教育が充実したことにより、旧来の企業と消費者の間にあった「情報の非対称性」はほぼ消滅したと考えてよろしいかと考えます。消費者は、企業のさまざまなマーケティング施策に対して、合理的に自己決定できるものと想定してかまいません。そのために、商品に付加して景品を選択する場合でも、購入・非購入の決定は、消費者に任せてかまわないのではないでしょうか。
(2)価格競争手段とプレミアムプロモーション
　デフレの10年の影響もあり、価格プロモーションにおいては、小売

> 業の現場では20〜30％の値引きがごく日常的に行われています。プレミアム（景品）に関しては、従来から商品価値の10％が上限になっていますが、その根拠は疑わしいものになりつつあります。価格プロモーションと非価格プロモーションは、「値引き効果」と「付加価値効果」を目指した点で多少の違いはあれ、基本的には、対象商品の実質ディスカウントという点で大差はありません。
> 　とくに、景品の割増価値を10％に抑えておく根拠はないと考えます。改正案のように、とくに上限枠を設けるかどうかについても、あまり根拠はないとも思います。
>
> (3) メーカーの市場支配力
> 　この20年間で、メーカーの市場支配力が弱くなった点も、さらなる根拠のひとつになります。景品プロモーションには、市場での競争（活性化）を促進する効果があります。メーカーには、あるいは小売業者には、もっとマーケティング施策上で自由を与えてよいと考える所以でもあります。
>
> 〈後記〉
> 　公正取引委員会の本提案は、2007年に国会に上程され、衆参本会議で改正案は原案どおりに可決された。規制緩和の流れの中で、筆者たちの主張（10人の意見陳述人のほぼ全員が、条件付きながら賛成意見）が反映された形で、景品表示法も緩和の方向で改正されることになった。

うな表示であった」とするものであった。[12]

　こうした誇大表示に関しては、小川ら（2009）の研究がある。「表示の仕方」が、消費者に誤認をもたらすかどうかの研究である。[13]

---

[12]──「公正取引委員会からの『警告』について」ソフトバンクモバイル株式会社、プレスリリース、2006年12月12日、http://www.softbankmobile.co.jp/ja/news/press/2006/20061212_01/index.html。
　「携帯電話事業者3社に対する警告等について」公正取引委員会、2006年12月12日、http://www.jftc.go.jp/pressrelease/06.december/06121202.html。
[13]──小川孔輔、竹内淑恵、粕渕功、向井康二、堀内智一（2009）「広告表示等に対する消費者行動の分析──携帯電話の通話料金プラン選択等における購買意思決定」『公正取引』（3月号）。

7. ダンピング（dumping）

　採算を無視した価格設定で、製品を大量に販売することを「ダンピング」という。主に、日本企業（最近では中国企業）が海外市場での地位を確保するために、通常の価格よりも極端に安価な価格設定で現地で製品を販売する行為をいう。これは、一種の不当廉売にあたり、諸外国でも禁じられている行為である。

　海外進出の際に、企業は導入初期段階では低価格を設定することで市場シェアを確保しようとする。いわゆる、市場浸透価格戦略を採用することが多い。その際、進出先国の既存製品と同等なものであれば、顧客は安価なほうに流れることになる。

　しばしば海外市場を開拓する日本企業は、国内での販売価格より、進出先国では価格を安価に設定できる。というのは、生産と販売面でグローバルな規模の経済性が働くからである。しかし、進出先国のメーカーから見ると、日本メーカーは、ダンピング（不当な廉価販売）を行っているように見える。そのため「公平な競争ではない」と自国政府に訴えることになる。有名な例は、1980年代に係争になった「日米半導体摩擦」である[14]。

　米国は日本に対して、第一に、日本メーカーによる外国市場でダンピングをやめさせること、第二には、日本市場での外国系、つまり米国製の半導体の売上を伸ばすことを迫った。現在、米国市場では、日本製品ではなく、むしろ中国製の製品がダンピング訴訟の対象となっている場合が多い（図表11.17）。

　あまりにも安価な価格で販売すると、逆にペナルティがかかることがある。その例が、「反ダンピング税」である。その製品に高率関税を賦課することで、実質的に公平な価格競争ができるように価格調整するのである。諸外国での価格設定に関しては、進出先の競争業者などの価格を精査しながら、極端に安い価格設定をしないようにすることも重要である。

14——半導体摩擦は、1994年12月に終結している。土屋大洋（1995）「半導体摩擦の分析——数値目標とその影響」『法学政治学論究』第25号（夏季号）。

図表11.17 最近のダンピング提訴例（世界）

- 2003年　日本の表面処理鋼板でWTO「反ダンピング」認定
  自動車などに使う日本製の表面処理鋼板への米国の反ダンピング（不当廉売）課税をめぐる、世界貿易機関（WTO）の「確定判決」（反ダンピング措置紛争で日本初の敗訴）。
- 2004年　中国製カラーテレビ、米国が「クロ」決定
  米メーカーの提訴、東芝や三洋電機など日本メーカーの米国関連会社労組も支持。米国際貿易委員会（ITC）がダンピングと認め、高率関税賦課が確定。
  商務省が認定したダンピング率4.35〜78.45％に基づき、同率の反ダンピング関税を中国からの輸入カラーテレビ（長虹公司など製造）に賦課

出典：「表面処理鋼板でWTO、『反ダンピング』、日本が初の敗訴」『日本経済新聞』2003年12月16日朝刊、5面、「カラーTVダンピング、米、中国製『クロ』決定──高率関税賦課が確定」『日本経済新聞』2004年5月15日朝刊、7面をもとに作成

〈参考文献〉

渥美俊一、桜井多恵子（2007）『新訂版　ストア・コンパリゾン──店舗見学のコツ』実務教育出版

上田隆穂編（1995）『価格決定のマーケティング』有斐閣

上田隆穂（1999）『マーケティング価格戦略』有斐閣

上田隆穂編（2003）『ケースで学ぶ価格戦略・入門』有斐閣

小川孔輔（1996）「価格実験を用いたブランド力の測定（上・下）」『チェーンストアエイジ』2月15日号

小川孔輔（2002）『誰にも聞けなかった値段のひみつ』日本経済新聞社

小川孔輔、竹内淑恵、粕渕功、向井康二、堀内智一（2009）「広告表示等に対する消費者行動の分析──携帯電話の通話料金プラン選択等における購買意思決定」『公正取引』（3月号）

恩蔵直人（2000）「価格対応」和田充夫、恩蔵直人、三浦俊彦『新版　マーケティング戦略』有斐閣

岸井大太郎（2003）『経済法──独占禁止法と競争政策　第4版』有斐閣

小嶋外弘（1986）『価格の心理』ダイヤモンド社

土屋大洋（1995）「半導体摩擦の分析──数値目標とその影響」『法学政治学論究』第25号（夏季号）

根岸哲、舟田正之（2003）『独占禁止法概説　第2版』有斐閣

古川一郎、守口剛、阿部誠（2003）『マーケティング・サイエンス入門』有斐閣

〈さらに理解を深めるための参考文献〉

上田隆穂（2005）『価格決定戦略』明日香出版

白井美由里（2006）『このブランドに、いくらまで払うのか』日本経済新聞

社
S. ウォルトン、J. ヒューイ／竹内宏監修（1992）『ロープライス　エブリデイ』同文書院インターナショナル（Walton, S. and J. Huey (1992) *Sam Walton, Made in America: My Story,* Doubleday）

Rao, V.（1984）"Pricing Research in Marketing: The State of Art," *Journal of Business,* 57.

第12章
コミュニケーション戦略(1)：広告宣伝活動

　マーケティング・コミュニケーション戦略は、大きく分けると2つの種類がある。媒体を介した「広告宣伝活動」と、顧客へ直接働きかける「セールス・プロモーション活動」である。

　本章では、前者のマス媒体を活用した広告宣伝活動について、第13章ではセールス・プロモーション活動について、それぞれ説明する。

　一般の人々に向けて、企業が広く自社の製品やサービスについてのメッセージを伝える活動が広告活動である。メッセージの伝え方にはさまざまな形態がある。代表的なのは、4大媒体（テレビ、ラジオ、新聞、雑誌）といわれるマスメディアを活用した、企業からのメッセージである。ダイレクト・メールや屋外の看板なども広告に含まれる。

　本章では、まず、こうしたさまざまな媒体の特性を比較しながら、企業がどのような形で自社のメッセージを受け手となる顧客に届けるべきかについて説明する。

　利用する媒体の特徴によって、情報伝達の効果と効率は異なってくる。自社の製品やサービスを効果的に知ってもらい、それらを販売に結びつけていくプロセスを学ぶ。

　第1節では、企業のコミュニケーション伝達活動を類型化して、それぞれの特徴を説明する。広告、販売促進、PR（広報活動）、人的販売、ダイレクト・マーケティングの特質をメディアの特性から解説する。

　第2節では、広告計画の実際を解説する。その後で、第3節では、広告業界の概要と広告業界の主たるプレイヤーとその役割について議論する。

　第4節では、広告の効果測定に関して、4つの定量的な尺度（リーチ、フリーケンシー、GRP、CPM）を紹介する。

1─コミュニケーション活動の諸類型

1. 情報伝達の様式

　消費者とのコミュニケーションをどのようにとっていくのかは、企業にとっては非常に重要な課題である。優れた製品やサービスを提供できても、その良さが顧客に正確に伝わらなければ、最終的な購入行動に結びつくことはない。したがって、企業は顧客に対して、自社の製品やサービスについて有用な情報をわかりやすく伝えなければならない。

　そのために必要なのが、「コミュニケーション活動」である。その中でも代表的な方法が、広告宣伝活動である。一般的には、テレビのコマーシャルや新聞・雑誌の広告を思い浮かべるが、テレビCMや新聞・雑誌の宣伝などは、たくさんあるコミュニケーションのうちのひとつにすぎない。実際には、図表12.1のように、多様なコミュニケーション活動が存在している。

　図表12.1の左側の列に、広告活動が列挙されている。広告活動は、

図表12.1　主なコミュニケーション・ツールの種類

広告	販売促進	PR	人的販売	ダイレクト・マーケティング
印刷広告 放送広告 屋外広告 交通広告 POP広告 ネット広告 電話帳広告	コンテスト 懸賞、くじ プレミアム、ギフト サンプル、クーポン 低利子販売 ロイヤリティ・プログラム 展示、エンターテインメント デモンストレーション 値引き チラシ（広告） アローワンス、リベート 販売ツール提供 販売コンテスト フェア、見本市	パブリシティ スピーチ セミナー 年次報告書 広報誌 スポンサーシップ イベント ロビー活動	販売プレゼンテーション 販売会議 インセンティブ・プログラム	カタログ ダイレクト・メール テレマーケティング オンライン・ショッピング テレビショッピング ファックス 電子メール ボイスメール

出典：岸志津江、田中洋、嶋村和恵（2000）『現代広告論』有斐閣、38頁。原典は P. Kotler（1997）, *Marketing Management : Analysis, Planning, Implementation, and Control*, 9th ed., Prentice-Hall, p. 605、および恩蔵直人、守口剛（1994）『セールス・プロモーション──その理論、分析手法、戦略』同文舘出版より作成されたもの

「メッセージを届けたい企業組織が、お金を支払って媒体を購入する活動」と定義できる。具体的に、わたしたちの身の回りにある広告宣伝を列挙してみよう。

新聞、雑誌などの「印刷広告」、テレビ、ラジオなどの「放送広告」がもっとも目につく。ビルの看板などに掲げられた「屋外広告」、電車・バスの駅構内や車内吊りの「交通広告」、人を引きつけるための店舗内での「POP広告」なども宣伝広告活動に含まれる。最近では、インターネットの普及によって、バナー広告やフローティング広告といった「ネット広告」も増えている。

企業や非営利組織が広告宣伝活動を実施するために、どのような点が大切か考えてみよう。広告を出す際には、以下のような「4W1H」を念頭に置きながら考えることが必要である。つまりは、時間（いつ）、場所（どこで）、伝達手段（どのように）、対象者（誰に）、情報の内容（何を）という5つの観点から、広告活動は計画されなければならない。

広告のポイント：4W1H

・いつ（when）：タイミングと頻度
・どこで（where）：購買の準備段階（家で、店頭で、運転中に）
・どのように（how）：メッセージの媒体
　　　　　　　　　　（テレビ、ラジオ、新聞など）
・誰に対して（whom）：メッセージの受け手
・何を（what）：どのような情報を伝えるのか

それぞれについては、後で詳しく述べる。具体的な説明はここでは省略する。「4W1H」の視点から広告宣伝活動を計画することで、より効果的で効率的な広告活動が展開できる。広告計画については、第2節で詳しく説明する。

2. さまざまなコミュニケーション手段

コミュニケーションの手段は、情報伝達がなされる対象者の数によって、大きく2つのメディア（媒体）に分けられる。すなわち、一度に多くの人に対して「内容が同じ情報」を発信する「マスメディア」（one to many media）と、一人ひとりが個別に「内容が異なる情報」を受け

取ることになる「パーソナルメディア」(one to one media) である。

マスメディアは、その情報伝達特性の違いによって、さらに4つのカテゴリーに分かれる。「テレビ」「ラジオ」からなる「電波媒体」(broadcast media) と、「新聞」「雑誌」からなる「印刷媒体」(print media) である。広告業界では、この4つを合わせて「4大媒体」と呼んでいる。

これらのメディアに共通していることは、ひとつの媒体を利用することで、同時に多くの人に対して同じ情報を伝えられることである。マス媒体は、瞬時に認知度を上げる効果が絶大である。しかし半面で、広告費用も相当なものになる。例えば、首都圏で4大キー局（日本テレビ、TBS、フジテレビ、テレビ朝日）を使って、ゴールデンタイム（19～22時台）にスポットCMを流そうとすると、15秒間で約20万～60万円かかるという推計がある[1]。

マスメディアは、広告費用がかかるものばかりではない。「パブリシティ」(publicity) と呼ばれる「広報活動」(Public Relations) もある。企業の広報活動（PR広告）では、新製品の発表や新しいサービスについて発表する場合、新聞社や雑誌社に声をかけてその魅力を細かく説明し、記事や情報として消費者に伝えてもらおうとするのである。「記事広告」として実現すると、通常の広告と違って、消費者にとっては信頼性が高くなり、好意的な印象を与えることができる。製品やサービスの説明を企業側がするのではなく、第三者である新聞社や雑誌社が客観的に行うためである。なお、記事広告は別の広告を抱き合わせることもあり、実際には有料である場合が多い。

ただし、記事や情報として掲載されるかどうかは、マスメディア側の判断である。そのため、必ずしも企業の意図を100％正確に反映して掲載されるわけではない。自社の製品やサービスに関する記事や情報をより多く取り上げてもらうために、近年では広報部門の活動が企業にとって非常に重要な役割を果たすようになっている。日ごろからマスメディアに対して友好的な関係を構築するための広報活動が必要である。

1——媒体への出稿を単純に計算することはできない。というのは、15秒スポットCMをひと枠ずつ購入することは現実的にはありえないからである。通常はまとめて（バンドル）広告枠が購入される。媒体社は、一応の価格表を準備しているが、参考程度にしかならない。

> 〈マスメディア〉1対多（one to many media）
> ・宣伝広告（＝マス広告4媒体）……………………有料（paid）
> ・パブリシティ（広報活動）………………………無料（unpaid）
> 〈パーソナルメディア〉1対1（one to one media）
> ・人的販売、クチコミ、セールス・プロモーション　など

　一方、パーソナルメディアには、店頭の販売員による「人的販売」（personal selling）や、人から人へ製品の評判を伝える「クチコミ」（word of mouth influence）などがある。人的販売では、顧客に直接的に接触している販売員が、自社の製品やサービスについての情報を顧客に伝え推奨することができる。とくに、購入するかどうかの判断で迷っている消費者に対しては、直接的なコミュニケーションによる説得効果が大きい。

　クチコミについては、新製品の普及段階において、製品知識が不十分な消費者が、「オピニオンリーダー」など初期購買者の意見を求めて、製品の評価について尋ねたりすることである。優れた性能の製品や良いサービスに満足した顧客が、自らが進んで推奨意見を発信する場合もある。また、逆に、不満足な成果しか得られなかった製品やサービスに対して、負の評価や意見を友人や知人に伝える場合もある。いずれにしても、新製品の普及段階におけるクチコミの効果は非常に大きい[2]。

　最近では、インターネット上にも多くの製品やサービスについてのクチコミ情報が掲載されている。こうしたクチコミは、いままでのクチコミのように"one to one"の情報伝達ではなく、"one to many"の情報伝達となっている。インターネット社会でのクチコミは、必ずしも、パーソナルメディアに分類されない性質のものになりつつある。

3. IMCとコンタクト・ポイント理論

　IMCとは、Integrated Marketing Communication（統合型マーケティング・コミュニケーション）の略である。企業から発信されるさまざまな顧客とのコミュニケーションを一貫性のあるメッセージとして伝達

---
[2]――E.M.ロジャーズ／青池愼一、宇野善康監訳（1990）『イノベーション普及学』産能大学出版部（Rogers, E.M.（1983）, *Diffusion of Innovations*, 3rd ed., Free Press）。

第12章 コミュニケーション戦略(1)：広告宣伝活動

するために、メディアを統合的に管理していこうとする考え方である[3]。

最近では、顧客とのコミュニケーションもテレビや新聞といったマス媒体だけではなく、インターネットや携帯端末を活用した形式のものも増えている。他方、これらの媒体を通じたコミュニケーションとは別に、直接的に顧客との接点を持とうとするセールス・プロモーション活動が実施されている。

このように、顧客とのコミュニケーションが多種多様に展開されていることを受けて、情報の受け手である消費者に対しては、企業や製品ブランドに対するイメージを「一貫性」のある形で伝えるべきであると主張されるようになってきた。顧客とのコミュニケーションは、注意していないと、メディアごと、担当者ごとでバラバラに展開され、製品やサービスのブランド・イメージが崩れかねないからである。

例えば、高級感のあるイメージを出そうとして、テレビコマーシャルでは全体にシックな感じの広告を打ちながら、一方で、街頭キャンペーンでは、アイドルを使った賑やかなプロモーションを展開しているといった具合である。

コミュニケーション手段が多様になればなるほど、購買前、購買体験中、購買後ともに、「顧客との接点（コンタクト・ポイント）」が増えていく（図表12.2）。顧客に対して、本来はどのようなイメージで何を伝えたいのかが統一されづらくなる。イメージの不統一が生じないように、統合的にマーケティング・コミュニケーションを管理しようとするのがIMCである[4]。

IMCでは、市場に投入する製品やサービスのブランド・イメージの一貫性を重視する。そして、媒体特性を考慮しながら、多様なコミュニケーションを有機的、効率的にバランスよくミックスしていく方法を考える。

企業が積極的に広告に投資するのは、個々の商品を売り込むためだけ

3——D.E. シュルツ、S.I. タネンバウム、R.F. ローターボーン他／有賀勝訳（1994）『広告革命　米国に吹き荒れるIMC旋風——統合型マーケティングコミュニケーションの理論』電通（Schultz, D.E., S.I. Tannenbaum, and R.F. Lauterborn (1993) *Integrated Marketing Communications*, NTC Pub Group）。

4——S.M. デイビス、M. ダン／電通ブランド・クリエーション・センター訳（2003）『ブランド価値を高める　コンタクト・ポイント戦略』ダイヤモンド社（Davis, S.M. and M. Dunn (2002), *Building the Brand-Driven Business: Operationalize Your Brand to Drive Profitable Growth*, Jossey-Bass）。

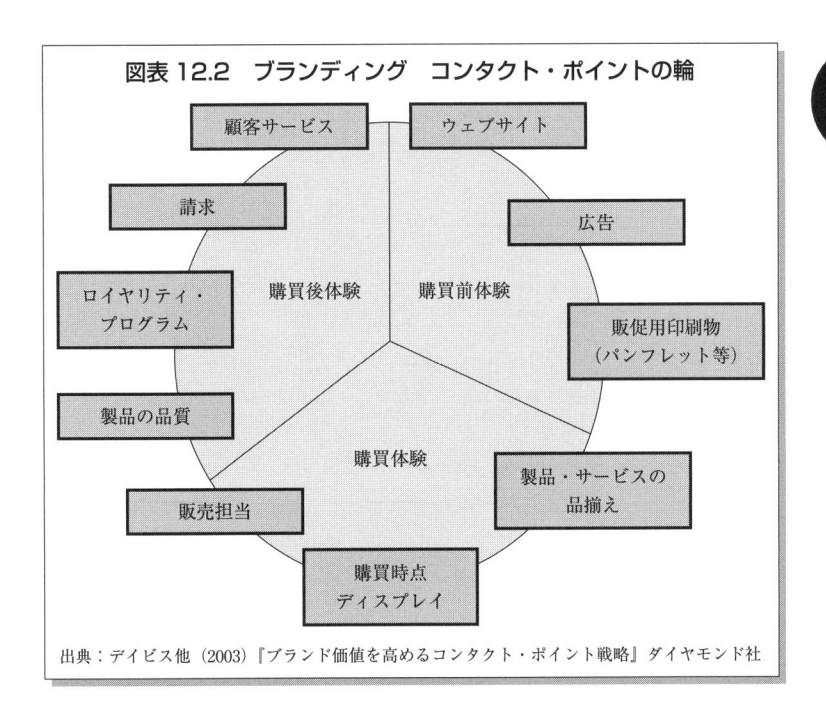

図表 12.2　ブランディング　コンタクト・ポイントの輪

- 顧客サービス
- ウェブサイト
- 請求
- 広告
- ロイヤリティ・プログラム
- 販促用印刷物（パンフレット等）
- 製品の品質
- 製品・サービスの品揃え
- 販売担当
- 購買時点ディスプレイ

購買後体験／購買前体験／購買体験

出典：デイビス他（2003）『ブランド価値を高めるコンタクト・ポイント戦略』ダイヤモンド社

ではない。企業そのものを広告する場合もある。COLUMN-23は、企業が「企業広告」をする理由を述べたものである。

2──広告計画

1. マーケティングと広告計画

　広告を計画する場合は、まず、「誰に対して」（whom）、「どのような情報を」（what）、「いつ、どのように」（when & how）伝えていくのかを考えていかなければならない。

　「広告の目標」（where）としては、例えば、「ブランド認知率を10％高める」とか、「事業会社に対する好意度を５％上げる」とか、「ネット販売での見込み客リストを120万人に増やしたい」など、数値目標が設定されることがふつうである。広告活動は、具体的な目標値を指針として、慎重にかつシステマティックに計画されるべきである。

　広告計画を、「課題計画」（where）、「表現計画」（what）、「媒体計

第12章 コミュニケーション戦略(1)：広告宣伝活動

COLUMN-23
企業が"企業広告"をする理由

　マーケティング・サービス会社「レッグス」が、2001年7月にジャスダックに株式公開したときの話である。

　立ち上げ時の努力が報われ、筆者の友人である創業者メンバー（内川淳一郎社長、平賀一行専務）は、将来の事業拡張に向けて資本市場から資金調達ができるようになった。ベンチャー企業にとってはそれ自身がうれしいことではあるが、株式公開は会社の事業運営に対して、別のメリットをもたらすことが知られている。それは、企業の知名度やイメージと関連している。

　メーカーや流通・サービス業向けに「プレミアムグッズ（おまけ）」の企画開発やプロモーション企画をしているレッグス創業者の内川社長いわく、「株式公開したことで一番変わったことは、とにかく営業活動が楽になったこと。2番目は人材の採用、とくに優秀な新卒を採用するのに、以前のように苦労しなくなったことが大きい」。

　通常、宣伝広告の一番の役割は、消費者に商品名を知ってもらったり、商品やサービスの内容を説明したり、商品を購入するときに店頭でブランドを指名してもらうことにある。ところが、企業ブランドの広告に関していえば、内川社長のコメントからもわかるように、商品広告とは別の機能があることがわかる。消費者に向けた直接的な効果（外部マーケティング）と同じくらい、あるいはそれ以上に、企業広告は組織の内部で働いている従業員や将来メンバーになる可能性がある新規採用者に向けた効果（内部マーケティング）が大切なのである。

　流通・サービス業や素材産業の広告では、しばしば従業員が現場で働いている風景を実写したCMを流している。それは、組織内部に向けた配慮を反映したものである。実際に、商品・サービスを購入してくれる顧客以上に、当該企業の従業員が自社の広告をよく見ていることは想像に難くない。

　リクルーティングという観点から見ると、新卒者は企業にとって大事な見込み客である。もちろん高い知名度は、見込み客を獲得するために必須の条件である。最近やや競争倍率が落ちたとはいえ、わずか数人の採用枠に対して数千人が応募してくる大手雑誌社や新聞社、テレビ局などの応募状況を見ると、採用活動における企業の知名度の重要性がよくわかる。なお、学生の側からマスコミ業界の人気が高いのは、個々の企

> 業イメージというよりは、業界というカテゴリーの知名度によるところが大きいのであろう。
> 　とはいえ、知名度が高いだけで、簡単に見込み客を実顧客に転換させる（コンバージョンする）ことができるわけではない。企業側のコミュニケーション努力とプロモーション活動の結果として、まずは良い企業イメージが創造できなければならない。そうした上で、企業としての知覚品質（仕事の面白さ／華やかさなどの品質感）に加えて、価格とコスト（経済的な報酬と時間的な犠牲）が相対価値として魅力的でないと就社には至らないであろう。
>
> 出典：小川孔輔（2002）「企業ブランドと就職活動」『日経広告手帖』（4月号）より一部抜粋。

画」（when & how）の順に説明していくことにする。「ターゲティング」（whom）については、次項の「コミュニケーションの階層性」で詳しく取り扱うことになる。

(1) 課題計画

広告計画を立案する際には、図表12.3のように、市場環境を分析した上で、全体のマーケティング計画の中で広告計画を定める。広告計画の最初は、「課題計画」である。課題計画では、具体的に数字で表すことのできる定量的な目標を設定する場合と、定性的な目標で計画を立案する場合に分かれる。

- ・課題計画（where）　　　→　目標の設定は？
- ・表現計画（what）　　　→　コピー作成
- ・媒体計画（when & how）→　媒体のスケジューリングは？
- ・ターゲティング（whom）→　誰を狙っていくのか？

数値目標を具体的に例示してみる。「広告キャンペーンで、新製品の知名率を3カ月間で10％上げる」とか、「製品ごとの売上目標を立てて、製品Aでは売上10億円、製品Bでは売上20億円を目標にする」とか、「市場の売上シェアを5％引き上げる」などである。

定性的な目標設定は、「新製品の使い方を多くの顧客に理解してもら

図表 12.3　広告計画の位置づけ

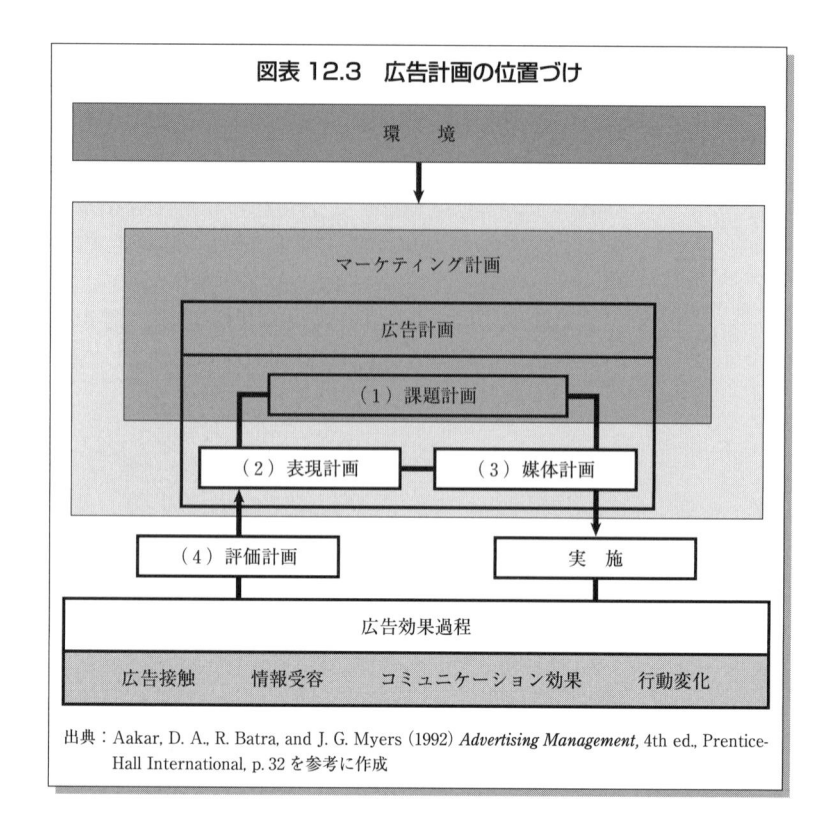

```
環　境
　↓
マーケティング計画
　広告計画
　　（1）課題計画
　　（2）表現計画 ── （3）媒体計画
　（4）評価計画 ── 実　施
　広告効果過程
　広告接触　情報受容　コミュニケーション効果　行動変化
```

出典：Aakar, D. A., R. Batra, and J. G. Myers (1992) *Advertising Management,* 4th ed., Prentice-Hall International, p. 32 を参考に作成

う」とか、「特定の新製品の良さを認識してもらう」といった例を挙げることができる。ただし、このように定性的に目標を設定した場合ではあっても、アンケート調査などを利用して、「どのくらいの人」が「どの程度（何％くらい）」、特定の製品属性を理解してくれたかとか、好きになってくれたかを調べることは重要である。

(2) 表現計画

表現計画では、新製品や既存サービスのどのような側面を消費者に訴求していくべきかを考える。典型的な表現計画の最初の作業は、製品の特性を考慮しながら、その製品の良さを一言で言い表すことができる簡潔な「コピー」を作成することである。

例えば、大正製薬の栄養ドリンク剤「リポビタンD」の広告シリーズでは、「ファイト一発！　滋養強壮・栄養補給にリポビタンD」というコピーを長年にわたって使用している（図表12.4）。テレビコマーシャルでは、主人公が困難な状況に置かれた場面でも、リポビタンDを飲む

図表 12.4 「リポビタンD」のCM

2003年「滝渡り」篇　　2005年「スラブ」篇　　2006年「フォーリンブリッジ」篇

資料提供：大正製薬

ことで、手をつないだ仲間と一緒にその困難を乗り越えていく内容となっている。男性の力強さを前面に出すことで、パワーの活力源として最適な栄養ドリンクの効能を強く打ち出すことを狙っている。

　顧客の注意を最大限に引きつけながら、商品に対していかに強い印象を残せるかが、コピーを作成する上でのポイントになる。数値で翻訳すると、表現計画では、商品の「認知率」をいかに高め、「好意的な態度」をどのように獲得して、最終的にはいかにして「購買意向」へとつなげられるかが課題となる。なぜならば、その表現の良し悪しが、たくさんある商品の中から顧客が購買したいと思う「候補ブランド」のグループ（＝「想起集合」）に入れるかどうかの分かれ目になるからである。

(3)媒体計画

　媒体計画では、いつどのようなメディアを利用して広告を展開していくのかを決める。具体的には、テレビ広告を利用するのか、それとも新聞広告を利用するのかといったメディアの選択が先行する。

　テレビを利用するとなれば、どの時間帯にCMを流すのか、また、いつからはじめてどのくらいの期間、そのコンテンツを流していくのかがつぎの課題になる。つまり、「出稿時期」と「出稿期間」、そして、「出稿量」（どのくらいの広告量を流すのか）を計画する。

　出稿のタイミングや期間などの媒体計画を策定するにあたっては、自社製品のポジショニングやターゲットを考慮に入れなければならない。マスメディアへの広告費用は膨大である。十分に費用対効果を考えてのぞむ必要がある。

出稿後には広告効果を検証することも必要になる。コミュニケーション効果を検証するためには、広告がオンエアされた後のブランド知名率、購買経験率、再購買経験率などを、事後的に調査によってフォローしておく必要がある。リサーチ会社によるフォローアップ調査のサービスもある。

ブランド知名率は、ある一定期間広告を流すことで、どのくらいの人たちがそのブランドを認知してくれたのかを表す指標である。標準値以上であれば、媒体計画はうまく実施されているといえる。しかし、逆に標準値を下回れば、メディア選択や時間帯、出稿量、広告内容などを見直しすることが必要になる。

また、購買経験率は、実際に製品を購入したことがあるかどうかを知る指標である。したがって、この数値が高ければ、企業が考える商品の良さがターゲット顧客に正確に伝わったことになる。広告の内容が、顧客を引きつけるに十分なものであったといえる。逆に、購買経験率が低ければ、広告の内容に問題があったのではないかと考えられる。例えば、ターゲットとする顧客層に合致していない内容であったとか、顧客を引きつけるための商品コピーが弱かったなど、いろいろな原因が考えられる。

再購買率は、実際に製品を購入してから、再購入してくれる割合を見る指標である。リピート率が高いと、商品価値が顧客の期待する価値と合致しているか、それ以上であることを意味している。製品企画と広告計画が成功したといえる。それとは逆に、再購買率が低い場合は、出稿された広告によって顧客を引きつけ、実際の購買に結びつけたにもかかわらず、実際に利用してみると顧客の価値と企業の考える価値とにギャップが生じているか、競合他社製品と比較して総合的に劣っていると判断されたことを意味する。したがって、この場合は商品そのものに再度修正を加えるなどの措置が必要である。[5]

媒体計画を実際に実施した後で、いくつかの成果指標を見ることもできる。広告計画そのものを評価し、その後の修正を図る必要が出てくる

5──梅澤伸嘉（1984）『消費者ニーズをヒット商品に仕上げる法』ダイヤモンド社では、再購買率が低い場合を、「C–Pバランス理論」で説明している。初期のC（Concept）が良いにもかかわらず、P（Performance）が悪い場合は、トライアルが高くともリピートに至らない商品の事例である。

のである。フィードバックを想定した広告計画は、マーケティング計画の中でも重要な役割を果たすものである。

具体的な媒体計画の方法については、日本ではビデオリサーチが開発した「R&F++」（リーチの予測システム）が知られている。海外では、メディアプランニングの最適化コンピュータ・プログラムが準備されている。[6]

2. コミュニケーションの階層性

(1) AIDMA理論（認知─興味─欲求─記憶─行動）

広告は、顧客の購買準備段階のいずれかを目標としている。広告目標は、階層構造になっている。AIDMAの法則にしたがって、商品を認知してから購買に至るまでは、「認知」─「興味」─「欲求」─「記憶」─「行動」の5段階になっている。広告の目標は、そのいずれかに標的を定めている。

広告コミュニケーションが目指すところは、製品の認知度を高めることなのか、顧客に興味を抱いてもらうことなのか、それとも、顧客に欲しいと思わせることなのか、そのどれなのかを明確にしておくべきである。あるいは、顧客の記憶に留めてもらうことなのかもしれないし、実際に購買行動に結びつけることが目標になっているのかもしれない。

広告の目標がどの購買準備段階に焦点を当てているかによって、適切な利用媒体が変わってくる。例えば、認知度を高めるには、マス媒体であるテレビや新聞の有効性が高いことが知られている。商品に興味を持ってもらうには、ターゲット顧客の嗜好にフィットした雑誌を利用するほうがよいだろう。

ターゲットグループを代表するようなタレントを起用して、実際の使用シーンを交えた広告が効果的かもしれない。また、顧客の記憶に留めるには、一時期に大量の広告出稿量を確保することが必要かもしれな

---

[6] ビデオリサーチの分析ソフト。「R&F++」は、日本最大規模のシンジケートデータである「ACRリポート」をデータベースとして活用したリーチの測定予測システムである。ACR調査は、ひとりの生活者に対して媒体接触状況と、消費・購買状況を同時に調査することにより、消費者の動向の把握、ターゲットのプロフィールの把握、媒体計画の立案など、マーケティング・プランニングの際の基礎データとして活用されている（ビデオリサーチのHP）。海外のメディアプランニングの最適化コンピュータ・プログラムはAD–ME–SIMモデル（Guesch社、J.W.トンプソン社）など。詳しくは、木戸茂（2004）『広告マネジメント』朝倉書店を参照のこと。

い。このように、広告の目標によって、利用すべき媒体や出稿の頻度なども異なってくる。

　顧客は、まず最初に製品やサービスを何らかのコミュニケーション手段によって認知する。その際に重要なのが、顧客に対して広告がいかに「注意」（Attention）を喚起できるかである。例えば、広く市場に広げたい新製品やサービスでは、マス媒体を利用してインパクトのある広告宣伝を行い、顧客に注意を促して認知度を高めることが必要になる。

　その後は、単なる認知の段階から、その製品やサービスに対して「興味」（Interest）を抱いてもらう段階に移らなければならない。この段階では、顧客にとって製品やサービスが有用であり、価値があるものかを知ってもらうことが重要になる。そのために、引き続き、広告やパブリシティ、クチコミなどを利用してコミュニケーション活動を行うことになる。

　興味を抱いた顧客は、製品やサービスを手に入れたいと思う。「欲求」（Desire）を駆り立てるのがつぎの段階である。そこでは、いままでのコミュニケーション活動に加え、場合によっては、人的なアプローチも必要になる。顧客のニーズを聞きながら、最後の購買行動に至らせるには、プッシュ型のアプローチが必要になることもある。

　注意―興味―欲求という段階を経てからは、顧客に対して製品やサービスを購入したいと思わせる必要がある。購買意図が形成される段階になると、一般的には、商品の認知度を上げるようなマス広告の重要性は低下する。より人的なアプローチが求められるようになる。購買段階で欲求を駆り立てるような鮮烈な「記憶」（Memory）が上手に引き出せるように、頭の中に残るようなコミュニケーションをとれることがポイントとなる。

図表 12.5　AIDMA（顧客の実態とプロモーションの目標）

AIDMA	顧客の実態	コミュニケーションの目標
注意（Attention）	知らない	認知度を高める
興味（Interest）	興味がない	商品の評価を浸透させる
欲求（Desire）	欲しいと思わない	欲求を駆り立てる
記憶（Memory）	思い出せない	想起させる
行動（Action）	迷っている	購買行動に結びつける

最後は、店頭などで実際に購買するという「行動」（Action）へと進む。この段階では、購入しようかどうか迷っている顧客に、最後の一押しをすることがもっとも大切である。販売員による人的な販売の努力が重要になる。

　このように、「AIDMA」の各段階において、企業がコミュニケーション戦略として何をなすべきかを整理したのが、図表12.5である。

3.広告管理の難しさ

　広告計画を立案するためには、その前提として、投入された広告費用（原因）に対してその効果（結果）がどうだったのかという「因果関係」が明確にされなければならない。ところが、値引きに対する消費者の反応が明確であるのに比べて、広告が持っている固有な性格から、広告効果の測定には基本的な困難が伴ってくる。

　その理由は、以下のとおりである。①価格や製品、販売チャネルなど、他のマーケティング・ミックスと相互依存関係があること、②時間が経過しないと正確な広告効果は表れないこと、③広告の質によって広告の伝達効率が変わること。この順番で、やや詳しく説明していくことにしよう。

(1)他のマーケティング・ミックスとの相互依存関係

　いかに出来栄えの良い広告だからといって、それだけで新しく発売された商品の認知率が高まったり、売上シェアが上昇するといった成果が期待できるわけではない。というのは、どんなすばらしい製品でも、広告計画が不適切だと、認知率も上がらず、売上高も上昇することにはならないからである。

　それとは逆に、どんなにすばらしい広告キャンペーンであっても、その商品に魅力がなかったり（製品要因）、価格設定が不適切だったりすると（価格要因）、必ずしも商品としての成功は保証されない。要するに、製品そのものや価格や販売経路とのバランスで、マーケティングの成功は決まるので、広告単独での効果を切り離して測定することが難しいのである。

　例えば、20年前に三菱自動車がオンエアしたコンパクトカー「ミラージュ」のコマーシャルでは、エリマキトカゲのキャラクターの面白さが受けて、CM認知率はほぼ100％の水準まで上昇した。しかし、製品そ

のものの販売実績は期待したほどではなかった。このような事例は、枚挙に暇がないほどCMの歴史にたくさん残されている。

(2) 記憶と忘却：経時効果

広告を見たか見ないかについて、わたしたちの記憶は案外といい加減なものである。有名な話としては、日記式で雑誌の閲読やテレビの視聴を記録してもらうと、実際以上に視聴率も閲読率も高くなることが報告されている。見てもいない番組を見たと記入したり、読んでもいない雑誌記事を読んだとしていたりするのである。

それとは反対に、テレビのチャンネルをつけていて、実際には接触しているはずの番組やCMの内容を、まったく覚えていないことがある。その一部は、家事をしながら、新聞を読みながら、家族と話をしながらなどの「ながら視聴」が原因ではある。八塩、岩崎、小川（2008）の研究によると、テレビドラマの「ながら視聴比率」は、若者の間では約30％と推定されている[7]。しかも、人間の記憶はとてもあやふやで、つかまえ所がない性質のものである。

第5章でも示したように、人間の記憶装置の中には「短期記憶」の部分がある。一度覚えた事柄であっても、長期記憶に繰り込まれないと、情報に接触した数秒後には忘れ去ってしまうことが知られている。たとえ、いったんは3回以上の露出で記憶が強化されたとしても、すっかり記憶から消えてしまうことがある。

広告には記憶と忘却がつきものであることから、一定の時期の広告がどの時期の認知や態度、行動の変化に効果があったのかが不明確になる。それとは対照的に、Jones（1998）の主張や木戸、小川（1997）の実験結果のように、テレビコマーシャルの3分の1は、短期的に効果があるというリサーチ結果もある[8]。

(3) 広告の質

広告の質は、その商品を表現するコピーの出来によって、大きく変わる。なぜなら、広告のコピーは、顧客に商品の特性を端的にかつ的確に伝える手段だからである。とくに、限られた映像や紙面の中では、顧客

---

[7]──八塩圭子、岩崎達也、小川孔輔（2008）「多メディア環境下のテレビ視聴行動」『日経広告研究所報』42巻1号（通号237、2008年2・3月号）、24〜30頁。

[8]──Jones, J. P. ed.（1998）, *How Advertising Works: The Role of Research*, Sage. 木戸茂、小川孔輔（1997）「広告のブランド資産蓄積効果についての研究」『平成8年度吉田記念財団助成研究集』。

図表 12.6　日本の総広告費

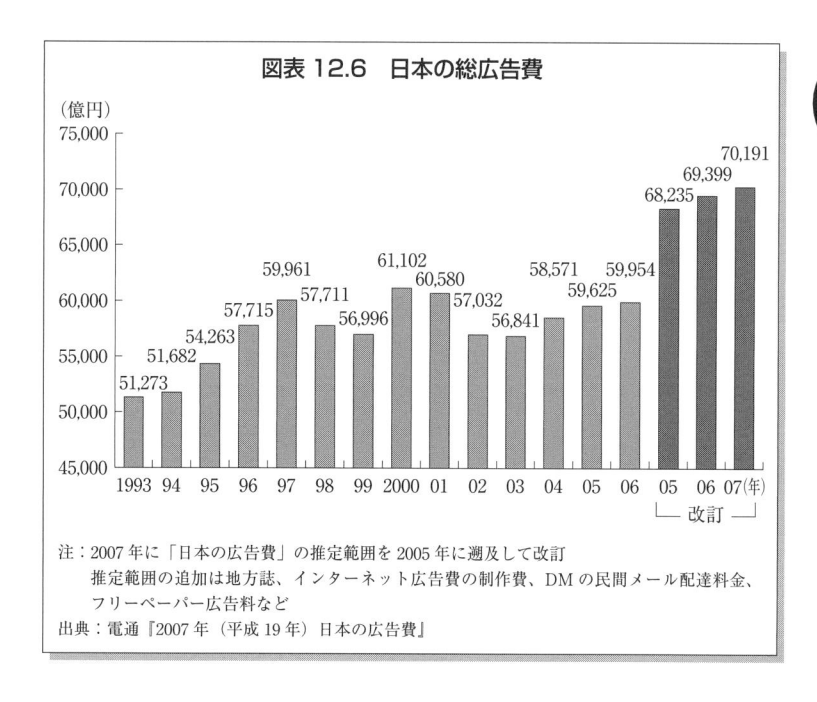

(億円)

年	金額
1993	51,273
94	51,682
95	54,263
96	57,715
97	59,961
98	57,711
99	56,996
2000	61,102
01	60,580
02	57,032
03	56,841
04	58,571
05	59,625
06	59,954
05(改訂)	68,235
06(改訂)	69,399
07(改訂)	70,191

注：2007年に「日本の広告費」の推定範囲を2005年に遡及して改訂
　　推定範囲の追加は地方誌、インターネット広告費の制作費、DMの民間メール配達料金、フリーペーパー広告料など
出典：電通『2007年（平成19年）日本の広告費』

とのコミュニケーションを適切にとれるかどうかが鍵となる。

　いくら良い商品であっても、顧客とのコミュニケーションがとれずにいたら、商品の認知度は上がらず、結果として販売が思うように伸びないということになる。逆に、顧客とのコミュニケーションがうまくとれれば予想以上に販売が伸びることもある。広告を作るクリエーターの役割は非常に大きいことになる。[9]

3―広告業界

1．日本の広告費

　日本の総広告費は、およそ6兆円規模（2006年5兆9954億円：電通調べ）と推計されている（図表12.6）。金額としては防衛費とほぼ同じ水

9――ビデオリサーチ編、木戸監修（2009）『広告効果の科学』によると、広告投入量（GRP）に対する認知率の相関係数は、約0.26となっている。このデータは、医薬品分野の154事例を平均した値である。GRPで認知率が説明不能な部分は、かなりの程度、広告コピーの出来栄え（質）によって説明できそうである（151頁）。

準で、GDPの約1％といわれてきた。ここ数年は、経済の低迷を反映して、広告費支出の伸びは頭打ち状態にある。2006年が前年比100.6％、2005年は同101.8％とわずかに前年を超える程度の伸びである。2000年に記録した6兆1102億円が過去最高の広告費であり、このピークを6年間超えられていない（旧統計に基づく説明）。

こうした状況にあって、最近、広告媒体には大きな変化が見られる。それは、新聞、雑誌、ラジオ、テレビといった、いままでの主力マス媒体に、インターネット広告が加わってきたことである。これはブロードバンドの急速な普及が後押しとなって、家庭でもインターネットを日常利用することが一般的になってきたことによるものである。インターネットの利用が高まったことで、広告主にとってインターネットの広告媒体としての魅力が高まってきている。

実際、2005年からの2年でインターネット関連の広告費は倍増し、媒体別広告費でもラジオと雑誌を抜いて、インターネット広告がテレビ、新聞についで第3の勢力となっている（図表12.7）。

このように、インターネットによる広告宣伝の重要性は今後ますます高まることになると見られる。広告特性としても、個人ごとにコンテンツそのものをカスタマイズできるとか、レスポンスが早く販売にも結びつけられるなど、ネット特有の特徴も持っている。広告量が増えて、利用者の裾野がさらに増大するに伴い、ネット広告の手法と効果についても、さまざまな研究がなされている。[10]

2. 広告業界の諸組織

自動車業界の基本的な仕事は、消費者に品質の良い手ごろな値段の自動車（乗用車、商用車、トラック、バス）をタイミングよく届けて、販売後にもきちんとした整備・補修などのアフターサービスを実行することである。そのために、最終組み立てメーカー以外に、部品メーカーや自動者販売会社、部品サービス、あるいは、デザイン会社や調査会社などがメーカーの仕事を側面から支援している。

広告業界にも、広告主が必要とする消費者コミュニケーション機能、すなわち、消費者に企業の情報をきちんと届けるための特有な組織が存

10——井上哲浩、日本マーケティング・サイエンス学会編（2007）『Webマーケティングの科学——リサーチとネットワーク』千倉書房。

図表12.7　日本の媒体別広告費

構成比（2007年、％）

新聞	雑誌	ラジオ	テレビ	SP広告費	衛星メディア関連広告費	インターネット広告費
13.5	6.5	2.4	28.5	39.7	0.8	8.6

媒体 \ 広告費	広告費（億円） '05 平成17年	'06 18年	'07 19年	前年比（％） '06 18年	'07 19年	構成比（％） '05 17年	'06 18年	'07 19年
総広告費	68,235	69,399	70,191	101.7	101.1	100	100	100
マスコミ4媒体広告費	37,408	36,668	35,699	98.0	97.4	54.8	52.9	50.9
新聞	10,377	9,986	9,462	96.2	94.8	15.2	14.4	13.5
雑誌	4,842	4,777	4,585	98.7	96.0	7.1	6.9	6.5
ラジオ	1,778	1,744	1,671	98.1	95.8	2.6	2.6	2.4
テレビ	20,411	20,161	19,981	98.8	99.1	29.9	29.0	28.5
衛星メディア関連広告費	487	544	603	111.7	110.8	0.7	0.8	0.8
インターネット広告費	3,777	4,826	6,003	127.8	124.4	5.6	6.9	8.6
媒体費	2,808	3,630	4,591	129.3	126.5	4.2	5.2	6.5
広告制作費	969	1,196	1,412	123.4	118.1	1.4	1.7	2.0
SP広告費	26,563	27,361	27,886	103.0	101.9	38.9	39.4	39.7
屋外	3,806	3,946	4,041	103.7	102.4	5.6	5.7	5.8
交通	2,463	2,539	2,591	103.1	102.0	3.7	3.7	3.7
折込	6,649	6,662	6,549	100.2	98.3	9.7	9.6	9.3
DM	4,314	4,402	4,537	102.0	103.1	6.3	6.3	6.5
フリーペーパー	2,835	3,357	3,684	118.4	109.7	4.1	4.8	5.2
POP	1,782	1,845	1,886	103.5	102.2	2.6	2.6	2.7
電話帳	1,192	1,154	1,014	96.8	87.9	1.7	1.7	1.4
展示・映像他	3,522	3,456	3,584	98.1	103.7	5.2	5	5.1

注：集計値は2007年に「日本の広告費」の推定範囲を2005年に遡及して改訂
出典：電通『2007年（平成19年）日本の広告費』

　在している（図表12.8）。

　業界のプレイヤーは、大きく4つのカテゴリーに分けられる。情報の発信元である「広告主」、受信者である「消費者（市場）」、両社のメッセージ受発信機能を支援する「広告活動促進組織」（広告代理店、メディア、調査サービス会社）、広告活動を規制する「統制組織」（政府、競合会社）から成り立っている。

第12章 コミュニケーション戦略(1)：広告宣伝活動

図表12.8 広告業界組織

- 統制組織
  - 政府
  - 競合会社
- 広告主（クライアント）
- 広告活動促進組織
  - 広告代理店
  - 媒体
  - 調査サービス会社
- 市場／消費者

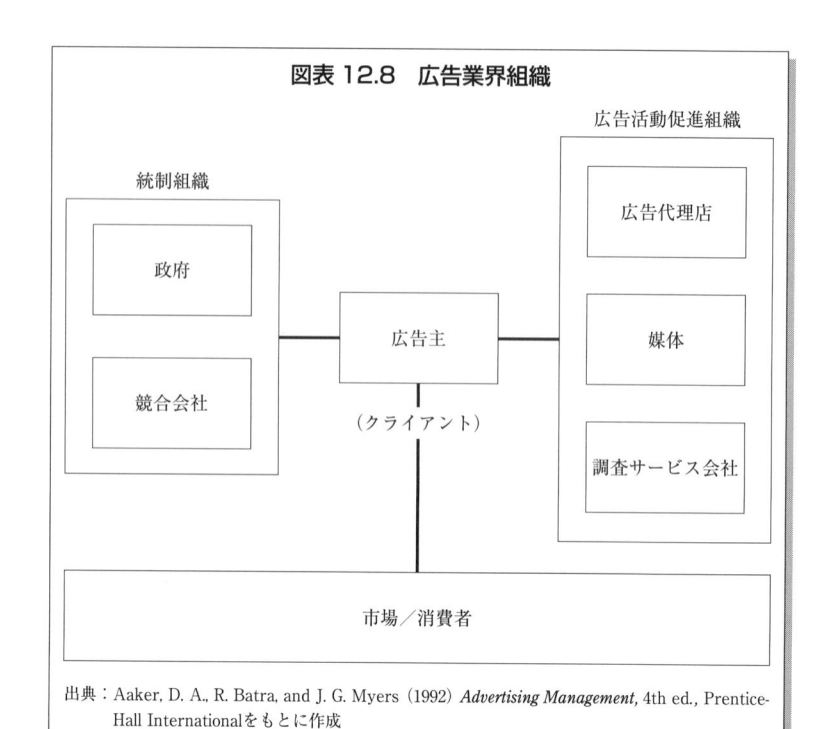

出典：Aaker, D. A., R. Batra, and J. G. Myers（1992）*Advertising Management*, 4th ed., Prentice-Hall Internationalをもとに作成

図表12.9 日本の広告費 上位出稿企業ランキング（2006年度）

06年度順位	05年度順位	会社名	業種	(A)広告宣伝費（百万円）	(B)売上高（百万円）	(C)営業利益（百万円）	A/B×100（A/S比）	対前年度伸び率 A(%)	B(%)
1	1	トヨタ自動車	自動車	105,412	11,571,834	1,150,921	0.91	2.35	13.54
2	2	松下電器産業	電気機器	83,103	4,746,868	141,989	1.75	4.83	6.13
3	3	本田技研工業	自動車	81,580	4,030,881	201,719	2.02	8.50	7.29
4	5	*ソフトバンクモバイル	通信	62,692	1,561,688	133,813	4.01	18.24	6.29
5	4	花王	化学	56,021	709,554	78,613	7.90	−0.92	3.04
6	—	イトーヨーカ堂	小売業	50,602	1,511,530	18,322	3.35		
7	6	日産自動車	自動車	48,069	3,608,934	185,561	1.33	1.71	−7.36
8	13	KDDI	通信	44,995	3,241,241	321,235	1.39	39.84	12.49
9	14	シャープ	電気機器	42,111	2,595,470	143,708	1.62	41.51	13.68
10	9	*サントリー	食品	37,791	797,019	26,112	4.74	9.41	1.45

注：*印は非上場企業を示す
　　2006年度は2006年4月から2007年3月までの有力企業の決算で集計
出典：『有力企業の広告宣伝費　2007年度版』日経広告研究所、23頁

(1) 広告主(client:広告サービスの購入者)

　一般に、マーケティングの業界では、顧客や得意先などのことをクライアントと呼んでいる。広告業界でも、広告会社(広告代理店)から広告サービスを購入する顧客に、「広告主」=「クライアント」という呼称を用いている。

　広告主(クライアント)は、自社の製品をより効果的に社会に広めるために、広告代理店を利用し、自社の広告計画を策定するためのマーケティング支援を受けている。どのような媒体を使って、どのくらいの規模で広告を出稿していけばよいのか。コンサルテーション事項は、媒体選択、出稿量、タイミングと頻度、目標設定、コピー制作、広告と連動したSP活動やキャンペーン計画にまで及ぶ。

　こうした広告主の中でも、広告宣伝費だけで年間1000億円近い金額を支出している企業も存在している。トヨタ自動車や松下電器産業(現パナソニック)のような企業である。広告への支出が大きい企業は、全般的には、製造業を中心に、自動車、電機、飲料メーカーが上位を占める傾向がある。ただし、流通サービス業でも、流通大手は多くの広告費をかけていることがわかる(図表12.9参照)。

　売上に対して広告にどの程度支出しているかを示す指標を、「A／S比」(売上高・広告費比率)と呼ぶ。図表12.9を見てわかるように、この比率は1～2％の間が、全業種の標準である。消費財メーカーでは、花王(7.9％)やサントリー(4.7％)などの業界トップメーカーで、売上高・広告費比率が高い。図12.9には掲載されていないが、ダイレクトマーケティングの会社(通信販売会社)や教育サービス(通信教育、英会話学校、エステ)などでは、A／S比が10％をはるかに超えている。直接的な販売チャネルを持たない分、マス広告への依存度が大きいのである。

(2) 代理店(advertising agency:広告業界における仲介者)

　「(広告)代理店」は、広告主と広告媒体の間に立ち、広告主の依頼を受け、広告宣伝活動の計画や実施を請け負う。広告代理店は、広告媒体の仲介業者の役割を担っている。最近では、単に「広告会社」と呼ぶこともある。

　広告代理店が広告主と共同で実施する広告計画に関する重要な仕事は、以下の3つである。

①ターゲットの設定：どのようなセグメントに向けて自社の商品を広めていくのか。

②アプローチ方法：そのためには、どのようなアプローチ（媒体選択）を採用すべきなのか。

③メディア・ミックスの決定：メディアや伝達手段を効果的に組み合わせる。

クライアントの意向に沿って、広告計画を立て、実施活動を支援するのが、代理店の役割である。

日本の主な広告代理店としては、電通、博報堂DYホールディングス、アサツー ディ・ケイ（ADK）、読売連合広告社、東急エージェンシーなどがある。特定の地方や業界に特化した代理店も多数存在しているので、大小合わせると、その数は5000弱にも上る。しかし、マス媒体である主力の新聞やテレビといった広告枠は、こうした大手広告代理店がすでに押さえていることが多い。

代理店の仕事は、最終的には案件ごとの「コンペ」（競合・コンペティション）になることがふつうである。大手の広告代理店のほうが、人材が豊富で企画力にも優れている上に、メディアの購買でも優位な立場にあるので、その結果として全体の中での取り扱いシェアが高くなる傾向がある。この業界は、大手代理店3社で、広告の取り扱いシェアが48％を超える寡占市場である[11]。

(3) 媒体（media：広告サービス提供者）

広告業界のメディアにはさまざまな形態がある。代表的なものとしては、印刷媒体としての新聞、雑誌、電波媒体としてのテレビ、ラジオがある。これに加えて、最近では、ブロードバンドや携帯電話の普及とともに、インターネットがメディアとしての存在感を急速に高めている。以前は、新聞、雑誌、テレビ、ラジオで、マスコミ4媒体といわれていたが、その一角にインターネットが食い込むようになった。新しいメディアの登場によって、広告における媒体の地位も徐々に変わりつつあ

11──公正取引委員会（2005）『広告業界の取引実態に関する調査報告書』5〜6頁（日経広告研究所編「広告白書平成17年版」のデータをもとに公正取引委員会が計算）。「総広告費（2004年5兆8571億円）に占めるシェアは、第1位の電通が25.7％であり、2位の博報堂DY（16.0％）、3位のアサツー ディ・ケイ（ADK）（6.4％）。これら上位3社で48.1％を占めているのに対し、4位以下の広告会社のシェアはいずれも3％未満であり、広告会社の市場構造が、有力な広告会社とその他中小規模の広告会社に二極化している」。

る。

　この他にも、さまざまな広告媒体がある。新聞の折り込みチラシ、車内吊り広告や駅構内での広告、最近では交通広告としてラッピング電車やバスなども登場している。主要道路脇やビルの屋上などを利用した屋外看板広告、ダイレクト・メールによるDM広告など、多種多様な広告媒体が存在している。

(4) 調査サービス会社(research suppliers：効果測定主体)

　広告は、顧客とのコミュニケーション手段であると同時に、商品の認知度を高めることにその力点が置かれる。そのため、広告そのものの良さとともに、広告が顧客の目に留まることが重要となる。例えば、テレビの広告効果は、「視聴率」という尺度で効率を測っている。どのくらいの人たちが、実際に広告が流されている番組を視聴しているかを調べるために、テレビやラジオ番組の視聴率を調査する調査サービス会社がある。

　日本では、ビデオリサーチが独占的に視聴率調査サービスを提供している。その他にも、最近ではインターネットの普及とともに、ネット関連の動向調査をしている「ネットレイティングス」といった調査会社もある[12]。また、商品の購買率や、製品やサービスに対する好意度、ブランドイメージを調査するために、たくさんの調査会社が存在している。こうした調査会社のデータをもとに、広告効果が測定される。

3.4 大媒体とコミュニケーション特性

　ここでは、主要な広告媒体であるテレビ、ラジオ、新聞、雑誌といったマス媒体を中心に、その特徴を説明していくことにしよう。

(1) テレビ／ラジオ／新聞／雑誌

　テレビは、他の媒体（メディア）よりも圧倒的に顧客からの接触回数が多い（図表12.10）。ほとんどの日本人がほぼ毎日、テレビに接触している。その上、全国ネットでの放送も多く、テレビ媒体は日本全国で広域をカバーできるのが特徴である。また、画像と音声によるメッセージのため、顧客の視覚と聴覚に訴えられるので、商品を認知させやすいという特徴を持つ。

---

[12] ニールセンの子会社で、インターネット利用者動向調査およびマーケティング情報の提供、アクセス解析などを実施している。http://www.netratings.co.jp/。

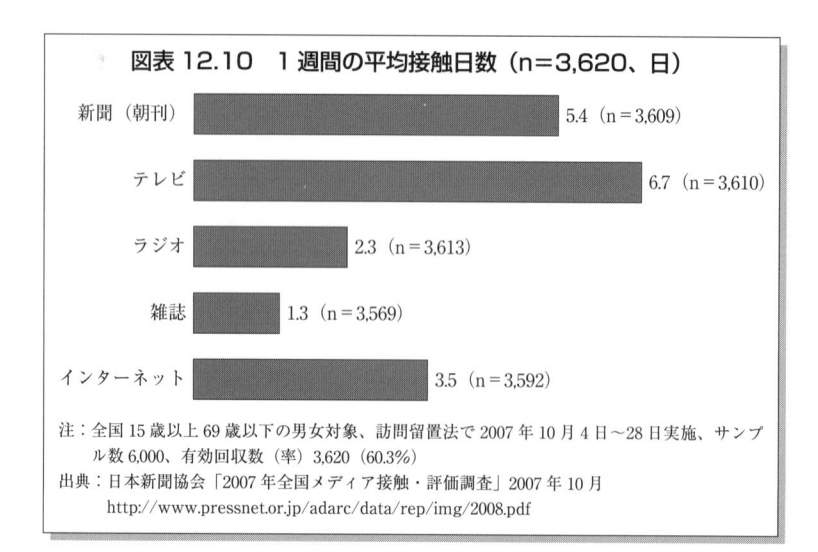

図表 12.10 1週間の平均接触日数（n=3,620、日）

新聞（朝刊）	5.4	(n=3,609)
テレビ	6.7	(n=3,610)
ラジオ	2.3	(n=3,613)
雑誌	1.3	(n=3,569)
インターネット	3.5	(n=3,592)

注：全国15歳以上69歳以下の男女対象、訪問留置法で2007年10月4日〜28日実施、サンプル数6,000、有効回収数（率）3,620（60.3％）
出典：日本新聞協会「2007年全国メディア接触・評価調査」2007年10月
http://www.pressnet.or.jp/adarc/data/rep/img/2008.pdf

　広告の頻度を高めることで新製品の知名度を上げるためには、テレビは最適なメディアである。その半面で、絶対的なコストは他の媒体と比較すると高い。また、広告のメッセージは15秒や30秒といった単位で流されることが多く、時間は極めて短い。しかも、新聞や雑誌と違って、時間が経つとメッセージは消滅してしまう。

　ごく短い時間の枠内で、いかにして顧客の頭の中に自社のメッセージを残すことができるかが大きな課題となる。また、テレビは不特定多数に流れるため、ターゲットを絞ることが困難である。こうした短所はあるものの、顧客に与えるテレビの影響度は非常に大きい。

　図表12.11を見てもわかるように、テレビ広告費は、新聞への支出額の約2倍に達している。全体から見ても、メディア支出全体のおよそ3割がテレビで占められている。

　一方、ラジオは、聴覚だけに訴えかける媒体である。そのため、その効果はテレビには及ばない。ただし、ラジオの特性を生かした利点もある。ひとつは、ラジオは地域のFM局などを含め、全国に数多くの放送局が存在している点である。地域ごとに特色のあるローカルな話題の放送ができるため、地理的なセグメンテーションがやりやすい。また、聴取者は車を運転している人や工場で働く人、自営業の人などが比較的多いため、テレビと比べてターゲットも絞りやすいという特徴がある。

　広告費もテレビに比べると安価である。広告予算の少ない企業には有

図表 12.11　主な広告媒体の特性と構成比

媒体	広告費（億円）	構成比	長所	短所
テレビ	19,981	28.5	視覚・聴覚・行動を統合 感覚に訴える 広いカバレージ・広いリーチ 露出当たりの低いコスト	絶対的に高いコスト 他の広告との混雑度が高い メッセージが短命 セグメントしにくい
ラジオ	1,671	2.4	地理的・人口動態的にセグメント可 低コスト	音のみの利用 メッセージが短命
新聞	9,462	13.5	高い柔軟性・受容性・信頼性 広いカバレージ	メッセージが短命 再生の質が貧弱 視覚だけによる訴求
雑誌	4,585	6.5	地理的・人口動態的にセグメント可 多くの情報を提供 メッセージが長命 高質な再生が可能 高い信頼性	リード・タイムが長い 売れ残る部数あり 掲載位置の保証なし 視覚だけによる訴求 広告変更などにおける低い柔軟性
マスコミ4媒体計	35,699	50.9		
DM	4,537	6.5	対象者の絞り込み、個別化可能 多くの情報を提供 同一媒体に広告競合なし	接触当たりの高いコスト 「くずかご行き」のイメージ
屋外広告	4,041	5.8	柔軟性 高い再接触（反復）率・注目率 低コスト・低競争	特定の地点に限定 少ない情報 創造性に限界
SP 計	27,886	39.7		
インターネット	6,003	8.6	双方向性	

注：広告費、構成比は2007年のデータ（電通『2007（平成19年）日本の広告費』）
出典：P. コトラー、G. アームストロング／和田充夫、青井倫一訳（1995）『新版　マーケティング原理』ダイヤモンド社、585頁の表、和田充夫、恩蔵直人、三浦俊彦（2000）『新版　マーケティング戦略』有斐閣、227頁の表などをもとに作成

効である。しかしながら、テレビのように実際に商品を見ることができないため、視覚に訴えたい商品には不向きである。

　新聞には、全国紙と地方紙がある。一般紙以外にも、「日本経済新聞」や「日経産業新聞」のような経済新聞、「繊研新聞」や「日刊自動車新聞」のような業界紙などがある。朝日新聞、読売新聞、毎日新聞の3紙に加えて、日本経済新聞の4紙は、発行部数が非常に多い。

　地方新聞であっても、特定地域に限ると広い範囲をカバーできるので、大きな影響力を持つという利点がある。一方で、新聞は毎日発行さ

れるため、せっかく高額な広告費を払って広告を出しても、その日のうちにその新聞は片付けられ、つぎの日にはまた新しい広告が掲載される。メッセージの残存は短期的なものとなる。

一方、雑誌は、月刊誌、週刊誌など、一定の間隔で発売される。そのため、つぎの雑誌の発売日まで、もしくは雑誌を読み終わるまで、広告としてのメッセージは残存する。広告効果の接触機会は、新聞よりも長期的なものとなる。

また、新聞が不特定多数の人たちに読まれているのに対して、ある分野に関心を持った人たちが購入するため、雑誌標的セグメントがはっきりしている。ターゲットにジャストフィットする広告計画を効果的にデザインできる場合が多い。例えば、ファッションに関心のある人がファッション雑誌を購入し、パソコンに関心のある人がパソコン雑誌を購入するといった具合である。

(2) SP広告(sales promotion advertising)[13]

「SP広告」（セールス・プロモーション広告）とは、テレビや新聞などのマスメディア広告とは別に、商品の販売を促進するために行われる企業のコミュニケーション活動である。新聞の折り込みチラシのように直接顧客に働きかけるものから、小売店の中で見られるPOP広告(Point of Purchase)など、SP広告にはさまざまなものがある。

4大マス媒体以外の広告で、衛星メディア関連広告とインターネット広告を除いたものが、SP広告である。SP広告としては、DM（ダイレクト・メール）、折り込みチラシ、屋外広告、交通広告、POP（広告）、電話帳、展示・映像などが含まれる。

SP広告で支出額が大きいのは、折り込みチラシ、DM、屋外広告である。屋外広告は、ビルの屋上や幹線道路など多くの人が目にする場所に大きな看板を出し、製品やサービスを認知してもらおうとするものである。DMは、ターゲットを絞って個別に発送されるカタログなどの紙メディアである。また、電車やバスに掲載される交通広告なども金額としては小さくない（図表12.7）。

SP広告は、テレビやラジオなどと違って一度伝達されるとすぐに消滅するのではなく、ある一定期間、消費者の手元に保持されることにな

13——電通の『日本の広告費』の分類では、マス4媒体広告、衛星メディア関連広告、インターネット広告以外を、SP広告に分類している。

る。折り込みチラシやDMであっても、自らがそれらの広告を処分しない限り、再度見ることも可能である（もっとも、必要なもの以外はすぐに捨てられることが多いので、役割期間は顧客の手に委ねられる）。また、屋外広告などはかなり長期にわたって設置されていることが多いため、繰り返して何度もそれらを目にすることになる。つまり、広告への再接触率が高いということである。ただし、テレビや新聞などと違って、地域が限定されるため、広告の効果は地域限定となる。

　最近では、世界的に見て、SP広告への支出が増加傾向にある。すでに、新聞や雑誌、ラジオといった広告媒体を抜き、テレビの広告費に匹敵する規模にまで成長している。SP広告費が増えてきた背景には、DMなどのターゲットの絞り込みや屋外広告などの高い再接触率が大きく影響している。例えば、交通広告では、広告主1社で電車の中吊りを統一し、外装そのものに広告をプリンティングする（ラッピング広告）などがある。顧客を引きつける注目度の高い広告が増えてきている。

4──広告の効果測定

1. 広告への接触尺度

　広告は、より多くの顧客に対して製品やサービスを認知してもらい、好意度を高めた上で購買へと結びつける役割を果たしている。企業にとって広告の重要性は大きく、そのために企業は多くの費用を広告活動に投じている。

　そこで、問題となるのは、支出した広告費に見合った成果が上がっているかどうかである。いわゆる、広告費に対する効果の問題である。広告の費用対効率を見るために、広告の効果測定をしなければならない。実際、広告には、テレビ、新聞、雑誌、インターネットなど数多くの媒体が利用されるが、ここではテレビ広告の効果測定について見てみよう。他のメディアの効果測定も基本的には同じである。

　テレビ広告の効果を見る上で重要になるのは、視聴率の測定である。せっかく多大な広告費を投じても、その広告を顧客が目にしなければ何の意味もないからである。視聴率の測定については、「リーチ」「フリーケンシー」「GRP」という3つの指標が用いられている（図表12.12）。

図表 12.12　テレビコマーシャル到達効果測定尺度の定義

GRP……各 CM の視聴率を合計したもの。到達量の大きさを測るもっとも基本的な指標

CPM……1000 世帯（人）当たり到達コスト。広告のコスト効果を測る指標

$$CPM = \frac{実施料金}{延べ視聴世帯数（人口）= GRP \times エリア内母数（世帯数や人口）}$$

リーチ（R）……何本かの CM のうち、少なくとも 1 回見た世帯（個人）の割合。到達の広がりを測る指標

フリーケンシー（F）……視聴世帯（個人）がその CM を視聴した平均回数。視聴の深さを測る指標

それぞれ順を追って説明しよう。

(1) リーチ

「リーチ」（reach）とは、実際に投じた広告がどのくらいの世帯（顧客）に伝わっているかを見る指標である。全体の視聴者の中で当該広告を視聴した世帯（個人）を比率で表したものである。

例えば、ある CM を 3 回流したとしよう。1 回目の広告で100人中60人がその広告を目にして、2 回目の広告では40人、3 回目の広告では50人が目にしたとする。この場合、2 回目の40人のうち20人がはじめて目にしたとすれば、2 回の広告では、合計で80人がその広告を目にしたことになる。

さらに、3 回目の広告で50人中新たに10人がその広告を目にすれば、結果的には 3 回の広告出稿を通じて、100人中90人が広告に接触したことになる。つまり、この広告は 3 回の出稿によって90％の顧客に到達したことになる。このような累積到達率のことを「リーチ」と呼ぶ。

リーチという指標は、複数回の広告によって、1 回でも広告を見た世帯や顧客の数を効果指標としている。そのために、1 回でもその広告を目にすれば、カウントされることになる。このように、リーチは、ひとりの人が何度その広告に接触したかには関わりなく、その間にどのくらいの世帯や顧客に「広がりとして」広告が見られたかを示す尺度である。したがって、広告の出稿回数を増やせば、広告費用はかさむものの、リーチはしだいに大きくなっていく。

(2)フリーケンシー

一方、「フリーケンシー」(frequency)は、一定の計画期間内で、対象視聴世帯(個人)が、そのCM(広告)を視聴した平均回数のことである。リーチが広告の「広がり」を測定した尺度であるのに対して、フリーケンシーは「到達の深さ」を測る指標である。

フリーケンシーは、広告への反復接触効果を考えるときに用いられる指標である。一般に、広告を目にする機会が増えるほど、すなわち、そのCMに接触する回数が多くなればなるほど、ターゲット顧客は、単なる商品認知の段階から、商品の理解→好意形成→購入意図→購入意向を経由して、実購買行動の段階へと進む可能性が高い(詳しくは、第5章「顧客の分析」を参照のこと)。そこで、対象世帯や顧客に対しては、1回の接触だけ(リーチを高める)だけでなく、広告への接触頻度(フリーケンシー)を高めておくことも重要である。

広告業界の知恵として、「three exposure rule(3回接触法則)」という法則が知られている[14]。平均的な商品購入サイクルの間に、特定の商品を購入させるためには、少なくとも3回以上その広告に接触することが必要であるといわれている。そのために、ターゲット顧客が、購買サイクル中に少なくとも3回はCMに接触するように、出稿の回数とタイミングを決定しなければならない。なお、平均接触回数を「平均フリーケンシー(平均接触回数)」、視聴者の中での接触頻度の分布を「フリーケンシー分布(接触頻度分布)」と呼んで区別することもある。

(3)GRP

最後の広告効果指標は、「GRP」(Gross Rating Points)である。テレビ視聴の場合は、「延べ視聴率」を表す指標で、GRP＝R×Fで表される。すなわち、GRPは、リーチ(R)とフリーケンシー(F)を掛け合わせたものである。ある期間に、対象顧客がその広告に延べどれくらい接触したかを示す尺度である。リーチは広告の広がりを、フリーケンシーは広告の深さを示していたが、それに対比すると、GRPは、総体的な広告効果を量的に表現した尺度であるともいえる。

同じ大きさのGRP(例えば、延べ視聴率84%)でも、図表12.13のような場合は、リーチが大きく(63%)、フリーケンシー(平均視聴回数)

---

[14] Krugman, H.E. (1972) "Memory Without Recall : Why Three Exposures May Be Enough," *Journal of Advertising Research*, 12 (December), pp. 11–14.

が小さなケースである（1.33回）。それと対照的でもっとも極端なケースは、同じ人たちが3回ともその同じCMを見ている場合である。この場合は、リーチ26％（26％の人にしか到達しない）で、フリーケンシーが3回（同じ人たちが3回とも見る）である。

テレビ広告費は、一般的には、視聴率と連動して設定されている。したがって、同じ広告予算の範囲内であれば、リーチを優先するのか、フリーケンシーを大事に考えるのかについては、ある程度の割り切りが必要になる。あるいは、両者をバランスさせてトレードオフする目標設定が求められる。

(4) CPM

なお、リーチと関連した広告の到達評価尺度としては、「CPM」（Cost Per Mile）あるいは「CPT」（Cost Per Thousand）という広告の費用対効果尺度がしばしば用いられる。これは、ある広告を1000人（世帯）に到達させるための費用を表している。CPMは、世帯（1人）当たりの購買単価や反復購入率と、新規顧客を獲得するための広告費用を対比して投資効率を見るために用いられる。[15]

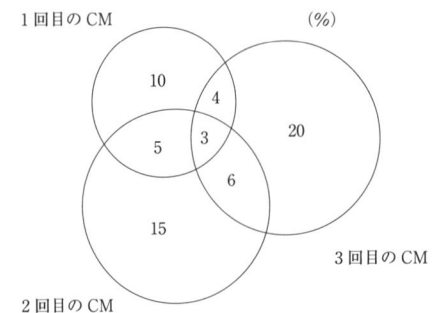

図表 12.13　テレビコマーシャル視聴パターンデータの取り扱いルール

〈3回のテレビコマーシャル視聴世帯の分布が次のような場合〉

各放送時点での視聴率
1回目　22％
2回目　29％
3回目　33％

GRP = 22 + 29 + 33 = 84％

累積到達率（リーチ）= 10 + 5 + 3 + 4 + 15 + 6 + 20 = 63％

視聴回数の分布（フリーケンシー分布）
0回　37％　（100 − 63）
1回　45％　（10 + 15 + 20）
2回　15％　（4 + 5 + 6）
3回　 3％
合計 100％

平均視聴回数　1.33回　（84 ÷ 63）

出典：ビデオリサーチ提供（八木滋氏の法政大学における講演〈1998年〉資料から）

---

[15] インターネット広告では、CPM、CPTの他に、「CPA」（Cost Per Action）や「CPC」（Cost Per Click）の指標が用いられる。前者が接触指標であるのに対して、後者は行動指標である。行動指標が測定できるのが、ネット広告の強みである。

COLUMN-24
テレビ番組のプログラム価値マップ

〈視聴の質を表すQレイト〉

　視聴率一辺倒だったテレビ番組の評価に、質的尺度（Qレイト＝好意度）を導入しようとする意欲的な試みがなされている。従来からある「視聴率」（Rレイト）と「視聴質」（Qレイト）を組み合わせて、2つの指標から番組の価値を表す「二次元マップ」（プログラム価値マップ）を提案しているところが画期的なところである。

　Qレイト（好意度）とは、視聴経験者の中で、「その番組が非常に好き」（5段階評価）と答えた人の割合である。例えば、検証に用いられたバラエティ番組（2007年5月時点での各局のプライムタイム〈19～23時〉は全部で91番組）では、Qレイトの平均値は16.4％である。同じ番組の同時期の平均視聴率は、11.5％である。

　図表1は、全91のバラエティ番組を、プログラム価値マップ上でプロットしたものである。それぞれの番組は、視聴の「広がり」（Rレイ

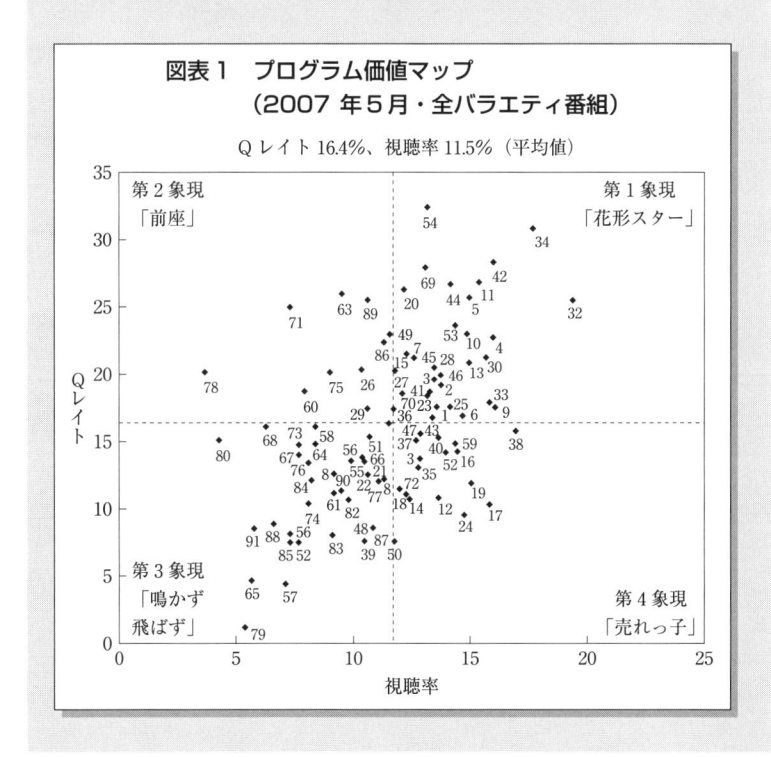

**図表1　プログラム価値マップ
（2007年5月・全バラエティ番組）**

Qレイト 16.4％、視聴率 11.5％（平均値）

第2象現「前座」　　　　第1象現「花形スター」

第3象現「鳴かず飛ばず」　　　　第4象現「売れっ子」

ト＝視聴率）と「深さ」（Qレイト＝視聴質）のスコアによって、4つの価値ポジションのいずれかに分類される。番組ポジションの推移を追跡することで、番組のライフサイクルを明らかにすることができる。

「ロングセラー番組」がどのように維持できているのか？ 番組が「終番」になる場合の法則などを、このプログラム価値マップを活用して記述することができる。なお、Qレイトは、年4回調査（民放各局）と年2回調査（ビデオリサーチ）の2種類があるが、以下では、視聴率、Qレイトともに、ビデオリサーチのデータを用いている（1997年～2006年：時点1～時点19）。

〈テレビ番組の現在ポジション〉

テレビ番組は、各時点で4つのタイプに分類できる（「前座」「鳴かず飛ばず」「花形スター」「売れっ子」）。視聴率とQレイトの平均値を中心に、全バラエティ番組を4つの象限にプロットしたのが、図表1である。ネーミングの由来は、以下のとおりである。

① 「花形スター」（31番組）　　：第1象限の「高視聴率・高Qレイト」の番組
② 「前座」（11番組）　　　　　：第2象限の「低視聴率・高Qレイト」の番組
③ 「鳴かず飛ばず」（32番組）：第3象限の「低視聴率・低Qレイト」の番組
④ 「売れっ子」（17番組）　　　：第4象限の「高視聴率・低Qレイト」の番組

高視聴率と高いQレイトは相関している（図表1、相関係数=0.474）。また、番組ごとには、Qレイトと視聴率は、時系列的にも相関していることが多い。例えば、「伊東家の食卓」（1997～2006年）の一生を見ると、高い視聴率の時期と高いQレイトが連動していることがわかる（図表2）。よく見ると、Qレイトが視聴率よりも先に動いているのが見てとれる。その逆のケースもある（後述）。

〈テレビ番組のライフサイクル：3つの法則〉

番組ライフサイクルを分析することから、3つの法則が抽出できる。番組の「時計回りの法則」「ロングセラーの法則」「番組終了の法則」である。

「時計回りの法則」（番組ヒットの法則）　　番組がヒットするパターンに

図表2 「伊東家の食卓」
Qレイトと視聴率の時系列推移

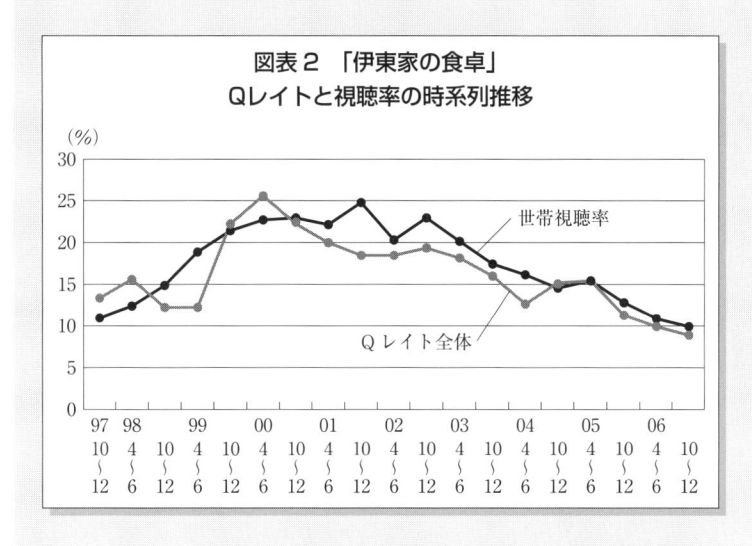

は、2つある。先に一部の層の支持で好意度が上がり、後に視聴行動の広がりができるケース（91番組中21番組）、あるいは、視聴率が先に上がり、Qレイト（好意度）が後で上昇していくケース（91番組中12番組）。第2象限経由の11番組を見ると、7番組でT層（10代）が個人視聴率1位である。T（10代）、F1（女性20〜34歳）、F2（女性35〜49歳）でも、当初に高いQレイトを獲得している。若者と若い女性が見ると視聴率は上がる。

多くのテレビ番組では、どちらかといえば、番組の好意度が先行するケースが多い。したがって、プログラム価値マップ上では、右回りの方向に、番組のポジションが動いていくほうが一般的である。典型的な時計回りの法則は、「学校に行こう！MAX」に見られる（図表3）。

「ロングセラーの法則」　番組のライフサイクルが終わりかける〈下りルート〉は、3つである。Qレイトが落ちて、第4象限＝「売れっ子」に移行するケース（10番組）、視聴率が下がって第2象限「前座」に移行するケース（3番組）、Qレイトも世帯視聴率もともに下がって第3象限「鳴かず飛ばず」へ移行するケース（4番組）。つまり、Qレイトが先に落ちて、その後に視聴率が落ちていくケースが多い。これは、「右回りの法則」と符合している。

ロングセラー番組は、第1象限と第4象限を繰り返す「1−4−1」の経路をとる番組が多い。例えば、「踊る！さんま御殿！」「うたばん」などである（全91番組中19番組）。番組が第4象限に落ちたら、Qレ

図表3　時計回りの法則（学校へ行こう！MAX）

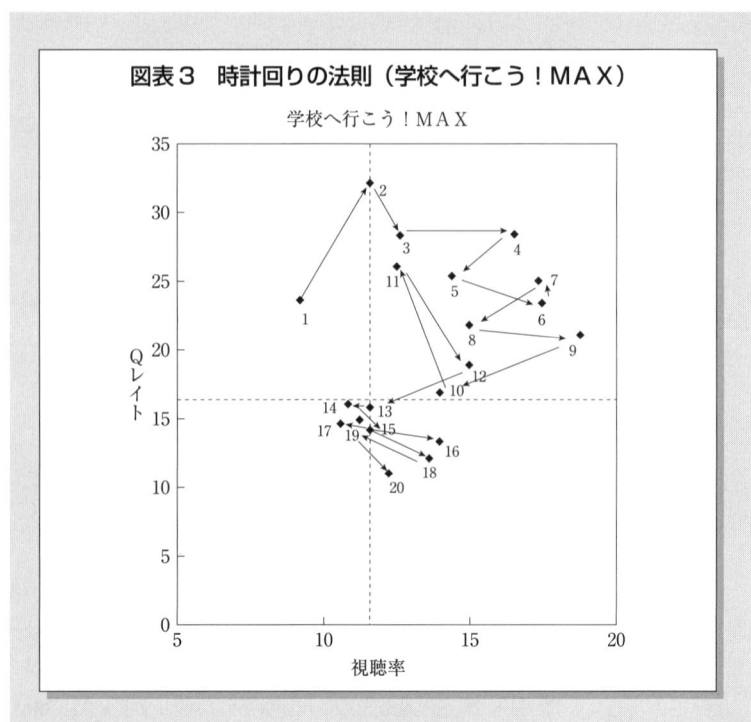

学校へ行こう！MAX

図表4　ロングセラーの法則（東京フレンドパークの場合）

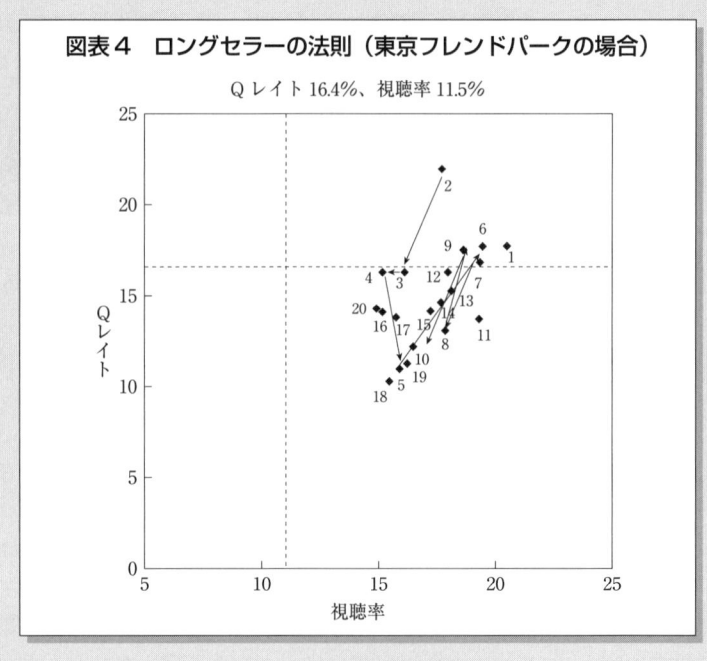

Qレイト16.4％、視聴率11.5％

イト（好意度）の回復、てこ入れがロングセラーの鉄則である（図表4「東京フレンドパーク」）。

「番組終了の法則」　第1象限の花形スター番組も、最後は第3象限の「鳴かず飛ばず」で終了している。視聴率が変わらなくても、Qレイトが平均値を切ったら、番組はリニューアルのタイミングを迎えている。第3象限は、「番組終焉の地」である（図表2:「伊東家の食卓」の最後）。

このように、プログラム価値マップによって、番組の盛衰を見るのである。番組のライフサイクル管理と、早期警報装置として、プログラム価値マップは有効である。

出典：岩崎達也、小川孔輔（2008）「テレビ番組のプログラム価値マップ：質的評価尺度の活用と番組のライフサイクルマネジメント（上）（下）」『日経広告研究所報』240号（8〜9月）、241号（10〜11月）を要約。

テレビ番組の市場価値は、従来は、「視聴率」（rating）だけで評価されてきた。COLUMN-24は、もうひとつの尺度である「視聴の質」（quality）を提案したものである。

2. 広告出稿スケジューリング

広告効果に関わるもうひとつの課題は、広告出稿のタイミングに関する意思決定である。タイミングについては、ある時期に集中して広告を出稿する「集中出稿」と、分散して広告を出稿する「分散出稿」とがある。以下では、広告の出稿パターンの特徴を見てみることにする。

広告出稿には、大きく分けて「継続型出稿」「パルシング型出稿」「フライティング型出稿」の3つのパターンがある。以下の説明では、期間を月単位で考えることにしよう。

継続型出稿は、図表12.14のように、休みなく毎月一定量の広告を出稿し、顧客の認知度を集中的に高めようとするものである。パルシング型出稿は、継続型と同じように、毎月広告を出稿するものの、ある時期には広告を集中的に出稿するのに対して、ある時期はその分広告出稿を抑えるパターンである。つまり、出稿量に強弱をつけ、顧客にインパクトを与えようとする方法である。

フライティング型出稿は、投入のタイミングに関して、一律期間をあ

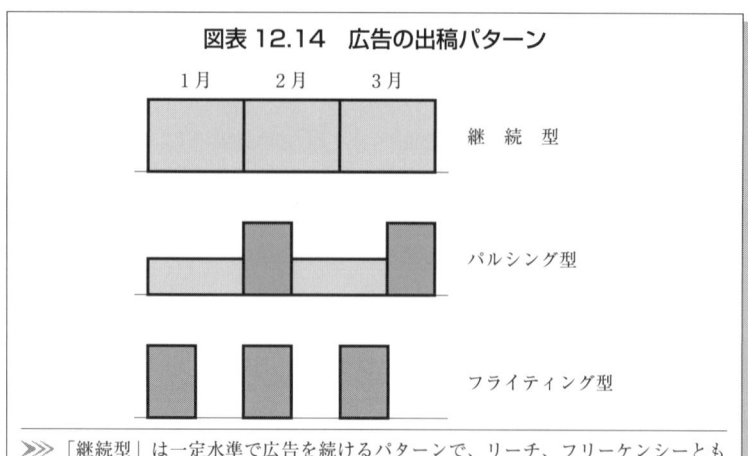

図表 12.14　広告の出稿パターン

	1月	2月	3月	
				継続型
				パルシング型
				フライティング型

>>> 「継続型」は一定水準で広告を続けるパターンで、リーチ、フリーケンシーとも高くすると費用がかかる。「パルシング型」は脈のように、広告を多くしたり、少なくしたりする。「フライティング型」は、広告をするときと休むときを交互に入れる。

出典：岸志津江、田中洋、嶋村和恵（2000）『現代広告論』有斐閣、225頁

けて広告を出稿する方法である。例えば、月の前半に集中して広告を出稿したら、後半は休むといった具合である。広告の出稿時期と休み時期を交互にするものである。これは、顧客が忘れかけたときに再び広告が出稿されるため、認知度を維持する効果を狙ったものである。

このように、広告出稿には3つのパターンがあるが、それぞれの限られた広告費の中でいかに効果的に成果を出していくかが求められるため、どのようなパターンを活用することが最適なのかを常に考える必要があるだろう。

なお、実際の広告の出稿をグラフ化すると、第4番目の形も存在していることがわかる。「トライアングル型出稿」である。つまり中間に山型ができるパターンである。詳しくは、岸他（2000）を参照されたい。

製品のライフサイクルの後期に入ると、売上のピークを超えて徐々に売上が減少し、いわゆる衰退期に入ってくるとマーケット・シェアをいかに維持するかが課題となる。このとき、ライフサイクルの最終段階である衰退期では、いかにして収支のバランスを保ちつつ、売上の減少を防ぐかが企業にとって最大の課題となる。そこで、行われる広告は、いかに自社の製品が忘れられてしまわないように認知度を維持し売上を維持するかである。導入期のように、市場拡大などを目指しているわけで

はない。このような目的に絞って行われる広告を「維持広告」という。

〈参考文献〉

青木幸弘、岸志津江、田中洋編（2000）『ブランド構築と広告戦略』日経広告研究所

井上哲浩、日本マーケティング・サイエンス学会編（2007）『Webマーケティングの科学——リサーチとネットワーク』千倉書房

岩崎達也、小川孔輔（2008）「テレビ番組のプログラム価値マップ：質的評価尺度の活用と番組のライフサイクルマネジメント（上）（下）」『日経広告研究所報』240号（8〜9月）、241号（10〜11月）

梅澤伸嘉（1984）『消費者ニーズをヒット商品に仕上げる法』ダイヤモンド社

小川孔輔（2002）「企業ブランドと就職活動」『日経広告手帖』（4月号）

岸志津江、田中洋、嶋村和恵（2008）『現代広告論　新版』有斐閣

木戸茂、小川孔輔（1997）「広告ブランド資産蓄積効果についての研究」『平成8年度吉田記念財団助成研究集』

木戸茂（2004）『広告マネジメント』朝倉書店

公正取引委員会（2005）『広告業界の取引実態に関する調査報告書』

小林保彦他（1997）『新価値創造の広告コミュニケーション』ダイヤモンド社

D. E. シュルツ、S. I. タネンバーム、R. F. ロータボーン／有賀勝訳（1994）『広告革命　米国に吹き荒れるIMC旋風——統合型マーケティングコミュニケーションの理論』電通（Schultz, D. E., S. I. Tannenbaum, and R. F. Lauterborn（1993）*Integrated marketing communications*, NTC Pub Group）

S. M. デイビス、M. ダン／電通ブランド・クリエーション・センター訳（2003）『ブランド価値を高める　コンタクト・ポイント戦略』ダイヤモンド社（Davis, S. M. and M. Dunn（2002）*Building the Brand-Driven Business: Operationalize Your Brand to Drive Profitable Growth*, Jossey-Bass）

電通『電通広告年鑑』各年度版

電通（2007）『2007年（平成19年）日本の広告費』

中澤功（2001）『進化するデータベースマーケティング』日経BP社

仁科貞文監修（1991）『新広告心理』電通

仁科貞文編（2001）『広告効果論』電通

日経広告研究所編（2000-2007）『広告に携わる人の総合講座』日経広告研究所

日経広告研究所編『有力企業の広告宣伝費』各年度版
ビデオリサーチ（2008）『テレビ視聴率・広告の動向』（毎年刊行）
ビデオリサーチ（2008）『TV-CM KARTE（Special Report）』
ビデオリサーチ（2009）『視聴率ハンドブック』（毎年刊行）
ビデオリサーチ編、木戸茂監修（2009）『広告効果の科学──実務家のための分析アプローチ』ビデオリサーチ
八塩圭子、岩崎達也、小川孔輔（2008）「多メディア環境下のテレビ視聴行動」『日経広告研究所報』42巻1号（通号237、2008年2・3月号）、24〜30頁
読売新聞社編（2008）『DATA FILE 2008』読売新聞社
R.ロシター、L.パーシー／青木幸弘、岸志津江、亀井昭宏監訳（2000）『ブランド・コミュニケーションの理論と実際』東急エージェンシー（Rossiter, J. R. and L. Percy（1997）*Advertising Communications and Promotion Management,* 2nd ed., McGraw-Hill）
E. M.ロジャーズ／青池慎一・宇野善康監訳（1990）『イノベーション普及学』産能大学出版部（Rogers, E. M.（1983）*Diffusion of Innovations,* 3rd ed., Free Press）
Aaker, D. A., R. Batra, and J. G. Myers（1992）*Advertising Management,* 4th ed., Prentice-Hall International.
Jones, J. P. ed.（1998）*How Advertising Works : The Role of Research,* Sage.
Krugman, H. E.（1972）"Memory Without Recall : Why Three Exposures May Be Enough," *Journal of Advertising Research,* 12（December）, pp. 11-14.

〈さらに理解を深めるための参考文献〉

電通「クロスメディア開発プロジェクト」チーム（2008）『クロスイッチ──電通式クロスメディアコミュニケーションのつくりかた』ダイヤモンド・フリードマン社
仁科貞文、田中洋、丸岡吉人（2007）『広告心理』電通
日経広告研究所編（2008）『2009　基礎から学べる広告の総合講座』日経広告研究所
C.ヤン（1973）『広告の科学』中公新書
吉田正昭、仁科貞文、天野祐吉、志津野知文（1982）『広告の心理』有斐閣新書

第13章
コミュニケーション活動(2)：セールス・プロモーション

　本章では、マーケティング・コミュニケーション活動のひとつであるセールス・プロモーションについて説明する。セールス・プロモーションは、日本語では「販売促進」または「SP（エス・ピー）」と訳されることが多い。

　広い意味でのセールス・プロモーションは、企業が取り扱う商品やサービスに対して、売上を増大させるためのコミュニケーション施策と定義される。狭い意味での販売促進活動は、短期的に需要を刺激するための手段のことを指す。

　第1節では、狭義の販促活動について定義する。そこでは、日本と米国の販売促進費用の中で、SP費用の割合が高まっている事実とその理由について説明する。

　第2節では、さまざまな種類の販促手法について解説する。セールス・プロモーション活動を消費者向けSP、小売り向けSP、流通業者向けSPの3種類に分類して、SPの対象と特徴の違い、具体的な実行方法などを紹介する。

　第3節では、販促手段を実現するまでの時間と消費者のベネフィットの実現という観点から、セールス・プロモーションを4つに類型化する。値引き型SPと付加価値型SPの違い、即時型SPと延期型SPを区別する。4つの類型に対して、具体的な実例が示される。

　第4節では、小売店頭で大切なその他の販促手法を紹介する。店頭陳列、パッケージング、POP広告である。

　第5節では、もうひとつのプロモーション手段である人的販売について説明する。

1 ― 狭義の販売促進活動

1. セールス・プロモーション：SP（Sales Promotion）

　市場の需要を喚起して販売増進に結びつけるマーケティング手法は、広い意味で「販売促進活動」（SP：Sales Promotion）と呼ばれている。テレビや新聞、雑誌などを活用した媒体広告（第12章）は、消費者とのコミュニケーション活動を通じて需要を刺激する手段である。その意味では、宣伝広告活動も、広義の販売促進活動に分類される。

　しかし、実務の世界で使用される用語としての「販売促進活動」（しばしば「販促」と短縮して呼ばれる）には、広告活動と広報活動（PR活動）は含まれない。広告活動とPR活動は、どちらかといえば、自社製品やサービスの認知を高めたり、企業活動の内容理解を促すことが目的である。長期的な観点から、企業価値を高めたり、商品ブランドの価値を向上させるためのマーケティング施策である。

　それとは対照的に、狭い意味での販売促進活動は、短期的に売上を伸ばすためのコミュニケーション手段だけを含んでいる。具体的には、販促のためのプレミアムの付与、再来店やリピート購入を促すためのクーポン券の配布、お得感を演出するための容量の増量などが、狭義のセールス・プロモーション活動に入る。なお、短期的な売上の増加を狙ったコミュニケーション活動としては、販売員を活用した人的販売の活動が含まれる。

　以下では、狭義の販売促進活動について、その類型と具体例を紹介していく。その前に、広告費とSP費用の相対シェアについて、日米のデータを見てみることにする。

2. SP費用と広告費の比率

　市場の成熟とともに、短期的な売上増進の効果を狙ったセールス・プロモーション（狭義の販促）の重要性が高まっている。これは、日本だけに特有な現象ではない。マーケティング支出に関する世界的な傾向である。

　図表13.1を見てわかるように、日米ともに、企業がコミュニケーショ

図表 13.1　広告費とセールス・プロモーション費の配分

		アメリカ		日本（有力企業）		
		1988 年	2003 年	1996 年度	2000 年度	2006 年度
広告費		668 億ドル （9 兆 3,500 億円）	1,775 億ドル （18 兆 6,000 億円）	3 兆 6,228 億円	3 兆 6,824 億円	3 兆 5,743 億円
SP 費	消費者プロモーション	1,245 億ドル （17 兆 4,300 億円）	2,883 億ドル （30 兆 3,000 億円）	7 兆 1,544 億円	6 兆 7,437 億円	6 兆 8,304 億円
	トレード・プロモーション		5,468 億ドル （57 兆 4,000 億円）			
広告費比率		35%	38%	34%	35%	35%
SP（消費者向け）費比率		65%	62%	66%	65%	65%

注：日本の SP 費は「NEEDS 日経財務データ」の「販売促進費」などをもとに算出されたもの（日本の有力企業の有価証券報告書に基づく）
　　有価証券提出企業のうち、販売手数料と拡販費・その他販売費のいずれかを公表している企業対象
出典：日経広告研究所『有力企業の広告宣伝費』（各年）、アメリカの広告費・SP 費は PROMO「Industry Trends Report」などをもとに作成

ン活動に投じる支出の中で、広告費が占めるウエイトは約 3 分の 1 である。それ以外は、短期的な販売刺激のために投じられる SP 費用である。米国のほうが SP 費の割合がやや低い水準にある。

　ところが、30 年前（1970 年代）は、SP 費対広告費の比率が現在とは逆であった。コミュニケーション費用の中で広告費が占める割合は、日本では 50％以上あった。同じ時期に、米国でも、広告費のシェアは 40％以上あったといわれている[1]。その理由は、当時は大手メーカーが強力な市場支配力を持っていたからである。ブランド構築のために、消費者のブランド指名（プル）を狙って、大量のマス広告がテレビや新聞、雑誌に投入されていた。広告投資に対する消費者反応と販売上の成果もそれなりに高かった。

　ところが、市場が成熟してくると、製品の基本機能が競合メーカー間

---

[1] 1987 年の日経流通新聞の記事によると、「ノースウェスタン大学ビジネススクールのドン・シュルツ教授ら専門家たちが発表したリポートによれば、1986 年に米国の企業がセールス・プロモーションに投入した費用は、総額で 1 千億ドル（約 14 兆円）の大台を超えることが予想され」ている。「10 年前に米国企業のマーケティング支出全体の 42％を占めていた広告費の割合が、1986 年には 34％と大きく低下してしまった」「現在米国では企業のマーケティング予算の 7 割近くがセールス・プロモーションに配分されている」。また、1980 年から 1985 年までの 5 年間に、セールス・プロモーション費が年率 15％で上昇し、広告費の 12％をかなり上回り続けていることにも注目している。「拡大する米国のセールス・プロモーション（1）広告効果の信頼度低下（海外潮流）」『日経流通新聞』1987 年 7 月 4 日、9 面。

で同じ程度の水準に近づいてしまう。加えて、小売業の上位集中が進んだことで、メーカーの流通支配力が相対的に低下してきた。PB商品を小売業が開発しはじめたこともあって、大手流通業の市場支配力が強くなってきている。

　SP予算が増えた背景には、「店頭マーケティング」(in-store marketing)の重要度が高まったことも関係している。商品機能での差別化が難しくなると、消費者はどの商品を購買しようかと店頭で迷ってしまう。セルフサービス小売業ではとくに、店頭でのPOP広告や陳列（後述）などによる商品の説明が重要になる。あるいは、あれこれと迷っている顧客を販売員が店頭で説得することが販売の決め手になることも多い。

　こうした店頭の状況を受けて、流通業に向けた店頭販促を重視する方向にマーケティング予算の配分が変わってきたのである。図表13.1は、マーケティング競争環境の変化を反映したものである。

　なお、セールス・プロモーションには、消費者向けだけではなく、リベートなどを通して流通業者に向けた販促手段を含んでいる。また、メーカーが販売コンテストを企画して、販売員たちのモチベーションを高め、自社商品の販売増を目指すこともある。この場合は、社内向けのセールス・プロモーションと小売業（店長や売り場チーフ）向けの陳列コンテストの両方が存在している（図表13.5大塚製薬の事例を参照）。

　以下では、実際に行われている消費者向けのセールス・プロモーションについて、2つの事例を紹介することにする。

3. プレミアム・キャンペーンの長期効果

　「プレミアム」(premiums)とは、商品を購入した消費者に対して、無料あるいは一部の費用負担だけで提供される「おまけ」のことである。例えば、ミスタードーナツでは、商品購入の際にもらえるポイントが規定点数に達すると、ピングーなどのオリジナルグッズがもれなくもらえる。この際に提供されるオリジナルグッズが、プレミアム（おまけ）である。

2——大槻博(1991)『店頭マーケティングの実際』日経文庫。大槻博(1998)「日用消費財メーカーにみるプロモーション戦略の変化——1980-1995マス広告から店頭マーケティングへ」『マーケティングジャーナル』9月号（通号70号）、65～82頁。

オリジナルグッズを手に入れたい消費者は、20ポイントとか100ポイントなど、一定のポイントに達するまで商品を購入し続けることになる。とくに、プレミアムとなるキャンペーン商品に希少性があればあるほどその傾向は強くなる。したがって、プレミアム対象商品を繰り返し購入して、オリジナルグッズを手に入れようとする。このように魅力あるキャンペーンは、販売促進に大きな効果を生む。

　ミスタードーナツの場合は、「ミスド・キャンペーン」と称して、さまざまなオリジナルグッズが提供されてきた。実際に、ミスド・キャンペーンは1973年からはじまり、2003年には12回、2004年には15回、2005年には12回行われている。

　また、チャールズ・シュルツの漫画「ピーナツ」で有名なスヌーピーは、ピーターラビットと並んで、世界的に人気が高いキャラクターである。スヌーピーは、日本でもしばしば、プレミアム・プロモーションで活躍している。最近（2008年）では、B-Rサーティワンアイスクリームのキャンペーンで、トートバッグが当たるプレミアム・プロモーションが展開されている（図表13.2）。

　その他にも、自社商品の消費を増やしてもらうために、プレミアムを定期的にプレゼントすることがよくある。例えば、山崎パンは、毎年春の季節に「春のパン祭り」を開催している。その内容は、集めたシールの点数に応じて、もれなくフランス製の白いお皿をプレゼントするとい

図表13.2　B-Rサーティワンアイスクリームのプレミアム（スヌーピーのトートバッグ）

出典：B-Rサーティワンアイスクリーム

PEANUTS ©
United Feature Syndicate, Inc.
www.snoopy.co.jp

うものである。気に入ったお皿がプレミアムである場合、消費者は家族の人数分と同じ数のお皿を揃えたいという欲求も高くなる。規定のポイントを集めるまで山崎パンを購入する消費者も数多い。

このように考えると、プレミアムによる販売促進活動は消費者に対してさらなる消費を促し、ロイヤリティの向上という効果を生んでいる。事実、例として紹介した2社のキャンペーンは、毎年定期的に行われている。消費者が期待して待ち望んでいるプレミアム・キャンペーンも多い。

4. CDの販売促進

現在、iPodに代表される携帯音楽端末が急速に普及し、CDの販売は大きく落ち込んでいる。そんな中、業界では新種のさまざまな手法を用いてCDを販売促進している。

例えば、CDのラベルカバーを微妙に変えて複数のアルバムを発売したり、未収録曲1、2曲を通常のアルバムに追加し、特別版（special edition）として発売している。

後者はある種の「増量キャンペーン」である。前者のケースは、ラベルにバリエーションを作ることで、「限定的な販売」を志向している。

類似した事例としては、複数のCDを同時に発売し、そこにプレミアムをつけることで購入を促すケースもある。3種類のアルバムを購入すると、CDに貼付されているシールで、もれなく特製の非売品プロモーションDVDがプレゼントされる。こうしたプレミアムでファンの心理をくすぐり、販売増に結びつけている。

2 ― 販売促進活動の3つの類型

販売促進活動（SP）には、図表13.3のように大きく分けて3つの形態がある。流通業者が消費者に対して行う「小売プロモーション」（retail promotion）、メーカーが流通業者に対して行う「流通業者向けプロモーション」（trade promotion）、メーカーが消費者に対して直接行う「消費者向けプロモーション」（consumer promotion）である。

3つのタイプのSP活動について、具体的な例を示すことにする。小売プロモーションでは、値引き、特別陳列、チラシ、デモンストレーシ

図表 13.3　販売促進活動（SP）の分類

```
                  流通業者向け
                  プロモーション
    ┌─────┐ ──────────────→ ┌─────┐
    │メーカー│                  │流通業│
    └─────┘                  └─────┘
        │                         │
消費者向けプロモーション          小売プロモーション
        │                         │
        ↓       ┌─────┐          ↓
        └─────→│消費者│←─────────┘
                └─────┘
```

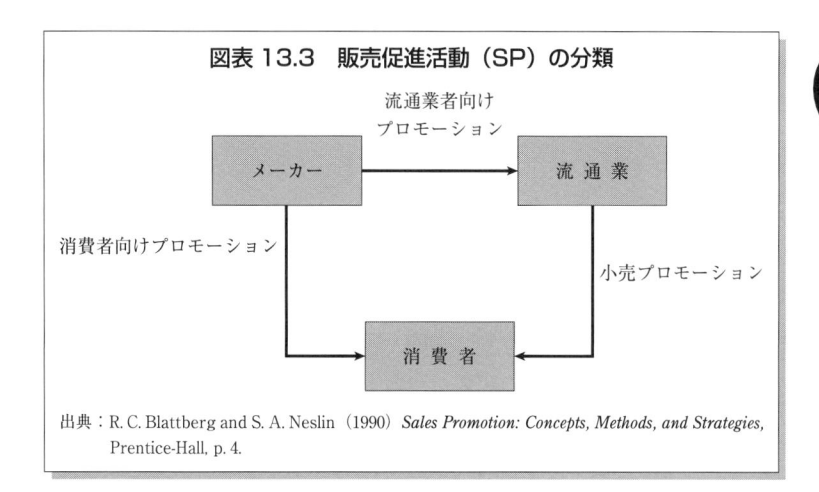

出典：R. C. Blattberg and S. A. Neslin（1990）*Sales Promotion: Concepts, Methods, and Strategies*, Prentice-Hall, p. 4.

図表 13.4　タイプ別　セールス・プロモーションの方法

小売プロモーション	流通業者向けプロモーション	消費者向けプロモーション
値引き	アローワンス	サンプリング
特別陳列	コンテスト	モニタリング
チラシ	特別出荷	クーポン配布
デモンストレーション	販売助成	スイープ・ステークス（くじ）
クーポン配布		プレミアム
		増量パック
		バンドル
		キャッシュ・バック
		コンテスト

出典：渡辺隆之、守口剛（1998）『セールス・プロモーションの実際』日経文庫、95頁を修正

ョン（実演）、クーポン配布などがある。流通業者向けプロモーションには、アローワンス、コンテスト、特別出荷、販売助成などがある。そして、消費者向けプロモーションには、サンプリング（試供品の配布）、モニタリング、クーポン配布、プレミアム（おまけ）、増量パック、キャッシュ・バックなどがある。これらをまとめたのが、図表13.4である。

1. 小売プロモーション

「小売プロモーション」とは、流通業者が消費者に対して働きかける販売促進活動である。わたしたちが小売りの店頭でふだんからよく目にする販促である。値引きや特別陳列、チラシ、実演販売、クーポンの配

布などが具体的な例である。

(1)「値引き」

「値引き」（discount）は、ある商品に対して通常価格より値段を下げて商品を販売することである。消費者に対してお買い得感を与え、購買意欲を駆り立てる方法である。スーパーマーケットなどの店頭で、日常的に行われているもっともポピュラーなプロモーションである。

ただし、値引きで注意を払わなければならないのは、値引きが長期間にわたる場合と、同じ商品が頻繁に値引きされる場合である。そうなると、値引きによる販売促進という目的が薄れてしまう。なぜなら、値引き価格が消費者の頭の中では通常価格と認識され、もはや通常価格ではその商品を購入しなくなるからである。お目当ての商品が値引きされたときにしか、その商品を購入しない消費者（「チェリーピッカー」）が出てきてしまう。[3]

値引きのインパクトを落とさないように、小売業が実際に行っている方法は、人気がある競合メーカー品を順番に値引きしていく「SPのローテーション」という手法である。例えば、第1週に花王の「アタック」を値引きプロモーションしたら、第2週はライオンの「トップ」を特売チラシに掲載して販促にかける。そして、第3週にはP&Gの「アリエール」を販促の対象商品にする、などである。

販促対象になるメーカーのブランドを順番に入れ替えることは、消費者側の値引き販促への慣れを避ける効果がある。というのは、ほとんどの消費者は、それぞれにお気に入りのブランドを持っているからである。そのブランドが販促にかけられたときには恩恵を受けるが、そうでないブランドが値引きされても販促への注目度は低くなる。

小売りの立場からは、販促対象をローテーションさせることには、2つの狙いがある。ひとつは、競合メーカー同士を牽制させる効果である。もうひとつは、店頭に変化をつけて、品揃えの面で常に陳列の鮮度を保つことができることである。

大きく分けて、値引きには2つの効用がある。まず、値引きをすることで、対象商品そのものの販売を伸ばすことができる。つぎに、値引きによって消費者を店頭に誘引する効果である。

---

[3]──B.E.カーン、L.マッカリスター／小川孔輔、中村博監訳（2000）『グローサリー・レボリューション──米国パッケージ商品業界の経験』同文舘出版、99頁。

例えば、ある商品を大幅に値引きし、目玉商品としてチラシ広告に掲載するとしよう。この場合は、目玉商品自体の販売を伸ばそうとするのが主たる目的ではない。目玉商品によって消費者を店頭に誘引することが本当の狙いである。日替わり特売商品は原価を割っていることもあるが、来店客が増えて店舗全体として売上が上がり、利益が向上してくれればそれでよいわけである。

(2)「特別陳列」

「特別陳列」（special display）とは、スーパーマーケットなどで商品を陳列する場合、店内動線上で消費者の目に留まりやすい場所に、自社製品を陳列してもらうことである。具体的には、各販売コーナーの端に位置する場所で陳列したり、幅広い通路の空きスペースに商品を積み上げて陳列することである。

前者を「エンド陳列」（end display）、後者を「島陳列」（island display）と呼ぶ。陳列の仕方を工夫することで、店舗内での商品の露出度が高まり、実際のデータからも売上が伸びることが知られている。そのためには、来店客の店舗内における流れを動線調査などで知っておく必要がある[4]。

商品の売上は、陳列場所や陳列方法によって影響されるため、メーカーはできるだけ販売効果の出やすいこうした陳列スペースを確保したいと考える。そこで、自社商品を特別陳列してもらえるように、小売店に対して積極的に働きかけることになる。

最近では、エンド陳列や島陳列とともに、レジ待ちのすぐ横の陳列棚が陳列の場所として利用されるようになっている。例えば、乾電池とガムなどのお菓子がその典型的な例である。

乾電池は「想起購買」（そういえば、子供が遊んでいるゲーム機用の乾電池がなくなっていたかしら……）を狙ったものである。また、お菓子類をレジ脇のラックに陳列するのは、行列で並んでいる間の一瞬を狙って、消費者の「衝動買い」を誘うためである。

---

[4] 客動線を観察する場合の店舗レイアウトと主通路の配置については、渥美俊一（2007）『店舗レイアウト』実務教育出版、51〜144頁を参照のこと。定量的ではないが、P.アンダーヒル／鈴木主税訳（2001）『なぜこの店で買ってしまうのか——ショッピングの科学』早川書房も参考になる。

(3)「チラシ広告」

「チラシ広告」（flyer）の代表的な形態は、新聞の折り込みチラシである。折り込みチラシを見てみると、スーパーマーケット、家電量販店、自動車販売店（ディーラー）、不動産といった業種の広告が多い。こうした業種の特徴は、広告主が購読者の居住地の近くにいることである。つまり、新聞折り込みチラシは、地域性の高いプロモーションなのである。

チラシによるプロモーションでは、広告主は地域によるセグメンテーションを行う。ターゲット顧客が居住している商圏を絞り込み、配布地域を決定する。マスを対象にしたテレビや新聞、雑誌などと違い、コスト負担も比較的小さい。チラシの配布にあたっては、週末を狙うことが多い。購読者がゆっくりと新聞が読めるからである。

最近では、デジタルチラシのポータルサイトも登場している。凸版印刷がはじめた"Shufoo!"は、ネット上で地域を絞り、複数の新聞折り込みチラシを一覧できる比較サイトである。デジタルチラシが登場した背景要因は、電子メディアなので配布コストが安いこともあるが、若い女性などが新聞をとらなくなり、チラシが配布できなくなっているからでもある。[5]

(4)「実演販売」（デモンストレーション販売）

「実演販売」（demonstration sales）は、スーパーマーケットなどでメーカーの販売員が自社製品を使ったレシピを紹介したり、簡単な料理を試食してもらうなどして、自社商品の良さを味わってもらうプロモーションの形態である。食料品売り場では、多くの商品でこうした実演販売が頻繁に行われている。

新商品の場合は、消費者が商品を試していないために、商品の評価ができていない。実演販売は消費者に商品を評価してもらう機会を提供しているのである。その結果、評価が良ければ購入してもらえることになる。さもなければ、消費者は既存の愛用商品から新商品に替えることはないかもしれない。

パソコンのソフトでも、実際にソフトを起動させ操作しながら商品を

---

[5] Shufoo! は、凸版印刷が2001年8月から関西地区ではじめたサービスで、ネットを通じて地域のスーパーマーケットや百貨店などのチラシ情報を無料で提供している（http://www.shufoo.net）。

実演販売するケースが見られる。新しい機能を追加したすばらしい新製品が開発されても、実際の利便性は使ってみなければわからない。そこで、実際の利用シーンでソフトを動かし実演することになる。消費者は、新製品による作業効率の向上や他社製品と比較した新製品の優位性などを体感できる。

　実演販売は、新商品に対する商品評価の機会を提供することで、他社製品からのブランド・スイッチングを促そうとするプロモーションである。実際に、食料品のように食べてみないと味がわからないとか、パソコン・ソフトのように利用してみないとその利便性が実感できない「体験型商品」について、実演販売は有効な手段となる。

2.流通業者向けプロモーション

　「流通業者向けプロモーション」とは、メーカーが流通業者に対して働きかける販売促進活動である。アローワンス、コンテスト、特別出荷、販売助成などが、流通業者向けのプロモーションに含まれる。

(1)「アローワンス」

　「アローワンス」(allowance)とは、流通業者の販売努力に対して、メーカーから支払われる金銭的見返りの総称をいう。このプロモーション手法は、メーカーがある時期に集中的に特定の商品の販売を伸ばしたいときに利用される。したがって、流通業者との長期的協力関係の形成を目的としたリベートとは性格が異なる。

　「リベート」は、年度ごとや半期ごとといったように、比較的長期にわたる期間の販売努力に応じて支払われる金銭的見返りである。それに対して、アローワンスは短期的かつ一時的に行われる企画などの販売努力に対して支払われるものである。

　アローワンスには、2つの種類がある。「広告アローワンス」は、流通業者が自社製品を前面に出した広告を打ち出してくれた場合に支払われる。「陳列アローワンス」は、店頭での陳列で特別陳列をしてくれた場合に支払われる。どちらの場合も、自社製品の販売促進を積極的に行ってくれた見返りとしての代価である。

(2)「コンテスト」

　「コンテスト」(contest)とは、メーカーが流通業者向けに、特定のテーマを定めて行うプロモーションである。コンテストで上位に入賞し

た人に対して賞品や景品を与えて、商品の販売努力を促すなどの事例をしばしば見かける。この場合は、売上高の達成度に応じて順位を競う「販売コンテスト」である。

図表13.5は、『チェーンストアエイジ』（ダイヤモンドフリードマン社発刊）が毎年実施している「陳列コンテスト」（大塚製薬、SOYJOY甲子園）の例である。この場合は、魅力的な陳列を考案した店舗（売り場チーム）を、協賛メーカー（大塚製薬）が表彰する。

事例は、店頭でのブランド（SOYJOY）の販促効果を高めることを狙ったコンテストである。すばらしい陳列を工夫した店舗は、メーカー表彰を受けるだけでなく、雑誌の全面にカラー写真で陳列の様子が掲載される。優秀な陳列の仕方は、他店でも採用され、売り場の効率改善に役立てることもできる。

「流通業者向けコンテスト」の他には、「消費者向けコンテスト」もある。新聞紙面の広告などを使って、消費者を対象にキャラクターの愛称募集や商品ブランド名の公募をするものである。商品に関するクイズなどを使って、消費者のブランドへの興味を喚起するコンテストもある。

(3)「特別出荷」

「特別出荷」（special ship）とは、メーカーが流通業者からの仕入れを促進させるために、メーカーからの出荷条件を一時的に向上させ、流通業者にとって有利な条件で取引する手法である。特別出荷は、ある一定期間、流通業者に積極的な仕入れを促進させる効果がある。

流通業者に提供される有利な取引条件としては、「内増し方式」（例：10ケースの注文に9ケース分の価格で出荷）と「外増し方式」（例：10ケースの注文に11ケース分出荷）がある。特別出荷を利用することで、流通業者も商品単価を下げることができるので、実際の売上も増加することになる。

(4)「販売助成」（ディラーヘルプ）

「販売助成」（dealer helps）とは、メーカーが自社製品を販売促進するために、小売業の販売活動を援助する行為である。例えば、POPなどの広告材料や専用陳列用具などの提供は、小売業への販売助成のひとつである。POPツールや陳列用具などは、販売店の店頭の雰囲気をガラリと変えてしまう。消費者の購買意欲を高める効果があるため、メーカー側も積極的に売上規模の大きい販売店を支援している。

図表 13.5 コンテストの例（SOYJOY 甲子園）

SOYJOY　甲子園　売り場展開Ⅰ

ナショナル野里店　コノミヤ泉ヶ丘店　宝山船場店
ナショナル南港店　ヤマト桜井南店　ドマーニ

資料提供：大塚製薬

　メーカーは、店舗に来店して自社製品を購入してくれた消費者に対して、店頭でオリジナルグッズなどを提供することがある。こうしたメーカーによる各種販売促進ツールの提供とは別に、一時的もしくは限定的に、販売店での販売促進を目的に行う人的な販売助成もある。小売店を新しく開いたときの人的助成が多い。

　人的な販売助成としては、小売店に応援販売員を派遣することがある。例えば、都市部の百貨店や大型家電量販店では、「派遣店員」と呼ばれるメーカーの応援販売員が、売り場で数多く働いている。こうした派遣応援販売員は、メーカーでは自社製品の販売を売り込むことを主目的としているが、小売り側では販売員不足から生じる補強的な意味合いで捉えていることも多い。

　小売りの力が強いところでは、店舗での派遣応援販売員が恒常化して

3. 消費者向けプロモーション

　3つのカテゴリーの最後は、消費者向けプロモーションである。「消費者向けプロモーション」とは、消費者に対してメーカーが働きかける販売促進活動である。消費者向けプロモーションには、さまざまな方法がある。ここでは、それらの中から代表的なプロモーションの方法を取り上げ、企業がどのような形で消費者に対して販売促進を行っているのか見てみよう。

(1)「サンプリング」

　「サンプリング」（sampling）とは、消費者に対して製品の試供品を提供し、自社製品を実際に試してもらうことである。サンプリングは、その製品の良さやベネフィットを実際に試用してもらうことで認識してもらい、その後の購入に結びつけることを目的としている。とくに、日常よく使われる最寄品などでは、新商品の市場投入時によく用いられている。図表13.6には、日本コカ・コーラが2009年のバレンタインデーに実施したサンプル配布の事例が紹介されている。

　消費者は、製品の使用期間が長期になればなるほど、製品に対するロイヤリティが高くなる。他社の新製品を購入しようとはしなくなる。そこで、無料で試供品を配布するサンプリングが有効な働きをする。この場合のサンプル配布は、新製品へのブランド・スイッチングを誘発するためのものである。

　サンプリングにはさまざまな形態がある。一般的な方法は、多くの人が集まるターミナル駅周辺での街頭配布や、同類の製品が販売されている店先での店頭配布である。試供品の配布は、多くの人に自社製品を知ってもらい、認知度を高めることを目的としている。そのため、ターゲットなどはあまり絞り込まず、せいぜい男女の違いや年齢を見て試供品を配布するように、依頼主のメーカーは指示を出すくらいである。

　一方、ターゲットを絞ってサンプリングを行う方法もある。「応募型

6──「『脱・ヘルパー』恐々、家電量販、慣行見直し──ヨドバシ、全廃実験、販売力に課題」『日経MJ』2007年6月6日、1面および「ヨドバシ、ヘルパー全廃──売り場掌握に執念、職安法巡りせめぎ合い」同3面。

図表 13.6　サンプリングの例

写真提供：日本コカ・コーラ株式会社
2009年2月14日のバレンタインデー当日に渋谷で実施したイベントの様子。コカ・コーラのターゲットである若年層にむけて、ブランドの世界観を表した「Happy」を訴求するため製品のサンプリングとともに、モデルによるトークショーやお笑い芸人のライブなど、さまざまなアトラクションを実施。

サンプリング」と呼ばれるものである。応募型サンプリングは、製品に対して興味を示し、実際に応募してくれた消費者だけに試供品を配布する方法である。したがって、街頭配布や店頭配布と比べて、サンプルを受け取った消費者は、自社の顧客になる確率が高い。

単価の高い製品では、応募型サンプリングの方式を採用する場合が多い。有名な事例は、再春館製薬所（本社：熊本）の「ドモホルンリンクル」である。同社は、テレビ媒体などを利用して「無料お試しセット」を広告し、応募してきた希望者に郵送配布している。応募型サンプリングは、化粧品や健康食品などの商品群に多いのが特徴である。

その他にも、サンプリングの方法としては、雑誌や他の商品に添付することで消費者に使用してもらい、試用の機会を増やす方法もある。こうしたサンプリングの方法を「クロス・サンプリング」という。

第13章 コミュニケーション活動(2)：セールス・プロモーション

(2)「モニタリング」

「モニタリング」（monitoring）とは、消費者に実際に商品を貸し出し一定期間試用してもらうことである。モニタリングは、無料配布が適さない高額商品や耐久消費財で活用される場合が多い。一定期間、実際に試用してもらうことで、製品の良さを体感してもらい、納得した上で購入を促すプロモーション手法である。同時に、モニターを依頼するもうひとつの目的は、試用により製品を評価してもらい、評価データを後々の製品開発に生かすという意味合いもある。

例えば、BMWは、1週間、3シリーズや5シリーズといった車を、モニター応募してきた消費者に対して自由に運転してもらうモニタリングを行っている。BMWのような高額商品の場合は、日常走行での乗り心地や高速道路での走行安定性などは、一般道路の試乗だけでは味わうことができないものである。

このように、購入を迷っている消費者には、一定期間の貸し出しによるモニタリングが非常に有効である。国産車でも、高級ブランドのレクサスや日産のシーマなどでは、新車投入時にあたって、モニタリングを活用して販売促進を行っている。

なお、モニタリングに近い例としては、レンタカー会社や自動車教習所、タクシー会社への自社ブランドの採用促進活動がある。パソコンやソフトウエアの学生割引（スチューデント・ディスカウント）や大学の先生や研究室へのIT関連製品の無料供与は、「初期の試用が生涯にわたる使用につながること」を期待しての商品提供である。

(3)「クーポン配布」

「クーポン配布」（couponing）とは、特定商品の販売促進を目的として「クーポン（割引券）」を消費者に配布することである。クーポンにはさまざまな種類がある。配布主体で分類すると、メーカーが発行する「メーカー・クーポン」と店舗が発行する「ストア・クーポン」の2つの種類がある。配布形態で分けると、商品の中に入っている「イン・パック・クーポン」、商品に添付されている「オン・パック・クーポン」、DMに同封する「DMクーポン」、商品に直接貼られその場で利用できる「インスタント・クーポン」など、さまざまな形のものがある。

最近では、新聞などに折り込まれた印刷広告の「FSIクーポン」（Free Standing Insert Coupon）も数多く見受けられるようになった

図表 13.7　クーポンの例

マクドナルドの電子クーポン（見本）

出典：「Smile PLUS あなたのおなかとキモチを満たすクーポン」
日本マクドナルドHP（2008年5～6月のHPクーポン例）
http://www.mcdonalds.co.jp/sales/new/smileplus/index.php

（日本では1991年に解禁された）。例えば、すかいらーくグループのガストやジョナサン、バーミヤンなどは、しばしば「飲食費10％の割引券」を新聞1面の片隅に添付している。

また、他メーカーのビールを購入した消費者に対して、競合ビールメーカーがレシートに値引きクーポンを印刷するといった方法もある。この方法だと、ビールを愛飲している消費者に対して、確実にプロモーションを行うことができる。対象顧客を絞っていない一般的な値引きクーポンより効率が良い。自社の商品を愛飲してくれている顧客に対しては実質値引きをせずに、他メーカーの購買者だけに限定して販売促進ができることが、この手法の優れている点である。

(4)「スイープ・ステークス（くじ）」──懸賞・くじなどの総称

「スイープ・ステークス」（sweepstakes）とは、懸賞やくじなどのことである。懸賞は大きく分けると、「クローズド懸賞」（closed premium）と「オープン懸賞」（open premium）の2種類がある。

「クローズド懸賞」は、自社商品の購入を条件として応募できるもので、購入者への特典が付与されている。例えば、「○○購入者に抽選で何名様、北海道旅行ご招待」とか、「○○購入者にオプション○万円分をプレゼント」といった具合である。

一方、「オープン懸賞」は、自社商品の購入を条件としないため、誰でも応募できる。オープン懸賞は、広範囲にわたって認知度を高める効果を狙っている。一般的な広告と同じように、幅広い認知の獲得を目的としている。

オープン懸賞については、「景表法」の改正で、1000万円という賞金の制限は、2006年に上限が全面的に撤廃された。賞金や商品も高額化する傾向にある。[7]

また、JNTO（日本政府観光局）はキャンペーンで台湾・香港オープン懸賞やアンケートを行い、日本関心層のデータベースをプロモーションに生かす手法を計画している。

(5)「おまけ（プレミアム）」

「おまけ」（premium）には、商品自体の中に入っている「イン・パック」、商品に添付されている「オン・パック」、商品とは別になっている「オフ・パック」といったように、さまざまな形のものがある。商品の箱のふたにあるマークなどを切り取って郵送で申し込む「フリー・イン・ザ・メール」、プレミアムの代金の一部を消費者が負担、市場価格より割安で入手できる「自己精算方式」（セルフ・リキデーション、セルリキ）など多種多様である。

最近の傾向としては、おまけそのものが一部の顧客に対して非常に魅

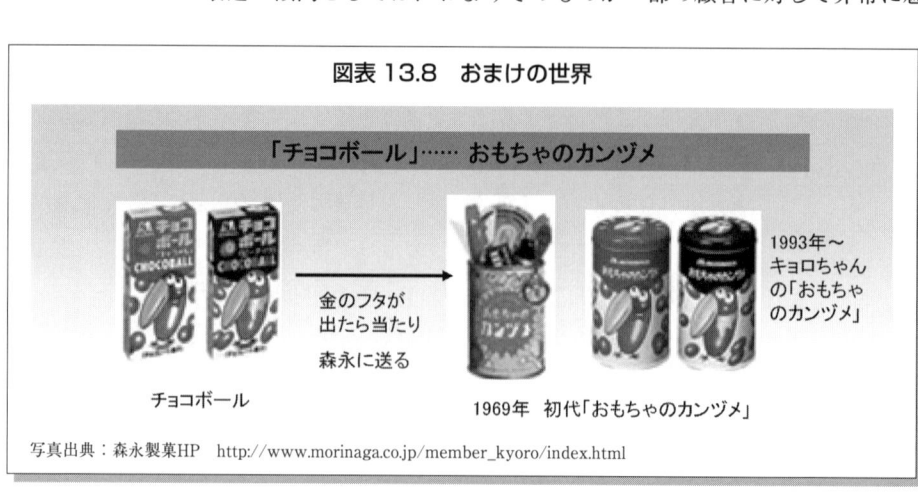

図表13.8　おまけの世界

「チョコボール」……おもちゃのカンヅメ

チョコボール　→　金のフタが出たら当たり　森永に送る　→　1969年　初代「おもちゃのカンヅメ」　1993年〜　キョロちゃんの「おもちゃのカンヅメ」

写真出典：森永製菓HP　http://www.morinaga.co.jp/member_kyoro/index.html

---

[7] 2006年にオープン懸賞での上限廃止、公正取引委員会HP参照、http://www.jftc.go.jp/keihyo/keihin/keihingaiyo.html。

力がある場合、商品自体の魅力よりもおまけの魅力によって商品の販売が大きく伸びることもある。とくに、イン・パックのおまけの場合、自分の欲しいおまけを手に入れるために、一度にまとめて大量に購入する消費者もいる。こうした消費者の購買行動は、「大人買い」といわれている[8]。

　こうした消費者は、商品購入を主目的にしているのではない。子供のころの経験からわかるように、手に入れたいおまけの獲得を主目的に考えている。図表13.8は、イン・パック方式の代表的なおまけ「チョコボール」の例である。

　なお、おまけが限定品として提供されることもある。COLUMN-25は、限定品を好む人間のプロフィールを明らかにした調査結果である。

(6)「増量パック」

　「増量パック」（price-pack deal）は、新製品の販売促進や既存製品の需要喚起に用いられるプロモーションの方法である。価格を据え置きながら、一定期間、通常より多くの容量で製品を提供したり、数量を増やして需要を促す。

　例えば、新製品のヨーグルトが発売されると、通常4個パックで販売されている商品が、価格は据え置いたまま、お試し期間と称して6個パックで販売されたりする。これは、消費者に割安感を与えることで、新製品の販売を促進しているケースである。

　こうしたケースは、他にも見られる。ジレットやシックなど、新しいカミソリが発売されると、通常の替刃2枚に3枚目がプラスされて、通常セットと同一料金で販売される。消費者にお得感を演出することで、新製品の購入を促している。消費者がその製品に満足してくれれば、継続して利用するため、トライアルを狙った増量パックの効果は大きい。

　増量パックは、既存の商品では、需要が増大する時期に行われることが多い。例えば、通常350mlで販売されているコカ・コーラやアクエリアスなどの清涼飲料水の缶は、暑い夏の時期に、通常より容量を増やした500mlのアルミ缶で販売される。増量缶の販売は、清涼飲料水が一番売れる夏の時期だからこそ、自社ブランドを積極的に消費者に選んでもらおうとするプロモーションである。

---

[8]——大人買いは、子供のころ欲しくても一度に大量に購入できなかった消費者が大人になって、購買力の増大によってその欲求を満たす購買行動である。

COLUMN-25
限定品を選択するのはどのような人たちか？

　商品を期間限定で販売する手法は古くから見られる。お菓子などの食料品、ビールや日本酒などの嗜好品、自動車などの耐久消費財や高級ブランドバッグに至るまで、市場には「限定」(exclusive)をうたった商品が多く存在している。

　限定販売には、5つの手法が用いられる。①期間限定、②数量限定、③地域限定、④チャネル限定、⑤顧客限定の5タイプである。商品やサービスを限定する理論的な根拠は、「TEASE（お客さんをじらす）理論」である。限定することで、顧客のニーズをあえて満たさず、商品を手に入れたいという欲望を増大させる。

　すべての人が限定品を選ぶわけではない。限定商品を選択する傾向の高い消費者と限定品には関心を示さない消費者がいる。結論を先取りすると、「独立心旺盛だが、集団規範からは大きく外れないように行動をする女性」が、典型的な限定品購入者である。

　そのことを確かめるために、2つの調査実験（実験A：フィギュアの限定品販売、実験B：限定品のお菓子の選択実験）を実施した。2つの調査実験から、3つの興味深い事実がわかった。

〈発見1〉　束縛がいやな人間ほど限定品を購入する

　限定品フィギュア（実験A）の購入者調査から、限定品の愛好者と無関心層を識別するのに有効なパーソナリティ尺度がわかった。関連するパーソナリティ項目は、従来から心理学でいわれている「自己独立因子」であった。「人に頼らず、自分で自由に意思決定することは私にとって非常に重要だ」「自分がどう行動したらよいかは、自分で判断できる」「自分の意思で行動できると満足する」の3つの質問項目に反応した人たちが限定品の愛好家だった。つまり、他人に束縛されるのが嫌な人ほど、限定品を購入する傾向が高いのである。

〈発見2〉　女性のほうが限定品に動かされる

　お菓子の調査（調査B）では、女性のほうが男性より限定品を選択する傾向が高いことがわかった。男性はお菓子の買い物に慣れていないため、ブランド名等に頼った購買行動を行う傾向があるのに対して、女性のほうは経験が豊富なので、通常品と差異のある限定商品を認識できるからであるとも考えられる。しかし、フィギュアの限定品販売でも、女

> 性のほうが限定品を選択する傾向が高かった。
> 〈発見3〉 限定品の愛好者は、目立たないように振る舞いながら自由を追い求める
> 　お菓子の実験（調査B）では、「限定品選択者」と「通常品選択者」に分けて、消費者の心理特性を比較してみた。その結果、ある質問項目群に反応しやすい回答者が、限定品を購入する傾向が高いことがわかった。関連する質問項目は、「自由への脅威因子」と「集団同調因子」と呼ばれる心理尺度であった。限定品を購入する消費者は、人からの助言を押し付けがましいと思う傾向がある一方で、目立たないように振る舞いながら、周りの人の意見に合わせる「準拠集団への帰属動機」を持っている。
>
> 出典：小川孔輔、三村浩一（2008）「消費分析：限定品を購入する消費者像」『日経MJ』（4月23日号）から記事を抜粋して編集したもの。調査分析の原典は、三村浩一（2008）「限定商品を選択する消費者の特性」法政大学大学院修士論文。

　増量パックは、割安感を与えるための短期効果を狙ったSP施策と考えられている。しかし、増量パックの導入後も、長期的に使用量が上昇したケースが報告されている。それは、化粧品（乳液）の場合である。前野（2000）は、消費者アンケートとPOSデータによる追跡使用調査で、夏場に増量したある乳液のブランドが、その後は通常サイズに戻っても、使用量が上昇したままであることを発見した。これは、増量パックで使用習慣（使用量）が変わってしまった結果だったと考えられる。同じ時期に増量パックが出たその他の商品では、同様なことは観察されなかった。[9]

(7)「バンドル」

　「バンドル」（bundle）とは、商品を複数まとめて販売する手法である。消費者が複数個まとめて購入してくれるので、1個当たりの単価を下げることができる。「バンドル販売」（bundling）の手法をとることで、通常単品でしか売れなかった商品でも、複数個での販売が可能となる。

　例えば、プリンターのカラーインクは、通常は単色で単品販売されて

---

[9] ミラー前野和子（2000）「即時付加価値型SPの効果：飲料水の増量缶によるSP効果実験」日本マーケティング・サイエンス学会第68回研究大会、研究報告。

いる。それを6本パック（4色＋ブラック2本など）と称して、まとめてパッケージングし、単品で購入するより若干安価で販売している。こうしたバンドル販売は、「ミックス・マッチ」（mix match）と呼ばれている。似たような例は、ユニクロの商品でも見られる。男性用のトランクスや女性用のショーツ、靴下をバンドルで販売している。トランクス（ショーツ）の場合は、消費者が陳列商品の中から、好きな色柄を選んで自由に組み合わせて購入できる。これは、「フリー・バンドリング」（free bundling）と呼ばれる販売手法である。

　靴下のバンドル単位数は、ふつうは2足か3足である。ただし、工場での生産コストや物流・仕分けの効率を考えると、バンドルの単位はもっと大きくてもよいかもしれない。バンドル時の販売単価を下げたとき、消費者が何足までまとめ買いをするのかを実験してみた事例が、第5章のCOLUMN-9で紹介されている（島田　2004）[10]。

(8)「キャッシュ・バック」

　「キャッシュ・バック」（cash back）とは、商品購入の証である領収書などを送付することで、メーカーから直接顧客に対して一定の現金を割り戻すプロモーション手法である。デジタル一眼レフカメラやパソコン・ソフトなどではキャッシュ・バックによるプロモーションが盛んに用いられている。これらは、一定期間内での販売を増やそうと直接消費者に働きかける販促手法である。

　例えば、ニコンは、VRレンズを発売した際、購入した顧客に対して1万円のキャッシュ・バックを実施している（2006年）。その後、キヤノンもEOS Nを発売した際に1万円のキャッシュ・バックを適用した。それに追随する形で、競合のペンタックスも新モデルK100を発売する際に、発売当初からキャッシュ・バック販促プログラムを採用した。

　一眼レフデジタルカメラのような高額商品の場合では、期間限定でのキャッシュ・バックが有効である。というのは、消費者は通常料金より実質1万円も安価に高額な商品を購入できるメリットがあるからである。購入を迷っている消費者には、キャッシュ・バックが実購買へ結びつける誘引役を果たすのである。

　なぜ、単なる商品の値引きではなく、キャッシュ・バック（現金還

10——島田稔彦（2004）「バンドル購買における選択行動」法政大学大学院修士学位論文（社会科学研究科経営学専攻）。

図表13.9　キャッシュ・バックの例

（写真は、2008年の5000円キャッシュ・バック）

写真出典：ニコンHP　http://www.nikon-image.com/jpn/event/campaign/vr_cashback/index.htm

付）のほうが有効なのだろうか？　それは、つぎのような消費者心理から説明できる。つまり、たとえ値引額と還付金額が同じであったとしても、購買後に現金が手元に戻ってくることの効用（喜び）のほうが、購買時に値引きを受け取ることの効用（ありがたみ）よりも心理的に大きいからである。だたし、こうした消費者心理は、万人に共通なルールというわけではない。将来の現金還付より、即時の値引きを選択する人もいる。

(9)「懸賞コンテスト」

「懸賞コンテスト」（contests）は、あるテーマで消費者からの応募を募り、それによって自社製品の認知度を高めるプロモーション手法である。例えば、エプソンは、自社プリンターの写真高画質を幅広く認知してもらうために、デジタル写真コンテストを行っている。写真コンテストを行うことで、自社プリンターが写真高画質を実現していることを消費者に周知してもらう役目を果たしている[11]。

オリックスグループでは、自社の事業内容を理解してもらうために、それぞれの事業（法人リース事業、金融事業、レンター事業など）に関して、学生を対象にキャッチコピーを募集している。こうした懸賞コンテストは、オリックスグループの将来の潜在購買である学生に対して、自社事業の認知度を高めることが目的である。まずは、それぞれの事業を身近に感じてもらおうとしているのである[12]。

---

[11]──セイコーエプソン「2008年応募要項　コンテストについて──カラーイメージングコンテストはこんな人の挑戦を待っています」、同社HP　http://www.epson.jp/contest/cia/index.html。

このように、懸賞コンテストでは、企業の事業領域や新しい商品の認知率を高めながら、消費者からの好意度を高めるプロモーションが行われている。

3——セールス・プロモーションの提供価値と時間的効用

前節では、販売促進活動を3つに類型化して、実際の例を見てきた。ここでは、セールス・プロモーションが提供する価値と時間的な効用の2つの要因にしたがって、消費者向けの販促活動を4つに類型化してみる。そして、その有効性について議論することにする。

図表13.10のように、消費者がSPの恩恵を受ける時期によって、即時型（現在）と延期型（将来）に分けることができる。もうひとつの分類軸は、企業が消費者に提供するベネフィットの次元による分類である。つまり、値引き型と付加価値型である[13]。

1.即時型SPと延期型SP

「即時型SP」は、商品を購入すると同時に、おまけがついてきたり、増量された飲料や食品をその場で手にすることができるタイプのSPである。つまり、購買とセールス・プロモーションの恩恵が同期している場合である。どちらかといえば、即時型SPは、新規顧客獲得に有効な

図表13.10　景品付きセールス・プロモーションの類型

	即時型（消極的）	延期型（積極的）
値引き型	即時値引き型	延期値引き型
付加価値型	即時付加価値型	延期付加価値型 （懸賞販売、ベタ付き景品販売）

出典：ミラー前野和子、小川孔輔（2003）「延期付加価値型SPの効果：ファーストフード業界での消費者調査研究」『マーケティング・サイエンス』12巻1・2号、25頁、Quelch, J. A.（1989）, *Sales Promotion Management*, Prentice-Hall, p. 7 に著者加筆

12——オリックスグループ「オリックスグループ6社合同開催　第4回『学生キャッチコピーコンテスト』開催のお知らせ～賞金総額110万円！　受賞キャッチコピーがWeb広告に！～」オリックスグループHP、2008年8月14日、http://www.orix.co.jp/grp/content/080814_OrixJ.pdf。

13——Quelch, J. A.（1989）, *Sales Promotion Management*, Prentice-Hall, p. 7.

手段であるといわれている。

それとは対照的に、「延期型SP」は、その場ではセールス・プロモーションの恩恵を受けることができないタイプのSPである。例えば、応募券を何枚か集めて規定の点数に達したら景品がもらえるとか、次回も来店して食事をしたら、フリードリンクがサービスされるなどである。延期型のSPは、新規顧客の獲得ではなく、どちらかといえば、既存顧客のロイヤリティを強めることを狙っている。小売店にとって、延期型SPは顧客の再来店動機に訴えるSPであり、メーカーの立場からは、自社ブランドをリピートしてもらう手段である。

延期型SPの場合は、ポイントを貯めたり、シールを集めたりしなければならない。延期型SPは、集めるのに手間と努力がかかる。そして、ベネフィットが実現するまで長い時間を要する。その恩恵がかなり後になって現れるのは欠点でもあるが、それとは逆に、特典を供与するメーカーにとっては、セールス・プロモーションによって購買期間が長くなることはメリットでもある。時間と手間がかかる結果、延期型SPでは、顧客のロイヤリティが高まる効果が生まれるからである。

航空会社のマイレージサービスなどは、その代表例である。例えば、特典航空券の恩恵を受けるために、消費者は、「ANAマイレージクラブ」や「JALマイレージバンク」に登録して、累積マイレージポイントを集める。最初はポイント収集のために同じ航空会社を利用しているが、知らず知らずのうちにその航空会社に対する愛着が深まるのである。毎回、同じ航空会社のロゴマーク、同じフライトアテンダントの制服を見慣れてくると、それなりに馴染みが生まれる。

世界の航空会社は、2008年現在、機材の運行とマーケティング面で3つにグループ化している。それぞれのグループ内では、マイルポイントの登録でも「相互乗り入れ」をしているので、JAL日本航空ならば「ワンワールド」（アメリカン航空、ブリティッシュ・エアウェイズ、キャセイパシフィック航空、フィンランド航空、イベリア航空、カンタス航空など）、ANA全日本空輸ならば「スターアライアンス」（エア・カナダ、中国国際航空、アシアナ航空、ルフトハンザドイツ航空、シンガポール航空、タイ国際航空、ユナイテッド航空など）に加盟しているエアラインを利用することが多くなる[14]。

エアラインは同業者のグループ化の例である。ポイントの交換に関し

ては、業界を超えての連携も見られる。CDレンタルショップのTSUTAYAは、ファミリーマート、ブックオフ、ガスト、ENEOS、ニッポンレンタカーなどとポイントで提携している。

2. 値引き型SPと付加価値型SP

時間軸で見た場合には、セールス・プロモーションは、即時型SPと延期型SPとに分かれていた。その一方で、消費者が受け取るベネフィットの内容で見てみると、消費者プロモーションや小売プロモーションは、値引き型SPと付加価値型SPに分かれる。

「値引き型SP」は、消費者に対してその場で値段を下げる販促手法である。説明は不要であろう。通常価格からの値引きで消費者の購買を促すSPである。第11章で紹介した「価格プロモーション」は、ほとんどがこのカテゴリーに属するものである。

それに対して、「付加価値型SP」は、値引き型とは異なり、商品自体の価格は変えずに、何らかの形で付加価値を付与して購買にお得感を打ち出す手法である。例えば、増量パックや増量ボトルなどは、消費者に対して「数量面」で恩恵を提供して、購買を刺激するものである。米国の小売業が好んで用いる「buy one, free one」（ひとつ買うともうひとつは無料）とか、バンドル販売なども付加価値SPのバリエーションであるともいえる。

付加価値の付与による値打ち感の打ち出し方には、これ以外に、プレミアム（おまけ）や懸賞などがある。企業側が、値引きではなく、付加価値を提供する第一番目の動機は、プレミアムや増量キャンペーンがブランドイメージを傷つけないからである。プレミアム・キャンペーンなどは、企業やブランドのロイヤリティを高めることが知られている[15]。ただし、値引き型SPと同様に、付加価値型SPも頻繁にやりすぎると飽きられるので、景品やキャンペーンのやり方に工夫を凝らすなど、消費者の目先を変えることも必要である。

---

14 ── 3番目のグループは、KLM、UAなどが加盟している「スカイチーム」（アエロフロート航空、エールフランス航空、コンチネンタル航空、デルタ航空、KLMオランダ航空、大韓航空、ノースウエスト航空などが加盟）である。

15 ── 小川孔輔、ミラー前野和子、野沢誠治（1999）「ブランド・エクイティと景品付きセールスプロモーション──SPの長期効果についての実証分析」『日経広告研究所報』5月号（第33巻第2号）、7～13頁。

3．SPの４類型と具体例

　ベネフィットの内容と時間軸から、セールス・プロモーションは、4つの類型に分けることができる（図表13.10）。値引き型SPは、価格ディスカウントなどの「即時値引き型」と、割引の恩典が将来に持ち越されるクーポンやキャッシュ・バックのような「延期値引き型」に分かれる。また、付加価値型SPは、増量パックのような「即時付加価値型」とプレミアム提供のような「延期付加価値型」に分類できる。

　具体的な例として、ミスタードーナツ（ダスキン）のプロモーションを取り上げてみよう（2003年時点）。分類した４つのSP手法のそれぞれについて、図表13.11に具体例を載せてみた。

　ミスタードーナツ店舗で実施されている即時値引き型SPの例としては、「ドーナツ全商品100円均一」と「モーニング・セット」の２つのサービスがある。また、延期値引き型SPとしては、3種類のクーポンが配布されている。具体的には、「ドーナツが１個100円で買える」値引きクーポンと「ドーナツ50％引き」のクーポンと「ドーナツとドリンクがセットで200円で買える」クーポンである。

　「炭酸ドリンク50％増量」は、付加価値型SPの例である。ミスタードーナツの販促の事例で見るように、飲料の増量キャンペーンなどは、夏場の期間限定メニューになることが多い。それは、もともと冬場と夏場では、飲料の消費量が変化するからである。

　長年にわたって、ミスタードーナツといえば、プレミアムプロモーション・キャンペーンの人気が高かった。購入金額300円ごとにカード１枚が与えられる「ラッキー・カード」を何枚か集めると、カップや絵皿、ダイアリーなどのユニークな景品がもらえる仕組みであった。これは、付加価値延期型SPの代表例である。[16]

　前野（1996）の調査研究によると、キャンペーン期間が終了しても、景品を獲得できたドーナツ購入者のその後の購買は落ちなかった。むしろ、いつも景品が身近に置かれていたり、景品の日記を毎日使用していることで、そのたびに「ミスタードーナツ」を思い起こす「リマインド効果」をもたらしたことが報告されている。間接的には、「ミスド」の

---

[16]──オマケ総研（2006）『オマケ幸福論──あなたの傍の"小さな"幸せ』幻冬舎メディアコンサルティング。

図表13.11　ミスタードーナツのセールス・プロモーション

	即時型（消極的） Immediate（Passive）	延期型（積極的） Delayed（Active）
値引き型 Price Cut	ドーナツ全商品100円均一 モーニング・セット	ドーナツ1個100円で買えるクーポン （10個までのテイク・アウト） ドーナツ50%引きクーポン （6個まで） ドーナツ1個とドリンクを200円で買えるクーポン
付加価値型 Added Value	炭酸ドリンク50%増量 期間限定メニュー	ラッキー・カードによる景品提供 （300円ごとにカード1枚）

出典：ミラー前野和子、小川孔輔（2003）「延期付加価値型SPの効果：ファーストフード業界での消費者調査研究」『マーケティング・サイエンス』12巻1・2号、29頁

ブランド価値を高める効果があったわけである。その点からいえば、付加価値型SPは、短期的な売上増加効果とともに、長期的に企業のブランド価値を高めることにも貢献しているといえる。[17]

4．企業の社会的貢献とプレミアム

　ミスタードーナツの事例に見るように、実際はSPの方法をどれかひとつに限定している場合はむしろ稀である。値引き型SPと付加価値型SPには、それぞれ長所と短所があるからである。したがって、実施にあたっては、複数の手法を組み合わせている企業が少なくない。

　日本マクドナルドも、そうした企業のひとつである。「何月何日までビッグマック200円」（即時値引き型）、「次回割引クーポン」（延期値引き型）、「ハッピーセット」（即時付加価値型）など、さまざまなセールス・プロモーションを組み合わせて実施している。その結果として、日本マクドナルドは、近年、既存店の客数を大きく伸ばしている。[18]

　新しいSP手法としては、消費者が社会貢献できるプレミアム・プロモーションが生まれている。「社会貢献プレミアム・キャンペーン」である。

　飲料水メーカーのボルヴィックが始めた『1ℓ for 10ℓ』というキャ

---

[17]──前野和子（1996）「おまけの心理──ファースト・フード業界におけるプレミアム・プロモーションに関する消費者調査研究」法政大学学務部大学院事務課編『法政大学大学院経営学専攻マーケティング・コース研究成果集』法政大学大学院所収。
[18]──原田泳幸（2007）『ハンバーガーの教訓──消費者の欲求を考える意味』角川文庫。

ンペーン・プログラムである[19]。ボルヴィックの水を買うと、その10％がユニセフを通して、発展途上国で井戸を作る基金に寄付される仕組みである。これは、社会的に良いことをしたいという「心理的なおまけ」である。単に個人的に損か得かという次元ではない。ボルヴィックのように、プレミアム・キャンペーンのおまけを通して社会貢献をする活動を、商品の購入動機につなげるメーカーが、今後は増えてくる可能性がある。

4──店頭陳列とPOP広告

1.モノと情報の露出

(1)パッケージング(5つめのP)

「パッケージング」（packaging）は、もともと商品を保護するために包装する商品保護機能の側面が強かった。ところが、最近は、4Pといわれる製品、価格、流通、コミュニケーションと並んで、マーケティング・ミックスの5つめのPに加えられることもある。パッケージングが、売れる仕組みづくりの一端を担うようになっているからである。

例えば、アップルの製品を見ると、他メーカーの製品と比べて、明らかに包装用箱のパッケージデザインが異なっていることがわかる。他社のパソコンの包装箱は、単なる段ボール箱でパッケージングされている。ここでは、パッケージングは「製品保護機能」そのものの側面が強い。

一方、アップル製品は、包装箱が製品保護機能を果たすとともに、製品自体を明示し包装箱には製品のカラー写真が印刷されている。同社の携帯音楽端末iPodのパッケージングも同様である。こうして見ると、アップル製品のパッケージングは、積極的に製品の出所（product identification）を明示することで、消費者の購買意欲を駆り立てていることがわかる。パッケージングが、売るための仕組みの一端を強力に担っていることを表している例である。

百貨店における包装紙も、優れたパッケージングの機能を表している

19──キリンMCダノンウォーターズの「Volvic 1ℓ for 10ℓ プログラム」HP参照。http://www.volvic.co.jp/1Lfor10L/top.html。

例のひとつである。例えば、お世話になった人にお中元やお歳暮を贈るとき、三越や髙島屋で商品を購入し、両百貨店の包装紙で包んで贈る人は少なくないはずである。これは、三越や髙島屋の包装紙で商品を包むことが、お世話になった人への「感謝の気持ち」を伝えることになっているからである。パッケージングには、商品の保護機能とともに、情報伝達機能も有しているのである。

2．POP広告

「POP」（Point of Purchase）とは、消費者の目を引きつけるために書かれた、店頭に置いてある広告媒体のことを指す。

POPは、商品を店頭で陳列する際に、キャッチコピーなどを用いて、その商品の魅力を効果的に消費者に伝えるためのツールである。

POP広告は、わかりやすい言葉で簡潔にメッセージを伝えなければならない。キャッチコピーや、フォント（字体）に工夫を凝らして、消費者の注意を引きつけるようにする。

来店客に親近感を与えるために、手書きでPOPを作成し、手作り感を前面に出すこともある。奇抜なデザインでPOPを作ったりして、自社製品が注目されるようにもしている。小売りの最終段階で、消費者へ自社

図表 13.12　店頭におけるPOP青山フラワーマーケット

（写真左）お正月に、松の生産者をPOPで紹介。限定品であることと季節感を強調している。
（写真中央）手書きPOPによる価格表示の例。春の到来を感じさせる水仙と正月の門松で迎春を。
（写真右）黒板を使った「アナスタシア」のプロモーション。おすすめ品の鮮度を訴求。
写真提供：青山フラワーマーケット

の製品の良さや価格の優位性などを訴えかけているのである。

　図表13.12は、青山フラワーマーケット（本社：東京都）の花売り場の店頭の写真である。手書きのPOPや黒板の文字が、楽しさと親近感を演出している。

3. 店頭ディスプレイの効果

(1) エンド陳列

　スーパーマーケットなどでは、店頭におけるディスプレイの位置が売上に影響を与える。実際、さまざまな陳列方法があるが、その中でもとくに効果が高いのがエンド陳列である。

　「エンド陳列」（end display）は、商品陳列棚の端を意味する言葉である。例えば、消費者がお菓子のコーナーの前を通るときに、まず目に入ってくるのがエンド陳列されている商品である。したがって、小売店の店内では、目玉商品や新商品、売り込みたい商品などを棚の端（エンド）に陳列させる。小売りチェーンのマーチャンダイジング業務では、販促計画とエンド陳列の年間スケジュールが連動している。

　エンド陳列は、消費者にとって一番目に留まりやすい場所にある。そのため、エンドに陳列された商品に対しては、POPをつけたり、実演販売をするなど、趣向を凝らして、特別なプロモーションを行う場合が多い。

　図表13.13のように、「焼肉のたれ」の例では、商品の視認性を高めるために、焼肉料理に関連づけて、塩・コショウ、豆板醤といった調味料を下の段に置いている。さらに、下の段には、缶ビールや発泡酒を置くなど「関連販売手法」（クロスマーチャンダイジング）がとられている。エンド全体の陳列を工夫することで、消費者にひとつの飲食シーンから連想される複数の需要を訴求している。

(2) アイル陳列

　「アイル陳列」（island display）とは、店舗の入口から出口に向かって店舗周りを囲む動線に商品を陳列することである。アイル陳列は、店舗に入ってきた消費者が、商品を見ながら進んでいく動線上にあるため、主に毎日食卓で消費される生鮮食料品などが陳列される場合が多い。日常使う商品を迷うことなく購入してもらうため、アイル陳列には、使用頻度の高い商品が陳列される。

図表 13.13　エンド陳列の展開例（焼き肉のたれ）

焼き肉のたれ＋ビール（パワーカテゴリー商品＋高買上率）を、同一エンドで訴求

焼き肉のたれの視認率を高める

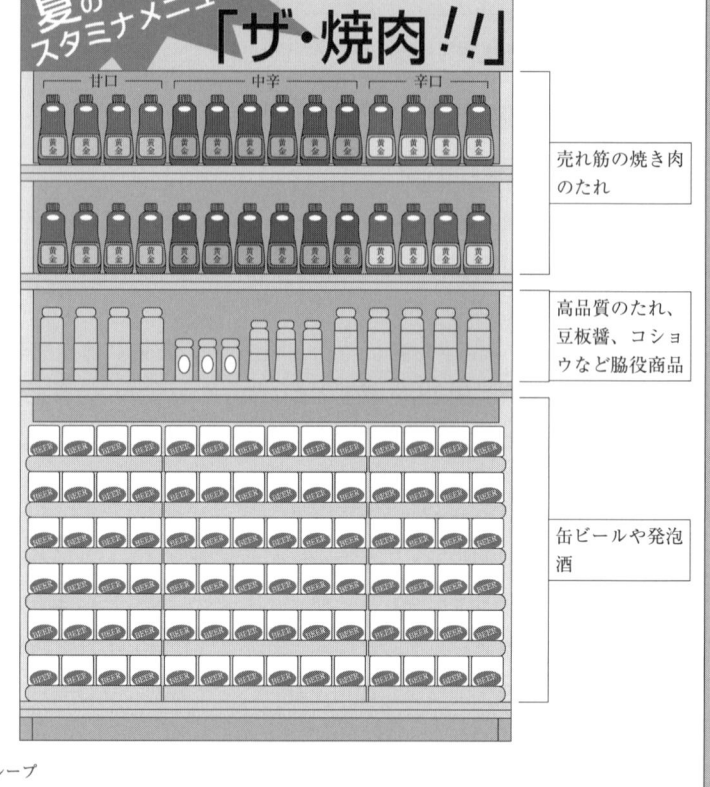

売れ筋の焼き肉のたれ

高品質のたれ、豆板醬、コショウなど脇役商品

缶ビールや発泡酒

資料提供：㈱アイダスグループ

　図表13.14は、アイル陳列の展開例である。冷蔵ケースを使用した陳列である。図表13.13（エンド陳列）のケースと同様に、関連販売とメニュー訴求に配慮した商品の配置になっている。

5──人的販売

1．人的販売とサービス

（1）セルフサービスとフルサービス
　「セルフサービス」（self service）とは、消費者自身の手でサービスを受けることである。別の側面から見ると、小売り・サービス業が本来

図表 13.14　アイル陳列の展開例（焼き肉のたれ）

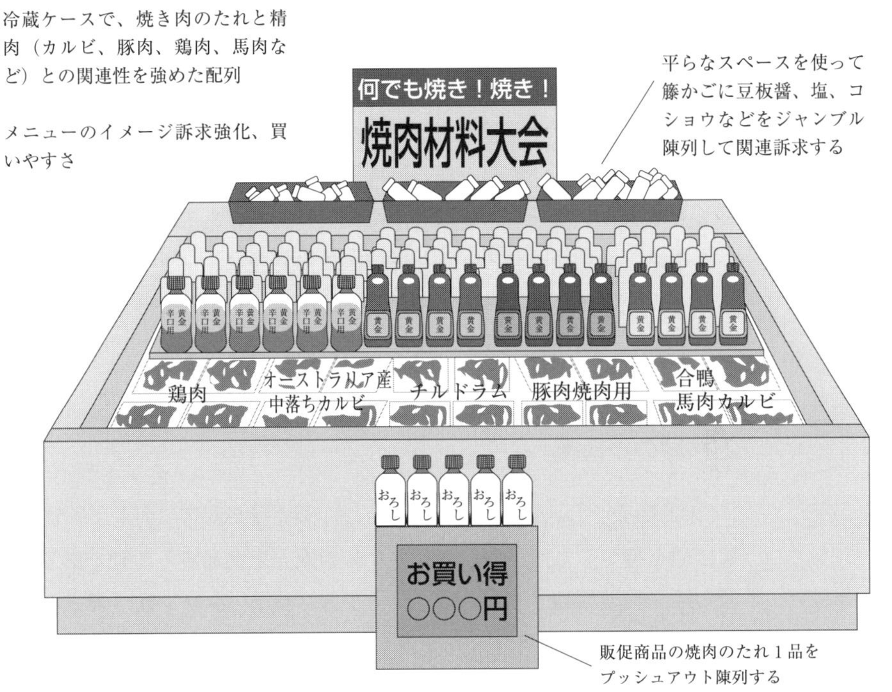
冷蔵ケースで、焼き肉のたれと精肉（カルビ、豚肉、鶏肉、馬肉など）との関連性を強めた配列
メニューのイメージ訴求強化、買いやすさ
何でも焼き！焼き！
焼肉材料大会
平らなスペースを使って籐かごに豆板醤、塩、コショウなどをジャンブル陳列して関連訴求する
黄金
辛口用
鶏肉
オーストラリア産
中落ちカルビ
チルドラム
豚肉焼肉用
合鴨
馬肉カルビ
おろし
お買い得
○○○円
販促商品の焼肉のたれ１品をプッシュアウト陳列する

資料提供：㈱アイダスグループ

行うべき作業を、消費者が肩代わりすることである。「フルサービス」は、その対極にあるサービスである。接客にあたる従業員が、すべての作業を担うことである。その中間形態として、「セミセルフ方式」がある（必要な場面でのみ、店員からサービスを受ける形態）。

近代小売り・サービス業の成立とともに、セルフサービスが普及してきた理由は、コスト面と作業効率面の両方から説明することができる。

例えば、ガソリンスタンドでは、自らの手で給油するセルフサービスが日本でもすっかり定着した感がある。ガソリン価格の高騰に伴って、いまや店員が給油口を開け、指示された容量のガソリンを給油してくれる「フルサービス」の給油方式から、自分自身でガソリンを給油する「セルフサービス」が日本でも主流になった。

セルフサービスの利用は、フルサービスと比べ人件費が抑えられるためである。セルフ方式の採用で、ガソリンの販売価格を安価に設定でき

るメリットがある。慣れてしまえば、給油も自分一人でやったほうがスムーズに終わる。

ホテルやファミリーレストランでも、同様のセルフサービス方式を採用している。ホテルの朝食は、ブッフェ形式をとっているところが多い。これもセルフサービスの一種である。好みの食事をとることができるばかりではなく、忙しい朝の時間帯には、サービスを受ける顧客にとっても、セルフサービスのほうが時間的に便利である。

また、ファミリーレストランでは、飲み物のセルフサービスが一般的になっている。日本では、すかいらーくグループの「ガスト」が導入した「ドリンクバー」が最初である。価格面で安くできるだけでなく、自分で自由に飲み物を選べるため、ドリンクバーの人気は高い。[20]

2. 接客の技術論

「人的販売」（personal selling）とは、販売員が顧客に対して、直接的に接触を持つことで、商品やサービスの販売を促進する活動である。狭義の販売促進活動との違いは、セールスプロモーションが「非人的な媒体」（陳列、POP広告など）を通して情報を提供するのに対して、人的販売では、販売員自身が媒介して（「人的な媒体」）、顧客に直接メッセージを届けることである。

狭義のSPでは、商品やPOPなどのメディアが、「物言わぬセールスマン」の役割を果たしている。人的販売では、販売員が顧客に商品の情報を提供しながら、説得することができる。販売員を雇うと高コストにはなるが、すべての小売業がセルフサービス業態にならないのは、高額商品では、販売の最後段階で「説得」のプロセスが必須だからである。高価なジュエリーやラグジュアリー・カー、高額な保険や住宅などの販売では、消費者を最終的に納得させない限り、最終契約に至らないことを見てもわかるはずである。

人間が仲介する場合、販売のプロセスは、4つの段階を踏むといわれる。[21] 図表13.15は、①「顧客へのアプローチ」、②「ニーズの探察」、③「商品の説明」、④「契約とフォローアップ」の4つの段階が示されている。なお、下段には、販売対象となる顧客側の心理の動きを、階段状に

20——小川孔輔（1999）「さよならファミリーレストラン"すかいらーく"」『当世ブランド物語』誠文堂新光社。

7段階で図示してみた。ステップを上がっていくたびに、「購買したい気持ち」が高まっていく状況を、模式図にしてみたものである。

(1) 顧客へのアプローチ[22]

販売員が見込み客を探し出し、実際に接触を持つことである。例えば、売り場で商品を手にとって眺めている顧客に「声掛けをする」などの行為である。必ずしも、店員のほうから声をかけるのがよいとは限らない。助言が必要になる瞬間まで、顧客が接近してくるのを待つほうがよい場合もある。タイミングが大切である。

優秀な販売員の条件のひとつは、顧客の振る舞いを見ていて、その人が有望な顧客になるかどうかを瞬時に判断できるかどうかである。服装、動作、視線や表情など、判断のための手がかりがたくさんある。顧客は、心理段階の「注意」〜「興味」のステージにいる。

なお、顧客へのアプローチの際には、その後のプロセスを円滑にするために、見込み客に対して、第一印象を良くしておくことも大切である。接近の仕方や言葉遣い、立ち居振る舞いなど、注意すべきポイントは多い。サービス・マーケティングでは、そうした状況を「接近環境」と呼んでいる。反対に避けなければならないのは、売り場の雰囲気を「回避環境」にしてしまうことである[23]。

(2) ニーズの探索

つぎのステップは、顧客の真なるニーズを探る段階である。「顧客は、何らかの問題を抱えて売り場にやってくる」(ユナイテッドアローズ、重松理社長[24])。顧客との接触でまずは、「顧客の課題」を早めに明らかにしてあげるのが、販売員に課された任務である。

本当に欲しいものを、顧客が明確に表現し、販売員に伝えることができれば、販売のプロセスは短時間で終わる。価格や支払い条件の交渉に

21——Kotler and Armstrong (2007) では、このプロセスを7段階で説明している (pp. 414–416)。①「見込み客の発見 (prospecting and qualifying)」、②「事前アプローチ (pre-approach)」、③「顧客へのアプローチ (approach)」、④「商品の提示と説明 (presentation and demonstration)」、⑤「顧客の説得 (handling objections)」、⑥「契約 (closing)」、⑦「フォローアップ (follow-up)」となっている。

22——本項の記述は、武田猛 (1997)「『説明・説得』による行動喚起型マーケティング——消費者行動誘導のプロセス」(法政大学大学院修士論文) に依拠している。

23——フィスク他 (2005)『サービス・マーケティング入門』法政大学出版局、100頁。

24——丸木伊参 (2007)『ユナイテッドアローズ——心に響くサービス』日本経済新聞出版社。

進めばよい。しかし、そもそも顧客の本当のニーズが、明確になっていない場合もある。本人もよくわかっていないことを、言葉でうまく表現できるはずがない。

その場合は、顧客の基本ニーズを解きほぐしてあげることになる。その店が販売している商品は、顧客の課題に対する解決手段（ソリューション）であることが多い。したがって、商品そのものではなく、ニーズを明らかにするために、会話を交わすことが重要になる。断片的に発される言葉やちょっとした振る舞いから、顧客の真の意図を汲み取ることができる。顧客の心理状態は、「興味」～「欲望」のステップを踏んでいる。

(3) 商品の説明

つぎの段階では、販売員が慎重に選んで、顧客に複数の代案を提示することになる。ニーズと好みは、ある程度は明確になっているとしよう。顧客は、意思決定論で主張されているように、候補商品が提示されるときには、購入の可能性がかなり高まっている。

心理状態の7段階でいえば、「欲望」～「連想」～「比較」の段階に至っているはずである。われわれがふだん衣料品店で経験するのは、例えば、スーツを購入する場合、比較のために、複数のデザインや色柄のものが提示される。素材やサイズなどを変えた推奨もなされることがある。

場合によっては、関連する商材、例えば、ネクタイやワイシャツをスーツに合わせて提案する。あとは、顧客の目の前に並べられた商品の中から、適当なアイテムを絞り込むだけである。さまざまな代案を比較して、最後は説得を試みることになる。

商品説明に、PC画面や動画など、情報機器を使用することも増えてきている。とくに、カスタマイズされた住宅や支払い条件が複雑になる保険など、商品のデザインや資金計画をシミュレーションするために、PCが有効に活用できる場面もある。一般の販売員でも、情報武装ができていれば、セールスには有利に作用する。

(4) 契約

最終段階は、取引の契約である。消費財の場合でも、産業財の場合でも、値段と支払い条件を話し合うのが最後交渉事項である。販売員としては、値段を下げるだけが顧客を満足させる唯一の手段ではない。

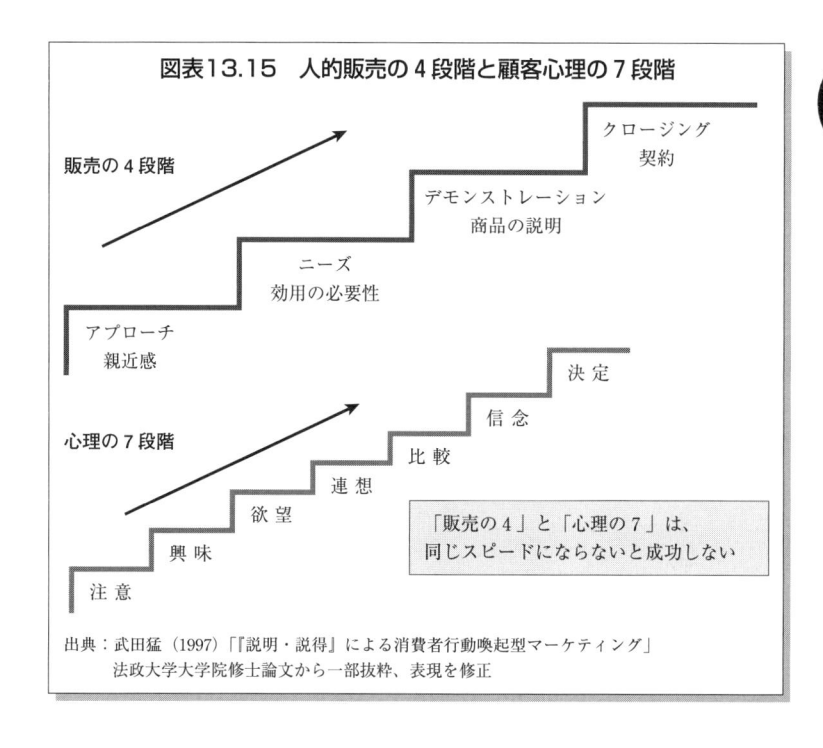

図表13.15 人的販売の4段階と顧客心理の7段階

販売の4段階
- アプローチ／親近感
- ニーズ／効用の必要性
- デモンストレーション／商品の説明
- クロージング／契約

心理の7段階
- 注意
- 興味
- 欲望
- 連想
- 比較
- 信念
- 決定

「販売の4」と「心理の7」は、同じスピードにならないと成功しない

出典：武田猛（1997）「『説明・説得』による消費者行動喚起型マーケティング」
法政大学大学院修士論文から一部抜粋、表現を修正

　顧客が契約を渋った場合には、付加的なサービスの提供を提案したり、支払い条件を変更することもできる。いずれにしても、顧客に自らの選択が間違っていないという「信念」を抱かせることが、クロージング（「決定」）に至る説得の鍵である。

　ここまでの議論は、店舗での接客を念頭に置いて、販売のプロセスを説明してきた。本質的には、ダイレクトマーケティングにおける顧客対応でも、図表13.15の「販売プロセス」と「顧客の心理過程」は、ほぼ同様である。コールセンターで行われている顧客対応（コールセンター・オペレーション）は、類似のガイドラインに沿って実行されていると考えて差し支えない。

　なお、COLUMN-26では、接客優良企業として知られる「ユナイテッドアローズ」が、その誕生から現在の姿に進化を遂げてきた略史を記述してある。筆者と重松社長の対談を要約したものである。

COLUMN-26
ユナイテッドアローズ、誕生から業態の成熟まで

1　アローズが生まれるまで（学生時代〜1990年）

　　大学卒業からビームス入社まで（〜1976年）　ユナイテッドアローズ社長の重松理氏（当時、会長）は、湘南逗子の生まれである。子供のころから、米国文化の洗礼を受けていた。実際に、実姉は横須賀で米国人と結婚している。大学は明治学院大学で、学校には5年間も通うことになった。洋服を買うために、アルバイトの日々に熱心すぎたのが原因であるらしい。

　卒業後に、婦人服アパレル（ダック）に就職。アパレルの営業企画チーフを務めた。当時は、第一次サーファーブームである。大学時代から、米国西海岸ファッションの影響を受けて育つことになる。筆者のまわりにも、そのような時代の雰囲気で育った人間が多い。

　　大学卒業後に、ビームスに入社（1976年2月）　ビームス創業者の設楽悦三氏（現社長の父親）に、プレゼンをしたことがはじまりであった。ビームスの設立に参加して、原宿で6坪のショップを開店した。そして、ビームス本店「AMERICAN LIFE SHOP BEAMS」の店長を任された。

　当時のビームスは、輸入比率の高い「セレクトショップ」であった。アメリカンカジュアルの店である。2006年時点で、ビームスは、国内・香港に49店舗、年商446億円である。ここで13年間働くことになった。「創業11年目（輸入比率50％）にして、セレクトショップのビジネスモデルを確立できた」と重松氏は思っている。

　　ビームスで学んだこと　簡単に言えば、それは商売の「スタビライザー機能」である。ひとつのテイストでは、ビジネスが安定しないことを身にしみて感じた。具体的には、1980年代から90年代にかけて、ファッションのスタイルが、西海岸（VAN）から東海岸（JUN）に移った。そして、その後は、イタリアン（ヨーロピアン）に流行が変化していった。

　これに自らが適応できなかったのが、売上を落としてしまった原因である。90億円まで売上は伸ばしたが、その時点で「スタビライザー機能」を発見した。「いい波」に乗れるように、米国＋欧州のブレンドが必要である。米国（アメカジ）一辺倒では、危険すぎる。男子と女子も

同時に扱うことは、それと理屈は同じである。

「衣」は十分にやったので、プラス食、住（遊）に挑戦したいと主張した。しかし、オーナーの設楽氏はそれを認めてくれなかった。結果として、独立することになった。

2　ユナイテッドアローズ創業のとき（39歳〜）

創業時から三度の困難をどのように乗り越えたかについて、筆者が重松氏に質問してみた。短い期間に、ユナイテッドアローズは、わずか15年間で、3回のつまずき（スタンブル）を経験している。

1990年　創業時の困難　　当初は、アメカジに対して欧州スタイルであった。顧客は男性80％、女性20％。カジュアルではなく、ドレスを売りたいと思ったので、初年度は5000万円のドレス展開であった。もちろん、開店当初は、ワールドの支援もあり、それなりに話題になった。しかし、カジュアルなしのドレスのみの展開だから、すぐさま壁に突き当たることは明白だった。現実的な対応として、カジュアルも扱うことに事業を転換した。

1992年、「ブルーレーベル」の発売　　ドレス＋カジュアルで、ブルーレーベルを発売した。準備万端で挑むことになる。ラジオでの宣伝方法を考えた。ターゲットが聞いていそうな「J-WAVE（FM）」で、ラジオ広告を打った。筆者も、この番組は車を運転しながら聴いていたような記憶がある。

直後に、原宿本店を出店。ところが、当初はまったく売れずに、スタートで大苦戦になった。当時、出資してくれた「ワールド」の畑崎重雄社長（現会長）へ謝罪に行った覚えがある。というのは、計画の70％しか売れない状況だったからである。

重松氏本人には、満を持しての企画投入で、売れない理由がわからない！　結果としては、単に天候不順が不振の要因だった。販売が1カ月後ろにずれ込んだだけで、発売1カ月後には、いきなり売れるようになった。

その後は1999年まで、右肩上がりで破竹の7年間が経過した。ユナイテッドアローズにとっては、もっとも良い時代であった。

1999年　株式公開後にユニクロブレーク　　直後の2000年に、ユニクロがブレークした。定番のコア商品だった「ストライプTシャツ」（ユナイテッドアローズで5800円）がユニクロではわずか1000円だった。

コミュニケーション活動(2)：セールス・プロモーション

「値段を見て、実にショックだった」（重松氏）。「これでは勝てない！」と慌てて、売れ筋商品のストライプTシャツをすべてカットした。これは、すぐに大失敗とわかることになる。「同じ商品でも店舗が違うとお客さんが買う理由が異なる」ということに、その後ですぐに気がついた。

ユニクロは、「良質大量販売ビジネス」だった。直接的には、ユナイテッドアローズの「少量販売」とバッティングはしない。1年後にまたストライプTシャツを復活させた。この慌てふためきの様子は、MUJI（無印良品）でも見られた。ユナイテッドアローズからIY、イオンまで、ユニクロの快進撃に経営者たちは実に動揺していた。

3　新しい課題（2007年〜）

　ブランド統合、新ブランドの発売　ユナイテッドアローズの顧客像は、3つの想定ブランド階層から構成されている。すなわち、
・ラグジュアリー（ブランド）「クロムハーツCH」（10%）
・トップトレンド（ブランド）　コア顧客「ユナイテッドアローズUA」（50%）
・ミッドトレンド（ブランド）「グリーンレーベルGLR」（40%）

新たに、これに加えて、2007年からは、「ディフュージョン宣言！」を試みる。ロワートレンド（ブランド）、すなわち、ポイント（ローリーズファーム）などがいる場所に進出する時期に来ていると判断している。

日本の郊外SCで、ここを狙っていきたい、イングやハニーズとは異なるが、「エントリーマーケット」に可能性はあると見ている。

　55歳の会長選択　いまの仕組みはビームスの創業時に、オーナーを任されて、ひとりではじめたことで作られた。BEAMS13年＋UA17年＝計30年を十分に過ごしてきたと思っている。年商500億円、55歳で社長を降りることを決意した。ずいぶん前のことである。「ユナイテッドアローズのDNAを探すこと、店頭顧客主義を残せるか」を自分の課題と考えている。

〈注〉　上記の対談は、2007年12月14日に行われたものである。重松理氏は、2009年5月に、ユナイテッドアローズの社長に復帰している。

出典：重松理＋小川孔輔対談記録「業態成熟化と新業態の創造：専門店ビジネスにおけるポジショニングと競争戦略」（2007年12月14日）＠日本ショッピングセンター協会（アカデミー講演）。

3.営業活動の本質

(1)伝統的な営業

　伝統的な営業スタイルでは、人的つながりを第一にする。まず、採用を決定する購買決定権者を把握し、そこに照準を合わせてセールス・アプローチをかけていくのである。したがって、決定権者との関係強化を第一義に考え、人的な接触により交流を深めるのが伝統的な営業のスタイルになる。

　すでに固定顧客を有している企業では、伝統的な営業の典型的な形は、「ルートセールス」(決まった顧客を定期的に営業し、需要を吸収する営業形態)を指すこともある。「御用聞きセールス」とも呼ばれるように、ルートセールスの主な仕事は、顧客の要望に応えていくことである。

　伝統的な営業方法は、顧客が仕入先を絞り込むなどの事態になったとき、厳しい状況に追いやられる。なぜなら、採用の意思決定が、ベネフィットの優劣によるのではなく、人的なつながりによっていることが多いからである。とくに、調達部門が競合企業から見積もりをとって、価格や品質、アフターサービスといったベネフィットに照らして総合的に判断するようになると、事態はさらに非常に厳しい状況となる。

(2)優秀な販売員の条件

　優秀な販売員の条件は、単なる御用聞きセールスではなく、顧客が抱えている課題を解決する能力を持つことである。これは、「問題解決型の営業スタイル」(ソリューション営業)とも呼ばれる。

　顧客は、さまざまな課題を抱えている。それを自社の製品やサービスによって解決できることを、具体的に提示してあげることが、製品の売り込みに成功する決め手になる。ややもすると、営業は自社の製品やサービスだけを売り込もうとするが、それだけでは、顧客との良好な関係を構築することはできない。

　優秀な販売員は、常に取引先の企業の状況を把握し、どういった問題を抱えているのかを把握している。買い手の課題を正確に把握した上で、顧客と売り手である自社が「Win-Winの関係」(お互いにメリットのある関係)を構築することを目指す。それが、顧客との持続的な関係を構築することができる条件である。

(3) 情報武装営業の時代

　顧客が営業担当者よりも豊富な情報量を持つと、買い手と売り手の力関係が逆転する。したがって、営業担当者は、顧客よりも多くの有用な情報を持つことが必要となる。役に立つ有用な情報を提供することで、営業担当者の価値は高まる。

　しかしながら、こうした有用な情報もインターネットの普及で、顧客も容易に入手することができるようになっている。従来は、買い手と売り手との間には「情報の非対称性」があった。時代とともに非対称性が薄れてきたので、営業担当者も情報武装することや、情報分析能力を高めることが求められている。

〈参考文献〉

渥美俊一（2007）『店舗レイアウト』実務教育出版

P. アンダーヒル／鈴木主税訳（2001）『なぜこの店で買ってしまうのか──ショッピングの科学』早川書房（Underhill, P.（2001）*Why We Buy: The Science of Shopping*, Texere）

大槻博（1991）『店頭マーケティングの実際』日経文庫

大槻博（1998）「日用消費財メーカーにみるプロモーション戦略の変化──1980-1995マス広告から店頭マーケティングへ」『マーケティングジャーナル』9月号（通号70）、65～82頁

小川孔輔（1995）「棚の法則・売り場の原理」『チェーンストアエイジ』

小川孔輔（1999）「さよならファミリーレストラン"すかいらーく"」『当世ブランド物語』誠文堂新光社

小川孔輔、三村浩一（2008）「消費分析：限定品を購入する消費者像」『日経MJ』（4月23日号）

小川孔輔、ミラー前野和子、野沢誠治（1999）「ブランド・エクイティと景品付きセールスプロモーション──SPの長期効果についての実証分析」『日経広告研究所報』5月号（第33巻第2号）、7～13頁

オマケ総研（2006）『オマケ幸福論──あなたの傍の"小さな"幸せ』幻冬舎メディアコンサルティング

恩蔵直人、守口剛（1994）『セールス・プロモーション』同文舘出版

B. E. カーン、L. マッカリスター／小川孔輔、中村博監訳（2000）『グローサリー・レボリューション──米国パッケージ商品業界の経験』同文舘出版（Kahn, B.E. and L. McAlister（1997）*Grocery Revolution: The New Focus on the Consumer*, Addison-Wesley）

島田稔彦（2004）「バンドル購買における選択行動」法政大学大学院修士学

位論文（社会科学研究科経営学専攻）
武田猛（1997）「『説明・説得』による行動喚起型マーケティング——消費者行動誘導のプロセス」法政大学大学院修士論文
原田泳幸（2007）『ハンバーガーの教訓——消費者の欲求を考える意味』角川文庫
前野和子（1996）「おまけの心理——ファースト・フード業界におけるプレミアム・プロモーションに関する消費者調査研究」法政大学学務部大学院事務課編『法政大学大学院経営学専攻マーケティング・コース研究成果集』法政大学大学院
丸木伊参（2007）『ユナイテッドアローズ——心に響くサービス』日本経済新聞出版社
三村浩一（2008）「限定商品を選択する消費者の特性」法政大学大学院修士論文
ミラー前野和子、小川孔輔（2003）「延期付加価値型SPの効果：ファーストフード業界での消費者調査研究」『マーケティング・サイエンス』12巻1・2号
渡辺隆之、守口剛（1998）『セールス・プロモーションの実際』日経文庫
Blattberg, R. C. and S. A. Neslin（1990）*Sales Promotion : Concepts, Methods and Strategies*, Prentice-Hall.
Quelch, J. A.（1989）*Sales Promotion Management*, Prentice-Hall.

〈さらに理解を深めるための参考文献〉
石井淳蔵、嶋口充輝編（1995）『営業の本質——伝統と革新の相克』有斐閣
上田隆穂、守口剛編（2004）『価格・プロモーション戦略』有斐閣アルマ
榊博文（1996）『説得を科学する』6版、同文舘出版
B. スミス、T. ルティリアーノ／加賀山卓朗訳（2004）『あなたのなかにあるセールスの才能』日本経済新聞社（Smith, B. and T. Rutigliano（2003）*Discover Your Sales Strength: How the World's Greatest Salespeople Develop Winning Careers*, Warner Books）
田島義博、青木幸弘編著（1989）『店頭研究と消費者行動分析——店舗内購買行動分析とその周辺』誠文堂新光社
田島義博編（1989）『インストア・マーチャンダイジング——流通情報化と小売経営革新』ビジネス社
守口剛（2002）『プロモーション効果分析』朝倉書店

第14章
流通チャネル政策(1)：
代替的チャネル選択

　本章と第15章では、流通チャネル政策について解説する。本章では、メーカーにとって販売の代替案としての役割を担う流通チャネルの選択について説明する。

　第1節では、流通チャネルの存在理由について解説する。流通機能は、生産者と消費者との間にある「時間」「場所」「形態」という3つの隔たりを解消する役割を果たしている。流通の役割を、取引数の削減や在庫の集約化、情報の縮約といった機能から説明する。

　第2節では、流通の本来的な諸機能について、より詳しく解説する。欧米と比べると多層化しているといわれる日本の流通チャネルについて、W/R比率（卸／小売比率）のデータを引用しながら、日米の統計数値とその時系列推移を見てみる。

　第3節は、代替的チャネルの選択について取り上げる。生産者から卸売業者、小売業者を経て消費者に商品が届くまでの伝統的なチャネルの類型を見る。その後で、生産から販売までの機能を統合した「垂直的マーケティング・チャネル」の類型を解説する。

　第4節は、流通経路の設計についての解説である。開放的チャネル、排他的チャネル、選択的チャネルの3つのタイプ別に、メリットとデメリットを紹介しながら、その特徴を説明する。

　第5節では、チャネル管理を取り上げ、チャネルメンバーの選択について説明する。とくに、事例として、モスバーガーのチャネル選択などを紹介する。

1——中間流通の存在理由

1. 3つの隔たり（gap）

　本節では、マーケティング機能の中で、「流通チャネル」（marketing channel, distribution channel）が果たす役割を考えてみる。サービス製品の場合はまた別の考慮が必要ではあるが、一般消費財の場合は、モノ製品を作る生産者とそれを消費・使用する消費者との間には、図表14.1のような3つの隔たりが存在している。この隔たりを解消して、最終的に消費まで商品を物理的に届けるのが、流通チャネルの果たすべき役割である。

　3つの隔たりとは、時間（time）と場所（place）と形態（form）のギャップ（gap）である。この3つの隔たり（「懸隔」）を解消するのが、流通の社会的な機能である。

　ひとつめのギャップは、「時間的な隔たり」である。時間的な隔たりとは、生産者が製品を生産する時期と、消費者がその製品を必要とする時期（消費の時期や利用のタイミング）との間に生じる隔たりである。時間的な隔たりが生じるのは、製品の生産が必ずしも消費者の需要に同期していないからである。時間的な隔たりを解消するための方法は、流通過程のどこかに、物流センターなどの「ストッキング・ポイント」

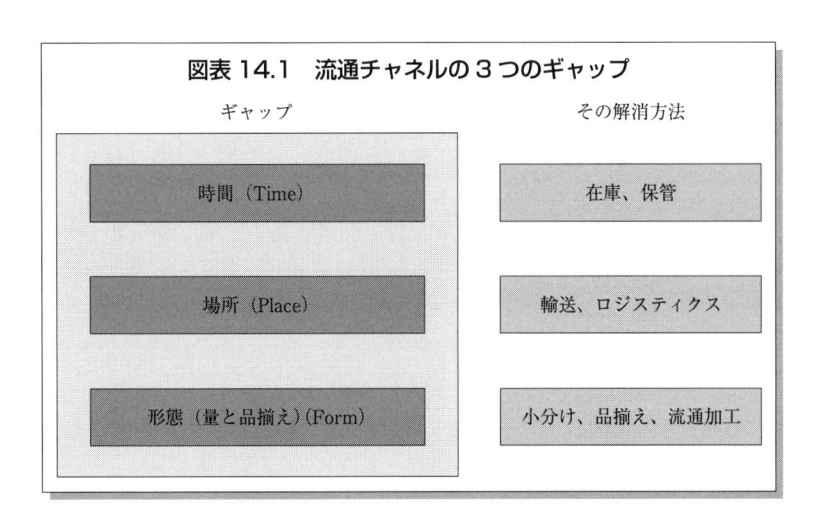

図表14.1　流通チャネルの3つのギャップ

ギャップ	その解消方法
時間（Time）	在庫、保管
場所（Place）	輸送、ロジスティクス
形態（量と品揃え）（Form）	小分け、品揃え、流通加工

（在庫場所）を設けることである。生産と消費の間で生じる在庫の調整を行いながら、消費者が購入したいタイミングに製品が供給されるように、保管倉庫や物流センターを設置する。

2つめの隔たりは、「場所的な隔たり」である。生産者が製品を生産している場所は、必ずしも消費者がそれを購入する場所ではない。これは、多くの場合、生産者がモノを生産する場所の近くに必ずしも消費者がいないためである。とくに、グローバル化した経済社会においては、場所的な隔たりが日増しに大きくなっている。場所的な隔たりを解消するために、グローバルでかつ迅速にモノを運ぶことができる効率的な「物流システム」が必要となる。

最後のギャップは、「形態の隔たり」である。形態的なギャップには、数量と品揃えの2つの側面がある。消費者にとっては比較できる商品の種類は多様であるほうが望ましい。必要とされる数量は少量で十分である。しかし、生産者（部品・素材メーカーも含む）の都合はそれとは逆である。製造や調達の効率を考えると、メーカー（供給業者）は、単一の商品を多量に作りたい。なるべくならば、大きなロットで仕入れて、多量に作ってそのままのロットで購入してもらいたい。

ここに、数量と品揃えに関して、消費者の欲求とメーカーの都合にギャップが生じる。その橋渡しの役割を担うのが、流通の3番目の役割である。商品ロットの小分けや取り揃えの機能によって、消費者の利便性を高める役割が卸売業や小売りの仕事である。

2．流通フロー

生産者と消費者の間に横たわっている物理的なギャップを解消し、両者の橋渡し役をするのが流通チャネルの役割である。ところが流通チャネルの中を流れているのは、物的な商品の流れ（フロー）だけではない。図表14.2に示されているように、「商流」「物流」「情報流」という3つの流れが、生産者（売り手）と消費者（買い手）の双方を結びつけている。これらの3つは、総称して「流通フロー」と呼ばれている。

「商流」は、商品を取引する流れである。取引において発生する「売買機能」のことを指している。売り手と買い手をつなぐ取引の流れである。

「物流」は、生産者が生産した商品を迅速かつ効率的に消費者のもと

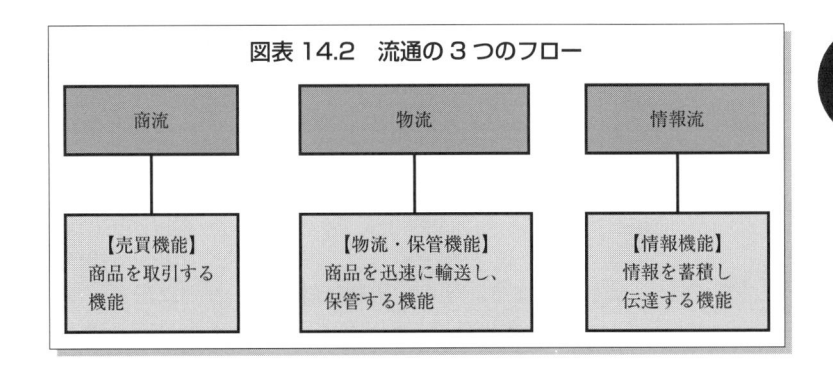

```
┌─────────────────────────────────────────────────────┐
│         図表 14.2　流通の３つのフロー              │
│                                                     │
│   ┌─────────┐      ┌─────────┐      ┌─────────┐     │
│   │  商流   │      │  物流   │      │ 情報流  │     │
│   └────┬────┘      └────┬────┘      └────┬────┘     │
│        │                │                │          │
│   ┌────┴────┐     ┌─────┴─────┐    ┌─────┴─────┐   │
│   │【売買機能】│   │【物流・保管機能】│ │【情報機能】│   │
│   │商品を取引する│ │商品を迅速に輸送し、│ │情報を蓄積し│ │
│   │機能      │   │保管する機能    │  │伝達する機能│  │
│   └─────────┘    └───────────┘    └───────────┘   │
└─────────────────────────────────────────────────────┘
```

に輸送する商品の物理的な流れを指している。「物流機能」には、時間や場所のギャップを解消するための「保管機能」が含まれる。物流センターなどは、こうした機能のひとつである。

「情報流」は、商品や取引に関する情報を収集し、加工した情報を蓄積しながら、流通過程にフィードバックする情報の流れである。「情報機能」が、流通過程を流れる商流と物流の効率を促進する役割を担っている。

図表14.2では、商流、物流、情報流の３つのフローが、流通チャネルの３つの役割と関連づけられている。

3. 中間流通の存在理由：取引数削減の効果

生産者から消費者に商品が流れる過程の中で、しばしば中間業者はないほうがよいといわれることがある。1960年代、「流通革命論」（林1962・1964、田島　1962）が華やかなりしころ、「問屋不要論」が喧伝された。[1]ところが、50年近くを経たいまでも、中間流通がなくなったわけではない。事実は、それとは逆である。中間流通業者がマーケティング・システムの中で果たしている役割は、非常に大きいからである。

流通過程の中で中間業者が必要とされる理由は、以下のような「全体取引数の削減」と呼ばれるロジックから説明される。具体的な例として、家庭で朝食を準備する場合を考えてみよう。

何の仲介もなく、消費者がメーカーと直接取引を行おうとすると、パンはパン屋に、バターは乳業メーカーに、牛乳は酪農場に、卵は養鶏所

1——林周二（1962）『流通革命論』中公新書、林周二（1964）『流通革命新論』中公新書、田島義博（1962）『日本の流通革命』日本能率協会。

に、野菜は生産農家の所までいちいち出向くことになる。パン屋から野菜農家までそれぞれ別々に電話を入れて、商品を宅配便で届けてもらうことになるだろう。支払いはコンビニエンス・ストアを使って代金を振り込むか、カード会社を使って決済をするかもしれない。しかし、パン工場や酪農場や養鶏所は、ある程度のロットをまとめないと商品を売ってくれない。しかし、日持ちしないパンや牛乳や卵は多量に購入すると腐ってしまう。宅配便の物流経費も、個別に配送するのでは高くつく。

　ところが、近くにスーパーマーケットがあると、5つの商品のすべてが1カ所で揃うことになる。つまり、5回の取引が1回ですんでしまうのである。支払いは集中レジで精算されるので、一度で買い物はすんでしまう。家までの配送費用は自己負担であるが、1回で取引は完了する。スーパーマーケットの店内では、他の乳業メーカーやパンと比較ができる。野菜は現物を見て鮮度をチェックできる。

　このように、流通業者が中間に入ると、直接取引を行う場合に比べて取引数が大幅に削減できる。通常、直接取引の場合は、全体取引数＝生産者（Manufacturer）の数：Mn×顧客（Customer）の数：Cnとなる。その中間に流通業者（Distributor）：Dが入ると、取引の数は、Mn＋Cnとなる。つまり、生産者と消費者が個々に取引を行うと、その取引回数は双方の取引先数の掛け算になるが、流通業者が1社中間に入ることで、接触回数は取引先数の足し算ですむわけである。

　図表14.3では、メーカーの数（Mn）と消費者の数（Cn）は4になっている。中間に流通業者が入ることで、取引数が削減できる効果は、$4 \times 4 - (4 + 4) = 8$である。メーカーと消費者の数が一桁だと、削減効果はさほどではないが、メーカーと消費者の数が増えてくると、取引数は劇的に減少する。例えば、100人の生産者と100人の消費者がいる場合では、その削減効果は、$100 \times 100 - (100 + 100) = 9800$になる。なお、流通業者が1社ではなく複数の場合でも理屈は同じである。全体の取引数は、上で計算した「足し算の結果」に流通業者の数を掛けただけである。

　消費者の立場からは、流通業者が小売店になる。スーパーマーケットの事例がそうであった。お店ができるだけ品揃えを豊富にしてくれれば、一軒一軒それぞれのお店に行くという不便さは解消される。つまり、「ワンストップショッピング」によって、取引回数が減少するわけ

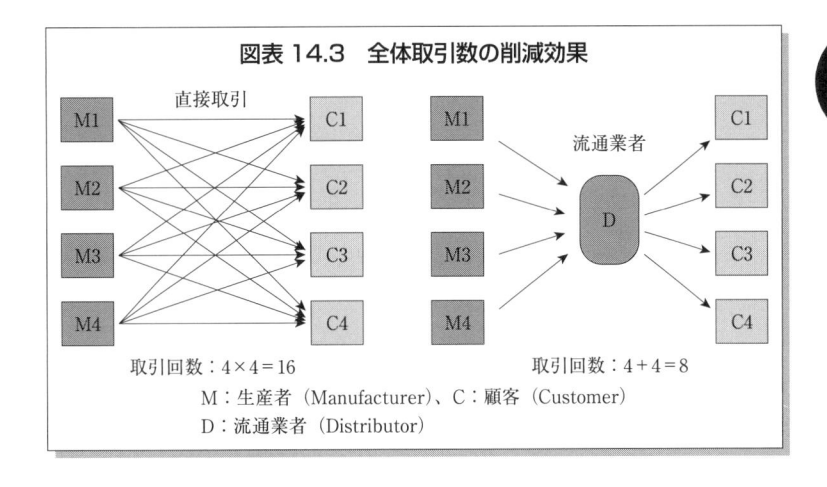

図表14.3　全体取引数の削減効果

直接取引：取引回数：4×4＝16

流通業者経由：取引回数：4＋4＝8

M：生産者（Manufacturer）、C：顧客（Customer）
D：流通業者（Distributor）

である。さらに、そのお店が近くにあって、いつでも開いていれば、消費者の利便性はさらに高まる。これを実現したのが、コンビニエンス・ストアである。

2── 流通機能とチャネルの階層性

1．流通の諸機能

全体取引数の削減効果以外にも、中間流通業者が存在する理由を挙げることができる（図表14.4）。以下では、代表的な機能を列挙してみる[2]。

(1) 調査情報仲介機能

生産者と小売店との間に卸売業者などの中間業者が入っていれば、生産者は商品情報などを小売店に個別に流す必要はない。中間業者だけに伝えて、そこから商品情報を流してもらえば、情報の伝達効率が高まる（「情報仲介機能」）。

それとは逆に、販売情報を得る際にも、中間業者を活用すれば、一括して販売情報を入手することが可能になる。商品の受発注に関しても同様な理由で、仲介業者が存在することは便利である。たとえ段階数が増

---

[2]──中間流通の役割については、住谷宏編（2008）「第1章　流通の役割」『流通論の基礎』中央経済社が参考になる（11〜19頁）。そこでは、流通の基本機能を、①商流機能（需給接合）、②物流機能（輸送、保管、標準化など）、③助成的機能（金融など）、に分類している。

図表14.4　流通チャネルの機能

調査	交換を計画したり、それを助成していくための情報の収集
プロモーション	提供物についての説得的コミュニケーションを開発、普及させること
接触	潜在顧客を探り出し、これと接触していくこと
適合	購買者の要求に見合うように提供物を調整したり、適合させたりすること。製造、製品の品質評価、組み立て、包装などの活動を含む
交渉	所有権や保有の移転を効果的に成立させるために、価格やその他の取引条件における最終的合意を得ること
物流	製品の輸送とその保管
財務	チャネル機能の遂行に必要とされる資金の調達とその配分
リスク負担	チャネル機能の遂行に関連して生じるリスクを引き受けること

出典：P. コトラー、G. アームストロング／和田充夫、青井倫一訳（1995）『新版　マーケティング原理』ダイヤモンド社、460頁

えたとしても、流通システムは全体としては効率的に運営される。

　トイレタリー・化粧品業界のVAN（付加価値通信網）会社として、メーカーと小売店間の受発注業務を仲介している「プラネット」は、情報流通で中間業者が必要とされる典型的な事例である（小川　1999）。プラネットは、当初はライオンやサンスターなど、トイレタリー・化粧品業界中の8社が共同で出資してはじめた情報通信事業会社であった。参加企業がしだいに増えて、業界の標準となった現在、この業界で共同物流を代行する機能を果たすまでに成長している（玉生　1998）[3]。

(2) 販売に関連した流通機能（プロモーション機能、交渉機能、適合機能）

　セールス・プロモーションを企画する場合にも、中間業者が各販売店へのアプローチを代行してくれるほうが効率が良い。メーカーとしては、小売店の一つひとつに対して、店頭でのSP企画や販促物について、細かく指示を出さなくてすむからである。専門のプロモーション代行会社が存在しない場合はそうはいかない。「プロモーション機能」は、実際的にも、メーカーの販売代理店や販売会社が代行している場合が多い。

　ブローカーや販売代理店が介在してくれれば、メーカーは販売店と個別に行う価格などの面倒な交渉を省くことができる（「交渉機能」）。こ

3——小川孔輔（1999）「第7章　卸売流通企業連合の勝利——プラネット」『マーケティング情報革命』有斐閣、150～163頁。プラネットが業界標準を獲得するまでの道のりについては、玉生弘昌（1998）『流通ネットワーク　21世紀のミッション』ビジネス社。

れは、プロモーション代行機能と同様である。いずれにしても、メーカーと小売業者の間に中間業者がいれば、交渉全体の労力と時間が大幅に短縮できる。

調査情報仲介機能と同様に、仕入先や販売先を探したり、品揃えを決めたりするなどの関連サービスを、メーカーも小売店もスキップすることができる（「接触機能」）。売り手や買い手を探してきたり、それぞれの側の基本ニーズを探るのは、中間でマッチング機能を担う中間業者が介在していたほうが便利なことは多い（「適合機能」）。

(3) その他助成機能（物流、財務、リスク負担機能）

物流の観点から見ても、中間流通業者を活用する利点は大きい（「物流機能」）。例えば、卸売業者などを介在させることで、商品の配送は一括納品ですんでしまう。しかし、直接取引だとそうはいかない。直接取引の場合は個別での配送になるため、作業は煩雑になる。

最近では、チルド食品や飲料の分野などで、物流コストを効率化するために、商売上は競合しているメーカー同士が、共同配送する事例が増えている。メーカーの垣根を越えた共同配送の仕組みは、コンビニエンス・ストアのチルド流通からはじまったものである（矢作　1994）[4]。

ビール・清涼飲料大手では、2008年5月にキリンビールとサッポロビールが北海道の一部で、2008年7月からはキリンビバレッジとサントリーが千葉県の一部で共同配送の試みを開始している[5]。化粧品では、資生堂、カネボウ化粧品、コーセー、花王、マックスファクター、アルビオンの6社で構成する「コスメ物流フォーラム21・共同化推進室」が、1997年から順次、北海道、沖縄、四国など各地で共同配送に取り組んでいる[6]。

物流同様に在庫の管理においても、卸売業者がメーカーのために、商品の「在庫保管機能」を代行してくれる。代金徴収でも、卸売業者に

---

[4]──矢作敏行（1994）『コンビニエンス・ストア・システムの革新性』日本経済新聞社。最近では、必ずしも流通側がイニシアティブをとるだけではなく、メーカー同士が手を結び合う事例が増えている。

[5]──「燃料高克服へ共同物流走る──メーカー、キリン×サッポロ、効率化追求、競合が連携」『日経MJ（流通新聞）』2008年9月17日、1面。「グループ内物流効率化、アサヒビール、共同配送拡大、キリンHD、業務を1社に集約」『日本経済新聞』2009年1月8日朝刊、10面。

[6]──「資生堂など3社、九州で化粧品共同配送、物流費を削減」『日経産業新聞』2008年9月19日、22面。

「財務機能」（ファイナンス機能）を委ねることで、直接取引と比べてリスク負担が軽減される（「リスク負担機能」）。

このように、中間流通業者の介在は、生産者と消費者の両方の利便性を高める機能を有している。以上で指摘した機能以外にも、売れ筋商品などの販売情報が集約される「情報集約機能」、在庫を1カ所にまとめる「集中貯蔵機能」、大量仕入れによる「規模の経済機能」など、図表14.4のようにさまざまな機能がある。

2. 流通チャネルの段階数

前節では、流通システム内に中間業者が存在する利点を説明した。ところが、流通におけるチャネル段階数は、商品カテゴリーや国ごとに異なっている。ここでは、国別に、あるいは商品分野別に、なぜ流通の段階数が異なっているのかについて、その理由を考えてみる。また、流通チャネルの多段階性の実際を見てみることにする。

日本と米国のチャネル段階数を比較してみる。日本の場合は、生産者から最終消費者に商品が届くまでの間に、米国と比較してより多くの中間業者が介在している。別の言い方をすれば、日本の流通チャネルは、米国に比べて多段階になっているということである。しかしながら、チャネルの段階数は、その国の商習慣にも依存して決まる。チャネル段階数が多いからといって、流通が非効率だとか、マーケティング・システムの効率が悪いとは、単純にはいえない。

図表14.5は、日本における「W/R比率」と「W/W比率」の経年変化を示したものである。どちらも流通の「多段階性」を表す尺度である。それぞれは、以下のように定義される。

W/R比率＝（卸販売額－産業用使用者向け販売額－海外向け販売額）÷小売販売額

W/W比率＝（卸販売額－本支店間移動販売額）÷卸売業者向け以外の販売額

どちらの場合も、分子の卸売販売額が、それぞれ、小売販売額と卸売販売額に対する比率で表されている。数値が小さいほど、取引回数（段階性）が少ないといえる。流通がより直接的であることの指標である。

日本の場合は、20年前まではW/R比率が4前後であった。しかし、

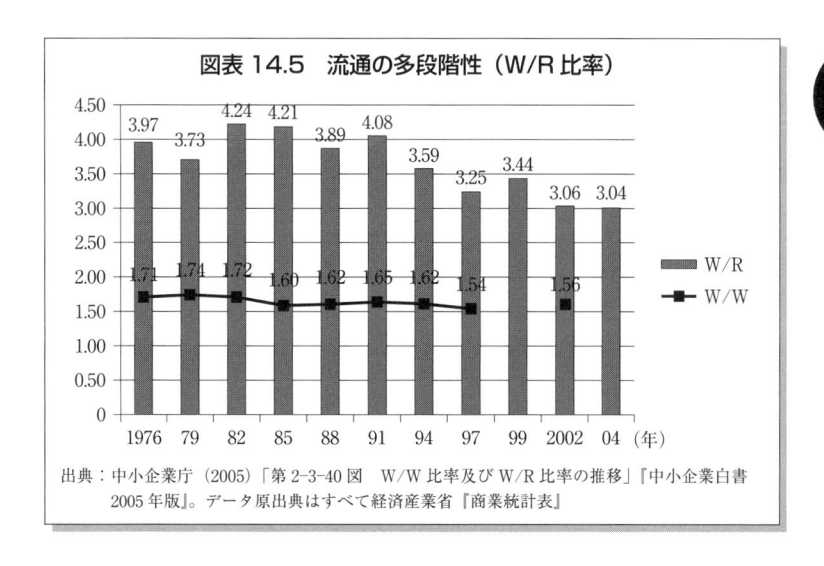

図表14.5 流通の多段階性（W/R比率）

年	1976	79	82	85	88	91	94	97	99	2002	04
W/R	3.97	3.73	4.24	4.21	3.89	4.08	3.59	3.25	3.44	3.06	3.04
W/W	1.71	1.74	1.72	1.60	1.62	1.65	1.62	1.54		1.56	

出典：中小企業庁（2005）「第2-3-40図　W/W比率及びW/R比率の推移」『中小企業白書2005年版』。データ原出典はすべて経済産業省『商業統計表』

1990年代前半に中間流通の「中抜き」が進んで、現在ではほぼ3になっている。この間に、海外からの直接調達やメーカーと小売業者との間での直接取引が増えたことも、W/R比率が急速に小さくなった要因である。

W/W比率のほうは、1.5程度の大きさである（2002年）。20年前の1.7前後から見れば、W/R比率ほど急速に小さくなっているわけではない。それでも、卸売業者の淘汰が進んでいることは数字を見ても明らかである（図表14.5）。

3.流通チャネルの階層性

つぎに、流通チャネルの階層性について考えてみる。流通経路は、生産者から消費者に至るまでに介在する中間業者の数によって、いくつかにタイプ分けができる。一般的には、4つのタイプのチャネルシステムが知られている。中間流通をまったく介さない①「ゼロ段階（直販）チャネル」から、④「3段階（多段階）チャネル」までの4通りである（図表14.6）。

(1)ゼロ段階チャネル(生産者⇒消費者)

「ゼロ段階チャネル」（zero-level channel）では、生産者が流通業者をまったく通さずに消費者と直接取引をして商品を販売する。メーカー直販なので「ダイレクトモデル」とも呼ばれる。例えば、コンピュータ

流通チャネル政策(1)：代替的チャネル選択　第14章

```
図表 14.6  流通の階層

                    生産者（manufacturer）
                    │    │    │    │
                    ①    ②    ③    ④
                              │    │
                              │    卸売業者（wholesaler）
                              │              │
                              │              二次卸売業者（jobber）
                              │              │
                         小売業者（retailer）
                              │
                         消　費　者（consumer）

①ゼロ段階チャネル（zero-level channel）
②１段階チャネル（one-level channel）
③２段階チャネル（two-level channel）
④３段階チャネル（three-level channel）
```

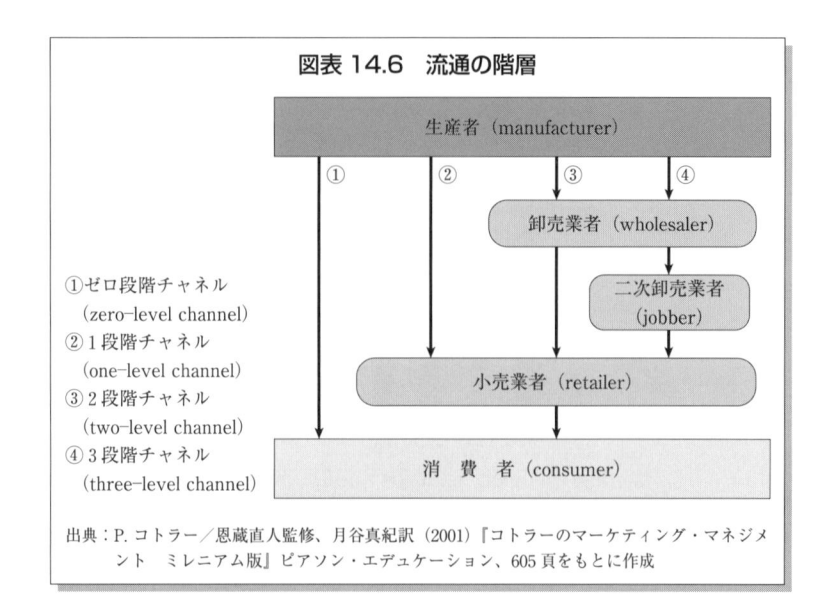

出典：P. コトラー／恩蔵直人監修、月谷真紀訳（2001）『コトラーのマーケティング・マネジメント　ミレニアム版』ピアソン・エデュケーション、605頁をもとに作成

メーカーであるデルのように、電話やインターネットから直接顧客の注文を個別に受け、商品を販売している場合がこれに該当する（COLUMN-27：デルのダイレクト販売モデル）。

　流通システムにダイレクトモデルを採用しているその他の企業としては、訪問販売のポーラや、カタログ通信販売のセシールなどがある。また最近では、インターネットの普及によって、消費者との直接取引をしている生産者も増えてきている。地方の老舗企業や産直を主体にした中小企業の中から、ネット通販に乗り出したことで全国レベルの知名度を獲得した企業が登場している。

　宮内庁や迎賓館などに納める日本を代表する高級洋食器メーカー「大倉陶園」は、2007年10月、ネット通販に乗り出した。きめ細かい対応で顧客をつかみ、1年で1回当たりの平均購入単価が3万円前後の人気サイトになった。[7]

　「食文化」の運営する「築地市場ドットコム」は、料亭などが使う高級食材をネットで販売している。買参人の権利を持った正真正銘の「築地」仕入れで、仲卸から買い付けた鮮魚や青果を、通常小売価格より2～3割安く販売している。台風上陸を見込んだ福島産桃の特売など、ネ

---

[7]——「洋食器——大倉陶園（横浜市）、接客に支持、リピーター5割（にぎわう専門通販）」『日経MJ（流通新聞）』2008年10月22日、7面。

COLUMN-27
デルのダイレクト販売モデル

　デルの個人向けデスクトップのモデルは、標準パッケージ価格が６万4980円（2008年10月28日時点）で発売されている。驚異的な安値がなぜ実現できるのだろうか？　もちろん、直販だからであるが、理由はそれだけではない。

　デルやエプソン（ダイレクト）のようなメーカー直販は、中間マージンがまったくないため安くなるイメージがある。しかし、店頭で店員が顧客に推奨してくれるわけではないから、そのぶん、新聞で大々的に広告するとかの宣伝費がかかる。例えば、直販の化粧品がそうである。テレビでCMを大量に流すので、むしろ販売店で売られている化粧品より価格的には高めになる。それでは、安さの本当の秘密とは何だろうか？

　まず、組み立ての手順が違うのである。中間流通を利用する他のメーカーは、先に部品を組み立ててから完成品を出荷する「押し出し型（プッシュ型）」である。完成品の在庫を大量に持つため、売れ残りなどが発生しやすくなる。一方、デルの販売形態は、注文を受けてから組み立てる「引っ張り型（プル型）」である。完成品の在庫リスクはゼロである。その分、価格を安く設定できるのである。

　需要を確定した後から生産をはじめる「組み立て型」の発想は、ベネトンの後染めシャツと同じである。普通は色のついた糸を織ってシャツを作るが、ベネトンでは無色の糸で白無垢のものを作っておいて、売れ行きを見てから後で染色加工する。デルは売れ残りはないので、低価格のパソコンが提供できるのである。

　ただし、受注組み立て型の生産方式では、受注に合わせて一つひとつ組み立てるため、一般的にはオペレーションコストがかさみやすい。しかし、人件費の安い中国で組み立てるなどの工夫をして原価低減に努めている。

　もうひとつ注目したいのは、「裸のモデル」であることである。ソフトやスペックが最小限なので、フルパッケージと比べて安くなるのは当然である。しかし、ユーザーは自分の好みに合わせてメモリなどを増設するので、結局は完成品の価格はそれなりの値段になる。

　実際に、パソコン普及期はフルパッケージが人気でしたが、慣れてくると自分なりにカスタマイズしたくなるものである。旅行も最初はパックツアーのほうが安心であるが、２回目以降は、旅慣れてくると、自分

でプランを立ててしまうものである。

　カスタマイズで組み立てる予約スキームは、こうした消費者の「わがままニーズ」に応えているわけである。

〈用語解説〉
引っ張り型＝オーダーがあってから組み立てを開始。部品の発注も受注状況を見ながらなのでロスが少ない。ただ、一つひとつ作るため、組み立てのコストはかさむ。　例：デル、エプソン
押し出し型＝最初に部品を組み立て、完成品を用意してから販売。まとめて作るのでオペレーションコストは抑えられるが、売れ残りを抱えるリスクがある。　例：ソニー、NEC

出典：小川孔輔（2009）「DELLコンピュータが安いワケ」『Big Tomorrow』（1月号）。

ットの機動性を生かし、大量販売に成功している[8]。

　既存の大手小売業の中からも、直販に乗り出す企業が現れてきている。カジュアル衣料品チェーンの「ユニクロ」や「ビームス」などが、ネットで消費者に直接販売することをはじめている。この場合は、ゼロ段階チャネルに分類される[9]。

　最近では、日本の飲食業界でも、居酒屋の「ワタミ」のように、野菜栽培事業に乗り出して、製販統合型システムを志向する企業が増加しつつある。また、イタリアンレストラン・チェーンの「サイゼリヤ」や惣菜企業の「ロック・フィールド」のように、原材料の調達に関して、メニューの企画段階から生産者と提携する企業が現れている。さらには、カゴメのように、安心・安全な原料を調達するために、トマトの温室栽培に投資する食品メーカーも登場するようになった[10]。

---

[8]──「築地市場ドットコム、生鮮食品──食文化（東京・中野）（にぎわう専門通販）」『日経MJ（流通新聞）』2008年11月5日、9面。2009年3月期の売上見通しは10億円である（通販以外含む）。

[9]──ユニクロのように小売業者が主体となって企画段階から製造・販売に至るまで一貫してすべてを行う流通企業システムのことを製造小売業：SPA（Speciality store retailer of Private label Apparel）という。

[10]──小川孔輔（2007）「食の製造小売　SPF」『チェーンストアエイジ』2007年2月15日、28～47頁。

一般的に、ゼロ段階チャネルの生産者は、流通過程に中間流通業者が介在していないため、製造・販売に関するすべてのリスクを自社のみで負うことになる。一方で、販売が好調に推移すれば、業界の中で相対的に利益率が高くなることが多い[11]。

(2) 1段階チャネル（生産者⇒小売業者⇒消費者）

　「1段階チャネル」（one-level channel）では、生産者と消費者の間に流通業者である小売業者（retailer）が入る。小売業者が、生産者に代わって商品を販売する役割を担うことになる。例えば、家電メーカーが直接、卸などを通さずに、大手家電量販店に自社製品を卸して販売してもらう販売形態や、食品メーカーが大手スーパーマーケットに直接卸して販売してもらう流通形態は、こうした1段階チャネルにあたる。

　流通の段階がひとつ増えるのは、小売り側がいままでの中間流通業者を省き、直接取引によってコスト面でより優位に立とうとしているからである。最近では、家電業界のトップメーカーであるパナソニックでさえも、自社系列のスーパーパナソニックショップから、販売の重点をヤマダ電機やヨドバシカメラといった大手家電量販店に移している。また、イオンやイトーヨーカ堂といった大手スーパーマーケットでも、販売力を武器に、メーカーとの直接取引を拡大している。このように、1段階チャネルでは、小売り側の販売力の増大に伴って、「買い手側の力」（buying power）が高まる傾向がある。

　近年における商取引関係のバランス変化は、日本固有のものではない。欧米では、「ウォルマート」（米国）や「カルフール」（フランス）、「テスコ」（英国）などの巨大流通業が登場したころから、すでにこの流れが主流であった。日本に進出している外資系流通大手企業は、基本的に1段階チャネル取引を主としてとりながら、巨大なバイイングパワーを利用して豊富な品揃えと低価格で攻勢をかけている。米国の玩具小売店「トイザらス」やディスカウント小売業の「ウォルマート（西友）」、巨大家具小売業の「イケア」（スウェーデン）などはその典型である[12]。

　世界的に見ると、カジュアル・ファッション衣料品業界では、製造小

11──ファーストリテイリングの売上高営業利益率は、2008年8月期連結決算数値より算出すると14.9％と非常に高い数値になっている。
12──トイザらス（米国）は1989年に、ウォルマート（米国）は、西友を子会社化する形で2005年に日本に進出している。

売業（SPA）を志向する企業が増えているのが目立つ。例えば、GAP（米国）、ZARA（スペイン）、H&M（スウェーデン）、ジョルダーノ（香港）など、現在、好業績を達成している衣料品小売業は、1段階チャネルのモデルに近い事業形態で運営されている。[13]

ただし、日本に進出したグローバル小売業が、商品調達力を武器に、1段階モデルで最終的に成功を収めることができるかどうかは、未知数である。実際に、ハイパーマーケット業態の「カルフール」（フランス）は、2002年に日本市場に進出したが、2005年にはすべての店舗をイオンに売却して撤退している。化粧品小売りチェーンの「セフォラ」（フランス）は、1999年に銀座に進出したが、2年後の2001年に撤退している。また、ドラッグストアの「ブーツ」（英国）も、1998年（1号店は1999年）に進出したが、日本市場から2001年に撤退している。グローバルで強力な商品調達力を持っているにもかかわらず、日本ではいまのところ大成功している外資流通企業は存在していない。

日本の大手メーカーと主要小売業グループの間でも、かつての取引関係が小売りの強力な購買力によって崩されはじめている。しかし、巨大化した小売業の経営効率も同時に問われはじめている。

(3) 2段階チャネル（生産者⇒卸売業者⇒小売業者⇒消費者）

「2段階チャネル」（two-level channel）では、生産者から消費者に商品が提供される間に、卸売業者と小売業者という2つの流通業者が入る。この2段階チャネルは、日本の典型的な流通経路である。多くの生産者が、この2段階流通チャネルを採用している。

食品流通などでは、2段階チャネルを利用することが多い。日本では歴史的に見て、卸売業者がメーカーの特約代理店である色彩が強かった。そのため、メーカーも製品を卸売業者に通すことが優先されていた。したがって、その後も、欧米のように1段階チャネルをあまりとらなかったのである。

とりわけ、生鮮食料品の取引では、大正時代以降、政府の政策的な指導もあって、地方都市を含んだ都市部で生鮮品の卸売市場が急速に発達した。農林水産業者（農協や漁協）は、農産品や海産物を都市部の卸売市場（荷受会社＝卸売会社）に委託品として輸送することが習慣になっ

---

[13] 日本への上陸年度はそれぞれ、GAP（1995年）、ZARA（1998年）、H&M（2008年）、ジョルダーノ（1992年進出、同年撤退後、2001年に再進出）である。

た。その結果として、米穀類、青果、鮮魚、花き類などの生鮮品では、卸売市場でのせり取引が主流となった。

ただし、日本でも最近は、大型スーパーマーケットを中心に1段階チャネルでのメーカーとの直接取引が進んでいる。そのため、卸売業者も単なる中間業者としての役割ばかりでは生き残れなくなっている。そこで、商品調達力を生かした品揃えや高度な物流機能の強化を図るとともに、いままでの延長線上にある卸売業の役割以外の小売業支援に力を注いでいる。それは、小売店舗における一歩踏み込んだ店舗運営に関する提案や販売情報管理など、小売店舗にとって有用な情報提供による営業強化である。

こうした営業戦略上の差別化を図る卸売業者が、今後ますます増えてくるものと予想される。実際に、食品流通卸の「菱食(三菱グループ)」などでは、単なる卸売業者から、時代が求める食品のトータルなマーケティング提案を行う企業に業態を変えていっている[14]。「国分」や「明治屋」も同様な経営努力をしている。

(4)3段階チャネル(生産者⇒卸売業者⇒二次卸売業者⇒小売業者⇒消費者)

「3段階チャネル」(three-level channel、多段階チャネル：multi-level channel)では、生産者から消費者に商品が提供される間に卸売業者、二次卸売業者、小売業者という3つの流通業者が入る。このように、流通チャネルが多層化されると、生産者は少ない取引数で多くの消費者に商品を供給することが可能になる。

例えば、メーカーが2社の卸売業者を通して商品を提供し、さらにその後、卸売業者が2社の二次卸売業者を通し、二次卸売業者もそれぞれ2社の小売店に商品を流通させていく場合を考えてみる。そうすると、最終的には2×2×2＝8カ所の小売店で商品が販売されることになる。このように、多層化すると、メーカーは少ない取引でも販売箇所が増えていき、在庫管理のわずらわしさを最小限に抑えることができる。しかしその半面で、流通チャネルが多層化すればするほど、最終地点で販売される商品のコストは上積みされることになる。

14――菱食は、「消費と生産を結ぶ価値あるかけ橋」を企業理念として、商品開発・提供に留まらず、業態開発からメニューの開発、店舗運営に至るまで、フードサービスにおけるトータルな提案を行っている。菱食HP「企業理念」および「事業内容」参照、http://www.ryoshoku.co.jp/project/index.html。

第14章 流通チャネル政策(1)：代替的チャネル選択

図表14.7　流通の多段階性（W/R比率）

		日本 1994年	アメリカ 1992年	イギリス 1990年	フランス 1990年	西ドイツ 1990年
小売業	小売店数（千店）	1,500	1,526	348	462	439
	人口1万人当たり小売店数	120	60	61	81	69
	小売就業者1人当たり売上（千ドル）	103	143	116	130	133
	小売1店当たり就業者数	4.9	12.7	8.7	4.5	5.4
卸売業	卸売店数（千店）	429	415	143	132	190
	人口1万人当たり卸売店数	34	16	25	23	30
	卸売就業者1人当たり売上（千ドル）	597	561	422	312	371
	卸1店当たり小売店数	3.5	3.7	2.4	3.5	2.3
W/R比率		3.89	0.93	1.11	1.2	1.62

注：1. 就業者1人当たり売上の統計年度は日本：1993年、アメリカ：1992年、イギリス：1989年、フランス、ドイツ：1990年。統計年度の購買力平価でドル換算
　　2. W/R比率の統計年度は日本：1988年、アメリカ：1990年、イギリス：1989年、フランス、ドイツ：1990年

出典：加藤司（1997）「日本的流通システムが変わる」大阪市立大学インターネット講座 http://koho.osaka-cu.ac.jp/vuniv1997/kato/02.html。元データは産業構造審議会・中小企業政策審議会合同会議答申資料、EC委員会、Retailing in the European Single Market 1993, OECD, National Accounts, 日本銀行『経済統計年報』、経済企画庁総合計画局編『データで読む日本の経済構造』（1997）東洋経済新報社

　多層化した流通チャネルは、日本の流通システムの特殊性として、かつては欧米などから批判されることも多かった。実際、欧米では大手小売量販店を中心に、1段階チャネルや2段階チャネルをとることが多い。図表14.7を見てもわかるとおり、流通チャネルの長さを示すW/R比率は、米国0.93、英国1.11なのに対して、日本3.89と極端に比率が高い。こうした小売業のチャネルの多層化は、取引関係の複雑さと相まって、外資系小売業の日本への参入を阻む要因でもあった。[15]

　取引関係では、日本は同一業者との長期取引を重視する傾向が強く、関係強固で安定的な供給を得ることができる。その半面で、市場での競争原理が働かず、コスト高を生むという弊害もあった。それに加えて、小売りで売れ残った商品でも、メーカーが引き取ってくれる「返品制

15——ただし、日本のW/R比率は、近年、急速に低下しつつある。2004年には3.04である。佐々木保幸（2007）「卸売業の機能と諸形態」齊藤雅通、佐々木保幸編『現代流通入門』有斐閣、69頁。その背景には、中小小売業の廃業、大手小売業へのシェア集中、工場の海外移転、海外直接調達などの要因が挙げられる。

度」も存在し、小売り側のリスク軽減が図られてきた（江尻　2003）。こうした返品返金制度は、米国にはほとんど存在していない。この点でも、日本の取引関係は、海外から見ると複雑性をさらに高めていると思われる。[16]

3──代替的チャネルの選択

1.チャネル組織の諸類型

　流通チャネルの組織構造は、図表14.8のように、大きくは「伝統的マーケティング・チャネル」（conventional marketing channel）と「垂直的マーケティング・チャネル」（vertical marketing channel）とに分かれる。

　伝統的マーケティング・チャネルでは、商品が生産者から卸売業者、小売業者へと流れ、最終使用者である消費者に提供される。この場合、生産者は、生産するだけに留まり、卸売業者は流通における中間業者としての役割のみを果たしている。そして、小売業者についても同様に、消費者に対しての販売のみを請け負っている。このように、生産者、卸売業者、小売業者が、それぞれの役割のみを担う機能分担が明確にされているのが、伝統的マーケティング・チャネルの特徴である。

　一方、垂直的マーケティング・チャネルでは、生産者と卸売業者、小売業者が一体となって、商品の生産から販売に至るまでのチャネル業務を遂行している。消費者に商品が提供されていくまでの流通過程で、何らかの形で、流通システム内での調整が行われている。つまり、垂直的マーケティング・チャネルでは、商流、物流、情報流の側面において、全体的あるいは部分的に、製配販（製造、配荷、販売）の統合が行われているのである。

　「統合の方式」（mode of integration）はさまざまである。自動車産業やトイレタリー・化粧品業界のように、製造部門と卸部門の組織が一体

16──江尻弘（2003）『百貨店返品制の研究』中央経済社、江尻弘（1979）『返品制──この不思議な日本的商法』日本経済新聞社、倉澤資成（1991）「流通の『多段階性』と『返品制』──繊維・アパレル産業」三輪芳朗、西村清彦編『日本の流通』東京大学出版会。

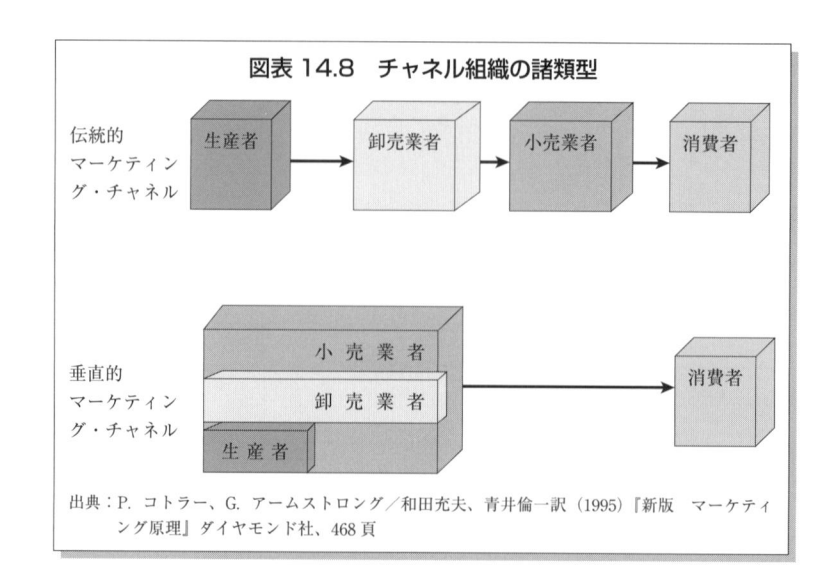

図表 14.8　チャネル組織の諸類型

伝統的マーケティング・チャネル：生産者 → 卸売業者 → 小売業者 → 消費者

垂直的マーケティング・チャネル：（小売業者・卸売業者・生産者が統合）→ 消費者

出典：P. コトラー、G. アームストロング／和田充夫、青井倫一訳（1995）『新版　マーケティング原理』ダイヤモンド社、468頁

化され、小売部門は系列化されている場合がある。あるいは、一部の衣料品小売りチェーンのSPAのように、卸と販売は完全に統合されているが、製造段階は、商品の企画や物流面で緩やかに統合されているケースもある。いずれにしても、川上から川下に至るまでの流通チャネルが、組織的にか、情報的にか、物流面でか、あるいはそのすべてにおいて、何らかの形で結合されているのである。

　日本の企業も、最近ではこのような垂直的マーケティング・チャネルをとることが多い。垂直的マーケティング・システムは、いくつかのタイプに分かれる。ここでは、それぞれのタイプに分けて説明していくことにする。

2. 垂直的チャネルシステム

　垂直的マーケティング・チャネルのシステム（VMS：Vertical Marketing System）は、図表14.9のように、「企業型垂直的マーケティング・システム」「契約型垂直的マーケティング・システム」「管理型垂直的マーケティング・システム」の3つのマーケティング・システムに分類することができる。それぞれのチャネルシステムは、しばしばその表記を簡略化して、企業型VMS、契約型VMS、管理型VMSとも呼ばれている。

```
図表 14.9  垂直的チャネルシステムの主なタイプ

                    垂直的
                 マーケティング・
                 システム（VMS）
          ┌─────────┼─────────┐
       企業型VMS    契約型VMS    管理型VMS
               ┌─────┼─────┐
            卸売主導  小売協同組合  フランチャイズ
           ボランタリー・            組織
             チェーン
                        ┌─────┼─────┐
                     生産者主導  生産者主導  サービス業者主導
                       小売     卸売       小売
                    フランチャイズ フランチャイズ フランチャイズ
                     システム    システム    システム
```

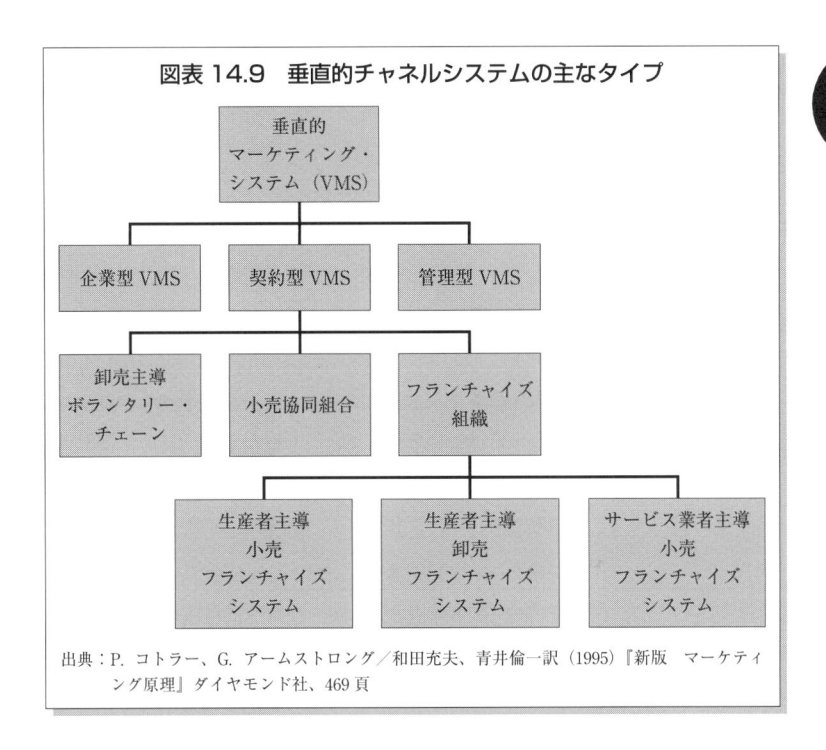

出典：P. コトラー、G. アームストロング／和田充夫、青井倫一訳（1995）『新版 マーケティング原理』ダイヤモンド社、469頁

(1) 企業型垂直的マーケティング・システム（corporate VMS）

「企業型VMS」とは、メーカーがその傘下に販売を受け持つ小売流通部門を持ったり、それとは逆に、販売会社である小売流通業者が自社ブランドを製造するために工場を所有し、生産部門を持ったりすることである。

製造から販売に至るまでの機能を単独の組織で行っていくのが、企業型VMSである。基本的には、製造から販売まで同一の資本で経営が行われることが多い。企業型VMSにおいては、製造と販売を担っている会社が別企業ではあっても、何らかの形で組織間に資本関係が存在していることがふつうである。

製販を統合するために組織形態まで変えてしまったのが、トヨタ自動車のケースである。もともとトヨタ自動車は、製造部門（トヨタ自動車工業）と販売部門（トヨタ自動車販売）が別会社であった。しかし、1982年に、製造会社と販売会社を統合して現在の「トヨタ自動車」を誕生させた。両方の企業が持っていた重複機能（商品企画やマーケティング、市場調査）を統合し、開発・生産・販売を迅速・円滑に行うための

組織統合であった。

企業型VMSの利点は、企業活動全体を通じた効率性の追求によって、コスト削減効果と消費者ニーズの変化に適応できる迅速な生産体制の構築が可能だということである。そして、伝統的なマーケティング・システムでしばしば起こりうる企業間コンフリクトを防ぎ、組織間で目的を共有しながら製造と販売の協業体制をスムーズに組むことができる。企業型VMSを実現できれば、市場における競争優位が構築しやすいのが利点になる。

(2) 契約型垂直マーケティング・システム（contractual VMS）

「契約型VMS」とは、独立した企業同士が一定の契約条件（例えば、フランチャイズ契約やボランタリー・チェーン契約）のもとに、製造部門、卸売部門、小売部門を一体化していくことである。

基本的には、契約型VMSでは、資本による企業同士の結合はないので、資本関係は存在しない。企業型VMSとは異なり、契約に基づいてチャネルの拡大ができるため、スピード感のある組織の拡大には有効に働くのである。その半面で、お互いが完全に統合されているわけではないので、主導的な立場にあるフランチャイズ・チェーンの本部（フランチャイザー）であっても、加盟店（フランチャイジー）を統制しづらいという欠点もある。

例えば、フランチャイズ組織を中心に展開するモスバーガーは、「赤モス」から「緑モス」に業態転換を試みたが、計画どおりには業態転換が進まなかった[17]。一方、直営店の多いマクドナルドでは、都市部での24時間営業での店舗展開も迅速に行われ、深夜時間帯の新たな顧客をしっかりと吸収している[18]。

---

[17] ——「モス、反転攻勢策は、桜田社長に聞く――既存店、宅配・24時間で売上高増」『日経MJ（流通新聞）』2007年5月25日、19面。「『緑』モス、効果不十分――06年度上期、既存店売上高4％減」『日経MJ（流通新聞）』2006年11月20日、19面。

[18] ——モスバーガーの店舗数は2008年8月現在1340店あるが、そのうちFC加盟店が1248店（直営店92店）となっており、その比率は93.1％と非常に高い。一方のマクドナルドは、2008年6月現在3746店あるが、それとは逆に、直営店の数が2674店（FC加盟店1072店）あり、その比率は71.4％である。マクドナルドは、従来は直営店を中心に店舗展開がなされてきたが、2008年からは急速にFC化を進めている。「マクドナルド、今年3.5倍に、直営500店をFC化、全体の4割に拡大」『日本経済新聞』2008年3月27日朝刊、15面。日本マクドナルドホールディングスHP『2008年度12月期通期決算状況』（2009年2月4日）http://www.mcd-holdings.co.jp/pdf/2008/2008_result.pdf。

(3) 管理型垂直マーケティング・システム (administered VMS)

「管理型VMS」とは、強力なブランド力や高度な情報システムを持つことによって、ブランド力や情報力を組織の求心力に、製造部門、卸売部門、小売部門が組織的に統合されている場合である。管理型VMSでは、組織間の関係が強固になればなるほど、組織化した企業に対して資本出資している場合が多い。その場合は、限りなく企業型VMSに近づいていくことになる。

こうした関係は、大手コンビニエンス・ストアと弁当製造加工メーカーとの間にしばしば見られる。セブン-イレブン・ジャパンをはじめとする大手コンビニエンス・ストアは、強力なブランド力と情報力によって、圧倒的な販売量を誇っている。提携関係にある弁当製造加工メーカーは、大手コンビニエンス・ストアとの取引関係のもとに、弁当の商品開発と製造・販売の活動を、チェーン本部と一体的に計画している。

例えば、セブン-イレブンに置かれているおにぎりや弁当は、「わらべや日洋」（東証一部上場、本社：東京都小平市）がその製造の多くを受け持っている。新しい弁当を開発する場合には、セブン-イレブンの商品担当者とわらべや日洋の企画担当員が、共同で商品開発を行っている。商品企画チームには、大手食品加工メーカー（例えば、味の素、キユーピー、ハウス食品）なども加わっている（「チーム・マーチャンダイジング」と呼ばれる）。

このような関係が構築されると、小売り側が店舗拡大をしていく際には、その規模に応じて、メーカーや加工卸側の企業が新たに工場を新設するなどの投資が行われることが多い。こうした投資は、「関係特定的投資」と呼ばれる[19]。運営面でも、しだいに組織間の依存関係が深まっていく[20]。

ZARAやファーストリテイリングのようなアパレルのSPA企業（製造小売業）の場合も、管理型VMSである。ZARAはスペインや東欧の工

---

[19] セブン-イレブンが新たに富山、福井、石川の北陸3県への出店を計画する際も、それに対応するために、わらべや日洋は2008年北陸工場の新設を決定している。ちなみに、わらべや日洋へのセブン-イレブンの資本出資率は、2008年2月現在7.11％で、第3位の株主となっている。

[20] 尾崎久仁博（1998）『流通パートナーシップ論』中央経済社、佐藤善信（1996）「有力メーカーとパワー・リーテーラーの戦略的駆け引き」石原武政、石井淳蔵編『製販統合——変わる日本の商システム』日本経済新聞社、19〜42頁。

場で、ユニクロは中国やベトナムの現地工場で、自社製品の生産をしている。どちらの企業も自社工場を所有しておらず、現地の協力工場に100％生産を委託している。製造（現地協力工場）と販売（SPA企業）は、商品企画、情報・物流面においては完全に統合されたシステムである。しかしながら、SPA企業と協力工場との間に資本関係は存在していない。

3．契約チャネル

(1) ボランタリー・チェーン (VC：Voluntary Chain)

　小売業界の世界では、日本でもセブン＆アイ・ホールディングスやイオングループなど、5兆円を超える巨大流通グループが誕生している（図表14.10）。これらの流通グループに伍して、中小規模の小売流通業が戦っていくには、規模の面では非常に厳しいものがある。そこで、複数の小売店同士が協力し合って仕入れを共同化し、商品調達力などを強化しようと組織されるのが、「ボランタリー・チェーン」である。

　ボランタリー・チェーン（VC）は、企業型VMSとは異なり、基本的に、本部と各店舗の間に資本関係は存在していない。ボランタリー・チェーンを運営する目的は、共同仕入れなどによるコスト削減と、共同

図表14.10　2007年度　小売業売上ベスト10（企業グループ別）

	会社名	売上高
1	セブン＆アイ・ホールディングス	5兆7,523億円
2	イオン	5兆1,673億円
3	ヤマダ電機	1兆7,678億円
4	ユニー	1兆2,162億円
5	ダイエー	1兆1,960億円
6	J.フロントリテイリング（大丸＋松坂屋）	1兆1,779億円
7	髙島屋	1兆427億円
8	西友（2007年末ウォルマートの完全子会社化へ）	9,873億円
9	エディオン	8,512億円
10	伊勢丹（2008年より三越伊勢丹ホールディングス）	7,739億円

参考：ウォルマート（米国）は、日本円で約34兆円（3,124億ドル）
出典：「2007年度 小売業売上高ランキング」『日経MJ（流通新聞）』2008年6月25日（日経ナビHP http://job.nikkei.co.jp/2009/contents/business/retail/）。各社の売上高、経常利益は単独もしくは連結の数字

PB開発などの商品力強化が主たる狙いである。中小小売企業では単独で大手に対抗することは難しいため、お互いが協力し合って仕入れや販促を共同で実施しようとするものである。

ボランタリー・チェーンでは、本部と小売業との間で資本が異なるため、店舗運営はそれぞれの自主性に任されている。関係性はごく緩やかなものであり、本部の拘束力はあまり強くないのが特徴である。

日本の代表的なボランタリー・チェーンとしては、地方スーパーマーケットの連合組織体である「CGCジャパン」を挙げることができる。CGCの加盟企業数は、全国各地の中小スーパーマーケット222社で、総店舗数は3371店舗である（2009年2月）。グループ年商は、3兆9461億円（2008年度）である。CGCは、PB商品の開発や共同仕入れを行っている。[21]

ボランタリー・チェーンには、「小売業主宰VC」と「卸売業主宰VC」の2つのタイプがある。CGCは小売業主宰のボランタリー・チェーンである。その他に、小売業主宰のVCとしては、「全日食チェーン」がある。[22] 卸売業主宰VCとしては、食品卸の国分が主宰するコンビニエンス・ストア・チェーン「KGC：国分グローサーズ・チェーン」などがある。[23]

(2)フランチャイズ・チェーン（FC：Franchise Chain）

フランチャイズ・チェーンとは、「フランチャイザー」（franchiser）と呼ばれる「本部」と「フランチャイジー」（franchisee）と呼ばれる「加盟店」が、一定の契約のもとに活動している販売組織である。フランチャイズ・チェーンの組織形態は、多様である。メーカーが主宰して小売店舗を運営している場合、メーカーが主宰して卸売業者をフランチャイズ経営している場合など、その形態はさまざまである。

例えば、メーカーが主宰して小売店舗を運営しているフランチャイズ・チェーン・システムには、モスバーガーをはじめとしたファストフ

---

[21] CGCジャパンは、全国約3300店のスーパーマーケットで構成する日本最大の「コーペラティブ・チェーン」（協同組合）である。コーペラティブ・チェーンは、広義な意味でのボランタリー・チェーンである。そのため、本書では、ボランタリー・チェーンとして扱っている。

[22] 全日食チェーンは、加盟店1789店、売上890億円（2008年度）。

[23] ストアブランド名は、「コミュニティ・ストア」。全国279店舗（2008年12月末）で、売上は122億円（2007年度）。

第14章 流通チャネル政策(1)：代替的チャネル選択

ードのチェーン店がある。また、生産者が主宰して卸売業者を運営しているフランチャイズの代表的なものは、コカ・コーラである。

フランチャイズ・チェーン・システムでは、原則として、本部と加盟店との間に資本関係は存在しない。セブン-イレブンのように、本部による店舗運営のノウハウが非常に魅力的であったり、モスバーガーのように販売する商品そのものに大きな魅力があったりすることで、フランチャイジーと呼ばれるオーナーはFCの加盟店となる場合が多い。

加盟店側から見たFCの最大の魅力は、その強力なブランド力によって生まれる顧客誘引力である。本部は、ブランド力（看板）とビジネス運営のノウハウ（知識・技術）を最大限に生かして、加盟店が上手に店舗を運営していくことを支援するのである。

フランチャイズ・チェーンの場合、通常、自前で店舗開設資金を用意する。その上で、売上高あるいは利益額に対して一定の「ロイヤリティ」を本部に対して納める[24]。そのため、場合によって、独自店舗を構えるよりも利益率が低くなることもある。それとは反対に、本部が運営ノウハウを提供してくれたり、商品を一括して仕入れることができるので、経営の効率化が図れるという利点がある。また、ブランド力の高い商標権の許諾や共同広告やプロモーションなどを積極的に行ってくれるため、出店の初期段階から一定の販売を見込むことができる。

ところが、最近では、同一業種間の店舗間での競争が厳しくなり、販売不振で店舗を閉じることも増えてきている。とくに、コンビニエンス・ストアは、すでに全国で4万店を超えており、一部地域では出店過剰（オーバーストア）状態になっている。セブン-イレブンやローソンといった大手コンビニエンス・ストアでも、年間5％程度の店舗が閉鎖されている[25]。

直営店舗を中心に店舗展開を図っているFCチェーンでは、同一地域

---

[24] セブン-イレブンの加盟店が本部に支払う標準のロイヤリティは、総売上利益の40％前後といわれている。この中には、商標の許諾料、広告宣伝、什器、システム機器などが含まれている。

[25] 2007年度の閉店率は、セブン-イレブン4.3％、ローソン5.0％（2月期決算、ローソンの総店舗数はナチュラルローソン、ローソン100直営店を含めて計算）。セブン＆アイ・ホールディングスHP『コーポレートアウトライン2008　主要事業会社の営業データ』http://www.7andi.com/ir/pdf/corporate/2008_06.pdf およびローソンHP『アニュアルレポート2008』（2008年2月期） http://www.lawson.co.jp/company/ir/library/pdf/annual_report/ar_2008.pdf のデータより算出。

COLUMN-28
ドミナント出店戦略

　駅の北口にセブン–イレブン、南口にもセブン–イレブン。街を歩いていると、あちこちでオレンジと緑の外観の店が目に入ってくる。いまやコンビニエンス・ストアは飽和状態である。ときには、同じ会社の店舗が、100メートルも離れずに近接しているケースもある。その中でも目につくのが、コンビニ最大手のセブン–イレブンである。

　例えば、筆者の勤務地のJR市ケ谷駅の半径2キロ（徒歩25分）圏内には、セブン–イレブンが17店舗もある。同じエリアにこれほど多く出店するとなると、自社店舗同士が競合することになる。経営的に成り立っているのだろうか？

　これは、「ドミナント出店戦略」として知られる小売業チェーンの基本戦略である。店舗数のシェアと売上シェアは、必ずしも正比例しない。米国のガソリンスタンドを対象にした調査によると、一定のエリアでの店舗数シェアが小さい（30％以下の）会社は、売上高シェアが大きく伸びることはない。しかし、店舗数のシェアが30％を超えると、売上が飛躍的に伸びることがわかっている（図1参照）。一定の地域に、同じ看板のコンビニを密集させたほうが、1店舗当たりの売上が増えるのである。以下では、その理由を説明してみる。

　ドミナント戦略による集中出店が正当化できる理由は、「お客は見慣れたものに目が行きやすい」という消費者心理が関係している。ぼんやりテレビを見ていても、自分が乗っている車のCMが流れると、われわれはそのCMに気がつきやすい。この現象は、店舗の場合でも同じである。あまり親しみのない店よりは、ふだんから利用していて、なじみのある店の看板のほうに目が行きやすくなる。だから、店舗シェアが大きいほうが集客には有利になる。

　店舗を集中させる戦略は、コンビニ本部にとってもメリットが大きい。そのひとつが物流コストである。商品の配送費用は、配送エリアの半径に対して2乗倍で増えていく。商勢圏の半径が2倍になれば、配送トラックは台数が4倍必要となる。だから、物流コストを抑えるには、店舗をできるだけ密集させたほうが有利なのである。

　また、一定地域に店舗が集中していると、店舗管理も効率的になる。自社店舗が密集しているほうが、コンビニのスーパーバイザーが効率的に移動できる。担当エリアが狭いと、マーケットも同質になるので、地

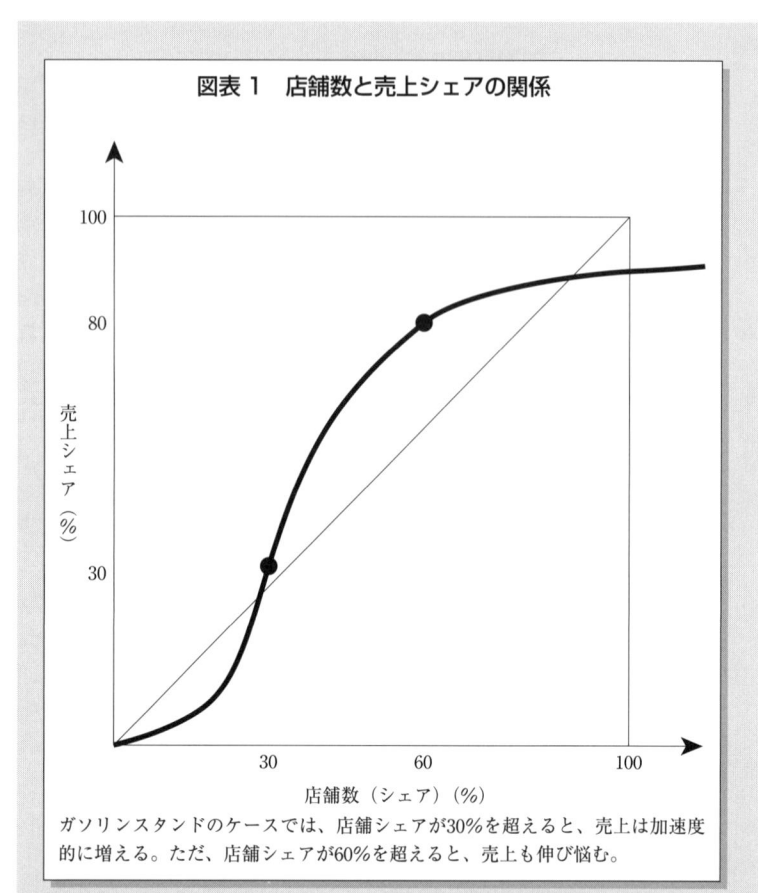

第14章 流通チャネル政策(1)：代替的チャネル選択

図表1　店舗数と売上シェアの関係

縦軸：売上シェア（%）、横軸：店舗数（シェア）（%）

ガソリンスタンドのケースでは、店舗シェアが30％を超えると、売上は加速度的に増える。ただ、店舗シェアが60％を超えると、売上も伸び悩む。

域の特性に合わせた展開ができる。例えば、あるビジネス街で「A弁当が売れて、B弁当が売れていない」とわかれば、同じエリアの他店も同じ商品構成で展開できる。需要の予測制度が高まり、発注ミスによる廃棄ロスを減らすことができる。

　消費者には買いやすく、チェーン店側は管理もしやすいので、ドミナント出店の利点は大きい。ドミナント出店を採用しているのは、コンビニだけではない。他業種のチェーン店でも同じである。ドトールやマクドナルド、すき家や吉野家を見ても、ドミナント戦略が採用されていることに気がつくだろう。

出典：小川孔輔（2009）「セブンイレブンの秘密、なぜ同じチェーンの店舗がすぐ近くにあるのか？」『Big Tomorrow』（4月号）。

に多くの店舗を集中して効率性を高める「ドミナント出店戦略」を打ち出している。本部が自社の直営店だけで店舗展開すると、初期投資に相当な資金が必要であるからである。ドミナント戦略によって、ある特定地域で多店舗化が進むと、当該地域での認知度が高まり、チェーンのイメージが良くなる。配送用トラックの積載率が改善され、結果的に、配送コストの低減効果が表れたりする（COLUMN-28）。

大幅な投資負担の軽減ができるフランチャイズ・システムは、急速な成長や迅速な事業転換を目指す企業にとって非常に魅力である。従来は、直営店舗展開を中心に展開してきたマクドナルドも、最近は、出店方針を直営からフランチャイズ方式に転換してきている。FC加盟店数を増やして出店投資コストを抑え、その分を魅力ある商品開発やプロモーションなどに充てようとしている[26]。

この他にも、契約チャネルとしては、生協のような形態の組織もある。消費者が顧客であると同時に、運営主体のメンバー会員となって出資して、場合によっては、共同店舗を構える組織形態「消費者共同体」（consumer cooperative）などがある。

4──流通経路の設計

1. 流通チャネルの経路

本節では、マーケティング・チャネルのデザインについて考える。呼び方は異なっているが、マーケティング・チャネル（marketing channel）、流通チャネル（distribution channel）、流通経路など、ほぼ同じ意味で用語が使用されている。

流通チャネルを設計するにあたって、メーカーは、製品の性格によって、効果的なチャネルを選択する必要がある。流通チャネルは、大別すると、開放的チャネル、選択的チャネル、排他的チャネルの3つに分類される（図表14.11）。

---

[26]──マクドナルドは、2006年から地域ごとに直営店とFC店の棲み分けを明確にしてFC店比率を高め、将来的には直営店比率を現在の7割から3割まで落とす計画を進めている。「マクドナルド、FC主体に──比率3割、5年後メド7割に、店舗投資負担を抑制」『日本経済新聞』2007年3月16日朝刊、11面。

図表 14.11　チャネル経路の比較

	開放的チャネル	選択的チャネル	排他的チャネル
特徴	販売先は限定しない →広範囲に流通	販売先は限定する →特定の店舗で流通	販売先は限定する →専門店で流通
利点	販売機会が増える 市場拡大がしやすい 市場浸透がしやすい	コントロールがしやすい 価格が維持しやすい 在庫管理がしやすい 顧客に十分な説明が可能	コントロールがしやすい 顧客に丁寧な説明が可能 一定の販売が見込みやすい 売れ残りリスクの抑制
欠点	コントロールしづらい 価格競争が起きやすい 在庫管理がしづらい	販売機会が少ない 市場拡大がしづらい 店舗費用がかさむ	メーカーの負担が大きい 販売機会が少ない
代表例	最寄品、日用品 購買間隔が短い商品	ブランド製品 高価な商品	自動車など高価な耐久消費財

(1) 開放的チャネル (intensive distribution)

「開放的チャネル」は、自社製品をより多くの店舗で取り扱ってもらうために、できるだけ多くの流通チャネルを活用していこうとするチャネル施策である。開放的チャネル施策は、販売経路を限定することなく、よりオープンにしていくチャネル選択の方法である。結果として、自社製品が広い範囲の消費者に行き渡り、最終的には販売機会が増えることが期待できる。

それとは逆に、販売できる場所が増えていけばいくほど、それぞれの販売箇所での販売方法などを細かくチェックすることが難しくなる。また、販売箇所が増えると流通チャネルの中間地点で、全体としてより多量の在庫を抱え込むことにもなる。販売の低迷で多量の不良在庫が発生する危険性が高まる。

在庫リスクはあるが、日用品や消費財などの最寄品は、開放的チャネルが有効である。なぜならば、最寄品は、消費される量が多いため、比較的購買間隔も短く、使用頻度も高いからである。

さらに、最寄品は単価が安いので、販売量が増えないと大量生産によるコスト削減効果が期待できない。価格競争の厳しい商品であればなおさらに、大量販売→大量生産→コスト削減→価格競争力向上という良い循環を求めることになる。在庫処分などで商品が安値で販売されて、ブランド・イメージを崩さないように、適度な開放度に留める措置をとることも必要である。

(2) 選択的チャネル (selective distribution)

「選択的チャネル」は、特定販売箇所だけに自社製品の販売権を与える流通政策である。選択的チャネルでは、販売箇所が限られるため、メーカーが商品の販売方法などをコントロールしやすいという利点がある。また、在庫管理に関しても、多くの販売チャネルを持つ開放的チャネルと比べて、全体として在庫は少なくてすむ。したがって、相対的に不良在庫を多く抱えるリスクは少なくなる。

一方、選択的チャネルは販売網が限られるため、販売機会が少なくなるというデメリットもある。このような点を考えると、選択的チャネルは、ブランド力が強い商品や差別化がなされている場合には有効だが、日常に使用される最寄品には一般的に適さないということになる。

選択的チャネルで成功した例としては、アップルの初期のiMacが好例であろう。斬新的なデザインとスケルトンカラーで世界を席巻したiMacは、従前のパソコン販売店を利用せず、アップルが独自に決めた基準をクリアした店舗のみで販売を許した。選択的チャネル政策を採用した結果、アップルが考えるiMacのイメージに沿った店頭でのディスプレイが可能となった。iMacの製品イメージを高めることに寄与している。このように、選択的チャネルは、自社ブランドのイメージをコントロールしやすいという利点がある。

ルイ・ヴィトンをはじめとしたブランド品や資生堂をはじめとした化粧品会社は、ブランドごとにこの選択的なチャネル施策をとっている。販売箇所を自社のコントロール下に置き、ブランドイメージを維持しているのである。

(3) 排他的チャネル (exclusive distribution)

「排他的チャネル」は、決められた商品以外は販売できないという契約のもとで、独占的に自社製品を卸していく流通チャネルの施策である。排他的チャネルでは、販売店が扱っている商品のアイテム数は相対的に少ない。そのために、販売員は商品ごとに知識がつきやすく、それだけ丁寧に顧客に接することが可能となる。したがって、比較的購買間隔の長い自動車などの耐久消費財には、排他的なチャネルが向いていることがわかる。

自動車メーカーが行っているチャネル施策を見てみる。日本の自動車業界では、「ディーラー」と呼ばれる販売会社では、基本的に特定系列

の自動車メーカーの車しか販売できない。さらに、販売チャネルごとに、販売できる車種まで決まっている。

例えば、図表14.12のように、トヨタカローラ店では、トヨタの車以外は販売できない。それと同時に、トヨペット店で販売しているクラウンも販売できない。クラウンはトヨペット店では販売しているが、カローラ店やネッツトヨタ店では販売していないのである。

このように、自動車販売では多くの場合、排他的チャネルを長年利用していた。しかし、最近では、こうした傾向に変化が出はじめている。メーカーも、人気車種では排他的チャネルをとるのではなく、販売店にも考慮して販売箇所が重複しても人気車種は販売を許可するようになってきている。[27]

家電流通においても、同様な動きが広がってきている。パナソニックとスーパーパナソニックショップ（旧ナショナルショップ）の関係も同様である。基本的には、パナソニックショップは、パナソニックの商品しか販売できない排他的なチャネル施策によって成り立っている。こうした排他的なチャネル施策がとられている系列店では、他社製品を販売することができないため、系列の親元メーカーからヒット商品が出ないと、経営上は非常に苦しい状況に陥る。

メーカーは、系列店に対して販売奨励金などの名目で系列店への優遇策を講じ、その関係を維持しようとしている。その背景には、メーカー側からすれば、他社との併売がない専売制のため、一定の販売が見込みやすく、売れ残りのリスクを抑えることができたからである。

そのリスク軽減と引き換えに、メーカーは系列店を支える負担が発生していた。しかしながら、需要の低迷とともに、メーカー側も、経営の負担となる優遇策や販売チャネルの再構築などの見直しに着手せざるをえなくなっている。また、家電業界では、同業他社との激しい競合と大型量販店による寡占化によって、排他的チャネル施策を見直し、販売量の圧倒的に多い大型量販店に傾注するようになってきているのである。

---

[27] 日産では、当初ブルーステージとレッドステージに販売車種を分けていたが、2005年4月から統一、現在では全販売店で日産の全車種を販売している（日産HP「ビジネスパートナーとともに」参照）。

図表 14.12 流通チャネルによる販売車種の違い（2008年末現在）

トヨタ

- トヨタ店：センチュリー、クラウン、アリオン、プリウス、ランドクルーザー 他
- トヨペット店：マークX、イプサム、プレミオ、プリウス、ハリアー、ベルタ 他
- トヨタカローラ店：カムリ、カローラ、エスティマ、パッソ 他
- ネッツ店：bB、ヴィッツ、オーリス、ウィッシュ、ヴォクシー、ist 他
- レクサス店：LS（セルシオ）、GS（アリスト）、IS（アルテッツァ）、SC（ソアラ）他

└ 2004年ネッツトヨタ店とトヨタビスタ店統合

マツダ

- マツダ店：ロードスター、デミオ、MPV、プレマシー、アテンザ 他
- アンフィニ店：ロードスター、デミオ、MPV、プレマシー、アテンザ 他
- オートザム店：CX-7、キャロル、AZワゴン、アクセラ、プレマシー、デミオ、BIANTE 他

ホンダ

- ベルノ店：オデッセイ、フィット 他
- クリオ店：レジェンド、アコード、オデッセイ、フィット 他
- プリモ店：オデッセイ、CR-V、シビック、フィット、ライフ、バモス 他

└「ホンダカーズ」2006年一本化

日産

- ブルーステージ：シーマ、キューブ、エルグランド 他
- レッドステージ：シーマ、スカイライン、マーチ、セレナ 他

└ 2005年統合

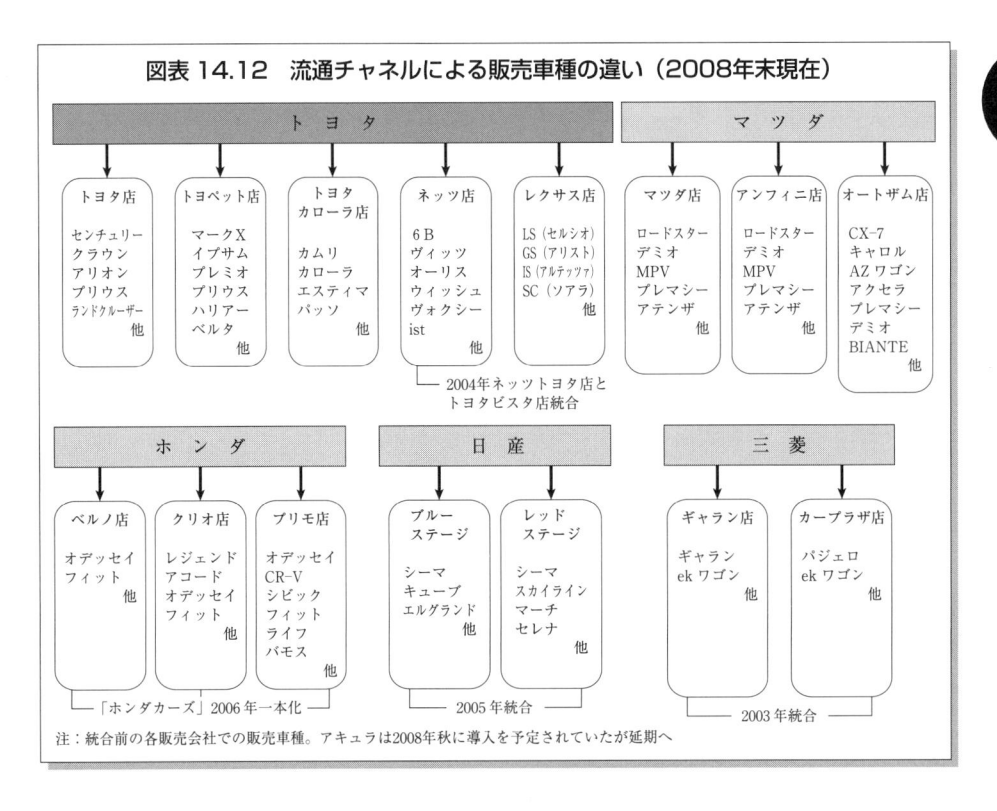

三菱

- ギャラン店：ギャラン、ekワゴン 他
- カープラザ店：パジェロ、ekワゴン 他

└ 2003年統合

注：統合前の各販売会社での販売車種。アキュラは2008年秋に導入を予定されていたが延期へ

2. チャネル評価基準

　流通チャネルを選択する際には、チャネルの経済性やコントロール力、適合性の面から評価がなされる。ここでは、3つのチャネル評価の基準（経済性基準、コントロール基準、適合性基準）について、順番に見てみることにする。

(1) 経済性基準（economic criteria）

　「経済性基準」とは、チャネルごとの収益性を見積もり比較した上で、どのチャネルが経済性の高いチャネルであるかを明らかにしていくものである。具体的には、まずチャネルごとの売上高を見ることになる。同時に、チャネルを構築する際の投資コストと運営維持コストを見ていかなければならない。維持コストには、システムの増強などのための改善コストも含まれる。流通チャネルに不可欠なすべてのコストを見積もり、最終的にチャネルごとの利益額や利益率などを明確にし、それぞれ

の経済性を相互に比較していくのである。

携帯電話を例にとってみる。都市部では、各社が直営店を構えて、自社製品を販売している。ところが小都市では、直営店を持たずに代理店に任せている。そうしたチャネル展開も、経済性基準での判断から合理性が説明できる。というのは、直営店での販売は、売上規模が大きくならなければ成り立たないからである。

(2)コントロール基準(control criteria)

「コントロール基準」とは、選択した流通チャネルに対して、どの程度、統制できるかということである。

自社製品を販売代理店などに任せた場合を考えてみるとよい。販売志向が強い提携先の場合、単に販売のみに重点が置かれ、顧客に対して購入前に十分な商品・サービスの説明が行われない危惧がある。本来は事前の説明が必要にもかかわらず、アフターサービスも行き届かず、顧客に不満を抱かれてしまうことがある。

その結果、一時的に売上が上がっても、長期的には自社の顧客を失うことになる。さもなければ、トライアル顧客ばかりとなり、ロイヤリティの高い顧客を育てることができなくなる。メーカーは、流通チャネルに対して一定の影響力を持ち、時には指導力を発揮しながら、流通チャネルをコントロールしなければならないのである。

(3)適合性基準(adaptive criteria)

「適合性基準」とは、市場の変化への対応能力である。

新たな流通チャネルの構築には、投資コストが必要になる。なおかつ、メーカーは流通チャネルに対して長期的なコミットメントを求められる。市場の変化が激しいときは、迅速に流通チャネルの変化に対応できなければならない。

例えば、ソニーは機器とコンテンツをグループ内に有するため、著作権の厳格な管理にこだわってきた。その結果、消費者にとってのユーザビリティが犠牲になった。そのため、かつての成功商品だったウォークマンは、音楽流通チャネル（ネットでの楽曲のダウンロード）での市場対応で後れをとってしまった。ソニーは、コンテンツでもハードでも、アップル（iPod、iTunes）の後塵を拝することになった。一方、消費者の使い勝手を優先したアップルは、iPodを進化させながら、著作権保護の度合いを漸進的に高めた。コンテンツ業界の合意を得ていく仕組み

で勝利した。[28]

5—流通チャネルの管理

1. メンバーの選択

　チャネルを管理する方法には、さまざまな手法がある。ここでは、流通チャネルの管理方法について説明する。

　メンバーの選択は、ある一定の考えをもとにチャネルを選択していくプロセスである。そこでは、製品の性格を維持するために、チャネルメンバーを選択する。チャネルメンバー間で価値観を共有するために、メンバーを選択したりする。そうすることで、結果的には、ブランドとしてのイメージを維持したり、統一感を打ち出すことができる。

　花王が健康緑茶「ヘルシア」を発売した際のチャネル選択の例を取り上げてみよう。2003年に発売された「ヘルシア緑茶」は、厚生労働省から認可された特定保健用食品である。ヘルシアは体脂肪を減少させる効果がある。花王はヘルシアの販売にあたって、通常の飲料販売で使用されるスーパーマーケットのチャネルではなく、コンビニエンス・ストアのチャネルだけに販売を限定する決定を下した。機能性の高い飲料であるがゆえに、製品のプレミアム性を維持したいと考えたからである。

　発売時の小売価格を、通常の飲料より高めの標準小売価格180円に設定した（「ヘルシア緑茶」350 ml）。[29]さらに、花王は、ヘルシアに対しては、特定保健用食品としての機能性を強調するイメージ戦略を立てた。コンビニチャネルの販売ルートに限定したことで、他の飲料との差違を感じさせることになった。

　モスバーガーの場合も、フランチャイズ・チェーンの加盟店を絞り、チャネルメンバーを限定的に選択している。モスバーガーには「共栄会」というフランチャイズ・チェーンの組織がある。フランチャイズ・チェーンのシステムを採用する目的のひとつは、資本や人材を企業の外

28——足立純一郎（2007）「SonyとAppleの戦略行動をめぐる心理会計分析——なぜiPodが勝ち、Walkmanは負けたのか」『三田商学研究』慶應義塾大学出版会、6月号、Vol.50、No. 2、181〜198頁。

29——「花王、『健康エコナ』ヒットに続け、飲料も高付加価値・高価格」『日本経済新聞』2003年4月22日朝刊、13面。

部に依存しながら、店舗を急速に拡大するのに有利だからである。

しかし、モスバーガーは、単純に規模拡大を急ぐのではなく、モスバーガーの経営理念に賛同してくれる経営者だけに、加盟店を絞っている。一緒に企業の成長を目指していったのである。加盟店と本部とが価値観を共有することで、モスバーガーが目指すホスピタリティ溢れるサービスと味にこだわったハンバーガーを提供できると考えた。経営者に価値観の共有を求め、ブランドとしての統一感を打ち出すために、チャネルメンバーを限定的に選択したのである。

2. 動機づけとメンバーの統制：3つの誘因（矢作 1996）

チャネルの管理では、チャネルのメンバーが、自社製品の販売に対するモチベーションを上げることが重要となる。そのためには、流通チャネルを単なる仲介流通業者と考えるべきではない。そうではなくて、チャネルメンバーを、互恵的な関係を持つ「良きパートナー」として考える必要がある。

矢作（1996）は、以下の3点が、流通チャネルの参加への強い動機づけになるとしている[30]。メンバーを上手に動機づけて、自社のコントロール下に流通チャネルを置くことができる[31]。

(1) 経済パワー（報酬）

「経済パワー」とは、メーカーの販売計画や業務計画などを流通チャネル側が遂行できたとき、通常の報酬とは別の報酬を与え、チャネルメンバーのモチベーションを高めることである。流通チャネル側は、特別に報酬をもらうと、つぎの段階でそれをさらに期待して、期待を叶えるために努力しようとする。

このように、報酬という経済パワーは動機づけを与える大きな刺激となり、その効果は絶大である。ただし、気をつけなければならないのは、報酬が常態化するとその効果も薄れることである。

(2) 情報パワー（専門知識）

「情報パワー」とは、流通チャネル側が持っていない、メーカーが有

---

[30] 矢作敏行（1996）「第9章 メーカー流通」『現代流通——理論とケースで学ぶ』有斐閣アルマ、246〜248頁。
[31] コトラー（2001）は、チャネル関係管理のためのパワー資源として、「強制の力、報酬の力、法の力、専門の力、関係の力」の5つを挙げている。P.コトラー（2001）、前掲書「第16章 マーケティング・チャネルのマネジメント」、615〜618頁。

する適度に専門性の高い知識や販売のノウハウのことである。情報や知識を利用して、メーカーはメンバーのモチベーションを高めようとする。流通チャネル側がメーカーの情報力を頼りにする状況になれば、メーカー主導のもと、流通チャネル側は販売に邁進していくことになる。

(3) 組織パワー (契約・リーダーシップ)

「組織パワー」とは、メーカーが当初、流通チャネル側と交わしていた契約書をもとに、契約書に記載されている事柄を行使するように求めることで、行動を促す力である。メーカーの組織力が強いほど、契約書を締結する際に、メーカー側に有利な条件が記載されることになる。流通チャネル側は、それにしたがわなければならない状況となる。ただし、契約書に書かれている、強制力のあるパワーを行使すると、行きすぎて反感を買うことがある。契約に沿った組織パワーは、正当性を持った動機づけ要因になる。

〈参考文献〉

足立純一郎(2007)「SONYとAppleの戦略行動をめぐる心理会計分析──なぜiPodが勝ち、Walkmanは負けたのか」『三田商学研究』慶應義塾大学出版会、6月号、Vol. 50、No. 2、181〜198頁

石原武政、石井淳蔵編(1996)『製販統合──変わる日本の商システム』日本経済新聞社

内田学編(2003)『MBAマーケティング速習ブック』PHP研究所

江尻弘(1979)『返品制──この不思議な日本的商法』日本経済新聞社

江尻弘(2003)『百貨店返品制の研究』中央経済社

小川孔輔、法政大学産業情報センター編(1993)『POSとマーケティング戦略』有斐閣

小川孔輔(1999)『マーケティング情報革命』有斐閣

小川孔輔(2007)「食の製造小売 SPF」『チェーンストアエイジ』2007年2月15日、28〜47頁

尾崎久仁博(1998)『流通パートナーシップ論』中央経済社

加藤司(1997)「日本的流通システムが変わる」大阪市立大学インターネット講座 http://koho.osaka-cu.ac.jp/vuniv1997/kato/02.html

倉澤資成(1991)「流通の『多段階性』と『返品制』──繊維・アパレル産業」三輪芳朗、西村清彦編『日本の流通』東京大学出版会

P. コトラー、G. アームストロング／和田充夫、青井倫一訳(1995)『新版

マーケティング原理』ダイヤモンド社（Kotler, P., G. Armstrong（1989）*Principles of Marketing*, 4th ed., Prentice-Hall）

P. コトラー／恩蔵直人監修、月谷真紀訳（2001）『コトラーのマーケティング・マネジメント　ミレニアム版』ピアソン・エデュケーション（Kotler, P.（2000）*Marketing Management: The Millennium Edition*, 10th ed., Prentice-Hall）

齊藤雅通、佐々木保幸編（2007）『現代流通入門』有斐閣

嶋口充輝、竹内弘高、片平秀貴、石井淳蔵編（1998）『営業・流通革新』有斐閣

鈴木安昭（1995）『新・消費と流通』有斐閣

鈴木安昭、関根孝、矢作敏行編（1997）『マテリアル流通と商業　第2版』有斐閣

住谷宏編（2008）『流通論の基礎』中央経済社

高嶋克義（2002）『商業論』有斐閣

高瀬浩（2005）『ステップアップ式MBAマーケティング入門』ダイヤモンド社

田島義博（1962）『日本の流通革命』日本能率協会

玉生弘昌（1998）『流通ネットワーク　21世紀のミッション』ビジネス社

中小企業庁（2005）『中小企業白書　2005年版』

『日経MJ』（2008）「2007年度 小売業売上高ランキング」2008年6月25日

林周二（1962）『流通革命論』中公新書

林周二（1964）『流通革命新論』中公新書

三輪芳朗、西村清彦編（1991）『日本の流通』東京大学出版会

矢作敏行、小川孔輔、吉田健二（1993）『生販統合マーケティング・システム』白桃書房

矢作敏行（1994）『コンビニエンス・ストア・システムの革新性』日本経済新聞社

矢作敏行（1996）『現代流通――理論とケースで学ぶ』有斐閣アルマ

〈さらに理解を深めるための参考文献〉

江尻弘（1983）『流通系列化』中央経済社

清成忠男、矢作敏行編（1991）『改正大店法時代の流通――規制緩和でどう変わるか』日本経済新聞社

小林哲、南知惠子編（2004）『流通・営業戦略』有斐閣アルマ

林周二（1977）『続　流通研究入門――その概念と統計』日本経済新聞社

矢作敏行、法政大学産業情報センター編（1997）『流通規制緩和で変わる日本』東洋経済新報社

第15章
流通チャネル政策(2)：
小売業の経営とロジスティクス

　本章では、小売業の経営と物流・情報機能について取り上げる。後者は、ビジネス・ロジスティクスと呼ばれる。

　第1章で説明したように、メーカーのマーケティング活動が、小売業の場合はマーチャンダイジング活動に対応している。小売業のマーケティングは、第17章のテーマである「サービス・マーケティング」とメーカー・マーケティングの中間形態である。

　すなわち、社会的な機能として、小売業者は多種多様な商品（物財）の販売を担っているが、その本質的な役割は、来店客に対して商品を提供するサービス業務である。

　第1節では、日本の小売業を、業種と業態という視点から整理する。小売業の業種・業態については、経済産業省の「商業統計」の分類、日本リテイリングセンターによる分類、流通業界誌のダイヤモンド・フリードマン社の分類がある。業態別販売額の時系列推移、小売業全体の中でのチェーン小売業のシェア、そして、業態別売上高の上位企業をデータで紹介する。

　第2節は、小売業に特有なマーケティング活動を、小売ミックスの決定として説明する。立地の選択、店舗の管理と運営、マーチャンダイジング（商品政策）、価格づけ、売場づくり、店頭プロモーションなど、6つの意思決定領域について取り上げる。それぞれについて詳細な説明がなされる。

　第3節は、メーカーと小売業のための物流と情報管理についての解説である。いわゆる、企業のロジスティクス活動について説明する。

1 ― 小売業の業種と業態

1. 小売業の類型（type of retailer）

「小売」（retailing）とは、「流通経路上の最終段階で、消費者に商品を販売する機能」を指す言葉である（Berman and Evans 2007[1]）。製造業者（manufacturer）あるいは卸売業者（wholesaler）から商品を購入するか、製造小売業（SPA）の場合は、自らが商品の調達先を開拓して、小売機能を遂行する主体が「小売業者」（retailer）である。小売業者には、さまざまなタイプのものがある。

最初の分類は、「店舗小売業」（store-based retailer）と「無店舗小売業」（non-store retailer）のカテゴリー分けである。店舗小売業は、「有店舗小売業」（brick and mortar retailer）とも呼ばれる。有店舗小売業は、分類学的には、「チェーンストア」（chain store）と「独立店」（independent）に分かれる。さらに、取扱商品とサービスの提供方式によって、チェーンストアは、「総合セルフ店」と「専門店チェーン」に分かれる。

小売業の分類方式は、実に多様である。国によっても、分類は異なっている（桜井　2008[2]）。例えば、米国のチェーンストアの分類には存在していない「日本型スーパーストア」が、日本の小売産業では大きなシェア（8.9%）を占めている（2008年推計値[3]）。また、「ホームセンター」や「ドラッグストア」などの業態（フォーマット）も、取扱商品などに関して、米国や欧州のものとは内容が異なっているので、注意が必要である。

販売方法による分類では、サービスの提供方法によって3つのタイプに類型化されている。「フルサービス」「準セルフサービス」「セルフサービス」の違いである。チェーン・オペレーションを志向している小売

---

[1] Berman, B. and J. R. Evans (2007) *Retail Strategy: A Strategic Approach*, 10th ed., Pearson Education, p. 8.
[2] 米国のチェーンストアについては、桜井多恵子（2008）『アメリカのチェーンストア見学（第3版）』実務教育出版社が詳しい。また、欧州やアジア諸国（タイや中国本土）では、日本では成立していない「ハイパーマーケット」などがある。
[3] 日本リテイリングセンター（2009）『経営情報』3月号、10頁。

図表 15.1　業種別小売販売額の推移

(単位：兆円)

年度	小売業計	業　種						
		各種商品（百貨店＋総合スーパー）	織物・衣服・身の回り	飲食料品	自動車	機械器具	燃料小売	その他
1990	137.9	19.7	14.4	39.3	18.4	6.7	39.4	
1991	145.7	20.9	**15.3**	42.2	17.6	7.7	42.1	
1992	146.2	21.2	15.0	43.1	17.3	7.2	42.5	
1993	143.3	20.5	14.4	43.0	16.5	6.5	42.4	
1994	144.8	20.8	14.2	43.2	17.2	6.7	42.8	
1995	144.8	**20.9**	13.7	42.5	18.0	7.0	42.8	
1996	**146.3**	20.9	13.4	42.8	**18.6**	7.6	43.0	
1997	145.3	20.6	13.1	42.2	17.6	7.3	44.4	
1998	143.5	19.4	13.0	43.3	16.7	8.0	11.1	31.9
1999	141.5	18.5	12.3	**43.4**	16.5	8.5	11.2	31.1
2000	139.4	17.8	11.7	41.8	16.3	**8.6**	11.7	31.4
2001	136.8	17.5	11.2	41.4	15.8	8.3	11.5	31.1
2002	132.3	17.1	10.5	40.8	15.1	7.7	11.0	30.0
2003	132.4	16.9	10.8	41.1	15.2	7.9	10.9	29.6
2004	133.7	16.7	11.2	40.9	15.8	8.1	11.7	29.3
2005	135.1	16.5	11.1	40.6	15.9	7.8	13.3	29.9
2006	135.3	16.3	10.9	40.4	15.6	7.7	14.3	30.1
2007	135.0	16.2	10.6	40.8	15.2	7.6	14.2	30.5
2008	135.5	15.8	10.5	41.8	15.2	7.6	14.3	30.3
最大販売額からの2008年販売額下落率（％）	－7.4	－24.4	－31.4	－3.7	－18.3	－11.6		－5.0

注：太字はピーク時点
出典：田村正紀（2008）『業態の盛衰——現代流通の激流』千倉書房、5頁の表をもとに新データを加えて一部修正
　　　元データは、経済産業省（2008）『商業動態統計調査』「時系列データ」
　　　http://www.meti.go.jp/statistics/tyo/syoudou/result-2/excel/h2sltllj.xls

業（ただし、専門店チェーンは除く）では、基本的には、セルフサービス方式を採用している。

「商業統計」（経済産業省）では、取扱商品によって小売業を分類している。もっともふつうに行われる小売業の分類が、「業種」（kind of business）分類である。一般的に使われている八百屋（青果店）、魚屋（鮮魚店）、肉屋（精肉店）、花屋（生花店）などは、業種分類による呼

称そのものである。

　図表15.1は、業種別の小売販売額の経年変化を示したものである。「総合的な品揃え」の小売業は、商業統計では、「各種商品小売業」に分類されている。内容的には、百貨店とスーパーマーケットである。「商業動態統計調査」を用いた田村（2008）の分析によると、日本の小売業で、1990年から19年間での最大縮小業種は、織物・衣服・身の回り小売業である。1991年のピーク時（15.3兆円）から2008年（10.5兆円）までの減少率は、－31.4％である。頂点からの下落率が比較的小さいのは、飲食料品（－3.7％）とその他（－5.0％）の2つの業種である。小売業全体では、ピークの1996年（146.3兆円）から2008年（135.5兆円）までの13年間で、小売販売額の規模が7.4％だけ縮小している[4]。

2．小売業態（type of retail operation）

　「販売方法」と「品揃え」の違いによって小売業を分類したのが、業態分類である。日本語の「業態」は、英語では"type of retail operation"に対応している。"retail format"（フォーマット）という表現もあるが、この言葉は、業種と業態を含んだ「小売業の類型」の意味で用いられている[5]。日本の流通ジャーナリズムの世界では、フォーマットは業態とほぼ同じ意味で使用されている。

　筆者の立場もこれに近い。ただし、渥美、桜井（2007）が主張しているように、厳密な意味でのフォーマットは、「品揃えと価格帯に基礎を置く小売業の"業態類型"」と定義すべきであろう。「新しいフォーマット」や「小商圏フォーマット」という場合は、具体的な品揃えや立地、価格帯や消費者ニーズを意識した「具体的で戦略的な商品とサービスの提供方式」という意味合いの用語法である[6]。そのようなわけで、その違いは意識しながらも、以下では、業態とフォーマットをほぼ互換的に使用することにする。

　図表15.2（a）は、商業統計の業態分類により、事業所数、従業者数、

---

[4]──田村正紀（2008）『業態の盛衰──現代流通の激流』千倉書房、4～5頁をもとに、経済産業省の新データを加えて再計算。
[5]──米国の小売業態については、例えば、Berman and Evans（2007）、前掲書、pp. 103-152、桜井多恵子（2008）、前掲書を参照のこと。
[6]──渥美俊一、桜井多恵子（2007）『ストア・コンパリゾン──店舗見学のコツ（新訂版）』実務教育出版、279頁。

図表 15.2(a)　日本の小売業（業態別統計）2007年

業態分類	事業所数 (カ所)	年間商品販売額 (百万円)	従業者数 (人)
合計	1,137,859	134,705,448	7,579,363
百貨店	271	7,708,768	117,529
総合スーパー	1,585	7,446,736	378,154
専門スーパー	35,512	23,796,085	1,205,515
衣料品スーパー	7,153	1,680,800	81,000
食料品スーパー	17,865	17,106,265	879,075
住関連スーパー	10,494	5,009,020	245,440
コンビニエンス・ストア	43,684	7,006,872	635,413
ドラッグストア	12,701	3,012,637	140,646
その他のスーパー	55,615	5,949,303	425,974
専門店・中心店	986,650	79,631,346	4,667,140
衣料品専門店	153,820	8,514,927	562,002
食料品専門店	275,573	12,607,653	1,259,691
住関連専門店	557,257	58,508,765	2,845,447
その他の小売店	1,841	153,701	8,992

注：中心店とは、専門店以外の店舗でセルフサービスの面積が5割以下、衣料品、食料品、住関連の扱い比率がそれぞれ50％以上の店舗
出典：経済産業省『商業統計調査』(2007年)
　　　http://www.meti.go.jp/statistics/tyo/syougyo/index.html

年間商品販売額を示したものである(2007年)。

　図表15.2(b)は、1991年からの業態別シェアの経年変化である。1990年代から現在まで、販売高シェアの伸びがもっとも大きい業態は、大分類では「専門スーパー」である(1991年：9.9％→2007年：17.7％)。専門スーパーは、中分類では、衣食住関連に分かれている。衣料品スーパー(0.6％→1.2％)、食料品スーパー(7.9％→12.7％)、住関連スーパー(1.4％→3.7％)である。総合的な品揃えのセルフサービス・チェーン店が、小売業の主役に躍り出ていることがデータからも裏付けられる。百貨店や総合スーパー、独立専門店は、21世紀に入ってからは、急速に小売業態としての重要度を失っている。

3. チェーン小売業

(1) 小売業の経営形態

　小売店は、店舗の運営形態により、「チェーン店」(chain store)と

図表15.2(b) 小売販売額に占める業態別シェアの推移（1991〜2007年）

(単位：％)

合　計	1991	1994	1997	2002	2004	2007
百貨店	8.0	7.4	7.2	6.2	6.0	5.7
総合スーパー	6.0	6.5	6.7	6.3	6.3	5.5
専門スーパー	9.9	12.0	13.8	17.5	18.1	17.7
衣料品スーパー	0.6	0.6	0.8	1.2	1.2	1.2
食料品スーパー	7.9	9.2	10.0	11.8	12.8	12.7
住関連スーパー	1.4	2.1	3.1	4.5	4.1	3.7
コンビニエンス・ストア	2.2	2.8	3.5	5.0	5.2	5.2
ドラッグストア						2.2
その他のスーパー	5.1	5.8	6.8	4.8	4.1	4.4
専門店・中心店	67.6	65.3	61.7	58.2	58.2	59.1
衣料品専門店	9.6	8.6	7.5	6.4	6.7	6.3
食料品専門店	14.7	13.9	11.2	10.5	10.1	9.4
住関連専門店	43.3	42.8	43.0	41.3	41.3	43.4
その他の小売店	1.3	0.2	0.2	0.1	0.2	0.1

出典：田村正紀（2008）『業態の盛衰――現代流通の激流』千倉書房、16頁。元データは経済産業省（2008）『商業統計調査』

http://www.meti.go.jp/statistics/tyo/syougyo/index.html

「独立店」（independent）に分けることができる。大規模な小売業は、例外なくすべてチェーンストアである。チェーン・オペレーションのノウハウが蓄積できなければ、小売業としては大きく成長することはできない。

懸田、住谷（2009）は、チェーンストアのメリットを5つに要約している。すなわち、①NB（ナショナル・ブランド）の仕入れが有利、②PBの開発が可能、③マスメディアの活用、④人材確保が容易、⑤バイイングパワーの行使、の5点である。逆のデメリットとしては、①地域による消費者のニーズ・好みの異質性、②地域による競争状態の異質性の2点を挙げている。[7]

チェーンストアの公式的な定義は、「同一資本による同業種の複数店

---

[7] 懸田豊、住谷宏編（2009）『現代の小売流通』中央経済社、58〜59頁。なお、チェーンストアのデメリットを克服するための手段として、①複数の標準店を持つこと、②地域本部性の採用、③店長権限の拡大、の3点を挙げている。

経営の形態もしくはその企業を指す」（日本チェーンストア協会）。チェーンストアとは、ふつうは11店舗以上の小売組織のことをいう。しばしば、独立した小売店が共同で営業活動を行う連鎖店組織である「ボランタリー・チェーン」と区別するために、「レギュラー・チェーン」あるいは「コーポレート・チェーン」と呼ばれることもある[8]。

　チェーンストアには、レギュラー・チェーンとボランタリー・チェーン以外に、「フランチャイズ・チェーン」がある。フランチャイズ・チェーン（FC）とは、「本部（フランチャイザー）が加盟店（フランチャイジー）との間で契約を結び、自己の商号、商標などを使用させ、同一性のイメージのもとに事業を行う権利を与えて、多店舗化した連鎖店」のことである[9]。本部が加盟店に対して経営指導を行ったり、場合によっては、商品やサービスを提供する対価として、加盟料、保証金、ロイヤリティ（本部への定期納付金）を支払う仕組みである。

　スーパーマーケットやホームセンターなどは、レギュラー・チェーンの形式で運営されている。それとは対照的に、コンビニエンス・ストアは、ほとんどがフランチャイズ形式で運営されている。ハンバーガーチェーンや居酒屋チェーンなどのフードビジネスは、その中間形態である。通常は、本部直轄の直営店と本部からは経営的に独立している加盟店との「混合形態」（plural form）を採用している[10]。

　混合形態で運営されている小売り・サービス業を見てみると、直営店の比率が高い企業と加盟店の割合が高い企業が並存していることがわかる。日本のハンバーガーチェーンを例にとると、日本マクドナルドは、直営店の比率が高い（57.4％：2008年末）。それに対して、モスフードサービスは、加盟店比率が高い（94.4％：2009年3月末）のが特徴である。なお、米国のフードビジネスでは、混合形態で運営されているフランチャイズ・チェーンの比率が約80％である。残りの20％は、例えば、サブウェイ（SUBWAY）のように、直営店だけで運営されている[11]。

8——日本セルフ・サービス協会（2005）『スーパーマーケット運営手帳（改訂23版）』、24頁。
9——日本セルフ・サービス協会（2005）、前掲書、25頁。
10——直営店だけから構成されるフランチャイズの組織は、「純粋形態」（pure form）と呼ばれる。
11——Bradach, J. L.（1995）*Franchise Organizations*, Harvard Business School Press, pp. 1-13.

図表15.3 チェーン小売業の販売シェア

年	1971	1977	1983	1986	1989	1995	1998	2003	2007
小売業総販売額（兆円）	17.6	45.4	74.6	77.5	82.6	102.2	104	97.9	96.6
チェーンストア志向企業の売上高（兆円）	1.1	6.6	14.5	16.9	23.1	34.2	37.4	38.3	45.4
百貨店売上高（兆円）＊年商50億円以上	1.9	4.5	6.6	6.8	8	8.9	9.3	8.1	7.9
合計（兆円）	3	11.1	21.1	23.7	31.1	43.1	46.7	46.4	53.3
ビッグストアの占拠率（%）	17.0	24.4	28.3	30.6	37.7	42.2	44.9	47.4	55.2

注：小売業総販売額は、経済産業省発表の「商業統計」の小売総売上高から、自動車、燃料、畳、建具、農耕用品の小売売上高を差し引いた金額である
出典：日本リテイリングセンター（2008）『ビッグストア基本統計2008年版』

　日本リテイリングセンターが毎年発表している「ビッグストア基本統計」（2008年）によると、日本の小売業全体で、チェーン小売業（フランチャイズ・チェーンを除く、レギュラー・チェーン）が占める販売の割合は、2007年で47.1%である（45.4兆円／96.6兆円）。これに、百貨店（年商50億円以上、7.9兆円）とFCのコンビニエンス・ストア（6.8兆円）の売上を加えると、ビッグストア（年商50億円以上の小売業）の小売りシェアは、62.3%になる。

　日本の小売販売額の約3分の2は、大規模小売りチェーンによって占められていることがわかる。[12]とくに近年、チェーン小売業の占拠率は急速に高まっている。30年前の1977年では、全小売業に占めるチェーン小売業の販売シェアは、現在のほぼ3分の1の14.5%（6.6兆円／45.4兆円）だった（図表15.3）。

(2)日本の小売業チェーン

　図表15.4は、売上高で上位20社にランキングされている日本の小売業を列挙したものである。世界の小売業上位グループでは、いまや売上の半分以上が海外からのものである。例えば、世界最大の小売業であるウォルマートは、海外売上高が24.6%（2009年1月期決算）、2位のカルフールが54.2%（2008年）、3位のテスコグループは27%（2008年2月期決算）、4位のメトロは60.8%（2008年）である。しかし、日本の小

12――日本リテイリングセンター（2008）『ビッグストア基本統計2008年版』50～51頁。

図表15.4 日本の小売業 売上高トップランキング

順位	社　名	売上高（百万円）	増収率（％）	決算期	本部
1	セブン-イレブン・ジャパン	2,574,306	1.6	2008/2	東京
2	イオン	2,068,711	5.5	2008/2	千葉
3	ヤマダ電機	1,731,694	22.0	2008/3	群馬
4	イトーヨーカ堂	1,489,380	−1.5	2008/2	東京
5	ローソン	1,402,786	1.8	2008/2	東京
6	ファミリーマート	1,121,838	5.0	2008/2	東京
7	サークルKサンクス	860,041	−1.5	2008/2	東京
8	エディオン（連結）	851,205	15.0	2008/3	東京
9	髙島屋	843,024	−0.8	2008/2	大阪
10	ダイエー	836,008	−3.9	2008/2	東京
11	三越	729,396	−2.5	2008/2	東京
12	西友	725,721	0.3	2007/12	東京
13	ユニー	714,883	−1.6	2008/2	愛知
14	ヨドバシカメラ	712,187	10.2	2008/2	東京
15	マイカル	623,371	0.4	2008/2	東京
16	ファーストリテイリング（連結）	525,203	17.0	2007/8	東京
17	そごう	502,001	0.3	2008/2	東京
18	コジマ	499,534	−0.2	2008/3	栃木
19	丸井グループ（連結）	493,532	−10.6	2008/3	東京
20	大丸	482,141	2.1	2008/2	大阪

出典：『チェーンストアエイジ』2008年9月15日号、40〜41頁

売業は、アジア進出が急速に進んでいるコンビニエンス・ストアを除くと、いまでもほとんどが国内での売上である[13]。

ダイヤモンド・フリードマン社の調べによると、2008年（各社決算）で、日本の小売業上位1000社の総売上高は、65兆6000億円である[14]。やや乱暴ではあるが、この数字を2007年の上位1000社売上高と見なすと、図表15.3の最上列に示されている「商業統計」の調整済み小売業総売上高（2007年、96.6兆円）に対しては約68％になる。

売上高トップは、2兆5743億円のセブン-イレブン・ジャパンである。2位は、イオンの2兆687億円、3位はヤマダ電機の1兆7317億円と続い

---

[13]——小川孔輔、青木恭子（2008）「東アジア地区に進出した多国籍企業のマーケティング（1）コンビニエンス・ストアin East Asia」『経営志林』（法政大学経営学会）第45巻第2号（7月号）、69〜92頁。

[14]——チェーンストアエイジ編集部（2008）「特集：日本の小売業1000社、売上高トップ150社ランキング」『チェーンストアエイジ』（ダイヤモンド・フリードマン社）9月15日号、40〜71頁。

ている。6位のファミリーマートまでが、売上高1兆円超企業である。日本の小売業で特徴的なのは、上位10社にコンビニエンス・ストアが4社も入っていることである。20年前は、上位10社のほとんどが百貨店とGMS（総合スーパー）だったが、10位にランクインしている百貨店は、いまや髙島屋1社だけである。

小売企業の中で成長が著しいのは、「カテゴリーキラー」と呼ばれる専門店チェーンのグループである。売上高の上位20位には、家電量販店だけで4社（ヤマダ電機、エディオン、ヨドバシカメラ、コジマ）も入っている。

(3)小売業態の分類

小売業態をどのように分類するかについては、明確な基準は存在していない。経済産業省の「商業統計調査」の分類（図表15.2）では、百貨店、総合スーパー、専門スーパー（衣料品、食料品、住関連）、コンビニエンス・ストア、ドラッグストア、専門店・中心店（衣料品、食料品、住関連）、その他のスーパー、小売店、となっている。品揃えと規模とセルフ・非セルフの組み合わせで、業態を分類している。

日本リテイリングセンターの分類では、まず、チェーンストア全体を「総合セルフ」と「専門店」に分ける（「生協」だけは、別カテゴリー）。総合セルフ店を、日本型スーパー、衣料スーパー、バラエティストア、ワン・プライス・ストア、ドラッグストア、スーパーマーケット、コンビニエンス・ストア、ホームセンター、オートセンター、ディスカウントハウス、ボックスストアのように11のカテゴリーに分類している。「専門店」のほうは、食品、衣服からはじまり、業種別に16のカテゴリー分けがなされている。

最後に、チェーンストアの業界誌を発行しているダイヤモンド・フリードマン社の分類を紹介する。以下の11分類が、もっともふつうに実務で用いられている業種・業態分類である。図表15.5（a）には、食品スーパー（SM）からその他業態まで、小売業上位1000社中の業態別の社数、売上高合計、シェアを掲載してある。

企業としては、コンビニエンス・ストアと家電量販店の比重が大きい。しかし、業態別にみると、会社数でも総売上高においても、食品関連のスーパーマーケットが日本の小売市場では大きなウエイトを占めていることがわかる。われわれの生活の約3分の1が、スーパーマーケッ

図表 15.5(a)　日本の小売業1000社の業態別データ（2008年決算）

業　態	社数	売上高合計（億円）	シェア
食品スーパー（SM）	318	136,326	20.8%
総合スーパー（GMS）	18	86,504	13.2%
百貨店（DP）	81	80,821	12.3%
コンビニエンス・ストア（CVS）	31	74,908	11.4%
家電量販店（CE）	38	63,989	9.8%
その他専門店（SP）	179	58,233	8.9%
ドラッグストア（DGS）	104	42,959	6.5%
衣料品チェーン（AP）	82	34,148	5.2%
ホームセンター（HC）	51	31,025	4.7%
生協（CO）	52	24,746	3.8%
ディスカウントストア（DS）	22	14,222	2.2%
その他	24	8,211	1.3%
合　計	1,000	656,092	100.0%

出典：『チェーンストアエイジ』2008年9月15日号、43頁を編集

トでの買い物でまかなわれているのである。

2──小売ミックスの決定

　小売業経営にとって大切な意思決定は、6つの領域に分かれる。これらは、しばしば「小売ミックス」（retail mix）と呼ばれる。すなわち、①立地の選択、②店舗の管理と運営、③マーチャンダイジング（商品政策）、④価格づけ、⑤売り場づくり、⑥店頭プロモーションである。

　なお、本来的には、小売業の意思決定領域としては、商品の開発、仕入れと調達、物流・情報管理、店舗イメージ戦略の立案などが含まれている。詳しい議論は、懸田、住谷（2009）、渥美（2003）、桜井（2004）など、小売経営の専門書に譲ることにする。[15]

15──懸田豊、住谷宏編（2009）、前掲書、渥美俊一（2003）『店舗レイアウト（新訂版）』実務教育出版、桜井多恵子（2004）『新しい売場構成（新訂版）』実務教育出版。

第15章 流通チャネル政策(2)：小売業の経営とロジスティクス

図表 15.5(b) 日本の小売業売上高の業態別ランキング（2008年度決算）

業態別順位　社名	売上高（百万円）	増収率（％）
総合スーパー		
1　イオン	2,068,711	5.5
2　イトーヨーカ堂	1,489,380	−1.5
3　ダイエー	836,008	−3.9
4　西友	725,721	0.3
5　ユニー	714,883	−1.6
食品スーパー		
1　ライフコーポレーション	439,606	5.0
2　ヨークベニマル	330,144	5.2
3　マルエツ	320,649	4.2
4　東急ストア	252,846	0.3
5　ベイシア	249,995	6.5
コンビニエンス・ストア		
1　セブン-イレブン・ジャパン	2,574,306	1.6
2　ローソン	1,402,786	1.8
3　ファミリーマート	1,121,838	5.0
4　サークルKサンクス	860,041	−1.5
5　ミニストップ	282,240	5.2
ドラッグストア		
1　マツモトキヨシホールディングス（連結）	390,934	—
2　ツルハホールディングス（連結）	227,787	31.2
3　カワチ薬品	216,853	4.6
4　サンドラッグ	215,903	10.0
5　スギ薬局	167,976	15.8
生活協同組合		
1　コープこうべ	280,994	−0.3
2　コープさっぽろ	237,821	7.4
3　コープとうきょう	165,585	2.0
4　コープかながわ	145,909	−0.2
5　さいたまコープ	112,451	2.6
ホームセンター		
1　DCM Japanホールディングス（連結）	395,808	104.4
2　カインズ	327,500	4.5
3　コーナン商事	290,309	3.2
4　コメリ	248,837	6.1
5　ナフコ	195,742	0.5
百貨店		
1　髙島屋	843,024	−0.8
2　三越	729,396	−2.5
3　そごう	502,001	0.3
4　丸井グループ（連結）	493,532	−10.6
5　大丸	482,141	2.1
アパレル		
1　ファーストリテイリング（連結）	525,203	17.0
2　しまむら	369,649	4.8
3　ファイブフォックス	175,651	14.5
4　青山商事	173,059	3.3
5　AOKIホールディングス（連結）	130,653	16.5
家電量販店		
1　ヤマダ電機	1,731,694	22.0
2　エディオン（連結）	851,205	15.0
3　ヨドバシカメラ	712,187	10.2
4　コジマ	499,534	−0.2
5　ケーズホールディングス	450,686	18.2
ディスカウント・ストア		
1　ドン・キホーテ	290,779	6.5
2　トライアルカンパニー	151,428	15.7
3　ダイクマ	125,671	−2.7
4　ミスターマックス	96,811	6.6
5　サンクスジャパン	86,284	6.7

注：会社によって、2007年度決算と 2008 年度決算のものがまじっている
出典：『チェーンストアエイジ』2008 年 9 月 15 日号、45〜55 頁より抜粋

1. 立地の選択

(1) 立地の重要性

　小売業にとっての金言は、「立地、立地、立地」である。小売業の成功の80％は、店を出す場所によって決まるといわれる。残りの20％が、店舗運営（店長と従業員の能力）や商品政策（品揃えや価格）の成果に依存する。それだけ、小売経営にとって立地は重要な要素である。

　出店の場所を決めるのに考慮すべき事柄は、大まかには2つである。①どのようなタイプの場所に出店すべきかを決めること（サイト選択）、②出店予定店舗の売上を推計すること（商圏分析）である。②から説明していくことにする。

(2) 売上予測モデル

　食品スーパーやドラッグストアのような店舗小売業の場合は、店舗の周りに住んでいる顧客がすべてである。店舗立地を評価する場合、店舗規模や品揃えは決まっているとして、売上を予測する。通常は「GIS（地理情報システム）」などのコンピュータ予測システムを駆使して、出店予定店舗の売上予測をすることになる。一連の手続きは、「商圏分析」（trading area analysis）と呼ばれている。[16]

　図表15.6には、売上予測モデルのプロトタイプを示してある。予定店舗（K-store）の売上を評価するため、商圏分析で必要になるデータセットは、以下の4種類である。

　① 周辺に住んでいる居住者に関するデータ

　　メッシュ（1キロメートルあるいは500メートル四方の居住区画）ごとの世帯数や人口（性別、年齢別）、事業所数（一般小売店やオフィス）。

　② 競合店に関する情報

　　競合店の店舗タイプ、売り場面積（商品部門別）、品揃え、出店予定店舗からの時間距離、売上高（部門別実績）など。

　③ 自社データ（出店予定店舗）

16——平下治監修（2002）『日経情報ストラテジー別冊　GISマーケティングのすべて』日経BP社。商圏分析については、小川孔輔（1981）「ショッピングセンター立地の意思決定モデル」流通産業研究所編『ショッピングセンター——立地とマーチャンダイジングのモデル分析』リブロポート、159頁。

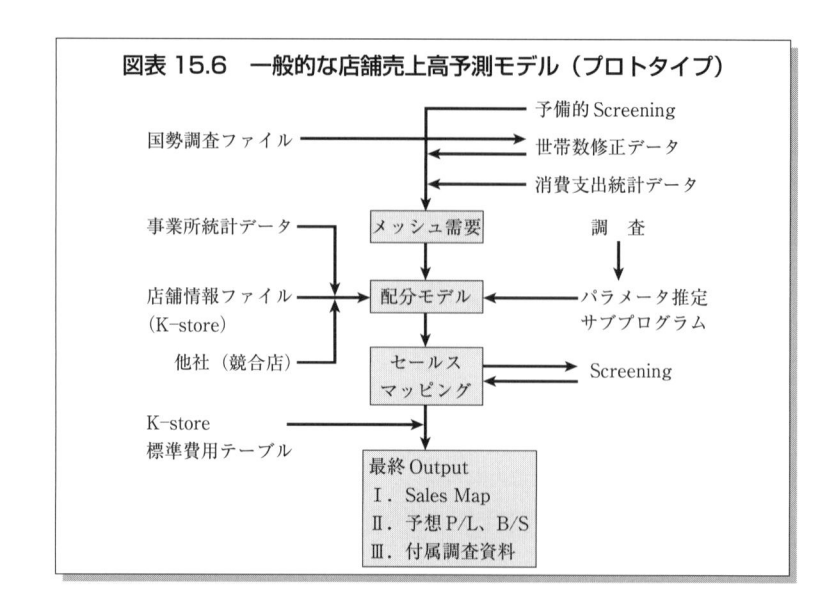

図表15.6 一般的な店舗売上高予測モデル（プロトタイプ）

```
国勢調査ファイル ──────────→ 予備的 Screening
                ←────────── 世帯数修正データ
                ←────────── 消費支出統計データ
事業所統計データ ─┐
                 ↓
                メッシュ需要        調 査
店舗情報ファイル ─→               ↓
(K-store)       配分モデル ←── パラメータ推定
他社（競合店）─→                  サブプログラム
                 ↓
               セールス
               マッピング ──→ Screening
K-store          ↓
標準費用テーブル ─→
               最終 Output
               Ⅰ．Sales Map
               Ⅱ．予想 P/L、B/S
               Ⅲ．付属調査資料
```

　自店舗のフォーマット、商品部門別の売り場面積、品揃え、駐車場スペース（台数）。（もしあれば）自社競合店舗のデータ。
④ 買い物と消費に関する調査データ
　当該地域（県や市町村別）の平均所得や消費支出（商品カテゴリー別）。買い物行動に関する調査データ（来店頻度、車の保有率など）。

　図表15.6の流れ図を簡単に説明する。「メッシュ需要」までは、①「居住者」と④「購買行動」のデータに基づき、居住地区（メッシュ）ごとの需要ポテンシャル（商品部門別）が推計される。通常は、推計のための基礎データとして、国勢調査と事業所統計のメッシュデータが用いられる。
　つぎに、②「競合店」と③「自店」（K-store）の相対的な強さの度合い（「魅力度」と呼ばれる）を、調査データ（例えば、図表15.7のような来店客調査など）から求める。そして、推計されたメッシュ需要のうち、およそ何パーセントが当該店舗（K-store）に来るかを予測する。その配分を決めるメカニズムが「配分モデル」である。モデルとしては、「確率的選択モデル」のひとつである「ハフモデル」（Huff model）が用いられることがふつうである。[17]

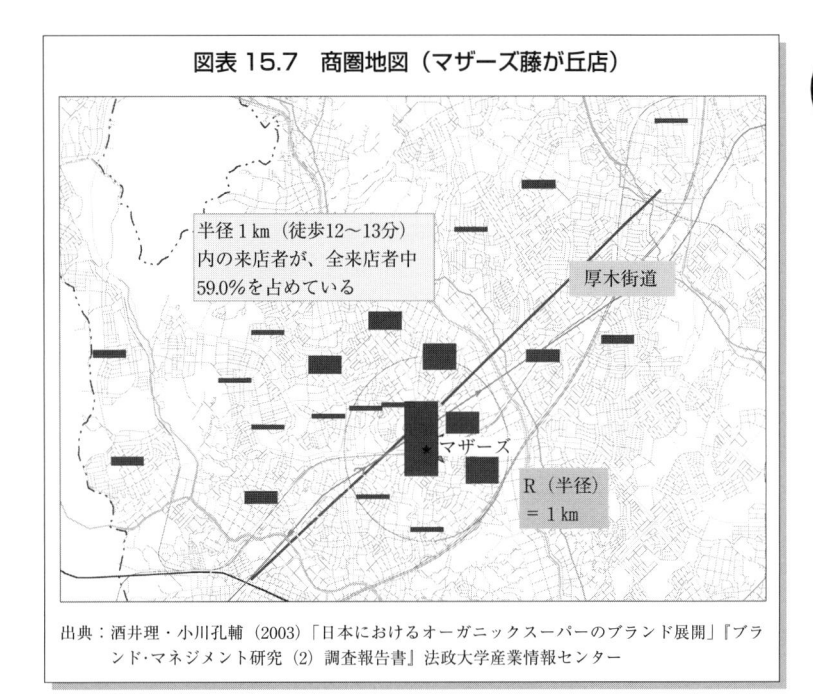

図表 15.7　商圏地図（マザーズ藤が丘店）

半径1km（徒歩12〜13分）内の来店者が、全来店者中59.0%を占めている

厚木街道

R（半径）= 1 km

出典：酒井理・小川孔輔（2003）「日本におけるオーガニックスーパーのブランド展開」『ブランド・マネジメント研究（2）調査報告書』法政大学産業情報センター

（3）商圏の分析

　図表15.7は、実データである。2002年に、オーガニックスーパー「マザーズ藤が丘」（神奈川県港北区、田園都市線藤が丘駅前）で、来店客調査をしたときの分析データである。棒グラフの高さは、調査対象者の中でのマザーズに来店した人の地理的な分布（割合）を表している。

　新しい店ではなかったが、実際に来店している顧客を「商圏地図」の上にマッピングしたのが図表15.7である。マザーズ藤が丘の場合は、約6割の顧客が歩いて12〜13分の範囲のところから来ていることが確かめられた。

　図表中のサークルの大きさは、半径1キロメートルを表している。通

17——詳しくは、小川孔輔（1981）、前掲書を参照のこと。Huffは、モデル発案者の名前である。ニュートンの「万有引力の法則」にヒントを得て、小売店舗の売上予測に応用したのが「ハフモデル」である。ある人が、当該小売店舗に行く確率（可能性）は、その人が住んでいる場所から店舗までの時間距離の自乗倍に反比例し、当該店舗の魅力度（通常は、売り場面積などの規模）に比例するとしたのが「引力モデル」である。ただし、ハフは、店舗のタイプによって「距離抵抗」（倍数）が異なるだろうと考えた。最寄品は近くで済ませたいが、買回り品ならば遠くまで行くことを苦にしないだろう。その想定を取り入れて、引力モデルを一般化したのが「ハフモデル」である。

第15章 流通チャネル政策(2)：小売業の経営とロジスティクス

COLUMN-29
「しまむらの公式」＝出店のための簡易ルール

「ファッションセンターしまむら」（本社：さいたま市、年商3800億円、2008年）は、6店舗だったころの1975年から、セスナをチャーターして、上空から立地調査を行っていた。航空写真もメッシュデータもない時代に、ほとんど人が住んでいない田んぼの真ん中に、売り場面積が約150坪（当時の標準店）の衣料品スーパーを出して採算がとれるかどうかをチェックするためである。

当時、財務と総務を担当していた藤原秀次郎部長（現、しまむら取締相談役）が考えた出店のための「簡易ルール」は、上空から見て、出店候補地の周囲2キロ以内に、3つの小学校があることだった。1970年代の後半までは、しまむらの主たる顧客（主婦）は、徒歩客と自転車客が中心だった。日常的な衣料品の買い物は、自転車で10分が限度である。距離にして2キロメートルである。

上空から見て、半径2キロ以内に3つの小学校があれば、候補地の周りには確実に5000世帯が住んでいることを、藤原部長は統計データから確かめていた。1975年当時、全国で小学校の数は約3万校。全国の世帯数は、約5000万世帯であった。小学校1校当たりの世帯数の比率は、1667倍である。3つの小学校があれば、5000世帯が半径2キロメートルの商圏内に住んでいる証拠である。

その当時、標準的な世帯が日用衣料品に支出する金額は、年間で約21万円。そのうちの30％をしまむらがとれるとしたら、商圏内に住んでいる1世帯からは年平均で7万円を売り上げることができる。5000世帯ならば、年商3億5000万円である。1日の売上は100万円弱である。

田舎の生活道路沿いのフリースタンディング立地で、地代は極めて安い。借地で地主に店舗を建ててもらう。立地が立地なので、レイアウトが同じ店舗を建てることができた。正社員は店長1人だけである。各店舗にパート従業員を7〜8人雇って店を運営すれば、粗利益率が25〜26％でも十分に採算がとれる。そのことについて、藤原は早くから気がついていたのである。

出典：小川孔輔（2009）「小川町経営風土記、第16回」『チェーンストアエイジ』5月1日号に、加筆修正。

常は、店舗に近いところから累積で60％までの来店客が住んでいる地域を「一次商圏」と呼ぶ。さらに、累積で80％の顧客が住んでいる地理的範囲を「二次商圏」と呼ぶ。マザーズ藤が丘の一次商圏は、およそ半径1キロメートルだったわけである。

一次商圏の半径の大きさが、時間距離（車あるいは徒歩）で10〜15分の店舗は、「小商圏フォーマット」の店である。コンビニエンス・ストア以外では、ホームセンターのコメリの「ハード＆グリーン」（150坪）の店舗フォーマット、衣料品スーパーの「ファッションセンターしまむら」の標準店（250坪）は、典型的な小商圏フォーマットの店である。

COLUMN-29：しまむらの公式では、しまむらが新規出店をするときに用いている「出店基準の簡易ルール」を紹介している。[18]

(4)サイトの選択

立地の決定に関して、具体的にどのようなタイプの場所（site）に出店すべきかを考えるのが、2番目の課題である。基本的には、その店舗がどのようなフォーマットなのかに依存して、適切な出店場所（サイト）の選択が決まる。

サイトの選択にとって重要な考慮事項は、3つである。1番目の要因は、ターゲット顧客がどのようなデモグラフィック特性と買い物ニーズを持っているかである。2番目は、店舗の品揃えと価格帯。そして、3番目が、店舗の出店と運営のためのコスト構造である。

計画型のショッピングセンター（SC）が発達している米国の場合では、小売業が出店する立地タイプを3つに分類している。すなわち、①「単独店」（isolated store）、②「商業地区」（unplanned business district）、③「計画ショッピングセンター」（planned shopping center）への出店の3つである。[19]

最初の類型である「単独店」は、「フリースタンディング立地」とも呼ばれる。日本の場合は、郊外の幹線道路や生活道路沿いに立地する「郊外立地の単独店」を指している。一般的に、来店手段としては車利用が前提で、出店コストはかなり安い。郊外型のホームセンターやドラ

18——小川孔輔（2009）「小川町経営風土記、第16回」『チェーンストアエイジ』5月1日号。
19——Berman, B. and J. R. Evans（2007）、前掲書、"Chapter 10: Site Selection," pp. 291-314.

ッグストア、ファストフード店、ファミリーレストランなどが、このタイプの立地を選択している。

　2番目の類型である「商業地区」は、日本の場合は、都市部の街路沿いに店舗を構える「路面店」の出店である。最初の立地類型である「単独店」と異なるところは、ほとんどの場合、とくに企図したわけではないが、必ず隣に別の店舗があることである。実際のビジネスは、出店場所の特性の影響を強く受ける。例えば、スウェーデンの衣料品小売業「H&M（ヘネス&モーリッツ）」は2008年秋に日本に進出するにあたって、出店コストがもっとも高い東京銀座地区を1号店の出店場所として選択した。サイトの選択は、その企業の出店戦略を反映している。

　最後の立地類型である「ショッピングセンター（SC）」には、日本の場合、2つのタイプがある。都市型SCと郊外型SCの違いである。例えば、都市型SCの中には、日本独特のものとして、JR系のディベロッパーが開発した「アトレ」「ルミネ」（駅ビルタイプ）や「エキュート」「エチカ」「グランスタ」（エキナカタイプ）のような立地タイプがある。これらは、電車や地下鉄などの大量交通が主たる来店手段である。

　郊外型SCの場合、来店手段は、主として車である。郊外型ショッピングセンターは、その規模とテナントミックスによって、3つに類型化されている。①RSC（リージョナル型SC）、②CSC（コミュニティ型SC）、③NSC（ネイバーフッド型SC）の3つである。それぞれの典型的な特徴を、図表15.8に紹介している。[20]

(5) サイトの選択基準

　それでは、複数のサイトが候補としてすでに挙がっている場合を考えてみる。出店場所として、具体的に出店候補地のどれを選択すべきであろうか。出店の基準としてふつうに用いられている指標は、以下の4つである。

　　店舗前の交通量　顧客の交通手段によって、測定すべき基準は、店前を通過する歩行者の数と車の台数に分かれる。単独店や路面店の場合は、歩行者の数と車の台数だけ数えればよいが、計画型SCに出店する場合は、店舗の前の交通量もカウントする必要がある。その店舗が、SC内のどこに配置されているのかも重要である。

20——日本ショッピングセンター協会（2008）『ショッピングセンター学校通信教育SC開発講座　テキストNo. 1』。

図表 15.8　ショッピングセンター（SC）の業態分類

タイプ		売り場面積	商圏人口	内容
トラディショナル・タイプ	リージョナル型SC（RSC）	30,000～50,000m²	40～80万人	百貨店と比較購買型専門店（1核方式）と百貨店＋GMS＋比較購買型専門店が一体となった生活創造ニーズ対応の大型SC
	コミュニティ型SC（CSC）	12,000～20,000m²	15～30万人	フルラインのGMSを核店とし、比較購買型専門店街が付加した生活提案ニーズ対応の中型SC。現在の日本における本格的SC
	ネイバーフッド型SC（NSC）	2,000～10,000m²	2～5万人	SM、SSMやドラッグストアおよびクリーニング等の生活密着型専門店から形成される小型SC。アップスケール型NSCはGMSやHCが核店となる
エコノミー・タイプ	アウトレットセンター	1,000～10,000m²	20～100万人	商品在庫のクリアランスを目的としたメーカーSPA（製造小売店）および小売業のオフプライス店の集合体であり、ビレッジタイプおよびモールタイプの2種類がある
テーマタイプ	スペシャリティセンター	3,000～20,000m²	20～40万人	駅ビル、専門店ビル、地下街などの核なしの専門店集団のSC。立地的には都心および集客立地が中心であり、大型専門店がマグネットとなる
	テーマセンター	2,000～10,000m²	20～40万人	特化あるいは個性派専門店で構成される核なしSCであり、強力なテーマおよびコンセプトを持つ専門店の集合体である
	フェスティバルセンター	5,000～50,000m²	100万人以上	レジャー志向の強いSCであり、買い物のみならず、飲食、レジャー、アミューズメントが一体化したレジャー型SC（小型から大型タイプまであり）
	コンセプト型SC	5,000～50,000m²	20～100万人	新しいコンセプトで作られたSCで、マーケットセグメンテーションタイプのSCが多い（特定業種、特定客層、コンセプト専門店などのSC）

注：米国の分類に合わせて日本のSCを分類、売り場面積は日本での標準型の規模を想定
出典：日本ショッピングセンター協会（2008）『ショッピングセンター学校通信教育SC開発講座　テキストNo.1』から抜粋

駐車場の台数と位置　例えば、ほとんどがフリースタンディング立地であるコンビニエンス・ストアでも、郊外に立地している場合は、駐車場がないと商売にならないだろう。SC内への出店では、買い物客のショッピング後の荷物移動を考えると、駐車場からの店舗までの距離も大切である。渥美（2003）の主張によると、SCにとって最低限必要な駐車台数は、総リース面積5～7坪当たり1台となっている。[21]

---

[21] 滞在時間が長いSCの場合は、3.5坪に駐車スペース1台分を準備するのが日米共通の原則である。渥美俊一（2003）、前掲書、227～228頁。

店舗ミックス（テナントミックス） 商業地区やSCに出店する場合は、自店の街周辺やSCの中に、その他どのような店舗やサービス施設があるかが、自店への来店に影響する。ワンストップショッピングのニーズに応えるためには、食料品、衣料品、住関連の店舗を同時に配置することが必要である。[22]

その他のサイトの特徴 単独店や商業地区へ出店する場合、当該店舗のサイトが道路からよく目立つかどうか（ヴィジビリティ）が問題になる。道路から見えない店舗には、自動車も入りようがない。店が道路のどちら側にあるかも重要である。車で走っているとき、道路の右側にある店には入りにくい。一般的に、道路や通路との接地面積が大きい店舗は、目立つ上に客が入りやすい。

2. 店舗の運営と管理

(1) チェーン小売業の組織

典型的なチェーン小売業は、3つのパターンのいずれかの組織形態をとっている。あるいは、ある程度の規模になると、それら3つを組み合わせた4番目の形態を採用している場合がふつうである（図表15.9）。[23]

機能別組織 単独店あるいは少数店舗で採用されている組織形態である（図表15.9（a））。社長（取締役会）あるいは業務全般を見る専務の下に、販売促進部長、仕入（商品）部長、人事部長、店舗運営部長、コントローラーの責任者が配置される。

商品売り場部門別組織 複数の製品ラインを扱っているチェーン小売業が、初期のころに採用している組織形態である。図表15.9（b）は、衣料品チェーンの例である。商品部長の下に、紳士服担当課長、婦人服担当課長、インナーウエア担当課長、その他服飾・雑貨担当課長が配置される。

店舗別（地域別）組織 店舗の展開地域が拡大したときのチェーン小売業の組織形態である（図表15.9（c））。店舗運営担当の取締役（部長）が、店舗Aから店舗Dまで4つの店舗を担当している。店舗の数が増え

22——ただし、注意しなければならないのは、SC内の店舗数が多すぎたり、売り場面積が大きすぎるのは、かえって買い物を不便にすることである。
23——Berman, B. and J. R. Evans (2007)、前掲書、"Chapter 11: Retail Organization and Human Resource Managememnt," pp. 325–353を参考に、実際の日本の事情に合わせて組織図を作成し直した。

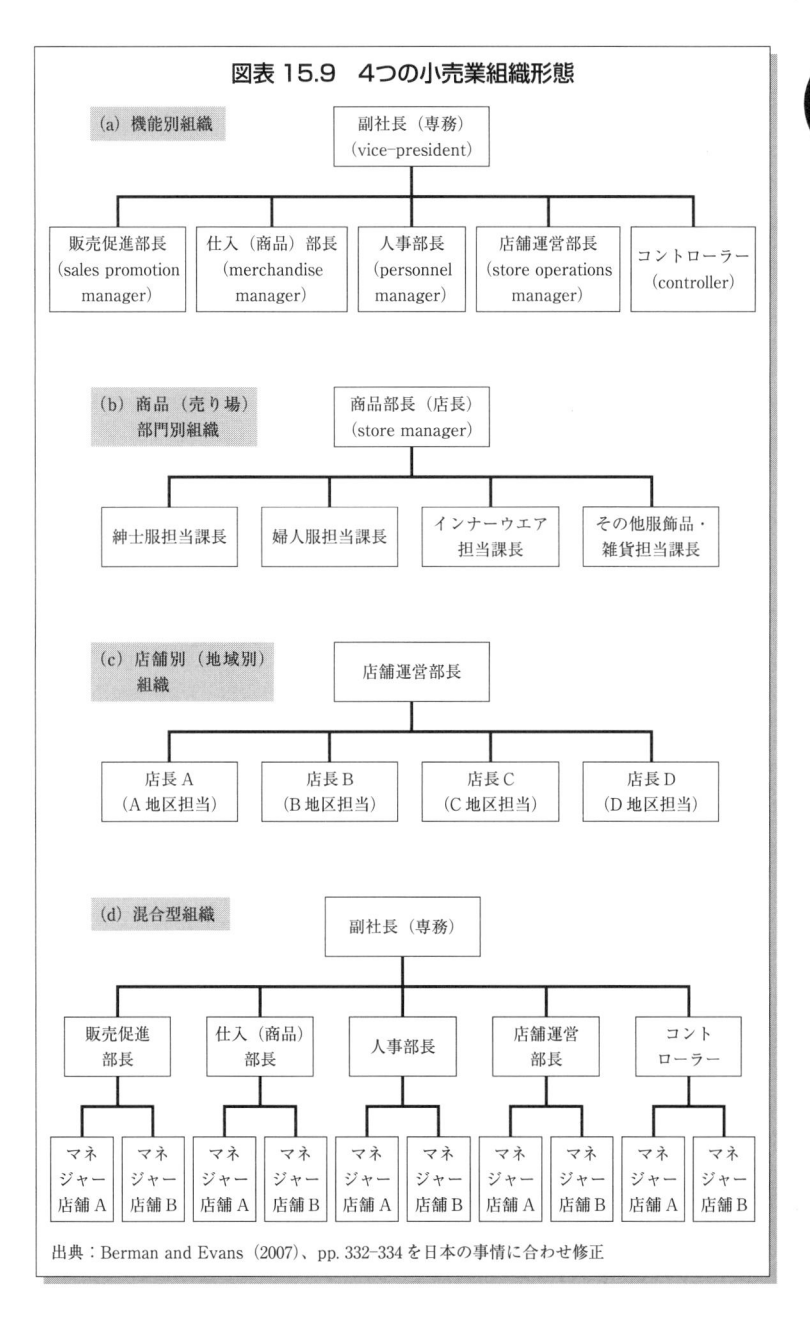

図表15.9　4つの小売業組織形態

(a) 機能別組織

副社長（専務）(vice-president)
- 販売促進部長 (sales promotion manager)
- 仕入（商品）部長 (merchandise manager)
- 人事部長 (personnel manager)
- 店舗運営部長 (store operations manager)
- コントローラー (controller)

(b) 商品（売り場）部門別組織

商品部長（店長）(store manager)
- 紳士服担当課長
- 婦人服担当課長
- インナーウエア担当課長
- その他服飾品・雑貨担当課長

(c) 店舗別（地域別）組織

店舗運営部長
- 店長A（A地区担当）
- 店長B（B地区担当）
- 店長C（C地区担当）
- 店長D（D地区担当）

(d) 混合型組織

副社長（専務）
- 販売促進部長 ― マネジャー店舗A、マネジャー店舗B
- 仕入（商品）部長 ― マネジャー店舗A、マネジャー店舗B
- 人事部長 ― マネジャー店舗A、マネジャー店舗B
- 店舗運営部長 ― マネジャー店舗A、マネジャー店舗B
- コントローラー ― マネジャー店舗A、マネジャー店舗B

出典：Berman and Evans（2007）、pp. 332-334を日本の事情に合わせ修正

てくると、地理的に近接している複数の地域をまとめて、「地区X」「地区Y」「地区Z」のように、それぞれの地域担当部長を配置する制度に変えていく場合が多い。

混合型組織　　機能別組織に、商品別組織と地域別組織を組み合わせた組織形態である（図表15.9（d））。米国の典型的なチェーンストアは、このような組織形態をとっている（Berman and Evans 2007）。

　図表15.10は、食品スーパーの「ヤオコー」（本社：埼玉県川越市）の組織図である。ヤオコーは、埼玉県を中心に、千葉、茨城、群馬、栃木など関東1都5県に100店舗を展開する、年商約1875億円の食品スーパーである（2009年3月）。従業員は、正社員が約1500人、パート社員は約1万人である[24]。

　米国チェーンストアの典型例で見たように、会社全体は、大きくは「商品部」と「販売部（店舗運営部）」に分かれている。ヤオコーの場合では、商品部はさらに3つの部門（生鮮、デリカ、グロッサリー）に、店舗運営部は9つの地区（＋2つのSC）から構成されているのがわかる（デリカは、㈱三味に属している）。

（2）店舗運営と採用・研修

　近代チェーン小売業の特徴は、仕入れ（商品部）と販売（店舗運営部）を機能的に分離したことである。本部が商品計画と調達を担当し、店舗側が営業と店頭プロモーション活動を分業する。機能分担によって、仕入れと販売の効率を同時に高めようとしたことが、チェーン小売業の革新性であった。

　企業組織としては、「商品部」が仕入れを担当して、さらに商品部門（カテゴリー）ごとに部門内で分業体制を敷いている。組織的には、各部門別にチーフバイヤーとアシスタントバイヤーがひとりずつ配属されている。ヤオコーの例では、3つの商品部門（生鮮、デリカ、グロッサリー）には、担当部長が配置されている。生鮮部門では、さらに各売り場部門（鮮魚、精肉、青果）に、それぞれチーフバイヤーとアシスタントバイヤーが配置されている。

　店舗運営部の組織も、商品部と同様に、ふつうは2段階の構造になっている。「ブロック・マネジャー」と呼ばれる地区担当部長が、複数の店舗の運営に責任を持っている。例えば、ヤオコーの場合では、群馬、千葉、埼玉など、関東圏の全出店地域を9つのブロックに分割している。各地区担当部長は、ひとりで8〜15店舗程度を統括している。

24——ヤオコーのHP（http://www.yaoko-net.com/）参照。

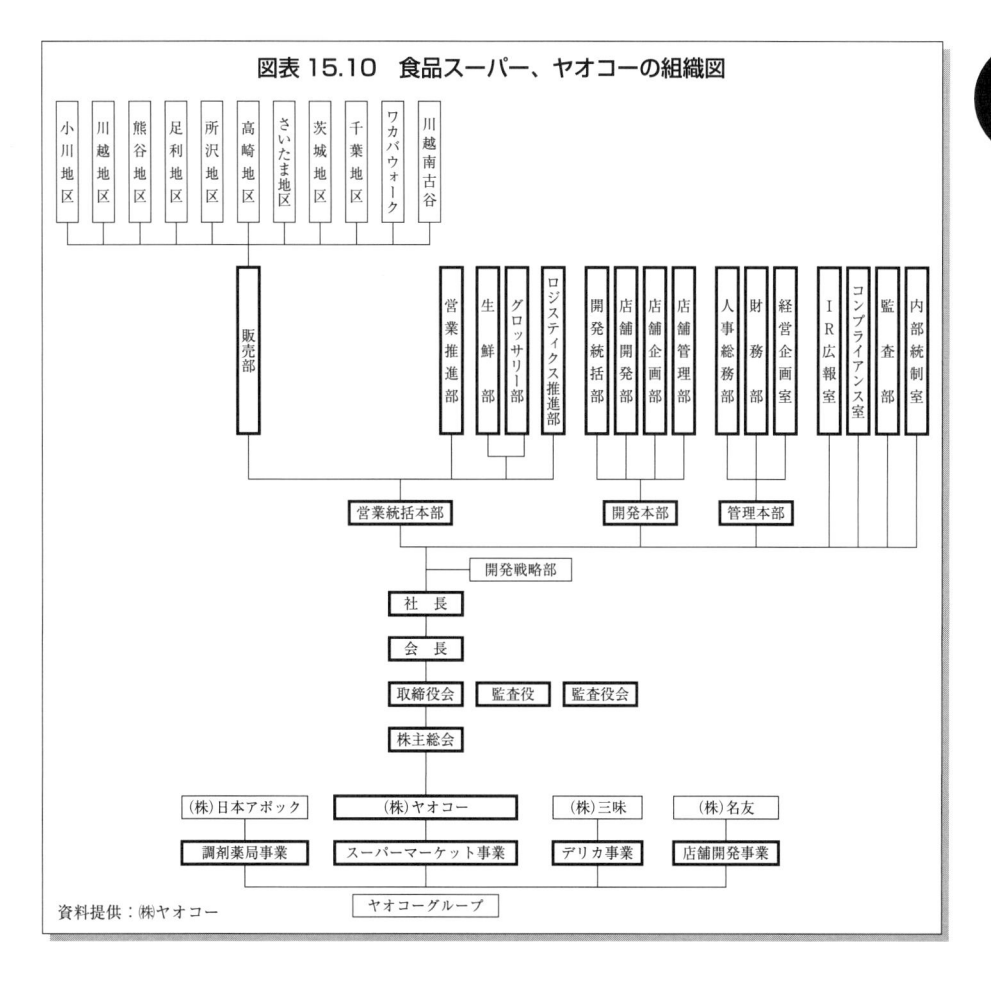

図表 15.10　食品スーパー、ヤオコーの組織図

(組織図)
- 販売部配下の地区: 小川地区、川越地区、熊谷地区、足利地区、所沢地区、高崎地区、さいたま地区、茨城地区、千葉地区、ワカバウォーク、川越南古谷
- 営業統括本部: 販売部、営業推進部、生鮮部、グロッサリー部、ロジスティクス推進部
- 開発本部: 開発統括部、店舗開発部、店舗企画部、店舗管理部
- 管理本部: 人事総務部、財務部、経営企画室、IR広報室、コンプライアンス室、監査室、内部統制室
- 開発戦略部
- 社長 ― 会長 ― 取締役会／監査役／監査役会 ― 株主総会
- ヤオコーグループ: (株)日本アポック(調剤薬局事業)、(株)ヤオコー(スーパーマーケット事業)、(株)三味(デリカ事業)、(株)名友(店舗開発事業)

資料提供：㈱ヤオコー

　フランチャイズシステムを採用しているコンビニエンス・ストアも、ほぼ同様な組織構造で運営されている。ひとりのSV（スーパーバイザー）が、6〜8店舗を担当しているが、その上に、エリア・マネジャーがいて、ひとりで10〜15程度の地域を担当する。さらに、その上には、ブロック・マネジャーがいて、都道府県レベルで広域な地区の店舗運営に責任を持っている。

　各店舗は、通常は、本部商品部門の「鏡構造」になっている。店長・副店長の下に、部門担当マネジャーがいて、それぞれの売り場（部門）の運営に責任を持っている。各売り場は、チーフとサブの2人のマネジャーが、パート従業員とチームを管理する立場にある。例えば、ヤオコ

COLUMN-30
ある地区担当販売部長のキャリアパス(ヤオコー)

品川厚部長(仮名)は、1960年に、埼玉県美里町で生まれた。実家は、人口1万人の小さな町で八百屋を営んでいた。都内の有名私立大学を卒業してから、いずれ実家の八百屋の事業を継承しようと思い、前身が八百屋だった食品スーパーの「ヤオコー」に就職した。ヤオコーが、隣町の比企郡小川町出身の企業だったこともある。入社した1982年当時、ヤオコーは11店舗で年商100億円弱だった。

入社後すぐに配属されたのは、ヤオコー創業の1号店「小川ショッピングセンター」である。配属は青果部門だった。翌年(1983年)の1月に、7号店の児玉店に異動になる(青果のサブ・マネジャー)。1984年1月には深谷桜ヶ丘店に異動になったが、このとき、入社3年目で青果部門のチーフに昇格した。

翌年(1985年)には、同じく青果部門チーフ・マネジャーとして、所沢店に異動になった。1987年4月に再度、小川ショッピングセンターに異動になる。ここまで5年間は、店舗運営部の売り場担当者として働いてきた。

1989年に、はじめて商品部に異動になった。青果バイヤーを7年間、経験した後で、1996年に、店長として川島店に赴任することになる。1997年には、今度は、商品部青果チーフバイヤーとして、川越の本部に戻る。

2000年に、品川氏は、商品部の青果部門担当部長に昇進した。小売業のキャリアとしては、比較的出世が早いほうである。その後、2003年までの3年間は、本部バイヤーの最高責任者を務め、2003年に、販売部の地区担当部長に異動となった。

現在(2009年4月)まで、高崎地区を担当している。異動当初は、担当が6店舗だけだったが、いまは10店舗に増えている。

群馬県南部から埼玉県北部にかけては、ローカルの食品スーパーが元気な地域である。競合が厳しい地域で、毎日の仕事はとても忙しい。しかし、成長著しい食品スーパーのブロック・マネジャーの職位は、やりがいのある仕事である。

ーの場合は、店舗当たりの正社員の数は15〜16人である。全部で売り場部門は、生鮮3部門、デリカ、グロッサリーの5部門構成である。パート従業員は店舗当たりで約100人であるから、各部門には15〜20人程度が配置される。

店長（副店長）の主たる仕事は、店舗運営とパート社員の採用と教育である。各売り場担当者は、売り場（陳列とプロモーション）と商品管理（発注、補充、ロスコントロール）、および各部門に配属されてくるパート従業員のLSP（作業割り当て）である。

COLUMN-30では、ヤオコーのある地区担当販売部長のキャリアパスと現在の仕事が描かれている。

3. マーチャンダイジングと価格政策

(1)マーチャンダイジング

「マーチャンダイジング」（merchandising）とは、小売業者が、商品やサービスを調達して、適時、適量、適所に、適切な品質かつ適切な価格で、消費者に届ける活動のことである。[25] 古い教科書では、「商品（他）政策」「商品計画」などと訳されている。しかし、最近の小売マネジメントのテキストでは、英語をそのままカタカナで表記している。実務書では、短縮して記号的に「MD（エム・ディー）」と呼ぶことのほうがふつうである。

もう少し簡単にいえば、小売マーチャンダイジングとは、「小売業者が、商品の調達から販売までを計画して実施して統制することである」。小売業者が主体になって実施するマーケティング活動のことである。したがって、マーチャンダイジングには、MDを計画する側面とMDを実施・統制する側面がある。これは、マーケティングに、計画と実施・統制の段階があるのと同じである。

懸田、住谷（2009）のように、マーチャンダイジングという言葉をあえて使用せずに、「品揃え」（product）で統一的に説明してしまうやり方もある。この考え方は、マーチャンダイジングを、（メーカー主体の）

---

[25]──Berman, B. and J. R. Evans（2007）、前掲書、p. 408、および、渥美俊一、桜井多恵子（2007）、前掲書、279頁などを参考にした定義。渥美、桜井（2007）では、「原料の調達」までも含んだ概念になっている。マーチャンダイジングの機能として、PB商品の開発を視野に入れているので、そのような定義になったものと考えられる。

マーケティング活動の4Pやサービス・マーケティングの7Pの枠組みに、小売業の活動を対応させて考える立場である[26]。しかし、ここでは、実務者たちの用語法に合わせて、小売業のマーケティング活動の意味で、マーチャンダイジングという言葉を用いることにする。狭義には、マーチャンダイジングの中心は、店頭での品揃え計画の立案と実施である。

(2) マーチャンダイジング計画

　マーチャンダイジング計画の基本は、取り扱う商品の「品揃え」（assortment）についての基本方針を立てることである。そのために、「品揃えの幅」（breadth of assortment）と「品揃えの深さ」（depth of assortment）を決めることになる。それに加えて、取り扱う商品アイテムの品質と価格水準を決定しなければならない。

　品揃えの幅は、「商品ライン」の広がりで表現される。食品スーパーやコンビニエンス・ストアで販売されている日配品（daily goods）の例を考えてみよう。代表的な日配品の商品ラインは、牛乳、乳製品、豆腐、納豆、卵、パン、生菓子など、日持ちがしないので、毎日発注、毎日配送が必要な商品群である。食品スーパーならば、日配品のほとんどのラインを幅「広く」品揃えしているが、コンビニエンス・ストアで取り扱われる商品ラインは限定されるだろう。納豆やコンニャク、練り物などの一部は、品揃えをしていないことも多い。食品スーパーに比べて、品揃えの幅は「狭い」のである。

　コンビニエンス・ストアにも必ず、牛乳やヨーグルトなどの乳製品は置いてある。しかし、チルド食品の陳列スペースが狭いので、種類やサイズが限定される。サイズは500ミリリットルと1リットル、通常は自社PB商品とメーカーブランドが2、3種類くらい、低脂肪牛乳などは置いていないことが多い。品揃えは「浅い」のである。それに対して、標準的な食品スーパーでは、産地別にオーガニック牛乳を取り揃えていたり、パッケージも紙パックだけでなく、ビンやプラスチックのボトル、家族の大きさや用途を考えてサイズも数種類を用意してある。相対的には「深い」品揃えになっている。

---

[26] 懸田豊、住谷宏編（2009）、前掲書、154〜155頁では、小売ミックスを、店舗、立地、営業時間帯、品揃え、価格、広告、接客の組み合わせと考えている。第1章で、伝統的なメーカー・マーケティングの「製品」（product）が、小売りのマーケティングでは、マーチャンダイズ＝「商品」（merchandise）に対応していることを説明した。

(3)商品構成グラフ

　店舗の品揃えの特徴を表現するために、しばしば「商品構成グラフ」が用いられる。商品構成グラフは、日本リテイリングセンターが、小売業の商品部門の品揃えと価格に対する姿勢を評価するために開発したものである。

　ある商品（群）について、横軸に「売価」を、縦軸に「陳列量（品目数）」をプロットする。同じ価格の点を折れ線でつなぎ合わせてグラフ化したものが、商品構成グラフである[27]。商品構成グラフを見ると、その店の品揃えの特徴がわかる。

　商品構成グラフからは、商品部長や売り場担当者が、品揃えと価格設定をどのように考えているかが一目瞭然である。値ごろ感は、「価格ライン（上限と下限）の幅」を見ればよい。「プライスポイント」と呼ばれる最大陳列量の売価は、店の価格イメージを決める。その店がもっとも売りたい（陳列量）と思っている価格が、プライスポイントになるからである。例えば、100円ショップは、プライスポイントがひとつしかないので、価格で迷うことがない。ワン・プライス・ショップが買いやすい売り場になっている理由である。

　図表15.11は、2009年の1月（24日と25日）に、英国のスーパーマーケットの花売り場を視察したときに、作成した花束の商品構成グラフである。ロンドン郊外で5つの店舗（テスコ、ウエイトローズ、セインズベリー、マークス＆スペンサー、モリソンズ）を観察して、価格帯と陳列量（相対シェア）を記録したものである[28]。

　テスコの販売量と品揃えが圧倒的ではあるが（他社の2〜3倍）、消費者にとってもっとも買いやすい売り場は、ウエイトローズである。花束の価格ラインを絞り込んである。売りたい価格（プライスポイント＝4.99ポンド）も明確である。作成したグラフからわかることは、買い物客になったときの印象と同じである。マークス＆スペンサーとモリソンズの売り場は、花束の値段も商品も種類が多すぎて、結局は商品が選びにくそうである。

27──渥美俊一、桜井多恵子（2007）、前掲書、62頁。
28──小川孔輔（2009）「JFMA欧州視察トレンドツアー報告」3月10日の発表資料から、データをもとに5社のグラフを再作成。

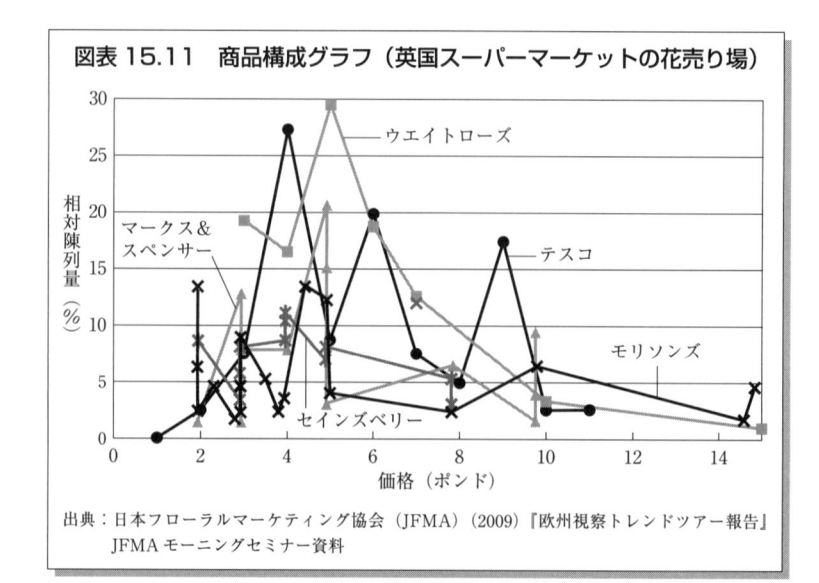

図表 15.11　商品構成グラフ（英国スーパーマーケットの花売り場）

出典：日本フローラルマーケティング協会（JFMA）（2009）『欧州視察トレンドツアー報告』JFMA モーニングセミナー資料

(4) その他のマーチャンダイジング計画

　マーチャンダイジング計画で、品揃え以外に重要な決定事項は、①ブランドの決定、②品揃え（商品入れ替え）のタイミング、③サプライチェーン上での商品の配置である。以下では、①「ブランドの決定」についてだけ、詳しく述べることにする。[29]

　近年、PB（プライベート・ブランド）が小売業にとっても重要になってきている。メーカー品のNB（ナショナル・ブランド）に比べて、広告が不要な上に、粗利益率が高いからである。そして、PBは自社独自ブランドなので、差別化のための競争手段として使用できる。

　例えば、1990年代には全取扱商品の1％にも満たなかったPB商品の割合が、大手小売業では、2桁に迫ってきている。例えば、イオングル[30]

29──②品揃えのタイミングは、鈴木哲男（2004）『52週マーチャンダイジング──重点商品を中心にした営業力強化と組織風土改革』コープ出版が詳しい。③商品の配置は、実務上は非常に重要なテーマである。例えば、第3節のロジスティクスと関連して、配送センターや加工センターを地理的にどのように配置すべきか、あるいは、店内在庫や店内加工作業とセンター在庫やPC（プロセスセンター）とどのように役割を分担すべきかなどの問題である。

30──1993年11月時点では、西友の「無印」（0.3％）、ダイエーの「セービング」（1％）、ユニーの「私と生活」（0.4％）だった。小川孔輔（1994）『ブランド戦略の実際』日経文庫、30頁。2009年2月期決算では、イオンの総合小売部門営業収益は4兆2152億円、PB「トップバリュ」は約5000品目・売上高3687億円である。これをもとに単純計算すると、売上高ベースでのPB比率は8.7％となる（イオン「2009年2月期 決算短信」）。

ープのプライベート・ブランドである「トップバリュ」（TOP VALU）は、イオンの店舗だけでなく、グループ企業のスーパーマーケットであるダイエーやカスミ、マルエツでも取り扱われている。

衣料品小売業やホームセンターのような住関連小売業でも、自社ブランドを主体にした「SPA（製造小売）型」でMDを組み立てるのか（「自社MD」と呼ばれる）、それとも、メーカー品をアソートする「セレクト型」のMDを主体とするのかの間の選択がある。例えば、カインズやニトリ、良品計画などは、SPA型で自社ブランドの比率を高めようとしている。

この問題に対しては、唯一の正解は存在しない。自主MDを志向すると、品揃えの幅が狭くなり、売れ残りのリスクは高くなる危険はあるが、圧倒的に粗利益率は高くなる。セレクト型の品揃えでは、粗利益率は小さいが、広い品揃えで低リスクになる。例えば、カジュアル衣料品でセレクト型の品揃えをしている「しまむら」と「ライトオン」は、粗利益率がそれぞれ31.7％と47.0％である（2008年）。それに対して、SPA型の「ユニクロ」と「ハニーズ」は、粗利益率がそれぞれ50.1％と58.8％である（2008年）。総じていえるのは、利益額の上下動については、SPA型が大きく変動する傾向がある[31]。

4. 店舗デザインと売り場づくり[32]

(1) 店舗外観の設計

小売業にとってのもうひとつの課題は、売り場レイアウトと棚の配置をどのようにデザインするかである。実は、その前に、建物の外観を設計する課題が残されている。

例えば、都市部の百貨店のように建物を多層階にするのか、それとも郊外型ショッピングセンターのように平屋にするのか。共用の駐車スペ

---

[31]──各社の有価証券報告書から。「しまむら」2009年2月期、「ライトオン」2008年8月期（単体）、「ファーストリテイリング」2008年8月期（連結）、「ハニーズ」2008年5月期。

[32]──本項で紹介されている「売り場づくりのための5つの原理」と「棚割りのための6つの法則」および次項の「インストア・プロモーションの6つの通説」は、小川孔輔（1995）「棚の法則・売場の原理」「店頭マーケティングの技術発展史」『チェーンストアエイジ』ダイヤモンド・フリードマン社からの再録（要約）である。データの根拠はいちいち示されていないが、多数のマーケティング研究者たちの研究成果を要約したものである。とくに、専修大学の江原淳教授と学習院大学の青木幸弘教授には、オリジナルの論文記事を書くにあたって、大変お世話になった。

ースを持った「オープンモール」なのか、雨の日でも傘をささずに買い物ができる「クローズドモール」に設計するのか。まずは、そうした建物の外観に関する意思決定が必要である。

ショッピングセンター（SC）や駅ビルにテナントとして入店するのか、単独で出店するのかを決めておく必要もあるだろう。テナントになる場合は、SCやビルのどの通路にショップを配置するのかを、ディベロッパーと交渉しなければならない。

フリースタンディングの場合でも、土地や建物を自社で購入するのか、それともリースにするのか。賃借にした場合は、その契約期間を何年にするのか。建物の構造、看板のデザインや大きさ、営業時間などについても、前もって決めておく必要がある。

(2)売り場づくりに関する5つの原理

建物の設計や契約条件が決まると、つぎは売り場のレイアウトを考えることになる。基本的には、来店客が動きやすく、買い物がしやすいように、デザインすべきである。最終的には、業態が異なっても、売り場レイアウトには共通の法則がある。ここでは、基本的なルールを紹介する。題して、「売り場づくりに関する5つの原理」である。

第1の原理

「客動線が長くなると、売り場への立寄率と購入点数が増えて、客単価がアップする」

売り場を設計する際には、なるべく客動線（買い物客が動き回る距離）が長くなるようにレイアウトすべきである。図表15.12は、田島、青木（1989）の調査データである[33]。スーパーマーケットに来店した客が、平均的に歩く距離は172.9メートル。売り場への立寄回数は、動線長（100メートル）当たり7.4回である。買上率は56%で、買上個数は1.4個、商品単価は平均219円であるから、買上金額（客単価）は2212円になる。立寄率、買上率、買上個数をそれぞれ向上させる仕掛けはあるが、最終的に客単価をアップするには、客動線、すなわち、店内での滞在時間（15.1分）を長くすればよい。

第2の原理

「店内に入って早い時点で商品を買うと、客動線が長くなり、買い物点数が増

---

[33]――田島義博、青木幸弘編著（1989）『店頭研究と消費者行動分析――店舗内購買行動分析とその周辺』誠文堂新光社、76頁。

図表 15.12 売り場づくりに関する原理 第1の原理

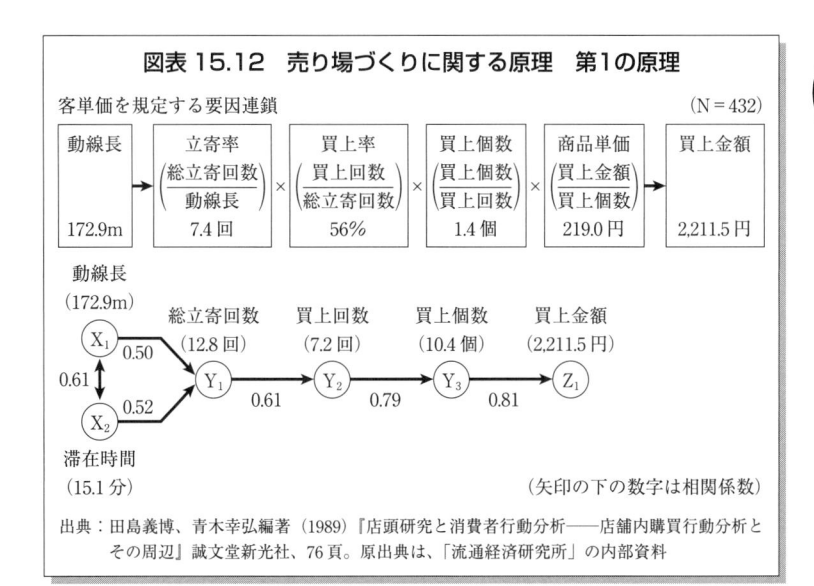

客単価を規定する要因連鎖 　　　　　　　　　　　　　　　　　　(N = 432)

動線長	×	立寄率 $\left(\dfrac{総立寄回数}{動線長}\right)$	×	買上率 $\left(\dfrac{買上回数}{総立寄回数}\right)$	×	買上個数 $\left(\dfrac{買上個数}{買上回数}\right)$	×	商品単価 $\left(\dfrac{買上金額}{買上個数}\right)$	→	買上金額
172.9m		7.4回		56%		1.4個		219.0円		2,211.5円

動線長
(172.9m)

　　X_1 ——0.50——→ 総立寄回数 (12.8回) Y_1 ——0.61——→ 買上回数 (7.2回) Y_2 ——0.79——→ 買上個数 (10.4個) Y_3 ——0.81——→ 買上金額 (2,211.5円) Z_1

0.61

　　X_2 ——0.52——↗

滞在時間
(15.1分)

(矢印の下の数字は相関係数)

出典：田島義博、青木幸弘編著（1989）『店頭研究と消費者行動分析——店舗内購買行動分析とその周辺』誠文堂新光社、76頁。原出典は、「流通経済研究所」の内部資料

える」

　最初に衝動買いを誘うように商品を陳列するのが、売り場づくりの定石である。店の入り口にディスカウント商品を大量陳列したり、そもそも青果コーナーが売り場の最初に配置されているのは、消費者にできるだけ早い時期に「買い物に来た」という心の準備をさせることが目的である。買い物への構えができることで、客動線が長くなり、店内での滞在時間が延長される。結果として、買い物点数が増えて、客単価がアップする。

第3の原理

「消費者の約80%は、店に入ってから購入商品を決めている」

　日本では、店に入るまでに購入ブランドを決めているケース（計画購買）は、ほぼ2割で安定している。メーカーの立場からは、マス媒体を利用した宣伝広告活動以上に、店舗内でのプロモーション活動が消費者を獲得する上で重要であるという主張がなされてきた。「インストア・プロモーション」（POPなど）が重視され、予算配分も「インストア・マーケティング」（ISM：店頭マーケティング）にシフトしてきた。なお、ショッピングリストを持って来店する「計画購買型」の顧客のほうが、「非計画購買型」の消費者よりも単価が高くなる。また、誰かと一緒に来店すると、客単価が高くなることが知られている。[34]

図表 15.13　店内決定率と計画率の比較

	アメリカポパイ調査との対比		日本の計画率調査との対比		
	1986年アメリカポパイ調査	1993年今回調査（狭義計画率）	1983年流通ノウハウ研究開発機構	1981年流研スピンHYKスタディ	1980年流研大槻調査
調査数	約4,000	3,519	推定400	4,767	430
1. ブランドレベルの計画購入	33.9%	8.4%	11.0%	3.5%	13.0%
2. カテゴリーレベルの計画購入	10.6%	6.4%	10.8%	15.9%	14.5%
3. 代替購入	2.9%	1.6%	2.1%	0.4%	0.9%
4. 非計画購入	52.6%	83.6%	76.1%	80.2%	71.5%
合　計	100.0%	100.0%	100.0%	100.0%	100.0%
店内決定 (2+3+4)	66.1%	91.6%	89.0%	96.5%	87.0%

出典：大槻博（1998）「日用消費財メーカーにみるプロモーション戦略の変化：1980—1995　マス広告から店頭マーケティングへ」『マーケティングジャーナル』9月号（通号70）、70頁。原典は日本POP広告協会（1993）「'93 POPAI-JAPAN STUDY」

第4の原理

「消費者は売り場のコーナーを丸く回ろうとする傾向がある」

売り場の各コーナーに来たとき、人間は最短の距離をとろうとして角を丸く回る傾向がある。なにも工夫をしないと、コーナー近くに陳列される商品は、消費者の目にまったく触れない可能性が高くなる。露出度の低下を防ぐためには、隅に注目させる仕掛けが必要である。購入頻度の高い商品をコーナーに持ってくるとか、人間の自然な動きに合わせて、コーナーを突き出したり、丸くレイアウトするなどの配置上の工夫が必要である。

第5の原理

「売り場の最初の部分は見過ごされやすい」

客動線は曲線を描くので、売り場の一番最初の部分はスキップされやすい。売り場（部門）の両端をパワーカテゴリーで挟み込むとか、部門がはじまるところに特売コーナーを設置するとか、サインを使って注目

34——米国のポパイ／デュポン研究によれば、米国人の計画購買比率は、30〜40%である。日本での研究では、日本人は店頭決定率が高い（非計画購買率＝80〜90%）といわれている。大槻博（1998）「日用消費財メーカーにみるプロモーション戦略の変化：1980-1995　マス広告から店頭マーケティングへ」『マーケティングジャーナル』9月号（通号70）、70頁。

度を高めるなどして対応する。棚の両端に置かれた商品は、無視されやすい。視認率・購入率ともに、端から2番目に置かれた商品のほうが、高くなる。カラーコントロールの手法を使って、両端の商品にくっきり見やすい色づかいをするなどの対処をする。[35]

(3)棚割りに関する6つの法則

　商品の陳列に関しても、長い年月をかけて、研究者や実務家が蓄積してきた知恵が存在している。「棚割りの法則」である。実務的な知見は、棚割りを決めるコンピュータソフトウエア（例えば、「ストアマネジャー」）などに利用されている。いずれにしても、実験による売上データの分析、買い物客の視線や身体の動きに着目して得られたルールである。「棚割りに関する6つの法則」を紹介する。

第1の法則

「床から100センチ前後の棚位置が売上最大になる」

　床から90～120センチの高さは、「ゴールデンライン」と呼ばれる。通

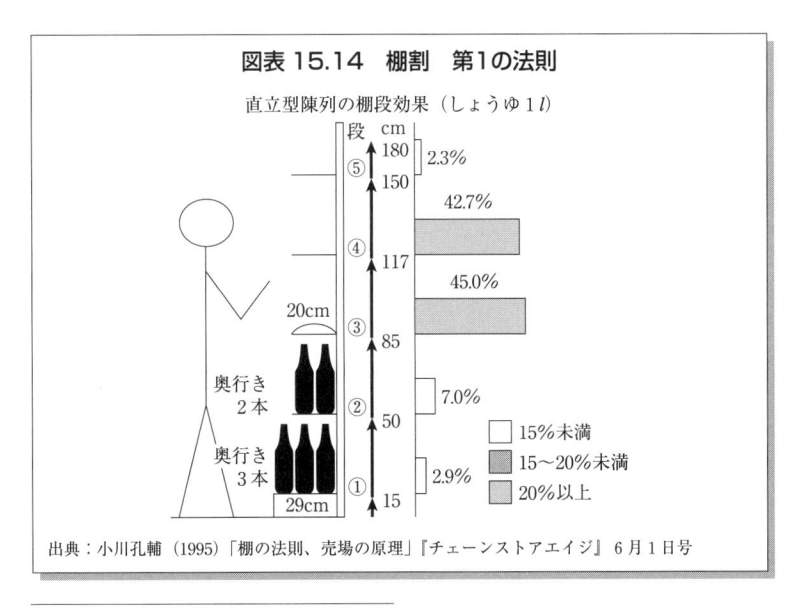

図表15.14　棚割　第1の法則

直立型陳列の棚段効果（しょうゆ1ℓ）

段	cm	売上構成比
⑤	180 / 150	2.3%
④	117	42.7%
③	85	45.0%
②	50	7.0%
①	15	2.9%

奥行き2本　20cm
奥行き3本　29cm

凡例：15%未満／15～20%未満／20%以上

出典：小川孔輔（1995）「棚の法則、売場の原理」『チェーンストアエイジ』6月1日号

---

[35] パコ・アンダーヒルが発見した「滑走路の法則」も、これに類似した視点からの観察結果である。「売り場のはじめの部分に置かれた商品は、見過ごされやすい」という指摘である。実際に、スーパーマーケットの入り口（滑走路部分）には、目玉商品や見切り品が山積みされていることが多い。「離陸直前」の買い物客を、どうにかして立ち止まらせるためである。P. アンダーヒル／鈴木主税訳（2001）『なぜこの店で買ってしまうのか──ショッピングの科学』早川書房、55～65頁（Underhill, P.（2001）*Why We Buy: The Science of Shopping*, Texere）。

常のショッピング環境では、買い物客にとってもっとも商品が目につきやすく、手が届きやすい棚位置である。図表15.14は、ある実験の結果である。陳列される商品（しょうゆのブランド）の棚位置をローテーションして、買い物客が実際に手にとった商品の売上比率を計算したものである。データを見ると、下から3段目（85cm＋）と4段目（117cm＋）で売上が大きくなっている。その他の商品（レトルトカレー、ドレッシング、インスタントスープなど）でも、直立型の什器を使った場合は、ほぼ同様の結果が得られている。

第2の法則
「身長の高い人ほど上段の商品を購入するが、もっとも身長の高い人では、最下段の売上がやや高くなる」

主婦を身長の高さで4つのグループに分けて、棚割りの第1の法則を確かめてみた結果が、図表15.15である（全体の平均値）。ゴールデンラインの法則は、ここでも当てはまっている。身長が高くなると（〜160cm）、しだいに上段の商品に注目が行くようになる。ただし、身長が160センチを超えてくると、最下段の注目率が高まる。おそらくは、身長の高い人は、棚の商品を見下ろす感じになるからであろう。

第3の法則
「フェースを倍にすると売上は平均で約30％増える」

買い物客から見て、フェース（同種の商品の個数）が増えると、売上は増加する。注目率が高まり、在庫切れで販売機会を失うこと（チャンスロス）が減るからである。1フェースから2フェースになると、販売

図表15.15　棚割　第2の法則

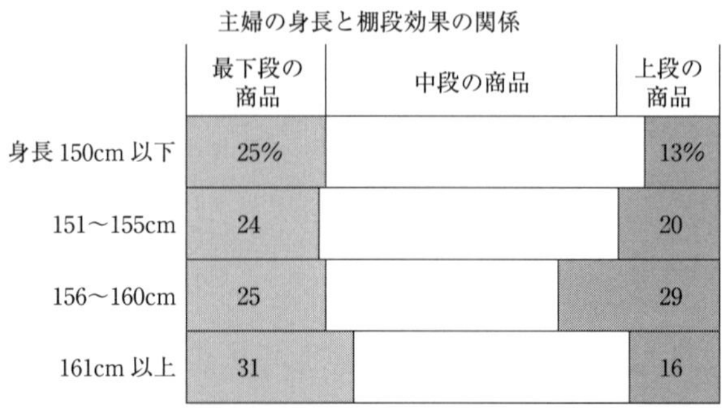

主婦の身長と棚段効果の関係

	最下段の商品	中段の商品	上段の商品
身長 150cm 以下	25%		13%
151〜155cm	24		20
156〜160cm	25		29
161cm 以上	31		16

図表 15.16　棚割　第3の法則

フェース当たりの売上効果率
（フェース数と累積売上）

累積効率
（フェース数1を基準とした指標）

- 1: 1.00
- 2: 1.81
- 3: 2.32
- 4: 2.70
- 5: 2.94

（フェース数）

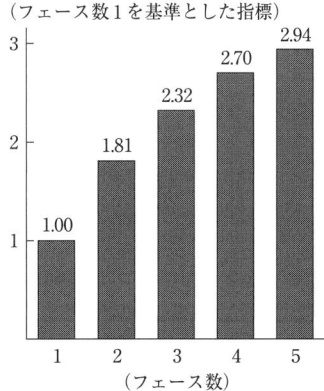

出典：小川孔輔（1995）「棚の法則・売場の原理」『チェーンストアエイジ』6月1日号

個数は平均81％増える。さらに3フェースになると、売上は132％になる。5フェースまでの平均は、調査対象とした全商品で平均30％だった。

　以下、第4の法則から第6の法則までは、データなしに結果だけを示すことにする。読者はこの法則が成り立つ理由を、人間行動の側面から考えてみると面白いだろう[36]。

第4の法則
「回転率の高い商品では、フェースの売上への効果が大きい」
第5の法則
「棚の右側のほうが左側より約30％視認率が高い」
第6の法則
「商品を手にとる確率は、棚の右と左でほぼ7：3の比率になる」

---

[36] ——第4項と第5項で紹介された11の原理・法則は、長年の間、流通経済研究所や花王が中心となって組織された「店頭マーケティング研究」の成果である。詳しくは、大槻（1998）、前掲書を参照のこと。

5.店舗環境と店頭プロモーション

(1)店舗環境の影響

　店内の環境が、消費者の行動に影響を与えることもある。図表15.17は、店内環境の5つの要素が、どのように消費者の買い物を刺激するのかを例示したものである。[37]

　ポジティブな店内のムードは、人間を幸せにすることで店舗への滞在時間を長くする。赤色の環境は、衝動買いを誘発する。逆に、青い色彩の環境は、合理的な思考が働く。香りは、ブランド連想を促進する効果がある。カテゴリーと結びつくと、バラエティシーキング行動を促す傾向がある。

　店内のBGMについては、決定的な調査結果は得られていない。食品スーパーなどでは、特売のときなどに大きな声での店内アナウンスが行われる。音楽や呼び出しのマイク声が大きすぎると、店内の滞在時間が

図表 15.17　店内の雰囲気が購買に与える影響

ムード	ポジティブなムードは、消費者のバラエティシーキングを促す 幸福な興奮状態に置かれた客は、予定より店内滞在時間が長くなり、より多くのお金を使う
色彩	赤い環境……刺激的だが、ややネガティブな反応 　　　　　　購買延期、より少ない消費額、衝動買いには効果的？ 青い環境……好意的反応、より高い購買意欲 　　　　　　商品を吟味して購入
香り	消費者をリラックスさせ、記憶を呼び起こしたり、特定の製品や店を連想させる効果 香りと製品カテゴリーを一致させると消費者のバラエティシーキングが促される
BGM	大きすぎる音楽は静かな音楽に比べ、客の店内滞在時間を減少させる 購買量や顧客満足度の違いは未検証

出典：B. E. カーン、L. マッカリスター／小川孔輔、中村博監訳（2000）『グローサリー・レボリューション――米国パッケージ商品業界の経験』同文舘出版から作成

---

[37]――B. E. カーン、L. マッカリスター／小川孔輔、中村博監訳（2000）『グローサリー・レボリューション――米国パッケージ商品業界の経験』同文舘出版（Kahn, B. E. and L. McAlister（1997）*Grocery Revolution: The New Focus on the Consumer*, Addison-Wesley）。

短くなるらしい。詳しくは、カーンとマッカリスター（2000）を参照。

(2)インストア・プロモーション

店頭でのプロモーションに関しても、実務者がインストア・プロモーションを企画するときに頼りにしている実務的な知識が存在している。「インストア・プロモーションについての6つの通説」として、すべてを列挙してみる。実は、6つの通説のうち、ひとつだけは間違っている。読者は、間違っている仮説とその理由について考えてみると面白いだろう。

> 通説1
> 「店舗内でのプロモーションによって、商品の使用量が増えることはない」
> 通説2
> 「エンド陳列、値引き、プレミアム（景品）は、ブランドスイッチを引き起こすのに有効だが、チラシとクーポンはブランドのスイッチを誘発する効果が小さい」
> 通説3
> 「デモ販（実演販売）は、そのときだけの試用者を増大させるだけで、リピート購入にはほとんどつながらない」
> 通説4
> 「気温の影響はほぼ季節商品だけに限られる」
> 通説5
> 「既存品に比べて、新製品のほうが店内露出の影響が大きい」
> 通説6
> 「ほとんどの商品アイテムで、価格に反応しない消費者が20〜30％存在する」

なお、店頭プロモーションやPOP広告の実際については、第13章の「セールス・プロモーション活動」ですでに紹介しているので、ここでは記述を省略する。

3—ビジネス・ロジスティクス[38]

1.企業のロジスティクス活動

(1)インターネットと物流

　2000年代の半ばから、インターネットを介した対消費者向けの商品販売が絶好調に推移している。例えば、母の日のフラワーギフトなどは、店舗販売にはほとんど変化が見られないにもかかわらず、ネット販売だけは前年比で2～3倍に伸びている（2004～2005年）。地方特産品のネット販売も好調である[39]。電子ショッピングモールに出店している企業のマーケティング努力もさることながら、もっとも大きな理由は通信回線のブロードバンド化であろう。セキュリティと電子認証の問題もほぼ解決して、応答時間の短縮と商品画像の品質向上で、ネットでの買い物がしやすくなっている。

　ネット販売が好調な理由はそれだけではない。もうひとつの大きな理由としては、消費者が買い物に要する時間の使い方が変わったことが挙げられる。不況の影響で、いまはトレンドが逆向きになっているが、一時期、百貨店やスーパーマーケットが営業時間を延長したことで、平日の午後に、しかも仕事帰りに買い物をする人が増えたからである。MJ（日経流通新聞）の調査によると、首都圏に住んでいる人の約25％が、衣料品や耐久消費財（PCなど）の買い物を平日（夜）に行っていることが報告されている。その逆で、休日の過ごし方が変わったことが平日と夜間での買い物を促進しているともいえる[40]。

　しかしながら、ネット販売では、通信販売業界でいう「フルフィルメント」（商品の受注から配送までの一連の活動）が必要である。その前提は、低コストで確実に商品が届くことである。日本でもし今日のよう

---

[38]——本節は、小川孔輔（2004）「物流と日本経済の活性化」『日経広告手帖』（8月号）と、矢作敏行、小川孔輔、吉田健二（1993）『生・販統合マーケティング・システム』白桃書房に基づいて、オリジナル原稿を加筆修正したものである。

[39]——「ネット系、不況追い風——通販、「巣ごもり」需要つかむ、大手2社、取引高最高に」『日本経済新聞』2009年2月2日大阪夕刊、1面。

[40]——「平日こそ買い物日和、時間別消費、MJ調査——衣料や耐久財『月—金に』」『日経MJ（流通新聞）』2004年6月3日、1面。

に便利な「宅配便システム」が普及していなければ、ネット販売の急成長は実現していないことになる。情報流（ネット）と物流（ロジスティクス）がバランスよく発展してこそ、全体の経済システムと個別ビジネスが健全に成長していくことができるのである[41]。

米国でも事情は同じである。低コストで適時適量にモノが運べないとインターネットビジネスは成立しえない。1990年代後半の米国で「熱狂のクリスマス」（ネットを介したクリスマスギフト販売）が起こりえたのは、日本の宅配便に対応するロジスティクス・ビジネスが1971年にテネシー州メンフィスで産声を上げたからである。インターネットビジネスの基礎は、その25年前にはじまった民間企業（FedEx：フェデラルエクスプレス）によるロジスティクス革命に負っていたのである。

(2)ビジネス・ロジスティクスとは

本項では、企業の情報と物流に関する活動を取り上げる。一般に、「ビジネス・ロジスティクス」(business logistics) は、「商品や原材料を、必要なときに、必要な場所に、必要な量だけ、効率的に届ける活動」のことを指している[42]。

ロジスティクスは、企業（メーカー、流通業、サービス業）が実行するモノの移動と保管に関わる活動全般を総称した用語である。「物的流通」(physical distribution、短縮形でしばしば「物流」と呼ばれる）の活動が、モノの流れに重点を置いているのに対して、生産から消費までのトータルな効率で考えるのが、ロジスティクスの考え方である。

企業のロジスティクス活動全体を把握するために、モノの移動と保管を「ノード（在庫地点）」と「リンク（モノの移動)」で表すことがふつうである。なお、「サプライチェーン・マネジメント」(SCM：supply chain management) と同様に、ロジスティクス活動は、特定企業の活動を超えて、供給連鎖の前後に他の企業との協業を前提にして広がっている。社会的な流通システムの枠組みで、最適化を考えることを志向することがふつうである。

ロジスティクスには、2つのモノの流れが関係している。仕入れた商品（小売業の場合）や原材料・部品（メーカーの場合）が、当該企業に

41──小倉昌男（1999）『小倉昌男　経営学』日経BP社。
42──吉田健二「ビジネス・ロジスティクス戦略」矢作敏行、小川孔輔、吉田健二（1993）『生・販統合マーケティング・システム』白桃書房、261頁。

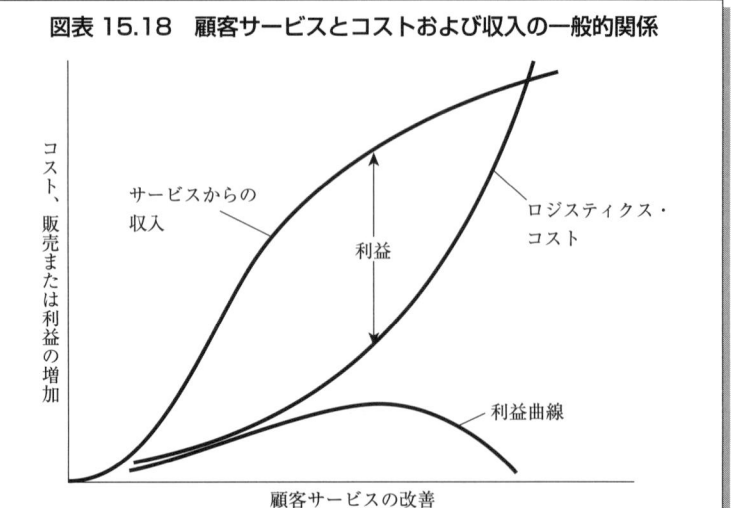

図表 15.18 顧客サービスとコストおよび収入の一般的関係

出典：吉田健二「ビジネス・ロジスティクス戦略」矢作敏行、小川孔輔、吉田健二（1993）『生・販統合マーケティング・システム』白桃書房、270頁。原出典は、Ballou, R. H. (1992) *Business Logistics Management*, Prentice-Hall, p. 96.

入ってくるまでのモノの流れは、「調達物流」と呼ばれる。それに対して、とくにメーカーの場合では、加工したり組み立てた最終製品を物流させる活動を、「完成品物流」と呼んでいる。

　企業のロジスティクス活動は、この両方の流れを最適化することである。実際には、コストとサービス水準をバランスさせて、企業にとって最適なシステムを設計する。図表15.18は、両者のバランスで、適切なサービス水準が決まることを示したものである。[43]

(3) 顧客サービス

　顧客サービスは、取引前、取引中、取引後に分類される。取引前のサービスでは、サービスの柔軟性が高いこと、技術的サービスの水準が高いことなどが、サービス要素として重要である。

　取引中のサービス活動が、顧客サービス全体の中心部分を占める。顧客は、品切れの可能性を少なくするために、短い注文サイクルを要求するが、そのためにはコストが上昇する。補充発注や取り替えに柔軟に対応するためには、余分なバックオーダー在庫を抱えなければならない。

---

[43]──同上、270頁。

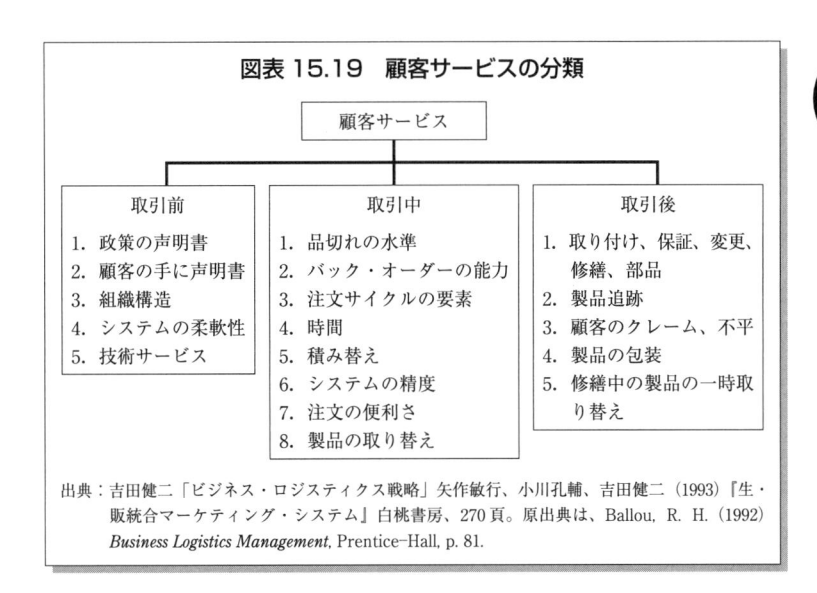

```
図表 15.19 　顧客サービスの分類
```

```
                    顧客サービス
        ┌──────────────┼──────────────┐
      取引前           取引中           取引後
  1. 政策の声明書    1. 品切れの水準    1. 取り付け、保証、変更、
  2. 顧客の手に声明書 2. バック・オーダーの能力     修繕、部品
  3. 組織構造       3. 注文サイクルの要素 2. 製品追跡
  4. システムの柔軟性 4. 時間           3. 顧客のクレーム、不平
  5. 技術サービス    5. 積み替え       4. 製品の包装
                  6. システムの精度   5. 修繕中の製品の一時取
                  7. 注文の便利さ       り替え
                  8. 製品の取り替え
```

出典：吉田健二「ビジネス・ロジスティクス戦略」矢作敏行、小川孔輔、吉田健二（1993）『生・販統合マーケティング・システム』白桃書房、270頁。原出典は、Ballou, R. H.（1992）*Business Logistics Management*, Prentice-Hall, p. 81.

受発注の時間（タイミング）を短縮するには、システムの精度を向上させないといけない。すべてがコスト付加要因になる。

　取引後のサービスは、アフターサービスともいわれる。主なサービスとしては、保証、部品や設備の修繕、顧客の苦情対応、パッケージサービスなどである。

　サービス・マーケティングでは、一般的に、取引前では、事前の情報提供が大切であるといわれている。取引中は、商品の魅力、サービスの利用しやすさ、顧客接点の対応力が重要である。取引後は、事後の問題解決がサービスの焦点になる。ちょうど、図表15.19と対応している。[44]

2. ロジスティクスの機能

　具体的なロジスティクスの機能は、①注文処理、②倉庫保管業務、③在庫管理の3つから構成されている。

(1)注文処理

　顧客から注文を受けて、商品を発送するまでの業務のことである。受発注の方法としては、郵便、電話、ファックスが従来から利用されてきた。現在は、POSデータが普及したので、商品データのコード化が進

44――小野譲司（2009）「日本版顧客満足度指数の活用」SPRING（サービス生産性協議会）セミナーでの発表資料（3月16日）から。

み、電子発注（EDI：Electronic Data Exchange）がふつうになっている。例えば、セブン-イレブン・ジャパンの情報システムの進化は、POSデータとEDIシステムのインフラが整備されたことで可能になったものである。また、日用品雑貨業界の業界VANである「プラネット・システム」は、注文処理の社会的なインフラの役割を担っている。

(2) 倉庫保管業務

物流の結節点（ノード）で、原材料や部品、完成品を在庫保管する業務を指す。保管業務には、物流倉庫が必要である。倉庫のタイプは、自社倉庫とリースに分かれる。それ以外の分類としては、DC、TC、PCの区別がある。DC（Distribution Center）は、在庫・保管機能がある物流倉庫である。それに対して、TC（Transfer Center）は、集配機能のみを受け持つ物流倉庫である。着荷後、数時間しか倉庫内に商品は滞留しない。PC（Process Center）は、倉庫内に加工機能を備えた物流センターである。加工食品メーカーや食品スーパー、フードビジネスやコンビニエンス・ストアのデリカ部門（弁当、パンなど）が運営していることが多い。

倉庫内で物流業務を遂行することを「マテリアル・ハンドリング（作業）」という。なお、倉庫管理や配送業務は、小売業やメーカーが自社で行う場合もあるが、最近の傾向としては、第三者に委託するケースが多い。メーカーでも小売業者でもない3番目の担い手が保管輸送業務を実施するという意味で、「3PL」（3rd Party Logistics）と呼ばれる。

図表15.20は、やや古いデータではあるが、物流に特徴のある企業の物流センターの配置をデータで示したものである（小川 1996）。ひとつの物流センターが配送面で支えている店舗数は、100～200店舗であ

45——小川孔輔、並木雄二（1998）「進化するコンビニ・システム――セブン-イレブン・ジャパンの成功」嶋口充輝、竹内弘高、片平秀貴、石井淳蔵編『マーケティング革新の時代④ 営業・流通革新』有斐閣。

46——小川孔輔（1999）「卸売流通企業連合の勝利――プラネット」『マーケティング情報革命』有斐閣、玉生弘昌（1998）『流通ネットワーク21世紀のミッション――業界VAN「プラネット」成功事例からの提言』ビジネス社。

47——「マテハン」とも呼ばれる。マテハン機器などは、雑誌「DAIFUKUニュース」などの専門誌に詳しく説明がなされている。「DAIFUKU事業・製品電子機器の事業ニュース」（マテリアルハンドリングによる物流ソリューションメーカー、ダイフクの公式サイト http://www.daifuku.co.jp/business/me/me_index.html）。

48——小川孔輔「台頭する『強い流通企業』自己完結型物流で高収益」『日経流通新聞』1996年12月3日、20面。

図表 15.20　倉庫立地　自己完結型物流の例

	社名	1センター当たりの配送対象店舗	センター―店舗間平均距離	売上高/物流経費率	特　徴
小商圏型	しまむら	100～200店	200～250km	2	分散型センター立地高密度・集中出店
小商圏型	すかいらーく	100店	100～150km	1.9	分散型センター立地高密度・集中出店
海外調達型	アイリスオーヤマ	1,400店	―	15.5	海外から完成品直輸入、少数の港で集中荷揚げ、国内センター間商品移動削減
海外調達型	良品計画	76店	―	6.8	海外から完成品直輸入、少数の港で集中荷揚げ、国内センター間商品移動削減

注：アイリスオーヤマ、すかいらーくは1995年12月期、しまむらは1996年2月期、良品計画は1996年8月期中間決算。物流経費は配送コスト。アイリスオーヤマは運営費、物流センターの減価償却費含む

出典：小川孔輔「台頭する『強い流通企業』自己完結型物流で高収益」『日経流通新聞』、1996年12月3日、20面より作成

る。総合スーパーやコンビニエンス・ストアも、ほぼ同様である。ひとつのTCやPC（例えば、弁当工場）が配送を担っている店舗数は、約200店である[49]。ホームセンターのメーカーベンダーであるアイリスオーヤマだけは、その例外である（2000社弱）。同社は実質的に、3PLに近い業務を行っているからである[50]。

(3)在庫管理

ロジスティクスに関連した最後の業務領域は、在庫管理の仕事である。発注コストと在庫保管コストの合計である「在庫管理コスト」を最適化するのが、在庫管理（inventory control）の目的である。「最適在庫量」（EOQ：Economic Order Quantity）は、図表15.21の算式から求められる[51]。

期間中の総需要をDとする。1回の発注量をXとすると、期間中の発

---

[49]――矢作敏行（1994）『コンビニエンス・ストア・システムの革新性』日本経済新聞社、金顕哲（2001）『コンビニエンス・ストア業態の革新』有斐閣、小川孔輔（1993）「スルー型配送システム――イトーヨーカ堂・ダイエー・菱食」矢作敏行、小川孔輔、吉田健二『生・販統合マーケティング・システム』白桃書房、183～218頁。

[50]――大山健太郎、小川孔輔（1996）『メーカーベンダーのマーケティング戦略――製造・卸売一体化の効率経営』ダイヤモンド社。

図表 15.21　EOQ（最適発注量）公式

〈前提〉　期間中の需要：D
　　　　　1回の発注量：X　→　最適発注量 X^* の決定
　　　　　ここで、1回当たりの発注費用 $= C_1$
　　　　　期間当たりの単位在庫コスト $= C_2$　とする。

〈解法〉　$Q = C_1 \left(\dfrac{D}{X} \right) \Big/ D + C_2 \left(\dfrac{X}{2} \right) \Big/ D$

　　　　　　　　　発注費　　　在庫維持費

　　　　　$\dfrac{dQ}{dX} = -\dfrac{C_1}{X^2} + \dfrac{C_2}{2D} = 0$

〈最適解〉　$X^* = \sqrt{\dfrac{2C_1 D}{C_2}}$

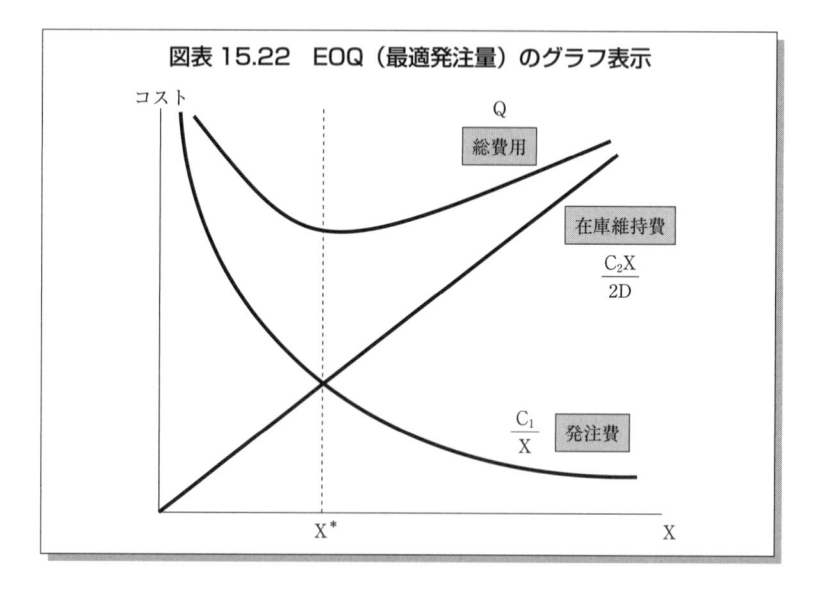

図表 15.22　EOQ（最適発注量）のグラフ表示

（コスト－X 平面上に、総費用 Q、在庫維持費 $\dfrac{C_2 X}{2D}$、発注費 $\dfrac{C_1}{X}$ の各曲線と、最適発注量 X^* を示すグラフ）

注回数は、D/X である。1回当たりの発注費用を C_1 とすると、発注費用は、$C_1 \cdot D/X$ である。また、期間当たりの平均在庫量は、$D/2X$ である。期間当たりの単位在庫コストを C_2 とすると、在庫保管維持費用は、$C_2 \cdot D/2X$ である。したがって、総在庫費用 Q（需要で基準化後）は、

　　　$Q = C_1 \cdot D/XD + C_2 \cdot X/2D$

51——H. M. ワーグナー／森村英典、伊理正夫監訳（1978）『オペレーションズ・リサーチ入門 5　確率的計画法』培風館（Wagner, H. M.（1975）*Principles of Operations Research*, 2nd ed., Prentice-Hall, pp. 794–849）。

になる。

　在庫費用を求めるために、QをXで微分して、ゼロと置くと、最適発注量X*は、公式のような値になる。これをグラフで示したのが、図表15.22である。

3.輸送方法とロジスティクスの革新

(1)輸送の方法の選択

　ロジスティクス・システムの設計にとって、もうひとつの重要な選択は、輸送方法の選択である。これは、「モーダル・チョイス」（modal choice）とも呼ばれる。

　表15.23に示すように、輸送方法には、鉄道、海運、トラック、パイプライン、航空（飛行機）の選択がある。図表15.23は、それぞれの輸送手段の長所と欠点を、点数化したものである。

　近年の輸送手段の選択には、3つの動きがある。「コンテナ輸送」（containerization）と「パレット化」（palletitization）、そして、「マルチモード輸送」（piggy bag）である。長距離輸送と物流の国際化、人件費などのコストの上昇に対応した動きである。いずれも、荷物の積み替えを迅速にして、モード間での輸送効率を高めるために、工夫して考えられた仕組みである。[52]

(2)ハブ＆スポーク理論

　米国の物流史上で最大の革新は、かつては大陸横断鉄道の敷設と州境をまたいでの高速道路（フリーウェイ）の延伸だったかもしれない。し

図表 15.23　輸送手段の順位づけ

	スピード	信頼性	輸送力	配荷力	費用
	戸口から戸口への配送時間	予定時間内に間に合う度合い	いろいろな貨物を扱える能力	活用できる地理的地点数	トン・マイル当たりの費用
鉄　道	3	4	2	2	3
海　運	4	5	1	4	1
トラック	2	2	3	1	4
パイプライン	5	1	5	5	2
航　空	1	3	4	3	5

出典：Guelzo, C. M.（1986）*Introduction to Logistics Management*, Prentice-Hall, p. 46.

かしいまや、米国市民が「物流システムの最大のイノベータは誰か？」と問われれば、間違いなくほとんどが「FedEx：フェデラルエクスプレス」であると答えるだろう。「ドキュメント翌日配送システム」（overnight document delivery system）の発明が、米国だけでなく、世界のロジスティクスを根本から変えてしまった。いまや世界中の誰もがその恩恵を受けている。

創業経営者のフレデリック・スミス氏がビジネススクール卒業時に提出した事業アイデアが、担当教授から最低の〈スコアC〉を与えられたことはいまでも伝説として残っている。いわゆる、有名な「ハブ＆スポーク理論」（hub & spoke theory）である。夕刻までいったん1カ所（ハブ空港：メンフィス）に集めた荷物を、深夜に目的地別（スポーク）に散らすのが、コスト的にも時間的にも、もっとも効率が高いという着想により、新しい物流事業を創出した。ビジネススクールの教授に実務的な評価能力がないことが、「フェデラルエクスプレス」の大成功によって10年後に証明されることになった。

テネシー州メンフィスに会社を設立し、1973年4月17日に自社便を飛ばして業務を開始したフェデラルエクスプレスは現在、世界220以上の国と地域で約14万人以上を雇用している。同社は、エアバス、ボーイングなど自社運航機を671機保有し、営業日当たり330万個以上の貨物を取り扱っている。フェデラルエクスプレスは、配送車両だけで約4万4000台を保有する世界最大の物流会社に発展していった（2009年5月、同社HPから抜粋）。重要なことは、UPSやDHLとともに、一民間企業が社会の動脈の役割を担っていることである。[53]

(3) もうひとつのイノベーション

日本では、ヤマト運輸が米国でフェデラルエクスプレスが果たした役割を担ってきたといえる。「宅急便」の誕生物語は、ヤマト運輸の元社長・小倉昌男氏の著書『小倉昌男　経営学』（日経BP社、1999年）に詳しく述べられている。2代目経営者だった小倉元社長は、父親が興した伝統ある運輸会社を変えていくことの困難を経験しながら、官による規

---

[52] —— 小林俊一（2007）『図解よくわかる物流のすべて』日本能率協会マネジメントセンター、鈴木暁編（2009）『国際物流の理論と実務　4訂版』成山堂書店、「新物流実務事典」編集委員会編（2005）『新物流実務事典』産業調査会事典出版センター。
[53] ——「フェデックスの現状」フェデラルエクスプレス・ジャパンHPより抜粋。
http://www.fedex.com/jp/about/facts.html（2009年5月1日アクセス）。

制に抗して一国の物流システムをプロセス革新していく。そのときの経営上の決断は圧巻である。いまやネット関連企業だけでなく、その他多くの一般企業が運営利用できる全国物流の「毛細血管」が、フェデラルエクスプレスのフレデリック・スミス氏のときと同様に、一企業家の創意工夫によって生み出されたという事実である。

　他方で、官の仕事と貢献は公平に評価されるべきである。宅配便のシステムは、1960年代後半から全国に張り巡らされはじめた高速道路網（東名高速道路〜関越・東北自動車道）の完成に依拠しているところが大きい。例えば、精肉・鮮魚・野菜などの生鮮品がいつでもどこでも入手可能になったのは、高速道路のインフラが整備されたおかげである。

　加工食品や日用雑貨などの包装消費財でジャストインタイム物流が実現したことにより、地方卸の経営が合理化され、物流倉庫が効率よく配置されるようになった。他国と比べて法外に高いといわれる料金問題を除けば、高速道路普及によるロジスティクス・システムの効率性向上は、われわれの生活に豊かさをもたらしていることは疑いようのないところである。

　家庭の冷蔵庫代わりに利用されるようになったコンビニエンス・ストアの便利さは、その背後で動いているロジスティクス・システムのバックアップがあればこそである。コンビニエンス・ストアのおいしい弁当は、弁当工場から店舗への多頻度小口物流に支えられている。

　一見、物流とは無関係に見えるファッション衣料品業界でも、効率的な物流システムが企業のコア・コンピタンスを形成しているケースが少なくない。例えば、「ファッションセンターしまむら」における商品の店舗間移動は、効率的な物流センター運営と在庫情報に基づく物流管理の組み合わせによるものである。[54]

　オフィス用品の翌日宅配を可能にした「アスクル」の登場も、高速道路網の整備や宅配便の普及と切り離しては考えられない。また、日本各地に散らばっている製造工場に、必要な部品や消耗品を届ける「トラスコ中山」の「プラネット物流センター」も物流技術と郵送ネットワークの進化に支えられている。[55]

54──月泉博（2006）『ユニクロvsしまむら──専門店2大巨頭圧勝の方程式』日本経済新聞社。
55──トラスコ中山の物流システムは、ビジネスモデル特許（2001年）を取得している。http://www.trusco.co.jp/about/butsuryuryoku.html。

しかしながら、日本の物流における最大の課題は、計画的にネットワークが整備された半面、建設や運営に要する費用が最小化されたとは考えにくいことである。製造部門の海外移転は、一部分は物流費の内外格差から来ている。とくに、ネット販売のさらなる普及を考えるときにこの問題はかなり深刻である。新たなイノベーションの芽が、物流問題への対応から生まれることを期待したいものである。日本経済の根幹を支えているのは、モノの移動＝物流システムである。

〈参考文献〉

渥美俊一（2003）『店舗レイアウト（新訂版）』実務教育出版

渥美俊一、桜井多惠子（2007）『ストア・コンパリゾン——店舗見学のコツ（新訂版）』実務教育出版

P. アンダーヒル／鈴木主税訳（2001）『なぜこの店で買ってしまうのか——ショッピングの科学』早川書房（Underhill, P. (2001) *Why We Buy: The Science of Shopping*, Texere）

大槻博（1998）「日用消費財メーカーにみるプロモーション戦略の変化：1980-1995 マス広告から店頭マーケティングへ」『マーケティングジャーナル』9月号（通号70）

大山健太郎、小川孔輔（1996）『メーカーベンダーのマーケティング戦略——製造・卸売一体化の効率経営』ダイヤモンド社

小川孔輔（1981）「ショッピングセンター立地の意思決定モデル」流通産業研究所編『ショッピングセンター——立地とマーチャンダイジングのモデル分析』リブロポート

小川孔輔（1993）「スルー型配送システム——イトーヨーカ堂・ダイエー・菱食」矢作敏行、小川孔輔、吉田健二『生・販統合マーケティング・システム』白桃書房

小川孔輔（1994）『ブランド戦略の実際』日経文庫

小川孔輔（1995）「店頭マーケティングの技術発展史」「棚の法則・売場の原理」『チェーンストアエイジ』4月15日号、6月1日号

小川孔輔、並木雄二（1998）「進化するコンビニ・システム——セブン-イレブン・ジャパンの成功」嶋口充輝、竹内弘高、片平秀貴、石井淳蔵編『マーケティング革新の時代④ 営業・流通革新』有斐閣

小川孔輔（1999）「卸売流通企業連合の勝利——プラネット」『マーケティング情報革命』有斐閣

小川孔輔（2004）「物流と日本経済の活性化」『日経広告手帖』（8月号）

小川孔輔、青木恭子（2008）「東アジア地区に進出した多国籍企業のマーケ

ティング（1）コンビニエンス・ストアin East Asia」『経営志林』（法政大学経営学会）第45巻第2号（7月号）

小川孔輔（2009）「小川町経営風土記、第16回」『チェーンストアエイジ』5月1日号

小倉昌男（1999）『小倉昌男　経営学』日経BP社

懸田豊、住谷宏編（2009）『現代の小売流通』中央経済社

B. E. カーン、L. マッカリスター／小川孔輔、中村博監訳（2000）『グローサリー・レボリューション──米国パッケージ商品業界の経験』同文舘出版（Kahn, B. E. and L. McAlister（1997）Grocery Revolution: *The New Focus on the Consumer*, Addison-Wesley）

金顕哲（2001）『コンビニエンス・ストア業態の革新』有斐閣

経済産業省（2008）『商業動態統計調査』

経済産業省（2008）『商業統計調査』

小林俊一（2007）『図解よくわかる物流のすべて』日本能率協会マネジメントセンター

月泉博（2006）『ユニクロvsしまむら──専門店2大巨頭圧勝の方程式』日本経済新聞社

齊藤実編（2005）『3PLビジネスとロジスティクス戦略』白桃書房

酒井理、小川孔輔（2003）「日本におけるオーガニックスーパーのブランド展開」『ブランド・マネジメント研究（2）　調査報告書』法政大学産業情報センター

桜井多恵子（2004）『新しい売場構成（新訂版）』実務教育出版

桜井多恵子（2008）『アメリカのチェーンストア見学（第3版）』実務教育出版社

「新物流実務事典」編集委員会編（2005）『新物流実務事典』産業調査会事典出版センター

鈴木暁編（2009）『国際物流の理論と実務　4訂版』成山堂書店

鈴木哲男（2004）『52週マーチャンダイジング──重点商品を中心にした営業力強化と組織風土改革』コープ出版

田島義博、青木幸弘編著（1989）『店頭研究と消費者行動分析──店舗内購買行動分析とその周辺』誠文堂新光社

玉生弘昌（1998）『流通ネットワーク21世紀のミッション──業界VAN「プラネット」成功事例からの提言』ビジネス社

田村正紀（2008）『業態の盛衰──現代流通の激流』千倉書房

チェーンストアエイジ編集部（2008）「特集：日本の小売業1000社、売上高トップ150社ランキング」『チェーンストアエイジ』9月15日号、40～71頁

中田信哉（2003）『現代物流システム論』有斐閣アルマ

日本ショッピングセンター協会『ショッピングセンター学校通信教育SC開

発講座　テキストNo.1』
日本セルフ・サービス協会（2005）『スーパーマーケット運営手帳（改訂23版）』
日本POP広告協会（1993）「'93 POPAI-JAPAN STUDY」
日本リテイリングセンター（2008）『ビッグストア基本統計2008年版』
日本リテイリングセンター（2009）『経営情報』3月号
平下治監修（2002）『日経情報ストラテジー別冊　GISマーケティングのすべて』日経BP社
森隆行（2007）『現代物流の基礎』同文舘出版
矢作敏行（1994）『コンビニエンス・ストア・システムの革新性』日本経済新聞社
湯浅和夫編（2003）『物流管理ハンドブック——在庫管理、物流ABCからグローバル・ロジスティクスまで』PHP研究所
吉田健二（1993）「ビジネス・ロジスティクス戦略」矢作敏行、小川孔輔、吉田健二『生・販統合マーケティング・システム』白桃書房
流通産業研究所編（1991）『ショッピングセンター——立地とマーチャンダイジングのモデル分析』リブロポート
H. M. ワーグナー／森村英典、伊理正夫監訳（1978）『オペレーションズ・リサーチ入門5　確率的計画法』培風館（Wagner, H. M.（1975）*Principles of Operations Research*, 2nd ed., Prentice-Hall）
Berman, B. and J. R. Evans（2007）*Retail Strategy: A Strategic Approach*, 10th ed., Pearson Education.
Bradach, J. L.（1995）*Franchise Organizations*, Harvard Business School Press, pp. 1-13.

〈さらに理解を深めるための参考文献〉
渥美俊一（2008）『チェーンストア組織の基本——成長軌道を切り開く「上手な分業」の仕方』ダイヤモンド・フリードマン社
井本省吾（2005）『ベーシック・流通のしくみ』日経文庫
小山周三（1997）『現代の百貨店』第4版、日経文庫
鈴木安昭（1993）『新・流通と商業』有斐閣
田島義博、原田英生編（1997）『ゼミナール・流通入門』日本経済新聞社
田島義博、宮下正房編（1985）『流通の国際比較』有斐閣
山中均之（1977）『小売商圏論』千倉書房

広がる
マーケティング活動
IV

　IV部は、マーケティングの現代的なテーマの中から3つの領域を選択してマーケティングについてさらに理解を深める。3つの分野とは、ブランド論、サービス・マーケティング、マーケティングの社会的役割である。

　第16章「ブランド論」では、ブランドの成り立ちとブランド戦略について取り上げる。企業価値を高めるために、企業は強いブランドを育てようとする。その基礎となるブランディングの基本を学ぶことになる。ブランドの本質機能、マスターブランドの活用方法、ブランドの価値評価について、豊富なケースを交えて説明する。

　第17章「サービス・マーケティング」では、モノ商品ではないサービス製品のマーケティングを取り上げる。経済のサービス化の流れをデータで示した後で、サービス・マーケティングに関する3つの枠組みを解説する。最後に、サービスのマーケティングに特有な経営課題について議論する。

　第18章「マーケティングの社会的役割」では、マーケティングのフロンティアについて、4つのテーマを取り上げる。社会的な流通システムを支える静脈としてのマーケティングの役割、国境を越えたマーケティングの移転、ポストモダンの消費者行動、垂直的なマーケティングシステムの未来、の4つの領域である。

オープニング事例
マクドナルド、地域別価格制の導入

　2007年6月20日から、日本マクドナルドが地域別価格制をテスト的に導入しはじめた。東京、大阪、京都などの都市部では、目立たない形で値上げが行われた。値上げ当日に、新宿のマクドナルドを観察訪問した学生からの報告によると、店頭で簡単な説明があったくらいで、バリューセットが50円値上げになったことにもほとんど気がつかないくらい、静かな値上げであったという。

　それとは対照的に、「値下げの効果」を実験している福島県などでは、テレビCMを大量に投入し、派手に値引きを宣伝している。テスト導入とはいえ、テスト販売は、かなり広範な地域・店舗にわたっている。ネットでの書き込みを見ていると、経済評論家はおおむね好意的なコメントをしている。経営コンサルタントの論客たちも、どちらかといえば「成功の予測」を発表している。本当にそうだろうか？

　そんなわけで、日本マクドナルドが地域別価格制度の導入を発表した6月12日（水）に、学生たちに「マックの地域別価格政策」を支持するかどうかについて、ディベートをさせてみた。「賛成」「反対」の2組に分かれての討論であった。結論を述べると、結果は「賛成組」の勝利に終わった。マーケティングの授業でも、最初のころから消費者セグメンテーションの効用を教えている。消費者ニーズに差があれば、差別的に価格を設定することは基本中の基本である。

　新聞報道（6月21日『日本経済新聞（朝刊）』『山形新聞』など）によれば、東京・神奈川・大阪・京都（1255店）はセット価格を値上げ、宮城・福島・山形・鳥取・島根（130店）はバリューセットを値下げする。その他（2439店）の地域では、価格は据え置きのままとのことであった（図表1）。

　価格差は、ビッグマックのセットで、640円（都市部）対560円（5県）。80円の価格差になる。都市部での値上げの理由は、賃料の上昇

図表1　マクドナルドの地域別価格

(円)

	ビッグマック	えびフィレオ
	単品（セット）	
▽東京、神奈川、大坂、京都 （1,255店）	290（640）	290（620）
▽その他の現状維持地域 （2,439店）	280（580）	280（580）
▽宮城、福島、山形、鳥取、 島根（130店）	260（560）	260（540）

注：店舗数は、2007年5月末現在
出典：「マクドナルド地域別価格スタート──定着なら他社追随も」『日本経済新聞』2007年6月21日朝刊

（田舎と比べて3～4倍の開き）、アルバイトの時給も300～400円は異なるとのことであった。

　学生が指摘した議論の要点を整理してみる。値上げのメリットは、都市部では「昼食難民」が出るくらいで、消費者の価格弾力性はもともと低いはずである。マックが値上げするくらいなら、650円のモスに行ってしまうという意見もあったが、マックはマック。多くのファンは離れない。

　都市部ではむしろ、混雑時に客数が減って客単価が上がる分、利益額・利益率ともに経営数値は改善する。地方では、ハンバーガーに対する価格弾力性がより大きくなるので、福島県のように大量CM広告を投入すれば、お客さんが増えるだろう。結果として、来店頻度も上がるのではないか？　回転率も高まるので、経営的にはプラスである。もっともな意見である。評論家たちがネット上で議論している論点も、ほぼこれに尽きている。

　「地方では、商品を値下げしたときに、ハンバーガーのバンズが小さくなったり、セットについているフレンチフライの量が減るのではないでしょうか？」

　そうした不安を、ふだんはあまり発言しない女子学生が言い出した。突然の突っ込みに、小さな演習室には笑いの渦が。この女子学生は、ファストフード店でアルバイトを経験したこともある。彼女によると、むかし実際にマクドナルドやミスタードーナツで、本当にあったことらしい。100円セールのときのドーナツは小さい、との意見もあった（真偽

のほどについては、最終確認していない)。

　ディベートで敗退した値上げ無効派の主張は、全国統一価格でないとオペレーションに困難をきたさないかとの意見が大勢を占めていた。それに加えて、一体全体、地方と都市の境目はどこにあるのか？　境界を間違うと、微妙な場所に住んでいると、消費者は車で価格が安い隣のエリアに行ってしまうのではないだろうか。実際の価格実験地域の配置を見ると、緩衝地帯（現状価格維持）が半分以上を占めている。筆者が住んでいる千葉県は、いまのところ中間地帯らしい。都市でも田舎でもない場所ということなのだろうか。

　最後に、別のある学生が面白い発言をした。世の中の一流企業は、値下げするにしろ値上げするにしろ、失敗すると大いなる痛手をこうむるものである。しかしながら、マクドナルドに関してだけは、これは例外である。これまでの20年間、とくに藤田田（でん）社長時代から、マクドナルドの価格改定は頻繁に行われてきた。ハンバーガーを58円にしたり、すぐに100円に戻したりの繰り返しであった。

　その文脈から言えば、マクドナルドの値段変更については、今回はせいぜいバリューセットに限定されている。この方針が一般化して、永続するものだとは誰も信じていない。日本マクドナルド（・ホールディングス）という会社の経営は、いつも実験場みたいなものである。これほど世間から愛され、半ば寛容に受け入れてもらえる企業も少ないのではないだろうか？

　わたしは、健康志向・環境支持派なので、ふだんマック（関西では「マクド」）はあまり食さない。しかし、マーケティング的には、日本マクドナルドは実に興味深い素材をいつも提供してくれる。教師としてはありがたい存在である。その点から言えば、日本マクドナルドの経営陣には大いに感謝している。また、マクドナルドのチャレンジ精神にはいつも感服している。そういう企業風土を作ることができた企業は、心の底から「すばらしい！」と思う。

第16章 ブランド論

　本章では、ブランド論のエッセンスとブランド戦略について学ぶ。

　第1節では、ブランドの起源と本質的機能について説明する。「ブランド」（brand）は「焼き印を押す」（burned）という言葉からの派生語である。ブランドの機能には、「出所表示機能」「品質保証機能」「宣伝広告機能」の3つがあることが示される。

　第2節では、ブランドの成り立ちについて述べる。ブランドは階層的な構造を持っている。第1層から第3層までのブランドの階層構造を、「企業ブランド」「商品ブランド」「属性ブランド」の概念を用いて説明する。また、ブランドを構成する要素を、マクロ要素とミクロ要素に分けて分析する考え方を紹介する。

　マクロ要素とは、ブランドが持っている独特のスタイルやテーマ性で、長期的に蓄積されたイメージ資産である。それに対して、ミクロ要素とは、ロゴマークやパッケージデザインやジングルのように、分離可能で短期的にも変更が可能なブランド要素のことである。

　第3節では、ブランドの編成原理とブランド活用戦略を取り上げる。ブランド管理の方法として、個別管理方式と集団的管理方式が対比される。マスターブランドの活用について、具体例を示しながら解説する。ブランドの活用戦略としては、「メガブランド化戦略」「サブブランド化戦略」「ブランド提携戦略」「ブランド拡張戦略」「ブランド架橋戦略」などがある。

　第4節では、ブランド資産（エクイティ）の内容とブランド評価の方法を紹介する。ブランドの代表的な評価法として、ブランド・アセット・バリュエーターとインターブランドの手法を、ランキングデータを用いて示すことにする。

1──ブランドの本質

1. ブランドの起源と本質的機能

「ブランド」（brand）という言葉は、英語の"burned"（焼き印を押す）から派生したといわれている。カウボーイは、放牧してある自分の牛を他人の牛と取り違えないように、牛の臀部やわき腹に所有権を表す「焼き印」（商標の原型）を押している。

中世社会では、刀剣や陶器の作り手を示すために、作者の名前を刻印していた。中世以前の社会においても、絵画や彫刻などの芸術作品には作者がサインを入れることがふつうに行われている。作品や商品に署名を入れる習慣は、ブランドの起源と深く関わっている。フランスやイタリアを発祥とするラグジュアリー・ブランドに、H（エルメス）、C（カルティエ）、LV（ルイ・ヴィトン）といったマークが表示されているのは、その名残である。

18世紀のはじめに、英国から欧州大陸に輸出されたウイスキーにはしばしばまがい物が交じっていた。対抗措置として、スコッチの醸造業者は、ウイスキーの樽に焼き印を入れて、偽造商品から所有権者を保護するようにした。メーカーの出所を表示し、品質を保証するために「商標」（trade mark）が誕生したわけである。

19世紀に入ってからは、ブランド開発者の権利を守るために、フランスやイギリスで「商標法」や「特許法」などの法律が制定された。日本で、商標や特許に関して法的な整備がなされたのは、20世紀に入ってからのことである。

現代社会において、ブランドはもうひとつ別の役割を担っている。法律的に所有権を主張すること（「出所表示機能」）や買い手に安心感を与えること（「品質保証機能」）以外に、消費者と商品やサービスについてコミュニケーションをする手段としての役割（「宣伝広告機能」）を果たすことである（図表16.1）。

第2章「マーケティングの発達史」で紹介したように、19世紀末の米

1──本節と次節は、小川孔輔（2001）『よくわかるブランド戦略』日本実業出版社を、最新の事例を取り入れて、再編集の上で要約したものである。

図表16.1　ブランドの歴史と3つの基本機能

① 中世の「焼き印」
　所有権表示機能

② 18世紀「商標」
　〈スコットランドのウイスキー〉
　メーカー出所表示機能
　品質保証機能

③ 19世紀　クラシックブランドの誕生
　消費者とのコミュニケーション
　宣伝広告機能

出典：小川孔輔（2001）『よくわかるブランド戦略』日本実業出版社、15頁

国で誕生したコーク（コカ・コーラ）やアイボリー石鹸（P&G）などのクラシックブランドは、その後、ロングセラーのブランドに成長していく。全国市場への普及を促進したのが、新聞・雑誌・ラジオなどのマスメディアの発達だった。その後は、大手メーカーは広告代理店の支援を受けて、マス媒体を活用したブランド構築に邁進することになる。

2. ブランドとは何か？

　現代的な意味でのブランドは、単なる「マーク」（商標・記号）や「ネーム」（ブランド名）に限定されるものではない。ブランドは、「ジングル」と呼ばれる短い音楽であったり、コーポレートカラーと呼ばれる「色彩」であったりする。ときには、インティメート・ブランドの「ピーチ・ジョン」（現在、ワコール ホールディングスの傘下）のように、店内に漂っているピーチの「香り」だったりする。五感（視覚、聴覚、嗅覚、触覚、味覚）を刺激するメッセージは、すべてがブランドの

基本的な要素になる（「ブランド要素」）。

「ブランド」という言葉を、もう少し厳密に定義してみる。ブランドの正式な定義は、「自社商品を他のメーカーから区別するためのシンボル、マーク、ロゴ、デザイン、色彩、名前などの識別記号」である。視覚的な要素だけでなく、五感に訴える外界からの刺激すべてが、ブランドのアイデンティファイア（identifier）になることができる。

ブランドを取り扱う主体は、通常は「メーカー」（製造業者）であることが多い。しかし、ブランドの販売主体は「小売業者」であったり、「サービス提供者」であったりする。その場合のブランドは、「ストアブランド」とか「サービスブランド」と呼ばれている。チェーン小売業者が自社開発したストアブランドは、「プライベート・ブランド」（private label）と呼ばれる。なお、通常の意味で使用する場合のブランドは、ストアブランドやサービスブランドと区別する目的で、しばしば「メーカーブランド」（manufacturer's brand）と呼ばれる。

「ブランディング」（branding）とは、価値のあるブランドを創造する経営プロセスのことを指す。もう少し厳密に表現すると、「自社の商品・サービスに対して、競合ブランドが持っていない優れた特徴を作り出すための長期的なイメージ創造活動」のことである。

他社の商品・サービスと異なる優れた特性は、必ずしも物理的な実体であるとは限らない。消費者の心の中で形成されるイメージ（心象）であることがむしろふつうである。そうして創造されたイメージは、長期にわたって持続するものである。

3. ブランド重視の時代的な背景

日本の企業が、「ブランド・マネジメント」（ブランドを管理するための経営プロセス）を真剣に考えるようになったのは、1990年代の半ば以降のことだといわれている。ブランドが、ヒト、モノ、カネに続く第4の経営資源であると主張したのは、片平秀貴氏（東京大学元教授）である[2]。

ブランドを「かけがえのない無形資産」と考える立場が台頭してきたのは、欧米ではそれよりさらに10年ほど古く、1980年代の半ばのことだ

2——片平秀貴（1999）『パワー・ブランドの本質（新版）』ダイヤモンド社。

った。ブランドブームには、もうひとりの立役者がいた。研究的な側面からブームに火をつけたのは、元カリフォルニア大学バークレー校のデービット・アーカー教授だった。『ブランド・エクイティ戦略——競争優位をつくりだす名前、シンボル、スローガン』を含む3冊の著書は、アーカー3部作といわれている。[3]

ブランド経営の時代背景としては、以下の3つの理由が考えられる。

(1) M&Aの対象としてのブランド

欧米の企業社会で「ブランドブーム」が起こったのは、1980年代後半に企業買収（M&A）が隆盛を極めたからである。1988年以降の欧米での大型買収劇としては、KKRのRJRナビスコ買収（約300億ドル）、フィリップモリスによるクラフトフーヅの買収（約129億ドル）、グランド・メトロポリタンによるピルズベリーの買収（約55億ドル）、ネスレによるローエントリー（「キットカット」）の買収（約45億ドル）などが有名である。企業の買収価値を確定するために、取引の対象となるブランドの市場価値を測定する必要が生まれたのである。

(2) SP活動重視に対する広告業界の逆襲

1980年代を通して、企業のマーケティング予算の中で、広告費の割合が大幅に低下した。それに代わって支出が増えたのは、セールスプロモーション費用だった。販売促進費用が小売り段階では値引き原資に利用されたため、頻繁にディスカウントされるようになったブランドは、その貴重なブランド価値を失うことになった。

傷ついたブランドを復権させようと、広告業界を中心にブランド・エクイティを高める運動が展開されたのである。これが、1980年代後半にブランドブームが巻き起こった2番目の理由である。

---

[3] D. A. アーカー／陶山計介他訳（1994）『ブランド・エクイティ戦略——競争優位をつくりだす名前、シンボル、スローガン』ダイヤモンド社（Aaker, D. A.（1991）*Managing Brand Equity*, Free Press）。D. A. アーカー／陶山計介他訳（1997）『ブランド優位の戦略——顧客を創造するBIの開発と実践』ダイヤモンド社（Aaker, D. A.（1996）*Building Strong Brands*, Free Press）。D. A. アーカー、E. ヨアヒムスターラー／阿久津聡訳（2000）『ブランド・リーダーシップ——「見えない企業資産」の構築』ダイヤモンド社（Aaker, D. A. and E. Joachimsthaler（2000）*Brand Leadership*, Free Press）。4番目の書籍、D. A. アーカー／阿久津聡訳（2005）『ブランド・ポートフォリオ戦略——事業の相乗効果を生み出すブランド体系』ダイヤモンド社（Aaker, D. A.（2004）*Brand Portfolio Strategy*, Free Press）は、基本的にこれらを要約したものである。

(3) PB商品へのメーカーの対抗

　最後に忘れてならないのは、グローバルな規模で起こっている小売業の寡占化という現象である。米英独仏では、国境を越えた小売業の合併買収によって、小売業の上位集中が進んでいる。1990年代後半に、ウォルマート・ストアーズ（米）がアズダ（英）を買収、カルフール（仏）がプロモデス（仏）を傘下に収めた。オランダ企業のアルバートハインが、米国で複数のスーパーマーケットを買収し、英国企業のテスコが、東アジア（タイの「ロータス」、日本の「シートゥーネットワーク」）で企業買収を進め、米国や中国でも大攻勢をかけている。[4]

　交渉力を強めたチェーン小売業のPB商品は、いまやNB商品（national brand）をおびやかすまでになっている。日本でも、大手メーカーは、流通業者が開発するPBブランドに対抗して、自社NB商品のブランド価値を高める努力をしている。

4. 強いブランドの条件

　強いブランドには共通の特徴がある。世界中の人に好きなブランドを答えてもらうと、回答として挙がってくるのは、「ウォルトディズニー」「コカ・コーラ」「マクドナルド」「ナイキ」「メルセデスベンツ」などである。最近では、「マイクロソフト」「ヤフー」「グーグル」などのネットブランドもこのリストに含まれる。

　日本のブランド（企業名）の中でいつも上位にランクされるのは、「ソニー」と「トヨタ自動車」の２つである。最近では、国内でブランド調査を実施すると、IT系ブランドの「楽天」や「ソフトバンク」、規模は小さいながら好感度が高いブランドとして、「ジャパネットたかた」や「吉田カバン」のような新興ブランドが、リストに入るようになってきている。[5]

　強いブランドには、そのブランドに特有の性質（個別性）と優れたブランドに共通して観察できる性質（共通性）がある。強いブランドの特

4——その後、アルバートハインは、米国市場から撤退している。
5——首藤明敏（2009）『ぶれない経営——ブランドを育てた８人のトップが語る』ダイヤモンド社では、小さいながら優れたブランドの経営者たち８人にインタビューしている。登場するのは、吉田カバン（吉田輝幸）、ジャパネットたかた（高田明）、星野リゾート（星野佳路）、フランフラン（高島郁夫）、亀田メディカルセンター（亀田信介）、一休.com（森正文）、ビームス（設楽洋）、レストランひらまつ（平松宏之）である。

図表16.2 パワーブランドの7つの法則

7つの法則	ブランド名
①一貫性と継続性	マールボロ、ネスカフェ・ゴールドブレンド、虎屋黒川
②独自のテーマ性	東京ディズニーランド、らでぃっしゅぼーや
③アイデンティティとパーソナリティ	無印良品、ナイキ、スターバックス
④社会性と文化	コーク、マクドナルド、プリウス
⑤変化対応	ポカリスエット、セブン-イレブン・ジャパン
⑥豊かなブランド連想	ソニー、キリンビール、ソフトバンク
⑦イメージと品質のバランス	ユニクロ、ロック・フィールド、吉田カバン

出典：小川孔輔（2001）『よくわかるブランド戦略』日本実業出版社、123頁に加筆修正

徴は、7つあるといわれている（図表16.2）。ここでは、共通して見られる特質について考えてみる。

(1) 一貫性と継続性

強いブランドは、イメージの訴求ポイントが一貫している（「一貫性」）。しかも、その訴求の仕方が、ときには数百年という長きにわたって変わることがない（「継続性」）。

ネスレの「ネスカフェ・ゴールドブレンド」は、1972年に日本で発売されてから17年間、「違いがわかる男のネスカフェ・ゴールドブレンド」という広告コピーを一度も変えることがなかった。また、和菓子の老舗「虎屋黒川」は、羊羹のギフト市場で50％以上のシェアを握っているが、「やや甘みが強く、すこし固めで、食べた後の後味がよい」という羊羹の味は、創業以来450年間にわたって一貫している[6]。

(2) 独自のテーマ性

強いブランドは、固有のわかりやすい「テーマ」を持っている。例えば、「東京ディズニーリゾート」は、「非日常的な世界の演出」をテーマに運営されている。非日常性を演出するために、トイレに鏡を設けないとか、テーマパークの外部に建物や電信柱が見えないように植栽に工夫するなど、施設のデザインやサービス提供にきめ細かな配慮がなされている[7]。

---

[6]──どちらの事例も、小川孔輔（1999）『当世ブランド物語』誠文堂新光社を参照のこと。
[7]──T. コネラン、仁平和夫訳（1997）『ディズニー7つの法則──奇跡の成功を生み出した「感動」の企業理念』日経BP社。

第16章 ブランド論

COLUMN-31
ブランドの新世界と旧世界

〈ナイキ〉フィル・ナイトとビル・ボアマン

スコット・ベドベリが、フィル・ナイトのもとで、「ナイキ」の広告コミュニケーション担当部長を7年間（1987〜1994年）務めていた当時、ナイキのシューズ事業は成長の踊り場にあった。プレミアムのスポーツシューズ市場ではドイツの「アディダス」に、新興の女性シューズ市場では国内競合ブランドの「リーボック」に後塵を拝していた。また、低価格普及品の市場では「LAギア」に挟まれ、ナイキは売上・収益ともに苦しい状況にあった。

1987年は、ナイキにとってもナイトにとっても、ターニング・ポイントだった。1970年代にナイキの独走を助けたのは、ナイトのビジネスパートナーで伝説の人、ビル・ボアマン（オレゴン州立大学陸上競技部コーチ）が発明した「ワッフルソール」の製品技術であった。1980年代には、このワッフル底に代わる技術的な突破口として、ナイキの製品開発チームは「エア・クッション技術」の特許を取得した。

NBA（全米バスケットボール協会）のスタープレイヤーだったマイケル・ジョーダンの起用もあって、アスリート市場におけるナイキのブランドポジションは盤石そうに見えた。しかし、スポーツシューズの物理的な機能特性を強調するだけでは、ナイキをつぎのステージに押し上げることは難しかった。ビジネスに関する別の視点とブランド戦略が必要だった。

〈ベドベリ〉ブランドの創造者

業界第3位の座から谷底に転げ落ちそうなナイキの危機を救ったのは、シアトルの広告代理店から移ってきたばかりのひとりの「生意気な」青年であった。31歳のベドベリは、当時、地元シアトルで弱小だった広告代理店「ワイデン&ケネディ」のクリエーティブ・チームとともに、"Just Do It!"のコンセプトを創案した。キャンペーンのテーマは、お蔵入りになった「Hayward Field」（オレゴン州立大学の陸上トラックのイメージCM）に代えて、わずか2週間で制作されたものである。

CMがテレビで放映されはじめると、ナイキの業績は急浮上することになった。成功の要因は、それまでのように、ナイキ・ブランドの性能

（高性能のアスレティック・シューズ）を強調しなかったことである。スポーツとフィットネスが人々にもたらす「達成感」（"Just Do It!"の語感）を伝えようとしたことであった。

　視聴者である消費者とブランドとの一体感（sympathy）とブランドへの共感（empathy）に訴えかけることで、ナイキの事業は「運動靴メーカー」から「感動・共感ビジネス」に変貌を遂げた。スポーツシューズは、ブランドと対極にある「コモディティ」（非差別商品）で、かつ技術的な特性を中心に競争が展開されていると信じられていた。そこに人間的な息吹（情緒性）を吹き込んだのが、ブランド・クリエーターのベドベリであった。

　在職期間の後期には、ナイキをシューズメーカーからファッション衣料メーカーに転身させる役割をベドベリは担っている。それは、ブランドが持つ遺伝子（ブランドの遺伝子コード）を自然な形でカテゴリー拡張した結果であった。また、メーカーであるナイキが顧客と直接的に接することができる場として、全米の各都市に「ナイキタウン」を作ったのもベドベリのイニシアティブによってであった。ナイキタウン建設の着想は、消費者がブランドを感じる場面（feel the brand）を店舗を通して演出するためである。

　「ブランドについて達成すべき仕事はすべて終わった」と感じた7年後に、ベドベリはナイキを去ることになる。

〈小休止〉再びコモディティをブランドに

　家族と過ごすためにオレゴンの山中で1年間休養した後、ハワード・シュルツに請われて、今度は同じくシアトルで成長途上だった「スターバックス」にベドベリは入社する。1996年のことである。それから1998年までの3年間、シュルツを補佐する副社長として、ベドベリは、新しいサービスブランドを育成する最高責任者を務めることになった。メーカーブランドから流通サービスブランドのマネジャーへの転身である。

　ベドベリの生い立ちには、2つのブランドが刷り込まれている。ベドベリの父親は、GMの優秀なセールスマンだった。ところが、彼が子供のころに父親の輝けるブランドだった「オールズモビル」（GMの一事業ブランド）が、21世紀に入ってすぐに製造中止になった。また、米国の20世紀を代表してきた「マールボロ」が、1993年に競合ブランド、とくに安価なPB商品への対抗処置として大幅な値下げに踏み切っ

第16章 ブランド論

た。いわゆる、「マールボロ・フライデー」である。

　いずれのケースも、半世紀近くの長きにわたって、大量のマス広告を投入して構築されてきたメガブランドの価値が、一瞬にして失われた事件であった。マールボロもオールズモビルも、性能（performance）と知名度（awareness）に依存する「旧世界」に属するブランドである。「ブランド」が「コモディティ」に転落したことを、２つの産業の最高経営者たちが公式に容認したわけである。

　それとは対照的だったのは、コーヒー豆産業とスニーカー産業であった。ナイキが提案したブランド概念（感動と共感）によって、コモディティ産業だった運動靴ビジネスが感動産業に転換したことはすでに述べたとおりである。物理的な特性を超えた付加価値をナイキは提供したわけである。「ブランド・コレクション」とベドベリが呼んだ個々の製品を串刺しにする共通概念が、ブランドの本質である。

〈スターバックス〉店舗環境要因がブランド価値を作る

　発見以来900年以上の歴史を持つコーヒー豆は、典型的な農産物一次産品である。少なくとも、ハワード・シュルツがシアトルにあった数店舗のコーヒーショップを買収し、店名をスターバックスに変えるまでは、エルニーニョと価格競争に翻弄されるコモディティの代表格であった。コーヒーショップの概念を根本から変えてしまったのは、シュルツのつぎの言葉である。

　「店員のひとりが、あるとき驚くべき発見を口にしたのです。彼が言うには、"わたしはこれまで、人々にコーヒーを提供する仕事をしていると思っていたのです。ところが、よく考えてみると、コーヒーを提供することで人々にくつろいでもらう仕事にわたしたちは従事しているのだ、ということに気がついたのです"」

　「スターバックスをグローバル・ブランドにしたい」というシュルツの夢を実現するために、ベドベリは元同僚のジェローム・コンロン（消費者調査担当）をナイキから引き抜くことにした。皮肉なことに、広告代理店出身のベドベリがブランド構築のために投入できる広告予算は、スターバックスではほとんど無に等しかった。代替的な方法は、顧客がブランドに直に接触する場、すなわち店舗を広告媒体とすることだった。

　「アトモスフェリックス」（店舗環境要因）を注意深くデザインすることが、ブランド構築のキー要素であった。バーンド・シュミットが提唱

> している「経験価値マーケティング」の原型が、発展しつつあるスターバックスの中で生まれている。
> 　おいしいコーヒーを味わってもらうために全店禁煙にするとか、コーヒーメニューを拡張するとか、ロゴマークをはじめとして、ナプキンやカップの材質、店舗デザインなど細部に至るまでの雰囲気にこだわるなど、コーヒーを楽しむ経験がスターバックス・ブランドの内容であるという考え方である。
> 　1995年以降、基本フォーマットを完成させたスターバックスは、欧州や日本などへの海外進出を実現させた。ベドベリが在籍していた3年間で、スターバックスの店舗数は3倍に増えている。グローバルなブランド展開は、ユナイテッド航空とのブランド提携、日本のライフスタイル・ブランド企業「サザビーリーグ」との合弁事業(スターバックス コーヒージャパン)によってなされている。
>
> 出典：小川の個人HP(2002年5月9日)「創造的なブランド構築のための良き啓蒙哲学書：Bedbury, S.(2001) *A New Brand World: 8 Principles for Achieving Brand Leadership in the 21st Century*, Viking (邦訳：S.ベドベリ／土屋京子訳(2002)『なぜみんなスターバックスに行きたがるのか？』講談社)」。本コラムは、翻訳が出版される直前に書かれたものである。

(3)ライフスタイルの提案

　ブランドの誕生が、新しいライフスタイルの提案になることもある。例えば、旧セゾングループ(現・良品計画)の「無印良品」(海外では、MUJI)は、当初「西友ストア(現・西友)」や「西武百貨店」の加工食品コーナーに置かれていた。「わけあって安い」という商品コンセプトは、衣料品や生活雑貨にも拡張されていった。「無印良品」が東京青山で路面店を展開するに至り、シンプルな生活スタイルの提案が社会的なトレンドになった。ソニーの「ウォークマン」(ヘッドフォン・ステレオ)、「スターバックス」(コーヒー)や「ナイキ」(スポーツシューズ)などは、新しいライフスタイルの提案に成功したブランドである。[8]

　COLUMN-31は、いまや米国を代表する2大ブランドとなった「ナイキ」と「スターバックス」のブランド構築に携わったブランド・クリエーター、スコット・ベドベリのブランド創造物語である。ベドベリは、

---
[8] 渡辺米英(2006)『無印良品の改革——なぜ無印良品は蘇ったのか』商業界。

ブランド構築には「旧世界」と「新世界」があると主張している。[9]

2—ブランドの成り立ち

1. ブランドの構成要素

ブランドは、内容的にやや異なる2種類の構成要素から成り立っている。

ひとつめは、シンボル、ロゴマーク、キャラクター、色彩、ジングルなどのブランド要素である。これらは、ブランドを識別するための記号の役割を果たしている。分離して取り出せるブランド要素のことを、ブランドの「ミクロ的な要素」と呼ぶことにする。[10]

もうひとつは、それがブランド自体を表現しているために、独立しては取り出すことができない要素である。例えば、ブランドが持っている独自の「スタイル」や「テーマ性」、ブランドの個性を表す「パーソナリティ」などである。ブランドの全体像(ゲシュタルト)を表現している。本書では、そうした要素を、ブランドの「マクロ的な要素」と呼ぶことにする(図表16.3)。

ブランドのマクロ要素については、第1節の最後で、その概略を説明してある。ここでは、ミクロ要素についてだけ取り上げることにする。

2. ミクロ要素の特徴

シンボル、ロゴマークなどは、「視覚」を通して人間の感覚に入ってくる。ジングルやスローガンなどは、「聴覚」を通して、音の刺激が脳に到達する。人間の感覚器官(例えば、味覚、舌)とブランドからの刺激(例えば、甘さ、苦み、酸っぱさ)は、ほぼ一対一に対応している。聴覚と視覚の間に相互作用はあるが、ブランドからの刺激は、個別に要

9——S. ベドベリ/土屋京子訳(2002)『なぜみんなスターバックスに行きたがるのか?』講談社(Bedbury, S. (2001) *A New Brand World: 8 Principles for Achieving Brand Leadership in the 21st Century*, Viking)。

10——ケルビン・ケラー教授は、その著書『戦略的ブランド・マネジメント』の中で、これを、単に「ブランド要素」(brand elements)と呼んでいる。K.L.ケラー/恩蔵直人、亀井昭宏訳(2000)『戦略的ブランド・マネジメント』東急エージェンシー出版部(Keller, K.L. (1998) *Strategic Brand Management*, Prentice-Hall)。

図表16.3 ブランドの構成要素

■ブランドを構成する要素

	性　格	特　徴	消費者コミュニケーション
ミクロ要素	ブランド要素 → シンボル／ロゴマーク／キャラクター／色彩／ジングル etc.	・分解可能 ・短期的変更可能 ⇅ 統一感喪失のおそれ	感覚器官を通じたアイデンティファイア（一次連想）
マクロ要素	ゲシュタルト（全体像）　スタイル　テーマ性　パーソナリティ	・総合的 ・雰囲気 ・存在感 ・主張	ライフスタイル価値観に影響

出典：小川孔輔（2001）『よくわかるブランド戦略』日本実業出版社、37頁

素分解して扱うことができる。

　夏季に放映されるビールやソフトドリンクのテレビコマーシャルで、澄んだ音色（風鈴）と寒色（朝顔や浴衣の藍色）の組み合わせを見かける。これは、耳と目の刺激上の相互作用を狙った作戦である。音と映像の相乗効果は高いが、クリエーティブのプロセスを眺めていると、視覚（商標や色彩）や聴覚（ジングルやテーマ曲）の制作は独立して進められていることがわかる。

　マネジメントの立場からいえば、ブランドのミクロ要素は、短期的にコントロールできる対象である。例えば、シンボルは、看板やネオンサインを変えることによって、色彩やデザインは店舗の内装やパッケージを変えることによって、容易に変更できる。

　簡単に変えることができるだけに、ミクロ的な要素の変更には注意が必要である。というのは、消費者にとって、ミクロ的な要素は、ブランドのアイデンティファイアの役割を果たしているからである。微妙な色

合いやデザインの変化によって、ブランドとしての統一感やイメージの一貫性が保てなくなることがある。ブランド要素の変更は、一定のルールにしたがって、慎重にマネジメントされなければならない。

3. ブランドのミクロ要素

(1) ネーミング

ブランド名を決定するためには、たくさんのステップを踏む。インターブランド社によると、「ネーミング」（naming）は、チームが発足して最終的なテストに至るまで、少なくとも10の段階を通って決定される。[11]

ネーミングにあたっては、覚えやすく親しみやすいブランド名をつけることが原則である。漢字、ひらがな、カタカナからの造語（「トイザらス」）、外国語（「BOSS」）、日本語＋外国語の合成語（「びっくりドンキー」「熱さまシート」）、語呂合わせ（「ごきぶりホイホイ」）、属性や性能そのもの（「メリット」）、それ自体では意味をなさない英数字の組み合わせ（「XEROX」「MG 5」）など、多種多様なネーミング法がある（図表16.4）。

ブランド名を生成するためのコンピュータソフトも開発されている。ネーミングの手順についても、一般消費者からの名称募集、広告代理店の提案、ブレーンストーミング、社内公募、経営者の独断など方法は多様である。また、ネーミングの決定にあたっては、商標権・知的所有権に接触しないことを確認しておくことが必要である。そのために、コンピュータで商標名を検索するシステムが利用されている。[12]

日本の企業でも、アルファベット表記したときに、世界中のどの地域でも同じ発音で受け入れてもらえるかどうかに注意を払うようになっている。国や地域によっては発音がタブーなこともあり、言語学的なプリサーチが要求される。乳酸飲料の代表的なブランド「カルピス」（Calpis）=「牛のおしっこ」（Cow Pis）という古典的な事例が有名である。

グリコの「ポッキー」は、食べたときの「ポキ」「サク」を表現した

11──小川孔輔（1994）『ブランド戦略の実際』日経文庫、106頁。
12──ちなみに、商標登録と特許権の申請に関しては、日本の特許庁が世界でもっとも進んだ検索システムを持っている。

図表 16.4　多様なネーミング法

漢字、ひらがな、カタカナからの造語	「トイザらス」 「ラ王」 「セメダインC」 「ユンケル黄帝液」	「ビタワン」 「フマキラー」 「液晶ビューカム」 「キララバッソ」
外国語	「Post Pet」 「Look」 「OASYS」 「BOSS」	「NOVA」 「WOWWOW」
日本語＋外国語の合成語	「びっくりドンキー」 「熱さまシート」 「焼きそばUFO」 「Canチューハイ」	「プリントゴッコ」
語呂合わせ	「ごきぶりホイホイ」 「どん兵衛」 「通勤快足」 「ピップエレキバン」	「ウメッシュ」 「からまん棒」 「109」 「てぶらコードるす」
属性・性能そのもの	「メリット」 「写ルンです」 「トイレその後に」 「じっくりコトコト煮込んだスープ」 「グッドアップブラ」	「ホカロン」 「禁煙パイポ」 「特選丸大豆醤油」
それ自体では意味をなさない英数字の組み合わせ	「XEROX」 「au」 「6B」	「MG5」 「a-7000」

出典：小川孔輔（2001）『よくわかるブランド戦略』日本実業出版社、39頁

「音声由来」のブランド名である。当初、ポッキーは既存製品の「プリッツ」（棒状塩味クッキー）のチョコレートコーティング版として発売する予定だった。ポッキーを、例えば「チョコプリッツ」という名前にしたならば、現在のようなヒット商品に育っていたかどうかは疑問である。絶妙のネーミングだったといえる。

(2) 色彩（カラー）

「色彩」（color）は、人間の視覚に直接的に訴えてくるブランド要素である。一般的に、色彩そのものに明確なイメージがあるので、使用時には色彩が持っている特性に注意を払うことが大切である。例えば、「赤色」は情熱や暖かさ、「青色」は静かさや清涼感など、われわれの感覚とダイレクトに結びついているからである。

デジタルカメラが普及する前は、ドラッグストアやスーパーマーケットの売り場では、店内通路のラックや商品陳列棚に写真フィルムが山積

みになっていた。ブランドを見分けるのは簡単である。コダックは「黄」、富士写真フイルム（現富士フイルム）は「緑」、コニカ（現コニカミノルタ）は「青」のパッケージだったからである。ブランド間での識別性がこれほど高い商品カテゴリーも珍しいかもしれない。パッケージのデザインを変更しても、多くの消費者は気がつかないだろう。

1988年、ドイツのフィルムメーカー「アグフア」は、日本市場への参入を試みた。ところが、緑色、青色、黄色などのパッケージに使えそうなカラーは、すでに日本のメーカー3社が使用していた。アグフアは、赤色とオレンジを基調としたパッケージを採用したが、赤やオレンジからはバルク品（業者向け製品）のような粗悪品のイメージが連想された。その後も販売は低迷したまま、1992年に日本市場から撤退している。[13]

(3) ロゴマークと商標

「ロゴ（マーク）」(logo) とは、ブランド名や会社名を視覚的にデザインした「表象」（シンボル）のことである。これに対して、「トレードマーク」（商標）は、商業的に使用するために、企業（組織）がロゴマークなどのシンボルを法律的に登録したものである。ロゴマークは、企業・人物・組織などの出所や由来を表示する記号（サイン）として機能している。

「商標」(trademark) は、商業的に使用されているロゴマークのことである。商法で商標として登録することが義務づけられている。商標の使用にあたっては、商標法を遵守しなければならない。また、「登録商標」であることを明示するために、例えば、「TM」や「Ⓡ」のように、記号を付記することを徹底している企業もある。

会社やブランドを記号的に表している商標（トレードマーク）には、文字商標、記号商標、図形商標、それらを組み合わせたものなどがある（図表16.5）。日本の家紋も、ファミリーの出自を表しているという意味で、実はロゴマーク（家系の表象）の一種といえる。

13——「経営戦略　日本アグフア・ゲバルト――フィルム販売まず知名度量販店で1本280円」『日経ビジネス』1992年4月20日号、45～47頁。「企業戦略　日本アグフア・ゲバルト安値でフィルム寡占市場に攻勢」『日経ビジネス』1988年12月5日号、76～80頁の写真参照。日本上陸時、アグフアのパッケージの色彩は、正確を期すとすれば、赤とオレンジであった。ただし、西独製のアグフアは、白地だったこともある。また、コニカも一時期は白地のことがあった。

図表16.5　ロゴマークと商標

ロゴマーク	商標（トレードマーク）
・ブランド名、会社名を視覚的にデザインしたシンボル（表象） ・氏素性や血脈などを表示	・商業用に法律に基づいて登録 ・文字商標、記号商標、図形商標、etc.

文字商標	Harrods KNIGHTSBRIDGE	Kellogg's	SUNSTAR
図形商標	（キユーピー）	（牛乳石鹸）	（正露丸／大幸薬品）
記号商標	（日本水産）	（カルピス）	（営団地下鉄）
結合商標	秋田栄太楼	BMW	ANA　紀文

出典：小川孔輔（2001）『よくわかるブランド戦略』日本実業出版社、43頁

(4) ジングル

「ジングル」（jingle）は、商品を広告宣伝するのに用いられる短い音楽のことである。わずか数秒でも、テーマミュージックがブランドのアイデンティファイアとなることもある。英語のジングルには、「リズミカルに韻を踏む」などの意味もあり、調子の良いメロディの繰り返しのことである。短いジングルとしては、15秒コマーシャルの最後に使われる「(CM) ……It's a Sony」「(CM) ……♪♪ニッポン・リーバ」などがある。

ジングルはオリジナルのメロディが、例えば「(CM) ♪♪さらりとした梅酒（CHOYA）」のように創作されることもあるが、人気シンガーが唄う曲（桑田佳祐の「白い恋人達」、コカ・コーラのCM）の一部分を借用することもある。また、有名な映画音楽やクラシックのメロディの一部分を取り出して、そのままコマーシャルソングに転用する場合もある。

(5) キャラクター

「キャラクター」とは、架空あるいは実在の生き物（人物、動物、植物）を、シンボリックな形にしてブランドのアイデンティファイアとしたものである。ブランドを識別しやすくするだけではなく、ブランドに対して好ましい印象や親しみを形成するために用いられている。「ブランド・キャラクター」と呼ばれることもある。

人物をデフォルメしたキャラクターとしては、ケンタッキーフライドチキンの「カーネルサンダースおじさん」、不二家の「ペコちゃん、ポコちゃん」、メンソレータムの「看護婦さん（ナイチンゲール）」なども人物キャラクターである。キャラクターは、ブランドへの親しみや親近感を与えるために使用されていることがわかる。

宅配便業者の間では、キャラクターをサービス属性（スピードや丁寧さなどのサービス品質）と結びつけようとしている。ヤマト運輸は「黒猫」（「♪クロネコヤマトの宅急便！」のジングルも有名）、日本通運は「ペリカン」、フットワークサービスは「小犬」、西濃運輸は「カンガルー」、名鉄運輸は「小熊」などである。宅配便の各社は、いずれも動物キャラクターを用いている。

4. ブランドの構造

(1) ブランドの階層性

サッポロビールが販売している3種類のビール銘柄を、ブランド名という観点から比較してみる。基幹ブランドは「サッポロ黒ラベル」、プレミアムビールは「ヱビス」、発泡酒は「サッポロ〈芳醇生〉ブロイ」である（図表16.6（a））。

「ヱビス」のように、商品ブランド名だけで表記される例もあるが、通常は、複数の名称を組み合わせて記述されることが多い。

日本企業の場合、ブランド名は「企業ブランド名」+「商品ブランド名」の組み合わせが一般的である。この組み合わせを、住宅になぞらえて、ブランドの「2階建て構造」と呼ぶことにする。

サッポロビールの場合、2階建ての構造は、「サッポロ黒ラベル」である。「ブロイ」は、「企業ブランド」+「属性ブランド」+「商品ブランド」の組み合わせである。この場合は、「3階建ての構造」を持っていることになる。「芳醇生」は、商品の属性を記述する役割を果たしてい

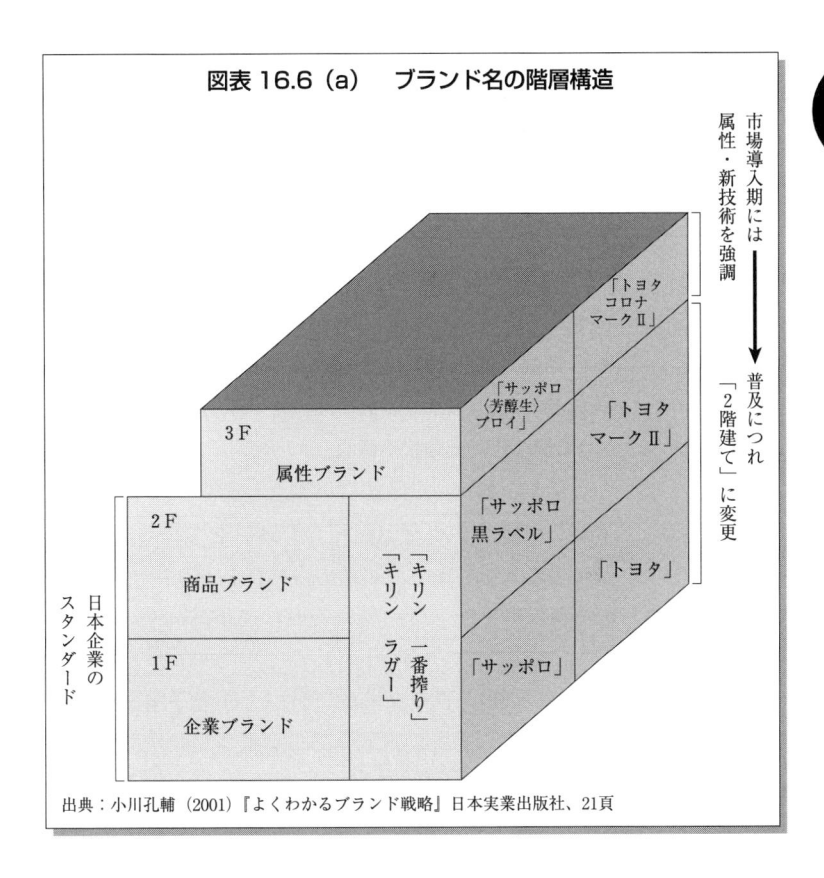

図表16.6（a） ブランド名の階層構造

（図：3階建てのブランド階層構造を示す。1F「企業ブランド」、2F「商品ブランド」、3F「属性ブランド」。例として「キリン　キリンラガー」「トヨタ　コロナ　マークⅡ」「トヨタ　マークⅡ」「トヨタ」「サッポロ〈芳醇生〉プロイ」「サッポロ黒ラベル」「サッポロ」など。左側に「日本企業のスタンダード」、右側に「市場導入期には属性・新技術を強調」「普及につれ『2階建て』に変更」の注記）

出典：小川孔輔（2001）『よくわかるブランド戦略』日本実業出版社、21頁

る。これは、「属性ブランド」と呼ばれている。

　3階建て構造のブランド名は、市場に導入されたばかりの新製品でしばしば見かける。かつて、トヨタ自動車の「マークⅡ」が発売されたときのブランド名は、「トヨタ　コロナ　マークⅡ」だった。「マークⅡ」はサブブランド名だったが、親ブランドの「コロナ」の中でもっとも売れるモデルになってからは、2階建ての「トヨタ　マークⅡ」に格上げされた。3階層が2階層に変わった事例である。

(2)アンブレラ効果とてこ作用

　サッポロビールとは対照的に、麒麟麦酒は、ブランド名がすべて2階建ての構造を持っている。「キリンラガー」「キリン一番搾り」「麒麟淡麗」などである。ブランド名は、必ず先頭に企業名が来ている。企業ブランド名が、個別の商品名を保証（裏書き）する関係になっている。これを、企業ブランドの「アンブレラ効果」と呼ぶ。

企業ブランドが個別の商品ブランドを庇護するのとは反対に、企業名を冠しない商品ブランドが、企業名（企業ブランド名）の価値を高める例がある。典型的なのが、「ソニー」のケースである。「プレイステーション」（ゲーム機）や「VAIO」（パソコン）などは、ブランド名に企業名が入っていない。

もちろん、消費者はどちらもソニー製品であることは知っているわけだから、個別ブランドの成功が「ソニー」の企業価値をさらに高めたことになる。商品ブランドが企業ブランドの価値を高める（持ち上げる）効果のことを、商品ブランドの「てこ作用」と呼ぶ。

(3)事例：統合前の松下電器

現代の企業は、全社的に事業をうまく整理する目的から、事業をグループ化（事業ブランド化）して運営している。異なる事業ブランドに別々の名前を与えて、組織の内外にわかりやすく伝える努力をしているのである。

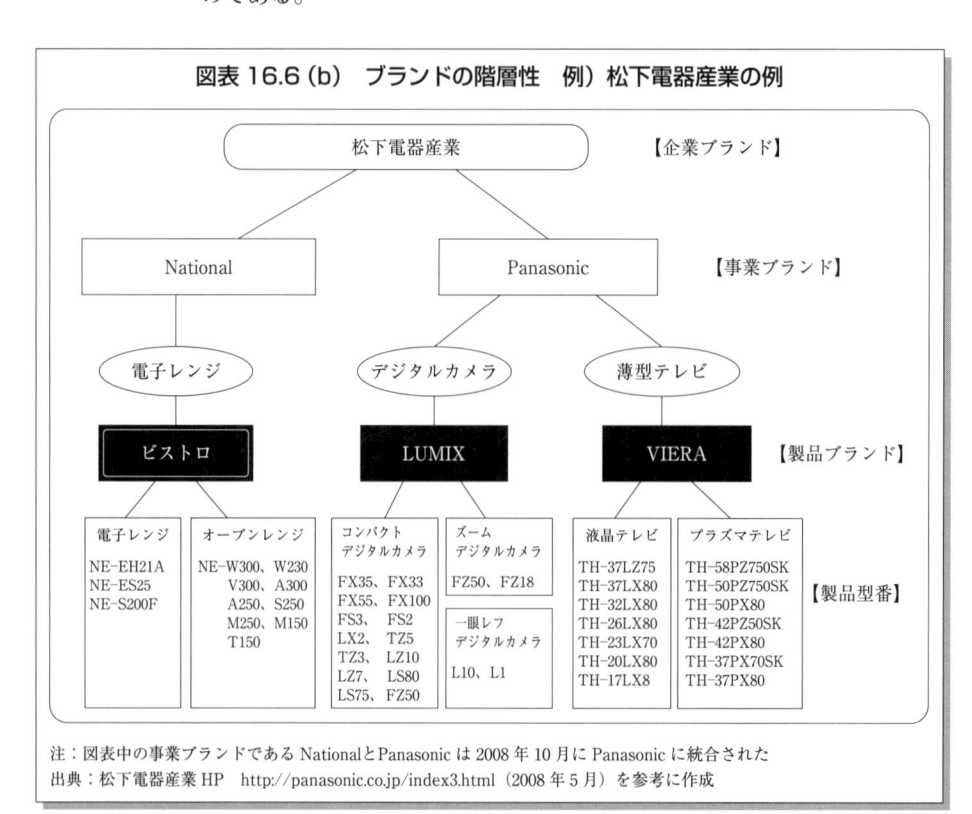

図表16.6 (b) ブランドの階層性　例）松下電器産業の例

```
                      松下電器産業                        【企業ブランド】
                     /              \
              National              Panasonic            【事業ブランド】
                |              /         \
             電子レンジ    デジタルカメラ   薄型テレビ
                |              |              |
             ビストロ        LUMIX          VIERA         【製品ブランド】
```

電子レンジ	オープンレンジ	コンパクトデジタルカメラ	ズームデジタルカメラ	液晶テレビ	プラズマテレビ
NE-EH21A	NE-W300、W230	FX35、FX33	FZ50、FZ18	TH-37LZ75	TH-58PZ750SK
NE-ES25	V300、A300	FX55、FX100		TH-37LX80	TH-50PZ750SK
NE-S200F	A250、S250	FS3、FS2	一眼レフデジタルカメラ	TH-32LX80	TH-50PX80
	M250、M150	LX2、TZ5	L10、L1	TH-26LX80	TH-42PZ50SK
	T150	TZ3、LZ10		TH-23LX70	TH-42PX80
		LZ7、LS80		TH-20LX80	TH-37PX70SK
		LS75、FZ50		TH-17LX8	TH-37PX80

【製品型番】

注：図表中の事業ブランドであるNationalとPanasonicは2008年10月にPanasonicに統合された
出典：松下電器産業HP　http://panasonic.co.jp/index3.html（2008年5月）を参考に作成

図表16.6（b）は、統合前の松下電器産業のブランド構造を図示したものである（2008年末まで）。旧松下電器産業（現パナソニック）は、家庭電化製品（白物家電）では「ナショナル」、AV機器では「パナソニック」の名前で、事業ブランドを展開していた。その昔は、音響部門の「テクニクス」という事業ブランドも有していた。

　ところが、事業統合と社名変更の決定を受けて、ブランドの構造を変えることになった。社名の「Panasonic」一本で、グローバルにブランドを統一する決断を下すことになった。事業の国際化とコミュニケーション効率を考えての決定であった。

5. ブランドが提供する新しい価値

　COLUMN-31で紹介した「ナイキ」と「スターバックス」のケースは、ブランド本の定番である。フィル・ナイトとハワード・シュルツとともに働いたスコット・ベドベリの経験を物語にしたものである。ナイキとスターバックスのブランディング手法が斬新だったのは、2社のブランドの性質が、旧世界のブランド観を超えていたからである。

　ベドベリの著書（2002）にしたがって、現実世界の変化を一般化すると、つぎの3点に集約することができる。①情緒的な属性の重視、②モノ商品のサービス化、③ブランドの社会化である。

(1)情緒的な属性の重視

　「クラシック・コークの復活劇」に典型的に見られるように、1980年代の半ばにおいてすでに、ブランドの価値は「物理的な属性」（味、価格、パッケージなど）だけでは測定できないという認識があった。アーカー（1994）の「ブランド・エクイティ戦略」の枠組みにおいても、ブランド価値は「知覚品質」（主観的な価値評価）と「ブランド連想」（顧客との関係性の象徴）を構成要素としていた。それだけではない。ある時点において、ブランドのコア部分は、「モノ」（物理的な存在）ではなく、「コト」（体験や文化）に変わっていた。

　Simon and Sllivan（1993）が彼らの研究で示しているように、ブランド価値の約70％を占める「のれん代」は、貸借対照表には表記できない。したがって、主観的で「情緒的なブランド価値」（親しみ、あたた

14――T. オリヴァー／仙名紀訳（1986）『コカ・コーラの英断と誤算』早川書房。

かみ、共感など）の総和である残りの約30%だけが、客観的な属性でブランドの価値を説明できる部分となる。[15]

全体の3分の2を占める無形価値がどのように創造されたのかを具体的に示しているのが、ベドベリの著書である。顧客とブランドを感情的に結びつけるために、どのようなマーケティング手法を用いたのか、経営者のリーダーシップのもとで、どのような組織風土を醸成していったのか、がそこで明らかにされている。

(2)モノ商品のサービス化

ナイキの事例では、モノ商品であるシューズが単なるモノ（性能に対する満足）としてではなく、より高い次元の満足（感動と共感）を得るための手段、あるいは部品として位置づけられている。スポーツに対する感動や共感といった、より抽象化され一般化された概念をブランドのコア価値とすることで、メガブランドの傘の下にある個々の商品（ブランド・コレクション）のロイヤリティは強固なものになる。

新世界のブランドは、旧世界のブランドに比べて、競合からの攻撃に対して防御性が高い。それは、他のブランドによっては代替不可能な独自のブランド世界を持っているからである。

こうしたブランディング手法は、サービス・マネジメントの基本に通じるところがある。この場合、ブランドの構築は、「サービス提供システムのデザイン」として再定義できる。[16] シューズやエスプレッソといった「モノ商品」を購入することで、顧客はメーカーや小売店から提供される「サービス」を享受する。購入される個々の商品は、サービス提供プロセスの全体の流れの中で、顧客との接触場面（サービス・エンカウンター）を演出する小道具として利用される。

自動車や靴を製造販売するメーカーであれ、ホテルやコーヒーショップのようなサービス企業であれ、顧客と接触する場面においては、現場の従業員がブランドの本質や企業の使命を理解していることが必須である（内部マーケティング）。そうでなければ、提供されるサービスのクオリティ（ブランドの価値）はおざなりなものになる。しかも、コミュ

---

[15] ── 小川孔輔（1994）『ブランド戦略の実際』日経文庫、163頁に論文の紹介がある。Simon, C. J. and M. W. Sullivan (1993) "The Measurement and Determinants of Brand Equity: A Financial Approach," *Marketing Science*, 12 (Winter).

[16] ── 詳しくは、第17章「サービス・マーケティング」を参照のこと。サービスの7Pのうちの「組み立てプロセス」のデザインの問題である。

ニケーション手段が多様になればなるほど、顧客とブランドとの接触機会が多面的になる。したがって、ブランドの管理は、サービス・マネジメントに限りなく近づくことになる。その帰結は、モノ商品のサービス化である。

(3)ブランドの社会化

ベドベリ（2002）のもうひとつの主張は、ブランドを見る世間の目が将来にわたってますます厳しくなるだろうとの認識である。世界中で繰り返し起こっている「ブランドの不祥事」を見ても、企業が犯してしまった過ちを永遠に隠蔽し続けることはもはやできない相談である。唯一の対抗策は、不当な攻撃に対して毅然として立ち向かうことである。

スターバックス時代、社会運動家のジェシー・ジャクソンから受けた脅迫に対して、ベドベリは政治的取引に応じなかった。結果として、スターバックスはボイコット運動の標的になったが、ブランドに愛着を感じてくれた顧客は、いまや世界中に散らばっている店舗を離れようとしなかった。毅然とした態度を見せる経営陣に対して、ロイヤリティの高い消費者たちは継続的な支持を表明してくれる。

ナイキ・ブランドは、ブランド拡張によって、シューズという狭いカテゴリーを脱することができた。ナイキの商品は、世界中のスタジアムやジムで見られるようになったが、その代償は決して小さくはない。例えば、商品仕様に対して細かな要求がなされたり、現地労働者の雇用に関しては、賃金や労働条件に特段の配慮をしなければならなくなった。[17]

ブランドがモノを離れて、消費者の感覚世界で生きはじめるとき、ブランドは「社会性」を獲得したことになる。生活文化や哲学といった精神世界に関与する限り、ブランドは社会から好かれ尊敬される存在であることが要求される。[18]

私見ではあるが、社会から尊敬されるブランドは、その成り立ちが、営利企業ではなく非営利組織（NPO）に似通ってくるのではないかと思う。なぜならば、NPOの利害者集団を結んでいる組織の仕組みは、サービス企業のトライアングルと非常に似ているからである（第17章、

---

[17]──ナイキは、新興国の雇用労働問題に関しては、現地での訴訟も経験している。
[18]──筆者のような見解は、すでに、イギリスの実務家であるマイケル・ウィルモットにも見られるところである。Willmott, M.（2001）*Citizen Brands: Putting Society at the Heart of Your Business*, John Wiley and Sons.

図表17-12参照)。

3——ブランド戦略の実際

1. ブランドの編成原理とその活用戦略

　前節で示したように、ビールや自動車の業界を考えただけでも、ブランドは単独では存在していないことがわかる。ブランドが編成される原理・原則は、われわれが家族や親族との関係を作るのと似ている。ブランド名の組み立ては、親子関係（上下）や兄弟／親類／友人関係（左右）などである。

　具体的に例を挙げてみよう。「企業ブランド名」や「属性ブランド名」は「姓」に、個別の「商品ブランド名」は「名」にあたる。「サブブランド名」は、「ペンネーム」や「ニックネーム」に対応している。親戚関係や友人との仲間づくりは、「ダブルブランド」や「提携ブランド」などに対応している。

　本節では、ブランドが水平的・垂直的構造を持っていることを利用した戦略について解説していく。一般的に、これは「ブランド活用戦略」と呼ばれている。垂直方向での活用は「ブランド拡張戦略」、水平方向での展開は「ブランド提携戦略」と分類されている。

　上方向にブランド拡張を行うのが「メガブランド化戦略」で、下方向に消費者ニーズやセグメントに細かく対応していくのが「サブブランド化戦略」である。

　垂直的なブランド戦略の基軸となるブランドは、「マスターブランド」（親ブランド）と呼ばれている。マスターブランドは、確固とした基本的性能（コア・ベネフィット）を持つ強力なブランドであることが前提である。そこから、「派生ブランド」（子ブランド）が巣立っていく。

　図表16.7は、ファクハー他（1993）が提唱している「ブランド活用コンパス」である。4つの方向へのブランド展開については、この後で詳しく解説することになる。

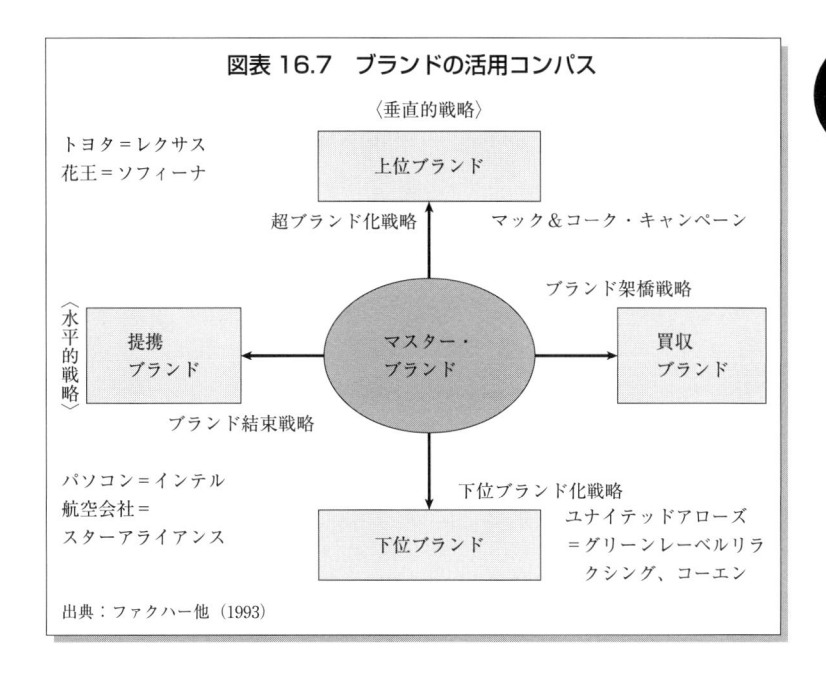

図表 16.7 ブランドの活用コンパス

〈垂直的戦略〉

トヨタ＝レクサス
花王＝ソフィーナ

上位ブランド

超ブランド化戦略　　マック＆コーク・キャンペーン

ブランド架橋戦略

〈水平的戦略〉　提携ブランド ← マスター・ブランド → 買収ブランド

ブランド結束戦略

下位ブランド化戦略

パソコン＝インテル
航空会社＝スターアライアンス

下位ブランド

ユナイテッドアローズ＝グリーンレーベルリラクシング、コーエン

出典：ファクハー他（1993）

2. 個別ブランド（商品ブランド）

(1) O型とA型のブランド管理

　ブランドの中には、どこの会社が作っているのかわからない商品がある。自然にそのようになるケースもあるが、企業戦略として意図的に企業名を表面に出さないようにしている場合もある。M&Aが盛んな国や地域では、買収後に所有者が変わってしまうので、企業名は出さないほうがむしろ都合が良いことが多い。

　独立して個別ブランドをマネジメントするという形態は、欧米のビジネス社会ではよく見られる傾向である。筆者が「O型ブランド管理」と呼んだものである。商品ブランドが企業から切り離された形で、人工衛星（個別ブランド）のように地球（企業）の周囲を回っていることをイメージしたものである[19]。

　その逆が、「A型ブランド管理」である。アンブレラ効果のところで説明したように、日本のブランド管理で典型的な方式である。企業という「傘」の庇護の下に、商品ブランド（product brand）が守られてい

19──小川孔輔（1997）「なぜ、いま『ブランド』なのか？」青木幸弘、小川孔輔、亀井昭宏、田中洋編『最新ブランド・マネジメント体系』日経広告研究所、3～11頁。

図表 16.8　2つのブランド管理方式

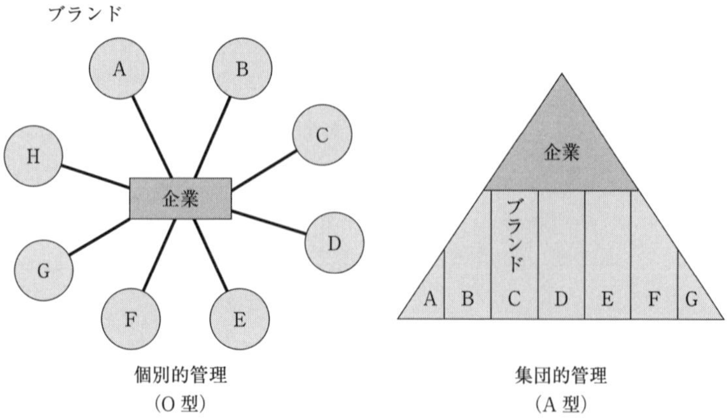

個別的管理
（O型）

集団的管理
（A型）

出典：小川孔輔（1997）「なぜ、今『ブランド』なのか？」青木幸弘、小川孔輔、亀井昭宏、田中洋編『最新ブランド・マネジメント体系』日経広告研究所、7頁

図表 16.9　ブランド管理の相補性

タイプ	A 型	O 型
管理方式	集団的管理	個別的管理
焦　点	企業ブランド	個別ブランド
代表国	日　本	米　国
管理組織	機能別組織	ブランド・マネジャー制度
流通チャネル	系列チャネル	開放チャネル
広　　告	イメージ広告	製品広告
価格づけ	マージンミックス	個別価格の最適化
原価把握	総合的原価管理	個別原価計算
ブランド拡張	内部育成・提携	売買市場が存在

出典：小川孔輔（1997）「なぜ、いま『ブランド』なのか？」青木幸弘、小川孔輔、亀井昭宏、田中洋編『最新ブランド・マネジメント体系』日経広告研究所、10頁

るイメージである。

(2) 日本的なマーケティングと集団的なブランド管理

　図表16.8は、個別的なブランド管理（O型）と集団的なブランド管理（A型）の方式を、対比させたものである。図16.9では、ブランド管理の方式の違いが、マーケティング活動にどのような違いをもたらすのかを、日本と米国を典型例として整理してある。

　伝統的な日本のマーケティングが、系列チャネル下で、イメージ広告

主体のプロモーション活動を展開することが、A型のブランド管理方式と整合性が高いことが示されている。価格づけはマージンミックス方式で、ブランド開発やブランド拡張は、内部育成で行われる。管理組織も「機能別組織」が中心となる。

それとは対照的に、米国流のO型ブランド管理方式では、ブランド育成は必ずしも自社開発である必然性はない。ブランドには売買市場が存在している。際立った特徴がある製品ブランドを、個別独自に広告する。個別原価計算が主体であり、開放チャネルを使って製品を流通させる。

もっとも、近年は日本でも事業の買収・売却が盛んに行われるようになってきたので、必ずしも、A型の集団的ブランド管理でなければならないわけでもない。

3. 企業ブランド経営

個々のブランドのマネジメントはもちろん大切ではあるが、それ以上に企業それ自身のブランド価値を見直そうとする考えがある。つまり、企業のネーム（コーポレートブランド）から派生するさまざまな無形資産をうまくマネジメントすることで、企業全体の価値を高めようとする「企業ブランド経営」と呼ばれる動きである。「企業ブランド」を重視するのには、大きく3つの理由がある。

(1) コミュニケーションの効率性

ひとつめは、コミュニケーション効率の問題である。ブランドを育成するためには、長い時間と多額の資金が必要とされる。大手メーカーであっても、宣伝広告に投入できる予算枠は限られている。消費者の視聴習慣が変わって、マス広告の役割と効率は低下している。個別のブランドにメディア予算を細々と割り振るよりは、企業広告（企業ブランド）に消費者へのメッセージを集中させたほうが効率は高い。

(2) アンブレラ効果と提携上のメリット

2番目は、それと関連して、個別商品ブランドを企業ブランドの「傘の下に」置こうとする考え方である（「2階建て理論」）。例えば、ブランドのネーミングにおいて、日本企業は、「企業ブランド」＋「商品ブランド」（トヨタカローラ）という二重の提示を頻繁に用いている。その背後にある企業側の期待は、「商品ブランドの品質やイメージを企業ブ

ランド名が背後から保証してくれる」(「裏書き理論」) という考え方である。

実際に、日本に進出してきた外資系の消費財メーカーは当初、商品ブランド名だけで宣伝広告を行っていた。ところが、消費者の反応が思わしくないことを知った外資系メーカー (例えば、日本リーバやP&G) は、広告メッセージに意図して企業名を入れるようになった。また、他社との乗り入れ (「提携ブランド」) を考えるときは、傘の役割をしている企業ブランドで、他社ブランドと提携するのが交渉上はより有利になることが多い。

(3) 従業員のモチベーション向上

3番目は、企業ブランドが従業員のモチベーションを高めるからである。ブランドをもっとも気にかけているのは従業員である。企業ブランドを強調する形で、タイミング良く従業員に向けられた広告メッセージは、間違いなく従業員の労働意欲を高める効果がある。

現場で働いている従業員の姿を、頻繁に企業広告の中で見かけることがある。とくに、サービス業では、企業名(あるいは、事業部門名) がブランドの単位になっているので、経営トップが企業ブランド経営を強調するのは理にかなった判断である。

4. ブランドの垂直的な展開

(1) 花王ソフィーナの事例

企業と商品ブランドの関係は静的ではない。時間とともに変化していく。その例を、花王の「ソフィーナ」の事例で見てみることにする。

「ソフィーナ」は基礎化粧品として、1982年に発売された。当時の化粧品市場は、国内外ともに上位メーカーが固定的なシェアを保持する安定したマーケットだった。資生堂やカネボウなどのメーカーは、情緒的なベネフィットを訴求してブランド・イメージを高める戦略をとっていた。これに対して、花王は後発企業だったので、技術力を前面に押し出しての市場参入となった。

化粧品とは縁がない機能・価格重視のトイレタリーメーカーが化粧品を販売してもうまくはいかないだろうと、一般には思われていた。実際に、1960年代から70年代にかけて、量販店や生協 (「ちふれ」化粧品) が低価格の化粧品を販売していたが、消費者は受け入れてくれなかっ

た。実用性が強いトイレタリーメーカーから発売される化粧品だから、花王ブランドではあっても、従来と同じことになるだろうというのが大方の予想だった。

ところが、ソフィーナについては結果が違っていた。石鹸も化粧品も直接、肌につけるものである。技術力の高い花王が作った「肌に良い科学的化粧品」という消費者への機能性訴求はみごとに功を奏することになった。ソフィーナの基礎化粧品は、マスターブランドとして確固とした地位を築くことに成功した。

マスターブランドの成功により、その後、基礎化粧品の製品ラインがしだいに増えていった。カテゴリー拡張により、ファッション性が要求されるメークアップのリップ、アイシャドウなどは、ソフィーナのサブブランド（拡張ブランド）として市場に送り出された。現在では、ソフィーナは、フルライン化粧品として消費者から認知されている。

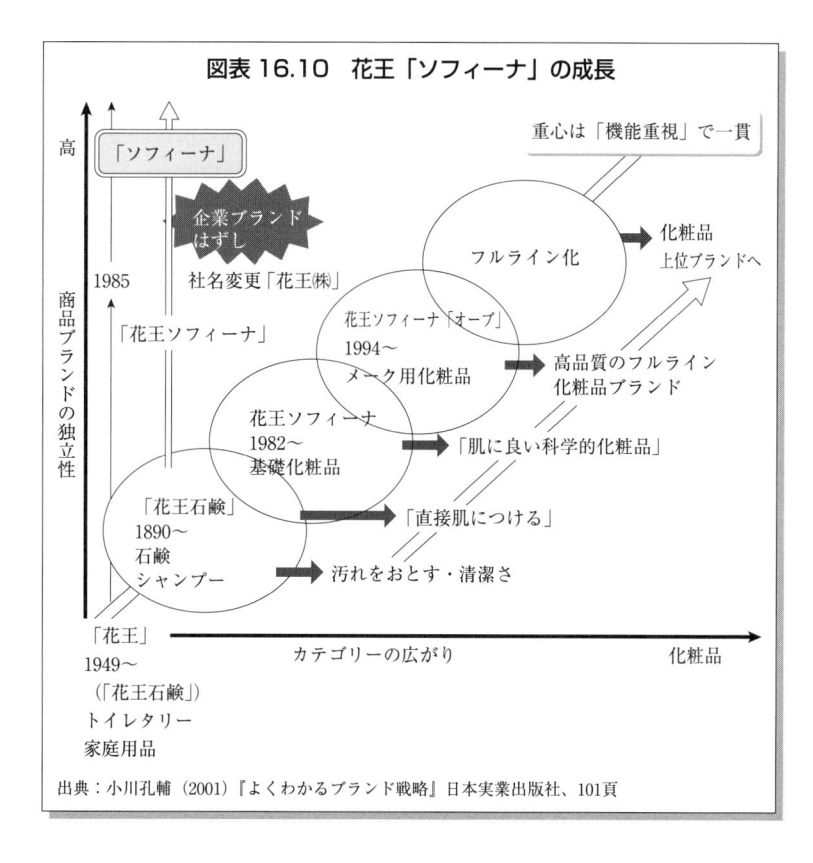

図表16.10　花王「ソフィーナ」の成長

縦軸：商品ブランドの独立性（高）
横軸：カテゴリーの広がり（→化粧品）

- 「花王」1949〜（「花王石鹸」）トイレタリー・家庭用品
- 「花王石鹸」1890〜　石鹸・シャンプー　→　汚れをおとす・清潔さ
- 花王ソフィーナ　1982〜　基礎化粧品　→　「直接肌につける」
- 花王ソフィーナ「オーブ」1994〜　メーク用化粧品　→　「肌に良い科学的化粧品」
- フルライン化　→　高品質のフルライン化粧品ブランド
- 1985　社名変更「花王㈱」　企業ブランドはずし
- 「花王ソフィーナ」→「ソフィーナ」
- 重心は「機能重視」で一貫
- 化粧品上位ブランドへ

出典：小川孔輔（2001）『よくわかるブランド戦略』日本実業出版社、101頁

いまでは、ブランド名からは「花王」の企業名がとれて、家庭用品のイメージがさらに薄まっている。ソフィーナは、化粧品ブランドとして「メガブランド」に成長している（図表16.10）。

(2)ブランド隠し：レクサスの事例

下位方向へのブランド拡張（サブブランド化）は、マスターブランドの力を借りれば、比較的簡単に達成できる。それに対して、上方向への拡張（メガブランド化）は、ハードルが高い挑戦になる。超ブランドを構築するやり方のひとつは、親ブランド名を秘匿する「ブランド隠し戦略」である。

トヨタ自動車が米国で販売した「レクサス」（日本名「ウィンダム」）は、当初から「トヨタ」というマスターブランド名を表示しないことに決めた。ブランド隠しによって、超ブランド化に成功した事例である。「レクサス」には、「すべてに最高を追求する高級車」としてのイメージがあるが、当初は「トヨタ」（信頼はできるけれどコンパクトな経済車）を伏せることで、チープなイメージを払拭しようとしたわけである。

レクサスは、その後、同じブランド戦略を、対日感情があまり芳しくない韓国と中国で実行している。2001年に韓国市場へ、2005年には中国に上陸したレクサスは、以降は順調に売上を伸ばしている[20]。

5. 水平的なブランド結合

(1)ブランド提携戦略

別会社のブランドが、何らかの形で水平的に結びつくことを「ブランド提携」（co-branding）という。横方向での企業間ブランド構築には、「ブランド結束戦略」（バンドリング）と「ブランド架橋戦略」（ブリッジング）がある。ブランド間での提携がさらにすすむと、製品カテゴリーを超えた新しいブランド（「提携メガブランド」）が生まれることもある。

(2)ブランド結束戦略：インテル入ってる！

バンドリングは、文字どおり「束ねる」という意味である。物理的に複数のブランドを結びつけることにより、結合による相乗効果を引き出す。具体的な方法としては、企業が保有する固有の技術やノウハウを前

20——トヨタ自動車ニュースリリース

面に押し出し、それを他社の商品ブランドと結合させるやり方である。

　ブランド結束では、ソフト製品とハード製品の組み合わせという場合が多い。ソフト技術がブランド化できていること（「技術のブランディング」）と優れた品質・性能特性をブランド化して消費者に直接的に伝えること（「品質・属性のブランド化」）が、結束の前提になる。

　前者の例としては、インテルが自社MPU（「ペンティアム」）の優秀さをパソコンメーカーの宣伝広告に使っている「インテル入ってる！キャンペーン」がある。世界中のほとんどのパソコンには、いまや"Intel Inside"のシールが貼られている。後者の例としては、米国化学メーカーのデュポン社の「テフロン」や人工甘味料「ニュートラスイート」などがある。[21]

(3) ブランドの架橋戦略：マック＆コーク・キャンペーン

　ブランドを物理的に結合しないで、マーケティング上で関連づけるのが「ブランド架橋戦略」である。例えば、ハンバーガーの「マクドナルド」とソフトドリンクの「コカ・コーラ」が協力して、「マック＆コーク」をセット販売している事例を挙げることができる。プロモーションキャンペーンのために、有名なキャラクターを利用するケースなどは、ほとんどが緩い意味での「ブランド架橋」になる。

　ブランド架橋戦略には、既存のブランド力を活用して合併後に既存のブランド名を残す場合を含む。企業名やマスターブランド名を重合した事例としては、既存の銀行名を重ねて、「東京三菱UFJ銀行」「三井住友銀行」と称するケースなどがしばしば見られる。

　もうひとつの立場は、金融機関名の羅列ではブランドとしては認識されないと考えて、「みずほ」や「さくら」などの新しい名称をつけることである。過去のブランド資産を利用継続すべきだろうか？　それとも、新しいブランドイメージを構築することを追求すべきだろうか？

(4) 要素部品のブランド化

　インテルのMPUチップのように本来、製品のひとつの機能であった要素部品をブランド化することを「要素のブランド化」（branded ingredients）という。高性能の部品をブランド化することにより、そ

---

[21] 事例については、岡本智（2003）「技術のブランディング——"衝突安全技術"のブランドマネジメント」『ブランド・リレーションシップ』法政大学産業情報センター・小川孔輔編、同文舘出版、3～26頁。

れを取り入れた商品サービス全体の機能を保証することができるからである。インテルのマイクロチップは、物理的に製品に組み込まれた要素部品であるが、ソフトな技術をブランド化するという方法もある。これは、「要素技術のブランディング」と呼ばれている[22]。

　代表的な事例は、自動車の衝突安全性である「GOA」（トヨタ自動車）や「Zone Body」（日産自動車）である。「技術ブランド名」を提示しながら、自動車の衝突安全性を映像で表現する手法である。トヨタ自動車は、「GOAキャンペーン」によって、衝突安全技術をいち早くブランド化することに成功した。「安全な車」という知覚において、トップの評価を受けることができたわけである。

　トヨタ自動車は、「環境キャンペーン」においても、同様の技術のブランディングに取り組んでいるといえる。「環境にやさしいことを率先して実施している企業」としてのポジションを、トヨタ自動車が業界内で独占している感がある。プリウスに代表される「エコロジー・キャンペーン」の結果と考えられる。

6.ブランド拡張

(1)製品ラインの拡張

　マスターブランドを簡単に活用できるのは、味や香りや包装を変えた「サブブランド」を作ることである。これは、「製品ラインの拡張」（line extension）と呼ばれる。世の中には多様な好みの消費者が存在しているので、外観や機能を少しだけ変えて、多くの消費者に製品をアピールすることができる。ロイヤルな顧客であっても、ときには気分を変えたいことがある。そうした顧客に対しては、製品のバラエティを提供することで、マスターブランドとしての地位をより強固なものにできる。

(2)ブランド拡張の定義

　マスターブランドを活用するもうひとつの方法は、製品カテゴリーを超えてブランドを拡張していくことである。こちらは、「ブランド拡張」（brand extension）と呼ばれる。異なる製品カテゴリーに同じブランド名（ほとんどは、「ブランド名」＋「カテゴリー」）を用いることがふつ

22――「要素技術のブランディング」は、筆者と岡本智氏（日産自動車）による呼称である。岡本智（2003）、前掲書、3〜4頁。

うである。

　例えば、自動車メーカーのトヨタがハウスメーカー市場に、電機メーカーであるソニーが保険事業に参入した際には、この「ブランド拡張戦略」が採用されている。トヨタは企業ブランドの「トヨタ」をマスターブランドとして活用し、「トヨタホーム」の事業をはじめた。「ソニー生命」では、企業名の「ソニー」を利用して、新事業領域にブランド拡張した。両社は強いブランド力を利用して、ブランドへの信頼性をもとに顧客に安心感を与え、新市場や新カテゴリーを切り開いていったのである。

　ところが、マスターブランドのパワーが強力で、消費者からの信頼性が高いだけでは、ブランド拡張がうまくいくとは限らない。進出先の市場分野と既存の事業領域が技術的分野としてあまりにかけ離れていたり、既存ブランドからの連想が新しい事業領域のイメージにうまくフィットしない場合は、むしろ新しいブランド名をつけて進出したほうが良いことなどがわかっている[23]。

　以下では、ブランド拡張について、2つの事例を見てみることにする。英国のヴァージン・グループと日本のワタミの事例である。

(3)リチャード・ブランソン会長とヴァージン・グループ

　「ヴァージン・グループ（Virgin Group）」は、今では、航空、鉄道、旅行、金融、ゲーム、音楽、ケーブルテレビ、インターネット、携帯電話、小売事業など、数多くの事業を有する多角化企業グループに成長している。ところが、ヴァージン・グループのはじまりは、リチャード・ブランソン会長が、1994年に自らが立ち上げた「ヴァージン航空」であった。その後、さまざまな分野に進出して、いまでは「ヴァージン」のマスターブランド名が付いている企業が、トラベル＆ツーリズム関連だけで15社もある。レジャー＆プレジャー関連で3社、ショッピング関連で5社、メディア＆通信で6社、金融関連で1社、ヘルス関連で6社、社会環境関連で3社もある。いまやヴァージンは、合計439社からなるコングロマリットである（2009年1月現在[24]）。

23——ブランド拡張に関する成功条件については、小川・金澤・田中（1998）に詳しく述べられている。小川孔輔・金澤良昭・田中洋（1995）「ブランド拡張の成功条件」『マーケティングジャーナル』、第59号、31〜43頁。

24——ヴァージン・グループHPよりhttp://www.virgin.com/home.aspx（2009年1月4日アクセス）。

ヴァージンが巨大な企業グループに成長できた背景には、ブランソン会長の若々しさと固定観念を打ち破るという革新的なイメージが顧客に浸透していったことがある。規制産業であった航空業界に参入したという「革新性」によるところが大きい。実際、既存の航空会社にはなかったサービスを提供し、それまでサービスに不満を持っていた人たちの心をつかんだ。ファーストクラスを設置せずに、ビジネスクラスを大幅に充実したり、ビジネスクラスとエコノミークラスの中間に位置するミッドクラスを新設したりするなどのサービスをいち早く提供していた[25]。

(4)渡邉美樹会長とワタミグループ

日本のブランソン会長とも言えるのが、ワタミグループの渡邉美樹会長である。ブランソン会長と同様に、ワタミグループ総帥の渡邉会長は、若いころから苦労を重ねながら、新規の事業拡張に挑戦し続けてきた人物である。ベンチャー経営者としてのその生き様は、高杉良の企業小説『青年社長』にも実名で登場する[26]。

現在、図表16.11のように、居食屋「和民」をはじめとする、外食事業に参入したワタミは、介護、高齢者向け宅配、農業と事業を拡大している。その事業拡張の際には、新しいブランドとして事業を立ち上げるのではなく、ブランド拡張戦略を上手に活用している。ワタミは、2002年に有機野菜生産法人「ワタミファーム」を設立、2004年には介護事業に新規参入した[27]。

その際には、既存のマスターブランドである外食のノウハウを活用している。ワタミが介護事業を展開するのならば、提供される食事はきっといままでの介護施設にない「美味しくて、安全・安心な食事」になる

---

[25]──現在は、多くの航空会社が採算性の悪いファーストクラスを縮小・廃止し、ビジネスクラスの充実を図っている。また、ミッドクラスも新設している。ヴァージン航空は、その先端的な役割も担っていた。
[26]──高杉良(1999)『青年社長──若き起業家の熱き夢と挑戦 上・下』ダイヤモンド社。
[27]──ワタミは、2004年4月、訪問介護・看護を中心とするワタミメディカルサービス株式会社を設立し、2005年3月には、神奈川県を中心に有料老人ホーム「レストヴィラ」「トレクォーレ」を運営する株式会社アールの介護をグループ会社とした。本格的に「施設介護」事業に乗り出した翌4月、「株式会社アールの介護」と「ワタミメディカルサービス株式会社」を合併し、「ワタミの介護株式会社」に社名変更した。ワタミHP http://www.watami.co.jp/medical/index.html。また、2002年4月には、有限会社ワタミファームを設立し、株式会社安全安心食卓研究所業務を引き継ぐことになった。ワタミファームは、千葉県山武郡にて農場運営を開始。続いて、群馬県に倉渕農場を開設。2003年9月には、有限会社ワタミファームを株式会社へ組織変更した。新たに農業生産法人・有限会社ワタミファームを設立(ワタミHP 会社沿革 http://www.watami.co.jp/corp/enkaku.html)。

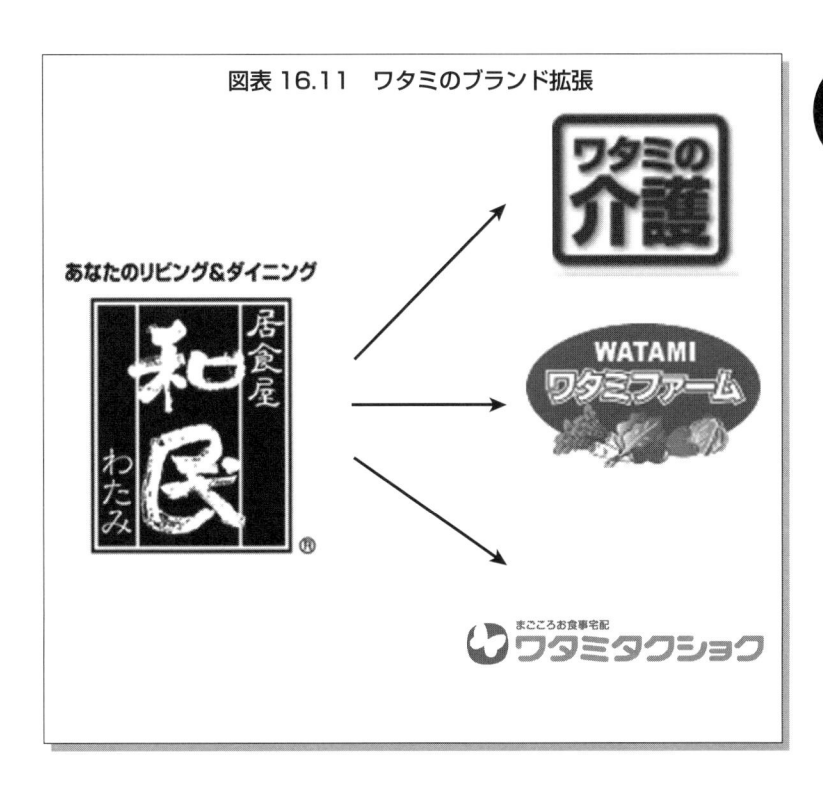

図表 16.11　ワタミのブランド拡張

だろう。ブランド拡張は、こうした顧客の期待に依拠している。まったく新しいブランドで事業展開をするよりは、顧客に安心感と提供される新鮮なサービスを想像させることができるからである。

　まったく新しい事業であっても、「ワタミ」の名前が利用者の介護施設に対する信頼と食品に対する良いブランド連想を刺激するのである。また、ブランソン会長と同様に、渡邉会長の挑戦者精神旺盛な個性が、事業開始当初からの新規顧客の獲得を可能とするのである。ブランドを拡張するにあたっての大きなメリットになる。

7. ブランドの加齢効果と再活性化

　ブランドを活用し、維持していくにはブランド自身の加齢についても考えておく必要がある。強いブランドが、必ずしも永遠にその力を維持できるとは限らない。ブランドも人間と同じように、年老いていくものである。時間の経過とともにブランドそのものは勢いを失っていくので、再活性化して手を加えないと、人間と同じで老化が進行していく。

第16章 ブランド論

これをブランドの「加齢効果」（aging effect）と呼ぶ。

(1) ブランドの加齢：日産スカイライン

例えば、日産自動車のスカイラインは、かつては若者に絶大な人気を得ていた。現在、スカイラインの購買層は、40〜50歳代が中心であるといわれている。彼ら・彼女たちは、1970年代のスカイライン全盛期に、「スカイライン・ジャパン」や「ケンとメリーの愛のスカイライン」といったCMキャンペーンに触れていた人たちである。

当時は憧れの対象としてファンであった愛用者が、年齢を重ねて現在の使用者になっている。スカイラインは大人のブランドであり、ブランドの加齢とともに、車のコンセプトを変える必要があった。今のスカイラインは、大人世代（40〜50歳代）の志向に合わせて、ラグジュアリー性を加味したスポーティセダンにコンセプトをチェンジしている。

ブランドの加齢効果を防ぐには、適時、ブランドに新しい息吹を吹き込むことである。例えば、日本で絶大な人気を誇るルイ・ヴィトンを例にとって「再活性化」のプロセスを見てみる。

ルイ・ヴィトンは、LVのイニシャルをあしらった「モノグラム」が特徴の定番ブランドである。人気の高いモノグラムだが、ヴィトンの製品ラインは実はそれだけではない。「エピ」「ベルニ」「スファリ」など、「モノグラム」の後にも、多くの新しい製品ラインを立ち上げている。

一見すると、これは製品ラインの拡張のみだと見られるが、新しい製品ブランドを投入することで、ルイ・ヴィトンは企業ブランドの加齢を防いでいる。つまり、新ブランド投入によって企業ブランドに新たな息吹を吹き込み、新規顧客の拡大とともに企業ブランドの活性化が図られているのである。[28]

(2) ブランド再生：コーチのかばん

アメリカのバッグ・メーカー「コーチ」は、無地で上質の皮を使う定番の製品ラインで一世を風靡していた。しかし、ひとつの製品ラインに固執するあまり、その後ブランドが年老いて、ブランド力が急速に落ちていった。

そこで、コーチは、古くなりかけたブランドを活性化するために、い

---

[28]──ルイ・ヴィトンの製品ラインについては、秦郷次郎（2006）『私的ブランド論』日経ビジネス人文庫。ヴィトンとのコラボレーションで、ブランドの再活性化に貢献している日本人アーチストが書いた本が興味深い。村上隆（2006）『芸術起業論』幻冬舎。

ままでのブランド・イメージを大きく変えることにした。基礎のブランドに加えて、新たに「シグネチャー・ライン」を発売した。ブランド再生のプロセスでは、従来からある無地のデザインについて、コーチ・マークを前面に出し、シグネチャー・ラインではデザインを大きく変えることにした。

　このデザイン変更は多くの顧客層から支持を受け、一気に販売が伸びた。コーチ・ブランドが再生されたのである。その後も、さらにブランド・イメージを高めるために、日本でも銀座に直営店を出して、既存顧客のみならず新規顧客を獲得してブランドの浸透力が高まっている。[29]

4――ブランドの資産価値と評価

1. ブランドの資産価値

　本節では、ブランドの資産価値とブランドの評価について考えてみる。最初は、「ブランドの資産価値」（brand equity）についてである。もともと、ブランドは有形なものではなく、実体のない無形な存在である。物理的な形状を持っていないという点で、ブランドはサービスの特性と似ているかもしれない（第17章参照）。

　無形なブランドが資産価値を持つのには、いくつかの理由がある。カリフォルニア大学ビジネススクール名誉教授のデービッド・アーカー（1994）は、ブランドが無形価値を持つ理由を、図表16.12のように5つに分類している。ブランドの無形価値を構成する要素は、「知名度」「知覚品質」「ブランド連想」「ブランド・ロイヤリティ」「商標や特許などの法律的な制度」の5つの要素である。これら5つが、ブランドの資産価値の源泉である。[30]

(1) 知名度（awareness）

　ブランドの知名度が高ければ、そのブランドが単に世の中の人に知られているということに留まらない利点がある。店頭で商品やサービスを購買する場合に、知名度が高いブランドのほうが、そうでないブランド

29――「グローバル経営　米ブランド、コーチ急成長――中級戦略、顧客層若返り」『日本経済新聞』2002年12月23日朝刊、14面。
30――D. A. アーカー／陶山計介他訳（1994）『ブランド・エクイティ戦略』ダイヤモンド社。

図表 16.12 ブランド・エクイティの5つの要素

- 知覚品質
- 知名度
- ブランド連想
- ブランド・ロイヤリティ
- 特許など法律的な制度

→ ブランド・エクイティ（ブランドの資産価値）

出典：小川孔輔（2001）『よくわかるブランド戦略』日本実業出版社、23頁、アーカー（1994）『ブランド・エクイティ戦略』ダイヤモンド社に基づき作成

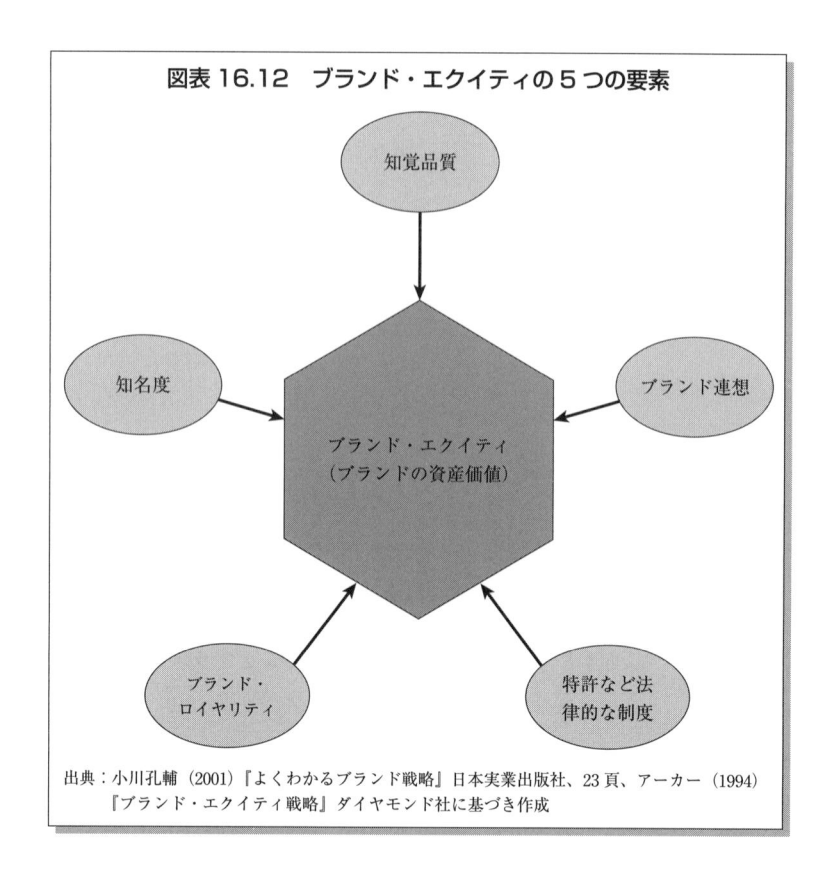

よりは消費者に選ばれる可能性が高くなる。

とくに、高い知名度を持つブランドは、どの消費者にとっても、ある商品カテゴリーで名前が思い浮かべられるブランドの想起集合の中に入ることができる。こうしたブランドは、「再生知名ブランド」と呼ばれる。さらに、再生知名ブランドの中でも、最初に思い浮かぶブランドのことを「第一想起ブランド」（top-of-mind brand）と呼んでいる。

第一想起ブランドは、ブランドが選ばれる確率が非常に高まる。実際、こうしたブランドは、市場でもトップシェアを握ることが多い。例えば、商品カテゴリーのコーク＝「コカ・コーラ」、お茶＝「お〜いお茶」、プラズマテレビ＝「ビエラ」といった具合である。マーケティング・コンサルタントのアル・ライズとジャック・トラウト（1987）は、代表作の『ポジショニング』で、こうしたブランドのことを「はしごの一番先頭に乗っかっているブランド」だと表現している。[31]

(2) 知覚品質(perceived quality)

2番目の無形資産価値は、知覚品質である。「知覚品質」とは、顧客がそのブランドに対して抱いている品質イメージである。製品の品質イメージが高ければ高いほど、同類の商品の中では、より高価格で販売することができる。プレミアム価格で販売ができれば、最終的に利益率が高くなる。

例えば、キヤノンのコンパクトデジタルカメラIXYは、カメラメーカーが作ったデジタルカメラとして高い描写力を持つというブランド・イメージがついている。キヤノンの製品は高い知覚品質を持つことによって、他メーカーの商品と比べてプレミアム価値がついて販売されている。

(3) ブランド連想(brand associations)

3番目は、ブランド連想である。「ブランド連想」とは、顧客がブランドからイメージするさまざまな連想のことである。商品やブランドを刺激として、そこからさらに広がる言葉や事柄のことである。

例えば、レオパレス21の賃貸アパートでは、芸能人の藤原紀香がメインで宣伝している。そのため、タレントイメージから単なる賃貸アパートではなく、洗練されたアパートのイメージと快適な暮らしを、潜在的な利用客にイメージさせる。

多様で好ましいイメージを持つブランドは、一般的に強いブランドである。ネット調査で実際にブランド連想を調べてみると、知名度が90％以上あるメジャーなブランドであれば、ブランドから思い浮かぶ連想（言葉や事柄）は、5～10個ほどはある（豊田、小川 2001）。それが強いブランドであればあるほど、ブランド連想語数が多いだけでなく、その種類も多様になる。また、他のブランドにない「ユニークな連想」（差別化ポイント）が多くなることがわかっている。[32]

(4) ブランド・ロイヤリティ(brand loyalty)

4番目は、ブランドの愛着度を示す「ブランド・ロイヤリティ」である。ブランド・ロイヤリティは、ブランドの資産価値にとって大きな部分を占める。なぜなら、ブランドに対してロイヤルな顧客は、製品やサ

31──A. ライズ、J. トラウト／嶋村和恵、西田俊子訳（1987）『ポジショニング──情報過多社会を制する新しい発想』電通（Ries, A. and J. Trout（1980）*Positioning*, McGraw-Hill Higher Education）。

ービス価格にはあまり左右されることなく、次の購買でもそのブランドを選んでくれるからである。

例えば、シャネルをこよなく愛する「シャネラー」と呼ばれる顧客は、まさにブランド・ロイヤリティの高い顧客の典型である。「買い物はいつも伊勢丹」と決めている顧客も同様である。こうしたロイヤリティの高い顧客によって、企業は安定した売上を上げることができる。

(5) その他のブランド資産要素

ブランドの所有権者は、ブランドを「登録商標」としていることがふつうである。もし、商標の登録がなされていなかったり、ユニークな商品デザインが意匠登録されていない場合には、簡単に模倣されてしまうからである。商標登録は、他社からの似通った名前やロゴの模倣を法律で防いでくれるシステムである。昔は、各国で別々に商標や意匠を登録しなければならなかったが、現在では、商標の出願登録業務が国際的に共通化されている。[33]

商標権侵害の問題は、国際的なビジネスの係争に発展することもある。有名な例は、中国での「無印良品」「MUJI」の商標権の侵害問題である（COLUMN-32：中国馳名商標参照）。また、YKKも同様に、中国本土で商標権「YKK（ファスナー）」を侵害された経験がある。

実は、国際的な商標登録である「マドリッド協定議定書」（「マドリッド・プロトコル」）においては、単に商標を登録するだけでは、商標権は認められることはない。[34]「馳名商標」（中国語で有名で名前が通ってい

---

[32]——豊田裕貴、小川孔輔（2001）「広告キャンペーン効果を評価するためのブランド連想データの分析」日本マーケティング・サイエンス学会第69回研究大会、研究発表。豊田裕貴（2002）「ブランド連想データの広告キャンペーン効果分析への応用——ブランド連想の二時点比較とアソシエーション・ルール分析による試み——」『日経広告研究所報』202号。豊田裕貴（2003）「ブランド自由連想分析による類似化・差別化ポイントの尺度化——新たなブランドイメージ分析の構築」『日経広告研究所報』207号。ブランド連想の中で、他のブランドと共有する連想を「類似点連想」、独自の連想を「相違点連想」としたのは、ケラーである。K. L. ケラー／恩蔵直人、亀井昭宏訳（2000）『戦略的ブランド・マネジメント』東急エージェンシー出版部、156～158頁参照（Keller, K. L. (1998) *Strategic Brand Management* Prentice-Hall）。

[33]——商標の国際的な出願登録のシステムが「マドリッド・プロトコル」である。

[34]——1989年6月27日にマドリッドで採択された「条約」。一度の出願で加盟国の商標権の取得が可能となる制度である。マドリッド協定議定書（「マドリッド・プロトコル」）は、商標について、世界知的所有権機関（WIPO）国際事務局が管理する国際登録簿に国際登録を受けることにより、指定締約国においてその保護を確保できることを内容とする条約。参考：特許庁HP「マドリッド協定議定書の概要について」http://www.jpo.go.jp/seido/s_shouhyou/mado.htm。

COLUMN-32
中国馳名(ちめい)商標

　良品計画は、1991年に香港に1号店を出して「無印」の商品登録をしていたが、中国本土では商標登録が遅れてしまった。その間に、1995年に、「盛能投資有限公司」(Jet Best Investment Limited：JBI) という香港企業が、中国で商標25類（被服、履物）における「無印良品」および「MUJI」の商標を先行登録してしまった。そのため、良品計画は、中国本土では、被服・履物のカテゴリーで「無印良品」「MUJI」のブランドで商品を販売できなくなってしまった。

　JBI社は、香港資本の会社である。良品計画が1991年に香港に進出していたので、裁判では、JBI社が「無印良品」「MUJI」のブランド価値を十分に認知していたものと認定された。すなわち、良品計画が保有するブランド（商標）として、すでに「無印良品」は著名であったことが判決のポイントとなった。

　無印良品のようなブランドは、中国語では「馳名商標」といわれる。中国で全国的に周知の商標であると認められるものに対して認定されるものである。「馳名商標」の制度は1996年に施行されていた。しかし、2003年に法制度が変わるまでは、外国企業に対しては差別的に馳名商標が認定されていなかった。

　2005年6月29日に、「YKK」が国家工商行政管理総局商標局から「拉鏈（ファスナー）」の馳名商標と認定を受けたのが、日本企業で初の「中国馳名商標」の事例である。

出典：YKKのHP　http://www.ykk.com/japanese/corporate/g_news/2005/20050629-2.html。

ること）といって、そのブランドを保持する主体が、一般に認知されたブランド名で生産販売できるという証拠がなければ、その商標は出願しても認定されることはないのである。結果として、中国政府は、2007年に、良品計画が「無印良品」「MUJI」の店舗ブランド名を使用することを認める決定を下すことになった。[35]

---
[35] 「良品計画の勝訴が確定、中国『無印』商標問題」『日経MJ』2007年10月29日、4面。

「商標法」や「特許法」という法律的、制度的な枠組みの中で、特徴のあるブランドは資産価値を侵害されないように守られている。商標権と同様に、かつての「グルタミン酸ソーダ」の製法特許を持っていた「味の素」は、特許によってグルタミン酸ソーダの製造販売の権利を20年間にわたって独占することができた。面白いことには、特許が切れてしまった後でも、グルタミン酸ソーダ＝味の素の図式は、一般の人たちから消えてはいない。この場合は、製造販売特許ではなく、商標としての味の素が、そのブランド価値を継続的に守った事例である[36]。

2. ブランド評価

つぎに、ブランド価値の評価について見ることにする。ブランド評価とは、自社ブランドの価値を評価するプロセスのことである。ブランドを評価する目的は、自社ブランドの価値を最大限に高め、その価値を向上させることによって、企業間の競争優位性を構築するためである。

以下では、ブランド評価の方法論について説明していくことになる。一般に、ブランド価値を評価するには、以下のような3つの体系があることが知られている（図表16.13）。

ブランド評価の第一視点は、顧客の視点である。顧客の立場からブランドを評価していく方法である。これは、ブランドに対する顧客の知覚や認知度、理解度を測定していく方法である。さまざまな調査法が知られている。例えば、日経BP社が毎年発表している「ブランド・イメージ調査」などがある。

ブランド評価の第二のアプローチは、ブランドが生み出すプレミアムの部分に焦点を当てた評価方法である。こちらは、主に経済的な側面からのブランド評価手法である。一連のマーケティング活動からもたらされるブランド価値を、財務的な価値指標として測定するシステムである。ブランドの価値は、将来の売上や利益フローを現在価値に割り引いて求められる[37]。

---

[36]——味の素は、明治41年（1908年）に「グルタミン酸塩ヲ主成分トセル調味料製造法」で特許登録。大正12年（1923年）に期限となり、10年間の延長申請をしたが、多数の企業が反対運動を行った。結果的に6年間の延長が許可された。飯田隆（1986）「特許権存続期間を巡って」『時の法令』3月13日号、41～49頁。

[37]——伊藤邦雄（2000）『コーポレートブランド経営』日本経済新聞社、日経ビジネス編（2008）『ブランド経営の威力』日経BP社。

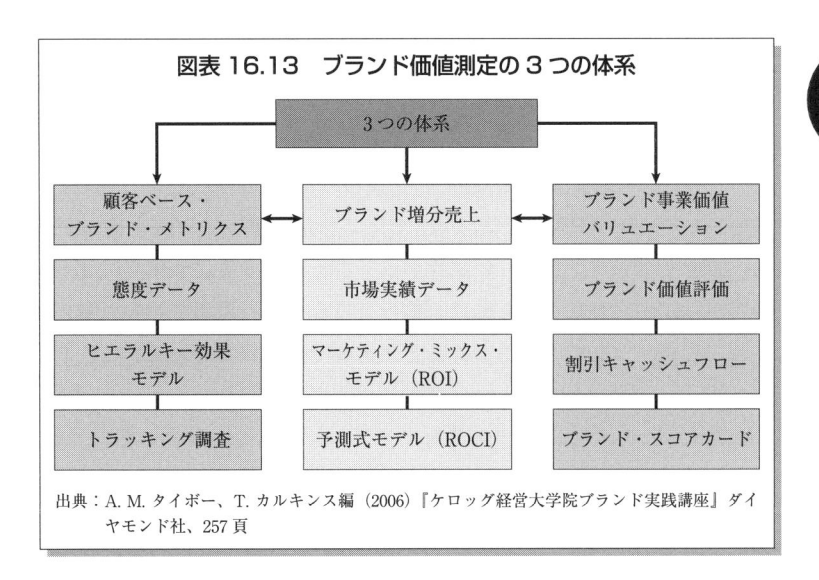

```
図表16.13  ブランド価値測定の3つの体系

                        ┌──── 3つの体系 ────┐
                        │         │         │
                顧客ベース・   ブランド増分売上   ブランド事業価値
                ブランド・メトリクス              バリュエーション
                        │         │         │
                   態度データ    市場実績データ   ブランド価値評価
                        │         │         │
                ヒエラルキー効果  マーケティング・ミックス・  割引キャッシュフロー
                     モデル      モデル(ROI)
                        │         │         │
                 トラッキング調査  予測式モデル(ROCI)  ブランド・スコアカード
```

出典：A. M. タイボー、T. カルキンス編（2006）『ケロッグ経営大学院ブランド実践講座』ダイヤモンド社、257頁

　最後は、ブランドを企業が所有する無形資産として捉え、財務的な価値基準で評価していく方法である。この評価方法で得られたブランド価値は、事業の売却や買収といった、いわゆるM&Aを実行する際にも活用できる。とくに、最近では日本でも、有形資産のみならず、無形のブランド価値を企業の重要な資産として捉えるようになってきている。

　ブランド価値を評価するのには、さまざまな方法がある。ここでは、顧客の視点で捉えた顧客ベースのブランド評価として、ヤング・アンド・ルビカム社のブランド価値評価「ブランド・アセット・バリュエーター」（BAV）と企業の無形資産として捉えたブランド評価として英国インターブランド社の「ブランド価値評価」を紹介する。

(1)「ブランド・アセット・バリュエーター」(BAV)[38]

　「ブランド・アセット・バリュエーター」（BAV：Brand Asset Valuator）の特徴は、ブランド価値の評価を、「差別性」「適切性」「尊重」「認知」といった4つの観点から評価していることである。「新ブランド」「将来有望ブランド」「リーダー・ブランド」「衰退傾向ブランド」というブランドの成長プロセスをベースに、ブランドの特徴から4つに分けて評価をしている点が特徴である。BAVの評価手法によって、自

---

[38]──松浦祥子（1997）「ヤング・アンド・ルビカム社のブランド評価・診断システム」青木幸弘、小川孔輔、亀井昭宏、田中洋編『最新ブランド・マネジメント体系』日経広告研究所、398〜411頁参照。

社のブランドがどの段階に位置し、つぎにはどの段階に進むのか、そして、何を強化すべきなのかを明確にすることができる。

「潜在成長力」を縦軸に置き、「差別性」と「適切性」でその力を図る。「現在の能力」を横軸に置き、「尊重」と「認知」でその力を測定している。図表16.14を見てわかるように、例えば、潜在成長力があるブランドは、差別性が高いことがわかる。つまり、ブランドが力を増し成長していくには、他社とは異なった特徴を持った製品やサービスを提供しているということが重要である。なぜなら、こうした差別性は、ブランドそのものの存在価値であり、差別性が高ければ高いほどブランドとしての存在価値も高まるからである。逆にいえば、差別性がなければ、顧客側から見て、ブランドとして機能していないということである。このため、よく知られているブランドでも、いったんその強い差別性を失ってしまうと、衰退傾向のブランドとして、その他のブランドの中に埋没してしまうのである。

なお、「適切性」とは、そのブランドが利用する顧客にどの程度ふさわしいかの指標である。ブランドを選択する際、適切性は顧客にとってはブランドの選択理由になる。ブランドにとって大切なことは多くの顧客がこの適切性を感じてくれるかどうかである。

つぎに、現在の能力を見るのに重要な役割を果たすのは、尊重と認知の項目である。尊重とは、顧客から見てそのブランドがどの程度高く評

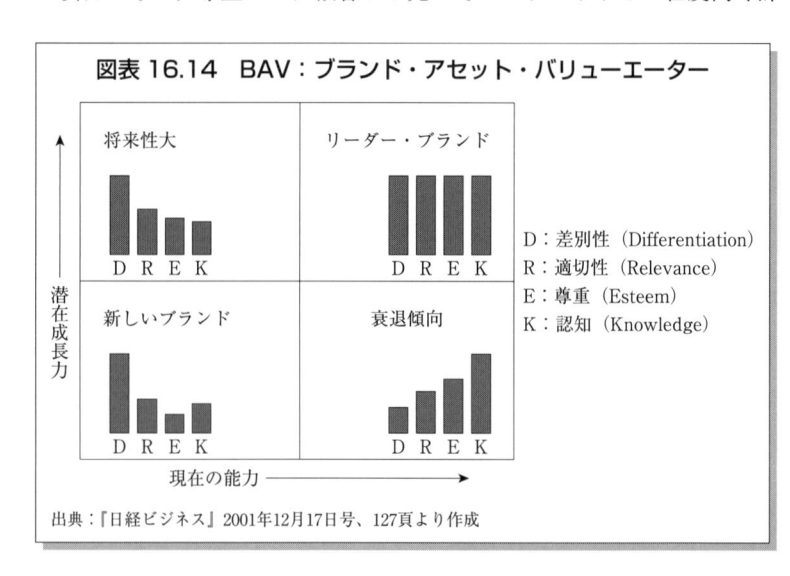

図表 16.14　BAV：ブランド・アセット・バリューエーター

D：差別性（Differentiation）
R：適切性（Relevance）
E：尊重（Esteem）
K：認知（Knowledge）

縦軸：潜在成長力
横軸：現在の能力

（左上：将来性大／右上：リーダー・ブランド／左下：新しいブランド／右下：衰退傾向）

出典：『日経ビジネス』2001年12月17日号、127頁より作成

価されているかを見る心理的な尺度である。高く尊重されているブランドは強いブランドであり、パワー・ブランドといえる。したがって、リーダー・ブランドでは、尊重のスコアが非常に高くなる。

最後は「認知」である。認知とは、顧客にどの程度そのブランドが理解されているかの程度である。認知度が高ければ、ブランドの持つ品質保証機能が十分に働くことになる。製品やサービスに対して、品質や機能などの説明が不要になる。ブランドそのものを伝えるだけで十分である。当該ブランドに対する理解が、あらゆる点から深くなっているということである。ブランドの認知＝製品・サービスの認知であれば、認知度の高いブランドは成功したブランドといえる。しかし、図表16.14のように、認知度が高くても他社との差別性や顧客との適切性が薄くれれば、それはやがて衰退ブランドへと移行してしまう。その点での注意が必要である。

(2)インターブランド社のブランド価値評価[39]

ブランド価値評価のシステムを保持する会社として、世界的に有名な企業が、英国のインターブランド社である。その評価手法を見てみることにしよう。

インターブランド社のブランド価値評価システムは、図表16.15に示したとおりである。チェック項目は、主導性、安定性、市場性、展開性、サポート性、方向性、法律的保護性の7つの項目である。それぞれ

図表 16.15　インターブランド社のブランド価値評価項目

①主導性（同一カテゴリーにおけるリーダー）　…25点
②安定性（長期的な事業の継続性）　…15点
③市場性（ブランドが属する市場の魅力度）　…10点
④展開性（事業拡大の可能性）　…20点
⑤サポート性（ブランドの維持向上）　…10点
⑥方向性（将来を予測し、測定）　…10点
⑦法律的保護性（定性的スコア）　…5点
以上、7つの項目の観点からブランド価値を総合評価する。

39──伊藤邦雄（2000）「ブランド価値と企業価値の連鎖」『コーポレートブランド経営』日本経済新聞社、125〜135頁参照。T.オリバー編著／福屋成夫訳（1993）『ブランド価値評価の実務──経営戦略としてのブランド管理と運用』ダイヤモンド社（Oliver, T.（1993）*Brand Valuation*）、P.ストバート／岡田依里訳（1996）『ブランド・パワー──最強の国際商標』日本経済評論社（Stobart, P.（1994）*Brand power*, Macmillan Press）、『日経産業新聞』1999年2月8日。

のチェック項目にしたがって、ブランド価値は評価される。その中で、とくに重要な評価項目が「主導性」（リーダーシップ）である。

ブランドの「主導性」とは、同一カテゴリー内でそのブランドがどの程度リーダー的な役割を果たしているのかを見る指標である。主導性スコアの高いブランドは、市場支配力が高く、強いブランド力を持っていることになる。例えば、携帯音楽端末市場で、アップルの「iPod」は、非常に高い主導性（スコア）を持っている。ソニーをはじめとした競合他社は、常にアップルの動きに注意を払っている。当然、そうしたブランドは、市場シェアも高くなる。

つぎに、「安定性」とは、そのブランドがいかに長きにわたって事業を継続していけるのかを見る指標である。そのためには、他社には真似のできないコア・コンピタンスが必要だといわれている。例えば、シャープのように、非常に高い液晶技術を持った企業では、持続的な優位性を確保することが可能である。それが、ひいては事業の継続性を高めていくのである。

「市場性」とは、市場そのものの魅力度を示している。なので、例えば、薄型テレビのように、成長が続く市場では、市場性が極めて高いということになる。「展開性」とは、事業の拡大が望めるかどうかである。こうした各項目によって、ブランド価値が評価されている。

(3) ブランド価値の高い企業

直接的あるいは間接的に、ブランド価値を評価するシステムは、日本でもたくさん存在している。日経BP社の「企業ブランド・ランキング」や「ホテル・ランキング」、ミシュラン社が発表する「レストランガイド」なども、考え方によっては、飲食業という特殊分野におけるブランド評価の制度である。[40]米国には、ミシガン大学が開発した「顧客満足度指標」（ACSI：American Customer Satisfaction Index）のサービス業を対象にしたランキングが存在している。[41]

その中から最後に、インターブランド社が発表した「2008年ブランド価値ベスト10」を掲げてみる（図表16.16）。これを見ると、1位のコ

40——日本ミシュランタイヤ（2008）『ミシュランガイド東京2009　日本語版』日本ミシュランタイヤ。
41——Fornell, C.（2007）*The Satisfied Customer: Winners and Losers in the Battle for Buyer Preference*, Palgrave Macmillan.

図表16.16 2008年ブランド価値ベスト10+著名企業

順位	ブランド名	国籍	ブランド価値（億円）	ブランド価値前年比
1	コカ・コーラ	アメリカ合衆国	61,334	2%
2	IBM	アメリカ合衆国	54,309	3%
3	マイクロソフト	アメリカ合衆国	54,286	1%
4	GE	アメリカ合衆国	48,839	3%
5	ノキア	フィンランド	33,067	7%
6	トヨタ	日本	31,326	6%
7	インテル	アメリカ合衆国	28,760	1%
8	マクドナルド	アメリカ合衆国	28,565	6%
9	ディズニー	アメリカ合衆国	26,911	0%
10	グーグル	アメリカ合衆国	23,543	43%
16	ルイ・ヴィトン	フランス	19,874	6%
20	ホンダ	日本	17,553	6%
21	サムスン	韓国	16,274	5%
22	H&M	スウェーデン	12,733	（新規）
24	アップル	アメリカ合衆国	12,626	24%
25	ソニー	日本	12,496	5%
28	ネスカフェ	スイス	12,012	1%
29	ナイキ	アメリカ合衆国	11,658	6%
36	キヤノン	日本	10,006	3%
40	任天堂	日本	8,070	13%
45	グッチ	イタリア	7,594	7%

注：1ドル＝92円で計算。前年比ブランド価値増減率は、ドル建て計算
出典：インターブランド社 Best Global Brands 2008 より作成
　　　http://www.interbrand.com/best_global_brands.aspx

カ・コーラは、なんと日本円で6兆円を超えるブランド価値を有していることになる。また、ベスト10の中にランクインされている日本企業は、6位のトヨタだけである。それでも、50位以内には、本田技研工業、ソニー、キヤノン、任天堂の4社が入っている。

とくに、携帯ゲーム機DS Liteや据え置き型ゲーム機Wiiが爆発的に売れた任天堂は、前年と比べるとブランド価値を13％も上げている。このように、大ヒット商品を生むと、当該カテゴリーでの主導性が高まり、その後の事業展開でも大きな可能性を生むため、ブランド価値が大

幅に上昇することになる。ちなみに、2008年に、ベスト50内で一番ブランド価値を上げたのはグーグルであった。グーグルは、ブランド価値が前年比43％増加、金額（ドルベース）で77億ドル（7084億円）のブランド価値が付加された。[42]

〈参考文献〉

D. A. アーカー／陶山計介他訳（1994）『ブランド・エクイティ戦略——競争優位をつくりだす名前、シンボル、スローガン』ダイヤモンド社（Aaker, D. A.（1991）*Managing Brand Equity*, Free Press）

D. A. アーカー／陶山計介他訳（1997）『ブランド優位の戦略——顧客を創造するBIの開発と実践』ダイヤモンド社（Aaker, D. A.（1996）*Building Strong Brands*, Free Press）

D. A. アーカー、E. ヨアヒムスターラー／阿久津聡訳（2000）『ブランド・リーダーシップ——「見えない企業資産」の構築』ダイヤモンド社（Aaker, D. A. and E. Joachimsthaler（2000）*Brand Leadership*, Free Press）

D. A. アーカー／阿久津聡訳（2005）『ブランド・ポートフォリオ戦略——事業の相乗効果を生み出すブランド体系』ダイヤモンド社（Aaker, D. A.（2004）*Brand Portfolio Strategy*, Free Press）

青木幸弘、小川孔輔、亀井昭宏、田中洋編（1997）『最新ブランド・マネジメント体系』日経広告研究所

青木幸弘、陶山計介、中田善啓編（1996）『戦略的ブランド管理の展開』中央経済社

青木幸弘他（1999）『ブランド・ビルディングの時代』電通

青木幸弘、岸志津江、田中洋編（2000）『ブランド構築と広告戦略』日経広告研究所

青木幸弘、恩蔵直人（2004）『製品・ブランド戦略』有斐閣アルマ

阿久津聡、石田茂（2002）『ブランド戦略シナリオ』ダイヤモンド社

石井淳蔵（1999）『ブランド』岩波新書

伊藤邦雄（2000）『コーポレートブランド経営』日本経済新聞社

小川孔輔（1994）『ブランド戦略の実際』日経文庫

小川孔輔、金澤良昭、田中洋（1995）「ブランド拡張の成功条件」『マーケティングジャーナル』第59号、31〜43頁

小川孔輔（1997）「なぜ、いま『ブランド』なのか？」青木幸弘、小川孔輔、亀井昭宏、田中洋編『最新ブランド・マネジメント体系』日経広告

---

[42] インターブランド社HP、Best global brands 2008 rankings（http://www.interbrand.com/best_global_brands.aspx）。

研究所

小川孔輔（1999）『当世ブランド物語』誠文堂新光社

小川孔輔（2001）『よくわかるブランド戦略』日本実業出版社

小川孔輔、法政大学産業情報センター編（2003）『ブランド・リレーションシップ』同文舘出版

T. オリヴァー／仙名紀訳（1986）『コカコーラの英断と誤算』早川書房

T. オリバー編著／福屋成夫訳（1993）『ブランド価値評価の実務――経営戦略としてのブランド管理と運用』ダイヤモンド社（Oliver, T.（1993）*Brand Valuation*）

恩蔵直人（1995）『競争優位のブランド戦略』日本経済新聞社

恩蔵直人、亀井昭宏編（2002）『ブランド要素の戦略論理』早稲田大学出版部

恩蔵直人（2007）『コモディティ化市場のマーケティング論理』有斐閣

片平秀貴（1999）『新版 パワー・ブランドの本質』ダイヤモンド社

K. L. ケラー／恩蔵直人、亀井昭宏訳（2000）『戦略的ブランド・マネジメント』東急エージェンシー出版部（Keller, K. L.（1998）*Strategic Brand Management*, Prentice-Hall）

K. L. ケラー／恩蔵直人研究室訳（2003）『ケラーの戦略的ブランディング――戦略的ブランド・マネジメント増補版』東急エージェンシー出版部（Keller, K. L.（2002）*Strategic Brand Management and Best Practice in Branding Cases,* 2 ed., Prentice-Hall）

T. コネラン／仁平和夫訳（1997）『ディズニー7つの法則――奇跡の成功を生み出した「感動」の企業理念』日経BP社

嶋口充輝、竹内弘高、片平秀貴、石井淳蔵編（1999）『マーケティング革新の時代――ブランド構築』有斐閣

首藤明敏（2009）『ぶれない経営――ブランドを育てた8人のトップが語る』ダイヤモンド社

A. M. タイボー、T. カルキンス編／小林保彦、広瀬哲治監訳、電通IMCプランニング・センター訳（2006）『ケロッグ経営大学院ブランド実践講座――戦略の実行を支える20の視点』ダイヤモンド社（Tybout, A. M. and T. Calkins, ed.（2005）*Kellogg on Branding*, Wiley Books）

P. ストバート編／岡田依里訳（1996）『ブランド・パワー――最強の国際商標』日本経済評論社（Stobart, P.（1994）*Brand power*, Macmillan Press）

ダイヤモンド・ハーバード・ビジネス編集部編（1998）『ブランド価値創造のマーケティング』ダイヤモンド社

高杉良（1999）『青年社長――若き起業家の熱き夢と挑戦 上・下』ダイヤモンド社

田中洋（2002）『企業を高めるブランド戦略』講談社現代新書

S. M. デイビス／青木幸弘監訳（2002）『ブランド資産価値経営――組織を束

ね、収益性を高める成長戦略』日本経済新聞社（Davis, S. M.（2000）*Brand Asset Management,* Jossey-Bass）

S. M. デイビス、M. ダン／電通ブランド・クリエーション・センター訳（2004）『ブランド価値を高めるコンタクト・ポイント戦略』ダイヤモンド社（Davis, S. M and M. Dunn（2002）*Building the Brand-Driven Business: Operationalize Your Brand to Drive Profitable Growth,* John Wiley & Sons）

陶山計介、梅本春夫（2000）『日本型ブランド優位戦略』ダイヤモンド社

豊田裕貴（2002）「ブランド連想データの広告キャンペーン効果分析への応用─ブランド連想の二時点比較とアソシエーション・ルール分析による試み─」『日経広告研究所報』202号

豊田裕貴（2003）「ブランド自由連想分析による類似化・差別化ポイントの尺度化──新たなブランドイメージ分析の構築」『日経広告研究所報』207号

D. E. ナップ／阪本啓一訳（2000）『ブランド・マインドセット──ブランド戦略の原則とその実践法』翔泳社（Knapp, D. E.（2000）*The Brandmindset: Five Essential Strategies For Building Brand Advantage Throughout Your Company,* McGraw-Hill）

日経ビジネス編（2008）『ブランド経営の威力』日経BP社

日本ミシュランタイヤ（2008）『ミシュランガイド東京2009　日本語版』日本ミシュランタイヤ

秦郷次郎（2006）『私的ブランド論──ルイ・ヴィトンと出会って』日経ビジネス人文庫

平林千春（1998）『実践ブランド・マネジメント戦略』実務教育出版

P. H. ファクハー他／青木幸弘訳「支配的ブランドの潜在力を活用するための方法」『流通情報』1993年6月号33〜38頁、7月号20〜29頁、8月号18〜24頁（Farquhar, P. H., J. Y. Han, P. M. Herr, and Y. Ijiri（1992）'Leveraging Master Brands: How to Bypass the Risk of Direct Extensions,' *Marketing Research,* September, pp. 32-43）

S. ベドベリ／土屋京子訳（2002）『なぜみんなスターバックスに行きたがるのか？』講談社（Bedbury, S.（2001）*A New Brand World: 8 Principles for Achieving Brand Leadership in the 21st Century,* Viking）

村上隆（2006）『芸術起業論』幻冬舎

山田敦郎（2004）『ブランドチャレンジ』中央公論新社

A. ライズ、J. トラウト／嶋村和恵、西田俊子訳（1987）『ポジショニング──情報過多社会を制する新しい発想』電通（Ries, A. and J. Trout（1980）*Positioning,* McGraw Hill Higher Education）

和田充夫（2002）『ブランド価値共創』同文舘出版

渡辺米英（2006）『無印良品の改革──なぜ無印良品は蘇ったのか』商業界

Fornell, C.（2007）*The Satisfied Customer: Winners and Losers in the Battle for Buyer Preference*, Palgrave Macmillan.
Simon, C. J. and M. W. Sullivan（1993）"The Measurement and Determinants of Brand Equity : A Financial Approach," *Marketing Science*, 12（Winter）.
Willmott, M.（2001）*Citizen Brands: Putting Society at the Heart of Your Business*, John Wiley and Sons.

〈さらに理解を深めるための参考文献〉

石井淳蔵、横田浩一（2007）『コーポレートブランディング格闘記──B to B ブランディングの実践ストーリー』日経広告研究所

N. ケーン／樫村志保訳（2001）『ザ・ブランド──世紀を越えた起業家たちのブランド戦略』翔泳社（Koehn, N. F.（2001）*Brand New*, Harvard Business School Press）

H. シュルツ、D. J. ヤング／小幡照雄、大川修二訳（1998）『スターバックス成功物語』日経BP社（Schultz, H. and D. J. Yang（1997）*Pour Your Heart into It*, Hyperion）

根本重之（1995）『プライベート・ブランド──NBとPBの競争戦略』中央経済社

H. マウハー／小泉摩耶訳（1995）『「グローバル経営」成功の秘訣──行動するトップの超多国籍戦略』日本経済新聞社（Maucher, H.（1994）*Leadership in Action: Tough-minded Strategies from the Global Giant*, McGraw-Hill）

水尾順一（2003）『化粧品のブランド史』中公新書

水尾順一編（2003）『ビジョナリー・コーポレートブランド』白桃書房

山下裕子、一橋大学BICプロジェクトチーム（2006）『ブランディング・イン・チャイナ』東洋経済新報社

山田敦郎、グラムコ　ブランドマーク研究班（1999）『マーク──ブランドの向こうに見えるもの』読売新聞社

余田拓郎、首藤明敏編（2006）『B2B　ブランディング』日本経済新聞社

Looking Back
日本マクドナルド、2001年3月株式公開前夜

アジアの優等生：日本マクドナルド

　創業経営者・藤田田（でん）社長が率いる「日本マクドナルド株式会社」（本社：東京都新宿区）は、世界中のマクドナルド・エリアフランチャイズ企業の中でダントツの優等生である。米国を除いた先進国中で（世界119カ国に出店）、日本はもっとも大きな売上高（4311億円）と高い成長率（年率11％）を誇っている。2000年12月末の店舗数は3598店。2001年7月には、ジャスダックに念願の店頭公開を果たした。このままの勢いが続けば、売上高で1兆円、店舗数で1万店を近い将来超えてしまうことも夢ではない。

　雇用創出力という点でも日本マクドナルドは抜きん出ている。正社員5852名に加えて、パートタイマーが延べ10万1747名（直営全店：2000年末）。しかも、従業員に対するサービス教育訓練のために、米国の制度に習って「ハンバーガー大学」という特別のトレーニング施設を持っている。世界標準の同じおいしさを提供・維持する努力（Quality：品質）、マニュアルに基づく丁寧な顧客サービス対応（Service：サービス）、店舗・厨房の清潔さを徹底的に追求する（Cleanliness：清潔さ）など、サービス標準を遵守しようとする姿勢は、日本マクドナルドが世界でナンバーワンと言われている。

　マクドナルドの1号店（銀座店）が銀座三越の1階にオープンしたのは、1971年7月のことである。銀座店が開業したとき、ハンバーガーの値段は1個80円、ビッグマックが200円であった。ちょうど30年後の現在、平日メニュープログラムでは、ハンバーガーが1個65円、チーズバーガーが80円で提供されている。この間にインフレがあるから、当時に比べてハンバーガーの実質価格は大幅に下がっている。その結果、1993年から1994年にかけて短期的な停滞の時期を経てからは、「ハンバーガーを日本の食生活に定着させる」（藤田語録）というカリスマ経営者の

信念と指導力もあって、日本マクドナルドの大躍進が続いている。ハンバーガー業界におけるマクドナルドの推定市場シェアは約70%。ロッテリアとモスバーガーを遠く引き離して、日本マクドナルドがひとり勝ちの状態にある。

しかしながら……会社の寿命は30年。どんな企業にもいつか衰退のときは訪れる。飛ぶ鳥をも落とす勢いにある「藤田マクドナルド」ではあるが、絶好調のいま、ハンバーガー文明はすでに曲がり角を迎えていると筆者は感じている。以下では、「マクドナルド文化」が終焉を迎えつつあるとする根拠を整理して述べてみたい。

企業が衰退するときの原因は、成長を支えてきた要因を反転させることで説明ができる。マクドナルド、とくに、日本マクドナルドの場合は、これまでの成功要因が近い将来には反転しそうな気配が見える。常勝軍団の死角は、①「為替レートの反転」、②「高齢社会の到来」、③「食文化の和風回帰」、④「後継経営者の不在」と「安価で良質な労働力の確保」である。

そして、マクドナルドを中心としたファストフード企業にとっては、それ以上にもっと決定的な逆風が吹きはじめている。すなわち、⑤「スローフード運動と食の安全性についての懸念」である。

〈死角＃1〉為替レートの反転

マクドナルドのこれまでの大躍進は、消費者に対して価値（V）のある商品を提供してきたことに尽きる。$V = Q / P$、すなわち、商品の価値（Value）は、品質（Quality）を価格（Price）で割ったものである。品質を一定とすると、価値の上昇は価格の低下によってしかもたらされない。短期間で品質を大幅に向上させることは容易なことではないが、変動相場制下で幸運に恵まれれば、価格を低めに誘導することはわりに簡単である。

30年前を思い起こしてみよう。銀座三越の1階で売られていたマクドナルド・ハンバーガーは、1個80円であった。そのときのドル為替レートはといえば、固定相場で1ドル360円である。現在、平日ハンバーガーは1個65円で売られているが、為替レートのほうも1ドル120円前後で推移している。数年前には、1ドル＝90〜100円という時期もあった。

円高のおかげで、ハンバーガーの値段が現在のような低い水準に落ち

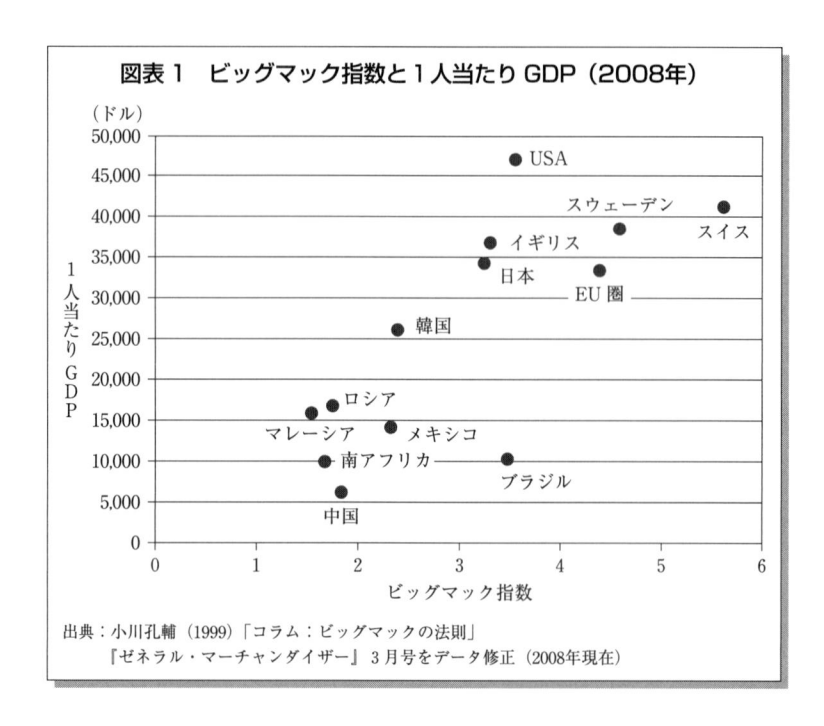

図表1　ビッグマック指数と1人当たりGDP（2008年）

(縦軸：1人当たりGDP（ドル）、横軸：ビッグマック指数)

- USA：約47,000、3.5
- スウェーデン：約41,000、4.5
- スイス：約41,000、5.5
- イギリス：約36,000、3.5
- 日本：約34,000、3.2
- EU圏：約33,000、4.3
- 韓国：約26,000、2.3
- ロシア：約17,000、1.8
- マレーシア：約16,000、1.5
- メキシコ：約14,000、2.3
- ブラジル：約10,000、3.5
- 南アフリカ：約10,000、1.8
- 中国：約6,000、1.8

出典：小川孔輔（1999）「コラム：ビッグマックの法則」
『ゼネラル・マーチャンダイザー』3月号をデータ修正（2008年現在）

着いているのである。ちなみに、ドルで表示した各国のビッグマックの価格は、「ビッグマック指数」と呼ばれている。図表1に示したように、ビッグマック指数（2008年）は、国の経済状態にかかわらず比較的安定している。1（ドル）以下の国はどこにもなく、5（ドル）を超えているのはスイスだけである。おおむね2〜4（ドル）の幅に収まっている。通常のハンバーガーでも同じことが成り立つはずである（このパラグラフのみ2008年のデータによる記述）。

このことの意味するところは重要である。円が対ドル相場で3倍近く高くなったことで、名目価格がほとんど変わらないまま、日本人が食べるマクドナルド・ハンバーガーの価値はこの30年間で3倍以上にも上昇したのである。マクドナルドのような多国籍企業は、国際標準価格（ドル建て価格）で食材などの調達を行っている。その結果、各国の商品価格は、ローカルの賃金や地価などを適当に織り込みながら、基本的には食材の国際標準価格にさや寄せして決定されていく傾向がある。

日本マクドナルドの基本戦略は、円高を利して競合企業を市場から駆逐していく「浸透価格戦略」だったのである。日本の消費者も円高メリットを十分に享受してきたが、経済の屋台骨が揺らいでいる現在、もは

や原材料の輸入価格が低下することを期待することはできない。食材の価格は、再び反騰に転じるはずである。そして、日本マクドナルドは、価格と競争に関する基本戦略を見直さざるをえなくなると予見する。

〈死角♯2〉高齢社会の到来

　米国マクドナルド本社の事業経営が揺らぎはじめている。米国内の店舗数は、2000年末で1万2800店を超え、1店舗当たりの支持人口が2万人を割り込んだ。ドライブスルーでハンバーガーをテイクアウトさせる既存のファストフード業態では、新規の出店余地がほとんどなくなってきている。飽和した米国市場では、2000年において売上高がわずか4％しか増加していない。

　しかし、より根本的な問題は、人口ピラミッドの動態的な変化にある。数の上でもライフスタイルの面でも、これまで最大のターゲットだった戦後生まれのベビーブーマー世代が高齢化し、ハンバーガー離れを起こしているからである。ハンバーガーは、基本的に若者の食べ物である。手頃な価格、歩きながら食べられる手軽さ、適度なボリューム感、どれをとってもハンバーガービジネスは若者向きに作られている。ところが、あまり値段を気にせず、ゆったりと席に座って、ボリュームよりは味を楽しむ老人たちが主役の社会が到来すると、真っ先に売上が先細ってしまいそうでもある。

　先行きの困難を見越して、米国マクドナルドは、過去において幾度となく新しいメニューの開発に着手したり、ハンバーガー以外の新規業態の開発に挑戦してきた。しかし、1990年代に二度にわたってチャレンジした非ハンバーガー系レストランの試みはもののみごとに失敗に終わっている。また、ハンバーガーとフィレオフィッシュ以外のメニューで現在まで残っているのは、マックシェイクとチキンマックナゲットくらいである。いずれもサイドメニューでメインディッシュではない。

　日本マクドナルドも、ローカルで新規メニューの開発に努力してきた。1991年の「マックチャオ」（中華メニュー）、1992年の「ビーフカレー」「チキンカレー」（ライスメニュー）などが記憶に新しい。「月見バーガー」（1993年）、「ベーコンレタスバーガー」（1994年）など、つぎつぎと新商品を市場に投入してきたが、大ヒットにはなっていない。1995年以降は、どちらかといえば、価格訴求に走る傾向が見られる。モスバ

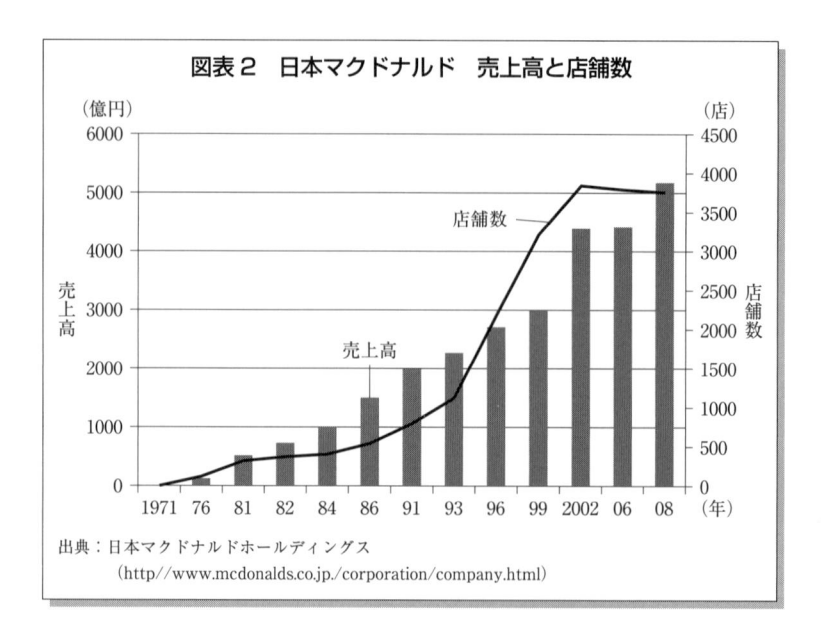

図表2 日本マクドナルド 売上高と店舗数

（出典：日本マクドナルドホールディングス
(http//www.mcdonalds.co.jp./corporation/company.html)）

ーガーなどの同業他社が品質とメニュー開発に向かっている間に、マクドナルドの市場シェアが70％を超えてしまった。価格訴求のみでは、もはや市場シェアを拡大することができない。

およそ5年後に、日本のハンバーガー市場は飽和点に到達するであろう。年率10％で出店を継続していくと、2005年には1店舗当たりの支持人口が米国と同じ2万人を切ってしまうからである。そのころには、マクドナルドの中心顧客層を構成する団塊ジュニア世代（1975〜1980年生まれ）がハンバーガーから離れていくことが米国の経験からはっきりしている。日本マクドナルドが、若い世代に依存する経営から脱却できるかどうかが鍵になる。「ブロックバスター」（レコード店）での失敗を「トイザらス」（おもちゃ店）で取り返しはしたが、今度はフードビジネスで新機軸を打ち出してほしいものである。

〈死角#3〉食文化の和風回帰

世界中いつでもどこでも、同じ味を同じ値段と標準化されたサービスで提供できることが、マクドナルドの強みである。しかし、物事には必ずプラスとマイナスの両方の側面がある。標準化された均質な味を提供するために、マクドナルドが失ってしまったものがある。それは、食べ

物が本来的に持っている自然なおいしさと鮮度である。

　マクドナルドのハンバーガーには、砂糖と油脂と人工調味料が多量に使用されている。若者好みのこってりと甘い人工的な味付けは、素材が持っている本来の旨みを消してしまう。しかし、本当に犠牲になっているのは、実は日本の若者たちの味覚なのかもしれない。マクドナルドが使用している食材の中心は、冷凍保存の加工品である。そこには、おいしく食べるために"鮮度"を維持するという発想はない。

　冷凍保存された食材を一度解凍し加熱調理して作った料理は、いったん冷めてしまうと急速においしさを失ってしまう。マクドナルドでは、コーヒーやフレンチフライなど、作り置きしてから一定の時間が経過すると、極めて短時間で商品を廃棄処分してしまう。これは、料理をおいしく食べるための正しい処置であるが、およそ10％ともいわれる商品の廃棄ロスを生み出してしまう。貴重な資源の無駄遣いは、コンビニエンス・ストアなどにも見られる、米国流ファストフードビジネスのオペレーションが抱えている固有の社会的問題である。

　健康な食文化への熱狂は、世界の人々をアジアに回帰させているように思える。とくに、食材の鮮度を重視する調理法と健康な食文化を提供する「和食」に、世界の人々の関心は向かっている。寿司、豆腐、天ぷら、味噌、醤油、季節の野菜。最低限の加工しか施さない和食は、フレッシュで低カロリーである。高齢社会を迎えた日本では、戦後一貫して続いてきた洋食志向が薄れ、ヘルシーな和食に回帰する傾向が見られる。世界を見渡しても、肉を食卓の中心に据える文化は後退しかけている。

〈死角＃4〉後継者の不在と労働力の確保

　日本マクドナルドは、「藤田商店」と米国本社とのフランチャイズ契約で成り立っている。個性的な業界リーダーとして30年間にわたって日本マクドナルドを牽引してきた藤田田社長も来年で77歳を迎える。年齢的に、経営の第一線から引退するときが間近に迫っている。日本マクドナルドは株式公開を果たしたが、単に企業の運営形態を変えることでは、カリスマ経営者の指導力を補う根本的な解決策にはならないだろう。

　労働力確保にも先行き問題がある。これまで日本マクドナルドは世界

最高水準のサービスを提供してきた。その背後には、安価で良質なパートタイマーの存在がある。少子化が進んでいくと、高校生・大学生を中心としたアルバイト労働力の確保は今後難しくなる。また、女性の社会進出が進むことを見通すと、主婦層にファストフードビジネスの労働力プールとしての機能を期待することはできそうにない。かといって、アジアからの移民によって労働力不足を補うことは、法制度上から当面は難しいと考えられる。

　労働力の質的な側面にも問題が山積している。きちんとあいさつができない若者がめだって増えてきている。皮肉なことに、そうした教育水準の子供たちに頼らざるをえないサービス業の現実がある。マニュアルどおりの作業手続きを遂行することさえ危ぶまれる職場が、すでに登場している。

〈死角#5〉スローフード運動と食の安全性

　結論を急ごう。すばやく手軽な食事を安価に提供する「ファストフード」の概念は、20世紀を代表するサービス業における経営プロセスの革新であった。しかし、21世紀が幕を開け、食文化のトレンドは「友人や家族と一緒に時間をかけてゆっくり楽しく食べる」（岩田弘三氏、ロック・フィールド社長）に移ってきている。時代のキーワードは、ファストフードと反対概念の「スローフード」である。

　「スローフード協会」なる非営利組織がイタリアで産声を上げ、ヨーロッパ一円で会員数が10万人を超えたと伝え聞く。しかも、いまフードビジネスで勢いのある企業を選んでみると、新鮮な食材を加工するプロセスを顧客に演出して見せる「プロセス重視」の食ビジネスが主流になってきている。調理のプロセスを顧客に見せるサービスは、二重の意味を持っている。

　ひとつには、食材の調理加工プロセスを演出することで、食事という「劇」に臨場感を与えることである。そのためには、おいしい食事にふさわしい空間と十分な時間を確保することが必要である。ところが、ファストフードビジネスは、時間節約型のシステムである。もちろん、カウンターでの対応の機敏さは、マクドナルドのセールスポイントではあるが、基本的には時間多消費型の食事の演出方法とは対立する概念である。

もうひとつは、スローフード運動の背後にある「食の哲学」に関係した要因である。おいしい食事をとるための一番の近道は、「力のある食材を使って、自然な形で調理することである」（岩田社長）。力がある材料は、いつも新鮮である。そして、食べる直前まで、できれば不自然に加工しないことである。例えば、自然に近い農法で作られた野菜や果物を使ったサラダがそうである。いつ誰がどこでどのように作った食材であるのかがわかれば、食の安全性は確保できる。同時に、われわれの健康に対する食の不安を解消できるはずである。

　BSE（牛海綿状脳症）や口疫病への不安・恐怖は、マスコミが煽っている側面がないこともない。とはいえ、根っこのところにあるのは、「食に対する市場主義」（ある程度は安全を犠牲にしても、安くて早いフードを選択する仕組み）に対する庶民の反発である。もっとも、ある時代において、人々はマクドナルドや吉野家の商品とサービスを支持していたわけである。だからこそ、2つのフードチェーンは、「食のディスカウント時代」における覇者になることができたのである。しかしながら、だからこそ、食の安全性を問われるいま、厳しい逆風にさらされる運命にもある。

　そのとき、ファストフードビジネスはどこに向かうことになるのか？　時代の風潮に合わせて、マクドナルドは自らを変身させるべきなのか？　1955年の創業以来培ってきた自社のコア・コンピタンスを失わずに、成長を持続することは可能なのだろうか？

注：
(1)以上のテーマについて、マクドナルドが店頭公開を控えた2001年3月28日に、ゼミ生たちとクラス討議を行った。わたしの期待に反して、「マクドナルドの危機と衰退」という筆者の立場を支持してくれた学生はわずか2人だった。残り25人は大のマックファンで、「マクドナルドは永遠である」との意見が多数を占めたことを付け加えておく。
(2)なお、最後のパラグラフの一部を除いた原稿は、日本マクドナルドが店頭公開をする以前の2001年3月初旬に執筆されたものである。

出典：小川孔輔（2001）「食は「ファースト」から「スロー」の時代に：勝ち組マクドナルドが抱える成長の不安要因」『チェーンストアエイジ』12月1日号を加筆修正。図表は、2008年現在のデータに置き換えてある。

第17章
サービス・マーケティング

　本章では、サービス・マーケティング[1]について解説がなされる。
　第1節では、サービス産業が先進国では経済の中心的な役割を果たしていることを統計データで示す。つぎに、物財とは異なるサービス製品に特有な性質を説明する。同時性、変動性、無形性、消滅性の4つの特性がサービスに特徴的だといわれている。それぞれの性質に対応したマーケティング戦略が紹介される。
　第2節では、サービス・マーケティングを分析するための枠組みを紹介する。まず、顧客サービスを構成する要素（サービス従事者、サービスの設備環境、サービス顧客、提供プロセス）を説明する。サービスの分析方法としては、「サーバクション・アプローチ」「7Pアプローチ」「サービスの劇場アプローチ」の3つが存在している。とくに、「劇場アプローチ」の枠組みについては演劇のアナロジーを用いて、詳しく説明する。
　第3節では、サービス・マーケティングの課題を取り上げる。全体的な枠組みとして、演劇のメタファーを使うことにする。舞台（サービスを提供する場）、観客（サービス体験者、サービス顧客）、演者（サービス提供者）、舞台裏（サービス企業）、舞台背景（サービス環境）などの隠喩を用いて、サービスの製品設計、人的要素の活用、サービスの品質と保証について解説する。

1——本章の枠組みは、R.P.フィスク、S.J.グローブ、J.ジョン／小川孔輔、戸谷圭子監訳（2005）『サービス・マーケティング入門』法政大学出版局（Fisk, R.P., S.J. Grove and J. John (2003) *Interactive Services Marketing* 2nd ed., Houghton Mifflin Company）と小川孔輔（1994）『ブランド戦略の実際』日経文庫、「第V章サービスのブランディング」に拠っている。また、サービス産業とその生産性に関しては、南方建明、酒井理（2006）『サービス産業の構造とマーケティング』中央経済社を参考にした。

1―サービス・マーケティングの基礎

1. サービス産業の重要性

　サービス産業は、先進国では国民経済を支えるために重要な産業部門に成長している。北米、欧州、オセアニア地域など、日本を含む多くの先進国ではサービス業で半数以上の労働者を雇用している。とりわけ、米国では70％以上がサービス部門で雇用されている。また、ほとんどの国では、経済成長と国際貿易の駆動力として、サービス活動が製造業に置き換わりつつある。

　このことをデータで見てみることにしよう。サービス経済化が世界中でいかに進展しているかがわかる。

　図表17.1は、雇用に占めるサービス産業の割合を示したものである

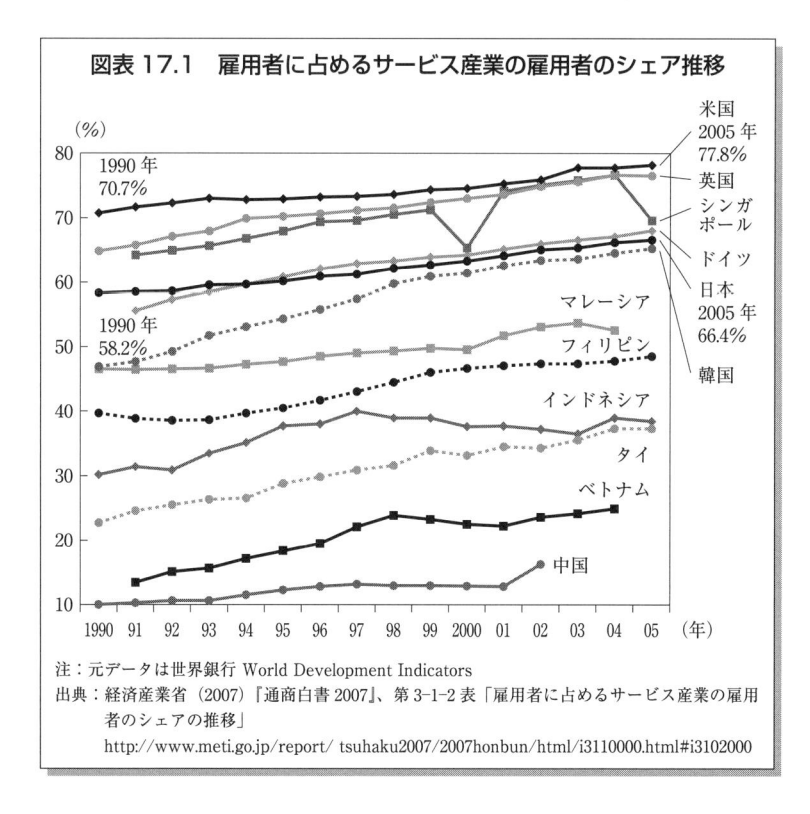

図表17.1　雇用者に占めるサービス産業の雇用者のシェア推移

注：元データは世界銀行 World Development Indicators
出典：経済産業省（2007）『通商白書2007』、第3-1-2表「雇用者に占めるサービス産業の雇用者のシェアの推移」
　　http://www.meti.go.jp/report/ tsuhaku2007/2007honbun/html/i3110000.html#i3102000

(2005年)。米国の77.8%や英国の76.3%には及ばないが、日本（66.4%）も1990年からの15年間で、雇用に占めるサービス産業の割合が大きく伸びていることがわかる。

また、図表17.2は、GDPに占めるサービス産業の割合を示したものである（2003年）。この図表は、世界の標準に比べて、日本のサービス価格が相対的に高いことを示唆しているが、国民総生産に占める割合では、トップが米国（76.5%）で、日本は第5位の68.2%である。

サービス経済化の背景には、3つの要因があるといわれている。第一には、経済的な豊かさがもたらす効果である。所得の上昇は、必需品ではないサービス財への需要を生み出し、自由時間が増大することで時間多消費型のサービス需要を増加させる。

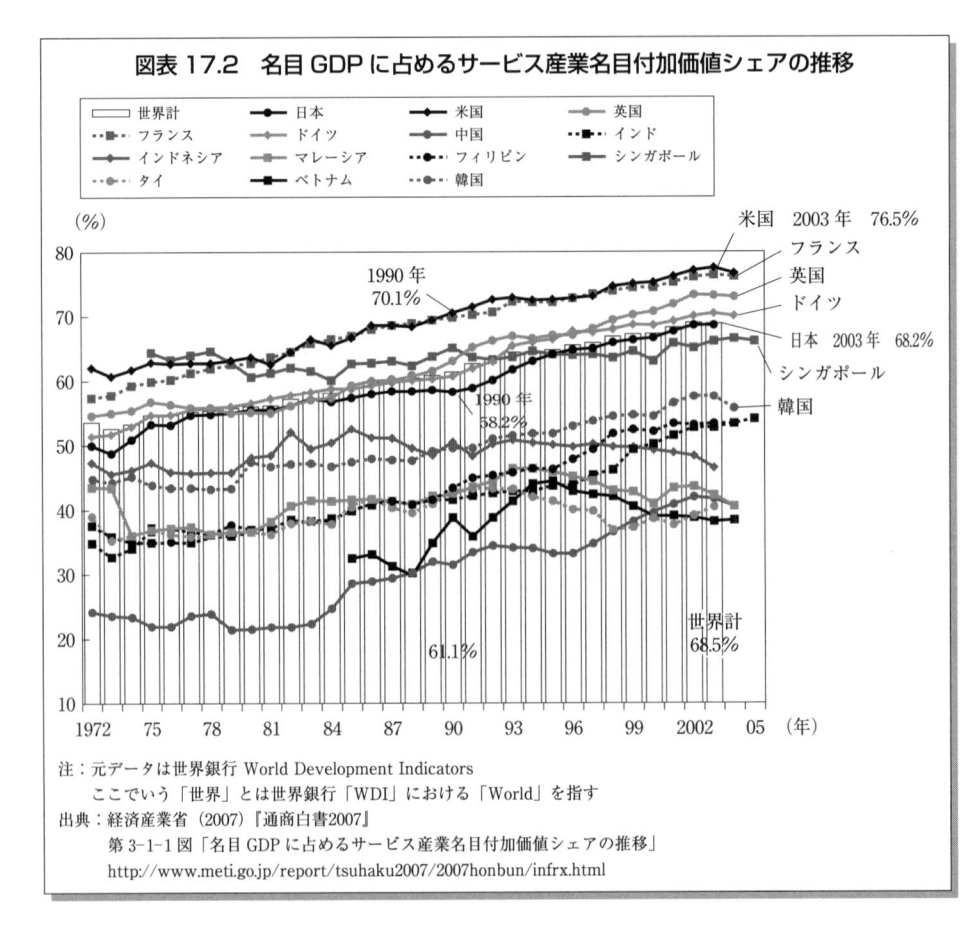

図表17.2　名目GDPに占めるサービス産業名目付加価値シェアの推移

凡例：世界計、日本、米国、英国、フランス、ドイツ、中国、インド、インドネシア、マレーシア、フィリピン、シンガポール、タイ、ベトナム、韓国

主なデータポイント：
- 米国 2003年 76.5%
- 日本 2003年 68.2%
- 世界計 68.5%
- 1990年 70.1%
- 1990年 58.2%
- 61.1%

注：元データは世界銀行 World Development Indicators
　　ここでいう「世界」とは世界銀行「WDI」における「World」を指す
出典：経済産業省（2007）『通商白書2007』
　　第3-1-1図「名目GDPに占めるサービス産業名目付加価値シェアの推移」
　　http://www.meti.go.jp/report/tsuhaku2007/2007honbun/infrx.html

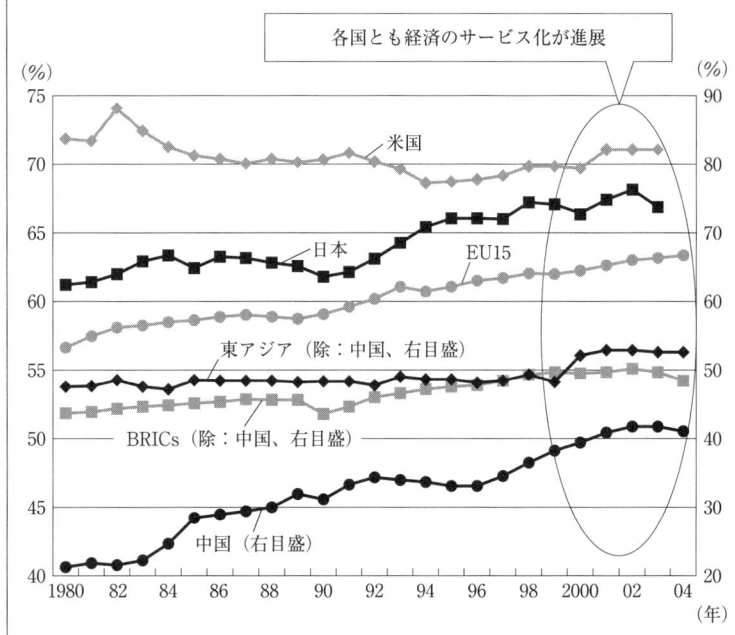

図表 17.3　各国・地域の実質 GDP に占めるサービス産業の付加価値割合

各国とも経済のサービス化が進展

注：1．東アジア（除：中国）は、韓国、香港、シンガポール、インドネシア、マレーシア、フィリピン、タイ。BRICs（除：中国）は、ブラジル、ロシア、インド、南アフリカ
　　2．データが欠損している国、年については含めていない
出典：『通商白書 2006』
　　　http://www.meti.go.jp/report/tsuhaku2006/2006honbun/html/i3110000.html
　　　元データは世界銀行 World Development Indicators、中国国家統計局『中国統計年鑑』

　2番目は、人口統計的な変化が引き起こす要因である。すなわち、高齢化の進展と女性の社会進出は「家事の外部化」をもたらす。その結果、従来は家庭内で提供されていたサービス（家庭内での調理、自宅介護）が民間企業や公共機関のサービスとしてアウトソーシングされる（中食・外食、訪問看護）。また、対事業所サービスにおいても、企業内での雇用が外部化（労働者派遣、コンサルティング）されるので、社会におけるサービス業の比重が高まる要因になる[2]。

　ところが、サービスの生産性は製造業に比べて相対的に低いため、産業としては多くの課題を持っている。また、生産性を高めるために、世

---

[2]——南方建明、酒井理（2006）『サービス産業の構造とマーケティング』中央経済社、26～27頁。

界各国でサービス・マーケティングの枠組みを応用しようとして、例えば、サービス生産性の尺度開発が行われている。ACSI（American Customer Satisfaction Index）など、「顧客満足度指標」の開発などがそれである。わが国でも、経済産業省が中心になり、2007年から「日本版、顧客満足度指数」の開発がはじまっている。[3]

2. サービス財の特徴

サービス財には、物財にはない4つの特徴がある。サービス財に特有な性質は、英語の頭文字をとって、しばしば「SHIP」とも呼ばれる。すなわち、「無形性」（Intangibility）、「同時性」（Simultaneity）、「変動性」（Heterogeneity）、「消滅性」（Perishability）の4つである（図表17.4）。サービス財に特有な性質は、サービス業にとって特別な戦略を必要とさせる。サービス財の特徴と適応戦略を、それぞれ順番に説明していくことにする。

(1) 無形性（Intangibility）

純粋なサービスには、実体が存在しない。実物を見たり触ったり手に持ったりすることができない。また、無形な財（intangibles）は、物理的に所有することができない。利用権を購入することはできるが、サービス内容を事前にチェックできない（「経験財」）。

その結果として、顧客がサービスを購入するに際しては、物財の購入

図表17.4　サービスの特性とその対応戦略

	サービスの特性	対応戦略
①	無形性 物質としては実体がない	有形化戦略、品質保証戦略、お試し戦略
②	同時性 生産と消費が同時に起こる	同期化戦略
③	変動性 品質が一定しない	同質化戦略、システム化戦略
④	消滅性 すぐに消えてなくなる	需要シフト戦略、需要確定戦略

3——日経MJ（2008）「生産性本部設置の協議会、サービス業改革後押し、優良企業を表彰、質の評価指標策定」『日経MJ（流通新聞）』2008年3月21日、15面。経済産業省『通商白書2007』「第3章　我が国サービス産業の競争力強化とグローバル展開」。

以上に高いリスクを感じることになる。また、医師の診察のように、たとえ経験した後でもその品質を正確に評価することができないサービスもある（「信用財」）。

顧客が感じる知覚リスクを低減させるために、サービスのマーケティングにおいては、3つの代表的な戦略が用いられている。ひとつめは、「有形化戦略」である。例えば、宅配便サービスの場合、配達サービスそのものは見えないので、サービスを「視覚化」するために親しみやすい動物のキャラクターが用いられる。ヤマト運輸のクロネコ、日本通運のペリカン、西濃運輸のカンガルーなどである。また、住宅メーカーや美容院は、サービスの結果を目に見える形で表現するために、住宅の完成イメージ写真を顧客に提示したりする。

2番目は、信用財の場合によく用いられる「品質保証戦略」である。例えば、弁護士や会計士などの専門家は、サービスの品質を証明するために、国家資格認定や学位などの資格証明書をオフィスに掲げている。

3番目は「お試し戦略」である。品質や効果が不確実だと思われがちなエステティックサロンやフィットネスクラブでは、無料のお試しコースを設けてトライアルを促している。こうした戦略のすべては、顧客に無形のサービスを実体験によって評価してもらい、満足を感じてもらうことを企図したものである。

(2) 同時性（Simultaneity）

サービスの提供においては、生産と消費が同時に起こる。顧客とサービス提供者が同じ場所に居合わせなければならない。「同時性」というサービスの特性は、生産と消費が切り離せないという意味から、しばしば「非分離性」（inseparability）とも呼ばれる。

例えば、病院やホテルのサービスを考えてみるとよい。サービスが生産される場所、すなわちサービス施設に顧客自らが出向いていかなければならない。

サービスを受ける顧客は、しばしば提供されるサービスの「共同生産者」でもある。受益者であるにもかかわらず、自らが消費するサービスのプロセスに関与し、サービス提供者の作業を手助けしている。このことは、病院を訪れる患者やお気に入りの美容院に出かける顧客の事例を考えてみるとよく理解できる。どちらの場合でも、サービスの品質（出来栄え）が、顧客の協力度と顧客の能力に依存して決まってくるからで

ある。

　生産と消費が分離している製造業と比べて、サービスの生産では、サービス提供者と顧客との接触がより密になるという特徴もある。したがって、サービス業では、サービスが効果的にまた効率よく提供できるように、共同生産者としての顧客の役割を明確に示してあげることが有効である（「同期化戦略」）。

　例えば、大学の授業で学生が受け取るシラバスには、授業内の行動規則、学習目的、必読文献、事前の課題、授業スケジュールなどが盛り込まれている。シラバスは、学習成果を上げるという目的を達成するために、共同生産者としての学生の役割を明示したものである。

(3) 変動性（Heterogeneity）[4]

　優れたサービスを継続的に提供することは、難しい仕事である。というのは、サービス品質が、顧客とサービス提供者および両者の相互作用に大きく依存しているからである。物財と違って、サービスは人間の行動遂行能力に左右される。人間の能力は、サービスの受給者、サービスの提供者、サービスの提供時間が異なるとその成果が異なってくる。

　さらには、生産と消費が同時に起こるので、サービス製品を消費者に届ける前に、不良品を手直しする機会が与えられない。もろもろの結果として、サービス業では、品質を一定の水準にコントロールするのが難しくなる。サービスの品質を標準化することに努力することになる（「同質化戦略」）。

　「変動性」という特性があるために、サービス業では常に品質管理の問題を抱えることになる。サービス品質を安定させるための対処法としては、サービス提供システムを創意工夫したり、顧客間での相互作用がプラスに促進されるように、従業員を訓練する努力をしている（「システム化戦略」）。先取的なサービス企業では、従業員の訓練、人事考課、報酬などに顧客対応の技能を取り入れるところも出ている。

　例えば、ファッション衣料品小売業の「ユナイテッドアローズ」では、顧客との接客技術を向上させるために、「ロールプレーイング」という訓練システムを開発している。また、新人研修において、「理念ブ

---

[4]──「変動性」は、以前はしばしば「異質性」と翻訳されていた（R.P.フィスク、S.J.グローブ、J.ジョン（2005）、前掲書など）。内容的には、品質が安定しないことなので、本書では「変動性」の訳を充てておくことになる。

ック」を用いて会社の理念を学ぶ機会が与えられる。いずれも、販売現場でサービス品質を安定させるための「ベクトル合わせ」と「理念共有」のための教育制度である[5]。しかし、細心の注意を払っても、良いサービスの提供に失敗する可能性がゼロではない。

(4)消滅性(Perishability)

サービスは、消費された瞬間にすぐに消えてなくなってしまう。在庫をしておくことができない。生産能力は使われないままでいると、サービスの販売から得られるはずの収入機会が失われてしまう。

飛行機の空席やホテルの空き室は、こうした現象を説明するための良い例である。「消滅性」というサービスの特性は、需要と供給の調整を複雑にする原因になる。貯蔵ができずに消えてしまうサービスは、需要を平準化することで調整するのがふつうである。

サービス業のマーケターたちが頻繁に用いる対処法は、価格プロモーションでピーク時の需要をシフトさせることで、需給をバランスさせることである（「需要シフト戦略」）。

例えば、シーズンオフのリゾート地では、ホテルの客室価格がピーク時の半分から3分の1の水準まで値引きされる。映画館やレストランでは、朝・昼の時間帯では特別割引価格でサービスが提供される。また、都心のホテルでは、女性をターゲットにした特別宿泊プランが用意されている[6]。

事前予約制を採用することで、需要をシフトさせている業界もある（「需要確定戦略」）。美容院や歯科医院では、サービスの登録・予約システムを利用している。例えば、美容院チェーンの「田谷」では、事前にカットの担当者と自分の来店時間を予約しておくと、ヘアカットの値段を20%割り引いてくれる。これは、需要を事前に確定させるだけでなく、従業員のサービス供給能力を安定させるためでもある[7]。

---

[5]——丸木伊参（2007）『ユナイテッドアローズ　心に響くサービス』日本経済新聞出版社、「第2章『店はお客様のためにある』の理念」および「第3章この採用・研修がナンバーワン販売員を育てる」参照。
[6]——小川孔輔（2002）『誰にも聞けなかった値段のひみつ』日本経済新聞社、106～117頁。
[7]——小川孔輔（2000）「当世ブランド物語　TAYA」（前・後編）『チェーンストアエイジ』7月15日号、46～48頁、8月15日号、66～68頁。

3. サービス業の分類

　サービスの種類が異なると、その基本特性が違ってくる。したがって、サービスをカテゴリー分類しておくことは意義があるといえる。類似した特性を持ったサービス業には、似たようなマーケティング戦略と戦術が適用できるからである。性質が類似している業種で、良いサービスを提供している企業の実践を知ることは、自社の問題解決のヒントにもなる。

　以下では、4つのサービス分類法を紹介することにする。

(1) 対象顧客による分類

　サービスは、顧客のタイプとサービス内容によって分類することができる。大きく分けると、サービスは「消費者向けサービス（B to Cサービス）」と「企業向けサービス（B to Bサービス）」に分類できる。

　「消費者向けサービス」は、対象顧客が消費者であるごくふつうのサービスである。銀行、学校、病院など、わたしたちの身の回りでよく見かけるサービスである。人的な要素を含むかどうかによって、これは「個人サービス」と「非個人サービス」に分かれる。

　例えば、銀行が販売している「定期預金」や「割引債」、証券会社が提供している「株式取引」のサービスは、人的要素を含んでいない「非個人サービス」である。物財に近い特性を持っているので、品質管理や需要管理の問題からはある程度自由である。その他のサービスは、「個人サービス」になる。

　それに対して、対象顧客が企業のサービスは、「企業向けサービス」と呼ばれる。企業向けサービスは、専門サービス会社（例えば、コンサルティング会社）、輸送会社、通信事業会社など、他の企業に対してサービスを提供しているさまざまな種類の企業を含んでいる。これらは、われわれのふだんの生活ではあまり目につかない世界のサービスである。

(2) サービス行為と対象による分類（Lovelockの分類）

　Lovelock（1983）は、2つの軸からサービスのタイプを分類している[8]。ひとつめの次元は、サービスが人に向けられているのか、それとも

---

[8] Lovelock, C.H. (1983) "Classifying Services to Gain Strategic Marketing Insights," *Journal of Marketing*, Vol. 47 Issue 3 (Summer), pp. 9–20.

図表17.5 Lovelockのサービス分類マトリックス

サービスの作用特性	サービスの直接の受け手	
	人	モノ
有形の行為	（人を対象とするプロセス） 人の身体に向けられるサービス 　旅客輸送 　健康医療サービス 　宿泊 　美容院 　ボディ・セラピー 　フィットネスクラブ 　レストラン/バー 　理容院 　葬祭サービス	（所有物を対象とするプロセス） 物理的な所有物に向けられるサービス 　貨物輸送 　修理/メンテナンス 　倉庫/保管 　建物・施設管理サービス 　小売流通 　クリーニング 　給油 　造園/芝の手入れ 　廃棄/リサイクル
無形の行為	（メンタルな刺激を与えるプロセス） 人の心・精神・頭脳に向けられるサービス 　広告/PR活動 　芸術/娯楽 　放送/有線放送 　経営コンサルティング 　教育 　情報サービス 　コンサート 　サイコセラピー 　宗教 　電話	（情報を対象とするプロセス） 無形の財産に向けられるサービス 　会計 　銀行 　データ処理 　データ変換 　保険 　法務サービス 　プログラミング 　調査 　債券投資 　ソフトウエア・コンサルティング

出典：Lovelock, C. H.（1983）"Classifying Services to Gain Strategic Marketing Insights," *Journal of Marketing*, Vol. 47 Issue 3 (Summer), p. 12をもとに、R. P. フィスク、S. J. グローブ、J. ジョン（2005）『サービス・マーケティング入門』法政大学出版局、21頁から引用。

対象物に向けられているのかである。また、2つめの軸は、サービス行為が有形か無形かに焦点を当てたものである。その結果、サービスは4つのセルでタイプ分けできる（図表17.5）。

1番目の分類は、美容院、フィットネスクラブ、レストラン／バーなどである。これらは、人に向けられた有形の行為である。ホテル、結婚式場、葬祭サービス、エアラインなども、人を対象にしたプロセス行為というカテゴリーに含まれる。

2番目は、人に向けられた無形の行為である。教育、芸術／娯楽など、人に対してメンタルな刺激を与えるプロセス行為がこれに含まれる。

3番目のカテゴリーは、モノに向けられた有形の行為である。修理／メンテナンス、造園などのようなサービスが含まれる。所有物を対象にしてサービス行為が行われる。

　最後の分類は、モノに向けられた無形の行為である。金融、保険、コンサルティングなどである。個人サービスがないわけではないが、このカテゴリーに属するサービスには企業向けサービスが多い。共通する特徴は、無形の情報を対象に価値創造をするプロセスだということである。

（3）無形性の程度による分類（Shostackの分類）

　Shostack（1977）は、物財とサービスの違いを明らかにするために、「サービス・スペクトラム」（service spectrum）という考え方を提案した。すなわち、マーケティングの対象となるあらゆる提供物について、無形性が優勢なサービスから、有形性が優勢な物財までをひとつの連続体として並べてみる（図表17.6）。

　百貨店やドラッグストアで販売されている化粧品は、どちらかというと有形性の側面が強いので、通常は物財に分類される。それに対して、

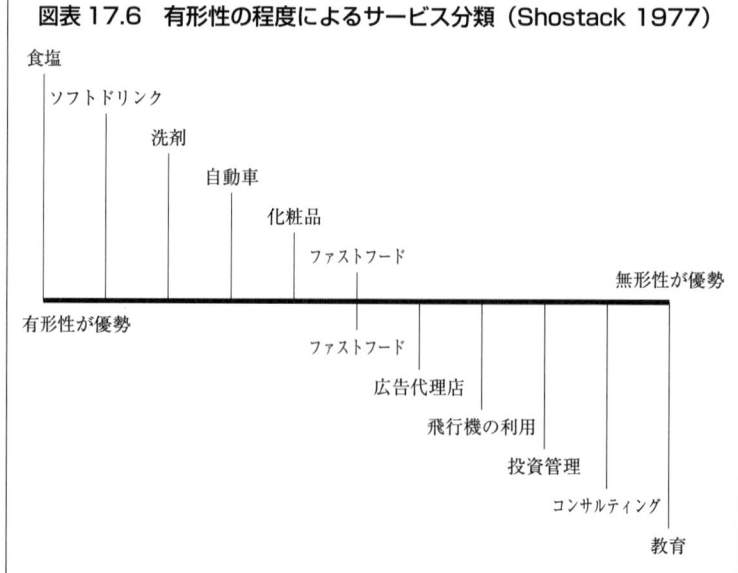

図表17.6　有形性の程度によるサービス分類（Shostack 1977）

食塩
ソフトドリンク
洗剤
自動車
化粧品
ファストフード
有形性が優勢　　　　　　　　　　　　　　　　　　　　　　　無形性が優勢
ファストフード
広告代理店
飛行機の利用
投資管理
コンサルティング
教育

出典：R. P. フィスク、S. J. グローブ、J. ジョン（2005）『サービス・マーケティング入門』法政大学出版局、25頁（原出典：Shostack, G. L. (1977) "Breaking Free from Product Marketing," *Journal of Marketing*, Vol. 41 Issue 2（April）, p. 77）

教育サービスは、無形性の程度が高いので、ふつうはサービスに分類されている。マクドナルドやモスバーガーのようなファストフードは、スペクトラムのほぼ真ん中に位置している。有形的要素（ハンバーガー、清潔なトイレ）と無形的要素（接客サービス、店舗の雰囲気）が適度にミックスしているからである。

いずれにしても、連続体の一方の極には、教育のような純粋なサービスがあり、他方の極には食塩のような純粋な物財があるというわけである。もっとも純粋なサービスや物財がそもそも存在するかどうかについては議論の余地があるだろうが、教育と食塩は、明らかに連続体の両極に位置づけることができる。ある製品の中の、無形性に対する有形性の比率が、その製品が財なのかサービスなのかを決めることになる。

なお、このように、提供物を財とサービスに二分類することに対して異議申し立てをしているのが、「サービス主体論」（SDL：Service-Dominant Logic）という考え方である[10]。

もともと、マーケティング対象となる提供物は、顧客の問解を解決するための手段である。物財もサービスも、顧客と一緒に問題解決にあたるためのインプットである。マーケティング対象物が、単体として物財なのかサービスなのかといった二分法はあまり意味がない。サービス主体論は、製造業のモノ主体発想（goods-based logic）ではなく、サービス主体の発想（service-based logic）で「顧客の問題解決プロセス」として、マーケティングの枠組み（パラダイム）を再構築することを主張している[11]。

9——Shostack, G. L. (1977) "Breaking Free from Product Marketing," *Journal of Marketing*, Vol. 41 Issue 2（April）, pp. 73-80.
10——Lusch, R. F. and S. L. Vargo (2006) *Service-Dominant Logic of Marketing: Dialog, Debate, and Directions*, M. E. Sharp.「サービス・ドミナント・ロジック」についての特集が、『マーケティングジャーナル』（2008）でも組まれている。
11——山本（2007）では、Shostack の「分子モデル」が紹介されている。航空輸送サービス、医療サービス、小売りサービスの例を使いながら、山本（2007）は、問題解決へのインプットとして、「有体財」「サービス」「有体財使用権」「情報」「情報利用権」の組み合わせを提示している。詳しくは、山本昭二（2007）『サービス・マーケティング入門』日経文庫、41〜57頁。

2 — サービス・マーケティングの枠組み

　顧客サービスの提供プロセスをどのような枠組みで考えるかについては、3つのアプローチが存在している。第2節では、顧客サービスの4つの構成要素と顧客サービスに関する3つの枠組みについて説明する。なお、第3節以降は、主として、最後の「劇場アプローチ」を用いて、サービス・マーケティングの仕組みを説明する。

1. 顧客サービスの構成要素

　顧客が企業から受け取るサービスは、「顧客サービス」（customer service）と呼ばれる。顧客の視点からはしばしば、「サービス経験」（service experience）とも呼ばれることがある。企業の側から見ると、顧客サービスは、顧客との関係性をより強固なものにするためのすべての相互作用を含んだ概念である。

　顧客サービスは、4つの要素から構成されている。すなわち、①サービス従事者、②サービスの設備環境、③サービスを受ける顧客、④サービスの提供プロセスの4つである。サービスの種類によって、各要素の相対的な重要度が異なってくる。

(1)「サービス従事者」

　顧客サービスを提供することに直接的、間接的に関わる従業員のことである。サービス従事者は、レストランのウエイトレスや銀行のテラーのように、顧客と直に接触する人（接客従業員）と、シェフや会計士のように、顧客からは見えないところでサービスの提供に貢献している人（後方支援従業員）に分かれる。

(2)「サービスの設備環境」

　サービスが提供される物理的な環境（場所）のことを指している。サービス従事者と同様に、対象が顧客の視野に入っているかどうかによって、サービスの設備環境は2つのタイプに区別できる。

　ひとつめは、レストランのホールや銀行のロビーのように、接客従業員が顧客と接触を持つ場所である（「可視的環境」）。サービスが提供される場所なので、顧客からは見える環境になる。もうひとつは、レストランのキッチンや銀行の金庫のように、顧客が立ち入ることがめったに

ない環境である（「不可視的環境」）。

　通常は顧客に見せないで隠しておきたい場所を、顧客にあえて見せようとすることがある。クリスピー・クリーム・ドーナツが、「店内工場」でドーナツができあがる工程を見せるのは、シズル感を高めて商品をより美味しく感じさせるためである。長い行列ができたとしても、顧客は退屈しないで待つことができる。

　また、キッチンのようなバックルームを顧客にオープンにすることで、後方支援を担当している従業員の労働意欲を高めるという効果も期待できる。

　「ABCクッキングスタジオ」のように、接客従事者（先生）と顧客（生徒）が外から見えるように、設備環境（教室）を設計する企業もある。

(3) サービスを受ける顧客

　「サービス顧客」とも呼ばれる。サービスの対象となる顧客のことである。例えば、レストランで食事をする人や銀行でATMを利用する人たちのことである。ただし、これには、対象顧客と一緒にサービス設備を利用するその他の顧客が含まれている。

　レストランで隣の席に座った顧客の会話や立ち居振る舞いは、当該顧客のサービス水準やレストランの雰囲気に影響を及ぼす。したがって、高級なレストランでは、男性客にスーツとネクタイの着用を義務づけることがある。ペットや子供の同伴を断るサービス施設があるのは、他のサービス顧客という存在があるためである。

(4) サービスの提供プロセス

　サービスを提供するために必要な一連の活動のことを指す。例えば、レストランで食事をするという経験を考えてみるとよい。食事の全体プロセスは、レストランの予約、入店、座席への案内、ウエイターのあいさつ、メニューのオーダー、食事の提供、精算、退店の順に、時間とともに進行していく。その間、サービスを受ける顧客とサービス従事者（接客従業員と後方支援従業員）は協力しながら、時間的な流れの中で活動を行うことになる。

　この流れをチャートで表したものが、「サービス・ブループリント」（service blueprint）である。また、顧客の視点から、時間軸に沿ってサービス行為を表現したものが「サービス・スクリプト」（service script)である。

2. サーバクションの枠組み（Langeard et al. 1981）

顧客のサービス経験を理解するための3つの枠組みが、サービス研究者によって提案されている。その中で、サービス経験の構成要素をもっとも自然な形で配置しているのが、「サーバクション」（servuction）の考え方である[12]。

サーバクションの枠組みは、図表17.7で簡潔に表している。サーバクションでは、全体のサービス提供システムを可視的環境と不可視的環境に区分する。後方支援従業員やバックルームなどを含む「目に見えない組織とシステム」は、顧客からは見えない部分である。

それに対して、サービスが提供されるサービス施設や接客従業員は見える部分である。可視的な環境要素には、2種類の顧客が含まれている。すなわち、サービスを受ける顧客（顧客A）と、可視的領域に居合わせるその他の顧客（顧客B）である。

サーバクションの枠組みでは、顧客が受けるサービスは、「便益の束」

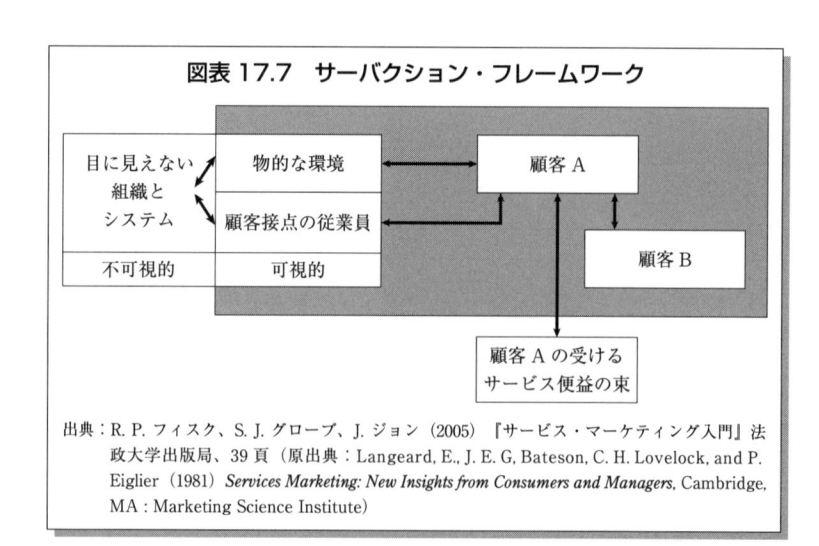

図表 17.7　サーバクション・フレームワーク

目に見えない組織とシステム	物的な環境	顧客 A
	顧客接点の従業員	顧客 B
不可視的	可視的	顧客 A の受けるサービス便益の束

出典：R. P. フィスク、S. J. グローブ、J. ジョン（2005）『サービス・マーケティング入門』法政大学出版局、39頁（原出典：Langeard, E., J. E. G. Bateson, C. H. Lovelock, and P. Eiglier（1981）*Services Marketing: New Insights from Consumers and Managers*, Cambridge, MA：Marketing Science Institute）

12——Langeardらによって提示されたservuctionは、service production systemからの造語である。Langeard, E., J. E. G. Bateson, C.H. Lovelock, and P. Eiglier（1981）*Services Marketing: New Insights from Consumers and Managers*, Cambridge, MA: Marketing Science Institute.

として提供される。これは顧客と接客従業員の相互作用（例えば、礼儀正しさや能力）と、物的なサービス環境（例えば、快適さや装飾）から作り出される。しかし、相互作用は不可視的組織の中での出来事や、サービスを経験する場にいる他の顧客の存在などに大きな影響を受ける。

例えば、ホテルの宿泊客の受ける最終的なサービス品質は、予約処理、部屋の清掃、エアコンの管理など、見えないところで行われる活動に影響されるところが大きい。それと同様に、当該サービス設備に泊まる他の宿泊客の数や顧客の性質は、ホテルの宿泊経験に影響されるだろう。

なお、同じ場所にいる「顧客B」が、対象顧客の満足や再利用意向にどのように作用するかをリサーチした研究もある。中塚、小川（2008）は、Jリーグを事例に取り上げ、スポーツ観戦における参加を、同伴者や他の観戦者（サポーター）による影響と物的環境（スタジアムの充実度）で比較している[13]。

3. マーケティング・ミックス・アプローチ（Booms and Bitner 1981）

2番目の考え方は、Booms and Bitner（1981）が提案した枠組みである。メーカーのマーケティングの考え方を、サービス・マーケティングに適用したものである。製造業者が顧客に影響を及ぼすことができるマーケティング変数（4P）を、サービス業に拡張したものである。

一般的なマーケティング・ミックスは、マーケティングの4Pとして知られている。すなわち、「製品」（product）、「価格」（price）、「販売促進」（promotion）、「流通」（place）である。Booms and Bitner（1981）は、サービス業では、4Pに加えて3つの要素を追加すべきだと主張した。追加された「サービス・マーケティング・ミックス」（service marketing mix）は、「参加者」（participants）、「物的な環境」（physical evidence）、「サービスの組み立てプロセス」（process of service assembly）の3つである（図表17.8）[14]。

---

[13] 中塚千恵、小川孔輔（2008）「なぜスタジアムへ行ってしまうのか？　観戦型サービスにおける参加意図形式と観客経験」『マーケティングジャーナル』110号。
[14] Booms, B. H. and M. J. Bitner（1981）"Marketing Strategies and Organizational Structures for Service Firms," in *Marketing of Services*, J.H. Donnelly and W.R. George, eds., Chicago: American Marketing Association, pp. 47-51.

図表17.8　サービス・マーケティングの7P

〈マーケティング・ミックスの4P〉

- Product（製品）
- Price（価格）
- Promotion（販売促進）
- Place（流通）

＋

- Participants（参加者）
- Physical Evidence（物的な環境）
- Process of Service Assembly（組み立てプロセス）

　伝統的なマーケティング・ミックスに3つのPが加えられたことで、「サービスの7Pアプローチ」とも呼ばれている。新しい3つの要素は、サービス・マーケティングに特有な性質を反映したものである。「1. 顧客サービスの構成要素」と対応させてみるとよいだろう。

　「参加者」は、(1)「サービス従事者」と(3)「サービスを受ける顧客」を含んでいるが、それよりはもっと広く定義されている。サービス生産に関わる人的な要素のすべてがこれに含まれている。「物的な環境」は、(2)「サービスの設備環境」にほぼ対応している。ただし、サービスそのものに関わる有形要素の部分を含んでいる。例えば、シンボル、サービスマーク、ロゴマークなどがこれに該当する。「サービスの組み立てプロセス」は、(4)「サービスの提供プロセス」そのものに対応している。

　「7Pアプローチ」の優れているところは、物財に関する「4Pアプローチ」がよく知られているので、その拡張概念として応用がしやすいことである。マーケティング意思決定変数を、ある程度は独立に取り扱える部分要素に分解できると考えている点などは、7Pアプローチの明らかな強みである。

　例えば、プロモーション活動を、宣伝広告、販売促進活動、広報活動、パブリシティの部分要素に分解するなどである。「3Pアプローチ」でも、例えば、参加者は、顧客（対象顧客、その他顧客）と従業員（接客従業員と後方支援従業員）に分けて考えることができる。

　4Pアプローチでは、同時に各ミックス要素が相互に関連していることが

とが強調されている。例えば、低価格商品の場合は、過剰な品質は不要であり、プロモーションもせいぜい店頭販促活動に限定するものである。販売チャネルは、自社のアウトレットか、ディスカウント型の小売店で販売するといったマーケティングの指針を示すことができる。

それと同様に、サービスのマーケティングでも、3Pの要素のひとつを強調してサービスに特徴を打ち出そうとすれば、他のサービス・ミックス要素も変える必要が出てくる。結果として、他の4P要素も変えることになる。

サービスの提供プロセスを設計し直して、生産ラインに顧客の参加を促そうとすれば、参加者の役割や物的な環境を変更することが必要になる。

15年前に、すかいらーくは自社のファミリーレストラン「すかいらーく」を低価格業態の「ガスト」にごく短期間で転換しようとした。低価格を実現するためには、人件費と設備コストを削減する必要があった。ガストに業態転換してから、メニューのアイテム数が大幅に絞り込まれた（製品）。従業員の制服が廃止され（物的な環境）、サービスの生産性を上げるために、「ドリンクバー」を設けてセルフサービス方式が導入された（参加者）。テーブルに呼び鈴を設置しておくことで、従業員の作業動線を短くする工夫がなされた（プロセス）[15]。

4．サービスの劇場アプローチ（Grove and Fisk 1983[16]）

3番目は、「サービスの劇場アプローチ」である（図表17.9）。「劇場アプローチ」（theater approach）では、顧客、従業員、設備環境といったサービスの構成要素を、演劇作品の概念で用いられる役者、観客、舞台装置、表舞台、舞台裏などとのアナロジーで説明しようとする。また、サービスの提供プロセスは、あたかも劇の上演のように進行すると考える。

15——小川孔輔（1999）「すかいらーく：さよならファミリーレストラン」『当世ブランド物語』誠文堂新光社。

16——Grove, S. J. and R. P. Fisk（1983）"The Dramaturgy of Service Exchange: Analytical Framework for Services Marketing," in *Emerging Perspectives on Services Marketing*, L. L. Berry, L. G. Shostack, and G. D. Upah, eds., Chicago: American Marketing Association, pp. 45–49、および、Grove, S. J., R. P. Fisk, and J. John（2000）"Services as Theater: Guidelines and Implications," in *Handbook of Services Marketing and Management*, T. A. Swartz and D. Iacobucci, eds., Sage Publications, pp. 21–35.

図表 17.9　サービスの劇場アプローチ

上　演

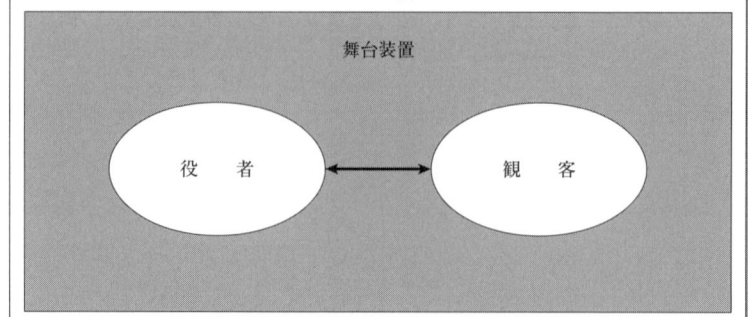

舞台装置

役　者　⇔　観　客

出典：R. P. フィスク、S. J. グローブ、J. ジョン（2005）『サービス・マーケティング入門』法政大学出版局、40 頁（原出典：Grove, S. J., R. P. Fisk, and M. J. Bitner (1992) "Dramatizing the Service Experience: A Managerial Approach," in *Advances in Services Marketing and Management: Research and Practice*, Vol.1, T. A. Swartz, D. E. Bowen, and S. W. Brown, eds., Greenwich, CT: JAL Press, pp. 91–121）

演劇の上演は、サービスの提供システム（カッコ内）と以下のように対応されている。

役者（サービス従事者）は、観客（顧客）のために共同でサービス経験（劇）を作り出す。舞台装置（サービスの設備環境）は、劇の上演（サービス行為とサービス経験）が行われる場である。役者（接客従業員）が観客（顧客）のために上演する表舞台（可視的環境）での行動は、観客の目に触れない舞台裏（バックルームにいる後方支援従業員）から、サービス経験を生み出すための計画や実行という形でサポートされる。舞台装置の設計や表示（サービスの物的環境）は、役者（サービス従事者）と観客（顧客）双方のサービス経験の良し悪しを決定づける。

舞台装置（サービスの設備環境）としては、役者と観衆の双方が対面で相互作用する場（劇場での上演）がふつうである。しかし、テレビやラジオなどの放送媒体やインターネットなどの遠隔通信手段が、ドラマの上映（情報サービスの提供）に利用されることもある。あるいは、雑誌やDVDなどの印刷媒体を用いると、繰り返して劇の上映（情報サービスの提供）を楽しむことができる。

劇場アプローチが有効なのは、劇の上演というアナロジーを用いることで、サービスの提供プロセスが理解しやすくなることであろう。劇場

アプローチでは、衣装、小道具、台本や配役などといった用語が用いられる。それぞれが、サービス・マーケティングにおいて対応する概念や手段（制服、設備環境、サービススクリプト）を持っている。

ホテルの従業員や美容師にとって大切なことは、彼らの仕事に関する技術水準の高低だけではない。その存在や立ち居振る舞いを通して、サービスの成果に対する顧客の知覚が形成されることである。服装や身だしなみ、接客態度、仕事の遂行能力の全体が、顧客が受けるサービスの評価に影響を及ぼす。それは、役者の衣装や役柄が、劇場での顧客の評価に影響するのと同じである。

同じことは、舞台装置や小道具についてもいえる。照明や衣装などは、劇の雰囲気を作り出すことに影響を与える。登場人物の役づくりは、観客の感動に影響を及ぼす。それは、美容室の照明や美容師のユニフォームが、心地よい店内の雰囲気を作り出すことと似ている。美容師にきちんとした接客訓練がなされていれば、ヘアカットの出来栄え（結果品質）だけではなく、顧客のサービス体験全体に対する満足（過程品質）を高めることにもなる。

最後に、3つの枠組みを比較してみる。図表17.10では、サービス経験の4つの要素ごとに、それぞれのアプローチの特徴が示されている。3つの枠組みには、それぞれ利点と欠点がある。サービス提供システムを記述し、サービスシステムを改善しようとした場合に、サーバクションの枠組み、マーケティング・ミックス・アプローチ、劇場アプローチ

図表17.10　サービス・エンカウンターの比較

一般的 フレームワーク	追加3Pの フレームワーク	サーバクション フレームワーク	劇場 フレームワーク
設備環境	有形化	目に見えない組織とシステム 物的な環境	舞台装置 舞台裏 表舞台
従業員 顧客	参加者 参加者	顧客接点の従業員 顧客A（サービスを受ける顧客） 顧客B（その他の顧客）	役者 観客
プロセス	サービスの組み立て プロセス	便益の束	上演
	Booms and Bitner (1981)	Langeard *et al.* (1981)	Grove and Fisk (1983)

出典：R. P. フィスク、S. J. グローブ、J. ジョン（2005）『サービス・マーケティング入門』法政大学出版局、42頁

のどれを用いるかは、マーケターが当面している課題と、サービスのプロセス分析者の好みの問題になる。

3——サービス・マーケティングの課題

　この節では、物財にはない、サービス・マーケティングに特有な課題を取り上げることにする。トピックスとして取り上げるのは、(1) サービスの製品設計、(2) サービス従事者の活用、(3) 顧客満足と品質保証、の3つである。

　以下では、サービスの劇場アプローチにしたがって、サービスに特有な課題の解説がなされる。

1. サービスの製品設計

　劇場アプローチでは、顧客のサービス経験を舞台制作に見立てている。舞台上で演じられるサービス財の「コア製品」は、「経験」というサービスである。サービス提供者（役者）の側から見れば、それはサービス行為（演技）である。それとは反対に、サービスを受ける顧客の側から見れば、提供されるサービスが経験（観劇）になる。サービスの設備環境の中で（舞台装置の上）で、サービス経験というコアサービスが提供される。

　表舞台での上演は、舞台裏の照明係や衣装担当者、脚本家やディレクターによって支援されている。同様に、サービス財でも、コアサービスの価値を強化する支援サービスとして、補助的な付帯サービスが存在している。

　例えば、飛行機や列車の切符（コアサービス）をネットで予約するときに、航空会社やJR各社はレンタカーの予約サービス（付帯サービス）をパッケージ（「レール＆レンタカー」）として提供してくれる。レンタカー予約は補助的なサービスではあるが、旅行者にとっては単に便利なだけではない。通常は、サービスを単独で購入するより、セット購入したほうが割引のメリットがある（「バンドリング」）。

　したがって、物財のとき以上に、サービス財では、サービス業間での提携行為が頻繁になる。PCにプリインストールされた標準ソフトウエアが、付帯サービスの代表的な例である。ソフトウエア会社の立場から

は、どのPCメーカーと提携するかによってライバルとのシェア争いが大いに影響を受けることになる。付帯サービスこそが、差別化の武器になる例である。

良いサービスを提供するためには、3つのことに留意することが重要である。それは、演劇の上演を成功裏に終わらせることと同じである。①顧客と接客従業員の間に相互作用が生まれること、②設備環境の設計が重要であること、③サービスの提供プロセスを分析し管理すること、の3つである。

(1) サービス・エンカウンター(顧客接点)

提供プロセスに人間が直接関与するサービスでは、顧客と従業員とが何らかの形で接触を持つことになる。一定時間の接触は、両者の間でインタラクションを生じさせる。良いサービスを提供するには、顧客との相互作用をコントロールできなければならない。サービス組織の管理のもとで、顧客と接客従業員が相互作用する一定の期間は、「サービス・エンカウンター」(service encounter)と呼ばれる。

サービス・マーケターが管理すべき顧客接点は、全部で3つあるとされている(山本　2007)。顧客の行動(時間、関与度、学習)、サービス環境(安心・安全、快適さ)、サービスの提供時間の3つである[17]。

サービスの共同生産者である顧客は、サービスの遂行時間を制限することがある。したがって、サービス組織は、サービスマニュアルを作成したり、消費者教育を実施したりすることで、顧客の行動を直接・間接的にコントロールしようとする。

(2) 設備環境の設計

サービスが提供される場所は、「サービスの設備環境」(service setting)あるいは「サービスケープ」(servicescape)と呼ばれる(Bitner 1992)[18]。

サービスの設備環境は、物財のマーケティングにおける商品パッケージや店舗デザインに相当するものである。陳列棚の前に立った消費者は、売り場のレイアウトや商品のパッケージで、第一印象を決める。売り場の雰囲気が良かったり、パッケージが目に留まりやすいデザインだ

17——山本昭二(2007)前掲書、135～154頁。
18——Bitner, M. J. (1992) "Servicescapes: The Impact of Physical Surroundings on Customers and Employees," *Journal of Marketing*, 56 (April), pp.57-71.

ったりすれば、製品の売れ行きは促進される。サービスが提供される場合も同様である。

　サービスの価値は、提供されるコアサービスだけに依存して決まるわけではない。サービスが提供される環境をどのように設計するかが重要なポイントになる。

　シンフォニーの上演の例を考えてみよう。交響楽団が演奏する音楽のクオリティにとって、指揮者と交響楽団の演奏スキルは、コンサートの満足度を決定するもっとも重要な要素である。しかし、音響があまり良くないコンサートホールや貧弱な内装の演奏会場は、参加者の満足感を半減させてしまうかもしれない。立派な結婚式場やレストラン会場が、招待客のスピーチ同様に、結婚式の雰囲気を盛り上げるのに寄与するのと同じ理屈である。

　COLUMN-33は、海外の一流ホテルのロビーがうす暗い理由を、設備環境と顧客ニーズの側面から分析したものである。

　設備環境の設計は、サービスの効率性を決定づける点でも重要である。サービス設備が適切に配置されていれば、運用コストが抑制でき、提供プロセスが促進される。レストランのキッチン回りが散らかっていたり、テーブルやイスが古びている場合には、従業員のモチベーションが落ちるだけでなく、作業動線が複雑になり業務の効率が落ちる。それとは反対に、従業員の役割に配慮して最新の装置を導入していれば、サービスの生産性は飛躍的に向上する。

(3) 提供プロセスの分析と管理

　サービス提供は一連のプロセスであるが、イベントの連続と考えるとさらに理解しやすい。美容院でのヘアカットやレストランでの食事などは、連続的にイベントが続いている典型的な例である。サービスの提供には、開始と途中経過と終了の3つのステップがある。また、サービスの提供プロセスを分析し、生産効率と効果を改善するためには、2つのよく知られたツールが用いられている。「サービス・スクリプト（台本）」と「サービス・ブループリント（青写真）」である。

　サービス・スクリプト（service script）とは、サービスが提供されるステップを顧客の視点から時間的に表現したものである。サービスによって、簡潔なスクリプトもあれば、詳細なスクリプトもある。どちらかといえば、美容院でのヘアカットは複雑なスクリプトを必要とする。

COLUMN-33
米国の一流ホテルのロビーがうす暗いのはなぜか？

　2007年の秋、コンラッド、マンダリン、リッツカールトン、ペニンシュラなど、世界のプレミアムホテルが、東京に進出してきた。日本のプレミアムホテル（旧御三家：帝国ホテル、ホテルオークラ、ニューオータニ）にとっては、黒船襲来である。そして、外資系ホテル（新御三家：フォーシーズンズ、ハイアット、リッツカールトン）が、施設・サービス面で日本の御三家を凌駕していることが、専門家の評価や顧客満足度調査で明らかになってきていた。

　外資系ホテルで顧客満足度（CS）の評価が高く出るのは、そもそも「CSの捉え方」と取り組みが違っているからである。ひと昔前のCSは、「期待される最低水準」をクリアすることであった。しかし、外資系のホテルが目指している顧客満足はそのレベルにはない。「予想を上回る感動」「顧客のわがままに応え」「思い出に残る滞在経験」を提供することにある。そうして実現できた付加価値が、ホテルにとっての「顧客満足」である。日本のホテルは、来館するすべての顧客のニーズに応えようとしている。そうした考えを外資系のホテルは採用しない。

　1997年に開業した大阪のリッツカールトンでは、ホテル宿泊客のわずか5％しか対象顧客として想定しなかった。10年後（2007年）に開業した東京のリッツカールトンでは、さらに絞って、トップ2％の顧客しか相手にしていない。上顧客だけに向いたサービスを設計している。それが、外資系のスーパープレミアムホテルの経営の特徴である。そうした絞り込みがなぜ必要なのだろうか？　1～2％のトップ顧客に集中する「割り切り」の意味は何なのだろうか？

　ひとつのエピソードを紹介する。四方啓暉氏（㈱JR東海ホテルズ専務取締役、名古屋マリオットアソシアホテル総支配人、2007年当時）が「全日空シェラトン大阪」の立ち上げのために、米国に滞在していたときのことである。1990年ごろ、ニューヨークの有名ホテルで、日本人に出会った。バブルの絶頂期、米国の一流ホテルに日本人ビジネス客が宿泊するようになっていた。

　中でも、一部のホテルに好んで宿泊する日本人客が増えていたが、そうしたホテルは、ロビーは暗いし、エレベーターの位置がわかりにくかった。それにもかかわらず、「なぜ、このホテルを好んで利用している

第17章 サービス・マーケティング

> のですか？」という問いに対するビジネスパーソンの答えが印象的だった。「まるで自分の家に帰ったような気持ちになる」。
> 　確かに、自宅の玄関は、吹抜の高い天井にシャンデリアがあるわけではない。煌々と明かりがともっているわけではない。ましてや、エレベーターがあるわけではない。そのように考えてみると、昼の間、ニューヨークのオフィスでハードなビジネス交渉を終えた後、彼らに必要とされるホテルの要件は、家に帰ってきたときのような、ゆったりとした「くつろぎ」である。
> 　エレベーターやエスカレーターは必要ないし、明るい見通しのよいロビーで、ビジネスパーソンがうろついている姿を見たくはないだろう。薄暗くて適度に狭いロビー、わかりにくいレイアウトこそが一流ホテルの条件なのであった。
> 　顧客の絞り込みがなければ、薄暗いホールの造りなどの施設やサービスの設計はできないだろう。来てほしくない顧客をシャットアウトするくらいの割り切りがないと、上質な顧客の感動は得られない。従来からの単なる満足では、そうした顧客の要求には対応できないのである。
>
> 出典：本コラムは、「日本ショッピングセンター協会アカデミー」における四方啓暉氏の講演「顧客満足経営とサービスマーケティング」（2007、2008）に基づいて書かれている。

　イベントは、つぎのようなステップから構成されている。予約のために電話を入れることからはじまり、美容院から出ていくところでスクリプトは完了する。この間のイベントは、受付をすませること、待合室で座席を見つけること、順番を待つこと、待合室で雑誌を読むこと、他の顧客とのお喋りに夢中になること、イスに座ること、美容師・理容師とあいさつを交わすこと、自分の望みのスタイリングを伝えることなどなどである。

　サービス・ブループリント（service blueprint）とは、フロントステージとバックステージにおける、サービスの構成要素を図式的に表現したものである。サービス業がブループリントを用いる意義は、顧客と従業員との相互作用の発生点（サービス・エンカウンターやサービス提供者間がインタラクションを持つ場所）を知るためである。また、フロントステージで、物的環境が顧客にどのように影響を及ぼすのか、あるい

は、バックステージの活動プロセスを明確にして、フロントステージでのサービス提供活動を支援することに役立たせるためである。

図表17.11は、「美容室TAYA」の事例である。入店・受付から帰店までの時間的な流れが、サークルで表現されている。

2. サービス従事者の活用

(1) サービスのトライアングル

通常のマーケティングであれば、マーケティング活動の効果は、メーカーが消費者に提供する製品の価格と品質で評価される。しかし、サービスのマーケティングの場合には、それに加えて、サービスを受ける顧客と接触する従業員が存在している。サービス・マーケティングへの参加者は、企業、消費者、そして従業員ということになる。質の高いサービスを提供するには、「サービスのトライアングル」と呼ばれる3者間（企業、顧客、従業員）の良い関係を構築しなければならない。

通常の企業と顧客の関係は、「外部マーケティング」（external

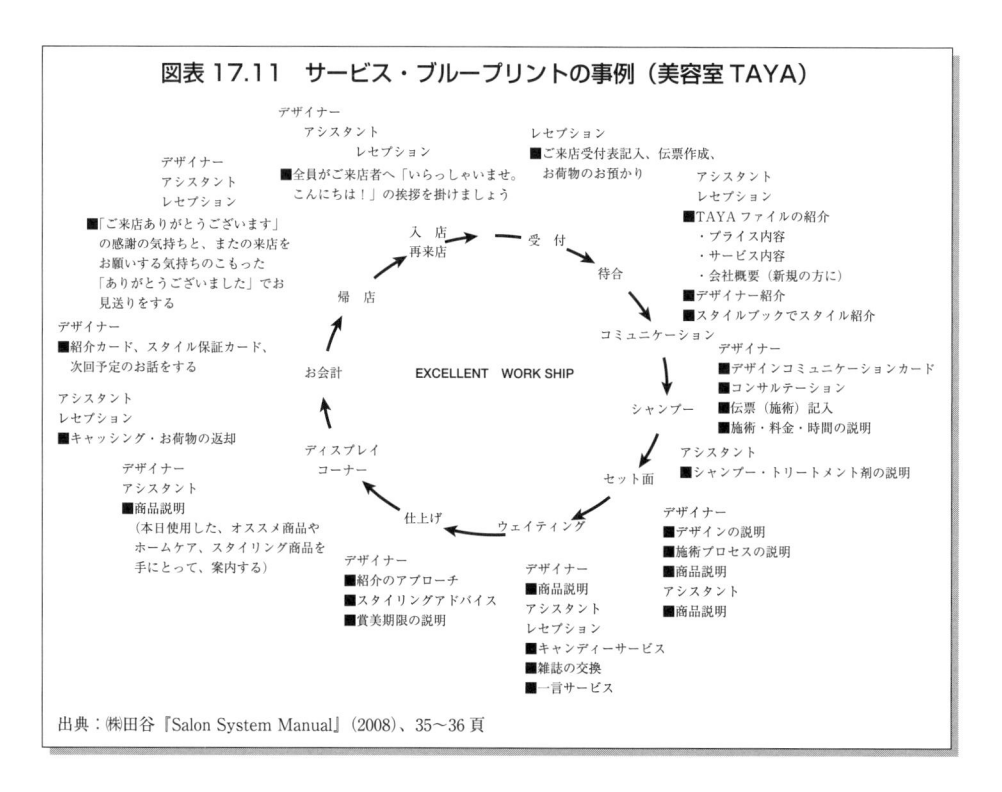

図表17.11　サービス・ブループリントの事例（美容室TAYA）

出典：㈱田谷『Salon System Manual』（2008）、35～36頁

marketing）と呼ばれる。外部マーケティングについては、とくに説明するまでもないだろう。消費者向けに製品の広告を計画したり、消費者が商品を購入しやすくするために、適切な販売チャネルを設計するといったマーケティング活動が、外部マーケティングの範疇に入る。

　サービス・マーケティングでは、三角形のもうひとつの頂点にいる従業員、とりわけ、接客従業員と顧客とのインタラクションのコントロールが重要である。従業員を通して顧客に対してマーケティング活動をしているという視点から、両者の関係は「関係性マーケティング」（relationship marketing）と呼ばれる。顧客と従業員の相互作用に着目して、この2者関係を、「インタラクティブ・マーケティング」（interactive marketing）と呼ぶこともある。[19]

　しばしば「良いサービスを提供するためには、まずは従業員を顧客のように扱うべきである」といわれる。営利企業であれ、学校や病院のような非営利組織であれ、サービス組織にとって従業員は大切な「内部顧客」である。すなわち、顧客に対峙する前に、サービス業は従業員に向けて「内部マーケティング」（internal marketing）を行わなければならない。サービスの提供において、実質的に顧客に接するのが従業員だからである。従業員の質が高くなければ、顧客サービスの品質を高めることはできない（図表17.12）。

(2) 従業員の動機づけ、スキルの向上、品質チェック

　従業員が働く意欲を持つことで、顧客サービスは明らかに改善される。動機づけのための手段としては、金銭的な方法がもっともよく用いられる。昇給やボーナス、昇進機会の提供などである。また、優れたサービスを提供している企業においては、ザ・リッツ・カールトン（東京、大阪）のように、行動規範として「ベーシック」のようなガイドラインを準備している企業もある。[20] 図表17.13は、美容院（株）田谷が社内で使用している"CREDO"と呼ばれる携帯用カード（7.5cm×5cm）である。

　従業員に対して、技術的なスキルや対人スキルを高める機会を提供することも大事である。技能の向上は、顧客に対して高い品質のサービスを提供することに直接的に貢献する。そのためには、従業員が働きやす

19──山本昭二（2007）、前掲書、160頁。
20──R.P.フィスク、S.J.グローブ、J.ジョン（2005）、前掲書、114～116頁。

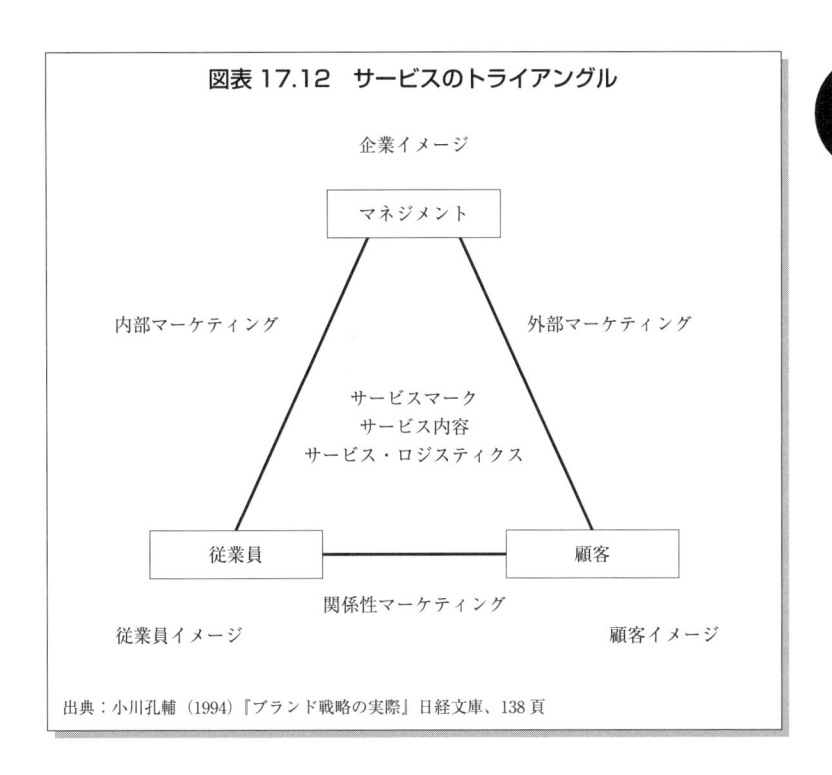

図表 17.12 サービスのトライアングル

```
                    企業イメージ
                   ┌─────────┐
                   │ マネジメント │
                   └─────────┘
                      /    \
         内部マーケティング    外部マーケティング
                    /        \
                  サービスマーク
                  サービス内容
                  サービス・ロジスティクス
                  /              \
            ┌──────┐          ┌────┐
            │ 従業員 │──────────│ 顧客 │
            └──────┘          └────┘
                   関係性マーケティング
         従業員イメージ              顧客イメージ
```

出典：小川孔輔（1994）『ブランド戦略の実際』日経文庫、138 頁

い職場環境を作ることが大切である。なお、従業員の技能を向上させるためには、研修制度を充実させたり、基本的な採用方法を変える必要が出てくるかもしれない。

その一方で、実際のサービス提供場面では、従業員のスキルが向上しているのかどうかを定期的にチェックすることも必要である。ホテルやエアラインでは、客室や機内にコメントカードを置いて、顧客からサービス水準を評価してもらっている。継続的なチェック方法としては、顧客に扮した調査員を使い、従業員と施設のサービス品質をチェックする、「ミステリー・ショッパー法」がある[21]。

(3) 従業員への権限委譲

従業員が顧客に良いサービスを提供できるためには、従業員を単に「内部顧客」として扱うだけでは十分ではない。従業員への権限委譲を促進することを考えなければならない。「権限委譲」（empowerment）

---

[21]──日本における「ミステリー・ショッパー調査」の現状と歴史については、小川孔輔、桐山勝、小山孝雄（2007）「顧客満足度経営確立の決め手はなにか」『Best Partner』2月号、4～17頁。

図表 17.13 "CREDO"（株）田谷

お客様の最高の満足のために私たちは誓います！

〈Our Philosophy〉
すべての人に夢と希望を与え社会に貢献します

〈エクセレント・ワークシップ〉
優れた技術と優れたサービスを提供し、
私たちのサロンは、地域において
顧客満足ナンバーワンのサロンを目指します

〈Our Identity〉
お客様にめちゃくちゃサービスする
先輩が後輩を指導する
あらゆるものに好奇心を持つ

〈Our Motto〉
スーパークリーン
溢れるような笑顔
見つけ、魅きつけ、捉えて離さない
すぐやる、必ずやる、出来るまでやる

〈真のサービス8項目〉
1. 人に喜ばれることが真のサービス
2. スピードというサービス
3. 確実性というサービス
4. 高い技術力によるサービス
5. 安全性を徹底するサービス
6. 約束を守ることのサービス
7. 電話で好感を与えるサービス
8. 挨拶というサービス

株式会社　田谷

注：この冊子は、持ち運びできるように2つ折りになっている
資料提供：（株）田谷

とは、情報、報酬、知識を接客担当者に分担させることである（Bowen and Lawler 1992）[22]。権限を委譲したほうが、接客担当の従業員は顧客のニーズや期待により良く対応することができる。

　従業員に権限を委譲することには、顧客ニーズにより良く対応できる以外に、つぎのようなベネフィットがあるとされている。不満足な顧客にすばやく対応できるようになること、仕事に誇りを持つことで従業員満足度が高まること、従業員の意気込みが高まること。その結果として、従業員自らが優れたアイデアを提供するようになり、顧客に対してもより温かく接するようになる。クチコミを通して、良い評判が広がり、顧客ロイヤリティが高まる。

---

[22] Bowen, D. E. and E. L. Lawler Ⅲ (1992) "The Empowerment of Service Workers : What Why, How, and When," *Sloan Management Review*, 33 (Spring), pp. 31-39.

しかし、従業員への権限委譲は、良いことずくめではない。過度な権限委譲は、人件費の増加、一貫性のないサービス、不公平な顧客への接遇につながる危険性がある。また、従業員に権限を委譲するためには、能力の高い人材を採用することが必要である。採用後も、訓練や研修に多額の投資をしなければならない。これは人件費の増加要因になる。

従業員にどこまで権限を委譲するかは、事業戦略として企業が自社のサービスをカスタマイズしたいと考えているかどうかと、最終目標として顧客と長期的な関係を継続したいと望むかどうかにかかっている。高い対人スキルと上昇志向を持った従業員を抱えているサービス企業には、大幅な権限委譲は向いているだろう。しかし、ファストフードやクリーニング店など、工場生産ライン型のサービス業では、従業員にそれほど権限を委譲する必要性はないだろう。

ただし、同じ業種、業態ではあっても、従業員に権限を委譲するかどうかは、企業戦略として経営者が選択する側面が高い。例えば、食品スーパーマーケットの「ヤオコー」の場合、発注業務や商品提案に関して、パート従業員に大幅に権限を委譲している。ところが、一般の食品スーパーマーケットでは、本部主導型のオペレーションが実施されている[23]。

3. 顧客満足と品質保証

(1) サービス品質(service quality)

一般に、高い品質は高い顧客満足を生み出し、継続的なサービスの利用を促す。さらには、高い顧客ロイヤリティを媒介にして、企業に高収益をもたらすことが知られている。客観的なデータとしても、品質と顧客満足と収益性の因果関係は実証されている。例えば、「PIMS研究」がそれである。サービスに話を限ることにしよう。

サービス品質には2通りの定義がある。サービスの提供者が規定する品質と顧客が評価する品質である。サービス・マーケティングの品質は、通常は後者の「知覚品質」(perceived quality)を指している。知覚品質は、サービスに対する顧客の主観に基づくものである。同じ水準のサービス商品が提供されたとしても、顧客が違えばサービスの品質評

---

[23] ──「特集：ヤオコー」『スーパーマーケットの店長会議』『Value Creator』別冊、2008年2月創刊号。

価(知覚された品質水準)は異なってくる。

　サービス品質を評価するためにもっとも広く使われている測定方法は、3人のサービス研究者(Parasuraman, Zeithmal and Berry 1988)によって開発された「SERVQUAL」(サーブコール)と呼ばれる枠組みである。彼らの研究によると、サービス品質は5つの次元から構成されている。5つの次元とは、「無形性」(intangibles)、「信頼性」(reliability)、「反応性」(responsiveness)、「確実性」(assurance)、そして、サービス提供者に対する「共感性」(empacy)である。実際には、具体的なサービスに対する顧客の知覚品質をアンケートによって測定することになる。図表17.14には、それぞれの次元の内容が説明されている(山本　2008)。

図表 17.14　SERVQUAL 尺度と測定項目

信頼性
　XYZ 企業は、約束したことを実行する。
　問題が起こったとき、XYZ 企業は解決に対して真摯な態度で応じる。
　XYZ 企業は、最初から正しくサービスの提供をおこなう。
　XYZ 企業は、実行を約束した時間にサービスを提供する。
　XYZ 企業は、サービスが提供される時間をきちんと顧客に知らせる。

対応性
　XYZ 企業の従業員は、あなたに素早くサービスを提供している。
　XYZ 企業の従業員は、いつもあなたを助ける。
　XYZ 企業の従業員は、忙しすぎてあなたの要求に対応できないことはない。

確実性
　XYZ 企業の従業員の行動は、あなたに信頼感を与える。
　あなたは XYZ 企業との取引を安心だと感じる。
　XYZ 企業の従業員は、いつも丁寧だ。
　XYZ 企業の従業員は、あなたの疑問に答える知識を持っている。

共感性
　XYZ 企業は、あなたに個人的に注意を払ってくれた。
　XYZ 企業は、あなたに個人的に注意を払ってくれる従業員を雇っている。
　XYZ 企業には心から興味を持っている。
　XYZ 企業は、あなたの特定のニーズを理解している。

有形性
　XYZ 企業は、近代的な機器を装備している。
　XYZ 企業の設備は見た目がとてもよい。
　XYZ 企業の従業員の外見はとても清潔だ。
　XYZ 企業のサービスと関連した資材(パンフレットや書類など)は外見がとてもよい。
　XYZ 企業は便利な時間にサービスを提供している。

注：訳文は、山本昭二(2008)『サービス・マーケティング入門』日経文庫、101頁による

(2) 顧客満足（customer satisfaction）

顧客満足は、提供されるサービスがどのくらい顧客の期待を上回っているかによって決まる。すなわち、事前の期待に対する実現された品質の差分で表現できる。

「顧客満足」＝「知覚品質（実現された品質）」－「事前の期待」

である。実際に提供されたサービスが、顧客の期待を上回るほど顧客満足の水準は高くなる。知覚品質に個人差があるのと同様に、品質に対する期待についても、人によってそれぞれである。出張で宿泊した低価格のビジネスホテルで、フロントの従業員が丁寧に応対してくれたときは、一流ホテルで同じ対応を受けたとき以上に満足水準は高くなる。

顧客満足の水準が高いときは、継続してそのサービスが利用される。また、良いサービスを受けた顧客（伝道師）は、周囲の人にそのサービスの良さを伝えようとする。優れたサービスの提供は、ロイヤリティの高い顧客を獲得するだけでなく、クチコミによってそのサービスの支持者をさらに広げていく。[24]

(3) サービス保証（service guarantee）

サービスの4つの性質（SHIP）を思い出していただきたい。時間と場所と参加者しだいで、無形で在庫ができないサービスには、さらに品質が一定しないという性質がある。したがって、サービスの提供には失敗がつきものである。

サービスが失敗したときの対処法としては、その場で何らかの償いをするか、事前に保証を約束しておくかである。「サービス保証」（service guarantee）とは、提供されたサービスの品質が事前に設定された標準に届かなかった場合に、何らかの形の補償を約束することである。宅配ピザの「ピザハット」が日本に上陸したころ、電話注文から30分以内に商品が届かなかった場合に、料金を支払わなくてよいというサービスを実施していた。[25] これは、配達時間に対するサービスの品質保証である。

---

[24] 酒井（2009）は、理美容院のリピートを促す要因を3種類のリレーショナル・ベネフィット（社会的ベネフィット、信頼ベネフィット、特別ベネフィット）に分類した実証研究を試みている。酒井麻衣子（2009）「顧客視点のサービス・リレーション・モデルの構築と経時的検証」法政大学社会科学研究科博士学位論文。

[25] このサービスは、配達員がバイク事故をしばしば起こしたために、現在では中止されて存在していない。

サービス保証は、顧客のロイヤリティを高めることで、顧客の離脱行動を阻止することにも効果がある。サービスは知覚リスクが高いので、品質保証を受けた顧客は安心感を持つことができる。また、新規顧客を開拓する場合にも、サービスの品質保証は有効である。

サービス保証は、サービス業が品質を改善していくための手段でもある。英国のスーパーマーケットのテスコは、1993年から店頭で販売する切り花に対して「鮮度保証販売」を実施している。テスコで購入するバラは、どのような理由であれ、1週間以内に枯れてしまった場合は、代替品が提供されるか全額返金になる。

100％の鮮度保証をするために、テスコのバイヤーと品質管理担当者は、オランダの鮮度保持財メーカー「クリザール」とオランダの花市場「フローラホランド」とサプライチェーンの改善に取り組むことになった。その後、同様な鮮度保証販売を、競合企業のマークス＆スペンサーやセインズベリー、アズダが導入したことで、16年後の現在、英国のスーパーマーケットでの切り花販売は当時の約3倍に伸びている[26]。

〈参考文献〉

小川孔輔（1994）『ブランド戦略の実際』日経文庫

小川孔輔（1999）「すかいらーく：さよならファミリーレストラン」『当世ブランド物語』誠文堂新光社

小川孔輔（2000）「当世ブランド物語TAYA」（前・後編）『チェーンストアエイジ』7月15日号、46～48頁、8月15日号、66～68頁

小川孔輔（2002）『誰にも聞けなかった値段のひみつ』日本経済新聞社

小川孔輔、桐山勝、小山孝雄（2007）「顧客満足度経営確立の決め手はなにか」『Best Partner』2月号

経済産業省（2007）『通商白書2007』

酒井麻衣子（2009）「顧客視点のサービス・リレーションシップ・モデルの構築と経時的検証——相互ベネフィットをもたらす顧客マネジメントへの応用」法政大学大学院社会科学研究科博士学位論文

中塚千恵、小川孔輔（2008）「なぜスタジアムへ行ってしまうのか？　観戦型サービスにおける参加意図形式と顧客満足」『マーケティングジャーナル』110号

26――小川孔輔（2004）「花のマーケット――フラワービジネスの全体像をさぐる」『お花屋さんマニュアル』誠文堂新光社、6～14頁。

R.P. フィスク、S.J. グローブ、J. ジョン／小川孔輔、戸谷圭子監訳（2005）『サービス・マーケティング入門』法政大学出版局（Fisk, R.P., S.J. Grove and J. John (2003) *Interactive Services Marketing,* 2nd ed., Houghton Mifflin）

丸木伊参（2007）『ユナイテッドアローズ　心に響くサービス』日本経済新聞出版社

南方建明、酒井理（2006）『サービス産業の構造とマーケティング』中央経済社

南知恵子編（2008）「特集：サービス・ドミナント・ロジック」『マーケティングジャーナル』107号

「スーパーマーケットの店長会議　特集ヤオコー」『Value Creator』2008年2月創刊号別冊

山本昭二（2007）『サービス・マーケティング入門』日経文庫

Bitner, M.J. (1992) "Servicescapes: The Impact of Physical Surroundings on Customers and Employees," *Journal of Marketing,* 56 (April), pp. 57–71.

Booms, B.H. and M.J. Bitner (1981) "Marketing Strategies and Organizational Structures for Service Firms," in *Marketing of Services,* J.H. Donnelly and W.R. George, eds. Chicago: American Marketing Association.

Bowen, D.E. and E.L. Lawler Ⅲ (1992) "The Empowerment of service Workers : What, Why, How, and When" *Sloan Management Review,* 33 (Spring), pp. 31–39.

Grove, S.J. and R.P. Fisk (1983) "The Dramaturgy of Service Exchange: Analytical Framework for Services Marketing," in *Emerging Perspectives on Services Marketing,* L.L. Berry, L.G. Shostack, and G.D. Upah, eds., Chicago: American Marketing Association.

Grove, S.J., R.P. Fisk, and J. John (2000) "Services as Theater: Guidelines and Implications," in *Handbook of Services Marketing and Management,* T.A. Swartz, and D. Iacobucci, eds., Sage Publications.

Langeard, E., J.E.G. Bateson, C.H. Lovelock, and P. Eiglier (1981) *Services Marketing: New Insights from Consumers and Managers,* Cambridge, MA: Marketing Science Institute.

Lovelock, C.H. (1983) "Classifying Services to Gain Strategic Marketing Insights," *Journal of Marketing,* vol. 47 issue 3 (Summer), pp. 9–20.

Lusch, R.F. and S.L. Vargo (2006) *Service-Dominant Logic of Marketing: Dialog, Debate, and Directions,* M.E. Sharp.

Parasuraman, A., V.A. Zeithaml, and L.L. Berry (1988) "SERVQUAL: A Multiple-Item Scale for Measuring Consumer Perceptions of Service

Quality," *Journal of Retailing*, vol. 64 issue 1 (Spring), pp. 12-40.

Shostack, G. L. (1977) "Breaking Free from Product Marketing," *Journal of Marketing*, Vol. 41 Issue 2 (April), pp. 73-80.

〈さらに理解を深めるための参考文献〉

J. カールソン／堤猶二訳（1990）『真実の瞬間』ダイヤモンド社（Carlzon, J. (1985) *Riv Pyramiderna*, Albert Bonniers Förlag AB）

S. ゴーディン／阪本啓一訳（1999）『パーミションマーケティング』翔泳社（S. Godin (1999) *Permission Marketing*, Simon & Schuster）

P. コトラー、T. ヘイズ、P. ブルーム／平林祥訳（2002）『コトラーのプロフェッショナル・サービス・マーケティング』ピアソン・エデュケーション（Kotler, P., T. Hayes, and P. N. Bloom (2002) *Marketing Professional Services*, 2nd ed., Learning Network Direct）

B. H. シュミット／嶋村和恵、広瀬盛一訳『経験価値マーケティング』ダイヤモンド社（B. H. Schmitt (1999) *Experiential Marketing*, Free Press）

博報堂ブランドコンサルティング（2008）『サービスブランディング――「おもてなし」を仕組みに変える』ダイヤモンド社

J. L. ヘスケット、W. E. サッサー Jr.、L. A. シュレシンジャー／島田陽介訳（1998）『カスタマー・ロイヤルティの経営』日本経済新聞社（Heskett, J. L., W. E. Sasser, and L. A. Schlesinger (1997) *The Service Profit Chain*, Free Press）

F. F. ライクヘルド／伊藤良二監訳（2002）『ロイヤルティ戦略論』ダイヤモンド社（Reichheld, F. F. (2001) *Loyalty Rules*, Harvard Business School Press）

C. ラブロック、L. ライト／小宮路雅博監訳（2002）『サービス・マーケティング原理』白桃書房（Lovelock, C. and L. Wright (1999) *Principles of Service Marketing and Management*, Pearson Education）

山本昭二（1999）『サービス・クォリティ――サービス品質の評価過程』千倉書房

第18章
マーケティングの社会的な役割

　本章では、マーケティングが抱えている4つの課題について取り上げる。社会的流通システムとしてのマーケティングの役割、国境を越えたマーケティングの移転、ポストモダンの消費行動、垂直的なマーケティングの未来についてである。本書のテーマは、すでに学問的な体系が固まったものではない。記述の方法も、提案的で試論的な体裁になる。

　第1節では、物財の流通システムに、静脈系と動脈系の2つの系統が並存していることが指摘される。従来のマーケティング・システムは、動脈系が機能する仕組みであり、エネルギー無制限の世界観に支えられていた。財の廃棄や循環を担う静脈系のシステムと従来型の動脈系をバランスよく設計すべきことが主張される。

　第2節では、第二次世界大戦後、米国から日本に渡ってきたブランドと、現在、日本からアジアの国々に移転されているブランドを題材にして、マーケティングや生活スタイルの国境を越えた移転の問題を取り上げる。基本的な分析の枠組みは、小川、林が開発した「マーケティング移転モデル」である。

　第3節では、第5章「顧客の分析」で取り扱わなかった「ポストモダンの消費行動論」を取り上げる。実証主義的な消費行動論と解釈主義的な消費行動論が対比される。事例として、コレクターの世界を紹介する。

　最後の第4節では、マーケティングと流通の未来について考える。垂直的なマーケティング・システムの将来は、食品産業に典型的に表れている。最終節は、ある実務家の質問に対して、筆者が回答する〈Q&Aの形式〉を採用している。

1──社会的システムとしての
　　マーケティングの役割

1. 静脈系と動脈系のマーケティング・システム

　社会的な流通システムとして、マーケティングの仕組みを眺めてみると、物財の流通には、「静脈系」と「動脈系」の2つのシステムが並存していることがわかる。人体のエネルギー補給システムと消費財の供給システムを対比してみるとよい。

　動脈と静脈のアナロジーについては、とくに説明は不要であろう。物質の供給とエネルギーの放出によって、人間が消費・使用するための何ものか（財、サービス）を生み出すのが、「動脈系」の機能である。エネルギー放出後の廃熱や廃液、物質投入後に放出される余剰物質や残渣などの回収作業を担っているのが、「静脈系」の役割である。人間の身体生理と同様に、社会経済システムの健全性を考えると、本来は両者をバランスよく設計するのが理想的である。

　ところが、20世紀の主役だったビジネスシステムは、前半の50年間を席巻した重厚長大型製造業を筆頭に、動脈系システムが圧倒的に優勢な構造を有していた。環境や生態系の負荷に構うことなしに、心臓のポンプをフル回転させ、エネルギーを全開放出してきた。高い生産性と技術力によって未開の市場を拓き、革新的なビジネスを生み出してきた。そのパワーの源は、企業組織の瞬発力と大地からくみ上げてくる無限の熱資源であった。経営思想としても、マーケティング活動を実行する実体システムとしても、20世紀のマーケティング体系は、動脈系を主たるエンジンとしてきたのである。

　図表18.1は、欧米の典型的なテキストに登場する「マーケティング・システム」の基本的な構図を表している。この図表は、20世紀の世界で暮らしていた人間、とくに企業人が財の流通に関して思い描く「世界観」を反映したものである。システム的な発想（ボールディング

1──本節の主張は、小川孔輔（2007）「静脈系マーケティング──米国流マスマーケティングの100年を超えて」『流通情報』457巻、7月号に基づいて書かれている。

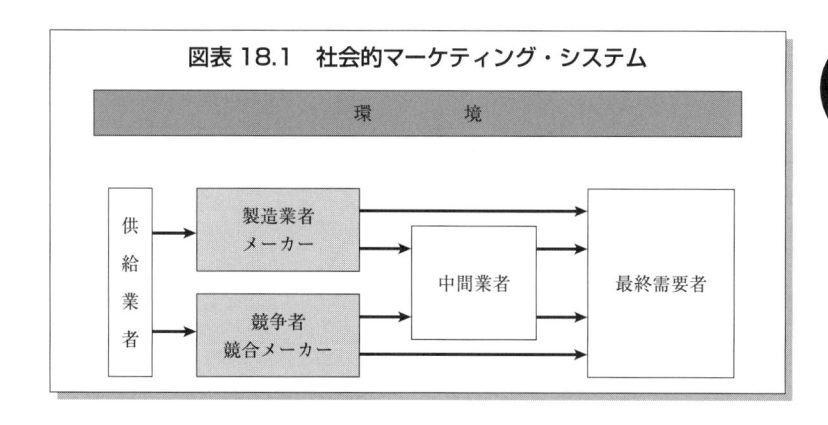

図表 18.1　社会的マーケティング・システム

```
環　　境

供給業者 → 製造業者
           メーカー     → 中間業者 → 最終需要者
         → 競争者
           競合メーカー
```

1970）から、マーケティングの体系を整理してみたものである[2]。

　マーケティング・システムの主たる構成要素（メンバー）は、マーケティング活動の主役たる「製造業者（メーカー）」とその「競争者（競合メーカー）」である。メーカーに対して部品や材料を提供する「供給業者」やその橋渡し役の「中間業者」、財を消費・使用する「最終需要者」が、補助メンバーとしてこのシステムに加わっている。マーケティングの主役たるメーカー以外は、あくまでも脇役である。

　さらにいえば、第1章（第4章）で説明した「環境」は、この系列の外側に配置されている。財の流れは、供給業者から、メーカー、中間業者（卸、小売り）を通して、川下に向かって一方向的に流れている。物質の循環やエネルギーの再利用などは、どこにも描かれていない。

　なお、図表18.2で示されているのは、マーケティング・システムの構成メンバーを4つに分けて、基本的なマーケティング活動を「計画と実行のサイクル」で表現したものである。すなわち、

① 新しい技術や革新的な製品を生み出す「研究開発のサイクル」
② 物財の生産と流通を担う「生産・流通のサイクル」
③ 生み出された物財を消費者に届ける「小売りのサイクル」
④ 購入した財を最終需要者が消費する「購買・使用のサイクル」

2──「システム」とは、複雑な統一体を構成する「部分」を結合したものである。「全体」は部分から構成される。部分をつなぐのは「関係」である。K. E. ボールディング／公文俊平訳（1970）『経済学を超えて──社会システムの一般理論』竹内書店（学習研究社から改訂版（1975））（Boulding, K. E.（1968）*Beyond Economics: Essays on Society, Religion and Ethics*, University of Michigan Press）。

の4つのサイクルである。②と③を合わせて、「マーケティング・サイクル」と呼ぶことにしよう。

しかしながら、この図表のどこにも、静脈的なマーケティングの活動は記述されていない。財の再利用や物質の循環は経済行為として存在しているのだが、リサイクルや廃棄のマーケティングはどこにも表れていない。そのように見えてしまう。マーケティング活動から生み出される付加価値は、動脈系だけが担っていると読み取ることができる。

そうした指摘は、皮肉でもなんでもない。マーケティングという実学の体系にとって、それはシステムの基本的な欠陥かもしれないのである。

2. 米国流マス・マーケティングの功罪

第2章「マーケティングの発達史」で解説したように、マーケティングは、19世紀後半から20世紀初頭にかけて、米国で生まれた実学の体系である[3]。一般的に、その対象が何であれ、新しい技術やアイデアを発案した発明者が生まれた土地の風土が、学問の体系やビジネスの仕組みに影響を与えるものである。

米国生まれの「マス・マーケティング」もその例外ではない。米国人が発想した事業構築の方法論やマーケティングの体系は、米国の広大な大地と無限のエネルギー資源を前提に組み立てられている。米国がいまだにCO_2抑制のための「京都議定書」に署名できないのは、米国経済の中枢に鎮座している資源産業（オイルメジャーなど）や農業関連団体（穀物メジャーなど）の利害を調整することができないからである[4]。

2つの産業は、米国の保守性を代表しているわけではない。そうでは

---

[3] R. S. テドロー／近藤文男監訳（1993）『マス・マーケティング史』ミネルヴァ書房（Tedlow, R. S.（1990）*New and Improved: The Story of Mass Marketing in America*, Basic Books）。

[4] 元米国副大統領のアル・ゴアは、ブッシュ―チェイニー政権が、米国石油協会と結託し、ロビイストを環境問題諮問委員会委員長に採用するなどの手段で、温暖化に関する情報撹乱を行ってきたことを指摘している。A. ゴア／枝廣淳子訳（2007）『不都合な真実――切迫する地球温暖化、そして私たちにできること』ランダムハウス講談社、260～269頁（Gore, A.（2006）*An Inconvenient Truth*, Rodale）。また、中谷巌（2008）はその著書で、米国経済システムの思想性（フロンティア願望とその破壊性）を批判している。中谷巌（2008）『資本主義はなぜ自壊したのか』（集英社インターナショナル）を参照のこと。なお、中谷の主張の解説は、小川孔輔（2009）「書評：中谷巌（2008）『資本主義はなぜ自壊したのか』」『経営情報』6月号。

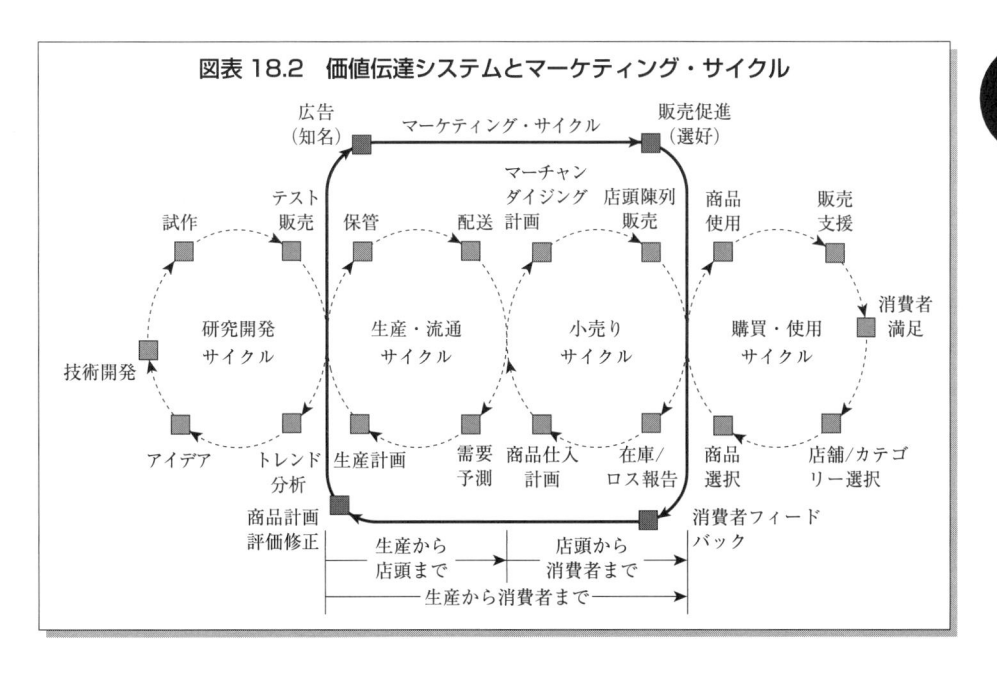

図表18.2　価値伝達システムとマーケティング・サイクル

なくて、農業とエネルギー産業は、米国人ビジネスパーソンが事業を構想するときの原点なのである。そのため、米国流のマーケティングを考えるときの起点となる。

人口密度が疎な土地に住んでみればわかるが、人間が放出するエネルギーや廃棄物は、例えば、太平洋上に海洋投棄するとか、ネバダ砂漠にそのまま埋めてしまえばいいという考えになってしまう。住環境によっては、そうした発想がそれほど奇異に感じられなくなってしまう。日本人が簡単にすべてのことを「水に流そうとする」のも、水が豊富で台風や大雨が一夜にして、汚れをすべてきれいさっぱり水に流してしまうからである。

限られた資源で約70億人を擁する21世紀の地球を平和裏に動かしていくには、「動脈系エンジン」だけの片肺飛行ではすでに限界に達している。「静脈系エンジン」を上手に動かす有効な方法論を創案しなければならないだろう。これまで大量に排出してきたエネルギーを再利用したり、自然界に放棄してきた廃棄物を再利用するといった静脈流を、生活経済システムに埋め込む作業が必要である。

3. 社会的なマーケティングの新種

　根本的な疑問がわいてくる。静脈系システムにおいても、マーケティングは有効なシステムとして機能するのだろうか？　第1章で定義した「マーケティングとは、個人と組織の目標を達成する交換を創造するため、アイデア、財、サービスの概念形成、価格、プロモーション、流通を計画し実行する過程である」（AMA、1986年の定義）は、どう見ても動脈系の発想である。

　「静脈系マーケティング」に求められている役割が、従来からのマーケティング思想で十分に達成できるものだろうか？　そのためには、以下の3つの質問に答えなければならないだろう。

　①　財・サービスの還流場面（静脈流）においても、市場や顧客は利益のある形で創造できるのだろうか？

　②　コンセプト形成と顧客維持の方法論は、コトラーの4P（製品）あるいは7P（サービス）の枠組みでも有効だろうか？

　③　既存のマーケティングの枠組み（図表18.1、図表18.2）に、新たに付加すべき新しい概念や部品はあるだろうか？　それとも、まったく異なるシステムを設計すべきだろうか？

　筆者が思い描く静脈系マーケティングの姿は、かつての「ソーシャル・マーケティング（社会視点でのマーケティング）」やいま風の「CSR（企業の社会的責任）」とも異なっている[5]。むしろ、資源や熱エネルギーの効率的な還流や、農産物や工業品のトレーサビリティを確保する仕組みをデザインする道に近い。情報技術を活用して資源をうまくリサイクルさせ、エネルギーや素材（例えば、バイオマス）を効率よく流通させるインセンティブを創出する仕組みを考案することが、静脈系マーケティングの中心的な仕事である[6]。

---

[5]──P. コトラー、E. L. ロベルト／井関利明監訳（1995）『ソーシャル・マーケティング──行動変革のための戦略』ダイヤモンド社（Kotler, P. and E. L. Roberto (1989) *Social Marketing: Strategies for Changing Public Behavior*, Free Press）。P. コトラー、N. リー／恩蔵直人監訳・早稲田大学大学院恩蔵研究室訳（2007）『社会的責任のマーケティング──「事業の成功」と「CSR」を両立する』東洋経済新報社（Kotler, P. and N. Lee (2004) *Corporate Social Responsibility*, Wiley）。水尾順一、田中宏司（2004）『CSRマネジメント──ステークホルダーとの共生と企業の社会的責任』生産性出版。岡本享二（2004）『CSR入門──「企業の社会的責任」とは何か』日経文庫。

もしかすると、静脈系の理想郷は、人が密に居住しているアジアや欧州にあるのかもしれない。産業革命前の江戸時代や近世ヨーロッパの世界では、地場製造業と流通サービス産業がバランスよく発展していた[7]。しかし当時もいまと同様に、「全球化」（グローバリゼーション）＝「外圧」（黒船来航と欧州列強間の戦い）の波が、物質循環の良き均衡を崩してしまった。

　300年前のユートピア社会では、基幹産業の静脈流は決して太くはなかっただろうが、緩やかにゆっくりと時間をかけて、動脈流が吐き出すエネルギーと残滓を静かに効率よく浄化していたと思われる。鳥の舞う空はあくまでも青く、魚の住む川は底まで澄んでいたはずである。未来のマーケティング・システムは、そのために何ができるのだろうか？

2──国境を越えたマーケティングの移転[8]

1. マーケティングの技術移転

　マーケティングの社会的な役割を考えるとき、われわれの未来にとってもっとも重要なトピックのひとつは、日本企業がどのような形でアジアの新興国の経済発展に貢献できるかである。もちろん、ビジネスシステムを通しての貢献をここでは議論している。この節では、マーケティングをソフトな技術と見なし、学問の対象として、その技術移転の問題を考えてみる。

　アジアの新興国は、豊かな経済社会を築くために、マーケティングの技術を必要としている。衣食住と遊びの分野で、生活に根ざした商品とサービスのブランドを確立したいと彼らは考えている。その場合、先駆

6──辻幸恵、梅村修（2005）『ブランドとリサイクル』リサイクル文化社大阪編集室。D.C.エスティ、A.S.ウィンストン（2008）『グリーン・トゥ・ゴールド：企業に高収益をもたらす「環境マネジメント」戦略』スペクト（Esty, D.C. and A.S. winston（2006）*Green to Gold : How Smart Companies Use Environmental Strategy to Innovate, Create Value, and Building Competitive Advantage*, Yale University Press）。
7──田中優子（2008）『江戸はネットワーク』平凡社ライブラリー。
8──本節は、以下の２つの記事に基づいて書かれている。小川孔輔（2008）「新興国でのブランド構築の道筋」『日経BPオンライン』12月25日号掲載、および、日経ビジネス（2008）「新興国でのブランド構築──自社の『型』の見定め、そこから始まる」『日経ビジネスマネジメント　ブランド経営の威力』ベストプラクティスシリーズ Vol. 4、92〜95頁。

者としての日本企業の経験を、アジアの経済発展に役立てることが期待される。経済協力と文化支援のヒントは、かつて米国から日本が学んだマーケティングとビジネスの学習過程が参考になるだろう。

　第二次世界大戦後、米国から日本に渡ってきたブランドを題材にして考えてみよう。戦後の日本は、米国から物質的な生活の豊かさを学ぶとともに、その実現方法としての経営学とマーケティングを移植してきた。米国人のライフスタイルへの憧れとともに、生活の中に取り入れた代表ブランドが、コカ・コーラとマクドナルドであった。そして、自動車や家電製品が日本人の生活様式を洋風に変えていった。

　40年後に、米国ワシントン州のシアトルから、スターバックス コーヒーが日本に上陸してきた。そして、マクドナルドやコカ・コーラの上陸時と同様に、日本でもいまだに継続して人気を集めている。その一方で、ゼネラルモーターズ（GM）やフォード・モーター、クライスラーの「ビッグスリー」をはじめとして、日本で消費者の支持を得られなかった米国ブランドは枚挙にいとまがない。ブランドの受容と受け入れ失敗の違いは、いったいどこから生じたものだろうか？

　コカ・コーラやスターバックス コーヒーの成功例には共通点がある。それは、米国におけるビジネスモデルをそのまま持ち込んだ点である。コカ・コーラは、コーラやファンタ、スプライトといった商品はもとより、広告宣伝などの販促手法も米国流を日本に"輸入"している。導入初期の日本マクドナルドも、現在でも、ビッグマックの味やサイズに特別に手を加えているわけではない。「QSC＋V」（クオリティ、サービス、クレンリネス＋バリュー）のコンセプトを徹底することで、2005年以来のV字回復が可能になった[9]。スターバックス コーヒー ジャパンも、品揃えや店舗の造りは、基本的に米国のものを踏襲している。

2. 米国マーケティングの標準化移転

　このように、母国のモデルをそのまま海外に展開するケースを、「標準化移転」と呼んでいる。標準化移転が成立するには、いくつかの条件がある。まずは、消費やサービスを移転するときに、母国の文化を一緒に持ち込むことである。米国外のコカ・コーラのファンは、米国の文化

9——原田泳幸（2008）『ハンバーガーの教訓——消費者の欲求を考える意味』角川書店。

やライフスタイルなどに対する強い憧れを持っている。戦後の日本人がそうであった。日本人の消費者心理に訴求するため、米国流を前面に押し出したわけである。ただし、母国の生活文化を背負っているだけでは十分ではない。それに加えて、競争相手がなかなか模倣できない独自性が求められる。

例えば、コカ・コーラの場合は、コーラという炭酸飲料の"オリジナル"として揺るぎない地位を確立している。スターバックス コーヒーも、エスプレッソやカフェラテなどのイタリア流のコーヒーを提供することに加えて、顧客が自宅や職場のつぎに時間を過ごす「サードプレイス」としての店舗づくりを推進してきた。従来のコーヒーチェーンとは異なるこうした独自性が、日本の消費者の目に新鮮に映ったからこそ、急速に店舗の数を増やすことができたのである。

模倣が困難な独自性があるから、強力なライバルが存在しないのである。GMなどのビッグスリーは、コカ・コーラやスターバックス コーヒーと同様に米国の文化を背景に持ちながら、こうした状況を作り出すことができなかった。製品やビジネスモデルに独自性がない上、日本の輸入車市場には、独メルセデス・ベンツなどの、強力な欧州メーカーがライバル企業として立ちはだかっていた。そして、トヨタ自動車や日産自動車、本田技研工業など、後発の日本企業が瞬く間に米国メーカーに追いつき追い越してしまった。

3．マーケティング移転モデル[10]

図表18.3は、欧米から日本へのマーケティング技術の移転プロセスを、模式図で表したものである。小川、林（1998）で「マーケティング移転モデル」と呼ばれているモデルである。

図表18.3の表頭は、マーケティング移転の4Pと呼ばれる要素を列挙している。すなわち、移転元（欧米）から移転先（日本）に移植するマーケティング要素は、プロダクト＆サービス（Product and Service）、プログラム（Program）、プロセス（Process）、ピープル（People）の

10——本項は、小川孔輔、林廣茂（1998）「米日間でのマーケティング技術の移転モデル」『マーケティングジャーナル』67号（1月号）、4〜22頁。林廣茂（1999）『国境を越えるマーケティングの移転――日本のマーケティング移転理論構築の試み』同文舘出版、に基づいている。

図表18.3 日本におけるマーケティング移転の枠組み
①欧米から日本への移転モデル

		移転ミックス（4P's）			
		プロダクト&サービス	プログラム	プロセス	ピープル
日本企業	ミクロ移転	（AI移転の3段階） 1. 採用と模倣の段階 2. 適応と革新の段階 3. 習熟と創造の段階	すべての移転ミックス要因を、同時にAI移転するとは限らない。自社が他社や外国企業に遅れている（比較劣位）要因の移転からスタートするのがふつうである。		
主として欧米企業今後はアジア企業も	マクロ移転	（SAL移転の3段階） 1. 標準化の段階 2. 適応化の段階 3. 現地化の段階	すべての移転ミックス要因を、同時にSAL移転するとは限らない。製品とかプロセスは標準化（S）し、プログラムは適応化（A）、現地化（L）することが多い。また自社の比較優位の要因から移転がスタートするのがふつうである。		

出典：林廣茂（1999）『国境を越えるマーケティングの移転──日本のマーケティング移転理論構築の試み』同文舘出版

4つである。表側には、技術の移転を実行する主体が記されている。マーケティング技術を、移転先の日本企業が学習しながら移転する場合を「AI移転」と呼ぶことにする。それに対して、移転元の欧米企業が日本に支社を設立して、あるいは、日本企業との合弁事業でマーケティング技術を移転する場合は、「SAL移転」である。

「AI移転」という言葉は、米国からマーケティング技術を受け入れた日本の経験が、戦後のある時期に、3つの段階を経たという小川、林（1998）の分析に由来している。すなわち、自国企業が実行する場合の移転段階は、移転先国が持っている技術を「採用」（Adopt）して「模倣」（Imitate）する段階から、「適応」（Adapt）して「革新」（Innovate）する段階を経て、「習熟」（Adept）して「創造」（Invent）する段階に至る。

「SAL移転」という用語は、移転元の企業が、移転先国に対して、マーケティング技術を「標準化」（Standardize）して移転する段階から、「適応化」（Adapt）を経て、最終的な段階では、「現地化」（Localize）していく様子を抽象化したものである。

図表18.4　日本におけるマーケティング移転の枠組み
②日本から欧米への移転モデル

移転ミックス（4P's）

		プロダクト＆サービス	プログラム	プロセス	ピープル
日本企業	ミクロ移転 マクロ移転	SAL移転 ①欧米では製品戦略の標準化を行い、マーケティング活動は現地でAI移転しながら（つまりLocalize）行うのがふつうである。 ②NIEs（新興工業経済地域）やASEANではプログラムの適応化や現地化を行い、製品、プロセス、ピープル（日本人）は標準化するケースが多い。			
欧米企業	ミクロ移転 マクロ移転	AI移転 ①欧米企業（P&Gやコカ・コーラ）が主体となって日本への現地化で成功した戦略を欧米に移転する。 ②欧米企業（ビッグスリー）が日本企業（トヨタ自動車など）の製品コンセプトや生産技術をAI移転し、世界規模で日本車への競争戦略を作る。 ③NIEsやASEANの企業が日本企業のマーケティング技術を移転し、自国で役立てる。そして海外へのグローバリゼーションにも役立てる。			

出典：林廣茂（1999）『国境を越えるマーケティングの移転──日本のマーケティング移転理論構築の試み』同文舘出版

4.マーケティングの現地化

　初期の段階で採用される「標準化移転」は、母国でのやり方をそのまま持ち込めるので、長年培ってきた強みを生かせるという利点がある。戦後の米国は、政治経済的な優位もあり、コカ・コーラやマクドナルドなど、自国のブランドをグローバルに展開する条件を持っていた。しかし、一般的には、標準化移転が成立する条件を整えるのは、それほど簡単なことではない。

　米国に遅れてビジネスを国際化していった日本や欧州の企業は、別の方法によってブランドを移転したケースが圧倒的に多かった。それは、自国流へのこだわりを捨てて、現地の消費者のニーズに即した製品やサービスを開発し提供することである。その中間に「適応化」があるが、本質的には「現地化」への道のりである。

　米国企業でも、炭酸飲料で標準化移転を貫いてきたコカ・コーラは、コーヒーやお茶、スポーツ飲料などの商品分野では、現地化を採用して

COLUMN-34
DELICA rf-1＠サンフランシスコ・ピア39

　ロック・フィールドの海外初出店となる「DELICA rf-1」がサンフランシスコのピア39にオープンしたのは、2003年12月21日のことである。日本発のユニークなグルメマーケットとして、地元の有力紙『サンフランシスコ・クロニクル』や『サンフランシスコ・イグザミナー』にも鳴り物入りで取り上げられた。すし、てんぷら、牛丼、すきやき、とうふ以外の新しいタイプの日本食を、現地のサンフランシスカンに紹介する目的で作られたアンテナショップである。

　DELICA rf-1の開業にあたっては、対岸のバークレイ市にある有名なオーガニック・レストラン「シェ・パニーズ」の経営者、アリス・ウォーター氏の指導を仰ぐことになった。かねてから彼女と交流が深かった岩田弘三社長が、彼女のアイデアを取り入れ、「RF1」の人気商品を現地の素材で再現、自社商品のブラッシュアップをかねて製品開発を行うことを狙いとしていた。

　開業から2年目の春（2005年3月26日）、フェリー埠頭にあるDELICA rf-1の店舗を訪問した。サンフランシスコの船着場には、対岸のサウサリートやオークランドなどから、朝夕の通勤客を運ぶフェリーがひっきりなしに到着する。1日の乗降客は、平日1万〜1万2000人、休日7000〜8000人。平日は10時に開店、フェリーの利用客がいなくなる18時には早々と店じまいになる。ファストフードの店を構える環境としては、決してすばらしい立地条件というわけではない。売上は、対前年度比＋2〜3％程度でやや伸び悩んでいた。

　売れ筋は、お弁当（＄9.50）と各種サラダセット（＄6.00〜＄9.00）。ペットボトルのお茶（500ml、＄2.00）が意外によく売れている。ビジネスランチボックスは、ベジタリアン対応である。ひじき、こんにゃく、大豆、揚げものに、野菜をミックスした日本式の「お弁当」で、客単価は＄9.00〜＄10.00。来店客数は、平日280〜300人、土曜日600人前後、日曜日が250〜260人である。ランチタイムの11〜14時がピークで、売上の半分弱がこの時間帯に集中する。乗降客の2〜3％程度しか顧客として取り込めていない。

　観光埠頭ビルに入居しているため、夕方の商売にはほとんど期待できない。オフィス街は大通りを挟んで道の向こう側にある。そのため、雨が降ると売上が激減する。イートインが主体で、テイクアウト比率が低

いことも課題であった。対応策として、ビジネス街にサテライトを設け、ランチボックスのケータリングサービスをはじめた。そうしたハンディキャップがある上に、「たくさん食べる米国人にとって、日本式のRF1のお弁当では、量的に物足りないのではないか？」というのがわたしの偽らざる感想だった。

　2006年10月、社員研修チームがDELICA rf-1を訪問した。そのときの印象記が、社内報『Rocker Room』に掲載されているのを、たまたま目にした。現地「ロック・フィールド　カリフォルニア」、岩田康弘社長のコメント記事を紹介する。

　「一歩ずつ着実に成長しています：今期に入り、店頭のセールスに加え、ケータリングも順調に推移しております。商品のクオリティーだけでなく、サービスのクオリティーも確実に向上し、アメリカのビジネスマンに受け入れられるようになってきました。店頭販売の効果も、オペレーションの改善等により、平日のもっとも忙しい時間帯で、以前は8人から9人かけて＄2,000/時間を5～6人でこなせるようになりました。キッチンの方も、1年半前に比べ生産量は約2倍になっているにもかかわらず、以前より少ない人員で効率を上げて回せるようになりました」

　DELICA rf-1の売上は、わたしの訪問時に比べて約2倍になった。いまや米国人だけでなく、世界中で和食は受け入れられている。同時に、ロック・フィールドが提供しているような「日本式の惣菜」と「お弁当文化」が受け入れられるタイミングに、米国のジャンクフード文化が変わりはじめているのかもしれない。

出典：本コラムは、小川孔輔（2007）「Think, Food.：㈱ロック・フィールド　高付加価値商品の提案とオーガニック新ブランドの開発」『チェーンストアエイジ』2月15日号を編集したものである。

いる。日本法人の日本人社員が中心になり、日本市場向けの製品を独自に開発・販売している。「ジョージア」（1975年発売）、「アクエリアス」（1983年）、「爽健美茶」（1993年）が、その典型例である。ビッグスリーが日本で成功できなかった原因のひとつは、現地化に十分に取り組まなかったことにあると見ることもできる。

　しかし、現地化にも難しい点がある。それは、現地の消費者のニーズを的確に把握するためには、それ相応の労力を費やさなければならない

ことである。現地で採用した人材をうまく活用できるかどうかも課題になる。どのタイミングで、標準化移転と現地化のどちらを選ぶかは、自社の製品やサービス、さらには、自社のビジネスモデルそのものの特性を考慮して、適性を見極めることが必要である。

COLUMN-34は、惣菜企業の「ロック・フィールド」が、米国カリフォルニア州に、自社ブランド「RF1」を移転したときの筆者の訪問体験を記事にしたものである。

5. 日本からアジア諸国へのブランド移転[11]

日本のビジネスモデルやブランドをアジアの新興国に"輸出"する場合にも、標準化移転と現地化の間での選択の問題がある。日本から中国へのブランド移転を例にとって考えてみることにしよう。

図表18.5のように、中国都市部への標準化移転で成功している国内企業としては、百貨店の伊勢丹や化粧品メーカーの資生堂などがある。例えば、伊勢丹は、若手デザイナーに売り場を提供している「解放区」を中国の店舗でも採用するなど、日本の売り場構成やビジネスモデルをそのまま中国に持ち込んでいる。資生堂も、日本国内と同様に、海外でも美容部員が化粧品の使い方を消費者に指導する「コンサルティングセールス」を展開している。

その一方で、現地化方式で海外展開を図っている企業には、サントリーホールディングスや吉野家などがある。サントリーは、国内では高価格ブランドの「ザ・プレミアム・モルツ」というビールを軸に、高価格帯の市場を開拓している。ところが、中国・上海では、それとはまったく反対に、普及品の低価格ビール市場にブランドを投入し、現地のローカルブランドを駆逐してシェアを伸ばしている。

牛丼の吉野家も、米国や中国などにある店舗に足を踏み入れると、そのオペレーションが国内とは大きく異なることに気づくだろう。店舗内はカウンター式ではなく、4人掛け中心のテーブル式のサービスを採用している。これは、中国人の食事スタイルに合わせたサービスに吉野家が「(現地)適応化」したからに他ならない。また、店舗ブランドの移

---

[11] 本項で取り上げている事例と分析については、小川孔輔（2003）「中国市場における日本企業の事業展開——生産拠点から有望な消費市場へ」『生活起点』65号（10月号）、3〜16頁に詳しい。

図表 18.5 標準化移転と現地化の進出型

標準化移転型	現地化型
良品計画	ソニー
伊勢丹	スズキ
資生堂	吉野家
ヤクルト本社	サントリーホールディングス（ビール）
サイゼリヤ	
大創産業	

出典：中野目純一（2009）「新興国でのブランド構築」『日経ビジネスマネジメント』VOL. 4

転を担ったのが、日本本社の人材ではなく、米国（ハワイ）や台湾系の中国人だったからでもある。[12]

　標準化移転と現地化のどちらを選ぶにせよ、自社のビジネスを分析し、その存在価値を問い直すことが最初の一歩になる。かつてトヨタ自動車や本田技研工業、ソニー、パナソニックなどが、海外でゼロから事業を立ち上げ、欧米でブランドを築いていったのと同様に、21世紀の最初の20年間は、多くの日本企業が新興国でブランドを立ち上げていくだろう。日本企業の飛躍が同時に、アジア諸国の経済的な繁栄に寄与してほしいと思う。

3──ポストモダンの消費行動論

1.解釈的アプローチの誕生

　1985年は、消費行動論にとって、ひとつの大きな転換点だった。それは、ラッセル・ベルクらが組織した「消費行動研究者たちによる漫遊の旅」（Consumer Behavior Odyssey）のプロジェクトが、ポストモダンの消費行動研究アプローチを提唱する画期となった年だからである。[13]

　1980年代半ばまで、「モダンな消費行動論」は、主として「購買行動」

12──吉野家の事例分析については、小川孔輔の個人HP http://www.kosuke-ogawa.com/ 参照のこと。
13──R. ベルク（2001）「データと解釈の狭間で　ポストモダン・マーケティングの技術（Feature Articles ポストモダン・マーケティング）」『Diamondハーバード・ビジネス・レビュー』第26巻第6号（6月号）、64〜73頁（Belk, R. W.（2001）"Postmodern Marketing Research: Implications," *Harvard Business Review*, June, pp. 64–71）。

COLUMN-35
解釈的アプローチと消費文化理論の発展

　消費行動論の代表的アプローチは、ベットマンの著述（1989）に代表される「消費者情報処理理論」である。それに対して、解釈的なアプローチには、「実験、測定の手続き、データ分析のために、面倒な統計的手法等を学ばなくてもよい容易な道」という漠然としたイメージがある。解釈的アプローチの研究者は、以下の3つの方法を採用する（阿部　2001）。
　① 研究対象とする社会現象の中に自ら入り込んでしまう「参与観察」
　② 自らの経験を通して現象に込められている意味をくみ取る「意味の解読」
　③ 研究者の視点や観察のなされたコンテクストに応じて異なった解釈を生み出す「解釈学の応用」
である。

　文化人類学から派生した「参与観察」から、「内省」や「解釈」に至るまでの質的手法は、実証主義者からは客観性に欠けているとの批判を浴びてきた。「秘伝的」で「天才的ヒラメキ」の要素が多分に働き、分析結果にはあいまい性や主観性が残される。手法の習熟には相当の努力と時間を要することも指摘されてきた。その意味で、「解釈的アプローチは、研究者にとって生産的でもなければ楽な道でもない」といわれる（阿部周造編（2001）『消費者行動研究のニュー・ディレクションズ』関西学院大学出版会）。

　しかしながら、質的調査手法は、近年、大いに発展を遂げてきている。その経緯を簡単に説明する。1980年代から、北米の ACR（Association for Consumer Research）学会で、質的調査手法を用いた研究が蓄積されてきた。2005年、ArnouldとThompsonは、学会誌 *Journal of Consumer Research*（Vol. 31 March）で、質的調査手法を用いる解釈アプローチの研究に対して Consumer Culture Theory（CCT：消費文化理論）という名称を使うことを提案した。ポスト実証主義や解釈主義や人文主義といった名称は、情報処理アプローチとの断絶を過度に強調するからである。2006年、質的調査手法を用いた研究の発表の場として、CCT学会が開催された。

　「消費文化理論」では、具体的にどのような研究がなされているのだろうか？　それを確かめるために、2008年に開催された「CCT学会」

のセッション・テーマを列挙してみる。

「消費者の自己変化」「文化変容」「アイデンティティ」「模造品の消費」「文化社会的レンズを通した消費」「消費者関与」「グローバル化と消費文化」「政治と消費文化」「単一民族」「母親らしさ／親らしさ」「消費儀式」「音楽とクール（かっこよさ）」「加齢とアイデンティティ」「消費のパターン」「自己強化とアメリカンドリーム」「自己アイデンティティ」「シェアリングの境界」「ブランドと刺青」である。

多様なテーマが取り扱われている。大手企業が好むマス消費ばかりではなく、ニッチだが豊かな消費経験を研究対象としている。そこで展開されているのは、ショッピング文明だけではない。消費の文化的な側面や人間らしい遊びの経験が、人々の間での対話形式で語られたりしている。

消費文化理論と質的調査手法が、マーケティング研究や消費行動研究に立派に貢献できる道は、十分にありそうだ。

出典：このコラムは、木村純子（2009）「書評：Belk R. *et al.* eds., *Handbook of Qualitative Research Methods in Marketing*, Edward Elgar Publishing, 2006」『消費者行動研究』の前半部分を、著者の許可を得て筆者が編集加筆したものである。

を対象としていた。アンケート調査や実験によって、製品開発や価格づけなどの意思決定に必要な消費者反応データを収集する。集めた調査データを、当時ようやく低コストで利用可能になった統計パッケージで集計分析する「定量的アプローチ」が主流だった。

これに対して、ベルクらのプロジェクトチームは、商品の購買行動ではなく、「消費経験」に焦点を当てた。コンピュータを分析用具とするのではなく、ビデオ録画機器やカメラを片手に撮影した画像をもとに、人々の商品の使用経験を解釈することに多くの時間を費やした。「定性的なアプローチ」で、消費経験や欲望の意味を解釈しようとする方法論を新たに開拓したのである。

20年を経過したいまでも、定型化された分析枠組みが確立されたわけではないが、従来からの量的分析偏重の消費行動研究に、一石を投じたのは事実である。その後は、「経験価値マーケティング」（シュミット2000）や「快楽消費」（hedonic consumption）の議論に、大きな影響を与えることになった。[14]また、学会誌の *Journal of Consumer Research* を通

して、多くの論文と研究者（ブラウン、ホルブルック、ハーシュマン、ベルクら）を生み出していった。[15]

本節では、消費経験や快楽、遊びといった消費の側面に注目した「ポストモダンの消費行動論」を紹介することにする。なお、COLUMN-35では、ポストモダンの消費行動論の発展経過について、木村（2009）の紹介文を要約して掲載しておく。[16]

2. 消費の意味論

第5章「顧客の分析」で登場した消費者は、合理的な経済人だった。日常生活の場面で、満足を極大化するために製品やサービスを消費したり使用したりする人である。そのために、事前に必要な情報を収集し、時間や金の投入や自らの努力の仕方をきちんと計算し、買い物やサービスの購入を決定する合理的な人間である。

ところが、財の購入やサービスの消費について、われわれはいつでも経済合理的に意思決定をしているわけではない。経済的な使用価値を有する財として、「モノ」を消費するばかりではない。ときには、製品やサービスが有する象徴的な「意味」を消費するために、商品を購入することもある。フランスの思想家、ジャン・ボードリヤールに起源を持つ「ポストモダンの消費思想」は、シンボリックで快楽的な欲求から人間は財を消費するのだとの見方から、消費行動を説明している。[17]

「なぜ人はモノを購入するのか？」という問いに対して、「モダン（現代的）な消費行動論」では、3通りの説明が可能である。

① 機能的価値：便利だから、おいしいから。だから、商品を購入す

14——B. H. シュミット／嶋村和恵、広瀬盛一訳（2000）『経験価値マーケティング——消費者が「何か」を感じるプラスαの魅力』ダイヤモンド社（Schmitt, B.（1999）*Experiential Marketing: How to Get Customers to Sense, Feel, Think, Act, Relate*, Free Press）。

15——Brown, S.（1995）*Postmodern Marketing*, Routledge.
Hirschman, E. C. and M. B. Holbrook（1982）"Hedonic Consumption: Emerging Concepts, Methods and Propositions," *Journal of Marketing*, 46（Summer）, pp. 92-101.
Holbrook, M. B.（1995）*Consumer Research: Introspective Essays on the Study of Consumption*, Sage.
Belk, R., K. Bahn and R. Mayer（1982）"Developmental Recognition of Consumption Symbolism," *Journal of Consumer Research*, Vol. 9, pp. 4-17.

16——木村純子（2009）「書評：Belk R. *et al.* eds., *Handbook of Qualitative Research Methods in Marketing*, Edward Elgar Publishing, 2006」『消費者行動研究』。

17——J. ボードリヤール／今村仁司、塚原史（1995）『消費社会の神話と構造』紀伊國屋書店（初版は1979年）（Baudrillard, J.（1970）*La Societe de Consummation*, Editions Denoel）。

るといった機能的な有用性が購買理由。
② 情緒的価値：気持ちがよいから、楽しいから。なので、購入するといった情緒的な価値が購入理由。
③ 自己表現的価値：その商品を持つことで、他人から自分のセンスを評価されたいとか、そもそも高額なブランド品を所有することで、自らの富を誇示したいという理由が購入目的。

顕示的な消費（conspicuous consumption）は、3番目の「自己表現的価値」の概念的なルーツでもある。場合によっては、それとは別の説明も可能である。

④ 記号的価値：モノに託されたシンボリックな意味のために、商品の購買（贈与）がなされるという説明。

具体的な例を挙げてみよう。世界中には、さまざまな形の贈り物の習慣がある。キリスト教社会のクリスマス・プレゼント、日本の社会慣習である「お土産」や「お歳暮・お中元」、結婚式の「引き出物」などである。これらは、経済的な返礼の意味もあるが、それよりも、4番目の「記号的価値」の色彩が強い。お土産は「親愛の情」が、お歳暮・お中元は「上司への恭順」が、引き出物は「感謝と思い出の品」が記号的な意味として託されている。

また、特定の芸術家による作品をこだわって収集する場合のように、レアな物財の購入が「審美的な価値」に基礎を置く場合もある。芸術作品は、部屋に飾る調度品として利用される場合は例外として、その使用に価値があるわけではない。記号的な価値を有するわけでもない。5番目の価値が、その存在根拠である。

⑤ 快楽的価値：モノの収集やその密かなる鑑賞行為が、特別な意味と快楽を生み出す消費の理由になる。

ハーシュマンとホルブルック（1982）は、快楽の源泉を、3つのFで要約して表している。すなわち、Fantasy（ファンタジー：夢想）、Feeling（フィーリング：感情）、Fun（ファン：遊び）。これを、以下では、具体的な例を挙げて、快楽消費の文脈で解釈してみる。

3. コレクターの世界：快楽消費による説明

4番目（記号的価値）と5番目（快楽的価値）の消費は、マネジリアル・マーケティングの世界では、消費行動研究の対象として、従来は正

統と見なされなかった分析の枠組みである。「米国消費者行動研究学会」（Association for Consumer Research）の中で、ホルブルック、ハーシュマンらが提唱し、その後に学会の主流として認知されるようになったアプローチである。

　快楽的な消費の側面についての極端な参照例は、好事家やコレクター、オタクたちの世界である。彼らの収集行動や使用場面をのぞき見ることで、快楽消費についての理解がさらに深まることになる。以下では、尾上（1995、1996）にしたがって、「コレクターたちが、なぜ財のコレクションという行動に向かうのか」を分析した事例を紹介する。[18]尾上氏は、この当時（1990年代後半）、ガラス製品の収集家であり、自らの収集経験とポストモダン消費研究が重なっていた。

　自らの体験をもとにした「世界中から集めてきたガラス作品の収集事例」の結論は、人間がモノを収集する動機は、基本的に７つであるという説明である。

(1) 審美眼

　絵画や彫刻のような芸術作品は、本質的に「美しい」。モノそのものが「審美性」という内在的な価値を持っている。収集家でなくとも、芸術品に対する優れた審美眼を持っている一般人はいる。ふだん使いの雑貨や日用品でも、同じテイストのものを集めて並べてみると、単一の商品では得られない組み合わせの美しさを感じ取ることができる。

　「収集作品」を見て楽しみ、その美しさに浸り込む感覚がファンタジーやフィーリングである。色彩や質感にこだわりはじめると限りがなくなる。インテリアのコーディネートなどがその良い例である。部屋を飾るのが好きな人ならば、使用価値に加えて、「どうせ集めるなら美しいほうがよい」という気分になるだろう。

(2) 所有欲

　同じ種類のものを、完全ではなくても、とにかくたくさん揃えてみたい。美術館に入るような芸術性の高いものを所有してみたい。限りない物欲は、所有の限界にまで突き進むことになる。つぎなる行動は、さら

18――尾上伊知郎（1995）『コレクティング・ライフ・サイクル――オートバイオグラフィック・アプローチ』日本商業学会関東部会報告資料（１月）、尾上伊知郎（1996）「コレクション：内観による解釈」日本消費者行動研究学会報告資料（６月）。なお、尾上氏は、現在、プロのコレクターとして事業経営に携わっている。

に珍しい作品を入手するため、収集した商品の中の余剰なモノや重複品を交換したり、再販売することである[19]。

所有経験による満足は、コレクターが収集物を再販売することをビジネスにすることにもつながる。世の中にコレクター出身のディーラーは多い。さらには、所有欲が嵩じると、「フェティシズム（物神崇拝、擬人的愛情）」に走ることにもなる[20]。

(3)差別化

尾上氏の実体験である。ニッチなガラス製品の収集を続けていると、他人、とくに日本人が収集していないものを集めたくなる。また、ガラス瓶の素材や形について、新しい収集テーマを設定したくなる。他人が行かない場所に行って、特別な知識（ウンチク）を蓄えて、他者との差別化を試みることもする。尾上氏の経験に限らず、例えば、ワインの愛飲家たちの収集行動を見ていると、ウンチクや収集テーマの差別化という点でしばしば納得できるところがある。

(4)投機的(金銭的)

収集品の数と種類が多くなってくると、個人的なコレクションであってもそれなりの価値を持ってくる。人と場合によっては、将来の値上がりを期待するための収集という経済的な動機が新しく生まれる。売り手が対象物の価値を知らないこともある。したがって、例えば、ワインの収集の場合でいえば、知識を持った収集家であれば、ドイツやイタリアの現地のスーパーマーケットで安く入手したワインを、日本のレストランや個人に高く売ることができる。

(5)自己表現

これも尾上氏の体験によるコメントである。時間と手間をかけて集めた商品（作品）は、展示して人に見せたくなる。「商品を並べ替えることで、収集した品のコレクションに新しい意味や価値を付与するのは、

19——例えば、オタクの世界の、「コミケ（コミックマーケット）」は、30年前の素人作品の発表交換が発祥の起源である。夏冬の年2回東京ビッグサイトで開催されており、1回3日間で、参加サークル数3万5000、入場者数は3日で51万人（2008年12月28〜30日、コミックマーケット公式サイト参照（http://www.comiket.co.jp/info-a/C75/C75AfterReport.html）。推定販売額は10億円以上といわれている。野村総合研究所オタク市場予測チーム（2005）『オタク市場の研究』東洋経済新報社。前田滋雄（2009）「"オタク市場"の商業文化論」『SCアカデミー第Ⅱ期卒業研究 論文集』社団法人日本ショッピングセンター協会。
20——大平健（1990）『豊かさの精神病理』岩波新書には、モノ商品を介してしか世間（人間）と接点を持つことができない若者たちの事例が述べられている。

一種の創作活動である」(尾上氏)。顕示的欲求を満たすために、博物館もどきのものを自宅に作ったり、自らのコレクションで個展を開いている収集家もいる[21]。

(6)知識欲

モノに加えて、情報収集そのものに価値を置くこと。美術研究者や学芸員型の行動欲求である。作品の来歴や作者の特徴、その時代背景などについての知識を得ることに喜びを感じる。そこから、知識自体を保有していることに優越感を感じる傾向が生まれる。その先で、金銭的な利得を狙う「ディーラー」に変身するコレクターが登場することもある。例えば、尾上氏の周りには、国によって異なる価格の情報や、キズの修復や贋作の見分け方についての知識を生かしたり、商業的にレプリカを創作することで、知識を金銭に換えていった人たちもいた。

(7)フロー経験

「フロー体験」とも呼ばれる。一般的には、生活に意味と楽しさを与える「強烈な没入経験」のことを指す[22]。コレクションの行為は、その意味で、収集作品が自分に対する内的報酬であり、集めた作品を眺める行為が自己目的的活動である。収集の難度と能力のバランスを保つために、身体的、感覚的、知的な技能とリスクを要求される。

「オークション会場でのビッドで、予定より安く落札できたり、高額で競り勝った場合の感覚は、何とも表現しがたい経験である」(尾上氏)。オークションの前に情報を集めたり、購入戦略を立案したりするので、「コレクション行為は、ある種の知的ギャンブルであり、ゲーム感覚になる」(尾上氏)という。

4.快楽主義と主観主義

コレクターの収集行為と主観的な感覚を、前項では記述してきた。「主観的」と表現したことからも明らかなように、ポストモダンの消費

21——コレクションの変わり種の例としては、ネットミュージアム (http://www.netmuseum.co.jp/link/link-f1.html) に掲載されている「企業・団体・個人の博物館」で紹介されている博物館が興味深い。その中には、「日本の花火」(場所と写真と解説) を収集したネット博物館 (http://japan-fireworks.com/) があって、英語で海外にも情報を発信している。
22——M. チクセントミハイ／今村浩明訳 (1996)『フロー体験　喜びの現象学』世界思想社 (Csikszentmihalyi, M. (1990) *Flow: The Psychology of Optimal Experience*, Harper and Row)。

図表18.6 モダンとポストモダンの対比

	モダン	ポストモダン
存在論	・真実はひとつ ・真実は文脈や時間に依存しない	・複数の真実がある ・真実は文脈と時間に依存する
認識論	・知識は客観的なもの	・知識は主観的なもの
価値論	・研究は価値の影響を受けない	・研究者の価値が入り込む
内的妥当性	・因果連鎖を同定可能(見極めることができる)	・同時に発生する相互依存関係を切り離して理解することは可能
外的妥当性	・「法則定立的」な(普遍的な法則を目指すような)知識 ・他の場面に適用可能	・「個性記述的」な(個別の形態を描くような)知識 ・研究したケースにのみ適用可能
代表的方法	・実証主義的方法(仮説演繹的方法)	・解釈主義的方法(解釈学、記号学)
手本となる学問	・自然科学	・人文科学
消費者をどう見るか	・主題:合理的人間 ・反応者:マシン(機械)としての消費者	・インフォーマント:非合理的人間 ・テクスト:動物(生物)としての消費者
研究デザイン	・実験 ・調査	・深層面接 ・詳細な読み込み
測定・分析・提示方法	・計量的方法 ・数学的分析 ・標準化された提示方法(数字による説得など)	・質的方法 ・直観的分析 ・新しい提示方法(言葉、ビジュアルで納得を得るなど)
研究のフォーカス	・購買意思決定 ・ブランド選択 ・商品属性 ・経営実践的重要性	・消費経験(獲得→使用→廃棄) ・商品の使用 ・商品の持つ意味 ・基礎的、ピュアな知識

出典:桑原武夫、日経産業消費研究所編(1999)『ポストモダン手法による消費者心理の解読――ステレオ・フォト・エッセーで潜在ニーズに迫る』日本経済新聞社
桑原武夫(2001)「ポストモダン・アプローチの展開と構図」『Diamondハーバード・ビジネス・レビュー』第26巻第6号(6月号)、118~122頁

アプローチが拠って立つ立場は、「客観的」で科学的な存在としてのモダンな消費者像とは異なっている。

図表18.6は、ポストモダンの消費論が主張する「解釈主義的アプローチ」の特徴を、従来型の消費行動論が想定している方法論である「実証主義的アプローチ」と対比したものである。モダン対ポストモダンの両アプローチを、存在論、認識論、価値論、などから整理したものである(桑原 1999)[23]。

モダンな消費論の前提は、消費行動や消費者の欲望の実体が、客観

で単一であると考えることである。消費行為や消費行動を分析する場合にも、科学的な因果法則が成立する世界が存在していると想定する。

それに対して、ポストモダンな消費論の想定では、消費行為は解釈する人間の数だけ存在している。しかも、時間や場所や状況によって、消費行為の解釈は異なってくる。現象は文脈依存的で、経験は主観的であり、消費者の欲望は捉えどころがないものとされる。

ポストモダンの消費分析から得られるのは、一般的で科学的な法則ではない。そうではなくて、現実に対するより深い理解や気づきに対して、多くの価値を置いているのが特徴である。消費行動を分析する意味は、分析が説得的であり、現象を面白く記述することである。評価基準も、物語やドラマの世界観に近いところがある[24]。

それでは、消費行動論の未来は、モダンなアプローチとポストモダンな方法論とを対比させたとき、どちらの側に軍配が上がるのだろうか？どちらか一方ではないように思う。要するに、バランスの問題である。

ポストモダンの消費論は、一方的な意味解釈論である。具体的なマーケティング・アクションに結びつけるには、そこからの距離が遠すぎる。単なる解釈学では、ビジネスの役に立つことは少ないだろう。それに対して、モダンなアプローチでは、調査結果やデータを形式的に利用しすぎる傾向がある。両者の長所と欠点を補完して利用すべきであろう。

4 垂直的なマーケティング・システムの未来[25]

1. 食の分野における垂直統合の可能性

歴史的に見ると、繊維産業と食品産業は、流通経路がかなり長い産業

23——桑原武夫、日経産業消費研究所編（1999）『ポストモダン手法による消費者心理の解読——ステレオ・フォト・エッセーで潜在ニーズに迫る』日本経済新聞社。桑原武夫（2001）「ポストモダン・アプローチの展開と構図」『Diamondハーバード・ビジネス・レビュー』第26巻第6号（6月号）、118～122頁。両アプローチに関する方法論的な対比は、石井淳蔵（2004）『マーケティングの神話』岩波現代文庫の表7−2を参照のこと。また、尾上伊知郎（1996）「コレクション：内観による解釈」日本消費者行動研究学会報告資料（6月）の実証主義的および解釈主義的アプローチの対比表も参考になる。

24——和田充夫（1999）『関係性マーケティングと演劇消費——熱烈ファンの創造と維持の構図』ダイヤモンド社。

である。産業の裾野も広く、関与するプレイヤーの数も多数多岐にわたっている。換言すると、チャネル内分業が進んでいたために、典型的な「製販分断型」のマーケティング・システムを構成してきた産業である。

ところが、全球化した今日、わずか20年の間に、一方の繊維産業は、限りなく「製販統合型のマーケティング・システム」に移行しつつある。例えば、ZARA、H&M、GAP、ジョルダーノ、ユニクロなど、グローバルに成功しているメジャーな衣料品小売業は、一社の例外もなく、「SPA（製造小売業）」の形態を採用している。衣料品専業ではないが、世界最大の小売業であるウォルマート・ストアーズの衣料品部門は、商品開発と販売を一体化させた「SPA」の小売りフォーマットそのものである。

それでは、もう一方の食品産業はどうだろうか？ 長期的に見て、食品業界のメジャーな企業は製造小売業（SPA）に向かうことを予見することができるのだろうか？ 以下では、食品産業を取り上げ、マーケティング・システムの製販統合に関して、対話形式でその未来について考察を加えてみたい。

2. 21世紀の食品流通に関する質問

2007年の夏に突然、ある著名なマーケティング・プランナーから、電子メールで長文の質問が送られてきた。「今後10年の食品市場を展望した際、考えなければならないマーケティング課題（食品メーカーや食品小売業にとって）をお聞かせください。S.T.」。

提起されたのは、〈24の仮説（Q）〉であった。以下の回答は、そのうちから8つの仮説を抜き出して、筆者（小川）が答えたものである。〈仮説（Q）〉に対して、小川の回答（A）が続いている。[26]この往復書簡は、2007年冬のものであるが、2年後のいま（2009年4月）、予言がますます現実のものになってきている。

25——本節の内容は、個人HP「2015年の生産〜流通〜消費にかかわる仮説（副題：伝統的流通論の崩壊）」（2006年9月17日）を編集したものである。オリジナル原稿の一部は、小川孔輔（2007）「食のSPF」『チェーンストアエイジ』2月15日、28〜47頁でも引用されている。
26——仮説の順番は、オリジナルのものとは変えて、本項で連番としてある。

〈Q1〉（食品産業では）生産と流通の融合が進む。そのための品揃え機能の後方移転（投機化）が進む。産地の食材開発から消費ニーズに合った商品開発までを一貫して、統合システムとして構築した食品メーカーや、チェーンストアの物流システムと共同したサプライヤーの市場支配力が増大する。[27]

A：イエス（「投機化」のみノー）

カゴメやワタミのように、メーカー（レストランチェーン）が直に農業生産段階に乗り出す事例が登場しているだけでなく、ロック・フィールド（惣菜企業）のように、生産者との直接契約により、野菜加工場に素材（野菜、水産物など）を直接納品させることが一般化している。[28]

上位加工食品メーカーや大手小売業（素材加工部門）の寡占度が高まると（英国などでは実際に生産段階までの垂直統合が進んでいるが）、日本でも食品加工業の垂直統合が進むことは間違いない。どちらにしても、メーカー、流通サービス業ともに企画力とシステム構築力が勝負である。ただし、他社の物まねで容易にできること、どこの企業でも簡単にできることではない（図表18.7はワタミファームの農場展開）。

なお、1点だけ留保事項。大規模な「品揃え機能の投機化」は起こらないと予測する。むしろ食品分野でも、在庫圧縮により「延期化」が進むと考える。情報技術の利用と生産技術（植物工場など）の進歩がそれを加速する傾向がある。

〈Q2〉海外に依存した従来の川上型コストリダクションが限界に達し、消費（実需）現場のニーズや状況に合った川下型パフォーマンスアップ（曲がったキュウリでも惣菜にすれば市場化できる）を実現するビジネスシステムが活発になる。

27──品揃え機能の投機（後方移転＝投機化）とは、食品の加工段階を川上（産地）に移転させる動きのことを指している。かつて、タイやインドネシアのえびの養殖、中国での冷凍野菜の現地加工産業の育成など、日本企業が「産地加工」を推進してきたことを指している。村井吉敬（2007）『エビと日本人2──暮らしのなかのグローバル化』岩波新書。
28──ワタミファームやカゴメの農業分野参入は、小川孔輔編（2007）「食のSPF」『チェーンストアエイジ』2007年2月15日号を参照のこと。それ以外にも、近年は、サイゼリヤ、セブン＆アイ・グループなどが農業分野に参入している。週刊ダイヤモンド（2009）「特集 農業がニッポンを救う」2月28日号。

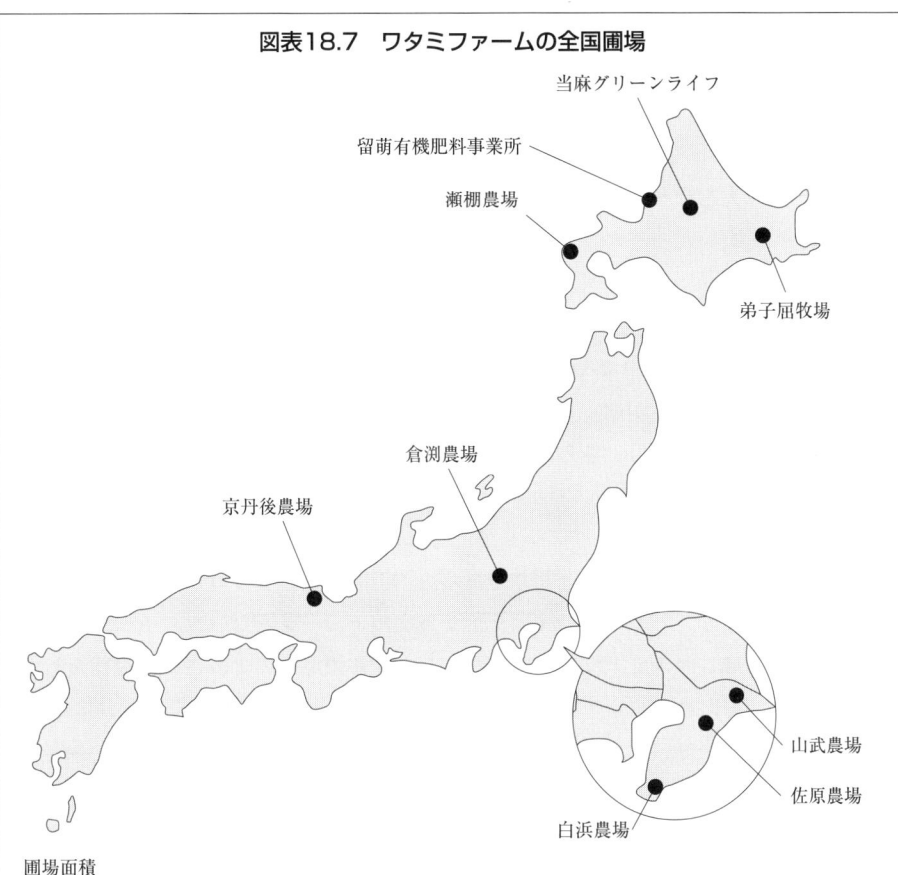

図表18.7　ワタミファームの全国圃場

当麻グリーンライフ
留萌有機肥料事業所
瀬棚農場
弟子屈牧場
倉渕農場
京丹後農場
山武農場
佐原農場
白浜農場

圃場面積
（北海道）　瀬棚農場（70ha）、弟子屈牧場（240ha）
（千葉県）　山武農場（8.5ha）、佐原農場（3ha）、白浜農場（5.5ha）
（群馬県）　倉渕農場（12ha）
（京都府）　京丹後農場（9ha）

注：図中の「農業生産法人　有限会社当麻グリーンライフ」は、ワタミファームと事業提携（2004年〜）
出典：ワタミファームHP http://www.watamifarm.co.jp/farm/no-jo-annnai.html

A：イエス＆ノー

「利は元にあり」（川上型コストリダクション）発想によるスケールメリット追求は、食品産業だけではなく相変わらず続く。もっとも、その効果は、アジアや東欧での経済発展（資源価格、賃金水準上昇）によって、しだいに失われてくる。したがって、「利の元」は、フードシステム全体の最適化による「川下・川中での付加価値創造」をデザインできるかどうかに依存することになる。曲がったキュウリに付加価値がつけ

られるかどうかは、物流加工システムの効率だけに依存するわけではなく、むしろ、曲がったキュウリのほうがおいしくて安全で、それを消費することがクール（かっこいい）と感じさせるブランド・コミュニケーション戦略を打ち立てることができるかにかかっている。本当に市場で大きな利益を獲得できるのは、マーケティング上手な企業だけなのではないだろうか。

〈Q3〉巨大流通資本の単位購買量増大と店舗差別化がPB化を進める。その中でNBとPBの棲み分けが明確になる。PBの市場支配力は、技術革新が進んでいない伝統的食品、地域に根ざした食材を使った食品（漬物など）、さらに日配型食品において高まる。

A：イエス
一般にはそのとおりである。「英国現象」（テスコ）は日本でも鮮明になる。とくに、今後は、ナショナルチェーンもローカルチェーンも、地域レベルで上位集中度が高まる気配が濃厚なので、この仮説は正しいと思われる。

〈Q4〉食品市場において、単品大量生産を受容する消費スタイルが頭打ちになり、顧客とリレーションシップを図る消費スタイルが活発になる。顧客リレーションシップを図るために、食品メーカーの商品開発〜市場導入〜市場検証の一連の流れの大幅な見直しが進む。

A：イエス＆ノー
後半は正しい。しかし、前半部分は極論ではないだろうか。真実はその中間にあると考える。単品大量生産（調達）のメリットがなくなることはない。国内のアパレル企業が多様化する姿が参考になる。安価な原料・素材をもとに、海外で製造されるカジュアル衣料品には根強いニーズが存在する。そこそこの値段で、それなりの品質のブランドを購入したい消費者層が常にいる。それとは対照的に、数は決して多くはないが、素材や加工方法にこだわった国産ブランドに対するニーズも確実に存在している。[29]

食品産業も基本的には同じである。とくに素材に関しては、単品大量

調達のメリットが失われることはない。安全と健康は、常にコストと品質水準の達成度と天秤にかけられる。食べ物で顧客関係性が必要な場面や分野もあるが、最低限の品質が保証されていれば、ブランドや健康・安全情報にはそれほどこだわらない消費者もいる。また、それで十分な商品分野もある。

〈Q5〉持ち帰り惣菜、キット型惣菜、惣菜デリバリーなど惣菜市場の多層化が進む。その中で、顧客視点に沿った中食産業・外食産業のリメイクとそのためのシステム化が進む。従来の業種業態カテゴリーは通用しなくなる。例えば保存性に優れ、簡単に調理ができ、しかもプロの味を楽しむことができるパフォーマンスの高いキット食品がソリューション商品として成長する。

A:ノー
一般には、品質が優れたプロ志向の「組み立て型惣菜」は、日本ではこれ以上は普及しないと考える。すでに、中食産業はコストの壁に突き当たっている。おいしいものに高い価格を支払うのは、一部の金持ち層とある特別なオケージョンだけである。

〈Q6〉これまで大量流通システムに乗れなかった食品や食材を掘り起こし、きめ細かく市場化するビジネスが多く登場する。

A::イエス
そのとおりである。一度は消滅しかかっていた特徴ある地酒や地方特産の調味料（味噌、醤油など）で、ローカルテイストの商品が売れ行き好調である。従来からある大量生産システムが生み出す商品と、場所的・時期的に極度にセグメント化された「ウンチク」「わけあり商品」は、相互に矛盾する存在になることはない。併存可能、両立可能である。

29──衣料品業界におけるマス市場ニーズとニッチの議論については、桜井多恵子（2008）『ベーシックアパレル──これからのチェーン化経営戦略』ダイヤモンド・フリードマン社を参照のこと。

〈Q7〉農業生産者（団体、企業）のマーケティング力が高まり、農業セクターが新たな生産〜加工〜流通での一大勢力として力を増す。また生鮮野菜を中心とした産地再編や市場法改正による中間流通再編が、巨大な生鮮流通加工資本を登場させる。

A：イエス

ただし、巨大な生鮮流通加工資本は、既存の農業生産者（団体、企業）からは生まれない。マーケティング力を発揮するのは、新規参入者（企業や個人）である。しかも、今後10年を展望すると、自動車産業、化学工業、素材加工産業など、第二次産業で力を発揮している工業分野のメジャープレイヤーが主役になる可能性がある。もちろん、生鮮野菜産地は再編されるが、抜本的な改革ができるかは土地制度がどのように変わるかによる。農水省の考えが変わらないと、農業分野の効率は高まらないので、場合によっては、第二次・第三次産業から第一次産業に圧力がかかるかもしれない。

〈Q8〉垂直的統合と水平的展開の2つの革新の中で新たな流通機能が誕生する。さらに「範囲の経済メリット」と「ネットワークの経済メリット」の選択が、質的革新をもたらす。大手流通資本の持ち株会社化も範囲の経済を加速化する手段である。あるいは、食品業界にファッション業界の経済メリットが加わる。

A：イエス（革新の担い手に関しては「ノー」）

主張はおそらく正しいだろう。しかし、どのような形で「流通革新」が起こるのかは、わたしにも想像できない。確実にいえることは、大手流通資本の持ち株会社（イオン、セブン&アイ・ホールディングス）が主導権を握るとは思えないことである。革命は中心部ではなく、メインストリームからはるか離れた周縁部から、思いもかけない形でやってくるものである。20年前に、マイクロソフト、ヤフー、グーグルなどの台頭を、誰が想像しえたであろうか？

3. まとめ

8つの仮説を読み終えてみると、マーケティング・システムの将来展

望に関しては、それが納得できる部分も多くある。しかし、これらの仮説がどうにも見当はずれだと思うこともある。いずれにしても、食に関する21世紀を見通す機会を得たことになる。

この20年間、チェーン小売業では、NB（ナショナル・ブランド）からPB（プライベート・ブランド）への流れが主流だった。欧州では急速に、米国や日本ではそれよりは緩やかにNB離れが起こった。小売資本の論理は、利益（付加価値）の源泉を川上（生産部門）に求めることだった。多少のリスクを冒しても、垂直統合に一歩踏み込むことで高収益が獲得できることは、イギリスと一部の欧州小売業のPB商品開発で証明された。そうした企業は、後方垂直統合と高シェアと高利益率の同時達成に成功したわけである。

日本やアジアの小売業は、低収益性の壁を乗り越えられずに苦しんでいる。日本の食品産業の基本問題は4重である。農業問題、雇用問題、商業政策、取引制度のすべてに課題が山積みである。だが、卸売市場を仲介した伝統的な食品供給システム（フードシステム）では、現状の枠組みの問題を打破することはできない。

しかしながら、多少なりとも革新的な高付加価値小売業は、いくつかの共通項を持って企業活動を展開している。生産情報と品質のわかりやすい店頭表現、適切なターゲットの選定、スマートな情報技術の活用、大規模なオペレーションによる効率的なロジスティクス・システムの構築である。消費者のLOHAS志向と生活を楽しむニーズ（食楽、食育）に、エンターテインメント的な要素を持ち込むことも大切である。

米国ホールフーズ・マーケットのような「劇場演出型小売業」の登場は、食の基本ニーズである「健康・安心・安全」の遵守だけでは、うまく成功することがおぼつかないことを説明している。より豊かな生活を楽しむための必須アイテムとして、素敵な生活の小道具として、高級惣菜やオーガニック・レストランを考えることをわれわれに求めている。

ネットで情報を獲得するようになり、一般の人々はずいぶん賢くなった。だから、高い付加価値の商品、サービスであっても、知恵がある分、もっとリーズナブルな価格で購入したいと思っている。複雑で要求過多な生活者ニーズにうまくフィットした商品とサービスを提供するためには、生産も販売も取り込んだ統合型システムが有利である。食の分野もその例外ではないだろう。

〈参考文献〉

阿部周造編 (2001)『消費者行動研究のニュー・ディレクションズ』関西学院大学出版会

石井淳蔵 (2004)『マーケティングの神話』岩波現代文庫

D. C. エスティ、A. S. ウィンストン (2008)『グリーン・トゥ・ゴールド：企業に高収益をもたらす「環境マネジメント」戦略』スプベクト (Esty, D. C. and A. S. winston (2006) *Green to Gold : How Smart Companies Use Environmental Strategy to Innovate, Create Value, and Building Competitive Advantage*, Yale University Press.

大平健 (1990)『豊かさの精神病理』岩波新書

小川孔輔、林廣茂 (1998)「米日間でのマーケティング技術の移転モデル」『マーケティングジャーナル』67号 (1月号)、4〜22頁

小川孔輔 (2003)「中国市場における日本企業の事業展開——生産拠点から有望な消費市場へ」『生活起点』65号 (10月号)、3〜16頁

小川孔輔 (2007)「静脈系マーケティング——米国流マスマーケティングの100年を超えて」『流通情報』457巻、7月号

小川孔輔編 (2007)「食のSPF」『チェーンストアエイジ』2月15日号、28〜47頁

小川孔輔 (2007)「Think, Food.：㈱ロック・フィールド　高付加価値商品の提案とオーガニック新ブランドの開発」『チェーンストアエイジ』2月15日号

小川孔輔 (2009)「書評：中谷厳 (2008)『資本主義はなぜ自壊したのか』」『経営情報』6月号

岡本享二 (2004)『CSR入門——「企業の社会的責任」とは何か』日経文庫

木村純子 (2009)「書評：Belk R. *et al.* eds., *Handbook of Qualitative Research Methods in Marketing*, Edward Elgar Publishing, 2006」『消費者行動研究』

桑原武夫、日経産業消費研究所編 (1999)『ポストモダン手法による消費者心理の解読——ステレオ・フォト・エッセーで潜在ニーズに迫る』日本経済新聞社

桑原武夫 (2001)「ポストモダン・アプローチの展開と構図」『Diamondハーバード・ビジネス・レビュー』第26巻第6号 (6月号)、118〜122頁

A. ゴア／枝廣淳子訳 (2007)『不都合な真実——切迫する地球温暖化、そして私たちにできること』ランダムハウス講談社、260〜269頁 (Gore, A. (2006) *An Inconvenient Truth*, Rodale)

P. コトラー、N. リー／恩蔵直人監訳・早稲田大学大学院恩蔵研究室訳 (2007)『社会的責任のマーケティング——「事業の成功」と「CSR」を両立する』東洋経済新報社 (Kotler, P. and N. Lee (2004) *Corporate Social Responsibility*, Wiley)

P. コトラー、E. L. ロベルト／井関利明監訳 (1995)『ソーシャル・マーケ

ティング──行動変革のための戦略』ダイヤモンド社（Kotler, P. and E. L. Roberto（1989）*Social Marketing: Strategies for Changing Public Behavior*, Free Press）

桜井多恵子（2008）『ベーシックアパレル──これからのチェーン化経営戦略』ダイヤモンド・フリードマン社

週刊ダイヤモンド（2009）「特集　農業がニッポンを救う」2月28日号

B. H. シュミット／嶋村和恵、広瀬盛一訳（2000）『経験価値マーケティング──消費者が「何か」を感じるプラスαの魅力』ダイヤモンド社（Schmitt, B.（1999）*Experiential Marketing: How to Get Customers to Sense, Feel, Think, Act, Relate*, Free Press）

田中優子（2008）『江戸はネットワーク』平凡社ライブラリー

M. チクセントミハイ／今村浩明訳（1996）『フロー体験　喜びの現象学』世界思想社（Csikszentmihalyi, M.（1990）*Flow: The Psychology of Optimal Experience*, Harper and Row）

辻幸恵、梅村修（2005）『ブランドとリサイクル』リサイクル文化社大阪編集室

R. S. テドロー／近藤文男監訳（1993）『マス・マーケティング史』ミネルヴァ書房（Tedlow, R. S.（1990）*New and Improved: The Story of Mass Marketing in America*, Basic Books）

中谷巌（2008）『資本主義はなぜ自壊したのか』集英社インターナショナル

日経ビジネス（2008）「新興国でのブランド構築──自社の『型』の見定め、そこから始まる」『日経ビジネスマネジメント　ブランド経営の威力』ベストプラクティスシリーズ Vol. 4、92～95頁

野村総合研究所オタク市場予測チーム（2005）『オタク市場の研究』東洋経済新報社

原田泳幸（2008）『ハンバーガーの教訓──消費者の欲求を考える意味』角川書店

林廣茂（1999）『国境を越えるマーケティングの移転──日本のマーケティング移転理論構築の試み』同文舘出版。

R. ベルク（2001）「データと解釈の狭間で　ポストモダン・マーケティングの技術（Feature Articles ポストモダン・マーケティング）」『Diamond ハーバード・ビジネス・レビュー』第26巻第6号（6月号）、64～73頁（Belk, R. W.（2001）"Postmodern Marketing Research: Implications," *Harvard Business Review*, June, pp. 64-71）

J. ボードリヤール／今村仁司、塚原史（1995）『消費社会の神話と構造』紀伊國屋書店（初版1979年）（Baudrillard, J.（1970）*La Societe de Consummation*, Editions Denoel）

K. E. ボールディング／公文俊平訳（1970）『経済学を超えて──社会システムの一般理論』竹内書店（改訂版、学習研究社（1975））（Boulding, K.

E. (1968) *Beyond Economics: Essays on Society, Religion and Ethics*, University of Michigan Press）

前田滋雄（2009）「"オタク市場"の商業文化論」『SCアカデミー第Ⅱ期卒業研究論文集』社団法人日本ショッピングセンター協会

水尾順一、田中宏司（2004）『CSRマネジメント──ステークホルダーとの共生と企業の社会的責任』生産性出版

村井吉敬（2007）『エビと日本人2──暮らしのなかのグローバル化』岩波新書

和田充夫（1999）『関係性マーケティングと演劇消費──熱烈ファンの創造と維持の構図』ダイヤモンド社

Arnould, E. J. and C. J. Thompson (2005) "Consumer Culture Theory (CCT): twenty years of research," *Journal of Consumer Research*, vol. 31 (March), pp. 868-882.

Belk, R., K. Bahn and R. Mayer (1982) "Developmental Recognition of Consumption Symbolism," *Journal of Consumer Research*, vol. 9, pp. 4-17.

Brown, S. (1995) *Postmodern Marketing*, Routledge.

Hirschman, E. C. and M. B. Holbrook (1982) "Hedonic Consumption: Emerging Concepts, Methods and Propositions," *Journal of Marketing*, 46 (Summer), pp. 92-101.

Holbrook, M. B. (1995) *Consumer Research: Introspective Essays on the Study of Consumption*, Sage.

〈さらに理解を深めるための参考文献〉

P. コトラー、N. リー／スカイライト コンサルティング訳（2007）『社会が変わるマーケティング──民間企業の知恵を公共サービスに活かす』英治出版（Kotler, P. and N. Lee (2007) *Marketing in the Public Sector*, Pearson Education）

Y. シュイナード／森摂訳（2007）『社員をサーフィンに行かせよう──パタゴニア創業者の経営論』東洋経済新報社（Chouinard, Y. (2005) *Let My People Go Surfing*, Penguin Group）

寺本義也他（2007）『営利と非営利のネットワークシップ』同友館

西尾チヅル（1999）『エコロジカル・マーケティングの構図』有斐閣

水尾順一（2005）『CSRで経営力を高める』東洋経済新報社

事 項 索 引

〈欧文〉

3PL（3rd Party Logistics） 612
4P概念 57
ACSI（American Customer Satisfaction Index） 670, 688
Action（行動） 163
AD-ME-SIMモデル 465
AIDMA 162, 465
AISAS 163
AI移転 68, 728
AMA（全米マーケティング協会） 5
A/S比（売上高・広告費比率） 473
Attention（注意） 163
A型ブランド管理 649
BASIS 323, 384
CBP（Core Benefit Proposition） 20, 317
CIF（Cost Insurance and Freight：運賃保険料込み条件）価格 436
CPA（Cost Per Action） 482
CPC（Cost Per Click） 482
CPM（Cost Per Mile） 482
CPT（Cost Per Thousand） 482
C-Pバランス理論 464
CSC（コミュニティ型SC） 588
CSR（企業の社会的責任） 724
DC（Distribution Center） 612
Desire（欲求） 163
DM（ダイレクト・メール） 478
DMクーポン 506
EDI（Electronic Data Exchange） 612
EDLP（Every Day Low Price） 414
FOB（Free On Board：本船渡し、工場渡し）価格 436
FSIクーポン（Free Standing Insert Coupon） 506
GATT（General Agreement on Tariffs and Trade：関税及び貿易に関する一般協定） 120
GIS（地理情報システム） 583
GRP（Gross Rating Points） 481
Hub and Spoke理論 143

IMC（Integrated Marketing Communication 統合型マーケティング・コミュニケーション） 457
Interest（興味） 163
JAN（Japan Article Number）コード 274
Just Do It 632
KJ法 242, 284, 285
LOHAS（Lifestyles of Health and Sustainability ロハス） 180
Lovelockの分類 692
MD（エム・ディー） 595
Memory（記憶） 163
NB（ナショナル・ブランド） 598, 630
NSC（ネイバーフッド型SC） 588
O型ブランド管理 649
PB（プライベート・ブランド） 598
PC（Process Center） 612
PEST分析 118
POP広告（Point of Purchase advertising） 16, 455, 478, 520
POSシステム（Point of Sale：販売時点情報管理システム） 141
POSデータ 141
PSM分析 237
QSC＋V（クオリティ、サービス、クレンリネス＋バリュー） 726
RSC（リージョナル型SC） 588
SAL移転 68, 728
SCI（全国消費世帯パネル調査） 271
SCM（サプライチェーン・マネジメント） 37
SERVQUAL（サーブコール） 714
SHIP 688
SPA（製造小売業：Specialty store retailer of Private label Apparel） 2, 572, 599, 743
SPSS（統計パッケージ） 237
SP広告（Sales Promotion Advertising） 478
SPの4類型 517
SP費 493
SRI（全国小売店パネル調査） 271
S-Rモデル（Stimulus Response model） 164
SV（スーパーバイザー） 593

753

SWOT分析　95
S字型カーブ　381
TC（Transfer Center）　612
three exposure rule（3回接触法則）　481
t検定　266
t値　277
UPC（Universal Product Code）　274
USP（Unique Selling Point）　20
VALS2（Values and Life Styles）　180
VALS研究　178
VAN（付加価値通信網）　540
W／R比率（卸／小売比率）　534, 542
W／W比率　542

〈ア行〉

アイデアの創出とスクリーニング　312
アイデア発想法　237
アイル陳列（island display）　521
アウトレットセンター　589
アセッサー（ASSESSOR）　323, 384
アドホック調査　244
アトモスフェリックス（店舗環境要因）　634
アローワンス（allowance）　501
安全・安定の欲求（security needs）　176
アンブレラ効果　643, 651
異化作用　171
威信価格（prestige price）　406
一次商圏　587
一次データ（primary data）　234, 269
一次連想　637
1段階チャネル（one-level channel）　547
市場（market, marketplace）　45
一貫性と継続性　631
遺伝的な手法　276
移動障壁　209
イノベーションの類型　359
イノベーション普及学（theory of diffusion of innovation）　356
因果分析（causal analysis）　276
因果リサーチ（casual research）　241
印刷広告　455
印刷メディア（print media）　456
因子得点（factor score）　279
因子負荷量（factor loading）　279
因子分析（factor analysis）　275, 277

インスタント・クーポン　506
インストア・プロモーション　601, 607
インストア・マーケティング（ISM：店頭マーケティング）　601
インターフェース　235
インタラクティブ・マーケティング（interactive marketing）　709
インテル入ってる！キャンペーン　655
イン・パック・クーポン　506
引力モデル　585
ウェブスターの分類　45
迂回攻撃　227
打ち消し戦略（共通化ポイントの同質化）　328
裏書き理論　651
売上予測モデル　383
売り手（seller）　43
売り手の交渉力（bargaining power of suppliers）　213
売り場づくり　600
エア・クッション技術　632
営業活動（selling）　6, 528
営業情報の活用　314
エキナカ商業施設　200
延期型SP　515
延期値引き型　517
延期付加価値型　517
エンド陳列（end display）　499, 521
応募型サンプリング　504
大台効果　406
オープン価格　413
オープン懸賞（open premium）　446, 507
オープンモール　600
屋外広告　455, 478
押し出し型（プッシュ型）　545
オタク　738
お試し戦略　689
おとり商品（decoy）　422
オピニオンリーダー（opinion leader）　368, 457
オフィス・コンビニ　19
おまけ（premium）　508
折り込みチラシ　478
卸売業者（wholesaler）　572
卸売業主宰VC　557

オン・パック・クーポン　506

〈カ行〉

買上率　259
回帰係数　276
回帰分析　275
解釈学的方法　241
改正大規模小売店舗法　70
階層クラスタリング　281
買い手（buyer）　43
買い手側の力（buying power）　547
外的な刺激（stimulus）　162
買い手の交渉力（bargaining power of buyer）　212
外部（他人）志向　179
外部データ（external data1）　269
外部マーケティング（external marketing）　460, 709
開放的チャネル（intensive distribution）　562
買い回り品（shopping goods）　57
快楽消費（hedonic consumption）　735
快楽的価値　737
価格（price）　28
　――維持行為　440
　――カルテル行為　444
　――感度　266, 327
　――設定（pricing）　29, 390
　――弾力性（price elasticity）　393
　――調査　237, 239
　――づけ（price setting）　390
　――破壊　70
　――ライン　420
　――リーダーシップ戦略　397
架橋機能（bridging functions）　47
確実性（assurance）　714
革新（Innovate）　728
革新的購買者（イノベータ）　327
革新的採用者　379, 382
革新の定数（製品のインパクト）　382
革新の普及（diffusion of innovation）　356, 378
確率的選択モデル　584
可視的環境　696
仮説検定　266
課題計画　459

価値連鎖（value chain）　128, 209, 221
滑走路の法則　603
合併・買収（M＆A）　198, 200
カテゴリー開発型　331
カテゴリーキラー　580
家電量販店（CE）　581
金のなる木（cash cow）　205
カルチュアル・クリエイティブズ（cultural creatives）　180
川上（upstream）　198
川下（downstream）　198
簡易ルール（heuristics）　168
環境キャンペーン　656
環境分析　82
関係性強化機能　50
関係性パラダイム　8
関係性マーケティング（relationship marketing）　709
関係特定的投資　555
観察可能性（communicability）　359
観察法　241, 249
慣習価格（conventional price）　408
完成品物流　610
間接的な環境　117
カントリーリスク（country risk）　122
管理型垂直的マーケティング・システム（administered VMS）　554
関連購買　181
関連樹木法　242
関連販売手法　521
キーグラフ　282
記憶と忘却　468
機関別（制度別）アプローチ　56
企業型垂直的マーケティング・システム（corporate VMS）　552, 553
企業広告　459
企業的マーケティング（managerial marketing）　63
企業ブランド経営　651
企業ブランド名　648
企業ブランド・ランキング　670
企業向けサービス（B to Bサービス）　692
企業名（corporate name）　13
企業目的の決定　82
企業目標　78

記号的価値　737
記述的方法（descriptive method）　240, 261
記述的リサーチ（descriptive research）　241
技術ブランド名　656
季節割引　430
既知の対象間でのスイッチ　171
機能的価値　736
機能的ベネフィット（functional benefit）　12
機能別アプローチ　56
機能別組織　337, 590, 651
規模の経済性（スケールメリット）　14, 402, 542
基本ベネフィット　317
逆細分化（de-segmentaion）　60
客動線　600
キャッシュ＆キャリー（cash and carry）　428
キャッシュ・バック（cash back）　512
キャラクター　637, 642
業界構造　209
業界標準規格　210
共感性（empacy）　713
供給連鎖（supply chain）　20
競合分析　237
業者間の敵対関係（rivalry among existing firms）　215
業種（kind of business）　573
競争上の優位性　209
競争戦略　208
競争的防御的対応　327
競争に基づく価格設定（competition-based pricing）　397, 390
業態開発力　331
共同配送　541
京都議定書　722
共分散構造分析　276
クーポン配布（couponing）　506
クチコミ（WOM：Word of Mouth）　162, 370, 457
クラスター分析（cluster analysis）　220, 281
グラフ理論　282
グループインタビュー（group interview）　242, 284
グレード別の価格設定（price lining）　420
グレーモデル　420, 597

クローズド懸賞（closed premium）　446, 507
クローズドモール　600
クロス・サンプリング　505
クロス集計　261
経営資源　78
計画購入　602
計画購買　181, 601
計画ショッピングセンター（planned shopping center）　587
経験価値マーケティング　635, 735
経験曲線　402
経験財　688
経験モジュール　166
経済性基準（economic criteria）　565
経済的な交換　44
経済のサービス化　126
経済の発展段階説　124
経済パワー（報酬）　568
経済分析（数値管理）　57
継続型出稿　487
継続調査　244
形態の効用（form utility）　48
形態の隔たり　536
景品表示法（景表法）　446
契約（closing）　525, 526
契約型垂直的マーケティング・システム（contractual VMS）　554
契約チャネル　556
軽量級プロダクト・マネージャー（制度）　337
ケース・メソッド　65
ゲートキーパー（gate keeper）　369
劇場アプローチ（theater approach）　701
ゲシュタルト（全体像）　637
決定係数（R2）　276, 277
限界効用逓減の法則　410
原価加算法　391
研究開発のサイクル　721
現金割引　428
権限委譲（empowerment）　711
原産国効果　151
顕示的な消費（conspicuous consumption）　737
懸賞コンテスト（contests）　513
現地化（localize）　728
現地化戦略　349

現地化の段階　728
限定的問題解決（LPS：Limited Problem Solving)　175
限定販売　510
限定品　510
コアサービス　704
コア・ベネフィット（core benefit）　12
コア・ベネフィット・プロポジション（Core Benefit Proposition)　317
交換（exchange）　43
交換パラダイム　8, 43
後期多数採用者　379
広告
　──アローワンス　501
　──活動促進組織（広告代理店、メディア、調査サービス会社）　471
　──活動統制組織（政府、競合会社）　471
　──計画　459
　──宣伝活動（advertising）　6, 453
　──調査　239
　──統計データ　270
　──主（client：広告サービスの購入者）　470, 471
　──の効果測定　479
　──のポイント：4W1H　455
　──の目標　459
交渉機能　541
高速道路交通網　142
交通広告　455, 478
行動主義的消費者理論　183
行動的変数　25
購買意思決定モデル（buying decision model）　162
購買経験率　464
購買行動の分類　181
購買準備段階モデル　162
購買・使用のサイクル　721
購買センター（buying center）　156
購買追随者（フォロワー）　327
後発商品　313
合弁事業（joint venture）　199, 203
広報活動（Public Relations）　456
後方統合（backward integration）　198
小売（retailing）　572
　──業者（retailer）　572

　──業主宰VC　557
　──業態（type of retail operation）　574
　──業の価格戦略　413
　──業の類型（type of retailer）　572
　──店パネル調査　270
　──のサイクル　721
　──プロモーション（retail promotion）　496, 497
　──ミックス（retail mix）　581
考慮集合　166, 171
コーペラティブ・チェーン（協同組合）　557
コーポレートブランド　651
ゴールデンライン　603
顧客
　──維持（リテンション）　7
　──関係性マネジメント（CRM：Customer Relationship Management）　7
　──サービス（custmer service）　610, 696
　──サービスの構成要素　701
　──資産のマネジメント　51
　──心理の7段階　527
　──対応（ワンツーワン）マーケティング　55
　──と市場の創造　7
　──との関係性（リレーションシップ）構築　7
　──にとっての価値（customer value）　393
　──の説得（handling objections）　525
　──へのアプローチ　525
　──満足度（CS）　707
　──満足度指数（CSI）　127, 242, 688
国際業界（global industries）　211
国道16号線文化　134
個人化社会　130
個人サービス　692
コストに基づく価格設定　390
コストの集中　219
コストプラス法（full-cost pricing）　391
コスト・リーダーシップ戦略（overall cost leadership）　209, 215
弧弾力性　394
個別受注生産（BTO：Build to Order）　218
個別調査（面接法、電話法、郵送法）　241
コミケ（コミックマーケット）　739

コミュニケーション活動　454
コミュニケーション手段　455
コミュニティ型SC（CSC）　589
コレクターの世界　737
混合型組織　592
混合形態（plural form）　577
コンサルティング・ファーム　203
コンジョイント分析　237
コンセプト（Concept）　327
コンセプト型SC　589
コンタクト・ポイント　458
コンテスト（contest）　501
コンテナ輸送（containerization）　615
コントロール基準（control criteria）　566
コンビニエンス・ストア（CVS）　581

〈サ行〉

サーバクション（Servuction）　698
サービス（services）　14
　——・エンカウンター（service encounter）　646, 704, 705
　——業の分類　692
　——経験（service experience）　696
　——経済化　685
　——ケープ（servicescape）　705
　——産業　685
　——従事者　696
　——主体の発想（service-based logic）　695
　——主体論（SDL：Service Dominant Logic）　695
　——・スクリプト（service script）　698, 708
　——・スペクトラム（service spectrum）　694
　——生産性向上プロジェクト　127
　——製品（service product）　14
　——提供システムのデザイン　646
　——・ドミナント・ロジック（SDL：Service Dominant Logic）　128
　——の組み立てプロセス（process of service assembly）　700, 701
　——の製品設計　704
　——の設備環境（service setting）　696, 705
　——の提供プロセス　698

　——のトライアングル　709
　——品質（service quality）　713
　——・ブループリント（service blueprint）　698, 708
　——分類マトリクス　693
　——保証（service guarantee）　714–716
　——・マーケティングの7P　700
　——・マーケティング・ミックス（service marketing mix）　700
再購買率　464
在庫管理（inventory control）　613
在庫保管機能　48, 542
再生知名ブランド　662
最適在庫量（EOQ：Economic Order Quantity）　613, 614
最適刺激水準（OSL：Optimal Stimulation Level）　173
サイト選択　583
再発注率（リピート店舗）　321
再販売価格維持（resale price maintenance）　439
再販売業者　156
細分化変数（segmentation variables）　25
財務機能　542
採用（adopt）　728
採用遅延者　379
採用と模倣の段階　728
サブブランド　656
サブブランド化戦略　648
サプライチェーン・マネジメント（SCM：supply chain management）　609
差別価格　434
差別化戦略（differentiation）　209, 218
差別化の集中　219
差別化ポイント（points of difference）　20
差別化マーケティング（differentiation）　27
差別的優位性　209
参加者（participants）　700, 701
産業購買者　156
産業財　156
産業組織論的アプローチ　208
参照点（reference point）　409
3段階チャネル（three-level channel）　549
産地加工　744
参入順位とタイミング　311

参入戦略（entry strategy）　310
サンプリング（sampling）　504
参与観察　242
シーズの応用　314
仕入れ（purchasing, buying）　157
ジェネリック・キャンペーン　193
時間差別価格　437
時間帯による価格差別　437
時間的な効用（time utility）　47
時間的な隔たり　535
色彩（color）　637, 639
事業拡大マトリックス　191
事業コンセプト　19
事業の定義　207
事業の範囲　207
事業評価の手法　205
事業フランチャイズ（business franchising）　203
事業ブランド名　648
事業領域（business domain）　11, 22
シグナリング効果　406
刺激（stimulus）　165
刺激反応パラダイム　8, 10, 43
刺激反応モデル（S-Rモデル）　164
試行可能性（divisibility）　359
嗜好の変化　171
自己実現の欲求（self-actualization needs）　176
自己精算方式（セルフ・リキデーション、セルリキ）　508
自己表現的価値　737
自己表現ベネフィット（self-explicated benefit）　12
事実上の標準（デファクト・スタンダード）　210, 402, 444
自社内ブランドの競合（カニバリゼーション）　236
市場（market）　45
　──開拓（market development）戦略　194
　──機会の発見　309
　──機会の分析　78
　──構造分析（market structure analysis）　237
　──構造モデル　237
　──細分化（market segmentation）　24

　──浸透価格（market penetration price）　402
　──浸透価格戦略　389
　──浸透（market penetration）戦略　192
　──セグメント（market segment）　24
　──創造型の製品　301
　──創造活動　7
　──調査（market research）　6, 239
　──導入（launching）　326
　──取引（market transaction）　45
　──反応分析モデル　327
　──分散型業界（fragmented industries）　209
システム化戦略　690
システム・ダイナミックス　282
事前アプローチ（preapproach）　525
事前購入回遊運賃（APEX：Advance Purchase Excursion Fares）　439
事前テスト法（評価モデル）　323
事前テストマーケット　246
事前テストマーケットモデル（pre-test market model）　384
事前テスト予測モデル（ASSESSOR）　384
持続的な競争優位性（SCA：Sustainable Competitive Advantage）　20
自尊・尊厳の欲求（esteem needs）　176
視聴質（Qレイト）　482, 483
視聴率（Rレイト）　483
視聴率調査　270
実演販売（demonstration sales）　500
実験法　241
実勢価格にしたがう価格設定（imitative price）　397
質的尺度（Qレイト＝好意度）　483
室内実験　241
質問紙法（questionnaire design）　241, 250
質問法　241
指定再販商品　441
自動化収集法　241
シナジー効果（相乗効果）　197
品揃え（assortment）　595, 596
品揃えの幅（breadth of assortment）　596
品揃えの深さ（depth of assortment）　596
島陳列（island display）　499
社会貢献プレミアム・キャンペーン　518

社会構造　129
社会的欲求（affiliation needs）　176
ジャストインタイム物流　617
社内ベンチャー組織　199
重回帰分析（multiple regression analysis）　276
自由回答形式（FA）　253
集合調査（集合面接、集団面接）　241
習熟（Adept）　728
習熟と創造の段階　728
収束モデル　385
集中型マーケティング（focusing）　25
集中出荷　487
集中戦略（focus）　209, 219
集中貯蔵機能　542
重量級プロダクト・マネジャー（制度）　337
自由連想　373
主成分分析（principal component analysis）　278
出所表示機能　622
需要確定戦略　691
需要シフト戦略　691
需要に基づく価格設定　390
需要の完遂（demand fulfillment）　6
需要の創造（demand creation）　6
需要ポテンシャル　584
純粋形態（pure form）　577
準組織（quasi-organization）　198
仕様（スペック：specifications）　14
商業（commerce）　53
商業地区（unplanned buisness district）　587, 588
商業統計　579
状況分析　82
条件購買　181
商圏分析（trade area analysis）　583
試用者　386
使用状況の違い　171
小商圏フォーマット　587
上層吸収価格（skimming price）　400
上層吸収価格戦略　389
情緒的価値　737
情緒的ベネフィット（emotional benefit）　12
衝動購買　181, 499
商取引促進機能　49

商人（merchant）　46, 47
消費者
　——関連データ　269
　——共同体（consumer cooperative）　561
　——行動のプロセスモデル　161
　——行動論　160
　——志向（消費者視点）　57
　——市場（consumer market）　52
　——使用テスト　241
　——情報処理モデル　167
　——知見（consumer insight）　160
　——調査（consumer research）　239
　——調査パネル　242
　——の価格反応　237
　——の行動変化　169
　——のモデル化　318
　——パネル調査　270
　——向けサービス（B to Cサービス）
　——向けプロモーション（consumer promotion）　496, 504
消費の意味論　736
商標（trade mark）　12, 626, 640
商標法　626
商品（merchandise）　12, 13
　——売場部門別組織　590
　——開発会議　314, 320
　——関連データ　269
　——構成グラフ　250, 421, 597
　——の3類型　57
　——の説明　526
　——の提示と説明（presentation and demonstration）　525
　——部　592
　——ブランド（product brand）　649
　——ブランド名　648
　——別アプローチ　56
　——ライン　596
情報
　——技術の革新　141
　——機能　537
　——集約機能　542
　——処理モデル（S-O-Rモデル）　164, 166
　——探索機能　49
　——の非対称性　532
　——パワー（専門知識）　569

──武装営業　532
──流　536
──を収集する目的　171
静脈系　720
消滅性（Perishability）　688, 691
正面攻撃　225
商流　536
初期購買者（trial user）　158
初期少数採用者　379
初期配荷率（トライアル率）　321
初期反復購買者（repeater）　158
食品供給システム（フードシステム）　749
食品スーパー（SM）　581
書類の翌朝配送サービス（overnight document delivery service）　143
ショルダーコピー　333
新規参入業者の脅威（threat of new entrants）　214
真空市場　310
ジングル（jingle）　637, 641
新興業界（emerging industries）　210
人口統計学的（デモグラフィック）変数　25
シンジケート・データ　270
新市場創造型商品（MIP：Market Initiative Product）　297, 313
新製品コンセプト　316
新製品の開発期間　330
新製品の開発スペクトラム　331
新製品の開発プロセス　305
人的な媒体　524
人的販売（personal selling）　457, 524
人的販売の4段階　527
シンボル　637
信用財　689
信頼性（reliability）　714
心理的な価格付け（psychological pricing）　405
心理的なポジショニング　317
心理的変数　25
スイープ・ステークス（sweepstakes）　507
衰退業界（declining industries）　211
垂直的マーケティング・チャネル（vertical marketing channel）　551, 724
垂直統合（vertical integration）　198
スイッチ栄養製品　332

水平統合（horizontal integration）　198
数量的な分析法（quantitative methods）　57
数量割引　428
スキャナー・データ　274
スクリーニング作業　256
スタイル　637
スタビライザー機能　528
ストア・クーポン　506
ストッキング・ポイント（在庫場所）　535
スペシャリティセンター　589
スモールワールド実験　371
スローフード　682
生活カレンダー　284
生活シーンデータベース　284
生協　581
制限された合理性（bounded rationality）　168
生産・流通のサイクル　721
成熟業界（matured industries）　210
製造業者（manufacturer）　572
生存・生理的欲求（physiological needs）　176
精緻化見込みモデル（elaboration likelihood model）　168
製販統合型のマーケティング・システム　743
製販統合型モデル　20
製販分断型　743
製品（product）　12, 13, 28, 191, 701
──開発　296
──開発（product development）戦略　195
──開発組織　334, 337
──開発プロセス　330
──開発力　331
──改良　195
──化技術　321
──カテゴリー（product category）　13
──市場グリッド　191
──／市場成長マトリックス　191
──市場戦略　68
──戦略（商品政策）　29
──テスト　246
──のデザイン　315
──の出所（product identification）　519
──の特徴・属性（product feature/attribute）　12

――の普及パターン　381
――のポジション（product positioning）316
――保護機能　519
――マーケティング　53
――要因　467
――ライフサイクル理論　57
――ライン（product line）　420
――ラインの拡張（line extension）　195, 656
制約条件の変化　171
セーフガード　121
セールス・プロモーション：SP（Sales Promotion）　492
セールス・プロモーション活動　453
セグメンテーション（segmentation）　24
セグメント（segment：顧客グループ）　15
接客　524
接触機能　541
セット価格　426
セミセルフ方式　523
セルフサービス（self service）　522
セレクト型のMD　599
セレクトショップ　528
ゼロ段階チャネル（zero-level channel）　543
前期多数採用者　379
選好　318
選好モデル　385
潜在顧客（potential buyer）　158
漸進的イノベーション（incremental innovation）　363
全体取引数の削減　537
選択　318
選択式回答形式　253
選択的チャネル（selective distribution）　563
宣伝広告機能　622
鮮度保証販売　716
先発優位　311
前方統合（forward integration）　198
専門品（specialty goods）　57
戦略グループ（strategic group）　209
戦略市場計画（strategic market planning）　76
戦略的事業単位（SBU：Strategic Business Unit）　204, 205
戦略的マーケティング（strategic marketing）　42
戦略的マーケティング計画　76
相違点連想　664
想起購買　181, 499
想起集合　463
総合スーパー（GMS）　581
倉庫保管業務　612
創造（Invent）　728
相対的な有利性（relative advantage）　358
増量キャンペーン　496
増量パック（price-pack deal）　509
ソーシャル・マーケティング　724
ゾーン運賃制　436
即時型SP　514
即時値引き型　517
即時付加価値型　517
側面攻撃　227
組織購買者　156
組織取引（organizational transaction）　45
組織パワー　569
その他助成機能　541
その他専門店（SP）　581
ソフトメリット　275
損益分岐点（Break Even Point）型設定法　391, 392
損失（loss）　409

〈タ行〉

ターゲティング（targeting）　25, 461
第一想起ブランド（top-of-mind brand）　662
大規模小売店舗法（大店法）　70
大規模小売店舗立地法（大店立地法）　70
体験型商品　501
対象顧客による分類　692
代替品・サービスの脅威（threat of substitute products or services）　214
代理店（advertising agency：広告業界における仲介者）　473
ダイレクトモデル　544
多角化（diversification）戦略　196
多数採用者　378
多段階抽出法　255
棚割りの法則　603
ダブルブランド　648

単一回答（SA）　253
短期記憶　468
談合　443
探索的リサーチ（exploratory research）　241
単純集計　261
単独店（isolated store）　587
ダンピング（dumping）　450
地域関連データ　269
チーム・マーチャンダイジング　555
チェーンストア（chain store）　572
チェリーピッカー　498
知覚品質（perceived quality）　645, 663, 713
知覚マップ（perception map）　316
知覚モジュール　166
地球市場の同質化　139
馳名商標　664
知名度（awareness）　661
チャイナクロス　292
チャネル（place）　28
チャネル組織の諸類型　551
チャネル評価基準　565
チャレンジャー企業　226
チャレンジャーの戦略　226
チャンスロス　417
注文処理　611
超細分化（hyper-segmentation）　60
調査会社　253
調査仮説　243
調査課題　243
調査サービス会社（research suppliers）　475
調査情報仲介機能　539
調査設計の手順　250
調達（procurement）　157
調達物流　610
重複型　340
直接的な環境　117
直接的な理由での行動変化　171
直販システム　19
著作物（法定再販商品）　441
チラシ広告（flyer）　500
地理的な価格差別　435
地理的な変数　25
陳列アローワンス　501
追随者　382
提案（propose）　49

ディーラー　147, 563
提供サービス　17
定型的問題解決（RPS：Routine Problem Solving）　175
提携販売組織　19
提携ブランド　648
ディスカウントストア　581
定性調査（qualitative research）　240, 242
定性的な手法　240
ディフュージョン宣言！　530
定量調査（quantitative research）　240, 241
定量的な手法　240
データ　235
データ・クリーニング　258
テーマ性　637
テーマセンター　589
適応（Adapt）　728
適応化の段階　728
適応的模倣　67
適応と革新の段階　728
適合機能　541
適合性基準（adaptive criteria）　566
てこ作用　644
デザイナー（DESIGNER）　323, 384
テスト・マーケティング（test marketing）　324, 383
デファクト・スタンダード（事実上の標準）　210, 402, 444
デモグラフィック特性　262
点弾力性　394
店頭観察調査　241
店頭観察法　249
店頭実験　241
伝道者（advocator）　158
伝統的な営業のスタイル　528
伝統的マーケティング・チャネル（conventional marketing channel）　551
店頭プロモーション　606
店頭マーケティング（in-store marketing）　494
店頭マーケティング研究　181
店内での滞在時間　600
電波メディア（broadcast media）　456
伝播力　356
店舗環境　606

763

店舗小売業（store-based retailer）　572
店舗デザイン（store design）　13
店舗別（組織別）組織　590
店舗ミックス　590
同一地域同一運賃　440
同化作用　171
同期化戦略　690
動機づけとメンバーの統制　568
統計分析　235, 261, 275
統合的成長戦略（integrative growth strategy）　198
統合の方式（mode of integration）　552
投資環境　122
同時性（Simultaneity）　688, 689
同質化戦略　690
統制　78
動線調査　241
動脈系　720
登録商標　664
ドーフマン・スタイナーの定理　396
ドキュメント翌日発送システム　616
独自性（uniqueness）　20
独自のテーマ性　631
独占禁止法の適用除外制度　440
特売商品（loss leader）　422
特別出荷（special ship）　502
特別陳列（special display）　499
特別版（special edition）　496
独立店（independent）　572, 576
時計回りの法則（番組ヒットの法則）　484
都市化　133
都心への回帰　133
特許法　626
ドミナント出店戦略　559, 561
ドミナント戦略　194
共食い（カニバリゼーション）　236
トライアル購買　326
トライアル率　326
トライアル・リピート法　320
トライアル・リピートモデル　385
トライアングル型出稿　488
トラッカー（TRACKER）　386
ドラッグストア（DGS）　581
取引（trade）　53
取引（transaction）　44

取引コスト・パラダイム　453
取引仲介業者（trader）　46
トレードマーク（商標）　640
問屋不要論　537

〈ナ行〉

内部開発（internal growth）　199
内部志向　179
内部データ（internal data）　269
内部マーケティング（internal marketing）　460, 646, 710
ながら視聴　468
ニーズ（needs）　11
ニーズの検索　525
2階建て理論　651
二次商圏　587
二次データ（secondary data）　234, 269
2者間交換（two-person exchanges）　45, 46
二世帯消費　136
偽ブランド品　407
2段階チャネル（two-level channel）　548
2段階抽出法　255
日式マーケティング　71
ニッチ戦略　210
ニッチャー企業　228
ニッチャーの戦略　228
日配品（daily goods）　596
日本型スーパーストア　572
日本的なマーケティング　68
日本の消費文化　140
日本版顧客満足度指数（J-CSI）　688
日本版VALS　180
入札価格設定（bid pricing）　398
入店率　259
認知的不協和理論（Cognitive Dissonance Model）　177, 377
認知率　319
ネイバーフッド型SC（NSC）　589
ネーミング（naming）　638
値ごろ価格（reference price）　406, 408
値ごろ感　420, 421
ネット広告　455
ネットワーク・グラフ　282
ネットワークの経済メリット　748
ネットワーク・ハブ　371

値引き（discount）　498
値引き型SP　516
農産物輸出プロジェクト　127
ノード（在庫地点）　609
延べ視聴率（GRP）　481
のれん代　645
ノン・セグメンテーション戦略　25

〈ハ行〉

バース・モデル（Bass Model）　380
パーセプション　318
パーソナリティ　637
パーソナルメディア（one to one media）　456
ハードメリット　275
配荷率（累積導入店舗）　321
排除勧告　440
媒体（media：広告サービス提供者）　474
媒体計画　459
媒体接触　270
排他的チャネル（exclusive distribution）　563
売買機能　537
配分モデル　584
ハイ・ロウ価格戦略（hi & low pricing strategy）　416
派遣店員　503
場所的効用（place utility）　48
場所的な隔たり　536
端数価格（odd price）　405
派生的な理由での行動変化　170
派生ブランド（子ブランド）　648
パッケージ（package）　13
パッケージング（packaging）　519
発展的問題解決（EPS：Extended Problem Solving）　175
花形（star）　205
ハブ＆スポーク理論（hub & spoke theory）　143, 616
パフォーマンス（P：Performance）　327
ハフモデル（Huff model）　584
パブリシティ（publicity）　456
バラエティシーキング理論　172
バラピッキング　17
バリュー価格戦略（value pricing strategy）　414
バリュー・チェーン（価値連鎖）　220
パルシング型出稿　487
パレット化（palletitization）　615
ハワード-シェス・モデル　174
パワーブランドの7つの法則　630
範囲の経済メリット　748
番組終了の法則　487
販促　492
反ダンピング税　450
バンドル（bundle）　172, 511
バンドル販売（bundling）　511
反応（response）　165
反応性（responsiveness）　714
販売（sales）　53
　——管理（sales management）　62
　——経路　17
　——助成（dealer helps）　502
　——促進活動（SP：Sales Promotion）　6, 492
　——組織　17
　——代理権　203
　——データ　314
　——に関連した流通機能　540
　——方法　17
　——予測　320
非営利組織（non-profit organization）　7
非営利組織のマーケティング（marketing for non-profit organization）　42
非計画購入　602
非個人サービス　692
非差別化マーケティング（un-differentiation）　25
ビジネス・ロジスティクス（business logistics）　609
非人的な媒体（陳列、POP広告など）　524
ビッグマック指数　678
引っ張り型（プル型）　545
ビデオグラフィー　284
非分離性（inseparability）　689
百貨店（DP）　581
百貨店法　70
評価モジュール　166
表現計画　459
表示の仕方　449

標準化（Standardize）　728
標準化移転　726, 729
標準化係数　276
標準化の段階　728
表層機能での差別化　218
標本抽出法　254
非連続的イノベーション（discontinuous innovation）　359
非連続的な製品開発フロー　339
品質管理手法　68
品質水準（quality standard）　14
品質保証機能　622
品質保証戦略　689
ファスト風土化　134
ファッド（fad）　381
フィールド観察調査　284
フェースシート項目　253
フェスティバルセンター　589
フォト収集法　284
フォローアップ（follow-up）　525
フォロワー企業　228
フォロワーの戦略　228
付加価値型SP　516
不可視的環境　697
普及の速度　356
複雑性（complexity）　359
複数回答（MA）　253
複数使用者　171
複数ニッチ戦略　230
複数の用途　171
付帯サービス　704
復活の普及パターン　381
物的な環境（physical evidence）　700, 701
物的流通（physical distribution）　6, 608, 609
物流　536, 609
物流機能　541
物流・保管機能　537
不当表示　447
不当廉売　445
プライスポイント　597
プライスリーダー（価格主導者）　397
フライティング型出稿　487
プライベート・ブランド（private label）　628
ブラインドテスト　247

プラットフォーム・ビジネス　19
フランチャイジー（Franchisee、加盟店）　203, 557, 577
フランチャイズ・チェーン（FC：Franchise Chain）　557, 577
ブランディング（branding）　51, 628
ブランド（brand）　12
――移転　732
――・イメージ調査　667
――架橋戦略（ブリッジング）　654, 655
――隠し戦略　654
――拡張（brand extension）　656
――拡張戦略　648
――価値測定　666
――価値評価　667
――活用コンパス　648
――活用戦略　648
――管理　650
――・キャラクター　642
――結束戦略（バンドリング）　654
――資産要素　664
――選択　181
――選択理論　57
――戦略　648
――知名率　464
――提携（co-branding）　654
――提携戦略　648
――のアイデンティファイア（identifier）　628
――の階層性　642
――の価値　646
――の加齢効果（aging effect）　661
――の起源　626
――の構成要素　636
――の資産価値（brand equity）　661
――の2階建て構造　642
――評価　666
――変更　181
――・マーケティング　59, 70
――・マネジメント　628
――要素（brand elements）　628, 636, 637
――連想（brand associations）　645, 663
――・ロイヤリティ（brand loyalty）　663
フリー・イン・ザ・メール　508
フリーケンシー（frequency）　480

フリーケンシー分布（接触頻度分布） 481
フリースタンディング立地 587
フリー・バンドリング（free bundling） 512
プリテスト（パイロット・サーベイ） 253
プリテスト・マーケット・モデル（pretest market model） 323
ブルー・オーシャン戦略 310
フルコスト原理 391
フルサービス 523
フルフィルメント（商品の受注から配送までの一連の活動） 608
フルライン戦略 27
プレミアム（premiums） 494
プレミアムSUV（Sport Utility Vehicle） 411, 413
プレミアム・キャンペーン 494
プレミアムグッズ（おまけ） 460
プログラム価値マップ 483
プロジェクト実行チーム 338
プロシューマー 341
プロスペクト理論（prospect theory） 409
プロセス 701
プロダクト・ポートフォリオ・マネジメント（PPM：Product Portfolio Management） 203
ブロック・マネジャー 592
プロフィール分析 262
プロモーション（promotion） 28
プロモーション機能 540
分散出稿 487
分子モデル 695
分析的方法（analytical method） 240, 241
分離価格（two-part pricing） 425
平均フリーケンシー（平均接触回数） 481
並行的な開発フロー 340
便益（ベネフィット：benefit） 11
便益の束 699
変更障壁（switching barriers） 209
ベンチャー組織 338
変動性（Heterogeneity） 688, 690
返品制 551
貿易規制 121
放送広告 455
ポートフォリオ分析 82, 205
ホームセンター（HC） 581

母系消費（妻方近接居住） 135
ポジショニング（Positioning） 27, 316
ポジショニング・マップ（positioning map） 27, 236
母集団（population） 254
ポストモダン消費行動論（postmodern theory of consumer behavior） 184, 733
ホテル・ランキング 670
ポパイ／デュポン研究 602
ボランタリーチェーン（VC：Voluntary Chain） 556, 577
本質的な機能での差別化 218
本部（フランチャイザー） 203, 557, 577

〈マ行〉

マーケットシェア・モデル 319
マーケットニーズ 314
マーケット・リサーチ（market research） 239
マーケティング（marketing） 6
　——意思決定モデル（marketing decision model） 235
　——移転の4P 727
　——移転モデル 727
　——・インテリジェンス（marketing intelligence） 235
　——概念（marketing concept） 42, 61
　——革新 67
　——技術の移転 64
　——機能戦略 76
　——近視眼（marketing myopia） 7
　——計画 76, 78
　——計画の作成 82
　——行為の遂行プロセス 49
　——国際化 68
　——・サイエンス 65
　——・サイクル 722
　——志向（marketing orientation） 42
　——・システム 720
　——戦略 78
　——戦略プログラムの評価 84
　——・チャネル（marketing channel） 561
　——という現象（marketing phenomenon） 42
　——の考え方（marketing thoughts） 42

――の技術移転　725
――の現地化　729
――の定義　6
――の発展史　41
――の方法　53
――の理論　55
――発想法（marketing thoughts）　7
――変数データ　269
――・マネジメント（marketing management）　5, 62
――・ミックス（Marketing mix）　28, 321
――・モデル（marketing models）　282
――・リサーチ（marketing research）　235
――論的な競争対応　224
マーチャンダイジング（merchandising、MD）　595
マーチャンダイジング計画　596
マイクロ・マーケティング（micro marketing）　55
マクロ移転　728
マクロ的な要素　636
負け犬（dog）　205
マスターブランド（親ブランド）　648
マス媒体　475
マス・マーケティング（mass marketing）　47
マスメディア（one to many media）　455
マズローの欲求階層論（hierarchy of needs model）　176
マッチング機能　49
マテリアル・ハンドリング（作業）　612
マドリード協定議定書（マドリッド・プロトコル）　664
マルチモード輸送（piggy bag）　615
味覚実験　247
ミスド・キャンペーン　495
ミクロ移転　728
ミクロ的な要素　636
見込み客（prospect）　158
見込み客の発見（prospecting and qualifying）　525
ミステリー・ショッパー法　711
未知の対象に対する興味　171
ミックス・マッチ（mix match）　512
ミッション・ステートメント（mission statement）　23
3つの隔たり（gap）　535
魅力度　356
ムーアの法則（Moore's Law）　360
無形性（Intangibility）　688, 714
無形性の程度による分類（Shostackの分類）　694
無作為抽出法（random sampling）　254
無店舗小売業（non-store retailer）　572
無料お試しセット　505
メーカー希望価格　413
メーカー・クーポン　506
メーカーブランド（manufacturer's brand）　628
メガブランド　60
メガブランド化戦略　648
メッシュ　583
メディアプランニング　465
モーダル・チョイス（modal choice）　615
モックモデル　323
モデル　235
モデルチェンジ　195
モデル分析　261
モニタリング（monitoring）　506
モノグラム　660
モノ主体発想（goods-based logic）　695
モノ商品のサービス化　646
模倣（Imitate）　728
模倣戦略　227
模倣の定数（クチコミの影響度）　382
最寄り品（convenience goods）　57
問題解決型の営業スタイル（ソリューション営業）　531
問題児（question mark）　205

〈ヤ行〉

薬事法　195, 440
野菜と環境に関する調査　243
有機JASマーク　263
有形化戦略　689
ユーザーニーズ　314
有店舗小売業（brick and mortar retailer）　572
輸出マーケティング　67
輸送技術の革新　142

輸送機能　48
輸送方式　615
ユニークな連想（差別化ポイント）　663
ユニバーサル・カー　55
要素技術のブランディング　656
要素のブランド化（branded ingredients）　655
洋風化（融合／折衷文化）　138
予想シェア　319
欲求（wants）　11
4大媒体　456

〈ラ行〉

ライセンス契約（licensing）　199, 203
ライフサイクル・マネジメント　327
ライフスタイル研究　176
ラグビー型　330, 340
ラッピング広告　479
ラベル（brand name）　12
リージョナル型SC（RSC）　589
リーダー企業　224
リーダーの戦略　224
リーチ（reach）　480
リーチのシステム　465
リサーチ組織の構成　245
リサーチの環境条件　244
リサーチの実施段階　255
リサーチの準備段階　243
リサーチの設計段階　246
リサーチの分析段階　261
リスク負担機能　542
理想型　330
立地　583
利得（gain）　409
理念ブック　690
リピート購入者　386
リピート購入率　385
リピート購買　326
リピート率　321, 326
リベート（販売支援金）　444, 501
流通（distribution）　53
　——革命論　66, 537

——加工　48
——業者向けプロモーション（trade promotion）　496
——チャネル（marketing channel, distribution channel）　535, 561
——チャネルの階層性　543
——調査　239
——の諸機能　539
——の多段階性　542
——フロー　536
留保価格（reservation price）　410
利用可能性（配荷率）　319
量販グレード　420
リレー型　330, 340
リンク（モノの移動）　609
類似点連想　664
類似度（非類似度）　281
ルートセールス　531
歴史的アプローチ　65
連携（alliance）　198
連想語　372
連続的イノベーション（continuous innovation）　360
ロイヤル顧客（loyal customer）　158
ロイヤルティ　558
ローテク3F（スリーエフ）産業　366
ロールプレーイング　690
六次の隔たり（Six degrees of separations）　371
ロゴ（マーク）（logo）　637, 640
ロジスティクス（business logistics）　6
ロジャーズ・モデル（Rogers model）　378
路面店　588
ロングセラー　307
ロングセラーの法則　485

〈ワ行〉

わけあって安い　635
ワンストップショッピング機能　20, 539
ワンツーワン・マーケティング　27
ワン・プライス・ショップ　597

企業・ブランド名索引

〈欧文〉

100%果汁　348, 352
1l for 10l　518
20%果汁　345, 348, 352
3M（スリー・エム）　339
A&P　52, 54, 59
ABCクッキングスタジオ　697
ACA（構造計画研究所）　237
ACR（Association for Consumer Research）学会　734
ACR調査（ビデオリサーチ）　270, 271
Ad生（アド生）　247
AMA（全米マーケティング協会）　5, 8
AMD　400, 444
ANAマイレージクラブ　515
AOKI　134
au　372
Baby-G　193
Baleno　3
BMW　397, 411, 506
BMW X5　413
BOSS　638
Bossini　3
B-Rサーティワンアイスクリーム　495
CFS　134
CGCジャパン　557
CHOYA　641
Consumer Culture Theory（CCT：消費文化理論）　734
DELICA rf-1　730, 731
DHC　91, 92, 94–96, 108
DHL　616
DCM Japanホールディングス　202
docomo　372
EASTBOY　193
EASTBOY family　193
ENEOS　516
EOSN　512
FedEx（フェデラルエクスプレス）　143, 609, 616, 617
FIRE　295

GAP　3, 28, 39, 548, 743
GE（ゼネラル・エレクトリック）　204, 205, 329
GOA　656
GOAキャンペーン　656
G-SHOCK　193
g. u.（ジー・ユー）　2
H&M（ヘネス&モーリッツ）　548, 588, 743
H. I. S　228
IBM　329
iBook　440
iMac　440, 563, 566
InfoPlant　372
iPod　131, 214
iTunes　214, 566
iTunes Music Store　358, 359
IXY　663
JALマイレージバンク　515
Jeanswest　3
JMA（日本マーケティング協会）　5, 10, 11
JNTO（日本政府観光局）　508
JR東日本　199, 200, 338
JR東日本ステーションリテイリング　201, 338
JTB　225, 226, 247
Jハニー　16
Jリーグ　699
K100　512
KGC（国分グローサーズ・チェーン）　557
KKR　629
LAギア　632
Let's note　219
MGS　638
match.com　49
Meters/bonwe　3
Microsoft Internet Explorer　445
MPSジャパン　243, 250
MUJI　635, 664, 665
NEC　226, 429, 546
Nescafe　140
Net Scape　445
NEXT　3
NHK　279, 281

NINTENDO DS　140
NTTドコモ　400, 401
Oisix（おいしっくす）　220
"PlayStation 2" FINAL FANTASY XII PACK　423
Q10AAプラスバイタル　107
R&F++（リーチの予測システム）　465
RF1　730–732
RJRナビスコ　629
SELEQLO　2
SHOP99　405, 406
Shufoo!　500
SOYJOY　332, 502
Taster's Choice　140
TBS　279, 281
TSUTAYA　516
Tu-ka　372
T型フォード　55
UPS　616
VAIO　644
Vodafone　372
VRレンズ　512
Wii　140
WiLL VS　323
WiLLプロジェクト　323, 338
XEROX　638
Yahoo BB！　402, 403
YKK　664, 665
ZARA　548, 555, 743
Zone Body　656

〈ア行〉

アーム・アンド・ハマー　192
アイスタイル　160
アイボリー石鹸（Ivory soap）　52, 627
アイリスオーヤマ　314, 320, 322, 326, 336, 337, 339
アウディ　146, 149
青山商事　35
青山フラワーマーケット　520, 521
赤モス　554
アクエリアス　247, 731
アグファ　640
アサツーディ・ケイ（ADK）　474
朝日新聞　477

アサヒビール　119, 218, 338, 362, 541
味千ラーメン　154
味の素　21, 67, 555, 666
アスクル　6, 17–20, 23, 29–31, 617
アズダ　630, 716
アスペジ　3
アスロンチップ　400
アタック　218, 296–298, 301, 309, 317, 498
アットコスメ（@cosme）　160, 370
アップル　215, 358, 440, 519, 563, 566
アディダス　632
アトレ　588
アフターヌーンティー　204
アマゾン　133
アミノサプリ　295, 346, 354
アリエール　498
アルバートハイン　630
アルビオン　541
イオン　127, 547, 579, 748
イオングループ　556, 598
イケア　547
伊勢丹　150, 664, 732
一太郎　424
一番絞り　362
一汽豊田汽車有限公司　146
伊藤忠商事　37
イトーヨーカ堂　9, 67, 68, 152, 547
インターブランド　667, 669, 670
インテージ　270–273
インテル　360, 400, 401, 445, 655, 656
インプレスニューヨーク　38
ヴァージン・グループ（Virgin Groupe）　657
ヴァージン航空　657
ウィスパー　319, 320
ヴィッツ　218, 420, 421
ウィンダム　654
ウエイトローズ　597
ヴェロッサ　114
ヴォイス　146
ウォークマン　21, 332, 566, 635
ウォルトディズニー　630
ウォルマート　34, 389, 414, 415, 547, 578, 630, 743
エイベックス　247, 248, 249
栄養いきいき真空チルド　196

771

エキュート（ecute）　200, 588
エキュート・プロジェクト　200, 588
エクセル　210, 424
エコマーク　263
江崎グリコ　23, 307, 308, 338, 638
エスティローダー・グループ　88
エチカ　588
エディオン　580
エピ　660
エビス　642
エフティ資生堂　319
エムケイ　440
エリス　319, 320
エルメス　406, 626
エレファントデザイン　341
お〜いお茶　662
オークネット　45
大倉陶園　544
大塚製薬　20, 23, 92, 247, 307, 330-334, 494, 502, 622
オートバックス　35
オールアバウト（All About）　369
オールズモビル　633, 634
オデッセイ　361, 362
大人の休日倶楽部ジパング　435
大人の休日倶楽部ミドル　435
オフィス・シリーズ　424
オマケ総研　517
オリックスグループ　513

〈カ行〉

カイエン　413
カインズ　134, 416
花王　23, 31, 67, 88, 138, 218, 296-301, 307-309, 317, 319, 325, 338, 498, 541, 567, 645, 652-654
花王ソフィーナ　325
ガクタビ　225
カシオ計算機　193
ガスト　325, 507, 516, 524, 701
カスミ　599
カネカ　103
カネボウ　88
カネボウ化粧品　67, 228, 541, 652
カムリ　147
カラクリン　312

カルティエ　626
カルピス　638
カルフール　547, 548, 578, 630
カローラ　112, 146, 149, 307
カロリーメイト　332
関西電力　391
カンターチハンドスプレー　312
聞茶　295, 346, 354
キッコーマン　139
キットカット
キャデラック　55
キヤノン　307, 308, 512, 663, 671
九九プラス　406
キユーピー　555
共栄会　567
キリン一番搾り　643
麒麟淡麗　643
キリンビール（麒麟麦酒）　197, 346, 349, 362, 363, 541, 643
キリンビバレッジ　227, 292, 293, 295, 322, 334, 346, 347, 349, 351, 541
キリンラガー　643
近畿日本ツーリスト　338
クイックルワイパー　296, 297, 299, 300
グーグル　630, 672
空想生活　341
空想無印　341
クエイカー・オーツ　332
グッチ　407
クライスラー　726
クラウン　112, 146, 147
グラシア　16
クラフトフーヅ　629
グランスタ　588
グランド・メトロポリタン　629
グリーンレーベルGLR　530
クリザール　716
クリスピー・クリーム・ドーナツ　697
クレスタ　114
クロムハーツCH　530
ケイ・ウノ　222, 223
経済産業省　573
ゲータレード　332
ケーヨー　134
ケロッグ　67, 88

ケンタッキーフライドチキン　325, 642
公正取引委員会　447, 508
コエンザイムQ10AA　1, 75, 76, 84, 86, 90, 98–105, 108, 269, 271, 321, 326, 369
コースター　146
コーセー　67, 88, 541
コーチ　660
ゴールドブレンド　307
コカ・コーラ（コーク）　12, 52, 54, 59, 68, 140, 227, 247, 293, 309, 347, 509, 559, 627, 630, 641, 655, 662, 726, 727, 729
ごきぶりホイホイ　638
国分　549, 557
コクヨ　338
午後の紅茶　292–295, 322, 345, 350–353
コジマ　446, 580
コスメ物流フォーラム21・共同化推進室　541
コダック　639
コナカ　134
コニカ　640
コニカミノルタ　640
コミュニティ・ストア　557
コメリ　587
コルザ　16
コロナ　112, 643
コロナマークⅡ　112
コントワー・デ・コトニエ　3
コンラッド　707

〈サ行〉

再春館製薬所　505
サイゼリヤ　546, 744
サウスウェスト航空　217
サウスランド　68
サカタのタネ　302
サザビー　635
サザビーリーグ　204
サッポロ黒ラベル　642
サッポロビール　642
サッポロ〈芳醇生〉ブロイ　642
サフィニア　296, 297, 302–305, 309
サブウェイ（SUBWAY）　577
ザ・プレミアム・モルツ　732
三基商事　92
三四郎　424

サンスター　67, 540
サントリー　92, 197, 247, 296, 297, 302, 304, 305, 307, 309, 541, 732
サントリーフラワーズ　297
三洋電機　229
シアーズ　55, 59
シートゥーネットワーク　630
シェ・パニーズ　730
シェリーコート　30
シグネチャー・ライン　661
資生堂　60–62, 67, 86, 88, 89, 91, 95, 98, 138, 149, 226, 652, 732
資生堂薬品　2, 75, 84, 89, 90, 95, 96, 104, 105, 108, 321
シック　509
シティカードジャパン　230
シネマクラブ　16
シャープ　364
ジャスコ（現イオン）　34, 67
ジャストシステム　424
シャネル　664
ジャパネットたかた　630
上海錦江麒麟（上海キリン）　293, 295, 322, 334–346, 350, 354
上海冷茶　295
純生　247
ジョイフル本田　134
ジョージア　68, 731
ジョナサン　507
ジョルダーノ　2–4, 6, 548, 743
ジョンソン・エンド・ジョンソン　170, 192, 193, 307, 316
ジレット　509
シンガーミシン　54
スーパードライ　119, 218, 362
スーパーパナソニックショップ　564
スカイチーム　516
すかいらーく　325, 507, 701
スカイライン　660
スカイライン・ジャパン　660
スズキ　113
スターアライアンス　515
スターバックス　140, 203, 237, 633–635, 645, 647, 726
ステビア　333

ストアマネジャー　603
スヌーピー　495
スファリ　660
セイコーエプソン　513, 545, 546
セイジョー　134
西濃運輸　642, 689
盛能投資有限公司（Jet Best Investment Limited：JBI）　665
西武百貨店　202, 635
西友（旧西友ストアー）　67, 415, 598, 635
セインズベリー　597, 716
セシール　544
セゾングループ　635
ゼネラル・フーズ　67
ゼネラルモーターズ（上海通用）　146
ゼネラルモーターズ（GM）　54, 59, 122, 127, 153, 726
セフォラ　548
セブン＆アイ・ホールディングス　556, 748
セブン−イレブン・ジャパン　68, 141, 142, 194, 226, 555, 558, 579, 612
全温度チアー　298
繊研新聞　477
センターイン　319
セントラルスポーツ　127
全日空シェラトン大阪　707
全日食チェーン　557
全日本空輸（ANA）　127, 430
爽健美茶　731
ソニー　21, 60, 194, 307, 308, 331, 332, 423, 429, 546, 566, 630, 635, 644, 670, 733
ソニー生命　657
ソフィ　319
ソフィーナ　88, 325, 652−654
ソフィ　はだおもい　321
ソフトバンク　202, 203, 219, 447, 630

〈タ行〉

第一汽車　146
ダイエー　30, 34, 67, 599
大王製紙　138, 319
大正製薬　193, 307, 462
ダイナースクラブカード　220, 230
大日本スクリーン製造　230
ダイハツ　113, 146

ダイヤモンド・フリードマン　579, 580
タイレノール　316
タカラトミー　307
宅急便　142, 616
田谷　691, 709, 710
チェーサー　114
チェーンストアエイジ　502
力水　345, 348, 349, 352
茶舞　295
チョコボール　508
ツヴァイ　49
築地市場ドットコム　544
ツツミ　223
帝国ホテル　707
テクニクス　645
テスコ　547, 578, 597, 630, 716
テフロン　655
デュポン　655
テリオス　146
デル　545, 546
テレビ朝日　279
テレビ東京　279, 281
デンソー　230
電通　152, 474
テンプル　312
トイザらス　547, 638, 680
トイレクイックル　296, 300
東急エージェンシー　474
東京ディズニーランド　427
東京ディズニーリゾート　631
東京電力　391
東京ドーム　427
東京三菱UFJ銀行　655
東芝　63
凸版印刷　500
トップ　297, 498
トップバリュ（TOP VALU）　599
ドモホルンリンクル　505
トヨタカローラ　564
トヨタ自動車　112, 114, 115, 122, 146, 150, 152, 153, 194, 212, 224−226, 229, 236, 307, 323, 330, 337, 338, 397, 420, 421, 473, 553, 564, 630, 643, 656, 671, 727, 733
トヨタ自動車工業　553
トヨタ自動車販売　553

トヨタホーム　657
トラスコ中山　617
虎屋黒川　307, 631
トリニトロンカラー　332

〈ナ行〉

ナイキ　140, 630, 632, 635, 645, 647
ナイキタウン　633
名古屋マリオネットアソシアホテル　707
ナショナル　645
ナショナルショップ　564
生茶　295, 345, 351, 354
ニコン　512
日刊自動車新聞　477
日経広告研究所　270, 493
日経産業新聞　477
ニッコウトラベル　230
日産自動車　196, 228, 229, 656, 727
日産スカイライン　659
ニッポンレンタカー　516
ニトリ　416
日本経済新聞　477
日本航空　438
日本コカ・コーラ　504
日本生産性本部　63, 64
日本たばこ産業　197
日本通運　642, 689
日本テレビ　279, 281
日本電産　230
日本フローラルマーケティング協会（JFMA）　127
日本マクドナルド　23, 397, 518, 577, 622, 624, 676–678
日本リテイリングセンター　249
日本旅行　229
ニューオータニ　707
ニュートラスイート　655
ニュー・パンパース　195
任天堂　140, 671
ネスカフェ　60, 140
ネスカフェ・ゴールドブレンド　631
ネスレ　19, 67, 140, 307, 309, 629, 631
熱さまシート　638
ネットレイティングス　475

〈ハ行〉

ハード＆グリーン　587
パーフェクト　312
バーミヤン　507
ハイアット　707
パイオニア　216, 429
ハウス食品　67, 555
博報堂DYホールディングス　474
パナソニック（Panasonic）　216, 219, 338, 473, 547, 564, 645, 733
花間清源　295
ハニーズ　6, 15–17, 20, 25, 27–30, 259, 260, 599
バファリン　316
バリューセット　622
バンドエイド　307
ハンバーガー大学　676
パンパース　68, 195, 325
ピーチ・ジョン　627
ビームス（BEAMS）　528, 530, 546
ビエラ　662
ピザハット　715
日立製作所　196
ビタミンサプリ　295
ビッグエコー　437
ビッグマック　622, 726
びっくりドンキー　638
ビデオリサーチ　270, 271, 465, 475
ビュイック　55
現代自動車　153, 154
氷結　295
ピルズベリー　629
ファーストキッチン　398
ファーストリテイリング　2, 34, 36, 172, 555
ファイナルファンタジー12　423
ファイブミニ　322
ファッションセンターしまむら　28, 134, 142, 259, 586, 587, 599, 617
ファミリーマート　516, 580
ファンケル　91–96, 108
フィット　149
ブイトーニ　60
フィリップモリス　629
ブーツ　548
フェラーリ　219, 230

フェルゼア　90
フォーシーズンズホテル　406, 707
フォード　52, 54, 55, 59, 726
フォルクスワーゲン（VW）　153, 154
フォルクスワーゲン（上海大衆）　146
富士通　228
フジテレビ　279, 281
富士フイルム　640
不二家　642
プジョー　153
ブックオフ　516
フットワークサービス　642
プラス　17, 18
プラド　146
プラネット　19, 540
プラネット・システム　612
プラレール　307
フランク・ミューラー　408
ブランド・アセット・バリュエーター
　（BAV：Brand Asseet Valuator）　667
ブリストル・マイヤーズ・スクイブ　316
プリッツ　638
プリンセス・タム・タム　3
ブルーレーベル　529
プレイステーション　140, 332, 644
プレイステーション2　423
フレッシュネスバーガー　398
フローラトゥエンティワン　302
フローラホランド　716
プロクター・アンド・ギャンブル（Procter &
　Gamble Company）　52, 54, 67, 138, 195,
　298, 309, 319, 325, 498, 627, 727
ブロックバスターズ　680
プロモデス　630
米国消費者行動研究学会　738
ベーキング・ソーダ　192
ペニンシュラ　707
ベネトン　545
ペプシ　54, 59, 247, 309
ヘルシア緑茶　567
ヘルシオ　364
ベルニ　660
ペンタックス　512
ベンツ　397
ペンティアム　655

ペンティアムチップ　400
ポイント　28
ボーダフォン　202, 219
ポーラ　544
ポカリスエット　20, 247, 307, 328, 330, 333,
　334
ポストイット　339
ボストン・コンサルティング・グループ（BCG）
　204, 205, 404
ポッキー　307, 308, 638
ホテルオークラ　707
ポルシェ　230, 411
ポルシェ・カイエン　411, 413
ボルヴィック　518, 519
ボルボ　411
ボルボXC90　413
本田技研工業　113, 151, 153, 228, 361, 671, 727,
　733

〈マ行〉

マークX　112
マークⅡ　112, 114, 643
マークス＆スペンサー　597, 716
マーケティング・サイエンス学会　64
マーチ　196, 218
マールボロ　633, 634
マイクロソフト　210, 213, 424, 445, 630
毎日新聞　477
マクドナルド　140, 192, 226, 325, 397, 507, 554,
　561, 630, 655, 678, 695, 726, 729
マクロミル　243, 245, 250
マザーズ藤が丘　585
マッキンゼー（McKinsey & Company）　204
マック＆コーク　655
マックスファクター　67, 541
マックチャオ　325
松下電器産業（現パナソニック）　338, 473,
　645
マツダ　229
マツモトキヨシ　34, 134
マブチモーター　230
マルエツ　599
マンダリン　707
ミシュラン　670
ミスタードーナツ　494, 495, 517, 518

三井住友銀行　655
三井物産　122
三越　61
三越・伊勢丹ホールディングス　127
三菱自動車　229, 467
三菱商事　122
三菱電機　196
緑モス　554
ミラージュ　467
無印良品　635, 664, 665
明治屋　549
名鉄運輸　642
メディアプランニング　465
メトロ　578
メリット　307, 308, 638
メルセデスベンツ　630, 727
メンソレータム　642
モスバーガー　227, 398, 534, 554, 557, 558, 567, 577, 677, 679, 695
桃の天然水　197
モリソンズ　597
森永製菓　61, 62, 67, 508

〈ヤ行〉

ヤオコー　592, 595, 713
焼肉のたれ　521
ヤクルト　227
ヤフー　630
ヤフーオークション　45
ヤフーバリューインサイト　372
山崎　307
山崎パン　495, 496
ヤマダ電機　446, 547, 579, 580
ヤマト運輸　142, 435, 616, 642, 689
ヤング・アンド・ルビカム　667
雪印乳業　67
ユナイテッドアローズ　28, 525, 527–530, 690
ユナイテッド航空　635
ユニクロ　2–4, 11, 12, 14, 15, 23, 28–30, 34–39, 121, 172, 193, 247–249, 259, 260, 529, 530, 546, 599, 743
ユニ・チャーム　67, 138, 319–321
ユニリーバ　67, 309
吉田カバン　630
吉野家　683, 732

ヨドバシカメラ　547, 580
読売新聞　477
読売連合広告社　474

〈ラ行〉

ライオン　67, 297, 498, 540
ライトオン　28, 599
楽天　133, 630
らでぃっしゅぼーや　319
リアップ　193
リアップ・レディ　193
リーバイス　140
リーボック　632
ザ・リッツ・カールトン　406, 707, 710
リポビタンD　307, 462
菱食　549
良品計画　613, 635
リンク・セオリー・ホールディングス　2
ルイ・ヴィトン　406–408, 563, 626, 660
ルミネ　588
レオパレス21　663
レクサス　654
レッグス　460
ロイヤルロード　225
ロイヤル・ダッチ・シェル　122
ローエントリー　629
ローソン　227, 228, 351, 558
ローソンストア100　406
ロータス　630
ローリーズファーム　28
ロック・フィールド　546, 730–732
ロッテリア　226, 227, 397, 398, 677
ロリエフ　319
ロレアル　67
ロレックス　407

〈ワ行〉

ワード　210, 424
ワコール ホールディングス　627
ワタミ　129, 546, 658
ワタミの介護　658
ワタミファーム　658, 744
わらべや日洋　555
ワンゾーン　2
ワンワールド　515

777

人 名 索 引

〈ア行〉

アーカー，D. A.　70, 76, 85, 86, 629, 645, 661
アーバン，G. L.　305, 335, 384
相原修　32
青木幸弘　181, 323, 599
朝野熙彦　237
渥美俊一　66, 581, 589
阿部周造　734
阿部誠　387
アンゾフ，H. I.　111, 190, 191
アンダーソン，S. R.　180
アンダーヒル，P.　60, 182-184, 249, 260, 284
池尾恭一　70
石井淳蔵　8, 70, 71, 339
石坂泰三　63
石田梅岩　61
井上哲浩　289
井上英明　366
岩田弘三　366, 682, 683, 730
岩田彰一郎　18, 19
岩田康弘　731
ウィリアムソン，O. E.　45
上田隆穂　237, 398
ウェルチ，J.　205
内川淳一郎　460
梅澤伸嘉　312, 326
エイベル，D. F.　76, 206
江原淳　599
大澤豊　117, 171
大槻博　181
大山健太郎　314, 366
大和田順子　181
奥田和彦　255
小倉昌男　616
長田太郎　341
尾上伊知郎　738
小野譲司　611
小原博　63
恩蔵直人　312

〈カ行〉

カーネマン，D.　409
懸田豊　576, 581
片平秀貴　70, 382, 396, 628
鎌田由美子　200, 338
神谷正太郎　112
川喜田二郎　284
菊川暁　340, 370
木戸茂　468
木村香代子　238
木村純子　284, 734
陸正　64
クラーク，K. B.　330
栗原幹雄　366
桑原武夫　284, 377, 742
コープランド，M. T.　56
小島隆矢　276
コトラー，P.　43, 58, 68, 111
小林厚　345, 346, 348, 349, 352
小山孝雄　260

〈サ行〉

サイモン，C. J.　645
酒井理　239
酒井麻衣子　276
坂嵜潮　302
桜井多恵子　571, 581
佐藤郁哉　284
佐藤邦弘　282
佐藤康雄　392
サリバン，M. W.　645
ザルトマン，G.　168
沢田貴司　37, 38
重松理　525, 528, 529
設楽悦三　528, 529
嶋口充輝　8, 10, 11
清水聰　161
ジャクソン，J.　647
シュルツ，H.　633, 645
ジョーダン，M.　632
ショスタック，G. L.　694

シルク，A. J　384
新宅純二郎　359
鈴木督久　276
鈴木陸三　366
スミス，F.　616, 617
住谷宏　576, 581
スローン，A.　55

〈タ行〉

高嶋克義　161
高瀬浩　390, 401, 403
高橋郁夫　161
高原栄二　89, 90, 95
竹内淑恵　266
竹内弘高　70, 330, 340
田島義博　181, 537
田中洋　161
玉塚元一　2, 38
玉生弘昌　19, 540, 612
田村正紀　574
田谷哲哉　366
張志豪　351
辻中俊樹　134, 245, 284
テドロー，R. S.　41, 53, 55, 59, 60
デル，M.　217
トウヴァースキー，A.　409
鳥羽欽一郎　62
豊田秀樹　276
豊田裕貴　663
ドラッカー，P.　7, 52

〈ナ行〉

ナイト，P.　632, 645
長崎秀俊　247
中島望　387
中塚千恵　700
中村博　385
新倉貴士　161
西尾チヅル　266
野島美保　371
野中郁次郎　70, 330, 340

〈ハ行〉

ハーシュマン，E. C.　736–738
バース，F. M.　380–382

バーテルズ，R.　41, 52, 55, 58
服部正太　238
ハモンド，J. S.　76
林周二　64, 66, 537
林廣茂　719, 727
久野雅彦　222, 223
平賀一行　460
平下治　583
ファクハー，P. H.　648
フェスティンガー，L.　177
フォード，H.　55
藤田田　624, 676, 681
藤本隆宏　330
藤原秀次郎　586
ブラウン，S.　736
ブラッドバーグ，R. C.　8
ブランソン，R.　657–659
古川一郎　88, 387
ベドベリ，S.　632–634, 645, 647
ベルク，R. W.　284, 733, 735
ボアマン，W.　632
ポーター，M. E.　85, 111, 190, 208, 209, 212, 220
ボードリヤール，J.　736
ボールディング，K. E.　720
ホルブルック，M. B.　284, 736–738

〈マ行〉

前野和子　517
マズロー，A. H.　176, 177
マッカーシー，E. J.　56
松島義幸　346
松本忠雄　300
三浦展　134
三浦俊彦　161
南知恵子　129
ムーア，G.　360
村本理恵子　255, 340
莫邦富　9, 151
守口剛　387
森田政敏　37, 38

〈ヤ行〉

八塩圭子　279
柳井正　2, 3, 34, 35, 38, 39, 366

矢作敏行　568
山田昌孝　388
山中正彦　341
山本昭二　705
横山詔一　372, 373
吉野洋太郎　69, 70
四方啓暉　707

〈ラ行〉

ラークソネン, P.　70
ライ, J.　3
ラブロック, C. H.　692
リースマン, D.　178
リトル, J. D.　235
レイ, P. H.　180
レビット, T.　7, 139
ロジャーズ, E. M.　180, 378-380
ロストウ, W. W.　124-126

〈ワ行〉

渡邉美樹　366, 658, 659
和田充夫　8
ワッツ, D.　371

〈欧文〉

Bettman, J. R.　167
Bitner, B. J.　699, 705
Booms, B. H.　699
Evans, J. R.　572, 590
Howard, J. A.　175
Joachimsthaler, E. A.　173
Jones, J. P.　468
Lastovicka, J. L.　173
Parasuraman, A.　714
Sheth, J. N.　175

〈著者略歴〉
小川孔輔（おがわ・こうすけ）
1951年　秋田県に生まれる。
1974年　東京大学経済学部卒業。
現　在　法政大学大学院イノベーション・マネジメント研究科教授、日本フローラルマーケティング協会会長。
著　書　『マーケティングと消費者行動』（共著、有斐閣）、『POSとマーケティング戦略』（編著、有斐閣）、『生・販統合マーケティング・システム』（共著、白桃書房）、『ブランド戦略の実際』（日経文庫）、『誰にも聞けなかった値段のひみつ』（日本経済新聞社）、『当世ブランド物語』（誠文堂新光社）、『マーケティング情報革命』（有斐閣）、『ブランド・リレーションシップ』（編著、同文舘出版）、『有機農産物の流通とマーケティング』（編著、農山漁村文化協会）、『花を売る技術』（誠文堂新光社）、『サービス・マーケティング入門』（監訳、法政大学出版局）、『しまむらとヤオコー』（小学館）、『CSは女子力で決まる！』（生産性出版）、『マクドナルド　失敗の本質』（東洋経済新報社）など。

マネジメント・テキスト
マーケティング入門

2009年7月24日　1版1刷
2019年2月7日　　　9刷

著　者　　小　川　孔　輔
Ⓒ Kosuke Ogawa, 2009
発行者　　金　子　豊
発行所　　日本経済新聞出版社
https://www.nikkeibook.com/
東京都千代田区大手町1-3-7　郵便番号 100-8066
電　話　（03）3270-0251（代）

印刷・製本　シナノ印刷
ISBN978-4-532-13369-6

本書の内容の一部あるいは全部を無断で複写（コピー）することは、法律で定められた場合を除き、著作者および出版社の権利の侵害となりますので、その場合にはあらかじめ小社あて許諾を求めて下さい。

Printed in Japan

マネジメント・テキストシリーズ！

生産マネジメント入門（Ⅰ）
――生産システム編――

生産マネジメント入門（Ⅱ）
――生産資源・技術管理編――

藤本隆宏［著］／各巻本体価格 2800 円

イノベーション・マネジメント入門（第2版）

一橋大学イノベーション研究センター［編］／本体価格 3600 円

人事管理入門（第2版）

今野浩一郎・佐藤博樹［著］／本体価格 3000 円

グローバル経営入門

浅川和宏［著］／本体価格 2800 円

MOT［技術経営］入門

延岡健太郎［著］／本体価格 3000 円

マーケティング入門

小川孔輔［著］／本体価格 3800 円

ベンチャーマネジメント［事業創造］入門

長谷川博和［著］／本体価格 3000 円

経営戦略入門

網倉久永・新宅純二郎［著］／本体価格 3400 円

ビジネスエシックス［企業倫理］

髙 巌［著］／本体価格 4500 円